Prof. Dr. Helga Haftendorn

Sicherheit und Entspannung

Zur Außenpolitik der Bundesrepublik Deutschland
1955–1982

Nomos Verlagsgesellschaft
Baden-Baden

Gedruckt mit Unterstützung der Deutschen Gesellschaft für Friedens- und Konfliktforschung sowie der FU Berlin.

CIP-Kurztitelaufnahme der Deutschen Bibliothek

Haftendorn, Helga:
Sicherheit und Entspannung: zur Außenpolitik d. Bundesrepublik Deutschland 1955–1982 / Helga Haftendorn. – 1. Aufl. – Baden-Baden: Nomos Verlagsgesellschaft, 1983.
ISBN 3–7890–0867–2

1. Auflage 1983

Inhalt

III. Sicherheitspolitik als Bündnispolitik 143

IV. Die Politik des Gewaltverzichts 269

IX. Anhang

Vorwort

Mit dem vorliegenden Buch soll dem Leser die Gelegenheit gegeben werden, sich einen Überblick über die Entwicklung der Außen- und Sicherheitspolitik der Bundesrepublik Deutschland seit ihrer Entstehung zu verschaffen und die historische Bedingtheit ihrer Existenz zu verstehen. Gleichzeitig wird der Versuch unternommen, die verschiedenen Stränge der Sicherheitspolitik in ihrem spezifischen Spannungsverhältnis zur Entspannungspolitik – Deutschland-Politik, Verteidigungspolitik, Bündnispolitik, Ostpolitik, Rüstungsbeschränkungspolitik – zusammenzufügen, ihre Verknüpfungen und Brüche aufzuzeigen. Aus Umfang- aber auch aus Zeitgründen, konnte nicht mit gleicher Detailliertheit auf die Europa-Politik und die Außenwirtschaftsbeziehungen eingegangen werden – hier konnten nur Bezüge angedeutet und Zusammenhänge hergestellt werden. Ausgehend von der zentralen Prämisse, daß die Sicherheit der Bundesrepublik durch den im westlichen Bündnis erbrachten Verteidigungsbeitrag ebenso wie die gegenüber den osteuropäischen Staaten praktizierte Entspannungspolitik gewährleistet wird, wird schließlich die Frage untersucht, ob, wann und unter welchen Bedingungen Sicherheits- und Entspannungspolitik miteinander vereinbar waren und wie der latent zwischen beiden bestehende Prioritätenkonflikt bewältigt wurde.
Da der Band les- und benutzbar bleiben sollte, wurde auf eine Darstellung des methodisch-theoretischen Instrumentariums verzichtet. In die auf Originaldokumente, Archivmaterial, Interviews und Zeugnisse von Zeitgenossen gestützte hermeneutische Analyse sind jedoch Erkenntnisse der Interdependenzforschung und der außenpolitischen Entscheidungstheorie eingegangen. Der interessierte Leser sei statt dessen auf meinen an anderer Stelle unternommenen Versuch verwiesen, diese Ansätze für die Außenpolitikforschung zu reflektieren und nutzbar zu machen.[1] Außerdem wurden in den Band – in überarbeiteter und aktualisierter Form – Ausführungen integriert, die zwar bereits publiziert, aber nicht mehr allgemein zugänglich waren.[2]

1 Vgl. Verflechtung und Interdependenz als Strukturbedingungen westdeutscher Außenpolitik, in: Helga Haftendorn, Wolf-Dieter Karl, Joachim Krause und Lothar Wilker (Hrsg.), Verwaltete Außenpolitik. Sicherheits- und Entspannungspolitische Entscheidungsprozesse in Bonn, Köln 1978, S. 15–38.

2 Vgl. Abrüstungs- und Entspannungspolitik zwischen Sicherheitsbefriedigung und Friedenssicherung, Düsseldorf 1974.

Die Darstellung fußt im wesentlichen auf vier Arten von Quellen. Wenn immer zugänglich, wurden Originaldokumente und Zeugnisse von Zeitgenossen herangezogen, deren Zuverlässigkeit natürlich variierte und deren Edition nicht immer in so mustergültiger Form erfolgte, wie bei den vom Bundesministerium für Innerdeutsche Fragen herausgegebenen Dokumenten zur Deutschlandpolitik. Die zweite, wichtige Datenbasis bildete ein umfangreiches, seit den fünfziger Jahren geführtes Presseschnittarchiv, das durch Materialien aus den Archiven folgender Institutionen ergänzt wurde:

Archiv des Deutschen Bundestages, Bonn
Archiv der Sozialen Demokratie (Friedrich-Ebert-Stiftung), Bonn
Bundesarchiv – Militärarchiv, Freiburg
Forschungsinstitut der Deutschen Gesellschaft für Auswärtige Politik, Bonn
Institut für Friedensforschung und Sicherheitspolitik, Hamburg
Institut für Weltwirtschaft, Kiel
Pressearchiv der Bundesgeschäftsstelle der CDU, Bonn
Pressearchiv beim Parteivorstand der SPD, Bonn
Stiftung Wissenschaft und Politik, Ebenhausen b. München

Den Leitern und Mitarbeitern dieser Institute sei an dieser Stelle herzlichen Dank für ihre Unterstützung gesagt.
Wenn immer möglich, wurde jedoch auf publizierte Quellen und Überblicksdarstellungen verwiesen. In einigen Fällen war eine Akteneinsicht möglich, davon wurde jedoch nur Gebrauch gemacht, wenn sie nicht an Auflagen geknüpft war. Als besonders wertvoll erwiesen sich eine Vielzahl von Gesprächen mit an den Geschehnissen beteiligten Akteuren in den verschiedenen Ministerien und im Deutschen Bundestag, durch die wichtige Hinweise und Bewertungsmaßstäbe gewonnen werden konnten, auch wenn diese Art der Information in der Regel nicht durch Quellenhinweise dokumentiert werden kann.
Großen Dank schulde ich der Freien Universität Berlin und der Stanford University, Kalifornien, die durch materielle Hilfe und die zur Verfügungstellung ihrer Einrichtungen die Fertigstellung des Buches erleichtert haben. Zu besonderem Dank verpflichtet fühle ich mich gegenüber denjenigen Kollegen und Freunden, die entweder Teile des Manuskriptes gelesen und mit ihrer Kritik und ihren Anregungen dieses entscheidend verbessert haben oder mit denen ich Aspekte der Arbeit diskutieren konnte: Heinrich Buch, Tono Eitel, Martin Müller, Reinhard Mutz, Walter

Schilling, Günter Schmid, Eckhard Stuff, Claudia Wörmann und Lothar Wilker. Ihnen – und vielen anderen – sei herzlicher Dank gesagt, ebenso Marianne Jessa und Jutta Mohr, die die verschiedenen Fassungen des Manuskripts getippt haben, und Annemarie Stein, die den Anmerkungsapparat und das Literaturverzeichnis mit großer Sorgfalt betreute.
Meine Studenten in Berlin und in Stanford waren eine stete Herausforderung und zugleich ein Richtmaß: für sie ist dieses Buch vor allem geschrieben worden.

Stanford und Berlin, im Dezember 1982 *Helga Haftendorn*

I. Rahmenbedingungen der Außen- und Sicherheitspolitik der Bundesrepublik Deutschland

Jede um vertieftes Verstehen bemühte Analyse der Außenpolitik eines Landes muß zunächst die historischen, politischen und gesellschaftlichen Wurzeln freilegen, auf denen dieses Staatswesen beruht. Im Fall der Bundesrepublik Deutschland sind es drei Faktoren, die gleichsam Konstitutionsbedingungen ihres politischen Systems sind und ohne deren Vergegenwärtigung Selbstverständnis und Handlungsmuster der Bundesrepublik nur unzulänglich erklärt werden können: die unsichere demokratische Tradition, die ungeklärte nationale Frage und die Entstehung der beiden deutschen Staaten unter den Bedingungen des Kalten Krieges. Sie erklären die spezifischen Formen politischer Befindlichkeiten der Deutschen nach dem Zweiten Weltkrieg und die Orientierung ihrer Außenpolitik an den Zielen von Sicherheit und Entspannung. 1955 sind die Weichen gestellt: Bundesrepublik und DDR, die ungleichen Zwillinge, nehmen ihren Platz im europäischen Staatensystem ein und bestätigen damit gleichsam die Teilung Europas. Nicht als Konstitutionsbedingung, wohl aber als deren Folge, wird die enge Verflechtung der Bundesrepublik in das westliche Sicherheits- und Wirtschaftssystem sowie die sich daraus ergebenden Interdependenzen zur Strukturbedingung ihrer Außenpolitik.

1. *Unsichere demokratische Tradition, offene nationale Frage und Teilung Europas als Konstitutionsbedingungen*

Deutschland ist einer der wenigen westlichen Industriestaaten ohne eine eigene demokratische Revolution: weder eine »Glorious revolution« noch ein »Sturm auf die Bastille« sind Teil unserer demokratischen Tradition. Das Scheitern der Paulskirchen-Versammlung wurde zum Ausweis der politischen Inkompetenz des deutschen Bildungsbürgertums; die ohnehin halbherzige Revolution von 1918/19 und die Verfassung von Weimar wurden durch die »Dolchstoßlegende« von innen und durch das »Versailler Diktat« von außen diskreditiert; die nur mangelhaft im Bewußtsein der Bürger verankerte und mit dem Makel nationaler Erniedrigung ge-

zeichnete demokratische Republik wurde aufgerieben vom Faschismus von rechts und vom Kommunismus von links. Hitler war für die meisten Deutschen nicht der verbrecherische Diktator, sondern ein Führer zur nationalen Erneuerung, der die vielköpfige Hydra des Parteienstaates zerschlug und auf ihren Trümmern die Vision eines Tausendjährigen Reiches errichtete, jenseits von Parteiengezänk und Interessenpolitik.[1]
Nach Stalingrad und El Alamein, den Bombennächten von Köln, Berlin und Hamburg, sowie den Flüchtlingstrecks aus den Ostgebieten, dämmerte den Deutschen allmählich das Verhängnis. Teils auf das physische Überleben konzentriert, teils mit moralischer Kühnheit, neue politische Leitbilder entwickelnd, begleiteten sie das Wiedererstehen deutscher Staatlichkeit in den Jahren 1945–49. Die Gründung der Bundesrepublik entsprach freilich keinem freien Willensakt der Deutschen, sondern war eine Entscheidung der Westalliierten und eine Folge des Kalten Krieges. Damit war zugleich der Rahmen abgesteckt, in dem sich der Aufbau demokratischer Institutionen in Staat, Wirtschaft und Gesellschaft vollziehen konnte – teils restaurativ, teils innovativ, altes und neues vorsichtig verknüpfend. Die so entstandenen demokratischen Strukturen ermöglichten dem westdeutschen Staat politische Konsolidierung im Innern und internationale Anerkennung in der Welt.[2]
Eine weitere Konstitutionsbedingung deutscher (Zwei-)Staatlichkeit war die Verknüpfung ihrer Entstehungsgeschichte mit dem Kalten Krieg und der Teilung Europas. Die Gründung von zwei deutschen Staaten konservierte das nationale Problem der Deutschen und transponierte es auf die internationale Ebene als neue »deutsche Frage«. Die Ursachen des nationalen Problems liegen jedoch tiefer in der deutschen Geschichte. Die Entscheidung der Paulskirchen-Versammlung für eine kleindeutsche Lösung und die Reichsgründung durch Bismarck auf der Spitze der Bajonette gehören ebenso zu ihrem Narbengewebe wie die Abtretung deutscher Gebiete gemäß den Bestimmungen des Versailler Vertrages oder die fatale »Le-

1 Die beste Analyse des Scheiterns der Weimarer Republik bietet weiterhin Karl Dietrich Bracher, Die Auflösung der Weimarer Republik.Eine Studie zum Problem des Machtverfalls in der Demokratie, Villingen 1960[3]. – Eine gekürzte Fassung der ersten drei Teile des vorliegenden Kapitels erschien u. d. T. Grundlagen der Außenpolitik der Bundesrepublik Deutschland, in: Helga Haftendorn, Lothar Wilker u. Claudia Wörmann (Hrsg.), Die Außenpolitik der Bundesrepublik Deutschland, Berlin 1982, S. 2–29.

2 Zu den Entstehungsbedingungen der Bundesrepublik vgl. Hans-Peter Schwarz, Vom Reich zur Bundesrepublik. Deutschland im Widerstreit der außenpolitischen Konzeptionen in den Jahren der Besatzungsherrschaft 1945–1949, Neuwied 1966 (2. Auflage Stuttgart 1981); ferner Karlheinz Niclauß, Demokratiegründung in Westdeutschland. Die Entstehung der Bundesrepublik von 1945–1949, München 1974.

bensraum-Politik« Hitlers. Die Zerstückelung Deutschlands nach dem Zweiten Weltkrieg ist primär ein Ergebnis des von Hitler ausgelösten Angriffskrieges sowie des daraus folgenden Sicherheitsbedürfnisses und Selbstbehauptungsstrebens seiner Kriegsgegner, verstärkt durch die sich herausbildende machtpolitische, ökonomische und ideologische Konkurrenz zwischen Ost und West. In ihrer nationalen Identität aufs höchste verunsichert, reduzierten die Deutschen diesseits von Elbe und Werra ihren Nationalbegriff auf ein moralisches Postulat und auf ein »Rechtsgut«, das legalisiert und legalistisch instrumentiert wurde; während jene anderen Deutschen östlich der Demarkationslinie »Nation« nunmehr ideologisch begründeten, als ersten Arbeiter- und Bauernstaat auf deutschem Boden; beide aber der Einheit der Nation primär in Sonntagsreden gedachten. Verschüttet wurden jene anderen Wurzeln nationaler Identität, die gemeinsam erlittene – oder verspielte – Geschichte, die geistig-moralischen Werttraditionen, die Bedürfnisse und Hoffnungen der Menschen.

Die wirtschaftliche Entwicklung Deutschlands zur stärksten Industriemacht des europäischen Kontinents vollzog sich weitgehend unabhängig von der nationalen Entwicklung: von der Gründung des Deutschen Zollvereins 1833 und vom Bau der Eisenbahnen gingen nachhaltigere Wirkungen aus als von der Reichsgründung 1871. Das deutsche Wirtschaftssystem trug staatskapitalistische Züge, ehe es einen deutschen Gesamtstaat gab. Durch eine direkte Beteiligung der staatlichen Instanzen an zentralen Wirtschaftssektoren ebenso wie durch die nahezu lückenlose Regierungsaufsicht entstand ein gemischt-wirtschaftliches System mit einem starken Einfluß der öffentlichen Hand. Mit der Einführung von Arbeitsschutz- und Sozialversicherungsgesetzen war das Deutsche Reich in reformerischem Sinne für die übrige Welt richtungsweisend; diese Sozialreformen hatten den Zweck, die Gesellschaft gegen revolutionäre Tendenzen abzusichern. Die Sozialistengesetze verkörperten dagegen den anderen, repressiven Strang seiner auf Systemstabilisierung ausgerichteten Strategie.

Nach den Erfahrungen der beiden großen ökonomischen Krisen der Weimarer Republik, der 1923 katastrophal kulminierenden Inflation sowie der zu Beginn der dreißiger Jahre in aller Schärfe auf Deutschland durchschlagenden Weltwirtschaftskrise, außerdem unter dem noch frischeren Eindruck von Hunger und Elend in der unmittelbaren Nachkriegszeit, fühlte sich der westdeutsche Teilstaat dem Postulat ökonomischer Stabilität als Grundlage und Voraussetzung einer dauerhaften demokratischen Ordnung verpflichtet. Die bereits vom Frankfurter Wirtschaftsrat begonnene und auf wirtschaftliches Wachstum gerichtete Stabilitätspolitik, die von der Bevölkerung in ihrer Mehrheit mitgetragen wurde und die Kredite der amerikanischen GARIOA-Hilfe sowie des Marshall-Plans waren der stärkste Motor für den Wiederaufbau nach dem Zweiten Weltkrieg. Entlassene Kriegsgefangene und Flüchtlinge aus dem Osten bildeten ein reiches Potential qualifizierter Arbeitskräfte. Zusammen mit dem sozialen Frieden im innern bildeten sie die Grundlage für das Phänomen des »Wirtschaftswunders« und dessen Verinnerlichung in Form einer ausgeprägten Wohlstandsmentalität.

Die Gründung der Bundesrepublik Deutschland war zunächst jedoch von einer Reihe von Unsicherheitsfaktoren begleitet: die unsichere demokratische Tradition, die offene nationale Frage und die Furcht vor einem militärischen Konflikt zwischen Ost und West ließen Zweifel darüber aufkommen, ob die »Zweite Republik« Bestand haben und ausreichend vor den ihre Existenz bedrohenden Gefahren geschützt sein würde.[3] Am vordringlichsten schien es, der jungen westdeutschen Demokratie eine stabile politische und wirtschaftliche Grundlage zu geben, zum einen durch eine Verfassung, die die Fehler von Weimar vermied, und zum anderen durch das ökonomische Instrument der »Sozialen Marktwirtschaft«, mit dem die Kräfte des Marktes gesteuert und soziale Spannungen gemildert wurden. Eine weitere Stütze sollte die enge – politische wie ökonomische – Verbindung der Bundesrepublik mit den westlichen Demokratien sein.

Für die Wiederherstellung der deutschen Einheit war keine Lösung in Sicht, die nicht eine Aufgabe oder zumindest Gefährdung der gesellschaftlichen Eigenentwicklung auf dem mit der Gründung der Bundesrepublik beschrittenen Weg bedeutet hätte. Die einzig denkbare Möglichkeit schien eine Einigung der Vier Mächte zu sein, als deren Folge die Sowjetunion die DDR aus ihrem Einflußbereich entlassen und mit derem Anschluß an die Bundesrepublik die Wiedervereinigung dann vollzogen werden könnte. Ein politisch gefestigter und wirtschaftlich florierender westdeutscher Staat würde in diesem Zusammenhang eine »Magnetwir-

3 Diese Sorge teilten Konrad Adenauer und Kurt Schumacher – wenn sie auch verschiedene politische Folgerungen daraus zogen. Vgl. Konrad Adenauer, Erinnerungen, 4 Bde., Stuttgart 1965 ff.; ferner Hans-Peter Schwarz, Das außenpolitische Konzept Konrad Adenauers, in: Klaus Gotto u. a. (Hrsg.), Konrad Adenauer. Seine Deutschland- und Außenpolitik 1945–1963, München 1971, S. 116 ff.; Anneliese Poppinga, Meine Erinnerungen an Konrad Adenauer, München 1972; Georg Wolff, Mein Gott, was soll aus Deutschland werden? Konrad Adenauer, seine Zeit, sein Staat, in: SPIEGEL, Nr. 40–46, 1961, 27. 9.–8. 11. 1961. Zu Schumacher vgl. Arno Scholz und Walter G. Oschilewski (Hrsg.), Turmwächter der Demokratie: Ein Lebensbild von Kurt Schumacher, Bd. II: Reden und Schriften, Berlin-Grunewald 1953.

kung« auf die mitteldeutsche Bevölkerung ausüben, durch die dieser Prozeß beschleunigt, vor allem aber für Moskau die Aufrechterhaltung des SED-Regimes gegen den Willen der Bevölkerung zunehmend kostspieliger gemacht werden würde. Das »Wirtschaftswunder« war daher Bestandteil der westdeutschen Spielart der ursprünglich vom amerikanischen Außenminister Dulles formulierten »Politik der Stärke«, die durch den Alleinvertretungsanspruch der Bundesrepublik und die Verpflichtung der Drei Westmächte auf das Ziel der Wiedervereinigung Deutschlands ergänzt wurde.

Wie konnte nun die Sicherheit der an der Spannungslinie zwischen Ost und West gelegenen Bundesrepublik gewährleistet, wie verhindert werden, daß sie in einen militärischen Konflikt hineingezogen wurde, durch den sie zum Schlachtfeld werden könnte? Angesichts ihrer inneren und äußeren Schwäche konnte die Bundesrepublik vor einem derartigen Schicksal nur durch enge politische Verbindung mit dem Westen, vor allem mit den Vereinigten Staaten, und durch Ablehnung des Risikos einer Neutralisierung – selbst zum Preis der Wiedervereinigung – bewahrt werden. Der Beitritt der Bundesrepublik zur NATO und die Aufstellung der Bundeswehr war eine politische ebenso wie eine militärische Antwort auf das perzipierte Sicherheitsdilemma. Auf andere Weise würde sie nicht imstande sein, sich vor einem militärischen Angriff aus dem Osten zu schützen (der unter dem Eindruck der Korea-Krise damals durchaus real schien), noch eine stabile Demokratie zu entwickeln und zu erhalten. Schließlich war die freiwillige Westbindung auch ein Mittel, um eine Ablösung des Besatzungsregimes und ein höheres Maß an internationaler Gleichberechtigung zu erlangen.

Orientiert an den in der Präambel des Grundgesetzes proklamierten Grundwerten Einheit, Frieden und Freiheit, verfolgten die ersten Bundesregierungen eine Politik, die primär auf innere Stabilisierung und äußere Sicherheit gerichtet war. Diese Ziele ergänzten einander in der Weise, daß die politische und ökonomische Stabilität Voraussetzung sowohl für die internationale Anerkennung war als sie auch die Wiedervereinigung zu erleichtern versprach, während die Sicherheitspolitik nicht nur Schutz vor einer militärischen Aggression bieten, sondern auch eine politische und gesellschaftliche Eigenentwicklung in dem durch die Westbindung abgesteckten Rahmen gewährleisten sollte.[4] In der politischen Praxis erwiesen

4 Vgl. Richard Löwenthal, Freiheit der Eigenentwicklung, in: Deutsche Gesellschaft für Auswärtige Politik (Hrsg.), Außenpolitische Perspektiven des westdeutschen Staates, Bd. 1: Das Ende des Provisoriums, München u. Wien 1971, S. 11–15.

sich jedoch eine primär als Westbindung verstandene Sicherheitspolitik und eine auf Wiedervereinigung gerichtete Deutschland-Politik als nicht miteinander vereinbar. In richtiger Einschätzung der internationalen Rahmenbedingungen wurde Freiheitssicherung und Friedenswahrung der Vorrang gegeben, und auf diese Weise die Übereinstimmung von westdeutschen und alliierten Interessen gewahrt. Das Ziel der nationalen Einheit trat dahinter zurück. In der politischen Rhetorik wurde jedoch die Trias »Frieden-Freiheit-Einheit« aufrechterhalten, indem die Wiedervereinigung als das Ergebnis einer konsequenten Sicherheitspolitik deklariert wurde.[5]

Unter den Bedingungen des Kalten Krieges gab es für die Bundesrepublik keine Alternative zur Sicherheit durch Westbindung; gleichzeitig wurde die Aufrechterhaltung des Status quo – einschließlich der deutschen Teilung – zur Voraussetzung der Schutzgarantie der Westmächte. Als es Mitte der fünfziger Jahre zu einer ersten Tauwetterperiode in den Ost-West-Beziehungen kam, schien auch die deutsche Frage wieder negoziabel zu werden, allerdings nur auf Kosten der Westbindung. Dies wiederum war für die Bundesrepublik nicht akzeptabel, da ihr freiheitliches Gesellschaftssystem ebenso wie ihr wirtschaftlicher Wohlstand auf der engen Verbindung mit den westlichen Demokratien beruhten. Wirkliche Entspannung schien für sie nur durch Wiedervereinigung, und zwar durch Anschluß der DDR an eine dem Westen verbundene Bundesrepublik möglich. Sie blockierte daher eine Annäherung der Weltmächte, die nur auf ihre Kosten möglich gewesen wäre. Als unter dem Eindruck des »nuklearen Patt« und der Globalisierung der Konfliktdimensionen die Vereinigten Staaten und die Sowjetunion ihre Bemühungen um einen Modus vivendi auf der Grundlage des Status quo in Europa intensivierten, während die Bundesrepublik eben diesen Status quo offen zu halten suchte, geriet Bonn in die Gefahr einer außenpolitischen Isolierung. Auch wirtschaftlich drohte sie ins Hintertreffen zu geraten, als ihre westeuropäischen Partner den Handel mit den osteuropäischen Staaten intensivierten. Die Bundesrepublik mußte erhebliche Kurskorrekturen in ihrer Deutschland- und ihrer Sicherheitspolitik vornehmen, wenn sie nicht eine schwerwiegende Belastung ihrer Beziehungen zu den westlichen Verbündeten riskieren wollte. In der Deutschland-Politik bedingte dies die Aufga-

5 Zur außenpolitischen Prioritätensetzung vgl. auch Helga Haftendorn, Außenpolitische Prioritäten der Bundesrepublik Deutschland in den sechziger Jahren, in: Politik und Kultur, H. 3–4, 1975, S. 79–98; ferner Josef Joffe, Die Außenpolitik der Bundesrepublik Deutschland. Ein Rückblick nach 30 Jahren, in: Moderne Welt, 1979, S. 200–228.

be des Zieles der Wiedervereinigung zugunsten eines Modus vivendi auf der Basis des Status quo; in der Sicherheitspolitik wurde der bislang primär auf Abschreckung und Verteidigung gegründete Sicherheitsbegriff durch die Hereinnahme von Elementen der Verhandlung und der Kooperation mit der anderen Seite erweitert.[6] Voraussetzung und Folge dieser Positionsänderung in der Außenpolitik der Bundesrepublik war jedoch eine dauerhafte Entspannung in den Ost-West-Beziehungen, die nicht auf Mitteleuropa beschränkt sein, sondern die Vereinigten Staaten und die Sowjetunion mit einbeziehen mußte.

Sicherheit und Entspannung[7] erwiesen sich damit als die dominierenden Konzepte im Sinne autonomer und/oder adaptierter Zielkategorien, auf die hin die Außenpolitik der Bundesrepublik orientiert war. Im Vordergrund steht die Frage, wie der Prioritätenkonflikt zwischen Bündnis- und Sicherheitspolitik einerseits, Ost- und Entspannungspolitik andererseits jeweils historisch und auf konkrete Probleme bezogen bewältigt wurde. Dabei wird so vorgegangen, daß zunächst die Deutschland-Politik, die Bündnis- und Verteidigungspolitik sowie die Ost- und Entspannungspolitik diachronisch abgehandelt und dann diese Darstellungen durch drei Fallstudien über die Konferenz für Sicherheit und Zusammenarbeit in Europa (KSZE), die MBFR-Verhandlungen über eine Reduzierung der konventionellen Streitkräfte in Europa und die Haltung der Bundesrepublik in der Frage der Nichtverbreitung von Kernwaffen ergänzt werden. Am Beispiel dieser drei Handlungsfelder der Bonner Politik in den siebziger Jahren kann aufgezeigt werden, in welcher Weise der latente Prioritätenkonflikt zwischen Verteidigungspolitik einerseits und Ost- und Entspannungspolitik andererseits bewältigt wurde, in welcher Weise das innenpolitische Kräfteverhältnis und die internationalen Rahmenbedingungen berücksichtigt werden mußten und über welchen außenpolitischen Handlungsspielraum die Bundesrepublik verfügte.

6 Vgl. den Bericht des NATO-Ministerrates vom Dezember 1967, The Future Tasks of the Alliance, in: NATO Information Service (Hrsg.), NATO-Facts and Figures, Brüssel 1976, S. 336–339; Weißbuch 1970, S. 3 ff.; Helmut Schmidt, Politische und wirtschaftliche Aspekte der westlichen Sicherheit. 1977 Alastair Buchan Memorial Lecture, in: Bulletin, Nr. 112, 8. 11. 1977, S. 1013–1020; Kommuniqué der Sondersitzung der Außen- und Verteidigungsminister der NATO vom 12. 12. 1979 (»NATO-Doppelbeschluß«) und Kommuniqué des NATO-Ministerrates vom 14. 12. 1979, in: Bulletin, Nr. 154, 18. 12. 1979, S. 1409–1410 u. S. 1411–1414.

7 Die Begriffe »Entspannung« und »Sicherheit« werden hier in ihrem allgemeinen Sinne gebraucht; eine inhaltliche Füllung in Abhängigkeit von den jeweiligen Akteuren und historischen Bedingungen – und damit auch eine Darstellung des Begriffswandels – wird in den folgenden Kapiteln vorgenommen.

2. *Das Jahr 1955 als Zäsur in der europäischen Nachkriegsentwicklung*

Das Jahr 1955 markiert eine Zäsur in der europäischen Nachkriegsentwicklung, die es gerechtfertigt erscheinen läßt, hier mit der außenpolitischen Analyse einzusetzen. Zum einen erhielt die Bundesrepublik Deutschland mit dem Inkrafttreten der Pariser Verträge und mit der Einbeziehung in das westliche Bündnissystem in völkerrechtlich abgesicherter Form staatliche Souveränität und internationales Mitspracherecht. Zum anderen war im Jahre 1955 mit der Einbeziehung der beiden deutschen Staaten in die jeweiligen Bündnissysteme der beiden Weltmächte der Prozeß der Herausbildung der europäischen Nachkriegsstrukturen weitgehend abgeschlossen. Die historische Bedeutung des Jahres 1955 besteht also darin, daß damit die Konturen für die künftige Rolle der Bundesrepublik im internationalen System vorgezeichnet waren.
Eines der Hauptergebnisse des Zweiten Weltkrieges war die Zerstörung der europäischen Mitte als eigenständige politische Kraft sowie die Herausbildung der Vereinigten Staaten und der Sowjetunion als neue weltpolitische – und damit auch europäische – Ordnungsmächte. Die politische und militärische Präsenz dieser beiden Mächte in Europa ebenso wie die Teilung des Kontinentes und die Einbezichung der beiden Teile Deutschlands in die jeweiligen Hegemonialbereiche wurde zum entscheidenden Strukturmerkmal der europäischen Nachkriegsentwicklung.
Der Kern- und Angelpunkt dieser Entwicklung war Deutschland. Vordergründig ging es bei dem Konflikt zwischen den zwei Weltmächten um die Zukunft Deutschlands und Mitteleuropas; dahinter stand jedoch die Frage nach der globalen Ordnung, nach weltweiter politischer Handlungsfreiheit jedes der beiden Konkurrenten, aus der Sicht der Vereinigten Staaten darüber hinaus der Wunsch nach vorteilhaften Außenwirtschaftsbeziehungen, während die Sowjetunion den Aufbau des Sozialismus im eigenen Herrschaftsbereich anstrebte. Bei Kriegsende verfügte keine der beiden Mächte über ein Konzept für die Zukunft Deutschlands. Etwa 1946/47 – Eckdaten sind hier die Rede von Byrnes am 6. September 1946 in Stuttgart, die Bildung der Bizone am 1. Januar 1947, die Verkündung der Truman-Doktrin am 12. März 1947 und schließlich die Ankündigung des Marshall-Planes am 7. Juni 1947 – entschieden sich jedoch die Vereinigten Staaten aus innen- und außenpolitischen Gründen für die Konsolidierung und die Einbeziehung der Westzonen in den eigenen Einflußbereich. Die Sowjetunion verfolgte dagegen zunächst eine Doppelstrategie der Abgrenzung und der Konfrontation (Stalin-Rede vom 9. Februar 1946, The-

sen Shdanows zur Gründung des Kominform im September 1947 und Berliner Blockade-Entscheidung vom Juni 1947, *und* des Angebotes zur Wiedervereinigung Deutschlands zum Preis seiner Neutralisierung (Presseerklärung Molotows vom 10. Juli 1946, Vorschläge Wyschinskis vom 23. Mai 1949, sowjetische Deutschland-Noten vom März und April 1952). Sie wollte damit sowohl den eigenen Einflußbereich absichern als auch die Entstehung eines eng mit den Vereinigten Staaten verbundenen westeuropäischen Blocks unter Einbeziehung Westdeutschlands verhindern.[8]

Unter dem Protektorat der Siegermächte verfügten die Deutschen in den vier Besatzungszonen zunächst über wenig eigene politische Gestaltungsmöglichkeiten. Auch nach dem Wiedererstehen deutscher Staatlichkeit, zunächst auf Länder- und Zonenebene, dann im Vereinigten Wirtschaftsrat und schließlich als Bundesrepublik Deutschland im Westen und als Deutsche Demokratische Republik im Osten, waren die deutschen Regierungen an die Weisungen und Vorbehalte ihrer Besatzungsmächte gebunden. Das vom Parlamentarischen Rat in Bonn ausgearbeitete und von den Alliierten genehmigte Grundgesetz sowie das von letzteren erlassene Besatzungsstatut waren genau austariert, um das Maß an zugestandener Eigenentwicklung im Einklang zu halten mit den alliierten Eingriffsmöglichkeiten. Dem entsprach ein innenpolitisches Kräfteparallelogramm, in dem innerhalb des von den Alliierten tolerierten Handlungsspielraumes die von Konrad Adenauer geführte konservativ-liberale Regierungskoalition (unter Beteiligung von CDU/CSU, FDP und DP) ein marktwirtschaftlich orientiertes ökonomisches und auf Westintegration gerichtetes politisches Konzept verfolgte. Mit der Grundentscheidung Washingtons für eine europäische Präsenz und für die Eingliederung der Bundesrepublik in das westliche System verfügte Bonn nicht mehr über eine Wahlmöglichkeit zwischen Westintegration und Wiedervereinigung; das Nicht-

8 Auf die umfangreiche Literatur zur Entstehung des Kalten Krieges und seine Ursachen kann hier nicht im einzelnen verwiesen werden. Einen Überblick gibt, unter Einbeziehung der traditionellen wie der revisionistischen Forschungsergebnisse, Wilfried Loth, Die Teilung der Welt. Geschichte des Kalten Krieges 1941–1955, München 1980 (dtv-Weltgeschichte des 20. Jahrhunderts). Für die Zusammenhänge mit der deutschen Frage unverzichtbar ist Ernst Nolte, Deutschland und der Kalte Krieg, München 1974; für die amerikanische Deutschland- und Europa-Politik der unmittelbaren Nachkriegszeit John H. Backer, The Decision to Divide Germany. American Foreign Policy in Transition, Durham, N. C. 1978 (deutsch jetzt: Die Entscheidung zur Teilung Deutschlands – Amerikas Deutschlandpolitik 1943–1948, München 1981), und Daniel Yergin, Shattered Peace. The Origins of the Cold War and the National Security State, Boston 1978; zur sowjetischen Deutschland-Politik vgl. Walrab von Buttlar, Ziele und Zielkonflikte in der sowjetischen Deutschlandpolitik 1945–1947, Stuttgart 1980.

aufgreifen der sowjetischen Noten von 1952 war also weder – wie Paul Sethe in jenen Tagen kritisierte und wie sich als Mythos bis in unsere Zeit erhalten hat – eine »verpaßte Gelegenheit« noch die von der Regierung Adenauer reklamierte »schicksalträchtige Entscheidung« für die Westbindung und gegen eine unsichere Neutralisierung.[9] Die Größe Adenauers liegt vielmehr in der Einsicht in die historische Notwendigkeit einer derartigen Entscheidung, die einen Konflikt mit den Alliierten vermied und die Bundesrepublik stattdessen auf dem Weg zur Souveränität voranbrachte; sein Versagen dagegen in der Bemäntelung derselben mit starken Worten, die zur Legendenbildung führten und die die Deutschen lange daran hinderten, die Teilung als politische Realität zu akzeptieren.

Mitte der fünfziger Jahre war der institutionelle Ausbau der Blockbildung auf beiden Seiten abgeschlossen, die beiden deutschen Staaten in diese einbezogen. Auf westlicher Seite war die Bundesrepublik 1955 in den Nordatlantik-Pakt aufgenommen worden. Die NATO-Mitgliedschaft brachte ihr nicht nur eine Ablösung der Besatzungsrechte, sondern sicherte ihr auch eine Mitsprache im westlichen System zu. Der Preis dafür war die Aufstellung eigener, voll in die NATO integrierter Streitkräfte sowie ein Geflecht von Rüstungsbeschränkungen und Kontrollen im Rahmen der WEU und ein den Westmächten gegenüber ausgesprochener Gewaltverzicht. Die Bundesregierung glaubte, die deutsche Frage offen halten zu können, nachdem die Vereinigten Staaten, Großbritannien und Frankreich ihre Verantwortung für die Wiederherstellung der Einheit Deutschlands bekräftigt und die Bundesrepublik sich verpflichtet hatte, dieses Ziel ausschließlich mit friedlichen Mitteln zu verfolgen.[10]

Greifbarer als die politisch in die Ferne gerückte Wiedervereinigung

9 Zu den internationalen Rahmenbedingungen und zur innenpolitischen Auseinandersetzung über den Prioritätenkonflikt zwischen Westintegration und Wiedervereinigung vgl. u. a. Hans-Peter Schwarz, Die Politik der Westbindung oder die Staatsraison der Bundesrepublik, in: ZfP, H. 4, 1975, S. 307–337; Gerhard Wettig, Entmilitarisierung und Wiederbewaffnung in Deutschland 1943–1955. Internationale Auseinandersetzungen um die Rolle der Deutschen in Europa, München 1967; Klaus Erdmenger, Das folgenschwere Mißverständnis. Bonn und die sowjetische Deutschlandpolitik 1949–1955, Freiburg 1967; Gerd Meyer, Die sowjetische Deutschland-Politik im Jahre 1952, Tübingen 1970; Hermann Graml, Nationalstaat oder westdeutscher Teilstaat. Die sowjetischen Noten vom Jahre 1952 und die öffentliche Meinung in der Bundesrepublik Deutschland, in: VfZ, H. 4, 1977, S. 821–864. Die Kontroverse zwischen Paul Sethe, Die sowjetische Note vom 10. März 1952, und Wilhelm Grewe, Die Legende von den »versäumten Gelegenheiten«, ist abgedruckt in: Hans-Adolf Jacobsen und Otto Stenzl (Hrsg.), Deutschland und die Welt. Zur Außenpolitik der Bundesrepublik 1949–1963, München 1964, S. 116–125 bzw. S. 125–132.

10 Vgl. das Pariser Vertragswerk vom 23. 10. 1954, in: Verträge der Bundesrepublik Deutschland, Serie A, Bd. 8, S. 3–73, abgedruckt in: EA 23/1954, S. 7127–7138 und EA 24/1954, S. 7171–7181.

schien – trotz des Scheiterns der Europäischen Verteidigungsgemeinschaft – das Ziel einer Politischen Union in Westdeutschland, die das Ergebnis der westeuropäischen Integrationspolitik sein sollte. Schritte auf diesem Weg waren 1952 die Gründung der Montan-Union (EGKS), die Beschlüsse der Außenminister der Sechs auf der Konferenz von Messina im Sommer 1955 über die Schaffung eines Gemeinsamen Europäischen Marktes und im März 1957 die Unterzeichnung der Römischen Verträge über die Gründung der Europäischen Wirtschaftsgemeinschaft (EWG) und der Europäischen Atomgemeinschaft (EURATOM). Parallel dazu verlief die Integration der Bundesrepublik in das Weltwirtschaftssystem mit dem Beitritt zum GATT (1951), zum IMF und zur Weltbank (1952) sowie zur Europäischen Zahlungsunion (1951) und zum Europäischen Währungsabkommen (1955 bzw. 1958).

Im Osten war parallel dazu ein auf Moskau ausgerichtetes politisches, militärisches und ideologisches Blocksystem entstanden: 1949 wurde der Rat für Gegenseitige Wirtschaftshilfe (RGW) gegründet, 1955 der Warschauer Pakt (WP) abgeschlossen, in welche die DDR schrittweise eingegliedert wurde. Mitte der fünfziger Jahre waren somit die Schlußsteine in die bipolare Machtstruktur eingefügt. Ihre Stabilität wurde weder vom Tod Stalins (1953), dem Regierungswechsel in den USA von Truman zu Eisenhower, noch durch die Krisen innerhalb der Blöcke – den Aufstand am 17. Juni 1953 in der DDR, die Suez-Krise im Herbst 1956 noch die Intervention Moskaus im Oktober 1956 in Ungarn – ernstlich erschüttert. Beide Weltmächte hatten sich auf absehbare Zeit als europäische Ordnungsmächte etabliert.[11]

11 Zur Herausbildung der europäischen Strukturen vgl. F. Roy Willis, France, Germany and the New Europe, 1945–1963, Stanford, Cal. 1965; Alfred Grosser, Les Occidentaux. Les pays d'Europe et les Etats-Unis depuis la guerre, Paris 1978; sowie die Beiträge in den von Wilhelm Cornides herausgegebenen Jahrbüchern, Internationale Politik 1955, des Forschungsinstitutes der Deutschen Gesellschaft für Auswärtige Politik, München 1958, und 1956/57, München 1961. Zur Gründung und Entwicklung der NATO sowie zur Aufrüstung der Bundesrepublik weiterhin unverzichtbar: Robert E. Osgood, NATO: The Entangling Alliance, Chicago 1962; Wettig, Entmilitarisierung und Wiederbewaffnung in Deutschland, a.a.O.; Robert McGeehan, The German Rearmament Question. American Diplomacy and European Defence after World War II, Urbana, Ill., 1971; Arnulf Baring, Außenpolitik in Adenauers Kanzlerdemokratie. Bonns Beitrag zur Europäischen Verteidigungsgemeinschaft, München und Wien 1969; Paul Noack, Das Scheitern der Europäischen Verteidigungsgemeinschaft. Entscheidungsprozesse vor und nach dem 30. August 1954, Düsseldorf 1977; zur europäischen Integrationspolitik vgl. Walter Lipgens, Europäische Integration, in: Richard Löwenthal und Hans-Peter Schwarz, Die zweite Republik. 25 Jahre Bundesrepublik Deutschland – Eine Bilanz, Stuttgart 1974, S. 519–553; Herbert Müller-Roschach, Die deutsche Europapolitik 1949–1977. Eine politische Chronik, Bonn 1980. Zur Blockbildung in Osteuropa vgl. Thomas W. Wolfe, Soviet Power and Europe, 1945–1970, Baltimore, Md., 1970.

Andererseits erkannten beide Seiten jedoch, daß der eigentliche Konflikt – die Beherrschung Mitteleuropas – nicht zu gewinnen war. Während die ideologische Konkurrenz fortdauerte und das Wettrüsten intensiviert wurde, begannen beide Weltmächte einen politischen Modus vivendi für die offenen Streitfragen in Europa anzustreben. Ein erstes Ergebnis dieser Bemühungen war der österreichische Staatsvertrag, der diesem Land einen neutralen Status gab und ihm eine politische Eigenentwicklung erlaubte, gleichzeitig ihn jedoch mit einem spezifischen »Anschlußverbot« belegte. Eine Regelung der deutschen Frage wurde vertagt; eine »Österreich-Lösung« hätte für Moskau die Gefahr einer »Aufdröselung« des sowjetischen Herrschaftsbereiches bedeutet (gerade auch unter dem Eindruck des Aufstandes am 17. Juni in der DDR), während Washington nicht nur ein für seine Sicherheitspolitik wesentliches Reservoir an Menschen, Geldern, Material und Territorium verloren, sondern mit dem Abbau seiner militärischen Präsenz in Europa auch wesentliche Einflußmöglichkeiten auf diesem Kontinent eingebüßt hätte.[12]
Die von den Vier Mächten aufgenommenen Verhandlungen über ein europäisches Sicherheitssystem blieben zwar angesichts der gegenseitigen Interessenblockaden ohne substantielle Ergebnisse; mit der spektakulären Gipfelkonferenz der Vier Staats- und Regierungschefs und dem vielbeschworenen »Geist von Genf« wurde jedoch deutlich, daß trotz der Fortdauer des grundsätzlichen Konfliktes zwischen Ost und West eine partielle Interessenübereinstimmung zwischen den Großmächten und der Wunsch nach Entspannung in den internationalen Beziehungen auf beiden Seiten bestand.[13]
Aus der Sicht der Bundesregierung in Bonn erwuchsen der Bundesrepublik aus der als Folge der Genfer Gipfelkonferenz eingetretenen Entspannung jedoch enorme Gefahren, die das Erreichte aufs Spiel zu setzen drohten. Mit dem Abflauen des Kalten Krieges verlor ihr Verteidigungsbeitrag an politischer Bedeutung; ein Nachlassen der Furcht vor einer sowjetischen Aggression würde bei ihren Nachbarn die Bedenken gegen eine

12 Vgl. Catherine McArdle Kelleher, Deutschland und die NATO. Eine Übereinkunft von Dauer, in: Wolfram F. Hanrieder und Hans Rühle (Hrsg.), Im Spannungsfeld der Weltpolitik: 30 Jahre deutsche Außenpolitik (1949–1979), Bonn 1981, S. 87.

13 Vgl. Cornides, Vom Kalten Krieg zum weltpolitischen Modus vivendi, in: Die Internationale Politik 1955, a.a.O., S. 775 ff.; zu den Plänen über europäische Sicherheit und Abrüstung vgl. Jean Klein, L'entreprise du désarmement depuis 1945, Paris 1964, sowie die beiden Dokumentensammlungen: Hermann Volle und Claus-Jürgen Duisberg, Probleme der internationalen Abrüstung. Die Bemühungen der Vereinten Nationen 1945–1961, Frankfurt u. Berlin 1964; Department of State (Hrsg.), Documents on Disarmament, 1945–1959 (2 Bde.), Washington 1960.

Wiederbewaffnung der Bundesrepublik reaktivieren. Vor allem fürchtete Adenauer eine Einigung der Siegermächte des Zweiten Weltkrieges auf Kosten der Bundesrepublik.[14] Aus dieser Sicht hatte seine Reise nach Moskau und die Aufnahme von diplomatischen Beziehungen zur Sowjetunion im September 1955 sicher auch die Funktion, der Bundesregierung einen direkten Kontakt zur sowjetischen Führung zu geben, auch wenn dieser Akt der Emanzipation ein weiteres Stück Hinnahme des europäischen Status quo bedeutete.

Zwei weitere Ereignisse des Jahres 1955 unterstrichen diese Entwicklung hin zur Akzeptanz des Status quo: der sogenannte dritte Eden-Plan vom 21. Juli 1955, in dem Vorschläge für eine Inspektionszone in Mitteleuropa nicht mit Schritten zur Wiedervereinigung Deutschlands gekoppelt waren und damit der militärischen Dimension der europäischen Sicherheit Vorrang vor der politischen gegeben wurde (d. h. die Teilung Deutschlands nicht mehr als die Hauptgefahr bewertet wurde), und die Erklärung Chruschtschows am 26. Juni 1955 in Berlin über die Existenz zweier souveräner deutscher Staaten.[15] Alle danach unternommenen Versuche, dennoch die deutsche Frage offen zu halten – die Formulierung einer Nichtanerkennungspolitik gegenüber der DDR in Form der Hallstein-Doktrin, deklaratorische Akte wie die »Berliner Erklärung« vom Juli 1957 und die Vorlage von verschiedenen Deutschland-Plänen – waren im wesentlichen »Schadensverhütungsmaßnahmen« oder sollten dazu dienen, die faktische Hinnahme des Status quo politisch – vor allem innenpolitisch – abzuschirmen. Das Jahr 1955 markierte daher einen Einschnitt: es wurde geprägt von der Einsicht, daß weder die deutsche Frage weiterhin obenan auf der Tagesordnung der internationalen Politik stand, noch daß es angesichts der unterschiedlichen Interessenlagen in Ost und West konkrete Aussichten für ihre Lösung gab.[16] In den Vordergrund rückte – neben der europäischen Integrationspolitik – die Bündnis- und

14 Vgl. die Ausführungen Adenauers in seinen Memoiren: Konrad Adenauer, Erinnerungen 1953–1955, Stuttgart 1966, S. 471 ff.

15 Vgl. das Memorandum der britischen Delegation auf der Konferenz der Regierungschefs in Genf vom 21. 7. 1955 zur Abrüstungsfrage und die Rede des Ersten Sekretärs der KPdSU, Chruschtschow, am 26. 7. 1955 auf einer Großkundgebung in Ost-Berlin, in: Dokumente zur Deutschlandpolitik, Bd. III/I, S. 199 und 227–236.

16 Vgl. die Darstellungen in der Memoirenliteratur, die trotz unterschiedlicher Bewertung zu ähnlichen Schlußfolgerungen kommen, z. B. Adenauer, Erinnerungen 1953–1955, a.a.O., S. 553 ff.; Wilhelm G. Grewe, Rückblenden. Aufzeichnungen eines Augenzeugen deutscher Außenpolitik von Adenauer bis Schmidt, o. O. u. J. (1979), S. 232 ff.; Carlo Schmid, Erinnerungen, Bern, München, Wien 1979, S. 582 ff.

Sicherheitspolitik, die für die Bundesrepublik zum wichtigsten Instrument wurde, um eigene Interessen zu artikulieren und internationale Anerkennung zu erwerben.

3. *Verflechtung und Interdependenz als Strukturbedingungen westdeutscher Außenpolitik*

Seit ihrer Gründung ist die Bundesrepublik Deutschland in ein dichtes Geflecht internationaler Beziehungen eingebunden. Während der Geltung des Besatzungsstatuts besaß die Bundesregierung nur einen sehr eingeschränkten Handlungsspielraum, und zwar nach innen wie nach außen. Die Alliierten Hohen Kommissare hatten das Recht, unmittelbar, durch eigene Direktiven, oder mittelbar, über die Bundesregierung, an den Entscheidungen des westdeutschen Staates mitzuwirken.[17] Darüber hinaus war die Bundesrepublik in das von den Vereinigten Staaten geschaffene Sicherheits- und Wirtschaftssystem der westlichen Welt einbezogen, das ihr äußeren Schutz und wirtschaftlichen Wohlstand bot, sie zugleich aber auf eine Politik der Westorientierung verpflichtete.
Der Beitritt der Bundesrepublik zur Europäischen Gemeinschaft für Kohle und Stahl (EGKS) löste zum einen die diskriminierenden Kontrollbestimmungen des Ruhr-Statuts ab und wandelte zum anderen die ohne Mitwirkung der Deutschen zustande gekommene Ruhrbehörde in eine Gemeinschaftsinstitution um, welche Produktion, Beschäftigung und Absatz der Kohle-, Eisen- und Stahlindustrien in den sechs europäischen Mitgliedsstaaten regelte. Der westdeutsche Verteidigungsbeitrag im Rahmen der NATO, bei gleichzeitigem Beitritt zu einer umgestalteten WEU, war gekoppelt an die Neuregelung der Beziehungen zu den drei Westmächten im Rahmen des Deutschland-Vertrages. Er spiegelte in gleicher Weise das Bemühen wider, die der Bundesrepublik von den Besatzungsmächten auferlegten Beschränkungen in integrativen Bindungen aufgehen zu lassen, die ihr einerseits eine gleichberechtigte Mitsprache gewährten, andererseits jedoch ein genügendes Maß an internationaler Kontrolle sicherstellten.

17 Hanrieder hat – bezogen auf die Bundesrepublik in ihrer frühen Phase – den Begriff des »penetrated system« geprägt; vgl. Wolfram F. Hanrieder, West German Foreign Policy 1949–1963: International Pressure and Domestic Response, Stanford, Cal. 1967, S. 227 ff.

Mit der Gründung der Europäischen Wirtschaftsgemeinschaft, die nach dem Scheitern der Europäischen Verteidigungsgemeinschaft (EVG) und der in dieser angelegten Politischen Gemeinschaft vor allem auf Drängen der Benelux-Staaten in Angriff genommen wurde, sollten nicht nur die nationalen Volkswirtschaften zu einem Gemeinsamen Europäischen Markt zusammengefaßt, sondern auch für die bilateralen Probleme ein multilateraler Lösungsrahmen geschaffen werden. Die Bonner Integrationspolitik spiegelte darüber hinaus das Bemühen wider, eine außenpolitische Isolierung – und erst recht eine Koalition der früheren Siegermächte gegen sie – zu vermeiden, durch welche die Bundesrepublik zum Spielball der Interessen anderer Mächte geworden wäre.[18]
Die Entwicklung von politischen Beziehungen zu den osteuropäischen Staaten und der DDR – mit Moskau hatte die Bundesrepublik bereits 1955 diplomatische Beziehungen aufgenommen – sowie der Beitritt zu den Vereinten Nationen waren erst möglich, als die Bundesrepublik in den siebziger Jahren bereit war, die Ergebnisse des Zweiten Weltkrieges und damit die Teilung Deutschlands politisch zu akzeptieren. Die Verträge von Moskau, Warschau und Prag sowie der Grundlagen-Vertrag mit der DDR schufen die Voraussetzungen für eine engere politische und wirtschaftliche Kooperation auch mit diesen Ländern; gleichzeitig erweiterten sie den Handlungsspielraum der Bundesrepublik in globaler Sicht, z. B. im Verhältnis zu den Staaten der Dritten Welt, das nunmehr aus dem Blickwinkel der Hallstein-Doktrin herausgenommen wurde und eine eigene Qualität in ihrer Außenpolitik erhielt. Mit der Ostpolitik hatte die Bundesrepublik jedoch nicht nur mehr Bewegungsspielraum erhalten, sondern sie übernahm auch Verpflichtungen, die teils 1975 in der Schlußakte von Helsinki vereinbart wurden, teils sich aus dem dieser Politik zugrundeliegenden Ziel einer dauerhaften Ost-West-Entspannung ergaben. Darüber hinaus wurde beim Abschluß der Ostverträge ebenso wie beim Berlin-Abkommen deutlich, daß die Verantwortung der Vier Mächte für Deutschland als Ganzes und für Berlin völkerrechtlich fortdauerte.
Die von der Bundesrepublik eingegangenen Bindungen gaben dieser wiederum die Möglichkeit, zusammen mit ihren europäischen Nachbarn und unter dem Schutzschild der Amerikaner voll in ein freiheitlich orien-

18 Schwarz hat in verschiedenen Studien sehr überzeugend herausgearbeitet, welche Bedeutung für Adenauer die Gefahr einer internationalen Isolierung – er nennt es den »Potsdam-Komplex« Adenauers – hatte; vgl. Schwarz, Das außenpolitische Konzept Konrad Adenauers, a.a.O., S. 97–155; ders., Adenauer und Europa, in: VfZ, H. 4, 1979, S. 471–523.

tiertes, aber regionale Zusammenschlüsse tolerierendes Weltwirtschaftssystem hineinzuwachsen, wirtschaftlichen Wohlstand zu erwerben, und auf diesen gestützt, eine selbstbewußte Rolle in der Weltpolitik zu spielen. Auf diese Weise wurden historische Belastungen zu Wettbewerbsvorteilen. Aus dem gewachsenen internationalen Gewicht der Bundesrepublik ergaben sich jedoch auch größere Verantwortlichkeiten: beim Krisenmanagement im Rahmen der Vereinten Nationen (z. B. in der Nahost- und in der Namibia-Frage), in der internationalen Wirtschafts- und Währungspolitik, bei der Ausgestaltung des Nord-Süd-Dialoges oder auf dem Gebiet von Rüstung und Rüstungskontrolle.[19]
Das hohe Maß an internationaler Verflechtung des politischen, wirtschaftlichen und gesellschaftlichen Systems der Bundesrepublik hat spezifische Aus- und/bzw. Rückwirkungen auf ihren politischen Handlungsspielraum. Sie beschränken nicht nur die Autonomie ihres politischen Systems und seine Fähigkeit, Probleme selbst zu definieren sowie geeignete Handlungsstrategien zu entwickeln, sondern sie führen darüber hinaus zu einer engen Verschränkung von nationalen und gesellschaftlichen, transnationalen und internationalen Entscheidungsprozessen.[20]

3.1 *Das Atlantische Bündnis als »Sicherheitsnetz«*

Die besondere historische Situation nach dem Ende des Zweiten Weltkrieges führte dazu, daß das atlantische Bündnis und die westeuropäische Integration zu den wichtigsten Stützpfeilern der internationalen Verflech-

19 Zur Orts- und Aufgabenbestimmung der Bundesrepublik vgl. Hans-Dietrich Genscher, Deutsche Außenpolitik für die achtziger Jahre. Vortrag zum 25. Jahrestag der Gründung der Deutschen Gesellschaft für Auswärtige Politik am 20. 5. 1980, in: EA 12/1980, S. 371–386; ders., Toward an Overall Western Strategy for Peace, Freedom and Progress, in: FA, Bd. 61, Nr. 1 (Herbst 1982), S. 42–62. An dieser Aufgabenbestimmung dürfte sich auch bei einer Regierung Kohl/Genscher nichts Wesentliches ändern.

20 Zum Konzept politischer Verflechtung und Interdependenz vgl. Helga Haftendorn, Verflechtung und Interdependenz als Strukturbedingungen westdeutscher Außenpolitik, in: diess., Wolf-Dieter Karl, Joachim Krause und Lothar Wilker (Hrsg.), Verwaltete Außenpolitik. Sicherheits- und entspannungspolitische Entscheidungsprozesse in Bonn, Köln 1978, S. 15–38; ferner Die Interdependenzproblematik im gegenwärtigen internationalen System als Aufgabe internationaler und innerstaatlicher Politik: Die Bundesrepublik Deutschland im Verflechtungssystem der westlichen Industriestaaten. Antrag auf Einrichtung eines Schwerpunktes der Deutschen Forschungsgemeinschaft, Juli 1980, vervielf. Mskr.; sowie den vom Forschungsinstitut der Deutschen Gesellschaft für Auswärtige Politik herausgegebenen Sammelband: Regionale Verflechtung der Bundesrepublik Deutschland. Empirische Analysen und theoretische Probleme, München und Wien 1973.

tung der Bundesrepublik wurden. Sie banden zum einen die Bundesrepublik eng an die westlichen Demokratien und stellten damit für das politische und gesellschaftliche System eine Art von Bestandssicherung dar; zum zweiten bot die enge Verflechtung mit dem militärischen und politischen Potential der Vereinigten Staaten Schutz vor äußerer Bedrohung; und zum dritten eröffnete sich der Bundesrepublik mit der westeuropäischen Integration ein großflächiger Wirtschaftsraum, in den amerikanisches Kapital reichlich einströmte und der eng verflochten war mit dem Weltwirtschaftssystem. Damit waren einige der Grundvoraussetzungen für einen Wiederaufbau der westdeutschen Wirtschaft und den steigenden Wohlstand ihrer Gesellschaft gegeben.

Die NATO als eine der institutionellen Stützen dieses Verflechtungssystems ist zunächst ein Bündnis souveräner Staaten, das über einen teilintegrierten zivilen und militärischen Unterbau verfügt, die Nordatlantik-Pakt-*Organisation* im engeren Sinne. Diese beruht auf der Übereinkunft, daß die Mitgliedstaaten im Konfliktfall ihre assignierten oder in anderer Weise dafür vorgemerkten Streitkräfte einer integrierten Kommandogewalt unterstellen werden. Eine weitere wichtige Komponente ist die Bindung Nordamerikas an Westeuropa durch die amerikanische und kanadische militärische Präsenz auf dem Kontinent sowie die strategische und militärpolitische Verschränkung des konventionellen Potentials in Mitteleuropa mit den taktischen und den strategischen Nuklearstreitkräften der USA über das Instrument der Triade. Gleichzeitig hat für die Bundesrepublik die amerikanische Präsenz auch eine Stolperdrahtsfunktion, über die die USA direkt und zu einem frühen Zeitpunkt in einen Konflikt einbezogen werden.

Darüber hinaus ist die NATO ein Instrument des Krisenmanagements und der politischen Koordinierung der 15 (seit Mai 1982: 16) bzw. der am integrierten Verteidigungsprogramm der NATO teilnehmenden 14 Staaten. Diese im Harmel-Bericht über die zukünftigen Aufgaben der Allianz hervorgehobene politische Funktion des Bündnisses hat seit Ende der sechziger Jahre für die Ost-West-Beziehungen, und hierbei vor allem für die Führung einer multilateralen Entspannungspolitik, an Bedeutung gewonnen.[21] So sind die Teilnehmer an den MBFR-Verhandlungen in Wien

21 Zur Einbindung der Bundesrepublik in die NATO vgl. Militärgeschichtliches Forschungsamt (Hrsg.), Verteidigung im Bündnis. Planung, Aufbau und Bewährung der Bundeswehr, München 1975; Karl Carstens und Dieter Mahncke (Hrsg.), Westeuropäische Verteidigungskooperation, München und Wien 1972; Wilfried Hofmann, Die Beteiligung der Bundesrepublik Deutschland an den Entscheidungsprozessen der NATO, in: Regionale Verflechtung der Bundesrepublik Deutschland, a.a.O., S. 143–165.

zwar formal souveräne Staaten, die eigentliche Verhandlungsführung wird auf westlicher Seite jedoch in Brüssel erarbeitet und abgestimmt. Auch die beiden Teile des NATO-Nachrüstungsbeschlusses vom Dezember 1979 sind in zwei ad hoc-Gremien des Bündnisses, der High Level Group and der Special Group vorbereitet worden. Letztere dient auch weiterhin dazu, die Verhandlungspositionen des Bündnisses über eine Beschränkung von weitreichenden nuklearen Gefechtsfeldwaffen (LRTNF) abzustimmen, obwohl die Verhandlungen selbst bilateral von den USA und der Sowjetunion geführt werden.

Das Atlantische Bündnis beschränkt den Handlungsspielraum seiner Mitglieder auf verschiedene Weise. Für die Bundesrepublik ist von Bedeutung, daß sie ihre Streitkräfte und die auf ihren Einsatz abgestimmte Planung vollständig in das Bündnis integriert hat; ein Ausscheren aus der NATO-Organisation nach dem Beispiel Frankreichs oder ein militärischer Alleingang à la Suez 1956 ist für sie nicht möglich. Ähnlich ist es im Bereich der Militärstrategie. Die Entwicklung der strategischen Diskussion seit Mitte der fünfziger Jahre zeigt, in welchem hohen Maße die Bundesrepublik von Veränderungen im strategischen Denken der USA betroffen ist. Bereits frühzeitig bemühte sie sich daher um eine Mitwirkung bei der Einsatzplanung auch des nuklearen Potentials – wie ihr zähes Festhalten an der MLF als eine Möglichkeit der nuklearen Mitbestimmung zeigte. Es gibt für sie jedoch keine Alternative zur Anpassung an die amerikanische Militärstrategie, da die Bundeswehr, auf sich allein gestellt, ihren Auftrag – Abschreckung und Verteidigung – nicht erfüllen könnte. Die gegenwärtige Debatte über die Rolle der eurostrategischen Nuklearwaffen in Westeuropa beleuchtet das sicherheitspolitische Dilemma der Bundesrepublik, die um der Glaubwürdigkeit von Abschreckung und Verteidigung willen mit dem Risiko konfrontiert ist, im Konfliktfall die eigene nukleare Vernichtung zu riskieren.[22]

Es darf auch nicht übersehen werden, daß die weitgehende Einbindung der Bundesrepublik in das Atlantische Bündnis und die beträchtliche Verflechtung der USA mit demselben nicht nur eine Schutzfunktion für die Bundesrepublik hat, sondern den europäischen Nachbarn auch Schutz *vor* der Bundesrepublik garantieren soll. Frankreich stimmte der Aufrü-

22 Zur Debatte über die Stationierung neuer nuklearer Systeme in Mitteleuropa vgl. unten, Kap. III, S. 234 ff.; ferner Theo Sommer, Noch funktioniert das Gleichgewicht des Schreckens, in: ZEIT, 17. 4. 1981; ders., Die Euro-Gleichung, in: ZEIT, 24. 4. 1981; Alfred Mechtersheimer (Hrsg.), Nachrüsten. Dokumente und Positionen zum NATO-Doppelbeschluß, Reinbek 1981; Josef Joffe (Hrsg.), Friede ohne Waffen. Der Streit um die Nachrüstung, München 1981.

stung der Bundesrepublik und ihrem NATO-Beitritt erst zu, als sowohl die USA als auch Großbritannien sich zur längerfristigen Stationierung von Truppen auf dem westeuropäischen Festland bereit erklärt hatten. Mögen die aus historischen Erfahrungen gespeisten Besorgnisse heute an Bedeutung verloren haben, so sollte doch nicht übersehen werden, daß gegenwärtig auf westdeutschem Territorium an Landstreitkräften den 335 200 Mann der Bundeswehr (ohne Territorialheer) 336 200 Mann amerikanische, belgische, britische, kanadische, französische und holländische Streitkräfte (ohne Berlin-Kontingente) gegenüberstehen.[23]
Für die Bundesrepublik Deutschland ist das Atlantische Bündnis vor allem ein Sicherheitsnetz, das ihre Außenpolitik absichert. Diese Funktion hat die Allianz insbesondere auf dem Gebiet der Deutschland-Politik ausgeübt. Sie leitete sich ab aus der im Rahmen der Pariser Verträge von den drei Westmächten übernommenen Verantwortung für Deutschland und Berlin als Ganzes, der ein von der Bundesrepublik nach Art. 2 der UN-Charta gegenüber den drei Mächten ausgesprochener Gewaltverzicht entsprach. Während die Bundesrepublik in ihrer Deutschland- und Berlin-Politik auf die Zustimmung der Partner angewiesen war, konnte sie gleichzeitig aus dieser Verpflichtung die Forderung nach Unterstützung derselben ableiten.
Der Zwang zur Abstimmung und Koordinierung beschränkt sich jedoch nicht nur auf den Bündnisbereich und -Zweck im engeren Sinne, sondern reicht weit darüber hinaus. Meinungsverschiedenheiten zwischen Washington und Bonn über den zwischen der Bundesrepublik und Brasilien abgeschlossenen Nuklearexportvertrag, über das Gas-Röhrengeschäft mit der Sowjetunion oder über die amerikanische Währungspolitik, hatten stets auch Rückwirkungen auf das Verhältnis im Bündnis; sie setzten Konsultationsprozesse mit dem Ziel eines politischen Kompromisses ingang, die Aufschlüsse auf den politischen Handlungsspielraum der Bundesrepublik vis-à-vis den Vereinigten Staaten auf der jeweiligen Problemebene erlaubten. Das »Sicherheitsnetz« des westlichen Bündnisses stellt also mehr als eine bloße Auffang- oder Rückfallposition dar, es bindet ebenso wie es schützt.

23 Vgl. Military Balance 1980–81, S. 6 und 21 ff.

3.2 *Die Europäische Gemeinschaft als Voraussetzung für ein Mitspracherecht in der Weltpolitik*

Aus der Sicht der Bundesrepublik war die Europäische Gemeinschaft stets dreierlei: Gemeinsamer Markt und Wirtschaftsgemeinschaft, multilateraler Rahmen für die Aufhebung des deutsch-französischen Sicherheitskonfliktes und Wegbereiter für eine Politische Union Westeuropas. Während EWG, EGKS und EURATOM wirtschaftliches Wachstum, Erhöhung des Lebensstandards und die Förderung engerer Beziehungen zwischen den Mitgliedsstaaten - zunächst der Sechs, dann der Neun und seit 1981 der Zehn - und damit politische Stabilität bringen sollten, waren die Ziele der Politischen Union weiter gespannt. In ihr hoffte die »unvollständige Nation« Bundesrepublik eine neue politische Identität zu finden, die radikal mit der Vergangenheit brach und den historischen Gegensatz zu Frankreich aufhob. Darüber hinaus erwartete sie, daß eine wirtschaftlich leistungsstarke westeuropäische Einheit ihre Stimme in weltpolitischen Fragen zu Gehör bringen und ein vereinigtes Westeuropa ein Gegengewicht zu den beiden Supermächten bilden könnte, zu der durch ihre geographische Nähe und ihre expansive Ideologie stets bedrohlichen Sowjetunion, aber auch zu den Vereinigten Staaten mit ihrer umfassenden politischen, wirtschaftlichen und militärischen Macht. Bonn dachte dabei nicht so sehr an ein Europa als dritte Kraft in der Weltpolitik, als vielmehr an ein Maß an gleichberechtigter Partnerschaft mit den Vereinigten Staaten, die den Westeuropäern eine ihrem wirtschaftlichen Gewicht entsprechende Mitsprache bei den gemeinsamen Angelegenheiten geben würde.

Nach 30 Jahren europäischer Integrationspolitik haben die Westeuropäer weder das Ziel der Harmonisierung ihrer Wirtschaftspolitik noch den Grad an politischer Koordinierung erreicht, der es ihnen erlauben würde, auf der internationalen Bühne mit einer Stimme zu sprechen. Auf der Habenseite der politischen Bilanz der Europäischen Gemeinschaft stehen die Entwicklung einer gemeinsamen Außenhandelspolitik, die Errichtung des Europäischen Währungssystems sowie die Assoziierung mit über 50 französisch- und englischsprechenden Staaten Afrikas, der Karibik und des Pazifik im Lomé-Abkommen; auf allen drei Gebieten haben die zehn EG-Staaten auf eine Reihe interner Steuerungsmöglichkeiten verzichtet.

Indem die Gemeinschaftsstaaten Bindungen eingegangen sind, die über die in den Römischen Verträgen vorgesehenen Einschränkungen ihrer Souveränität hinausreichen, haben sie damit auch den Handlungsspielraum für nationale Außenpolitik eingeschränkt. Dies hat z. B. für die

Bundesrepublik zur Folge, daß sie im Rahmen ihrer Ostpolitik nur wenige handelspolitische Zugeständnisse machen und z. B. über die von den osteuropäischen Staaten vor allem geforderte Einräumung der Meistbegünstigungsklausel nicht verfügen konnte. In gleicher Weise bedeutet die gemeinsame Vertretung der Zehn auf der KSZE oder der UNCTAD, daß zuvor Gemeinschaftspositionen entwickelt werden müssen, die nur über eine weitgehende außen- und wirtschaftspolitische Interessenabstimmung und die Fähigkeit zu pragmatischen Kompromissen erreichbar sind.
Dennoch ist die Europäische Gemeinschaft weit entfernt von dem Ziel einer Politischen Union. Im Gegenteil, der mit der europäischen Integration beschrittene institutionelle Weg und der sich aus diesem ergebende formelle Souveränitätsverzicht hat sich als nicht genügend tragfähig erwiesen, so daß in den siebziger Jahren mit der Errichtung des Europäischen Rates (ER) und der Europäischen Politischen Zusammenarbeit (EPZ) ein neuer funktionaler Weg beschritten wurde, der die Souveränität der Mitgliedstaaten formal nicht antastet, der ihnen jedoch eine weitgehende Abstimmung ihrer Politik in den verschiedenen Bereichen erlaubt. Dieser neue Mechanismus hat sich vor allem bei der Koordinierung der Nahostpolitik und der multilateralen Entspannungspolitik bewährt.[24]
Eine weitere Herausforderung war die Standortbestimmung der Gemeinschaft als Antwort auf die Initiative des damaligen amerikanischen Außenministers Kissinger für ein »Year of Europe«. Das Ergebnis war die Erklärung von Kopenhagen über Europäische Identität vom Dezember 1973, eine Erklärung des NATO-Rates über die Atlantischen Bezie-

24 So fanden z. B. während der 31. UN-Generalversammlung vom September bis zum Dezember 1976 insgesamt 190 Neuner-Treffen in New York statt! Vgl. Beate Lindemann, Die EG-Staaten und Vereinte Nationen. Die Politische Zusammenarbeit der Neun in den UN-Hauptorganen, München 1978; zur Europäischen Politischen Zusammenarbeit vgl. ferner Reinhardt Rummel und Wolfgang Wessels (Hrsg.), Die Europäische Politische Zusammenarbeit. Leistungsvermögen und Struktur der EPZ, Bonn 1978; Europäische Politische Zusammenarbeit (EPZ). Eine Dokumentation der Bundesregierung, Bonn 1978[3]. Zu den politischen Prozessen in der EG vgl. ferner Christoph Sasse, Regierungen, Parlamente, Ministerrat. Entscheidungsprozesse in der Europäischen Gemeinschaft, Bonn 1975; Wolfgang Wessels, Der Europäische Rat. Stabilisierung statt Integration? Geschichte, Entwicklung und Zukunft der EG-Gipfelkonferenzen, Bonn 1980; Ulrich Everling, Europäische Gemeinschaften und Bundesrepublik Deutschland. Zur Verflechtung der nationalen und der gemeinschaftlichen Politik, in: Regionale Verflechtung der Bundesrepublik Deutschland, a.a.O., S. 38–91; Ernst Ulrich Junker, Der Entscheidungsprozeß im Ministerrat der Europäischen Gemeinschaften, ebenda, S. 167–184; Reinhard Lohrmann, Entscheidungsprozesse in der Verwaltung der Europäischen Gemeinschaften, ebenda., S. 193–212; Helen Wallace, William Wallace and Carole Webb (Hrsg.), Policy-Making in the European Communities, Chichester u. New York 1977.

hungen vom Juni 1974 sowie als Bindeglied des »Gymnich-Agreement«, in dem die EG-Staaten zusagten, die USA und andere befreundete Staaten bei der Ausarbeitung gemeinsamer Positionen zu konsultieren.[25] In der Folge haben die Neun (seit 1981: Zehn) regelmäßig gemeinsame Positionen zu internationalen Fragen bezogen, z. B. zur Lage im südlichen Afrika oder im Nahen Osten. Aufgrund französischer Bedenken wurden dabei bisher Fragen der militärischen Sicherheit oder der Rüstungsbeschränkung ausgespart. Es bleibt abzuwarten, ob die deutsch-italienische Initiative vom Herbst 1981 für eine »Europäische Akte«[26] zur Intensivierung der politischen Koordinierung unter Einschluß der sicherheitspolitischen Dimension führt.

Obwohl der Prozeß der politischen Integration auch nicht annähernd als abgeschlossen betrachtet werden kann, haben sich innerhalb der nationalen Systeme weitreichende Veränderungen im politischen Instrumentarium, in den Sachkompetenzen und ihrer Verteilung sowie in den Organisationsstrukturen vollzogen. Je nach dem Integrationsgrad und -erfolg auf den einzelnen Sektoren ist der Anteil der Entscheidungen, die in einem Gemeinschaftskontext getroffen werden, hoch oder niedrig. Auf einer Reihe von Gebieten mit hohem Integrationsgrad haben schon heute rein nationale Entscheidungsverfahren innerhalb des Regierungssystems der Bundesrepublik aufgehört zu existieren. Gleichzeitig hat sich innerhalb der Europäischen Gemeinschaft ein Entscheidungsinstrumentarium herausgebildet, daß sich zwar hinsichtlich Form, Intensität und Bedeutung der daran partizipierenden Institutionen unterscheidet, dessen Ergebnis jedoch eine weitgehende multi- und transnationale Verflechtung der Entscheidungsprozesse ist.

25 Vgl. die Rede des Sicherheitsberaters des amerikanischen Präsidenten, Henry A. Kissinger, am 23. 4. 1973 auf dem Jahresessen von Associated Press in New York, in: EA 10/1973, S. D 220–225; das von den Außenministern der EG-Staaten am 14. 12. 1973 in Kopenhagen verabschiedete Dokument über europäische Identität, in: EA 2/1974, S. D 50–53, sowie die von den NATO-Außenministern am 19. 6. 1974 in Ottawa verabschiedete und den Regierungschefs am 26. 6. 1974 in Brüssel unterzeichnete Erklärung über die atlantischen Beziehungen, in: EA 15/1974, S. D 339–341. Zur Problematik des »Year of Europe« vgl. ferner Andrew J. Pierre, Was wird aus dem Jahr Europas? In: EA 5/1974, S. 131–141; Karl Kaiser, Die Krise der europäisch-amerikanischen Beziehungen, in: EA 12/1974, S. 387–398.

26 Vgl. den gemeinsamen deutsch-italienischen Vorschlag zur Fortentwicklung der Europäischen Gemeinschaft (»Europäische Akte«) vom 4. 11. 1981, in: EA 2/1982, S. D 50–55.

Teils mittelbar, über die Europäische Gemeinschaft, teils unmittelbar ist die Wirtschaft der Bundesrepublik institutionell mit dem Weltwirtschaftssystem verzahnt. Sie ist Mitglied des Internationalen Währungsfonds (IMF). Auch wenn zwei Kernstücke des Abkommens von Bretton Woods, feste Währungsparitäten gegenüber dem Dollar als Leitwährung und Teildeckung durch Gold, in der Währungskrise von 1971 zu Bruch gingen, haben sich die Regeln des IMF im wesentlichen bewährt. An die Stelle des U.S. Dollars traten Sonderziehungsrechte (SZR) als Zahlungs- und Reservemittel. Daneben wurden DM, Franc, Pfund und Yen zu inoffiziellen Reservewährungen. Im Gouverneursrat des IMF, in dem die EG-Staaten entsprechend ihren Quoten an SZR ein gewogenes Stimmrecht von 27,03 % besitzen, kommt ihnen eine Schlüsselstellung zu. In den letzten Jahren sind Weichenstellungen der Währungspolitik allerdings weniger im Gouverneursrat des IMF oder im Ständigen Ministerausschuß getroffen worden, sondern vielmehr im Zehner-Club der zehn finanzstärksten Welthandelsländer oder auf multilateralen Konferenzen wie den verschiedenen »Wirtschaftsgipfeln« der Industriestaaten.

Die alljährlichen Gipfeltreffen der sieben führenden Industrienationen des Westens (Bundesrepublik, Frankreich, Großbritannien, Italien, Japan, Kanada und Vereinigte Staaten) wurden 1975 ins Leben gerufen, um gemeinsam Lösungen für die teifgreifenden Probleme zu entwickeln, mit denen die westlichen Volkswirtschaften als Folge der Ölpreisexplosionen in den siebziger Jahren konfrontiert wurden. Als einer der ersten Staatsmänner hatte Bundeskanzler Helmut Schmidt die mit dem Verlust an wirtschaftlicher und sozialer Stabilität verbundenen Gefahren erkannt, wenn es nicht gelänge, die weltweiten Probleme sinkenden Wachstums versiegender Handelsströme und unbezahlbarer Ölrechnungen durch konzentriertes Handeln zu bewältigen.

Auf handelspolitischem Gebiet ist die Bundesrepublik im Rahmen des Allgemeinen Zoll- und Handelsabkommens (GATT) aktiv, dessen Ziel eine Harmonisierung des Welthandels durch allmählichen Abbau von Zöllen und anderen Handelshemmnissen ist. In den GATT-Verhandlungen, die seit 1973 von der EG-Kommission geführt werden, hat Bonn wegen seiner großen Außenhandelsabhängigkeit ein besonderes Interesse an einem ungehinderten Zugang zum Weltmarkt bei gleichzeitiger Stabilisierung des internationalen Währungssystems. Ein weiteres wichtiges Forum ist die Konferenz für Handel und Entwicklung (UNCTAD), die dem Dialog zwischen Industriestaaten und Entwicklungsländern dient und auf

deren Tagesordnung Fragen der Rohstoffpreis- und -erlösstabilisierung sowie die Entwicklung einer neuen Weltwirtschaftsordnung stehen.
Über diese institutionellen Verbindungen hinaus ergibt sich ein hoher Grad an Integration der westdeutschen Volkswirtschaft in die Weltwirtschaft durch das hohe Volumen ihres Außenhandels, ihrer internationalen Dienstleistungen und ihres Kapitaltransfers. Seit dem Ende des Zweiten Weltkrieges hat der Welthandel eine ungeheure Steigerung erfahren; im Jahre 1980 war das Welthandelsvolumen etwa fünfmal so hoch wie 1950. Allerdings haben sich die realen Zuwachsraten seit 1967 abgeflacht. Die Bundesrepublik hat an dieser Expansion – trotz konjunkturbedingter Einbrüche – überdurchschnittlich partizipiert. Gleichzeitig hat sich die Preis-, Lohn- und Beschäftigungsrate in den wichtigsten Industriestaaten einander angenähert. An die Stelle der für die Nachkriegsentwicklung typischen Phasenverschiebungen in den Auf- und Abschwüngen zwischen der westdeutschen Wirtschaft und derjenigen anderer Industriestaaten ist heute eine Synchronisation der wichtigsten nationalen Volkswirtschaften, ein »globaler Konjunkturzyklus« getreten.
Das Ausmaß der außenwirtschaftlichen Verflechtung der Bundesrepublik ist bedingt durch die Größe und Struktur des Außensektors ihrer Volkswirtschaft, der über 40 % beträgt (Anteil des Außenhandels am Bruttosozialprodukt), während die entsprechenden Werte für z. B. die USA bei ca. 15 % liegen. Ähnlich hoch ist die Exportquote (Anteil der Exporte am Bruttosozialprodukt), die 1980 bei 30 % lag. Den Hauptanteil am Auslandumsatz haben dabei die Investitionsgüterindustrie mit ca. 55 % und die Grundstoff- und Produktionsgüterindustrie mit ca. 25 %; gleichzeitig ist ihre Exportabhängigkeit, gemessen am Gesamtumsatz, in den siebziger Jahren erheblich gewachsen. Ein weiteres Strukturmerkmal der wirtschaftlichen Verflechtung ist die starke Wettbewerbsposition der Bundesrepublik auf dem Weltmarkt; vor allem konnte sie den Wert ihrer Exporte ständig steigern. Die hohe Exportquote wirkt sich auch auf die Höhe der Unternehmensgewinne sowie auf die Struktur des Arbeitsmarktes und die Beschäftigungsquote aus. Die Exportabhängigkeit der Erwerbstätigen in der Bundesrepublik betrug 1980 über 25 %, d. h. jeder vierte Arbeitsplatz war direkt oder indirekt ausfuhrabhängig. Dies hat innenpolitisch zu einer soliden Interessengemeinschaft von Unternehmern und Gewerkschaften, zu einem »Exportpakt« der wichtigsten gesellschaftlichen Gruppen geführt, der die Weltmarktorientierung der deutschen Wirtschaft unterstützt.
Auf dem Importsektor ist die westdeutsche Volkswirtschaft in hohem Maße abhängig von der Einfuhr industrieller Rohstoffe, die im Inland

nicht oder nicht in ausreichendem Maße vorkommen und auch nicht substituiert werden können. 94 % des Bedarfs an Erdöl, 95 % desjenigen an Eisenerzen und 94 % aller sonstigen NE-Metalle müssen eingeführt werden. Die enormen Rohstoffpreissteigerungen auf dem Weltmarkt - bei Rohöl um fast 1000 % in zehn Jahren, bei NE-Metallen um rund 75 % - haben auch in der Bundesrepublik zu einem starken Rückgang des wirtschaftlichen Wachstums und hohen Arbeitslosenraten geführt.

Die Verflechtung der Bundesrepublik in die Weltwirtschaft hat sich nicht gleichmäßig entwickelt, sondern konzentriert sich auf eine Reihe von Ländern und Ländergruppen. Etwa 50 % des Außenhandelsvolumens werden mit anderen EG-Ländern abgewickelt; die Europäische Gemeinschaft ist damit das wichtigste außenwirtschaftliche Verflechtungsmuster der Bundesrepublik. Es folgen die Vereinigten Staaten und die übrigen OECD-Länder als Haupthandelspartner. Während das Handelsvolumen mit den Staatshandelsländern in den letzten Jahren relativ konstant geblieben ist und um 5 % schwankt, gewinnt der Warenverkehr mit den Entwicklungsländern zunehmend an Bedeutung. Sie gehören nicht nur zu den wichtigsten Rohstofflieferanten, sondern auch in verstärktem Maße zu den Abnehmern westdeutscher Investitionsgüter.[27]

Ein weiteres Merkmal der außenwirtschaftlichen Verflechtung der Bundesrepublik ist der internationale Kapitalverkehr. Mit Forderungen und Verbindlichkeiten in Höhe von 65 Milliarden DM und Netto-Währungsreserven von 63 Milliarden DM zum Jahresabschluß 1980 ist die Bundesrepublik mit dem internationalen Kapitalmarkt eng verflochten. Wenn auch die tatsächliche Manövriermasse an Kapital geringer ist, so wird doch deutlich, in welchem Maße der internationale Kapitalmarkt und damit auch konjunkturelle Entwicklungen in der Weltwirtschaft durch von der Bundesrepublik ausgehende Transaktionen beeinflußt werden können.

Die Stellung der Bundesrepublik auf den internationalen Kapitalmärkten war besonders stark, als sie über einen stetigen Zahlungsbilanzüberschuß und über hohe Devisenreserven verfügte. Als Gläubigerland hat sie nicht nur ein Mitspracherecht in internationalen Währungsfragen, sondern

27 Zur außenwirtschaftlichen Verflechtung der Bundesrepublik vgl. u. a. Deutsche Bundesbank (Hrsg.), Internationale Organisationen und Abkommen im Bereich von Währung und Wirtschaft, Frankfurt 1978; die neuesten volkswirtschaftlichen Daten finden sich in den Jahresgutachten des Sachverständigenrates zur Begutachtung der gesamtwirtschaftlichen Entwicklung, in den Monatsberichten der Deutschen Bundesbank sowie in den verschiedenen Wochenberichten des Deutschen Instituts für Wirtschaftsforschung, Berlin.

nimmt auch auf die Wirtschaftspolitik anderer Staaten Einfluß. Sie nutzte außerdem das Instrument der Währungs- und Kreditpolitik für außen- und sicherheitspolitische Zwecke. Über den Ankauf von US-Dollar finanzierte die Bundesrepublik in den sechziger Jahren das Zahlungsbilanzdefizit der Vereinigten Staaten, das weitgehend aus dem Vietnam-Krieg herrührte; sie gab entspannungspolitisch motivierte Kredite an Jugoslawien und Polen, und sie unterstützte politisch labile Länder wie die Türkei, Italien oder Portugal mit Währungskrediten.

Aber auch die Bundesrepublik war in hohem Maße von Entwicklungen auf den internationalen Waren- und Finanzmächten abhängig. Als Folge der weltweiten Rezession sowie der enorm gestiegenen Ölpreisrechnungen geriet Ende der siebziger Jahre auch ihre Devisenbilanz in die roten Zahlen. Ähnlich hatte die amerikanische Hochzinspolitik einen direkten Einfluß auf Zinsniveau und Investitionsbereitschaft in der Bundesrepublik.

Die Tatsache, daß die Bundesrepublik etwa 50 % ihres Außenhandels innerhalb des Gemeinsamen Marktes abwickelt, gibt der Europäischen Gemeinschaft neben der politischen auch eine hohe wirtschaftspolitische Bedeutung, welche die Bundesregierung zu mancherlei politischen Rücksichtnahmen zwingt. Der Stellenwert des Osthandels ist dagegen – vor allem von seinen Kritikern – häufig überschätzt worden. Seine Bedeutung liegt vor allem darin, daß die Sowjetunion und andere osteuropäische Staaten mit ihren Lieferungen eine Diversifizierung der Rohstoff- und Energieimporte erlauben und im Gegenzug dazu einen Markt für hochwertige Industriegüter darstellen. Die vor allem nach der Ölkrise 1973 gewachsene Bedeutung der Rohstofflieferanten der Dritten Welt zwingt die Bundesrepublik in verstärktem Maße zu einer positiven Haltung ihnen gegenüber. Dies wird belegt durch eine Umorientierung ihrer traditionellen Israel-freundlichen Politik hin zu einer eher pro-arabischen Haltung. Vor allem aber fühlt sich die Bundesrepublik in die Pflicht genommen, einen größeren Beitrag zur Überwindung oder doch zumindest zur Abflachung des Nord-Süd-Konfliktes zu leisten.

Auf dem Gebiet der Sicherheitspolitik sieht sich Bonn aufgrund seiner wirtschaftlichen Stärke mit regelmäßigen Forderungen seitens der Bündnispartner konfrontiert. Von ihr wird entweder eine Erhöhung der eigenen Verteidigungsaufwendungen oder aber Leistungen an andere, schächere Bündnispartner erwartet. Angesichts des amerikanischen Drängens nach einem verstärkten »burden-sharing« erklärte sich die Bundesrepublik zu militärischen Ausrüstungs- und Ausbildungshilfen an außereuropäische Staaten bereit; etwa um die gleiche Zeit verpflichtete sie sich zum (teilwei-

sen) Ausgleich der amerikanischen Zahlungsbilanzdefizite durch verschiedene Devisenausgleichsabkommen. Auch das in den siebziger Jahren beschlossene European Defense Improvement Program (EDIP) ebenso wie das Long Term Defense Program (LTDP), bei dem die Bundesrepublik jeweils den Löwenanteil der Kosten trägt, oder die Türkei-Hilfe, bei der Bonn 1980 als Konsortialführer auftrat, sind Ausdruck ihrer auf wirtschaftliche Stärke gegründeten Bündnisverpflichtungen.
Der wirtschaftlichen Leistungsfähigkeit der Bundesrepublik sind jedoch Grenzen gesetzt; dies zeigte sich besonders deutlich anläßlich der Haushaltsmisere 1981, wo Überschreitungen bei verschiedenen militärischen Beschaffungsprogrammen zu signifikanten Kürzungen auf anderen Gebieten führten. Trotzdem mußte die Bundesrepublik unter bündnispolitischen Gesichtspunkten noch zusätzliche Mittel für den von den Vereinigten Staaten geforderten »host nation support« locker machen. Eine bündnispolitisch oder entspannungspolitisch orientierte Außenpolitik – neben den Verteidigungsleistungen sei hier an die Polen-Kredite zu denken – ließ sich bei stetigen wirtschaftlichen Wachstumsraten ohne zu große Schwierigkeiten finanzieren; bei Ebbe in der Haushaltskasse steht dieses Instrument der Außenpolitik jedoch nur noch sehr eingeschränkt zur Verfügung; dies dürfte künftig auch die Sicherheits- und Entspannungspolitik Bonns erschweren.
Auch aus anderen Gründen ist die Nahtstelle zwischen Wirtschaftspolitik und Sicherheitspolitik krisenanfällig. Zum einen ist die Bundesrepublik von den Vereinigten Staaten auch weiterhin sicherheitspolitisch in hohem Maße abhängig, zum anderen ist sie mit den westeuropäischen Partnern politisch und wirtschaftlich eng verflochten. Und schließlich hat sie aus politischen und wirtschaftlichen Gründen ein starkes Interesse an einer stabilen Kooperation mit der Sowjetunion und den osteuropäischen Staaten. Diese breitgefächerte Interessenlage birgt eine latente Gefahr von Prioritätenkonflikten in sich, die in der Vergangenheit besonders auf dem Gebiet der Osthandelspolitik aufgebrochen sind. 1962 beugte sich die Bundesregierung einem Beschluß des Bündnisses und verzichtete auf die Lieferung von Großrohren in die Sowjetunion; 20 Jahre später hielt sie trotz der vehementen Kritik aus Washington an dem mit der Sowjetunion abgeschlossenen westeuropäisch-sowjetischen Gas-Röhren-Geschäft fest. Diesmal konnte sie diesen Konflikt durchstehen, da sie sich in Übereinstimmung mit ihren westeuropäischen Partnern befand und ihr gestiegenes politisches Gewicht in die Waagschalen werfen konnte. Damit war jedoch der Grundkonflikt nicht ausgeräumt, der seine Ursache in der unterschiedlichen Einschätzung der Ost-West-Beziehungen und der Bewertung

wirtschaftspolitischer Instrumente hatte.[28] Bei der Auseinandersetzung über das Gas-Röhren-Geschäft zeigte sich auch, daß es den westlichen Industriestaaten an einem geeigneten Instrumentarium fehlt, um wechselseitige Rückwirkungen zwischen wirtschafts- und währungspolitischen Fragen einerseits und außenpolitischen und Sicherheitsproblemen andererseits nicht nur rechtzeitig zu erkennen, sondern auch angemessene Kompromißlösungen zu entwickeln.

3.4 *Internationale Organisationen und Konferenzen als Handlungsrahmen der Außenpolitik*

Auch durch die Mitgliedschaft der Bundesrepublik in einer Vielzahl von internationalen Organisationen sowie durch die Teilnahme an internationalen Konferenzen ergeben sich Bindungen und Verpflichtungen, aber auch zusätzliche politische Möglichkeiten. Neben der Europäischen Gemeinschaft und dem Atlantischen Bündnis ist derzeit die Organisation der Vereinten Nationen mit ihren Sonderorganisationen und Konferenzen einer der wichtigsten Handlungsrahmen der Außenpolitik der Bundesrepublik. Seit 1973 ist die Bundesrepublik Vollmitglied, nachdem der Grundlagenvertrag mit der DDR die Voraussetzungen für eine gemeinsame Mitgliedschaft der beiden deutschen Staaten in der Weltorganisation geschaffen hatte. Allerdings wirkte die Bundesrepublik bereits seit den fünfziger Jahren im UN-System mit, sie war Mitglied einiger Unterausschüsse sowie sämtlicher UN-Sonderorganisationen und nahm an zahlreichen internationalen Konferenzen der Vereinten Nationen aktiv teil. Entsprechend hoch waren ihre finanziellen und materiellen Leistungen, die sie als eine der führenden Industrienationen erbrachte. Seit 1973 nimmt sie gleichberechtigt an den Sitzungen der Generalversammlung teil; 1974 wurde sie als Vertreter der westeuropäischen Staatengruppe in den Wirtschafts- und Sozialrat gewählt; 1977–78 gehörte sie dem Sicherheitsrat der Vereinten Nationen an; in der 35. Generalversammlung 1980–81 hatte der Bonner UN-Botschafter, Rüdiger Freiherr von Wech-

28 Zur Osthandelspolitik der Bundesrepublik vgl. Michael Kreile, Osthandel und Ostpolitik, Baden-Baden, 1978; Claudia Wörmann, Der Osthandel der Bundesrepublik Deutschland. Politische Rahmenbedingungen und ökonomische Bedeutung, Frankfurt 1982; Angela Stent, Wandel durch Handel? Die politisch-wirtschaftlichen Beziehungen zwischen der Bundesrepublik Deutschland und der Sowjetunion, Köln 1983; diess., Soviet Energy and Western Europa, Washington 1982 (The Washington Papers, Nr. 90); Harald Müller und Reinhard Rode, Osthandel oder Wirtschaftskrieg? Frankfurt 1981.

mar, die Präsidentschaft inne. Heute gibt es keine UN-Sonderorganisation oder -konferenz von Bedeutung, in der die Bundesrepublik nicht vertreten ist.[29]
Entsprechend den Zielen der Vereinten Nationen konzentriert sich die deutsche UN-Politik vorrangig auf die beiden Problembereiche Friedenssicherung und Abrüstung sowie weltweite Entwicklung. Einen wichtigen finanziellen, materiellen und politischen Beitrag leistet Bonn zum internationalen Krisenmanagement durch die Unterstützung der verschiedenen UN-Friedensbemühungen und -truppen. Seit 1973 gehört die Bundesrepublik auch dem Abrüstungsausschuß in Genf an (Committee on Disarmament, CD); sie hat aber bereits vor dieser Zeit die Tätigkeit dieses Ausschusses und seiner Vorgänger mit Aufmerksamkeit verfolgt, u. a. durch einen eigenen, sachkundigen Beobachter in Genf. Während sie sich in den sechziger Jahren mehr als Objekt internationaler Abrüstungsbemühungen fühlte und bestrebt war, negative Auswirkungen auf die deutsche Frage zu vermeiden, nahm sie in den siebziger Jahren eine aktivere Rolle ein und trat verschiedentlich mit eigenen Studien und Vorschlägen hervor.
Dennoch darf nicht übersehen werden, daß heute die wichtigsten Rüstungsbeschränkungsverhandlungen nicht im UN-Rahmen, sondern einem bilateralen oder eng umschriebenen multilateralen Kontext geführt werden, z. B. die sowjetisch-amerikanischen Gespräche über eine Reduzierung der strategischen Waffensysteme (START) und die Verhandlungen über eine Begrenzung der Mittelstreckensysteme (INF) sowie die von Staaten des Warschauer Paktes und der NATO geführten Verhandlungen über eine Reduzierung der konventionellen Streitkräfte (MBFR). An der Wiener Konferenz nimmt die Bundesrepublik in enger Abstimmung mit ihren westlichen Verbündeten und im Rahmen einer gemeinsamen NATO-Verhandlungsposition teil; bei den INF-Verhandlungen sowie den START-Gesprächen ist sie zur eigenen Interessenartikulation auf bilaterale und multilaterale Konsultationen mit den Vereinigten Staaten angewiesen. Entsprechend haben sich unterschiedliche Mitwirkungs- und Mitbeteiligungsprozesse herausgebildet, die bis auf die Arbeitsebene hinunterreichen und spezifische transnationale Koordinierungsprozesse hervor-

29 Zur Mitgliedschaft der Bundesrepublik in den Vereinten Nationen vgl. Beate Lindemann, Bilanz der deutschen UN-Mitgliedschaft, in: AP, H. 3, 1980, S. 314–322; Wilhelm Bruns, Die beiden deutschen Staaten in den Vereinten Nationen, Köln 1980; Ulrich Scheuner und Beate Lindemann (Hrsg.), Die Vereinten Nationen und die Mitarbeit der Bundesrepublik Deutschland, München u. Wien 1973.

gebracht haben. Ähnliche Formen haben sich, vor allem im Rahmen der EPZ, bei der multilateralen Abstimmung der westlichen Verhandlungsführung auf den Konferenzen über Sicherheit und Zusammenarbeit in Europa (KSZE) entwickelt.

Durch die hohe Aufeinanderbezogenheit der Staaten ebenso wie durch die enge Verflechtung der Entscheidungsprozesse sind der Bundesrepublik vielfältige Einflußmöglichkeiten zugewachsen. Geographische Lage, Bevölkerung und militärisches Potential, vor allem aber ihre überragende Wirtschaftskraft – die manche Beobachter von der Bundesrepublik als einer »économie dominante«[30] sprechen lassen – tragen dazu bei, daß internationale Entscheidungen in der Regel nur mit, aber nicht gegen Bonn möglich sind. In vielen Fällen geht die Initiative von der Bundesrepublik aus, so vor allem in der Europa-Politik, oder sie sichert bestimmte politische Strategien durch den engen Rapport mit einem ihrer Partner ab – in der Regel den USA oder Frankreich –, oder aber sie ermöglicht Lösungen durch ihre Finanz- und Wirtschaftskraft. Sie tut dies keineswegs uneigennützig, sondern in der Verfolgung eigener Interessen und Ziele, sowie in der Erkenntnis, daß historische Kontinuität, geographische Mittellage und weltweite wirtschaftliche Interdependenz keine autonome Politik gestatten, sondern nur eine solcher flexibler Anpassung an und geschickter Einwirkung auf sich wandelnde internationale Strukturen.

Das politische System der Bundesrepublik hat sich an den hohen Grad der internationalen Verflechtung weitgehend angepaßt und entsprechende transnationale Handlungsmuster und Entscheidungsprozesse entwickelt. Die Nachkriegssituation hat dazu beigetragen, daß die Mehrheit der Bevölkerung diese internationalen Bindungen voll akzeptiert und zu ihrem Vorteil nutzt.

30 Der Begriff stammt von François Perroux, Entwurf einer Theorie der dominierenden Wirtschaft, in: Zeitschrift für Nationalökonomie, H. 1, 1950, S. 1–25 u. H. 2, 1951, S. 242–268. Auf die Bundesrepublik angewandt hat ihn u. a. Joachim Hütter, Die Stellung der Bundesrepublik Deutschland in Westeuropa. Hegemonie durch wirtschaftliche Dominanz? In: Integration, H. 3, 1978, S. 103 ff.

4. *Drei Etappen der Außenpolitik und die sie prägenden Persönlichkeiten*

Für die deutsche Nachkriegsgeschichte gilt also: am Anfang war Potsdam. Die Teilung Europas und die fortdauernde Präsenz der Siegermächte des Zweiten Weltkrieges war eine der wichtigsten Strukturbedingungen europäischer Nachkriegsentwicklung. Der sich als Folge des Ost-West-Konfliktes herausbildende Gegensatz zwischen den Weltmächten machte jedoch eine gemeinsame Politik gegenüber Deutschland unmöglich und eröffnete der Bundesrepublik innerhalb des auf diese Weise abgesteckten Rahmens beträchtliche Handlungsmöglichkeiten. Es ist das Verdienst des ersten Kanzlers der Bundesrepublik, Konrad Adenauer, diese Möglichkeiten mit der von ihm vertretenen Politik der Westintegration voll ausgeschöpft zu haben. Zwanzig Jahre später hat der erste sozialdemokratische Regierungschef der Zweiten Republik, Willy Brandt, den gewachsenen Handlungsspielraum genutzt und mit seiner Politik der Friedenssicherung und Entspannung den notwendigen Ausgleich nach Osten vollzogen. Ein dritter Kanzler, Helmut Schmidt, hat schließlich das gewachsene politische Gewicht der Bundesrepublik eingesetzt, um ihrem Interesse nach Sicherheit ebenso wie nach Entspannung Geltung zu verschaffen.
Eine Beschreibung der Bedingungen deutscher Außen- und Sicherheitspolitik bliebe daher unvollständig, wenn nicht auf den Beitrag verwiesen werden würde, den einzelne Politiker zu ihrer Ausgestaltung geleistet haben. Die Möglichkeit, prägend zu wirken, war in den Anfangsjahren der Republik besonders groß, da der verfassungsrechtliche Rahmen Spielraum gewährte, die Außenpolitikbürokratie wenig Eigengewicht erlangt hatte und noch kein Korsett an Traditionen und eingeübten Verhaltensweisen bestand. In der Folgezeit eröffneten sich Spielräume für individuelles Handeln immer dann, wenn außenpolitisches Neuland betreten wurde, so von der Regierung Brandt-Scheel in der Ostpolitik und von der Regierung Schmidt-Genscher in der Außenwirtschaftspolitik.

4.1 *Die »Ära Adenauer«: die konstitutive Phase der Nachkriegspolitik*

Die erste Phase deutscher Nachkriegspolitik war zum einen geprägt durch die spezifischen internationalen Rahmenbedingungen, und zum anderen durch den überragenden Einfluß des ersten Kanzlers der Bundesrepublik, Konrad Adenauer, der es gerechtfertigt erscheinen läßt, von einer

»Ära Adenauer« (Schwarz) zu sprechen. Eine Reihe von für die weitere Entwicklung der Bundesrepublik enorm wichtigen außenpolitischen Weichenstellungen wurden damals vorgenommen. Das zentrale Element dieser Politik war die von Konrad Adenauer aus innerer Überzeugung und äußerer Notwendigkeit betriebene Politik der Westintegration, die im wesentlichen vier Ziele verfolgte:

- die noch ungefestigte Demokratie im Innern durch die enge Verbindung mit den westlichen Demokratien abzustützen und zu stärken;
- das Besatzungsregime und die von den Alliierten verfügten Beschränkungen in freiwillig übernommenen Bindungen aufgehen zu lassen;
- die historischen Belastungen zwischen Deutschland und seinen westlichen Nachbarn durch eine enge wirtschaftliche und politische Integration Westeuropas zu überwinden;
- den Schutz der Bundesrepublik vor militärischer Agression oder politischer Subversion durch ein dauerhaftes Bündnis mit den Vereinigten Staaten sicherzustellen.

Nach Osten hin beschränkte sich die Politik Adenauers auf die Aufnahme diplomatischer Beziehungen zu Moskau und die Nutzung des auf diese Weise geknüpften Gesprächsfadens mit der Kremlführung, um auszuloten, unter welchen Bedingungen die Sowjetunion zu einer Entschärfung der europäischen Spannungen – sei es durch Aufgabe der DDR und Wiedervereinigung mit der Bundesrepublik, sei es durch einen zeitlich begrenzten Burgfrieden oder durch eine »Österreich-Lösung« für die DDR – bereit sein könnte.[31]

Die »Ära Adenauer« wurde mitgeprägt von den wirtschaftspolitischen Konzepten Ludwig Erhards: im Inneren der Errichtung einer »Sozialen Marktwirtschaft« – einer Kombination von marktwirtschaftlichen, ordnungspolitischen und sozialen Komponenten, die bis zum heutigen Tag das Erscheinungsbild der westdeutschen Volkswirtschaft prägen –, nach außen durch ihre weitgehende Einbeziehung in die Weltwirtschaft. Schließlich wäre sie nicht in dieser Weise wirksam gewesen ohne die sachkundige und engagierte Unterstützung von Adenauer ergebenen Politikern und Beamten wie Heinrich von Brentano, Walter Hallstein und Wilhelm Grewe.[32]

31 Vgl. Adenauer, Erinnerungen 1955–1959, a.a.O.; ferner Schwarz, Das außenpolitische Konzept Konrad Adenauers, a.a.O.

32 Vgl. Arnulf Baring, Außenpolitik in Adenauers Kanzlerdemokratie, München 1969; ders., Sehr verehrter Herr Bundeskanzler! Heinrich von Brentano im Briefwechsel mit Konrad Adenauer 1949–1964, Hamburg 1974; Grewe, Rückblenden, a.a.O.; Herbert Blankenhorn, Verständnis und Verständigung. Blätter eines politischen Tagebuches 1949–1979, Frankfurt a. M. 1980.

In der Gründungsphase der Zweiten Republik bildeten sich auch die politischen Strukturen heraus und wurde das institutionelle Instrumentarium geschaffen, das künftig die Außenpolitik Bonns prägte. Die überragende Bedeutung des Bundeskanzlers im politischen System der Bundesrepublik leitete sich mehr aus der persönlichen Wirkungskraft seines ersten Amtsinhabers, Konrad Adenauer, als aus der im Grundgesetz verankerten Richtlinienkompetenz ab. Zu seiner Zeit war das Auswärtige Amt ein Instrument in der Hand des Regierungschefs, das dieser, wenn nötig, auch über den Kopf von Außenminister von Brentano hinweg, zur Ausführung des von ihm als richtig erachteten außenpolitischen Kurses, einsetzte. Erst dessen Nachfolger als Außenminister, Gerhard Schröder, gelang es, das im Grundgesetz verankerte Ressortprinzip auch für den Aufgabenbereich des Außenministers durchzusetzen und dem Auswärtigen Amt ein höheres Maß an Gewicht zu verschaffen. Seine Amtszeit fiel jedoch zusammen mit einer Schwächung der Rolle des Bundeskanzlers – seit 1961 war Adenauer Bundeskanzler auf Zeit, geschwächt durch Berlin-Krise und Spiegel-Affäre; auf ihn folgte der als Regierungschef glücklose Erhard. Eine Eigenständigkeit erhielt der Außenminister erst, als dieses Amt auf der Grundlage von Koalitionsabsprachen dem kleineren Koalitionspartner – 1966 der SPD, seit 1969 der FDP – übertragen wurde.
So lange die Sicherheitspolitik primär eine Funktion der Außenpolitik war, behielt Adenauer ihre Leitung selbst in der Hand; Theodor Blank, sein erster Verteidigungsminister, war im wesentlichen sein Erfüllungsgehilfe. Dessen Nachfolger, Franz Josef Strauß, gewann jedoch bald ein eigenes politisches Gewicht, zum einen durch seinen rasch erworbenen militärischen Sachverstand, zum anderen aufgrund seiner eigenwilligen und dynamischen Persönlichkeit – über die er dann in der SPIEGEL-Affäre 1962 stolperte. Adenauer zögerte nicht, den überlegenen Sachverstand eines Kabinettskollegen anzuerkennen, so lange sich dieser innerhalb des vom »Alten« abgesteckten Rahmens bewegte. Dies prägte auch sein Verhältnis gegenüber seinem Wirtschaftsminister, Ludwig Erhard, dem er in der Außenwirtschaftspolitik weitgehend freie Hand ließ. Zum Konflikt zwischen beiden kam es erst, als sich Erhard anschickte, Adenauers Nachfolge anzutreten. Auf dem Höhepunkt seiner Macht – im wesentlichen in den Jahren 1953 bis 1961 – gelang es Adenauer meisterlich, die drei in der Verfassung angelegten und tendenziell divergierenden Prinzipien – Richtlinienkompetenz, Ressortprinzip und Kabinettspolitik – nicht nur auf einen Nenner zu bringen, sondern auf seine Person hin auszurichten. Darüber hinaus verstand er es, potenzielle Konkurrenten oder Kritiker – z. B. Vertreter der Gewerkschaften, der Industrie oder der Kirchen

– in die Regierungsverantwortung einzubeziehen. Das Ergebnis war ein in hohem Maße auf Adenauer ausgerichtetes politisches Kräftefeld, das jedoch an Wirksamkeit verlor, als nach den innen- und außenpolitischen Krisen der Jahre 1961/62 dieser an Handlungsfähigkeit einbüßte.
Einem derartig zentralisierten, auf die dominierende Persönlichkeit des Regierungschefs ausgerichteten Regierungssystem entsprach in der Anfangsphase der Bundesrepublik auch eine Personalisierung des Parteiensystems. Mit Kurt Schumacher verfügte die SPD über einen politisch potenten Oppositionsführer, dessen Krankheit und früher Tod 1952 diese jedoch weitgehend führungslos machte. Sein Nachfolger, Erich Ollenhauer, konnte den Schumacherschen Kurs einer prinzipiellen antikommunistischen Westorientierung der Bundesrepublik, der gleichzeitig der Wiederherstellung der Einheit Deutschlands Vorrang vor ihrer Einbindung in den entstehenden Westblock einräumte, nicht überzeugend genug vertreten, insbesondere ihn nicht mehrheitsfähig machen. Erst gegen Ende der »Ära Adenauer« hatte die SPD ihre Führungsspitze regeneriert, so daß sie in der Lage war, den Kurs der Partei an die gewandelten internationalen Rahmenbedingungen anzupassen. Es war im wesentlichen das Verdienst Fritz Erlers, den Kurswechsel konzeptionell vorbereitet zu haben, während ihn Herbert Wehner mit seiner aufsehenerregenden Bundestagsrede vom 30. Juni 1960 öffentlich vollzog.[33] Willy Brandt schließlich, der als Regierender Bürgermeister von Berlin während der Berlin-Krise 1958–61 an politischer Statur gewonnen hatte, konnte als Kanzlerkandidat der SPD eine personelle Alternative zu Adenauer anbieten. Aber erst die Große Koalition aus CDU/CSU und SPD, die Ende 1966 die Regierung Erhard ablöste, gab dann der SPD die Möglichkeit, ihre Regierungsfähigkeit zu erweisen.
Der Erfolg Adenauers, jedenfalls bis zum Höhepunkt der Berlin-Krise im Jahre 1961, beruhte darauf, daß er sich mit der von ihm verfolgten Politik in weitgehender Übereinstimmung mit den Interessen der westlichen Alliierten, insbes. der Vereinigten Staaten befand. Seine gleichzeitig auf Westintegration und Stärkung des internationalen Status der Bundesrepublik gerichtete Politik korrespondierte mit der von den USA gegenüber der Sowjetunion betriebenen Containment-Politik, in deren Rahmen die

33 Vgl. die Rede Herbert Wehners am 30. 6. 1960 im Deutschen Bundestag, in: DBT/III/122, 30. 6. 1960, S. 7052–7061; zur Neuorientierung der SPD vgl. ferner Abraham Ashkenasi, Reformpartei und Außenpolitik. Die Außenpolitik der SPD Berlin–Bonn, Köln und Opladen 1968; Hartmut Soell, Fritz Erler – Eine politische Biographie, Bonn-Bad Godesberg 1976, 2 Bde.

Bundesrepublik zu einem wichtigen Bundesgenossen wurde. Das »Auftauen« der Ost-West-Beziehungen 1955 und die im gleichen Jahr zu beobachtenden Versuche, den eingefrorenen Dialog zwischen den Vier Mächten über die Neuordnung Europas und die Zukunft Deutschlands wiederaufzunehmen, setzten diesen Rapport einer Belastungsprobe aus. Er zerbrach jedoch erst, als Washington auf dem Höhepunkt der Berlin-Krise 1961 nach einem Modus vivendi mit Moskau zu suchen begann.
Angesichts der sich anbahnenden Ost-West-Entspannung wurde die Regierung Adenauer zum Gefangenen ihrer eigenen »Politik der Stärke«, die auf Lösung der nationalen Frage durch unbedingte Westbindung und Nichtanerkennung der nach dem Zweiten Weltkrieg in Europa entstandenen politischen Veränderungen setzte. Als Strick zur Selbstfesselung erwies sich dabei die Hallstein-Doktrin, mit der Bonn der DDR internationale Anerkennung verweigern wollte. Diese Politik wurde vollends unhaltbar, als sich auch die anderen westlichen Staaten bemühten, ihre politischen und ökonomischen Beziehungen zu den osteuropäischen Staaten und zur Sowjetunion zu normalisieren und auszubauen.
Die von Außenminister Gerhard Schröder ab 1962 betriebene »Politik der kleinen Schritte« versuchte sich den neuen internationalen Tendenzen anzupassen, ohne jedoch die grundsätzlichen Positionen Bonns in der deutschen Frage aufzugeben und ohne zu realisieren, daß die Verbündeten sich von diesen bereits unwiderruflich entfernt hatten. Die Bundesrepublik geriet auf diese Weise mehr und mehr in die Gefahr einer internationalen Isolierung – eine Gefahr, die Adenauer mit seiner Politik der Westbindung gerade zu verhindern gesucht hatte. Der – altersbedingte und innenpolitisch erzwungene – Rücktritt Adenauers im Herbst 1963 fiel auf diese Weise zusammen mit dem Ende einer Epoche deutscher Außenpolitik, deren wichtigstes Kennzeichen die Parallelität der politischen Ziele der Bundesregierung mit denjenigen ihres wichtigsten Verbündeten, der Vereinigten Staaten, war.
Die sechziger Jahre waren eine Zeit des Übergangs. Eine Phase der deutschen Außenpolitik ging zu Ende und eine neue kündigte sich an: in Diskussionen über eine Entkrampfung des Verhältnisses zur DDR, in den Bemühungen Gerhard Schröders um eine »neue Ost-Politik«, die in der »Friedensnote« von 1966 ihren Niederschlag fanden, und in dem von der Großen Koalition geführten Gewaltverzichtsdialog mit der Sowjetunion. Der taktische Charakter des Bündnisses zwischen CDU/CSU und SPD – das ersterer ein Verbleiben an der Regierung erlaubte und letzterer den Zugang zu derselben eröffnete – spiegelte sich in den Widersprüchen der von der Großen Koalition betriebenen Politik wider: während die CDU/

CSU die Auffassung vertrat, daß an der Nichtanerkennung der DDR sowie der mittel- und osteuropäischen Grenzveränderungen festgehalten werden müßte, war die SPD bereit, den Status quo zu akzeptieren, wenn so der Ausgleich mit dem Osten möglich war.

4.2 *Die Sozialliberale Koalition: Aufbruch zu neuen Ufern*

Die Bildung der Sozialliberalen Koalition und die Wahl Willy Brandts zum Bundeskanzler im Herbst 1969 eröffnete die Möglichkeit zu einem neuen innen- und außenpolitischen Kurs.[34] Die Entscheidung für Gustav Heinemann als Bundespräsident ebenso wie der Kniefall Willy Brandts vor dem Mahnmal im ehemaligen Warschauer Ghetto signalisierten, daß sich die Deutschen nunmehr ihrer Vergangenheit stellten und bereit waren, deren Folgen zu akzeptieren. Die Ostpolitik Willy Brandts ging von der in Europa »wirklich bestehenden Lage« aus und erkannte sie an ohne etwas wegzugeben, das nicht lange zuvor durch die Politik Hitlers verspielt worden war.

Das entscheidende neue Element der sozialliberalen Ostpolitik war, daß sie einen Modus vivendi mit der Sowjetunion und den osteuropäischen Staaten auf der Grundlage der nach dem Zweiten Weltkrieg in Europa geschaffenen Realitäten suchte. Dies schloß die politische Anerkennung der DDR ein, mit der eine engere Zusammenarbeit zur Lösung der aus der Teilung resultierenden Probleme oder, wenn dies nicht möglich war, wenigstens ein geregeltes Nebeneinander angestrebt wurde. Das Ziel der nationalen Einheit ging auf in der Vision einer europäischen Friedensordnung, mit der die Teilung Europas und damit auch die Spaltung Deutschlands überwunden werden sollte.[35]

Die geschichtliche Leistung Brandts besteht darin, die Notwendigkeit zur Aufgabe der hohl gewordenen Wiedervereinigungs-Politik erkannt und die Chance zu einem Ausgleich mit dem Osten ergriffen zu haben. Sein Erfolg beruhte darauf, daß er – ähnlich wie Adenauer vor ihm – in Über-

34 Zu den Hintergründen des Scheiterns der Großen Koalition und der Bildung der Sozialliberalen Koalition vgl. Arnulf Baring, Machtwechsel. Die Ära Brandt-Scheel, Stuttgart 1982.

35 Vgl. Willy Brandt, Außenpolitik, Deutschlandpolitik, Europapolitik. Grundsätzliche Erklärungen während des ersten Jahres im Auswärtigen Amt, Berlin 1968; ders., Friedenspolitik in Europa, Frankfurt 1968; ders., Begegnungen und Einsichten. Die Jahre 1960–1975, Hamburg 1976. Eine Würdigung versucht Peter Bender, Die Ostpolitik Willy Brandts oder Die Kunst des Selbstverständlichen, Reinbek 1972.

einstimmung mit den Interessen der westlichen Verbündeten handeln konnte. Seine Politik gefährdete also nicht die grundlegende Westorientierung der Bundesrepublik, festigte diese vielmehr, indem sich Bonn in den Entspannungsgeleitzug des Westens einfügte und die Verbündeten von der lästig gewordenen Pflicht befreite, Lippenbekenntnisse zugunsten der deutschen Einheit abzugeben, die in Wahrheit nicht mehr in deren Interesse war. Die Problematik dieser Politik bestand darin, daß sie die Hoffnung weckte, die Entspannungspolitik werde zu einem signifikanten und dauerhaften Abbau der politischen Spannungen führen und die Möglichkeit für eine Reduzierung der militärischen Potentiale in Europa eröffnen. Diese Erwartung erfüllte sich jedoch nicht.
Der Rücktritt Willy Brandts nach der Aufdeckung der Guillaume-Spionage-Affäre war vordergründig ein sehr persönlicher Schritt. In der historischen Perspektive erscheint er jedoch auch als ein Eingeständnis, daß die weitgesteckten Ziele der Brandtschen Friedenspolitik nicht einlösbar waren. Dies bezog sich sowohl auf die Entspannungspolitik, deren Dynamik durch innenpolitische Widerstände in der Bundesrepublik, aber auch in den Vereinigten Staaten und vermutlich ebenfalls in der Sowjetunion gebremst wurde. (In den USA kommt dem Jackson-Vanick Amendment zum sowjetisch-amerikanischen Handelsabkommen eine Schlüsselrolle zu, in der Sowjetunion wird diese Annahme durch die Forcierung der Rüstungsprogramme, z. B. die Entscheidung zum Bau der SS-20, nahe gelegt.) Die sozialliberale Reformpolitik, die an die Grundprinzipien der Leistungsgesellschaft rührte, auf denen der wirtschaftliche Wohlstand der Bundesrepublik beruhte, stagnierte ebenso wie ihre Finanzierung angesichts einer weltweiten Rezession als Folge der Ölkrise zunehmend schwieriger wurde.

4.3 *Die Regierung Schmidt-Genscher: Kontinuität und Konsolidierung*

Der Nachfolger Willy Brandts als Bundeskanzler, Helmut Schmidt, sah sich vor allem vor zwei Aufgaben gestellt: die Kontinuität der im Westen verankerten Bündnis- und Sicherheitspolitik ebenso wie der Entspannungspolitik gegenüber der Sowjetunion und Osteuropa zu gewährleisten. Dazu mußten die Ergebnisse der Aufbruchsphase in der Außenpolitik, insbesondere die Ostpolitik, konsolidiert und nach Westen hin abgesichert werden. Gleichzeitig galt es, in engem Zusammenwirken mit den anderen westlichen Industriestaaten eine Neuordnung der Weltwirtschaft zu erreichen, die durch die Ölpreisdiktate der OPEC-Staaten in ihren

Grundfesten erschüttert worden war. Und schließlich mußten diese unterschiedlichen Stränge der Politik miteinander vereinbar gehalten werden.

Während für Brandt »Entspannung« das Leitmotiv der Friedenspolitik gewesen war, trat bei Schmidt die Sicherheitspolitik im weitesten Sinne in den Vordergrund. Ihre Ziele waren Stabilität und Gleichgewicht im Ost-West-Verhältnis, ihre wichtigsten Elemente der politische Dialog, der auch in Krisenzeiten nicht abreißen durfte, sowie Verhandlungen über eine ausgewogene Reduzierung der Streitkräfte und Rüstungen, die jedoch eine eigene »Nachrüstung« nicht ausschlossen, wenn dies zur Wiederherstellung des Kräfteverhältnisses notwendig war, und schließlich wirtschaftliche Kooperation, wenn und soweit diese im beiderseitigen Interesse lag und keine einseitigen Abhängigkeiten der Bundesrepublik schuf.

Bereits früher hatte Schmidt für eine derartig verstandene Sicherheitspolitik den Begriff der »Strategie des Gleichgewichts« geschaffen.[36] Sie konnte nur multilateral geführt werden, ihr Träger mußte das Atlantische Bündnis sein. Vorrang hatte daher für Schmidt die enge Abstimmung mit den Vereinigten Staaten sowie die freundschaftliche Zusammenarbeit mit Frankreich. Der multilaterale Kontext der Sicherheits- und Entspannungspolitik der Bundesrepublik verbot nationale Alleingänge, er schloß jedoch nicht aus, daß die Bundesrepublik bilaterale Vereinbarungen, z. B. mit der DDR, traf, wenn diese sich im Rahmen der gemeinsam vereinbarten Politik bewegten. Voraussetzung für den Erfolg einer derartigen Politik waren weiterhin die innere Stabilität und wirtschaftliche Leistungskraft der westlichen Industriestaaten. Helmut Schmidt sah daher seine besondere Verantwortung darin, in gemeinsamem Handeln mit den anderen Westmächten die angeschlagene Weltwirtschaft wieder flottzumachen.

Unter der Kanzlerschaft von Helmut Schmidt führte die Bundesrepublik die selbstbewußte Politik einer Mittelmacht, die sich auf wirtschaftliche Leistungskraft, geograpisch-politische Lage und erwiesene Verläßlichkeit als Bündnispartner gründete, die aber zugleich geprägt war vom Bewußtsein der Bindung der Bundesrepublik an ihre Partner und ihrer Abhän-

36 Vgl. Helmut Schmidt, Strategie des Gleichgewichts. Deutsche Friedenspolitik und die Weltmächte, Stuttgart 1969; ders., Politische und wirtschaftliche Aspekte der westlichen Sicherheit, a.a.O.; ders., Perspectives on Politics. Ed. by Wolfram F. Hanrieder, Boulder, Co. 1982. Eine Würdigung versucht Kurt Becker, Helmut Schmidts außenpolitisches Vermächtnis, in: ZEIT, 15. 10. 1982.

gigkeit von globalen Entwicklungen. Diese Einsicht in die Grenzen deutscher Politik führten zur Mäßigung bei der Durchsetzung eigener Interessen und zum Verzicht auf Vorherrschaft. Das Ergebnis war dennoch ein enormer Zuwachs an außenpolitischem Handlungsspielraum und internationalem Gewicht für die Bundesrepublik. Gleichzeitig wurden jedoch auch die Schranken ihrer Bewegungsfreiheit deutlich, als sich der Ost-West-Gegensatz nach der sowjetischen Intervention in Afghanistan Anfang 1980 deutlich verschärfte und sich zeigte, daß der Bundeskanzler eben nicht als Dolmetscher zwischen zwei streitenden Parteien fungieren konnte, wenn es sich bei diesen um die beiden Weltmächte handelte. Dabei wurde evident, daß die politische Wirksamkeit der Bundesrepublik am größten im Bündnis und mit den Vereinigten Staaten, nicht gegen diese war. Dies schloß begrenzte Konflikte mit der westlichen Vormacht, z. B. in der Frage des Gas-Röhren-Geschäftes mit der Sowjetunion nicht aus, wenn sich Bonn in Übereinstimmung mit den europäischen Verbündeten wußte.

Das institutionelle Instrumentarium der Außenpolitik hatte sich seit der »Ära Adenauer« in mehrfacher Weise gewandelt. Seit 1961 verfügte keine Partei mehr über eine Mehrheit im Deutschen Bundestag, Regierungen waren daher stets Koalitionsregierungen, wobei die vereinbarten politischen Strategien ebenso wie die Ämterverteilung in der Regel das Ergebnis eines zäh ausgehandelten Kompromisses waren. Dem Juniorpartner wurde neben dem Vizekanzleramt seit 1966 auch das Außenministerium und seit 1969 das Wirtschaftsministerium eingeräumt, er erhielt damit einen zentralen Zugriff auf die Außenpolitik. An die Stelle des den außenpolitischen Kurs kraft Person und Amt allein festlegenden Bundeskanzlers trat ein Kräfteparallelogramm, in dem dem Regierungschef zwar weiterhin eine hervorragende Bedeutung zukam, dessen andere Eckpunkte jedoch vom Außenminister und Vorsitzenden der Koalitionspartei, dem ebenfalls der Koalitionspartei angehörenden Wirtschaftsminister und vom Verteidigungsminister gebildet wurden, der dann wieder aus den Reihen der größeren Regierungspartei kam. Aufgrund der Bedeutung von Fragen der Außenwirtschafts- und Währungspolitik spielten ferner der Finanzminister und der Präsident der Deutschen Bundesbank eine wichtige Rolle. Von der Struktur der Regierung ebenso wie von der Natur der zu bewältigenden Probleme her war der Entscheidungsprozeß innerhalb der Bundesregierung wesentlich stärker auf Teamarbeit angelegt als dies in den fünfziger Jahren der Fall war.

Gleichzeitig hatte sich eine funktionierende Ministerialbürokratie entwikkelt, die Regierungswechsel überdauerte und die wachsenden Sachprobleme durch organisatorische Routine zu bewältigen suchte. Die hierarchische Struktur innerhalb der einzelnen »Häuser« in Verbindung mit einem strikten Ressortprinzip, das häufig zum Ressortegoismus entartete, führte zu einer relativ starken Abschottung der in ihnen ablaufenden Entscheidungprozesse. Da jedoch die Politikbereiche in hohem Maße interdependent waren, entwickelten sich auf der unteren Arbeitsebene unorthodoxe interministerielle Abstimmungsprozesse, oder aber es trat der Fall ein, daß die Widersprüche erst bei der Beratung im Kabinett zutage traten und dann häufig in personalisierter Form ausgetragen wurden.

Die Kontrollmöglichkeiten des Parlaments auf dem Gebiet der Außenpolitik hatten sich weiter verringert und auf eine allgemeine Richtungskontrolle reduziert.[37] Fraktionen und Abgeordnete verfügten rein personell nicht über die Expertise, über die Regierungschefs und Ressortminister gebieten konnten. Hinzu kam, daß sich eine Vielzahl von Entscheidungen in supranationale Gremien verlagert hatten. Andererseits hatten sich jedoch die transnationalen Kontakte in einem Maße verstärkt, das es einem einzelnen Abgeordneten erlaubte, außenpolitische Positionen wirkungsvoll in Washington oder Moskau in Gehör zu bringen, ohne daß diese von der Bundesregierung oder von den Parteien vermittelt wurden. (Auf diese Weise gelang es z. B. der CDU-Opposition mit Hilfe der Konrad-Adenauer-Stiftung, enge Kontakte mit verantwortlichen Politikern in den Vereinigten Staaten anzuknüpfen, so daß sie sich der Reagan-Administration als politische Alternative in der Bundesrepublik rechtzeitig empfehlen konnte.) Industrie, Banken, Verbände und Gewerkschaften waren in diesen Prozeß der außenpolitischen Entscheidungsfindung und -bildung auf vielfache Weise einbezogen. Insgesamt war das außenpolitische System der Bundesrepublik sehr viel differenzierter geworden.[38]

37 Vgl. Wolf-Dieter Karl und Joachim Krause, Außenpolitischer Strukturwandel und parlamentarischer Entscheidungsprozeß, in: Haftendorn u. a., Verwaltete Außenpolitik, a.a.O., S. 55–82; Werner Link, Die außenpolitische Rolle des Parlaments und das Konzept der kombinierten Auswärtigen Gewalt, in: Probleme der Demokratie heute, Sonderheft 2/1970 der PVS, S. 359–387; Günther Patz, Parlamentarische Kontrolle der Außenpolitik. Fallstudien zur politischen Bedeutung des Auswärtigen Ausschusses des Deutschen Bundestages, Meisenheim am Glan 1976.

38 Zu den außenpolitischen Entscheidungsprozessen in der Sicherheits- und Entspannungspolitik vgl. Haftendorn u. a., Verwaltete Außenpolitik, a.a.O.; diess., Management der Sicherheitspolitik. Ein Beitrag zum Entscheidungsprozeß der Bundesrepublik Deutschland, in: Klaus-Dieter Schwarz, Sicherheitspolitik. Analysen zur politischen und militärischen Sicherheit, Bad Honnef 1978[3]. Eine systematische Untersuchung über den außenpolitischen Entscheidungsprozeß in der Bundesrepublik gibt es bisher nicht. Über die Institutionen und Prozesse des politischen Systems geben einen fundierten Überblick: Thomas Ellwein, Das Regierungssystem der Bundesrepublik Deutschland, Opla-

Die erhöhte Komplexität der außenpolitischen Inhalte und Entscheidungsprozesse mußte jedoch mit einem Verlust an Transparenz und Nachvollziehbarkeit erkauft werden. Wenn z. B. schon unter Experten kein Konsens über das militärische Kräfteverhältnis in Ost und West bestand, so fehlten dem Bürger erst recht die Bewertungsmaßstäbe und er fühlte sich zum Manipulationsobjekt degradiert. Auch war für ihn die schwierige Logik der Abschreckung nicht mehr nachvollziehbar, daß z. B. die eigene Vernichtung dadurch verhindert werden sollte, indem sie quasi einkalkuliert wurde. Eine Folge dieser »Undurchschaubarkeit« zentraler politischer Axiome war ein Gefühl der Ohnmacht und Frustation, das zu einem Prozeß der politischen Entfremdung gerade junger, engagierter Menschen führte und die Entstehung einer sich als Alternative zur etablierten Politik verstehenden Bewegung begünstigte. Das sich auf diese Weise zeigende Legitimationsdefizit in der Außen- und Sicherheitspolitik führte zur Entwicklung einer politischen »Gegenkultur« und stellte den gesellschaftlichen Konsens der Nachkriegszeit in Frage, dessen Elemente Westbindung und Dialog mit dem Osten sowie Wirtschaftswachstum und Absicherung durch ein engmaschiges soziales Netz waren.
Die Herausbildung eines aktiven Protestpotentials, die sich teils innerhalb der SPD, teils links von ihr vollzog, hatte direkte Auswirkungen auf das Parteiensystem in Bund und Ländern. Die Entstehung einer außerhalb desselben entstehenden politischen Kraft stellte die Existenz der FDP in Frage und erschwerte die Mehrheitsbildung. Der Koalitionswechsel der FDP, der zum Sturz von Helmut Schmidt führte, entsprach primär der taktischen Zielsetzung, auf diese Weise der Partei eine Überlebenschance zu sichern. Zugleich war er ein Indiz dafür, daß sich der Schwung des Aufbruchs von 1969, und zugleich auch die Raison d'être der Koalition, erschöpft hatte. Mit der Übernahme der Regierungsmacht durch Helmut Kohl am 1. Oktober 1982 begann für die Bundesrepublik eine neue Phase des Übergangs in eine noch unbekannte Zukunft.
Auch das Jahr 1982 symbolisiert daher eine Zäsur, die hier einen Einschnitt erlaubt. Sie war mehr als nur ein Wechsel von einer sozial-libera-

den 1977[4]; Renate Mayntz u. Fritz W. Scharpf, Policy-Making in the German Federal Bureaucracy, Amsterdam 1975; Günther Schmid u. Hubert Treiber, Bürokratie und Politik. Zur Struktur und Funktion der Ministerialbürokratie in der Bundesrepublik Deutschland, München 1975; für das Auswärtige Amt wichtig ist die – leider nicht veröffentliche – Dissertation von Wolf-Dieter Eberwein, Auswärtiges Amt und Strukturwandel der Außenpolitik 1956–73, Bielefeld 1975; ferner ders., Außenpolitik und Verwaltung. Umweltveränderung, organisatorische Anpassung und Funktionswandel des Auswärtigen Amtes, in: Die Verwaltung, H. 4, 1978, S. 439–470.

len zu einer konservativ-liberalen Koalition. Nach der Phase der Westbindung in den fünfziger Jahren und der Öffnung nach Osten in der ersten Hälfte der siebziger Jahre verhalf Helmut Schmidt, nicht zuletzt mit einem hohen persönlichen Einsatz, der Bundesrepublik zu einem vorher nicht erreichten Eigengewicht in der internationalen Politik, das sich auf ihre wirtschaftliche Stärke sowie auf die Berechenbarkeit ihres politischen Handelns gründete. Anders als Adenauer oder Brandt bestand seine Hauptaufgabe nicht darin, historische Belastungen zu bewältigen, sondern die Herausforderungen der Gegenwart zu meistern. Die Bundesrepublik war ein normaler Staat geworden.

II. Westbindung, europäische Sicherheit und deutsche Frage

War die Entstehung der Bundesrepublik ein Ergebnis der Teilung Europas in machtpolitische und ideologische Interessensphären unter den Bedingungen des Kalten Krieges, so folgte daraus notwendigerweise ihre enge Bindung an die westlichen Demokratien. Nur dann konnten die Westmächte ein Interesse an der neubelebten deutschen Eigenstaatlichkeit haben, wenn sichergestellt war, daß deren politisches, ökonomisches und militärisches Potential dem Westblock zugute kam und diesen in der Auseinandersetzung mit dem Ostblock stärkte. Westbindung und Antikommunismus wurden damit zur Staatsraison der Bundesrepublik.[1]

Die Teilung Europas in zwei sich feindlich gegenüberstehende Blöcke war zugleich eine latente Spannungsursache, die die Gefahr eines militärischen Konfliktes an der Bruchlinie in Europa mit sich brachte. Als Mitte der fünfziger Jahre deutlich wurde, daß die Auseinandersetzung zwischen Ost und West – bei der es auch gerade um die Beherrschung der Mitte Europas ging – von keiner Seite gewonnen werden konnte, daß aber jede der beiden Seiten ungewollt in einen Krieg verwickelt werden könnte, der angesichts der weitreichenden Waffensysteme nicht lokalisiert bleiben und damit auch das eigene Territorium gefährden würde, wuchs die Suche nach Möglichkeiten zur militärischen Stabilisierung in Europa. Das Ergebnis waren Vorschläge für die Errichtung eines europäischen Sicherheitssystems, für Zonen begrenzter Rüstung, für ein militärisches Disengagement oder für regionale Abrüstungsmaßnahmen. Da aber die Bruchlinie in Europa mitten durch Deutschland ging, berührten alle diese Pläne – mochten sie nun mit Schritten zur Wiedervereinigung gekoppelt sein oder auf dem Status quo aufbauen – die Zukunft ebenso wie den Status und den Handlungsspielraum der beiden deutschen Staaten.

Das Selbstverständnis der Bundesrepublik als Provisorium sowie die Sorge vor den destabilisierenden Wirkungen der Teilung ließen den Westen nach Lösungen suchen, die eine Wiedervereinigung Deutschlands mit Schritten zur Rüstungsbeschränkung in Mitteleuropa verbanden: der erste Eden-Plan, der Herter-Plan von 1959 sowie verschiedene Deutschland-

1 Vgl. Hans-Peter Schwarz. Die Politik der Westbindung oder die Staatsraison der Bundesrepublik, in: ZfP, H. 4, 1975, S. 307–337.

Pläne waren das Ergebnis derartiger Bemühungen. Während dabei für die Bundesregierung Westintegration und Wiedervereinigung Vorrang vor Schritten zur Rüstungsbeschränkung hatten und sie daher ein Junktim zwischen beiden herstellte, versuchte die SPD-Opposition, Vorschläge für ein kollektives Sicherheitssystem in Europa sowohl als Hebel wie als Rahmen für ein wiedervereinigtes Deutschland einzusetzen, mit dem sowohl »Sicherheit für Deutschland als auch Sicherheit vor Deutschland« (Fritz Erler) gewährleistet werden sollten. Die anderen westlichen Staaten strebten vor allem eine militärische Stabilisierung an, bei der unter dem Schirm der globalen Abschreckung die militärische Konfrontation in Europa durch Schritte in Richtung auf Rüstungsbeschränkungen entschärft würde. Die unterschiedlichen Prioritäten zwischen Bonn und seinen westlichen Verbündeten machten daher konkrete Fortschritte auf dem Gebiet der europäischen Sicherheit unmöglich.

1. *Die Konsolidierung des europäischen Systems*

1.1 *Die Ablösung des Besatzungsregimes und der Beitritt zur NATO*

Das Jahr 1955 brachte der Bundesrepublik mit dem Inkrafttreten der Pariser Verträge nicht nur die Ablösung des Besatzungsregimes, sondern sicherte ihr auch eine Mitsprache im westlichen System zu. Der Preis dafür waren die Aufstellung eigener, in die NATO integrierter Streitkräfte, die Annahme von Rüstungsbeschränkungen und -kontrollen im Rahmen der WEU und ein den Westmächten gegenüber ausgesprochener Gewaltverzicht. Die deutsche Frage wurde in der Weise offen gehalten, daß die Vereinigten Staaten, Großbritannien und Frankreich explizit ihre Verantwortung für die Wiederherstellung der Einheit Deutschlands bekräftigten und die Bundesrepublik sich verpflichtete, dieses Ziel mit ausschließlich friedlichen Mitteln zu verfolgen.[2] Greifbarer als die politisch in die Ferne ge-

2 Vgl. das Pariser Vertragswerk vom 23. 10. 1954, in: Verträge der Bundesrepublik Deutschland, Serie A, Bd. 8, S. 3–73, abgedruckt in: EA 23/1954, S. 7127–7138 u. EA 24/1954, S. 7171–7181. Für Darstellungen der entscheidenden Ereignisse von 1955 und ihrer Grundlagen vgl. Arnold Bergsträsser und Wilhelm Cornides (Hrsg.), Die Internationale Politik 1955, München 1958 (Jahrbücher des Forschungsinstitutes der Deutschen Gesellschaft für Auswärtige Politik), insbes. den Schlußteil von Cornides, Wandlungen der Weltpolitik im Jahre 1955, S. 773–829; Hans-Peter Schwarz, Die Ära Adenauer. Gründerjahre der Republik 1949–1957, Stuttgart 1981 (Geschichte der Bundesrepublik Deutschland, Bd. 2).

rückte Wiedervereinigung erschien – trotz des Scheiterns der Europäischen Verteidigungsgemeinschaft (EVG) – die Möglichkeit einer engen politischen und wirtschaftlichen Verbindung mit den westeuropäischen Staaten. Verteidigungsbeitrag, Rüstungskontrolle und Gewaltverzicht waren aber mehr als nur eine Gegenleistung, welche die Bundesrepublik für die Erlangung der Souveränität, für die Gewährleistung ihrer Sicherheit und für die Eröffnung der europäischen Option erbrachte: in ihrer Konkretisierung konstituierten sie einen enormen Zuwachs an politischer Macht und an politischen Möglichkeiten für den westdeutschen Staat.

Der Sowjetunion war es zwar gelungen, durch ihre diplomatischen Initiativen, die zur Ablehnung des EVG-Vertrages durch die französische Nationalversammlung beitrugen, den Ausbau des westlichen Bündnissystems zu verzögern; aber sie konnte diesen nicht verhindern. Vor allem gelang es ihr nicht, mit dem Angebot einer Wiedervereinigung Deutschlands zum Preis seiner Neutralisierung die Bundesrepublik von ihrem Westkurs abzubringen und damit den Eckstein aus dem westlichen Allianzsystem herauszubrechen. Der Bundesregierung, die unter der Führung Konrad Adenauers eine zielstrebige Politik der Westintegration verfolgte, kam zugute, daß bei der Bevölkerung nach den traumatischen Kriegs- und Nachkriegserlebnissen der Wunsch nach Sicherheit und Wohlstand über das Verlagen nach nationaler Einheit dominierte und daß ihr Handlungsspielraum nach Osten hin durch die Bündnispolitik der USA und das latende Mißtrauen der westlichen Nachbarn eng begrenzt war. Die Sowjetunion nutzte die politische Niederlage, um nun auch ihrerseits ihr europäisches Hegemonialsystem durch die Errichtung des Warschauer Paktes und die politische Aufwertung der DDR – die nun auch für »souverän« erklärt und in den als »Gegenbündnis« gegründeten Warschauer Pakt aufgenommen wurde – abzusichern.[3]

3 Zur sowjetischen Europa- und Deutschlandpolitik vgl. Eberhard Schulz, Die sowjetische Deutschlandpolitik, in: Osteuropa-Handbuch: Sowjetunion. Bd. 2, Außenpolitik, Köln 1977, S. 229–291; ferner die älteren Darstellungen von Marshall D. Shulman, Stalin's Foreign Policy Reappraised, New York 1965; David J. Dallin, Soviet Foreign Policy After Stalin, Philadelphia 1961; Adam Ulam, Expansion and Coexistence, New York 1968; Thomas W. Wolfe, Soviet Power and Europe 1945–1970, Baltimore u. London 1970. Für eine offizielle sowjetische Darstellung vgl. B. N. Ponomarev, A. Gromyko, V. Khvostov (Hrsg.), History of Soviet Foreign Policy 1945–1970, Moskau 1973. Eine zuverlässige Gesamtdarstellung der sowjetischen Außen- und Europa-Politik fehlt jedoch bisher.

1.2 *Die Aufnahme diplomatischer Beziehungen zur Sowjetunion*

Die Konsolidierung des europäischen Systems eröffnete jedoch auch neue Möglichkeiten der Bewegung. Auf der globalen Ebene kündigte die Genfer Konferenz-Diplomatie des Jahres 1955 den Beginn einer Tauwetter-Periode in den Ost-West-Beziehungen an, auf der europäischen Ebene signalisierte der österreichische Staatsvertrag und die Aufnahme diplomatischer Beziehungen zwischen Bonn und Moskau ein Ende der zwangsweisen Erstarrung in den Blockstrukturen des Kalten Krieges.

Aus der Sicht der Bundesrepublik war die Aufnahme direkter Beziehungen zu der Sowjetunion möglich geworden, nachdem mit dem Beitritt Bonns zur NATO diese sich über den stets lauernden Verdacht hinweggesetzt hatte, sie könnte nach dem Muster von »Rapollo« eine Schaukelpolitik zwischen Ost und West treiben; sie erschien zugleich vorteilhaft, als die Vier Mächte daran gingen, die alte Kriegsallianz wieder zu beleben und über europäische Sicherheit und deutsche Frage zu verhandeln. Allerdings galt es Vorsorge dagegen zu treffen, daß die diplomatische Kontaktanbahnung nicht als Anerkennung des Status quo – und damit auch der Existenz der DDR – ausgelegt werden konnte. Diesem Zweck diente die vom damaligen Leiter der Politischen Abteilung im Auswärtigen Amt, Wilhelm Grewe, ausgearbeitete und nach dem Staatssekretär im Auswärtigen Amt, Walter Hallstein, benannte »Hallstein-Doktrin«, mit der der Sonderfall der zweifachen deutschen Beziehungen mit Moskau herausgestellt und eine internationale Anerkennung der DDR durch Drittstaaten verhindert werden sollte.[4]

Bonn überschätzte seine Möglichkeiten jedoch nicht; Adenauer wußte, daß eine Wiedervereinigung nur mit Zustimmung der Vier Mächte zustande kommen würde. Seine Moskau-Reise konnte nur dem Ziel dienen, selbst auszuloten, ob der Kreml zu Zugeständnissen – und das bedeutete damals: zur Aufgabe der DDR – bereit wäre, sowie gegenüber der auf eine aktive Wiedervereinigungspolitik drängenden Opposition zuhause Verhandlungsbereitschaft zu demonstrieren. Ihr nachhaltigstes Ergebnis

4 Zur Moskau-Reise von Bundeskanzler Adenauer vom 9.–13. September 1955 und zur Aufnahme diplomatischer Beziehungen zwischen der BRD und der UdSSR vgl. Konrad Adenauer, Erinnerungen 1953–1955, Stuttgart 1966, S. 487–556; Wilhelm Grewe, Rückblenden. Aufzeichnungen eines Augenzeugen deutscher Außenpolitik von Adenauer bis Schmidt, o. O. u. J. (1979), S. 232–255; Carlo Schmid, Erinnerungen, Bern, München, Wien 1979, S. 564–585. Zur (zeitgenössischen) Begründung der Hallstein-Doktrin vgl. Wilhelm Grewe, Warum »Nicht-Anerkennung«?, In: Deutsche Außenpolitik der Nachkriegszeit, Stuttgart 1960, S. 138–154.

– neben der Freilassung der in der Sowjetunion zurückgehaltenen Kriegsgefangenen – war die Einsicht, daß angesichts der neuen politischen und militärischen Strukturen in Europa eine Wiedervereinigung zu den westlichen Bedingungen in absehbarer Zeit nicht zu erreichen, daß aber ungeachtet der politischen Gegensätze die sowjetische Führung an einer Minderung der Spannungen und an einer Herabsetzung der Kriegsgefahr interessiert war.

1.3 *Die Genfer Vier-Mächte-Konferenzen*

Auf den Genfer Konferenzen des Jahres 1955 – Gipfelkonferenz im Juli und Außenministerkonferenz im Oktober und November – erwies sich in gleicher Weise die Stabilität der nach dem Zweiten Weltkrieg in Europa entstandenen politischen Strukturen. Ost wie West waren primär an der Konsolidierung, nicht Veränderung des Status quo interessiert, bemühten sich jedoch um eine politische Entspannung und um eine Minderung der von der militärischen Konfrontation ausgehenden Konfliktgefahren.
Aus der Sicht des Westens war der Genfer Gipfel eine komplexe Mischung von außen- und innenpolitischer Entlastungsaktion sowie mit Skepsis vermischter Hoffnung, daß es nach der Absicherung des Status quo in Europa zu einem politischen Modus vivendi mit der Sowjetunion kommen könnte. Er reagierte damit sowohl auf die wiederholten Appelle aus Moskau, die anstehenden Probleme auf einer Konferenz auf höchster Ebene zu regeln, als auch auf die mit Nachdruck in der westeuropäischen Innenpolitik artikulierten Erwartungen, durch verstärkte politische Initiativen einen Abbau der Spannungen und eine Reduzierung der Rüstungen zu erreichen. Für die Kreml-Führung mochte eher die Überlegung ausschlaggebend gewesen sein, das verlorene Terrain durch diplomatische Aktivität wiederzugewinnen, die den geringen Handlungsspielraum des Westens – wenn dieser an dem mit den Pariser Verträgen Erreichten festhalten wollte – aufzeigen und unterschiedliche Interessenlagen im Westen ausbeuten sollte.
Die vier Punkte der Genfer Tagesordnung – Wiedervereinigung Deutschlands, europäische Sicherheit, Abrüstung, Entwicklung von Kontakten zwischen Ost und West – ergaben sich aus der Entstehungsgeschichte der Konferenz und der Gemengelage östlicher und westlicher Interessen sowie Zwänge. Alle vier Mächte konnten bei den zur Diskussion stehenden Punkten an Vorschläge anknüpfen, die bereits seit der Berliner Konferenz von 1954 auf dem Tisch lagen: der Westen an den Eden-Plan für eine

Wiedervereinigung Deutschlands, die mit einem gleichzeitig abzuschließenden Garantiepakt verbunden wurde; die Sowjetunion an ihren Entwurf für einen »Gesamteuropäischen Vertrag über kollektive Sicherheit«, sowie beide Seiten an die verschiedenen Stufenpläne für eine allgemeine, kontrollierte Abrüstung aus den Jahren 1954 und 1955. Den Hauptakzent legten die Westmächte in Genf jedoch auf rasch zu verwirklichende Abrüstungsmaßnahmen. Vor allem die USA glaubten, hier den größten Handlungsspielraum zu besitzen, eine nachhaltige Öffentlichkeitswirkung zu erzielen und auf eine gesicherte prozedurale Auffangposition in der UN-Abrüstungskommission zurückgreifen zu können. Großbritannien und Frankreich neigten dagegen eher dazu, auch den Bereich der europäischen Sicherheit als negoziabel zu betrachten und machten hierzu eigene Anregungen wie den »Zweiten Eden-Plan« einer Inspektionszone beiderseits des Eisernen Vorhangs. Die Sowjetunion zielte ihrerseits mit ihren Vorschlägen für einen Gewaltverzicht zwischen NATO und Warschauer Pakt sowie für einen europäischen Sicherheitsvertrag auf eine formelle Bestätigung des Status quo ab und wollte zugleich mit der Perspektive eines Systems kollektiver Sicherheit in Europa den Grundstein für die Möglichkeit seiner Veränderung legen.[5]

Die den Außenministern für die Fortsetzung ihrer Verhandlungen erteilte Direktive verschränkte die deutsche Frage mit dem Komplex europäischer Sicherheit und dem Abrüstungsproblem auf unentwirrbare Weise und überdeckte so die unterschiedlichen Prioritäten in Ost und West. Der Vorrang, den die Verbündeten der Bundesrepublik bisher einer Lösung der deutschen Frage zugemessen hatten, wurde aufgegeben zugunsten einer Gleichrangigkeit von Wiedervereinigung und europäischer Sicherheit. Eine Einigung mußte jedoch scheitern, vordergründig an der westlichen Forderung nach freien und geheimen gesamtdeutschen Wahlen, sowie dem östlichen Beharren auf Abzug aller ausländischen Truppen vom deutschen Territorium und der Auflösung der Militärbündnisse, in der Sache vielmehr, weil keine der beiden Seiten bereit war, die mit einer Wiedervereinigung Deutschlands und der Neudefinition seines Bündnisstatus verbundenen Machtverschiebungen und deren Rückwirkungen auf das eigene Hegemonialsystem hinzunehmen. Die Abrüstungsfrage wurde

5 Zur Genfer Konferenz vgl. The Geneva Conference of Heads of Government, July 18–23, 1955, Washington 1955. Die wichtigsten Dokumente sind abgedruckt in: Dokumente zur Deutschlandpolitik, Bd. III/1, S. 148–219; für den Versuch einer Bewertung vgl. Wilhelm Cornides, Deutschland-Frage und Europäische Sicherheit auf den Genfer Konferenzen, in: Die Internationale Politik 1955, a.a.O., S. 837–855.

an die Fünf-Mächte-Kommission der Vereinten Nationen zurückverwiesen. Damit wurde zwar verhandlungstaktisch zwischen dem weltweiten Problem der Abrüstung und den europäischen Fragen unterschieden; durch den engen politischen Zusammenhang zwischen Schritten zur Rüstungsbeschränkung und den in Bezug auf ein europäisches Sicherheitssystem diskutierten Maßnahmen wurde die Trennlinie wieder verwischt. Damit kündigte sich eine gewisse Regionalisierung der Abrüstungspolitik an, die 1957/58 in der Debatte über kernwaffenfreie Zonen in Europa einen Höhepunkt fand.[6]

Das Ergebnis der Genfer Verhandlungen war, mit den Worten von Wilhelm Cornides, ein »weltpolitischer Modus vivendi«. Beide Seiten nahmen zunächst den Status quo in Europa hin, die Westmächte unter nachdrücklichem Protest, die Sowjetunion unter Vorbehalt ihrer weitergesteckten Ziele, und machten gleichzeitig deutlich, daß sie nicht an eine gewalttätige Einmischung in die inneren Angelegenheiten jenseits der Demarkationslinie der Interessensphären dachten.[7] Unter dem Eindruck des »Tauwetters« in den Ost-West-Beziehungen wurden aber auch die Bruchlinien zwischen den Interessenlagen der verschiedenen westlichen Staaten deutlich. Für die britische – und zeitweise auch die französische Regierung – war die Versuchung stark, die politischen von den militärischen Problemen abzutrennen und über geeignete Maßnahmen der Rüstungsbeschränkung zunächst eine Lösung der europäischen Sicherheitsfrage anzustreben. Am längsten hielt Washington an der Priorität einer Lösung der deutschen Frage fest. Zugleich versuchte es, zwischen den politischen Problemen Europas und den globalen Abrüstungsfragen zu differenzieren. Dies geschah nicht nur aus Rücksicht auf den westdeutschen Verbündeten: die Vereinigten Staaten gingen vielmehr davon aus, daß die Sowjetunion angesichts der waffentechnischen und nuklearstrategischen Überlegenheit der USA eines Tages zu Zugeständnissen gezwungen sein würde, und zum zweiten deutete sich darin bereits die Absicht an, den »Abrü-

6 Für eine Darstellung der Abrüstungsverhandlungen in der zweiten Hälfte der fünfziger Jahre vgl. Wilhelm Cornides, Abrüstungsverhandlungen und deutsche Frage seit der Genfer Gipfelkonferenz von 1955, Teil I in: EA 4/1960, S. 103–116; Teil II in: EA 7–8/1960, S. 213–228; Teil III in: EA 9/1960, S. 281–287; Teil IV (von Curt Gasteyger) in: EA 9/1960, S. 288–296; vgl. ferner Thomas Jansen, Abrüstung und Deutschland-Frage. Die Abrüstungsfrage als Problem der deutschen Außenpolitik, Mainz 1968; Charles R. Planck, Sicherheit in Europa. Die Vorschläge für Rüstungsbeschränkung und Abrüstung 1955–1965, München 1968.

7 Vgl. Cornides, Deutschland-Frage und Europäische Sicherheit, a.a.O., S. 854.

stungsdraht« von den europäischen Problemen zu isolieren und ihn im Bedarfsfall zu Kontakten und Vereinbarungen mit Moskau zu nutzen.
Für die Bundesregierung war die Genfer Wegstrecke mit einer Serie von Tretminen gepflastert. Die sowjetischen Vorschläge für einen gesamteuropäischen Sicherheitsvertrag stellten die 1949 begonnene und mit den Pariser Verträgen zu einem ersten Abschluß gebrachte Politik der Westbindung infrage, indem sie die NATO durch ein unsicheres kollektives europäisches Garantiesystem auf der Grundlage der Teilung und der Neutralisierung ersetzen wollten. Aber auch die westlichen Vorschläge beinhalteten aus Bonner Sicht die latente Gefahr einer Einigung auf Kosten der Bundesrepublik. Das von ihr postulierte Junktim mit der deutschen Frage wurde so zu einem Instrument, mit dem sich Bonn gegenüber den Alliierten ein Mitspracherecht bei den Verhandlungen über europäische Sicherheit und Abrüstung zu sichern suchte.[8]

2. *Sicherheit und Entspannung im außenpolitischen Konzept Adenauers*

Die erste Phase deutscher Nachkriegspolitik war zum einen geprägt durch die spezifischen internationalen Rahmenbedingungen, zum anderen durch den überragenden Einfluß des ersten Bundeskanzlers der Bundesrepublik, Konrad Adenauer. Dieser Einfluß ergab sich zum einen aus der weitgehenden Übereinstimmung der politischen Vorstellungen Adenauers mit denjenigen der drei Staaten, die zunächst als Besatzungsmächte, dann als Schutzmächte und Verbündete der Bundesrepublik ihren Weg in die internationale Politik begleiteten, und zum anderen aus der virtuosen Handhabung eines auf den Regierungschef zugeschnittenen außenpoliti-

8 Vgl. die Botschaft, die Bundeskanzler Adenauer im März 1956 an die Regierungschefs der drei Westmächte richtete und in der er darauf hinwies, »daß die bevorstehenden Abrüstungsverhandlungen ... wesentliche Fragen des Schicksals Deutschlands, dessen Wiedervereinigung sich die freie Welt zum Ziel gesetzt hat, und der militärischen Sicherheit der Bundesrepublik berühren. Da Maßnahmen, die den politischen und militärischen Status und das Gebiet der Bundesrepublik betreffen, nicht ohne Zustimmung der Bundesrepublik getroffen werden können«, wurden die Westmächte gebeten, die Bundesregierung in die Lage zu versetzen, den Verlauf der Verhandlungen zu verfolgen und ihren Standpunkt rechtzeitig zur Geltung bringen zu können; vgl. Mitteilung über eine Botschaft des Bundeskanzlers an die Regierungschefs der Westmächte in: Bulletin, Nr. 55, 20. 3. 1956, S. 501; abgedruckt in: Dokumente zur Deutschlandpolitik, Bd. III/2, S. 187 f.

schen Entscheidungssystems.[9] Zugleich stand die Bundesrepublik 1955 sozusagen am Beginn ihrer außenpolitischen Karriere: Anlaß genug, über ihre Rolle in der internationalen Politik grundlegend nachzudenken.

2.1 *Westbindung als dominante sicherheitspolitische Struktur*

Das außenpolitische Denken Konrad Adenauers[10] war bestimmt durch die Sorge vor dem machtpolitisch und ideologisch begründeten Expansionsdrang der Sowjetunion. Hierin erblickte er die Ursache der weltpolitischen Spannungen und die Hauptbedrohung des westdeutschen Staates. Die militärische Konfrontation zweier Bündnissysteme ebenso wie die Teilung Deutschlands waren Symptome, aber nicht die Ursachen des Ost-West-Konfliktes. Hinzu kam eine geschichtsgesättigte Skepsis, ob das deutsche Volk, ob die westlichen Demokratien insgesamt, die moralische Substanz und innere Widerstandsfähigkeit besitzen würden, um gegenüber totalitären und nationalistischen Versuchungen immun zu sein. Nur

9 Die dominierende Rolle Adenauers bei der Formulierung der Außenpolitik ergab sich zunächst daraus, daß Adenauer der engste Gesprächspartner der Hohen Kommissare war. Nach der Wiederrichtung des Auswärtigen Amtes im März 1951 übernahm er, unterstützt von ihm ergebenen Beamten wie Hallstein, Grewe, Blankenhorn u. a., dessen Leitung. Als im Juni 1955 Heinrich von Brentano zum Außenminister ernannt wurde, behielt sich Adenauer ausdrücklich bestimmte Gebiete der Außenpolitik vor: vor allem diejenigen Fragen, die sich auf Deutschland als Ganzes und die Beziehungen zu den Vier Mächten bezogen, vgl. Konrad Adenauer, Erinnerungen 1955–1959, Stuttgart 1967, S. 121. Zum außenpolitischen Entscheidungssystem in der »Ära Adenauer« vgl. Arnulf Baring, Außenpolitik in Adenauers Kanzlerdemokratie. Bonns Beitrag zur Europäischen Verteidigungsgemeinschaft, München u. Wien 1969; Heino Kaack und Reinhold Roth, Die außenpolitische Führungselite der Bundesrepublik Deutschland, in: Aus Politik und Zeitgeschichte B 3/72, 15. 1. 1972, S. 3–54; ferner die zahlreiche Memoirenliteratur, z. B. Arnulf Baring, Sehr verehrter Herr Bundeskanzler! Heinrich von Brentano im Briefwechsel mit Konrad Adenauer 1949–1964, Hamburg 1974; Grewe, Rückblenden, a.a.O.; Anneliese Poppinga, Meine Erinnerungen an Konrad Adenauer, Stuttgart 1972 (dtv. 817); Herbert Blankenhorn, Verständnis und Verständigung. Blätter eines politischen Tagebuches 1949–1979, Frankfurt a. M. 1980.

10 Wichtigstes Quellenwerk sind die vier Bände der »Erinnerungen« Konrad Adenauers (Stuttgart 1965–68); ferner Konrad Adenauer, Reden 1917–1967. Eine Auswahl, hrsg. von Hans-Peter Schwarz, Stuttgart 1975. Für eine Darstellung seines außenpolitischen Denkens vgl. Hans-Peter Schwarz, Das außenpolitische Konzept Konrad Adenauers, in: Klaus Gotto u. a. (Hrsg.), Konrad Adenauer. Seine Deutschland- und Außenpolitik 1945–1963, München 1975, S. 97–155; (dtv. 1151); Klaus Gotto, Adenauers Deutschland- und Ostpolitik 1954–1963, ebenda, S. 156–286; Bruno Bandulet, Adenauer zwischen West und Ost. Alternativen der deutschen Außenpolitik, München 1970; Hans Buchheim, Die Deutschland- und Außenpolitik Konrad Adenauers, in: Politische Bildung, H. 4, 1971, S. 31–42; Anneliese Poppinga, Konrad Adenauer. Geschichtsverständnis, Weltanschauung und politische Praxis, Stuttgart 1975.

die enge Bindung der Bundesrepublik Deutschland an die westliche Staatengemeinschaft würde ihrer freiheitlich-demokratischen Gesellschaftsordnung Bestand geben und den westdeutschen Staat in die Lage versetzen, den von »Sowjetrußland« ausgehenden Gefahren Widerstand zu leisten.[11] »Einheit und Geschlossenheit der freien Völker der Welt« waren aus der Sicht Adenauers »die wirksamste Garantie für die Erhaltung der Sicherheit und Freiheit der westlichen Nationen«.[12]
Aus dieser Grundlinie politischen Denkens ergab sich dreierlei. Zum einen konnte die Sicherheit der Bundesrepublik nicht ausschließlich und nicht vorrangig militärisch gewährleistet werden, da die Bedrohung ebenso sehr in innerer Labilität und gegenseitigem Mißtrauen wie in äußerer Aggression bestand. Durch die enge Verbindung der Bundesrepublik mit den westlichen Demokratien sollte die Grundlage für eine politische Gemeinschaft der Westeuropäer geschaffen werden. Adenauer schrieb dazu in seinen Erinnerungen: »Wir konnten die Güter, die wir Europäer von unseren Vorfahren in langen Jahrhunderten übernommen hatten: europäisches Denken, abendländisches Denken, christliches Denken, nur dann wieder zur Geltung bringen und den europäischen Ländern in der Weltwirtschaft und in der Weltpolitik nur dann wieder eine Rolle verschaffen, wenn Europa zu einer Einheit zusammengeschlossen würde. Dafür einzutreten, daß Europa ein kraftvolles, geeintes Europa würde, war die dringende Aufgabe der jetzt lebenden Europäer«.[13] Eine wichtige Voraussetzung dafür war, daß der alte Gegensatz zwischen Deutschland und Frankreich überwunden wurde, auch wenn dies große Mühe kosten und, wie z. B. in der Saar-Frage, Opfer seitens der Bundesrepublik erfordern würde. Gleichzeitig bot die Europäisierung der verschiedenen Bereiche politischen Handelns die Möglichkeit, den wirtschaftlichen Wiederaufbau zu beschleunigen, dem Sicherheitsbedürfnis der westeuropäischen Nachbarn Rechnung zu tragen und die Bundesrepublik Schritt für Schritt als gleichberechtigtes Glied in die Staatengemeinschaft zurückzuführen.[14] Zum anderen mußten für ein gemeinsames politisches Handeln in Westeuropa

11 Vgl. Adenauer, Erinnerungen 1953–1955, a.a.O., S. 15 ff.
12 Ebenda, S. 304, Zur Sicherheitspolitik Adenauers vgl. auch Dieter Mahncke, Adenauer und die Sicherheit der Bundesrepublik Deutschland, in: Helmut Kohl (Hrsg.), Konrad Adenauer 1876/1976, Stuttgart u. Zürich 1976², S. 103–113; Hans-Gert Pöttering, Adenauers Sicherheitspolitik 1956–63. Ein Beitrag zum deutsch-amerikanischen Verhältnis, Düsseldorf 1975.
13 Adenauer, Erinnerungen 1955–1959, a.a.O., S. 226; dazu auch Poppinga, Konrad Adenauer, a.a.O., S. 63 ff. u. 129 ff.
14 Vgl. Adenauer, Erinnerungen 1945–1953, a.a.O., S. 245; ders., Erinnerungen 1955–1959, a.a.O., S. 252 ff.

bestimmte institutionelle Grundlagen geschaffen werden, mit denen nationale Befugnisse Gemeinschaftsorganen übertragen und durch die dem Zusammenschluß ein höheres Maß an Dauerhaftigkeit gegeben werden würde. Aufgaben und Struktur einer Europäischen Gemeinschaft konnten, ja sollten flexibel sein, um sich den jeweils vorherrschenden politischen Bedingungen anpassen zu können. Die Montan-Union, 1950/51 mit dem Ziel entstanden, das Ruhrstatut abzulösen und gemeinsam die Produktion von Kohle, Eisen und Stahl zu regeln; die 1954 am dennoch weiter wirkenden französischen Mißtrauen gegenüber Deutschland gescheiterte Europäische Verteidigungsgemeinschaft; die als Ersatzlösung für die EVG gedachte und zum westeuropäischen »Sicherheitsnetz« für den Verteidigungsbeitrag Bonns reorganisierte Westeuropäische Union und schließlich die Europäische Wirtschaftsgemeinschaft sowie die Europäische Atomgemeinschaft markieren diesen Weg. Das bei der europäischen Gemeinschaftsbildung Erreichte darf jedoch nicht darüber hinwegtäuschen, daß das Ziel Adenauers die Politische Union blieb. »Ich war mir klar darüber, daß die Entwicklung Zeit brauchte. Das Ziel aber mußte . . . unverrückt im Auge behalten werden: die politische Einheit Europas«.[15]

Der Eintritt der Bundesrepublik als gleichberechtigter Partner in die Staatengemeinschaft und die westeuropäische Gemeinschaftsbildung waren Voraussetzungen für die dritte Säule Adenauerscher Sicherheitspolitik, die atlantische Bündnispolitik. Die Verbindung mit Amerika hatte jedoch eine andere Qualität als diejenige zu den westeuropäischen Nachbarn. Adenauer sah, »daß zwar die Grundinteressen Amerikas und Europas dieselben sind, daß aber nicht alle Lebensinteressen der europäischen Staaten auch Lebensinteressen der Vereinigten Staaten von Amerika zu sein brauchen und umgekehrt, daß sich daraus zwangsläufig Verschiedenheiten der politischen Auffassungen ergeben, die in bestimmten Lagen notwendigerweise zu selbständigem politischen Vorgehen führen müssen«. (West)-Europa war keine Großmacht mehr, nur die Vereinigten Staaten waren in der Lage, ein machtpolitisches Gegengewicht zu der als übermächtig empfundenen Sowjetunion zu bilden. Andererseits konnten

15 Vgl. Adenauer, Erinnerungen 1955–59, a.a.O., S. 273; vgl. auch die Weisung Adenauers an alle Bundesminister vom 19. Januar 1956, in der die europäische Integration als Richtlinie deutscher Politik bezeichnet wird, ebenda, S. 253 f. und in: Die Auswärtige Politik der Bundesrepublik Deutschland, hrsg. vom Auswärtigen Amt unter Mitwirkung eines Wissenschaftlichen Beirats, Köln 1972, S. 317–318; ferner Hans-Peter Schwarz, Adenauer und Europa, in: VfZ, H. 4, 1979, S. 471–523.

»die europäischen Länder . . . nicht auf die Dauer ihre Kräfte voll entfalten, wenn sie fortführen, ihr Heil und ihre Sicherheit lediglich durch die Patronage der Vereinigten Staaten zu finden«.[16] Daraus ergab sich, erstens, eine gewisse Distanz zu Amerika; zweitens, die Notwendigkeit eigener politischer und militärischer Anstrengungen; und schließlich, drittens, das Bemühen, die USA sicherheitspolitisch an Westeuropa zu binden.

Diese Zwecke erfüllte die NATO in besonderer Weise. Der Nordatlantik-Pakt war eben keine integrierte Verteidigungsgemeinschaft wie die für den europäischen Bereich konzipierte und dann fehlgeschlagene EVG, sondern ein Bündnis souveräner Staaten, das jedoch im Gegensatz zu den klassischen Allianzen über einen eigenen militärischen Apparat und damit über einen organisatorischen Rahmen verfügte, in den die Bundeswehr integriert werden konnte. Die besonderen Sicherheitsvorkehrungen, ohne die eine Wiederbewaffnung für die Nachbarn Deutschlands nicht akzeptabel war, ließen sich ohne übermäßige Diskriminierungen im Rahmen der auf die westeuropäischen Staaten beschränkten WEU arrangieren. Auch die gescheiterte EVG wäre mit der Kern-NATO verzahnt gewesen: durch Garantieerklärungen der Vereinigten Staaten sowie der drei für Deutschland verantwortlichen Alliierten, ferner durch Konsultationsvereinbarungen zwischen beiden Organisationen. Dadurch wäre deutlich geworden, daß ein verläßlicher Schutz Westeuropas ohne amerikanisches Engagement nicht möglich war.

Die Beistandszusagen – nicht Beistandsverpflichtungen! – nach Art. 4 des NATO-Vertrages wurden durch Erklärungen der USA und Großbritanniens verstärkt, ihre auf dem europäischen Kontinent stationierten Streitkräfte dort zu belassen und sie im Einvernehmen mit den Partnern zur Verteidigung des Bündnisgebietes einzusetzen. Diese Präsenz alliierter Truppen in der Bundesrepublik hatte die Funktion eines »Stolperdrahtes«;[17] sie stellte eine Garantie dafür dar, daß im Konfliktfall das nukleare Potential der USA seine Abschreckungswirkung entfalten bzw. im Fall einer Aggression zum Einsatz kommen würde. Mit großer Besorgnis verfolgte Adenauer die verschiedenen Änderungen in der amerikanischen Strategie, wie sie sich mit dem Radford-Plan und der inneramerikanischen Kritik an der Strategie der massiven Vergeltung ankündigten, im-

16 Adenauer, Erinnerungen 1955–1959, a.a.O., S. 18 f.

17 Adenauer wird in diesem Zusammenhang die aufschlußreiche Äußerung zugeschrieben: »Der erste gefallene Soldat muß ein Amerikaner sein«; vgl. Pöttering, Adenauers Sicherheitspolitik, a.a.O., S. 54, ferner S. 106 ff.

mer in Sorge, daß die Verbindung zwischen den konventionellen Streitkräften in Europa und den strategischen Nuklearwaffen der USA geschwächt werden könnte.

Der westdeutsche Verteidigungsbeitrag war nicht nur in historischer Perspektive untrennbar mit der Ablösung des Besatzungsregimes und der Gewinnung politischer Handlungsfähigkeit verknüpft; Adenauer sah in diesem die entscheidende Voraussetzung für eine Beteiligung der Bundesrepublik an den sicherheitspolitischen Überlegungen des Westens. Seine Politik war auf Kriegsverhinderung durch Demonstration der Einigkeit und der Stärke des Westens gerichtet. In diesem Sinne begriff er Bundeswehr und NATO primär als politische und nicht als militärische Instrumente.[18]

Vorschläge zur Rüstungsbeschränkung oder Abrüstung, welche entweder die Bundeswehr als politischen Einflußfaktor, die Westintegration der Bundesrepublik als »Sicherheitsnetz« oder die Präsenz der USA als Gegengewicht zur Sowjetunion angetastet hätten, waren für Adenauer keine Alternativen zu dem seit Anfang der fünfziger Jahre geschaffenen System der europäischen Sicherheit. Zudem schätzte er seit etwa 1952/53 das Risiko eines militärischen Konfliktes mit der Sowjetunion relativ gering ein. Daher begriff er derartige Vorschläge als Gefahr für seine Politik der Westbindung und die durch diese Bindung abgesicherte gesellschaftliche und politische Ordnung in der Bundesrepublik, nicht aber als Möglichkeit für alternative Sicherheitsstrukturen.

2.2 *Prioritätenkonflikt zwischen Westbindung und Wiedervereinigung*

Das zentrale Problem der europäischen Sicherheit war jedoch die deutsche Frage. Sie war der Angelpunkt aller Vorschläge von der Stalin-Note von 1952 bis zum Herter-Plan von 1959; sie war zugleich ein Hebel, den vor allem die Sowjetunion benutzte, um Bewegung in das sich stabilisierende System europäischer Sicherheit zu bringen und dieses in ihrem Sinne zu verändern. Ihre Deutschland-Politik kombinierte in verschiedenen Varianten das Angebot einer Wiedervereinigung mit der Bedingung einer Neutralisierung Deutschlands; ihr Ziel war die Schwächung der Westbin-

18 Vgl. Adenauer, Erinnerungen 1953–55, a.a.O., S. 350 f.; ders., Erinnerungen 1955–1959, S. 140 ff., 163 ff., 335 f. Für eine detaillierte Darstellung der Sicherheitspolitik Bonns und der mit dem Verteidigungsbeitrag verfolgten Ziele vgl. unten Kap. III.

dung der Bundesrepublik und die Konsolidierung, potentiell auch die Expansion, ihres Herrschaftsbereichs. Auf westlicher Seite sollten dagegen die verschiedenen Vorschläge für ein Disengagement oder eine neutralisierte Zone in Mitteleuropa die Konfliktgefahr am Eisernen Vorhang herabsetzen und die europäische Situation stabilisieren.[19] Darüber hinaus waren sie ein Versuch, im Hauptbuch der Geschichte einen Strich unter die Folgen des Zweiten Weltkrieges zu ziehen.

Für die Adenauersche Außenpolitik waren derartige Vorschläge Gefahrenzonen besonderer Art. Sie stellten diesen vor die innenpolitisch umstrittene Frage, ob der Westbindung oder der Wiedervereinigung Priorität gegeben werden sollte. Bei allen verbalen Bekenntnissen zum Ziel der Wiedervereinigung hatte Adenauer bereits mit dem Beschluß der Wiederaufrüstung (eigentlich noch früher, mit der Entscheidung für eine eigenen westdeutschen Staat und gegen das Brückenkonzept Jakob Kaisers)[20] die Entscheidung für den Vorrang der Westintegration getroffen.[21] »Adenauer . . . war an einer Wiedervereinigung nicht interessiert, die Deutschland aus der engeren Verbindung zum Westen gelöst hätte.«[22]

Die sowjetischen Vorstöße – mochten sie wie 1952 als Vorschläge zur Wiedervereinigung Deutschlands oder wie 1954 und 1955 als Pläne für ein europäisches Sicherheitssystem gekennzeichnet sein – betrachtete Ade-

19 Für die verschiedenen Vorschläge vgl. Charles R. Planck, Sicherheit in Europa. Die Vorschläge für Rüstungsbeschränkung und Abrüstung 1955–1965, München 1968; Eugene Hinterhoff, Disengagement, London 1959.

20 Vgl. Hans-Peter Schwarz, Vom Reich zur Bundesrepublik. Deutschland im Widerstreit der außenpolitischen Konzeptionen in den Jahren der Besatzungsherrschaft 1945–1949, Neuwied–Berlin 1966, S. 299 ff.

21 Vgl. Adenauer, Erinnerungen, 1945–1953, a.a.O., S. 457. Vgl. dazu auch Raymond Aron, Das außenpolitische Konzept Adenauers, in: Konrad Adenauer 1876/1976, a.a.O., S. 30–36; Hans-Peter Schwarz, Adenauers Wiedervereinigungspolitik. Zwischen nationalem Wollen und politischem Zwang, in: Politische Meinung, H. 163, 1975, S. 33–54; ders., Das Spiel ist aus und alle Fragen offen, oder: Vermutungen zu Adenauers Wiedervereinigungspolitik, in: Konrad Adenauer 1876/1976, a.a.O., S. 168–184. Die Kontroverse über die Position Adenauers in der Frage der deutschen Wiedervereinigung hat sich besonders an der Behandlung der Stalin-Noten vom Frühjahr 1952 entzündet, vgl. Paul Sethe, Die sowjetische Note vom 10. März 1952, in: Hans-Adolf Jacobsen u. Otto Stenzl, Deutschland und die Welt. Zur Außenpolitik der Bundesrepublik 1949–1963, München 1964 (dtv.-Dokumente), S. 116–125; Wilhelm W. Grewe, Die Legende von den »versäumten Gelegenheiten«, ebenda, S. 125–132; Andreas Hillgruber, Adenauer und die Stalin-Note vom 10. März 1952, in: Dieter Blumenwitz u. a. (Hrsg.), Konrad Adenauer und seine Zeit. Politik und Persönlichkeit des ersten Bundeskanzlers, Bd. 2: Beiträge der Wissenschaft, Stuttgart 1976, S. 111–130; Hermann Graml, Die Legende von der verpaßten Gelegenheit. Zur sowjetischen Notenkampagne des Jahres 1952, in: VfZ, H. 3, 1981, S. 307–341.

22 Vgl. Schwarz, Das außenpolitische Konzept, a.a.O., S. 143.

nauer als Störmanöver gegen den Prozeß der westeuropäischen Einigung. Das zeitliche Zusammentreffen mit den Ratifizierungsdebatten der EVG bzw. des Beitritts zur NATO legte eine derartige Vermutung nahe. Ein Scheitern des westeuropäischen Einigungswerkes hätte nach seiner Auffassung nicht nur die Gefahr in sich geborgen, daß die jahrhundertealten Rivalitäten wieder aufleben würden, es hätte auch den endgültigen Verzicht Westeuropas auf Mitsprache in der Weltpolitik bedeutet. Wenn die europäische Integration nicht zustande kam, bestand weiter das Risiko, daß sich die USA vom europäischen Kontinent absetzten.[23] »Rußland« würde dann »seinen Einfluß auf die Bundesrepublik Deutschland verstärken und schließlich sich die Bundesrepublik Deutschland für die Dauer nutzbar machen«.[24] Daher gab es nur eine Möglichkeit: »Der deutsche Weg mußte nach Europa führen und nicht in eine nationale Einsamkeit, die zugleich weltpolitische Verlassenheit wäre.«[25]
Gab Adenauer damit die Wiedervereinigung preis? Seit 1955, seit seinem Besuch in Moskau, dürfte er sich bewußt gewesen sein, daß eine Wiedervereinigung ohne Schwächung der Westbindung in kurz- oder mittelfristiger Perspektive nicht zu realisieren war.[26] Für ihn blieb nur die Hoffnung, daß die Sowjetunion aus politischen und wirtschaftlichen Gründen – u. a. angesichts ihrer begrenzten ökonomischen Ressourcen und eines verstärkten innenpolitischen Drucks zur Hebung des Lebensstandards der Bevölkerung – eines Tages die DDR freigeben oder zumindest den Menschen ein höheres Maß an Freiheit gewähren würde, um auf diese Weise eine Atempause im rüstungstechnologischen und machtpolitischen Wettbewerb mit dem Westen einzutauschen. Diesem Zweck diente der im Frühjahr 1958 gemachte Vorschlag einer »Österreich-Lösung« für die DDR und das 1963 ventilierte Angebot eines zehnjährigen »Burgfriedens« in der deutschen Frage, der an die Bedingung größerer menschlicher Freiheiten in der DDR geknüpft war.[27] Derartigen Vorschlägen lag ein dop-

23 Vgl. Adenauer, Erinnerungen 1955–1959, a.a.O., S. 266; ders., Erinnerungen 1953–1955, a.a.O., S. 301 ff., ferner Poppinga, Konrad Adenauer, a.a.O., S. 80 ff.
24 Adenauer, Erinnerungen 1945–1953, a.a.O., S. 496.
25 Adenauer, Erinnerungen 1953–1955, a.a.O., S. 217.
26 Hier teile ich weder die Auffassung Gottos, Adenauer habe die Wiedervereinigung zu einem der drei realen Ziele seiner Politik gemacht, vgl. Gotto, Adenauers Deutschland- und Ostpolitik, a.a.O., S. 9, noch die Interpretation Poppingas, das Ziel der Wiedervereinigung sei untrennbar in die Adenauersche Politik der Westbindung eingebettet gewesen, vgl. Poppinga, Konrad Adenauer, a.a.O., S. 143.
27 Vgl. Adenauer, Erinnerungen 1955–1959, a.a.O., S. 377 f. und 383 f., ferner Poppinga, Konrad Adenauer, a.a.O., S. 92 ff. Zum Vorschlag eines »Burgfriedens« mit der Sowjetunion vgl. das Interview Adenauers am 15. 10. 1963 mit dem ZDF, zit. bei Gotto, S. 233; ferner Bandulet, Adenauer zwischen West und Ost, a.a.O., S. 232 f.

peltes Kalkül zugrunde. Zum einen wurde damit – um ein Schlagwort jener Zeit zu gebrauchen – der Vorrang von »Freiheit vor Einheit« (Jaspers)[28] anerkannt, d. h. die nationale Einheit hinter die Gewährung von mehr Freiheit für die DDR zurückgestellt. Zum anderen spielte bei derartigen Vorschlägen stets auch die Erwartung eine Rolle, daß sich das SED-Regime in der DDR bei einer politischen Auflockerung nicht werde halten können und die Bevölkerung – ähnlich wie an der Saar – bei freien Wahlen für einen Anschluß an die Bundesrepublik optieren würde. Nur im sog. »Globke-Plan« – einem 1959/60 entwickelten internen Arbeitspapier, das im Vorfeld der westlichen Vorbereitungen für die Pariser Gipfelkonferenz entstanden war – wurde eine (zeitweilige) Anerkennung der DDR, menschliche Erleichterungen und eine Volksabstimmung in beiden deutschen Staaten über die Wiedervereinigung zu einem Paket zusammengebunden.[29]

Die Vorschläge Adenauers unterschieden sich von der Position des Auswärtigen Amtes zur deutschen Frage durch ein höheres Maß an Flexibilität; dennoch fragt man sich, unter welchen Bedingungen die Sowjetunion damals zur Aufgabe der DDR bzw. der von ihr gestützten SED-Führung bereit gewesen wäre. Vielleicht wäre das Angebot, auf eine Ausrüstung der Bundeswehr mit nuklearen Trägerwaffen zu verzichten, damals geeignet gewesen, die sowjetische Verhandlungsbereitschaft auf die Probe zu stellen: bündnis- und innenpolitische Rücksichten hinderten Adenauer jedoch daran, darüber laut nachzudenken.[30] Und welchen Vorteil hätte die Sowjetunion von einem Stillhalteabkommen in der deutschen Frage gehabt? Was hätte Moskau veranlassen können, einer befristeten Absprache zuzustimmen, mit der es – zumindest explizit – die spätere Regelungsbedürftigkeit einer Frage anerkannte, von der sie behauptete, sie sei seit langem entschieden bzw. es sei eine Sache der Deutschen selbst, sich zu verständigen und lediglich die Bestätigung dieses Zustandes stände noch aus? Adenauer wußte auch, daß die Nachbarn Deutschlands in der Fortdauer der Spaltung eine geringere Gefahr für die europäische Sicherheit

28 Die These »Freiheit vor Einheit« wurde von Karl Jaspers in verschiedenen ZEIT-Aufsätzen im August und September 1960 vertreten, vgl. Karl Jaspers, Freiheit und Wiedervereinigung. Über Aufgaben deutscher Politik, München 1960.

29 Vgl. den sog. »Globke-Plan«, ein von dem Staatssekretär im Bundeskanzleramt, Hans Globke, im Auftrag Adenauers angefertigten Arbeitspapier, in: Rudolf Morsey und Konrad Repgen (Hrsg.), Adenauer-Studien, Bd. 3, Mainz 1974, S. 202 ff.

30 Intern wurden derartige Gedanken durchaus in Erwägung gezogen, vgl. z. B. den sog. »Heusinger-Plan«, unten, S. 81 f.

sahen als in einem wirtschaftlich potenten und politisch selbstbewußten, wiedervereinigten Deutschland.[31]
War die eine Gefahrenzone aus der Sicht Adenauers ein machtpolitisches Vakuum in Zentraleuropa, das Deutschland zur leichten Beute der Sowjetunion werden lassen würde, so bestand die andere in einer Einigung der Siegermächte des Zweiten Weltkrieges auf seine Kosten. »Deutschland durfte nicht wieder zwischen die Mühlsteine geraten, dann war es verloren.«[32] Diese Sorge vor einer erneuten Isolierung ähnlich dem Geschehen vor dem Ersten Weltkrieg oder nach dem Zusammenbruch 1945 hat Hans-Peter Schwarz den »Potsdam-Komplex« Adenauers genannt.[33] Mit Mißtrauen beobachtete der Kanzler Vorschläge für Gipfelkonferenzen der Vier Mächte, insbesondere wenn nicht sicher war, daß der Westen für diese eine abgestimmte Position besaß. Nur dann hat Adenauer selbst Vierer-Konferenzen vorgeschlagen, wenn der Westen aus einer Position politischer Stärke heraus verhandeln konnte: 1953, nach der Unterzeichnung der EVG, als es galt, die sowjetischen Wiedervereinigungs-Initiativen abzuwenden, und 1957, als die Westintegration mit den Verträgen von Paris und Rom vertraglich abgesichert war, die Abstimmung Bonns mit den Westmächten gewährleistet schien und als er eine Auflockerung der sowjetischen Haltung im Anschluß an den Briefwechsel mit Bulganin wahrzunehmen glaubte.[34]
Um eine Einigung auf Kosten der Bundesrepublik zu verhindern, mußte diese eine gemeinschaftsorientierte Außenpolitik betreiben und die Partner überzeugen, daß sie »bei der Stange blieb«.[35] Adenauer war sich bewußt, welche Rolle bei den Partnern weiterhin »das Gespenst einer deutschen Schaukelpolitik, einer Rapallo-Politik«[36] spielte. Deutschland

31 Adenauer sprach dies zwar nie aus, aber der Tenor seiner Erinnerungen legt eine derartige Vermutung nahe. Vgl. Terrence Prittie, Konrad Adenauer. Vier Epochen deutscher Geschichte, Stuttgart 1971, S. 376; ähnlich auch Poppinga, Konrad Adenauer, a.a.O., S. 138, Baring, Sehr verehrter Herr Bundeskanzler! A.a.O., S. 24 f.

32 Adenauer, Erinnerungen 1953–1955, a.a.O., S. 216.

33 Vgl. Schwarz, Das außenpolitische Konzept, a.a.O., S. 112 f., Adenauer selbst schreibt von seinem »Alpdruck Potsdam«, in: Erinnerungen 1953–1955, a.a.O., S. 216.

34 Vgl. Adenauer, Erinnerungen 1953–1955, a.a.O., S. 224 ff., ferner Dokumente zur Deutschlandpolitik, Bd. III/3.1, S. 421 ff.; Zur Skepsis Adenauers im Hinblick auf Gipfelkonferenzen auch Felix von Eckardt, Ein unordentliches Leben. Lebenserinnerungen, Frankfurt a. M., o. J., S. 237; Blankenhorn, Verständnis und Verständigung, a.a.O., S. 158 ff.

35 Vgl. Adenauer, Erinnerungen 1953–1955, a.a.O., S. 216.

36 Ebenda, S. 310; ferner Poppinga, Konrad Adenauer, a.a.O., S. 127; dazu auch Rudolf Augstein, Jener Mongole mit den schlauen Augen, in: SPIEGEL, Nr. 53, 29. 12. 1975, S. 34.

»mußte sich treu bleiben, und es durfte nicht auf den fast verbrecherischen Gedanken kommen, bald mit dem Osten, bald mit dem Westen irgendeine politische Linie zu finden, eine Schaukelpolitik zu betreiben«.[37] Nur auf der Grundlage strikter Westbindung glaubte er, Ostpolitik führen zu können. Angesichts des Mißtrauens gegenüber jeder Art deutscher Dynamik beschränkte er sich im wesentlichen auf eine zwar trickreiche, aber doch wenig konstruktive Defensivstrategie. Drohten die Verbündeten von der gemeinsamen politischen Linie abzuweichen, so pflegte sie Adenauer mahnend an die eingegangenen Verpflichtungen, insbesondere im Hinblick auf Deutschland als Ganzes, zu erinnern, oder aber durch Hinweise auf beunruhigende innenpolitische Entwicklungen in der Bundesrepublik oder in einem anderen westlichen Land wieder auf den Pfad der Tugend zurückzulocken. Er scheute sich aber auch nicht, den einen gegen den anderen auszuspielen und sich bei Dulles Unterstützung gegenüber Macmillan[38] bzw. bei de Gaulle gegen Kennedy[39] zu holen. Wenn er selbst initiativ wurde, z. B. bei der Aufnahme diplomatischer Beziehungen zu Moskau oder bei den Kontakten zu Smirnow und Mikojan, sicherte er diese sorgfältig durch ein Netz von Konsultationen mit den westlichen Partnern ab.[40] Für ihn stand außer Frage, daß die Westbindung durch ostpolitische Aktivitäten nicht gefährdet werden durfte, eine – hypothetische – Wiedervereinigung nur akzeptabel war, wenn dadurch zumindest die Westhälfte Deutschlands nicht aus dem westeuropäisch-atlantischen Bündnissystem herausgelöst wurde.

2.3 *Sicherheit und Frieden in Europa*

Adenauers »Politik der Stärke« – Verhandlungsbereitschaft auf der Grundlage politischer Einheit und ausreichender militärischer Verteidigungsfähigkeit des Westens – war aufgrund der zeitgenössischen Einschätzung der sowjetischen Bedrohung keine offensive, sondern eine defensive Politik. Dies wird belegt durch die Haltung während des polnischen Oktobers, des Volksaufstandes in Ungarn und schließlich beim

37 Vgl. die Rede Adenauers in Bochum am 15. Juni 1954, zitiert bei Poppinga, Konrad Adenauer, a.a.O., S. 127.
38 So z. B. im Frühjahr 1959, vgl. Adenauer, Erinnerungen 1955–1959, a.a.O., S. 471 ff.
39 So 1961/62, vgl. Adenauer, Erinnerungen 1959–1963, a.a.O., S. 169 ff.
40 Vgl. Adenauer, Erinnerungen 1953–1955, a.a.O., 494 ff., bzw. 1955–1959, a.a.O., S. 365; ferner Dokumente zur Deutschlandpolitik, Bd. III/1, S. 287.

Mauerbau in Berlin. Besonders in Gesprächen mit sowjetischen Politikern wurde der Kanzler nicht müde, auf den Friedenswillen des deutschen Volkes hinzuweisen. So erklärte er Mikojan, er sehe seine Lebensaufgabe darin, »den Frieden in Europa zu sichern und Europa zusammenzuschließen«.[41] Im Zusammenhang mit der Genfer Gipfelkonferenz gab er seiner Überzeugung Ausdruck, daß »die Frage der kontrollierten Abrüstung das entscheidende Moment für die Frage (ist), ob wir in der Welt überhaupt zum Frieden kommen oder nicht«. Im gleichen Absatz beeilte sich Adenauer jedoch daraufhinzuweisen, solange die Spaltung Deutschlands andauere, könnten »in Europa Ruhe, Ordnung und Frieden nicht hergestellt werden, weil diese Spaltung das Gleichgewicht der Kräfte verletzt«.[42] Stellt man diese Sätze in den Gesamtzusammenhang des eurozentrischen und antikommunistischen Weltbildes Adenauers, so war der Friede nur gewährleistet, wenn einer sowjetischen Expansion Einhalt geboten werden konnte. Frieden war allein auf der Basis der Freiheit möglich; als politische Maxime wurde daher die Friedenssicherung der Gewährleistung der Freiheit nachgeordnet.[43]

Aus der Überzeugung heraus, daß vor allem die Teilung Europas und Deutschlands, und weniger die militärische Konfrontation an der Demarkationslinie die Ursache der Spannungen in Europa war, maß Adenauer Maßnahmen der Rüstungsbeschränkung und Abrüstung keine besondere Bedeutung zu. Sie waren für ihn lediglich Instrumente seiner Sicherheits- und Deutschland-Politik. Dies hinderte ihn freilich nicht daran, bei den verschiedensten Gelegenheiten sich für eine allgemeine und kontrollierte Abrüstung einzusetzen: auch Adenauer fand es nicht opportun, sich ständig mit dem Gewand eines »Kalten Kriegers« zu schmücken. Andererseits hütete er sich davor, die Abrüstungsproblematik zu stark in den Vordergrund zu spielen, um nicht der innenpolitischen Opposition in ihrem Kampf gegen Wehrbeitrag und Nuklearbewaffnung ungewollt Schützenhilfe zu leisten. Für ihn war wichtig, daß die 1956 in Gang gekommenen Abrüstungsverhandlungen nicht den Aufbau der Bundeswehr beeinträchtigten, von welcher der Bündniswert der Bundesrepublik abhing. Da jedoch zeitraubende Verhandlungen zu erwarten waren, konnten prinzi-

41 Adenauer, Erinnerungen 1955–1959, a.a.O., S. 384.
42 Adenauer, Erinnerungen 1953–1955, a.a.O., S. 454.
43 Diese Prioritätenfolge sollte jedoch nicht dahingehend interpretiert werden, daß Adenauer die Sicherung des Friedens geringgeschätzt hätte. Seine Erinnerungen belegen vielmehr, daß seine Politik darauf gerichtet war, einen militärischen Konflikt auf deutschem Boden wenn irgend möglich zu vermeiden.

pielle Bekundungen des Abrüstungswillens nicht schaden, wenn Bonn gleichzeitig Vorsorge dagegen traf, daß keine isolierten Lösungen für Mitteleuropa in Betracht gezogen wurden, durch die der politische oder militärische Status der Bundesrepublik beschränkt wurde.[44]

Besonders skeptisch stand Adenauer Vorschlägen für Gebiete beschränkter Rüstung oder für Inspektionszonen in Europa gegenüber; sie waren für ihn nur unter der Voraussetzung akzeptabel, daß sie

- die Westbindung der Bundesrepublik und die westeuropäische Integration als ihre wichtigste Methode nicht behinderten;
- keine politische Diskriminierung der Bundesrepublik bedeuteten;
- die Stationierung amerikanischer Truppen in Westeuropa militärisch nicht wertlos machten;
- die Gefahr einer Anerkennung des Status quo vermieden, indem sie z. B. nicht auf der Demarkationslinie als Mittellinie aufbauten.[45]

Da weder die verschiedenen Disengagement-Vorschläge noch die diversen Rapacki-Pläne diesen Forderungen entsprachen, betrachtete er sie als »gefährliche Ideen«,[46] die konsequent abgeblockt werden mußten durch die Verknüpfung mit Vorbedingungen, z. B. mit gleichzeitigen Schritten zur Wiedervereinigung, oder durch den Hinweis auf vordringlichere Probleme, z. B. eine allgemeine Abrüstung und Entspannung.

Wenn auch Adenauer dazu tendierte, die verschiedenen Vorschläge für europäische Sicherheitsregelungen auf der Grundlage einer Beschränkung der Rüstungen eher als Gefahrenzonen denn als Aktivposten seiner Politik zu betrachten, so übersah er jedoch nicht die berechtigten Sicherheitsbedürfnisse der Nachbarn Deutschlands. Im Fall einer Wiedervereinigung war er bereit, diesen – und besonders der Sowjetunion – Zusicherungen dafür zu geben, daß Deutschland die politischen Bindungen der Pariser Verträge nicht infrage stellen und Beschränkungen seiner Streitkräfte

44 Sehr deutlich wird diese defensive Grundhaltung in dem Memorandum der Bundesregierung an die Sowjetunion vom 2. 9. 1956 zur Wiederherstellung der deutschen Einheit, in: Dokumente zur Deutschlandpolitik, Bd. III/2, S. 706–716. Vgl. dazu auch Jansen, Abrüstung und Deutschland-Frage, a.a.O., S. 167 ff.

45 Vgl. die Ausführungen von Bundeskanzler Adenauer am 15. 6. 1957 auf einer Pressekonferenz in Wien, in: Dokumente zur Deutschlandpolitik, Bd. III/3.2, S. 1174 ff., am 31. 5. 1957 auf der Bundespressekonferenz, in: Dokumente zur Deutschlandpolitik, Bd. III/3.2, S. 1190 f., und in einem Interview am 3. 8. 1957 mit dem Saarländischen Rundfunk, in: Bulletin, Nr. 43, 7. 8. 1957, S. 1352 f.; vgl. ferner Adenauer, Erinnerungen 1955–1959, a.a.O., S. 35 ff. und S. 283 ff. Der Bundeskanzler stand einem Disengagement – im Sinne eines geographischen Auseinanderrückens der Bündnissysteme – stets skeptisch gegenüber. Mitte der fünfziger Jahre wurden jedoch Pläne erwogen, die auf eine Entmilitarisierung der DDR hinausliefen, vgl. unten, S. 81 f.

akzeptieren würde.[47] Darüber hinaus wurden im Kanzleramt über Vorschläge nachgedacht, mit denen sichergestellt werden sollte, daß das militärische Potential eines wiedervereinigten Deutschlands nicht einseitig dem Westblock zuwachsen würde. Derartige Überlegungen waren aber auch eine Reaktion auf die nach Abschluß des österreichischen Staatsvertrages wie Pilze aus dem Boden schießenden Pläne für ein gesamteuropäisches Sicherheitssystem bei gleichzeitiger Neutralisierung Deutschlands bzw. für einen Gürtel neutraler Staaten in Mitteleuropa.[48] »Für uns war das ein gefährliches Thema«, schrieb Adenauer in seinen Erinnerungen, »ein derartiger Gürtel würde nach meiner Meinung das Ende Deutschlands und auch Europas bedeuten«.[49] Die Vereinigten Staaten würden sich über den Atlantik zurückziehen, und das in der Mitte Europas entstehende Vakuum würde die Sowjetunion vielfältig zur Intervention verlokken. Mit einer Kombination von öffentlichen Äußerungen und diplomatischen Demarchen reagierte er scharf auf derartige Vorschläge. »Die wirksamste Art, den westlichen Neutralisierungsideen entgegenzuwirken, sah ich darin, selbst einen Plan ausarbeiten zu lassen, der auf der einen Seite dem viel zitierten sowjetischen »Sicherheitsbedürfnis« entgegenkam, auf der anderen Seite jedoch die Stationierung amerikanischer und westlicher Truppen im Gebiet der Bundesrepublik auch weiterhin ermöglichte. Auf meine Veranlassung wurden von deutscher Seite konkrete Pläne für eine Rüstungsbeschränkung in Mittel- und Osteuropa entwickelt, die die Voraussetzungen für eine Entspannung schaffen sollten«.[50]
Bei diesen Plänen handelte es sich um eine Fortführung von Gedanken über ein entmilitarisiertes Gebiet im östlichen Mitteleuropa, die im August 1953 im Vorfeld der Berliner Konferenz von Heusinger und Blankenhorn entwickelt worden waren. In einer Studie, die Heusinger Anfang Juni 1955 Blankenhorn (im Auswärtigen Amt) und de Maizière (im neu errichteten Verteidigungsministerium) übermittelte, wurde die Bildung eines truppenfreien Raumes in Zentraleuropa beiderseits der Linie Stettin–

46 Adenauer, Erinnerungen 1955–1959, a.a.O., S. 284.
47 Vgl. Adenauer, Erinnerungen 1953–1955, a.a.O., S. 224 ff. In diesem Zusammenhang bezeichnete Adenauer auch die EVG als Ansatzpunkt für ein System der Rüstungsbeschränkung in Europa, vgl. die Regierungserklärung Adenauers am 20. 10. 1953 im Deutschen Bundestag, in: DBT/II/3, 20. 10. 1953, S. 11–22.
48 Vgl. dazu den sogenannten Molotow-Plan, Entwurf für einen gesamteuropäischen Vertrag über kollektive Sicherheit in Europa vom 10. Februar 1954, in: EA 8–9/1954, S. 6529 ff., ferner den Vorschlag Präsident Eisenhowers vom 18. Mai 1955, in: NYT, 19. 5. 1955.
49 Adenauer, Erinnerungen 1953–1955, a.a.O., S. 441 ff.
50 Ebenda, S. 446.

Prag–Wien–Triest erörtert.[51] In diesem Gebiet sollten weder eigene noch Stationierungstruppen oder militärische Anlagen unterhalten werden. Daran sollten sich im Osten und Westen zwei weitere rüstungsbeschränkte Zonen anschließen. In der Zone II, die im Westen etwa durch den Rhein und im Osten durch die Linie Riga–Brest begrenzt wurde, konnten beide Seiten ausgewogene Landstreitkräfte (40 Divisionen der NATO und 50 - zahlenmäßig schwächere - des Warschauer Paktes) einschließlich der notwendigen Luftunterstützung unterhalten, jedoch keine weitreichenden Waffensysteme stationieren. In der Zone III, die im Westen bis zum Atlantik und im Osten bis zum Dnjepr reichte, sollten nach Zahl und Art äquivalente Streitkäfte unterhalten werden können.[52]
Die Prämisse des Heusinger-Plans war die Wiedervereinigung Deutschlands und der Fortbestand des Atlantischen Bündnisses. Der Entwurf enthielt jedoch weder einen Zeitplan noch konkrete Schritte zur Wiederherstellung der Einheit Deutschlands. Im Kern liefen die Vorschläge Heusingers auf eine Entmilitarisierung des Gebietes der DDR und auf einen Abbau des konventionellen Übergewichtes der östlichen Streitkräfte in Europa hinaus, während die Verteidigungsplanung der NATO nicht beeinträchtigt werden sollte. Großbritannien und Spanien wurden ausgespart, da sich hier die strategischen Luftbasen der Amerikaner und Briten befanden. Die Demarkationslinien der einzelnen Zonen wurden nach militärischen Kriterien festgelegt; gleichzeitig wurde aber vermieden, daß sie mit politischen Grenzen zusammenfielen und eine Grenzregelung in einem Friedensvertrag mit Deutschland präjudizieren konnten.[53]
Untersucht man die Ideen Heusingers näher und vergleicht sie mit ähnlichen Vorschlägen aus der damaligen Zeit, so wird ihr defensiver Charakter deutlich. Ein direkter Bezug besteht zwischen dem Heusinger-Plan und dem Eden-Plan, aber auch den Gedanken des belgischen Außenministers Paul van Zeeland. Dieser hatte verschiedentlich 1953 und im Februar 1955 Vorschläge zur Beilegung des Ost-West-Konflikts gemacht, welche die Schaffung einer entmilitarisierten Zone im Raum der DDR bei gleichzeitiger Begrenzung der Truppenstärken in den Gebieten östlich

51 Vgl. Helga Haftendorn, Adenauer und die Europäische Sicherheit, in: Blumenwitz, Konrad Adenauer und seine Zeit, a.a.O., S. 92–110 (S. 98 ff.).

52 Vgl. Bildung eines truppenfreien Raumes in Zentraleuropa. Tgb. Nr. 56/55, 7. 6. 1955, Bundesarchiv/Militärarchiv, zit. in: Helga Haftendorn, Abrüstungs- und Entspannungspolitik zwischen Sicherheitsbefriedigung und Friedenssicherung. Zur Außenpolitik der BRD 1955–1973, Düsseldorf 1974, S. 47 ff.

53 Hier stellt sich freilich die Frage, ob eine Wiedervereinigung Deutschlands denkbar war ohne gleichzeitige friedensvertragliche Festlegung seiner Grenzen.

und westlich dieser Zone vorsahen.[54] Auf der Genfer Gipfelkonferenz im Juli 1955 schlug der britische Premierminister Eden zusammen mit einem Beistandspakt zwischen den vier Siegermächten und einem wiedervereinigten Deutschland ein Abkommen über eine Begrenzung der Streitkräfte »auf beiden Seiten in Deutschland und in den Deutschland benachbarten Ländern« vor. Die Möglichkeit einer entmilitarisierten Zone zwischen Ost und West wurde angedeutet. Ging dieser sogenannte zweite Eden-Plan noch von der Wiedervereinigung Deutschlands aus und war daher für die Bundesrepublik noch einigermaßen akzeptabel, so war dies bei dem dritten Vorschlag Edens für ein gemeinsames Inspektionssystem der sich in Europa gegenüberstehenden Streitkräfte nicht mehr der Fall.[55] Auch aus Amerika kam die Kunde, daß in Washington an Plänen für ein neutralisiertes Gebiet in Mitteleuropa gearbeitet wurde.[56]
Adenauer war in höchstem Maße alarmiert. Mit der Verwirklichung derartiger Pläne würde nicht nur die Verbindung von Sicherheitsfrage und Wiedervereinigung aufgegeben, sondern auch die Bundesrepublik einseitig diskriminiert und die militärische Verteidigung des Westens geschwächt werden.[57] Der Bundesregierung gelang es zunächst nicht, ihre Bedenken in der westlichen Arbeitsgruppe zur Vorbereitung der Genfer Außenministerkonferenz durchzusetzen. Erst als Adenauer persönlich bei Eden und Dulles intervenierte, wurde der Stufenplan zur Wiedervereinigung Deutschlands von der Berliner Konferenz, d. h. der erste Eden-Plan, mit dem Sicherheitspakt des zweiten Planes verbunden, der seinerseits durch einige der zentralen Elemente des Heusinger-Plans konkretisiert wurde. So sah Abschnitt 3 des »Treaty of Assurance« die Errichtung einer Zone beschränkter Streitkräfte und Rüstungen vor: »In einer Zone, die beiderseits der Demarkationslinie zwischen einem wiedervereinigten Deutschland und den osteuropäischen Ländern Gebiete von vergleichbarer Größe, Tiefe und Bedeutung umfassen würde, würden Stärken für Streitkräfte festgesetzt werden, um ein militärisches Gleichgewicht herzustellen, das zur europäischen Sicherheit und zur Verminderung der Rüstungslasten beitragen würde. Zur Aufrechterhaltung dieses Gleichge-

54 Vgl. FAZ, 22. 12. 1953, zit. bei Hinterhoff, Disengagement, Anhang, a.a.O.; ferner Paul van Zeeland, Les Fondements de la Paix, Bruxelles 1957; Adenauer, Erinnerungen 1953–1955, a.a.O., S. 442.
55 Vgl. den Wortlaut der Vorschläge in: Dokumente zur Deutschlandspolitik, Bd. III/1, S. 162 ff. und S. 199 ff.; für eine gute knappe Zusammenfassung der verschiedenen Eden-Pläne vgl. Baring, Sehr geehrter Herr Bundeskanzler! A.a.O., S. 419.
56 Vgl. Newsweek, 16. 5. 1955, WELT, 18. 1. 1957.
57 Vgl. Adenauer, Erinnerungen 1955–1959, a.a.O., S. 35 ff.

wichts würden geeignete Vorkehrungen getroffen. In dem der Demarkationslinie nächstgelegenen Teile der Zone könnten besondere Maßnahmen bezüglich der Verteilung militärischer Verbände und Anlagen getroffen werden.«[58]

Adenauer war es gelungen, mit einer Kombination von militärischen und politischen Argumenten Konzepte vom Tisch zu bringen, die auf einer Neutralisierung West- oder Gesamtdeutschlands aufbauten und die die Gefahr einer Schwächung der Westbindung der Bundesrepublik beinhalteten. Die bei der Genfer Außenministerkonferenz 1955 eingeschlagene Taktik eines flexiblen Junktims zwischen Wiedervereinigung Deutschlands und Maßnahmen regionaler Rüstungsbeschränkung behielt er auch in den folgenden Jahren bei.[59] Von dieser Konzeption ging auch der Plan eines europäischen Sicherheitssystems aus, über den der langjährige Vertraute des Kanzlers, Bundespressechef Felix von Eckardt, in seinen Erinnerungen berichtet. Danach sollten in genau terminierten Etappen Schritte zur Wiedervereinigung auf der Basis von freien Wahlen verbunden werden mit der Herstellung zunächst eines von der UNO überwachten Gleichgewichts der in der DDR, Polen und Ungarn stehenden Streitkräfte der Sowjetunion sowie der in Westeuropa stationierten anglo-amerikanischen Truppen und ihrer Rüstungen. In einer weiteren Phase sollten die Rote Armee in die Sowjetunion und die ausländischen Truppen an die Peripherie Westeuropas zurückgezogen sowie die Bundeswehr auf eine Stärke von zwölf Divisionen beschränkt werden. Gleichzeitig würden die europäischen Staaten einen Verzicht »auf jede thermo-nukleare Kriegsführung« aussprechen, der von den Großmächten im Rahmen der UN-Charta garantiert werden sollte. Nach Angaben von Eckardts sollten diese Vorschläge – gegen die Außenminister von Brentano »aufs schärfste« Stellung nahm – im September oder Oktober 1957 Präsident Eisenhower im Verlauf der westlichen Beratungen über eine Vier-Mächte-Konferenz übermittelt werden.[60]

Es gibt jedoch keine Hinweise darauf, daß diese Vorschläge tatsächlich in die westliche Diskussion eingebracht wurden oder daß sich Adenauer

58 Ebenda, S. 39 f.; zur Vorbereitung der Genfer Außenministerkonferenz vom Okt.–Nov. 1955 vgl. ebenda, S. 35 ff., ferner die Regierungserklärung vom 1. 12. 1955, abgegeben von Bundesaußenminister v. Brentano, in: DBT/II/114, S. 6101–6111.

59 Vgl. Memorandum der Bundesrepublik Deutschland an die Regierung der UdSSR vom 2. 9. 1956, in: Dokumente zur Deutschlandpolitik, Bd. III/2, S. 706–716.

60 Vgl. von Eckardt, Ein unordentliches Leben, a.a.O., S. 321 u. S. 359 ff.; ferner Baring, Sehr verehrter Herr Bundeskanzler! A.a.O., S. 215; Pöttering, Adenauers Sicherheitspolitik, a.a.O., S. 152 f.

selbst mit Nachdruck für derartige Pläne eingesetzt hätte. Alle zugänglichen Quellen lassen vielmehr den Schluß zu, daß er mit allen verfügbaren Mitteln bemüht war, die durch den Rapacki-Plan auch im Westen wiederbelebte Debatte über rüstungsbeschränkte Zonen in Europa abzuschotten. Als Verteidigungsminister Strauß im Frühjahr 1958 Gegenvorschläge zum Rapacki-Plan formulierte,[61] forderte ihn Adenauer umgehend zur Zurückhaltung auf. Er war besorgt, die westliche Abwehrfront gegen die polnischen Vorschläge könnte gelockert und der innenpolitischen Opposition eine Möglichkeit zum Einhaken gegeben werden.[62] Mehrfach ließ sich der Kanzler von seinen Mitarbeitern Gesprächsunterlagen mit der ausdrücklichen Maßgabe anfertigen, ihm »gute Ausführungen« für seinen ablehnenden Standpunkt auszuarbeiten. Diese bekam Adenauer von Globke, Grewe, Heusinger und Strauß.[63]
Seit Mitte der fünfziger Jahre wuchs bei Adenauer die Einsicht, daß die Sowjetunion einer Wiedervereinigung Deutschlands weder um den Preis einer Neutralisierung des Gebietes der DDR noch Gesamtdeutschlands zustimmen würde. Seine Strategie richtete sich nunmehr darauf, Moskau zu einer Liberalisierung in der DDR zu veranlassen bzw. für eine befristete Zeit ein Stillhalteabkommen in der deutschen Frage einzugehen. Gleichzeitig verloren mit der Einführung weitreichender Nuklearwaffen durch die Streitkräfte der NATO und des Warschauer Paktes rüstungsbe-

61 Vgl. Franz Josef Strauß, Der Weg zum Frieden, in: Bulletin, Nr. 39, 27. 2. 1958, S. 329 f.

62 Vgl. DBT, Ausschuß für Auswärtige Angelegenheiten, Drucksache 9, 5. 5. 1958; ferner Adenauer, Erinnerungen 1955–1959, a.a.O., S. 284 f.

63 Vgl. die Ausführungen von Verteidigungsminister Strauß am 23. 1. 1958 im Deutschen Bundestag; in: DBT/III/9, 23. 1. 1958, S. 383–384, ähnlich auch im März 1958, in: DBT/III/18, 20. 3. 1958, S. 871–880; ferner das Schreiben von Staatssekretär Globke an Staatssekretär Rust vom 18. 8. 1959 betreffend Unterlage für Besprechungen mit Präsident Eisenhower, zit. bei Haftendorn, Abrüstungs- und Entspannungspolitik, a.a.O., S. 382. Die von Pötterung, Adenauers Sicherheitspolitik, a.a.O., S. 162 f. geäußerte Ansicht, Heusinger habe den Rapacki-Plan nicht so negativ beurteilt wie die Bundesregierung, läßt sich angesichts der zahlreichen ablehnenden Stellungnahmen des Generalinspekteurs beim gegenwärtigen Forschungsstand nicht aufrechterhalten. Eine vom Militärischen Führungsrat erarbeitete und im Februar 1957 an den Minister (Strauß) weitergeleitete Studie zur Abrüstungsfrage ist inhaltlich nicht bekannt, sie dürfte sich jedoch eher auf die Arbeiten der Londoner Fünf-Mächte-Abrüstungskonferenz bezogen haben; vgl. Bundesarchiv/Militärarchiv. Die Erwähnung einer etwa vom Ural bis zu den Pyrenäen reichenden Inspektionszone in einem Gespräch zwischen Adenauer und v. Brentano – ähnliche Vorschläge waren vom Westen auf der Genfer Expertenkonferenz zur Verhinderung von Überraschungsangriffen gemacht worden – war ein Versuchsballon, welcher die eigene Skepsis durch ablehnende Argumente des Gesprächspartners fundieren sollte – eine Methode, die Adenauer häufig anwandte; vgl. Baring, Sehr verehrter Herr Bundeskanzler! A.a.O., S. 236.

grenzte Zonen in Europa ihren militärischen Sinn. Damit erhielten die Vorschläge und Gegenvorschläge der Bundesregierung zur deutschen Frage zunehmend dilatorischen Charakter, und ihr Drängen nach einer weltweiten allgemeinen Abrüstung hatte in diesem Zusammenhang die Funktion einer Entlastungsoffensive, durch die isolierte Zugeständnisse des Westens auf dem Gebiet der europäischen Sicherheit unter dem Druck der Berlin-Krise verhindert werden sollten. Dies wird besonders deutlich bei den westlichen Vorbereitungen für die Genfer Außenministerkonferenz 1959, als die Westmächte auf der Basis eines Phasenplans zur Wiedervereinigung und Rüstungsbeschränkung in Europa argumentierten, Adenauer jedoch der Sowjetunion ein Abkommen über eine allgemeine kontrollierte Abrüstung als Gegenleistung für ein Stillhalteabkommen in Deutschland anbieten wollte.[64] In diesen Zusammenhang gehört auch der sogenannte Globke-Plan.[65] Er erscheint weniger als ein Plan zur Wiederherstellung der Einheit Deutschlands, als vielmehr als ein taktischer Schachzug, um Moskau den Hebel »Berlin« zu entwinden, mit dem es immer wieder die Westbindung der Bundesrepublik in Frage stellen konnte. Darüber hinaus war er ein Versuch, einen »Burgfrieden«, vielleicht sogar einen Modus vivendi, mit der Sowjetunion in der deutschen Frage ohne Aufgabe von Rechtspositionen zu erzielen und diesen international und innenpolitisch dadurch akzeptabel zu machen, daß er als »Zwischenstation« auf dem Wege zur Wiedervereinigung deklariert wurde.[66]

»Europäische Sicherheit« war für Adenauer primär eine politische Größe, nicht Ergebnis von Verteidigungsprogrammen oder von Abrüstungsplänen. (West-)Europa war dann »sicher«, wenn der Westen über die politische Geschlossenheit und über ausreichende Machtmittel verfügte, um eine sowjetische Aggression zu verhindern – oder wenn »Sowjetrußland« auf seine expansive Außenpolitik verzichtete und den osteuropäischen Staaten sowie der DDR ein höheres Maß an politischer Freiheit und Eigenentwicklung zugestand. Dann konnte es auch zu einer Ost-West-Entspannung kommen, nicht auf Kosten, sondern unter Einschluß der Bundesrepublik.

64 Vgl. Baring, Sehr verehrter Herr Bundeskanzler! A.a.O., S. 239 ff.

65 Vgl. Globke-Plan zur Wiedervereinigung Deutschlands, in: Morsey-Repgen, Adenauer-Studien, Bd. III, a.a.O., S. 202–209.

66 In diese Richtung deuten auch die Aufzeichnungen Heinrich Krones in seinem Tagebuch, abgedruckt in: Morsey/Repgen, Adenauer-Studien, Bd. III, S. 148–201.

3. *Die politischen Vorstellungen der SPD zur Sicherheits- und Deutschland-Frage*

Für die SPD bedeutete das Jahr 1955 viel weniger eine Zäsur als für die CDU/CSU und für Bundeskanzler Adenauer: weder konnte sie die Beendigung des Besatzungsregimes und den Beitritt der Bundesrepublik zur NATO als Erfolg ihrer Politik verbuchen, noch schienen sich ihr mit dem Vollzug der Westintegration konkrete Möglichkeiten zu eröffnen, auf ihrer Grundlage gleichzeitig Sicherheit und Wiedervereinigung Deutschlands zu verwirklichen. Die Phase von 1952, dem Todesjahr Kurt Schumachers, bis 1959/60, der Durchsetzung einer gesellschafts- und außenpolitischen Neuorientierung, war deutlich eine Phase des Übergangs für die SPD, und zwar in personeller wie in konzeptioneller Hinsicht. Während im politischen Handeln Adenauers alle außenpolitischen Ziele demjenigen der Freiheitssicherung durch Westbindung untergeordnet waren, strebten die Sozialdemokraten mit gleichem Nachdruck die Wiederherstellung der Einheit Deutschlands, die Wahrung und den Ausbau der demokratischen Grundrechte sowie die Gewährleistung der Sicherheit der Bundesrepublik an, und zwar in einer internationalen Situation, in der sich diese drei Axiome nicht mehr auf einen gemeinsamen Nenner bringen ließen.

3.1 *Das Erbe Schumachers*

Kern des außenpolitischen Konzeptes von Kurt Schumacher, des Vorsitzenden der SPD und großen politischen Gegenspielers von Adenauer in der Gründungsperiode der Bundesrepublik, war die Entwicklung eines demokratischen und sozialistischen Europa, dem ein freies und vereintes Deutschland als gleichberechtigter Partner angehören würde.[67] Seine

67 In einer Aufzeichnung vom Juni 1947 schrieb Kurt Schumacher: »Europa wird entweder eine gemeinsame ökonomische und politische Grundlinie seiner Entwicklung finden, oder es wird zwischen zwei großen Mühlsteinen zerrieben werden . . . Und es steht bei den Russen zu erkennen, daß Europa demokratisch sein muß, wenn es europäisch sein will; und es steht bei den Vereinigten Staaten zu erkennen, daß Europa sozialistisch sein muß, wenn es nicht der Diktatur unterliegen will.« In: »Europa – demokratisch und sozialistisch«, abgedruckt in: Arno Scholz und Walther G. Oschilewski, Turmwächter der Demokratie: Ein Lebensbild von Kurt Schumacher. Bd. II: Reden und Schriften, Berlin-Grunewald 1953, S. 424–435, hier S. 425; (Bd. I: Sein Weg durch die Zeit, a.a.O., 1954). Eine wichtige politische Biographie Schumachers ist Lewis J. Edinger, Kurt Schuma-

Vorstellungen über den Weg zu diesem Ziel wandelten sich jedoch in Abhängigkeit von der internationalen Entwicklung.
In der ersten Nachkriegsperiode dominierte bei Schumacher die Vorstellung einer gesamteuropäischen Föderation, in der ein demokratisches und sozialistisches Deutschland gleichberechtigt mitwirken und die als »dritte Kraft« in der Weltpolitik ein Gegengewicht zur (stalinistischen) Sowjetunion, aber auch zu den (kapitalistischen) USA bilden würde. Als sich jedoch zeigte, daß die Einheit Deutschlands auf dem Verhandlungswege und die von Schumacher propagierte Politik des Ausgleichs - zumindest kurzfristig - nicht zu erreichen war, unterstützte er die Ansätze zur westeuropäischen Integration (vor allem Marshall-Plan und NATO-Gründung), jedenfalls solange, wie sich die SPD im Verein mit den anderen sozialistischen Parteien Westeuropas eine Chance ausrechnen konnte, maßgeblich deren politische, wirtschaftliche und gesellschaftliche Struktur mitbestimmen zu können. Ein einiges und wirtschaftlich starkes Westeuropa würde auf die Völker Mittel- und Osteuropas eine Sogwirkung ausüben; durch die »Macht der Umstände«[68] könnte dann die Sowjetunion veranlaßt werden, die Ostzone, möglicherweise auch die anderen europäischen Staaten, aus ihrem Einflußbereich zu entlassen. Die Wiederherstellung der Einheit Deutschlands war jedoch primär Aufgabe und Verantwortung der Siegermächte des Zweiten Weltkrieges. Die Deutschen durften ihrerseits jedoch nichts tun, das zu einer Verschärfung der Situation beitragen könnte. Damit begründete die SPD ihre ablehnende Haltung gegenüber einer deutschen Wiederaufrüstung.[69]
Unter dem Eindruck des Korea-Krieges und des dadurch gewachsenen Sicherheitsbedürfnisses in Europa begann die SPD, ihre Positionen in der Sicherheitsfrage zu revidieren. Weniger die Sorge vor einem unmittelbar bevorstehenden militärischen Konflikt als vielmehr die Erkenntnis, daß sich ein deutscher Verteidigungsbeitrag dazu benutzen lassen könnte, um die Westmächte auf eine offensive Politik in der Wiedervereinigungsfrage

cher: Persönlichkeit und politisches Verhalten, Köln u. Opladen 1967; zu seinen sicherheitspolitischen und deutschland-politischen Vorstellungen vgl. Ulrich Buczylowski, Kurt Schumacher und die deutsche Frage. Sicherheitspolitik und strategische Offensivkonzeption vom August 1950 bis September 1951, Stuttgart 1973; Udo F. Löwke, Für den Fall, daß ... Die Haltung der SPD zur Wehrfrage 1949–1955, Hannover 1969.

68 Kurt Schumacher, Die Sozialdemokratie im Kampf für Freiheit und Sozialismus. Protokoll des Düsseldorfer Parteitages der SPD (11.–14. 9. 1948); ders., Demokratie und Sozialismus zwischen Osten und Westen, in: Turmwächter der Demokratie, Bd. II, a.a.O., S. 51–70.

69 Vgl. Buczylowski, Kurt Schumacher und die deutsche Frage, a.a.O., S. 50 ff.

festzulegen, führten dazu, daß Schumacher deutsche Streitkräfte nicht mehr ausschloß. Er knüpfte an eine Wiederaufrüstung jedoch die Bedingung, daß zuvor »die Amerikaner und die anderen Westmächte eindrucksvoll ihre gesamte Macht demonstrierten, [daß] sie bereit seien, nicht den Rhein als Verteidigungslinie zu betrachten, sondern den ganzen deutschen Raum vor eventuellen Aggressionen zu schützen«.[70] Ein militärischer Beitrag der Bundesrepublik hatte nach seiner Auffassung nur dann einen Sinn, wenn der Westen Deutschland offensiv nach Osten verteidigte, um es vor schwersten Zerstörungen zu bewahren.[71]
Eine zweite Bedingung war eine gleichberechtigte politische und militärische Rolle der Bundesrepublik, auf eine einfache Formel gebracht: »Gleiches Risiko, gleiches Opfer und gleiche Chancen«.[72] Der Pleven-Plan erfüllte diese Bedingungen jedoch nicht: die geplante Europa-Armee war nach seiner Auffassung zu schwach, um zu verhindern, daß Deutschland zum Kriegsschauplatz würde; die politische Gleichberechtigung wurde den Deutschen vorenthalten, ihr wurde nur die »Chance des Blutvergießens« zugebilligt.[73] Vor allem aber sah Schumacher durch die Art des Einschwenkens der Bundesregierung auf die westlichen Aufrüstungspläne sein wichtigstes Ziel gefährdet: die Sowjetunion auf der Basis militärischer Stärke politisch zur Wiedervereinigung zu zwingen.[74]
Ende 1951 wurde jedoch deutlich, daß die Pläne des Westens primär auf eine defensive Sicherung des eigenen Machtbereichs hinausliefen und nicht von einer aktiven und konkreten Wiedervereinigungspolitik im Sinne Schumachers begleitet waren. Damit trat die Antinomie zwischen Verteidigungsbeitrag und deutscher Frage wieder in den Vordergrund. Als

70 Löwke, Für den Fall, daß . . ., a.a.O., S. 61, unter Bezugnahme auf eine Pressekonferenz Schumachers am 23. August 1950 sowie auf die vom Vorstand der SPD hrsg. Broschüre: Kurt Schumacher, Die deutsche Sicherheit! Die Sozialdemokratie zur Verteidigung Deutschlands, Hannover o. J. (1950).

71 Vgl. Kurt Schumacher, Deutschlands Beitrag für Frieden und Freiheit. Die Politik der deutschen Sozialdemokratie in der gegenwärtigen Situation, Dortmund o. J. (1950); ferner Löwke, Für den Fall, daß . . ., a.a.O., S. 64.

72 Kurt Schumacher, Deutschlands Forderung: Gleiches Risiko, gleiches Opfer, gleiche Chancen! Dortmund o. J. (1950); vgl. auch Löwke, Für den Fall, daß . . ., a.a.O., S. 67.

73 Vgl. Buczylowski, Kurt Schumacher und die deutsche Frage, a.a.O., S. 114 ff.; Löwke, Für den Fall, daß . . ., a.a.O., S. 75 f.

74 Hier folge ich weitgehend der Einschätzung Buczylowskis, a.a.O., S. 95 ff. Die primär sicherheitspolitische Argumentation Löwkes, Für den Fall, daß . . ., a.a.O., sowie Klaus von Schubert, Wiederbewaffnung und Westintegration. Die innere Auseinandersetzung um die militärische und außenpolitische Orientierung der Bundesrepublik 1950–1952, Stuttgart 1970, wird m. E. der politisch-instrumentellen Denkweise Schumachers nicht gerecht.

gleichzeitig der Osten – zunächst die DDR mit der Parole »Deutsche an einen Tisch«, dann die Sowjetunion – eine groß angelegte Notenoffensive mit konkreten Vorschlägen zur Wiedervereinigung und Neutralisierung Deutschlands einleiteten,[75] trat auch Schumacher erneut für Vier-Mächte-Verhandlungen, vor allem für eine ernsthafte Prüfung der sowjetischen Note vom März 1952 ein.[76] Gegenüber den sowjetischen Vorschlägen machte die SPD jedoch klar, daß eine Neutralisierung Deutschlands für sie keine vernünftige Alternative war. Ein wiedervereinigtes Deutschland mußte die Möglichkeit haben, seinen Platz in Europa zu bestimmen. Schumacher und andere führende Persönlichkeiten der SPD ließen dabei keinen Zweifel darüber aufkommen, daß dieses Deutschland politisch zum Westen stehen werde. An die Stelle von sich feindlich gegenüberstehenden Militärbündnissen sollte der Frieden in Europa durch ein kollektives Sicherheitssystem garantiert werden. Diese Idee eines europäischen Sicherheitssystems bildete damit ein notwendiges Korrelat zur sozialdemokratischen Wiedervereinigungspolitik.[77]
Für Schumacher war die Sicherheitspolitik eine Funktion seiner auf Wiederherstellung der Einheit Deutschlands (nota bene: in den Grenzen von 1937!) gerichteten Deutschland-Politik. Der politische Widerstand gegen den EVG- und Deutschland-Vertrag – der auch innenpolitisch motiviert war – bedeutete weder eine grundsätzliche Absage an einen Verteidigungsbeitrag noch eine Option für ein politisch neutrales Deutschland zwischen Ost und West; von der in der Bevölkerung als Folge des Zweiten Weltkrieges weit verbreiteten »Ohne-Mich«-Haltung war diese Position meilenweit entfernt. Seine Ablehnung der Westverträge, die sich primär gegen die mangelnde Gleichberechtigung der Deutschen und die Vernachlässigung der Wiedervereinigungs-Perspektive richtete, hatte prinzipielle

75 Zu der östlichen Deutschland-Politik, die dann mit der sowjetischen Note vom März 1952 ihren Höhepunkt fand, in der eine Wiedervereinigung Deutschlands unter der Voraussetzung einer Neutralisierung angeboten wurde, vgl. Gerd Meyer, Die sowjetische Deutschland-Politik im Jahre 1952, Tübingen 1970; Hermann Graml, Nationalstaat oder westlicher Teilstaat. Die sowjetischen Noten vom Jahre 1952 und die öffentliche Meinung in der Bundesrepublik Deutschland, in: VfZ, H. 4, 1977, S. 821–864.

76 Vgl. Entschließung der SPD-Fraktion des Deutschen Bundestages vom 12. 3. 1952, in: Vorstand der SPD (Hrsg.), Acht Jahre sozialdemokratischer Kampf um Einheit, Frieden und Freiheit. Ein dokumentarischer Nachweis der gesamtdeutschen Haltung der Sozialdemokratie und ihrer Initiativen, Bonn o. J. (1954); vgl. auch Buczylowski, Kurt Schumacher und die deutsche Frage, a.a.O., S. 159 f.

77 Vgl. Löwke, Für den Fall, daß . . ., a.a.O., S. 125 ff.; ferner Hartmut Soell, Fritz Erler – Eine politische Biographie, Bonn-Bad Godesberg 1976, Bd. I, S. 160 ff. Diese Biographie Erlers ist z. Z. die wichtigste Analyse der sozialdemokratischen Außen- und Sicherheitspolitik für die Zeit von etwa 1952 bis zum Tod Erlers 1966.

ebenso wie taktische Elemente, wobei letztere der ständigen Anpassung an sich wechselnde internationale und innenpolitische Lagen bedurfte. Nach dem Tode Schumachers im Jahre 1952 geriet jedoch die Forderung nach Wiedervereinigung durch von den Vier Mächten garantierte freie und geheime Wahlen und die Ablehnung der Westverträge zu einem Dogma, durch das der sicherheitspolitische Handlungsspielraum der SPD abgesteckt und eingeengt wurde.

3.2 *Der Vorschlag eines kollektiven europäischen Sicherheitssystems*

In ihrem Bemühen, sowohl für das Sicherheitsproblem wie auch für die ungelöste deutsche Frage eine Lösung zu finden, griff die SPD auf bereits in den 20er und in den 40er Jahren diskutierte Gedanken eines europäischen Sicherheitssystems zurück.[78] Derartige Vorschläge hatten zunächst den Zweck, eine politische Alternative zum Beitritt der Bundesrepublik zur Europäischen Verteidigungsgemeinschaft aufzubauen; sie waren sodann eine Einladung an Moskau, seine Bereitschaft zur Wiedervereinigung Deutschlands und zur Abgabe von verbindlichen Garantien für seine Freiheit und Sicherheit unter Beweis zu stellen; schließlich sollten sie als der politische Rahmen für ein wiedervereinigtes Deutschland dienen, mit dem sowohl »Sicherheit für Deutschland als auch Sicherheit vor Deutschland«[79] gewährleistet werden sollten.
Solange der Vorschlag nicht mehr als ein taktischer Schachzug im Kampf gegen die EVG war, blieb er vage und interpretationsfähig.[80] Carlo

78 Mit den Vorschlägen für ein europäisches Sicherheitssystem wurden Gedanken der Völkerbundszeit aufgegriffen, z. B. sprach Churchill im Mai 1953 im britischen Unterhaus von einem »Ost-Locarno«, vgl. EA 10–11/1953, S. 5738–5744. Im Parlamentarischen Rat wurden ähnliche Gedanken von Erich Kordt und Carlo Schmid diskutiert, vgl. Gerhard Wettig, Entmilitarisierung und Wiederbewaffnung in Deutschland 1943–1955. Internationale Auseinandersetzungen um die Rolle der Deutschen in Europa, München 1967, S. 238 ff. Dann tauchen derartige Gedanken erst wieder 1952 bei Erler und Schmid auf. Sie sind in doppelter Weise eine Alternative zur EVG; sie sollen einmal die Sicherheit Deutschlands durch ein kollektives Garantiesystem gewährleisten und zum anderen der Sowjetunion die Gewähr dafür geben, daß bei einer Wiedervereinigung Deutschlands dieses nicht zum militärischen Aufmarschgebiet für den Westblock dienen würde, vgl. Soell, Fritz Erler, a.a.O., S. 152 ff.

79 Die Formel von »Sicherheit für Deutschland, Sicherheit vor Deutschland« ist ein durchgängiges Motiv im sicherheitspolitischen Denken von Fritz Erler, vgl. die Rede Erlers am 25. 2. 1955 im Deutschen Bundestag, in: DBT/II/70, 25. 2. 1955, S. 3722–3735.

80 Vgl. das vom Parteitag der SPD am 28. September 1952 in Dortmund verabschiedete Aktionsprogramm, in dem die SPD ihre grundsätzliche Ablehnung der EVG begründete, da diese im Widerspruch zu dem Wiedervereinigungsgebot des Grundgesetzes stünde

Schmid und Fritz Erler – letzterem war im Dezember 1952 der Vorsitz einer beim Parteivorstand der SPD eingerichteten Sicherheitskommission übertragen worden – präzisierten im Verlauf der Diskussion das Konzept eines europäischen Sicherheitssystems dahingehend, daß es sich bei einem solchen um ein kollektives Garantiesystem nach Art. 52, 42 und 43 der UN-Charta handeln würde, das auch den politischen Aggressor – d. h. also im europäischen Kontext: die Sowjetunion – einschließen müsse. Ebenfalls wäre eine Mitgliedschaft der USA unverzichtbar. Im einzelnen präzisierten sie die Anforderungen, die an ein solches System gestellt werden müßten, dahingehend:

- es dürfe nicht weniger Sicherheit bieten als die EVG;
- es müsse die deutsche Wiedervereinigung in Frieden und Freiheit ermöglichen;
- es müsse sowohl der Sowjetunion die Sicherheit geben, daß deutsche Divisionen nicht einer von ihr als feindlich empfundenen Militärallianz einverleibt würden, als auch die Westmächte und Deutschland vor der Beherrschung durch die Sowjetunion bewahren;
- es müsse dem vereinten Deutschland die Möglichkeit zur Selbstverteidigung im Falle eines Angriffes geben und gleichzeitig sicherstellen, daß ein Angriff auf dieses den dritten Weltkrieg auslösen würde;
- außer dem Verzicht auf Militärallianzen dürfe Deutschland nicht daran gehindert werden, enge Bindungen zu allen freien Völkern zu knüpfen.[81]

Das Kernstück eines derartigen kollektiven Sicherheitssystems war die Zusicherung an die Sowjetunion, daß ein wiedervereinigtes Deutschland keinem militärischen Bündnis angehören würde. Um diesem Angebot aber Nachdruck zu verschaffen – und diesem damit eine Realisierungschance zu geben – mußte nach Auffassung von Fritz Erler das notwendige Korrelat die Bereitschaft sein, andernfalls eine Mitgliedschaft der Bun-

sowie Deutschland zu einem Land minderen Rechtes machte. Weiter hieß es dort: »Sie strebt ein wirksames System kollektiver Sicherheit an, an dem Deutschland gleichberechtigt und ohne Gefährdung seiner Wiedervereinigung beteiligt ist«. Vorstand der SPD (Hrsg.), Aktionsprogramm der Sozialdemokratischen Partei Deutschlands, beschlossen auf dem Dortmunder Parteitag der SPD am 28. 9. 1952, Bonn 1952, S. 12; vgl. Jahrbuch der Sozialdemokratischen Partei Deutschlands 1952/53, Bielefeld o. J., S. 261–281 (S. 264).

81 Vgl. die Ausführungen von Carlo Schmid und Fritz Erler in den außenpolitischen Debatten des Deutschen Bundestages am 7. 10. 1954 und am 25. 2. 1955, in: DBT/II/47, 7. 10. 1954, S. 2269–2274 bzw. 2287–2294 und DBT/II/70, 25. 2. 1955, S. 3722–3735; sowie ders., Was ist Kollektive Sicherheit? in: Neuer Vorwärts, 15. 10. 1954; ferner Soell, Fritz Erler, a.a.O., S. 166 ff.

desrepublik in der NATO (nach dem Scheitern der EVG) in Erwägung zu ziehen. Er wollte Moskau keine Veto-Position in der Streitkräfte-Frage einräumen, sondern vielmehr diese benutzen, um die Sowjetunion zu zwingen, ernsthaft über eine Wiedervereinigung zu verhandeln. Deshalb forderte er auch eine Revisionsklausel in den Westverträgen, damit im Fall einer Wiederherstellung der Einheit Deutschlands die dann notwendigen alternativen Sicherheitskonzepte realisiert werden könnten. Für Erler waren »Souveränitätsgewinn durch die mit der Vorbereitung zum NATO-Beitritt verbundene Ablösung des Besatzungsstatus und *gleichzeitiges* neues Verhandlungsangebot an die Sowjetunion zwei Seiten der gleichen Medaille«.[82]
Im Sinne der von Erler skizzierten Doppelstrategie von Verteidigungsbeitrag und Verhandlungsangebot verabschiedete der Berliner Parteitag der SPD 1954 ein Aktionsprogramm, in dem sie für den Fall, daß eine Ost-West-Vereinbarung über die Wiedervereinigung Deutschlands nicht zustande kam, andeutete, daß sie unter bestimmten Bedingungen einem westdeutschen Verteidigungsbeitrag zustimmen würde.[83] Diese konkretisierte sie jedoch nicht näher, ebenso wie sie es auch versäumte, auf die sowjetischen Wiedervereinigungsangebote – im Januar 1955 hatte die Sowjetunion noch einmal ihre Vorschläge von 1952 erneuert und in diesem Zusammenhang auch »freie Wahlen« angeboten[84] – einzugehen. Die SPD-Position wurde vollends unglaubwürdig, als sie sich zum Zusammengehen mit der Paulskirchen-Bewegung entschloß. Die vor allem von Gewerkschaftlern, Kirchenvertretern und Intellektuellen getragene Paulskirchen-Versammlung hatte im Januar 1955 ein »Deutsches Manifest« verabschiedet, in dem vor der Ratifizierung der Westverträge gewarnt und erklärt wurde, daß die Aufstellung deutscher Streitkräfte die Chancen einer Wiedervereinigung auf lange Zeit zunichte machen würde.[85] Diese Anbiederung an die »Ohne-Mich-Bewegung«, die Schumacher immer bekämpft hatte, brachte ihr den von ihren Gegner sorgfältig kultivierten Vorwurf ein, sie fröne pazifistischen Neigungen.

82 Ebenda, S. 172 f.
83 Vgl. Aktionsprogramm der SPD in der vom Berliner Parteitag der SPD verabschiedeten erweiterten Fassung, in: Jahrbuch der Sozialdemokratischen Partei Deutschlands 1954/55, Hannover u. Bonn, o. J., S. 285–317 (S. 291 f.).
84 Vgl. die Erklärung der sowjetischen Regierung vom 15. 1. 1955, abgedruckt in: EA 4/1955, S. 7345–7346.
85 Vgl. Deutsches Manifest vom 29. 1. 1955, in: Peter Brandt und Herbert Ammon (Hrsg.), Die Linke und die nationale Frage. Dokumente zur deutschen Einheit seit 1945, Reinbek bei Hamburg 1981, S. 128 f.; ferner Löwke, Für den Fall, daß . . ., a.a.O., S. 209 f.

Vor der Genfer Gipfelkonferenz 1955 legte die SPD dann eine Fortschreibung ihrer Vorstellungen zum Komplex »Europäische Sicherheit und deutsche Einheit« vor. Im Hinblick auf die bevorstehenden Vier-Mächte Verhandlungen forderte sie, daß »die Festigung und Garantierung der europäischen Sicherheit und die Wiederherstellung der staatlichen Einheit Deutschlands als ein zusammengehöriges Ganzes anzusehen, zu behandeln und zu verwirklichen sind«.[86] Gleichzeitig mit einer Vereinbarung über die Wiedervereinigung – die nur auf der Grundlage freier, allgemeiner, geheimer und international kontrollierter Wahlen erfolgen konnte – mußte daher der internationale Status eines wiedervereinigten Deutschland bestimmt werden. Dieses sollte nicht dem einen oder anderen Militärblock angehören, sondern ein voll berechtigter und voll verpflichteter Partner eines kollektiven europäischen Sicherheitssystems sein. Dem lag die Erkenntnis zugrunde, daß Moskau einer Wiedervereinigung nur zustimmen würde, wenn Deutschland auf eine militärische Einbindung in den Atlantikpakt verzichten würde. Deshalb sollte auch bereits die Bundesregierung erklären, daß ein wiedervereinigtes Deutschland auf seinem Territorium keine Militärstützpunkte und Basen zulassen würde außer denjenigen, die sich aus den Verpflichtungen des regionalen Sicherheitssystems ergeben könnten. Bis dieses errichtet wäre, sollten die Vier Mächte eine Garantievereinbarung mit der gesamtdeutschen Regierung abschließen, durch die die territoriale Unverletzbarkeit und die friedliche Konfliktschlichtung gewährleistet werden würden.
Anders als in der Diskussion über ein militärisches Disengagement, bei dem es um einen Gürtel neutraler Staaten zwischen den Blöcken ging, liefen die Vorschläge der SPD auf eine Transformation der sich bildenden Bündnissysteme und auf die Errichtung eines übergeordneten Garantiesystems hinaus, das von den vier in Deutschland anwesenden Besatzungsmächten, nach Möglichkeit jedoch von den Vereinten Nationen garantiert werden sollte. Auf diese Weise sollte sichergestellt werden, daß das wiedervereinigte Deutschland in Freiheit über seine politische und gesellschaftliche Eigenentwicklung bestimmen konnte.

86 Programm der SPD zu den bevorstehenden Vier-Mächte-Verhandlungen über die deutsche Wiedervereinigung vom 9. 5. 1955, in: Jahrbuch der SPD 1954/55, a.a.O., S. 340–347, ferner Rede Herbert Wehners zur Begründung der Großen Anfrage der SPD-Fraktion betr. die Vorbereitung von Vier-Mächte-Verhandlungen zur Wiedervereinigung Deutschlands vom 27. 5. 1955, in: DBT/II/84, 27. 5. 1955, S. 4593–4598, abgedruckt in: Dokumente zur Deutschlandspolitik, Bd. III/1, S. 50–58; ferner Lothar Wilker, Die Sicherheitspolitik der SPD 1956–1966 zwischen Wiedervereinigungs- und Bündnisorientierung, Bonn-Bad Godesberg 1977, S. 28 f.

Nach dem Scheitern der Genfer Konferenzen von 1955 ergab sich für die SPD die Frage, ob und in welcher Weise sie sich an die neue Situation anpassen sollte. Es zeugte allerdings weder von einer nüchternen Einschätzung der politischen Realitäten noch von besonderer politischer Phantasie, daß die Opposition im wesentlichen an ihrer alten Forderung festhielt, die Vier Mächte sollten sich über die Wiedervereinigung Deutschlands und seine Eingliederung in einen osteuropäischen Sicherheitspakt verständigen, an dem dieses mit gleichen Rechten und Pflichten teilnehmen würde.[87] Auch der sogenannte »Ollenhauer-Plan für Sicherheit und Wiedervereinigung« vom Mai 1957 enthielt im wesentlichen die bekannten Elemente eines europäischen Sicherheitssystems:

- Beteiligung des wiedervereinigten Deutschlands und seiner Nachbarn in Ost und West;
- gegenseitige Verpflichtung zum Nichtangriff;
- schiedsgerichtliche Regelung von Streitigkeiten auf friedlichem Wege;
- System der Rüstungsbegrenzung und Rüstungskontrolle;
- Regionalsystem im Rahmen der UN-Charta;
- gegenseitige automatische Beistandspflicht;
- Garantieerklärungen der USA und der Sowjetunion.[88]

In der Frage, wie die angestrebte Veränderung der europäischen Strukturen herbeigeführt werden könnte, wurde von dem Sicherheitsexperten der SPD, Fritz Erler, ein neues Element in die Diskussion eingeführt: die Überlegung, daß durch geeignete Maßnahmen der Abrüstung und Entspannung nicht nur die akute Sicherheitsgefährdung in Europa reduziert, sondern auch das Verhältnis der beiden Supermächte zueinander qualitativ verändert werden könnte. Erler reagierte damit auf Tendenzen in der internationalen Diskussion: ihm war nicht entgangen, daß die Verbündeten begannen – auch unter dem Eindruck der sowjetischen Intervention in Ungarn – Abrüstungsmaßnahmen den Vorrang vor Schritten zur Wiedervereinigung zu geben. Nach seiner Auffassung waren jedoch beide, Abrüstung und Wiedervereinigung, zwei Seiten eines Problems: die eine bezeichnete den Weg, die andere das Ziel.[89]

87 Vgl. Entschließung des Münchner Parteitages der SPD. 10.–14. 10. 1956, zit. bei Wilker, Die Sicherheitspolitik der SPD, a.a.O., S. 29 f.

88 Vgl. Ollenhauer-Plan für Sicherheit und Wiedervereinigung, in: Pressemitteilung der SPD-Fraktion, 23. 5. 1957; siehe auch Jahrbuch der SPD 1956/57, Bonn und Hannover o. J., S. 13 f.; ferner Wilker, Die Sicherheitspolitik der SPD, a.a.O., S. 29 ff.

89 Vgl. die Rede Erlers am 4. 7. 1956 im Deutschen Bundestag, in: DBT/II/157, 4. 7. 1956, S. 8585–8588; ferner versch. Rundfunkinterviews, abgedruckt in: Pressemitteilungen

Der Deutschland-Plan der SPD vom März 1959 war ein – letzter – Versuch, die Wiederherstellung der staatlichen und der wirtschaftlichen Einheit Deutschlands durch eng aufeinander abgestimmte Schritte zur militärischen Entspannung und Rüstungsbeschränkung herbeizuführen sowie Gesamtdeutschland durch die Einbettung in ein kollektives Sicherheitssystem abzusichern.[90] Der »Deutschland-Plan« nahm damit die bekannten Vorstellungen der SPD über den Zusammenhang von europäischer Sicherheit und Wiedervereinigung auf, verknüpfte sie jedoch mit dem Vorschlag des Rapacki-Plans, in Mitteleuropa eine Entspannungs- und Rüstungskontrollzone zu schaffen, und präzisierte die einzelnen Schritte ihrer Umsetzung.

Angesichts der durch Chruschtschow-Ultimatum und Berlin-Krise[91] zugespitzten Ost-West-Situation wurde eine europäische Entspannung als Voraussetzung für eine Regelung der politischen und militärischen Fragen betrachtet. Derartige Überlegungen verrieten deutlich die Handschrift Erlers. Dagegen dürften in dem Stufenplan zur Wiedervereinigung vor allem die Vorstellungen Herbert Wehners ihren Niederschlag gefunden haben.[92] In Abkehr von früheren Vorstellungen der SPD, daß am Be-

der SPD-Fraktion, 9. 2. 1957; ders., Sicherheit gegen äußere Gefahren, in: Vorwärts, 26. 4. 1957; vgl. auch Wilker, Die Sicherheitspolitik der SPD, a.a.O., S. 30 f.; Soell, Fritz Erler, a.a.O., S. 340 ff.

90 Vgl. Vorstand der SPD (Hrsg.), Deutschlandplan der SPD. Kommentare, Argumente, Begründungen, Bonn 1959, S. 5–12, abgedruckt in: Dokumente zur Deutschlandpolitik Bd. IV/1, S. 1207–1222; ferner Fritz Erler, Disengagement und die Wiedervereinigung Deutschlands, in: EA 9–10/1959, S. 291–300; ders. am 24. 3. 1959 im Südwestfunk, in: SPD-info, 24. 3. 1959; ders., Zum Deutschland-Plan der SPD, in: Politische Verantwortung, Nr. 5, 1959, S. 1–2; vgl. ferner Wilker, Die Sicherheitspolitik der SPD, a.a.O., S. 51 ff.

91 Am 10. November 1958 hatte der sowjetische Ministerpräsident, Nikita S. Chruschtschow, in einer Rede im Moskauer Sportpalast eine Beendigung des Besatzungsregimes in Berlin gefordert; am 27. November 1958 hatte die sowjetische Regierung in Noten an die drei Westmächte, an die DDR und an die BRD, ihre Besatzungsverpflichtungen in Deutschland und damit den Vier-Mächte-Status von Berlin aufgekündigt. Sie verlangte gleichzeitig, binnen sechs Monaten für Berlin den Status einer freien Stadt zu vereinbaren, andernfalls würde sie ihre Rechte in Berlin an die DDR übertragen; vgl. die Rede Chruschtschows in: EA 24/1958, S. 11297–11300; die Noten der Regierung der UdSSR, ebenda, S. 11300–11309.

92 Soell spricht deshalb auch von der Erler-Linie und der Wehner-Linie im Deutschland-Plan der SPD, vgl. ders., Fritz Erler, a.a.O., S. 376 f. Dem etwa gleichzeitig von der FDP vorgelegten Deutschland-Plan liegt ebenfalls das Konzept einer Parallelität von Sicherheitsregelungen und Schritten zur Wiedervereinigung zugrunde; beim Abschluß eines europäischen Sicherheitspaktes und eines Friedensvertrages wurde den beiden deutschen Staaten jedoch nur eine beratende Funktion eingeräumt. Freie Wahlen, die Einberufung einer verfassungsgebenden Nationalversammlung und die Bildung einer gesamtdeutschen Regierung wurden erst vorgesehen, nachdem sich das deutsche Volk in einem

ginn des Wiedervereinigungsprozesses freie Wahlen stehen müßten, sollte nunmehr in der ersten Stufe eine gesamtdeutsche Konferenz zusammentreten, die sich paritätisch aus Vertretern der beiden deutschen Regierungen zusammensetzen und die Verfahren zur politischen und wirtschaftlichen Wiederzusammenfügung der beiden Teile Deutschlands beraten würde. In der zweiten Phase sollte dann ein Gesamtdeutscher Parlamentarischer Rat eingerichtet werden, dessen Mitglieder je zur Hälfte von der Bevölkerung der Bundesrepublik und der DDR gewählt und dem gesetzgeberische Vollmachten, vor allem auf den Gebieten Wirtschaft, Währung, Verkehr, Post- und Fernmeldewesen eingeräumt werden sollten. In der dritten Stufe der Zusammenführung würde dieser Gesamtdeutsche Rat Gesetze für eine wirtschafts-, währungs- und sozialpolitische Anpassung der beiden Teile Deutschlands vorbereiten und Wahlen für eine verfassungsgebende Nationalversammlung ausschreiben. Nach dem Inkrafttreten einer gesamtdeutschen Verfassung sollten dann allgemeine, freie und geheime Wahlen zu einem gesamtdeutschen Parlament abgehalten werden, aus dem eine gesamtdeutsche Regierung hervorgehen würde. Mit dem Wirksamwerden eines europäischen Sicherheitssystems würden beide deutsche Staaten aus der NATO und dem Warschauer Pakt ausscheiden; die Sicherheit Gesamtdeutschlands sollte dann durch ein kollektives Sicherheitsabkommen und durch Garantien der USA und der Sowjetunion gewährleistet werden.
Wie aber wollte die SPD erreichen, daß der Plan für West wie Ost eine annehmbare Verhandlungsgrundlage darstellte, und wie wollte sie sicherstellen, daß als Ergebnis ein mit dem Westen politisch eng verbundenes, militärisch jedoch bündnisfreies, aber durch ein kollektives Sicherheitssystem abgesichertes Gesamtdeutschland entstand? Für den Westen schien attraktiv, daß der permanente Krisenherd in Mitteleuropa beseitigt würde, dem Osten wurde der Austritt Westdeutschlands aus der NATO in Aussicht gestellt, und zwar ohne daß von Moskau zunächst eine Aufgabe des SED-Regimes verlangt wurde. Maßgebliche SPD-Politiker waren davon überzeugt, daß sich das Problem der DDR im Verlauf des Wiedervereinigungsprozesses von selbst erledigen würde. Während Wehner auf die »deutschen Patrioten« im SED-Apparat setzte, ging Erler davon aus, daß nach dem Abzug aller fremden Truppen aus beiden deutschen Staaten die DDR zu politischen Lösungen im Sinne der Vorstellungen der SPD bereit

Volksentscheid verpflichtet hatte, die Bedingungen des von der Vier Mächten ausgehandelten Friedensvertrages zu erfüllen; vgl. Deutschland-Plan der FDP vom 18. 3. 1959, in: EA 9–10/1959, S. 187–195.

sein würde, wenn sie sich nicht mehr auf die Anwesenheit sowjetischer Besatzungstruppen stützen konnte.[93] Die mit dem mitteleuropäischen Sicherheitssystem verknüpfte Transformation der bestehenden Bündnissysteme und der damit einhergehende Abzug der ausländischen Streitkräfte sollte nicht nur eine Wiedervereinigung für die Sowjetunion akzeptabel machen; sie stellte darüber hinaus den eigentlichen Hebel dar, mit dem die Umgestaltung in Deutschland selbst erreicht werden sollte.

In der programmatischen Ausrichtung der SPD auf das Ziel der Wiedervereinigung Deutschlands verlor diese jedoch aus dem Auge, daß sich die europäische wie die weltpolitische Situation seit der ersten Hälfte der fünfziger Jahre grundlegend geändert hatte. Zum einen hatte die Macht des Faktischen ihre Wirkung entfaltet; in beiden Teilen Europas hatten sich eng mit den jeweiligen Hegemonialmächten kooperierende politische, wirtschaftliche und militärische Systeme herausgebildet und damit auch die europäische Situation stabilisiert. Weder wollten die USA aus sicherheitspolitischen Erwägungen ihr europäisches Glacis aufgeben, noch konnte es sich die Sowjetunion ohne schwerwiegende Rückwirkungen in ihrem eigenen Bündnisbereich leisten, die DDR zu opfern. Zum anderen hatte nunmehr Moskau auf strategischem Gebiet soweit mit den USA gleichgezogen, daß sie einer westeuropäischen Bedrohung einen strategischen Gegenschlag auf das amerikanische Territorium entgegensetzen konnte. Damit hatten europäische Neutralisierungskonzepte für sie an militärischer Bedeutung verloren. Bei einer Reise nach Moskau wenige Tage nach der Veröffentlichung des Deutschland-Planes erkannten Erler und Schmid, daß die Chance, über eine Lösung der Sicherheitsprobleme in Mitteleuropa die Wiedervereinigung in Gang zu bringen, sehr gering waren. Sie verzichteten daher darauf, den Deutschland-Plan im Bundestag zur Diskussion zu stellen.[94] Der negative Verlauf der Genfer Außenministerkonferenz der Vier Mächte 1959 bestätigte diese Skepsis.[95] Im

93 Vgl. Soell, Fritz Erler, a.a.O., S. 375 ff.

94 Ebenda, S. 379 f.

95 Vom 11. Mai bis zum 5. August 1959 fand in Genf (mit einer Unterbrechung vom 20. 6.–13. 7.) eine Deutschland-Konferenz der Außenminister der Vier Mächte statt, an der auch Beobachterdelegationen der beiden deutschen Staaten teilnahmen. Als Antwort auf die sowjetischen Forderungen nach Beendigung des Besatzungsstatus in Berlin legte der Westen einen sog. »Friedensplan« (»Herter-Plan«) vor, in dem Schritte zur Wiederherstellung der deutschen Einheit mit dem gleichzeitigen Aufbau eines europäischen Sicherheitssystems verbunden wurden. Als erster Schritt sollten freie Wahlen in Berlin stattfinden. Die Sowjetunion legte zunächst den Entwurf eines Friedensvertrages mit Deutschland vor und forderte dann ultimativ eine neue Berlin-Lösung. Angesichts der unüberbrückbaren Meinungsverschiedenheiten zwischen beiden Seiten vertagte sich

darauffolgenden Jahr, im Verlauf ihrer außenpolitischen Neuorientierung, legte die SPD den Deutschland-Plan auch offiziell zu den Akten.[96]

3.3 *Friedenspolitik, Abrüstung und deutsche Frage*

Das Scheitern der Genfer Verhandlungen von 1955, die Erschütterungen in Osteuropa im Herbst 1956 und die damit manifest werdende Entschlossenheit Moskaus, seinen Machtbereich zu behaupten, sowie das Nachlassen des Interesses der Westmächte an kombinierten Sicherheits- und Wiedervereinigungsinitiativen, verringerten die Realisierungschancen für ein umfassendes europäisches Sicherheitssystem und ließen die SPD nach anderen Möglichkeiten suchen, durch welche eine Lösung für die deutsche Frage gefunden und der Frieden in Europa gesichert werden könnte. Dazu boten sich vor allem die verschiedenen Vorschläge für rüstungsbeschränkte Zonen an, welche die Debatte über die europäische Sicherheit in den fünfziger Jahren in reicher Vielfalt hervorgebracht hatte.[97] Obwohl die meisten Vorschläge nicht die Kriterien erfüllten, welche die SPD im Zusammenhang mit ihren eigenen Vorschlägen für ein europäisches Sicherheitssystem aufgestellt hatte, unterstützte sie derartige Konzepte mit Nachdruck. Zum einen war sie der Auffassung, daß durch den Abbau der militärischen Konfrontation in der Mitte Europas der Prozeß der Wiedervereinigung erleichtert werden könnte, und zum anderen sah sie insbesondere in den von den britischen Labour-Politikern Gaitskell und Healey entwickelten Vorschlägen für eine Zone verminderter Rüstung in Europa[98] eine Bestätigung ihrer eigenen Überlegungen. Vor allem aber setzte

die Konferenz auf unbestimmte Zeit; vgl. Helga Haftendorn, Der Verlauf der Genfer Außenministerkonferenz (1959), in: EA 12/1959, S. 395–404; EA 13/1959, S. 437–446; EA 15–16/1959, S. 521–530; der Herter-Plan ist abgedruckt in: EA 12/1959, S. D 224–228; der sowjet. Friedensvertragsentwurf in: EA 2–3/1959, S. D 21–33.

96 Vgl. Herbert Wehner, Vor einem Jahr, in: Vorwärts, 17. 3. 1960; zur außenpolitischen Umorientierung der SPD vgl. Hartmut Soell, Die deutschlandpolitischen Konzeptionen der SPD-Opposition 1949–1961, in: Erich Kosthorst, Klaus Gotto u. Hartmut Soell, Deutschlandpolitik der Nachkriegsjahre, Paderborn 1976, S. 41–61; ders., Fritz Erler, a.a.O., S. 337 ff.; Abraham Ashkenasi, Reformpartei und Außenpolitik. Die Außenpolitik der SPD Berlin–Bonn, Köln u. Opladen 1968, S. 171 ff.

97 Für eine Übersicht über die verschiedenen östlichen und westlichen Vorschläge für rüstungsbeschränkte Zonen in Europa vgl. Planck, Sicherheit in Europa, a.a.O., Anhang; Hinterhoff, Disengagement, a.a.O.; für eine kritische Bewertung vgl. Michael Howard, Disengagement in Europe, London 1958.

98 Vgl. Hugh Gaitskell, The Challenge of Coexistence, London 1957; ders., Disengagement: Why? How? In: FA, Bd. 36, Nr. 4 (Juli, 1958), S. 539–556; Dennis Healey, A

sich allmählich in der SPD – zunächst bei Fritz Erler und Helmut Schmidt – die Auffassung durch, daß die deutsche Seite Abrüstungsschritte nicht solange blockieren könnte, bis die deutsche Frage gelöst worden war.
Eine besondere Dringlichkeit erhielten die Vorschläge für rüstungsbegrenzte Zonen, als bekannt wurde, daß die NATO die Einführung taktischer Nuklearwaffen in Westeuropa plante und als durchsickerte, daß die Bundesregierung eine Ausrüstung der Bundeswehr mit eben diesen Systemen anstrebte. In einer engagierten Debatte im Mai 1957 im Deutschen Bundestag appellierte die Opposition deshalb an die Regierung, dazu beizutragen, daß durch ein allgemeines Abkommen über eine kontrollierte Begrenzung der Streitkräfte und Rüstungen dem nuklearen Wettrüsten ein Ende gemacht werden würde. Sie fürchtete zum einen die katastrophalen Auswirkungen eines mit taktischen Atomwaffen in Europa ausgetragenen Konfliktes – dann bliebe, mit den Worten Erlers, »vom deutschen Volk nichts übrig« – und zum anderen die negativen Folgen für die Lösungsfähigkeit der deutschen Frage: »Die Zeitbombe der deutschen Spaltung ist für alle, nicht nur für uns, gefährlich genug. Diese Bombe wird noch gefährlicher, wenn man sie mit atomarem Sprengstoff füllt«.[99]
Die Frage einer rüstungsbeschränkten Zone in Mitteleuropa wurde weiter aktualisiert mit den Vorschlägen des polnischen Außenministers Rapacki, der erstmals im Oktober 1957 die Bildung einer atomwaffenfreien Zone unter Einbeziehung der Bundesrepublik, der DDR, Polen und der CSSR vorschlug. Dieser Plan wurde im folgenden Jahr präzisiert und ergänzt, zunächst durch die Einbeziehung eines Boden- und Luftkontrollsystems, dann durch den Vorschlag einer gleichzeitigen Reduzierung der konventionellen Streitkräfte in einer zweiten Phase.[100]

Neutral Belt in Europe, London 1958 (Fabian Tract Nr. 131); vgl. ferner Wilker, Die Sicherheitspolitik der SPD, a.a.O., S. 247 ff. (Anm. 53); Soell, Fritz Erler, a.a.O., S. 341 f.

99 Vgl. die Große Anfrage der Fraktion der SPD betr. Atomwaffen und die Aussprache im Deutschen Bundestag am 10. 5. 1957, in: DBT/II/209, 10. 5. 1957, S. 12051–12137. Die wichtigsten Redebeiträge sind auch abgedruckt in: Dokumente zur Deutschlandpolitik, Bd. III/3.2, S. 766–919.

100 Vgl. die Erklärung des polnischen Außenministers, Adam Rapacki, am 2. 10. 1957 vor der Vollversammlung der Vereinten Nationen, abgedruckt in: Dokumente zur Deutschlandpolitik, Bd. III/3.3, S. 1681–1686; Memorandum der polnischen Regierung vom 14. 2. 1958 zur Frage der Schaffung einer atomwaffenfreien Zone in Mitteleuropa, in: Dokumente zur Deutschlandpolitik, Bd. III/4.1, S. 529–533; Erklärung von Außenminister Rapacki am 4. 11. 1958 auf einer Pressekonferenz in Warschau über eine schrittweise Verwirklichung des polnischen Plans einer atomwaffenfreien Zone, in: Dokumente zur Deutschlandpolitik, Bd. III/4.3, S. 1859–1860.

Die SPD begrüßte die Vorschläge Rapackis, da die Schaffung eines atomwaffenfreien Raumes im Herzen Europas »dazu beitragen könnte, die Spannungen zu mindern, unsere Sicherheit zu vergrößern und auf diese Weise den Weg zur Lösung unserer politischen Probleme zu ebnen«.[101] Zunächst einmal war diese Unterstützung ein taktisches Instrument, mit dem eine Ausrüstung der Bundeswehr mit nuklearen Trägerwaffen verhindert werden sollte. Bei der inhaltlichen Diskussion über den Rapacki-Plan wurde jedoch deutlich, daß für die SPD Sicherheit und Einheit weiterhin zwei Seiten einer Medaille waren. Auch wenn die östlichen Vorschläge nicht mit konkreten Schritten zur Wiedervereinigung gekoppelt waren, stellten sie nach ihrer Auffassung einen ersten Schritt auf dem Wege zur Entspannung dar, der Gespräche über die deutsche Frage erleichtern würde. Gleichzeitig hoffte die SPD, daß die Verwirklichung einer kernwaffenfreien Zone günstige Auswirkungen auch auf die übrigen Abrüstungsverhandlungen haben und zu einer Reduzierung der Stationierungsstreitkräfte führen würde.[102] Ulbricht sollten die Bajonette unter dem Hintern weggezogen werden, auf denen er saß und auf denen seine Macht beruhte, und ohne deren Abbau eine Überwindung des Regimes in der DDR nicht möglich schien.[103]
Konnte die SPD aber erwarten, daß die Bundesregierung und der Westen die polnischen Vorschläge aufgreifen und sich mit dem Osten auf eine rüstungsbeschränkte Zone in Mitteleuropa einigen würde? Für viele der in den Kategorien Schumachers denkenden Funktionäre im Parteivorstand, wie z. B. für Ollenhauer, genügte es, von der Richtigkeit ihres Festhaltens am Primat der Wiedervereinigung überzeugt zu sein. Sie übersahen dabei, daß sich die internationalen Rahmenbedingungen seit der Zeit Schuma-

101 Entschließung des Parteivorstandes der SPD vom 20. 11. 1957, in: Jahrbuch der SPD 1956/57, a.a.O., S. 356.

102 Zum Eintreten für Verhandlungen auf der Basis des Rapacki-Plans vgl. die Erklärung Ollenhauers am 23. 1. 1958 im Bundestag, in: DBT/III/9, 23. 1. 1958, S. 312–321; die Reden Carlo Schmids vom 23. 1. 1958, in: DBT/III/9, 23. 1. 1958, S. 354-363; und Erlers vom gleichen Tage, in: DBT/III/9, 23. 1. 1958, S. 368–375; und vom 20. 3. 1958, in: DBT/III/18, 20. 3. 1958, S. 880–893; ferner ders., Disengagement: Solution in Europa?, In: »News from Germany«, Oktober 1958, Beilage; Karl Mommer, Europäische Sicherheit durch Entspannung, in: Europa-Union Deutschland (Hrsg.), Europäische Sicherheit. Grundgedanken, Bonn 1958 (Schriftenreihe der Europa-Union Deutschland, H. 5), S. 83–105 sowie die Ausführungen von Carlo Schmid am 26. 2. 1958 im Bayerischen Rundfunk, in: Dokumente zur Deutschlandpolitik, Bd. III/4.1, S. 590–593.

103 In einem Brief an seinen Jugendgefährten Erich Schmidt schrieb Erler am 23. 6. 1959: »Herr Ulbricht sitzt auf sowjetischen Bajonetten. Die Überwindung seines Regimes ist nur möglich, wenn man ihm diese Stütze entzieht . . .«, zit. in: Soell, Fritz Erler, a.a.O., S. 382.

chers wesentlich geändert hatten. Für die »Reformer« (Ashkenasi) in der Partei - Erler, Carlo Schmid, Wehner - ging es jedoch nicht darum, *Recht zu haben,* sondern sie wollten auch *Recht bekommen.*[104] Sie erkannten, daß »nach dem Gleichziehen die Sowjetunion mit den Vereinigten Staaten im militärischen Kräftefeld, vielleicht sogar nach dem Überflügeln auf einigen Gebieten, . . . es einen kurzen Weg zur Wiedervereinigung nicht mehr [gab]«.[105] Daraus waren zwei Folgerungen zu ziehen. Zum einen mußte die deutsche Verteidigungspolitik darauf gerichtet sein, das bestehende weltpolitische Gleichgewicht zu erhalten und zu stabilisieren. Dazu brauchte die NATO eine glaubhafte Abschreckungsstrategie und Mittel zu einer wirksamen Verteidigung, falls die Abschreckung versagte. Dies schloß jedoch eine Verfügungsgewalt der Bundesrepublik über nukleare Waffen nicht ein. Zum anderen folgte daraus die Verpflichtung, zäh und beharrlich um die Abrüstung zu ringen. Vermutlich konnte man dann eher an die deutsche Frage herankommen, »wenn im Zuge einer kontrollierten Rüstungsbegrenzung Mitteleuropa für die beiden Systeme nicht mehr die gleiche Bedeutung hat«.[106]
Diese neue sicherheitspolitische Konzeption wurde zum ersten Mal in einer Rede von Helmut Schmidt im November 1959 im Deutschen Bundestag vorgetragen.[107] Er schlug eine mitteleuropäische Rüstungskontrollzone vor, die den Raum der Bundesrepublik Deutschland, der DDR, Polens,

104 Die Maxime, »es genüge nicht, Recht zu haben, sondern man müsse auch Recht bekommen«, durchzieht das politische Denken Erlers wie ein roter Faden, vgl. z. B. Fritz Erler auf dem Parteitag der SPD in Hannover, in: Vorstand der SPD (Hrsg.), Protokoll des Parteitages in Hannover, Bonn 1960, S. 175. Hartmut Soell hat sie in seiner Erler-Biographie besonders deutlich herausgearbeitet, vgl. ders., Fritz Erler, a.a.O., S. 140 u. 184.

105 Fritz Erler, Ein Volk sucht seine Sicherheit. Bemerkungen zur deutschen Sicherheitspolitik, Frankfurt 1961, S. 31.

106 Ebenda, S. 41 und S. 31. Vgl. ferner Helmut Schmidt, Verteidigung oder Vergeltung. Ein deutscher Beitrag zum strategischen Problem der NATO, Suttgart 1961; Fritz Erler, Politik und nicht Prestige, in: Fritz Erler und Richard Jaeger, Sicherheit und Rüstung, Köln 1962.

107 Vgl. die Rede Helmut Schmidts am 5. 11. 1959 im Deutschen Bundestag, in: DBT/III/87, 5. 11. 1959, S. 4758–4767. Diese Vorschläge hat Schmidt in seinem Buch, Verteidigung oder Vergeltung, a.a.O., präzisiert und erläutert. Später beanspruchte Schmidt, mit dieser Rede zum ersten Mal die Forderung nach Verhandlungen über beiderseitige Truppenreduzierungen in Europa – die späteren MBFR-Verhandlungen – aufgestellt zu haben. Als Verteidigungsminister gab er den Auftrag festzustellen, ob seine Vorschläge vom damaligen Verteidigungsminister Strauß und der Führung der Streitkräfte ernstgenommen und auf ihre militärische Realisierungsmöglichkeiten überprüft worden seien. Dies schien jedoch nicht der Fall gewesen zu sein; vgl. Aktenvermerk FüS III 5 an den Generalinspekteur der Bundeswehr, de Maizière, vom 10. 12. 1971 unter Hinweis auf die Aktenlage der im Bundesarchiv/Militärarchiv verwahrten Bestände.

der CSSR und Ungarns umfassen sollte und in der ein ungefähres Gleichgewicht der nationalen militärischen Potentiale (Streitkräfte/Raum/Bevölkerung/Wirtschaftskraft) festgeschrieben und die ausländischen Truppen bis auf symbolische Einheiten abgezogen würden. Dies implizierte auch einen Abzug der taktischen Kernwaffen. Die Einhaltung der vorgesehenen Beschränkungen sollte durch ein Überwachungs- und Kontrollsystem gewährleistet werden, das durch ein Radarfrühwarnsystem ergänzt werden würde. Im Unterschied zu früheren sozialdemokratischen Plänen – insbesondere zu dem sechs Monate vorher veröffentlichten Deutschland-Plan – war dieser Vorschlag weder mit Schritten zur Wiedervereinigung gekoppelt, noch setzte er den Austritt der Bundesrepublik aus der NATO und der osteuropäischen Staaten aus dem Warschauer Vertrag voraus. Während die politischen Strukturen in Europa im wesentlichen erhalten blieben, sollte die Sicherheit der Bundesrepublik dadurch erhöht werden, daß die Gefahr eines Überraschungsangriffes oder eines Zufallskrieges reduziert wurde. Damit nahm die SPD Vorschläge auf, die in den vorangegangenen Jahren von Ost und West in die internationale Diskussion zur Verhinderung von Überraschungsangriffen eingebracht worden waren.[108] Erst in einer längerfristigen Perspektive schien vorstellbar, daß eine mitteleuropäische Entspannungszone eine Vorstufe für ein kollektives europäisches Sicherheitssystem sein konnte.
Mit der Rede Helmut Schmidts vom November 1959 – die durch verschiedene ähnliche Stellungnahmen von Fritz Erler ergänzt wurde – deutete sich eine grundlegende Änderung in den Zielprioritäten der Sicherheitspolitik der SPD an. Während diese bei Schumacher und seinen Nachfolgern primär am Ziel der Wiederherstellung der Einheit Deutschlands orientiert war und Vorschläge, wie diejenigen für ein europäisches Sicherheitssystem oder kernwaffenfreie Zonen, danach bewertet wurden, welche Auswirkungen sie auf die deutsche Frage hatten, trat in den sechziger Jahren an ihre Stelle eine an den Erfordernissen der Sicherheit der Bundesrepublik orientierte Betrachtungsweise, die am Ziel der Friedenssicherung ausgerichtet war. In diesem Konzept kam Abrüstungsmaßnahmen eine wichtige Rolle zu. Die SPD unterstützte daher die Vorschläge für die Einstellung der Kernwaffenversuche und für die Nichtweiterverbreitung von Kernwaffen (bereits seit 1958, damals jedoch primär als tak-

108 Vgl. z. B. die Diskussionen auf der Genfer Expertenkonferenz zur Verhütung von Überraschungsangriffen, in: Sicherung vor Überraschungsangriffen im Atomzeitalter. Ausgewählte Dokumente zur Genfer Expertenkonferenz von 1958, zusammengestellt und bearbeitet von Hermann Volle und Helga Haftendorn, Frankfurt 1962.

tische Instrumente im Kampf gegen die Atombewaffnung der Bundeswehr) sowie für eine regionale Rüstungsverminderung in Europa.
Mitte der sechziger Jahre entstand daraus wieder ein geschlossenes politisches Konzept. In dem Acht-Punkte-Programm, das im November 1966 als Grundlage für die Koalitionsverhandlungen mit der CDU/CSU von der SPD-Bundestagsfraktion formuliert worden war, heißt es »die Entspannung in der Welt zu fördern, liegt im Interesse Deutschlands. Die Bundesregierung hat entsprechende Initiativen in ihrer Außen-, Verteidigungs- und Deutschland-Politik zu ergreifen. Dabei ist unsere Sicherheit aufrechtzuerhalten, die gegenwärtig nur im Rahmen des westlichen Bündnisses gewährleistet ist«.[109] Als konkrete Entspannungsmaßnahmen – neben Schritten zur Stabilisierung des Bündnisses und zur Normalisierung des Verhältnisses zu den osteuropäischen Staaten – wurden Verhandlungen über eine Reduzierung der Streitkräfte und Rüstungen in Ost und West, die Unterstützung eines Vertrages über die Nichtverbreitung von Kernwaffen sowie der Austausch von rechtlich bindenden Gewaltverzichtserklärungen genannt. Interessant war dabei die Verknüpfung – oder Ambivalenz? – von sicherheitspolitischen und deutschlandpolitischen Zielsetzungen. Rüstungsverminderungen sollten u. a. dazu dienen, Ansatzpunkte für Fortschritte in der deutschen Frage zu bieten, ebenso wie eine dauerhafte Sicherung des Weltfriedens nicht möglich schien ohne eine Beseitigung der politischen Spannungsursachen in Europa.

4. *Die Politik des Junktims zwischen europäischer Sicherheit und deutscher Frage*

Das Netz der Pariser Verträge war fein gesponnen: als Gegenleistung für Westbindung und Verteidigungsbeitrag war der Bundesrepublik innere Souveränität und internationale Anerkennung zuteil geworden, zugleich hatten die drei Westmächte explizit den Anspruch der Bundesregierung anerkannt, »für Deutschland als Vertreterin des deutschen Volkes in internationalen Angelegenheiten zu sprechen« und erklärt, daß »die Schaf-

109 Aufgaben einer neuen Bundesregierung. Acht-Punkte-Programm der SPD-Bundesfraktion als Grundlage der Koalitionsverhandlungen vom November 1966, in: Vorstand der SPD (Hrsg.), Y 1. Grundsätze Sozialdemokratischer Wehrpolitik, Bonn 1970; vgl. ferner die Rede Helmut Schmidts am 3. 6. 1966 auf dem Dortmunder Parteitag der SPD, in: Helmut Schmidt, Beiträge, Stuttgart 1967, S. 545–578.

fung eines völlig freien und vereinigten Deutschlands durch friedliche Mittel ein grundlegendes Ziel ihrer Politik bleibt«.[110] Damit glaubte Bonn, sich ein Mitspracherecht über die europäischen Dinge gesichert und zugleich die deutsche Frage auf der internationalen Tagesordnung gehalten zu haben. Eine rasche Ost-West-Vereinbarung wurde nach dem Fehlschlag der Genfer Außenminister-Konferenz nicht erwartet; eher setzte man im offiziellen Bonn darauf, daß angesichts der Festigkeit und Stärke des Atlantischen Bündnisses der Sowjetunion eines Tages die Kosten für die Aufrechterhaltung des SED-Regimes in der DDR zu hoch wären und sie dann ein Arrangement mit dem Westen suchen würde.

Die westlichen Versuche, mit der Sowjetunion eine Übereinkunft über Maßnahmen der Abrüstung und Rüstungsbeschränkung zu erzielen, wenn schon eine Einigung in der deutschen Frage nicht möglich war, stellten in doppelter Weise die Bonner Politik infrage. Zum einen fürchtete die Bundesregierung die von einer Entaktualisierung der deutschen Frage ausgehenden Tendenzen in Richtung auf eine Anerkennung des Status quo, und zum anderen eine Infragestellung des westdeutschen Verteidigungsbeitrages sowie Behinderungen beim Aufbau der Bundeswehr. Vorschläge für eine regionale Rüstungsbeschränkung beinhalteten darüber hinaus die Gefahr einer Statusminderung der Bundesrepublik - ein Zustand, den sie gerade überwunden zu haben glaubte.

Um diesen Gefahren zu begegnen, formulierte die Bundesregierung in den Jahren 1955 und 1956 ein flexibel handhabbares Junktim zwischen Abrüstung, europäischer Sicherheit und deutscher Frage, mit dem Übereinkünfte auf einem Gebiet an Fortschritte auf den anderen geknüpft werden konnten.[111] Dieses Junktim ließ sich gleichzeitig dazu benutzen, um in der innenpolitischen Auseinandersetzung der von der Opposition vorgetragenen Forderung nach einer aktiveren Deutschland-Politik zu begegnen. Es war in den folgenden Jahren das wichtigste Instrument der westdeutschen

110 Gemeinsame Erklärung der Regierungen der Vereinigten Staaten von Amerika, des Vereinigten Königreichs und Frankreichs vom 23. 10. 1954, in: Das Pariser Vertragswerk vom 23. 10. 1954, a.a.O.; auch abgedruckt in: NATO-Handbuch, Brüssel 1971, S. 360–361.

111 Zur Entstehung und Praktizierung des Junktims in den Jahren 1955–1956 vgl. Jansen, Abrüstung und Deutschland-Frage, a.a.O., Ein gutes Beispiel für seine Handhabung bietet ein Kommentar des Bulletin, »Abrüstung und Wiederherstellung der deutschen Einheit«, in: Bulletin, Nr. 52, 15. 3. 1956, S. 475, abgedruckt in: Dokumente zur Deutschlandpolitik, Bd. III/2.1, S. 180–182; ferner die Verlautbarung des Auswärtigen Amtes zu den Erklärungen des französischen Ministerpräsidenten Mollet, in: Bulletin, Nr. 65, 6. 4. 1956, S. 609, abgedruckt in: Dokumente zur Deutschlandpolitik, Bd. III/2.1, S. 237–238.

Außenpolitik, mit dem die Politik der Westbindung verteidigt und die deutsche Frage offen gehalten werden sollte. Allerdings konnte die Bundesrepublik nicht erwarten, daß die anderen Partner diese Politik des Junktims zwischen Rüstungsbeschränkung und deutscher Frage vorbehaltlos unterstützen; sie mußte daher bereit sein, auch die Kosten für seine Aufrechterhaltung zu tragen und eine Beschränkung ihres politischen Handlungsspielraums auf anderen Gebieten inkauf zu nehmen.

4.1 *Westliche Vorschläge für Abrüstung und Disengagement in Europa*

Nach dem Zwischenspiel der Gipfeldiplomatie im Jahre 1955 hatte sich die Ost-West-Aktivität zunächst auf Abrüstungsverhandlungen im Rahmen der Vereinten Nationen verlagert. Dem Londoner Fünf-Mächte Ausschuß lagen dazu ein britisch-französischer Phasenplan für eine allgemeine Abrüstung und der sogenannte »Gromyko-Plan« vor, bei dem der Akzent auf einem Einfrieren der konventionellen Streitkräfte lag und in dem zusätzlich eine Zone beschränkter Rüstung vorgeschlagen wurde. Anfang 1957 legten die Vereinigten Staaten ihrerseits ein Bündel von Teilmaßnahmen vor. Erst im August des gleichen Jahres gelang es, einen gemeinsamen Nenner für die divergierenden Interessen der westlichen Verhandlungspartner zu finden und ein gemeinsames Abrüstungsprogramm zu unterbreiten – kurz vor dem Scheitern der Verhandlungen.[112] Der Vorlage der westlichen Vorschläge waren schwierige Konsultationen im NATO-Rat vorausgegangen, bei denen die Bundesregierung ein Junktim mit Fortschritten in der deutschen Frage hergestellt sehen wollte. Den Bonner Wünschen wurde dahingehend Rechnung getragen, daß erste Abrüstungsschritte als Test für die sowjetische Entspannungsbereitschaft dienen sollten und der Übergang zu weiterreichenden Maßnahmen von Fortschritten bei der Lösung politischer Fragen abhängig gemacht wurde. Nur mit Vorbehalten hatte Bundeskanzler Adenauer bei einem Besuch

112 Zu den Abrüstungsverhandlungen vgl. Hermann Volle und Claus-Jürgen Duisberg, Probleme der internationalen Abrüstung. Die Bemühungen der Vereinten Nationen 1945–1961, Frankfurt u. Berlin 1964, S. 129–181. Der britisch-französische Phasenplan vom 19. 3. 1956 ist abgedruckt ebenda, S. 499–503; der »Gromyko-Plan« vom 27. 3. 1956, ebenda, S. 504–509? das Memorandum der USA über Teilmaßnahmen der Abrüstung vom 12. 1. 1957, ebenda, S. 560–565; das Arbeitspapier der vier Westmächte (Großbritannien, Frankreich, Kanada und die USA) vom 29. 8. 1956, ebenda, S. 617–626.

Ende Mai 1957 in Washington dieser Formel zugestimmt, die den deutschen Vorstellungen nicht voll Rechnung trug.[113]
Während auf der operativen Ebene Abrüstungsverhandlungen Vorrang erhielten, erreichte die Bundesregierung auf der deklaratorischen Ebene die Zustimmung zu einer gemeinsamen Erklärung der drei Westmächte und der Bundesrepublik zur Wiedervereinigung, in der die Verknüpfung zwischen Abrüstung, europäischer Sicherheit und deutscher Frage noch einmal bestätigt wurde. So hieß es in der »Berliner Erklärung«: »Die Wiedervereinigung Deutschlands in Verbindung mit dem Abschluß von europäischen Sicherheitsvereinbarungen würde das Zustandekommen eines umfassenden Abrüstungsabkommens erleichtern. Umgekehrt könnten die Anfänge einer wirksamen Teilabrüstung dazu beitragen, noch offenstehende politische Probleme wie die Wiedervereinigung Deutschlands zu regeln. Einleitende Schritte auf dem Gebiet der Abrüstung müssen zu einem umfassenden Abrüstungsabkommen führen, das eine vorherige Lösung der Frage der deutschen Wiedervereinigung voraussetzt. Die Westmächte werden keinem Abrüstungsabkommen beitreten, das der Wiedervereinigung im Wege stehen würde. Alle Abrüstungsmaßnahmen, die auf Europa angewandt werden, müssen die Zustimmung der betroffenen europäischen Nationen erhalten und die Verknüpfung der europäischen Sicherheit mit der deutschen Wiedervereinigung berücksichtigen«.[114]
Mit der Behauptung des Junktims wollte die Bundesregierung zum einen die bei den Abrüstungsverhandlungen sichtbar werdende Tendenz abblokken, außer über Schritte zur allgemeinen Abrüstung auch über europäische Regionalmaßnahmen zu sprechen. Besonders in Großbritannien und in Frankreich waren die sowjetischen Vorschläge für eine rüstungsbeschränkte Zone in Europa auf offene Ohren gestoßen. Aus innenpolitischen und wirtschaftlichen Gründen waren beide Regierungen daran interessiert, zu Vereinbarungen über eine Rüstungsbeschränkung mit der Sowjetunion zu kommen. Dabei lag es nahe, das schwierige deutsche Pro-

113 Vgl. Adenauer, Erinnerungen 1955–1959, a.a.O., S. 307 ff. Vgl. auch die Ausführungen von Außenminister von Brentano und Ministerialdirektor von Eckardt am 18. 6. 1957 auf der Bundespressekonferenz, in: Dokumente zur Deutschlandpolitik, Bd. III/3.2, S. 1188–1193.

114 Erklärung Frankreichs, Großbritanniens, der Vereinigten Staaten und der Bundesrepublik Deutschland zur Wiedervereinigung vom 29. 7. 1957 (»Berliner Erklärung«), in: Dokumente zur Deutschlandpolitik, Bd. III/3. 2. , S. 1304–1308; vgl. ferner die Erklärung Außenminister von Brentanos bei der Unterzeichnung der Erklärung, ebenda, S. 1308–1311, sowie den Kommentar im Bulletin, Nr. 141, 3. 8. 1957, S. 1335–1336.

blem auszuklammern oder zumindest an den Schluß des außenpolitischen Prioritätenkataloges zu setzen.[115] Auch in den Vereinigten Staaten wurde unter dem Sputnik-Schock und dem Kostendruck der eigenen Umrüstungsmaßnahmen verstärkt darüber nachgedacht, wie das Wettrüsten unter Kontrolle gebracht werden könnte. Die amerikanische Außenpolitik unter John Foster Dulles ging jedoch nie soweit, einem Übereinkommen mit der Sowjetunion Vorrang vor den Bündnisinteressen der USA einzuräumen. Ihre Abrüstungsvorschläge bestanden aus sorgfältig aufeinander abgestimmten Maßnahmen, in die genügend Sicherungen eingebaut waren, um eine politische Steuerung des gesamten Prozesses zu gewährleisten. Jedes noch so zaghafte Eingehen Washingtons auf Regionalmaßnahmen löste trotzdem in Bonn regelmäßig eine Vertrauenskrise aus, die erst durch wiederholte Erklärungen der Bündnissolidarität beigelegt werden konnte.[116]

Zum anderen betrachtete Bonn in den Jahren 1957 und 1958 die in der internationalen Diskussion in reicher Vielfalt hervorsprießenden Vorschläge für ein militärisches oder politisches Disengagement in Mitteleuropa als Gefahrenzonen besonderer Art. Diesen Plänen für ein militärisches Auseinanderrücken der Blöcke oder auch einen politisch neutralen Staatengürtel in Europa[117] lag das Motiv zugrunde, die Situation in Mitteleu-

115 Vgl. dazu Cornides, Abrüstungsverhandlungen und Deutschlandfrage seit der Genfer Konferenz von 1955, a.a.O., insbes. S. 106 ff. Die britisch-französischen Alleingänge waren auch eine Auswirkung der Suez-Krise, die in den beiden Hauptstädten das Gefühl hinterließ, von den Verbündeten im Stich gelassen worden zu sein.

116 Vgl. Herbert von Borch, Muß das so sein? In: WELT, 18. 1. 1957; Adenauer, Erinnerungen 1955–1959, a.a.O., S. 306 f.; zur amerikanischen Abrüstungspolitik vgl. u. a. den Bericht des von Senator Hubert H. Humphrey geleiteten Unterausschusses für Abrüstungsfragen des amerikanischen Senats vom 8. 9. 1957, Auszüge u. d. T. Viele Wege führen zum Frieden, in: WELT, 3. 10. 1957; sowie John Foster Dulles, Challenge and Response in United States Policy, in: FA, Bd. 36, Nr. 1 (Oktober 1957), abgedruckt in: EA 20–21/1957, S. 10253–10262. Für eine Darstellung der Bonner Deutschland-Politik, in der diese defensive Grundhaltung gut herausgearbeitet wird, vgl. Richard Löwenthal, Vom Kalten Krieg zur Ostpolitik, in: ders. u. Hans-Peter Schwarz (Hrsg.), Die zweite Republik. 25 Jahre Bundesrepublik Deutschland – Eine Bilanz, Stuttgart 1974, S. 604–699.

117 Am bedeutsamsten waren die Vorschläge von Dennis Healey, dem Verteidigungsexperten der britischen Labour Party, und Hugh Gaitskell, dem Vorsitzenden der Labour Party. Während Gaitskell ähnlich wie die SPD die Errichtung eines europäischen Garantiesystems mit dem Kern eines wiedervereinigten, blockfreien Deutschlands vorschlug, liefen die Gedanken Healeys auf einen neutralen Gürtel zwischen den beiden Bündnissystemen hinaus, der Deutschland, Polen, die Tschechoslowakei und Ungarn, ggf. weitere Staaten im Norden und im Süden dieser Zone, umfassen sollte. Zum »Gaitskell-Plan« vgl. die Reden Gaitskells am 19. 12. 1956 im Unterhaus in London, in: Parliamentary Debates (Hansard), Bd. 562, S. 1329–1337; am 18. 3. 1957 in der

ropa militärisch zu entschärfen, den in diesem Raum lebenden Völkern eine unabhängige nationale Existenz zu ermöglichen und gleichzeitig Deutschland in ein Ost-West-Übereinkommen einzubinden.
Besondere Beachtung fand, als George Kennan, der als ein erfahrener Kenner der Sowjetunion galt, in den »Reith Lectures« des BBC im November 1956 zusammen mit der Wiedervereinigung Deutschlands einen Abzug der Streitkräfte der Sowjetunion und der USA aus Europa forderte.[118] Aus der Sicht der Bundesregierung gefährdeten derartige Vorschläge die bisherige Politik der Westintegration, diskriminierten die Bundesrepublik gegenüber ihren Partnern und erschienen als sicherheitspolitisches Risiko.[119] Hinzu kam ein innenpolitischer Gesichtspunkt. Die Verwandtschaft vieler dieser Pläne mit den Vorstellungen der SPD für ein europäisches Sicherheitssystem war nicht zu übersehen. Die CDU/CSU-geführte Bundesregierung war jedoch nicht gewillt, der damit implizierten internationalen Anerkennung der Konzepte der Opposition ihrerseits Vorschub zu leisten, zumal 1957 Wahlen ins Land standen.

Freien Universität in Berlin, in: Abrüstung und Sicherheit, Bd. I (1943–1959), S. 177; ferner ders., Disengagement: Why? How? In: FA, Bd. 36, Nr. 4 (Juli 1958), abgedruckt, in: Dokumente zur Deutschlandpolitik, Bd. III, 4. 2., S. 1289–1294; zu den Vorschlägen Healeys, ders., A Neutral Belt in Europe, London 1958 (Fabian Tract Nr. 131); ders., The Case for Disengagement, in: The New Republic, 17. 3. 1958, 24. 3. 1958, u. 31. 3. 1958. Die Gedanken Healeys wurden aufgegriffen u. a. von prominenten Militärs wie Sir John Slessor, Test Soviets on Disarmament, in: New York Herald Tribune, 30. 1. 1958, 31. 1. 1958, u. 1. 2. 1958, sowie von Capt. Liddell Hart, International Safety Belt, in: Reynold News, 9. 2. 1958. Vgl. dazu auch Zusammenstellung über Vorschläge, Stellungnahmen und Äußerungen zu den gegenwärtig diskutierten Fragen auf dem Gebiet der Abrüstung und Sicherheit, sowie zur Lösung der deutschen Frage im Zusammenhang mit den Vorbereitungen von Verhandlungen auf höchster Ebene, DBT, Ausschuß für Auswärtige Angelegenheiten, Ausschuß-Drucksachen Nr. 5, 3. 3. 1958, Nr. 9, 5. 5. 1958, Nr. 17, 28. 7. 1958, Nr. 25, 22. 10. 1958; ferner die Große Anfrage der CDU/CSU-Fraktion vom 27. 2. 1958, in: DBT, Drucksache III/238, und die Erklärung der Bundesregierung vom 15. 3. 1958, in: Bulletin, Nr. 52, 18. 3. 1958, S. 469. Für eine Untersuchung der verschiedenen Vorschläge unter dem Gesichtspunkt der Wiedervereinigung Deutschlands vgl. Gernot Scheuer, Materielle Voraussetzungen für eine Wiedervereinigung Deutschlands in der Sicht nichtamtlicher Vorschläge, in: EA 6/1960, S. 177–191.

118 Vgl. George Kennan, Das Problem Ost- und Mitteleuropa, in: Dokumente zur Deutschlandpolitik, Bd. III/3.3, S. 1930–1938. Die sechs Reith Lectures wurden in der BRD zunächst – leicht gekürzt – von der WELT, 28. 11. 1957, 4. 12. 1957, 10. 12. 1957, 14. 12. 1957, u. 18. 12. 1957, abgedruckt. Sie erschienen dann u. d. T. George Kennan, Rußland, der Westen und die Atomwaffen (The Reith Lectures), Frankfurt 1958.

119 Symptomatisch für die kritische Haltung der Bundesregierung ist ein Artikel der Diplomatischen Korrespondenz vom 6. 12. 1957, Auszüge in: Abrüstung und Sicherheit, Bd. I (1943–1959), S. 268–270; vgl. ferner Adenauer, Erinnerungen 1955–1959, a.a.O., S. 284 ff. u. S. 360 ff.

4.2 *Östliche Vorschläge für eine kernwaffenfreie Zone (Rapacki-Plan)*

Im Oktober 1957 schlug dann der polnische Außenminister Rapacki vor den Vereinten Nationen die Bildung einer kernwaffenfreien Zone in Mitteleuropa vor, die das Gebiet der beiden deutschen Staaten, Polens und der CSSR umfassen sollte.[120] Dieser Plan wurde in einer Rede vor der Seijm Mitte Dezember und in einem am 14. Februar 1958 den betroffenen Staaten überreichten Memorandum präzisiert.[121] Danach sollten sich die in der Zone gelegenen Staaten verpflichten, »Kernwaffen aller Art weder zu produzieren, zu unterhalten, noch für eigene Zwecke anzuschaffen und ihre Stationierung in ihren Gebieten nicht zu erlauben, sowie Vorrichtungen und Geräte, die für den Einsatz von Kernwaffen bestimmt sind, wie Raketenabschußrampen, auf ihren Territorien nicht aufzustellen und nicht zuzulassen.« Die Stationierungsmächte sollten ihrerseits darauf verzichten, in dieser Zone Sprengköpfe und nukleare Trägerwaffen zu unterhalten oder an diese Staaten weiterzugeben. Gleichzeitig sollten sich die Nuklearmächte verpflichten, im Konfliktfall keine Nuklearwaffen gegen Ziele innerhalb dieser Zone einzusetzen. Zur Einhaltung der Verpflichtungen, die durch einseitige Erklärungen oder durch ein internationales Abkommen eingegangen werden konnten, sollte ein wirksames Boden- und Luftkontrollsystem errichtet werden.[122]

Der »Rapacki-Plan« wurde in der Folge verschiedentlich geändert, um Bedenken Rechnung zu tragen, die gegen die polnischen Vorschläge im Westen geltend gemacht worden waren. So wurde im November 1958 eine Reduzierung auch der konventionellen Streitkräfte vorgesehen und der Plan in zwei Phasen gegliedert, wobei in der ersten ein Einfrieren der nu-

120 Vgl. die Rede des polnischen Außenministers, Adam Rapacki, am 2. 10. 1957 in der UN-Vollversammlung, sowie die Erklärung des tschechoslowakischen Außenministers, Vaclaw David, am gleichen Ort und Tag, in: Dokumente zur Deutschlandpolitik, Bd. III/3. 3, S. 1681–1688.

121 Das Memorandum wurde den Regierungen der USA, Großbritanniens, Frankreichs, Kanadas, Belgiens, Dänemarks, der UdSSR, der Tschechoslowakei und der DDR, sowie durch die Vermittlung Schwedens der Bundesrepublik Deutschland überreicht. vgl. Dokumente zur Deutschlandpolitik, Bd. III/4.1, S. 529, Anm. 1.

122 Vgl. die Rede von Außenminister Adam Rapacki am 13. 12. 1957 vor dem Auswärtigen Ausschuß des Seijm, in: Dokumente zur Deutschlandpolitik, Bd. III/3.3, S. 2124–2132. Diese Rede faßt den Inhalt eines nicht veröffentlichten Memorandums zusammen, das den drei Westmächten von der polnischen Regierung am 9. 12. 1957 übergeben wurde; vgl. Memorandum der Regierung der Volksrepublik Polens zur Frage der Schaffung einer atomwaffenfreien Zone in Mitteleuropa vom 14. 2. 1958, in: Dokumente zur Deutschlandpolitik, Bd. III/4.3, S. 529–533.

klearen Waffen und erst in der zweiten eine Entnuklearisierung und Verdünnung der Truppen in Europa in Aussicht genommen wurde.[123]
Die Bundesregierung tat der gerade in dieser Phase um Eigenständigkeit bemühten Regierung Gomulka Unrecht, wenn sie diese im wesentlichen als »Briefträger Moskaus« betrachtete. Der polnische Plan muß als eine eigenständige Initiative gewertet werden, auch wenn er sich logisch in die sowjetischen Abrüstungsvorschläge der vorangegangenen Jahre einordnet, die darauf gerichtet waren, eine weitere Integration der Bundesrepublik in das Sicherheitssystem des Westens zu verhindern. Insbesondere nahm er Gedanken des sogenannten »Gromyko-Plans« vom März 1956 auf, in dem die sowjetische Regierung eine rüstungsbeschränkte und kernwaffenfreie Zone auf dem Gebiet beider Teile Deutschlands sowie benachbarter Staaten vorgeschlagen hatte.[124] Auch in zwei Schreiben von Ministerpräsident Bulganin an Bundeskanzler Adenauer vom Dezember 1957 und Januar 1958 sowie in verschiedenen Noten der sowjetischen Regierung aus dem gleichen Zeitraum an andere westliche Staaten wurde die Frage einer kernwaffenfreien Zone in Mitteleuropa angesprochen.[125] Der Zeitpunkt der Rede Rapackis war geschickt gewählt. Wenige Wochen später sollte der NATO-Ministerrat über die Stationierung amerikanischer Mittelstreckenraketen in Europa und über die Ausrüstung der Bundeswehr mit nuklearen Trägerwaffen entscheiden.[126]

123 Vgl. die Pressekonferenz von Außenminister Rapacki am 4. 11. 1958 in Warschau, in: Dokumente zur Deutschlandpolitik, Bd. III/4.3, S. 1859–1860; Memorandum der polnischen Regierung vom 28. 3. 1962, in: EA 10/1962, S. D 271–274.

124 Vgl. die vom sowjetischen Delegierten bei den UN-Abrüstungsverhandlungen, Andrej Gromyko, am 27. 3. 1956 vorgelegten Abrüstungsvorschlage, in: Volle-Duisberg, Probleme der internationalen Abrüstung, a.a.O., S. 504–509.

125 Vgl. das Schreiben von Ministerpräsident Bulganin an Bundeskanzler Adenauer vom 10. 12. 1957 betr. die Atombewaffnung der Bundeswehr und die Schaffung einer atomwaffenfreien Zone in Mitteleuropa, in: Dokumente zur Deutschlandpolitik, Bd. III/3.3, S. 2037–5055. Schreiben ähnlichen Inhalts sandte Bulganin am gleichen Tage auch an die Regierungschefs der NATO-Länder, ebenda, S. 2055–2069, vgl. dazu auch EA 1/1958, S. 439 f.; ferner das sowjetische Memorandum vom 12. 12. 1957 an die Mitglieder der Vereinten Nationen und die Schweiz, in: Dokumente zur Deutschlandpolitik, Bd. III/3.3, S. 2110–2117; das zweite Schreiben Ministerpräsident Bulganins an Bundeskanzler Adenauer und das diesem beigefügte Memorandum über Maßnahmen zur Minderung der internationalen Spannungen vom 8. 1. 1958, in: Dokumente zur Deutschlandpolitik, Bd. III/4.1, S. 27–58. Das Memorandum wurde auch allen UN-Mitgliedern und der Schweiz übersandt. Den drei Westmächten wurde es zusammen mit einer ausführlichen Note übermittelt, in der die Einberufung einer Gipfelkonferenz gefordert wurde, ebenda, S. 58–851.

126 Vgl. Erklärung und Kommuniqué der Konferenz der Regierungschefs der Mitgliedstaaten der NATO vom 19. 12. 1957, in: EA 2/1958, S. 10 472–10 475.

Die Bundesregierung sah in dem Rapacki-Plan daher in erster Linie ein Instrument der sowjetischen Politik, die Ausrüstung der Bundeswehr mit nuklearen Trägerwaffen zu verhindern. Sie mutmaßte, Moskau wollte über rüstungspolitische Maßnahmen strukturelle Veränderungen in Westeuropa erreichen, zumal die Vorschläge in einem Augenblick vorgebracht wurden, als der Westen daran ging, seine bestehende konventionelle Unterlegenheit in Europa durch eine nukleare Umrüstung auszugleichen. Da das Vorgehen Warschaus synchron lief mit Initiativen der sowjetischen Regierung für eine Beschränkung der herkömmlichen und der atomaren Rüstung in Europa,[127] sah Bonn keine Veranlassung, den polnischen Ball aufzufangen.
Die Bundesregierung fürchtete vor allem, eine atomwaffenfreie Zone in Mitteleuropa könnte den politischen Zusammenhang des Westens lokkern, und zwar zum einen durch eine unterschiedliche Behandlung der Bündnispartner, insbesondere eine Diskriminierung der Bundesrepublik, und zum anderen durch eine Verstärkung der bereits im Zusammenhang mit dem Radford-Plan einer nuklearen Umrüstung der NATO-Streitkräfte offenbar gewordenen Tendenz der USA, ihre in Westeuropa stationierten Truppen zu verringern. Mit der Gründung der Europäischen Gemeinschaft, die unter aktiver Mitwirkung der Bundesrepublik zustande gekommen war, hatten die Bundesregierung und die Westmächte – nach den Pariser Verträgen – eine zweite Naht in die Politik der Westbindung der Bundesrepublik eingesteppt. Kurzfristig, zumindest in Gesprächen zwischen Bonn und Paris über eine atomare Zusammenarbeit, war auch das Projekt einer Europäischen Verteidigungsgemeinschaft wieder in den engeren Gesichtskreis gerückt.[128] Die Bundesregierung befürchtete daher,

127 Vgl. die Schreiben von Ministerpräsident Bulganin an Bundeskanzler Adenauer und die Regierungschefs der drei Westmächte vom 10. 12. 1957, in: Dokumente zur Deutschlandpolitik, Bd. III/3.3, S. 2030–2069; die allen UN-Mitgliedern und der Schweiz zugeleitete sowjetische Zirkularnote vom 12. 12. 1957, ebenda, S. 2110–2117; die Schreiben Bulganins an Bundeskanzler Adenauer und die Regierungschefs der drei Westmächte vom 8. 1. 1958 sowie die beigefügten Vorschläge der Regierung der UdSSR zu Fragen einer Verminderung der Spannungen, in: Dokumente zur Deutschlandpolitik, Bd. III/4.1, S. 27–85. Die sowjetische Notenaktion setzte einen Anfang 1956 begonnenen Briefwechsel über Fragen der gegenseitigen Beziehungen, der internationalen Sicherheit und der Abrüstung fort.

128 Vgl. Adenauer, Erinnerungen 1955–1959, a.a.O., S. 331 f.; zu den deutsch-französisch-italienischen Gesprächen über eine gemeinsame Rüstungsproduktion vgl. die Erklärung von Verteidigungsminister Strauß in der außenpolitischen Debatte des Bundestages am 23. 1. 1958, in: Dokumente zur Deutschlandpolitik, Bd. III/4.1, S. 359–374 (S. 373 f.), die jedoch nur die halbe Wahrheit enthielt und auf die beabsichtigte nukleare Kooperation nicht einging; vgl. Soell, Fritz Erler; a.a.O., S. 340–351.

mit dem Rapacki-Plan sollte die Bundesrepublik vom Westen gelöst werden. Hinzu kam die Sorge, durch diesen oder ähnliche Vorschläge könnte die Teilung Europas verfestigt oder gar international bestätigt werden. Die etwa gleichzeitig von der Sowjetunion und der DDR vorgetragenen Vorschläge für eine Konföderation zwischen den beiden deutschen Staaten[129] bestärkten die Bundesregierung in ihrer Auffassung, Moskau ginge es in erster Linie um eine Anerkennung der als Folge des Zweiten Weltkrieges eingetretenen Veränderungen auf der politischen Landkarte Europas.[130]

Außerdem war die Bundesregierung der Auffassung, daß jeder politische Ausgleich zwischen Ost und West von Moskau seinen Ausgang nehmen müßte. Da sie jedoch daran zweifelte, ob dafür bereits die Zeit gekommen wäre, war sie eher geneigt, den Dingen ihren Lauf zu lassen, als die Entwicklung durch eigene Initiativen zu beeinflussen.[131] In seiner Antwort auf die Schreiben von Ministerpräsident Bulganin beschränkte sich Bundeskanzler Adenauer am 20. Januar 1958 dann auch darauf, die Bereitschaft der Bundesregierung zu betonen, mit der Sowjetregierung ernsthafte Gespräche über Abrüstungs- und Sicherheitsfragen zu führen, im übrigen aber die amerikanischen Vorschläge zu diesem Fragenkomplex zu unterstützen. Unter Hinweis auf eine Bemerkung Bulganins, daß die Anwendung von Kernwaffen keine geographischen Grenzen kenne, schlug er vor, statt sich mit der Teilfrage der Lagerung atomarer Waffen zu befassen, sollten sich die Nuklearmächte auf eine Einigung über einen Produktionsverzicht konzentrieren.[132]

In den diplomatischen Aktionen Moskaus dokumentierte sich der in hohem Maße instrumentelle Charakter der sowjetischen Sicherheitspolitik: die Unterstützung regionaler Rüstungsbeschränkungsmaßnahmen in Europa wurde innerhalb von wenigen Wochen und Monaten des Jahres 1958 abgelöst durch Vorschläge zur Einstellung der Kernwaffenversuche und

129 Vgl. das Schreiben von Ministerpräsident Bulganin an Bundeskanzler Adenauer vom 8. 1. 1958, in: Dokumente zur Deutschlandpolitik, Bd. III/4.1, S. 27–41; und die Erklärung der Regierung der DDR vom 27. 7. 1957, in: Dokumente zur Deutschlandpolitik, Bd. III/3.2, S. 1299–1304.

130 Vgl. zum Beispiel die Rundfunkansprache von Bundeskanzler Adenauer am 15. 1. 1958, in: Dokumente zur Deutschlandpolitik, Bd. III/4.1, S. 145–149; ferner die Rede von Außenminister von Brentano am 19. 1. 1958 in der Kongreßhalle in Berlin, ebenda, S. 164–172.

131 Vgl. Adenauer, Erinnerungen 1955–1959, a.a.O., S. 240 ff. und S. 323; ähnlich auch Außenminister von Brentano am 23. 1. 1958 in der Regierungserklärung, in: DBT/III/9, 23. 1. 1958, S. 297–304 (S. 299 f.).

132 Vgl. Schreiben von Bundeskanzler Adenauer an Ministerpräsident Bulganin vom 20. 1. 1958, in: Dokumente zur Deutschlandpolitik, Bd. III/4.1, S. 172–177.

durch die Forderung nach Abhaltung einer Gipfelkonferenz. Die rasche Folge wechselnder Pläne waren die Methode einer Außenpolitik, die darauf abzielte, unter Ausnutzung der sehr viel schwerfälligeren westlichen Reaktionen und der Interessenunterschiede zwischen den Partnern sowohl das eigene System zu konsolidieren als auch den internationalen Einfluß der Sowjetunion zu verstärken.[133]

Bei der militärischen Beurteilung des Rapacki-Planes standen in Bonn vor allem zwei Fragen im Vordergrund. Wie konnte verhindert werden, daß durch die Schaffung eines kernwaffenfreien Raumes in Mitteleuropa die konventionelle Überlegenheit des Warschauer Paktes noch weiter verstärkt wurde? Die westliche Umrüstung auf taktische Nuklearwaffen war eben darauf gerichtet, dieses Ungleichgewicht auszubalancieren. Eine Entnuklearisierung war nur dann akzeptabel, wenn das geographische Gebiet einer rüstungsbeschränkten Zone wesentlich erweitert und auch das konventionelle Potential von Ost und West reduziert werden würde. Zum anderen beschäftigte die Bundesregierung die Frage, wie das Gebiet und die Bevölkerung der Bundesrepublik vor einem nuklearen Konflikt geschützt werden könnten. Die in den polnischen Vorschlägen – insbesondere in den Erläuterungen des polnischen Außenministers vom März 1958 – enthaltene Zusicherung, nach der sich die Nuklearmächte verpflichten sollten, keine Kernwaffen gegen ein Land der atomwaffenfreien Zone einzusetzen, wurde für nicht ausreichend gehalten. Die Bundesregierung vermißte zum einen konkrete Garantien, zum anderen erschien es ihr zweifelhaft, ob abgesichts der Reichweiten nuklearer Waffen und Strategien eine territoriale Aussparung militärisch möglich sein würde. Von einer Mitwirkung der Bundesrepublik an der nuklearen Verteidigung im Rahmen der NATO erwartete Bonn dagegen eine Mitsprachemöglichkeit bei der Zielplanung, die ihr für den Schutz der eigenen Bevölkerung wesentlich erschien.[134]

Die Entscheidung für die Ausrüstung der Bundeswehr mit nuklearen Trägerwaffen verbot also ein Eingehen auf den Rapacki-Plan. Um die östliche Kritik abzufangen, bemühte sich die Bundesregierung jedoch um eine gemeinsame westliche Reaktion auf die östlichen Vorschläge. Mit Be-

133 Vgl. dazu Richard Löwenthal, Die Sowjetunion und der Weltkommunismus unter Chruschtschows Führung, in: Wilhelm Cornides, Dietrich Mende u. Wolfgang Wagner (Hrsg.), Die Internationale Politik 1958–1960, München, Wien 1971 (Jahrbücher des Forschungsinstituts der Deutschen Gesellschaft für Auswärtige Politik), S. 621–701.

134 Zur Bewertung des Rapacki-Plans durch den Verteidigungsminister vgl. Franz Josef Strauß, Der Weg zum Frieden, in: Bulletin, Nr. 39, 27. 2. 1958, S. 329–330.

sorgnis hatte sie verfolgt, daß die verschiedenen Pläne für Inspektionszonen und ein militärisches Auseinanderrücken der Blöcke bei einigen Partnern auf fruchtbaren Boden gefallen waren. Die Bundesregierung entfaltete daher eine rege diplomatische Aktivität, um unter Verweis auf die in den Pariser Verträgen enthaltene und auf der Genfer Gipfelkonferenz bestätigte Verantwortung der Vier Mächte für die Wiedervereinigung Deutschlands, bzw. auf die vorrangige Bedeutung einer allgemeinen Abrüstung gegenüber regionalen Sicherheitsregelungen, alle derartigen Bestrebungen rechtzeitig abzublocken.[135] Für das Vorgehen Bonns erwiesen sich die engen Kontakte zwischen Bundeskanzler Adenauer und Außenminister Dulles als hilfreich, wie sich auch die Bundesregierung in der Abwehr des Rapacki-Planes auf ein enges Zusammenwirken mit Frankreich stützen konnte. Meinungsverschiedenheiten mit den USA über die Kolonialpolitik ebenso wie Zweifel an der Glaubwürdigkeit der amerikanischen Abschreckung hatten Paris dazu bestimmt, eine eigene Nuklearstreitmacht aufzubauen. Dieser Entschluß hatte zu einer Umorientierung der französischen Abrüstungspolitik und zur Ablehnung aller Bestrebungen geführt, durch welche die konventionellen »Schildstreitkräfte« in Europa geschwächt oder die französische Nuklearpolitik gefährdet werden konnte.

Im Ständigen NATO-Rat einigten sich die drei Westmächte und die Bundesrepublik zwar nicht auf eine gemeinsame Antwort auf die Schreiben Bulganins, sie stimmten jedoch in der Ablehnung regionaler Maßnahmen überein und befürworteten Bemühungen zur Lösung der deutschen Frage ebenso wie verschiedene Abrüstungsschritte.[136] In der französischen Note wurde eine Zustimmung zum Rapacki-Plan ausdrücklich an die Wiedervereinigung Deutschlands gebunden.[137]

135 Vgl. das Gespräch zwischen Bundeskanzler Adenauer und Außenminister Dulles am Vorabend der NATO-Konferenz im Mai 1957 und den Bericht Adenauers darüber, in: Adenauer, Erinnerungen 1955–1959, a.a.O., S. 303 ff.; sowie den Besuch Adenauers in den USA und das bei diesem Anlaß mit Außenminister Dulles am 27. 5. 1957 geführte Gespräch, ebenda, S. 307 ff.; ferner das Gespräch von Außenminister von Brentano mit dem Staatssekretär im französischen Außenministerium, Maurice Faure, ebenda, S. 324 ff.; zu dieser Gesprächsserie vgl. ferner von Eckardt, Ein unordentliches Leben, a.a.O., S. 301 ff. u. S. 325 ff.

136 Vgl. das Schreiben von Präsident Eisenhower an Ministerpräsident Bulganin vom 12. 2. 1958, in: Dokumente zur Deutschlandpolitik, Bd. III/4, S. 100–109.

137 Vgl. das Schreiben von Ministerpräsident Gaillard an Ministerpräsident Bulganin vom 14. 1. 1958, in: Dokumente zur Deutschlandpolitik, Bd. III/4.1, S. 109–113.

4.3 *Eine »Österreich-Lösung« für die DDR?*

Nachdem sich die Bundesregierung zuvor bei ihren Verbündeten abgesichert hatte, intensivierte sie ihre bilateralen Kontakte zur Sowjetunion. In dieser Zeit fielen die Gespräche Adenauers mit dem sowjetischen Botschafter in Bonn, Smirnow, der Besuch des stellvertretenden Außenministers Mikojan in der Bundesrepublik und die Entsendung des für eine aktive Ostpolitik eintretenden Hans Kroll als Botschafter nach Moskau. Über Smirnow ventilierte Adenauer den Vorschlag einer Österreich-Lösung für die DDR[138] und griff damit Gedanken auf, die bereits in den Heusinger-Plänen von 1955 angeklungen waren. Dieses Angebot wurde jedoch von der sowjetischen Regierung nicht aufgegriffen, diese war primär an einer internationalen Bestätigung des Status quo in Europa interessiert.

In der Folge verlagerte sich die diplomatische Aktivität des Westens auf die Vorbereitungen für eine Gipfelkonferenz, deren Zusammentreten die Sowjetunion aktiv betrieb. In diesem Zusammenhang wurde auch der Eden-Plan zur Wiedervereinigung Deutschlands wieder reaktiviert und dahingehend erweitert, daß im Rahmen des zu errichtenden Sicherheitssystems auch eine Zone vorgesehen wurde, in der beide Seiten ihre konventionellen Streitkräfte verringern und auf eine Stationierung von Kernwaffen verzichten sollten.[139] Auf eine begründete eigene Antwort an die polnische Regierung und die von ihr vorgelegten Pläne für kernwaffenfreie Zonen verzichtete die Bundesregierung, sieht man von der kurzen Stellungnahme ab, welche Bonn Warschau vierzehn Tage nach Eingang des Februar-Memorandums zukommen ließ und in dem eine sorgfältige Prüfung der polnischen Vorschläge zugesagt worden war.[140]

138 Vgl. Adenauer, Erinnerungen 1955–1959, a.a.O., S. 377 ff. und 384. Das Angebot einer »Österreich-Lösung« für die DDR muß auch in Zusammenhang mit dem sowjetischen Aide-mémoire vom 19. 3. 1958 gesehen werden, in dem die Sowjetregierung ihrer Abneigung Ausdruck gab, die deutsche Frage auf die Tagesordnung einer Gipfelkonferenz zu setzen und statt dessen den Abschluß eines Friedensvertrages mit Deutschland vorschlug; vgl. Aide-mémoire der Regierung der USSR an die Regierung der Bundesrepublik Deutschland vom 19. 3. 1958, in: Dokumente zur Deutschlandpolitik, Bd. III/4.1, S. 681–686.

139 Vgl. DBT, Ausschuß für Auswärtige Angelegenheiten, Ausschuß-Drucksache Nr. 9, 5. 5. 1958, S. 16.

140 Vgl. Aide-mémoire der Regierung der Bundesrepublik Deutschland an die Regierung der Volksrepublik Polen vom 24. 2. 1958, in: Dokumente zur Deutschlandpolitik, Bd. III/4.1, S. 582–583. Die Antwort der Bundesregierung wurde in der Bundesrepublik damals nicht veröffentlicht. Die ablehnende Haltung der Bundesregierung wurde von einem Regierungssprecher am 21. 2. 1958 auf der Bundespressekonferenz mitgeteilt, vgl. Bonn will nicht mit Warschau verhandeln, in: WELT, 22. 2. 1958.

Der Rapacki-Plan berührte sich ohne Zweifel mit Überlegungen, welche die SPD für eine europäische Rüstungsbeschränkung formuliert hatte. Die Opposition unterstützte die polnischen Vorschläge – bei einer Reihe von sachlichen Vorbehalten – jedoch vor allem in der Hoffnung, daß durch Verhandlungen über eine Rüstungsbeschränkung in Europa auch Fortschritte in der deutschen Frage erzielt werden könnten. Darüber hinaus begriff sie Abmachungen über einen Verzicht auf die Stationierung von Kernwaffen als ein Element der Spannungsminderung und Vertrauensbildung in den Ost-West-Beziehungen.[141] Ferner sah sie in dem Vorschlag einen Ansatzpunkt für eine Aufnahme diplomatischer Beziehungen, an denen Warschau zum damaligen Zeitpunkt interessiert war.[142]
In der innenpolitischen Diskussion wurde der Rapacki-Plan bald überlagert von der Debatte über eine nukleare Ausrüstung der NATO-Streitkräfte. Die Weichen waren von der Opposition in diese Richtung gestellt worden, als die SPD-Fraktion am Vorabend der NATO-Konferenz im Dezember 1957 im Bundestag den Antrag einbrachte, die Bundesregierung sollte auf die Ausrüstung der Bundeswehr mit nuklearen Trägerwaffen verzichten, keine Stationierung von Mittelstreckenraketen auf ihrem Territorium zulassen und ihre Bereitschaft erklären, über eine kernwaffenfreie Zone in Europa sowie über einen gleichwertigen Abzug der Stationierungstruppen in diesem Gebiet zu verhandeln.[143] Gleichzeitig hatte die FDP eine Große Anfrage eingebracht, in der sie Auskunft über die

141 Vgl. Entschließung des Vorstands der SPD zur internationalen Lage vom 20. 11. 1957, in: Sozialdemokratischer Pressedienst, 21. 1. 1956, abgedruckt in: Dokumente zur Deutschlandpolitik, Bd. III/3.3, S. 1912–1913; Erklärung des stellvertretenden Fraktionsvorsitzenden, Fritz Erler, vom 13. 1. 1957, in: Pressemitteilung der Sozialdemokratischen Bundestagsfraktion, 13. 1. 1958; Erklärung des stellvertretenden Fraktionsvorsitzenden, Fritz Erler, am 23. 1. 1958 im Bundestag, in: DBT/III/9, 23. 1. 1958, S. 368–375; Ausführungen des SPD-Fraktionsvorsitzenden, Erich Ollenhauer, am 31. 1. 1958, in: Dokumente zur Deutschlandpolitik, Bd. III/4.1, S. 471–474.

142 Vgl. den Antrag der SPD-Fraktion betr. Herstellung diplomatischer Beziehungen zu Polen vom 23. 1. 1958, in: DBT/III/9, 23. 1. 1958, S. 419 (Umdruck 6). Auch innerhalb der Bundesregierung wurden Überlegungen über eine Normalisierung der Beziehungen zu Polen angestellt; vgl. z. B. die Gespräche, die der Krupp-Bevollmächtigte, Berthold Beitz, Ende der fünfziger Jahre mit Parteisekretär Gomulka führte, ferner das Angebot der Bundesregierung, mit Polen und der CSSR über einen Gewaltverzicht zu verhandeln; vgl. Entwurf einer Gewaltverzichtserklärung vom 20. 7. 1959, in: Auswärtiges Amt (Hrsg.), Die Auswärtige Politik der Bundesregierung Deutschland, Köln 1972, S. 408–410.

143 Vgl. den Antrag der SPD-Fraktion vom 21. 1. 1958 betr. Bemühungen der Bundesrepublik um internationale Entspannung und Einstellung des Wettrüstens, in: DBT, Drucksache III/54 (neu). Der Antrag war ursprünglich in etwas anderem Wortlaut am 5. 12. 1957 im Bundestag eingebracht und am 12. 12. 1957 abgelehnt worden; vgl. DBT/III/6, 12. 12. 1957, S. 166.

Haltung der Bundesregierung in der Frage der Wiedervereinigung Deutschlands und der Entspannung in Europa wünschte.[144]
In zwei außenpolitischen Grundsatzdebatten, im Januar und März 1958, verfolgte die Regierung die Taktik, die sowjetische Notenaktion und die polnischen Vorschläge als Störmanöver abzuqualifizieren und die Nuklearrüstung der NATO-Streitkräfte mit der erhöhten Bedrohung durch sowjetische Raketenwaffen zu rechtfertigen. Sollte es zu einer allgemeinen Abrüstungsvereinbarung kommen, so würde die Bundesrepublik einer solchen beitreten. Vorrang habe jedoch eine Lösung der deutschen Frage, da die Wiedervereinigung Deutschlands eine wesentliche Voraussetzung für jede Entspannung in Europa wäre. In diesem Zusammenhang appellierte sie an die Verpflichtung der Vier Mächte zur Wiederherstellung der staatlichen Einheit Deutschlands; gleichzeitig erklärte sie die Solidarität der Bundesrepublik mit ihren Verbündeten angesicht der internationalen Lage.[145] Bundeskanzler Adenauer spitzte die Frage auf die Alternative »NATO oder nicht« zu, wobei er NATO = Ausrüstung des Bündnisses – einschließlich der Bundeswehr – mit Nuklearwaffen, und militärische Bündnisfreiheit = Isolierung und äußerste Gefährdung des freiheitlichen Systems gleichsetzte.[146] Dies war zweifellos eine grobe Vereinfachung bzw. eine Irreführung der Bürger, da die Sprecher von SPD und FDP die Westbindung der Bundesrepublik nicht infrage gestellt, sondern den Vorschlag gemacht hatten, die Westverträge durch ein sicherhcitspolitisches Arrangement nach Osten zu ergänzen, um auf diese Weise den Weg für eine Wiedervereinigung zu ebnen.
Den Rapacki-Plan lehnte Außenminister von Brentano in der Debatte mit der Begründung ab, er impliziere eine Anerkennung der DDR, führe zum Abzug der westlichen Truppen aus der Bundesrepublik und bedeute eine militärische Schwächung des Westen. »Das Ganze würde geschehen, ohne daß wir der Entspannung, ohne daß wir der kontrollierten Abrüstung, ohne daß wir der Lösung der deutschen Frage auch nur um einen Schritt näher kämen. Die Gefahr, den Wirkungen dieser Massenvernich-

144 Vgl. die Große Anfrage der FDP-Fraktion vom 11. 12. 1957 betr. Haltung der Bundesregierung auf der NATO-Konferenz am 16. 12. 1957, in: DBT, Drucksache III/82; ferner die Begründung durch den Fraktionsvorsitzenden, Erich Mende, am 23. 1. 1958 im Bundestag, in: DBT/III/9, 23. 1. 1958, S. 304–310.

145 Vgl. die Regierungserklärung von Außenminister von Brentano am 23. 1. 1958 im Bundestag, in: DBT/III/9, 23. 1. 1958, S. 297–304; ferner die Beantwortung der Großen Anfrage der Fraktion der CDU/CSU und der Fraktion der FDP durch Außenminister von Brentano am 20. 3. 1958, in: DBT/III/18, 20. 3. 1958, S. 847–854.

146 Vgl. die Erklärung von Bundeskanzler Adenauer am 20. 3. 1958, in: DBT/III/18, 20. 3. 1958, S. 840–847.

tungsmittel ausgesetzt zu sein, würde aber auch nicht verringert«.[147] Demgegenüber betonten SPD und FDP, der Rapacki-Plan böte zumindest die Gelegenheit, über den militärischen Status Deutschlands zu verhandeln und damit eine wesentliche Voraussetzung für eine Wiedervereinigung Deutschlands zu schaffen. Sprecher beider Parteien kritisierten die Bundesregierung, daß sie die polnischen Vorschläge ebenso wie andere Entspannungsmaßnahmen von vornherein als indiskutabel bezeichnete und nicht den Versuch unternahm, die damit verbundenen Möglichkeiten auszuloten. Sie fordere Sicherheit und Wiedervereinigung, aber wer das wollte, so sagte Erler, »der muß das Seine dazu tun, daß das Atomrüsten beendet wird, und wer das will, der darf zunächst einmal nicht durch seine eigene Politik das bisherige Wettrüsten noch verstärken«.[148]
Bundesregierung und Koalitionsparteien beschränkten sich jedoch darauf, das Bemühen um Abrüstung und Entspannung verbal zu unterstützen, Verhandlungen auf der Grundlage der polnischen Vorschläge aber strikt abzulehnen.[149] Als einziger griff Verteidigungsminister Strauß den Gedanken einer Zone beschränkter Rüstung auf, forderte jedoch eine größere geographische Ausdehnung, insbesondere im osteuropäischen Bereich, und eine Verbindung mit Reduzierungen der konventionellen Streitkräfte. Sollte eine Einigung auf eine derartige Zone möglich sein, so müßte diese mit einem wirksamen Kontroll- und Garantiesystem verbunden und mit konkreten Schritten zur Wiedervereinigung Deutschlands gekoppelt werden.[150] Derartige Überlegungen fanden jedoch keinen Eingang in

147 Regierungserklärung von Außenminister von Brentano, in: DBT/III/9, 23. 1. 1958, S. 297–304.

148 Rede des stellvertretenden SPD-Fraktionsvorsitzenden, Fritz Erler, in der außenpolitischen Debatte des Bundestages am 23. 1. 1958, in: DBT/III/9, S. 368–375 (S. 369); vgl. ferner die Ausführungen der FDP-Abgeordneten Mende, Dehler und Maier in der gleichen Debatte, in: DBT/III/9, 23. 1. 1958, S. 304–310, S. 384–399 bzw. 333–343; der SPD-Abgeordneten Ollenhauer und Schmid, in: DBT/III/9, 23. 1. 1958, S. 312–321 bzw. 354–363; ferner die Ausführungen der SPD-Abgeordneten Erler, Schmid und Ollenhauer in der Debatte am 20., 22. u. 25. 3. 1958, in: DBT/III/18, 20 u. 21, S. 880–892, 1015–1028 und 1092–1099.

149 Vgl. Entschließungsantrag der Fraktionen der CDU/CSU und DP zur Beratung der Großen Anfrage der Fraktion der FDP betr. Haltung der Bundesregierung auf der NATO-Konferenz am 16. Dezember 1957, in: DBT/III/9, 23. 1. 1958, S. 241 (Umdruck 7) u. S. 419.

150 Vgl. Franz Josef Strauß, Der Weg zum Frieden, in: Bulletin, Nr. 39, 27. 2. 1958, S. 329–330, abgedruckt in: Dokumente zur Deutschlandpolitik, Bd. III/4. 1, S. 576–577 (Anm. 1). Dieser sogenannte »Fünf-Punkte-Plan für eine militärisch verdünnte und kontrollierte Zone in Europa« bestand aus folgenden Elementen:
- Ausdehnung der atomwaffenfreien Zone auf ganz Osteuropa;
- Stufenweise Reduzierung des konventionellen Potentials von Ost und West in der verdünnten Zone auf die Stärke der in Westdeutschland stationierten Truppen;

die offizielle Bonner Politik, sie wurden im Gegenteil von Bundeskanzler Adenauer rasch abgeblockt.[151] Dieser war besorgt, die Abwehrfront des Westens gegen die polnischen Vorschläge könnte aufgelockert und der Opposition im Innern eine Möglichkeit zum Einhaken gegeben werden.[152]

Die SPD mußte ihrerseits erkennen, daß sich die absolute Mehrheit der CDU/CSU im Deutschen Bundestag nicht durch rhetorische Eloquenz wettmachen ließ. In der Folge wich sie verstärkt in außerparlamentarische Aktivitäten wie die »Kampf dem Atomtod«-Kampagne aus.[153]

Im Kern ging es bei der Debatte über ein militärisches Disengagement bzw. eine rüstungsbeschränkte Zone in Mitteleuropa um die Frage nach Alternativen zum bestehenden System sich feindlich gegenüberstehender, hochgerüsteter Militärpakte. Die Bundesrepublik hatte zwar nicht die

- Intensives Kontrollsystem, das sich auch auf Gebiete außerhalb der verdünnten Zone erstreckte;
- Ausarbeitung eines Garantiesystems, das gewährleistet, daß ein Beschuß der Zone mit nuklearen Waffen unterblieb;
- Verbindung der Abrüstungsmaßnahmen mit konkreten Schritten zur Wiedervereinigung Deutschlands.

151 Ihre ablehnende Haltung in Sachen Disengagement und Rapacki-Plan erläuterte die Bundesregierung außer im Bundestag auch in einer Reihe von Interviews und Kommentaren im regierungsamtlichen Bulletin. Vgl. Der Rapacki-Plan. Ausgangsstellung zur Spaltung der Einheitlichkeit und Stärke des westlichen Freiheits- und Widerstandswillens, Teil I, in: Bulletin Nr. 82, 6. 5. 1958, S. 816–817; Teil II u. III, in: Bulletin Nr. 83, 7. 5. 1957, S. 827–829, Teil IV, in: Bulletin Nr. 84, 8. 5. 1958, S. 842–843; Wilhelm Grewe, »Disengagement« – Voraussetzungen und Konsequenzen, in: Bulletin, Nr. 154, 23. 8. 1958, S. 1577–1580; Die neue Version des Rapacki-Planes, in: Bulletin, Nr. 208, 8. 11. 1958, S. 2067; Der neue Rapacki-Plan. Neutralisierung Deutschlands wäre der Anfang der Neutralisierung Europas und des amerikanischen Isolationismus, Teil I u. II, in: Bulletin Nr. 47, 11. 3. 1959, S. 449–451; Teil III u. IV, in: Bulletin Nr. 49, 13. 3. 1958, S. 463–465.

152 Vgl. DBT, Ausschuß für Auswärtige Angelegenheiten, Ausschuß-Drucksache Nr. 9, 5. 5. 1958, S. 16; ferner Adenauer, Erinnerungen 1955–1959, a.a.O., S. 284 f.

153 Vgl. Aufruf zum Kampf gegen den Atomtod vom 10. 3. 1958, in: Dokumente zur Deutschlandpolitik, Bd. III/4.1, S. 629; ferner Pressemitteilung der SPD-Fraktion, 27. 3. 1958. Am 14. 4. 1958 brachte die SPD im Bundestag einen Gesetzentwurf für eine Volksbefragung zur Atombewaffnung der Bundeswehr ein, vgl. DBT, Drucksache III/303. Dieser Entwurf wurde in erster Lesung im Bundestag am 24. und 25. 4. 1958 behandelt; vgl. DBT/III/25, 24. 4. 1958, S. 1412–1456 und DBT/III/26, 25. 4. 1958, S. 1459–1509. In der Sitzung des Bundestages am 7. 5. 1958 wurde der Antrag von Dr. Mommer, die 2. und 3. Lesung des Gesetzentwurfes der SPD in die Tagesordnung der Sitzung am 8. 5. 1958 aufzunehmen, abgelehnt; vgl. DBT/III/27, 7. 5. 1958, S. 1515–1517. Das Bundesverfassungsgericht in Karlsruhe erließ einstweilige Anordnungen gegen die Durchführung von Volksbefragungen am 27. 5. 1958 gegen Hamburg, am 10. 6. 1958 gegen Bremen und am 23. 6. 1958 gegen Hessen, vgl. Dokumente zur Deutschlandpolitik, Bd. III/4. 3, S. 1673, Anm. 11. Vgl. ferner Hans-Karl Rupp, Außerparlamentarische Opposition in der Ära Adenauer: Der Kampf gegen die Atombewaffnung in den fünfziger Jahren, Köln 1970.

Möglichkeit, autonom zwischen alternativen Sicherheitskonzepten wählen zu können – dazu war sie zu stark in das westliche Bündnissystem integriert – aber sie hätte durchaus auch auf ihre Verbündeten im Sinne gesamtdeutscher Präferenzen politisch einwirken können, da es in verschiedenen Ländern starke Strömungen in Richtung auf eine Überprüfung des 1949–1955 geschaffenen Bündnissystems gab. Die Bundesregierung hielt jedoch an der Priorität einer militärischen Westintegration fest und versuchte erst gar nicht, ihren Handlungsspielraum im Hinblick auf Veränderungen des europäischen Sicherheitssystems abzuklopfen – sieht man einmal von dem Gedanken einer »Österreich-Lösung« für die DDR ab. Hätte aber der Versuch, eine alternative Sicherheitsregelung zu verwirklichen, überhaupt eine Realisierungschance gehabt? Die stärksten Widerstände wären wohl von Seiten der Vereinigten Staaten zu erwarten gewesen, und zwar weniger von Präsident Eisenhower als von Außenminister Dulles. Ein militärisches Disengagement ebenso wie eine kernwaffenfreie Zone in Mitteleuropa hätten zwar die amerikanische Strategie der massiven nuklearen Vergeltung nicht wesentlich beeinträchtigt, jedoch die zur Verstärkung ihrer Glaubwürdigkeit in der zweiten Hälfte der fünfziger Jahre eingeleitete Stationierung taktischer Nuklearwaffen auf dem europäischen Kontinent verhindert.[154] Möglicherweise hätten derartige Pläne auch zu einem Zerbröckeln der NATO geführt.

Die Pläne zur Stationierung von Kernwaffen mittlerer Reichweite in Westeuropa und das Verlangen der Bundesrepublik, die Bundeswehr mit solchen Systemen auszustatten, hatte nicht nur im Osten Kritik hervorgerufen. Nach den in der Vergangenheit mit Deutschland gemachten Erfahrungen gab es auch in Westeuropa einflußreiche Bestrebungen, die eine Entwicklung verhindern wollten, durch die ein deutscher Staat wieder zur führenden militärischen Kraft in Europa wurde. Auch in den USA wuchsen die Zweifel, ob eine nuklear gerüstete Bundesrepublik wünschenswert und den Ost-West-Beziehungen dienlich sei. Nach dem nuklearen Gleichziehen der Sowjetunion und der Verwundbarkeit amerikanischen Territoriums durch sowjetische Interkontinentalraketen, erhielt für Washington in zunehmendem Maße eine politische Kooperation mit Moskau zum Zweck des Krisenmanagements und der Konfliktvermeidung an Bedeutung.

Die Verwirklichung eines militärischen Disengagements scheiterte auf westlicher Seite primär aus politischen Gründen. Ebenso wie die Sowjet-

154 Zur Frage der nuklearen Umrüstung der NATO-Streitkräfte sowie zu den Problemen einer Ausrüstung der Bundeswehr mit nuklearen Waffen vgl. unten, Kap. III.

union mit der Unterstüzung und Förderung derartiger Gedanken versuchte, eine Stärkung des westlichen Bündnissystems zu verhindern und, wenn möglich, die USA aus Westeuropa hinauszudrängen, waren die USA nicht bereit, einer weiterhin als aggressiv und expansiv eingeschätzten Sowjetunion einen Platzvorteil in Europa einzuräumen. Das blutige Drama in Ungarn hatte jedoch die Unhaltbarkeit der von Dulles formulierten Strategie der Befreiung (»roll-back«) erwiesen. Auch die Sowjetunion hatte auf dem 20. Parteitag von der Strategie der Weltrevolution Abschied genommen und die Doktrin der friedlichen Koexistenz - die in gewisser Weise auch eine Strategie der Kriegsvermeidung war - zur politischen Maxime erklärt.[155] Das nukleare Patt erzwang daher auch von den Supermächten eine Änderung ihres außenpolitischen Verhaltens. Langfristig bedeutete dies die Respektierung der beiderseitigen Einflußsphären und des nach den Zweiten Weltkrieg in Europa geschaffenen politischen Status quo.

Was hätte die Sowjetunion veranlassen können, einer Wiedervereinigung Deutschlands zuzustimmen, nachdem mit den Plänen für eine Rüstungsbeschränkung in Europa die militärische Bedeutung des Kontinentes als Aufmarschzone der Streitkräfte der zwei Supermächte reduziert worden war? Bis 1955 hätte möglicherweise noch eine Chance bestanden; danach war es zu spät. Für die Sowjetunion war die DDR in politischer wie militärischer Hinsicht zu einem Eckpfeiler ihres Bündnisses geworden, dessen Herausbrechen unabsehbare Wirkungen auf das gesamte System gehabt hätte. Zu sicherheitspolitischen Veränderungen war sie nur auf der Basis des politischen Status quo bereit - es sei denn, dieser konnte zu ihren Gunsten geändert werden. Eben dies versuchte sie ab Ende 1958 mit Hilfe der Berlin-Krise zu erreichen, nachdem die in den Jahren 1955–58 zur Schau gestellte Verhandlungsbereitschaft nicht den erwünschten Erfolg gebracht hatte.

155 Zu den Ergebenissen des XX. Parteitages der KPdSU vgl. Boris Meißner, Das Ende des Stalin-Mythos. Die Ergebnisse des 20. Parteitages der Kommunistischen Partei der Sowjetunion, Frankfurt 1956; ferner ders., Rußland unter Chruschtschow, München 1960. Zur Doktrin der friedlichen Koexistenz vgl. W. I. Samkowoj, Krieg und Koexistenz in sowjetischer Sicht, Pfullingen 1969.

5. *Berlin als Hebel sowjetischer Deutschland-Politik*

Während die Disengagement- und Abrüstungsdiskussion aus der Sicht der Bundesregierung die Gefahr einer Entkoppelung von europäischer Sicherheit und deutscher Frage beinhaltete, zielte das Berlin-Ultimatum Chruschtschows auf eine Veränderung des »offenen Status quo« ab, d. h. auf die Möglichkeit, zu gegebener Zeit die deutsche Teilung durch eine Wiedervereinigung in »Frieden und Freiheit« überwinden zu können. Die Umwandlung West-Berlins in eine »Freie Stadt« entsprechend den sowjetischen Forderungen hätte eine Veränderung der nach dem Zweiten Weltkrieg in Europa entstandenen politischen Lage zugunsten der Sowjetunion bedeutet; die Alternative eines Friedensvertrages mit Deutschland die internationale Anerkennung des zweiten deutschen Staates und damit die Festschreibung des Status quo zur Folge gehabt. Beide Maßnahmen hätten die deutsche Frage nach Auffassung der Bundesregierung negativ präjudiziert. Angesichts dieser Herausforderung erwies sich das von ihr konstruierte und 1955 noch mit Erfolg angewandte Junktim von europäischer Sicherheit und deutscher Frage als wenig wirksam. Nachdem die Sowjetunion militärisch mit dem Westen gleichgezogen hatte und wirtschaftlich erstarkt war, war es fraglich, ob der Westen Moskau mit irgendwelchen Angeboten und Gegenleistungen zu Zugeständnissen in der Berlin-Frage und zu einer politischen Neuordnung in Europa entsprechend den westlichen Vorstellungen veranlassen konnte.

5.1 *Das Ultimatum Chruschtschows vom November 1958*

Eben diese neugewonnene Stärke demonstrierte Moskau, als Ministerpräsident Chruschtschow in einer Rede am 10. November 1958 – ein Jahr nach dem Start des Sputniks – den Abschluß eines Friedensvertrages mit Deutschland und eine Überprüfung des Vier-Mächte-Status von Berlin forderte. In Noten an die drei Westmächte, die Bundesrepublik und die DDR vom 27. November 1958 spezifizierte Moskau seine Vorstellungen dahingehend, daß West-Berlin in eine selbständige politische Einheit, in eine »Freie Stadt« umgewandelt werden sollte. Wenn innerhalb von sechs Monaten keine Einigung über einen neuen Status von Berlin erzielt worden wäre, würde die Sowjetunion ihre ehemaligen Besatzungsrechte in und in Bezug auf Berlin an die DDR übertragen. Am 10. Januar 1959 folgte der sowjetische Entwurf eines Friedensvertrages mit den beiden deutschen Staaten, der mit dem Vorschlag verbunden wurde, diese Frage auf einer Gipfelkonferenz zwischen den beteiligten Staaten zu behandeln. Am 17. Februar 1959 drohte Chruschtschow schließlich, die Sowjetunion werde mit der DDR einen separaten Friedensvertrag abschließen und ihr alle Rechte und Pflichten im Hinblick auf Berlin übertragen.[156]

Diese sowjetischen Initiativen sowie die diplomatischen Aktivitäten bis zum Mauerbau 1961 machten deutlich, daß Moskau primär eine Bestätigung des Status quo einschließlich der deutschen Teilung wollte und Berlin als den schwächsten Punkt der westlichen Position benutzte, um dieses Ziel zu erreichen. Die Aufkündigung des Vier-Mächte-Status von Berlin war Hebel ebensowie hocherwünschter Nebeneffekt, wenn es gelingen würde, den »Pfahl im Fleische der DDR« – den durch die alliierte Präsenz gestützten Status West-Berlins, seine Zugehörigkeit zum westlichen Gesellschaftssystem und die damit für die Bevölkerung der DDR gegebenen Vergleichs- und Zufluchtsmöglichkeiten – zu beseitigen, die eine Konsolidierung der DDR verhinderten. Schließlich diente das sowjetische Vorgehen auch innenpolitischen Zwecken, so der Absicherung der Chruschtschow'schen Alleinherrschaft im Vorfeld des 21. Parteitages, der für das Frühjahr 1959 anberaumt worden war.

Das sowjetische Berlin-Ultimatum konfrontierte Bonn mit dem Dilemma, »daß die westlichen Verbündeten einerseits auf eine Deutschland-Initiative aus Bonn warteten und sie wünschten, andererseits eine solche Initiative nur allzu rasch ihr Mißtrauen erregen konnte, sobald sie – was unvermeidlich war – Veränderungen im westlichen Sicherheitssystem ins Auge faßte und die Einbindung der Bundesrepublik in das Atlantische Bündnis berührte«.[157] Die Grundlinie des von Heinrich von Brentano geleiteten Auswärtigen Amtes war es, Festigkeit zu demonstrieren und die

156 Vgl. die Ansprache des sowjetischen Ministerpräsidenten, N. S. Chruschtschow, am 10. 11. 1958, in: Dokumente zur Deutschlandpolitik, Bd. IV/1.1, S. 3–23; die Noten der Sowjetunion an die Regierungen der USA, Großbritanniens und Frankreichs vom 27. 11. 1958, ebenda, S. 151–177; an die Bundesregierung und an die Regierung der DDR vom gleichen Tage, ebenda, S. 178–191 bzw. 192–201; Note der Sowjetunion an die Westmächte und Entwurf eines Friedensvertrages mit Deutschland vom 10. 1. 1958, ebenda, S. 537–566. Dieser Entwurf wurde allen Ländern übermittelt, die sich mit Deutschland im Krieg befanden. Für die Noten der Sowjetunion an die Bundesregierung und die Regierung der DDR vgl. ebenda, S. 566–573 bzw. 573–577; vgl. ferner die Rede von Ministerpräsident Chruschtschow am 19. 2. 1959 in Tula, ebenda, S. 890–893.

157 Vgl. Grewe, Rückblenden, a.a.O., S. 389. Grewe verdanken wir auch eine detaillierte Schilderung der Vorbereitung der Genfer Außenministerkonferenz von 1959, ebenda, S. 362 ff.

Alliierten auf die Verteidigung ihrer Rechte in Berlin festzulegen; eben auch, weil es angesichts des oben skizzierten Dilemmas keine Alternativen für eine andere Politik zu haben glaubte. Bundeskanzler Adenauer vertrat eine flexiblere, aber auch doppeldeutigere Position. In dem sowjetischen Vorgehen sah er durchaus auch die taktischen Elemente, ebenso wie ihm der enge Handlungsspielraum des Westens in der Berlin-Frage bewußt war. Aus diesen Gründen wollte er vor allem isolierte Berlin-Verhandlungen vermeiden. Zunächst versuchte er, wieder einen Zusammenhang zwischen der deutschen Frage und den Abrüstungsproblemen herzustellen und den Westen zu einer Initiative auf diesem Gebiet zu veranlassen. Gleichzeitig ließ er sich von Staatssekretär Globke einen eigenen Deutschland-Plan ausarbeiten, der eine ganze Anzahl von »unkonventionellen Gedanken« (H.-P. Schwarz) enthielt. Danach würde Bonn die Existenz zweier deutscher Staaten sowie einer freien Stadt Berlin auf Zeit akzeptieren, wenn sofort oder innerhalb eines Jahres in der DDR größere Freiheit und in absehbarer Zeit die Möglichkeit einer Selbstbestimmung des deutschen Volkes über seine Wiedervereinigung gewährleistet wären.[158]

Die Überlegungen des Globke-Planes fanden jedoch keinen Eingang in die offizielle Bonner Politik. Diese registrierte vielmehr mit großer Skepsis Äußerungen wie diejenige von Außenminister Dulles, daß die USA unter bestimmten Umständen Vertreter der DDR, z. B. im Berlin-Verkehr, als »Agenten« der sowjetischen Besatzungsmacht ansehen und ihre Kontrollfunktion hinnehmen könnten. Ebenso irritierten die Verantwortlichen in Bonn Überlegungen wie diejenigen von Walter Lippmann, wonach als Gegenleistung für eine internationale Absicherung des Status von Berlin – z. B. durch die Vereinten Nationen – eine Anerkennung der DDR in Betracht gezogen werden könnte. Der britischen Regierung, die den Gedanken einer rüstungsbeschränkten Zone in Mitteleuropa erneut zur Diskussion gestellt hatte, warf der Bundeskanzler gar vor, zu weitreichende Konzessionen an die sowjetische Deutschland-Politik zu machen; nach der Reise von Premierminister Macmillan und Außenminister Selwyn Lloyd nach Moskau beschuldigte er diese, durch ihre »Extratouren«

158 Vgl. Klaus Gotto, Adenauers Deutschland- und Ostpolitik 1954–1963, in: Rudolf Morsey u. Konrad Repgen (Hrsg.), Adenauer-Studien III (Veröffentlichungen der Kommission für Zeitgeschichte, Reihe B, Bd. 15), Mainz 1974, S. 3–91, insbes. S. 49 ff. Der »Globke-Plan zur Wiedervereinigung« ist abgedruckt ebenda, S. 202–209. Vgl. auch die Tagebuch-Aufzeichnungen Heinrich Krones zur Deutschland- und Ostpolitik 1954–1969, ebenda, S. 134–201.

die gemeinsame Position des Westens unterminiert zu haben.[159] Lediglich bei Staatspräsident de Gaulle und der französischen Regierung fand Bonn Unterstützung für seine kompromißlose Ablehnung der sowjetischen Pläne, allerdings weniger aus sachlichen Gründen, sondern vielmehr, weil Paris weder auf seine eigenen Rechte in Berlin und Mitsprachemöglichkeiten in der deutschen Frage verzichten wollte, noch weil es ein Interesse an einer Ost-West-Annäherung hatte, die zu einer Wiederherstellung der staatlichen Einheit Deutschlands führen konnte.[160] Das Ergebnis war eine starre und wenig flexible Verhandlungsposition der Bundesrepublik, die primär auf Absicherung – und nicht auf Veränderung – des »offenen Status quo« gerichtet war.

Nur mit Mühe gelang es, im Kreis der Verbündeten eine gemeinsame westliche Verhandlungsposition für die für Mai 1959 geplante Außenministerkonferenz zu entwickeln, die einem Gipfeltreffen vorgeschaltet werden sollte. Mehrfach hatte der Bundeskanzler persönlich in die vorbereitenden Gespräche der Vier-Mächte Arbeitsgruppe eingegriffen und sich auch nicht gescheut, seinen Außenminister vor den Verbündeten zu desavouieren. Bis zuletzt versuchte er die von den beiden angelsächsischen Verbündeten angestrebte Kombination von europäischer Kontrollzone und Stufenplan für die Wiedervereinigung Deutschlands zu verhindern, »der britische Teil des Gesamtplanes, der Gedanke einer europäischen Rüstungskontrollzone, schien ihm töricht und gefährlich; den amerikanischen Teil, also den Versuch, über eine gesamtdeutsche Föderation die Wiedervereinigung anzustreben, hielt er für unrealistisch, für unzeitgemäß, wenn nicht für überholt. Stattdessen glaubte er offenbar, daß Rußland an einer umfassenden Abrüstung interessiert sei und dafür bereit sein

159 Zur Bewertung der Berlin-Krise durch die vgl. Adenauer, Erinnerungen 1955–59, a.a.O., S. 446 ff.; Gotto, Adenauers Deutschland- und Ostpolitik 1954–1963, a.a.O., S. 49 ff.; Bandulet, Adenauer zwischen West und Ost, a.a.O., S. 154 ff.; Baring, Sehr verehrter Herr Bundeskanzler! A.a.O., S. 241 ff.; Grewe, Rückblenden, a.a.O., S. 362 ff., Krone, Aufzeichnungen, a.a.O., S. 146 ff. Zu den Vorschlägen Walter Lippmanns vgl. ders., The Two Germanies and Berlin, in: New York Herald Tribune, 6., 7., 8. u. 9. 4. 1959, abgedruckt in: Dokumente zur Deutschlandpolitik, Bd. IV/1.2, S. 1319–1320, 1322–1324, 1329–1331 u. 1336–1338.

160 Zur französischen Ost- und Deutschlandpolitik vgl. André Fontaine, Un seul lit pour deux rêves. Histoire de la »détente« 1962–1981, Paris 1981; Alfred Grosser, Lex Occidentaux. Les pays d'Europe et les Etats-Unis depuis la guerre, Paris u. München 1978, S. 246 ff.; Gilbert Ziebura, Die deutsch-französischen Beziehungen seit 1945, Pfullingen 1970, S. 94 ff.; Werner Weidenfeld, Der Einfluß der Ostpolitik de Gaulles auf die Ostpolitik Konrad Adenauers, in: Morsey/Repgen, Adenauer-Studien III, a.a.O., S. 116–125; Jürgen Schwarz, Grundzüge der Ostpolitik de Gaulles in den Jahren 1958 bis 1963, ebenda, S. 92–115.

konnte, ein »Stillhalte-Abkommen« in Deutschland abzuschließen«.[161] Damit knüpfte Adenauer an Überlegungen an, die dem »Globke-Plan« zugrunde lagen und die er drei Jahre später mit seinem Vorschlag eines »Burgfriedens« mit der Sowjetunion in der deutschen Frage wieder aufgriff. Andere Bonner Politiker stießen sich eher an dem Gedanken einer gesamtdeutschen Konföderation - ein Gedanke, der durchaus auch in Bonn erwogen worden war -, da eine solche nicht mit der auf grundsätzliche Nichtanerkennung der DDR fixierten Politik in der deutschen Frage vereinbar schien.[162] Es gelang der Bundesregierung zwar, Korrekturen an den westlichen Vorschlägen anzubringen - so wurde z. B. der Föderationsgedanke aufgegeben und eine geographische Beschränkung der geplanten Rüstungskontrollmaßnahmen weitgehend fallen gelassen - nicht jedoch, die Westmächte von ihrem Verhandlungskonzept abzubringen, das eben in der Verknüpfung von deutscher Frage, europäischer Sicherheit und allgemeiner Abrüstung bestand.

Die Genfer Außenministerkonferenz, die mit zwei Unterbrechungen vom 11. Mai bis 5. August 1959 tagte, brachte keine Annäherung der Standpunkte zwischen Ost und West. Zunächst legte der Westen als seinen Verhandlungsvorschlag den sogenannten »westlichen Friedensplan« (»Herter-Plan«) vor.[163] Die Sowjetunion wiederholte ihre Forderung nach Ab-

161 Baring, Sehr verehrter Herr Bundeskanzler! A.a.O., S. 242. Unmittelbar vor einem Treffen der vier Außenminister in Washington am 29. 3. 1959 schrieb Bundeskanzler Adenauer an Außenminister von Brentano, zusammen mit der Weisung, dem Bericht der Vier-Mächte-Arbeitsgruppe *unter keinen Umständen* zuzustimmen: »Chruschtschow hat sich in zahlreichen Reden derartig gegen die Wiedervereinigung festgelegt, daß er zur Zeit wenigstens gar nicht davon herunter kann. Das beste, was wir erreichen können, ist ein Stillhalteabkommen für mehrere Jahre. Wir müssen auf die *allgemeine* kontrollierte Abrüstung kommen, die ihm aus wirtschaftlichen Gründen sicher willkommen ist. Eine europäische Abrüstung irgendwelcher Art vorzuschieben ist barer Unsinn, der aber zwei große Gefahren in sich schließt:

a) weiterer Rückgang der Einigkeit der Westalliierten und des Interesses an uns (s. England),
b) Triumph Chruschtschows, der ihn von seinen unzweifelhaft vorhandenen wirtschaftlichen Aspirationen, die eine Abrüstung - allgemein - verlangen (s. sein 7-Jahresplan) wieder abbringen könnten«. Ebenda, S. 242 ff.

162 Vgl. Grewe, Rückblenden, a.a.O., S. 398 f.; ders., Ein Friedensvertrag mit Deutschland? In: EA 9-10/1959, S. 301-322 (insbes. S. 305 ff.).

163 Vgl. den »Westlichen Friedensplan«, (Herter-Plan), am 14. 5. 1959 von dem amerikanischen Außenminister, Christian Herter, auf der Genfer Außenministerkonferenz im Namen der amerikanischen, der britischen und der französischen Regierung vorgelegt, in: Dokumente zur Deutschlandpolitik, Bd. IV/2.1., S. 74-82; die übrigen Konferenzdokumente und wichtigsten Reden sind in demselben Band enthalten. Die deutsche Beraterdelegation wurde von Wilhelm Grewe geleitet, er berichtet über ihren Ablauf in: Rückblenden, a.a.O., S. 402 ff.

schluß eines deutschen Friedensvertrages und nach Umwandlung West-Berlins in eine freie Stadt. Die – erstmals an einer Ost-West-Konferenz teilnehmenden – beiden deutschen »Beraterdelegationen« beschränkten sich auf die Unterstützung der jeweiligen Blockvorschläge. Obwohl sich die Außenminister der Vier Mächte darauf geeinigt hatten, vorrangig eine Interimslösung für Berlin zu suchen, verstärkte die Sowjetunion ihre Pressionen in Hinblick auf Berlin. Sie band eine befristete Anerkennung residualer Besatzungsrechte in Berlin an die Bildung eines paritätisch aus Vertretern der DDR und der BRD zusammengesetzten Gesamtdeutschen Ausschusses, der die Grundlagen für eine Wiedervereinigung und den Abschluß eines Friedensvertrages erarbeiten sollte. Sollte es jedoch innerhalb eines Jahres nicht zum Abschluß eines deutschen Friedensvertrages kommen, so drohte die Sowjetunion an, einen Separatfriedensvertrag mit der DDR zu unterzeichnen. Die Westmächte gingen auf das neue sowjetische Ultimatum nicht ein (das einige Tage später auf 18 Monate verlängert wurde), und legten ihrerseits einen Interimsvorschlag zu Berlin vor, in dem sie sich zu einer Reduzierung ihrer in Berlin stationierten Streitkräfte bereit erklärten, vorausgesetzt daß die Sowjetunion den freien und uneingeschränkten Zugang nach Berlin und zwischen den beiden Teilen Berlins garantiere. Diese Vorschläge wurden später noch einmal präzisiert. Nach 25 Vollsitzungen ging die Konferenz ohne ein Ergebnis zuende – mit einem dürren Schlußkommuniqué und der Ankündigung eines Besuches von Ministerpräsident Chruschtschow in den Vereinigten Staaten.[164]

Eine für Mai 1960 in Paris geplante Gipfelkonferenz der Vier Mächte scheiterte schon vor ihrem Beginn; vorgeblich an amerikanischen U-2-Aufklärungsflügen über der Sowjetunion, möglicherweise weil es dem Westen gelungen war, sich trotz divergierender Interessenlagen – hier vor allem aufgrund deutscher und französischer Einwände – noch einmal auf die bereits 1959 in Genf eingenommene Verhandlungsposition zu verständigen, wahrscheinlich aber, weil Moskau erkannt hatte, daß mit Verhandlungsfortschritten frühestens nach den amerikanischen Präsidentenwahlen im Herbst d. J. zu rechnen war.

164 Vgl. die Erklärung von Außenminister Gromyko am 10. 6. 1959 auf der Genfer Außenministerkonferenz, in: Dokumente zur Deutschlandpolitik, Bd. IV/2.1, S. 525–534; die westlichen Kompromißvorschläge zur Berlin-Frage vom 16. 6. 1959, ebenda, S. 635–637; die Mitteilung über den Austausch von Arbeitspapieren auf der Genfer Außenministerkonferenz vom 28. 7. 1959, ebenda, Bd. IV/2.2, S. 1106–1107; das Schlußkommuniqué vom 5. 8. 1959, ebenda, S. 1193–1194; sowie die (Schluß-)Erklärung von Außenminister Lloyd vom 5. 8. 1959, ebenda, S. 1188–1192.

14 Tage vor Amtsübernahme der Regierung Kennedy meldete sich der sowjetische Ministerpräsident wieder zu Wort. In einer großangelegten Rede zur internationalen Politik, insbesondere zu den Problemen von Krieg und Frieden, ging Chruschtschow auf Berlin ein und erklärte, daß sich die Position der drei Westmächte in West-Berlin als »besonders labil« erwiesen habe und sie gezwungen werden müßten, der realen Lage Rechnung zu tragen »und wenn sie sich weiter sträuben, dann werden wir entscheidende Maßnahmen treffen, dann schließen wir einen Friedensvertrag mit der Deutschen Demokratischen Republik, da wir fest entschlossen sind, endlich den Abschluß eines Friedensvertrages mit Deutschland zu sichern, den Splitter – das Besatzungsregime in West-Berlin – aus dem Herzen Europas zu entfernen«.[165] Am 17. Februar 1961 sandte die sowjetische Regierung ein im Ton verbindliches, in der Sache jedoch kompromißloses Memorandum an die Bundesregierung, in dem sie betonte, daß es allerhöchste Zeit sei, einen Friedensvertrag zu unterzeichnen und die Frage des Besatzungsregimes in West-Berlin durch seine Umwandlung in eine »Freie Stadt« endgültig zu regeln. Der Westen sollte damit vor die Alternative gestellt werden, entweder das Deutschland- und Berlin-Problem nach den sowjetischen Vorstellungen zu lösen, oder aber seiner Position in der Stadt verlustig zu gehen. Gleichzeitig wies Moskau alle Versuche zurück, zwischen Friedensordnung und Abrüstung ein Junktim herzustellen, und behauptete, ein solches sollte nur dazu dienen, die Lösung des einen wie des anderen Problems zu verhindern.[166]
Während die Bundesregierung in Bonn vor allem Zeit zu gewinnen suchte, war Washington in den folgenden Monaten noch damit beschäftigt, seine Außen- und Sicherheitspolitik zu überprüfen. Dabei sah es sich vor die Aufgabe gestellt, Handlungsoptionen für so komplexe Probleme wie die Neudefinition der Militärstrategie, Verhandlungen über eine nukleare Abrüstung oder eine Lösung des Laos-, Kongo- und Kuba-Problems und eben zu Berlin zu entwickeln.

165 Referat von Ministerpräsident Chruschtschow auf der Versammlung der Parteiorganisationen der Höheren Parteischule, der Akademie der Sozialwissenschaften und des Instituts für Marxismus-Leninismus des ZK der KPdSU am 6. 1. 1960 in Moskau, in: EA 5/1961, S. D 133–142 (S. 140); vgl. ferner Walther Stützle, Kennedy und Adenauer in der Berlin-Krise 1961–1962, Bonn-Bad-Godesberg 1973, S. 53 ff.

166 Vgl. das Memorandum der sowjetischen Regierung an die Bundesregierung zur Deutschland-Frage vom 17. 2. 1961, in: Dokumente zur Deutschlandpolitik, Bd. IV/6.1, S. 340–350.

Strebte Chruschtschow aus einer Position militärischer Stärke – die sich auf die Fähigkeit zum nuklearen Gegenschlag auf amerikanisches Territorium stützte – primär die Konsolidierung seines osteuropäischen Einflußbereiches an,[167] so stand für Kennedy einmal die Anpassung der amerikanischen Strategie an den Verlust der strategischen Überlegenheit der USA und der Rückgewinn außenpolitischer Initiative im Vordergrund. Zum anderen wollte er die amerikanische Gesellschaft mit dem Slogan der »new frontier« zu einem neuen Aufbruch mobilisieren, der ihr das alte Selbstgefühl zurückgeben würde (z. B. durch ein ehrgeiziges Weltraumprogramm). Zugleich waren USA wie Sowjetunion bemüht, ihren Einfluß in der Dritten Welt zu verstärken und ihr Land den jungen Staaten als Partner im Entkolonialisierungs- und Entwicklungsprozeß anzubieten. Die neu entfachte machtpolitische und ideologische Rivalität, die durch die dynamischen Persönlichkeiten Chruschtschows und Kennedys geprägt wurde, fand in der Diplomatie ihren Niederschlag in einem verstärkten Bilateralismus der beiden Supermächte.
Bereits kurz nach seinem Amtsantritt hatte Kennedy Chruschtschow ein persönliches Treffen vorgeschlagen, das schließlich am 3. und 4. Juni 1961 in Wien stattfand. Wenn Kennedy gehofft hatte, durch die amerikanische Intervention in Kuba die Situation in Mittelamerika zuvor zu seinen Gunsten entschieden zu haben und aus einer Position der Stärke heraus mit Chruschtschow über Berlin verhandeln zu können, so hatte das Fiasko in der Schweinebucht[168] diese Hoffnungen zunichte gemacht. Auch war trotz einvernehmlich klingender Kommuniqués unübersehbar, daß zwischen den USA und ihren wichtigsten Verbündeten Meinungsunterschiede darüber bestanden, wie die westliche Position in Berlin vertei-

167 Zur sowjetischen Deutschland- und Berlin-Politik vgl. Eberhard Schulz, Die sowjetische Deutschland-Politik, in: Dietrich Geyer (Hrsg.), Osteuropa-Handbuch, Sowjetunion, Außenpolitik II, Köln u. a. 1976, S. 229–293 (S. 255 ff.); ferner Richard Löwenthal, Der verwandelte Gegner. Sowjetische Politik im Zeitalter des atomaren Patt, in: Der Monat, H. 148, Januar 1961; ferner ders., Chruschtschow und der Weltkommunismus, Stuttgart 1963; hier stellt Löwenthal die sowjetische Europa-Politik in den Zusammenhang des beginnenden sowjetisch-chinesischen Konfliktes.

168 Anfang April war eine Gruppe von Exilkubanern unter Anleitung des CIA auf Kuba gelandet, um Castro zu stürzen, der aus der Sicht Washingtons mehr und mehr einen prokommunistischen Kurs steuerte. Das Abenteuer scheiterte am Widerstand der kubanischen Streitkräfte, es hatte einen erheblichen Vertrauensverlust in die amerikanische Politik zur Folge. Vgl. die Darstellung bei Karl E. Meyer u. Tad Szulc, The Cuban Invasion. The Chronicle of a Disaster, New York 1962.

digt werden sollte.[169] Aber auch Chruschtschow stand unter Druck: in den letzten Wochen hatte sich das Berlin-Problem durch einen immer mehr anschwellenden Flüchtlingsstrom aus der DDR verstärkt, den die DDR durch Reisebeschränkungen und verschärfte Kontrollen nicht beherrschen konnte. Wiederholt drängte SED-Chef Ulbricht daher auf eine gemeinsame Aktion der Warschauer-Pakt-Staaten, durch den der Flüchtlingsstrom abgeschnitten und ein »Ausbluten« der DDR verhindert werden sollte.[170]

Die Wiener Begegnung zwischen dem amerikanischen Präsidenten und dem sowjetischen Partei- und Regierungschef diente primär dem gegenseitigen Abtasten und Maßnehmen. Während Kennedy seinerseits in die österreichische Hauptstadt gereist war, um die sowjetische Verhandlungsbereitschaft zu den verschiedenen weltpolitischen Problemen zu ergründen und gleichzeitig die amerikanische Entschlossenheit zur Verteidigung essentieller Grundpositionen deutlich zu machen, war Chruschtschow bemüht, eine Regelung der Berlin-Frage zu erreichen und seinem Verhandlungspartner zu demonstrieren, daß, sollte dies nicht einvernehmlich möglich sein, die Sowjetunion andernfalls einseitig vorgehen werde. Er übergab Kennedy ein »Memorandum zur Frage des Abschlusses eines Friedensvertrages mit Deutschland und die Regelung der Frage Westberlins auf dessen Grundlage«. In diesem Memorandum forderte die sowjetische Regierung den Abschluß eines Friedensvertrages mit Deutschland – und zwar innerhalb von sechs Monaten – sowie eine Normalisierung der Lage in West-Berlin. In dem Memorandum erklärte sie weiter, sie verfolge »nicht das Ziel, die Interessen der USA oder der anderen Westmächte in Europa zu schädigen. Sie schlägt nicht vor, irgendetwas in Deutschland oder in West-Berlin zugunsten irgendeines Staates oder einer Staatengruppe zu verändern. Die UdSSR hält es im Interesse der Festigung des Friedens für erforderlich, die nach dem Krieg in Europa entstandene Lage

169 Vgl. die Darstellungen bei Stützle, Kennedy und Adenauer, a.a.O., S. 80 ff. u. 97 ff.; und bei Honoré M. Catudal, Kennedy in der Mauer-Krise. Eine Fallstudie zur Entscheidungsfindung in den USA, Berlin 1981, S. 62 ff. u. 90 ff.; Arthur M. Schlesinger, A Thousand Days. John F. Kennedy in the White House, New York 1965, S. 319 ff.

170 1960 waren fast 200 000 Personen aus der DDR in die Bundesrepublik geflüchtet, im Juli 1961 waren es 30 000 im Monat. Zur Haltung Ulbrichts und zu den Abstimmungsprozessen im östlichen Lager während der Berlin-Krise gibt es – über die offiziellen Erklärungen und Reden hinaus – keine fundierten Analysen. Auch die Darstellungen bei Catudal, Kennedy in der Mauer-Krise, a.a.O., S. 51 ff.; und Robert M. Slusser, The Berlin-Crisis of 1961. Soviet-American Relations and the Struggle for Power in the Kremlin, June-November 1961, Baltimore 1973, sollten mit Vorsicht gewertet werden.

zu fixieren, die Unantastbarkeit der bestehenden deutschen Grenzen juristisch zu formulieren und zu festigen und die Lage in West-Berlin auf der Grundlage einer vernünftigen Berücksichtigung der Interessen aller Seiten zu normalisieren«.[171]

Diese verbindlichen Formulierungen konnten jedoch nicht darüber hinwegtäuschen, daß damit wieder die sowjetische Maximalforderung auf dem Tisch lag, auf die die USA nicht eingehen konnten, wenn sie nicht eine Reihe von Grundsatzpositionen aufgeben und ein tiefes Zerwürfnis im Bündnis riskieren wollten. Der von Kennedy angestrebte Weg, am Status quo festzuhalten, diesen aber durch neue Modalitäten krisenfester zu machen, war verbaut. Der Drohung Chruschtschows, falls der Westen nicht zu Verhandlungen bereit sei, werde die Sowjetunion einseitige Schritte zur Lösung der Berlin-Frage unternehmen, konnte Kennedy nur die Entschlossenheit der USA entgegensetzen, die westlichen Rechte in und auf den Zugangswegen nach Berlin mit allen Mitteln zu verteidigen – notfalls auch unter dem Einsatz militärischer Gewalt. Die Drohung mit dem Krieg schien das einzige Mittel, um einen Krieg zu verhindern.

Nach den ersten Monaten des Ultimatums im Winter 1958/59 war damit ein neuer Kulminationspunkt in der Berlin-Krise erreicht. Unter amerikanischer Führung benutzte der Westen die Zeit nach dem Wiener Gipfel um

- seine Grundpositionen in der Berlin-Frage zu definieren,
- seine Entschlossenheit zur Verteidigung dieser Positionen zu demonstrieren, und
- eine eigene Verhandlungsposition aufzubauen.

Besondere Bedeutung kam den von Präsident Kennedy in einer Rundfunk- und Fernsehrede am 25. Juli 1961 präzisierten »essentials« in der Berlin-Frage zu:

- der Anwesenheit der drei Westmächte in Berlin,
- dem freien Zugang dieser Mächte nach West-Berlin, und
- der Gewährleistung der Sicherheit der Westberliner Bevölkerung und ihres Rechtes, frei über seine Lebensformen zu entscheiden.[172]

171 Memorandum der sowjetischen Regierung zur Deutschland-Frage vom 4. 6. 1960, in: Dokumente zur Deutschlandpolitik, Bd. IV/6.2, S. 820–823. Gleichzeitig übergab Chruschtschow ein Memorandum zur Frage der Einstellung der Kernwaffenversuche, ebenda, S. 812–816. Zum Verlauf des Wiener Gipfeltreffens vgl. die Darstellungen bei Stützle, Kennedy und Adenauer, a.a.O., S. 99 ff.; Catudal, Kennedy in der Mauer-Krise, a.a.O., S. 107 ff.; Schlesinger, A Thousand Days, a.a.O., S. 333 ff.

172 Vgl. die Rundfunk- und Fernsehansprache Präsident Kennedys vom 25. 7. 1961, in: Public Papers of the President, John F. Kennedy, 1961, Washington D.C., 1962, S. 533, dt. in: Dokumente zur Deutschlandpolitik, Bd. IV/6.2, S. 1348–1356. In dieser

Besonders aufmerksam wurde registriert, daß sich diese »essentials« auf West-Berlin und nicht auf ganz Berlin bezogen – ein Punkt, der in den vorangegangenen Erklärungen des Westens stets offen gelassen war.[173] Hier unterschied sich auch die amerikanische Position grundsätzlich von derjenigen der Bundesregierung, die stets von »Berlin« sprach. Sie machte darüber hinaus zwei weitere Punkte geltend:

- die Zugehörigkeit Berlins zum Rechts-, Finanz- und Wirtschaftssystem des Bundes, sowie
- die Erhaltung der Funktion Berlins als Begegnungsstätte zwischen Ost und West.[174]

Mit einer Verstärkung ihrer konventionellen Streitkräfte in Europa und einer Verbesserung der Notfall-Planung demonstrierten die USA darüber hinaus, daß sie bereit waren, ihre Rechte in der Stadt und auf freien Zugang dahin notfalls auch militärisch zu verteidigen. Größere Probleme gab es bei der Entwicklung einer gemeinsamen westlichen Verhandlungsposition. Weder fanden amerikanische Überlegungen über eine internationale Zugangsbehörde oder eine Korridorlösung die Zustimmung der Verbündeten, noch waren diese bereit, – insbesondere nicht die Bundesrepublik – als Gegenleistung für östliche Garantien der westlichen Rechte in Berlin die Oder-Neiße-Grenze anzuerkennen. Die Außenminister der drei Westmächte und der Bundesrepublik konnten sich auf einer Sondersitzung des NATO-Rates Anfang August 1961 nur darauf verständigen, daß sie sich weiter um die Entwicklung einer gemeinsamen Verhandlungsposition bemühen würden.[175]

Rede kündigte der Präsident auch eine Verstärkung der konventionellen Streitkräfte der USA in Europa und eine Erhöhung ihres Bereitschaftsgrades an. Für eine Analyse dieser Rede und der amerikanischen Position vgl. Stützle, Kennedy und Adenauer in der Berlin-Krise, a.a.O., S. 119 ff.; ferner Catudal, Kennedy in der Mauer-Krise, S. 154 ff. Wenig hilfreich ist dagegen Heribert Gerlach, Die Berlinpolitik der Kennedy-Administration. Eine Fallstudie zum außenpolitischen Verhalten der Kennedy-Regierung in der Berlin-Krise 1961, Frankfurt a. M. 1977.

173 Vgl. z. B. die Erklärung des Ministerrates der NATO zur Berlin-Frage vom 16. 12. 1958, in: Dokumente zur Deutschlandpolitik, Bd. IV/1.1, S. 382–383, in der – wie in allen übrigen NATO-Stellungnahmen dieser Zeit – stets von »Berlin« gesprochen wird. Die Kennedy-Administration differenzierte dagegen zwischen dem Vier-Mächte Status von »Groß-Berlin« – der z. B. den USA das Recht auf Bewegungsfreiheit in der ganzen Stadt gab – und den westlichen Rechten den Westsektoren.

174 Vgl. das Kommuniqué über eine Sondersitzung des Senats von Berlin vom 12. 7. 1961, in: Dokumente zur Deutschland-Politik, Bd. IV/6.2, S. 1231.

175 Vgl. das Kommuniqué über Beratungen des Ständigen NATO-Rates zur Berlin-Frage vom 8. 8. 1961, in: Dokumente zur Deutschlandpolitik, Bd. IV/6.2, S. 1527–1528; ferner Stützle, Kennedy und Adenauer in der Berlin-Krise, a.a.O., S. 120 ff.

Die Politik der Bundesrepublik war vor allem darauf gerichtet, keine Abstriche an der gegenwärtigen Rolle Berlins als Bestandteil der Bundesrepublik, wenn auch mit einem Sonderstatus, oder an der langfristigen Möglichkeit hinzunehmen, Berlin zur Hauptstadt eines wiedervereinigten Deutschlands zu machen. Gefahren drohten dabei sowohl vom Osten wie vom Westen. Chruschtschows Drohung mit einem separaten Friedensvertrag, durch den der DDR die Kontrolle über die Verbindungswege nach Berlin übertragen werden sollte, lief ihrer Ansicht nach ebenso auf einen Status quo minus hinaus wie die Beschränkung der drei Kennedy'schen »essentials« auf West-Berlin oder die Suche nach einer Verhandlungslösung, die eine begrenzte Anerkennung der DDR implizierte. Aus ihrer Sicht war Berlin ebenso das Symbol Gesamtdeutschlands wie es die Funktion eines »Schaufensters des Westens« hatte, von dem eine Anziehungskraft auf die Bevölkerung der DDR ausging und damit eine Konsolidierung des SED-Regimes verhindert wurde. Berlin war damit ein notwendiges Element der »Magnettheorie«, die vielen Wiedervereinigungshoffnungen zugrunde lag. Überlegungen in Richtung auf eine »Österreich-Lösung« für die DDR oder ein »Burgfrieden«, die eine Anerkennung der Existenz eines zweiten deutschen Staates bedingt hätten, setzten stets auf innere Veränderungen in der DDR.
Der ideologisch offensive Charakter der westdeutschen Berlin-Politik konnte jedoch nicht darüber hinwegtäuschen, daß Bonn nicht über die politischen oder ökonomischen Instrumente verfügte, um der anderen Seite seinen Willen aufzuzwingen. Bereits im vorangegangenen Jahr hatte sich das Interzonen-Handelsabkommen als ein stumpfes Instrument erwiesen, um Beschränkungen und Behinderungen auf den Zugangswegen nach Berlin durch die Behörden der DDR zu verhindern. Nach einer im September 1960 ausgesprochenen Kündigung wurde das Abkommen zum 1. Januar 1961 wieder in Kraft gesetzt, ohne daß entscheidende Verbesserungen für den Status Berlins erzielt werden konnten. Vor allem aber konnten Kraftworte nicht darüber hinwegtäuschen, daß sich der Westen angesichts der geographischen Situation in Berlin militärisch in der Defensive befand; der östlichen »Salami-Taktik« von Behinderungen und Beschränkungen auf den Zufahrtswegen konnte er keine abgestuften politischen Maßnahmen entgegensetzen; ihm blieb nur die Zuflucht zu militärischer Gewalt, um seine Position ungeschmälert aufrecht zu erhalten. In dieser Situation versprach sich Bonn wenig Erfolg von Verhandlungen über die deutsche Frage, erst recht nicht über ein isoliertes Berlin-Abkommen. Angesichts der amerikanischen Entschlossenheit, nichts unversucht zu lassen, um doch noch zu einer Verhandlungslösung zu kommen,

und angesichts eines neubelebten Interesses an Rüstungskontrollvereinbarungen, fand es Bonn nützlich, die Prioritätenfolge des »Junktims« umzukehren und auf die positiven Wirkungen einer allgemeinen und kontrollierten Abrüstung zu verweisen, die dann auch »künftige Voraussetzungen für eine dauerhafte, gerechte, auf dem Selbstbestimmungsrecht des deutschen Volkes beruhende Lösung der Deutschland-Frage schaffen« würde.[176] Damit war das »Junktim« zu einer dilatorischen Formel geworden.

5.3 *Der Bau der Mauer am 13. August 1961*

Die Sperrung der Sektorengrenze in Berlin durch die Behörden der DDR in den Morgenstunden des 13. August 1961,[177] der in den nächsten Tagen der Bau der Mauer rund um West-Berlin folgte, wurde als eine massive Provokation empfunden, die die Politik des »offenen Status quo« grundsätzlich infrage stellte. In den USA wurde dagegen registriert, daß die DDR, die in enger Abstimmung mit der Sowjetunion und den Regierungen der anderen Warschauer-Pakt-Staaten vorgegangen war, keines der Kennedy'schen »essentials« verletzt und die Rechte der Westmächte in West-Berlin nicht angetastet hatte. Versuche der DDR, den westlichen Alliierten den Zugang nach Ost-Berlin zu verwehren oder eine Kontrolle über die Luftkorridore auszuüben, scheiterten an dem hartnäckigen Beharren der USA auf den Besatzungsvereinbarungen. Da Moskau weiterhin den Abschluß eines Friedensvertrages mit der DDR forderte, dafür aber keinen Termin nannte, bestand im Westen weiterhin die Sorge, daß der 13. August nur das Vorspiel für eine Aufkündigung der westlichen Besatzungsrechte war. Aus westlicher Sicht schien es daher nötig, einerseits diese Rechte mit Festigkeit zu verteidigen, zum anderen aber ein gemeinsames westliches Verhandlungskonzept zu entwickeln, mit dem der Status West-Berlins langfristig gesichert werden konnte.

176 Antwortnote der Bundesregierung vom 12. 7. 1961 auf das sowjetische Memorandum zur Deutschlandfrage vom 17. 2. 1961, in: Dokumente zur Deutschlandpolitik, Bd. IV/6.2, S. 2227–1230.

177 Der Bau der Mauer wurde von der Regierung der DDR in einer Erklärung vom 12. 8. 1961 angeordnet, die sich ihrerseits stützte auf einen Beschluß der Regierungen der Mitgliedstaaten des Warschauer Vertrages vom gleichen Tag, vgl. Dokumente zur Deutschlandpolitik, Bd. IV/7.1, S. 3 ff. Gegen diese Maßnahmen protestierten die Westmächte in Noten an die Sowjetregierung vom 17. 8. 1961, ebenda, S. 70–71; die Sowjetunion wies die westlichen Proteste am 18. 8. 1961 zurück, vgl. ebenda, S. 133–138.

Verhandlungen über Berlin waren jedoch mit einer doppelten Schwierigkeit belastet. Zum einen war zwischen den westlichen Verbündeten zu klären, worüber und mit welchem Ziel verhandelt werden sollte, und zum anderen war in Sondierungen mit Moskau herauszufinden, ob es einen Modus vivendi gab, mit dem Chruschtschow der Hebel »Berlin« entwunden werden konnte, ohne daß die westlichen Grundpositionen in der Berlin-Frage angetastet wurden. Die Vereinigten Staaten wollten vor allem Berlin aus ihrem Krisenkalender streichen – u. a. um sich wieder anderen Weltproblemen zuwenden zu können – und waren deshalb bereit, zugunsten einer Sicherung West-Berlins Zugeständnisse auf anderen Gebieten, z. B. in der Frage der europäischen Grenzen, zu machen.

Die Bundesregierung, spätestens Bundeskanzler Adenauer bei seinem Besuch im November 1961 in Washington, mußte erkennen, daß sie ihre Strategie dilatorischen Verhandelns angesichts der amerikanischen Entschlossenheit, mit Moskau ins Gespräch zu kommen, nicht aufrecht erhalten konnte. Beide Seiten fanden einen Kompromiß dergestalt, daß die Bundesregierung das Junktim zwischen Berlin-Regelung, deutscher Frage und europäischer Sicherheit aufgab und isolierten Berlin-Verhandlungen nicht nur zustimmte, sondern nun gerade ihrerseits darauf bestand, daß die Sondierungen auf diese Frage beschränkt blieben und nicht andere deutsche oder europäische Probleme in den Verhandlungskontext miteinbezogen wurden. Noch schwieriger war die Einigung über einen konkreten Verhandlungsvorschlag. Die Bundesregierung hatte zwar in der Vierergruppe der Botschafter dem von den Amerikanern entwickelten Vorschlag einer Internationalen Zugangsbehörde mit einigen Vorbehalten zugestimmt, sie machte jedoch kein Hehl daraus, daß sie in derartigen Vorschlägen eine Gefahr für die Rechte der Vier Mächte sah und auf keinen Fall einer de facto Anerkennung der DDR zustimmen würde.[178] Gleichzeitig versuchte Bonn, sozusagen als »Rückversicherung«, über den deutschen Botschafter in Moskau, Kroll, mit der Sowjetunion im direkten Gespräch zu bleiben.[179] Frankreich lehnte Verhandlungen ganz ab, da es

178 Vgl. das Kommuniqué über die Gespräche zwischen Bundeskanzler Adenauer und Präsident Kennedy vom 22. 11. 1961, in: Dokumente zur Deutschlandpolitik, Bd. IV/7.2, S. 955–958; ferner die Darstellung bei Stützle, Kennedy und Adenauer in der Berlin-Krise, a.a.O., S. 168 ff.

179 Vgl. das Memorandum der sowjetischen Regierung an die Bundesregierung vom 27. 12. 1961, in: Dokumente zur Deutschlandpolitik, Bd. IV/7.2, S. 1211–1222, sowie den Bericht von Botschafter Kroll über seine Unterredung mit Ministerpräsident Chruschtschow, in: Hans Kroll, Botschafter in Belgrad, Tokio und Moskau, München 1969, S. 301 ff.

von solchen eine Reduzierung seiner Mitsprachemöglichkeiten in allen Deutschland betreffenden Fragen befürchtete.[180]
In den verschiedenen Gesprächsrunden, die teils in Washington, zwischen Außenminister Rusk und dem sowjetischen Botschafter Dobrynin, teils in Moskau, zwischen Außenminister Gromyko und dem amerikanischen Botschafter Thompson, teils direkt zwischen den beiden Außenministern am Rande der UN-Vollversammlung oder der Genfer Abrüstungskonferenz geführt wurden, versuchten beide Seiten herauszufinden, ob es eine erfolgversprechende Grundlage für Ost-West-Verhandlungen gab. Bei diesen Sondierungen zeigte sich jedoch schon bald, daß die Sowjetunion an einer Internationalen Zugangsbehörde nicht interessiert war, jedenfalls nicht in der vorgesehenen Form, wie sie auch eine auf Modalitäten der westlichen Präsenz beschränkte Lösung ablehnte. Anfang April 1962 entwickelte die amerikanische Regierung daher einen neuen Vorschlag, der das Berlin-Problem erneut in den Kontext der deutschen Frage und europäischen Sicherheit stellte. Dieser enthielt die fünf folgenden Elemente:
- die Einrichtung einer Internationalen Zugangsbehörde;
- ein Abkommen zwischen Washington und Moskau über die Nichtweitergabe von Atomwaffen;
- den Austausch von Nichtangriffs-Erklärungen zwischen der NATO und dem Warschauer Pakt, mit der Zusicherung, die bestehenden Grenzen und Demarkationslinien nicht zu verletzen;
- die Einsetzung gemischter technischer Kommissionen, denen je drei Vertreter der Bundesrepublik und der DDR angehören sollten, sowie
- die Einrichtung einer Ständigen Konferenz der stellvertretenden Außenminister der Vier Siegermächte, die sich laufend mit der Deutschland- und Berlin-Frage beschäftigen sollte.[181]

Diese Vorschläge zielten offenkundig darauf ab, den Sowjets für die Anerkennung des westlichen Status quo in Berlin eine Sicherung des Status quo in Europa anzubieten, soweit dies ohne Friedensvertrag und ohne formelle völkerrechtliche Anerkennung der DDR möglich war.

180 Zur Haltung Frankreichs in der Berlin-Frage vgl. Ziebura, Die deutsch-französischen Beziehungen seit 1945, a.a.O., S. 94 ff., ferner Adenauer, Erinnerungen 1959–1963, a.a.O., S. 119 ff.

181 Vgl. Stützle, Kennedy und Adenauer in der Berlin-Krise, a.a.O., S. 213; und Julius Epstein, Die Quelle des Übels. Eine Dokumentation zur Genesis der deutsch-amerikanischen Verstimmung, in: RM, 31. 8. 1961 (dieser, vermutlich von Adenauer inspirierte Artikel, erörtert im Detail die verschiedenen amerikanischen Vorschläge und Reaktionen); ferner Jack M. Schick, The Berlin Crisis 1958–1962, Philadelphia 1971, S. 198 f.; Wolfgang Wagner, Das geteilte Deutschland, in: Die Internationale Politik 1962, München 1968, S. 214.

Über diesen Vorschlag kam es zum Krach zwischen Bonn und Washington, und zwar nicht nur deswegen, weil die Amerikaner im Begriff waren, über den zwischen Adenauer und Kennedy erzielten Kompromiß hinauszugehen und – aus Bonner Sicht – weitreichende Zugeständnisse auf dem Gebiet der europäischen Sicherheit zu machen, sondern auch über die Art und Weise, wie die innerwestlichen Konsultationen gehandhabt wurden. Die Aufforderung, diesem Verhandlungspaket innerhalb von 24 Stunden zuzustimmen, wurde in Bonn als Ultimatum empfunden; Presseenthüllungen in Bonn über den Inhalt der westlichen Vorschläge, die vermutlich vom Bundeskanzler persönlich inspiriert worden waren, für die aber der deutsche Botschafter in Washington, Grewe, verantwortlich gemacht wurde, vergrätzten dagegen Washington.[182]

Auf der Athener NATO-Tagung wurde der mühsame Versuch gemacht, die Risse im westlichen Bündnis wieder zu kitten. Außenminister Schröder erklärte sich für die Bundesregierung mit einer Fortführung der Regierungsgespräche einverstanden, dabei sollte jedoch an folgenden Grundsätzen festgehalten werden:

- Fortdauer der Anwesenheit der Westmächte in Berlin;
- Aufrechterhaltung der Bindungen Berlins an die Bundesrepublik;
- Sicherung des freien Zugangs nach Berlin;
- keine Anerkennung der DDR als legitimer deutscher Staat noch eine Überantwortung der Kontrolle über die Zugangswege an die Behörden der DDR;
- sowie Koppelung einer endgültigen Lösung der Berlin-Frage mit der Wiedervereinigung. In der Zwischenzeit sollte ein Modus vivendi gefunden werden.[183]

Außenminister Rusk versicherte seinerseits, daß die Vereinigten Staaten keine Vorschläge unterbreiten würden, die für die Bundesrepublik nicht akzeptabel wären. Der auf dieser Grundlage gefaßte NATO-Beschluß war nicht gerade ein Beleg für eine überzeugende westliche Verhandlungsposition.

Das Hauptproblem der Athener NATO-Tagung bestand jedoch darin, eine Regelung für den Wunsch der NATO-Partner nach verstärkter nuklearer Mitsprache zu finden, die militärisch mit der Doktrin zentralisierter nuklearer Einsatzkontrolle und politisch mit der Nichtweiterverbreitung von Kernwaffen vereinbar war. Ohne daß dies ausgesprochen wurde,

182 Vgl. die Darstellung bei Grewe, Rückblenden, a.a.O., S. 549 ff.; ferner Epstein, Die Quelle des Übels, a.a.O.

183 Vgl. Stützle, Kennedy und Adenauer in der Berlin-Krise, a.a.O., S. 223 ff.

dürften sich alle Beteiligten über den Zusammenhang dieser Frage mit der Deutschland- und Berlin-Politik im klaren gewesen sein: die Bundesrepublik, die über eine nukleare Mitbestimmung – in Form einer multilateralen Streitmacht der NATO – ihre Mitsprachemöglichkeiten im Bündnis aufzuwerten suchte; die Sowjetunion, welche durch den Druck auf Berlin auch eine ihren Interessen entsprechende Sicherheitsregelung herbeiführen, insbesondere eine Ausrüstung der Bundeswehr mit nuklearen Trägerwaffen verhindern wollte, und die USA, die in einer Vereinbarung über die Nichtweiterverbreitung von Kernwaffen, insbesondere in einer Zusicherung, den Deutschen keine nationale Verfügungsgewalt über Kernwaffen einzuräumen, eine Voraussetzung für eine befriedigende Lösung der anderen zwischen Ost und West strittigen Probleme sahen.[184]

In den folgenden Monaten wurde jedoch deutlich, daß es keine gemeinsame Grundlage zwischen Ost und West für eine Vereinbarung über Berlin gab, ja, nicht einmal Klarheit über die jeweiligen Absichten der anderen Seite bestand. Die Vereinigten Staaten interpretierten die östlichen Vorschläge für eine Freie Stadt West-Berlin, die Ankündigung einer Übertragung der Zugangskontrolle an Behörden der DDR sowie den Vorschlag, die westlichen Besatzungstruppen durch symbolische Kontingente anderer Staaten zu ersetzen, primär als einen Versuch, sie aus West-Berlin zu vertreiben. Aus heutiger Sicht dürfte Moskau den Berlin-Hebel vor allem dazu benutzt haben, um eine völkerrechtlich wirksame Anerkennung der nach dem Zweiten Weltkrieg auf dem europäischen Kontinent entstandenen Veränderungen zu erreichen. Insofern war Moskau an einer isolierten Berlin-Regelung nicht interessiert, nachdem die Grenze der DDR abgedichtet worden war.

Über weitergehende Lösungen, die eine Anerkennung der Oder-Neiße-Linie als polnische Westgrenze, eine Respektierung der DDR im internationalen Umgang sowie Maßnahmen der europäischen Sicherheit, konnten die USA jedoch zum damaligen Zeitpunkt nicht erfolgreich verhandeln, da sie – aus unterschiedlichen Gründen – in dieser Frage weder auf eine Unterstützung Bonns noch auf die Zustimmung von Paris zählen konnten. Fortschritte bei den Abrüstungsverhandlungen erwiesen sich ebenfalls als schwierig, solange die von der Kennedy-Administration in Angriff genommene militärstrategische Umrüstung nicht abgeschlossen war. Der Sommer 1962 brachte daher auch nicht die erhofften Verhandlungsfortschritte, sondern eine erneute Zuspitzung der Berlin-Krise durch so-

184 Vgl. die Darstellungen in Kap. III und VII.

wjetische Störaktionen auf den Verbindungswegen und Behinderungen in den Luftkorridoren nach Berlin. Diese Aktionen sowie Schüsse von Grenzpolizisten der DDR auf Flüchtlinge, gingen einher mit der Auflösung des Amtes eines sowjetischen Stadtkommandanten in Ost-Berlin, mit der auch formell die Abkehr vom Vier-Mächte-Status der Stadt dokumentiert wurde. Auch die USA verstärkten ihre Truppen in Deutschland; ein neuer Konflikt schien unmittelbar bevorzustehen.

Im Zusammenhang mit der Entwicklung in Berlin erscheint die Kuba-Krise als eine Doppelkrise. Die Installation von sowjetischen Raketen auf der Karibik-Insel hatte sicherlich ebenso das Ziel, die These von dem weltweiten Kräftegleichgewicht zwischen Ost und West zu untermauern, das den Einsatz von Nuklearwaffen in einem begrenzten, regionalen Konflikt unglaubwürdig machte, wie sie auch der Sowjetunion einen zusätzlichen Hebel in die Hand geben sollte, um die USA zu Korrekturen in der Berlin- und Deutschland-Frage zu veranlassen. Die Fähigkeit der amerikanischen Regierung, der Sowjetunion glaubwürdig ihre Entschlossenheit auch zum Einsatz militärischer Machtmittel zu demonstrieren, bei einem gleichzeitigen Verzicht auf eine öffentliche Demütigung der Sowjetunion, zwang Moskau nicht nur zum Einlenken und zum Abzug der Raketen aus Kuba, sondern auch zum Zurückstecken in Europa. Gleichzeitig intensivierte Moskau seine Rüstungsprogramme, vor allem auf dem Gebiet der strategischen Nuklearwaffen und der Marine, um künftig seinen globalen Machtanspruch auch militärisch untermauern zu können. Im Oktober 1962 war die Welt jedoch knapp einer nuklearen Katastrophe entgangen.

Berlin- und Kuba-Krise waren ausgelöst worden durch den Versuch der Sowjetunion, das internationale Kräftegleichgewicht zu ihren Gunsten zu verändern, vor allem aber, um eine völkerrechtlich verbindliche Bestätigung der nach dem Zweiten Weltkrieg in Europa entstandenen politischen Veränderungen zu erhalten; diese Krisen hatten beiden Seiten dramatisch vor Augen geführt, daß jede gewaltsame Veränderung des Status quo die Gefahr der eigenen Vernichtung einschloß. Aus dieser Einsicht zogen Ost und West unterschiedliche Konsequenzen. Die Sowjetunion hielt an ihrem Ziel fest, eine internationale Bestätigung des europäischen Status quo zu erhalten, doch verlegte sie sich nunmehr darauf, mehr oder weniger geduldig darauf zu warten, daß der Westen – und hier vor allem die Bundesrepublik – zu der Einsicht gelangen würde, daß eine Erhaltung des Status quo mit minimalen Änderungen auch im eigenen wohlverstandenen Interesse läge. Die Kampagne für eine europäische Sicherheitskonferenz war in den sechziger Jahren das wichtigste Instrument Moskaus zu

diesem Ziel. Die USA leiteten dagegen aus der Erfahrung der gemeinsamen Gefahrengemeinschaft mit der Sowjetunion während der Kuba-Krise das Bestreben ab, die fortdauernde machtpolitische Konkurrenz durch eine partielle sicherheitspolitische Kooperation zu entschärfen. Das Ergebnis war ein verstärktes Bemühen um Vereinbarungen über Maßnahmen der Rüstungsbeschränkung und ein gemeinsames Krisenmanagement mit der Sowjetunion.
Für die Bundesrepublik bedeutete der Bau der Mauer das Scheitern einer langfristigen Wiedervereinigungskonzeption, die sich auf die Erhaltung des »offenen Status quo« gestützt hatte. Angesichts der Bedeutung, den ihre Verbündeten einer Entschärfung des Krisenherdes in Mitteleuropa beimaßen, und der gleichzeitig gezeigten Bereitschaft, den Status quo wenn nicht formell anzuerkennen, so doch zu respektieren, wurde das Instrument des »Junktims« unbrauchbar. Bonn sah sich veranlaßt, dieses mehrfach zu modifizieren oder zu suspendieren, bis es im Sommer 1962 ganz aufgegeben wurde. Was blieb, war eine Veto-Macht – die Möglichkeit, nichtakzeptable Regelungen durch entsprechende diplomatische – oder publizistische! – Gegenmaßnahmen zu verhindern, die jedoch in der Regel eine Einschränkung des außenpolitischen Handlungsspielraumes zur Folge hatte.
Die unterschiedlichen Interessen im Hinblick auf die Überwindung bzw. Erhaltung des Status quo zwischen den USA und der Bundesrepublik führten zu einer schweren Vertrauenskrise in den deutsch-amerikanischen Beziehungen, die sich in der deutschen Innenpolitik in der Auseinandersetzung zwischen »Gaullisten« (präzise: an den deutschen Belangen orientierten Politikern wie Adenauer oder Strauß) und »Atlantikern« (oder um eine Abstimmung mit den USA bemühten Politikern wie Außenminister Schröder und die SPD-Führung) fortsetzte. Wollte die Bundesregierung nicht den Akkord mit den USA verlieren, sah sie sich auf mehreren Gebieten einem beträchtlichen Anpassungsdruck ausgesetzt. Sicherheitspolitisch ging es darum, die von den USA entwickelte Strategie der »flexible response« auf militärischem und die Doktrin der »arms control« auf politischem Gebiet zu akzeptieren. Hinsichtlich der Ost-West-Beziehungen begannen die USA darauf zu drängen, daß sich die Bundesrepublik an dem politischen Normalisierungsprozeß beteiligte, der allmählich in Gang kam und von Bonn Schritte in Richtung auf einen Modus vivendi in den europäischen Streitfragen erforderte. Der Versuch Bonns, seine deutschlandpolitischen Interessen in einer gleichgerichteten Bündnispolitik aufgehen zu lassen, war gescheitert.

III. Sicherheitspolitik als Bündnispolitik

Seit ihrer Entstehung begriff die Bundesrepublik »Sicherheit« als militärische *und* als politische Kategorie.[1] Sicherheit bedeutete ebenso Schutz vor einer militärischen Aggression oder Erpressung wie die Gewährleistung von politischer Eigenentwicklung. Die so verstandene Sicherheit schien in den fünfziger Jahren in dreifacher Weise gefährdet:

Zum einen als Folge des Ost-West-Konfliktes durch die Sowjetunion, deren Politik als offensiv und aggressiv begriffen wurde. Die Sowjetisierung Osteuropas, die Berliner Blockade und schließlich der Korea-Krieg ließen befürchten, daß mit der Möglichkeit einer militärischen Intervention der Sowjetunion in Mitteleuropa oder mit einem von den paramilitärischen Kräften der DDR vorgetragenen Angriff (die Kasernierte Volkspolizei hatte Mitte 1950 eine Stärke von 50 000 Mann erreicht) gerechnet werden mußte.

Aus der Sicht Bonns und seines ersten Bundeskanzlers, Konrad Adenauer, konnte dieser militärischen Bedrohung auf dreifache Weise begegnet werden:

- durch eine alliierte Sicherheitsgarantie und die Verstärkung der in Westeuropa stationierten alliierten Streitkräfte;
- durch den Aufbau einer Bundespolizei
- durch einen eigenen deutschen Verteidigungsbeitrag im Rahmen einer europäischen oder atlantischen Armee.[2]

1 Eine Gesamtdarstellung zur Sicherheitspolitik der Bundesrepublik fehlt bisher. Am hilfreichsten ist die von Klaus von Schubert herausgegebene und eingeleitete Dokumentation: Sicherheitspolitik der Bundesrepublik Deutschland. Dokumentation 1945–1977, 2 Bde., Köln 1979. Für einen historischen und organisationsgeschichtlichen Überblick vgl. Militärgeschichtliches Forschungsamt (Hrsg.), Verteidigung im Bündnis. Planung, Aufbau und Bewährung der Bundeswehr 1950–1972, München 1975; für eine problemorientierte Einführung in die verschiedenen Teilbereiche der Sicherheitspolitik und Militärstrategie vgl. Klaus-Dieter Schwarz (Hrsg.), Sicherheitspolitik. Analysen zur politischen und militärischen Sicherheit, Bad Honnef-Erpel 1978[3]; ferner Dieter Mahncke, Die Sicherheitspolitik der Bundesrepublik Deutschland, ebenda, S. 447–467.

2 Vgl. das Memorandum von Bundeskanzler Adenauer über die Sicherung des Bundesgebietes nach innen und außen vom 29. 8. 1950, in: von Schubert, Sicherheitspolitik, a.a.O., Bd. 1, S. 79–83. Zur Sicherheitsdiskussion in den frühen 50iger Jahren und zur Debatte über die Aufrüstung der Bundesrepublik vgl. Gerhard Wettig, Entmilitarisierung und Wiederbewaffnung in Deutschland 1943–1955; Internationale Auseinandersetzungen über die Rolle der Deutschen in Europa, München 1967; Norbert Wiggers-

Die Entwicklung der Jahre 1950–1955 zeigte, daß es der Bundesregierung gelang, alle drei Wege zu gehen, die zunächst nur als Alternativen ins Spiel gebracht worden waren. Bereits im September 1950 kündigten die Drei Mächte eine Verstärkung ihrer in Westeuropa stationierten Streitkräfte an und erklärten, daß jeglicher Angriff auf die Bundesrepublik oder Berlin als ein Angriff auf sie selbst betrachtet würde.[3] Komplizierter war die Frage einer Bundespolizei, da hier nicht nur Bedenken der Alliierten Hohen Kommissare, sondern auch Vorbehalte der Länder zu überwinden waren, die über die Polizeihoheit verfügten. Im Februar 1951 konnte der Bundestag jedoch das Gesetz über den Bundesgrenzschutz verabschieden, der dem Innenministerium unterstellt wurde und dessen Personalstärke 10 000 Mann (ab 1953: 20 000 Mann) nicht überschreiten durfte.[4] Noch schwieriger gestalteten sich die Verhandlungen über einen deutschen Verteidigungsbeitrag, wobei zunächst parallel auf dem Petersberg bei Bonn und in Paris sowohl über einen NATO-Beitrag wie auch über eine Europa-Armee diskutiert wurde. Aufgrund französischer Bedenken wurde dann der Aufstellung deutscher Kontingente im Rahmen einer Europäischen Verteidigungsgemeinschaft der Vorzug gegeben. Nachdem jedoch der am 27. Mai 1952 unterzeichnete EVG-Vertrag in der französischen Nationalversammlung gescheitert war, wurde auf einer eilig einberufenen Neunmächtekonferenz im Herbst 1954 in London die Aufnahme der Bundesrepublik in das Nordatlantische Bündnis beschlossen. Am 8. Mai 1955, genau zehn Jahre nach der bedingungslosen Kapitulation, wurde der westdeutsche Staat Mitglied der NATO.[5]

haus, Die Entscheidung für einen westdeutschen Verteidigungsbeitrag 1950, in: Militärgeschichtliches Forschungsamt (Hrsg.), Anfänge westdeutscher Sicherheitspolitik 1945–1956. Bd. 1: Von der Kapitulation bis zum Pleven-Plan, München u. Wien 1982, S. 325–402; Robert McGeehan, The German Rearmament Question. American Diplomacy and European Defense After World War II, Urbana, Ill. 1971; Arnulf Baring, Außenpolitik in Adenauers Kanzlerdemokratie. Bonns Beitrag zur Europäischen Verteidigungsgemeinschaft, München und Wien 1969; Paul Noack, Das Scheitern der Europäischen Verteidigungsgemeinschaft. Entscheidungsprozesse vor und nach dem 30. August 1954, Düsseldorf 1977.

3 Vgl. das Kommuniqué der Außenministerkonferenz der Drei Mächte über Deutschland vom 19. 9. 1950 in: von Schubert, Sicherheitspolitik, a.a.O., S. 87–89.

4 Vgl. das Gesetz über den Bundesgrenzschutz, das vom Bundestag am 15. 2. 1951 – auch mit den Stimmen der SPD – verabschiedet wurde, in: DBT/I/118, 15. 1. 1951, S. 4516; ferner die Darstellung bei Baring, Außenpolitik in Adenauers Kanzlerdemokratie, a.a.O., S. 76 ff.

5 Zu den Verhandlungen über einen Verteidigungsbeitrag der Bundesrepublik und die innenpolitische Debatte über diesen vgl. die in Anm. 2 genannten Schriften; ferner Roland G. Foerster, Innenpolitische Aspekte der Sicherheit Westdeutschlands 1947–1950, in: Anfänge westdeutscher Sicherheitspolitik, a.a.O., S. 403–574; Manfred Dormann, De-

Zum zweiten war es eine Sorge deutscher Politik, daß sich »Potsdam« wiederholen könnte; d. h. daß die Siegermächte des Zweiten Weltkrieges über die Köpfe der Deutschen hinweg neue Vereinbarungen treffen könnten.[6] Um dies zu verhindern, mußte die Bundesrepublik ihren Objektstatus überwinden und internationale Handlungsfähigkeit erlangen. Der militärische Beitrag war für die Bonner Politik daher auch ein Mittel, um nationale Souveränität und internationale Gleichberechtigung zu erhalten; die Bindung des Inkrafttretens des Deutschland-Vertrages über die Beendigung des Besatzungsregimes an das Wirksamwerden des Verteidigungsbeitrages machte die instrumentale Bedeutung der Wiederbewaffnung deutlich.

Zum dritten schien die politische Situation in Europa in den fünfziger Jahren noch weitgehend im Fluß zu sein. Weder hatte die europäische Teilung jenen Grad an Dauerhaftigkeit erlangt, die sie heute als Konstitutionsbedingung der Nachkriegszeit erscheinen läßt, noch war die Rolle der Deutschen in Europa genau festgelegt; und nicht zuletzt verstand sich die Bundesrepublik als Provisorium, als Zwischenstadium zu einem wiedervereinigten Deutschland. Hinzu kamen Fragen an die deutsche Geschichte: nach der Kriesenfestigkeit der jungen Demokratie, nach der Zuverlässigkeit der Westorientierung der Bundesrepublik. Aus der Sicht der verantwortlichen westdeutschen Politiker sollte diese Zweite Republik abgesichert werden durch eine Verbindung mit dem westlichen Staatensystem. Die Vorstellung, Deutschland müsse ein gleichberechtigtes Glied in einem demokratischen Europa werden, einte Christdemokraten und Sozialdemokraten, wenn beide auch über die Gestalt des künftigen Europas und den Weg dorthin unterschiedlicher Auffassung waren.[7] Die Sorge

mokratische Militärpolitik. Die alliierte Militärstrategie als Thema deutscher Politik 1949–1968, Freiburg i. Brsg. 1970; Hans Speier, German Rearmament and Atomic War: The Views of German Military and Political Leaders, Evanston, Ill. 1957; Klaus von Schubert, Wiederbewaffnung und Westintegration. Die innere Auseinandersetzung um die militärische und außenpolitische Orientierung der Bundesrepublik 1950–1952, Stuttgart 1970; Udo F. Löwke, Für den Fall, daß . . . SPD und Wehrfrage 1949–1955, Hannover 1969.

6 Vgl. Hans-Peter Schwarz, Das außenpolitische Konzept Konrad Adenauers, in: Klaus Gotto u. a. (Hrsg.), Konrad Adenauer. Seine Deutschland- und Außenpolitik 1945–1963, München 1975, S. 97–155 (S. 112 f.).

7 Zur Europa-Politik Adenauers vgl. ebenda, S. 146 ff.; ferner ders., Adenauer und Europa, in: VfZ, H. 4, 1979, S. 471–523; zu den Vorstellungen Kurt Schumachers vgl. seine Rede am 1. 6. 1947 in Frankfurt, Europa – demokratisch und sozialistisch, in: Arno Scholz u. Walther G. Oschilewski (Hrsg.), Turmwächter der Demokratie: Ein Lebensbild von Kurt Schumacher. Bd. II: Reden und Schriften, Berlin-Grunewald 1953, S. 424–435, und das Kapitel »Deutschland und Europa«, in: Carlo Schmid, Erinnerun-

um die innere und äußere Stabilität der Bundesrepublik angesichts der »katastrophalen deutschen Geschichtstradition« veranlaßte Konrad Adenauer dazu, der Westintegration Vorrang vor der Wiedervereinigung zu geben und jede Form einer Neutralisierung kategorisch abzulehnen, wie sie in den verschiedenen Plänen für ein Disengagement angeboten wurde.[8] Seinen Gegenspieler, den Führer der SPD, Kurt Schumacher, trieb die gleiche Sorge zu der Forderung, daß die nationale Frage vordringlich zu lösen sei, da Wiedervereinigung und Gleichberechtigung Voraussetzungen für eine gesicherte demokratische Zukunft seien. Was aus der Sicht Schumachers innenpolitisch stabilisierend wirken und eine nationale Irredenta verhindern sollte, hätte jedoch international die Nachkriegsstrukturen in Europa destabilisiert: der Alptraum der europäischen Nachbarn war ein 80-Millionen Volk in der Mitte Europas, dessen Einheitswunsch zwar befriedigt, dessen europäische Einordnung sich jedoch schwierig gestalten würde und dessen Gleichberechtigungsstreben gezügelt werden müßte. Unter den gegebenen internationalen Rahmenbedingungen war daher nur der Weg der Westbindung gangbar. Mit der Gründung von EGKS, EWG und EURATOM fand die atlantische, militärische Integration ihre europäische, wirtschaftliche und potentiell politische Entsprechung.[9]
Für die europäischen Sicherheitsstrukturen hatte diese Entwicklung, die zur Aufstellung eines deutschen Verteidigungsbeitrages im Rahmen der NATO, zur politischen Konsolidierung der Bundesrepublik und zur Entstehung integrativer Strukturen in Westeuropa führte, vor allem drei Konsequenzen: Zum einen wurde die Teilung Europas und die Einbindung der beiden deutschen Staaten in sich einander konfrontativ gegenüberstehende Machtblöcke auf absehbare Zeit festgeschrieben. Wenn sich dadurch für die Ausgestaltung der innersystemaren Beziehungen – jedenfalls im Westen – vergrößerte Gestaltungsmöglichkeiten ergaben, war im Ost-West-Kontext Politik nur noch auf der Grundlage des Status quo möglich. Zum anderen wurde die Präsenz und Verantwortung der USA in Europa über die Stationierung von Streitkräften im Rahmen der NATO

gen, Bern u. a. 1979, S. 457–489; ferner Rudolf Hrbek, Die SPD, Deutschland und Europa. Die Haltung der Sozialdemokratie zum Verhältnis von Deutschland-Politik und Westintegration (1945–1957), Bonn 1972; Werner Weidenfeld, Konrad Adenauer und Europa. Die geistigen Grundlagen des ersten Bonner Bundeskanzlers, Bonn 1976.

8 Vgl. Konrad Adenauer, Erinnerungen 1945–1953, Stuttgart 1965, S. 96 f. u. S. 539 f.; ders., Erinnerungen 1953–1955, Stuttgart 1966, S. 217.

9 Zur europäischen Integrationspolitik vgl. Herbert Müller-Roschach, Die deutsche Europapolitik 1949–1977. Eine politische Chronik, Bonn 1980.

sowie ihre Rechte und Pflichten im Hinblick auf Deutschland als Ganzes und Berlin dauerhaft verankert. Damit wurden die Vereinigten Staaten zu einer »europäischen Macht«, ohne deren Mitwirkung gesamteuropäische Politik nicht mehr möglich, denen damit aber gleichzeitig die Rückkehr zum Isolationsismus der Vorkriegszeit versagt war. Schließlich führte der Zerfall der Anti-Hitler-Koalition und die Herausbildung der neuen Formation des Ost-West-Konflikts die Westdeutschen aus der Ächtung und Isolierung heraus und machte sie zu einem gesuchten sicherheitspolitischen Partner, dem aufgrund seiner geographischen Lage, seiner wirtschaftlichen Leistungsfähigkeit und nicht zuletzt seines militärischen Potentials (seit den sechziger Jahren ist die Bundesrepublik die stärkste konventionelle Landmacht in Westeuropa) ein erheblicher politischer Einfluß zuwuchs.

Die in der ersten Hälfte der fünfziger Jahre in Europa geschaffenen Sicherheitsstrukturen[10] waren unter dem Eindruck der Ost-West-Konfrontation entstanden und darauf angelegt, den machtpolitischen und ideologischen Konflikt zugunsten des Westens zu entscheiden. Seine Austragsmodi bestanden ebenso in der kalkulierten Machtdemonstration wie in Gesten der Verständigung. Die fünfziger Jahre waren ja eben nicht eine Phase ununterbrochener Ost-West-Konfrontation, sondern vielmehr auch gekennzeichnet durch Phasen der Entspannung: Korea-Krieg *und* Genfer Gipfelkonferenz, sowjetische militärische Interventionen in einer Reihe von osteuropäischen Staaten *und* sowjetisch-amerikanisches Zusammenwirken in der Suez-Krise sind dafür Belege. Der Doppelkonflikt um Berlin und Kuba war der – einstweilen – letzte Versuch Moskaus, die Waagschalen in der globalen Auseinandersetzung zu seinen Gunsten zu neigen. Als sich erwies, daß unter den Bedingungen des nuklearen Patts jede der beiden Großmächte die andere mit der Androhung nuklearer Vernichtung in Schranken halten konnte, pendelten sich die Ost-West-Beziehungen auf ein am weltpolitischen Modus vivendi orientiertes Beziehungsmuster mit konfrontativen und kooperativen Elementen ein. Die westliche Si-

10 Auf die Aufnahme der Bundesrepublik in die NATO reagierte die Sowjetunion mit der Gründung eines östlichen Gegenbündnisses, des Warschauer Paktes. Der Charakter des »Gegenbündnisses« wird bereits in der Präambel des Warschauer Vertrages deutlich, vgl. Vertrag über Freundschaft, Zusammenarbeit und gegenseitigen Beistand vom 14. 5. 1955, in: EA 11–12/1955, S. 7929–7931; zur Entstehung des Warschauer Paktes vgl. Robin Alison Remington, The Warsaw Pact. Case Studies in Communist Conflict Resolution, Cambridge, Mass. 1971; zur Rolle der DDR in diesem vgl. N. Edwina Moreton, East Germany and the Warsaw Alliance: The Politics of Détente, Boulder, Col. 1978; und aus DDR-Sicht: Anton Latzo, Der Warschauer Vertrag – Instrument zur Sicherung des Friedens, Berlin (Ost) 1972.

cherheitsdoktrin trug diesem Wandel – wenn auch mit zeitlicher Verzögerung – mit dem »Harmel-Bericht«[11] Rechnung, in dem Verteidigungsfähigkeit und Verhandlungsbereitschaft als die beiden sicherheitspolitischen Ziele herausgestellt wurden. Die Sowjetunion hatte ihrerseits mit der Doktrin der friedlichen Koexistenz ihre These von der Unvermeidbarkeit von Kriegen zwischen antagonistischen Staaten- und Gesellschaftssystemen revidiert.[12]

Mit dem Wandel der Bedrohungsperzeptionen ging auch eine Veränderung des Sicherheitsbegriffes einher, der dahingehend erweitert wurde, daß zu der militärischen Verteidigung die politische Entspannung trat. Sicherheit sollte nicht mehr nur über den eigenen militärischen Beitrag im Rahmen des NATO-Bündnisses, sondern auch durch eine mit der anderen Seite vereinbarte kooperative Rüstungssteuerung und Maßnahmen der Rüstungsbeschränkung gewährleistet werden. Die in der westlichen Politik vorhandenen Prioritätenkonflikte wurden mit der Harmel-Formel gleichsam in den Sicherheitsbegriff hineingenommen. Zunächst erwies sich dieser auch als genügend flexibel, um je nach den internationalen Rahmenbedingungen und der spezifischen nationalen Interessenlage mal die eine, mal die andere Komponente zu akzentuieren. Erst als Ende der siebziger Jahre sich die sicherheitspolitischen Prioritätensetzungen auf beiden Seiten des Atlantiks – insbesondere zwischen USA und Bundesrepublik – auseinander zu entwickeln begannen, entzündete sich ein Scheinkonflikt unter dem Motto »Sicherheit oder Entspannung«, der zu Irritationen im westlichen Bündnis wie in den Ost-West Beziehungen führte, bei dem jedoch die engen Bezüge zwischen den militärischen und den politischen Elementen der Sicherheitspolitik häufig übersehen wurden.[13]

11 Vgl. Bericht über die künftigen Aufgaben der Allianz. Anhang zum Kommuniqué des NATO-Rates vom 14. 12. 1967, in: NATO (Hrsg.), Tatsachen und Dokumente, Brüssel 1976.

12 Die erste offizielle Anwendung des Prinzips der friedlichen Koexistenz auf die Beziehungen zwischen unterschiedlichen Gesellschaftssystemen erfolgte m. W. in der Moskauer Erklärung der kommunistischen und Arbeiterparteien vom 6. 12. 1960, in: EA 2/1961, S. D 38–66; vgl. ferner N.I. Samkowoj, Krieg und Koexistenz in sowjetischer Sicht, Pfullingen 1969.

13 Zum Wandel des Sicherheitsbegriffs und der Sicherheitspolitik der Bundesrepublik vgl. Karl Kaiser, Die Sicherheit Europas und die Politik der Bundesrepublik Deutschland, in: Karl Kaiser und Markus Kreis (Hrsg.), Sicherheitspolitik vor neuen Aufgaben, Frankfurt a. M. 1977, S. 415–440; ferner Die Sicherheit des Westens: Neue Dimensionen und Aufgaben. Ein Bericht der Direktoren der vier internationalen Forschungsinstitute, Bonn 1961.

1. *Die Bundeswehr als Beitrag der Bundesrepublik zur westlichen Solidargemeinschaft*

Der Verteidigungsbeitrag der Bundesrepublik war ein kompliziertes Geschäft von Leistung und Gegenleistung. Während die Westmächte die Bereitschaft Bonns, eine 500 000 Mann-Armee aufzustellen, mit der Beendigung des Besatzungsregimes und damit ihres direkten Einflusses in die inneren Angelegenheiten des westdeutschen Staates honorierten - sowie gleichzeitig sich auf die Unterstützung seiner deutschlandpolitischen Ziele verpflichteten -, erkaufte sich Bonn Sicherheit und Partnerschaft um den Preis weitgehender Rüstungsbeschränkungen und einer institutionalisierten ausländischen Kontrolle über seine Militärmacht.[14] Diese Beschränkungen bestanden in einem Verzicht auf die Herstellung von ABC-Waffen, die Bundeskanzler Adenauer auf der Londoner-Neun-Mächte-Konferenz erklärt hatte und der zum Bestandteil der Pariser Verträge wurde, in einem Verbot zur Herstellung von schweren Waffen - Raketen, Bombenflugzeugen, größeren Kriegsschiffen - deren Einhaltung durch die WEU kontrolliert werden sollte, und in der vollständigen Unterstellung der deutschen Einheiten unter die NATO, so daß dadurch auch der Aufbau eines eigenen Generalstabes überflüssig wurde.[15] Die nahezu vollständige Integration der Bundeswehr in das Atlantische Bündnis unterstrich, daß diese ihre Raison d'être aus ihrer Entstehung als Bündnisarmee be-

14 Vgl. Theo Sommer, The Objectives of Germany, in: Alastair Buchan (Hrsg.), A World of Nuclear Powers? Englewood Cliffs, N. J. 1966, S. 39–54; ders., Wiederbewaffnung und Verteidigungspolitik, in: Richard Löwenthal u. Hans-Peter Schwarz (Hrsg.), Die zweite Republik. 25 Jahre Bundesrepublik Deutschland - Eine Bilanz, Stuttgart 1974, S. 580–602; James L. Richardson, Deutschland und die NATO, Strategie und Politik im Spannungsfeld zwischen Ost und West, Köln u. a. 1967.

15 Diese Rüstungsbeschränkungen sind Bestandteil der Pariser Verträge vom 23. Oktober 1954, vgl. Verträge der Bundesrepublik Deutschland, Serie A, Bd. 8, S. 2–73; abgedruckt in: EA 23/1954, S. 7127–7139. Zu den Motiven und Umständen des von Adenauer ausgesprochenen ABC-Waffenverzichtes vgl. Adenauer, Erinnerungen 1953–1955, a.a.O., S. 347. Der dort von Adenauer suggerierte Eindruck, seine Erklärung sei eine spontane Entscheidung gewesen, die er getroffen habe, um die französischen Widerstände zu überwinden und ein Scheitern der Londoner Neunmächte-Konferenz zu verhindern, entspricht nicht den Tatsachen. Bereits 1952 hatte die Bundesregierung gegenüber den drei Westmächten zu verstehen gegeben, daß sie auf die Entwicklung von ABC-Waffen, Raketen und schweren Kriegsgerät verzichtete. Diese Verzichtsformel - in etwas modifizierter Form - war nach dem Fortfall der institutionellen Arrangements der EVG von Adenauer explizit bestätigt worden. Darüber hinaus waren die Rüstungsverzichte und -Kontrollen Gegenstand des zu diesem Zweck umgestalteten WEU-Vertrages. Vgl. auch Catherine McArdle Kelleher, Germany and the Politics of Nuclear Weapons, New York u. a. 1975, S. 21 ff. u. S. 29.

zog. Sie ist keine unabhängige nationale Armee im Rahmen eines klassischen Staatenbündnisses, vielmehr der Beitrag der Bundesrepublik zur gemeinsamen Verteidigungsleistung einer Allianz, ohne den diese weder Abschreckung noch Verteidigung – und damit die wesentlichen Elemente der Sicherheit der Bundesrepublik – gewährleisten kann. Die enge Einbindung der Bundesrepublik in das Bündnis machte diese jedoch auch im besonderen Maße empfindlich für Veränderungen in den politischen Zielsetzungen, in den Sicherheitskonzepten sowie in der Militärstrategie der wichtigsten Bündnispartner – hier natürlich vor allem der Vereinigten Staaten –, die Bonn zu einer Rolle von schmerzhaften Anpassungsprozessen zwangen.

1.1 *Politische und militärische Beweggründe für den deutschen Verteidigungsbeitrag*

Aus der Sicht der Bundesregierung hatte der Aufbau der Bundeswehr eine politische und eine militärische Funktion: die Aufstellung einer Streitmacht von einer halben Million Mann – der größten in Westeuropa – sollte der Bundesrepublik ein angemessenes Mitspracherecht im Rahmen des westlichen Bündnisses geben. Die durch die Bundeswehr beträchtlich verstärkten konventionellen Streitkräfte in Europa sollten die NATO militärisch in die Lage versetzen, einen möglichen Konflikt zu lokalisieren bzw. gegen einen sowjetischen Angriff eine Verteidigung an der innerdeutschen Grenze zu gewährleisten. Westdeutschland sollte damit die Alternative zwischen Kapitulation und nuklearer Vernichtung erspart bleiben. Die in der ersten Hälfte der fünfziger Jahre gültige NATO-Strategie stellte die Kombination einer direkten Verteidigung Westeuropas mit konventionellen Streitkräften und einer Drohung mit dem Einsatz von nuklearen Waffen gegen das Territorium der WP-Staaten dar. Das Schwergewicht der Abschreckung lag jedoch eindeutig bei der Androhung eines nuklearen Vergeltungsschlages mittels der strategischen Streitkräfte der USA.[16]

16 Das militärstrategische Konzept des Bündnisses wurde erstmals verbindlich in der »NATO Strategic Guidance« des Militärausschusses der NATO am 9. 12. 1952 als MC 14/1 niedergelegt. Für die Verteidigung des NATO-Bereiches wurden folgende vier Phasen vorgesehen:

- Verzögerung eines Feindangriffs durch den Einsatz aller verfügbaren konventionellen Streitkräfte so weit ostwärts des Rheins wie durchführbar. Gleichzeitig nukleare Gegenoffensive der strategischen Luftstreitkräfte mit dem Ziel, damit eine indirekte Entscheidung der Abwehrschlacht herbeizuführen;

In der politischen Praxis vollzog sich der Aufbau der Bundeswehr in einem komplexen Spannungsfeld von gesellschaftlichen, politischen und militärischen Interessen und Rücksichten. Am augenscheinlichsten war der Widerspruch zwischen der in der westdeutschen Bevölkerung weit verbreiteten Kriegsfurcht sowie ihrer in den Erfahrungen im Hitler-Reich wurzelnden Ohne-Mich-Haltung einerseits und dem ambittiösen Reden der Bundesregierung andererseits, die sich zur Aufstellung einer 500 000 Mann-Armee innerhalb von fünf Jahren – quasi aus dem Stand heraus – verpflichtet hatte. Die innenpolitische Kluft wurde weiter dadurch vertieft, daß die SPD-Opposition und große Teile der Gewerkschaften sowie der Kirchen der Bundesregierung vorwarfen, sie gefährde mit der Aufrüstung die letzte Chance zur Wiedervereinigung, und die statt dessen alternative Sicherheitskonzepte – vom Deutschland-Plan der SPD über Vorschläge für ein Disengagement bis zu verschiedenen Konzepten für ein kollektives europäisches Sicherheitssystem – zur Diskussion stellten.[17] Innerhalb der Bundesregierung bestand wiederum ein Spannungsverhältnis zwischen jenen Politikern, die in der Bundeswehr primär ein politisches Instrument sahen, das der Bundesrepublik eine gleichberechtigte Mitsprache in den ihre Sicherheit betreffenden Fragen gewähren sowie eine enge Bindung der USA an den europäischen Kontinent herstellen sollte, und jenen, der in ihr primär einen militärischen Sicherheitsfaktor sahen und diesen möglichst wirksam gestalten wollten. Diese Debatte entzündete sich vor allem an den Streitkräftezielen, d. h. an der Frage von Umfang, Ausrüstung und Aufstellungstempo der Bundeswehr. Schließlich waren die Konflikte vorprogrammiert, die sich aus der von Bonn bereitwillig akzeptierten Rolle als treuer »Vasall der Vereinigten Staaten«[18] und dem daraus resultierenden Zwang zur Anpassung an wechselnde

- Auffangen des sowjetischen Angriffs als Voraussetzung für eine allierte Gegenoffensive;
- Alliierte Gegenoffensive;
- Wiederherstellung der Integrität und Sicherheit des NATO-Bündnisbereichs.

Vgl. Helge Hansen und Jürgen Schwarz, Militärstrategische Konzepte, in: Karl Carstens und Dieter Mahncke (Hrsg.), Westeuropäische Verteidigungskooperation, München, Wien 1972, S. 56–107 (S. 58).

17 Vgl. hierzu oben, Kap. II, S. 91 ff.

18 Der Begriff wird von Hans-Peter Schwarz benutzt, um die sicherheitspolitische Abhängigkeit der Bundesrepublik von den USA und das daraus erwachsene Rollenverständnis als »Opfer der Sowjetunion und Vasall der Vereinigten Staaten« zu kennzeichnen; vgl. Hans-Peter Schwarz, Die Rollen der Bundesrepublik in der Staatengesellschaft, in: Karl Kaiser und Roger Morgan (Hrsg.), Strukturwandlungen der Außenpolitik in Großbritannien und der Bundesrepublik, München u. a. 1970, S. 225–256 (S. 238 ff.).

amerikanische politische und militärstrategische Vorstellungen ergaben.[19]

Angesichts der sich 1955 abzeichnenden Entspannungstendenzen in den Ost-West-Beziehungen wollte Bundeskanzler Adenauer mit einem raschen Aufbau der Bundeswehr vollendete Tatsachen schaffen, um den Gedankenspielen über eine Neutralisierung Deutschlands den Boden zu entziehen. Gleichzeitig bemühte sich die Bundesregierung gegenüber den USA ihre Bündnistreue zu bezeugen, um zum einen auf diese Weise Washington bei den internationalen Verhandlungen zur Berücksichtigung deutscher Standpunkte zu veranlassen, und zum anderen aber auch, um – angesichts gegenläufiger Tendenzen in der Eisenhower-Regierung – die USA auf die Beibehaltung einer starken konventionellen Präsenz in Westeuropa festzulegen. Adenauer drängte daher auf die Aufstellung zumindest eines symbolischen freiwilligen Kontingentes noch 1955,[20] das als Kader für die künftige Wehrpflichtarmee dienen sollte.

Bis die ersten westdeutschen Soldaten im November 1955 aufgestellt werden konnten, hatte die Bundesregierung vielfältige innenpolitische Widerstände und materielle Hindernisse zu überwinden. Zunächst fehlte es an allem: an geeigneten Ausbildern und Kasernen, an Waffen und Gerät, selbst an Uniformen, vor allem aber an den gesetzlichen Grundlagen für den Aufbau der Streitkräfte. Während sich Blank auf Drängen Adenauers das Planziel einer Aufstellung von 500 000 Mann innerhalb von drei Jahren zueigen gemacht hatte, hätten viele Militärs und Politiker – zu deren Sprecher sich der bayerische CSU-Vorsitzende Franz Josef Strauß machte – eine kleinere, aber gut ausgebildete und technisch modern ausgerüstete Armee vorgezogen, auch wenn deren Aufbau längere Zeit in Anspruch genommen hätte. Auch von Vertretern der Wirtschaft wurde angesichts des durch die Hochkonjunktur angespannten Arbeitsmarktes Bedenken gegen eine forcierte Aufrüstung geäußert. Die parlamentarische Opposition lehnte ebenfalls den überstürzten Aufbau ab und wollte sichergestellt sehen, daß die innere Struktur der Streitkräfte demokratischen Grundsätzen entsprach. Im einzelnen trat sie für zivile Leitung, parlamentarische Kontrolle und eine einwandfreie Personalauslese ein.[21]

19 Vgl. dazu Kelleher, Germany and the Politics of Nuclear Weapons, a.a.O., S. 34 ff.

20 Vgl. Hans-Peter Schwarz, Die Ära Adenauer 1949–1957, Stuttgart 1981, S. 292 ff.

21 Vgl. Hartmut Soell, Fritz Erler – Eine politische Biographie, Bonn-Bad Godesberg 1976, S. 195 ff. Zur innenpolitischen Debatte über den Verteidigungsbeitrag vgl. auch Speier, German Rearmament and Atomic War, a.a.O., Kap. X; Gordon A. Craig, NATO and the New German Army, in: William Kaufmann (Hrsg.), Military Policy and

Als die Bundesregierung Ende Mai 1955 Bundestag und Bundesrat einen eilig im Bundeskanzleramt zusammengeschusterten Entwurf für ein Freiwilligengesetz vorlegte, mit dem eine gesetzliche Grundlage für die Aufstellung von Streitkräften geschaffen werden sollte, formierte sich der Widerstand in den parlamentarischen Gremien. Eine »Große Koalition« aus Abgeordneten der CDU/CSU und der SPD fand sich zusammen, die vor allem sicherstellen wollte, daß die neue Armee einer politischen Kontrolle unterstand und daß ihr innerer Aufbau demokratischen Grundsätzen entsprach. Zu diesem Zweck schrieb der Bundestag in das Freiwilligengesetz einen Organisationsvorbehalt hinein, der ihm eine maßgebliche Mitwirkung bei den Entscheidungen über Aufbau und Struktur der Streitkräfte sicherte, und beschloß gleichzeitig die Einsetzung eines Personalgutachterausschusses aus Persönlichkeiten des öffentlichen Lebens, der die persönliche Eignung aller Bewerber für Spitzenpositionen in den Streitkräften beurteilen sollte.[22]
Die eigentliche Wehrverfassung bestand aus einer Reihe von Gesetzeswerken: einer Änderung des Grundgesetzes, durch die die Feststellung des Verteidigungsfalles, die Befehls- und Kommandogewalt geregelt sowie die herausgehobene Stellung des Verteidigungsausschusses – der die Rechte eines Untersuchungsausschusses erhielt – grundgesetzlich verankert wurde. Dieses Gesetz wurde auch von der SPD mitgetragen, die sich zwar nicht mit ihrer Forderung nach einer direkten parlamentarischen Verantwortung des Verteidigungsministers gegenüber dem Bundestag hatte durchsetzen können, jedoch die Einrichtung des Amtes eines Wehrbeauftragten des Deutschen Bundestages erreichte, der über die Einhaltung der demokratischen Ordnung in den Streitkräften wachen sollte. Hier wurde auch das im wesentlichen von Graf von Baudissin entwickelte Konzept der »Inneren Führung« verankert, dem als Leitbild der mündige »Staatsbürger in Uniform« vorschwebte.[23] Die Pflichten und Rechte der Soldaten wurden im Soldatengesetz geregelt, das am 1. April 1956 in Kraft trat. Gleichzeitig wurde die Bezeichnung »Bundeswehr« für die neuen Streitkräfte beschlossen. Eine Reihe weiterer Gesetze regelten arbeits-,

National Security, Princeton, N. J. 1957, S. 218 ff.; Kelleher, Germany and the Politics of Nuclear Weapons, a.a.O., S. 33 ff.; Gerhard Brandt, Rüstung und Wirtschaft in der Bundesrepublik. Studien zur politischen und gesellschaftlichen Situation der Bundeswehr, Witten u. a. 1966, S. 75 ff.

22 Zur Wehrgesetzgebung vgl. Verteidigung im Bündnis, a.a.O., S. 104 ff. u. S. 435 ff.; ferner Schwarz, Die Ära Adenauer, a.a.O., S. 287 ff.

23 Vgl. Wolf Graf von Baudissin, Soldat für den Frieden. Entwürfe für eine zeitgemäße Bundeswehr, München 1969; ferner Dietrich Genschel, Wehrreform und Reaktion. Die Vorbereitung der Inneren Führung 1951–1956, Hamburg 1972.

sozial- und disziplinarrechtliche Fragen. Ein Blick in die Protokolle des »Sicherheitsausschusses« (ab 1952: Ausschuß für Fragen der Europäischen Sicherheit, am 12. Januar 1956 umbenannt in: Ausschuß für Verteidigung) macht deutlich, welches enorme Pensum dieser Ausschuß unter seinem Vorsitzenden Dr. Richard Jäger, CSU (Stellvertretender Vorsitzender: Fritz Erler, SPD) innerhalb eines Jahres zu bewältigen hatte[24] – so daß die Klagen des Bundeskanzlers und der militärischen Führung über mangelnde parlamentarische Unterstützung für die Bundeswehr wenig einleuchtend sind.

Zwischen den Parteien umstritten war jedoch der zahlenmäßige Umfang der Bundeswehr, die Frage der Wehrpflicht sowie ihre Dauer. Während die CDU/CSU und die militärische Führung zunächst an ihrem ehrgeizigen Ziel der Aufstellung von 485 000 Mann bis Ende 1959 – nicht zuletzt auf Drängen Adenauers – festhielten und zu seiner Erfüllung eine Wehrpflichtarmee mit einer Wehrdienstdauer von 18 Monaten brauchten, trat die SPD für eine kleinere Freiwilligenarmee ein. Gegen die Wehrpflicht sprach nach Auffassung führender SPD-Politiker einmal, daß durch das geplante Halbmillionen-Heer die Teilung Deutschlands vertieft und die laufenden Abrüstungsverhandlungen erschwert würden, und zum anderen, daß angesichts des verstärkten Rückgriffs auf Nuklearwaffen im Konfliktfall eine große konventionelle Armee militärisch nicht erforderlich sei.[25] Das Eintreten der SPD für eine Berufsarmee stellte einen Bruch in ihrer traditionellen Haltung zu bewaffneten Streitkräften seit dem »Erfurter Programm« (1897) dar, in der sie in einem Volksheer ein demokratisches und demokratisierendes Element gesehen hatte. Er ist nur zu erklären mit den Schwierigkeiten der SPD, den Weg vom »Nein« zum NATO-Beitritt zum »Ja« zur Landesverteidigung zu finden.

24 Einen guten Einblick in die Tätigkeit des Ausschusses für Fragen der Europäischen Sicherheit bzw. des Ausschusses für Verteidigungsfragen in den Jahren 1952–1956 geben die Aufzeichnungen über seine Sitzungen, die im Bundesarchiv/Militärarchiv in Freiburg – Az. BW 2/1300 u. BW 2/1218–1220 – nahezu vollständig vorhanden sind.

25 Vgl. die Rede Fritz Erlers in der Debatte des Deutschen Bundestages über das Wehrpflichtgesetz, in: DBT/II/179, 6. 7. 1956, S. 8772–8777; ferner die Empfehlungen des Sicherheitsausschusses beim Parteivorstand der SPD vom 11. 4. 1956, zit. bei Lothar Wilker, Die Sicherheitspolitik der SPD 1956–1966. Zwischen Wiedervereinigungs- und Bündnisorientierung, Bonn-Bad Godesberg 1977, S. 103 ff. und S. 273; Vorstand der SPD (Hrsg.), Sozialdemokratie und Wehrfrage, Bonn 1956; ders., Sozialdemokratie und Bundeswehr, Berlin 1957. Beide Publikationen sind auf die Tagespolitik bezogene Rechtfertigungsschriften. Zur traditionellen Haltung der SPD in der Wehrfrage vgl. das Erfurter Programm von 1897, abgedruckt in: Heinrich Potthoff, Die Sozialdemokratie von den Anfängen bis 1945, Bonn-Bad Godesberg 1974, S. 180.

Besonders deutlich zeigte sich beim Aufbau der Bundeswehr der Zielkonflikt zwischen politischen und militärischen Zwecken. Die militärische Planung der Bundeswehr, wie sie vom Amt Blank konzeptionell vorbereitet und dann im Bundesministerium für Verteidigung unter maßgeblichem Einfluß der Generale Heusinger und Speidel[26] durchgeführt wurde, sah die Aufstellung einer konventionellen Armee mit starken Panzer- und panzerbrechenden Waffen vor und orientierte sich weitgehend an den im Zweiten Weltkrieg gemachten Erfahrungen.[27] Im Rahmen der von der NATO 1952 in Lissabon beschlossenen Doppelstrategie von nuklearer Abschreckung und konentioneller Verteidigung[28] ging die Bundesregierung davon aus, daß der westdeutsche Verteidigungsbeitrag in Verbin-

26 Adolf Heusinger und Dr. Hans Speidel waren 1951/52 militärische Berater der Dienststelle Blank, Heusinger wurde (im Juli 1952) Leiter der Militärischen Abteilung II, während Speidel der Pariser Verhandlungsdelegation angehörte und erst 1954 in die Dienststelle Blank zurückkehrte. Ulrich de Maizière war Leiter der Unterabteilung »Allgemeine Verteidigungsfragen« in der Dienststelle Blank und später Leiter der Abteilung »Führung« im BMVg. Heusinger hatte im BMVg. die Leitung der Abteilung »Streitkräfte« und den Vorsitz im Militärischen Führungsrat inne. Er war – als Generalleutnant – höchster militärischer Berater des Verteidigungsministers und des Bundeskanzlers. Chef des Stabes des Militärischen Führungsrates war Oberst von Hobe. Der Militärische Führungsrat bestand vom 6. 12. 1955–31. 5. 1957, dann gingen seine Aufgaben an den Rat der Inspekteure über, dem der (neuernannte) Generalinspekteur (Heusinger) und die Inspekteure der 3 Teilstreitkräfte angehörten. Über die Tätigkeit des Militärischen Führungsrates informieren Kurzprotokolle, ab 1. 10. 1956 ein militärisches Tagebuch, vgl. Bundesarchiv/Militärarchiv, Az. BW 2/2980/IV. Zur Organisation der Dienststelle Blank und des Verteidigungsministeriums in der Entstehungsphase der Bundeswehr vgl. Verteidigung im Bündnis. a.a.O., S. 128 ff. u. S. 446 ff.

27 Diese Kontinuität wird deutlich, wenn man die verschiedenen Denkschriften, die unter maßgeblicher Beteiligung Speidels und Heusingers seit 1948 formuliert worden waren, mit den ersten konkreten Plänen zum Aufbau der Bundeswehr vergleicht; vgl. Denkschriften Generalleutnant a. D. Hans Speidels vom 15. 12. 1948, 5. 4. 1949 und 14. 8. 1950 zur Sicherung Westeuropas und der Bundesrepublik Deutschland, in: von Schubert, Sicherheitspolitik der Bundesrepublik Deutschland, a.a.O., Teil 2, S. 65–81; Denkschrift des militärischen Expertenausschusses über die Aufstellung eines deutschen Kontingents im Rahmen einer übernationalen Streitmacht zur Verteidigung Westeuropas vom 9. 10. 1950 (»Himmeroder Denkschrift«), ebenda, S. 91–98; Artikel General a. D. Adolf Heusingers über die Verteidigung Westeuropas vom 21. 10. 1953, ebenda, S. 98–100; von Hobe (Stabschef Heusingers), Gedanken zur deutschen Verteidigung, Bundesarchiv/Militärarchiv, Az. BW 2/2983.

28 Auf der NATO-Konferenz in Lissabon im Februar 1952 war die Aufstellung von 96 Divisionen bis Ende 1954, davon 50 Divisionen bis Ende 1952, sowie von zusätzlichen Luft- und Seestreitkräften beschlossen worden; vgl. Kommuniqué über den Bericht des Vorläufigen Ausschusses des Nordatlantikrates vom 24. 2. 1952, in: EA 13–14/1952, S. 5051–5052; sowie das Kommuniqué über die Sitzung des NATO-Ministerrates vom gleichen Tag, in: EA 6/1952, S. 4795–4796; ferner zu den politischen und militärstrategischen Beweggründen vgl. Robert E. Osgood, NATO: The Entangling Alliance, Chicago 1962, S. 64 ff.; Roger Hilsman, NATO: The Developing Strategic Context, in: Klaus Knorr (Hrsg.), NATO and American Security, Princeton, N. J. 1959, S. 11–36.

dung mit der atomaren Überlegenheit der USA einen Angriff des Warschauer Paktes generell unwahrscheinlicher machen würde. Sollte es aber zu einem militärischen Konflikt kommen, dann sollte das Bundesgebiet soweit östlich wie möglich und solange wie vertretbar ohne Rückgriff auf nukleare Waffen verteidigt werden.[29] Dagegen argumentierte die parlamentarische Opposition, daß sich ein militärischer Konflikt in Europa auch bei einem westdeutschen Verteidigungsbeitrag nicht konventionell würde begrenzen lassen, zumal der NATO-Rat – in Abkehr von den Lissabonner Beschlüssen – bereits im Dezember 1954 »den sofortigen und direkten Einsatz von Atomwaffen« beschlossen habe. Die Tatsache, daß Bundeskanzler Adenauer trotz aller Einwände an der Aufstellung einer 500 000 Mann-Armee festhielt,[30] unterstrich den hohen Stellenwert politischer Motive für den westdeutschen Verteidigungsbeitrag.

1.2 *Der Aufbau der Bundeswehr unter dem Einfluß sich wandelnder NATO-Strategien*

Der von der Regierung Eisenhower eingeleitete »New Look« in der Verteidigungspolitik trug einer veränderten Bedrohungsanalyse ebenso Rechnung wie wirtschaftlichen, budgetären und innenpolitischen Gesichtspunkten. An die Stelle der bisherigen nuklear-konventionellen Doppelstrategie sollte in Zukunft eine »Strategie der massiven Vergeltung« treten, d. h. die Drohung mit dem Einsatz nuklearer Waffen und gegen Ziele eigener Wahl – und zwar auch im Falle eines konventionellen Angriffs. Diese Strategie sollte ergänzt werden durch eine glaubwürdige regionale Verteidigung.[31] Das amerikanische Beispiel und die Verfügbarkeit taktischer Nuklearwaffen veranlaßte den NATO-Rat auf seiner Tagung im Dezember 1954, ebenfalls die Bedeutung konventioneller Streitkräfte her-

29 Vgl. Verteidigung im Bündnis, a.a.O., S. 82 f. unter Bezugnahme auf eine Stellungnahme von Verteidigungsminister Blank vom 16. 7. 1955.

30 Vgl. ebenda, S. 83; Osgood, NATO: The Entangling Alliance, a.a.O., S. 114 ff.; zur strategischen Umorientierung der USA vgl. auch Samuel P. Huntington, The Common Defense. Strategic Programs in National Politics, New York 1969³, S. 64 ff.; Samuel F. Wells, Jr. The Origins of Massive Retaliation, in: Political Science Quarterly, Bd. 96, Nr. 1 (Frühjahr 1981), S. 31–52.

31 Vgl. die Rede von Außenminister John Foster Dulles vor dem Council on Foreign Relations am 12. 1. 1954, in: DSB, 25. 1. 1954, S. 107–110 ff., gekürzte dt. Fassung in: von Schubert, Sicherheitspolitik der Bundesrepublik Deutschland, a.a.O., Teil 2, S. 101–102; vgl. ferner Huntington, The Common Defense, a.a.O., S. 64 ff.; Osgood, NATO: The Entangling Alliance, a.a.O., S. 102 ff.

unterzustufen und stattdessen sein strategisches Konzept so umzuformulieren, daß auch ein konventioneller Angriff mit dem Einsatz taktischer Nuklearwaffen zurückgeschlagen werden sollte. Dies war die Geburtsstunde des »Schild- und Schwert-Konzeptes«: die konventionellen Streitkräfte bildeten einen »Schild«, um lokale Einbrüche zu halten, während der Angriff selbst mit dem nuklearen »Schwert« zurückgeschlagen werden sollte. Diese Strategie ermöglichte den westlichen Verbündeten ein Abweichen von den unerfüllbaren Lissabonner Streitkräftezielen und verhieß ihnen beträchtliche finanzielle Einsparungen, wobei sie zu übersehen geneigt waren, daß sie sich damit die Möglichkeit ihrer Verteidigung zum Preis der eigenen Vernichtung einhandelten. Aus amerikanischer Sicht mochte ein mit Nuklearwaffen in Europa getragener Konflikt »taktisch begrenzt« sein, hier würde er in jedem Fall unermeßliche Schäden anrichten.[32]

Während diese Debatte im Bündnis geführt wurde, waren die Deutschen mit sich selbst, d. h. mit den Plänen zur Aufstellung der ersten Bundeswehreinheiten beschäftigt. Die nukleare Realität holte sie jedoch mit dem »Carte blanche-Manöver« vom Juli 1955 ein – dem ersten atomaren Luftmanöver der NATO, in dessen Verlauf der Abwurf von 300 Atombomben auf hundert Ziele zwischen Hamburg und München simuliert und Verluste in Höhe von 1,7 Millionen Toten, 3,5 Millionen Verwundeten und unzähligen weiteren Strahlenopfern angenommen wurden.[33] Die Öffentlichkeit in der Bundesrepublik reagierte auf diese Meldungen mit Erschrecken und Entsetzen; das Argument Adenauers, durch einen substantiellen Verteidigungsbeitrag werde verhindert, daß im Konfliktfall westdeutsches Territorium zum Schlachtfeld würde,[34] wurde in seiner ganzen Fragwürdigkeit enthüllt. Die SPD-Opposition warf der Bundesregierung vor, sie handele unverantwortlich, wenn sie weder die Bevölkerung über die Risiken eines atomaren Konfliktes aufkläre noch in ihren eigenen militärischen Planungen die Veränderungen in der Waffentechnologie und in der Militärstrategie berücksichtige. Allerdings war auch ihre eigene Position äußerst widersprüchlich. Einerseits warnten SPD-Politiker vor

32 Vgl. Osgood, NATO: The Entangling Alliance, a.a.O., S. 117.

33 Vgl. Überholt wie Pfeil und Bogen, in: SPIEGEL, Nr. 28, 13. 7. 1955, S. 7–11; J. Pergent, Les manoeuvres »atomiques« du groupe d'armées nord du Centre-Europe, in: Revue de Défense Nationale, Juli 1955, S. 50–67; Adelbert Weinstein, Keiner kann den Krieg gewinnen, Bonn 1955; Kelleher, Germany and the Politics of Nuclear Weapons, a.a.O., S. 35 ff.

34 So z. B. Bundeskanzler Adenauer in der Debatte über Verteidigungsbeitrag und NATO-Beitritt am 25. 2. 1955, in: DBT/II/70, 25. 2. 1955, S. 3735–3737.

einer Strategie, die zum Einsatz nuklearer Waffen auf europäischem Territorium führen und damit unermeßliche Zerstörungen mit sich bringen würde, andererseits kritisierten sie den Aufbau einer konventionellen Landstreitmacht in einer Weise, die als Plädoyer für eine den Bedingungen nuklearer Kriegsführung angepaßte Armee verstanden werden konnte.[35] Die nachhaltigsten Wirkungen hatte das »carte blanche-Manöver« jedoch auf der militärischen Ebene, wo es die Strukturfehler einer Streitkräfteplanung aufzeigte, die im wesentlichen auf den Erfahrungen des Zweiten Weltkrieges beruhte. Franz Josef Strauß, damals Minister für Atomfragen, benutzte diese Schwachstellen in der militärischen Planung, um sich als mit der modernen Strategie vertrauter Verteidigungsexperte zu profilieren und sich als Nachfolger von Blank zu empfehlen.[36]
Mit dem »Carte blanche-Manöver« stand auch für die Bundesrepublik die nukleare Frage auf der Tagesordnung. Im Dezember 1955 forderte der NATO-Rat auf Vorschlag des NATO-Oberbefehlshabers, General Grünther, die USA auf, den westeuropäischen Verbündeten taktische Atomwaffen, – »the most modern weapons«, wie es im Kommuniqué hieß – zur Verfügung zu stellen.[37] Dennoch traf das Bekanntwerden des sogenannten »Radford-Plans« die Bundesregierung, die erst eine Woche vorher gegen heftigen innenpolitischen Widerstand das Wehrpflichtgesetz im Bundestag durchgesetzt hatte, politisch völlig unvorbereitet. Am 13. Juli 1956 hatte die *New York Times* berichtet, der amerikanische Generalstabschef, Admiral Radford, befürworte eine Umschichtung der Verteidigungsausgaben im Einklang mit dem Konzept des »New look«. Hauptziel müsse es nunmehr sein, angesichts der waffentechnologischen Fortschritte der Sowjetunion – 1954 hatte diese eine Wasserstoffbombe gezündet – eine eindeutige Überlegenheit der amerikanischen strategischen Vergeltungsstreitkräfte zu erlangen; demgegenüber sollten alle anderen Pro-

35 Vgl. die Ausführungen von Ollenhauer, Erler und Blachstein in der Debatte über das Freiwilligengesetz im Bundestag, und die Argumentation der Regierungskoalition in: DBT/II/100, 16. 7. 1955, S. 5598–5602; ferner Soell, Fritz Erler, a.a.O., S. 195 ff.

36 Vgl. z. B. die Rede von Strauß am 16. 7. 1955 im Bundestag, in: DBT/II/100, 16. 7. 1955, S. 5603–5610; ferner die Darstellung bei Kelleher, Germany and the Politics of Nuclear Weapons, a.a.O., S. 39 ff. u. S. 64 ff. Zunächst stieß das Drängen von Strauß, mit dem Verteidigungsressort betraut zu werden, bei Adenauer auf taube Ohren. Die von ihm betriebene Einrichtung eines Bundesverteidigungsrates – dem späteren Bundessicherheitsrat – als Kabinettausschuß unter dem Vorsitz des Bundeskanzlers, dessen stellvertretender Vorsitzender Strauß wurde, bedeutete jedoch eine Brüskierung von Blank und eine Aufwertung von Strauß.

37 Vgl. das Kommuniqué des NATO-Ministerrates vom 16. 12. 1955, in: EA 2/1956, S. 8555–8556; vgl. ferner Alfred M. Gruenther, The Defense of Europe – A Progress Report, in: DSB, 17. 10. 1955.

gramme reduziert werden. Insbesondere seien weit geringere konventionelle Streitkräfte ausreichend und die in Übersee stationierten Truppen könnten gekürzt werden.[38] In dieser Form wurde der »Radford-Plan« – der auch ein Stück inneramerikanischer bürokratischer Politik und Ausdruck der Rivalität zwischen den verschiedenen Waffengattungen war – nie verwirklicht, er war jedoch Ausdruck einer Umorientierung der strategischen Prioritäten in den USA, die das deutsche Verteidigungskonzept einer starken regionalen konventionellen Verteidigung in Frage stellte und daher zu einer ernsthaften Krise in den deutsch-amerikanischen Beziehungen führte.

Zunächst versuchte die Bundesregierung, Klarheit über die amerikanischen Absichten zu erhalten. Obwohl Washington betonte, es gebe keinen Beschluß der amerikanischen Regierung, ihre Streitkräfteplanung zu verändern, war eine Äußerung von Außenminister Dulles auf einer Pressekonferenz am 18. Juli 1956, in der dieser die Bedeutung der Nuklearwaffen im Vergleich zu konventionellen Streitkräften betonte,[39] nicht geeignet, die deutschen Befürchtungen zu beschwichtigen. Bonn versuchte darauf, mit einer Reihe von diplomatischen Initiativen eine Änderung der amerikanischen Pläne zu erreichen oder zumindest eine Reduzierung der in Westeuropa stationierten amerikanischen Truppen zu verhindern. Adenauer sandte seine militärischen Berater, die Generäle Speidel und Heusinger, zu SHAPE bzw. nach Washington; dann bereisten zwei weitere Vertraute des Kanzlers, Pressechef von Eckardt und der CDU/CSU-Fraktionsvorsitzende Krone, die westlichen Hauptstädte. Adenauer versuchte in einem persönlichen Briefwechsel mit Außenminister Dulles unter Hinweis auf die negativen Auswirkungen der amerikanischen Pläne auf den Zusammenhalt des Bündnisses und auf die Aussicht, mit der Sowjetunion zu einer Vereinbarung auf dem Gebiet der Abrüstung zu kommen, die USA zu einer Kursänderung zu veranlassen. Auf einer Sondersitzung des WEU-Ministerrates erläuterte die Bundesregierung den sechs europäischen Verbündeten ebenfalls ihre Bedenken. Ferner versuchte der

38 Vgl. Anthony Leviero, Radford Seeking 800 000 Man Cut. 3 Services Resist, in: NYT, 13. 7. 1956; ferner die Darstellung bei Hans-Gert Pöttering, Adenauers Sicherheitspolitik 1955–63. Ein Beitrag zum deutsch-amerikanischen Verhältnis, Düsseldorf 1975, S. 62 ff., Kelleher, Germany and the Politics of Nuclear Weapons, a.a.O., S. 43 ff.; Huntington, The Common Defense, a.a.O., S. 92 ff.

39 Vgl. den Wortlaut der Pressekonferenz von Außenminister Dulles vom 18. 7. 1956, in: DSB, 30. 7. 1956, S. 181–187; ähnlich auch Premierminister Anthony Eden am 23. 7. 1956 im Unterhaus, in: House of Commons, Parliamentary Debates (Hansard). Official Report, Bd. 557, S. 37 ff.

Bundeskanzler in einer Reihe von Zeitungsartikeln durch Kritik an den strategischen Vorstellungen der USA auch auf die öffentliche Meinung Einfluß zu nehmen.[40]
Die Bonner Reaktion auf den »Radford-Plan« war deshalb so heftig, weil dieser eine Reihe von Grundannahmen in Frage stellte, auf denen die westdeutsche Außenpolitik beruhte. Der Verteidigungsbeitrag sollte ja nicht nur die Sicherheit der Bundesrepublik erhöhen, indem diese in die Schutzgemeinschaft des Atlantischen Bündnisses einbezogen wurde, sondern sollte auch ihren Status international aufwerten. Die wachsende Bedeutung nuklearer Waffen und die amerikanische Ankündigung, sich in Zukunft verstärkt auf atomare Systeme zu stützen, währen die Europäer die traditionellen Landstreitkräfte stellen sollten, lief auf eine Arbeitsteilung im Bündnis hinaus, nach der die beiden angelsächsischen Nuklearmächte über das nukleare »Schwert« verfügen würden, während die westeuropäischen Verbündeten den konventionellen »Schild« stellen sollten, mit dem kleinere lokale Angriffe abgewehrt, der aber vor allem zur Zielbildung für den wirksamen Einsatz nuklearer Waffen sorgen sollte. Diese Entwicklung bedeutete aus Bonner Sicht eine Einflußminderung und Diskriminierung der nichtnuklearen Verbündeten, vor allem aber der Bundesrepublik, der sie durch ihren militärischen Beitrag gerade zu entgehen gehofft hatte.

40 Zur Reaktion der Bundesregierung auf den »Radford-Plan« vgl. Konrad Adenauer, Erinnerungen 1955–1959, Stuttgart 1967, S. 197 ff.; Pöttering, Adenauers Sicherheitspolitik, a.a.O., S. 62 ff.; Kelleher, Germany and the Politics of Nuclear Weapons, a.a.O., S. 43 ff.; Osgood, NATO: The Entangling Alliance, a.a.O., S. 126 ff. Adenauer legte seine Auffassung auch in einem Artikel in der Westdeutschen Rundschau (27. 7. 1955) dar – einem Vehikel, zu dem der Kanzler häufig griff. Dieser Artikel ist abgedruckt u. d. T. »Lohnt sich der Aufbau der Bundeswehr noch?« In: Bulletin, Nr. 155, 21. 8. 1956, S. 1491. Dort heißt u. a.: »Zu der von den Amerikanern ausgelösten Debatte über das Verhältnis zwischen den konventionellen und den nuklearen Waffen möchte ich nachdrücklich betonen, daß ich eine Verlagerung des Schwergewichts zu gunsten der Atomwaffen vorerst für verfehlt halte. Da nach meiner Auffassung die Atomwaffen wirklich die größte Gefahr für die gesamt Menschheit darstellen, halte ich es sogar für richtig, gerade hier auf kontrollierte Abrüstung zu drängen. Man sollte alle Energie darauf verwenden, den nuklearen Krieg unmöglich zu machen. Gewiß sollten wir weitblikkend handeln, doch bei allen leider noch nötigen Planungen im Zusammenhang mit Kriegsmöglichkeiten wäre es unrealistisch, immer gleich das größte Ausmaß eines Krieges vorauszusetzen. Ich bin der Ansicht, daß es ganz besonders darauf ankommt, etwaige kleinere Konflikte zu lokalisieren. Und dafür brauchen wir Divisionen mit konventionellen Waffen. Ihre Zahl muß ausreichend sein, um verhindern zu können, daß ein kleinerer Brandherd gleich einen Raketenkrieg von Kontinent zu Kontinent auslöst. Die deutschen Divisionen in ihrer vorgesehenen Zahl können sehr viel dazu beitragen, gegenüber jenen abschreckend zu wirken, die kleine Funken an einer Grenze zum Anlaß nehmen könnten, ein weltweites Durcheinander zu inszenieren, um den eigenen Machtspekulationen neue Nahrung zu geben . . .«

Die Bundesregierung hatte den Verteidigungsbeitrag innenpolitisch u. a. mit dem Argument durchgesetzt, daß mit diesem die konventionelle Verteidigung des Westens gestärkt und damit ein Rückgriff auf Kernwaffen – und die in einem solchen Fall unvermeidlichen Zerstörungen – weitgehend vermieden werden könnten. Außerdem sollte der Aufbau der Bundeswehr auch eine Gewähr dafür bieten, daß die Vereinigten Staaten dauerhaft an Westeuropa gebunden wurden – nicht aber einen amerikanischen Rückzug erleichtern. Eine Reduzierung der amerikanischen militärischen Präsenz würde nicht nur die Kampfkraft der NATO, sondern auch die Geiselrolle dieser Truppen, ihre Funktion »als Stolperdraht« entscheidend schwächen, durch die im Falle eines massiven Angriffs der amerikanische Vergeltungsschlag ausgelöst werden würde. Die Sicherheitslage der Bundesrepublik war abhängig von einer engen Verklammerung der nuklearen und der konventionellen Potentiale der Allianz, deshalb mußte sie auf jeden Fall versuchen, eine »Abkoppelung«[41] der USA von Europa zu verhindern. Hier sah Adenauer einen Zusammenhang mit der amerikanisch-sowjetischen Annäherung, wie sie beim Zusammengehen der beiden Mächte in der Suez-Krise deutlich geworden war bzw. mit den in den Vereinigten Staaten kursierenden Disengagement-Vorschlägen.[42] Als Washington das Ausmaß des Flurschadens erkannte, den das laute Nachdenken über eine Neuorientierung ihrer Sicherheitspolitik in Europa angerichtet hatte,[43] übte es sich in Gesten der Bündnissolidarität.[44] Die Bundesregierung ihrerseits begann sich in Richtung auf eine Ausrüstung der NATO-Mitglieder mit taktischen Nuklearwaffen hin zu orientieren.

41 Der Begriff des »de-coupling« fand allerdings erst Anfang der siebziger Jahre im Zusammenhang mit der Diskussion über die Auswirkungen des SALT I-Abkommen auf Westeuropa Eingang in die politische Diskussion, vgl. Andrew J. Pierre, Läßt sich Europas Sicherheit von Amerika »abkoppeln«? In: EA 14/1973, S. 465–481.

42 Vgl. oben, Kap. II, S. 109.

43 Eine der Auswirkungen war z. B., daß Frankreich die Arbeiten an seinem militärischen Nuklearprogramm beschleunigte, und, da die USA eine nukleare Kooperation verweigerten, damit die Grundlage zum Bau der »Force de frappe« legten, vgl. Osgood, NATO: The Entangling Alliance, a.a.O., S. 130 ff.; Wilfrid L. Kohl, French Nuclear Diplomacy, Princeton, N.J., 1971, S. 32 ff.

44 Dazu gehörte auch der Besuch von Alan Dulles, dem Bruder des amerikanischen Außenministers und Geheimdienstchefs, in Bonn und die Ankündigung vom November 1976, die amerikanische Regierung werde keine weiteren Truppen aus Europa abziehen ebenso wie der Beschluß des NATO-Rates, auf der Grundlage des »Bericht der drei Weisen« die politischen Konsultationen innerhalb der NATO zu verstärken; vgl. Bericht des Dreierausschusses betr. die nichtmilitärische Zusammenarbeit und Entschließung des NATO-Ministerrates dazu vom 14. 12. 1956, in: EA 2/1957, S. 9561–9571; Adenauer, Erinnerungen 1955–1959, a.a.O., S. 211 ff., S. 244 ff. u. S. 140 ff.

Der Bündniskonflikt über die Rolle nuklearer Waffen hatte aber auch eine innenpolitische Flanke in der Bundesrepublik aufgerollt. Am 27. September beschloß das Bundeskabinett, die Dauer des Wehrdienstes auf 12 Monate zu verkürzen und begründete dies damit, daß angesichts der amerikanischen Pläne über eine Truppenreduzierung eine 18monatige Wehrdienstzeit im Bundestag nicht mehr durchzusetzen wäre.[45] Die wenige Tage später erfolgende Ablösung von Verteidigungsminister Blank durch Franz Josef Strauß zeigte jedoch, daß dies keine innenpolitische Frontbegradigung war, für die der »Radford-Plan« nur als Vorwand diente, sondern Ausdruck einer grundsätzlichen militärpolitischen Umorientierung, mit der die Bundesrepublik aus politischen Gründen an die im Bündnis im Gange befindliche strategische Diskussion Anschluß finden wollte. Der Aufbau der Bundeswehr sollte verlangsamt und diese mit modernsten Waffen – dies hieß nach Lage der Dinge: mit taktischen Atomwaffen – ausgerüstet werden. Gleichzeitig bekräftigte die Bundesregierung gegenüber den Verbündeten, daß sie ihre im Rahmen der NATO übernommenen Verpflichtungen erfüllen werde, ohne jedoch zeitliche Limits zu setzen.[46]

1.3 *Die Ausrüstung der Bundeswehr mit nuklearen Trägerwaffen*

Den Plänen zur Ausrüstung der Bundeswehr mit nuklearen Trägerwaffen – die Sprengköpfe blieben unter amerikanischem Verschluß – lagen militärische und politische Erwägungen zugrunde. Ein Faktor war die strategische Entwicklung innerhalb der NATO, die ihren Ausdruck in der Strategie des »New look« und in dem NATO-Beschluß vom Dezember 1954 gefunden hatte, daß die konventionelle Überlegenheit der Sowjetunion in Zukunft durch einen verstärkten Rückgriff auf taktische Nuklearwaffen

45 Vgl. Bulletin, Nr. 183, 28. 9. 1956, S. 1745; ferner Schwarz, Die Ära Adenauer, a.a.O., S. 301 f.; Kelleher, Germany and the Politics of Nuclear Weapons, a.a.O., S. 47 ff. Vor dem Beschluß der Bundesregierung hatte die CDU/CSU-Fraktion mehrheitlich für eine Reduzierung der Wehrdienstzeit votiert, wobei sie zum einen auf die beim Aufbau der Bundeswehr zutagegetretenen Schwierigkeiten reagierte und zum anderen Franz Josef Strauß folgte, der seit längerem den übereilten Aufbau der Bundeswehr kritisierte und für den Vorrang von Qualität vor Quantität eingetreten war.

46 Vgl. Strauß: Wehrpläne nicht unantastbar, in: FAZ, 18. 10. 1956; West Germany's Failure on N.A.T.O. Forces, in: The Times, 18. 10. 1956. Für ihre – einseitig getroffene – Entscheidung, von der vorgesehenen Wehrdienstzeit abzusehen und den Aufbau der Bundeswehr zu verlangsamen, mußte die Bundesrepublik im NATO-Rat heftige Kritik einstecken, vgl. Pöttering, Adenauers Sicherheitspolitik, a.a.O., S. 82 f..

ausgeglichen werden sollte. Präziser noch als die Sprecher der Bundesregierung[47] faßte NATO-Oberbefehlshaber Norstad die militärischen Beweggründe zusammen: »Solange sich die allgemeine Lage nicht verändert, sind defensive Atomwaffen zur Stärkung der Verteidigungskraft der Bundeswehr absolut unentbehrlich - zum Schutz der Bundesrepublik und zum Schutz der NATO-Völker und -Länder, das ist der rein militärische Standpunkt. Nun aber der deutsche Standpunkt: Wenn ich Deutscher wäre und als Oberbefehlshaber Europas muß ich ja zu einem gewissen Teil deutsch denken - müssen wir von der sehr realen Tatsache ausgehen, daß es einen umfangreichen Verteidigungsbeitrag der Bundesrepublik an Streitkräften gibt bzw. geben wird. Es ist völlig undenkbar, daß diese Streitkräfte zu einer zweitrangigen Rolle verdammt sein sollen, zu einer zweitklassigen Funktion, in der sie für die Verteidigung praktisch nutzlos würden. Wir können die deutschen Streitkräfte nicht unzureichend bewaffnen, das deutsche Volk kann nicht zulassen, daß seine Soldaten mit längst veralteten Waffen ausgerüstet werden«.[48] Hinzu kam die Befürchtung, unterschiedlich ausgerüstete Verbände würden zu einer regional differenzierten Abschreckungswirkung führen.

Das Interview Norstads zeigte, daß die deutschen Gedankengänge damals von führenden NATO-Militärs geteilt wurden. Ähnliche Überlegungen wurden in anderen westeuropäischen Ländern angestellt. Auf der NATO-Rats-Tagung im Dezember 1956 kam es anläßlich der Beschlüsse über die Streitkräfteziele der nächsten Jahre zu einer intensiven Diskus-

47 Vgl. z. B. die Ausführungen von Bundeskanzler Adenauer am 10. 5. 1957 und am 20. 3. 1958 im Deutschen Bundestag, in: DBT/II/209, 10. 5. 1957, S. 12129–12131, bzw. DBT/III/18, 20. 5. 1958, S. 840–847; ferner Der Bundeskanzler zu aktuellen politischen Fragen, in: Bulletin, Nr. 192, 16. 10. 1959, S. 1935–1936; die Ausführungen von Strauß am 20. 2. 1958 im Bundestag, in: DBT/III/18, 20. 5. 1958, S. 861–880; ferner Franz Josef Strauß, Der Preis des Friedens, in: Wehrtechnische Monatshefte, H. 9, 1958, S. 393–395; ders., Sinn und Aufgabe der Wehrpolitik, in: Bulletin, Nr. 204, 4. 11. 1958, S. 2033 f., ders., Die klare Konzeption, in: PSK, 15. 10. 1960, S. 3–6, abgedruckt in: Bulletin, Nr. 203, 27. 10. 1960, S. 1954–1956. Beträchtliche Verwirrung – sowohl in der zeitgenössischen politischen Diskussion als auch in der historischen Bewertung der damaligen Ereignisse – entstand dadurch, daß von den verantwortlichen Politikern nicht mit genügender Klarheit zwischen dem Erwerb von Atomwaffen, d. h. nuklearen Sprengkörpern, und der allein zur Diskussion stehenden Ausrüstung der Bundeswehr mit Abschußvorrichtungen für taktische Nuklearwaffen – wobei die Gefechtsköpfe in amerikanischem Gewahrsam bleiben sollten – differenziert wurde; vgl. dazu Unklarheiten bei den Befürwortern der Atombewaffnung, in: SZ, 24. 3. 1961.

48 Vgl. das Interview des NATO-Oberbefehlshabers (SACEUR), General Lauris Norstad, mit dem ARD-Fernsehen am 20. 2. 1958, abgedruckt in: Bulletin, Nr. 42, 4. 3. 1958, S. 364–365; vgl. ferner Auch Bonn benötigt Atomwaffen, in: WELT, 26. 2. 1958; Bonn äußert sich nicht zu den Forderungen Norstads, ebenda.

sion über die Rolle der neuen Waffen für die Verteidigung des Bündnisgebietes, in deren Verlauf verschiedene NATO-Staaten – hier insbesondere Frankreich und die Bundesrepublik – die Vereinigten Staaten aufforderten, die Streitkräfte der Westeuropäer mit atomaren Waffen kurzer und mittlerer Reichweite auszurüsten. Im April 1957 erklärten sich die Vereinigten Staaten dann bereit, den Verbündeten moderne amerikanische Mittelstreckenraketen zur Verfügung zu stellen – darunter Raketen vom Typ Honest John, Matador und Nike – sowie ebensolche Systeme in Europa zu stationieren.[49]

Hinzu kam das Bonner Verlangen nach einer gleichrangigen Rolle im Bündnis. Bei Adenauer stand der Gesichtspunkt im Vordergrund, daß die Bundesrepublik weder ihren Wert als vollgültiger und gleichberechtigter NATO-Partner verlieren, noch daß sie das Bündnis dadurch schwächen durfte, indem sie sich gegen eine von den anderen Partnern vollzogene Entwicklung sträubte. Gleichzeitig suchte sie nach Lösungen, durch welche sowohl die Bedeutung der anglo-amerikanischen »Special relationship« relativiert als auch den französischen hegemonialen Tendenzen, wie sie bei den EURATOM-Verhandlungen zum Ausdruck gekommen waren, entgegengewirkt werden konnte. Auch konnte sie sich nie ganz von der Furcht frei machen, daß die Bundesrepublik in eine internationale Isolierung geraten könnte und dann ein Opfer »sowjetischer Expansion« würde.[50]

Bei Verteidigungsminister Strauß war stärker die Überzeugung ausgeprägt, daß nur militärische Macht, in Sonderheit nukleare Macht, politischen Einfluß gewähren würde.[51] Während er von den militärischen Möglichkeiten der neuen Rüstungstechnologie fasziniert war, ging Adenauer eher mit Skepsis den nuklearen Weg. Die Furcht vor einer Zerstörung der nationalen Substanz des deutschen Volkes im Falle eines Einsatzes nu-

49 Vgl. das Kommuniqué über die Tagung des NATO-Ministerrates vom 14. 12. 1956, in: EA 2/1957, S. 9560–9561; ferner die Darstellung bei Richardson, Deutschland und die NATO, a.a.O., S. 51.

50 Vgl. die Rede Adenauers am 20. 3. 1958 vor dem Bundestag, in: DBT/III/18, 20. 3. 1958, S. 840–847. Zur Furcht Adenauers vor einer internationalen Isolierung der Bundesrepublik und zur Haltung in der Nuklearfrage vgl. Schwarz, Das außenpolitische Konzept Konrad Adenauers, a.a.O., S. 97–155. Ähnlich äußerte sich auch Strauß in einem Interview mit der Illustrierten Berliner Zeitschrift, Nr. 21, 1958, abgedruckt in: Bulletin, Nr. 93, 23. 5. 1958, S. 939.

51 Vgl. Franz Josef Strauß, Einheit und Freiheit, in: PSK, 15. 12. 1957; ders., Verteidigungskonzeption im atomaren Zeitalter, in: Politisches Jahrbuch der CDU/CSU, o. O., 1960, S. 51–55; ders., Herausforderung und Antwort. Ein Programm für Europa, Stuttgart 1968, S. 66 f. u. S. 220 f.; ferner Detlef Bischoff, Franz Josef Strauß, die CSU und die Außenpolitik, Meisenheim am Glan 1973, S. 104 ff.

klearer Waffen in Mitteleuropa führte ihn ebenso wie zahlreiche andere Politiker und Militärs dazu, demgegenüber die Abschreckungswirkung auch der »kleinen« nuklearen Waffen stärker zu betonen.[52]
Strebte aber Strauß wirklich nach nationaler Verfügungsgewalt über nukleare Waffen, wie ihm seine Kritiker vorwarfen?[53] Die Beantwortung dieser Frage wird einmal dadurch erschwert, daß bisher nicht alle Unterlagen über die Tätigkeit des damaligen Verteidigungsministers zugänglich sind. Zum anderen geben seine Reden und Interviews wenig Aufschlüsse über grundsätzliche Einstellungen. Sie waren in hohem Maße situationsbedingt, eine Mischung von tagespolitischen Anspielungen und einfallsreich aneinandergereihten Schlagworten.[54] Strauß hat mehrfach öffentlich und privat die Möglichkeit ausgeschlossen, daß die Bundesrepublik eine unabhängige Atommacht werden könnte.[55] Ebenso sicher hat er aber an andere Möglichkeiten einer Nuklearrüstung gedacht: an den Erwerb von Nuklearwaffen von den USA unter bilateraler Kontrolle,[56] an die Co-Produktion mit Frankreich oder weiteren Bündnispartnern,[57] an einen ge-

52 Vgl. Dieter Mahncke, Nukleare Mitwirkung. Die Bundesrepublik Deutschland in der Atlantischen Allianz 1954–1970, Berlin u. New York 1972, S. 13 f. Die Zurückhaltung Adenauers in der Frage nuklearer Waffen wird bestätigt durch entsprechende Passagen in seinen Erinnerungen 1955–1959, a.a.O., S. 300 f., sowie durch mündliche Zeugnisse von Zeitgenossen, z. B. seiner militärischen Berater Heusinger und Speidel.

53 Zu dieser Verdächtigung, die in der Folge vor allem von der östlichen Propaganda weidlich ausgebeutet wurde, gab vor allem die sogen. »Generalsdenkschrift« vom August 1960 Anlaß, vgl. Voraussetzungen wirksamer Verteidigung, in: Bulletin, Nr. 155, 20. 8. 1960, S. 1527–1528.

54 Vgl. Kelleher, Germany and the Politics of Nuclear Weapons, a.a.O., sowie die hier zitierte Äußerung eines Bonner Beobachters: »You can almost never accept Strauß' public statements at face value. The basic themes – such as they are – remain the same. But to really understand them, you have to know what was in the wind at the moment. What was the SPD doing? Was there a state election coming up? Did Strauß need to stress how invaluable he was as defense minister to ward off criticism in another area? Was he trying to force the Cabinett's hand? What was going on in the ministery?« Ebenda, S. 71.

55 So z. B. auf einer Pressekonferenz in London am 24. 5. 1957; vgl. Militärische Zusammenarbeit zwischen Bonn und London, in: NZZ, 26. 5. 1957.

56 Die Ankündigung von Präsident Eisenhower in seiner Haushaltsbotschaft vom Frühjahr 1956, die USA wollten ihre Verbündeten mit den »modernsten« Waffen ausrüsten, sowie ähnliche Äußerungen von General Grünther, dem damaligen NATO-Befehlshaber, bildeten die Basis für derartige Überlegungen. Die Widerstände im amerikanischen Kongreß, den McMahon Act in einer Weise zu novellieren, nach der außer Großbritannien auch andere Verbündete Zugang zu Nuklearwaffen erhalten konnten, machten derartige Pläne, sollten sie ernsthaft bestanden haben, bereits 1958 zunichte; vgl. William B. Bader, The United States and the Spread of Nuclear Weapons, New York 1968, S. 26 ff.; Kelleher, Germany and the Politics of Nuclear Weapons, a.a.O., S. 73 f.

57 Siehe z. B. die Gespräche zwischen Strauß und dem französischen Verteidigungsminister Bourges-Maunory im Januar 1967, vgl. Edmund Taylor, The Powerhouse of German Defense, in: The Reporter, 18. 4. 1957, S. 25–27. Etwa ein Jahr später kam es dann

meinsamen Atomwaffenpool der NATO oder an eine europäische Atomstreitmacht.[58] Eine unabhängige nationale Verfügungsgewalt über nukleare Waffen mochte ein Fernziel sein, für seine Verwirklichung gab es aber in der damaligen Situation keine Chancen.[59]
Die Haltung der Bundesregierung in der Nuklearfrage wurde daher durch drei Grundmuster geprägt: durch das Festhalten an den 1954 ausgesprochenen nuklearen Beschränkungen; durch den Verzicht auf eigene Initiativen und das Agieren im NATO-Rahmen; sowie durch den Versuch, sich die vorhandenen Optionen möglichst lange offen zu halten. In richtiger Einschätzung ihres beschränkten innen- und außenpolitischen Handlungsspielraums verzichtete die Bundesregierung auf spektakuläre eigene Aktionen. Angesichts der strategischen Entwicklung würden die Amerikaner früher oder später ihr zwangsläufig nukleare Trägerwaffen geben.[60]

auf französische Initiative zu Gesprächen zwischen Frankreich, Italien und der Bundesrepublik über eine gemeinsame Entwicklung und Produktion »moderner Waffen«. Obwohl Strauß damals öffentlich abstritt, daß in diesen Gesprächen auch über Atomwaffen gesprochen worden sei, konnte Erler den Nachweis führen, daß zwischen Strauß und Chaban-Delmas die Schaffung einer Art europäischen Atompools in Aussicht genommen worden war; vgl. Soell, Fritz Erler, a.a.O., S. 342 ff. u. S. 348 f. Unter de Gaulle wurden diese Ansätze zu einer deutsch-französischen nuklearen Zusammenarbeit jedoch aufgegeben; Frankreich ging stattdessen den Weg der nationalen Atommacht.

58 Zu den verschiedenen Vorschlägen für eine kollektive Atomstreitmacht unter westdeutscher Beteiligung vgl. Mahncke, Nukleare Mitwirkung, a.a.O., S. 56 ff. Eine ausgezeichnete dokumentarische Übersicht über die verschiedenen diskutierten nuklearen Gemeinschaftslösungen, ihre militärischen Implikationen, ihre politischen Voraussetzungen und ihre finanziellen Kosten sowie die Haltung der wichtigsten europäischen Staaten in der Nuklearfrage geben die Berichte der Versammlung der Westeuropäischen Union zum Stand der europäischen Sicherheit; vgl. State of European Security 1956–1961, WEU/A/215, 10. 11. 1961 (dt. u. d. T. Der Stand der europäischen Sicherheit, Bericht des Verteidigungs- und Rüstungsausschusses der Versammlung der Westeuropäischen Union vom 10. November 1961, Frankfurt a. M., Berlin 1962, Rüstungsbeschränkung und Sicherheit, Bd. 4/II); State of European Security. A NATO nuclear force, WEU/A/251, 16. 10. 1962; State of European Security. The NATO nuclear force after the Nassau Agreement, WEU/A/268, 26. 4. 1963; State of European Security. The NATO nuclear force, WEU/A/290, 30. 10. 1963; State of European Security. Disarmament and the nuclear force, WEU/A/293, 30. 10. 1963; State of European Security. Aspects of Western Strategy, WEU/A/320, 20. 10. 1964; State of European Security. Report submitted on behalf of the Committee on Defence Questions and Armaments by Mr. Duncan Sandys, Rapporteur, WEU/A/III, 354, 25. 10. 1965, S. 56–79.

59 Vgl. Kelleher, Germany and the Politics of Nuclear Weapons, a.a.O., S. 74. Zu ähnlichen Schlußfolgerungen kommen auch Mahncke, Nukleare Mitwirkung a.a.O., S. 43 ff.; und Leonard Beaton und John Maddox, Die Bundesrepublik und die Frage der Atomrüstung, in: EA 21/1962, S. 732–740. Die Ansicht, Strauß sei viel zu klug gewesen, um in der damaligen Situation eine nationale Verfügungsgewalt über Atomwaffen zu fordern, ohne diese Möglichkeit für die Zukunft ausschließen zu wollen, wird auch von seinen nächsten Mitarbeitern, den Generälen Heusinger und Schmückle, vertreten.

60 Vgl. Adelbert Weinstein, Die Umrüstung kommt auf uns zu, in: FAZ, 8. 4. 1957; ferner Pöttering, Adenauers Sicherheitspolitik, a.a.O., S. 91 f.

Innerhalb der Bundesrepublik führte die Frage der Atombewaffnung zu einer politischen Polarisierung, die etwa mit der Auseinandersetzung über die Ostverträge in den Jahren 1971/72 vergleichbar war. Sie wurde ausgelöst durch verschiedene Erklärungen, in denen die Bundesregierung zu erkennen gab, daß die Bundeswehr mit nuklearen Trägerwaffen ausgerüstet werden sollte[61] und akzentuiert durch eine Große Anfrage der SPD vom April 1957 im Bundestag sowie die Göttinger Erklärung von 18 namhaften Physikern, die vor einer atomaren Bewaffnung der Bundeswehr warnten und einen freiwilligen Verzicht auf den Besitz von Atomwaffen jeder Art forderten.[62]

61 Erste Hinweise fanden sich in verschiedenen Presseartikeln vom Herbst 1956, vgl. Hans Karl Rupp, Außerparlamentarische Opposition in der Ära Adenauer. Der Kampf gegen die Atombewaffnung in den fünfziger Jahren, Köln 1980,[2] S. 36. Die von Rupp aufgestellte These, bereits im Herbst 1955 habe die Bundesregierung geplant, die Bundeswehr mit Atomwaffen auszurüsten, läßt sich nicht aufrechterhalten; die Entscheidung dürfte erst im Zusammenhang mit der Ersetzung von Blank durch Strauß getroffen worden sein. Für Strauß gab es allerdings keine Zweifel, daß auch die Bundeswehr mit taktischen Nuklear(Träger-)Waffen ausgerüstet werden mußte; vgl. sein Interview vom 8. 4. 1957 im Hessischen Rundfunk, in: Dokumente zur Deutschlandpolitik, Bd. III/3.1., S. 579–581; sowie die Ausführungen von Bundeskanzler Adenauer am 5. 4. 1957 auf der Bundespressekonferenz. Auf die Frage, ob die Bundeswehr mit atomaren Waffen ausgerüstet werden sollte, hatte Adenauer wie folgt geantwortet: »Unterscheiden Sie doch die taktischen und die großen atomaren Waffen. Die taktischen Waffen sind nichts weiter als die Weiterentwicklung der Artillerie. Selbstverständlich können wir nicht darauf verzichten, daß unsere Truppen auch in der normalen Bewaffnung die neueste Entwicklung mitmachen. Die großen Waffen haben wir ja nicht. Aber wie sehr die Entwicklung im Fluß ist, sehen Sie daraus, daß Großbritannien erklärt hat, es wolle eine nukleare Machtwerden. Die ganze Entwicklung ist in vollem Fluß. Wir Deutschen können die Entwicklung nicht stoppen. Wir können uns nur anpassen und sorgen, daß irgendwann und irgendwo eine Entspannung eintritt. Ich bin überzeugt, daß die Entblößung von Waffen und ein Nichtmitmachen keine Entspannung bedeuten, wenn sie von einem Land allein vorgenommen werden, und sicher nicht, wenn es die Bundesrepublik allein tut . . .« Adenauer, Erinnerungen 1955–1959, a.a.O., S. 296. Das stenographische Protokoll des Presse- und Informationsamtes gibt diese Äußerungen Adenauers etwas anders wieder, der Tenor ist jedoch der gleiche, vgl. Dokumente zur Deutschlandpolitik, Bd. III/3.1, S. 577–579.

62 Zur innenpolitischen Diskussion über die Ausrüstung der Bundeswehr mit nuklearen Trägerwaffen vgl. Pöttering, Adenauers Sicherheitspolitik, a.a.O., S. 91 ff.; Wilker, Die Sicherheitspolitik der SPD, a.a.O., S. 70 ff.; Soell, Fritz Erler, a.a.O., S. 340 ff.; Rupp, Außerparlamentarische Opposition, a.a.O., Für die Große Anfrage der SPD betreffend Atomwaffen vom 2. 4. 1957 und Aussprache darüber am 10. 5. 1957 vgl. DBT/II/Drucksache 3347 und DBT/II/209, 10. 5. 1957, S. 12051–12137; die Erklärung deutscher Atomwissenschaftler vom 12. 4. 1957 ist abgedruckt in: Dokumente zur Deutschlandpolitik, Bd. III/3.1, S. 594–596; vgl. ferner Joachim Besser, Wie kam es zum Appell der Atomforscher? In: WELT, 17. 4. 1957; Kanzler und Kernforscher drängen auf Abrüstung, in: WELT, 18. 4. 1957. Zur Reaktion der Bundesregierung darauf vgl. Adenauer, Erinnerungen 1955–1959, a.a.O., S. 296 ff. sowie die Stellungnahme von Verteidigungsminister Strauß am 13. 4. 1957 im Westdeutschen Rundfunk.

Dem Widerstand der SPD gegen die Ausrüstung der Bundeswehr mit nuklearen Trägerwaffen lagen zwei Motive zugrunde. Ebenso wie die Unterzeichner der Göttinger Erklärung fürchtete sie die Folgen eines atomaren Krieges auf deutschem Gebiet. Zum anderen war sie der Auffassung, daß eine Wiedervereinigung Deutschlands nur zusammen mit einer Abrüstung in Europa möglich sein würde. Ein Drängen nach Kernwaffen seitens der Bundesrepublik würde diesen Weg jedoch versperren.[63] Daß diese Argumentation nicht ganz konsistent war mit ihrer früheren Kritik an der Aufstellung eines konventionellen Massenheeres, störte sie angesichts der von einer Nuklearbewaffnung der Bundeswehr ausgehenden Gefahren nicht. Kurzsichtiger war jedoch ihre Forderung, auch die Lagerung amerikanischer taktischer Kernwaffen auf westdeutschem Territorium nicht zuzulassen. Man tut daher der SPD sicherlich nicht Unrecht mit der Feststellung, daß manche ihrer Argumente eher an das Wahlvolk als an den politischen Gegner gerichtet waren.
In Beantwortung der Großen Anfrage der SPD betonte Verteidigungsminister Strauß, daß Kernwaffen ein integraler Bestandteil des militärischen Konzeptes des Bündnisses seien, die Bundesrepublik aber nicht nach einer nationalen Verfügungsgewalt über derartige Waffen strebe. Hinsichtlich der Ausrüstung der Bundeswehr mit nuklearen Trägerwaffen zog sich die Bundesregierung angesichts der bevorstehenden Bundestagswahlen auf eine dilatorische Behandlung zurück und beteuerte, diese Frage sei noch nicht entscheidungsreif.[64] Damit sagte sie wissentlich die Unwahrheit, da die Entscheidung spätestens im April 1956 mit der amerikanischen Zusage, den NATO-Verbündeten Raketen mittlerer und kürzerer Reichweite zur Verfügung zu stellen, gefallen war.[65] Ihre Vorsicht vor abträglichen innenpolitischen Wirkungen war jedoch unnötig: mit der die Probleme

63 Vgl. die Rede Erlers in der »Atomdebatte« des Bundestages am 10. 5. 1957, in: DBT/II/209, 10. 5. 1957, S. 12051–12062.

64 Vgl. die Ausführungen von Verteidigungsminister Strauß und von Bundeskanzler Adenauer in der gleichen Debatte, in: DBT/II/209, 10. 5. 1957, S. 12129–12131 bzw. 12065–12073.

65 Vgl. Richardson, Deutschland und die NATO, a.a.O., S. 51. Um zu vermeiden, daß die Nuklearfrage zum Wahlkampfthema würde, wurde die Bundesregierung auch bei Dienststellen der Verbündeten vorstellig, um diese zu bitten, »von sich aus für die nächsten 6 Monate alles zu unterlassen, was die deutsche Bevölkerung und vor allem die Opposition in dieser Frage beunruhigen könnte, und vor allem auch in ihren Befehlsbereichen alle Pressenotizen zu diesem Thema zu verhindern«. Bundesarchiv/Militärarchiv, Az. BW 2/2980/IV, 13. 5. 1957.

überdeckenden Parole »Keine Experimente« erreichte die CDU/CSU in den Wahlen vom Herbst 1956 die absolute Mehrheit im Bundestag.[66]
Am 25. März 1958 stimmte dann der Bundestag mit Mehrheit für eine Ausrüstung der Bundeswehr mit nuklearen Trägerwaffen. Er forderte gegen die Stimmen der SPD (die FDP enthielt sich in ihrer Mehrheit der Stimme) die Bundesregierung auf, »bis zum Zustandekommen eines allgemeinen Abrüstungsabkommens den Aufbau der deutschen Landesverteidigung im Rahmen der Nordatlantischen Verteidigungsgemeinschaft fortzusetzen. In Übereinstimmung mit den Erfordernissen dieses Verteidigungssystems und angesichts der Aufrüstung des möglichen Gegners müssen die Streitkräfte der Bundesrepublik mit den modernsten Waffen ausgerüstet werden, daß sie den von der Bundesrepublik übernommenen Verpflichtungen im Rahmen der NATO zu genügen vermögen und den notwendigen Beitrag zur Sicherung des Friedens wirksam leisten können«.[67] Die innenpolitische Debatte ging jedoch weiter: mit der von der SPD und den Gewerkschaften getragenen Protestbewegung »Kampf dem Atomtod« versuchte die Opposition, über die Mobilisierung der öffentlichen Meinung einen Druck auf die Regierung auszuüben, um diese zur Aufgabe ihrer Pläne zu veranlassen.[68]
Außenpolitisch hatte sich die Bundesregierung zum einen mit dem auch im befreundeten Ausland wachen Mißtrauen hinsichtlich der deutschen nuklearen Ambitionen und zum anderen mit den von Polen und der Sowjetunion vorgetragenen Plänen für eine atomwaffenfreie Zone in Mitteleuropa sowie den verschiedenen westlichen Disengagementvorschlägen auseinanderzusetzen. Die Sorgen der Nachbarn suchte sie zu beschwichtigen, indem sie darauf hinwies, daß lediglich der Erwerb von Mehrzweckwaffen geplant sei, die Sprengköpfe aber von den USA unter Verschluß

66 Vgl. Schwarz, Die Ära Adenauer, a.a.O., S. 362 f.; ferner vgl. Uwe Kitzinger, Wahlkampf in Westdeutschland. Eine Analyse der Bundestagswahl 1957, Göttingen 1960; zum Wahlergebnis vgl. Heino Kaack, Geschichte und Struktur des deutschen Parteiensystems, Opladen 1971, S. 233 ff. Bei den Landtagswahlen in Nordrhein-Westfalen am 6. 7. 1958, die von der SPD mit der »Kampf dem Atomtod-Parole« geführt wurde, konnte die SPD ihr Stimmverhältnis nur um 4,7 %, die CDU aber um 9,4 % verbessern; vgl. ebenda, S. 242.

67 Vgl. Entschließungsantrag der Fraktionen der CDU/CSU und DP vom 25. 5. 1958, in: DBT/III/21, S. 1169, Umdruck 41; vgl. dazu ferner Die Entscheidung ist gefallen, in FAZ, 23. 3. 1958.

68 Vgl. die Darstellung bei Rupp, Außerparlamentarische Opposition, a.a.O., ferner Theo Pirker, die SPD nach Hitler, München 1965, S. 238 ff.; Friedenskomitee der BRD (Hrsg.), Dokumentation über den Widerstand gegen die atomare Aufrüstung der Bundesrepublik (Blaubuch), Düsseldorf 1958.

gehalten würden. Die Pläne für eine Rüstungsbeschränkung in Mitteleuropa oder für eine Lockerung der Bindungen zwischen der Bundesrepublik und ihren westlichen Verbündeten - die nicht zuletzt das Ziel einer Einhegung deutscher nuklearer Ambitionen hatten - lehnte sie mit der Begründung ab, daß zunächst die Ursachen der Spannungen, die Teilung Deutschlands, beseitigt werden müßten. Sie erklärte jedoch ihre grundsätzliche Bereitschaft, sich jedem internationalen Abrüstungsabkommen anzuschließen.[69] Diese pauschale Bereitschaftserklärung kostete sie wenig, da der rasche Aufbau der Bundeswehr und deren moderne Ausrüstung ja eben verhindern sollten, daß über den Kopf Bonns hinweg internationale Vereinbarungen über Abrüstung und Entspannung getroffen werden könnten.[70] Die Einbindung der Bundesrepublik in das nukleare Verteidigungskonzept der NATO war damit auch eine Entscheidung gegen den Rapacki-Plan.

Die Ausrüstung der Bundeswehr mit nuklearen Trägerwaffen stellte die Bundesrepublik vor eine Reihe von militärischen und politischen Problemen. Angesichts der Opposition gegen die Nuklearbewaffnung im innern und des Mißtrauens von außen waren die politischen Kosten eines derartigen Schrittes nur sinnvoll, wenn es der Bundesrepublik gelang, ihren Einfluß auf die alliierte Militärstrategie dahin geltend zu machen, daß im Fall eines militärischen Konfliktes in Mitteleuropa ein Spektrum von möglichen Reaktionen unterhalb der Schwelle eines strategischen Gegenschlages zur Verfügung stünde. Die 1958 einsetzende Berlin-Krise führte aus deutscher Sicht mit großer Deutlichkeit vor Augen, daß es militärische Zwangslagen geben könnte, in denen die Drohung mit einem nuklearen Weltkrieg weder sinnvoll noch glaubwürdig war. Die Funktion der Schildstreitkräfte sollte daher aufgewertet und diese in die Lage versetzt werden, einen lokalen Konflikt erfolgreich zu bestehen. Die Verbesserung der Fähigkeit zur regionalen Verteidigung war umso dringlicher, als unter dem Eindruck der Sputnik-Schocks - im Oktober 1957 hatte die Sowjetunion ihren ersten Weltraumsatelliten gestartet und damit ihre Fähigkeit zur internationalen Offensive unter Beweis gestellt - die Zweifel wuchsen, ob die Vereinigten Staaten zu einem nuklearen Vergeltungsschlag bereit wären, wenn sie damit auch die Vernichtung ihres eigenen Territoriums riskierten. Derartige Befürchtungen fanden ihre Bestätigung in den von

69 Vgl. die Ausführungen von Strauß und Adenauer in der »Atomdebatte« des Bundestages, DBT/II/209, S. 12129–12131 u. 12065–12073. Zur Debatte über Rapacki-Plan und Disengagement-Vorschläge vgl. oben, Kap. II, S. ??.

70 In diesem Sinne auch Schwarz, Das außenpolitische Konzept Adenauers, a.a.O., S. 138.

den Vereinigten Staaten verstärkt entwickelten Theorien für die Führung eines begrenzten Krieges (der für die Westeuropäer ein unbegrenzter Krieg sein würde!). Diese strategische Debatte führte zu einer Modifikation des amerikanischen Konzeptes der »massiven Vergeltung«, das zur sog. »abgestuften Vergeltung«, d. h. der Androhung eines der Herausforderung entsprechenden Gegenschlages, weiterentwickelt wurde, ohne daß das Bündnis in der Praxis jedoch über das dafür erforderliche militärische Reaktionsspektrum verfügte.[71]

Angesichts dieser Zweifel und Besorgnisse war es sicher kein Zufall, daß im Frühjahr 1957 mit dem Briefwechsel Bulganin-Adenauer ein Dialog zwischen Moskau und Bonn begann, in dessen Verlauf sich beide Seiten um eine Verbesserung der deutsch-sowjetischen Beziehungen bemühten.[72] Im Verlauf dieses Gedankenaustausches – der durch die Berlin-Krise im Herbst 1958 ein Ende fand – entwickelte Bundeskanzler Adenauer auch den Vorschlag einer »Österreich-Lösung« für die DDR.[73] Da Adenauer seinen Unterredungen mit dem sowjetischen Botschafter in Bonn, Smirnow, ein gewisses Maß an Publizität zu sichern verstand, dürfte die Vermutung nicht ganz von der Hand zu weisen sein, daß der Kanzler – als Gegengewicht zu der mit Nachdruck betriebenen Verteidigungspolitik – seine Entspannungsbereitschaft und seine aktiven Bemühungen um eine Lösung in der deutschen Frage öffentlich zu demonstrieren suchte (wobei diese Gespräche außerdem noch die Funktion hatten, eine eigene Gesprächsebene mit Moskau parallel zu den internationalen Abrüstungsverhandlungen aufzubauen, an denen die Bundesrepublik nicht mitwirkte). Der These, militärische Westbindung und aktive Ostpolitik seien nicht miteinander vereinbar, sollte innenpolitisch der Boden entzogen werden.

Schließlich galt es, die Ausrüstung der Bundeswehr mit nuklearen Waffensystemen international abzusichern. Wer sollte wann und auf welche Weise über die Freigabe der atomaren Sprengköpfe verfügen, deren Trägersysteme im Besitz der Bundeswehr waren? Wie würde die Einsatz- und

71 Zur strategischen Diskussion in den USA und im Bündnis vgl. Osgood, NATO: The Entangling Alliance, a.a.O., S. 147 ff.; Huntington, The Common Defense, a.a.O., S. 88 ff.; Michael Mandelbaum, The Nuclear Question: The United States and Nuclear Weapons 1946–1976, Cambridge 1979, S. 54 ff.

72 Vgl. den Briefwechsel zwischen Ministerpräsident Bulganin und Bundeskanzler Adenauer in: Dokumente zur Deutschlandpolitik, Bd. III/3.1., S. 299–315, S. 421–423, S. 498–501, S. 596–597, sowie den anschließenden deutsch-sowjetischen Notenwechsel, ebenda; ferner Adenauer, Erinnerungen 1955–1959, a.a.O., S. 351 ff.; Klaus Gotto, Adenauers Deutschland- und Ostpolitik, in: Gotto u. a. (Hrsg.), Konrad Adenauer, a.a.O., S. 156–286 (S. 196 ff.).

73 Vgl. Adenauer, Erinnerungen 1955–1959, a.a.O., S. 377 f.

Zielplanung geregelt werden? Würde die Bundesrepublik einen Finger am Abzugshebel oder wenigstens am Sicherungsflügel haben? Angesichts der Besorgnisse über mögliche atomare Alleingänge der Bundesrepublik unterstützte Bonn Gemeinschaftsregelungen über die Entscheidung für den Einsatz nuklearer Waffen, da diese unter den gegebenen Bedingungen ihren Interessen in optimaler Weise Rechnung trugen. Sie behandelte daher Vorschläge der USA zur Stationierung amerikanischer Mittelstreckenraketen unter einem Zweischlüsselsystem in Westdeutschland zurückhaltend, unterstützte aber dafür mit umso mehr Nachdruck multilaterale Lösungen für die in Europa stationierten Mittelstreckenraketen, und zwar »weil sie erstens eine stärkere deutsche Beteiligung an der strategischen Planung versprachen, zweitens die amerikanische Garantie zu stärken geeignet waren und drittens die politische Rolle der »Force de frappe« abgeschwächt hätten«.[74] Das galt für den Norstad-Plan, das Konzept der NATO als Vierter Atommacht und schließlich für das Projekt einer Multilateralen Atomstreitmacht (MLF).

1.4 *Nuklearer Mitbesitz oder nukleare Mitbestimmung?*

Im Übergang von den fünfziger zu den sechziger Jahren traten eine Reihe von Ereignissen ein, die es der Bundesrepublik in besonderem Maße dringlich erscheinen ließen, nach einer nuklearen Gemeinschaftslösung im Rahmen des Atlantischen Bündnisses zu suchen. Die Wahl John F. Kennedys zum neuen amerikanischen Präsidenten führte aus der Sicht Bonns zu veränderten außenpolitischen Prioritäten der USA: die Eurozentrik der amerikanischen Politik wurde abgelöst durch eine globale Strategie, in der Westeuropa nach wie vor einen hohen Stellenwert hatte, Bemühungen um eine begrenzte Verständigung mit der Sowjetunion auf dem Gebiet der Rüstungsbeschränkung[75] oder die Bewältigung der Pro-

74 Vgl. Uwe Nerlich, Die nuklearen Dilemmas der Bundesrepublik Deutschland, in: EA 17/1965, S. 637–652; Kelleher, Germany and the Politics of Nuclear Weapons a.a.O., S. 179 ff. u. 228 ff.; Mahncke, Nukleare Mitwirkung, a.a.O.; John D. Steinbrunner, The Cybernetic Theory of Decision. New Dimensions of Political Analysis (Der Titel ist irreführend: es handelt sich um eine theoretisch begründete Fallstudie der Probleme nuklearer Teilhabe), Princeton, N. J., 1974, S. 153 ff.; Osgood, NATO: The Entangling Alliance, a.a.O., S. 212 ff.; Thomas C. Wiegele, The Origins of the MLF Concept, in: ORBIS, Bd. 12, Nr. 2, (Sommer 1968), S. 465–489.

75 Ende 1961 kam es mit der McCloy-Sorin-Erklärung über vereinbarte Grundsätze für Abrüstungsverhandlungen zu einer ersten, wenn auch begrenzten Vereinbarung zwi-

bleme der Entwicklungsländer aber ebenso sehr die Aufmerksamkeit der Administration beanspruchten. Die Befürchtung, die USA könnten die Interessen der westeuropäischen Verbündeten nicht mehr in gleicher Weise wie bisher wahrnehmen, wurde verstärkt durch die Ereignisse der Berlin-Krise. Die Vorschläge für eine internationale Zugangsbehörde unter der Mitwirkung der DDR, die Beschränkung der amerikanischen »essentials« auf den Westteil der Stadt und die zögernde Reaktion auf den Bau der Mauer am 13. August 1961 waren Indizien für eine Hinnahme des Status quo durch den amerikanischen Verbündeten.[76]

Vor besondere Probleme sah sich die Bundesrepublik durch die im westlichen Bündnis im Gang befindliche strategische Revolution gestellt, die zu einem raschen Wechsel militärstrategischer Konzepte führte. Nachdem Bonn seine Verteidigungsplanung nach heftigen inneren Auseinandersetzungen und ungeachtet der damit verbundenen außenpolitischen Belastungen auf eine taktisch-nukleare Verteidigung umgestellt hatte, begannen die USA, sich von der nahezu vollständigen Abhängigkeit von Nuklearwaffen zu lösen. Die Strategie der »massiven Vergeltung« wurde durch eine solche der »flexiblen Reaktion« ersetzt. Diese beruhte auf einen abgestuften und der Herausforderung angemessenen Einsatz eines weiten Spektrums militärischer und politischer Mittel. Sie bedingte u. a. starke konventionelle Kräfte, eine mobile oder gehärtete »second strike force capability« und die zentrale Kontrolle aller Nuklearwaffen. Im politischen Bereich wurde diese Strategie ergänzt durch die Doktrin der »arms control«.[77]

Die Abkehr der USA von dem Automatismus nuklearer Eskalation führte zu einer beträchtlichen Beunruhigung in Bonn, die an die Krise um den

schen den Vereinigten Staaten und der Sowjetunion im Bereich der Abrüstung; vgl. Hermann Volle und Claus-Jürgen Duisberg, Probleme der internationalen Abrüstung, Die Bemühungen der Vereinten Nationen 1945–1961. Frankfurt, Berlin 1964 (Rüstungsbeschränkung und Sicherheit, Bd. 1/I und 1/II), S. 255 ff.

76 Zur Berlin-Krise und die Bewertung der amerikanischen Reaktionen in der Bundesrepublik vgl. Wilhelm Cornides, Berlin – und was dann? Zum Stand der Deutschland-Frage im Sommer 1961, in: EA 14/1961, S. 369–378; ferner oben, Kap. II, S. 135 ff.

77 Die Strategie der »flexible response« wurde in den USA 1962, in der NATO 1968 eingeführt, vgl. Wilhelm Cornides, Die Überprüfung der amerikanischen Strategie und die Reformen McNamaras, in: Wilhelm Cornides und Dietrich Mende (Hrsg.), Die Internationale Politik 1961, München, Wien 1964 (Jahrbücher des Forschungsinstitutes der Deutschen Gesellschaft für Auswärtige Politik), insbes. S. 44–54; zur »McNamara-Strategie« ferner William W. Kaufmann, The McNamara Strategy, New York 1964; zum Zusammenhang von Strategie und Arms Control vgl. Thomas C. Schelling und Morton H. Halperin, Strategy and Arms Control, New York 1961.

»Radford-Plan« vier Jahre zuvor erinnerte.[78] Um eine Abschwächung der nuklearen Vergeltungsdrohung zu verhindern, versuchte die Bundesregierung, ihren Einfluß auf die strategische NATO-Planung zu verstärken. Sie bemühte sich vor allem um ein stärkeres Mitspracherecht in nuklearen Fragen. Im April 1962 faßte Strauß die deutschen Forderungen in drei »essentials« zusammen: Information über Art und Lagerung der amerikanischen Nuklearwaffen in Europa; Garantie, daß die in Europa stationierten Nuklearwaffen nicht gegen den Willen der betroffenen Länder abgezogen würden; und ein Mitspracherecht positiver und negativer Art über den Einsatz von Kernwaffen, die auf dem eigenen Territorium stationiert waren.[79] Dabei unterstützte die Bundesregierung weiterhin nachhaltig den Plan einer »NATO als vierter Atommacht«, machte aber gleichzeitig auch prozedurale Vorschläge für engere politische Konsulationen.

Bei einem Besuch im Frühjahr 1961 in Washington hatte Bundeskanzler Adenauer der amerikanischen Regierung einen von Verteidigungsminister Strauß entwickelten Plan unterbreitet, nach dem der Einsatz von Nuklearwaffen im Konfliktfall auf gemeinsame Empfehlung von SACEUR und des angegriffenen Landes erfolgen sollte. Ein anderer Vorschlag sah die Schaffung eines aus fünf Mitgliedern - USA, Großbritannien, Frankreich, Bundesrepublik und ein »rotierendes Mittelmeerland« - bestehenden nuklearen »Steering Committee« im Rahmen der NATO vor. Am weitestgehenden war jedoch die von Strauß in einer Rede in Washington entwickelte Idee eines atlantischen Bundesstaates, durch den sich das Problem nuklearer Kontrolle von selbst gelöst hätte.

Vertreter der Bundesregierung, insbesondere Strauß, scheuten sich aber

78 Exemplarisch für die Kritik der Bundesregierung waren die Aufsätze von Gerd Schmückle, Die Wandlung der Apokalypse, in: CuW, 4. 3. 1962, und von Richard Jaeger, Eine neue Strategie für die Nordatlantik-Staaten? In: RM, 14. 12. 1962; vgl. ferner Adelbert Weinstein, Nur die abgestufte Abschreckung kann den Krieg verhindern. Ein Gespräch mit Verteidigungsminister Strauß, in: FAZ, 3. 8. 1962. Wie bereits in der »Radford-Krise« hatte die SPD eher als die Regierung die Zeichen der Zeit erkannt, vgl. die Rede von Fritz Erler in der Verteidigungsdebatte des Bundestages am 6. 4. 1962, in: DBT/IV/24, 6. 4. 1962, S. 916–925. Zu dem nuancierten Einschwenken der Bundesregierung auf den neuen amerikanischen strategischen Kurs vgl. Franz Josef Strauß, Frieden für Europa. Erhaltung abschreckender Voraussetzungen, die den Griff zur Waffe unmöglich machen, in: Bulletin, Nr. 68, 7. 4. 1962, S. 573–574.

79 Vgl. die Ausführungen von Verteidigungsminister Strauß am 6. 4. 1962 im Bundestag, in: DBT/IV/24, 6. 4. 1962, S. 933–943; ferner Adelbert Weinstein, Militärpolitik ist Außenpolitik. Das Verhältnis der Bundesrepublik zur NATO, in: Helmut Reuther, Deutschlands Außenpolitik seit 1955, Stuttgart 1965 (Schriftenreihe der Akademie Kontakte der Kontinente, Bd. 2), S. 109–120 (S. 113 ff.).

auch nicht, ab und an verstehen zu geben, daß die Bundesrepublik sich veranlaßt sehen könnte, dem französischen und britischen Beispiel zu folgen, wenn es nicht gelänge, nukleare Gemeinschaftslösungen zu verwirklichen[80] – obwohl diese Drohung nach Lage der Dinge kaum mehr als ein Bluff war.

Mit dem Ziel, sowohl den Zusammenhalt des Bündnisses wieder zu festigen als auch die Entstehung nationaler Atomstreitmächte zu verhindern, gaben die USA auf der Sitzung des NATO-Ministerrates im Mai 1962 in Athen eine nukleare Garantie für die Verbündeten ab und schlugen sog. »guide-lines« über den Einsatz von Nuklearwaffen vor. Danach sollten die Verbündeten in Krisenzeiten über die Planung informiert und im Konfliktfall soweit wie möglich konsultiert werden, ohne daß die USA jedoch daran dachten, die Entscheidung über den Einsatz von Kernwaffen mit anderen Staaten zu teilen. Im gleichen Jahr reaktivierten sie den noch unter Eisenhower entwickelten Plan einer multilateralen, SACEUR assignierten Atomstreitmacht. Diese sollte aus 25 mit Polarisraketen ausgerüsteten Überwasserschiffen bestehen, die von verschiedenen Nationen benannt und befehligt werden würden. Die für die Raketen erforderlichen Gefechtsköpfe sollten sich dabei im gemeinsamen Besitz und unter gemeinsamer Verwaltung befinden; sie würden aber nur mit Zustimmung aller beteiligten Staaten eingesetzt werden.[81]

Es gibt zahlreiche Hinweise – nicht zuletzt die »essentials« von Strauß vom 6. April 1962 und verschiedene Reden von Oppositionspolitikern wie Erler und Schmidt,[82] daß die Bundesrepublik eine Lösung auf der Basis gemeinsamer nuklearer Konsultation und Planung vorgezogen hätte. Die Athener »guide-lines« hatten dazu zwar erste Ansätze erbracht, ange-

80 Zum »Strauß-Plan« und zum Gedanken eines nuklearen »Steering-Committees« der NATO vgl. Kelleher, Germany and the Politics of Nuclear Weapons, a.a.O., S. 184 ff.; der Text der Rede von Strauß vor der Georgetown University am 27. 11. 1961 ist abgedruckt in: Bulletin, Nr. 224, 1. 12. 1961; für die Andeutung eines nationalen nuklearen Weges vgl. z. B. das Interview von Strauß am 13. 8. 1962 mit der WamS, abgedruckt in: Bulletin, Nr. 148, 14. 8. 1962, S. 1265.

81 Vgl. die Rede von Verteidigungsminister McNamara am 16. 6. 1962 an der Universität Michigan in Ann-Arbor, in: EA 14/1962, S. D 363–371; ferner die Darstellungen bei Mahncke, Nukleare Mitwirkung, a.a.O., S. 138 ff.; und Kelleher, Germany and the Politics of Nuclear Weapons, a.a.O., S. 228 ff. Für eine Darstellung der amerikanischen Interessenlage vgl. auch Robert E. Osgood, The Case for the MLF: A Critical Evalution, Washington 1964 (A Washington Center of Foreign Policy Research Paper).

82 Vgl. die Reden von Erler und Strauß in der Verteidigungsdebatte des Bundestages am 6. 4. 1962, in: DBT/IV/24, 6. 4. 1962, S. 916–925 u. 933–943; ferner Fritz Erler, Westeuropa und die Vereinigten Staaten in der strategischen Weltsituation, in: EA 24/1963, S. 887–898.

sichts der restriktiven Haltung Washingtons in der nuklearen Kontrollfrage und der zögerlichen Verwirklichung der Athener Beschlüsse schien jedoch dieser Weg nicht erfolgversprechend genug. In Systemen mit gemeinsamem Besitz, gemeinsamer Finanzierung, gemeinsamer Planung wurde ein aussichtsreicherer »zweitbester« Weg zu gemeinsamer strategischer Planung gesehen.[83] Die politische Situation um die Jahreswende 1962/63 veranlaßte die Bundesregierung jedoch zum Aufgreifen der amerikanischen MLF-Vorschläge: »Abbruch der Verhandlungen über den Beitritt Großbritanniens zum Gemeinsamen Markt, Nassauer Abkommen mit all seinen diplomatischen Komplikationen, vor allem der Ablehnung durch de Gaulle, Abschluß des deutsch-französischen Vertrages, der in dieser Situation unvermeidlich einen anti-angelsächsischen Charakter annahm, und nicht zuletzt der Wechsel im Verteidigungsministerium in Bonn. So ist zwischen den Vereinigten Staaten und der Bundesrepublik bis zu einem gewissen Grade aus gegenseitigem Mißverstehen und gegenseitigem »appeasement« die MLF zu einem Symbol der »Rückversicherung« geworden und erst im Laufe der Zeit haben sich die realeren Interessen der Amerikaner und der Deutschen abgezeichnet.«[84]
Der Enthusiasmus für das Gemeinschaftsprojekt wich in den USA und in der Bundesrepublik jedoch bald einer nüchterneren Beurteilung, als sich zeigte, daß die anderen NATO-Staaten wenig Interesse an einer Mitwirkung zeigten. Großbritannien unterbreitete seinerseits Vorschläge für eine multinationale Lösung (die sog. »ANF«) und Frankreich machte erst recht kein Hehl aus seiner Entschlossenheit, an der »force de frappe« festzuhalten und eine Achse Bonn-Washington zu verhindern. Zu den Bedenken gegenüber einem bilateralen deutsch-amerikanischen Arrange-

83 Vgl. Nerlich, Die nuklearen Dilemmas der Bundesrepublik, a.a.O., S. 646 f. Kelleher weist dagegen auf die widersprüchliche Haltung von Strauß hin, der sowohl mit Vehemenz für eine NATO-Atomstreitmacht eingetreten als auch die Athener »guide-lines« als »Durchbruch« gefeiert habe; vgl. Kelleher, Germany and the Politics of Nuclear Weapons, a.a.O., S. 199 f. Außenminister Schröder gab mehrfach seine Präferenz für eine Mitbestimmungslösung zu erkennen, obwohl er später zu den nachhaltigsten Befürwortern der MLF gehörte; vgl. die Rede Schröders am 15. 12. 1964 vor dem NATO-Rat in Paris, in: Bulletin, Nr. 181, 19. 12. 1964, S. 1727–1729. Es ist die Schwäche der sonst ausgezeichneten Arbeit von Kelleher, daß sie zu wenig auf die im Auswärtigen Amt angestellten Überlegungen eingeht.

84 Nerlich, Die nuklearen Dilemmas der Bundesrepublik, a.a.O., S. 647; vgl. ferner Wilhelm Cornides, Eine Strategie der Geduld. Das Allianzsystem des Westens nach dem amerikanisch-britischen Polaris-Arrangement, in: EA 2/1963, S. 39–50; Theo Sommer, Was Erhard erwartet, Amerikas Absage an simple Zukunftsmodelle, in: ZEIT, 19. 11. 1965; ders., Das nukleare Dilemma. Johnson schwankt zwischen zwei Beratergruppen, in: ZEIT, 26. 11. 1965.

ment kam hinzu, daß in den USA das Interesse an einer Vereinbarung mit der Sowjetunion über die Nichtverbreitung nuklearer Waffen wuchs, die nicht gleichzeitig mit der MLF zu haben war. In der Bundesrepublik mischten sich Zweifel hinsichtlich der Möglichkeiten, die sich mit Hilfe der MLF für eine gemeinsame Planung und stärkere Integration ergeben könnten, mit der Rücksichtnahme auf den französischen Nachbarn. Als die MLF Ende 1965 von der amerikanischen Regierung zu den Akten gelegt wurde, hatte sich Bonn jedoch zur Zustimmung zu diesem Projekt durchgerungen. Brüskiert warf es Washington vor, einer Vereinbarung mit der Sowjetunion über die Nichtverbreitung von Kernwaffen eine höhere Priorität zu geben als einem gemeinsamen nuklearen Arrangement mit seinen NATO-Verbündeten.[85]

Stattdessen ging die Allianz den Weg gemeinsamer nuklearer Planung weiter. Zunächst wurde die 1965 von dem amerikanischen Verteidigungsminister McNamara vorgeschlagene Gründung eines »Special Committee« zur Entwicklung von Konsultationsverfahren über den Einsatz nuklearer Waffen als eine Art Trostpflaster für die entschlafene MLF empfunden. Die Bundesregierung ebenso wie die übrigen Partner erkannten jedoch bald die Möglichkeiten für eine Mitwirkung der nichtnuklearen Bündnismitglieder an der nuklearen Planung, wenn das nun vorhandene Gremium sinnvoll genutzt und ausgebaut werden konnte. Im Herbst des gleichen Jahres setzte der Verteidigungsplanungsausschuß (DPC) der NATO drei Arbeitsgruppen ein, deren wichtigste die Nuclear Planning Working Group (NPWG) war und die die Aufgabe hatte, die nichtnuklearen Partner in die Probleme der Nuklearpolitik einzuführen. Ein Jahr später ersetzte dann der Verteidigungsplanungsausschuß diese nichtständigen Gremien durch ein Nuclear Defense Affairs Committee (NDC). In diesem Ausschuß sind zwölf NATO-Staaten vertreten. Frankreich, Island und Luxemburg gehören ihm nicht an. Ebenfalls eingesetzt wurde eine Nukleare Planungsgruppe (NPG), an deren Arbeiten sieben Staaten teilnehmen. Ständige Mitglieder sind die USA, Großbritannien, Italien und die Bundesrepublik; die Mitgliedschaft der übrigen drei rotiert in einem 18monatigen Turnus. Aufgabe der Nuklearen Planungsgruppe ist es, Richtlinien und Konzeptionen über den Einsatz nuklearer Waffen zu

85 Über die Umstände des Scheiterns der MLF vgl. Philip Geyelin, Lyndon B. Johnson and the World, London 1966, S. 159 ff.; ferner Uwe Nerlich, Der NV-Vertrag in der Politik der BRD. Zur Struktur eines außenpolitischen Prioritätenkonflikts, Ebenhausen 1973 (SWP-S 217), S. 37 ff. Zum Zusammenhang mit den Bemühungen um den Abschluß eines Vertrages über die Nichtverarbeitung von Kernwaffen vgl. unten, Kap. VII, S. 633 ff.

erarbeiten. Sie hat sich in der Vergangenheit vor allem mit der Erarbeitung von Grundsätzen für den Einsatz von Kernwaffen, der Entwicklung von Konsultationsverfahren, der Modernisierung der vorhandenen Waffensysteme sowie mit Eventualstudien über den möglichen Einsatz von Nuklearwaffen befaßt. Sie hat ferner ein umfangreiches Studienprogramm über Einsatz, Bedingungen und Auswirkungen verschiedener nuklearer Waffensysteme durchgeführt.[86] Damit wurde die Nukleare Planungsgruppe zu einem der wichtigsten Organe des Bündnisses. Die Bundesregierung bewertete ihre Arbeit im wesentlichen positiv, da sie der Bundesrepublik eine angemessene Mitwirkung an der nuklearen Planung ermöglichte, wenn auch die Umsetzung in politische Entscheidungen weiterhin den USA vorbehalten blieb.[87]

Die Debatte über die nukleare Mitwirkung im Bündnis machte zum einen deutlich, daß der Handlungsspielraum der Bundesrepublik in der Nuklearpolitik von den Interessenlagen der Kernwaffenstaaten determiniert wurde. Insbesondere konnte sie ihre Interessen nicht gegen die Vereinigten Staaten durchsetzen, als diese mit der Sowjetunion zu einer Vereinbarung über die Nichtweiterverbreitung von Kernwaffen gelangen wollten, Moskau aber einen Verzicht auf die MLF zur Voraussetzung machte. Zum anderen war aber die Bundesrepublik zum wichtigsten Bündnispartner der USA auf dem westeuropäischen Kontinent geworden, der nicht nur über eine eindrucksvolle Volkswirtschaft, sondern inzwischen auch über eine moderne Armee verfügte, deren Wünsche und Erwartungen soweit wie möglich Berücksichtigung finden mußten. Diese Überlegungen erklären die wiederholten Anläufe der USA, doch noch eine befriedigende Lösung in der Nuklearfrage zu finden. Diese wurde jedoch zusätzlich dadurch erschwert, daß es sich nicht nur um eine bündnisinterne Frage handelte, sondern angesichts des Stellenwertes der Nuklearwaffen in den Ost-West-Beziehungen – als Instrument der Abschreckung ebenso wie als Verhandlungsgegenstand – die Sowjetunion über spezifische Einwirkungsmöglichkeiten verfügte. Sie beleuchten schlaglichtartig die gegen-

86 Zur Entwicklung der nuklearen Planungsgremien in der Allianz vgl. Mahncke, Nukleare Mitwirkung, a.a.O., S. 242 ff.; zu den von der Bundesregierung verfolgten Zielsetzungen vgl. Theo Sommer, The Objectives of Germany, in: Alastair Buchan (Hrsg.), A World of Nuclear Powers? Englewood Cliffs, N.J. 1966 (The American Assembly) S. 45 f. Zu der Arbeit der Nuklearen Planungsgruppe vgl. Gerhard Baumann, Sicherheit. Deutsche Friedenspolitik im Bündnis, Darmstadt 1970, S. 192–221.

87 Diese Beurteilung geht auf verschiedene Informationsgespräche mit Teilnehmern an der Arbeit der NPG zurück. Vgl. dazu auch Mahncke, Nukleare Mitwirkung, a.a.O., S. 244 ff.; Kelleher, Germany and the Politics of Nuclear Weapons, a.a.O., S. 302 ff.

läufigen Tendenzen, die Mitte der sechziger Jahre im Bündnis zum Ausdruck kamen: einerseits die Bemühungen, angesichts zentrifugaler Tendenzen – wie sie der Austritt Frankreichs aus der NATO-Integration unterstrich – den Zusammenhalt des Bündnisses zu wahren und damit seine sicherheitspolitische Funktion zu erhalten, und andererseits die Bestrebungen der verschiedenen Bündnispartner, die Ost-West-Konfrontation durch bilaterale Vereinbarungen mit der Sowjetunion und den osteuropäischen Staaten zum eigenen Nutz und Frommen aufzulockern. Das Ergebnis war eine Serie von Prioritätenkonflikten, die die Bündnisbeziehungen in den sechziger Jahren belasteten.

2. *Gegenläufige Tendenzen in Strategie und Rüstungskontrolle*

Die Bündnispolitik der sechziger Jahre war geprägt durch zwei gegenläufige Tendenzen: während die Vereinigten Staaten als Folge der globalen Kräfteverschiebung – des »nuklearen Patt« – in ihren Beziehungen zur Sowjetunion die Politik der Verweigerung (im Sinne eines »containment«) durch eine solche begrenzter Kooperation – bei Fortdauer des grundsätzlichen machtpolitischen Gegensatzes – ersetzten, hatten Berlin-Krise und Mauerbau die konfrontativen Elemente in den Ost-West-Beziehungen akzentuiert und zu einer Infragestellung der bisherigen Bonner Deutschland-Politik geführt. Die bei den angelsächsischen Verbündeten sichtbar werdende Tendenz, das Berlin-Problem dadurch zu entschärfen, daß für den Status der Stadt ein Modus vivendi mit der anderen Seite gesucht wurde,[88] glaubte die Bundesregierung nur abwehren zu können, indem sie ihre Verbündeten auf die im Deutschland-Vertrag von 1954 verankerten Rechtspositionen zu verpflichten suchte. Dieses schränkte dann wieder auch ihre eigenen Möglichkeiten für eine Normalisierung der Beziehungen zu den osteuropäischen Staaten ein. Die Folge war eine Zunahme von Interessenkonflikten zwischen der bilateralen Stabilisierungspolitik der USA und den verschiedenen europäischen Sonderproblemen (Frankreich war nicht nur dabei, sein Kolonialreich zu liquidieren, sondern mußte auch eine neue nationale Identität finden, die es unter de Gaulle in der Betonung nationaler Souveränität, gestützt auf militärische Mittel – hier insbesondere die »Force de frappe« – sah). Diese unterschied-

88 Zur Berlin-Krise vgl. oben, Kap. II, S. 123 ff.

lichen Interessenlagen traten vor allem in der Debatte über die NATO-Strategie, über Rüstungskontrollmaßnahmen und über die Ziele und Methoden der Entspannungspolitik zutage.

2.1 *Die Kritik an der Strategie »Flexible Response«*

Mit der Entwicklung sowjetischer Interkontinentalwaffen hatten die Vereinigten Staaten Ende der fünfziger Jahre ihre nuklearstrategische Dominanz eingebüßt. Die beginnende Verwundbarkeit der strategischen Nuklearstreitkräfte der USA, besonders aber die Verletzlichkeit der amerikanischen Städte stellte die Strategie der massiven Vergeltung militärisch in Frage. Der den Verbündeten im Falle eines Angriffes auf Westeuropa zugesicherte Vergeltungsschlag gegen die Sowjetunion wurde politisch unglaubwürdig. Als Antwort auf die sowjetische Herausforderung wurde die Strategie der flexiblen Erwiderung entwickelt. Ihre wichtigsten Elemente waren eine unverwundbare – durch Härtung der Stützpunkte oder Mobilität der Trägersysteme – Zweitschlagsfähigkeit (»second strike capability«); verstärkte konventionelle Verbände, mit denen Aggressionen unterhalb einer bestimmten Schwelle konventionell erwidert bzw. mit konventionellen Streitkräften zunächst eine »Pause« erzwungen werden konnte, ehe Nuklearwaffen eingesetzt würden; und schließlich eine Zentralisierung der Befehls- und Kontrollgewalt über das gesamte militärische Potential der Nation wie des Bündnisses, um Dislozierung, Zielplanung und Einsatz desselben mit einem Höchstmaß an Rationalität und Effektivität steuern zu können.[89]

Die auf Stabilisierung der strategischen Kräftebeziehungen zwischen den Vereinigten Staaten und der Sowjetunion gerichtete Strategie der flexiblen Erwiderung und die militärische Umrüstung wurden ergänzt durch eine Politik der »arms control«. Auch sie war am Ziel der Stabilität

89 Zur »Strategie der flexible response« vgl. William W. Kaufmann, The McNamara Strategy, a.a.O.; einen ausgewählten Überblick geben ferner Henry A. Kissinger (Hrsg.), Problems of National Strategy. A Book of Readings, New York 1965; und Morton H. Halperin, Limited War in the Nuclear Age, New York u. London 1963 (mit einer umfangreichen Bibliographie zur strategischen Debatte in den USA). Aus europäischer Sicht vgl. Lawrence Freedman, The Evolution of Nuclear Strategy, London 1981, S. 175 ff.; ferner Klaus-Dieter Schwarz, Amerikanische Militärstrategie 1945–1978; in: ders., Sicherheitspolitik. Analysen zur politischen und militärischen Sicherheit, Bad Honnef-Erpel 1978, S. 345–372; Helge Hansen u. Jürgen Schwarz, Militärstrategisches Konzept, in: Carstens u. Mahncke (Hrsg.), Westeuropäische Verteidigungskooperation, a.a.O., S. 56–71.

orientiert. Ausgehend von der Annahme, daß sowohl die USA als auch die Sowjetunion ein gleichgerichtetes Interesse an der Vermeidung eines globalen nuklearen Konfliktes hatten, stellte sie eine Methode kooperativer Rüstungssteuerung dar, mit deren Hilfe die in der militärischen Konfrontation liegenden Risiken reduziert werden sollten.[90] Diese – auf amerikanischer Seite in erster Linie durch Rationalitätskriterien bestimmte und rüstungstechnisch verstandene – Strategie der Kriegsverhinderung fand ihre Entsprechung auf sowjetischer Seite in der – dort allerdings ideologisch fundierten – These von der Vermeidbarkeit von Kriegen und der Theorie der friedlichen Koexistenz.[91]

Seitens der Vereinigten Staaten wirkte die Strategie der flexiblen Erwiderung ebenso wie die Doktrin kooperativer Rüstungssteuerung in Richtung auf eine Zentralisierung der militärischen Entscheidungsgewalt – und in Sonderheit gegen die Entstehung weiterer nationaler Atommächte – sowie auf eine Betonung des politischen Bilateralismus. Demgegenüber stärkten die durch die neue amerikanische Strategie ausgelösten Zweifel an der Glaubwürdigkeit des nuklearen Schutzes und das Mißtrauen gegenüber dem Dialog der Supermächte die in Westeuropa vorhandenen Tendenzen nach größerer Unabhängigkeit von der amerikanischen Schutzmacht. Kristallisationspunkt dieser gegenläufigen Interessen war die Nukleardebatte, in der sich die Amerikaner bemühten, die nuklearen Ambitionen der Westeuropäer durch das Projekt einer multilateralen

90 Zur Arms control Doktrin vgl. Donald G. Brennan (Hrsg.), Strategie der Abrüstung. Achtungdzwanzig Problemanalysen, Gütersloh 1962; Uwe Nerlich, Die Politik der Rüstungskontrolle, in: Wilhelm Cornides und Helga Haftendorn (Hrsg.), Internationale Rüstungslage und Bündnispolitik, 2. Kolloquim der Deutschen Gesellschaft für Auswärtige Politik über Probleme der internationalen Sicherheit, Bonn 1965 (vervielf.), S. 147–164; ferner Erhard Forndran, Rüstungskontrolle. Friedenssicherung zwischen Abschreckung und Abrüstung, Düsseldorf 1970 (Krieg und Frieden); ders., Ist Rüstungskontrolle noch relevant? Rüstungskontrolle als Instrument der Sicherheitspolitik, in: Erhard Forndran u. Paul J. Friedrich (Hrsg.), Rüstungskontrolle und Sicherheit in Europa, Bonn 1979, S. 3–21; Christoph Bertram (Hrsg.), The Future of Arms Control. 3 Parts, London 1978 (Adelphi Papers Nr. 141, 146 u. 149).

91 Zur friedlichen Koexistenz vgl. Waleri N. Jegorow, Friedliche Koexistenz und revolutionärer Prozeß, Berlin (DDR) 1972. Zur sowjetischen Abrüstungs- und Arms Control-Politik vgl. Lincoln P. Bloomfield, Walter C. Clemens, Jr., und Franklyn Griffiths, Khrushev and the Arms Race. Soviet Interests in Arms Control and Disarmament 1954–1964, Cambridge, Mass. u. London 1966; Alexander Dallin u. a., The Soviet Union, Arms Control, and Disarmament. A Study of Soviet Attitudes. Summary Report of the Study of Soviet Attitudes Towards Arms Control and Disarmament, New York 1964 (ACDA/DAS-25); Robert C. Tucker, United States – Soviet Cooperation: Incentives and Obstacles, in: Erik P. Hoffmann u. Fredric J. Fleuron, Jr. (Hrsg.), The Conduct of Soviet Foreign Policy, New York 1980², S. 301–314; Marshall D. Shulman, Towards a Western Philosophy of Coexistence, ebenda, S. 33–352.

NATO-Atomstreitmacht zu neutralisieren, und in der ihre europäischen Partner auf nukleare Teilhabe drängten, um auf diese Weise Einfluß auf die Strategie und Diplomatie der Führungsmacht zu gewinnen.
Diese gegenläufigen Interessen fanden ihren Ausdruck auch in der Ausbildung unterschiedlicher ordnungspolitischer Konzeptionen. Der von der Kennedy-Administration entwickelten Vorstellung von einer »Atlantischen Partnerschaft« setzten Franz Josef Strauß und seine politischen Freunde den Plan eines »europäischen Europa«, eines geeinten und nur locker mit den USA verbundenen Westeuropa als Dritter Kraft in der Weltpolitik entgegen. Diese unterschiedlichen Vorstellungen führten in den sechziger Jahren zu Spannungen und Irritationen im europäisch-amerikanischen Verhältnis, ohne daß jedoch der Fortbestand der Atlantischen Allianz als solcher ernsthaft gefährdet war. Abgesehen von Frankreich wirkte einerseits die militärische und politische Abhängigkeit der westeuropäischen Staaten von den USA, ihr begrenzter Handlungsspielraum und das Fehlen von Alternativen, und andererseits die hohe strategische Bedeutung, welche Washington seinem Engagement in Europa zumaß, sowie die auch in der politischen Praxis wirksame Dialektik von Konfrontation und Kooperation konservierend auf das europäische System.[92]
Für die Europäer brachte die Neuorientierung der amerikanischen Verteidigungs- und Außenpolitik eine Reihe von militärischen und politischen Problemen mit sich. Durch die Stabilisierung der strategischen Kräftebeziehungen zwischen den Vereinigten Staaten und der Sowjetunion reduzierte sich zwar die Gefahr eines »großen Krieges«, unterhalb der globalen nuklearen Ebene wuchs aber zugleich die Gefahr konventioneller Konflikte im regionalen Bereich. Die Betonung der konventionellen

92 Zur Krise im Atlantischen Bündnis in den sechziger Jahren vgl. Henry A. Kissinger, The Troubled Partnership. A Re-Appraisal of the Atlantic Alliance, New York, London, Toronto 1965; XXX, Faut-il réformer l'alliance atlantique?, in: Politique Etrangère, Nr. 3, 1965, S. 230–244; André Beaufre, L'O.T.A.N. et l'Europe, Paris 1966; William G. Grewe, Die Zukunft der Atlantischen Allianz, in: Wilhelm Cornides und Uwe Nerlich (Hrsg.), Internationale Rüstungslage und Bündnispolitik 1964. 1. Kolloqium der Deutschen Gesellschaft für Auswärtige Politik über Probleme der internationalen Sicherheit, Bonn 1964 (vervielf.), S. 103–124 (Eine überarbeitete Fassung dieses Vortrages findet sich u. d. T. Verbündete und Ungebundene: Allianzen im Atomzeitalter, in: Wilhelm G. Grewe, Spiel der Kräfte in der Weltpolitik. Theorie und Praxis der internationalen Beziehungen, Düsseldorf, Wien 1970, S. 103–134); Harald van Riekhoff, NATO: Issues and Prospects, Toronto 1967. Zu den verschiedenen Europa-Konzepten vgl. Franz Josef Strauß, Europa als zweites Kraftzentrum. Interview mit der Kölner Rundschau, 27. 6. 1962. Eine Darstellung der verschiedenen Konzepte findet sich bei Harold van B. Cleveland, The Atlantic Idea and its European Rivals, New York 1966.

Option sowie der Konzepte von »Schwelle« und »Pause«, die an die Stelle der mit der »aktiven Abschreckung« implizierten Automatik eines nuklearen Gegenschlages im Falle eines wie auch immer gearteten Angriffs auf Westeuropa traten, schwächten die Glaubwürdigkeit der amerikanischen Abschreckung. Ein aus amerikanischer Sicht »begrenzter Konflikt« würde für die Bundesrepublik als dem militärisch exponiertesten Land ein totaler Krieg sein und ihre nationale Existenz auslöschen. Außerdem war es zweifelhaft, ob die Amerikaner und die Europäer in der Lage und willens sein würden, die für eine konventionelle Verteidigung erforderlichen Streitkräfte aufzustellen.

Ein zweites Problem waren die möglichen politischen Konsequenzen der amerikanischen Stabilisierungspolitik. Für die Vereinigten Staaten bedeutete die Strategie der flexiblen Erwiderung und die ihr zugeordnete Arms control Doktrin die Aufhebung des Gegensatzes bzw. der getrennten Betrachtungsweise von Militärpolitik und Diplomatie. Die Konzentration auf das strategische Kräfteverhältnis führte aus der Sicht der Bundesrepublik jedoch zu einer einseitigen Ausrichtung auf sicherheitspolitische Faktoren, während die politischen Probleme, insbesondere die deutsche Frage, ausgeklammert wurden. Die Politik der Rüstungskontrolle ging vom Fortbestand der Konfrontation aus und beschränkte sich darauf, die dieser inhärenten Risiken zu reduzieren. Sie verzichtete aber darauf, sich mit den Ursachen der Konfrontation zu befassen und geriet damit in Gegensatz zu der westdeutschen Betrachtung, die als Voraussetzung für Entspannung bzw. Spannungsminderung einen Abbau der Spannungsursachen, d. h. die Überwindung der Teilung Deutschlands, für erforderlich hielt.[93]

Aus deutscher Sicht implizierte die von den Vereinigten Staaten betriebene Stabilisierungspolitik eine Gefährdung nationaler Interessen; es war daher zu erwarten, daß hier die Kritik an dieser besonders ausgeprägt sein würde. Wahrscheinlich wäre es jedoch nicht zu einer tiefgreifenden Krise in den deutsch-amerikanischen Beziehungen gekommen, wenn nicht gleichzeitig zwei andere Entwicklungen hinzugekommen wären, deren Zusammentreffen das gegenseitige Mißtrauen in besonderem Maße stimulierte. Der Bau der Mauer im August 1961 und die Haltung der Vereinigten Staaten in den amerikanisch-sowjetischen Sondierungsgesprächen

93 Für eine Diskussion der Arms control aus europäischer Sicht vgl. Wilhelm Cornides, Das amerikanische Sicherheitsdenken und die Friedenspolitik der Freien Welt, in: Brennan, Strategie der Abrüstung, a.a.O., S. 462–474.

über Berlin – insbesondere die Bereitschaft Washingtons, über eine internationale Zugangsbehörde zu verhandeln und einen Nichtangriffspakt zwischen den Staaten der NATO und des Warschauer Paktes in Betracht zu ziehen, nährten innerhalb der Bundesregierung, vor allem bei Bundeskanzler Adenauer und dem CDU/CSU-Fraktionsvorsitzenden, von Brentano, Zweifel daran, ob die Vereinigten Staaten die Interessen Bonns in der deutschen Frage ausreichend wahrten, oder ob sie einem Arrangement mit der Sowjetunion im Sinne einer politischen Stabilisierung auf der Basis des Status quo den Vorrang gaben.[94]

Mit der gleichen Allergie, mit der die Bundesregierung in der Vergangenheit auf alle Veränderungen in der amerikanischen Politik reagiert hatte, durch die entweder die Sicherheit der Bundesrepublik oder ihr Verteidigungsbeitrag tangiert wurden, reagierte sie auch auf die ersten Andeutungen einer Umorientierung der amerikanischen Strategie. Nur wenige Wochen, nachdem die Kennedy-Administration ihr erstes Verteidigungsprogramm vorgelegt hatte,[95] kritisierte Verteidigungsminister Strauß in einem Interview mit der »Frankfurter Allgemeinen Zeitung« das von den USA entwickelte neue strategische Konzept. Er bezog sich dabei vor allem auf fünf Punkte:

- Die allzu theoretische Behandlung strategischer Probleme, bei der die politischen Fragen nicht ausreichend beachtet wurden;
- die mangelnde Berücksichtigung der besonderen geographischen und psychologischen Situation Mitteleuropas, wobei er vor einer Anhebung der Atomschwelle und einer unrealistischen Verstärkung der konventionellen Streitkräfte warnte;
- die theoretische Möglichkeit eines konventionellen Krieges in Europa, die er für unrealistisch hielt;
- Ablehnung einer erneuten Umrüstung der Bundeswehr, da es nicht auf mehr, sondern auf bessere Divisionen ankomme, die über das gesamte Spektrum moderner Waffen verfügen müßten;

94 Vgl. die Pressekonferenz von Bundeskanzler Adenauer am 7. 5. 1962 in Bonn (Niederschrift des BPA); ferner Herbert von Borch, Bonner Mißtrauen irritiert in Washington, in: WELT, 26. 2. 1962; Julius Epstein, Die Quelle des Übels. Eine Dokumentation zur Genesis der deutsch-amerikanischen Verstimmung, in: RM, 31. 8. 1962; sowie die Darstellungen bei Thilo Vogelsang, Das geteilte Deutschland, München 1966 (dtv.-Weltgeschichte, Bd. 11), S. 244; und Wolfgang Wagner, Das geteilte Deutschland, in: Wilhelm Cornides und Dietrich Mende (Hrsg.), Die Internationale Politik 1962, München, Wien 1968 (Jahrbücher des Forschungsinstituts der Deutschen Gesellschaft für Auswärtige Politik), S. 210–240.

95 Vgl. Botschaft Präsident Kennedys, an den Kongreß vom 28. 3. 1961 in: EA 8/1961, S. D 252–264.

- Fehlen einer für alle Einheiten der NATO verbindlichen und von dieser verantworteten nuklearen Einsatzplanung.[96]

In Gesprächen mit amerikanischen Politikern und im NATO-Rat sowie durch eine Reihe öffentlicher Stellungnahmen versuchte Strauß, die Entwicklung der amerikanischen Strategie zugunsten einer ganz Westeuropa abdeckenden nuklearen Garantie zu beeinflussen.[97]

Auf der NATO-Konferenz im Mai 1962 in Athen informierten die Amerikaner ihre Verbündeten zum ersten Mal in zusammenhängender Form über ihr neues strategisches Konzept. Sie machten jedoch gleichzeitig deutlich, daß sie nicht bereit waren, daran größere Abstriche vorzunehmen. Sie forderten die Verbündeten vielmehr zur Übernahme größerer Verteidigungslasten im Sinne eines »burden sharing« als auch zu einer Verstärkung ihrer konventionellen Streitkräfte auf. In einer Rede in Ann Arbor, kurz nach der Athener NATO-Konferenz, legte der amerikanische Verteidigungsminister McNamara die strategische Konzeption der USA noch einmal dar.[98] Diese Rede, der Rücktritt von NATO-Oberbefehlshaber General Norstad,[99] und eine Brandrede von Verteidigungs-

96 Vgl. das Interview von Franz Josef Strauß, in: FAZ, 13. 5. 1961. In ähnlicher Weise äußerte sich auch der Pressesprecher des Verteidigungsministeriums, vgl. Gerd Schmückle, Eine Betrachtung über das Kriegsbild in Europa: Die Wandlung der Apokalypse, in: CuW, 4. 3. 1962. Die Ausführungen von Strauß und Schmückle wurden von der Opposition stark kritisiert, vgl. Erhard Eckert, Spiegelfechter an der Arbeit. Amerikas neue Strategie und der Bundesverteidigungsminister, in: Vorwärts, 24. 5. 1961. Der Aufsatz von Schmückle führte zu einer Kontroverse im Bundestag zwischen dem Verteidigungsexperten der SPD, Fritz Erler, und Verteidigungsminister Strauß, vgl. DBT/IV/24, 6. 4. 1962, S. 919–920 und S. 938–942.

97 Zum sicherheitspolitischen Konzept von Franz Josef Strauß vgl. vor allem: Die Klare Konzeption, in: Bulletin, Nr. 203, 27. 10. 1960, S. 1954–1956; ders., Verteidigung stärken, um zu verhandeln, in: AP, H. 2, 1961, S. 77–81; ders., Strategie der Freiheit und des Friedens, in: Bulletin, Nr. 68, 7. 4. 1962, S. 573–574. Vgl. ferner die Darstellung von Richard Jaeger, in: Sicherheit und Rüstung. Beiträge von Fritz Erler und Richard Jäger, Köln 1962, S. 119–186. Für eine Darstellung der innenpolitischen Diskussion in der Bundesrepublik über die amerikanische Strategie und die Rolle von Verteidigungsminister Strauß in derselben vgl. Kelleher, Germany and the Politics of Nuclear Weapons, a.a.O., insbes. S. 64 ff.; James L. Richardson, Germany and the Atlantic Alliance. The Interaction of Strategy and Politics, Cambridge, Mass., 1966, insbes. S. 73 ff.

98 Das in Athen der Verbündeten vorgestellte Konzept entspricht den Ausführungen von Verteidigungsminister McNamara am 16. 6. 1962 vor der Universität von Michigan in Ann Arbor, in: EA 14/1962, S. D 363–371; vgl. ferner die Ausführungen von Henry Kissinger am 12. 5. 1961 auf der Bundespressekonferenz (Niederschrift des BPA); sowie die Rede des früheren Außenministers Dean Acheson am 5. 12. 1963 in West Point, in: EA 1/1963, S. D 10–19.

99 Die vorzeitige Ablösung Norstads geschah, um den Platz des NATO-Oberbefehlshabers für General Lemnitzer freizumachen, der seinerseits seinen Posten als Stabschef der amerikanischen Streitkräfte zugunsten von General Taylor räumen mußte. Die Pensionierung Norstads und die Ernennung des »Vaters« der Strategie der flexiblen Erwide-

minister Strauß Ende Juli 1962 in der Bonner Universität[100] gaben jedoch zu erneuten Spekulationen über die amerikanische Sicherheits- und Europa-Politik Anlaß und führten zu kritischen Anmerkungen in der Bundesrepublik. Nachdem die amerikanische Regierung in verärgerten Stellungnahmen die Zweifel zurückgewiesen hatte, sie könnte nicht zu ihren Verpflichtungen stehen,[101] sah sich auch die Bundesregierung veranlaßt, Verteidigungsminister Strauß zur Mäßigung seiner Aussagen aufzufordern und durch eine Erklärung des Bundespressechefs die öffentliche Diskussion wieder einzudämmen.[102] Eine Fortsetzung des Widerstandes gegen die von den USA eingeleitete strategische Umorientierung hätte die Gefahr beinhaltet, daß sich die Bundesrepublik außenpolitisch isoliert und damit auch ihrer Einwirkungsmöglichkeiten auf die amerikanische Politik in der deutschen Frage begeben hätte. Die Berlin-Krise hatte auf krasseste Weise die Verwundbarkeit der Bundesrepublik gegenüber sowjetischen Pressionen deutlich gemacht; für sie gab es daher – im Gegensatz zu Frankreich – keine akzeptable Alternative zur Mitgliedschaft im Bündnis und zur Schutzgarantie der Vereinigten Staaten. An der grundsätzlichen Ablehnung der amerikanischen Verteidigungskonzeption durch die CDU/CSU änderte sich jedoch wenig. Sie unternahm den schwierigen Versuch, ihre Übereinstimmung mit der NATO-Politik zu betonen und gleichzeitig zu suggerieren, daß es die USA seien, die sich nicht im Einklang mit der NATO-Konzeption befänden.[103] Sie unterstrich ihr Ver-

rung wurde in Bonn als sichtbarstes Zeichen der amerikanischen Umorientierung gewertet; vgl. Sebastian Haffner, Am Nerv des Bündnisses, in: WELT, 24. 7. 1962; ferner das Interview von Bundesverteidigungsminister Strauß am 25. 7. 1962 im Bayerischen Rundfunk, in: Bulletin, Nr. 136, 27. 7. 1962, S. 1169–1170.

100 Vgl. die Rede von Verteidigungsminister Strauß am 28. 7. 1962 in der Bonner Universität, in: Archiv der Gegenwart, 1962, S. 10016.

101 Vgl. die Ausführungen von Präsident Kennedy auf einer Pressekonferenz am 1. 8. 1962, in: NYT, 2. 8. 1962; sowie die Versicherung eines Sprechers des Pentagon, daß die USA ihre nuklearen Verpflichtungen in bezug auf Europa nicht reduzieren würden, in: NYT, 2. 8. 1962.

102 Vgl. die Erklärung von Staatssekretär von Hase am 10. 8. 1962 auf der Bundespressekonferenz, in: Bulletin, Nr. 148, 14. 8. 1962, S. 1264.

103 Vgl. Adelbert Weinstein, Nur die abgestufte Abschreckung kann den Krieg verhindern. Ein Gespräch mit Verteidigungsminister Strauß, in: FAZ, 3. 8. 1962; Die neuen Irrtümer der SPD, in: PSK, 27. 12. 1962. Offizielle NATO-Strategie wurde das Konzept der »Flexiblen bzw. angemessenen Erwiderung« erst mit der Verabschiedung des Dokumentes MC 14/3 durch die NATO am 16. 1. 1968. Die Bedenken der Verbündeten waren einmal durch die gleichzeitige Entwicklung einer gemeinsamen Konzeption für den taktischen Einsatz von Nuklearwaffen überwunden, zum andern wurden sie durch das Ausscheiden Frankreichs aus der NATO-Integration gegenstandslos. Vgl. Hansen/Schwarz, Militärstrategische Konzepte, a.a.O., S. 62 ff.

trauen in die amerikanische Schutzgarantie, »daß das Bündnisgebiet in seiner Gesamtheit mit den gleichen Waffen wie die USA verteidigt wird«,[104] und deutete zugleich sehr subtil an, daß es für die Bundesrepublik möglicherweise noch andere Optionen geben könnte, wobei Strauß in diesem Zusammenhang eher an eine »europäische Option«, ein Zusammengehen mit Frankreich, denn an eine nationale Verfügungsgewalt über Atomwaffen dachte.[105]
In der Praxis waren jedoch beide Seiten um ein Einlenken bemüht. Der amerikanischen Forderung nach Verstärkung der konventionellen Komponente entsprach die Bundesregierung mit der Verlängerung der Wehrpflicht auf 18 Monate,[106] während die Vereinigten Staaten sich entschlossen, die europäischen Wünsche nach strategischer Mitwirkung und nuklearer Teilhabe mit dem Projekt einer Multilateralen Atomstreitmacht zu beschwichtigen. Als die amerikanische Regierung im Januar und Februar 1963 ihren MLF-Plan vorlegte, gehörte die Bundesrepublik zu denjenigen Staaten, die diesen Vorschlag mit einem gewissen Eifer aufgriff, und zwar weniger aus militärischen Gründen, sondern vielmehr als politische Demonstration.[107] Sie wollte damit die Priorität bündnispolitischer Gesichtspunkte in ihrer Außenpolitik betonen und durch das multilaterale Projekt zugleich die Bindungen der USA an die westeuropäischen Partner verstärken. Auch wollte sie mit ihrem Eintreten für die MLF ein Gegengewicht zu dem gerade abgeschlossenen deutsch-französischen Vertrag setzen. Nach dem Rücktritt von Strauß und der Übernahme des Verteidigungsministeriums durch von Hassel wurde die militärische Ausrichtung Bonns auf Washington noch deutlicher. Auch konzeptionell bewegte sich von Hassel – ebenso wie Außenminister Schröder – ganz auf der von

104 Vgl. die gleichzeitig mit der Erklärung des Sprechers der Bundesregierung in der Bundespressekonferenz am 10. 8. 1962 abgegebene Erklärung des Sprechers des Verteidigungsministeriums, Major von Raven, in: Bulletin, Nr. 148, 14. 8. 1962, S. 1264; ferner Interview von Verteidigungsminister Strauß, in: FAZ, 9. 8. 1962.

105 Vgl. das Interview von Verteidigungsminister Strauß, in: WamS, 13. 8. 1962, abgedruckt in: Bulletin, Nr. 148, 14. 8. 1962, S. 1265; vgl. auch Mahncke, Nukleare Mitwirkung, a.a.O., S. 105.

106 Die Verlängerung der Wehrdienstzeit wurde von Verteidigungsminister Strauß mit den Bündnisverpflichtungen der Bundesrepublik begründet, ohne daß er dabei jedoch auf die damit zusammenhängenden strategischen Probleme einging; vgl. die Ausführungen von Verteidigungsminister Strauß bei der Einbringung der Wehrdienstnovelle am 19. 1. 1962 im Bundestag, in: DBT/IV/11, 19. 1. 1962, S. 261–268 (S. 261).

107 Vgl. die Erklärung von Staatssekretär von Hase am 14. 11. 1963 über die geplante Atomstreitmacht der NATO, Zusammenfassung in: Bulletin, Nr. 9, 16. 1. 1963, S. 69. Diese Erklärung wurde unmittelbar nach den ersten Sondierungen von Staatssekretär Ball in Bonn abgegeben. Zur MLF vgl. oben. S. 175 ff.

Washington vorgezeichneten Linie und befand sich damit in enger Übereinstimmung mit der SPD-Opposition.[108]
Unbehagen über die Strategie der massiven Vergeltung - das innenpolitisch wie militärpolitisch begründet war - hatte die SPD bzw. ihre Sicherheitsexperten Erler und Schmidt schon frühzeitig in die gedankliche Nähe der Befürworter der »neuen Strategie« in den Vereinigten Staaten gebracht.[109] Sie teilten vor allem die Kritik an der einseitigen Abhängigkeit der westlichen Verteidigungspolitik von dem großen nuklearen Schlag und forderten stattdessen ein breites Spektrum von Abschreckungsmöglichkeiten.[110] Mit dem treffenden Bild, daß es wenig realistisch sei, wenn der europäische Schwanz mit dem amerikanischen Atomhund wedeln wollte, lehnten sie jene nukleare Automatik ab, die Strauß institutionalisieren wollte, setzten sich jedoch - ebenso wie die Regierung - für eine ausreichende Mitwirkung der Europäer bei der gemeinsamen strategischen Planung ein. Den Vorschlägen für eine NATO-Atomstreitmacht stand die SPD jedoch reserviert und skeptisch gegenüber; nach den Worten von Erler würde es an Mitteln für die nichtnukleare Verteidigung fehlen, wenn sich die Europäer zur Unzeit auf das atomare Gebiet verirrten.

108 Zur Verteidigungskonzeption von Hassels vgl. insbes. Deutsche Sicherheitspolitik und atlantische Verteidigung, in: Wehrkunde, H. 7, 1963, S. 346–348; ders., Die Entschlossenheit des Westens zur Verteidigung darf nicht ins Zwielicht geraten, in: WELT, 11. 1. 1964; ders., Verantwortung für die Freiheit. Auszüge aus Reden und Veröffentlichungen in den Jahren 1963/1964, Boppard 1965, insbes. S. 56 ff. u. 86 ff. Zur Übereinstimmung zwischen von Hassel und der SPD in Sicherheitsfragen vgl. die Debatte über den Haushalt des Verteidigungsministeriums im Mai 1963, in: DBT/IV/75, 9. 5. 1963, S. 3567–3576 u. S. 3594–3598.

109 Erler und Schmidt nahmen dabei Gedankengänge auf, wie sie in der im Auftrag des Senate Foreign Relations Committee vom Washington Center of Foreign Policy Research der Johns Hopkins University entwickelt worden waren, vgl. Possible Developments in Military Technology, Their Influence on Strategic Doctrine, and the Impact of Such Developments on U.S. Foreign Policy, Washington, D.C. 1959 (U.S. Foreign Policy, Staff Study Nr. 8). Seit Ende der fünfziger Jahre bestanden enge persönliche Beziehungen zwischen Erler bzw. Schmidt und den führenden strategischen Denkern der USA sowie Kommunikationsmöglichkeiten über Fiedrich Beermann, der bis 1959 wissenschaftlicher Assistent der SPD-Fraktion für Verteidigungsfragen war und dann als Oberst dem Stab des Deutschen Militärischen Vertreters in Washington angehörte. Erler und Schmidt waren auch die ersten, die sich in der Bundesrepublik publizistisch mit strategischen Fragen auseinandersetzten, vgl. Helmut Schmidt, Verteidigung oder Vergeltung. Ein deutscher Beitrag zum strategischen Problem der NATO, Stuttgart 1961; Fritz Erler, Ein Volk sucht seine Sicherheit. Bemerkungen zur deutschen Sicherheitspolitik, Frankfurt 1961.

110 Vgl. z. B. Fritz Erler, Abschreckung muß glaubwürdig sein, in: CuW, 12. 12. 1962; ders., Westeuropa und die Vereinigten Staaten in der strategischen Weltsituation, in: EA 24/1963, S. 887–898; Helmut Schmidt, Die unvermeidbare neue Strategie, in: ZEIT, 17. u. 24. 8. 1962, abgedruckt in: Helmut Schmidt, Beiträge, Stuttgart 1967, S. 504–528.

Durch eine Stärkung der konventionellen Streitkräfte sollte sich die Allianz aus der tödlichen Alternative befreien, für den Fall eines Konfliktes nur die Wahl zwischen »Kapitulation oder atomaren Selbstmord« zu haben.[111] Folgerichtig unterstützte die SPD die Novelle zum Wehrpflichtgesetz, mit der die Dauer des Wehrdienstes auf 18 Monate verlängert wurde. Die Betonung der konventionellen Verteidigungsfähigkeit erleichterte der Opposition in der innerparteilichen Diskussion eine Unterstützung der amerikanischen Strategie der flexiblen Erwiderung ebenso wie der parallel dazu entwickelten Arms Control-Politik, die dem in der SPD weiterhin starken Verlangen nach Rüstungskontrolle und Abrüstung entgegenkam.

2.2 *Die Kontroverse über die Arms Control-Politik*

Der Doktrin der »Arms control«[112] lag die Vorstellung einer Sicherheitspartnerschaft der nuklearen Großmächte zugrunde, nach der die gegenseitige Vernichtungsfähigkeit gemeinsame Maßnahmen zur Rüstungssteuerung bedingte. In der Praxis führte die Arms control-Politik zu einer qualitativen Veränderung der Abrüstungsverhandlungen. An die Stelle einer allzu häufig simplifizierenden Annahme des Wettrüstens als Spannungsursache und, da sich dieses nicht durch Patentrezepte beseitigen ließ, von Abrüstungsvorschlägen als propagandistische Allzweckwaffen, trat eine Politik, die auf Beseitigung der in einer gegebenen Rüstungslage inhärenten Instabilitäten abzielte. Die Europäer und die Sonderheit

111 Vgl. die Ausführungen Erlers in der 1. und 3. Lesung der Novelle zum Wehrpflichtgesetz, in: DBT/IV/11, 19. 1. 1962, S. 269 und DBT/IV/16, 22. 2. 1962, S. 508; ferner Soell, Fritz Erler, a.a.O., S. 431.

112 Der Begriff, der mit »Rüstungskontrolle« nur sehr unzulänglich übersetzt ist, wurde der Regeltechnik entnommen und hat die Bedeutung von aktiver, dynamischer Steuerung. Am zutreffendsten scheint daher der von Baudissin entwickelte Terminus »kooperative Rüstungssteuerung«; vgl. Wolf Graf von Baudissin, Kooperative Rüstungssteuerung als Mittel der Entspannungspolitik, in: Information für die Truppe, H. 7, 1972, S. 13–40. Diese Steuerung bezieht sich nicht nur auf die Zahl und Art der Waffen und Streitkräfte, sondern auch auf ihre Entwicklung, ihre Dislozierung und ihren politischen Einsatz. Sie schließt die Möglichkeit einer tatsächlichen Verringerung der Rüstungen ein, d. h. eine allgemeine oder begrenzte Abrüstung, weiterhin die Möglichkeit partieller Zurückhaltung, wie z. B. ein Proliferationsverbot oder Stationierungsbeschränkungen; aber sie steht auch nicht im Widerspruch zu einer Verstärkung gewisser Waffensysteme, wenn dies im Interesse der Sicherheit und der Stabilität zu liegen scheint. Auch braucht die im Konzept der Arms Control enthaltene Kooperation nicht ausdrücklich vereinbart oder in formellen Abkommen niedergelegt werden. Sie kann durch gegenseitiges Beispiel, stillschweigend oder einseitig erfolgen.

die Deutschen argumentierten jedoch, daß die Teilung Europas die fundamentale Ursache der Ost-West-Spannungen war; sie müßte beseitigt werden, wenn es zu einer internationalen Entspannung kommen sollte. Sie befürchteten, daß durch die von den Vereinigten Staaten betriebene Stabilisierungspolitik auch der politische Status quo in Europa festgeschrieben würde. Sie übersahen dabei die in der Arms control-Doktrin angelegte Dialektik von Konfrontation und Kooperation, die trotz schwerer Krisen – Kuba-Krise, Vietnam-Krise, Intervention in der CSSR – eine neue Dynamik in die Ost-West-Beziehungen einführte. Insbesondere den Vereinigten Staaten gab die Arms control-Politik neue politische Optionen in die Hand; der Erfolgszwang der von Washington betriebenen Verhandlungen schränkte jedoch angesichts unterschiedlicher Interessenlagen den Handlungsspielraum der europäischen Verbündeten ein und verlangte von ihnen den Verzicht auf die Berücksichtigung eigener Belange, ohne daß ihnen dafür geeignete Kompensationen – ein Mehr an Sicherheit, an Handlungsspielraum oder an Lösungsmöglichkeiten für die eigenen nationalen Probleme – geboten wurde. Die Zurückhaltung der Bundesrepublik gegenüber dem Teststop- und dem Nichtverbreitungsvertrag sind Beispiele dafür.[113]
Drei Prämissen, die der Konzeption kooperativer Rüstungssteuerung zugrunde lagen, machten es für die Bundesrepublik schwierig, diese gedanklich und politisch zu akzeptieren:

- Die Aufhebung des Freund-Feind-Denkens und die Annahme einer, wenn auch begrenzten Übereinstimmung zwischen den nuklearen Supermächten;
- die Annahme einer Interessenidentität zwischen den Vereinigten Staaten und ihren westeuropäischen Verbündeten im strategisch-politischen Bereich, die Washington zum Sprecher im bilateralen Dialog mit Moskau ermächtigte;
- die Erwartung, daß durch rüstungstechnische Manipulationen die der Konfrontation innewohnenden Risiken abgebaut und Entspannung produziert werden könnte.[114]

113 Zur Kontroverse über den Teststop-Vertrag vgl. unten, Kap. VII, S. 621 ff.; zum Nichtverbreitungs-Vertrag ebenda, S. 632 ff. Besondere Beunruhigung löste in Bonn ein Aufsatz des Direktors der amerikanischen Abrüstungsbehörde, Foster, aus, in dem dieser den Abschluß einer amerikanisch-sowjetischen Nichtverbreitungsvereinbarung befürwortete, auch wenn eine solche zu einer Belastung der Bündnisbeziehungen führen würde; vgl. William C. Foster, New Directions in Arms Control and Disarmament, in: FA, Bd. 43, Nr. 4 (Juli 1965), S. 587–601.

114 Zur europäischen und deutschen Auseinandersetzung mit der amerikanischen Arms control-Politik siehe insbesondere: Alastair Buchan und Philip Windsor, Eine Strate-

Die Haltung vieler bundesdeutscher Politiker war durch ein großes Mißtrauen gegenüber den sowjetischen Absichten bestimmt, das zwar einen Burgfrieden nicht ausschloß, wohl aber Skepsis hinsichtlich der Erwartung hegte, daß bei einem rationalen Verhalten beider Seiten ein für Ost und West akzeptabler Kompromiß möglich würde. Insbesondere wirkte bei Bundeskanzler Adenauer das Trauma von Potsdam nach und gab zu der Sorge Anlaß, daß die Siegermächte des Zweiten Weltkrieges sich erneut auf Kosten der europäischen Mitte verständigen und ein nukleares Kondominium errichten könnten. Die amerikanische Arms control-Politik konfrontierte die Bundesrepublik mit dem Dilemma, entweder eine politische Isolierung zu riskieren – zumal die Abkehr von der bisher mit der Sowjetunion und ihren »Satelliten« angewandten Eindämmungsstrategie tendenziell die Gefahr eines Umschlags in eine Isolierung der Bundesrepublik beinhaltete – oder aber sich in eine derart weitgehende Abhängigkeit von den Vereinigten Staaten zu begeben, daß ihre westeuropäischen Möglichkeiten empfindlich eingeschränkt worden wären. Der deutsch-französische Vertrag war – ebenso wie die verschiedenen deutsch-sowjetischen Fühlungnahmen – in diesem Zusammenhang durchaus ein Instrument, das dazu dienen sollte, diese Alternative zu verhindern bzw. abzuschwächen und eine Einengung des außenpolitischen Handlungsspielraumes der Bundesrepublik zu vermeiden.
In ihrem Kern betrafen die Bonner Bedenken jedoch die Auswirkungen der Arms control-Politik auf die deutsche Frage. Ebenso wie bei den Abrüstungsverhandlungen in den fünfziger Jahren dominierte die Sorge, daß Maßnahmen kooperativer Rüstungssteuerung ohne eine gleichzeitige Regelung politischer Fragen zu einer Verfestigung des Status quo führen oder, bei Einbeziehung politischer Elemente, Friedensvertragscharakter annehmen, auf jeden Fall aber ein Offenhalten der deutschen Frage schwierig gestalten würden.[115]

gie für Europa. Bericht über eine britisch-französisch-deutsche Untersuchung der Rüstungspolitik und Stabilität in Europa, Frankfurt, Berlin 1963; Hedley Bull, The Atlantic Alliance and Arms Control. Arbeitspapier für das Kolloquium der Deutschen Gesellschaft für Auswärtige Politik über Fragen der Internationalen Sicherheit, 28. 10. 1964 (vervielf.); Wilhelm Cornides, Das amerikanische Sicherheitsdenken und die Friedenspolitik der freien Welt. Ein Nachwort zur deutschen Daedalus-Ausgabe, in: Brennan, Strategie der Abrüstung, a.a.O., S. 462–474; ders., Ansätze des amerikanisch-sowjetischen Bilateralismus, in: Die Internationale Politik 1961, a.a.O., S. 28–43.

115 Vgl. die – von Vizekanzler Erhard verlesene – Regierungserklärung von Bundeskanzler Adenauer am 29. 11. 1961, in: DBT/II/5, 29. 11. 1961, S. 22–33 (S. 32); die Regierungserklärung von Bundeskanzler Erhard am 18. 10. 1963, in: DBT/IV/90, 18. 10. 1963, S. 4192–4208 (S. 4194 f.); sowie das Interview von Außenminister Schröder am 3. 7. 1965 mit den Düsseldorfer Nachrichten, in: EA 15/1965, S. D 384–386.

Die Diskussion über Risiken und Chancen der Arms control wurde in der Bundesrepublik weiter dadurch belastet, daß diese weitgehend mit einem Vokabular geführt wurde, das der Abrüstungsdiskussion der fünfziger Jahre entlehnt war.[116] Während sich im strategischen Bereich eine langsame Annäherung an die Konzeption der USA feststellen ließ, blieb ihre Haltung zu Fragen der Rüstungskontrolle relativ konstant ablehnend, wenn sie sich auch, wie z. B. beim Teststop-Vertrag, zu taktischen Zugeständnissen bereit fand. Eine weitere Schwierigkeit bestand darin, daß die Bundesrepublik Strategie und Rüstungskontrolle als zwei voneinander unabhängige Bereiche ansah. Den Verteidigungsbeitrag begriff sie als eine »unmittelbare, tagespolitische Aufgabe«, während eine allgemeine, kontrollierte Abrüstung eher ein Fernziel war.[117] An seine Realisierung knüpfte sie die Voraussetzung, daß das bestehende Kräfteverhältnis nicht verändert und dem potentiellen Gegner kein Vorteil verschafft würde. Diese Voraussetzungen signalisierten aber zugleich auch die Unterschiede zwischen den deutschen und den amerikanischen Vorstellungen. Dies zeigte sich besonders deutlich anhand der folgenden offiziellen Stellungnahme der CDU zur Rüstungsfrage:

- »Die Abrüstung muß sich sowohl auf die herkömmlichen als auch auf die atomaren Waffen beziehen. Die militärischen Machtverhältnisse dürfen nicht zugunsten einer Seite verschoben werden;
- die Abrüstung muß allgemein sein, d. h. sie darf nicht nur einzelne Länder oder eine bestimmte Zone umfassen. Im Zeitalter der Interkontinentalraketen ist eine Zone des »Disengagement« unrealistisch. Solche Zonen reizen zur politischen und militärischen Unterwanderung. Außerdem verlagert sich die militärische Konzentration auf die Flanken solcher Zonen;
- die Abrüstung muß kontrolliert sein. Diese Forderung entspringt einem selbstverständlichen Sicherheitsbedürfnis. Eine Kontrolle der Abrüstung ist allerdings dem aggressiven Charakter des Kommunismus

116 Vgl. das Referat von Außenminister Schröder am 4. 6. 1962 vor dem Arbeitskreis I des CDU-Parteitages in Dortmund, in: Christlich Demokratische Union Deutschlands, Bundesgeschäftsstelle (Hrsg.), Stellungnahmen zur Abrüstungsfrage. Bonn 1964 (vervielf.), S. 3 f.; ferner das Interview von Außenminister Schröder am 6. 10. 1963 mit dem Deutschlandfunk, in: Bulletin, Nr. 178, 8. 10. 1963, S. 1543–1545.

117 Vgl. dazu das Referat von General Heusinger auf dem Verteidigungspolitischen Kongreß der CDU vom 9.–10. 10. 1964 in Kassel sowie den von Professor Süsterhenn auf diesem Kongreß erstatteten Bericht des Arbeitskreises I, in: Christlich Demokratische Union Deutschlands, Bundesgeschäftsstelle (Hrsg.), Frieden und Freiheit. Verteidigungspolitischer Kongreß der CDU, Bonn 1965, S. 39–55 (S. 55) u. S. 273–276.

unerwünscht. Die Sowjetunion hat daher bis jetzt einer wirksamen Kontrolle den härtesten Widerstand entgegengesetzt und damit eine kontrollierte Abrüstung verhindert;
- die Abrüstung stellt aber kein bloßes militärtechnisches Problem dar. Sie ist vor allem ein politisches Problem. Eine Entspannung, die das »Gleichgewicht des Schreckens« ablöst, kann nur erreicht werden, wenn den Völkern das Selbstbestimmungsrecht zugestanden wird.«[118]

Aus verschiedenen Gründen hatte es die SPD sehr viel einfacher, eine positive Einstellung zur amerikanischen Arms control-Politik zu finden. Zum einen war das Bekenntnis zu Abrüstung und internationaler Entspannung traditionell Bestandteil sozialdemokratischer Politik. Im »Godesberger Programm« wurden Verteidigungspolitik und Abrüstungs- sowie Entspannungspolitik als eine Einheit begriffen, die mit der Formel »Sicherheit durch Abschreckung, Sicherheit durch Verständigung« beschrieben wurde.[119] Zunächst hatte das Bekenntnis zur Abrüstung eine innenpolitische bzw. innerparteiliche Entlastungsfunktion. Indem es als Korrelativ zur Bejahung der Landesverteidigung gesetzt wurde, wurde den Parteimitgliedern dieses Ja erleichtert. Gleichzeitig wurde die Kontinuität sozialdemokratischer Sicherheitspolitik gewahrt, indem die Notwendigkeit nationaler Verteidigung im Rahmen der NATO auf eine Übergangsphase beschränkt wurde, »solange und soweit internationale Verträge zur Rüstungskontrolle und Abrüstung nicht wirksam sind.«[120]

Zum anderen bestimmten eine Reihe von sachlichen und taktischen Erwägungen führende SPD-Politiker wie Brandt, Erler und Wehner dazu, einen engen Kontakt mit der amerikanischen Regierung zu suchen. Gera-

118 Christliche Demokratische Union Deutschlands, Bundesgeschäftsstelle (Hrsg.), ABC der CDU, Kleines Handbuch der CDU-Politik, Bonn 1963³, S. 9 f.

119 Vgl. Grundsatzprogramm der Sozialdemokratischen Partei Deutschlands vom 15. November 1959. Abschnitt Landesverteidigung; ferner die Rede Herbert Wehners am 30. 6. 1960 im Bundestag, in: DBT/III/122, 30. 6. 1960, S. 7052–7061; sowie die Ausführungen Fritz Erlers auf dem Parteitag in Hannover, in: Protokoll der Verhandlungen und Anträge vom Parteitag der Sozialdemokratischen Partei Deutschlands in Hannover, 21.–25. November 1960, S. 117–127 (S. 121); ferner die Rede Willy Brandts auf dem Parteitag in Köln, in: Protokoll der Verhandlungen und Anträge vom Parteitag der Sozialdemokratischen Partei Deutschland in Köln, 26. bis 30. Mai 1962, S. 56–86 (S. 80 f.).

120 Deutschland und Europas Sicherheit. Entschließung des Karlsruher Parteitages, in: Parteitag der Sozialdemokratischen Partei Deutschlands vom 23. bis 27. November 1964 in Karlsruhe, Protokoll der Verhandlungen und Anträge, S. 972–976 (S. 972). Im Godesberger Programm hieß es dazu: »Die Sozialdemokratische Partei Deutschlands fordert eine allgemeine und kontrollierte Abrüstung und eine mit Machtmitteln ausgestattete internationale Rechtsordnung, die die nationale Landesverteidigung ablösen wird«.

de für den Berliner Bürgermeister der Krisenjahre 1958–1961 war es eine unabdingbare Tatsache, daß die Sicherheit der Bundesrepublik und West-Berlins nur durch die Vereinigten Staaten und das Atlantische Bündnis gewährleistet werden konnte, »zu dem sie in loyaler Erfüllung ihrer Verpflichtungen ihren Beitrag leistet«.[121] Die Bündnispolitik bedurfte jedoch der Ergänzung durch eine aktive Abrüstungspolitik, die Mitteleuropa nicht ausklammerte, sondern im Gegenteil eine gegenseitige und kontrollierte Begrenzung der Rüstungen auf diesem Raum anstrebte.[122] Ein weiterer Gesichtspunkt war innenpolitischer Natur. In der Aneignung der Arms control-Vorstellungen sah die SPD auch eine Möglichkeit, die CDU/CSU aus ihrer Position als präferenzielle deutsche Option Washingtons zu verdrängen.[123]

In der Rüstungskontrollpolitik ging die SPD von zwei Voraussetzungen aus. Sie erkannte einmal an, daß die Nachbarn Deutschlands ein legitimes Sicherheitsbedürfnis hatten – »Sicherheit für Deutschland und Sicherheit vor Deutschland« – und setzte zum anderen voraus, daß das globale Kräftegleichgewicht erhalten blieb, die Leistungen einander gleichwertig waren, und die nötigen Kontrollmaßnahmen funktionierten.[124]

Besondere Bedeutung hatte in diesem Zusammenhang der Verzicht auf eine nationale Verfügungsgewalt über Atomwaffen. Eine solche kam der traditionellen Anti-Atomhaltung der Parteibasis entgegen, er ermöglichte es der SPD aber auch, vorbehaltloser den Teststop-Vertrag und die Bemühungen um ein Nichtverbreitungsabkommen zu unterstützen als die Regierung. Schließlich sah sie in einem eindeutigen deutschen Verzicht auf die »Bombe« auch eine Voraussetzung für die angestrebte Normalisierung mit den osteuropäischen Staaten. Diese Politik beinhaltete jedoch keinen einseitigen Verzicht des Westens auf Kernwaffen; die SPD unterstützte im Gegenteil die Bestrebungen innerhalb der Allianz, eine nukleare Gemeinschaftslösung zu entwickeln. Sie gab dabei einer Mitbestimmungslösung den Vorzug vor der MLF, war aber bereit, jene als »zweitbeste« Lösung zu akzeptieren. Vor allem ging es ihr um eine Mitsprache

121 Entschließung zur Sicherheitspolitik, in: Parteitag in Hannover, a.a.O., S. 715–716 (S. 715); vgl. ferner die Rede des SPD-Vorsitzenden Willy Brandt am 15. 5. 1964, Auszüge in: Hermann Bortfeldt, Brandts Reden 1961–1965, Köln 1965, S. 51 f., 84, 86 f.

122 Vgl. Erler, Ein Volk sucht seine Sicherheit, a.a.O., S. 27 f.; ferner die Rede Erlers in Hannover, in: Parteitag in Hannover, a.a.O., S. 122.

123 Diesen Hinweis verdanke ich Hans-Peter Schwarz.

124 Vgl. Fritz Erler, Das Ringen um die deutsche Einheit, in: Sicherheit und Rüstung, a.a.O., S. 31–43 (S. 42).

bei der nuklearen Einsatzplanung bzw. um ein Vetorecht beim Einsatz von Kernwaffen im Konfliktfall.[125]
Im Gegensatz zu den Befürwortern der Arms control in den Vereinigten Staaten orientierte sich die SPD nicht vorrangig am Ziel einer Stabilisierung der strategischen Kräftebeziehungen. Sie teilte im Gegenteil die Befürchtung der Bundesregierung, daß durch derartige Abkommen die Teilung Deutschlands verfestigt werden könnte. Rüstungsbeschränkungen waren für sie eine Methode, mit deren Hilfe die Konfrontation entschärft und eine internationale Entspannung eingeleitet werden sollte. Dadurch konnte ein Klima geschaffen werden, in dem eine Regelung der deutschen Frage denkbar war. Damit ergab sich für die deutsche Politik die Notwendigkeit, aktiv an der internationalen Abrüstungsdiskussion teilzunehmen, um diese im Sinne deutscher Interessen zu beeinflussen.[126]
Seit dem sogenannten Jaksch-Bericht von 1961[127] trat neben die Abrüstungspolitik die Forderung nach einer aktiveren Ostpolitik, die über die Intensivierung der wirtschaftlichen, kulturellen und politischen Kontakte zu einer Entspannung in Europa und einem Abbau der Bedrohungsvorstellungen führen sollte.[128]
Aus diesen Überlegungen heraus drängte die SPD nach einem eigenen gedanklichen Beitrag der Bundesrepublik zu den internationalen Rüstungskontrollverhandlungen und nach einer konstruktiven Haltung Bonns bei

125 Die Diskussion über eine nukleare Gemeinschaftslösung wurde innerhalb der SPD im Juli 1960 durch ein von ihrem Verteidigungsexperten Fritz Erler für das Parteipräsidium angefertigtes internes Papier in Gang gebracht, mit dem eine Reihe von amerikanischen Überlegungen aufgegriffen wurden. Vgl. auch die Ausführungen von Willy Brandt in Hannover, in denen dieser eine nukleare Gemeinschaftslösung nicht ausschloß, in: Parteitag in Hannover, a.a.O., S. 555–558 (S. 557); ferner Entschließung zu Deutschlands und Europas Sicherheit, in: Parteitag Karlsruhe, a.a.O., S. 973, sowie die Darstellung bei Soell, Fritz Erler, a.a.O., S. 452 ff.

126 Vgl. Fritz Erler, Zur strategisch-politischen Lage. Arbeitspapier für die Deutsch-Amerikanische Konferenz vom November 1964, in: Fritz Erler, Politik für Deutschland. Eine Dokumentation, Stuttgart 1968, S. 582–595 (S. 591 f.); ders., Das Ringen um die deutsche Einheit, in: Sicherheit und Rüstung, a.a.O., S. 41; ders., Demokratie in Deutschland, Stuttgart 1965, S. 81 f.; ferner Entschließung zu Deutschland und Europas Sicherheit, in: Parteitag Karlsruhe, a.a.O., S. 972.

127 Bericht des Ausschusses für Auswärtige Angelegenheit vom 14. 6. 1961 (Berichterstatter: Wenzel Jaksch), in: DBT, Drucksachen III/2740 und III/2807, und Entschließung des Deutschen Bundestages vom 14. Juni 1961 zur deutschen Ostpolitik, in: DBT/III/162, 14. 6. 1961, S. 9364–9365.

128 Vgl. die Rede Willy Brandts am 5. Juni 1964 vor der Bundestagung der Seliger-Gemeinde, Auszug in: Fritz Sänger und Eugen Selbmann (Hrsg.) Politik für Deutschland. Sozialdemokratische Beiträge 1962–1964, Bonn o. J. (1964), S. 14; Erler, Demokratie in Deutschland, a.a.O., S. 82 ff.

den innerwestlichen Abstimmungsprozessen auf diesem Gebiet.[129] Die Reaktion auf den Teststop-Vertrag in der Bundesrepublik hatte die Unzulänglichkeit des vorhandenen institutionellen Instrumentariums gezeigt, das im Jahre 1963 aus einem kleinen Referat im Auswärtigen Amt und einem Hilfsreferenten im Verteidigungsministerium bestand. Die Opposition stellte daher im Bundestag den Antrag, ein Abrüstungsamt einzurichten, das die Aufgabe haben sollte, »die vielfältigen Probleme, die sich aus den Zusammenhängen zwischen militärischer Sicherheit, außenpolitischen Fragen, Wirtschaftsproblemen und technologischer Entwicklung und den verschiedenen Möglichkeiten der Abrüstung, der Rüstungsbegrenzung und der Rüstungskontrolle ergeben, laufend zu untersuchen. Es soll der Bundesregierung die Beurteilung der Vorschläge anderer Länder auf dem Gebiet der Abrüstung und der Rüstungskontrolle erleichtern und deutsche Vorschläge auf dem genannten Gebiet entwickeln.«[130] Zur Durchführung seiner Aufgaben sollte es sich der Einrichtungen der Bundesregierung und der bestehenden oder neu zu schaffenden unabhängigen Forschungseinrichtungen bedienen.

Von der CDU/CSU und der FDP wurde die Forderung der Opposition nach einer Verstärkung des Abrüstungsapparates der Regierung unterstützt. Allerdings wurden gegen die Einrichtung eines unabhängigen Amtes Einwände geäußert. Vom Auswärtigen Amt wurde die Verstärkung des bestehenden Abrüstungsreferates und seine Umgliederung in eine Unterabteilung befürwortet. Alle drei Fraktionen einigten sich in der Folge auf einen gemeinsamen Entschließungsentwurf, in dem die Bundesregierung ersucht wurde, 1. im Rahmen des Auswärtigen Amtes einen »Beauftragten der Bundesregierung für Fragen der Abrüstung und Rüstungskontrolle« zu bestellen sowie Vorschläge für eine Verstärkung der vorhandenen Einrichtungen im Auswärtigen Amt und im Verteidigungsministerium in einem Nachtrag zum Entwurf des Haushaltsgesetzes 1965 vorzu-

129 Vgl. Erler, in: Sicherheit und Rüstung, a.a.O., S. 42; ders., Rede in der Verteidigungsdebatte des Bundestages am 15. 3. 1961, in: DBT/III/151, 15. 3. 1961, S. 8641; ders. Rede in der Bundestagsdebatte über die Regierungserklärung von Bundeskanzler Erhard am 24. Oktober 1963, in: DBT/IV/92, 24. 10. 1963, S. 4257–4273 (S. 4269).

130 Entschließungsantrag der Fraktion der SPD zur dritten Beratung des Entwurfs des Haushaltsgesetzes 1964, hier: Einzelplan 04 – Geschäftsbereich des Bundeskanzlers und des Bundeskanzleramtes, in: DBT/IV/123, 16. 4. 1964, Anlage 22, S. 5941–5942; sowie die Darstellungen bei Helga Haftendorn, Der Abrüstungsbeauftragte. Zur Organisation der Abrüstungspolitik in der Bundesrepublik Deutschland, in: PVS, H. 1, 1972, S. 2–38; diess., Abrüstungs- und Entspannungspolitik zwischen Sicherheitsbefriedigung und Friedenssicherung. Zur Außenpolitik der Bundesrepublik Deutschland 1955–1973, Düsseldorf 1974, S. 79 ff.

legen, und 2., Vorschläge für die Schaffung einer unabhängigen Forschungsstelle für Fragen der Strategie, der Abrüstung und der Rüstungskontrolle sowie verwandter Gebiete zu erarbeiten.[131] Aufgrund von Kompetenzstreitigkeiten innerhalb der Bundesregierung - hier hatte vor allem der Vorsitzende des Bundesverteidigungsrates, Sonderminister Krone, Ansprüche angemeldet - dauerte es allerdings mehrere Monate, bis das Bundeskabinett Botschafter Swidbert Schnippenkoetter zum ersten Abrüstungsbeauftragten der Bundesregierung berief und das Forschungsinstitut für Internationale Politik und Sicherheit der Stiftung Wissenschaft und Politik mit der Wahrnehmung der im Bundestags-Beschluß geforderten Aufgaben auf dem Gebiet der Strategie, der Abrüstung und der Rüstungskontrolle beauftragte.[132] Es blieb jedoch abzuwarten, ob über eine institutionelle Innovation auch eine Aktivierung der bisher primär reaktiven Rüstungskontrollpolitik der Bundesregierung bewirkt werden konnte.

2.3 *Die Rüstungskontrollpolitik im Dissens zwischen Deutschland- und Bündnispolitik*

Mit dem Ausbau ihres Abrüstungsapparates hatte sich die Bundesregierung Mitte der sechziger Jahre das institutionelle Instrumentarium für eine aktivere Entspannungspolitik geschaffen. Ein Klavier macht jedoch noch kein Konzert; es muß richtig gestimmt sein, der Klavierspieler muß Instrument und Stück beherrschen und schließlich muß das Orchester unter Leitung eines fähigen Dirigenten zu einem harmonischen Klangkörper zusammenfinden. Es stellt sich daher die Frage nach der Qualität von Instrument und Pianist ebenso wie nach den Möglichkeiten für ein gelungenes Zusammenspiel.

Wenn wir beim Bild des Orchesters bleiben, glich die Rüstungskontrollpolitik der Bundesrepublik in der ersten Hälfte der sechziger Jahre einem Konzert für zwei Klaviere, bei dem sich der Spieler des Deutschland-

131 Vgl. den Mündlichen Bericht des Ausschusses für Auswärtige Angelegenheiten über den Entschließungsantrag der Fraktion der SPD zur Dritten Beratung des Haushaltsgesetzes 1964, Umdruck 414, DBT/Drucksache IV/2936; sowie den Beschluß des Bundestages vom 21. 1. 1965, in: DBT/IV/157, 21. 1. 1965, S. 7759-7761.

132 Vgl. DBT/Drucksache IV/3764, zu den Schwierigkeiten vgl. die Pressekommentare: Abrüstungsbeauftragter angekündigt, in: FR, 21. 6. 1965; Auf zwei Beinen, ebenda; Bonn schafft Abrüstungsstelle, in: FR, 5. 7. 1965; Vorstoß wider die Trägheit, in: WELT, 12. 7. 1965; Berufung eines Beauftragten für Abrüstung in Bonn, in: NZZ, 16. 7. 1965; Unabhängige Forschungsstelle für Strategie und Abrüstung, in: SZ, 5. 5. 1966.

Parts und derjenige des Bündnis-Parts nicht auf eine gemeinsame Tonart einigen konnten. Voraussetzung für eine aktive und in sich stimmige Entspannungspolitik war daher die Aufhebung der Interessenblockade zwischen Deutschland- und Bündnispolitik.
Der Gegensatz zwischen diesen beiden Linien der Außenpolitik erhielt dadurch ein besonderes Gewicht, daß nunmehr auch Frankreich eine aktive Détente-Politik auf der Basis des Status quo verfolgte,[133] und die Bundesrepublik damit des europäischen Rückhalts für ihre Kritik an der amerikanischen Stabilisierungspolitik beraubt wurde. Solange sie nicht ebenfalls bereit war, den Schritt zur Hinnahme der nach dem Zweiten Weltkrieg in Europa entstandenen Realitäten zu vollziehen, blieb ihr nur eine Politik des Durchwurstelns und der Schadensbegrenzung. Durch den Gegensatz zwischen »Atlantikern« und »Gaullisten« in der Regierung Erhard, d. h. denjenigen Politikern um Außenminister Schröder und Verteidigungsminister von Hassel, die keine Schwächung der Bündnisbeziehungen zu den USA riskieren wollten und eher zu taktischen Abstrichen an der deutschlandpolitischen Position bereit waren, und denjenigen um Altbundeskanzler Adenauer und den CSU-Vorsitzenden Strauß, die für die westeuropäischen Staaten ein größeres Gewicht in der Weltpolitik beanspruchten – auch gegenüber den Vereinigten Staaten – und sich gegen jeden amerikanisch-sowjetischen Bilateralismus wandten, wurde die Handlungsfähigkeit der Bundesregierung weiter eingeschränkt.
Die Selbstblockade der Bundesrepublik zeigte sich vor allem bei der Behandlung des von den Vereinigten Staaten bei den Genfer Abrüstungsverhandlungen vorgeschlagenen Bodenbeobachtungsposten-Systems und beim Beitritt der Bundesrepublik zum Vertrag über die Nichtverbreitung von Kernwaffen.
Bestandteil der amerikanischen Arms control-Politik waren in den sechziger Jahren Maßnahmen, durch die ein durch Zufall oder Fehleinschätzung ausgelöster Konflikt verhindert werden sollte. Die Kuba-Krise im Herbst 1962 hatte allen Beteiligten die entscheidende Bedeutung von raschen Kommunikationsmöglichkeiten in Konfliktsituationen vor Augen geführt. In einem Dokument, das die USA im Dezember 1962 auf der Genfer 18-Mächte-Konferenz vorlegten, schlugen sie einen Katalog von Maßnahmen vor, durch die die Gefahr eines Zufallskrieges verringert

133 Vgl. die Reden Staatspräsident de Gaulles anläßlich seiner Polen-Reise im September 1967 und die gemeinsame französisch-polnische Erklärung vom 12. 9. 1967, in: EA 19/1967, S. D 447–454; ferner die Studie des Centre d'Etudes de Politique Etrangère, Paris, Modèles de secrurité européenne, in: Politique Etrangère, Nr. 6, 1967, S. 519–541, abgedruckt in: EA 2/1968, S. 51–64.

werden sollte, z. B. eine Vorausbenachrichtigung über größere militärische Bewegungen, die Errichtung eines Systems von Bodenbeobachtungsposten und der Austausch von Militärmissionen sowie verschiedene Pläne für eine verbesserte Kommunikation zwischen Ost und West.[134] Mit Ausnahme der im Frühjahr 1963 realisierten Einrichtung einer direkten Nachrichtenverbindung zwischen Washington und Moskau, dem sog. »heißen Draht«,[135] lag den im amerikanischen Arbeitspapier angesprochenen Vorschlägen das Motiv zugrunde, an Stellen besonderer militärischer Konfrontation lokale militärische Konflikte und die damit gegebene Gefahr einer Eskalation zum großen nuklearen Konflikt zu verhindern.
Von den Plänen der fünfziger Jahre zur Verhinderung von Überraschungsangriffen, z. B. dem Vorschlag von Präsident Eisenhower für eine »Luftüberwachung« (»open skies«) oder die auf der Genfer Expertenkonferenz zur Verhinderung von Überraschungsangriffen vorgeschlagenen umfangreichen Inspektionssysteme[136] unterschieden sich die neuen amerikanischen Vorschläge in mehrfacher Weise. Sie sollten nicht in erster Linie einen vorsätzlichen nuklearen Überraschungsangriff rechtzeitig aufdecken und eine angemessene Vorwarnzeit für die eigenen Streitkräfte gewährleisten. Die Stabilisierung der strategischen Abschreckung wurde in dieser Periode stattdessen durch einseitige Maßnahmen – den Aufbau von »second strike forces«, den Einbau von Sicherheitsvorrichtungen gegen einen unbefugten oder unbeabsichtigten Einsatz derselben sowie die Zentralisierung der Befehls- und Kontrollgewalt – und die Aufforderung an die Gegenseite zum Gleichziehen – angestrebt. Aus der Betonung der konventionellen Komponente im Rahmen der Strategie der flexiblen Erwiderung folgte, daß der Versuch unternommen werden mußte, die in der Konfrontation konventioneller Streitkräfte liegenden Risiken ebenfalls

134 Vgl. die von der amerikanischen Delegation auf der Genfer 18-Mächte-Abrüstungskonferenz am 12. 12. 1962 vorgelegte Arbeitsunterlage über die Verringerung der Gefahr eines durch Zufall, Fehleinschätzung oder Ausfall der Nachrichtenverbindungen ausgelösten Krieges, ENDC/70, 12. 12. 1962, in: EA 5/1963, S. D 132–140.

135 Vgl. Memorandum über eine Vereinbarung zwischen den Vereinigten Staaten und der Sowjetunion über die Errichtung einer direkten Nachrichtenverbindung vom 20. 6. 1963, TIAS 5362, einschl. Annex in: EA 16/1963, S. D 391–393.

136 Vgl. den Vorschlag von Präsident Dwight D. Eisenhower vom 21. 7. 1955 auf der Genfer Gipfelkonferenz, in: DoD 1945–1959, Bd. I, S. 486–488, und die westlichen Vorschläge für Inspektionszonen vom 29. 8. 1957, in: Volle-Duisburg, Probleme der internationalen Abrüstung, a.a.O., S. 617–626; ferner die sowjetischen Vorschläge für eine Luftinspektion vom 30. 4. 1957, ebenda, S. 596–609; sowie die Übersichtskarten, ebenda, S. 959–963; ferner die auf der Genfer Expertenkonferenz zur Verhütung von Überraschungsangriffen in Genf 1958 vorgelegten westlichen Arbeitspapiere, in: Hermann Volle und Helga Haftendorn (Hrsg.), Sicherung vor Überraschungsangriffen im Atomzeitalter, Frankfurt, Berlin 1962, insbes. S. 81 ff.

unter Kontrolle zu bringen. Und schließlich war es das Ziel derartiger Maßnahmen, statt der negativen Beweise – Abwesenheit einer Bedrohung – positive Zusicherungen zu geben, durch welche mögliche Zusammenstöße im regionalen Bereich aufgrund von Fehleinschätzungen reduziert und gleichzeitig damit die politischen Spannungen verringert werden sollten.[137]

Konzeptionell handelte es sich um Arms control-Schritte, die für jede beliebige Region hoher militärischer Konfrontation vereinbart werden konnten. Aus militärischen wie aus politischen Gründen war ihre Umsetzung in die politische Praxis jedoch in erster Linie in Europa sinnvoll. Hier standen sich amerikanische und sowjetische Streitkräfte direkt gegenüber, hier konnte ein »system of reassurances« militärisch sinnvoll sein. Zugleich waren auch nur auf den europäischen Bereich bezogene Maßnahmen negoziabel, da sie hier mit einem auf politische Stabilisierung gerichteten sowjetischen Interesse korrelierten. Die auf Anerkennung des Status quo gerichtete Interessenlage der Sowjetunion wurde auch darin deutlich, daß alle ihre Vorschläge von der Vorstellung europäischer Rüstungskontrollzonen ausgingen, sei es durch deren geographische Begrenzung, die Verbindung mit der Forderung nach einer Denuklearisierung Deutschlands oder nach einer Reduzierung der ausländischen Truppen in Europa.[138]

Die Bundesregierung reagierte auf derartige Vorschläge mit unverhohlenem Entsetzen, zumal erste Sondierungen im Zusammenhang mit amerikanischen Kompromißvorschlägen zum Berlin-Problem stattfanden, die in Bonn als eine westliche Kapitulation vor den Forderungen Moskaus gesehen wurden.[139] Im Herbst 1963 und im Frühjahr 1964 wurden die Vorschläge für Bodenbeobachtungssysteme vor allem dadurch diskreditiert,

137 Vgl. zu diesem Themenkomplex vor allem Charles R. Planck, Sicherheit in Europa. Die Vorschläge für Rüstungsbeschränkung und Abrüstung 1955–1965, München 1968 (Schriften des Forschungsinstituts der Deutschen Gesellschaft für Auswärtige Politik, Bd. 27), insbes. Kap. I (S. 29–96); Buchan–Windsor, Eine Strategie für Europa, a.a.O., insbes. Kap. VI (S. 104–137); Morton H. Halperin, Arms Control and Inadvertent General War, Washington, D.C., 1962 (Institute of Defense Analysis, IDA-SM-6, 10. 3. 1962); Thomas C. Schelling, The Role of Communication in Arms Control, in: Evan Luard (Hrsg.), First Steps to Disarmament, London 1965, S. 201–225.

138 Vgl. Planck, Sicherheit in Europa, a.a.O., S. 66 ff., sowie das Memorandum der sowjetischen Regierung vom 29. 1. 1964 über Maßnahmen zur Abschwächung des Wettrüstens und zur Verringerung der internationalen Spannung, ENDC/123, in: EA 5/1964, S. D 173–176.

139 Vgl. Julius Epstein, Die Quelle des Übels, in: RM, 31. 8. 1962; Wilhelm G. Grewe, Rückblenden. Aufzeichnungen eines Augenzeugen deutscher Außenpolitik von Adenauer bis Schmidt, o. O. u. J. (1979), S. 549 f.

daß die Sowjetunion diese mit einem nuklearen »freeze« in Mitteleuropa, wie er im Gomulka-Plan vom polnischen Partei- und Regierungschef in Anlehnung an den Rapacki-Plan vorgeschlagen worden war, zu verbinden suchte.[140] In der Sache wollte Bonn vermeiden, daß eine spezielle, auf Mitteleuropa beschränkte Rüstungskontrollzone geschaffen würde, durch die die Bundesrepublik diskriminiert und die DDR aufgewertet werden würde. Sie forderte deshalb eine möglichst große Anzahl von Beobachtungsposten, die auch auf sowjetischem Gebiet stationiert sein sollten. Im übrigen versuchte sie auch jetzt wieder, ihre Zurückhaltung gegenüber regionalen Rüstungskontrollmaßnahmen durch ihr Eintreten für eine allgemeine, kontrollierte Abrüstung zu kompensieren.[141]
Der Vorschlag eines Bodenbeobachtungsposten-Systems wurde in der Bundesrepublik vor allem daraufhin geprüft, welche Auswirkungen dieser, insbesondere seine geographische Ausdehnung, auf die deutsche Frage haben würde. Eine Begrenzung auf die beiden deutschen Staaten wurde schon wegen der damit verbundenen Diskriminierung der Bundesrepublik im Vergleich zu ihren westlichen Partnern abgelehnt. Auf der anderen Seite wurde ein Vertrag, der ähnlich wie das Teststop-Abkommen allen Staaten – also auch der DDR – zum Beitritt offenstehen würde, auch nicht als akzeptabel betrachtet. Im Planungsstab des Auswärtigen Amtes wurden deshalb Überlegungen angestellt, ob das DDR-Problem möglicherweise dadurch umgangen werden könnte, daß die Stationierung von Bodenbeobachtungsposten auf deutschem Gebiet über eine Viermächte-Vereinbarung erfolgen oder über eine besondere Beteiligungsformel – »Staaten, auf deren Gebiet die andere Seite keine Beobachtungsposten stationieren will« – auf die Einbeziehung der DDR in einen solchen Vertrag verzichtet werden könnte. Auch eine Übertragung von Beobach-

140 Vgl. das sowjetische Memorandum über Maßnahmen zur Abschwächung des Wettrüstens und zur Verringerung der internationalen Spannungen vom 28. 1. 1964, in: EA 5/1964, S. D 173–176; das polnische Memorandum über ein Einfrieren der nuklearen Rüstungen in Mitteleuropa vom 29. 2. 1964, in: EA 8/1964, S. D 224–225; sowie Erklärung und Vertragsentwurf der DDR über den Verzicht der beiden deutschen Staaten auf Kernwaffen vom 3. 2. 1964, in: EA 5/1964, S. D 176–179. Zur Diskussion der 18-Mächte-Abrüstungskonferenz über diese Entwürfe vgl. Erhard Forndran, Probleme der internationalen Abrüstung. Die Bemühungen um Absrüstung und kooperative Rüstungssteuerung, Frankfurt u. Berlin 1970, S. 145 ff.

141 Vgl. die Interviews von Außenminister Schröder am 6. 10. 1963 mit dem Deutschlandfunk und am 4. 11. 1963 mit dem Norddeutschen Rundfunk, in: Bulletin, Nr. 178, 8. 10. 1963, S. 1543–1545 bzw. Bulletin, Nr. 197, 7. 11. 1963, S. 1736–1739; ferner Henri de Kergorlay, Les allemands mettront des conditions à l'installation de postes de controle, in: Le Figaro, 23. 8. 1963; Schröder nennt die deutschen Vorbehalte, in: WELT, 23. 9. 1963.

tungsfunktionen an die in der DDR und in der Bundesrepublik vorhandenen Alliierten Militärmissionen schien aus Bonner Sicht militärisch wenig sinnvoll und politisch nachteilig durch die damit verbundene Betonung alter Besatzungsrechte.[142]
Die relative Einigkeit in den Sachfragen innerhalb der Bundesregierung täuschte jedoch hinweg über die tiefgreifenden Divergenzen hinsichtlich der Methode, ob und wie sich die Bundesrepublik an den internationalen Entspannungsbemühungen beteiligen sollte. Starke Kräfte in der CDU/CSU-Fraktion um den Fraktionsvorsitzenden, von Brentano, und den Minister für Gesamtdeutsche Fragen, Barzel, vertraten die Auffassung, daß die Bundesrepublik in weitere Rüstungsbeschränkungsmaßnahmen nur einwilligen könnte – insbesondere wenn von ihnen Europa besonders betroffen war – falls diese mit Fortschritten in der deutschen Frage gekopppelt würden, da eine Entspannung ohne Beseitigung der Ursachen der Spannung undenkbar wäre.[143] Außenminister Schröder setzte sich dagegen nachdrücklich für eine Unterstützung der westlichen Entspannungsbemühungen ein. Neben bündnispolitischen Gesichtspunkten machte Schröder geltend, daß ein bloßes Beharren auf der deutschen Frage die Gefahr heraufbeschwöre, daß aus dem Status quo ein Status quo minus würde. Er wandte sich allerdings energisch gegen alle Maßnahmen, die zu einer Verschiebung des Kräfteverhältnisses zum westlichen Nachteil führen würden. Auch sollten durch die – von ihm unterstützten – regionalen Maßnahmen die Ausgangslage für eine Lösung der deutschen Probleme nicht verschlechtert werden.[144]
In Anbetracht der divergierenden Prioritäten in der Entspannungspolitik gestaltete sich der Abstimmungsprozeß innerhalb der Bundesregierung außerordentlich schwierig. Erst nach intensiven Beratungen zwischen den führenden CDU-Politikern konnte sich Schröder mit seiner Auffassung durchsetzen, daß die westliche Entspannungspolitik nicht durch ein Beharren auf einem Junktim mit Fortschritten in der deutschen Frage blok-

142 Vgl. die Ausführungen von Außenminister Schröder in einem Interview am 4. 11. 1963 mit dem Norddeutschen Rundfunk, in: Bulletin, Nr. 197, 7. 11. 1963, S. 1738.
143 Vgl. Adenauer, Erhard und Schröder stecken außenpolitischen Kurs ab, in: WELT, 14. 9. 1963; Schröder verteidigt die Politik der Entspannung, in: FAZ, 7. 10. 1963; Schröder über die Entspannungspolitik. Außenpolitische Divergenzen in Bonn, in: NZZ, 8. 10. 1963.
144 Vgl. die Interviews von Außenminister Schröder am 6. 10. 1963 im Deutschlandfunk und am 4. 11. 1963 im Norddeutschen Rundfunk, sowie die Rede am 4. 12. 1963 vor der Westeuropäischen Versammlung, alle in: Bulletin, Nr. 178, 8. 10. 1963, S. 1543–1545; Nr. 141, 7. 11. 1963, S. 1736–1739; Nr. 214, 5. 12. 1963, S. 1899–1902.

kiert werden dürfte. Sein Vorschlag ging dahin, für die einzelnen Phasen der Ost-West-Verhandlungen konkrete deutsche Vorstellungen zu den einzelnen Themen zu entwickeln und in diese einfließen zu lassen.[145]
Bei seiner Amtsübernahme sagte Bundeskanzler Erhard in der Regierungserklärung, daß die Bundesregierung für eine allgemeine, kontrollierte Abrüstung eintrete, sich aber darüber im klaren sei, daß diese nur schrittweise verwirklicht werden könnte. Das Interesse der Bundesrepublik gebiete es daher, »auch an weltweiten Teilmaßnahmen mitzuwirken, sofern sichergestellt ist, daß sie das Kräfteverhältnis zwischen Ost und West nicht zu unserem Nachteil verschieben und uns nicht diskriminieren«.[146] Damit war eine Kompromißformel zwischen den widerstreitenden Richtungen gefunden worden. Zahlreiche Interviews zeigten jedoch an, daß die unterschiedliche Bewertung der Entspannungspolitik innerhalb der CDU/CSU und der Bundesregierung fortdauerte und sich allmählich zu einer unterschiedlichen Prioritätensetzung in der Deutschland-, Europa- und Bündnispolitik ausweitete.[147]
Bei aller äußeren Geschlossenheit fehlte es auch in der SPD nicht an unterschiedlichen Akzentuierungen.[148] Für Fritz Erler hatte die Einheit Deutschlands einen hohen Stellenwert – nicht zu unrecht tragen seine gesammelten Reden und Schriften den Titel »Politik für Deutschland«. Abrüstung und Entspannung waren für ihn ein Weg, vielleicht der unter den gegebenen Bedingungen einzig gangbare, um dieses Ziel zu erreichen.[149]

145 Vgl. Bonns Politik in der Entspannungsphase, in: NZZ, 12. 9. 1963; Außenpolitische Konferenz in Cadenabbia, ebenda; Adenauer, Erhard und Schröder stecken außenpolitischen Kurs ab, in: WELT, 14. 9. 1963; Schröder reist ohne konkrete deutsche Vorschläge in die USA, in: WELT, 19. 9. 1963. Eine andere Auffassung, die jedoch nicht durch die Presseberichterstattung gedeckt wird, vertritt Bandulet, Adenauer zwischen West und Ost, a.a.O., S. 215.

146 Regierungserklärung von Bundeskanzler Erhard am 18. 10. 1963, in: DBT/IV/90, 18. 10. 1963, S. 4192–4208 (S. 4194).

147 Vgl. T(heo) W(ieser), Schröder über die Entspannungspolitik, in: NZZ, 8. 10. 1963; vgl. ferner Waldemar Besson, Die Außenpolitik der Bundesrepublik. Erfahrungen und Maßstäbe, München 1970, S. 329 ff.

148 Charakteristisch dafür sind die von Brandt, Wehner und Erler am 14. 7. 1966 geplanten Reden, die diese bei dem nicht zustandegekommenen Redneraustausch in Karl-Marx-Stadt halten wollten; vgl. die Rede Brandts, Auszug in: Heinrich von Siegler, (Hrsg.), Wiedervereinigung und Sicherheit Deutschlands. Eine dokumentarische Diskussionsgrundlage, Bonn, Wien, Zürich 1968, Bd. II (1964–1967), S. 175–176; die Rede Wehners, in: Herbert Wehner, Wandel und Bewährung. Ausgewählte Schriften 1930–1967, Frankfurt, Berlin 1968, S. 370–372; die Rede Erlers, in: Fritz Erler, Politik für Deutschland. Eine Dokumentation, Stuttgart 1968, S. 626–631.

149 Zur außenpolitischen Konzeption von Fritz Erler vgl. neben der eben genannten Dokumentation: ders., Ein Volk sucht seine Sicherheit. Bemerkungen zur deutschen Sicherheitspolitik, Frankfurt 1961; ders., Ohne Einheit keine Sicherheit – ohne Sicher-

Bei Willy Brandt stand dagegen »der Wille zum Frieden und zum Ausgleich« im Vordergrund. Eine Lösung der deutschen Frage – eher im Sinne eines friedlichen Miteinanderlebens der Deutschen als in Form einer Wiedervereinigung unter einem nationalen Dach – konnte aus der Sicht Brandts nur im Rahmen einer ganz Europa umfassenden Friedensordnung erfolgen.[150]

Durch den frühen Tod Erlers Anfang 1967 und die politische »Randlage«[151] von Strauß wurden Schröder und Brandt zu den Exponenten alternativer politischer Konzeptionen. Während Schröder sowohl die deutsche Frage als auch die nukleare Option aus einer für ganz Deutschland empfundenen Verantwortung heraus offenhalten wollte, war Brandt Mitte der sechziger Jahre bereit, den Status quo zu akzeptieren und auf seiner Basis eine die osteuropäischen Staaten ebenso wie die DDR einschließende Politik des Ausgleichs zu führen. Mit der Bildung der Großen Koalition im Dezember 1966 wurde die SPD in die Regierungsverantwortung miteinbezogen und Brandt anstelle von Schröder das Außenministerium übertragen. Unter seinem Einfluß beschritt die Bundesregierung den Weg einer faktischen Hinnahme der nach dem Zweiten Weltkrieg in Europa geschaffenen Realitäten. Die Zusammensetzung der großen Koalition zwang jedoch zu mannigfachen Kompromissen. Nach der Intervention der Warschauer Pakt-Staaten in der CSSR im August 1968 führte die unterschiedliche Einschätzung der sowjetischen Absichten und der angemessenen westlichen Reaktionsweise zu einer nahezu völligen außenpolitischen Blockade.

Besonders deutlich zeigte sich die Handlungsunfähigkeit der Großen Koalition beim Nichtverbreitungsvertrag. Während die CDU/CSU dessen sicherheitspolitische Dimension betonte und durch geeignete Maß-

heit keine Einheit, in: Ansgar Skriver (Hrsg.), Berlin und keine Illusion. 13 Beiträge zur Deutschlandpolitik. Hamburg 1963, S. 50–59; ders., Politik und nicht Prestige, in: Sicherheit und Rüstung, a.a.O., S. 9–115; ders., Demokratie in Deutschland, Stuttgart 1965.

150 Vgl. dazu vor allem Willy Brandt, Friedenspolitik in Europa, Frankfurt 1968; ferner ders., Begegnungen und Einsichten. Die Jahre 1960–1975, Hamburg 1976, S. 219 ff.; ders., Außenpolitik – Deutschlandpolitik – Europapolitik. Grundsätzliche Erklärungen während des ersten Jahres im Auswärtigen Amt, Berlin 1968; Bortfeldt, Brandt-Reden 1961–1965, a.a.O.; Presse- und Informationsamt der Bundesregierung (Hrsg.), Willy Brandt, Reden und Interviews 1968–1969, Bonn 1969; dass., Bundeskanzler Brandt, Reden und Interviews, Bonn 1971; zu den außen- und entspannungspolitischen Konzeptionen vgl. auch Ernst Kuper, Frieden durch Konfrontation und Kooperation. Die Einstellung von Gerhard Schröder und Willy Brandt zur Entspannungspolitik, Stuttgart 1974.

nahmen die Bündniskomponente in der amerikanischen Außenpolitik gestärkt sehen wollte, betrachtete die SPD einen über die Verpflichtungen von 1954 hinausgehenden Verzicht der Bundesrepublik auf jedwede militärische nukleare Option als eine Entspannungsmaßnahme, die eine Voraussetzung für die Normalisierung der Beziehungen zu den osteuropäischen Staaten war.[152] Der Beitritt der Bundesrepublik zum Weltraumvertrag vom Dezember 1966 war angesichts dessen geringer politischer Bedeutung unproblematisch; einer Aufwertung der DDR wurde durch den bereits beim Teststop-Vertrag von der Bundesregierung und den westlichen Depositarmächten erprobten »disclaimer« vorgebeugt.[153] Die Sorge vor einer Aufwertung der DDR hinderte Bonn auch vorerst daran, Mitglied der Genfer Abrüstungskonferenz zu werden.[154]

Die gegenläufigen Prioritäten in der Deutschland- und Bündnispolitik führten dazu, daß die Rüstungskontrollpolitik – ebenso wie die von Wa-

151 Strauß war Ende 1962 im Zuge der »Spiegel-Affäre« aus der Bundesregierung ausgeschieden und mußte sich bis zur Bildung der Großen Koalition auf seine – vor allem publizistisch nicht ganz einflußlose – Rolle als CSU-Vorsitzender beschränken. In der Regierung Kiesinger hatte Strauß das Amt des Finanzministers inne und konzentrierte sich vor allem auf währungs- und wirtschaftspolitische Fragen.

152 Zur Kontroverse um den Nichtverbreitungs-Vertrag in der Bundesrepublik vgl. unten, Kap. VII, S. 633 ff.

153 Vgl. Vertrag über die friedliche Erforschung und Nutzung des Weltraums vom 27. 1. 1967, in: Arms Control and Disarmament Agency (Hrsg.), Arms Control and Disarmament Agreements 1959–1972, Washington 1980, S. 51–55; deutscher Text (der unverändert unterzeichneten UN-Resolution vom 19. 12. 1966) in: EA 1/1967, S. D 1–5; zur Vorgeschichte und Bedeutung dieses Vertrages vgl. Georg W. Rehm, Rüstungskontrolle im Weltraum, Bonn, Wien, Zürich 1965; ders., Die politisch-militärische Bedeutung des Weltraum-Vertrages vom 27. Januar 1967, in: EA 8/1967, S. 287–296. Bei der Unterzeichnung des Vertrages erklärte die Bundesregierung, daß der Beitritt der DDR keine rechtlichen Konsequenzen für die Bundesrepublik habe, vgl. Bulletin, Nr. 12, 8. 2. 1967, S. 91.

154 Die Bundesregierung hat sich im Frühjahr 1969, anläßlich der Erweiterung der Genfer 18-Mächte-Abrüstungskonferenz, um Aufnahme in dieselbe bemüht. Die Sowjetunion und die osteuropäischen Staaten waren dazu unter der Bedingung bereit, daß auch die DDR Mitglied des Genfer Abrüstungsausschusses wurde. In internen Überlegungen innerhalb der Bundesregierung wurde eine gleichzeitige Mitgliedschaft mit der DDR auch in Erwägung gezogen. Da die Genfer Abrüstungskonferenz keine Unter- oder Sonderorganisation der Vereinten Nationen ist, hätte hier die »Wiener Formel« (Mitglieder der Vereinten Nationen oder ihrer Sonderorganisation) keine Anwendung gefunden. Sei es aus Sorge vor einer internationalen Aufwertung der DDR oder sei es aus bündnispolitischen Rücksichten, die Bundesregierung verzichtete jedenfalls in der Folge darauf, ihrem Wunsch nach Mitgliedschaft in diesem Gremium politischen Nachdruck zu verleihen; vgl. Bonn Seeks Seat At Geneva Talks, in: NYT, 20. 3. 1969; Sowjetische Antwort an Brandt. Roschtschin in Genf: Zulassung zur Abrüstungskonferenz nur für beide Deutschland, in: SZ, 21. 3. 1969; Ostberlin strebt zur Abrüstungskonferenz. In Genf wollen die Amerikaner das Aufnahmegesuch der DDR ablehnen, in: SZ, 18. 4. 1969.

shington geführte Détente-Politik – zu Negativposten der Sicherheitspolitik wurden, die ein defensives Taktieren erforderte. Eine konstruktive Mitwirkung der Bundesrepublik im Entspannungsdialog war erst möglich, als sich Bonn zur Hinnahme und faktischen Anerkennung des Status quo durchgerungen hatte[155] – nach Bildung der Sozialliberalen Koalition – und zum anderen, nachdem das westliche Bündnis im Harmel-Report den Widerspruch zwischen Verteidigungsfähigkeit und Entspannungsbereitschaft zugunsten eines militärische und politische Elemente integrierenden Sicherheitskonzeptes aufgehoben hatte.[156]

3. *Die Doppelstrategie der NATO: Verteidigungsfähigkeit und Verhandlungsbereitschaft*

In gewisser Weise markierte der »Harmel-Bericht« – vom NATO-Rat im Dezember 1967 verabschiedete Leitsätze über die künftigen Aufgaben der Allianz – den Beginn einer neuen Phase in der westlichen Bündnispolitik. Zusätzlich zu der Aufgabe, den militärischen Schutz der NATO-Staaten gegen einen möglichen Angriff von außen zu sichern, wurde dem Bündnis nunmehr die Funktion übertragen, auch Träger einer gemeinsamen Entspannungspolitik zu sein. Im einzelnen hieß es in dem Bericht, den die Außenminister der NATO am 14. Dezember 1967 verabschiedeten: »Die Atlantische Allianz hat zwei Hauptfunktionen. Die erste besteht darin, eine ausreichende militärische Stärke und politische Solidarität aufrechtzuerhalten, um gegenüber Aggression und anderen Formen von Druckanwendung abschreckend zu wirken; und das Gebiet der Mitgliedstaaten zu verteidigen, falls es zu einer Aggression kommt. Seit ihrer Gründung hat die Allianz diese Aufgabe erfolgreich erfüllt. Aber die Möglichkeit einer Krise kann nicht ausgeschlossen werden, solange die zentralen politischen Fragen in Europa, zuerst und zunächst die Deutschland-Frage, ungelöst bleiben. Außerdem schließt die Situation mangelnder Stabilität und Ungewißheit noch immer eine ausgewogene Verminderung der Streitkräfte aus. Unter diesen Umständen werden die Bündnispartner zur Sicherung des Gleichgewichts der Streitkräfte das erforderliche militärische Poten-

155 Vgl. unten, Kap. IV, S. 322 ff.
156 Vgl. Bericht über die künftigen Aufgaben der Allianz vom 14. 12. 1967, in: EA 3/1968, S. D 74–77.

tial aufrechterhalten und dadurch ein Klima der Stabilität, der Sicherheit und des Vertrauens schaffen. In diesem Klima kann die Allianz ihre zweite Funktion erfüllen: die weitere Suche nach Fortschritten in Richtung auf dauerhafte Beziehungen, mit deren Hilfe die grundlegenden politischen Fragen gelöst werden können. Militärische Sicherheit und eine Politik der Entspannung stellen keinen Widerspruch, sondern eine gegenseitige Ergänzung dar. Die kollektive Verteidigung ist ein stabilisierender Faktor in der Weltpolitik. Sie bildet die notwendige Voraussetzung für eine wirksame, auf größere Entspannung gerichtete Politik. Der Weg zu Frieden und Stabilität in Europa beruht vor allem auf die konstruktiven Einsatz der Allianz im Interesse der Entspannung. Die Beteiligung der UdSSR und der Vereinigten Staaten wird zur wirksamen Lösung der politischen Probleme Europas erforderlich sein«.[157]
Der schützende Mantel der Sicherheitspolitik würde also künftig mit zwei verschiedenen, aber aufeinander abgestimmte Fäden gewebt werden: der militärischen Verteidigungspolitik und der politischen Entspannungspolitik. Die Verteidigungspolitik würde auch weiterhin der Kettfaden sein, durch den nunmehr das Bündnis das Weberschiffchen der Entspannungspolitik ziehen wollte.

3.1 *Die Konsolidierung des Atlantischen Bündnisses*

Der Harmel-Bericht hatte sowohl die Aufgabe der Funktionsbesinnung wie der Funktionsbestimmung der Allianz: diese war infolge von drei Entwicklungen in Zweifel geraten:

- Die amerikanische Stabilisierungspolitik hatte zu einem politischen Bilateralismus in den Beziehungen zwischen den beiden Supermächten geführt und die Tendenz deutlich werden lassen, daß die Vereinigten Staaten unter bestimmten Umständen – so in der Frage der Nichtweiterverbreitung von Kernwaffen – einer Vereinbarung mit der Sowjetunion Priorität vor den Wünschen und Bedenken der Bündnispartner einräumen würden.
- Ähnlich wie die Vereinigten Staaten hatten auch eine Reihe von westeuropäischen Ländern sich um eine Verbesserung ihrer Beziehungen mit der Sowjetunion und den osteuropäischen Staaten bemüht. Am weitesten war das Frankreich de Gaulles gegangen mit dem Versuch, sich zum präferenziellen Partner im Ost-West-Dialog zu machen, das

157 Ebenda, S. 75 f.

sich damit gleichzeitig gegen eine amerikanische Führungsrolle in der Détente-Politik wandte.

- Das Ausscheiden Frankreichs aus der NATO-Integration und das Herannahen der Möglichkeit einer Kündigung des NATO-Vertrages 1969 ebenso wie die Präokkupation der Vereinigten Staaten durch den Vietnam-Krieg und die in Amerika verstärkt erhobenen Forderungen nach einer Reduzierung des europäischen Engagement warfen ebenfalls die Frage nach der Zukunft des Atlantischen Bündnisses auf.

Mit der Abschwächung des Ost-West-Gegensatzes stellte sich also die Frage nach der Zukunft jener Organisation, die auf seinem Höhepunkt geschaffen worden war und deren Ausbau – insbesondere die Einbeziehung der Bundesrepublik – zu seiner Vertiefung beigetragen hatte. Sollte nunmehr das Bündnis in seiner Bedeutung herabgestuft, vielleicht durch den Entspannungsprozeß langfristig überflüssig gemacht werden? Die Überlegungen einiger westlicher Politiker, auch des damaligen Außenministers Willy Brandt, gingen in diese Richtung, ebenso die östliche Argumentation. Könnte aber ein die Bündnisse überwölbendes europäisches Sicherheitssystem auch den militärischen Schutz der Westeuropäer gewährleisten und die enge Verbindung der USA mit dem Kontinent sicherstellen? Die Vermutung war nicht so abwegig, daß Frankreich sich den Rückzug aus der NATO-Integration nur leisten konnte, weil für Paris keine militärische Alternative zum NATO-Bündnis einschließlich des europäischen Engagements der USA und eines starken konventionellen westdeutschen Beitrags vorstellbar war. Wenn dieses Bündnis also eine militärische Aufgabe zu erfüllen hatte, die durch eine fortschreitende Ost-West-Annäherung nicht überflüssig wurde, dann mußte seine Rolle so umdefiniert werden, daß die Entspannungspolitik nicht behindert wurde. Darüber hinaus galt es, die Allianz als einen Rahmen zu nutzen, in den die nationalen Entspannungspolitiken der verschiedenen Bündnispartner eingebunden und – soweit wie möglich – in eine gemeinsame vom Bündnis getragene Politik transformiert werden konnten.

Auf Anregung des belgischen Außenministers Harmel hatte daher der NATO-Rat auf seiner Sitzung im Dezember 1966 eine Sonderarbeitsgruppe damit betraut, eine Studie über die künftigen Aufgaben der Allianz zu erstellen und Möglichkeiten zu prüfen, wie die Friedenssicherungsfunktion des Bündnisses gestärkt werden könnte.[158] Vier Politiker

158 Vgl. Kommuniqué über die Tagung des NATO-Ministerrats vom 16. 12. 1966 und Entschließung über die zukünftigen Aufgaben der NATO, in: EA 2/1967, S. D 42–46.

aus den Mitgliedsländern – der Deutsche Klaus Schütz (nach dessen Berufung zum Regierenden Bürgermeister von Berlin der Holländer Patijn), der Brite Sir Duncan Watson, der Belgier Paul Henri Spaak und der Amerikaner Foy Kohler – wurden beauftragt, Berichte über die verschiedenen Aspekte vorzulegen, die dann schließlich zum sogenannten »Harmel-Bericht« zusammengefaßt wurden. Diese Tatsache, sowie der Umstand, daß der Schlußbericht für alle Staaten, einschließlich Frankreich, akzeptabel sein sollte, erklärt auch die sehr summarische Formulierung der Bündnisziele einerseits und die Referenz vor der Sourveränität und Autonomie der Bündnismitglieder bei der Verfolgung der gemeinsamen Aufgaben andererseits.[159]
Als höchstes politisches Ziel der Allianz wurde in dem Bericht die Verwirklichung einer gerechten und dauerhaften Friedensordnung in Europa bezeichnet, ohne daß diese näher definiert oder etwas darüber ausgesagt wurde, wie sie verwirklicht werden sollte. Als Voraussetzung für eine dauerhafte Regelung wurde zwar die Lösung der deutschen Frage im Sinne einer Überwindung der Teilung, die Aufrechterhaltung eines ausgewogenen militärischen Kräfteverhältnisses sowie Maßnahmen der Abrüstung und Rüstungsbeschränkung einschließlich der Möglichkeit einer Truppenverminderung ernannt, doch blieb offen, welche Schritte konkret in Aussicht genommen werden sollten und was Fernziel blieb. Diese Unklarheiten und Widersprüche unterstreichen, daß der Harmel-Bericht kein Programm der Allianz für eine gemeinsame Entspannungspolitik, sondern vielmehr ein Instrument der Bündnispolitik war, mit dem sich die NATO-Staaten zur Aufrechterhaltung der militärischen Verteidigungsfähigkeit und zur politischen Geschlossenheit des Bündnisses verpflichteten sowie gleichzeitig anerkannten, daß sie sowohl einzeln als auch gemeinsam ein legitimes – und mit den militärischen Aufgaben der Allianz zu vereinbarendes – Interesse an besseren Beziehungen zur Sowjetunion und den osteuropäischen Staaten hatten. Daraus entstand dann die Philosophie von den zwei Pfeilern – Abschreckung und Verteidigung zum einen, Verhandlung und Entspannung zum anderen –, auf die in Zukunft die gemeinsame Allianzpolitik gegründet werden sollte.
Mit dem Harmel-Bericht wurden Überlegungen aufgegriffen, die zuvor in den einzelnen Mitgliedstaaten entwickelt worden waren: der zunächst

159 Vgl. auch Lothar Ruehl, Die neuen Ziele im Atlantischen Bündnis und die Fortsetzung der westlichen Détentepolitik nach Prag, in: Karl Kaiser u. a. (Hrsg.), Die Internationale Politik 1968–1969, München u. Wien 1974 (Jahrbücher des Forschungsinstituts der Deutschen Gesellschaft für Auswärtige Politik), S. 318–347 (S. 343).

vom amerikanischen Präsidenten Johnson aufgeworfene Gedanke eines »Brückenschlages« zwischen Ost und West,[160] das vom französischen Staatspräsidenten de Gaulle benutzte Konzept der »Détente-Entente-Coopération«[161] oder das von Außenminister Brandt entwickelte Konzept einer »Europäischen Friedensordnung«.[162] Gleichzeitig reagierte das Bündnis auf die Entspannungsinitiativen des Warschauer Paktes, der im Juli 1966 im »Bukarester Appell« den Westen aufgefordert hatte, gutnachbarliche Beziehungen auf der Grundlage der Prinzipien der friedlichen Koexistenz zu entwickeln und konkrete Maßnahmen vorgeschlagen hatte, über die auf einer europäischen Sicherheitskonferenz beraten werden sollte. Diese Aufforderung war in einer »Erklärung für den Frieden und die Sicherheit in Europa« wiederholt worden, die von einer Konferenz kommunistischer Parteiführer im April 1965 in Karlsbad verabschiedet worden war.[163] Gerade die Karlsbader Erklärung - die drei Monate nach der Aufnahme diplomatischer Beziehungen zwischen Bonn und Bukarest kam - zeigte, daß auch im Osten die Notwendigkeit gesehen wurde, die bilateralen Westkontakte der Blockstaaten in einen multilateralen Kontext einzubinden. Als Mittel dazu bot sich zum einen die Ulbricht-Doktrin an - die auch als »umgekehrte Hallstein-Doktrin« bezeichnet wurde, weil Beziehungen zu Bonn davon abhängig gemacht wurden, daß zuvor die DDR anerkannt worden war - und zum anderen das Projekt einer Konferenz über Sicherheit und Zusammenarbeit in Europa, das zu einem bedeutsamen Vehikel des Ost-West-Dialoges wurde.[164] Alle diese

160 Vgl. die Rede des amerikanischen Präsidenten, Lyndon B. Johnson, vor der Konferenz amerikanischer Leitartikler am 7. 10. 1966 in New York, in: EA 20/1966, S. D 517–521. In dieser Rede nannte Johnson drei gemeinsame Aufgaben, vor die Amerikaner und Europäer gestellt seien: 1. Die Stärkung und Modernisierung der NATO; 2. die Förderung der westeuropäischen Integration; und 3. Fortschritte in den Ost-West-Beziehungen, um die Spaltung Europas auf friedlichem Wege zu heilen.

161 Vgl. Modèles de sécurité européenne, a.a.O.; ferner Gemeinsame französisch-sowjetische Erklärung vom 30. 6. 1966 anläßlich des Besuches von Staatspräsident de Gaulle in der Sowjetunion, in: EA 15/1966, S. D 389–392; sowie Gemeinsame französisch-polnische Erklärung vom 12. 9. 1967, a.a.O.

162 Vgl. die Rede von Außenminister Willy Brandt am 14. 12. 1966 vor der WEU-Versammlung, in: Brandt, Außenpolitik - Deutschlandpolitik - Europa-Politik, a.a.O., S. 12–19; ferner das Interview Brandts mit dem Deutschlandfunk am 2. 7. 1967, ebenda, S. 80–89 (S. 85 f.).

163 Vgl. die Erklärung der Teilnehmerstaaten des Warschauer Vertrages vom 6. 7. 1966 zur europäischen Sicherheit, in: EA 16/1966, S. D 414–424; Erklärung der auf der Konferenz in Karlsbad vertretenen kommunistischen und Arbeiter-Parteien Europas vom 26. 4. 1967, in: EA 11/1967, S. D 259–266. Zu den Motiven der sowjetischen Politik vgl. Gerhard Wettig, Das europäische Staatensystem in der sowjetischen Außenpolitik 1966–1972, Düsseldorf 1972.

164 Vgl. unten, Kap. V.

Entwicklungen – der Wunsch der westlichen Staaten nach einer Normalisierung ihrer Beziehungen zu den Osteuropäern, die von der Sowjetunion und den osteuropäischen Staaten betriebene Aktivierung des gesamteuropäischen Dialoges, sowie der auf beiden Seiten vorhandene Zwang, diese Bestrebungen in den jeweiligen Allianzsystemen zu kanalisieren – machten das westliche Bündnis zu einem hervorragenden Träger der Entspannungsdynamik und verliehen rückblickend dem »Harmel-Bericht« programmatische Relevanz.

3.2 *»Harmel-Bericht« und »neue Ostpolitik«*

In den sechziger Jahren begann auch die Bundesrepublik, ihre Beziehungen zu den osteuropäischen Staaten zu verbessern. Ein erster Schritt war die Errichtung von Handelsmissionen in Warschau, Budapest und Bukarest, ein weiterer das Angebot von Gewaltverzichtserklärungen, das das Kernstück der »Friedensnote« Bonns vom März 1966 bildete.[165] Die Bundesregierung reagierte mit derartigen Schritten primär auf die ostpolitischen Aktivitäten ihrer Partner; zum einen wollte sie den Franzosen und Italienern den osteuropäischen Markt nicht allein überlassen; zum anderen fürchtete sie ein »Entspannungsgefälle« und eine sicherheits- sowie deutschlandpolitische Isolierung Bonns, wenn es nicht gelang, die eigenen Interessen in den Entspannungsdialog einzubringen. Johnson-Rede und Harmel-Studie – ebenso wie zahlreiche inoffizielle Kontakte – sollten Bonn zur größeren Flexibilität in Fragen der Rüstungskontrolle und Entspannung veranlassen. Nichtverbreitungsvertrag und europäische Rüstungskontrollmaßnahmen waren eben nur dann sinnvoll, wenn sich die Bundesrepublik an ihnen beteiligte. Da diese jedoch nicht bereit war, ein Sicherheitsrisiko einzugehen, mußte das Bündnis als Rückhalt und Rückversicherungsvertrag auf Gegenseitigkeit reaktiviert werden.
Das Hauptproblem bestand jedoch darin, die Bundesrepublik zur Hinnahme des Status quo zu veranlassen. Da die Zeit für eine formelle Anerkennung der nach dem Zweiten Weltkrieg für Europa entstandenen Realitäten noch nicht reif schien, wollten die Westmächte die politischen Fragen aus dem Entspannungsdialog ausklammern, während sie sich gleichzeitig der Kooperation der Bundesrepublik dadurch zu versichern such-

165 Vgl. Zirkularnote der Bundesregierung vom 25. 3. 1966 zur deutschen Friedenspolitik, in: EA 7/1966, S. D 171–175.

ten, daß sie verbal die Position Bonns in der deutschen Frage unterstützten, die auf eine Überwindung des Status quo hinauslief.
Dem Westen blieb der Offenbarungseid erspart, ob er nun der Anerkennung oder der Überwindung des Status quo Vorrang gab, da sich in der zweiten Hälfte der sechziger Jahre auch die Bundesrepublik in Richtung auf die Hinnahme des Status quo hinbewegte. Nachdem der Schock des Mauerbaus abgeklungen war, mehrten sich in der innenpolitischen Diskussion diejenigen Stimmen, die für eine Aufgabe des Alleinvertretungsanspruchs und für eine Normalisierung der Beziehungen zu den mittel- und osteuropäischen Staaten unter Einschluß der DDR eintraten. Als erste der politischen Parteien überschritt die SPD auf ihrem Dortmunder Parteitag im Juni 1966 den Rubikon, indem sie die DDR in die Bemühungen um eine Normalisierung der Beziehungen explizit miteinbezog und zwischen dem Nahziel menschlicher Erleichterungen und dem Fernziel einer Wiedervereinigung unterschied.[166] Die Große Koalition ging diesen Weg weiter. Aus einer innenpolitischen Krisensituation entstanden, in der ein Verbleiben der CDU/CSU an der Regierung nur zusammen mit der SPD möglich war, akzeptierte die traditionelle Regierungspartei die entspannungspolitischen Forderungen des neuen Koalitionspartners.[167] Bundeskanzler Kiesinger stellte in seiner Regierungserklärung am 13. Dezember 1966 die Außenpolitik unter das Leitwort der Friedenspolitik und erklärte, daß die Bundesrepublik sich um eine Beseitigung der politischen Spannungen und um eine Eindämmung des Wettrüstens bemühen werde. In diesem Zusammenhang sagte er, daß Bonn weder eine nationale Verfügungsgewalt über Atomwaffen noch ihren Mitbesitz anstrebte. Im ost- und entspannungspolitischen Teil des Regierungsprogramms wiederholte er die Bereitschaft der Bundesregierung zum Austausch von Gewaltverzichts-Erklärungen mit der Sowjetunion und den anderen osteuropä-

166 Vgl. die Reden von Herbert Wehner, Willy Brandt und Helmut Schmidt auf dem Dortmunder Parteitag, in: Protokoll der Verhandlungen und Anträge vom Parteitag der Sozialdemokratischen Partei Deutschlands vom 1.–5. 6. 1966 in Dortmund, Bonn o. J., S. 15–17, S. 60–89, S. 448–450; Entschließung zur Deutschlandpolitik unter sich ändernden weltpolitischen Bedingungen, ebenda, S. 1049–1058; vgl. ferner Kurt Thomas Schmitz, Deutsche Einheit und Europäische Integration. Der sozialdemokratische Beitrag zur Außenpolitik der Bundesrepublik Deutschland unter besonderer Berücksichtigung des programmatischen Wandels einer Oppositionspartei, Bonn 1978, S. 161 ff.

167 Vgl. Aufgaben einer neuen Bundesregierung. Grundlage für die Koalitionsverhandlungen zur Bildung einer neuen Bundesregierung vom November 1966, in: Vorstand der SPD (Hrsg.), Y 1. Grundsätze Sozialdemokratischer Wehrpolitik, Bonn 1970, S. 95–97.

ischen Staaten, weitete diese jedoch nunmehr auf »das ungelöste Problem der deutschen Teilung« aus und ergänzte sie durch den Wunsch nach Aussöhnung und Verständigung mit Polen und der CSSR.[168] Damit hatte sich die Bundesrepublik in den westlichen Entspannungsdialog eingereiht und in die Lage versetzt, diesen auch in ihrem Sinne zu beeinflussen.

Bonn arbeitete in den folgenden Jahren im Rahmen des Bündnisses sowohl an der Ausarbeitung des Harmel-Berichts als auch bei der Entwicklung von Positionspapieren zu Fragen der europäischen Sicherheit mit. Die neue Ostpolitik hatte die Aufgabe, die Beziehungen vor allem zur Sowjetunion, aber auch zu den anderen osteuropäischen Staaten zu normalisieren, um damit die Voraussetzungen für eine langfristige Lösung der deutschen Frage zu schaffen. Im einzelnen bestand diese Politik aus drei Elementen, den »3 V's«: Gewaltverzicht, Truppenverminderung und Nichtverbreitung. Mit Hilfe eines allgemeinen Gewaltverzichtes sollte die Hinnahme des Status quo ohne Aufgabe von Rechtspositionen in der deutschen Frage und im Hinblick auf den Friedensvertrags-Vorbehalt in der Grenzfrage bewerkstelligt werden. Durch Verhandlungen über eine beiderseitige Truppenreduzierung sollte die europäische Sicherheit auf einem niedrigeren Streitkräfteniveau gewährleistet und gleichzeitig Abrüstungsbereitschaft signalisiert werden. Der Verzicht auf jede Art von nationaler nuklearer Waffenoption sollte sowohl ein Akt der Anpassung an den amerikanisch-sowjetischen Arms control-Dialog als auch eine vertrauensbildende Maßnahme gegenüber den osteuropäischen Staaten sein.[169]

Die Kompliziertheit der anstehenden Probleme einerseits, das Zögern Bonns bei der Hinnahme des Status quo andererseits, verhinderten jedoch rasche Verhandlungsfortschritte. Die Intervention der Warschauer Pakt-Truppen in der CSSR im August 1968 brachte den Ost-West-Entspannungsprozeß – allerdings nur für einige Monate – völlig zum Erliegen. In der Bundesrepublik führten die Schwierigkeiten des Gewaltverzichts-Dialoges und die verstärkte Konfrontationspolitik der Warschauer Pakt-Staaten zum Zerfall des außenpolitischen Konsenses zwischen den Koali-

168 Vgl. die Regierungserklärung von Bundeskanzler Kurt-Georg Kiesinger vom 13. 12. 1966, in: Bulletin, Nr. 157, 14. 12. 1966, S. 1268–1270 bzw. 1273–1275. Den »Kurswechsel« in der Sicherheits- und Entspannungspolitik der Bundesrepublik akzentuiert Theo Sommer, Bonn Changes Course, in: FA, Bd. 45, Nr. 3 (April 1967), S. 477–491.

169 Zum Gewaltverzicht vgl. unten, Kap. IV; zu den Verhandlungen über beiderseitige, ausgewogene Truppenreduzierungen vgl. unten, Kap. VI; und zum Verzicht auf Kernwaffen vgl. unten, Kap. VII.

tionsparteien; die Große Koalition degenerierte zum Machterhaltungsbündnis. Erst die Bildung der Sozialliberalen Koalition befreite die Bundesrepublik aus der neuerlichen außenpolitischen Erstarrung und machte den Weg frei für eine aktive Ost- und Entspannungspolitik.[170]
Mit Ausnahme der bilateralen Gewaltverzichts-Verhandlungen mit der Sowjetunion und den osteuropäischen Staaten, die Anfang der siebziger Jahre zum Abschluß der Ost-Verträge und des Grundlagenvertrages mit der DDR führten, war die Entspannungspolitik der Bundesrepublik primär Sicherheits- und Bündnispolitik. Aber auch die Ostvertragspolitik bedurfte des Rückhaltes und – wie das Vier-Mächte-Abkommen über Berlin zeigte – der Unterstützung durch die Westmächte. Egon Bahr hat auf diesen Gesichtspunkt besonders hingewiesen: »Ebenso wie unser Gewaltverzicht mit der Sowjetunion des Bündnisses bedurfte, bedarf der Verzicht auf die Anwendung von Atomwaffen zwischen den beiden Großmächten der Bündnissysteme, und zwar in einem doppelten Sinne. Einmal ist das Bündnis als Rückversicherung unerläßlich, falls der Gewaltverzicht nicht funktioniert. Zum anderen gibt es die größere Chance für das Funktionieren des Gewaltverzichts, weil es die Bündnissysteme gibt. Der Atompakt gibt dem Bündnis und seinen Partnern zusätzliche Sicherheit, und er gewinnt Stabilität, weil die Bündnisse auf beiden Seiten auch in ihrer Abschreckungsqualität glaubwürdig bleiben. Sie bleiben verläßlich, weil sie, ebenso wie der Vertrag zur Nichtanwendung von Atomwaffen, dem gleichen Grundinteresse entsprechen: der Status quo darf nicht durch Gewalt verändert werden. Die Transformation verlangt Stabilität«.[171]
Die Sicherheits- und Entspannungspolitik wurde ergänzt durch eine aktive Bündnis- und Europa-Politik. Nach der durch den verstärkten Bilateralismus der Supermächte bewirkten Krise des Bündnisses Mitte der sechziger Jahre, dem Auszug Frankreichs aus der NATO-Integration und den Tendenzen zum einseitigen Truppenrückzug aus Westeuropa, hatte die innere Konsolidierung Vorrang. Diesem Zweck diente einmal der Ausbau des Konsultationsmechanismus in der NATO[172] und zum anderen die

170 Zur Ostvertragspolitik vgl. unten, Kap. IV, S. 322 ff.

171 Egon Bahr, Der Gewaltverzicht und die Allianzen, in: AP, H. 3, 1973, S. 243–254 (S. 251). Bahr bezog sich in diesem Artikel auf das im Juni d. J. zwischen den USA und der UdSSR abgeschlossene Abkommen zur Vermeidung von Nuklearkriegen.

172 Hier wäre vor allem die Tätigkeit der Nuklearen Planungsgruppe zu nennen, vgl. oben, S. 177 f. Zum politischen Konsultationsinstrumentarium in der NATO vgl. Roger Hill, Political Consultation in NATO, Toronto 1978; Wilfried Hofmann, Die Beteiligung der Bundesrepublik Deutschland an den Entscheidungsprozessen der NATO, in: Forschungsinstitut der Deutschen Gesellschaft für Auswärtige Politik (Hrsg.), Regionale Verflechtung der Bundesrepublik Deutschland. Empirische Analysen und theoretische Probleme, München u. Wien 1973, S. 143–165.

verschiedenen Schritte der westeuropäischen Partner - hier vor allem der Bundesrepublik - im Sinne eines verstärkten Burden-sharing. Vereinbarungen über die in Westdeutschland stationierten amerikanischen, britischen und französischen Truppen wurden ergänzt durch deutsch-amerikanische und deutsch-britische Devisenausgleichsabkommen[173] und verstärkte europäische Leistungen zum Infrastrukturprogramm.[174] Auch akzeptierte die NATO 1967 nunmehr offiziell das strategische Konzept der flexiblen Erwiderung und machte es zur Grundlage seiner eigenen Streitkräfte- und Einsatzplanung. In der Europa-Politik gelang es, mit den Beschlüssen von Den Haag einen neuen Anlauf zur Verwirklichung der Wirtschafts- und Währungsunion zu nehmen und 1972 die Verhandlungen mit Großbritannien und den anderen drei Beitrittskandidaten zu einem erfolgreichen Abschluß zu bringen.[175] Aus Bonner Sicht war die Westeuropa-Politik Voraussetzung und Korrelat der Osteuropa-Politik; im Brandtschen Konzept einer europäischen Friedensordnung hatten die westlichen Zusammenschlüsse exemplarischen Charakter ebenso wie sie Elemente einer Block- und Gesellschaftssysteme übergreifenden gesamteuropäischen Ordnung sein sollten.[176]

3.3 *Die SALT-Vereinbarungen als Ergebnis amerikanisch-sowjetischen Bilateralismus*

In der Außenpolitik der USA war seit der Kuba-Krise eine Zweigleisigkeit von amerikanisch-sowjetischem Bilateralismus und die Bündnispartner einbeziehender multilateraler Détente-Politik angelegt. Die zum Har-

173 Vgl. die Erklärungen des Auswärtigen Amtes sowie des amerikanischen Außenministeriums vom 2. 5. 1967 zum Abschluß der deutsch-britisch-amerikanischen Gespräche über Truppenstationierung und Devisenausgleich, in: EA 11/1967, S. D 254–258; ferner den deutsch-französischen Briefwechsel vom 21. 12. 1966 über Stationierungsrecht und Statusfragen der französischen Truppen in Deutschland, in: EA 2/1967, S. D 46–48. Zum Zusammenhang von Truppenpräsenz und Devisenausgleich vgl. Elke Thiel, Dollar-Dominanz, Lastenteilung und amerikanische Truppenpräsenz in Europa. Zur Frage kritischer Verknüpfungen währungs- und stationierungspolitischer Zielsetzungen in den deutsch-amerikanischen Beziehungen, Baden-Baden 1979; Gregory F. Treverton, The »Dollar Drain« and American Forces in Germany. Managing the Political Economics of Alliance, Athens, Ohio 1978.

174 NATO Information Service (Hrsg.), NATO - Facts and Figures, Brüssel 1976, S. 149 ff.

175 Vgl. Herbert Müller-Roschach, Die deutsche Europapolitik 1949–1977. Eine politische Chronik, Bonn 1980, S. 217 ff.

176 Vgl. Brandt, Begegnungen und Einsichten, a.a.O., S. 320.

mel-Bericht führenden Überlegungen waren ein Versuch, wenigstens für die Fragen der europäischen Sicherheit das Bündnis als gemeinsamen Verhandlungsrahmen zu aktivieren. Auf der global-strategischen Ebene vollzogen sich jedoch eine Reihe von Entwicklungen, die beide Supermächte zunehmend nach bilateralen Absprachen suchen ließen. Zum einen zeichnete sich ab, daß die Sowjetunion bei einer Fortsetzung der gegenwärtigen Rüstungsprogramme Mitte der siebziger Jahre einen Zustand annähernder strategischer Parität erreicht, die Vereinigten Staaten also ihre strategische Überlegenheit verloren haben würden.[177] Durch neue rüstungstechnologische Entwicklungen – Bau und Dislozierung von Raketenabwehrsystemen (ABM) und Mehrfachsprengköpfen (MIRV) – wurde gleichzeitig die durch Zweitschlagspotentiale gesicherte Vernichtungsfähigkeit und damit die Stabilität der Abschreckung in Frage gestellt. Schließlich waren beide Weltmächte in Konflikte außerhalb der klassischen Bruchlinien des Ost-West Gegensatzes verwickelt – die USA in den Vietnam-Krieg, die Sowjetunion in den durch die Schüsse am Ussuri dramatisierten Gegensatz zur Volksrepublik China – in denen das Wohlverhalten der anderen Weltmacht für den Ausgang wesentlich war. Hinzu kamen innenpolitische Zwänge, die auf Seiten der USA in Richtung auf Reduzierung der Rüstungslasten und des weltpolitischen Engagements drängten. Die Sowjetunion sah sich dagegen vor Probleme der Ressourcenallokation gestellt, die sie durch verstärkten Kapital- und Technologieimport zu beheben suchte.
In dieser Situation unternahm die Regierung Nixon/Kissinger (letzterer zunächst in der Funktion eines Sicherheitsberaters, ab September 1973 als Außenminister) den Versuch, mit einer breit angelegten »Strategie des Friedens« den machtpolitischen Gegensatz zur Sowjetunion einzuhegen (und, mit der Nixon-Doktrin, den Verbündeten der USA größere Verantwortung sowohl für die gemeinsame militärische Sicherheit als auch für die Ost-West-Entspannung zu übertragen).[178] Zu diesem Zweck sollte die

177 Vgl. u. a. Hedley Bull, The Scope for Soviet-American Agreement, in: Soviet-American Relations and World Order: Arms Limitations and Policy, London 1970, S. 1–15 (Adelphi Papers, Nr. 65); Johan Jörgen Holst, Parity, Superiority or Sufficiency? Some Remarks on the Nature and Future of the Soviet-American Strategic Relationship, ebenda, S. 25–39.

178 Vgl. Richard Nixon, U.S. Foreign Policy for the 1970's. A New Strategy for Peace, Bericht an den Kongreß vom 18. 2. 1970, in: DSB, Bd. 64, Nr. 1602, 9. 3. 1970, S. 273–332, dt. Auszüge in: EA 7/1970, S. D 150–174. Die Berichte der folgenden Jahre tragen die programmatischen Untertitel »Building for Peace«, 25. 2. 1971 (in: DSB, 22. 3. 1971, S. 341–432), »The Emerging Structure of Peace«, 9. 2. 1972 (in: DSB, 13. 3. 1972, S. 313–418), »Shaping A Durable Peace«, 3. 5. 1973 (in: DSB,

noch vorhandene strategische Überlegenheit operationalisiert und als Gegenleistung für eigene rüstungspolitische Zurückhaltung - beim Bau und der Dislozierung von ABM-Systemen und von Mehrfachsprengkörpern - Hilfestellung bei der Beendigung des Vietnam-Konfliktes, vor allem aber Zurückhaltung in den Krisengebieten der Dritten Welt, erlangt werden.
Diese Strategie des »linkage« ging jedoch nicht auf, da Moskau zwar an einer Festschreibung der strategischen Parität (vor allem aber an Beschränkungen der amerikanischen ABM-Rüstung) und an einer Intensivierung der wirtschaftlichen und technologischen Beziehungen zum Westen interessiert war, jedoch nicht darin einwilligen konnte, auf Weltpolitik zu verzichten - und das bedeutete eben auch Intervention in außereuropäischen Regionen. Diese mangelnde Kongruenz sowjetischer und amerikanischer Zielsetzungen wurde allerdings erst Mitte der siebziger Jahre deutlich - vor allem am Beispiel des Nahen Ostens - zunächst dominierte eine aus rüstungspolitischen Interaktionen gespeiste Verhandlungsdynamik zwischen Moskau und Washington.[179]
Das Gipfeltreffen zwischen Präsident Nixon und Generalsekretär Breschnjew im Mai 1972 in Moskau markiert den Höhepunkt amerikanisch-sowjetischer Détente-Politik. Bei dieser Begegnung wurden Vereinbarungen auf vier Gebieten getroffen:

- Beide Seiten einigten sich auf Leitsätze für die gegenseitigen Beziehungen, in denen sie erklärten, diese auf der Grundlage der Gleichheit und gemäß den Prinzipien der friedlichen Koexistenz weiterentwickeln zu wollen. Gleichzeitig übernahmen sie die Verpflichtung zum Verzicht auf Anwendung oder Androhung von Gewalt und zur Verhinderung von militärischen Konfrontationen, insbesondere von nuklearen Konflikten. Diese Vereinbarung wurde im Juni 1973 durch das Abkommen zur Verhinderung von Nuklearkriegen weiter präzisiert.
- Die USA und die Sowjetunion unterzeichneten einen Vertrag über die Beschränkung des Baus von Raketenabwehr-Systemen und eine Interimsvereinbarung über die quantitative Begrenzung von strategischen

4. 6. 1973, S. 717–834). Vgl. jetzt auch Gebhard Schweigler, Von Kissinger zu Carter. Entspannung im Widerstreit von Innen- und Außenpolitik 1969–1981, München und Wien 1982.

179 Vgl. dazu Roger P. Labrie (Hrsg.), SALT Handbook. Key Documents and Issues 1972–1979, Washington, D.C. 1979; Thomas W. Wolfe, The SALT Experience, Cambridge, Mass. 1979; Mason Willrich u. John B. Rhinelander (Hrsg.), SALT. The Moscow Agreements and Beyond, New York u. London 1974; Morton A. Kaplan (Hrsg.), SALT: Problems and Prospects, Morristown, N.J. 1973; William R. Kintner u. Robert L. Pfaltzgraff, Jr. (Hrsg.), SALT: Implications for Arms Control in the 1970's, Pittsburgh 1973.

Waffensystemen mit einer Laufzeit von fünf Jahren – die SALT I-Verträge. Gleichzeitig sollten die Verhandlungen über eine Begrenzung der strategischen Waffensysteme fortgeführt werden, um die Interimsvereinbarung durch ein umfassendes SALT-Abkommen zu ersetzen.

- Die amerikanische und die sowjetische Regierung trafen prozedurale Absprachen über den Fortgang des europäischen Entspannungsdialoges, deren wichtigste die Entkoppelung von KSZE und MBFR war. Im September 1972 wurde diese Vereinbarung dahingehend konkretisiert, daß im November des gleichen Jahres in Helsinki multilaterale Konsultationen zur Vorbereitung einer Konferenz über Sicherheit und Zusammenarbeit stattfinden und Ende Januar 1973 in einem anderen neutralen Land Vorgespräche für Verhandlungen über beiderseitige, ausgewogene Truppenreduzierungen aufgenommen werden sollten.
- Schließlich unterzeichneten beide Seiten Abkommen über wissenschaftliche und technologische Zusammenarbeit und bereiteten den Abschluß eines Handelsabkommens vor, das im Oktober 1972 unterzeichnet wurde. Diese Vereinbarungen wurden ergänzt durch eine Reihe von weiteren Kooperationsabkommen auf den verschiedensten Gebieten (z. B. Weltraum, Kernenergie, Landwirtschaft usw.).[180]

Mit den beiden SALT-Abkommen wurde zum ersten Mal eine quantitative Begrenzung der zentralen strategischen Systeme vereinbart. Im ABM-Vertrag wurde die Entwicklung von Raketenabwehrsystemen auf je zwei Systeme – ein Hauptstadt-System und eines zum Schutz von Raketenstellungen – beschränkt. Im Interimsabkommen wurde im wesentlichen der gegenwärtige Stand der strategischen Rüstung eingefroren, wobei beiden Seiten jedoch die Fertigstellung der im Bau befindlichen Systeme und – in gewissen Grenzen – die Modernisierung der bestehenden Anlagen erlaubt wurde. Insgesamt wurde für die Vereinigten Staaten eine Höchstzahl von 1054 landgestützten und 710 seegestützten (auf 44 U-Booten) und für die Sowjetunion von 1618 landgestützten und 714 seegestützten Abschußgeräten (bzw. 950 dieser Systeme, wenn dafür ältere Anlagen abgebaut wür-

180 Vgl. den amerikanisch-sowjetischen Vertrag über die Begrenzung von Raketenabwehrsystemen sowie des Interimsabkommens zur Begrenzung strategischer Waffensysteme vom 26. 5. 1972, in: EA 17/1972, S. D 392–404. Die amerikanisch-sowjetische Grundsatzerklärung ist abgedruckt in: EA 12/1972, S. D 289–291. Für einen Überblick vgl. auch Labrie, SALT Handbook, a.a.O., S. 15 ff.; ferner U.S. Arms Control and Disarmament Agency (Hrsg.), Arms Control and Disarmament Agreements, Texts and Histories of Negotiations, Washington, D.C. 1980, S. 132 ff. Die Verhandlungen auf den verschiedenen Ebenen, die zu SALT I führen, werden beschrieben von John Newhouse, Cold Dawn, The Story of SALT, New York, 1973; Gerard Smith, Double-talk. The Story of SALT I, New York 1980.

den) festgelegt.[181] Dieses Protokoll sollte fünf Jahre in Kraft bleiben; bis dahin wollten beide Seiten einen umfassenden SALT-Vertrag abgeschlossen haben. Ursprünglich hofften sie sogar, daß ein SALT II-Abkommen bereits beim Besuch von Generalsekretär Breschnjew im Juni 1973 in Washington fertiggestellt werden könnte. Eine Übereinkunft wurde jedoch dadurch erschwert, daß der Kongreß bei der Ratifizierung der SALT I-Verträge den amerikanischen Verhandlungsführern zur Auflage gemacht hatte, in einem umfassenden SALT-Vertrag für die eigenen Streitkräfte keine niedrigeren Höchstzahlen zu akzeptieren als für diejenigen der Sowjetunion. Weiter ergaben sich Schwierigkeiten qualitativer Festlegungen, insbesondere für die höhere MIRV-Fähigkeit der USA und das größere Wurfgewicht sowjetischer Raketen, sowie hinsichtlich der Anrechnung europäischer und in Europa stationierter Systeme (FBS). Dies führte dazu, daß sich beide Seiten darauf beschränkten, im Sommer 1973 eine – nichtssagende – Erklärung über vereinbarte Verhandlungsprinzipien für SALT II zu unterzeichnen.[182]

Aus europäischer Sicht wurden durch die SALT-Abkommen die vorhandenen Sicherheitsstrukturen nicht oder nicht entscheidend beeinflußt. Insbesondere wurde an dem bestehenden Abschreckungssystem festgehalten, das auf der Fähigkeit der USA sowohl zum atomaren Gegenschlag als auch zur nuklearen Eskalation im Falle eines die Existenz Westeuropas bedrohenden konventionellen Angriffes beruhte. Aus ihrer Sicht wurde die Abschreckungskomponente zusätzlich betont durch die Begrenzung der Raketenabwehrsysteme – die gleichzeitig die Lebensdauer und -Fähigkeit der britischen und französischen Nuklearsysteme verlängerte – und durch die Festlegung von Höchstzahlen für Offensivwaffen, die die gegenseitige Vernichtungsfähigkeit trotz einer gewissen numerischen Disparität der Träger zugunsten der Sowjetunion, nicht aber der einsetzbaren Sprengköpfe, weiterhin gewährleistete.[183]

In dem Interimsabkommen waren sowohl die sowjetischen Mittelstreckenraketen (MRBM) als auch die in Europa stationierten amerikani-

181 Vgl. Schreiben von Außenminister William P. Rogers an den Präsidenten der Vereinigten Staaten vom 13. 6. 1972 mit Erläuterungen zu den SALT-Abkommen, in: EA 17/1972, S. D 405–418 (S. D 415).

182 Vgl. die Zustimmungserklärung beider Häuser des amerikanischen Kongresses, mit Jackson Amendment, Public Law 92–448 vom 30. 9. 1972, in: Labrie, SALT Handbook, a.a.O., S. 141 ff.; die Vereinbarung über Verhandlungsgrundsätze für eine Begrenzung strategischer Waffensysteme vom 21. 6. 1973, ebenda, S. 174 f.

183 Vgl. Andrew Pierre, Das SALT-Abkommen und seine Auswirkungen auf Europa, in: EA 13/1972, S. 431–440; Général Beaufre, La dissuasion au moindre prix, in: Le Figaro, 5. 6. 1972; Adelbert Weinstein, Salt and Pfeffer, in: FAZ, 30. 5. 1972.

schen FBS-Systeme sowie die französischen und britischen Nuklearstreitkräfte ausgeklammert worden.[184] Ursprünglich hatte vor allem die Bundesrepublik eine Einbeziehung der sowjetischen MRBM in den Raketendialog gefordert.[185] Sie war bald jedoch davon abgerückt, als die Sowjetunion mit dem Argument, strategische Waffen seien alle jene Systeme, die das Territorium des Verhandlungspartners erreichen könnten, eine Einbeziehung der FBS gefordert hatte, ohne aber über ihre MRBM reden zu wollen. Während für die Vereinigten Staaten unter bilateralen Stabilitätsgesichtspunkten die in Europa stationierten FBS durchaus negoziabel sein konnten, stellten diese aus europäischer Sicht sowohl ein Gegengewicht zu den überlegenen Landstreitkräften des Warschauer Paktes als auch ein Bindeglied zwischen dem eigenen konventionellen Potential und den strategischen Systemen der USA dar. Amerikanische Überlegungen, Teile der FBS in die MBFR-Verhandlungen oder ein SALT II-Abkommen einzubeziehen, gaben zu der Befürchtung Anlaß, daß der zentrale Eskalationsmechanismus geschwächt werden könnte, auf dem die Sicherheit Europas beruhte. Unter Hinweis auf die in der »Year of Europe-Rede« von Kissinger vorgenommene Differenzierung zwischen globaler und regionaler Verantwortung wurde die Sorge geäußert, die Vereinigten Staaten könnten ihre Verbündeten sicherheitspolitisch »abkoppeln«, indem sie zwar die Verantwortung für die Abschreckung im strategischen Bereich behielten, den westeuropäischen Verbündeten aber die Last der konventionellen Verteidigung zuwiesen.[186]

Diese Besorgnisse wurden noch verstärkt durch das beim Breschnjew-Besuch im Juni 1973 in Washington unterzeichnete Abkommen über die Verhinderung von Nuklearkriegen, in dem beide Weltmächte sich verpflich-

184 Großbritannien verfügte 1972 über 72 nuklearwaffenfähige V-Bomber sowie über 6 Polaris-U-Unterseeboote; Frankreich über 18 Mittelstreckenraketen vom Typ S-2, 36 Mirage-IV Bomber und ein Atom-U-Boot. Die USA unterhielten in Europa ca. 500–600 Flugzeuge vom Typ F-4, F-III, A-6 und A-7, d. h. vorne stationierte und mit Kernwaffen ausgerüstete Systeme, die sowjetisches Territorium erreichen konnten. Im SALT-I-Abkommen wurden nicht nur die sich einer klaren Definition entziehenden FBS, sondern alle Flugzeuge ausgeklammert. Vgl. Military Balance 1972–73, S. 65 f. u. S. 84 f., sowie Strategic Survey 1972, S. 14 ff.

185 Vgl. das Interview von Verteidigungsminister Schmidt in: WELT, 16. 2. 1970, abgedruckt in: Bulletin, Nr. 24, 20. 2. 1970, S. 237–244.

186 Vgl. die Rede des Sicherheitsberaters des amerikanischen Präsidenten, Henry A. Kissinger, am 23. 4. 1973, auf dem Jahresessen von Associated Press in New York über die amerikanische Europa-Politik, in: EA 10/1973, S. D 220–225; ferner g-n (Günther Gillessen), Koppeln die Supermächte ihre Verbündeten ab? Bonn blickt besorgt auf eine neue amerikanische Sicherheitsstrategie, in: FAZ, 21. 6. 1972; ders., Die Abkopplung Europas, in: FAZ, 28. 6. 1972; Andrew J. Pierre, Läßt sich Europas Sicherheit von Amerika »abkoppeln«? In: EA 14/1973, S. 465–481.

teten, alles zu vermeiden, das zum Ausbruch eines nuklearen Konfliktes führen könnte, und sich zu konsultieren bzw. entsprechende Maßnahmen zu ergreifen, wenn durch die Aktionen eines anderen Staates ein solches Risiko entstehen könnte.[187] Die durch das Abkommen in der Bundesrepublik ausgelöste Beunruhigung hatte ihre Ursache weniger in dem Text des Abkommens selbst – in dem die von beiden Vertragsparteien eingegangenen Bündnisverpflichtungen ausdrücklich bestätigt wurden – als in Vermutungen über die diesem zugrunde liegenden Absichten. In dem Abkommen wurde insbesondere ein weiterer Schritt in Richtung auf eine bilaterale Kontrolle nuklearer Macht gesehen, die tendenziell zu einem weltpolitischen Kondominium der beiden Supermächte führen könnte, gegen die sich Europa durch die Artikulation seiner eigenen Interessen zur Wehr setzen müßte.

Heute will es scheinen, als ob nicht nur diese alarmistischen Stellungnahmen dem Abkommen zuviel Gewicht beimaßen, sondern auch jene, die in ihm einen Schritt zu einer fundamentalen Neuordnung der amerikanisch-sowjetischen Beziehungen sahen,[188] oder die dieses als komplementären Akt zu den Gewaltverzichtsverträgen der Bundesrepublik betrachteten.[189] Seine Unterzeichnung war nicht zuletzt eine Ersatzhandlung für die USA anstelle des angestrebten SALT II-Abkommens, für Moskau anstelle einer Erklärung über den Verzicht auf den Ersteinsatz von Kernwaffen. Mit dem Abkommen sollte die Dynamik des amerikanisch-sowjetischen Dialoges erhalten bleiben, die zunehmend von den Mühlsteinen der Innenpolitik zerrieben zu werden drohte, und sie sollte schließlich einer durch innenpolitischen Autoritätsverfall und außenpolitischen Machtverlust geschwächten Regierung in den USA eine neue legitimatorische Basis geben, indem die Absprachen mit der Sowjetunion eingeordnet wurden in das Bemühen um eine neue weltpolitische Friedensstruktur.

Die Fortsetzung des SALT-Dialoges wurde durch eine Reihe von innen- und außenpolitischen Entwicklungen belastet. Da war zum einen der

187 Vgl. Abkommen zwischen den Vereinigten Staaten und der Sowjetunion vom 22. 6. 1973 zur Verhinderung eines Atomkrieges, in: EA 15/1973, S. D 418–419; zum Zustandekommen dieses Abkommens vgl. die Darstellung bei Henry Kissinger, Years of Upheaval, Boston 1982, S. 274 ff.

188 Vgl. Uwe Nerlich, Die Einhegung des Nuklearkrieges. Zur politischen Bedeutung des amerikanisch-sowjetischen Grundsatzabkommens über die Verhütung von Nuklearkriegen, in: EA 19/1973, S. 669–678; ferner ders., Westeuropa und die Entwicklung des amerikanisch-sowjetischen Bilateralismus, in: EA 20/1972, S. 687–702.

189 Vgl. die Rede von Bundesminister Bahr am 11. 7. 1973 in der Akademie Tutzing, in: Texte zur Deutschlandpolitik, II/1, S. 47–61 (S. 53 ff.).

Machtverfall des präsidentiellen Systems in den USA, der in der Einleitung eines Impeachment-Verfahrens gegen Präsident Nixon und in seinem Rücktritt im August 1974 kulminierte. Zum anderen hatte der Oktober-Krieg (1973) im Mittleren Osten den Erwartungen einen Dämpfer versetzt, die Vereinigten Staaten könnten die Sowjetunion in ein Netz gegenseitiger Verpflichtungen verstricken und zur Zurückhaltung in der Dritten Welt veranlassen. Das Abkommen zur Verhütung von Nuklearkriegen blieb damit ohne politische Substanz. Schließlich durchkreuzte der amerikanische Kongreß die sowjetischen Kreditwünsche durch restriktive Beschränkungen und band die Gewährung der Meistbegünstigungsklausel im amerikanisch-sowjetischen Handelsvertrag vom Oktober 1972 an verbesserte Auswanderungsmöglichkeiten für sowjetische Juden aus der UdSSR (Jackson-Vanik Amendment). Die SALT-Verhandlungen selbst wurden durch das Jackson-Amendment zum SALT-I-Vertrag erschwert, in dem als Verhandlungsziel für einen Folgevertrag gleiche Systemhöchstzahlen für beide Seiten festgelegt worden waren. Innerhalb der Administration umstritten war, wie der sowjetische Vorsprung beim Wurfgewicht der Trägerwaffen begrenzt und gleichzeitig der eigene Vorteil bei der Anzahl der unabhängig ins Ziel lenkbaren Gefechtsköpfe (MIRV) genutzt werden konnte.[190]
Dennoch kam es im November 1974 auf einem kurzfristig anberaumten Gipfeltreffen in Wladiwostock zwischen Präsident Ford und Generalsekretär Breschnjew zu einer Grundsatzvereinbarung für SALT II, mit der die Kontinuität der Entspannungspolitik dokumentiert und der Versuch unternommen wurde, vor dem Auslaufen des Interims-Abkommens 1977 und der für das Wahljahr 1976 zu erwartenden Immobilität eine neue amerikanisch-sowjetische Vereinbarung über eine Begrenzung der strategischen Waffensysteme zu erreichen. Darin wurden für beide Seiten für die Dauer von zehn Jahren gleiche Höchstgrenzen für strategische Kernwaffenträger (2200) sowie eine darin enthaltene Anzahl von MIRV-fähigen Systemen (1320) festgelegt. Weitergehende qualitative Beschränkungen, z. B. hinsichtlich des Wurfgewichtes der sowjetischen Raketen wurden abgelehnt. Die Langstreckenbomber wurden einbezogen, jedoch als einfache Systeme gezählt. Die vorne stationierten, europäischen Systeme (FBS) blieben ausgeklammert.[191] Der Durchbruch schien erreicht zu sein,

190 Vgl. die Darstellung bei Kissinger, Years of Upheaval, a.a.O., S. 1151 ff.; ferner Wolfe, The SALT Experience, a.a.O., S. 93 ff.

191 Vgl. Gemeinsame amerikanisch-sowjetische Erklärung vom 24. 11. 1974 zu den Verhandlungen über eine Begrenzung der strategischen Rüstungen, in: EA 4/1975,

die sowjetisch-amerikanische Détente-Politik den Untergang Richard Nixons in den Strudeln von Watergate überlebt zu haben. Warum dauerte es dann fast fünf Jahre, bis im Juni 1979 das SALT II-Abkommen unterzeichnet werden konnte?
Zunächst sollte im Auge behalten werden, daß seit dem Moskauer Gipfel von 1972 SALT zu einer Art Synonym für die amerikanisch-sowjetische Détente geworden war, für die es eine ähnliche Rolle spielte wie die KSZE für den europäischen Entspannungsprozeß. Mitte der siebziger Jahre begann man jedoch in Washington zu erkennen, daß die bilaterale Zusammenarbeit mit der Sowjetunion diese nicht zu dem Maß an Zurückhaltung in der Dritten Welt veranlaßte, wie man ursprünglich angenommen hatte. Ebenso stellte Moskau fest, daß es weder den erhofften wirtschaftlichen Nutzen aus der Détente-Politik ziehen noch die Annäherung zwischen den USA und der Volksrepublik China verhindern konnte. Auf der sowjetischen Seite hatte dies zur Folge, daß Handlungsspielraum und Kompromißbereitschaft der Führung im Kreml schrumpften, während in den Vereinigten Staaten die Kritik am Verhalten Moskaus (z. B. in der Frage der Auswanderung) wuchs. Damit gerieten auch die SALT-Verhandlungen in das Kreuzfeuer der Innenpolitik.
Hinzu kamen Schwierigkeiten in der Sache. In Wladiwostock waren so kontroverse Fragen wie die Verifizierung der Höchstgrenzen »gemirvter« Trägerwaffen, die Definition »schwerer« Raketen und die Behandlung des sowjetischen »backfire«-Bombers sowie der von den Vereinigten Staaten neu entwickelten Marschflugkörper offen geblieben. Diese warfen komplizierte technische Probleme auf; sie bedurften zu ihrer Lösung aber vor allem einer politischen Entscheidung, vor der angesichts des ungewissen Ausgangs der Präsidentschaftswahlen 1976 beide Seiten zurückschreckten.
Die Carter-Administration unternahm nach ihrem Amtsantritt im Frühjahr 1977 einen neuen Anlauf und versuchte, mit einem revidierten Verhandlungskonzept alle Probleme (die strategischen wie die innenpolitischen) auf einmal zu lösen. Sie scheiterte ebenso gründlich und knüpfte wieder dort an, wo Kissinger bei seinen Verhandlungen im Frühjahr 1976

S. D 95–96; sowie die Pressekonferenzen von Außenminister Henry A. Kissinger vom 24. 11. 1974 und 2. 12. 1974 über die Ergebnisse des amerikanisch-sowjetischen Gipfeltreffens in Waldiwostok, in: EA 4/1975, S. D 96–100 u. S. D 100–101; ferner David Aron, Wladiwostok und danach: Krise der Entspannung? In: EA 4/1975, S. 113–120; Wolfe, The SALT Experience, a.a.O., S. 173 ff.

aufgehört hatte.[192] Währenddessen ging die sowjetische Aufrüstung weiter. Diese hielt sich zwar innerhalb des in Wladiwostock abgesteckten Rahmens, war jedoch umso besorgniserregender, als die Carter-Administration eigene Rüstungsprogramme stoppte (B-1 Bomber) bzw. verlangsamte (MX-Rakete). Gleichzeitig und nicht unbeeinflußt von dieser Entwicklung verstärkte sich die Kritik innerhalb der Vereinigten Staaten an der Vernachlässigung wichtiger strategischer Interessen der USA. SALT wurde in diesem Zusammenhang zum Prügelknaben für alle jene Versäumnisse, die zu den für die USA negativen Verschiebungen im strategischen Kräftegleichgewicht geführt und das für die 80er Jahre von namhaften Experten prognostizierte »Fenster der Verwundbarkeit« geöffnet hatten.[193]

192 Im März unterbreitete Außenminister Cyrus Vance der sowjetischen Regierung zwei verschiedene Verhandlungspakete. Der eine Vorschlag sah ein umfassendes Abkommen mit substantiellen Reduzierungen über die in Wladiwostok vereinbarten Höchstgrenzen hinaus vor, der andere Vorschlag, die »Zurückstellungsoption«, war im wesentlichen eine Rückfallposition. Danach sollte eine Vereinbarung im wesentlichen auf der Grundlage von Wladiwostok als Ersatz für das auslaufende Interimsabkommen abgeschlossen werden, die umstrittene Frage der Einbeziehung von bestimmten Bombenflugzeugen und Marschflugkörpern sollte jedoch ausgeklammert und in weiteren Verhandlungen geklärt werden. Diese Vorschläge wurden von Moskau kategorisch zurückgewiesen. Die Verhandlungen kamen erst zwei Monate später wieder in Gang, als die USA versuchten, zu der Formel von Wladiwostok zurückzukehren, wobei sie jedoch niedrigere Höchstgrenzen – und damit größere sowjetische Reduzierungen anstrebten. Die kontroversen Punkte wie Backfire, Cruise Missiles und qualitative Beschränkungen sollten in einem das Abkommen ergänzenden Protokoll befristet geregelt werden, bis es in weiteren Verhandlungen gelingen würde, langfristige Regelungen zu finden. Zum dritten sollte das Vertragswerk eine gemeinsame Grundsatzerklärung enthalten, in der Leitlinien für die sich anschließenden Verhandlungen über substantielle Reduzierungen und andere Beschränkungen der strategischen Rüstungen niedergelegt würden. Vgl. Wolfe, The SALT Experience, a.a.O., S. 221 ff. u. S. 225; Labrie, SALT Handbook, a.a.O., S. 443 ff. u. S. 463 ff.; Strobe Talbott, Endgame. The Inside Story of SALT II, New York 1979, insbes. S. 68 ff. Einen Überblick über die Probleme bei den SALT-Verhandlungen gibt Richard Burt, Scope and Limits of SALT, in: FA, Bd. 56, Nr. 4 (Juli 1978), S. 751–770.

193 Am zugespitzesten und zugleich substilsten ist diese Kritik an der Verschiebung des militärischen Kräfteverhältnisses von dem ehemaligen Außenminister Kissinger formuliert worden; vgl. Henry A. Kissinger, NATO: The Next Thirty Years (Rede vom 1. 9. 1979 in Brüssel), in: Survival, Nr. 6, 1979, S. 264–268. Zum schärfsten Kritiker der SALT-Verhandlungen und später des SALT-Vertrages in der innenpolitischen Diskussion wurden Paul Nitze und Eugene Rostow, die während der Nixon-Administration an den SALT-Verhandlungen mitgewirkt hatten; sie bildeten den Kern des »Comittee on the Present Danger«, das sich zum Kristallisationskern der Kritiker von SALT entwickelte, vgl. z. B. die vom Committee on the Present Danger verbreiteten Stellungnahmen von Paul H. Nitze, Current SALT II Negotiating Postures, 1. 11. 1977; Peace with Freedom, Washington 1978; Eugene V. Rostow, SALT II – A Soft Bargain, A Hard Sell. An Assessment of SALT in Historical Perspective, Washington 1978. Ferner Coalition For Peace Through Strength, An Analysis of SALT II, Wa-

Der im Juni 1979 unterzeichnete SALT-II-Vertrag war das Resultat langwieriger und mühsamer, teilweise hochtechnischer Verhandlungen. Während SALT I von beiden Regierungen als ein Insarument verwandt worden war, um den Gipfel zwischen Präsident Nixon und Generalsekretär Breschnjew in Moskau zu einem Erfolg zu machen und der amerikanisch-sowjetischen Entspannung zum Durchbruch zu verhelfen – als der Krieg in Vietnam einen neuen Höhepunkt erreicht hatte –, war diese Gipfelbegegnung zwischen Carter und Breschnjew im Sommer 1979 in Wien erst möglich, nachdem der SALT-II-Vertrag in allen Einzelheiten unter Dach und Fach war. Er war weniger ein Element der 1972 hoffnungsvoll begonnenen Détente, als vielmehr ein Versuch, sich eine Alternative zu einer ungebremsten Rüstungskonkurrenz zu erhalten.
Das Vertragswerk, welches das im Rahmen von SALT I abgeschlossene Interims-Abkommen ersetzen sollte, bestand aus 3 Teilen: dem Vertrag zur Begrenzung der strategischen Kernwaffen auf vereinbarte Höchstgrenzen von 2400 Systemen (ab 1. 1. 1981: 2250), davon 1320 mit MIRV-Sprengköpfen, sowie Modernisierungsbeschränkungen, die durch zahlreiche vereinbarte Erklärungen und Absprachen präzisiert wurden; einem Protokoll, in dem sich beide Seiten verpflichteten, bis Ende 1981 keine mobilen Interkontinentalraketen und keine see- oder landgestützten Marschflugkörper mit einer Reichweite von mehr als 600 km zu dislozieren; einer Vereinbarung über die Einrichtung einer gemeinsamen Datenbasis für die Zahl strategischer Offensivwaffen; und schließlich einer Absichtserklärung über die Fortführung der SALT-Verhandlungen mit dem Ziel, eine erhebliche Verminderung der Zahl strategischer Offensivsysteme sowie deren qualitative Begrenzung zu erreichen. Das Vertragswerk

shington 1979. Für die Fortführung und einen erfolgreichen Abschluß der Verhandlungen setzte sich vor allem der Direktor der ACDA und Verhandlungsleiter bei den SALT-Verhandlungen, Paul C. Warnke, ein, vgl. ders., The SALT Process – Why and How, Pressedienst der U.S. Arms Control and Disarmament Agency, 1978; vgl. ferner Jan M. Lodal, SALT II and American Security, in: FA, Bd. 57, Nr. 2 (Winter 1978/79), S. 245–268; einen breiten Überblick über die Pro's und Con's geben auch die SALT-Hearings verschiedener Senatsausschüsse, vgl. The SALT II Treaty. Hearings before the Committee on Foreign Relations, U.S. Senate, 96th Congress; Washington 1979 (5 Parts); Military Implications of the Treaty on the Limitation of Strategic Offensive Arms and Protocol Thereto. Hearings before the Committee on Armed Services, U.S. Senate, 96th Congress, Washington 1979 (5 Parts); ferner Richard Burt u. a., The Great SALT Debate, in: The Washington Quarterly, Bd. 2, Nr. 1 (Winter 1979), S. 3–90. Eine zusammenfassende Bewertung dieser Debatte versucht Bernd W. Kubbig, Militärische Überlegenheit oder Parität? Amerikanische Rüstungskontroll- und Sicherheitspolitik während der Carter-Administration, Frankfurt 1982. (Arbeitstitel).

wurde ergänzt durch eine von der sowjetischen Seite abgegebene Erklärung, daß es sich bei dem Bomber vom Typ TU-22 M (»backfire«) um ein Mittelstreckenflugzeug handelte, dessen Aktionsradius und Produktionsrate nicht erhöht werden sollte und das daher nicht unter die SALT-Begrenzungen fiel.[194]
Im Vergleich zu 1972 hatten sich auch die internationalen Rahmenbedingungen gewandelt. Das SALT-II-Vertragswerk konnte nicht darüber hinwegtäuschen, daß sich die amerikanisch-sowjetischen Beziehungen in einer Krise befanden: weder beim Besuch des chinesischen Partei- und Regierungschefs Teng Hsiao-ping in den Vereinigten Staaten im Januar 1979 noch beim Camp David-Abkommen zwischen Israel und Ägypten im April konnte die gegen Moskau gerichtete Zielsetzung übersehen werden. In gleicher Weise legte Washington die sowjetischen Aktivitäten auf Kuba und erst recht die Intervention in Afghanistan als Verletzung der gemeinsamen Grundsätze für eine Détente aus. Unter diesen Umständen gingen von dem SALT-Vertrag keine positiven Impulse für die Fortführung des Entspannungsprozesses aus, vielmehr hätte dieser eines Klimas internationaler Entspannung bedurft, um vom amerikanischen Kongreß ratifiziert zu werden und die Voraussetzungen für eine weitergehende Abrüstung schaffen zu können.
Die SALT-Verträge scheiterten im wesentlichen an den Bedenken in den USA, das strategische Kräfteverhältnis zwischen Ost und West könnte sich – wegen oder trotz der SALT-Vereinbarungen – zu ungunsten der Vereinigten Staaten entwickeln. Nach der sowjetischen Invasion in Afghanistan schien es unmöglich, für die Verträge eine Mehrheit im Kongreß zu bekommen, so daß Präsident Carter sie aus dem Ratifizierungsverfahren zurücknahm. Sein Nachfolger, Ronald Reagan, hatte sich während

194 Vgl. Amerikanisch-sowjetischer Vertrag über die Begrenzung strategischer Waffensysteme (SALT II) vom 18. 6. 1979 mit vereinbarten Erklärungen und Absprachen; Protokoll zum amerikanisch-sowjetischen Vertrag, Amerikanisch-sowjetische Vereinbarung über die Einrichtung einer Datenbasis für die Zahl strategischer Waffensysteme, Gemeinsame Erklärung der Grundsätze und Hauptleitlinien für künftige Verhandlungen über die Begrenzung strategischer Waffen sowie Sowjetische Erklärung betr. »Backfire«, in: EA 15/1979, S. D 368–394; ferner Talbot, Endgame, a.a.O.; Gregory F. Treverton, Das SALT-II-Abkommen. Inhalt, Bedeutung und einige Probleme, in: EA 15/1979, S. 451–460; Lothar Rühl, Das SALT-II-Abkommen und die europäischen Interessen, in: EA 15/1979, S. 461–472; Christopher J. Makins, Bringing in the Allies, in: Foreign Policy, Nr. 35 (Sommer 1979), S. 91–108; François de Rose, The Future of SALT and Western Security in Europe, in: FA, Bd. 57, Nr. 5 (Sommer 1979), S. 1065–1074; Gloria Duffy, Qu'est-il arrivé à SALT II? In: Pierre Lellouche (Hrsg.), La sécurité de l'Europe dans les années 80. Les relations est-ouest et le théâtre Européen, Paris 1980, S. 277–301.

des Wahlkampfes als Kritiker der SALT-Verträge profiliert. Seine Maxime »America – Second to None« machte es schwierig, glaubwürdig eine Politik weiterzuführen, die explizit auf die Anerkennung asymmetrischer strategischer Parität gerichtet war. Wie jede neue Administration betrachtete die Reagan-Regierung es als notwendig, zunächst ihr eigenes Konzept für Arms control-Verhandlungen zu entwickeln. Von vorangegangenen Administrationen unterschied sie sich vor allem darin, daß Absprachen mit der Sowjetunion einen wesentlich geringeren Stellenwert in ihrem politischen Gesamtkonzept einnahmen. Es vergingen daher fast 18 Monate, ehe sie an den Genfer Verhandlungstisch zurückkehrte. Um den konzeptionellen Unterschied zur Politik ihrer Vorgänger deutlich zu machen, gab sie den Verhandlungen einen neuen Namen: START, d. h. Verhandlungen über eine Reduzierung strategischer Waffensysteme.[195]

3.4 *SALT und die europäische Sicherheit*

Seit der Gründung der NATO wurde die Sicherheit Westeuropas durch die enge Verbindung der im europäischen Bereich dislozierten Streitkräfte mit dem strategischen Potential der Vereinigten Staaten gewährleistet; diese sicherheitspolitische Einheit des Bündnisses war die Grundlage für eine glaubwürdige Abschreckung und Verteidigungsfähigkeit. Sicherheitspolitische Debatten im Bündnis entzündeten sich vorrangig an der Frage, ob durch Veränderungen im globalen Kräfteverhältnis diese Koppelung geschwächt und dadurch die amerikanische Garantie, zur Verteidigung Europas nukleare Waffen einzusetzen, weniger glaubwürdig geworden war. Diese Zweifel führten Ende der fünfziger Jahre/Anfang der sechziger Jahre zu einer Vertrauenskrise in den europäisch-amerikanischen Beziehungen, nachdem weder der Automatismus der alten Strategie der massiven Vergeltung glaubwürdig noch die neue der flexiblen Erwiderung ohne angemessene Mitsprachemöglichkeiten der Europäer politisch akzeptabel schien.[196] Zehn Jahre später führte der beim Abschluß des Nichtverbreitungs-Vertrages und des SALT-I-Abkommens sichtbar

195 Vgl. die Ankündigung von Präsident Reagan über die Aufnahme derartiger Gespräche und die amerikanischen Verhandlungsziele in seinen Reden vor dem National Press Club am 18. 11. 1981, in: EA 24/1981, S. D 654–660 (S. D. 658), und am Eureka College am 9. 5. 1982, in: EA 13/1982, S. D 300–303; sowie die Erklärung von Außenminister Haig vor dem Senate Foreign Relations Committee am 11. 5. 1982, ebenda, S. D 303–306.

196 Vgl. oben, S. 180 ff.

gewordene amerikanisch-sowjetische Bilateralismus erneut zu der besorgten Frage, ob sich die Vereinigten Staaten von ihrer strategischen Bindung an Westeuropa abkoppeln würden.[197] Durch die Festschreibung einer Parität im strategischen Kräfteverhältnis zwischen USA und Sowjetunion, auf die die SALT-II-Abkommen hinaus liefen, wurde diese Frage erneut und umso dringlicher aufgeworfen, als sie bei der Diskussion über das Vertragswerk in den Vereinigten Staaten mit großer Offenheit und Nachdrücklichkeit gestellt wurde.[198]

Im Vordergrund stand dabei die Frage, ob die Vereinigten Staaten angesichts des Verlustes ihrer strategischen Überlegenheit und der zunehmenden Verwundbarkeit ihres landgestützten ICBM-Potentials noch glaubwürdig mit dem Einsatz ihrer strategischen Kräfte zur Verteidigung Westeuropas drohen könnten. In diesem Zusammenhang wurde von einem »Abkoppelungsparadox« Europas gesprochen. Verzichteten die Westeuropäer auf die Stationierung zusätzlicher taktisch-nuklearer Systeme, mit denen Ziele in der Sowjetunion abgedeckt werden konnten, so müßte das als »Abkoppelung« empfunden werden, »weil es sie von der wenig glaubwürdigen amerikanischen Option eines massiven Einsatzes strategischer Systeme abhängig machen würde; stationierte man hingegen eine dem sowjetischen Potential entsprechende Anzahl von Mittelstreckensystemen in Westeuropa, so könnte das ebenfalls zur Abkoppelung führen, weil die USA in diesem Fall geneigt sein könnten, ihre zentralen Systeme nicht mehr zur Verteidigung Westeuropas einzusetzen«.[199] (Die »Ankoppelung« erfolgte dann durch die Sowjetunion, die wiederholt darauf hinwies, sie würde bei einem Einsatz amerikanischer Mittelstreckenwaffen auf Ziele in der Sowjetunion von Westeuropa aus gegen die USA zurückschlagen.)

In der Bewertung der SALT-Verträge durch die Bundesrepublik verwischten sich politische und strategische Gesichtspunkte. Die Bundesregierung sah »in der Bereitschaft beider Vertragsparteien, sich auf Paritäten zu einigen und damit auf strategische Überlegenheit zu verzichten, einen wichtigen Stabilisierungsfaktor und einen entscheidenden Beitrag zur Entspannung.«[200]

197 Vgl. Pierre, Läßt sich Europas Sicherheit von Amerika »abkoppeln«? A.a.O.

198 Vgl. z. B. die Rede Kissingers vom 1. 9. 1979 in Brüssel sowie Paul Nitze u. Eugene Rostow in den SALT-Hearings des Senate Foreign Relations Committee, a.a.O., Part I, S. 491 u. 520 bzw. Part II, S. 386 f.

199 Falk Bomsdorf, Sicherheitsinteressen Westeuropas in den SALT-II-Anhörungen, in: EA 2/1980, S. 49–62 (S. 53).

200 Weißbuch 1979, S. 70; vgl. auch die Erklärung der Bundesregierung anläßlich der Unterzeichnung des SALT-II-Abkommens, in: Bulletin, Nr. 78, 17. 6. 1979, S. 725–727.

An diese Bewertung waren jedoch zwei Fragezeichen anzubringen. Zum einen war das angenommene strategische Gleichgewicht nicht gleichzusetzen mit strategischer Stabilität, d. h. der aus einer geringen Erstschlagsverwundbarkeit und einem gesicherten Zweitschlagpotential resultierenden Krisenstabilität, die in den vorangegangenen Jahren die gegenseitige Abschreckung zuverlässig gewährleistet hatte. Angesichts der zunehmenden Verwundbarkeit der amerikanischen Interkontinentalraketen (jedenfalls solange die ortsfesten Minuteman-Raketen nicht durch aufgrund ihres Dislozierungsmodus besser geschützte MX-Systeme ergänzt bzw. abgelöst worden waren) wurde die Sorge geäußert, daß die Sowjetunion eine nukleare Erstschlagsfähigkeit erwarb. Moskau könnte dann der Versuchung erliegen, diese politisch auszunutzen, nachdem ein Einsatz des strategischen Potentials der USA zur Verteidigung Westeuropas unglaubwürdig geworden war.[201] Zum anderen war gerade von der Bundesrepublik frühzeitig darauf hingewiesen worden, daß die Festschreibung der strategischen Nuklearpotentiale der USA und der Sowjetunion auf der Basis der Parität dazu führen könnte, daß sich diese politisch neutralisierten und dadurch die Bedeutung der taktisch-nuklearen und konventionellen Überlegenheit der Sowjetunion im europäischen Bereich wachsen würde. In seiner viel zitierten (und selten im Wortlaut gelesenen) Londoner Rede vom Oktober 1977 hatte Bundeskanzler Schmidt deshalb gefordert, den in Europa vorhandenen östlichen Überhang an Streitkräften parallel zu den SALT-Verhandlungen abzubauen.[202] Die unter entspannungs- und rüstungskontrollpolitischen Gesichtspunkten erwünschte Festlegung einer strategischen Parität aktualisierte daher regionale militärische Disparitäten, die wiederum neue kritische Fragen aufwarfen.
Die Sorge vor den negativen politischen Folgen militärischer Kräfteverschiebung ließ Bonn zum nachhaltigsten Befürworter einer NATO-Nachrüstung werden, d. h. der Dislozierung weitreichender taktischer Nuklearwaffensysteme (LRTNF), wenn es nicht gelang, einen Abbau der auf

201 Diese Bedenken wurden vor allem in Frankreich geäußert, vgl. Jean-Louis Gergorin, Les negotiations SALT et la défense de l'Europe, in: Défense Nationale, Nr. 2, 1978, S. 43–56; Pierre Lellouche, La France, les SALT et la sécurité de l'Europe, in: Politique Etrangère, Nr. 2, 1979, S. 249–271; sowie, mit Einschränkung, François de Rose, Atlantic Solidarity and the Defense of the West: A New Strategic Equation, in: Trialogue, Nr. 21 (Herbst 1979), S. 13–15. In der Bundesrepublik wurden ähnliche Gedanken von Uwe Nerlich vertreten, vgl. ders. u. Falk Bomsdorf (Hrsg.), Sowjetische Macht und westliche Verhandlungspolitik im Wandel militärischer Kräfteverhältnisse, Baden-Baden 1982.

202 Vgl. Helmut Schmidt, Politische und wirtschaftliche Aspekte der Sicherheit. Vortrag vor dem International Institute for Strategic Studies in London am 28. 10. 1977, in: Bulletin, Nr. 112, 8. 11. 1977, S. 1013–1020.

Westeuropa gerichteten sowjetischen Mittelstreckenwaffen (SS-20) auf dem Verhandlungswege zu erreichen. Das Ziel war dabei weder, ein militärisches Potential aufzustellen, mit dem die sowjetischen SS-20 zuverlässig ausgeschaltet werden konnten, noch ein Gleichgewicht auf der regionalen Ebene parallel zu dem auf der strategischen Ebene bei SALT II – beides hätte mit den vorgesehenen Systemen nach Art und Zahl nicht erreicht werden können – sondern eine engere Verkoppelung des interkontinentalen mit dem europabezogenen Kernwaffenpotential der Allianz zu erreichen. Damit sollte die Glaubwürdigkeit der Strategie der flexiblen Erwiderung zur Verteidigung Westeuropas (einschließlich der damit verbundenen Eskalationskontrolle) aufrecht erhalten werden.[203]

Angesichts der Absicht der NATO-Staaten, neue Mittelstreckenwaffen in Europa zu stationieren, warf das SALT-Vertragswerk zwei konkrete Probleme auf. Zum einen stellte sich die Frage, ob die Nichtumgehungsklausel des Vertrages (Art. XXII) eine Zusammenarbeit der USA mit den Alliierten bei der TNF-Modernisierung behindern würde. Die Regierung in Washington vertrat jedoch die Auffassung, daß diese Bestimmung nur auf solche Systeme anwendbar sei, deren Besitz den USA grundsätzlich untersagt war, nicht notwendigerweise aber auf solche, die nur zahlenmäßig begrenzt würden. Diese Frage war für Großbritannien besonders bedeutsam, das Trident-Systeme für seine Polaris-U-Boote weiterhin von den USA zu erhalten hoffte. In der Frage des Transfers von Technologien und Waffensystemen, welche die Alliierten zur Modernisierung ihrer Streitkräfte benötigten, bekräftigten die USA – hier u. a. auf Insistieren Bonns – daß diese nicht unter das Verbot fielen, und sie eine Entscheidung über die Weitergabe, z. B. von Marschflugkörper-Technologien an die Verbündeten, von Fall zu Fall treffen würden.[204] Dies ließ jedoch eine Interpretationsmarge offen. Zum anderen gaben die im SALT-II-Protokoll von Washington eingegangenen Beschränkungen der Marschflugkörper in Westeuropa zu Besorgnissen Anlaß. Dabei wurde kritisiert, daß die USA einem Moratorium für bodengestützte und seegestützte Marschflugkörper sowie für luftgestützte Flugkörper größerer Reichweite zugestimmt hätten, ohne daß die Sowjetunion zu Gegenleistungen im Bereich ihrer Mittelstreckensysteme bereit war. Vor allem wurde aber die Befürchtung geäußert, daß das bis Ende 1981 geltende Protokoll verlängert

203 Zum NATO-Doppelbeschluß vgl. unten, S. 239 ff.

204 Vgl. die Erklärungen von Außenminister Vance sowie des State Department in den SALT-Hearings des Kongresses vom 10. 7. 1979, in: The SALT II Treaty, a.a.O., Part I, S. 181 f. u. S. 611; ferner Bomsdorf, Sicherheitsinteressen Westeuropas in den SALT-II-Anhörungen, a.a.O., S. 54 f.

und damit eine Dislozierung von weitreichenden Marschflugkörpern in Europa verhindert oder doch ein negatives Präjudiz für künftige Rüstungskontrollverhandlungen geschaffen werden könnte.
Diese verschiedenen Einwände wurden in der sicherheitspolitischen Diskussion der Bundesrepublik jedoch eher von der Opposition als von Vertretern der Regierung vorgebracht. Sie beleuchteten die Skepsis der CDU/CSU gegenüber jeder Rüstungskontrollvereinbarung mit der Sowjetunion, solange diese nicht von Maßnahmen begleitet war, mit denen die Ursachen der politischen Spannungen zwischen Ost und West beseitigt werden konnten.[205] Die Bundesregierung enthielt sich ihrerseits der öffentlichen Kritik an den SALT-Vereinbarungen; sie suchte vielmehr sicherzustellen, daß die Bündnispartner in verstärktem Maße in die Entwicklung von Verhandlungspositionen bei Folgeverhandlungen einbezogen würden. Über die Einrichtung besonderer Beratungsgruppen in der NATO (die High Level Group - HLG - für strategische Fragen, die Special Group, nach 1979: Special Consultive Group - SCG - für Rüstungskontrollfragen) wurden dafür auch die institutionellen Voraussetzungen geschaffen. Im übrigen versuchte sie, durch geeignete Stellungnahmen und öffentliche Erklärungen den Ratifizierungsprozeß dadurch zu erleichtern, daß sie - auch angesichts der Kritik an SALT, die sich häufig auf angebliche europäische Bedenken berief - die Bedeutung der SALT-II-Verträge für das Ost-West-Verhältnis und die Fortsetzung des Rüstungskontrolldialoges betonte. Aus ihrer Sicht war SALT II das Trittbrett, von dem aus SALT III in Angriff genommen werden konnte. In diese Verhandlungen müßten dann auch die bisher ausgeklammerten europäischen Systeme - insbesondere die Ziele im gesamten Westeuropa abdeckenden sowjetischen Raketen vom Typ SS-20 - einbezogen werden. Aus der Sicht der Bundesregierung und maßgeblicher Vertreter der Koalitionsparteien war die Fortführung des SALT-Prozesses eine Voraussetzung dafür, daß die Einheit des Bündnisses erhalten und zugleich verhindert wurde, daß Europa zum Schauplatz eines neuen Rüstungswettlaufes werden würde.[206]

205 Vgl. z. B. die Erklärung der CDU/CSU anläßlich der Unterzeichnung der SALT-II-Abkommen, in: CDU-Dokumentation Nr. 25, 1979, 21. 6. 1979, S. 6 f.

206 Eine gute Zusammenfassung der westdeutschen Position zu den SALT-II-Verträgen, unter Betonung der an den amerikanischen Kongreß gerichteten Komponenten, gibt Peter Corterier, MdB. (SPD) als Berichterstatter des Verteidigungsausschusses der Nordatlantischen Versammlung in einer Anhörung des U.S.Repräsentantenhauses am 12. 9. 1979, in: Western Security Issues: European Perspectives. Hearing before the Subcommittees on International Security and Scientific Affairs and on Europe and the Middle East des H.R. Committee on Foreign Affairs, 96th Congress, Washington, 12. 9. 1979, S. 14–18.

Im Zusammenhang mit der Reaktion der Bundesrepublik auf die SALT-Verträge, die primär als Rüstungskontrollmaßnahmen gesehen wurden, stellt sich die Frage, welchen Stellenwert Rüstungskontrollverhandlungen und -Maßnahmen in ihrem sicherheitspolitischen Gesamtkonzept hatten, jenes Maßnahmenbündel also, das Sicherheit nicht durch ein Mehr, sondern durch ein Weniger an Rüstung zu erreichen suchte. Seit Mitte der sechziger Jahre, seit der »Friedensnote« Gerhard Schröders, wurden Vereinbarungen auf diesem Gebiet – von dem »Atomsperrvertrag« abgesehen – nicht mehr primär als Belastung gesehen, sondern die Bundesregierung versuchte sie für eigene politische Interessen zu operationalisieren. Besonders deutlich wurde dies nach der Regierungsübernahme durch die Sozialliberale Koalition, die als einen ersten Schritt im Rahmen ihrer Entspannungspolitik den Nichtverbreitungs-Vertrag unterzeichnete.[207] Neben Gewaltverzichts-Vereinbarungen hatten in diesem Konzept Verhandlungen über europäische Sicherheit – KSZE, MBFR – einen hohen Stellenwert.[208]

Als im April 1972 die internationale B-Waffen-Konvention aufgelegt wurde, gehörte die Bundesrepublik zu ihren ersten Unterzeichnern. Sie erklärte dabei, daß sie mit ihrer Unterschrift »einen weiteren Beitrag zum Verbot aller Massenvernichtungswaffen und damit zur Entspannung in Europa und in der Welt« leisten wollte. Sie kündigte an, »daß sie auch im Bereich chemischer Waffen solche Kampfstoffe, auf deren Herstellung sie bereits verzichtet hatte, darüber hinaus weder entwickeln, noch erwerben, noch unter eigener Kontrolle lagern wird.«[209] Auch am Genfer Verhandlungstisch setzte sich die Bundesregierung – nach ihrer Aufnahme in den Abrüstungsausschuß – für ein ergänzendes C-Waffen-Verbot ein. Dies kostete sie nicht viel, da sie als Nachfolgerin des Deutschen Reiches an das Genfer Protokoll von 1925 gebunden war, das eine Anwendung von Giftgasen und Bakterienwaffen untersagte, und darüber hinaus in den Pariser Verträgen von 1954 auch auf die Entwicklung und Produktion von B- und C-Waffen verzichtet sowie sich einer entsprechenden Kontrolle

207 Vgl. unten, Kap. VII.
208 Vgl. unten, Kap. V und VI.
209 Erklärung der Bundesregierung anläßlich der Unterzeichnung der B-Waffen-Konvention am 10. 4. 1972, Text des Auswärtigen Amtes. Die Bundesregierung hat dem Bundestag bisher kein Ratifizierungsgesetz vorgelegt, da mit der Sowjetunion – eine der Depositarmächte – keine Übereinstimmung über die Einbeziehung Berlins in die Konvention erzielt werden konnte.

unterworfen hatte.[210] Ein allgemeines und umfassendes B- und C-Waffenverbot legte daher der Bundesrepublik nicht nur keine neuen Beschränkungen auf, sondern relativierte vielmehr vorhandene Diskriminierungen im Vergleich zu anderen Staaten.
Ein weiterer Schwerpunkt ihrer Aktivität waren vertrauensbildende Maßnahmen. Sie konnte dabei an die auf der KSZE gemachten Erfahrungen anknüpfen und zugleich den Versuch unternehmen, auf einem in der Sache wenig sensitiven Gebiet in intensiver Kooperation mit nichtgebundenen Staaten dem Image einer weltweiten Friedenspolitik gerecht werden. Aus der Sicht Bonns stellte der Beschluß der UN-Vollversammlung vom Dezember 1979 eine Bestätigung ihrer Politik dar, mit dem eine Expertengruppe unter Vorsitz eines Vertreters der Bundesrepublik eingesetzt und mit der Ausarbeitung eines Expertenberichtes über vertrauensbildende Maßnahmen beauftragt wurde. Diese Studie wurde im Sommer 1981 vorgelegt; sie diente als Ausgangspunkt für weitergehende Maßnahmen der Vertrauensbildung, die die Bundesregierung auf der zweiten UN-Sondergeneralversammlung für Abrüstung im Sommer 1982 vorschlug.[211] Im Rahmen der Vorbereitung auf die zweite Sondergeneralversammlung für Abrüstung legte die Bundesregierung im Genfer Abrüstungsausschuß im August 1981 – gemeinsam mit Australien, Belgien, Großbritannien – ein Arbeitspapier für ein »umfassendes Abrüstungsprogramm« vor. Dieser Entwurf verband allgemeine Grundsätze für eine internationale Abrüstung unter wirksamer Kontrolle mit einer pragmatischen Vorgehensweise, die auf den bisherigen Verhandlungsergebnissen aufbaute.[212] Wirksa-

210 Vgl. Protokoll III über die Rüstungskontrolle zum revidierten Brüsseler Vertrag vom 22. 10. 1954, Anlagen I, II, III u. IV, in: BGBl. 1955, Teil II, S. 266.

211 Vgl. Studiengruppe der Vereinten Nationen, Umfassende Studie über vertrauensbildende Maßnahmen, in: Dieter S. Lutz u. Erwin Müller (Hrsg.), Vertrauensbildende Maßnahmen. Zur Theorie und Praxis einer sicherheitspolitischen Strategie, Baden-Baden 1982, S. 185–238. Für eine Darstellung der Haltung der Bundesrepublik in der Frage vertrauensbildender Maßnahmen im UN-Rahmen vgl. Wolfgang Röhr, Vertrauensbildende Maßnahmen in den Vereinten Nationen – Eine Initiative der Bundesrepublik Deutschland, ebenda, S. 169–183; ferner Wilhelm Bruns, Die vertrauensbildenden Maßnahmen – Wege zur Abrüstung, in: UNIVERSITAS, H. 1, 1982, S. 53–60; zu den 1975 auf der KSZE vereinbarten vertrauensbildenden Maßnahmen vgl. unten, Kap. V., S. 472 ff.

212 Vgl. Arbeitspapier zum umfassenden Abrüstungsprogramm, am 6. 8. 1981 von der Bundesrepublik Deutschland gemeinsam mit Australien, Belgien, Großbritannien und Japan im Genfer Abrüstungsausschuß vorgelegt, Dok. CD 205, Übersetzung des Auswärtigen Amtes; vgl. dazu auch die Stellungnahme des außenpolitischen Sprechers der CDU/CSU-Fraktion im Deutschen Bundestag, Alois Mertes, Ein realistisches Abrüstungsprogramm, in: DUD, Nr. 140, 6. 8. 1981. Für eine Darstellung der Bundesregie-

mer als derartige Programme, die primär auf Öffentlichkeitswirkung abzielten, waren jedoch verschiedene wissenschaftliche Expertisen, z. B. zur Überwachung und Verifizierung eines C-Waffen-Verbotes bzw. einer vollständigen Einstellung der Kernwaffenversuche, die die Bundesregierung in den Genfer-CD-Verhandlungen vorlegte.
Diese Beiträge der Bundesrepublik zur internationalen Abrüstungsdiskussion waren in hohem Maße konstruktiv, wenn man als Maßstab die Befruchtung einer Sachverständigendiskussion nimmt; sie waren jedoch gleichzeitig politisch unerheblich, da Bonn weder den Willen noch die Möglichkeit hatte, diese Verhandlungen entscheidend voran zu treiben – sei es mit, sei es gegen den Willen der nuklearen Weltmächte – oder auch nur demonstrative Zeichen zu setzen – z. B. durch einen einseitigen Verzicht auf Rüstungsexporte in Nicht-NATO-Staaten. Ausdruck für ihren geringen Stellenwert könnte sein, daß diese Politik innenpolitisch weitgehend unumstritten war.

4. *Der NATO-Doppelbeschluß vom Dezember 1979: Rüstung und Rüstungsbeschränkung*

Zwei Entwicklungen führten zu einer Aktualisierung der Probleme der europäischen Sicherheit in den siebziger Jahren: zum einen die forcierte Rüstungspolitik der Sowjetunion, insbesondere die Dislozierung des Mittelstreckensystems SS-20; zum anderen die Kodifizierung einer ungefähren nuklearen Parität der strategischen Waffensysteme beider Supermächte in den SALT-Verträgen, bei denen die europäische Kräfterelation ausgespart blieb. Besonders in der Bundesrepublik wurde dabei die Sorge geäußert, daß in Europa eine Grauzone entstehen würde, die bei den laufenden Rüstungskontrollvereinbarungen unberücksichtigt bliebe und in der sich das Kräfteverhältnis zu ungunsten des Westens verschob mit der

rung zu Fragen der Rüstungskontrolle und Abrüstung vgl. Bericht zum Stand der Bemühungen um Rüstungskontrolle und Abrüstung sowie der Veränderungen im militärischen Kräfteverhältnis 1982, DBT, Drucksache 9/1819, 2. 7. 1982. Für zwei programmatische Aussagen des Abrüstungsbeauftragten der Bundesregierung vgl. Friedrich Ruth, Sicherheitspolitik der NATO: Abschreckung und Rüstungskontrolle, in: EA 5/1982, S. 135–144; ders., Rüstungskontrolle und Abrüstung: Instrument der Friedenssicherung, in: AP, H. 1, 1982, S. 3–13; zum Verhandlungsstand ders., Ausführungen vor dem Bundeskabinett am 31. 3. 1982, Mitteilung an die Mitglieder der SPD-Fraktion, 8. 4. 1982.

Folge, daß Moskau auf diese Weise neue politische Pressionsmöglichkeiten zuwachsen könnten.
In einem Gedenkvortrag zu Ehren von Alastair Buchan am 28. Oktober 1977 vor dem International Institute for Strategic Studies in London wies Bundeskanzler Helmut Schmidt auf diese Zusammenhänge hin und erklärte, »eine auf die Weltmächte USA und Sowjetunion begrenzte strategische Rüstungsbeschränkung muß das Sicherheitsbedürfnis der westeuropäischen Bündnispartner gegenüber der in Europa militärisch überlegenen Sowjetunion beeinträchtigen, wenn es nicht gelingt, die in Europa bestehenden Disparitäten parallel zu den SALT-Verhandlungen abzubauen. Solange dies nicht geschehen ist, müssen wir an der Ausgewogenheit aller Komponenten der Abschreckungsstrategie festhalten. Das bedeutet: die Allianz muß bereit sein, für die gültige Strategie ausreichende und richtige Mittel bereit zu stellen und allen Entwicklungen vorzubeugen, die unserer unverändert richtigen Strategie die Grundlage entziehen könnten«.[213] Obwohl sich der Bundeskanzler im weiteren Verlauf dieser Rede vor allem für die Wiederherstellung des Gleichgewichts im europäischen Raum durch verstärkte Anstrengungen auf dem Gebiet der Rüstungskontrolle, insbesondere für neue Initiativen bei den Wiener-MBFR-Verhandlungen aussprach, ist diese Rede auch im Zusammenhang mit den Diskussionen innerhalb des westlichen Bündnisses zur Verstärkung der nuklearen Mittelstreckensysteme zu sehen. Im historischen Rückblick hat Schmidt seine Rede dahingehend interpretiert, er habe mit ihr den Anstoß für eine Ergänzung und Modernisierung des Mittelstrecken-Potentials der NATO geben wollen.[214]
Innerhalb des westlichen Bündnisses hatte jedoch schon Anfang der siebziger Jahre eine neue Debatte darüber begonnen, ob angesichts verstärkter sowjetischer Rüstungsanstrengungen die vorhandenen militärischen Potentiale zur Implementierung der auf das Ziel der Kriegsverhinderung gerichteten NATO-Strategie ausreichend und glaubwürdig seien. Ein Er-

213 Schmidt, Politische und wirtschaftliche Aspekte der Sicherheit, a.a.O., S. 1015.
214 Als Beispiel für viele vgl. die Rede Helmut Schmidts vor dem Europäisch-Amerikanischen Forum der FES am 20. 6. 1981. Dazu ist jedoch zu bemerken, daß der Akzent der Rede Schmidts vom Oktober 1977 eindeutig auf der Priorität von Rüstungsreduzierungen lag. 1977 war es die Opposition, die in einer Großen Anfrage im Bundestag hinwies auf »alarmierende Feststellungen, daß sich das militärische Kräfteverhältnis zwischen NATO und Warschauer Pakt . . . verschlechtert hat«; vgl. die Große Anfrage der Abg. Dr. Wörner, anderer und der Fraktion der CDU/CSU vom 17. 3. 1977, DBT, Drucksache VIII/195; und Antwort der Bundesregierung auf die Große Anfrage der CDU/CSU sowie auf eine Große Anfrage der SPD u. FDP (Drucksache VIII/224) vom 24. 5. 1977, DBT, Drucksache VIII/464.

gebnis dieser Debatte war das langfristige Verteidigungsprogramm der NATO (LTDP), das im Mai 1978 vom NATO-Ministerrat verabschiedet wurde. Im Rahmen dieses Programms wurden neben Verbesserungen im Bereitschaftsstand der Streitkräfte, ihrer Verstärkungs- und Mobilisierungsmöglichkeiten, der Rationalisierung und Standardisierung der Rüstung sowie der Führungs-, Nachrichten- und logistischen Systeme auch die Modernisierung der nuklearen Kräfte in und für Europa beschlossen.

Bereits 1974/1975 hatte in den USA unter maßgeblicher Beteiligung des damaligen Verteidigungsministers, James Schlesinger, eine Debatte über die Anpassung der Strategie der flexiblen Erwiderung an die veränderten globalstrategischen Rahmenbedingungen begonnen. Von Verteidigungsminister Brown wurde das Konzept einer Strategie des Gegenschlages (»countervailing strategy«) entwickelt, die im Konfliktfall die militärische Optionsbreite des Westens vergrößern sollte, indem in verstärktem Maße militärische Potentiale des Gegners in die Zielplanung einbezogen wurden.[215] An dieser Debatte beteiligten sich die NATO-Partner nur ganz am Rande; in der Weise, daß sie öffentliche Aufmerksamkeit über den engen Kreis der Experten hinaus erregte, begann sie eigentlich erst 1977. Die erste Phase erreichte ihren Höhepunkt mit der Debatte über die Einführung von Neutronenwaffen als Gefechtsfeldwaffen in Europa. Die zweite Phase umfaßte jene Diskussion, die zum »Doppelbeschluß« der NATO im Dezember 1979 führte. Die dritte Phase war gekennzeichnet durch eine um sich greifende Kritik an dem »NATO-Nachrüstungsbeschluß« sowie durch das Entstehen einer heterogenen, aber öffentlich wirksamen Friedensbewegung in Westeuropa und in der Bundesrepublik.

4.1 *Die Debatte über die Einführung von Neutronenwaffen*

Die Entscheidung des amerikanischen Präsidenten, Jimmy Carter, den amerikanischen Kongreß um die Bereitstellung von Finanzmitteln zur Produktion neuer, hochwirksamer Strahlenwaffen (»enhanced radiation weapons« – ERW) zu ersuchen und die Bündnispartner aufzufordern, entsprechende Beschlüsse über Lagerung und taktischen Einsatz dieser Waf-

215 Vgl. Walter Slocombe, The Countervailing Strategy, in: International Security, Bd. 5, Nr. 4 (Frühjahr 1981), S. 18–27.

fensysteme zu treffen,[216] löste insbesondere in der Bundesrepublik eine heftige und sehr emotional geführte Debatte aus. Sie wurde eröffnet mit einem Artikel des SPD-Bundesgeschäftsführers, Egon Bahr, am 21. Juli 1977 im *»Vorwärts«*, in dem dieser die Neutronenbombe als »ein Symbol der Perversion des Denkens« bezeichnete. Es sei dies eine Waffe, die keinen oder nur geringen Sachschaden anrichtet, aber die Menschen »sauber« tötet. »Ist die Menschheit dabei, verrückt zu werden?«[217] In dieser Reaktion kamen alle jene Ängste und Befürchtungen zum Ausdruck, die bereits in den 50er Jahren die Debatte über eine Atombewaffnung geprägt hatten. Die Bundesregierung betonte demgegenüber, daß es sich bei den ER-Waffen nicht um ein qualitativ neues Waffensystem, sondern vielmehr um eine Fortentwicklung der nuklearen Gefechtsfeldwaffen handelte und daß ihre Einführung erst nach sorgfältigen Beratungen im Bündnis beschlossen werden würde. Dabei müßte geprüft werden, ob die neuen Waffen die Abschreckungsstrategie glaubhafter machten, d. h. sich als Mittel zur Kriegsverhinderung eigneten, und welche Bedeutung ihre Einführung für die Bemühungen um eine Rüstungskontrolle haben würde.[218]

Nach intensiven Beratungen im Bündnis und unter Berücksichtigung der Widerstände in der öffentlichen Meinung, aber auch in Teilen der SPD und in der FDP, entwickelte die Bundesregierung eine differenzierte Position zur Einführung neuer nuklearer Waffensysteme, deren grundlegende Aspekte auch in die TNF-Entscheidung von 1979 eingingen. Die Bundesregierung betonte, erstens, ihre Verpflichtung zur Einhaltung des Verzichts auf Atomwaffen, wie die Bundesrepublik ihn im NV-Vertrag bekräftigt habe. Als Nichtkernwaffenstaat könnte sie sich an Entscheidungen über die Produktion von Nuklearwaffen nicht beteiligen, diese müßten eine souveräne Entscheidung der Vereinigten Staaten von Amerika bleiben. Nach einer etwaigen Produktionsentscheidung sollten, zweitens, die sich bietenden Möglichkeiten für Fortschritte bei Rüstungsbegrenzungsverhandlungen genutzt werden. Drittens, werde die Bundesregierung die Lagerung von ER-Waffen auf dem Territorium der Bundesrepublik nur zulassen, wenn im Bündnis ein gemeinsamer Beschluß über ihre Einführung zustande komme, wenn die Dislozierung nicht allein auf deut-

216 Vgl. die Pressekonferenz von Präsident Carter am 12. 7. 1977, in: Public Papers of the Presidents, Jimmy Carter, 1977, Bd. 2, Washington 1978, S. 1231–1239.
217 Egon Bahr, Ist die Menschheit dabei, verrückt zu werden? In: Vorwärts, 21. 7. 1977.
218 Vgl. Presse- und Informationsamt der Bundesregierung (Hrsg.), Die Neutronenwaffe. Zusammenstellung von öffentlichen Erklärungen, Bonn, März 1979.

schem Gebiet erfolge, und wenn nicht innerhalb von zwei Jahren die westliche Seite deshalb auf eine Dislozierung verzichtete, weil inzwischen in Rüstungskontrollverhandlungen entsprechende Verhandlungsergebnisse erzielt worden seien.[219]
Angesichts der westeuropäischen Zurückhaltung beschloß Präsident Carter im April 1978 eine Vertagung der Entscheidung über den Bau von Neutronenwaffen. Er wies darauf hin, daß die Vereinigten Staaten ihre endgültige Entscheidung u. a. auch davon abhängig machen würden, ob die Sowjetunion bei ihrem konventionellen und nuklearen Rüstungsprogramm Zurückhaltung üben würde. Der Präsident kündigte gleichzeitig an, daß die Vereinigten Staaten zusammen mit ihren Verbündeten die Modernisierung ihrer Streitkräfte fortführen würden, um die gemeinsame Sicherheit und die Vorneverteidigung in Europa zu gewährleisten.[220]
Die Debatte über die Neutronenwaffe blieb nicht folgenlos. Zunächst hatten die verschiedenen Berichte über die Wirkungsweise derartiger Waffen zu einer kritischen Sensibilisierung der Öffentlichkeit geführt, die den Nährboden abgab für eine sich intensivierende Debatte über die schwierige Rationalität von Abschreckung und Verteidigung im Atomzeitalter. Zum anderen fühlten sich viele europäische Politiker, vor allem Bundeskanzler Schmidt, durch die Entscheidung des amerikanischen Präsidenten überrumpelt und desavouiert, nachdem sie sich bemüht hatten, die innenpolitischen Voraussetzungen für ihre Stationierung in Westeuropa zu schaffen. Sie hatten dabei mit dem Argument operiert, daß es sich bei den Neutronenwaffen um kein qualitativ neues System, sondern vielmehr um besonders kleine Gefechtsfeldwaffen mit verstärkter radioaktiver Strahlung handelte, mit denen der Kollateralschaden bei einem möglichen Einsatz möglichst gering gehalten werden sollte. Sie hatten außerdem das Argument verwandt, daß mit der Einführung derartiger Waffen angesichts der sowjetischen konventionellen Überlegenheit, vor allem bei Panzern, das Abschreckungsspektrum intakt und damit glaubwürdig gehalten werden könnte. Schließlich wollte die Bundesregierung einen neuen deutsch-amerikanischen Konflikt vermeiden und im Vorfeld des Breschnjew-Besuches in Bonn (Mai 1978) sich nicht dem Verdacht aussetzen, die

219 Vgl. die Erklärung von Bundeskanzler Helmut Schmidt am 13. 4. 1978 im Deutschen Bundestag, in: DBT/VIII/83, 13. 4. 1978, S. 6499–6504.
220 Vgl. Erklärung des amerikanischen Präsidenten, Jimmy Carter, vom 7. 4. 1978 zur Frage der Entwicklung und Produktion von Kernwaffen mit verstärkter Strahlenwirkung, in: EA 17/1978, S. D 470. Zur Kontroverse über diese Entscheidung vgl. The Neutron Bomb Furor. A mishandled power play produces international confusion, in: Time, 17. 4. 1978.

Zusammenarbeit mit Washington und den NATO-Verbündeten könnte für sie von geringerer Bedeutung sein als die Beziehungen zu Moskau. Was blieben, waren Zweifel auf beiden Seiten des Atlantiks: seitens der Bundesrepublik an den Führungsqualitäten des amerikanischen Präsidenten, und auf amerikanischer Seite an der Bereitschaft und Entschlossenheit Bonns, einen eigenen Beitrag zur gemeinsamen Verteidigung zu leisten.

4.2 *Die Entscheidung zur Stationierung eurostrategischer Waffen*

Nach dem Fiasko mit der Neutronenwaffe wurden im Bündnis die Überlegungen intensiviert, in welcher Weise die in Europa stationierten taktischen Nuklearwaffen modernisiert bzw. durch neue Systeme ergänzt werden könnten. Die Einführung weitreichender eurostrategischer Waffen sollte der NATO zusätzliche Einsatzmittel für die neue »Strategie des Gegenschlages« zur Verfügung stellen – die eine stärker auf militärische Ziele als auf Bevölkerungszentren gerichtete Variante der »Strategie der flexiblen Erwiderung« war. Gleichzeitig sollte durch Stärkung des Mittelgliedes der »Triade« die in Zweifel geratene Glaubwürdigkeit der Abschreckung wieder hergestellt werden. Um dafür die Voraussetzung zu schaffen, hatte die NATO im Frühjahr 1977 eine Arbeitsgruppe auf hoher Ebene (»High Level Group« – HLG) eingesetzt, die im Herbst 1979 die Stationierung von 572 neuen weitreichenden taktischen Nuklearwaffen in Europa (LRTNF) empfahl.
Während es den Vereinigten Staaten vor allem darum ging, eine Modernisierung des taktischen Nuklearwaffenpotentials der NATO in die Wege zu leiten, richtete sich das westeuropäische Interesse darauf, die bisher nicht in SALT oder MBFR einbezogenen nuklearen Waffensysteme und Streitkräfte in einen Verhandlungskontext einzubringen und auf diese Weise das bestehende Ungleichgewicht im regionalen Kräfteverhältnis auszugleichen. Zu diesem Zweck setzte die NATO Anfang 1979 eine Sondergruppe (»Special Group« – SG) ein, die beauftragt wurde, parallel zu den Arbeiten der HLG entsprechende rüstungskontrollpolitische Optionen zu entwickeln.[221]

221 Vgl. g-n (Günther Gillessen), Nachrüstung und neue westliche Verhandlungsangebote, in: FAZ, 28. 9. 1979; Richard Burt, Plan for New Missiles In Europe is Backed. Support by NATO Group, in: IHT, 6. 7. 1979; zur Entstehungsgeschichte jetzt auch Josef Joffe, Von der Nachrüstung zur Nullrüstung. Die Geschichte des »Doppelbeschlusses«, in: ZEIT, 27. 11. 1981.

Ehe der NATO-Ministerrat auf seiner Sitzung im Dezember Beschlüsse über die Einführung der in Aussicht genommenen eurostrategischen Systeme treffen sowie neue Vorschläge zur Rüstungsbeschränkung vorlegen konnte, erklärte Generalsekretär Breschnjew am 6. Oktober 1979 in einer spektakulären Rede in Ostberlin, daß die Sowjetunion zu Verhandlungen über eine Reduzierung der Kernwaffen im mittleren Bereich bereit sei, wenn die NATO darauf verzichte, ihrerseits derartige Systeme einzuführen. Gleichzeitig kündigte Breschnjew eine einseitige Reduzierung der in der DDR stationierten Truppen um 20 000 Mann sowie um 1000 Panzer an. Mit dem Ziel, die NATO-Beschlußfassung zu verhindern oder zumindest zu verschieben, intensivierte Moskau in den nächsten Wochen seine Propagandakampagne. Insbesondere warnte die sowjetische Führung davor, daß ein Beschluß zur Einführung eurostrategischer Waffen nicht ohne Auswirkungen auf die deutsch-sowjetischen Beziehungen bleiben würde. Auch könnte es nicht zu Rüstungskontrollverhandlungen kommen, wenn die NATO an ihrer derzeitigen Position festhalte.[222]
Nach intensiver öffentlicher Debatte in den beteiligten Ländern, insbesondere in der Bundesrepublik,[223] in der sehr ausführlich das Verhältnis von Verteidigungs- und Entspannungspolitik, die Ziele und Instrumente der NATO-Strategie und die Glaubwürdigkeit der Bündnisverpflichtungen erörtert wurden, beschlossen die Außen- und Verteidigungsminister der NATO auf einer Serie von Konferenzen am 12., 13. und 14. Dezember 1979 ein umfangreiches Modernisierungsprogramm für die Nuklearstreitkräfte der NATO, das im einzelnen die Stationierung von 108 LRTNF-Systemen vom Typ Pershing II sowie von 96 Marschflugkörpern (GLCM) auf dem Territorium der Bundesrepublik vorsah; weitere 368 Marschflugkörper sollten in Großbritannien, Italien, Belgien und in

222 Vgl. die Rede von Generalsekretär Leonid Breschnjew am 6. 10. 1979 auf einer Festveranstaltung zum 30. Jahrestag der DDR in Ost-Berlin, in: EA 21/1979, S. D 556–560; ferner Bonn zu Breschnjews Abrüstungsofferten, in: NZZ, 10. 10. 1979; Sowjetische Führung appelliert an den Westen, in: SZ 13.–14. 10. 1979; Regierungskoalition für »ernsthafte Prüfung« der sowjetischen Abrüstungs-Vorschläge, in: SZ, 15. 10. 1979; Breschnjew schreibt Brief an Kanzler, in: FR, 17. 10. 1979; Moskau verstärkt den Druck auf die europäischen NATO-Länder, in: FAZ, 17. 10. 1979; Moskau fordert konkrete Antwort auf Breschnjews Abrüstungsangebot, in: SZ, 26. 10. 1979; Genscher appelliert an die Sowjetunion: Keine Produktion neuer Mittelstreckenwaffen, in: FAZ, 29. 10. 1979; Schmidt antwortete Breschnjew, in: Tsp., 20. 11. 1979; Gromyko nach Abschluß der Bonner Gespräche: Verhandlungen nach einem NATO-Beschluß nicht möglich, in: Tsp., 24. 11. 1979; Genscher: Es geht um die Glaubwürdigkeit der westlichen Allianz, in: FAZ, 3. 12. 1979.

223 Vgl. z. B. die Diskussion auf dem Berliner Parteitag der SPD, 3.–7. 12. 1979, Unkorrigiertes Protokoll, H. 3–5.

den Niederlanden stationiert werden. Außerdem schlug die NATO Verhandlungen zwischen den USA und der Sowjetunion über eine Begrenzung der landgestützten Mittelstreckensysteme im Rahmen von SALT III vor. Ferner kündigte sie einen einseitigen Abzug von 1000 amerikanischen nuklearen Sprengköpfen aus Europa sowie neue Initiativen bei MBFR und den vertrauensbildenden Maßnahmen im Rahmen der KSZE an.[224]

Für die Bundesrepublik Deutschland bedeutete der Doppelbeschluß der NATO vor allem eine Bekräftigung der zwei Säulen der westdeutschen Sicherheitspolitik, wie sie seit Ende der 60er Jahre verstanden wurde: Verteidigungsbereitschaft und Verhandlungswille. Die Bundesrepublik erklärte sich bereit, verstärkte Rüstungsanstrengungen zu unternehmen, wenn diese zur Erhaltung des militärischen Gleichgewichts erforderlich waren; sie setzte sich jedoch gleichzeitig für neue Verhandlungen über Maßnahmen zur Rüstungsbeschränkung ein, um dieses Gleichgewicht auf einer niedrigeren Ebene wiederherzustellen.[225]

Moskau reagierte gegen die Pläne der NATO, auf westeuropäischem Gebiet weitreichende Nuklearwaffen zu stationieren, mit denen das sowjetische Territorium erreicht werden konnte, mit gezielten politischen Drohungen und dem vollen Einsatz ihres Propagandaapparates, deren Adressat primär die Bundesrepublik war. Damit wurde deutlich, daß für Bonn Sicherheit und Entspannung in diesem Fall möglicherweise nicht gleichzeitig zu haben waren.

Obwohl politische Beweggründe bei der Entscheidung für die NATO-Nachrüstung im Vordergrund standen, wurde diese von Befürwortern und Gegnern meist militärstrategisch legitimiert bzw. kritisiert. Dabei wurden vor allem drei Gründe genannt, die eine Einführung von taktischen Nuklearwaffen großer Reichweite in Westeuropa erforderlich machten:

- Die zunehmende Verwundbarkeit der landgestützten Interkontinentalraketen beider Seiten, welche die strategische Stabilität durch den Verlust der Eskalationskontrolle untergrabe (d. h. es wenig glaubwürdig erscheinen lasse, daß die USA zur Verteidigung Westeuropas ihre strategischen Streitkräfte einsetzen würden, weil sie dadurch nicht nur

224 Vgl. Kommuniqué über die Sondersitzung der Außen- und Verteidigungsminister der am integrierten Verteidigungsprogramm der NATO beteiligten Staaten vom 12. 12. 1979, in: Bulletin, Nr. 154, 18. 12. 1979, S. 1409–1410; ferner Kommuniqué über die Ministertagung des Nordatlantikrates in Brüssel vom 14. 12. 1979, in: Bulletin, Nr. 154, 18. 12. 1979, S. 1411–1414.

225 Erklärung der Bundesregierung zum NATO-Doppelbeschluß vom 14. 12. 1979, in: DBT/VIII/194, 14. 12. 1979, S. 15465–15468.

die Zerstörung ihrer Städte, sondern auch die Vernichtung ihres landgestützten ICBM-Potentials riskieren würden);[226]

- die ungefähre Parität zwischen den Vereinigten Staaten und der Sowjetunion auf dem Gebiet strategischer Waffen, wie sie in den SALT-Verträgen festgeschrieben worden war, die Disparitäten in anderen Bereichen des militärischen Kräfteverhältnisses erhöhte politische und militärische Bedeutung zukommen ließ;
- und schließlich die Modernisierung des sowjetischen nuklearen Mittelstreckenpotentials durch die Einführung »gemirvter« SS-20-Systeme, die, zusammen mit den konventionellen Landstreitkräften des Warschauer Paktes im europäischen Bereich, ein militärisches Übergewicht der Sowjetunion darstellten, das durch eine westliche »Nachrüstung« ausgeglichen werden müßte.

Die Begründung der Notwendigkeit eigener »Nachrüstung« mit dem in Europa bestehenden Kräfteungleichgewicht war jedoch militärstrategisch aus einer Reihe von Gründen fragwürdig. Eine wesentliche Schwierigkeit des eurostrategischen Kräftevergleichs war die Abgrenzung dieser Systeme von interkontinental-strategischen Waffen einerseits, sowie von Gefechtsfeldwaffen andererseits. Besonders umstritten war, in welcher Weise die seegestützten Poseidon-Raketen oder die in den USA stationierten, aber SACEUR assignierten Flugzeuge vom Typ FB-111, die britischen und französischen Kernwaffen sowie die Gefechtsfeldwaffen mit Reichweiten unter 100 km in den Kräftevergleich einbezogen werden sollten.[227] Ein numerischer Vergleich blendete weiter qualitative Kriterien wie Überlebenswahrscheinlichkeit im Konfliktfall, Eindringfähigkeit bei gegneri-

226 Die Einschätzungen über die Bedingungen strategischer Stabilität variieren in der sicherheitspolitischen Diskussion des Westens; sie sind auch abhängig von den eigenen strategischen Einsatzdoktrinen und der Einschätzung der Fähigkeiten des Gegners; vgl. Lothar Ruehl, Die Strategische Debatte in den Vereinigten Staaten. Zur Modifikation der amerikanischen Nuklearstrategie und den rüstungspolitischen Forderungen für SALT II, in: EA 23/1974, S. 787–798.

227 Vgl. K.-Peter Stratmann, Das »eurostrategische« Kräfteverhältnis. Zweifelhafte Bewertungen als Folge der Anwendung unterschiedlicher Kriterien, in: EA 13/1981, S. 387–398; der sich insbesondere auseinandersetzt mit der Military Balance 1979–80, S. 114–119; Military Balance 1980–81, S. 116–119; SIPRI Yearbook 1980, S. 175–186; SIPRI Yearbook 1982, S. 3–50; Weißbuch 1979, S. 105–107; Dieter S. Lutz, Das militärische Kräfteverhältnis im Bereich der »Nuklearstreitkräfte in und für Europa«, in: Gert Krell u. Dieter S. Lutz (Hrsg.), Nuklearrüstung im Ost-West-Konflikt. Potentiale, Doktrinen, Rüstungssteuerung, Baden-Baden 1980, S. 14–89; ders., Das militärische Kräfteverhältnis im Bereich der euronuklearen Waffensysteme, in: Deutsche Gesellschaft für Friedens- und Konfliktforschung (Hrsg.), Jahrbuch 1979/80, Baden-Baden 1980, S. 357–399; ders., Weltkrieg wider Willen? Die Nuklearwaffen in und für Europa, Reinbek 1981.

scher Abwehr und Einsatzflexibilität aus. Vor allem aber griff ein derartiger Vergleich deshalb zu kurz, weil er die militärstrategischen und politischen Funktionen außeracht ließ, vielmehr von der unrealistischen Annahme eines »eurostrategischen« Nuklearkrieges ausging. Die politische Begründung, die LRTNF der NATO seien eine »Antwort« auf die sowjetische Dislozierung der SS-20 wurde dahingehend interpretiert, die Nuklearwaffen der NATO sollten diese sowjetischen Raketen im Konfliktfall abdecken. Da sie dazu weder geeignet noch erforderlich waren, wurde dann geschlossen, daß die gesamte NATO-Nachrüstung überflüssig sei.
Die Dislozierung von weitreichenden taktischen Nuklearwaffen in Westeuropa ließ sich aus europäischer Sicht eigentlich nur politisch begründen.[228] Durch sie wurde ein militärisches Bindeglied zwischen dem strategischen nuklearen Potential der Vereinigten Staaten und den in Europa präsenten Landstreitkräften hergestellt, das die Glaubwürdigkeit der Eskalationsdrohung im Fall eines von massiven konventionellen Streitkräften des Warschauer Paktes vorgetragenen Angriffs erhöhte. Diese Wirkung wurde insbesondere dadurch erzielt, daß die zur Stationierung vorgesehenen Pershing-II-Raketen in der Lage waren, innerhalb weniger Minuten das Territorium der Sowjetunion zu erreichen und militärische Ziele mit minimaler Vorwarnzeit und großer Zielgenauigkeit zu treffen.
Die »Koppelung« wirkte jedoch in beiden Richtungen und zwar als Risikopartnerschaft. Während die Vereinigten Staaten unter der Drohung der »Gegenabschreckung« strategisch an Europa gebunden wurden, wurde die »Geiselrolle« Europas für den Fall einer militärischen Auseinandersetzung verstärkt. Dies bedeutete, daß weder der Warschauer Pakt mit einiger Aussicht auf Erfolg einen konventionellen Angriff auf Europa vortragen konnte, ohne mit einem nuklearen Gegenschlag rechnen zu müssen, noch daß bei einem eskalierenden Konflikt in anderen Regionen von einer bestimmten Schwelle an die Westeuropäer sicher sein konnten, daß

228 Zu möglichen politischen Begründungen für den NATO-Doppelbeschluß aus der Sicht der Bundesrepublik vgl. Karsten D. Voigt, Das Risiko eines begrenzten Nuklearkrieges in Europa. Zur Diskussion über die westliche Militärdoktrin und den NATO-Doppelbeschluß vom Dezember 1979, in: EA 6/1982, S. 151–160; Eckhard Lübkemeier, PD 59 und LRTNF-Modernisierung; Militärstrategische und sicherheitspolitische Implikationen der erweiterten Abschreckung für die Bundesrepublik Deutschland, Bonn 1981 (Arbeitspapier der Friedrich-Ebert-Stiftung). Für eine Analyse der unterschiedlichen europäischen und amerikanischen Begründung einer Dislozierung von LRTNF vgl. Michael Higgins u. Christopher J. Makins, Theater Nuclear Forces and »Grey Area« Arms Control, in: Richard Burt (Hrsg.), Arms Control and Defense Postures in the 1980's, Boulder, Co. 1982, S. 75–96.

sie nicht das gleiche Risiko eines nuklearen Schlages wie die amerikanische Bevölkerung eingingen.[229]
Eben diese »Risikopartnerschaft« setzte jedoch voraus, daß Europäer und Amerikaner die politische und militärische Funktion von LRTNF ähnlich sahen. Dies war jedoch nicht der Fall. Aus europäischer Sicht waren sie primär ein politisches Bindeglied zwischen dem strategischen Potential der USA und den in Europa dislozierten Kräften der Allianz und sollten vor allem abschreckend wirken. Eine regional begrenzte, nukleare Kriegsführungsoption war für Westeuropa nicht akzeptabel. Die strategische Planung der Vereinigten Staaten (hier vor allem der gültige Einsatzplan, »single integrated operating plan« - SIOP) gründete sich jedoch auf die Annahme, daß die Abschreckung nur wirksam wäre, wenn im Konfliktsfall einem Angreifer das Erreichen seiner militärischen Ziele durch den Einsatz aller geeigneten Waffensysteme verweigert würde. Die Fähigkeit zur Führung eines regional begrenzten Konfliktes mit einem breiten Spektrum nuklearer Waffen der verschiedensten Reichweiten erschien aus dieser Sicht notwendig. Diese unterschiedliche militärische Zweckbestimmung taktischer Nuklearwaffen warf eine Reihe von politischen Problemen im europäisch-atlantischen Verhältnis auf.
Vor allem stellte sich die Frage, ob die Dislozierung von Pershing II auf dem Boden der Bundesrepublik militärisch sinnvoll *und* politisch zweckmäßig war. Aufgrund ihrer kurzen Flugzeit und ihrer hohen Treffsicherheit (und damit geringen Abwehrmöglichkeit) waren sie für die Sowjetunion in besonderer Weise bedrohlich und luden zu einem präemptiven Schlag ein. Die Pershing II würden daher destabilisierend wirken und eine zusätzliche Gefahrenquelle für Westeuropa bilden, ohne die ihnen zugedachte Aufgabe der Eskalationskontrolle angemessen erfüllen zu können. Aus europäischer Sicht war daher ihre Stationisierung auf See vorzuziehen. Außerdem war es im europäischen Interesse, über eine Reduzierung der in Europa dislozierten nuklearen Gefechtsfeldwaffen zu verhandeln, die von ihrer Zweckbestimmung her einen regional begrenzten Krieg führbar, zumindest denkbar machten. Eine Voraussetzung war freilich,

229 Vgl. Karl Kaiser, Georg Leber, Alois Mertes u. Franz-Joseph Schulze, Kernwaffen und die Erhaltung des Friedens. Stellungnahme zu einem amerikanischen Vorschlag über den Verzicht auf Ersteinsatz von Kernwaffen, in: EA 12/1982, S. 357–368. Dieser Aufsatz stellt eine Entgegnung auf den Beitrag von McGeorge Bundy, George F. Kennan, Robert S. McNamara u. Gerard Smith, Kernwaffen und das Atlantische Bündnis, in: EA 7/1982, S. 183–198, sowie in: FA, Bd. 60, Nr. 4 (Frühjahr 1982), S. 753–768 dar, in dem die amerikanischen Autoren für einen Verzicht auf den Ersteinsatz von Kernwaffen plädiert hatten.

daß die konventionellen Streitkräfte verstärkt wurden, da die Glaubwürdigkeit der Abschreckung erhalten bleiben mußte.
Gleichzeitig beinhaltete der NATO-Doppelbeschluß Elemente atlantischer Lastenteilung. Neben dem militärischen Risiko teilten die Verbündeten auch die politischen Kosten, welche die Stationierung neuer Waffensysteme mit sich brachte. Dies galt insbesondere für diejenigen Länder, die wie die Bundesrepublik diese Waffen aufnehmen sollten. In der Debatte über die Stationierung der eurostrategischen Waffen unterstrich die Bundesregierung das Prinzip der »Non-Singularität«, d. h. daß sie nicht zum »nuklearen Flugzeugträger der Allianz« (Herbert Wehner) werden könnte und daß außer der Bundesrepublik auch noch andere westeuropäische Länder derartige Waffen aufnehmen müßten. Auch sollten sie nur bei Einheiten der US-Armee und nicht auch der Bundeswehr eingeführt werden. Die Entscheidungsbefugnis über ihren Einsatz müßte ausschließlich bei den Vereinigten Staaten liegen. Diese Bedingungen stellten eine Modifizierung des seit den sechziger Jahren praktizierten Systems nuklearer Mitwirkung dar. Bislang sollte nach einem Freigabebescheid durch den amerikanischen Präsidenten die Entscheidung über den Einsatz im Rahmen der NATO-Richtlinien und -Einsatzplanung von den Partnern gemeinsam getroffen werden.
Die Bundesregierung nahm mit dem »Zweischlüsselsystem« eines der sichtbarsten Elemente ihrer nuklearen Mitwirkung im Bündnis zurück, ohne jedoch ihren Wunsch nach nuklearer Mitsprache völlig aufzugeben. Zwei Gründe waren dafür verantwortlich: zum einen war Bonn zum bevorzugten Adressaten der gegen den NATO-Nachrüstungsbeschluß gerichteten Kampagne der Sowjetunion geworden und befürchtete eine tiefgreifende Verschlechterung der deutsch-sowjetischen Beziehungen, wenn es eine zu profilierte nukleare Rolle übernahm; und zum anderen hatte die Kontroverse über die Neutronenwaffe eine in höchstem Maße sensibilisierte Öffentlichkeit geschaffen, die bis weit in die Koalitionsparteien hinein reichte.
Teils aus politischer Überzeugung, teils in taktischer Absicht – vor allem mit Blick auf die Gegner des Nachrüstungsbeschlusses in den Reihen der Koalitionsparteien – betonte die Bundesregierung, daß der NATO-Doppelbeschluß aus zwei Teilen bestand: einer Stationierungsabsicht und einem Verhandlungsangebot. Aus Bonner Sicht war es wichtig, sowohl Gespräche über die in Europa stationierten taktischen Nuklearwaffen zu eröffnen, als auch den stagnierenden MBFR-Verhandlungen in Wien einen neuen Impuls zu geben. In der Auseinandersetzung mit den Kritiken der NATO-Entscheidung deutete sie an, daß die sowjetische »Vorrü-

stung« auch auf dem Verhandlungswege beseitigt und dann eine NATO-»Nachrüstung« überflüssig werden könnte. Als unter dem Eindruck der sich verschlechternden Ost-West-Beziehungen sowie aus inneramerikanischen Gründen die Zurückhaltung Washingtons wuchs, sich auf neue Rüstungskontrollverhandlungen mit der Sowjetunion einzulassen, benutzte die Bundesregierung die zwei Elemente des NATO-Beschlusses, um seine Implementierung an die Bereitschaft Washingtons zu binden, ernsthaft mit Moskau über eine Reduzierung der eurostrategischen Waffen zu verhandeln.

Nur die Inflexibilität der sowjetischen Führung bewahrte Bonn davor, daß Moskau die Doppeldeutigkeit der Bonner Position ausnutzte und die Bundesrepublik zwang, Farbe zu bekennen. Die Schwäche ihrer Politik bestand darin, daß zum einen die Hauptgründe für den NATO-Beschluß eben nicht nur die Disparitäten bei den in Europa stationierten Nuklearwaffen waren und daß die Herstellung eines numerischen Gleichgewichtes als Ergebnis von Rüstungskontrollverhandlungen die Abschreckung nicht glaubwürdiger gemacht hätte, und zum andern, daß Bonn nicht mit am Verhandlungstisch saß, also weder die grundsätzlichen Verhandlungspositionen noch die Ergebnisse der Verhandlungen entscheidend beeinflussen konnte. Die Bundesregierung konnte lediglich im bilateralen Kontakt mit der amerikanischen Regierung und über die entsprechenden NATO-Gremien (insbesondere die zu diesem Zweck eingerichtete Sonderberatungsgruppe – SCG) ihre Interessen artikulieren. Dies reduzierte die Betonung der Rüstungskontrollkomponente des NATO-Beschlusses durch Bonn auf ein taktisches Instrument.

Die innenpolitischen Widerstände gegen den NATO-Doppelbeschluß hatten sich zunächst innerhalb der SPD artikuliert, wobei sich die Kritiker keineswegs lediglich aus dem linken Flügel der Regierungspartei und den Jungsozialisten rekrutierten. Als einer der ersten gab der Fraktionsvorsitzende der SPD im Bundestag, Herbert Wehner, seiner Sorge Ausdruck, daß durch die Einführung weitreichender nuklearer Mittelstreckenwaffen die Fortsetzung der Entspannungspolitik infrage gestellt werden könnte. Auch auf dem SPD-Parteitag Anfang Dezember 1979 in Berlin war das beherrschende Thema, ob durch den geplanten NATO-Beschluß die Entspannung gefährdet werden könnte, oder ob das militärische Gleichgewicht erst wiederhergestellt werden müßte, ehe der Westen zu Rüstungskontrollvereinbarungen kommen und seine Entspannungsbemühungen erfolgreich fortsetzen könnte. Der Parteitag billigte jedoch mit Mehrheit einen vom SPD-Parteivorstand vorgelegten Leitantrag, in dem der NATO-Doppelbeschluß als Instrument der Entspannungspolitik opera-

tionalisiert (und verpackt) wurde.[230] Zum damaligen Zeitpunkt richtete sich die Kritik weder primär gegen das Abschreckungsdenken an sich noch gegen Kernwaffen generell, wie auch die Hauptsorge nicht ein militärischer Konflikt in Europa war (also auch kein Plädoyer für eine alternative Sicherheitspolitik gehalten wurde!). Es dominierte vielmehr die Sorge um die Fortführung einer auf Ausgleich bedachten Ost- und Entspannungspolitik.
Für die CDU/CSU bedeutete dagegen der NATO-Doppelbeschluß das späte Eingeständnis eines sich verschlechternden militärischen Kräfteverhältnisses in Europa zwischen Ost und West. Sie unterstützte beide Teile mit Nachdruck, wenn sie auch dem Nachrüstungsteil eine größere Bedeutung zumaß als dem Verhandlungsteil.
Die Heftigkeit der innenpolitischen Debatte über den NATO-Doppelbeschluß in der Bundesrepublik und die Betonung des Arms Control-Aspektes von Seiten führender SPD-Politiker aktivierte bei einigen Verbündeten latent vorhandene Zweifel an der Bündnistreue Bonns.[231] In Washington setzte der Sicherheitsberater Präsident Carters, Zbigniew Brzezinski, das böse Wort von der »Selbstfinnlandisierung« der Bundesrepublik in Umlauf; in Paris kursierten Gerüchte über ein neues »Rapallo«, und in anderen westlichen Hauptstädten wurde die Frage gestellt, ob sich die Bundesrepublik mit ihrer Entspannungspolitik nicht in eine das Bündnis belastende Abhängigkeit von der Sowjetunion begeben habe. Häufig wur-

230 Vgl. die Entschließung des SPD-Parteitages in Berlin, 3.–7. 12. 1979, »Sicherheitspolitik im Rahmen der Friedenspolitik«, in: Jahrbuch der Sozialdemokratischen Partei Deutschlands 1979–1981, Bonn 1981, S. 400–411; ferner fy. (Karl Feldmeyer), Die SPD ringt um eine Entscheidung in der Sicherheitspolitik, in: FAZ, 6. 12. 1979; ders., Schmidts taktischer Erfolg mit der Nachrüstung, in: FAZ, 7. 12. 1979; zur Kritik Wehners vgl. ders., Wehner: Die sowjetische Rüstung ist defensiv. Konflikt mit Schmidt über Mittelstreckenraketen, in: FAZ, 5. 2. 1979. Zu der auf die Stimmung der Parteibasis abgestimmten Argumentationsweise kam hinzu, daß die SPD den Wahlkampf 1980 ursprünglich unter abrüstungs- und entspannungspolitischen Vorzeichen führen wollte. Zu diesem Zweck hatte sie eine vorwiegend aus Wissenschaftlern zusammengesetzte Expertenkommission unter der Leitung von Alfons Pawelczyk (damals abrüstungspolitischer Sprecher der SPD) eingesetzt, die den Leitantrag in großen Zügen erarbeitete. Unmittelbar vor seiner öffentlichen Vorlage im September 1979 wurden im PV einige vorsichtige Passagen in diesen Antrag eingearbeitet, in denen auf die Disparitäten bei den nuklearen Mittelstreckenpotentialen bezug genommen und eine Kombination von verteidigungspolitischen und rüstungssteuerungspolitischen Optionen zu ihrem Abbau empfohlen wurden.

231 Für eine Diskussion der unterschiedlichen Sichtweiten innerhalb der Allianz vgl. Catherine M. Kelleher, The Present As Prologue. Europe and Theater Nuclear Modernization, in: International Security, Bd. 5, Nr. 4 (Frühjahr 1981), S. 150–168; Stanley Hoffmann, The Crisis in the West, in: New York Review of Books, 17. 7. 1980, S. 41–50.

de dabei übersehen, daß die Bundesrepublik einen unverändert hohen Beitrag zur gemeinsamen Verteidigung des Westens leistete. Ihre Verteidigungsausgaben hatten sich von 1970 bis 1981 – also in der Phase der Entspannungspolitik! – mehr als verdoppelt und waren von 22,6 Mrd. DM auf 52,2 Mrd. DM gestiegen. Mit einer Soll-Stärke von 495 000 Mann bildete die Bundeswehr die größte konventionelle Streitmacht auf dem europäischen Kontinent. Ebenfalls leistete Bonn NATO-Verteidigungshilfe an die Türkei, Griechenland sowie Portugal und beteiligte sich am Infrastrukturprogramm des Bündnisses. Das mit den Vereinigten Staaten vereinbarte und 1982 unterzeichnete »Host Nation Support Program« stellte die logistische Basis für Verstärkungen der U.S. Truppen im Ernstfall dar und entlastete den amerikanischen Steuerzahler. Angesichts dieser Leistungen, die über den Bundeshaushalt von der Gesamtheit der westdeutschen Bevölkerung erbracht wurden, war es daher absurd, von einem in der Bundesrepublik umsichgreifenden Pazifismus zu sprechen. Aufgrund ihrer politischen Lage an der Nahtstelle der europäischen Teilung hatte sie jedoch auch ein berechtigtes Interesse daran, daß die Ergebnisse der Entspannungspolitik nicht leichtfertig aufs Spiel gesetzt wurden.

4.3 *Afghanistan und die Folgen*

Die Gleichzeitigkeit von westlichem Stationierungsbeschluß und östlicher Machtentfaltung in Afghanistan an der Jahreswende 1979/80 löste eine vielschichtige Entwicklung aus, die sich in Form von Kritik am NATO-Doppelbeschluß ausdrückte, ihre Ursachen jedoch in der Verschlechterung der Ost-West-Beziehungen sowie der dadurch verursachten Furcht vor einem militärischen Konflikt hatte und in der Folge die seit dem Harmel-Bericht hochgehaltene politische Einheit von Sicherheit und Entspannung infrage stellte.
Die Politik der Bundesrepublik beruhte seit Ende der sechziger Jahre auf der Prämisse, daß ihre Sicherheit am besten durch eine Kombination von Verteidigungsfähigkeit im Rahmen des westlichen Bündnisses und von Verhandlungsbereitschaft mit der Sowjetunion sowie den anderen Staaten des Warschauer Paktes gewährleistet werden würde. Der Erfolg der Ostpolitik, der zu einer weitgehenden Normalisierung der Ost-West-Beziehungen in Europa geführt hatte, nahm der östlichen Militärmacht im öffentlichen Bewußtsein der Bundesrepublik ihren aggressiven Charakter. Mit dem Rückgang der Furcht vor einem deutschen Revanchismus und

Militarismus bei den östlichen Nachbarn korrespondierte ein Schwinden des Gefühls der Bedrohung bei der Bevölkerung der Bundesrepublik. Der Argumentation der Sozialliberalen Koalition, daß ihre Entspannungspolitik den Frieden in Europa sicherer gemacht habe, entsprach die sowjetische Behauptung, der Entspannungsprozeß sei unumkehrbar. Dies hatte zur Folge, daß die Verschlechterung der Ost-West-Beziehungen auf der globalen Ebene, die nach dem Yom-Kippur-Krieg und der ersten Ölkrise Mitte der siebziger Jahre einsetzte und die durch das Scheitern einer engeren Ost-West-Wirtschaftskooperation weiter belastet wurde,[232] in der Bundesrepublik nicht oder nur undeutlich wahrgenommen wurde.

Da im europäischen Bereich die Politik des Ausgleichs und der Zusammenarbeit fortgesetzt werden konnte, schien sich die Frage nach der Tragfähigkeit der Entspannungspolitik nicht zu stellen, und entsprechende kritische Fragen der Opposition konnten auf das Konto »Unbelehrbarkeit in Sachen Ostpolitik« abgebucht werden. Aus dieser Sicht mußte auch ein Hauptbedenken gegen den NATO-Beschluß sein, daß durch ihn die Entspannungspolitik belastet und gestört werden könnte, eine Sorge, die durch eine entsprechende Argumentation Moskaus verstärkt wurde.

Bis zu dem Erschrecken, das die sowjetische Intervention in Afghanistan im Dezember 1979 hervorrief, schien der Entspannungsprozeß in Europa unangefochten. Prominente sozialliberale Politiker weigerten sich daher zunächst, negative Auswirkungen der Ereignisse im fernen Hindukusch auf die europäische Entspannungspolitik zu akzeptieren, indem sie diese unter Bezug auf die nahezu einmütige Verurteilung der Sowjetunion in den Vereinten Nationen und von den Blockfreien als einen Ost-Süd-Konflikt interpretierten.[233]

Für die Vereinigten Staaten war eine derartige Einschätzung nicht möglich. Konfrontiert mit der Doppelkrise Afghanistan und Iran, wo irani-

232 Zum Scheitern der Entspannungspolitik aus der Sicht der USA vgl. Kissinger, Years of Upheaval, a.a.O., S. 228 ff. u. S. 979 ff.; ferner Gebhard Schweigler, Von Kissinger zu Carter. Entspannung im Widerstreit von Innen- und Außenpolitik 1969–81, München u. Wien 1982, S. 163 ff.; ders., Europa, Amerika und die Entspannung, in: Aus Politik und Zeitgeschichte, B 28/82, 17. 6. 1982, S. 3–14.

233 So z. B. verschiedentlich der SPD-Bundesgeschäftsführer Bahr, vgl. Gunter Hofmann, ». . . ob wir an einem Krieg vorbeikommen«. SPD-Bundesgeschäftsführer Egon Bahr und die Zukunft der Entspannung, in: ZEIT, 18. 1. 1980; Theo Sommer, Die Spannung muß teilbar bleiben, in: ZEIT, 11. 1. 1980; Richard Löwenthal, Die Rote Armee in Kabul: Ende der Entspannung? In: ZEIT, 11. 1. 1981; Igor Witsimos, Eine Gasse für Raketen-Verhandlungen. Breschnjew und Schmidt wollen Europa aus der Afghanistankrise heraushalten, in: Tsp., 2. 7. 1980.

sche revolutionäre Milizen die Angehörigen der US-Botschaft in Teheran seit November 1979 als Geiseln gefangen hielten, pochten sie auf Bestrafung Moskaus und forderten Bündnissolidarität. Angesichts der markigen Worte, die aus Washington kamen, entstand bei vielen Menschen in der Bundesrepublik der Eindruck, der Friede werde von beiden Supermächten bedroht. Derartige Stimmungen wurden von Bundeskanzler Helmut Schmidt gefördert, wenn er die Gefahr einer neuen Weltkrise à la 1914 beschwor. Als er auf einer Wahlveranstaltung in Essen sagte, »wir können uns keine Gesten der Stärke leisten und keine markigen Zeichen der Unerschütterlichkeit. Wir haben die Schnauze voll davon«,[234] so war dies der Ausdruck einer verbreiteten Bewußtseinslage in der deutschen Bevölkerung. Durch genau bemessene Akte der Bündnissolidarität (Olympia-Boykott, Zusage einer dreiprozentigen Erhöhung der Verteidigungsausgaben, Unterstützung der Türkei) versuchte Bonn, trotz einer unterschiedlichen Bewertung der Krise, den deutsch-amerikanischen Beziehungen keinen irreparablen Schaden zuzufügen. Gleichzeitig bemühte es sich jedoch, die Verbindungen zu Moskau nicht abreißen zu lassen, sondern vielmehr den unterbrochenen Gesprächsfaden zwischen Ost und West wieder zu knoten. Diesem Zweck dienten die Besuche Bundeskanzler Schmidts im März 1980 in Washington und im Juni des gleichen Jahres in Moskau.[235]

Zur gleichen Zeit, und sicherlich nicht unbeeinflußt von den Stimmungen der Politiker, begann in der westdeutschen (und, durch die Enge der Stadt verstärkt, in der Westberliner) Öffentlichkeit die Furcht vor einer Weltkrise umzuschlagen in ein Unbehagen am Bündnis. Es äußerte sich zunächst innerhalb der SPD, noch im Kammerton auf der sicherheitspolitischen Fachtagung der SPD im April 1980 in Köln, um sich dann bei einer feierlichen Vereidigung von Rekruten anläßlich des 25jährigen Bestehens der Bundeswehr im Bremer Weserstadion in gewalttätigen Krawallen zu

234 Vgl. Angst, daß die Sicherungen durchbrennen, in: SPIEGEL, Nr. 17, 1980, 21. 4. 1980, S. 21–27. Schmidt bezog sich bei seinem historischen Vergleich auf einen Aufsatz von Miles Kahler, Rumors of War: The 1914 Analogy, in: FA, Bd. 58, Nr. 2 (Winter 1979/80), S. 374–396 (dt. u. d. T. Wenn die Großmächte sich treiben lassen, in: ZEIT, 18. 4. 1980).

235 Vgl. Besuch des Bundeskanzlers in den Vereinigten Staaten vom 4.–6. 3. 1980, in: Bulletin, Nr. 29, 18. 3. 1980, S. 237–247; Gemeinsames Kommuniqué über den Besuch von Bundeskanzler Schmidt und Bundesaußenminister Genscher in der Sowjetunion, in: Bulletin, Nr. 79, 3. 7. 1980, S. 664–665; ferner Der Entspannungspolitik darf kein Schaden zugefügt werden, in: FR, 5. 7. 1980; Breschnjew ist doch kein Abenteurer«. Bundeskanzler Helmut Schmidt über die Ergebnisse seiner Moskau-Reise, in: SPIEGEL, Nr. 28, 1980, 7. 7. 1980, S. 25–31.

entladen.[236] Derartige Manifestationen brutaler Gewalt gegen die Bundeswehr und Repräsentanten des Bündnisses blieben zwar die Ausnahme einer in der Folgezeit sich verschärfenden Debatte über die Rolle militärischer Macht in der Gesellschaft der Bundesrepublik. Sie zeigten jedoch deutlich die Anfälligkeit der Bundeswehr und ihrer gerade von der SPD mit besonderem Nachdruck betriebenen Integration in die Gesellschaft als Angriffspunkt für eine radikale Fundamentalopposition unter antimilitaristischen Vorzeichen.
Die Furcht vor einem nuklearen Unfall oder militärischen Konflikt und das Unbehagen über eine am wirtschaftlichen Wachstum orientierte Gesellschaft verbanden sich bei vielen jungen Menschen zu einem diffusen Gefühl von Lebensangst. Dieses begann sich zu artikulieren auf Kirchentagen (bezeichnend war das Motto des Hamburger Kirchentages vom Juni 1981 »Fürchte Dich nicht«) und in Großdemonstrationen für Abrüstung und Entspannung in Europa (so z. B. mit über 250 000 Teilnehmern am 10. Oktober 1981 in Bonn) und organisierte sich in den Gruppen der Friedensbewegung. Die Stärke dieser Bewegung bestand in dem von hoher Gesinnungsethik getragenen gemeinsamen Bekenntnis zum Frieden, zu dem sich christliche Gruppen aus beiden Kirchen, humanistische Pazifisten und Ökologen, undogmatische Sozialisten und Kommunisten zusammenfanden; ihre Schwäche war einmal die Heterogenität der Ansätze und Ziele, zum anderen die Politikferne ihrer Konzepte, die sich in der Ablehnung des NATO-Doppelbeschlusses oder in der Propagierung kernwaffenfreier Zonen mit dem Griff in die historische Requisitenkiste erschöpften.[237]

236 Vgl. Nina Grunenberg, Sozialdemokraten sagen: »Ohne uns«. Der verpönte Zapfenstreich und die Debatte über Krieg und Frieden, in: ZEIT, 16. 5. 1980; Hans Schueler, Droht uns ein neues »Ohne Mich«? Anmerkungen zum Bremer Krawall und zur Rolle der Bundeswehr, in: ZEIT, 9. 5. 1980; Werner Birkenmaier, Warnsignale für den Kanzler, in: Stuttgarter Zeitung, 9. 5. 1980.

237 Zur Friedensbewegung in der Bundesrepublik und ihren Entstehungsursachen vgl. Günther Schmid, Zur Soziologie der Friedensbewegung und des Jugendprotestes, in: Aus Politik und Zeitgeschichte, B 24/82, 19. 6. 1982, S. 15–30; Wilfried von Bredow, Zusammensetzung und Ziele der Friedensbewegung in der Bundesrepublik Deutschland, ebenda, S. 3–14; Hans A. Pestalozzi, Ralf Schlegel, Adolf Bachmann (Hrsg.), Frieden in Deutschland. Die Friedensbewegung – wie sie wurde, was sie werden kann, München 1982 (Goldmann 11341); zu ihrem Selbstverständnis und ihren politischen Konzepten vgl. Komitee für Grundrechte und Demokratie, Kritik der NATO-Sicherheit. Friedenspolitische Vorschläge für die Bundesrepublik Deutschland, in: WELTPOLITIK. Jahrbuch für Internationale Beziehungen 1, Frankfurt 1981, S. 29–45; zu ihrer Kritik: vgl. Karl-Heinz Janßen, Deutsche aus der Front? Einige Gruppen in der Friedensbewegung wollen aus den Bündnissen aussteigen, in: ZEIT, 13. 11. 1981.

Eine Spätfolge dieser Krise, die die Bürger der Bundesrepublik so jäh aus der Entspannungseuphorie gerissen hatte, war eine zunehmende Distanz zu den beiden Großmächten. Diese wurden von vielen Beobachtern fälschlich als Antiamerikanismus interpretiert, da der Abstand zu Moskau weniger verwunderte als derjenige zu Washington. Zunächst dominierte die Sorge, den Beziehungen zu Moskau könnte irreparabler Schaden zugefügt und die Bundesrepublik möglicherweise in einen militärischen Konflikt hineingezogen werden, wenn sie die Boykottpolitik gegenüber der Sowjetunion und die verstärkte militärische Machtentfaltung der USA, vor allem in den Krisengebieten Südwestasiens, mitmachte. Daraus entwickelte sich dann die Frage, ob die Interessen der Bundesrepublik – politischer, wirtschaftlicher und militärischer Art – in der engen Verbindung zu den Vereinigten Staaten wohl aufgehoben seien, oder ob sie nicht vielmehr ein stärkeres Maß an politischer Eigenständigkeit anstreben müßte.[238] Die Kritik an den USA verschärfte sich nach dem Amtsantritt der Regierung Reagan im Januar 1981. Die Sprache, mit der die neue amerikanische Führung Amerika nach den Demütigungen des Vietnam-Krieges und der Geiselnahme im Iran die Rückkehr zu Macht und Größe verhieß, und die von ihr gegenüber der Sowjetunion eingeleitete Containment-Strategie weckten Assoziationen an die Konfrontationspolitik zur Zeit des Kalten Krieges; ihre Ablehnung war ein Versuch, an einer begrenzten Kooperation mit Moskau auf der europäischen Ebene festzuhalten, ebenso wie ein Akt der Verdrängung der von der sowjetischen Machtentfaltung ausgehenden Gefahren.

Die innenpolitische Auseinandersetzung über die Ost- und Deutschland-Politik hatte mit dazu beigetragen, daß Warnungen von Oppositionspolitikern vor den »weltweiten Zielen der Sowjetunion, die auf einem unersättlichen Sicherheitsbegriff und auf einem weltrevolutionärem Führungsanspruch beruhen, und den Westen in seiner Gesamtheit« bedro-

238 Vgl. Theo Sommer, Was heißt heute Solidarität; Stimmungskontraste, Meinungsstreit, Interessenunterschiede zwischen den Partnern, in: ZEIT, 22. 2. 1980; Marion Gräfin Dönhoff, Sind die Deutschen anti-amerikanisch? Spannungen, Stimmungen – und Mißdeutungen, in: ZEIT, 27. 6. 1980; Josef Joffe, Atlantisches Fingerhakeln in München. Selten sind die Konfliktlinien zwischen Europa und Amerika so klar gewesen, in: ZEIT, 27. 2. 1981; John Vinocur, West German Anti-Americanism: The Gulf May be Deep, in: IHT, 6. 7. 1981; Friedhelm Kemma, Anti-Amerikanismus – das ist nur das Unbehagen der linken Eliten, in: WELT, 4. 7. 1981; Gerald A. Kleinfeld, Der blockierte Dialog. Warum Reagan und die SPD auf keinen gemeinsamen Nenner kommen können, in: Politische Meinung, 26. Jg., H. 199 (Nov.-Dez. 1981), S. 35–43; William E. Griffith, Bonn and Washington: From Deterioration to Crisis, in: ORBIS, Bd. 26, Nr. 1, (Frühjahr 1982), S. 117–133.

hen,[239] ungehört verhallt waren. Die CDU/CSU konnte sich daher nach der sowjetischen Invasion in Afghanistan bestätigt fühlen. Dabei muß ihr allerdings zugute gehalten werden, daß sie die Krise in den Ost-West-Beziehungen nicht zu Akten der Selbstbefriedigung – nach dem Motto: »wir haben es ja schon immer gewußt« – nutzte, sondern sich vielmehr loyal an den Bemühungen zur Schadensbegrenzung beteiligte. Die Krise gab ihr jedoch die Möglichkeit, sich als »Partei der USA« zu profilieren, d. h. als diejenige politische Kraft darzustellen, die aus einer ähnlichen Sicht der Weltlage für eine vertrauensvolle Partnerschaft mit den USA und für eine Stärkung der »Wertegemeinschaft« des westlichen Bündnisses plädierte. Diese enge Verbindung mit den westlichen Demokratien, insbesondere mit den Vereinigten Staaten, wurde – trotz der von Teilen der politischen Eliten artikulierten Zweifel – von der Mehrheit der Bevölkerung unterstützt. Ebenso zeigten Meinungsumfragen, daß NATO und NATO-Doppelbeschluß nur von etwa einem Viertel der Bevölkerung abgelehnt wurden. Wenn aber gleichzeitig 80 % die Parole der Friedensbewegung »Frieden schaffen ohne Waffen« sympathisch fanden, dann zeigt dies eine hohe Labilität – oder auch Oberflächlichkeit, Emotionalität und Beeinflußbarkeit – des Meinungsklimas in der Bundesrepublik.[240]

4.4 *Die Kritik am NATO-Doppelbeschluß*

Die innenpolitische Auseinandersetzung über den NATO-Doppelbeschluß und seine Implemtierung muß vor dem Hintergrund sich verschlechternder Ost-West-Beziehungen – eine zusätzliche Belastung bedeutete die Verkündung des Kriegsrechtes in Polen im Dezember 1981 – und einer über die internationalen Krisen beunruhigten Bevölkerung gesehen werden. Diese hatte in der Bundesrepublik drei Stoßrichtungen:

239 Alois Mertes, Der Westen braucht eine geschlossene Strategie, in: DUD, Nr. 232, 1980, 8. 12. 1980, S. 3; vgl. ferner die Ausführungen des CDU/CSU-Vorsitzenden, Helmut Kohl, und des außenpolitischen Sprechers der CDU-Fraktion, Alois Mertes, in der Afghanistan-Debatte des Bundestages am 17. 1. 1980, in: DBT/VIII/198, S. 15584–15593 u. 15630–15636.

240 Helen M. Corssey, West European Public Perceptions of NATO and Mutual Defense Issues, U.S. International Communication Agency Reserarch Report R-27-79, 20. 12. 1979; Elisabeth Noelle-Neumann, Ein großer Teil der Bevölkerung bleibt standfest. Der Krieg der Meinungen über Amerika und Nachrüstung, in: FAZ, 30. 10. 1981; The U.S. and Europe: A Poll, in: Newsweek, 15. 3. 1982.

- Eine Fundamentalkritik, wie sie von Anhängern der Friedensbewegung vertreten wurde. Diese plädierten dafür, den NATO-Doppelbeschluß rückgängig zu machen und stattdessen die Bemühungen um Abrüstung und Rüstungsbeschränkung zu aktivieren;
- eine sicherheitspolitische Kritik, die das Ost-West-Abschreckungssystem nicht grundsätzlich infrage stellte, sondern aus einer Kombination von militärstrategischen und politischen Gründen einen Verzicht auf die Dislozierung landgestützter eurostrategischer Systeme forderte;
- und schließlich eine systemimmanente Kritik, die an dem NATO-Doppelbeschluß als solchem festhielt, jedoch den Verhandlungsaspekt betont sehen wollte.

Am lautesten, oft aber auch am wenigsten durch Sachkenntnisse getrübt, war die Kritik aus dem Lager der Friedensbewegung. Gemeinsamer Ausgangspunkt aller Gruppen war die These, daß Abschreckung und Frieden nicht miteinander vereinbar wären. Die Sicherheit der Bundesrepublik könnte nicht durch die Einführung neuer Nuklearwaffen gewährleistet werden, diese schüfen vielmehr neue Unsicherheiten und gefährdeten im Endergebnis das menschliche Überleben in Mitteleuropa. Aus diesen Gründen sei der NATO-Nachrüstungsbeschluß zu verhindern – die einen meinten, durch die bessere Argumentation (Weizsäcker), die anderen durch Unruhe und Protest (Jo Leinen). Auf dieser allgemeinen Basis gab es dann im wesentlichen drei Argumentationslinien, allerdings mit zahlreichen Zwischenpositionen. Die eine argumentierte primär moralisch-pazifistisch und forderte ein radikales Umdenken in Fragen der Sicherheit, die nicht durch militärische Abschreckung, sondern nur durch Vertrauen und politische Stabilität gewährleistet werden könnte (Eppler). Eine zweite Richtung sah in der Verhinderung der NATO-Nachrüstung einen Schritt in Richtung auf eine neue europäische Struktur, die über die Errichtung von kernwaffenfreien Zonen ein Disengagement der nuklearen Großmächte herbeiführen würde (Bahro, Berliner AL). Die dritte Richtung argumentierte eher strategisch und bestritt die militärische Notwendigkeit für eine Nachrüstung. Sie behauptete, bei einer Einbeziehung aller FBS-Systeme (also auch der auf See stationierten), bestehe ein ausgeglichenes Kräfteverhältnis zwischen NATO und Warschauer Pakt. Die Stationierung eurostrategischer Systeme durch die NATO führe vielmehr in diese Region qualitativ neue Systeme ein, deren Fähigkeit, sowjetisches Territorium zu erreichen, ein destabilisierendes Element sei. Ihre Kritik richtete sich vor allem aber dagegen, daß diese Systeme den USA eine

Kriegführungsoption gäben, und zwar für einen begrenzten Nuklearkrieg in Europa, der zu verheerenden Zerstörungen führen würde, während die USA selbst kein vergleichbares Risiko eingingen (Mechtersheimer, Bastian, Lutz).[241]

Die sicherheitspolitische Kritik am NATO-Doppelbeschluß verfolgte sehr unterschiedliche Ziele, je nach den politischen Sichtweisen und Motiven der Autoren. Ihnen war gemeinsam, daß sie von einer Stationierung landgestützter, weitreichender taktischer Nuklearwaffen in Europa keinen Beitrag zur Sicherheit des Bündnisses erwarteten, jedoch davon überzeugt waren, daß das Abschreckungssystem kurzfristig nicht durch kooperative Strukturen völlig ersetzt oder durch Abrüstung überflüssig gemacht werden könnte. Am weitesten ging der Vorschlag vier prominenter amerikanischer Politiker – McGeorge Bundy, George Kennan, Robert McNamara und Gerald Smith – die einen Verzicht auf den Ersteinsatz von Nuklearwaffen forderten. Ihr Hauptmotiv war, die Abschreckung militärisch und politisch glaubwürdig werden zu lassen. Dazu benötigte das Bündnis nach ihrer Auffassung auf nuklearem Gebiet ausschließlich angemessene Überlebensfähigkeit und diversifizierte Zweitschlag-Streitkräfte, sowie in Europa ein dem sowjetischen gleichwertiges konventionelles Potential. Durch eine derartige Politik könnten eine Reihe von Schwierigkeiten – nicht zuletzt finanzieller Art – vermieden werden, die das Bündnis derzeit belasteten. Möglicherweise könnte dadurch der Weg in Richtung auf eine ernsthafte Verringerung der Kernwaffen auf beiden Seiten frei gemacht werden.[242] Die europäische Kritik an diesem Vorschlag richtete sich vor allem dagegen, daß ein Verzicht auf den Ersteinsatz von Kernwaffen der am Ziel der Kriegsverhinderung ausgerichteten Strategie zuwider laufe. Die Verbindung mit dem nuklearen Abschreckungspotential der USA würde geschwächt und damit ein konventioneller Krieg in Europa wieder führbar gemacht.

241 Die verschiedenen Positionen der Friedensbewegung sind wiedergegeben in: Sicherheitspolitik contra Frieden? Ein Forum zur Friedensbewegung, Bonn 1981; Alfred Mechtersheimer (Hrsg.), Nachrüsten? Dokumente und Positionen zum NATO-Doppelbeschluß, Reinbek 1981; Josef Joffe (Hrsg.), Friede ohne Waffen? Der Streit um die Nachrüstung, München 1981; DGB-Bundesvorstand (Hrsg.), Antikriegstag 1981, Düsseldorf 1981.

242 Vgl. Bundy/Kennan/McNamara/Smith, Kernwaffen und das Atlantische Bündnis, a.a.O.; sowie die Entgegnung von Kaiser/Leber/Mertes, Schulze, Kernwaffen und die Erhaltung des Friedens, a.a.O. Eine radikale Gegenposition zu den amerikanischen Autoren – Verringerung der Bedeutung der konventionellen Komponente – vertritt Alan Ned Sabrosky, America in NATO: The Conventional Delusion, in: ORBIS, Bd. 25, Nr. 2, (Sommer 1981), S. 293–306.

Mit dem Vorschlag der amerikanischen »Vierer-Bande« berührten sich Überlegungen, die der abrüstungspolitische Sprecher der SPD, Egon Bahr, unter dem Einfluß des Palme-Berichts einer unabhängigen Expertenkommission über »Gemeinsame Sicherheit«, zu dessen Mitverfassern er gehörte, gemacht hatte. Um die nukleare Konfrontation in Europa zu entschärfen, vor allem um das Risiko eines auf Europa beschränkten Krieges auszuschalten, forderte Bahr den Abzug aller Atomwaffen aus denjenigen Staaten in Europa, die nicht über solche verfügten. Die vier Kernwaffenstaaten würden aber weiterhin über Atomwaffen verfügen, die nukleare Abschreckung bliebe erhalten, die Gefahr einer Eskalation eines Konfliktes wäre damit unverändert. Gleichzeitig müßte jedoch ein annäherndes Gleichgewicht zwischen NATO und Warschauer Pakt auf dem Gebiet der konventionellen Streitkräfte hergestellt und das Bündnis mit seinen Verpflichtungen und Garantien erhalten bleiben.[243] Bezogen auf den NATO-Doppelbeschluß hieß das jedoch, daß dieser höchstens als Katalysator für Verhandlungen benutzt werden konnte, die Verhandlungen jedoch auf eine »Null-Lösung«, den völligen Abbau aller in Mitteleuropa stationierten Kernwaffen abzielen müßten, während die Mittelstreckenwaffen der Sowjetunion (ebenso wie die französischen, britischen und auf See stationierten amerikanischen Systeme) nicht angetastet wurden.
Während die Befürworter des NATO-Doppelbeschlusses diesen mit der auf der strategischen Ebene zwischen den Weltmächten erreichten Parität und dem Fortbestand regionaler Disparitäten begründeten, stellte der Friedensforscher, Philosoph und Physiker, Carl Friedrich von Weizsäkker, die Frage nach den zugrundeliegenden politischen Strukturen. Hier diagnostizierte er eine »Destabilisierung des nuklearen Waffenstillstandes« als Folge globaler politischer Instabilitäten, insbesondere der Unfähigkeit der Weltmächte, ihre eigenen Probleme zu lösen, sowie auf militärischem Gebiet der Entwicklung nuklearer Waffen für einen begrenzten Einsatz. Dadurch sei nicht nur die Möglichkeit internationaler Konflikte, sondern auch die Gefahr eines begrenzten Krieges in Europa gewachsen. Durch die Einführung landgestützter, weitreichender nuklearer Waffen in Europa würde die Wahrscheinlichkeit ihres Einsatzes und die damit verbundenen Risiken weiter erhöht. Weizsäcker forderte daher eine Intensivierung der Bemühungen um eine beiderseitige, ausgewogene und kon-

243 Vgl. Egon Bahr, Gemeinsame Sicherheit. Gedanken zur Entschärfung der nuklearen Konfrontation in Europa, in: EA 14/1982, S. 421–430. Vgl. ferner Der Palme-Bericht. Bericht der Unabhängigen Kommission für Abrüstung und Sicherheit, Berlin 1982.

trollierte Abrüstung. Zur Erhaltung eines regionalen Gleichgewichtes hielt er die Verstärkung der nichtnuklearen Defensivwaffen und die Dislozierung von seegestützten Mittelstreckenwaffen für vertretbar.[244]
Der Landesvorsitzende der SPD Saar, Oskar Lafontaine, unterschied sich in seiner Argumentation gegen landgestützte Mittelstreckenwaffen von Weizsäcker vor allem dadurch, daß er die Notwendigkeit der Nachrüstung bestritt und, wenn überhaupt, nur eine Stationierung auf See akzeptieren wollte.[245] Gegen eine Dislozierung der LRTNF auf See wurde jedoch von Befürwortern des NATO-Beschlusses geltend gemacht, daß nur im Falle einer Landstationierung die Voraussetzungen gegeben seien, um die politische Abschreckungswirkung zu erhöhen sowie die für die militärische Abschreckungsfähigkeit notwendigen strategischen Erfordernisse zu schaffen.[246]
Eine dritte Diskussionsrichtung argumentierte auf der Basis des Doppelbeschlusses, forderte jedoch, bei der Implementierung dem Rüstungskontrollteil politische Priorität einzuräumen. Dies wäre insofern konsequent, als der NATO-Beschluß das Ausmaß der Stationierung amerikanischer Mittelstreckenwaffen auf dem Territorium europäischer Staaten von den erzielten Verhandlungsergebnissen abhängig machte. Verhandlungsziel müsse daher ein völliger Verzicht auf die Stationierung – die sog. »Null-Lösung« sein. Der Doppelbeschluß sollte vor allem politisch instrumentalisiert und dazu benutzt werden, um über entsprechende Vereinbarungen nicht nur den Rüstungswettlauf zu bremsen, sondern langfristig die Grundlage für eine gemeinsame Sicherheitspartnerschaft zwischen Ost und West zu schaffen. Es stellt sich jedoch die Frage, ob der vor allem von Egon Bahr und Karsten Voigt benutzte Begriff der »Sicherheitspartnerschaft«[247] politisch genügend tragfähig war, um die vom Rüstungswettlauf ausgehenden Gefahren für Ost und West und die dadurch resultieren-

244 Vgl. Carl Friedrich von Weizsäcker, Abschreckung – nur eine Atempause? In: ZEIT, 26. 3. 1982; ders., Die europäische Rüstungsgefahr der achtziger Jahre, in: ders., Der bedrohte Friede. Politische Aufsätze 1945–1981, München u. Wien 1981, S. 498–517; ders., Ein echtes Gleichgewicht schaffen. Zwölf Thesen zur Kernwaffenrüstung, in: ÖTV-Magazin, H. 6/1981, S. 9; ders., Die neuen Raketen gehören auf See, in: ZEIT, 22. 5. 1981.

245 Vgl. Oskar Lafontaine, Sozialdemokratische Friedenspolitik II, vervielf. Text (Arbeitsunterlage des AK I der SPD-Bundestagsfraktion), Mai 1981.

246 Vgl. Uwe Nerlich, Die Stationierung landgestützter Mittelstreckenraketen in Europa, in: Europäische Wehrkunde, H. 8, 1981, S. 337–341.

247 Vgl. Karsten D. Voigt, Sicherheitspartnerschaft – von der Doktrin der Abschreckung zur gemeinsamen Sicherheit, in: Theologic a practica, Nr. 1, 1983; ferner Egon Bahr, Ausführungen in der Debatte über die Regierungserklärung am 24. 6. 1982, in: DBT/IX/108, 24. 6. 1982, S. 6620–6625.

de Interessengemeinschaft an der Vermeidung eines militärischen Konfliktes zu kennzeichnen. Bestand zwischen Ost und West über das grundlegende Ziel der Kriegsverhinderung hinaus Übereinstimmung über die erforderlichen Mittel und Wege? Mehr noch, waren beide Seiten in gleicher Weise an der Implementierung gemeinsamer Sicherheit interessiert?
Die Bundesregierung ging jedoch davon aus, daß der Nachrüstungsteil des NATO-Beschlusses erhalten blieb. Angesichts der Komplexität der Verhandlungsmaterie und der gegensätzlichen Ausgangspositionen der beiden Weltmächte waren die Aussichten gering, daß bis zum Termin seiner Implementierung konkrete Verhandlungsergebnisse vorlagen. Eine Reihe von SPD-Politikern forderte daher, daß sich beide Seiten auf ein Moratorium über die weitere Dislozierung von nuklearen Mittelstreckenraketen verständigen sollten, bis die Verhandlungen weiter gediehen waren. Sie forderten weiter eine Reaktivierung der Entspannungspolitik. Dabei sollte besonderes Gewicht auf nichtmilitärische Schritte gelegt und die Bemühungen um die Einführung vertrauensbildender Maßnahmen in ganz Europa verstärkt sowie die wirtschaftliche Zusammenarbeit mit den osteuropäischen Staaten ausgebaut werden.[248] (In diesem Zusammenhang wurde häufig auch Kritik an der Art und Weise geübt, wie von Seiten des Auswärtigen Amtes eine im Ziel überparteiliche und bündnisorientierte, im Ergebnis aber einfallslose Rüstungsbeschränkungspolitik betrieben wurde.) Unter massivem innerparteilichen Druck beschloß die SPD auf dem Münchner Parteitag im April 1982, sich eine endgültige Entscheidung über die Zustimmung zur Stationierung von LRTNF bis zum Herbst 1983 vorzubehalten.[249]
Der Widerstand der Parteibasis gegen den NATO-Doppelbeschluß schwächte die Glaubwürdigkeit der Aussage der Bundesregierung, daß sie weiterhin zu beiden Teilen des Bündnisbeschlusses stünde. Allerdings konnte Bonn auf diese Weise unter Hinweis auf die innenpolitischen Probleme mit größerem Nachdruck gegenüber Washington auf die Aufnah-

248 Vgl. Karsten D. Voigt, Das Risiko eines begrenzten Nuklearkrieges in Europa. Zur Diskussion über die westliche Militärdoktrin und den NATO-Doppelbeschluß vom Dezember 1979, in: EA 6/1982, S. 151–160; Egon Bahr, Zehn Thesen über Frieden und Abrüstung, in: Sicherheitspolitik contra Frieden? A.a.O., S. 10–17; Klaus von Dohnanyi, Deutsche Friedenspolitik 1981, ebenda, S. 195–209; Hans Koschnick, Wolf Graf von Baudissin u. Klaus von Schubert, Grundpositionen Sozialdemokratischer Sicherheitspolitik, ebenda, S. 190–195; Horst Ehmke, Das Undenkbare verhindern, in: SPIEGEL, Nr. 44, 26. 10. 1981, S. 196–218.

249 Vgl. den Beschluß des SPD-Parteitages in München, 19.–23. 4. 1982, Die Friedens- und Sicherheitspolitik der SPD, in: Vorstand der SPD (Hrsg.), Politik. Aktuelle Informationen der Sozialdemokratischen Partei Deutschland, Nr. 3, 1982.

me von ernsthaften Verhandlungen mit der Sowjetunion drängen. Da Bundeskanzler Schmidt seine eigene politische Zukunft an den NATO-Beschluß geknüpft hatte, wäre zu erwarten gewesen, daß er sich gegenüber der Parteibasis auch durchgesetzt und die SPD Ende 1983 - zähneknirschend zwar - seiner Implementierung zugestimmt hätte. Außerdem war die Bundesregierung als Folge der heftigen Kritik im Innern in eine Lage geraten, in der ein Festhalten am NATO-Rüstungsbeschluß zu einem Kriterium ihrer Bündnisfähigkeit geworden war.

Mit der Entlassung der SPD aus der Regierungsverantwortung im Herbst 1982 wurde die von weiten Teilen der Partei geäußerte Kritik zwar nicht irrelevant, verlor jedoch ihre ausschlaggebende Bedeutung für den sicherheitspolitischen Kurs der Bundesrepublik. Die neue CDU/CSU-FDP-Koalition betonte bereits in ihrer Regierungserklärung, daß sie uneingeschränkt zum NATO-Doppelbeschluß von 1979 stehe und ihn erfüllen werde: den Verhandlungsteil und - wenn notwendig - auch den Nachrüstungsteil.[250] Die hervorgehobene Bedeutung der Verhandlungen über nukleare Mittelstreckenraketen wurden wieder auf das »Normalmaß« zurückgestutzt, d. h. auf eine Parallelität von Dislozierung und Verhandlungen. Allerdings ging die Bundesregierung weiterhin davon aus, daß sich Washington ernsthaft um ein positives Verhandlungsergebnis bemühte.

Im Ergebnis führte die kritische Auseinandersetzung mit dem NATO-Doppelbeschluß zu einer intensiven sicherheitspolitischen Debatte in der Bundesrepublik und in Westeuropa, die von der Frage nach der Rolle militärischer Gewalt in der internationalen Politik bis zum Nachdenken über die gültige Militärstrategie der NATO und die Tragfähigkeit der verschiedenen Rüstungskontrollkonzepte reichte.[251] Sie fand ihre Entsprechung in einer ähnlichen Diskussion in den Vereinigten Staaten. Auch hier hatte die Debatte zwei Stoßrichtungen: zum einen war sie eine Expertendiskussion, in der nach neuen Konzepten für eine glaubwürdige Abschreckung angesichts der gewachsenen Verwundbarkeit der USA gesucht wurde, zum anderen war Anfang der achtziger Jahre in verschiedenen Teilen des Landes eine Anti-Kernwaffenbewegung entstanden, in der

250 Vgl. die Regierungserklärung von Bundeskanzler Kohl am 13. 10. 1982, in: Bulletin, Nr. 93, 14. 10. 1982, S. 853–864 (S. 860).

251 Vgl. Gerhard Wettig, Die sicherheitspolitische Debatte in Europa, Köln 1981 (BOIS); Lawrence Freedman, The Great Strategic Debate: NATO Myths, in: Foreign Policy, Nr. 45 (Winter 1981–82), S. 48–68; Kelleher, The Present As Prologue, a.a.O.; John Newhouse, A Reporter At Large: Arms and Orthodoxy, in: The New Yorker, 7. 6. 1982; S. 44–102; ders., Limited War, Unlimited Protest, in: ORBIS, Bd. 26, Nr. 1, (Frühjahr 1982), S. 89–103; Hans Ruehle, The Theater Nuclear Issue in German Politics, in: Strategic Review, Bd. 9, Nr. 2 (Frühjahr 1981), S. 54–60.

sich unterschiedliche politische und weltanschauliche Gruppen zusammengefunden hatten, die eine Einstellung des Rüstungswettlaufs, vor allem aber ein Einfrieren der nuklearen Waffenbestände forderten.[252] In acht von neun Einzelstaaten, in denen entsprechende Anträge bei den Kongreßwahlen im Herbst 1982 zur Abstimmung standen, erhielten die Aufrufe für ein »nuclear freeze« eine Mehrheit. Neben dem Drängen der Alliierten trug diese Stimmung in der amerikanischen Bevölkerung dazu bei, der Administration in Washington die Notwendigkeit einer Wiederaufnahme des Rüstungskontrolldialoges mit Moskau vor Augen zu führen.

4.5 *Amerikanisch-sowjetische Verhandlungen über eurostrategische und globalstrategische nukleare Waffensysteme (INF und START)*

Der Weg zurück an den Genfer Verhandlungstisch gestaltete sich schwieriger als vorauszusehen und langsamer als von der Bundesregierung gewünscht, die ihre Sicherheitspolitik innenpolitisch darauf abgestützt hatte. Nach der ursprünglichen Planung wollten die Vereinigten Staaten nach der Ratifizierung des SALT-II-Vertrages durch den amerikanischen Kongreß und nach der Annahme des NATO-Doppelbeschlusses durch das Bündnis mit den Vorbereitungen für SALT III beginnen und in diese auch die taktischen Nulkearwaffen großer Reichweite einbeziehen. Um die Verbündeten zu beteiligen, hatte die NATO einen besonderen Beratungsausschuß (»Special Consultative Group« – SCG, die alte Special Group, die seit 1979 zusammen mit der HLG den NATO-Doppelbeschluß vorbereitet hatte) eingesetzt, der im Januar 1980 seine Arbeit aufnahm und die der Folge allgemeine Verhandlungsgrundsätze für die Verhandlungen über Mittelstreckenwaffen (»Intermediate Nuclear Forces« – INF) erarbeitete.
Während die Sowjetunion im Herbst 1979 mit der Bereitschaft zu Reduzierungen ihrer Mittelstreckenraketen gelockt hatte, wenn die NATO dafür auf ihren Nachrüstungsbeschluß verzichten würde, so erklärte Moskau nun, nach den NATO-Entscheidungen und der Suspendierung des

252 Zur inneramerikanischen Diskussion vgl. Wolfgang Pordzik, Die inneramerikanische Diskussion über Rüstungskontrolle, in: EA 16/1982, S. 487–495; ferner Burt, Arms Control and Defense Postures in the 1980's, a.a.O., Samuel P. Huntington (Hrsg.), The Strategic Imperative – New Policies for American Security, Cambridge, Mass. 1982.

Ratifizierungsverfahrens von SALT II im amerikanischen Kongreß, daß nunmehr die Grundlage für derartige Verhandlungen entfallen sei. Sie forderte, daß zuerst der NATO-Beschluß suspendiert und Klarheit über das weitere Schicksal von SALT II geschaffen werden müßte. Beim Besuch von Bundeskanzler Schmidt Ende Juni 1980 in Moskau deutete sie jedoch dann ihre Bereitschaft an, mit den USA auch schon vor der Ratifizierung von SALT II bilaterale Gespräche über eine Begrenzung nuklearer Mittelstreckenraketen aufzunehmen. In diese müßten jedoch alle Systeme in und für Europa einbezogen werden. In einer Rede in Alma Ata Ende August 1980 trat Breschnjew schließlich für die »unverzügliche« Aufnahme von Verhandlungen ein.[253] Am Rande der UN-Vollversammlung kamen dann die Außenminister der USA und der UdSSR überein, Mitte Oktober in Genf Gespräche über eine Begrenzung der in Europa stationierten Mittelstreckenwaffen aufzunehmen. Eine erste Gesprächsrunde fand vom 17. Oktober bis zum 17. November 1980 in Genf statt, die jedoch nicht über die Präliminarien hinauskam, da der bevorstehende Regierungswechsel in den Vereinigten Staaten sinnvolle Verhandlungen nicht zuließ.

Mit Sorge sah man in der Bundesrepublik und in anderen westeuropäischen Ländern, daß sich die neue Reagan-Administration mit der Formulierung einer eigenen Verhandlungskonzeption für die eurostrategischen Systeme Zeit ließ, während sowohl die Vorbereitungen für die Dislozierung der LRTNF als auch die Aufstellung neuer SS-20 in der Sowjetunion weiter gingen. Generalsekretär Breschnjew machte mehrfach den Vorschlag, sich für die Dauer von Verhandlungen auf ein Moratorium zu einigen, das vom Westen jedoch mit der Begründung zurückgewiesen wurde, daß es in die sowjetischen Planungen nur unbedeutend eingreife, eine termingerechte Erfüllung der NATO-Beschlüsse aber verhinderte. Gleichzeitig betonte Moskau seine Bereitschaft zu einer Fortsetzung der Verhandlungen. Auf westlicher Seite bekräftigten die NATO-Staaten auf einer Tagung des NATO-Ministerrates in Rom im Mai 1981, daß sie un-

253 Vgl. die Rede Generalsekretär Breschnjews in Ost-Berlin am 6. 10. 1979, a.a.O.; die Pressekonferenz Gromykos am 23. 11. 1979 in Bonn, a.a.O., den Kommentar von N. Portugalow, in: Tass, 19. 1. 1980, abgedruckt in: BPA-Ostinformationen, 19./20. 1. 1980, S. 16–17; die Ausführungen in der Regierungserklärung von Bundeskanzler Helmut Schmidt über die Ergebnisse seiner Moskau-Reise am 3. 7. 1980 im Deutschen Bundestag, in: Bulletin, Nr. 80, 4. 7. 1980, S. 670–674; sowie Von Nachrüstung will der Kreml nichts hören. Der volle Wortlaut des Prawda-Artikels über den sowjetischen Standpunkt in der Raketen-Frage, in: SZ, 17. 7. 1980. Breschnjew zu außenpolitischen Fragen; für rasche Verhandlungen über Kernwaffen in Europa, in: Archiv der Gegenwart, 29. u. 30. 8. 1980.

verändert an beiden Teilen des NATO-Doppelbeschlusses festhielten und stellten die Aufnahme von Verhandlungen über LRTNF noch vor Ende 1981 in Aussicht.[254]

Am 18. November 1981 kündigte Präsident Reagan in einer Rede vor dem National Press Club in Washington an, daß er Generalseketär Breschnjew einen Brief geschrieben und ihm vorgeschlagen habe, am 30. November in Genf Verhandlungen über eine Begrenzung der nuklearen Mittelstreckensysteme aufzunehmen. Die Vereinigten Staaten seien bereit, in einem ersten Schritt auf die Dislozierung von Pershing II und von landgestützten Marschflugkörpern zu verzichten, wenn die Sowjetunion ihrerseits ihre SS-20, SS-4 und SS-5-Raketen abbauen würde. Damit erhob die amerikanische Regierung die von den Bündnispartnern, vor allem von der Bundesregierung, befürwortete »Null-Option« zu ihrem offiziellen Verhandlungsziel. Allerdings war dabei nicht klar, ob dies aus sachlichen Gründen erfolgte, oder ob vielmehr ein Verhandlungskurs abgesteckt werden sollte, der eine Vereinbarung von einschneidenden sowjetischen Zugeständnissen abhängig machte. Gleichzeitig kündigte Präsident Reagan an, daß sobald wie möglich, auf jeden Fall aber 1982, die Verhandlungen über die strategischen Waffensysteme wieder aufgenommen würden. Das Ziel der Vereinigten Staaten bei diesen - die jetzt START, d. h. Gespräche zur Reduzierung strategischer Waffen (»Strategic Arms Reduction Talks«), genannt wurden - sollte es sein, eine substantielle Verringerung der strategischen Waffensysteme zu erreichen.[255]

Am 30. November 1981 nahmen in Genf der amerikanische Unterhändler, Paul H. Nitze, und der sowjetische Delegationschef, Julij Kwizinsky, Verhandlungen über nukleare Mittelstreckenwaffen (INF) auf. Die amerikanische Verhandlungsposition war in ihren Grundzügen im Bündnis (in der SCG) erarbeitet worden und orientierte sich an dem von Präsident

254 Vgl. die Ausführungen von Generalsekretär Leonid Breschnjew am 23. 2. 1981 auf dem XXVI. Parteitag der KPdSU, in: EA 8/1981, S. D 208–218 (S. D 219); »Versetzen Sie sich mal in unsere Lage . . .«. Staats- und Parteichef Leonid Breschnjew über die politische Situation vor seinem Besuch in Bonn, in: SPIEGEL, Nr. 45, 2. 11. 1981, S. 34–63; Ein Vorschlag um den Dialog zu erleichtern, in: SZ, 25. 11. 1981, Breschnjew erweitert Moratoriums-Angebot, in: SZ, 24. 11. 1981; Karl Feldmeyer, Aus Furcht um die Glaubwürdigkeit zürnt Moskau: Ruehl, Trotz Moratorium neue SS-20, in: FAZ, 2. 8. 1982; C. G. (Claus Genrich), Breschnjews Moratorium mit Variationen hat in Bonn weder überrascht noch überzeugt, in: FAZ, 26. 11. 1981; vgl. ferner das Kommuniqué über die Tagung des NATO-Minsterrates vom 4. u. 5. 5. 1981 in Rom, in: EA 13/1981, S. D 339–343.

255 Vgl. die Rede von Präsident Ronald Reagan am 18. 11. 1981 vor dem National Press Club in Washington mit Vorschlägen zur Rüstungsminderung, in: EA 24/1981, S. D 654–660.

Reagan in seiner Rede am 18. November genannten Ziel einer »Null-Option«. Mit ihrem am 2. Februar 1982 vorgelegten Vertragsentwurf wollten die Vereinigten Staaten einmal eine größere strategische Stabilität und zum anderen eine Herabsetzung der Bedrohung Westeuropas durch die Herstellung eines stabilen Gleichgewichtes zwischen Ost und West auf möglichst niedrigem Kräfteniveau erreichen. Orientiert an dem Prinzip gleicher Obergrenzen (Parität), einer Einbeziehung der jeweils vergleichbaren Systeme (Reziprozität) sowie eines umfassenden Verhandlungsansatzes bei schrittweisem Vorgehen, schlugen die USA den vollständigen Abbau (d. h. die Zerstörung) aller weitreichenden Nuklearwaffen in Europa (Pershing II, GLCM, SS-20, SS-4 und SS-5) sowie ein beiderseitiges Test-, Produktions- und Dislozierungsverbot von landgestützten Raketen der Reichweiten von 1800–5500 km sowie entsprechende Nichtumgehungsklauseln vor.

Die Sowjetunion legte ihrerseits am 2. Februar 1982 den Entwurf einer gemeinsamen Absichtserklärung vor, in der als Verhandlungsziel die Reduzierung und schließlich der Verzicht auf alle Arten von Kernwaffen in Europa genannt wurde. Am gleichen Tag schlug Generalsekretär Breschnjew in Moskau vor, in einem ersten Schritt umfangreiche Reduzierungen zu vereinbaren, z. B. eine Verminderung der Mittelstreckenwaffen beider Seiten um ein Drittel, falls man sich nicht gleich auf den Verzicht aller Kernwaffen einigen könnte. Er wiederholte in diesem Zusammenhang den Vorschlag eines Moratoriums, erweiterte ihn aber dahingehend, daß die Sowjetunion einseitig eine Anzahl der in ihrem westlichen Gebiet stationierten SS-20 zurückziehen könnte. Obwohl beide Seiten strikte Vertraulichkeit vereinbart hatten, veröffentlichte die regierungsamtliche sowjetische Nachrichtenagentur TASS am 9. Februar 1982 weitere Einzelheiten der sowjetischen Verhandlungsposition:

- Beiderseitige Verringerung nuklearer Kampfmittel mit Reichweiten über 1000 km auf 600 Einheiten bis 1985 und 300 Einheiten bis 1990;
- Reduzierung der Kampfmittel durch Vernichtung bzw. durch Rückzug hinter gemeinsame vereinbarte Demarkationslinien;
- Verzicht auf die Aufstellung neuer Waffen während der Verhandlungen und Bereitschaft, bereits stationierte Waffen qualitativ und quantitativ einzufrieren. Im Vorgriff auf eine spätere Verhandlungslösung war die Sowjetunion bereit, einen Teil ihrer SS-20 Raketen im europäischen Landesteil abzubauen.[256]

256 Vgl. Dokumente zu den amerikanisch-sowjetischen Verhandlungen über nukleare Mittelstreckenwaffen, in: EA 8/1982, S. D 201–220; Wilhelm Bruns u. Eckhard Lüb-

Zu Beginn der 2. Verhandlungsrunde am 25. Mai 1982 legte die Sowjetunion ebenfalls einen Vertragsentwurf vor.
Aus der Sicht der Bundesregierung wurde zunächst begrüßt, daß der Dialog über Rüstungsbeschränkung wieder in Gang gekommen war. Dies war zum einen mit Rücksicht auf die innerparteiliche Opposition innerhalb der SPD und mit Blick auf die Friedensbewegung wichtig, zum anderen konnte jedoch nur auf diese Weise das sicherheitspolitische Grundkonzept intakt gehalten werden, das sich auf die Korrelation von Verteidigungsbereitschaft und Verhandlungswillen gründete. Angesichts der bei der Reagan-Administration vorherrschenden Tendenz, Sicherheit primär durch eigene – überlegene – militärische Potentiale gewährleistet zu sehen, wurde in Bonn in dem Einschwenken der amerikanischen Führung auf einen Verhandlungskurs durchaus ein Erfolg eigener diplomatischer Bemühungen gesehen. Die Bundesregierung vermerkte gleichfalls mit Befriedigung, daß das westliche Verhandlungskonzept den deutschen Interessen voll Rechnung trug, wenn auch Einzelheiten des westlichen Vertragsentwurfs vorher nicht im Bündnis abgestimmt worden waren. Folgende Punkte des westlichen Verhandlungsvorschlages wurden hervorgehoben:

- Für weitreichende Mittelstrecken-Raketen wurde eine beiderseitige »Null-Lösung« angestrebt;
- andere Systeme wurden zunächst ausgeklammert, konnten jedoch in einer späteren Phase ebenfalls begrenzt werden;
- der geographische Geltungsbereich war der Reichweite, der Mobilität und der strategischen Bedeutung der verhandelten Systeme entsprechend umfassend;
- Zähleinheit waren Gefechtsköpfe, nicht Abschußvorrichtungen;
- durch begleitende Maßnahmen (z. B. ein Einfrieren des gegenwärtigen Stands bei den Nuklearraketen geringerer Reichweite) sollte sichergestellt werden, daß Vereinbarungen nicht unterlaufen werden konnten.[257]

kemeier, Stand und Probleme der INF-Verhandlungen in Genf, Bonn 1982 (Arbeitspapier der FES); vgl. ferner die Dokumente zum Besuch des sowjetischen Staats- und Parteichefs, Leonid Breschnjew, vom 21.–25. 11. 1981 in Bonn, in: EA 1/1982, S. D 1–17; ferner Michael Neumann, »Vernünftig und hart zugleich«. Auftakt zu den Verhandlungen über Mittelstreckenraketen, in: ZEIT, 4. 12. 1981; Helmut Sonnenfeldt, Politik mit falschen Zahlen. Was Moskau dem Westen zumutet, in: ZEIT, 26. 2. 1982; Mit zwei konkreten Entwürfen in die Denkpause, in: Tsp., 21. 3. 1982.

257 Vgl. Friedrich Ruth, Sicherheitspolitik der NATO: Abschreckung und Rüstungskontrolle, in: EA 5/1982, S. 135–144 (S. 143); ders., Ausführungen vor dem Bundeskabinett am 31. 3. 1982, Mitteilung an die Mitglieder der SPD-Fraktion im Deutschen Bundestag, 8. 4. 1982; ferner Bruns/Lübkemeier, Stand und Problemeder INF-Verhandlungen in Genf, a.a.O., S. 8 und S. 13.

In der Einschätzung des Verlaufs der Verhandlungen differierte der offiziell zur Schau getragene Optimismus der Bundesregierung mit der von der amerikanischen Verhandlungsdelegation geäußerten Skepsis, wenn nicht gar Pessimismus.[258] Allerdings übersah man auch in Bonn nicht die gewaltigen Schwierigkeiten, die einer Einigung im Wege standen. Beide Seiten hatten die Verhandlungen mit sehr unterschiedlichen Zielsetzungen aufgenommen: für die Vereinigten Staaten waren sie ein Versuch, auf dem Verhandlungswege einen Abbau oder eine Reduzierung der sowjetischen SS-20-Raketen zu erreichen, die die Europäer so beunruhigten; gleichzeitig trugen sie deren Bedürfnis nach einer Kontinuität des Verhandlungsdialoges mit der Sowjetunion Rechnung. Moskau wollte dagegen primär die Stationierung weitreichender nuklearer Waffen der USA in Europa verhindern, mit denen nicht nur das eigene Territorium erreicht, sondern durch die außerdem noch die strategische Verbindung zwischen den USA und Westeuropa gestärkt werden würde. Daraus leiteten sich unterschiedliche Verhandlungsstrategien, -Konzepte und Zeitpläne ab. Während die östliche Seite die Einbeziehung aller europäischen Systeme, also auch der britischen und französischen Nuklearstreitkräfte und der in Westeuropa sowie auf Flugzeugträgern stationierten nuklearfähigen Flugzeuge der USA forderte, wollte die westliche Seite zunächst nur über diejenigen Systeme verhandeln, auf die sich der Nachrüstungsbeschluß bezog, andere, z. B. Flugzeuge, erst in eine spätere Phase einbeziehen. In der Frage des Geltungsbereichs vertraten die USA die Auffassung, daß Begrenzungen weltweit zu sein hätten, mit speziellen Stationierungsbeschränkungen für Europa, während die Sowjetunion nur über die in Europa und in den angrenzenden Seegebieten dislozierten Systeme verhandeln, z. B. also die im zentralen und asiatischen Teil der Sowjetunion stationierten SS-20 unberücksichtigt lassen wollte. Schließlich gingen beide Seiten von unterschiedlichen Kräfteverhältnissen bei den nuklearen Mittelstreckenwaffen aus: Moskau behauptete die Existenz eines ungefähren Gleichgewichtes, da es sowohl britische und französische Einheiten als auch die in den USA stationierten, aber SACEUR assignierten Flugzeuge vom Typ FB 111 mitzählte, während Washington von einem be-

258 Vgl. aus deutscher Sicht Feststellungen des Bundeskabinetts, in: Bulletin, Nr. 26, 20. 3. 1982, S. 203; Verhandlungspause Moskau–Washington ganz normal (Corterier), in: FR, 2. 4. 1982; dagegen die Bewertung durch den amerikanischen Verhandlungsführer, Paul Nitze, Keine Fortschritte in zentralen Fragen, in: Wireless Bulletin, 25. 3. 1982, S. 7; ders., No Progress Yet on INF Central Issues, in: Wireless Bulletin, 1. 4. 1982, S. 24.

trächtlichen Vorsprung der Sowjetunion bei den eurostrategischen Waffen ausging, der durch die Zählung von Sprengköpfen noch vergrößert wurde, während Moskau als Zähleinheit die Trägersysteme zugrunde legte.
Die unterschiedlichen Verhandlungspositionen unterstrichen, daß jede Seite auf Maximierung des eigenen strategischen Vorteils bedacht war. Die Zweifel an der Bereitschaft der Vereinigten Staaten und der Sowjetunion, einen Verhandlungskompromiß anzusteuern, wuchsen noch, als bekannt wurde, daß sich Nitze und Kwizinsky im Juli 1982 auf eine Zwischenlösung verständigt hatten, nach der die Vereinigten Staaten auf die Dislozierung von Pershing II verzichten sowie eine wesentlich geringere Anzahl von GLCM stationieren, und Moskau als Gegenleistung dafür seine europäischen Mittelstreckenraketen auf 50–100 Systeme reduzieren würde; dieser Kompromißvorschlag jedoch von den beiden Regierungen ohne nähere Prüfung abgelehnt worden war. (In den USA wurde mit dieser »Kompetenzüberschreitung« sogar die Entlassung des Leiters der Abrüstungsbehörde, Eugene V. Rostow, begründet.)[259]
Zunächst war auch nicht klar, in welchem Bezug eine Beschränkung bei den Mittelstreckensystemen zu solchen bei den strategischen Waffen stehen sollte. Diese Schwierigkeit wurde ausgeräumt, als Präsident Reagan in einer Rede am 9. Mai 1982 in Eureka die Aufnahme von START-Verhandlungen für Ende Juni ankündigte und die amerikanische Regierung in den darauf folgenden Wochen nähere Einzelheiten über ihr Verhandlungskonzept mitteilte. Der wichtigste Unterschied zu den SALT-II-Verträgen bestand darin, daß die USA nunmehr signifikante Reduzierungen anstrebten, die zu Vereinbarungen über Höchstgrenzen führen würden, die mindestens ein Drittel unter dem gegenwärtigen Stand lagen. Begrenzt und reduziert werden sollten vor allem landgestützte Interkontinentalraketen nach Zahl der Gefechtsköpfe, aber auch nach Systemen und Wurflast, da Washington in ihnen eine besondere Gefahr nicht nur für das eigene ICBM-Potential, sondern auch für die Stabilität der strategischen Abschreckung sah. Die sowjetiche Regierung nahm die amerikanische Initiative nicht unfreundlich auf, bezeichnete vielmehr die von Präsident Reagan vorgeschlagenen drastischen Reduzierungen als einen Schritt in die richtige Richtung, kritisierte jedoch die Auswahl der zur Reduzierung vorgesehenen Systeme und unterstellte den Vereinigten Staaten, daß sie primär nach eigenen Vorteilen strebten. Verhandlungs-

259 Vgl. Bernard Gwerzman, U.S. Aide Reached Arms Agreement Later Ruled Out. Tie to Ouster of Rostow, in: NYT, 16. 1. 1983.

grundsatz sollte nach ihrer Auffassung das Prinzip der Gleichheit und der gleichen Sicherheit sowie die Wahrung der in den bisherigen Verhandlungen erreichten positiven Ergebnisse sein. Wie schon bei den INF-Verhandlungen schlug Moskau auch im Bereich der strategischen Waffen ein quantitatives und qualitatives Moratorium vor. Am 29. Juni 1982 wurden dann die START-Verhandlungen in Genf aufgenommen.[260]

Gleichzeitig hatte der Westen am 8. Juli 1982 neue Vorschläge für die MBFR-Verhandlungen in Wien vorgelegt.[261] Damit war auf allen drei Ebenen - der konventionellen, der taktisch-nuklearen und der strategischen - der in den siebziger Jahren begonnene Dialog mit der anderen Seite über Rüstungsbeschränkung und Abrüstung wieder aufgenommen worden. Obwohl die Gegenstände gleich geblieben waren und sich die Verhandlungskonzepte - wie auch die Probleme - glichen, so durfte jedoch nicht übersehen werden, daß sich die grundsätzlichen Zielsetzungen der Verhandlungen geändert hatten. Die verschiedenen westlichen Vorschläge waren auf teils innenpolitisch, teils durch Bündnisrücksichten bedingte Konzepte der Schadensminderung und des diplomatischen Pokerspiels reduziert worden, konnten aber kaum mehr als Instrumente einer Politik gewertet werden, die in Verhandlungen mit der anderen Seite ein unverzichtbares Element der eigenen Sicherheit sah. Der mit dem Harmel-Bericht gewebte sicherheitspolitische Mantel war dünn geworden.

260 Vgl. Dokumente zu den Verhandlungen über die Verminderung der strategischen Rüstungen (START), in: EA 13/1982, S. D 299–310, insbes. die Rede von Präsident Ronald Reagan am Eureka College in Eureka vom 9. 5. 1982, ebenda, S. D 300–303; und die Rede von Staats- und Parteichef Leonid Breschnjew auf dem 19. Kongreß des Komsomol am 18. 5. 1982 in Moskau, ebenda, S. 309–310; ferner Theo Sommer, Reagan spinnt den Faden weiter. Von »SALT« zu »START«: Die Raketenabrüstung der Supermächte steht wieder auf der Tagesordnung, in: ZEIT, 14. 5. 1982; Christian Schmidt-Häuer, Spätstart aus der Eiszeit. Reagans Abrüstungsvorschlag und Moskau, ebenda; Leslie H. Gelb, Nuclear Bargaining: The President's Options, in: New York Times Magazine, 27. 6. 1982.

261 Vgl. unten, Kap. VI.

IV. Die Politik des Gewaltsverzichts

1. *Gewaltverzicht und deutsche Frage*

In den fünfziger Jahren war in Europa eine Situation entstanden, in der als Folge des strategischen Patts zwischen den Vereinigten Staaten und der Sowjetunion eine Lösung der politischen Probleme des Kontinents durch den Einsatz militärischer Macht nicht mehr möglich war. Damit büßte auch die Drohung mit Gewalt wesentlich an Glaubwürdigkeit ein. Paradoxerweise gewann jedoch gleichzeitig die Operationalisierung eines Gewaltverzichts für die Verfolgung diverser politischer Ziele an Bedeutung.[1] Ziel dieser Politik des Gewaltverzichts im europäischen Rahmen war es nicht, jedenfalls nicht in erster Linie, die Anwendung von militärischer Gewalt oder ihre Androhung durch gegenseitige Vereinbarung oder durch gemeinsame Anrufung bestehender Rechtsnormen wie den in Art. 2 der Charta der Vereinten Nationen enthaltenen Gewaltverzicht[2]

1 Eine erste Fassung der Teile 1–3 dieses Kapitels erschien u. d. T. Gewaltverzicht als Instrument europäischer Ordnungspolitik, in: Recht im Dienst des Friedens. Festschrift für Eberhard Menzel, hrsg. von Jost Delbrück, Knut Ipsen, Dietrich Rauschning, Berlin 1975, S. 351–386. Zum Gewaltverzicht in der Außenpolitik der Bundesrepublik vgl. Karl Carstens, Die deutsche Friedensnote vom 25. März 1966, in: Ludwig Erhard – Beiträge zu seiner politischen Biographie. Festschrift zum 75. Geburtstag, Berlin 1971, S. 383–392; Georg Ferdinand Duckwitz, Gewaltverzicht und Interventionsrecht, in: AP, H. 9, 1968, S. 519–536; Thomas Oppermann, Die Gewaltverzichtsposition der BRD, in: AP, H. 8, 1970, S. 453–469; Swidbert Schnippenkoetter, Gewaltdrohung und Gewaltverzicht als Probleme der Internationalen Politik, in: Karl Kaiser (Hrsg.), Bedrohungsvorstellungen als Faktor in der internationalen Politik, Düsseldorf 1971 (Jahrbuch für Friedens- und Konfliktforschung, Bd. 1), S. 67–81; ders., Gewaltverbot und Gewaltverzicht, in: Herbert Scholz, Entspannung und Abrüstung, Berlin 1970 (Internationale Tagung der Sozialakademie Dortmund), S. 27–42; Dietrich Schwarzkopf, Die Idee des Gewaltverzichts. Ein Element der neuen Ostpolitik der Bundesrepublik, in: EA 24/1967, S. 893–900; ChristianTomuschat, Gewalt und Gewaltverbot als Bestimmungsfaktoren der Weltordnung, in: EA 11/1981, S. 325–334; Egon Bahr, Der Gewaltverzicht und die Allianzen, in: AP, H. 3, 1973, S. 243–254.

2 Mit der Charta der Vereinten Nationen wurde das Gewaltverbot zur Völkerrechtsnorm. In Art. 2, Abs. 4 der Charta heißt es: »Alle Mitglieder hinterlassen in ihren internationalen Beziehungen jede gegen die territoriale Unversehrtheit oder die politische Unabhängigkeit eines Staates gerichtete oder sonst mit den Zielen der Vereinten Nationen unvereinbare Androhung oder Anwendung von Gewalt«. Die engen Grenzen dieses Gewaltverbots, das politischen oder wirtschaftlichen Druck nicht ausschließt, diskutiert

auszuschließen. Die Konkretisierung des Gewaltverzichts durch seine Anwendung auf einen konkreten Streitfall oder seine Individualisierung auf ein bestimmtes Beziehungsverhältnis zwischen Staaten, häufig in der Form einer Nichtangriffsverpflichtung, diente der qualitativen Veränderung zwischenstaatlicher Beziehungen und der Vereinbarung eines Modus vivendi im Hinblick auf konkrete Streitfragen.[3]

Für die Bundesrepublik Deutschland war der Gewaltverzicht vorrangig ein Instrument ihrer Deutschland-Politik. In den Pariser Verträgen erklärte die Bundesregierung, sie werde ihre Politik in Übereinstimmung mit den Grundsätzen der Charta der Vereinten Nationen, insbesondere Art. 2, gestalten und ihre Streitfragen mit friedlichen Mitteln unter Verzicht auf Gewalt oder Gewaltandrohung lösen. Insbesondere verpflichtete sie sich, »die Wiedervereinigung Deutschlands oder die Änderung der gegenwärtigen Grenzen der Bundesrepublik niemals mit gewaltsamen Mitteln herbeizuführen«.[4] Als Gegenleistung sagten die drei Westmächte der Bundesrepublik – neben einer Verpflichtung zum Gewaltverzicht auch in ihren Beziehungen zur Bundesrepublik[5] – dieser eine Unterstützung ihrer

Rolf M. Derpa, Das Gewaltverbot der Satzung der Vereinten Nationen und die Anwendung nichtmilitärischer Gewalt, Bad Homburg 1970 (Völkerrecht und Außenpolitik, Bd. 8).

3 Das Begriffspaar »Konkretisierung – Individualisierung« geht auf Schnippenkoetter zurück, vgl. ders., Gewaltverbot und Gewaltverzicht, a.a.O., S. 33 f.

4 Erklärung der Regierung der Bundesrepublik Deutschland und gemeinsame Erklärung der Regierungen Frankreichs, des Vereinigten Königreichs und der Vereinigten Staaten von Amerika, Teil V der Schlußakte der Londoner Neunmächte-Konferenz vom 3. Oktober 1954, in: Verträge der Bundesrepublik Deutschland, Serie A, Bd. 8, S. 95–101, abgedruckt in: EA 20/1954, S. 6981–6982. Diese Erklärungen sind Bestandteil der Pariser Verträge vom 23. 10. 1954. Die Erklärung der Bundesregierung schloß die DDR nicht ein, da sie von der Bundesrepublik damals nicht als Staat betrachtet wurde. Sie bezog sich ebenfalls nicht auf die Oder-Neiße-Grenze; doch hatte die Bundesregierung bereits zuvor erklärt, daß die mit ihr zusammenhängenden Probleme nicht mit Gewalt, sondern ausschließlich auf friedlichem Wege gelöst werden könnten; vgl. Regierungserklärung von Bundeskanzler Adenauer vom 20. 10. 1953, in: DBT/II/3, 20. 10. 1953, S. 20. Das Grundgesetz der Bunderepublik enthält einen Gewaltverzicht nur in sehr allgemeiner Form. Die Bestimmung des Art. 25, nach der die allgemeinen Regeln des Völkerrechts unmittelbar geltendes Bundesrecht sind, ließ offen, ob darin auch der in der UN-Charta enthaltene Gewaltverzicht eingeschlossen ist, solange die Bundesrepublik nicht Mitglied der Vereinten Nationen war. Ein Verzicht auf die Anwendung oder Androhung von Gewalt läßt sich jedoch aus Art. 26 ableiten. Danach sind alle Handlungen verfassungswidrig, »die geeignet sind und in der Absicht vorgenommen werden, das friedliche Zusammenleben der Völker zu stören, insbesondere die Führung eines Angriffskrieges vorzubereiten«.

5 Mit diesem uneingeschränkten Bekenntnis zum Gewaltverzicht nach Art. 2 der UN-Charta ist ein Verzicht der drei Westmächte auf die alliierten Vorbehaltsrechte nach Art. 53 und 107 der UN-Charta impliziert; vgl. Dietrich Frenzke, Gewaltverzicht und Feindstaatenklauseln, in: EA 2/1970, S. 49–58.

Deutschland-Politik zu. Sie erklärten insbesondere, daß »die Schaffung eines völlig freien und vereinigten Deutschland« sowie »eine frei vereinbarte friedensvertragliche Regelung für Gesamtdeutschland« grundlegende Ziele ihrer Politik blieben.[6] Die endgültige Festlegung der Grenzen Deutschlands sollte bis zum Abschluß eines Friedensvertrages aufgeschoben werden. Darüber hinaus verpflichteten sich die Westmächte, die Sicherheit und das Wohl Berlins zu schützen.

In der Folge versuchte die Regierung Adenauer den Gewaltverzicht auch nach Osten zu konkretisieren, um Zugeständnisse in der Deutschland-Frage zu erreichen. In einem Memorandum zur Frage der Wiedervereinigung bot sie im September 1956 der Sowjetunion und »anderen östlichen Nachbarländern« einen Gewaltverzicht an.[7] Auch der Eden-Plan und vier Jahre später der Herter-Plan sahen einen Verzicht auf die Anwendung von Gewalt und die Verpflichtung zur friedlichen Streitschlichtung vor.[8] Ihnen lag die Überlegung zugrunde, daß für die europäischen Staaten eine Wiedervereinigung Deutschlands annehmbarer sein könnte, wenn dieses – neben Beschränkungen militärischer Art – sich zu einer Politik des strikten Verzichts auf Anwendung oder Androhung von Gewalt verpflichten würde. Dabei wurde freilich übersehen, daß das grundlegende europäische Problem nicht die Modalitäten der Wiedervereinigung Deutschlands, sondern die machtpolitische Konkurrenz der in Europa engagierten Mächte Sowjetunion und Vereinigten Staaten war. Der daraus resultierende Interessengegensatz der europäischen Hauptmächte ließ in den fünfziger Jahren keinen politischen Modus vivendi zu. Aus Furcht vor möglichen stabilisierenden Wirkungen lehnten die westeuropäischen Verbündeten auch einen nach Osten gerichteten Gewaltverzicht oder einen Nichtangriffspakt ab, wie er mehrfach von der Sowjetunion vorgeschla-

6 Vgl. Erklärung der Regierung der Bundesrepublik Deutschland und gemeinsame Erklärung der Regierungen Frankreichs, des Vereinigten Königreichs und der Vereinigten Staaten von Amerika, a.a.O., in: EA 2/1954, S. 6981–6982. In ihren deutschlandpolitischen Aussagen knüpfte diese Erklärung an das New Yorker Kommuniqué über Deutschland vom 19. September 1950 an; vgl. Konferenz der Außenminister der drei Westmächte in New York, Kommuniqué über Deutschland vom 19. 9. 1950, in: EA 19/1950, S. 3406–3407.

7 Vgl. Memorandum der Bundesregierung an die Regierung der UdSSR vom 2. 9. 1956, in: Dokumente zur Deutschlandpolitik, Bd. III/2, S. 706–716 (S. 710).

8 Vgl. Erklärung von Premierminister Eden am 18. 7. 1955 auf der Genfer Konferenz der Regierungschefs, in; Dokumente zur Deutschlandpolitik, Bd. III/1, S. 162–165, und Entwurf der drei Westmächte vom 27. 10. 1955 für einen Zusicherungsvertrag, ebenda, S. 493–494; ferner Stufenplan für die deutsche Wiedervereinigung, die europäische Sicherheit und eine deutsche Friedensregelung (»Herter-Plan«) vom 14. 5. 1959, in: EA 12/1959, S. D 224–228.

gen wurde. Angesichts der unbefriedigten Forderung der Bundesrepublik nach Wiedervereinigung und Neuordnung Europas in einem Friedensvertrag gegenüber den osteuropäischen Staaten hätte ein solcher Pakt damals eine Entspannungswirkung haben können.
Während der Berlin-Verhandlungen Ende der fünfziger/Anfang der sechziger Jahre legten die Westmächte der Bundesregierung nahe, über den Gewaltverzicht von 1954 hinauszugehen.[9] Um dabei eine formelle Anerkennung der Oder-Neiße-Grenze und der Ungültigkeit des Münchner Abkommens zu vermeiden, erwog die Bundesregierung, Polen und der Tschechoslowakei, ggf. auch Ungarn, Rumänien und Bulgarien, einen Gewaltverzicht und die Aufnahme diplomatischer Beziehungen anzubieten. Einen entsprechenden Vorschlag machte Außenminister von Brentano während der Vorbereitungsgespräche für die Genfer Gipfelkonferenz in der westlichen Viermächte-Arbeitsgruppe. Allerdings hielt auch Bonn weiterhin an dem Standpunkt fest, daß über eine endgültige Festlegung der Grenzen erst in einem Friedensvertrag mit Gesamtdeutschland entschieden werden könnte.[10]
Diese Politik scheiterte jedoch an den außenpolitischen Bedingungen und den innenpolitischen Widerständen. Die Genfer Konferenz nahm nicht den erhofften Verlauf, statt auf das Deutschland-Problem konzentrierten sich die Außenminister in ihren Gesprächen immer stärker auf die Erhaltung des Status quo in West-Berlin und gingen schließlich ohne jedes Ergebnis auseinander. In der Bundesrepublik erhob der Bund der Vertriebenen lautstarken Einspruch gegen jede vertragliche Bindung gegenüber Polen und der CSSR, in der er eine Anerkennung der Oder-Neiße-Linie als endgültige Grenze sah.[11] Diese Entwicklung veranlaßte die Bundesregierung dazu, den Gedanken eines Austausches von vertraglichen Gewaltverzichtserklärungen einstweilen zu den Akten zu legen.[12]

9 Vgl. Schwarzkopf, Die Idee des Gewaltverzichts, in: EA 24/1967, S. 896.
10 Vgl. NYT, 21. 5. 1959, zit. nach Thilo Vogelsang, Das geteilte Deutschland, München 1966 (dtv – Weltgeschichte des 20. Jahrhunderts, Bd. 11), S. 222 f.
11 Vgl. Erklärung des Präsidiums des Bundes der Vertriebenen vom 31. 7. 1959, in: Deutscher Ostdienst (Informationen des Bundes der Vertriebenen – Vereinigte Landsmannschaften und Landesverbände), 10. 8. 1959; ferner die Ausführungen von Alfred Gille, Präsidiumsmitglied des BdV, in Ostpreußenblatt; zit. nach Schwarzkopf, Die Idee des Gewaltverzichts, in: EA 24/1967, S. 896 f.
12 Am 22. 7. 1959 beschäftigte sich das Bundeskabinett mit den Vorschlägen für einen Gewaltverzicht mit Polen und der CSSR. Während Adenauer zuvor den im Auswärtigen Amt ausgearbeiteten Vorschlägen seine Zustimmung gegeben hatte, unterlagen diese nunmehr bei der Diskussion im Bundeskabinett; vgl. Vogelsang, Das geteilte Deutschland, a.a.O., S. 223. Am 10. 3. 1961 deutete Bundeskanzler Adenauer auf einer Pressekonferenz in Bonn noch einmal die Möglichkeit eines Nichtangriffsvertrages zwischen

Dennoch befaßte sich die Bundesregierung im Zusammenhang mit den amerikanisch-sowjetischen Sondierungen über eine Berlin-Regelung im Herbst 1961 und Frühjahr 1962 erneut mit der Möglichkeit, zwischen NATO und Warschauer Pakt Nichtangriffs- oder Gewaltverzichtserklärungen auszutauschen. Derartige Vorschläge waren mit Berlin-Arrangements gekoppelt, die im Verlauf der Gespräche diskutiert wurden. Dabei zeigte sich sehr deutlich, daß Berlin für die Sowjetunion ein Hebel war, mit dem sie eine Anerkennung der nach dem Zweiten Weltkrieg in Europa geschaffenen Realitäten erreichen wollte. Der Nichtangriffspakt, der nach sowjetischen Vorstellungen von Maßnahmen der Rüstungsbeschränkung wie z. B. einer Reduzierung der ausländischen Truppen und einer kernwaffenfreien Zone in Mitteleuropa begleitet sein sollte, hatte dabei die Funktion eines Ersatzfriedensvertrages mit Deutschland. Die Vereinigten Staaten hatten dagegen vor allem die Sicherung Berlins im Auge. In ihren Gegenvorschlägen, die im Hinblick auf Deutschland und Berlin die Bestätigung der Rechte der Vier Mächte und die Errichtung einer internationalen Kontrollbehörde für die Zugangswege nach Berlin vorsahen, erklärten sie sich zum Austausch von Nichtangriffserklärungen zwischen NATO und Warschauer Pakt bereit. Diese Erklärungen sollten sich auf alle Demarkationslinien in Europa, also auf die Oder-Neiße-Grenze und die Demarkationslinie zwischen Bundesrepublik und DDR ebenso wie auf die Mauer in Berlin beziehen.[13]

Bonn und Warschau an; vgl. ebenda, S. 263. Zur Argumentation der Bundesregierung vgl. auch den Kommentar, Nichtangriffspakte? In: Bulletin, Nr. 137, 31. 7. 1959, S. 1395.

13 Die amerikanischen Vorstellungen wurden in der deutschen Öffentlichkeit durch einen Artikel des Bonner Korrespondenten der New York Times vom 14. April 1962 bekannt, vgl. Julius Epstein, Die Quelle des Übels. Eine Dokumentation der deutsch-amerikanischen Verstimmung, in: RM, 31. 8. 1962; ders., Die Leute in Washington leben auf dem Mond. Eine Dokumentation der deutsch-amerikanischen Differenzen über Berlin, in: SPIEGEL, Nr. 37, 12. 9. 1962. Diese beiden Berichte über die amerikanisch-sowjetischen Sondierungsgespräche und die westlichen Konsultationen gehen auf gezielte Indiskretionen zurück, die vermutlich von Adenauer selbst in Umlauf gesetzt wurden; vgl. auch Wilhelm Grewe, Rückblenden. Aufzeichnungen eines Augenzeugen deutscher Außenpolitik von Adenauer bis Schmidt, o. O. u. J. (1979), S. 545 ff. Vgl. ferner Wilhelm Cornides, Präsident Kennedys Engagement in Berlin, in: EA 12/1963, S. 427–444; Manfred Abelein, Die Verhandlungen über die Internationalisierung der Zufahrtswege nach Berlin seit dem Herbst 1961, in: EA 12/1963, S. 444–450. Für die sowjetischen Vorstellungen hinsichtlich Deutschlands und Berlins vgl. das sowjetische Memorandum zur Deutschlandfrage, das Ministerpräsident Chruschtschow am 4. Juni 1961 Präsident Kennedy bei einem Treffen in Wien überreichte, in: EA 13/1961, S D 370–373; zu den sicherheitspolitischen Forderungen vgl. das Memorandum der Sowjetregierung vom 27. 9. 1961 an die Regierungen der Mitglieder der Vereinten Nationen betr. Maßnahmen zur internationalen Entspannung, in: EA 21/1961, S. D 649–655.

Durch eine Indiskretion hochgespielt, lösten die amerikanischen Vorstellungen in der Bundesrepublik ernste Befürchtungen darüber aus, daß die USA die deutschlandpolitischen Interessen der Bundesrepublik zu Gunsten eines Arrangements mit der Sowjetunion zurückstellen könnten. In Bonn wurde lautstark über mangelnde Konsultationen geklagt. In Wirklichkeit waren diese Gedanken, wenn auch nicht in Form eines ausgearbeiteten Vorschlages, intensiv sowohl in der Botschaftsgruppe der vier Mächte in Washington als auch im Ständigen NATO-Rat in Paris diskutiert worden.[14] Die Haltung der Bundesregierung war sowohl im Hinblick auf die vorgeschlagene Zugangsbehörde als auch in der Frage von Nichtangriffserklärungen zwiespältig. Grundsätzliche Bedenken mischten sich mit Furcht vor einer Isolierung im Bündnis. Vor allem Sonderminister Krone, ein enger Vertrauter Adenauers und Vorsitzender des neugeschaffenen Bundesverteidigungsrats, fürchtete, daß die von den USA in Aussicht genommenen Gewaltverzichtserklärungen faktisch, wenn auch nicht juristisch, den Status quo in Europa bestätigen und damit eine friedensvertragliche Regelung vorwegnehmen würden. Außenminister Schröder schätzte dagegen die Gefahren einer bündnispolitischen Isolierung der Bundesrepublik höher ein als die möglichen negativen Wirkungen derartiger Absprachen auf die deutsche Frage. Darüber hinaus sah er Vorzüge in dem vorgesehenen ständigen Vier-Mächte-Organ sowie in der Sicherung Berlins.[15]

Außenminister Schröder unterschied sich von seinen Kritikern weniger in den Zielsetzungen als in der Methode der Politik. Seine Taktik zielte darauf ab, durch grundsätzliche Zustimmung zu den amerikanischen Vorschlägen ein Mitspracherecht der Bundesrepublik bei ihrer Formulierung zu sichern, das er im Sinne ihrer Modifizierung und einer stärkeren Be-

14 Vgl. Vogelsang, Das geteilte Deutschland, a.a.O., S. 242 ff.; Epstein, Die Quelle des Übels, in: RM, 31. 8. 1962. Waldemar Besson, Die Außenpolitik der Bundesrepublik, Erfahrungen und Maßstäbe, München 1970, S. 300 f., übernimmt dagegen die von Jean Edward Smith vertretene Version einer sehr kurzfristigen Unterrichtung der Bundesregierung, vgl. The Defense of Berlin, Baltimore 1963, S. 332 f. Dabei muß jedoch berücksichtigt werden, daß Smith ein enger Mitarbeiter General Clays war, der gerade in jenen Tagen nach Meinungsverschiedenheiten mit der amerikanischen Regierung von seinem Posten in Berlin abberufen wurde.

15 Vgl. die Ausführungen von Bundesaußenminister Schröder auf der NATO-Konferenz im Mai 1962 in Athen, auf der er u. a. sagte: »Mit dem vorgeschlagenen Austausch von Nichtangriffserklärungen zwischen NATO und Warschauer Pakt sind wir einverstanden. Wir gehen davon aus, daß für diese Erklärungen eine Form gefunden werden kann, die eine Anerkennung der sogenannten »DDR« vermeidet. Ebenso stimmen wir der Abgabe von Gewaltverzichtserklärungen hinsichtlich einer Änderung der Grenzen und Demarkationslinien zu«. Vgl. Bulletin, Nr. 84, 8. 5. 1962, S. 711.

rücksichtigung der Interessen Bonns nutzte.[16] Sein Vorgehen unterschied sich damit deutlich von demjenigen seines Vorgängers und des Kanzlers, die in kritischen Situationen dazu tendierten, die Alarmglocke zu läuten.
Überblickt man die westdeutsche Argumentation zum Gewaltverzicht Ende der fünfziger und Anfang der sechziger Jahre, so stand zunächst der vertragliche Aspekt, die Bindungsperspektive, im Vordergrund. Solange Bonn die Herstellung diplomatischer Beziehungen mit den osteuropäischen Staaten aus Furcht vor einer Aushöhlung seines Alleinvertretungsanspruchs ablehnte, war es auch nicht bereit, sich in anderer Weise gegenüber diesen Staaten völkerrechtlich zu binden. Diesem Akt – und nicht so sehr dem Instrument des Gewaltverzichts als solchem – wurde eine den Status quo stabilisierende und fixierende Wirkung zugeschrieben. Hinzu kam das Bemühen, eine Anerkennung oder auch nur eine internationale Aufwertung der DDR zu vermeiden. Vor allem aber implizierte ein Nichtangriffsvertrag, auf den sich die Diskussion Anfang der sechziger Jahre konzentrierte, die Vorwegnahme friedensvertraglicher Regelungen. Derartige Vereinbarungen liefen einer Politik zuwider, die auf Veränderung, zumindest aber Offenhalten des Status quo in der deutschen Frage bis zu einer späteren endgültigen Regelung, d. h. einen Friedensvertrag mit einem wiedervereinigten Deutschland, gerichtet war. Der Gewaltverzicht war dagegen eher mit dem Modus vivendi vereinbar. Die Vertragspartner erkannten die Existenz eines ungelösten Problems an, verpflichteten sich jedoch zu einer einvernehmlichen Regelung ohne die Anwendung oder die Androhung von Gewalt.[17]
Auch die Sowjetunion ordnete den Gewaltverzicht in ihre Strategie der europäischen Sicherheit ein. Die zahlreichen Vorschläge für einen Nichtangriffspakt zwischen den Staaten des Warschauer Paktes und der NATO in dem Jahrzehnt zwischen 1955 und 1964[18] verfolgten vor allem das Ziel, eine Bestätigung und Anerkennung des Status quo in Europa zu erreichen. Gleichzeitig sahen seine Befürworter in ihnen ein Mittel, um eben diesen Status quo zu überwinden. Es wurde darauf spekuliert, daß der mit einem Gewaltverzicht einhergehende Verlust an Feindorientie-

16 Vgl. Vogelsang, Das geteilte Deutschland, a.a.O., S. 248 ff.; ferner Das Atlantik-Bündnis gestärkt, in: Bulletin, Nr. 87, 11. 5. 1962, S. 735–736.

17 Im deutschlandpolitischen Kontext hatte der Gewaltverzicht außer seiner entspannungspolitischen Zielsetzung die Aufgabe, den Status quo offenzuhalten; vgl. Schnippenkoetter, Gewaltverbot und Gewaltverzicht, a.a.O., S. 34.

18 Zu dem gesamten Komplex sowjetischer Nichtangriffsvertrags-Entwürfe vgl. Planck, Sicherheit in Europa, a.a.O., dem die vorliegende Darstellung weitgehend folgt. Des weiteren wird nur auf die wichtigsten östlichen Entwürfe mit Fundstellen hingewiesen.

rung zu einer Relativierung der Bündnissysteme und schließlich zu ihrer Auflösung führen würde. Diese Zielsetzung wurde besonders deutlich anhand des sowjetischen Entwurfs für einen Vertrag über kollektive Sicherheit vom Juli 1955, der neben einer Verpflichtung der Teilnehmerstaaten des Warschauer Paktes und des Nordatlantikvertrags, keine Waffengewalt gegeneinander einzusetzen, gemeinsame Konsultationsverfahren zur Streitschlichtung vorsah.[19]

Die Sowjetunion argumentierte, Ursache der Spannungen in Europa sei die Existenz zweier, sich einander feindlich gegenüberstehender militärischer Gruppierungen. Wenn sie beseitigt und ein europäisches Sicherheitssystem errichtet worden sei, dann könne auch an die Lösung der deutschen Frage herangegangen werden. Vorrangig ging es der Sowjetunion Mitte der fünfziger Jahre jedoch darum, die Wiederaufrüstung der Bundeswehr zu verhindern und den Zusammenhalt des westlichen Bündnisses zu schwächen, indem sie die Entspannungshoffnungen der europäischen Völker zu wecken suchte. Die Diskussion über einen Nichtangriffspakt lief daher weitgehend parallel mit der gleichzeitig stattfindenden Debatte über ein Disengagement in Europa und bediente sich z. T. der gleichen Argumente.

Die Instrumentalität der östlichen Gewaltverzichtsvorschläge wird auch sichtbar an der sich in Übereinstimmung mit der internationalen Situation verändernden Argumentation, während die Zielsetzung, die Bestätigung des Status quo, konstant blieb. In den Jahren 1956–58 wurde der Vorschlag eingeordnet in die sowjetische Kampagne für eine friedliche Koexistenz. Auf die Vorlage von Entwürfen für ein europäisches Sicherheitssystem wurde verzichtet, der Nichtangriffspakt vielmehr in eine Reihe gestellt mit Vorschlägen für eine Beendigung der Kernwaffenversuche, eine Reduzierung der ausländischen Streitkräfte in Deutschland und die Verhinderung von Überraschungsangriffen.[20] Diese Vorschläge summier-

19 Vgl. Sowjetischer Vertragsentwurf über kollektive Sicherheit in Europa vom 20. 7. 1955, in: Dokumente zur Deutschlandpolitik, Bd. III/1, S. 181–188; Erklärung von Ministerpräsident Bulganin vom 18. 7. 1955 auf der Genfer Gipfelkonferenz, in: Dokumente zur Deutschlandpolitik, Bd. III/1, S. 171.

20 Vgl. Memorandum der sowjetischen Regierung vom 8. 1. 1958 betr. die Einberufung einer Gipfelkonferenz, in: Dokumente zur Deutschlandpolitik, Bd. III/3.1, S. 41–58; Entwurf eines Nichtangriffspaktes, am 24. 5. 1958 vom Politischen Beratenden Ausschuß des Warschauer Paktes verabschiedet, in: Dokumente zur Deutschlandpolitik, Bd. III/3.2, S. 1206–1207; Memorandum der sowjetischen Regierung vom 5. 5. 1958; in: Dokumente zur Deutschlandpolitik, Bd. III/3.2, S. 1099–1108; Entwurf eines Vertrages über Freundschaft und Zusammenarbeit zwischen den europäischen Staaten vom 15. 7. 1958, in: Dokumente zur Deutschlandpolitik, Bd. III/3.2, S. 1466–1469.

ten sich zu einer eindrucksvollen Demonstration der friedlichen Absichten der Sowjetunion vor der Weltöffentlichkeit – was zweifellos eines ihrer Motive war.[21]
Während der Berlin-Krise 1958–62 versuchte die Sowjetunion ihre ordnungspolitischen Ziele in Europa auf direktem Wege, durch Druck auf die militärisch schwächste Stelle des Westens, Berlin, zu erreichen. Die Vorschläge für einen Gewaltverzicht hatten mehr den Charakter einer Begleitmusik, die das westliche Dilemma in Berlin bloßlegen sollte. Hier würde es der Westen sein, der bei einer Beeinträchtigung seiner Rechte zur Gewaltanwendung Zuflucht nehmen müßte. Ein weiterer Aspekt der Berlin-Krise war es, den Westen zu einer Anerkennung der DDR zu veranlassen. In die gleiche Richtung ging der Vorschlag Ost-Berlins für einen innerdeutschen Nichtangriffspakt.[22]
In der Nach-Kuba-Phase stand der Entspannungseffekt eines Nichtangriffspaktes im Vordergrund. Dieser hatte darüber hinaus das Ziel, die westlichen Pläne für den Aufbau einer multilateralen Streitmacht der NATO (MLF) zu stören. Mit einem relativ unkomplizierten Nichtangriffsvertrag zwischen NATO und Warschauer Pakt oder zwischen seinen Mitgliedern – an dem zeitweilig auch einige der westlichen Verbündeten der Bundesrepublik Interesse fanden – sollte demonstriert werden, daß die mit der Errichtung einer direkten Nachrichtenverbindung und dem Abschluß des Moskauer Vertrages über die teilweise Einstellung der Kernwaffenversuche manifestierte partielle Kooperation zwischen konkurrierenden Systemen auch auf den europäischen Kontinent ausgedehnt werden konnte. Seitens der osteuropäischen Staaten wurde argumentiert, daß somit ein Nichtangriffsvertrag eine friedliche europäische Entwicklung einleiten könnte.[23] Damit wurde eines der grundlegenden Probleme

21 Nach der sowjetischen Intervention in Ungarn im Herbst 1956 sollte diese »Publicity-Kampagne« den angeschlagenen Ruf der Sowjetunion, insbesondere gegenüber den Ländern der Dritten Welt, wieder aufbessern.

22 Vgl. die Note der sowjetischen Regierung an die Vereinigten Staaten vom 27. 11. 1958, in: EA 24/1958, S. 11 300–11 309; Erklärung der Staaten des Warschauer Paktes vom 4. 2. 1960, in: EA 7–8/1960, S. D 89–99; Sowjetischer Abrüstungsvorschlag vom 26. 9. 1961, in: Hermann Volle und Claus-Jürgen Duisberg, Probleme der internationalen Abrüstung. Die Bemühungen der Vereinten Nationen 1945–1961, Frankfurt, Berlin 1964 (Rüstungsbeschränkung und Sicherheit, Bd. 1), S. 879–890; ferner Vertragsentwurf der DDR für einen Nichtangriffspakt zwischen den beiden deutschen Staaten vom 19. 6. 1959, in: Dokumente zur Außenpolitik der Regierung der Deutschen Demokratischen Republik, Bd. VII (1959), Berlin 1960, S. 188–190.

23 Vgl. Sowjetischer Entwurf eines Nichtangriffsvertrages vom 20. 2. 1963, in: EA 10/1963, S. D 248–249; Kommuniqué zum Abschluß der Dreimächte-Verhandlungen in Moskau vom 25. 7. 1963, in: EA 16/1963, S. D 406. Zum sowjetischen Vorschlag für ein

angesprochen: Die divergierenden ordnungspolitischen Vorstellungen über die künftige Struktur Europas, die erst nach einer – wenn auch partiellen – Aufhebung der Interessenblockade der europäischen Hauptmächte ernsthafte Verhandlungen über einen Gewaltverzicht oder einen Nichtangriffspakt zwischen NATO und Warschauer Pakt zuließen.

2. *Die deutsche »Friedensnote« vom 25. März 1966*

2.1 *Veränderungen der außen- und innenpolitischen Bedingungen der westdeutschen Außenpolitik*

Der Bau der Berliner Mauer im August 1961 hatte allen Deutschen brutal das Scheitern der bisherigen Deutschlandpolitik demonstriert. Sie mußten erkennen, daß die Erhaltung des Status quo zum vorrangigen Ziel der europäischen Hauptmächte geworden war. Der Ausgang der Kuba-Krise hatte dies erneut unterstrichen. Das strategische Patt zwischen den Supermächten und das diplomatische Patt in Bezug auf Europa hatten zu einem politischen Immobilismus geführt, der eine Ost-West-Übereinkunft auf der Grundlage der westlichen Zielvorstellungen ausschloß, zugleich aber die Gefahr von Zufallskriegen beinhaltete, wenn es nicht gelang, die Gefährlichkeit der militärischen Potentiale durch eine kooperative Rüstungssteuerung zu entschärfen. Dieser Einschätzung der internationalen Situation entsprangen die amerikanischen Bemühungen um eine partielle rüstungspolitische Kooperation mit der anderen Supermacht und eine Auflockerung der europäischen Situation.
Angesichts dieser Entwicklungen wuchs in der Bundesrepublik die Einsicht, daß ein Nein zur Entspannung zwischen den Großmächten zur weltpolitischen Isolierung der Bundesrepublik führen würde. Vor allem die USA, aber auch Frankreich und andere westeuropäische Verbündete drängten die Bundesregierung zu eigenen ostpolitischen Initiativen.[24] Die

Abkommen über den Verzicht auf Gewaltanwendung in territorialen Konflikten vom Dezember 1963 vgl. Schreiben von Ministerpräsident Chruschtschow an Bundeskanzler Erhard vom 31.12. 1963, in: EA 2/1964, S. D 23–32.

24 Vgl. dazu u. a. den Bericht von Bundesaußenminister Schröder am 12. 1. 1966 vor dem Bundestag, in: DBT/V/13, 12. 1. 1966, S. 498–500; ferner das Interview von Außenminister Schröder am 17. 7. 1966 im Südwestfunk, abgedruckt in: Bulletin, Nr. 130, 19. 7. 1966, S. 745–747. Zu den divergierenden Tendenzen der westlichen und der Bonner Deutschlandpolitik vgl. Wolfgang Wagner, Auf der Suche nach einem neuen Weg. Die Zukunft Europas und die deutsche Frage, in: EA 18/1966, S. 645–654.

Diskussion über den Teststop-Vertrag hatte die enge Marge aufgezeigt, im Rahmen derer die Bundesrepublik vom Entspannungspfad ihres mächtigsten Verbündeten im Westen abweichen konnte. Auch in der westdeutschen Öffentlichkeit mehrten sich die Stimmen, die darauf hinwiesen, daß eine Wiedervereinigung in absehbarer Zeit nicht zu realisieren war, und die deshalb für ein Überdenken der bisherigen Positionen plädierten. Bereits im Herbst 1961 hatte der Deutsche Bundestag einem Bericht des SPD-Abgeordneten und Vertriebenen-Funktionärs Wenzel Jaksch zugestimmt, in dem eine aktivere Ostpolitik gefordert wurde, die über eine Intensivierung der wirtschaftlichen, kulturellen und politischen Kontakte zu einer Normalisierung der Beziehungen zu den osteuropäischen Staaten führen sollte.[25] In verschiedenen Denkschriften, so in dem Tübinger Memorandum protestantischer Laien,[26] der sogenannten »Vertriebenen-Denkschrift« der EKD[27] und in einem aufsehenerregenden Briefwechsel zwischen den katholischen Bischöfen in Polen und in der Bundesrepublik,[28] wurde eine Anerkennung der Oder-Neiße-Grenze befürwortet und dieser Akt als Voraussetzung für eine Normalisierung des Verhältnisses zu den osteuropäischen Staaten bezeichnet. Die von Egon Bahr, damals Berater des Regierenden Bürgermeisters von Berlin und Kanzlerkandidaten der SPD, Willy Brandt, formulierte These von »Wandel durch Annäherung« war ein Plädoyer für eine Intensivierung der innerdeutschen Beziehungen. Durch Erleichterungen mannigfacher Art für die Menschen und durch verstärkte Wirtschaftsbeziehungen sollten die Grenzen aufgelockert und das Nebeneinander erträglich gemacht werden.[29] In die selbe

25 Vgl. Bericht des Ausschusses für Auswärtige Angelegenheiten vom 14. 6. 1961 (Berichterstatter: Wenzel Jaksch), DBT, Drucksachen 3/2740 und 3/2807; ferner Entschließung des Deutschen Bundestages vom 14. 6. 1961 zur deutschen Ostpolitik, in: DBT/III/162, 14. 6. 1961, S. 9364–9365.

26 Vgl. Kritik an den politischen Parteien. Das Memorandum der acht evangelischen Laien und Theologen, in: WELT, 27. 2. 1962, abgedruckt in: Kurt Tudyka (Hrsg.), Das geteilte Deutschland, Stuttgart 1965, S. 190–192.

27 Vgl. Denkschrift der Evangelischen Kirche in Deutschland vom 1. 10. 1965 über die Lage der Vertriebenen und das Verhältnis des deutschen Volkes zu seinen östlichen Nachbarn, Auszüge in: EA 1/1966, S. D 1–10.

28 Vgl. Botschaft der katholischen Bischöfe Polens an die katholischen Bischöfe Deutschlands vom 18. 11. 1965 (überreicht auf dem Zweiten Ökumenischen Konzil in Rom), in: EA 1/1966, S. D 11–17; Botschaft der katholischen Bischöfe Deutschlands an die katholischen Bischöfe Polens vom 5. 12. 1965, in: EA 1/1966, S. D 17–19.

29 Vgl. Vortrag des Leiters des Presse- und Informationsamtes des Landes Berlin, Egon Bahr, am 15. 7. 1963 vor der Evangelischen Akademie Tutzing, in: Boris Meißner (Hrsg.), Die deutsche Ostpolitik 1961–1970. Kontinuität und Wandel. Dokumentation, Köln 1970, S. 45–48; dazu ferner Karl Kaiser, German Foreign Policy in Transition. Bonn Between East and West, London, Oxford, New York 1968, S. 90 f.

Richtung zielten die Argumente Peter Benders, der in der Konsolidierung der DDR bzw. ihrer Anerkennung eine Voraussetzung für die – langfristige – Überwindung der Teilung Europas sah.[30] Eine rege publizistische Debatte, für die vor allem Blätter wie *Die Zeit* und der *Der Spiegel,* die *Süddeutsche Zeitung* und die *Frankfurter Rundschau,* der *Monat* und die *Frankfurter Hefte* ihre Spalten zur Verfügung stellten, deutete an, daß auch innenpolitisch einiges in Bewegung gekommen war.[31]
Innerhalb der Bundesregierung waren es vor allem Außenminister Schröder und die FDP unter Führung des Ministers für Gesamtdeutsche Fragen, Erich Mende, die entschlossen waren, den Weg einer Rezeption und Fortführung der westlichen Entspannungspolitik zu gehen, auch wenn dies eine Aufgabe der Hallstein-Doktrin und – wie damals argumentiert wurde, vorläufig – eine Hinnahme des Status quo bedeutete. Schröder konnte dabei auf Unterstützung durch die SPD rechnen, die seit langem für eine Normalisierung der Beziehungen zu den osteuropäischen Staaten eintrat, während Teile seiner eigenen Fraktion, vor allem der Fraktionsvorsitzende von Brentano und Sonderminister Krone, sowie die bayerische Schwesterpartei unter der Führung von Franz Josef Strauß heftigen Widerstand leisteten. Die Kritiker der Schröderschen Ostpolitik sahen teils die Grundsätze der bisherigen Deutschlandpolitik, vor allem den Alleinvertretungsanspruch und die von ihm abgeleitete Hallstein-Doktrin, teils die engen Beziehungen zum Westen durch ein zunehmendes osteuropäisches Engagement gefährdet.
Weitere Anstöße kamen von den Verbündeten der Bundesrepublik. Nach der Kuba-Krise hatten die Vereinigten Staaten begonnen, ihre Beziehun-

30 Vgl. Peter Bender, Offensive Entspannung, Möglichkeiten für Deutschland, Köln 1964; ders., Zehn Gründe für die Anerkennung der DDR, Frankfurt 1968 (Fischer Bücherei Bd. 951).

31 Vgl. die Darstellung von Kaiser, German Foreign Policy in Transition, a.a.O., S. 90 ff.; Theodor Eschenburg, Die deutsche Frage 1966, in: ZEIT, 8., 15., 22. und 29. 4. 1966; Gustav Heinemann, Verfehlte Deutschlandpolitik, Frankfurt 1966; Karl Jaspers, Freiheit und Wiedervereinigung. Über Aufgaben deutscher Politik, München 1960; Wilhelm Wolfgang Schütz, Deutschland-Memorandum. Eine Denkschrift und ihre Folgen, Frankfurt 1968 (Fischer Bücherei Bd. 903); Eberhard Schulz, An Ulbricht führt kein Weg mehr vorbei. Provozierende Thesen zur deutschen Frage, Hamburg 1967; Dietrich Schwarzkopf und Olaf von Wrangel, Chancen für Deutschland. Politik ohne Illusionen, Hamburg 1965; Ansgar Skriver, Berlin und keine Illusion. 13 Beiträge zur Deutschlandpolitik, Hamburg 1962 (Das aktuelle Thema, Bd. 16); Theo Sommer (Hrsg.), Denken an Deutschland. Zum Problem der Wiedervereinigung – Ansichten und Einsichten, Hamburg 1966. Die Argumente der Gegner der Ostpolitik enthält besonders pointiert Hans Graf Huyn, Die Sackgasse, Stuttgart 1966. Huyn war 1965 nach Differenzen mit dem damaligen Ministerialdirektor Paul Frank und anschließenden Indiskretionen im Rheinischen Merkur aus dem Auswärtigen Amt ausgeschieden.

gen zur Sowjetunion auf eine konstruktivere Grundlage zu stellen. Sie forderten darüber hinaus – so z. B. Präsident Johnson in seiner »Brückenschlag-Rede« vom Dezember 1965[32] – die Westeuropäer auf, ihrerseits die Beziehungen zu den osteuropäischen Staaten zu verbessern. In der öffentlichen Diskussion in der Bundesrepublik spielte auch das vom politischen Berater der Regierung in Washington, Zbigniew Brzezinski, vertretene Konzept einer Intensivierung der Kontakte zu den osteuropäischen Staaten bei gleichzeitiger Isolierung der DDR eine Rolle. »Um das osteuropäische Interesse an Ostdeutschland auszuhöhlen«, so schrieb Brzezinski, »muß der Westen seine Haltung gegenüber Ostdeutschland und dem übrigen Osteuropa scharf differenzieren. Gegenüber Ostdeutschland ist eine Politik der Isolierung geboten; gegenüber Osteuropa eine Politik des friedlichen Engagements – in wirtschaftlicher, kultureller und schließlich auch politischer Hinsicht. Nur so wird Ostdeutschland auf der Landkarte Europas zu einem politischen Anachronismus werden – eine Quelle stetiger Peinlichkeiten für Moskau und nicht länger ein Sicherheitsfaktor für die Osteuropäer.«[33] Noch größeren Eindruck machten in Bonn jedoch die Reise von Staatspräsident de Gaulle nach Polen, und die Bemühungen insbesondere italienischer und belgischer Politiker, die Beziehungen ihrer Länder zu den Staaten Osteuropas zu normalisieren, zumal mit ihnen auch die Absicht verbunden war, den osteuropäischen Markt für ihre heimischen Industrien zu erschließen.[34]

Die Errichtung von Handelsmissionen in Warschau, Bukarest, Budapest und Sofia, die in den Jahren 1963 und 1964 realisiert wurde, brach mit dem alten Tabu, daß vertragliche Beziehungen nicht möglich seien mit

32 Vgl. die Rede von Präsident Lyndon B. Johnson am 7. 10. 1966 vor der Konferenz amerikanischer Leitartikel in New York, in: EA 20/1966, S. D 517–521.

33 Zbigniew K. Brzezinski, Deutsche Einheit durch europäische Verflechtung, in: Sommer, Denken an Deutschland, a.a.O., S. 91–118 (S. 99); vgl. ferner ders., Alternative to Partition. For a Broader Conception of America's Role in Europe, New York, Toronto, London 1965, insbes. Kap. 3. Den Thesen Brzezinskis widersprach Peter Bender auf das heftigste, vgl. Peter Bender, Die DDR nicht isolieren, in: Sommer, Denken an Deutschland, a.a.O., S. 121–132. Neben Brzezinski kamen in jenen Jahren zahlreiche amerikanische Besucher nach Bonn, wie z. B. Henry Kissinger, die auf eigene ostpolitische Initiativen der Bundesregierung drängten; vgl. Henry A. Kissinger, Wege zur deutschen Einheit, in: Sommer, Denken an Deutschland, a.a.O., S. 77–90.

34 Zu den Zusammenhängen von Ostpolitik und Osthandel vgl. Michael Kreile, Osthandel und Ostpolitik, Baden-Baden 1978; ferner – die Zusammenhänge überzeichnend – Claudia von Braunmühl, Ist die »Ostpolitik« Ostpolitik? In: Egbert Jahn u. Volker Rittberger (Hrsg.), Die Ostpolitik der BRD. Triebkräfte, Widerstände, Konsequenzen, Opladen 1974, S. 13–28; skeptisch dagegen Claudia Wörmann, Der Osthandel der Bundesrepublik Deutschland. Politische Rahmenbedingungen und ökonomische Bedeutung, Frankfurt 1982.

Staaten, welche die DDR anerkannt hatten. Sie blieben jedoch unterhalb der Schwelle diplomatischer Beziehungen, deren Überschreiten ohne eine Aufgabe oder Modifizierung der Hallstein-Doktrin einstweilen nicht möglich schien und sparten die DDR aus.[35] Gleichzeitig bemühte sich die Bundesregierung, im Sinne einer »Zweizangen-Theorie«[36] auch die Beziehungen zur Sowjetunion zu verbessern. Die Ankündigung des Besuchs von Ministerpräsident Chruschtschow in Bonn war ein sichtbares Zeichen erster Ergebnisse bei diesem Bemühen. Der Sturz Chruschtschows verhinderte nicht nur diesen Besuch, er unterbrach auch einstweilen die deutsch-sowjetischen Kontakte. Die neue Kremlführung brauchte Zeit, um sich innenpolitisch zu konsolidieren und ihre außenpolitische Strategie zu überdenken.

2.2 *Die Note vom 25. März 1966*

Ende 1965 mehrten sich die Anzeichen, daß die sowjetische Führung begann, ihre Außen-, speziell ihre Deutschlandpolitik, wieder zu aktivieren. Der Besuch von Staatssekretär Carstens in Moskau anläßlich der Chemieausstellung im Oktober 1965 gab beiden Regierungen die Möglichkeit herauszufinden, wie groß die Marge der Verhandlungsbereitschaft in Moskau und Bonn bemessen war. Von seinem Besuch brachte Carstens den Eindruck mit nach Hause, daß die sowjetische Regierung an einer Fortsetzung des Dialogs mit der Bundesregierung sehr interessiert war.[37]

35 Die Aufnahme der diplomatischen Beziehungen zur Sowjetunion war damit begründet worden, daß es sich bei ihr um einen der vier Unterzeichner des Potsdamer Abkommen handele. Zur Diskussion darüber, ob durch die Errichtung von Handelsmissionen die Hallstein-Doktrin unterlaufen werden könnte vgl. Deutsch-polnische Vereinbarungen. Interview von Bundesaußenminister Schröder am 7. 3. 1963 mit dpa, abgedruckt in: Bulletin, Nr. 43, 8. 3. 1963, S. 389. Später wurde bei der Aufnahme diplomatischer Beziehungen zu Rumänien argumentiert, die osteuropäischen Staaten seien bei ihrer Entscheidung für die Aufnahme von Beziehungen zu Ostberlin nicht freigewesen. Die Alternative von Beziehungen zur BRD habe für sie nicht bestanden (sog. »Geburtsfehler-These«).

36 Besson, Die Außenpolitik der Bundesrepublik, a.a.O., S. 335.

37 Interview von Staatssekretär Carstens mit der Deutschen Welle, abgedruckt in: Bulletin, Nr. 156, 22. 9. 1965, S. 1257–1258; ferner Tuchfühlung mit Moskau. Das Ergebnis der Carstens-Reise, in: Kölner Stadt-Anzeiger, 29. 9. 1965; Carstens, Die deutsche Friedensnote, a.a.O., S. 388. Bereits im Dezember 1963 hatte die sowjetische Regierung den Verzicht auf Gewalt bei der Regelung territorialer Streitigkeiten vorgeschlagen; vgl. Schreiben von Ministerpräsident Chruschtschow an alle Regierungschefs zur Frage der Lösung territorialer Konflikte, vgl. das Schreiben an Bundeskanzler Erhard in: EA 2/1964, S. D 23–32.

In Bonn verstärkte sich die Ansicht, daß eine diplomatische Initiative der Bundesregierung eine sachliche Aufnahme in Moskau finden und möglicherweise zu weiteren Gesprächen über eine Verbesserung der deutsch-sowjetischen Beziehungen führen würde. Das Hauptziel der Note war jedoch weniger die Einleitung von neuen Verhandlungen über die deutsche Frage, für die angesichts der gegensätzlichen Positionen von Ost und West weiterhin keine reale Basis gesehen wurde; sie war vielmehr ein Versuch, neue Töne in die Deutschlandpolitik zu bringen. Bonn war es leid, sich vom Osten ständig beschimpfen zu lassen und vom Westen immer wieder gedrängt zu werden, eigene ostpolitische Aktivitäten zu entfalten.

Mehr als ihr Inhalt, waren Stil und Ton der Note bemerkenswert, die sich durch sprachliche Prägnanz und Verbindlichkeit im Ausdruck auszeichnete. Inhaltlich gliederte sich das Schriftstück, das allen Regierungen, mit denen die Bundesrepublik diplomatische Beziehungen unterhielt, sowie den osteuropäischen und arabischen Staaten, aber nicht der DDR, übergeben wurde, in sechs Teile: Im ersten und zweiten Teil unterstrich die Bundesregierung ihre Friedensbereitschaft und legte ihre – bekannte – Haltung zur deutschen Frage dar. Im dritten und vierten Teil wies sie die sowjetischen Vorwürfe zurück, sie betreibe eine aggressive und revanchistische Politik und trat »sowohl für eine Lösung der deutschen Frage wie für eine konsequente Abrüstungspolitik ein, die zur Friedenssicherung beiträgt.«[38]

Im Schlußteil unterbreitete sie eine Reihe von Vorschlägen zur Rüstungsbeschränkung und Entspannung in Europa. Im einzelnen wurde vorgeschlagen:

- Die nichtnuklearen Staaten sollten, ebenso wie die Bundesrepublik, auf die Herstellung von Kernwaffen verzichten. Die Nuklearmächte sollten sich ihrerseits verpflichten, keine Kernwaffen in die nationale Verfügungsgewalt anderer Länder zu geben.
- Die Nuklearmächte sollten sich ferner verpflichten, die Zahl der Atomwaffen in Europa nicht weiter zu erhöhen, sondern sie stufenweise zu verringern. Dabei müßte jedoch das bestehende Kräfteverhältnis gewahrt, eine wirksame Kontrolle vorgesehen und eine derartige Maßnahme mit Fortschritten bei der Lösung der politischen Probleme in Europa verbunden werden.

38 Vgl. Zirkular-Note der Bundesregierung zur Friedenspolitik vom 25. 9. 1966, in: EA 7/1966, S. D 171–175.

- Die Bundesregierung schlug vor, bei der Lieferung von spaltbarem Material die Kontrollen durch die Internationale Atomenergie-Organisation zu verstärken, wenn die Empfängerländer EURATOM nicht angehörten.
- Die Bundesregierung erklärte sich bereit, mit den Regierungen der Sowjetunion, Polens, der Tschechoslowakei und jedes anderen osteuropäischen Staates, der dies wünschte, förmliche Erklärungen auszutauschen, in denen jede Seite gegenüber dem anderen Volk auf die Anwendung von Gewalt zur Regelung internationaler Streitfragen verzichtet.
- Die Bundesregierung schlug ferner den Austausch von Manöverbeobachtern mit den osteuropäischen Staaten vor und erklärte sich bereit, an einer Weltabrüstungskonferenz teilzunehmen, soweit diese Erfolg verspreche.[39]

Das Schriftstück trug deutlich Kompromißcharakter. Es sollte Verhandlungsbereitschaft und Flexibilität der westdeutschen Politik demonstrieren, während die Bundesregierung gleichzeitig an ihren grundsätzlichen Positionen in der deutschen Frage festhalten zu müssen glaubte. Dies wurde besonders deutlich durch die Tatsache dokumentiert, daß die DDR nicht zu den Empfängern der Note zählte. Gegenüber Polen hielt die Bundesregierung den Standpunkt aufrecht, daß Deutschland in den Grenzen von 1937 fortbestehe, solange nicht eine freigewählte gesamtdeutsche Regierung andere Grenzen anerkenne. Zum Münchener Abkommen von 1938 hieß es, dieses sei von Hitler zerrissen worden und habe keine territoriale Bedeutung mehr. Damit kam die Bundesregierung der tschechoslowakischen Forderung nach einer Ungültigkeitserklärung für das Münchener Abkommen einen kleinen Schritt entgegen. Ihre erklärte Bereitschaft zu einem Ausgleich mit den osteuropäischen Staaten reichte jedoch nicht aus, um die durch die Ereignisse des Zweiten Weltkrieges und die lange erhobene Forderung nach Wiederherstellung Deutschlands in den Grenzen von 1937 in den Beziehungen zu den osteuropäischen Staaten aufgetürmten Hindernisse abbauen zu können.

Mit Ausnahme des Angebots, mit den osteuropäischen Staaten Gewaltverzichtserklärungen auszutauschen, beschränkten sich die deutschen Vorschläge auf sicherheitspolitische Maßnahmen. Bei den Maßnahmen zur Nichtverbreitung nuklearer Waffen und zur Kontrolle spaltbaren Ma-

39 Vgl. ebenda. Zu den Zielen und Methoden der deutschen Ostpolitik aus der Sicht von Außenminister Schröder vgl. ders., Germany Looks at Eastern Europe, in: FA, Bd. 44, Nr. 1 (Oktober 1965), S. 15–25.

terials ging die Bundesregierung zunächst davon aus, daß andere Staaten die gleichen Beschränkungen auf sich nehmen sollten, wie sie es 1954 getan hatte. Durch die Hervorhebung eines Produktionsverzichts und einer Nichtweitergabe von Atomwaffen in nationale Verfügungsgewalt seitens der Nuklearmächte, versuchte sie gleichzeitig die internationale Diskussion über einen Nichtverbreitungsvertrag in ihrem Sinne zu beeinflussen. Mit dem Vorschlag eines Einfrierens bzw. einer Reduzierung der nuklearen Waffen in Europa nahm die Bundesregierung Elemente der Gomulka- und Rapacki-Pläne auf, verband sie jedoch mit der Forderung nach Fortschritten bei der Lösung der deutschen Frage.[40] Der Vorschlag zum Austausch von Manöverbeobachtern schließlich stammte aus dem Arsenal der Genfer Abrüstungsverhandlungen und war in erster Linie eine Geste guten Willens. Derartige bilaterale Abmachungen sollten die Gefahren vermeiden, welche die Bundesregierung mit Beobachtungsposten- oder Inspektionssystemen assoziierte, in die auch die DDR einbezogen werden mußte.

Aber auch der Gewaltverzicht wurde zum damaligen Zeitpunkt primär als Sicherheits- und Entspannungsmaßnahme gesehen. Zunächst sollte der vorhandenen oder behaupteten Furcht entgegengewirkt werden, die Bundesrepublik könnte an eine Lösung der in ihrem Verhältnis zu den osteuropäischen Staaten strittigen Fragen mit Gewalt oder Androhung von Gewalt denken. Öffentlich und in verbindlicher Form sollten die offenen Probleme auf den Weg einer Regelung mit friedlichen Mitteln verwiesen werden. Angesichts des Fehlens einer realen Grundlage für eine einvernehmliche Lösung, insbesondere der deutschen Frage, kam dem Gewaltverzicht die Funktion eines Moratoriums zu, das den Konflikt entschärfen, eine spätere Verhandlungslösung jedoch nicht präjudizieren sollte.[41] Von einem Gewaltverzicht erwartete die Bundesregierung kurzfristig vor allem eine Entspannungswirkung.

Das entscheidende Element der Friedensnote war das Festhalten am Vorrang des Wiedervereinigungspostulates.[42] Neu war, daß das Sicherheitsbedürfnis der osteuropäischen Staaten in einem offiziellen Schriftstück

40 Die Koppelung von rüstungspolitischen Angeboten mit deutschlandpolitischen Forderungen spiegelte das Dilemma der damaligen Bundesregierung wider, die mit der Friedensnote den widersprüchlichen Versuch unternahm, den Status quo in Europa gleichzeitig abzusichern und offenzuhalten. Außerdem war der Text der Note auch das Ergebnis eines internen Abstimmungsprozesses innerhalb der Bundesregierung und mußte hier verschiedene Auffassungen integrieren.

41 Vgl. Schnippenkoetter, Gewaltdrohung und Gewaltverbot, a.a.O., S. 78.

42 Vgl. Carstens, Die deutsche Friedensnote, a.a.O., S. 385 und 389 f.

der Bundesrepublik explizit anerkannt und diesen über die Errichtung von Handelsmissionen hinausgehende vertragliche Abmachungen angeboten wurden. Mit dem vorgeschlagenen Gewaltverzicht sollte bekundet werden, »daß ein unerledigter Konfliktstoff vorliegt, ohne dessen Bewältigung die Friedlosigkeit fortdauert und eine Befriedigung nicht eintreten wird«.[43] In diesem Sinne war der Gewaltverzicht aus der Sicht der Bundesregierung ein Instrument zum Offenhalten des Status quo.

Nachdem die Viermächte-Konferenzen der fünfziger Jahre die Vergeblichkeit der Bemühungen demonstriert hatten, eine für Ost und West akzeptable Lösung der deutschen Frage zu erreichen, waren nunmehr die Bemühungen der Bundesregierung darauf gerichtet, eine vielleicht in Zukunft mögliche Regelung nicht durch »Festschreiben eines unbefriedigenden, unausgeglichenen, noch nicht befriedeten Zustandes«[44] zu präjudizieren. Die von ihr vorgeschlagenen Sicherheitsmaßnahmen waren sorgfältig so ausgewählt, daß von ihnen keine den Status quo fixierende Wirkung ausging. Dort, wo Rückwirkungen politischer Natur zu befürchten waren, bei dem Vorschlag eines Einfrierens bzw. einer Reduzierung der nuklearen Waffen in Mitteleuropa, verband sie diese Maßnahmen mit der Forderung nach gleichzeitigen Fortschritten in der deutschen Frage. Allerdings ist zu fragen, ob die von der Bundesregierung angestrebte Normalisierung der Beziehungen zu den osteuropäischen Staaten nicht auch dazu tendieren würde, den Status quo zu stabilisieren, zwar nicht juristisch, aber vielleicht um so wirksamer im politisch-psychologischen Bereich.

2.3 *Die Entstehungsgeschichte der Note*

Der Kompromißcharakter der Note hatte seinen Grund nicht nur in dem Festhalten an den bisherigen deutschlandpolitischen Positionen bei gleichzeitigem Bemühen um eine Entspannung im Verhältnis zu den osteuropäischen Staaten, sondern stand auch in Verbindung mit der Entstehungsgeschichte der Note. Sie machte deutlich, daß die Note nicht ein großer Wurf, eine lange geplante Initiative der Entspannungspolitik war, sondern eine aus der Situation heraus entstandene Aktion mit dem vorrangigen Ziel der Selbstdarstellung.[45] Mit Blick auf die osteuropäischen

43 Schnippenkoetter, Gewaltdrohung und Gewaltverbot, a.a.O., S. 78.
44 Ebenda.
45 In einer Rede am 7. 6. 1966 im NATO-Ministerrat nannte Außenminister Schröder folgende Motive für die Note der Bundesregierung: Sie habe es für notwendig gehalten,

Staaten ebenso wie auf den nach Initiativen der Bundesrepublik drängenden Westen wurde ihr das Anwendbare des Entspannungsinstrumentariums hinzugefügt.
Die Initiative zu der Note vom März 1966 ging im wesentlichen von dem damaligen Außenminister Schröder aus. Auf der Tagung des NATO-Ministerrates im Dezember 1965 in Paris sowie bei dem Besuch von Bundeskanzler Erhard wenig später in Washington hatte sich gezeigt, daß die Verbündeten nicht mehr bereit waren, ihre Solidarität mit dem Wunsch der Bundesrepublik nach Wiederherstellung Gesamtdeutschlands zu demonstrieren und die östlichen Angriffe auf Bonn abzuwehren, wenn dieses sich nicht auch zu eigenen Entspannungsschritten aufraffte.[46] Hinzu kam die sich intensivierende internationale Diskussion über einen Vertrag gegen die Weiterverbreitung nuklearer Waffen. Um ihre Positionen zu wahren und um sich nicht den Vorwurf zuzuziehen, sie wollte eine internationale Entspannung verhindern, hielt es die Bundesregierung für sinnvoll, mit einer eigenen Initiative hervorzutreten.
Im Auftrage von Außenminister Schröder wies Staatssekretär Carstens den Leiter des Referats II A 3, Politische und Sozialökonomische Strukturfragen des Ostens, VLR I Dr. Erwin Wickert, an, einen Entwurf anzu-

»– die Initiative zu einem Meinungsaustausch über Fragen der Abrüstung und Sicherheit zu ergreifen;
– die Regierungen des Warschauer Paktes mit unserem Standpunkt in der Abrüstungs- und Sicherheitsfrage offiziell bekannt zu machen;
– ihnen konkrete Angebote zu machen; und
– der kommunistischen Propaganda, die uns ständig als Kriegstreiber hinstellt, entgegenzutreten«.

In: Bulletin, Nr. 81, 21. 6. 1966, S. 643.

46 Vgl. Kommuniqué über die Ministertagung des NATO-Rats in Paris vom 16. 12. 1965, in: EA 2/1966, S. D 52–54; Kommuniqué über die Besprechungen zwischen Präsident Johnson und Bundeskanzler Erhard in Washington vom 21. 12. 1965, in: EA 2/1966, S. 54–56; Bericht von Außenminister Schröder am 12. 1. 1966 im Bundestag über die Dezember-Tagung des NATO-Ministerrats und den Kanzlerbesuch in den Vereinigten Staaten, in: DBT/V/13, 12. 1. 1966, S. 498–500. Die Stimmung im NATO-Rat charakterisiert folgende, vorsichtig formulierte, Äußerung Schröders: »Die meisten NATO-Regierungen messen einer Verbesserung dieser Beziehungen eine erhebliche Bedeutung zu. Bei ihren Besuchen in den osteuropäischen Ländern, bei denen sie übrigens nachdrücklich für unsere Belange eingetreten sind, glaubten einige der Minister, eine echte Furcht vor der Bundesrepublik Deutschland feststellen zu können. Ich habe im einzelnen dargelegt, was seitens der deutschen Regierung geschieht, um die Beziehungen zu den osteuropäischen Ländern zu verbessern und um das völlig verzerrte Bild, welches der Öffentlichkeit in diesen Ländern über die Absichten der deutschen Regierung und des deutschen Volkes vorgeführt wird, richtigzustellen«. Ebenda, S. 499. Zum Interessenkonflikt zwischen den Erwartungen der Verbündeten und den Wünschen Bonns vgl. Wolfgang Wagner, Auf der Suche nach einem neuen Weg. Die Zukunft Europas und die deutsche Frage, in: EA 18/1966, S. 645–654.

fertigen. Darin sollten die Haltung der Bundesregierung zur deutschen Frage dargestellt, der Friedenswille des deutschen Volkes dokumentiert und konkrete Vorschläge für eine Entspannung unterbreitet werden. Gleichzeitig erhielt der Abrüstungsbeauftragte der Bundesregierung, Botschafter Dr. Swidbert Schnippenkoetter, den Auftrag zu prüfen, welche Rüstungsbeschränkungs- oder vertrauensfördernden Sicherheitsmaßnahmen in die Note aufgenommen werden konnten. An ihrer Abfassung wirkte ferner mit das Osteuropareferat, und zwar in enger Abstimmung mit dem Völkerrechtsreferat. Ziel der diplomatischen Initiative der Bundesregierung sollte es sein, die osteuropäischen Staaten zu einem konstruktiven Meinungsaustausch zu ermuntern.

Über Ministerialdirigent Osterheld, den Leiter der Politischen Abteilung im Bundeskanzleramt, wurde die Note mit dem Bundeskanzler abgestimmt. Das Verteidigungsministerium wirkte an der Ausarbeitung nur am Rande mit; jedoch wurde das Schriftstück eingehend im Bundesverteidigungsrat beraten, der unter dem Vorsitz von Sonderminister Krone tagte. Einwände wurden hier vor allem gegen diejenigen Formulierungen erhoben, mit denen die Gesprächsbereitschaft Bonns signalisiert werden sollte, vor allem gegen die Aussage, daß das Münchener Abkommen von Hitler zerrissen worden sei und keine territoriale Bedeutung mehr habe; sowie gegen den Vorschlag einer stufenweisen Reduzierung der nuklearen Waffen in Europa. Auch gibt es Hinweise darauf, daß einige Minister, vor allem Krone, die Haltung in der deutschen Frage, insbesondere die Betonung des Selbstbestimmungsrechtes, stärker herausgestellt sehen wollten. Im Kabinett wurde nur kurz über die Note beraten, und es ist nicht sicher, ob allen Ministern der volle Wortlaut vor ihrer Absendung zugänglich gemacht wurde. Jedenfalls beklagte sich Verkehrsminister Seebohm, zugleich Sprecher der Sudetendeutschen Landmannschaft, er sei nicht informiert worden.[47]

Mitte März, also nach der Fertigstellung des Textes, wurde auch der Politische Ausschuß der NATO durch Botschafter Grewe informiert. Die sehr kurzfristige Unterrichtung der Verbündeten hatte ihren Grund einmal darin, daß die Bundesregierung ein vorzeitiges Bekanntwerden ihrer Initiative vermeiden wollte. Zum anderen betrachtete sie ihren Inhalt nicht als konsultationsbedürftige Materie, wollte vielleicht auch eine Diskussion ihrer ostpolitischen Vorstellungen vermeiden, die in den Augen eini-

47 Vgl. Friedensnote: Drei Namen, in: SPIEGEL, Nr. 14, 1966, S. 25; ferner Innerdeutsche Kontroverse um die Friedensnote Bonns, in: NZZ, 6. 4. 1966.

ger Verbündeter nicht genügend Entspannungssubstanz enthielten. Zuvor hatte die Bundesregierung jedoch bereits Konsultationen mit den drei wichtigsten Verbündeten aufgenommen. Während sich die französische Regierung sehr zurückhielt – übrigens später auch auf eine Beantwortung der Bonner Note verzichtete – wurden sowohl von britischer wie von amerikanischer Seite konkrete Anregungen gemacht. Dabei ging es London vor allem darum, die Bundesregierung zu einem flexibleren Taktieren in der Frage der Oder-Neiße-Linie und des Münchner Abkommens zu veranlassen, während die USA ihre Nichtverbreitungsverhandlungen durch eigene westdeutsche Akzentsetzungen nicht gestört sehen wollte. Demgegenüber war Außenminister Schröder bemüht, eine mittlere Linie zu steuern, die den verschiedenen Bedenken durch entgegenkommendere Formulierungen Rechnung trug, aber die Substanz der Note unverändert ließ.

2.4 *Reaktionen auf die Note im In- und Ausland*

Die Note vom 25. März 1966 wurde von einem breiten Konsens innerhalb der Bundesrepublik getragen. In dem Bemühen um Zustimmung aller politischen Kräfte hatte die Regierung den Entwurf den Fraktionsvorsitzenden der im Bundestag vertretenen Parteien – Barzel (CDU/CSU), Erler (SPD) und von Kühlmann-Stumm (FDP) – mit der Bitte um Anregungen oder Korrekturen zugeleitet. Allerdings war die Frist so knapp bemessen, daß inhaltliche Änderungen weder erarbeitet noch berücksichtigt werden konnten. Der Auswärtige Ausschuß wurde in die Beratungen jedoch nicht eingeschaltet.

Am 25. März 1966 unterrichtete Bundeskanzler Erhard den Bundestag in einer Regierungserklärung über den Inhalt der Note. In der Aussprache über diese Erklärung sagten Sprecher aller drei Bundestagsparteien der Bundesregierung ausdrücklich ihre Unterstützung für die mit der Friedensnote begonnene Politik zu.[48] Es war dies die Zeit eines hohen Maßes an Gemeinsamkeit in der deutschen Frage zwischen allen politischen Kräften in der Bundesrepublik. Kritik am Vorgehen Bonns wurde lediglich von den Vertriebenenverbänden geäußert. Deutliche Unterschiede bestanden jedoch – und verstärkten sich während des Sommers – in der Beurteilung der Wirksamkeit und des Erfolges der deutschen Note, in der

48 Vgl. die Regierungserklärung von Bundeskanzler Erhard am 25. 3. 1966 im Deutschen Bundestag sowie die sich an diese Erklärung anschließende Debatte, in: DBT/V/34, 25. 3. 1966, S. 1605–1611.

Einschätzung der sowjetischen Deutschland- und Europapolitik und über die weiteren Schritte auf dem mit der diplomatischen Initiative vom März beschrittenen Weg.

Die Note der Bundesregierung fand bei ihren Empfängern eine sehr unterschiedliche Aufnahme. Die Verbündeten der Bundesrepublik mit Ausnahme Frankreichs begrüßten in offiziellen Erklärungen und in ihren Antworten die deutsche Initiative. Positiv reagierten auch eine Reihe von blockfreien Staaten, doch ist festzustellen, daß vor allem diejenigen Länder antworteten, die der Bonner Politik freundlich gegenüberstanden und dies auch in ihren Antworten zum Ausdruck bringen wollten. Besonders enttäuschend war, daß die osteuropäischen Staaten auf die in der Note enthaltenen Anregungen nicht eingingen, wenn sie auch ihr Interesse an einer Verbesserung und Normalisierung der Beziehungen zur Bundesrepublik bekundeten.[49] Reserviert war ebenfalls das internationale Presseecho. Es wurde zwar positiv vermerkt, daß die Bundesrepublik ihren bisherigen Immobilismus überwunden hatte, aber kritisiert, daß in der Frage der Oder-Neiße Linie erneut auf die Grenzen von 1937 verwiesen wurde und sich Bonn nicht zu einem eindeutigen nuklearen Verzicht durchgerungen hatte. Der Regierung im allgemeinen mit Sympathie gegenüberstehende Blätter wie die *Frankfurter Allgemeine Zeitung* stellten die kühle Aufnahme der Bonner Note heraus, bezeichneten sie als »Pflichtübung« und sprachen davon, daß das Echo auf diese diplomatische Initiative nicht überwältigend gewesen sei. »Kanzler und Außenminister werden mit weiteren Impulsen nachhelfen müssen. An Nachdruck darf es nicht fehlen, wenn der begrüßenswerte Vorstoß nicht in Deklamationen steckenbleiben, die frische Initiative nicht in Papier ersticken soll . . .«[50]

Nicht zuletzt in Anbetracht des mageren Erfolges der Note vom März, aber auch unter dem Eindruck der durch die Aussicht auf einen Redneraustausch aktivierten deutschlandpolitischen Debatte in der Bundesrepublik, drängten SPD und FDP – die Oppositionspartei und der kleinere Koalitionspartner – auf eine Fortsetzung der in der Friedensnote zum Ausdruck gebrachten Bemühungen um eine Normalisierung der Beziehungen zu den osteuropäischen Staaten. In drei Punkten gingen sie dabei

49 Einen sehr ausführlichen Überblick über die Aufnahme der Friedensnote im Ausland gibt die vom Presse- und Informationsamt der Bundesregierung zusammengestellte Dokumentation: Texte der bisher eingegangenen Antwortnoten auf die Note der Bundesregierung vom 25. März 1966 zur deutschen Friedenspolitik, Bonn 1966.

50 J(ürgen) T(ern), Störenfried? In: FAZ, 28. 3. 1966. Ähnlich äußerten sich auch zahlreiche andere Blätter; vgl. hw, Taten, bitte! In: FR, 30. 7. 1966; (Wolfgang) Wa(gner), Das Echo auf die deutsche Friedensnote, in: NZZ, 31. 7. 1966.

wesentlich über die in der Note vom März gemachten Anregungen hinaus: hinsichtlich der Ungültigkeit des Münchner Abkommens, in der Frage der Einbeziehung der DDR in einen Gewaltverzicht und, in vorsichtiger Form, mit dem Angebot von Zusicherungen an Polen zu Gunsten eines Respektierung der Oder-Neiße-Linie. Vor allem aber wünschte die SPD weitere Schritte auf dem Gebiet der Rüstungsbeschränkung und zwar unter dem zweifachen Gesichtspunkt der Allianzpolitik und der Entspannungsinitiative gegenüber Osteuropa.[51]

Die Regierung beschränkte sich weitgehend darauf, ihre Haltung erneut darzulegen, so in einem Ende April veröffentlichten Weißbuch zur Deutschland-Frage und im September 1966 in ihrer Antwort auf eine Große Anfrage der SPD-Fraktion zur Rüstungsbegrenzung und Friedenssicherung im Bundestag.[52] Sie war aber nicht bereit, zu diesem Zeitpunkt bereits über die in ihrer Note vom März enthaltenen Offerten hinauszugehen. Nachdem sich die Ausklammerung der DDR aus dem vorgeschlagenen Gewaltverzicht als Haupthindernis für Verhandlungen mit den osteuropäischen Staaten herausgestellt hatte, wurde auch im Regierungslager überlegt, wie die DDR in einen Gewaltverzicht einbezogen werden konnte, ohne daß sie direkt angesprochen und damit international aufgewertet werden würde.[53] Unterdessen begannen relativ unauffällig erste deutsch-sowjetische Sondierungen über die Möglichkeit von Gewaltverzichtsgesprächen[54] sowie Verhandlungen mit Rumänien über die Aufnahme von diplomatischen Beziehungen.[55]

51 Vgl. die Rede von Helmut Schmidt auf dem Dortmunder Parteitag der SPD am 3. 6. 1966, abgedruckt u. d. T. Deutschlandpolitik im Wandel der weltpolitischen Bedingungen, in: Helmut Schmidt, Beiträge, Stuttgart 1967, S. 545–578; ferner Große Anfrage der Fraktion der SPD betr. Vorschläge zur Rüstungsbegrenzung und Sicherung des Friedens, DBT, Drucksache 5/775, 29. 6. 1966; sowie die Begründung durch den stellv. Fraktionsvorsitzenden der SPD, Helmut Schmidt, am 23. 9. 1966, in: DBT/V/59, 23. 9. 1966, S. 2882–2891.

52 Vgl. Auswärtiges Amt (Hrsg.), Die Bemühungen der deutschen Regierung und ihrer Verbündeten um die Einheit Deutschlands 1955–1966, Bonn 1966; und Antwort der Bundesregierung auf die Große Anfrage der SPD, in: DBT/V/59, 23. 9. 1966, S. 2891–2898.

53 Vgl. die Ausführungen von Bundesaußenminister Schröder in der Debatte über die Große Anfrage der SPD, in: DBT/V/59, 23. 9. 1966, insbes. S. 2908; ferner (Wolfgang) Wa(gner), Das Echo auf die deutsche Friedensnote, in: NZZ, 31. 7. 1966; Dietrich Schwarzkopf, Gewaltverzicht – von Bonn schon früher ausgesprochen. Auch neue einseitige Erklärungen an die Adresse der Ostblock-Staaten könnten die Zone nicht binden, in: WELT, 5. 8. 1966.

54 Noch 1966 fanden einige vertrauliche Gespräche zwischen sowjetischen Diplomaten und leitenden Beamten des Auswärtigen Amtes statt, in denen u. a. die Frage diskutiert wurde, wie die DDR im Rahmen eines Gewaltverzichts behandelt werden sollte; vgl. Carl-

Auch in der Einschätzung der sowjetischen Europa- und Deutschland-Politik gab es Bewertungsunterschiede. Dabei ging es nicht so sehr um die Frage, ob Moskau eine offensive oder eine defensive Politik in Europa verfolgte,[56] sondern vielmehr um die Marge und die Bedingungen sowjetischer Verhandlungsbereitschaft. Würde die Sowjetunion nur zu den von ihr gestellten Bedingungen – Anerkennung der Teilung Deutschlands und der europäischen Grenzen, Verzicht auf Verfügungsgewalt über Nuklearwaffen, Errichtung einer Freien Stadt West-Berlin – gesprächsbereit sein,[57] oder war es realistisch, wie führende Politiker der CDU annahmen, daß die Sowjetunion von einer Position westlicher Stärke aus oder durch wirtschaftliche und militärische Zugeständnisse zu einer Verhandlungslösung bewegt werden könnte,[58] oder war vielmehr eine Entspannung in Europa und langfristig die Lösung der deutschen Frage nur möglich auf der Grundlage der Hinnahme des territorialen Status quo, wie viele Sozialdemokraten meinten?[59]

Bei aller Betonung des Willens zur Gemeinsamkeit offenbarte daher die Debatte über den weiteren Kurs der Ost- und Entspannungspolitik auch die gegenseitige Interessenblockade der politischen Kräfte in der Bundesrepublik. Die von Außenminister Schröder verfochtene Politik eines Einschwenkens der Bundesrepublik auf den Entspannungskurs der Verbündeten, insbesondere Washingtons, hatte sich kurzfristig als wenig erfolg-

Werner Sanne, Zur Vorgeschichte des Vertrages, in: Presse- und Informationsamt der Bundesregierung (Hrsg.), Der Vertrag vom 12. August 1970 zwischen der Bundesrepublik Deutschland und der Union der Sozialistischen Sowjetrepubliken (Moskauer Vertrag), Bonn 1970, S. 74–81 (S. 75).

55 Anfang September hielt sich der damalige Wirtschaftsminister, Kurt Schmücker, zur Unterzeichnung eines Handelsprotokolls in Bukarest auf und führte bei dieser Gelegenheit auch politische Gespräche mit Ministerpräsident Ion Gheorghe Maurer und Generalsekretär Nicolae Ceaucescu. Nach seiner Rückkehr deutete Schmücker an, noch im laufenden Jahr könnten diplomatische Beziehungen zu Rumänien aufgenommen werden; vgl. Zeittafel, 4.–7. September, EA 19/1966, S. Z 161. Das Kabinett Erhard konnte sich jedoch nicht zu einem derartigen Schritt entschließen, erst nach Bildung der Großen Koalition wurde der Austausch von Botschaftern zwischen Bonn und Bukarest vereinbart.

56 Vgl. die Kontroverse zwischen Helmut Schmidt und Baron von und zu Guttenberg in der Bundestagsdebatte am 23. 9. 1966, in: DBT/V/59, 23. 9. 1966, S. 2884 und S. 2914.

57 Vgl. dazu die Rede des CSU-Vorsitzenden, Franz Josef Strauß, am 17. Juni 1966 vor dem Royal Institute of International Affairs in London, in: EA 15/1966, S. D 396–403.

58 Vgl. die Rede des Vorsitzenden der CDU/CSU-Fraktion im Deutschen Bundestag, Rainer Barzel, am 17. Juni 1966 vor dem Council on Germany in Washington, in: EA 15/1966, S. D 404–412.

59 Vgl. die Reden von Brandt und Schmidt auf dem Dortmunder Parteitag der SPD im Juni 1966, in: Vorstand der SPD (Hrsg.), SPD-Parteitag Dortmund 1966, Protokoll, Hannover, Bonn, o. J. S. 60–90.

reich erwiesen, da die Regierung gleichzeitig an den überkommenen Positionen in der deutschen Frage festhielt. Aus konservativer Sicht beinhaltete er aber bereits eine »Konsolidierung, Fixierung und Legitimierung des sowjetischen Besitzstandes in Europa«.[60] Starke Kräfte innerhalb der Regierung, die sich vor allem um die bayerische CSU gruppierten, betrachteten mit Mißtrauen das amerikanische Bemühen, zu einem partiellen Ausgleich mit der Sowjetunion zu gelangen. Wenn die USA nicht mehr bereit waren, den Status quo aktiv und kontinuierlich infrage zu stellen, dann mußte die Bundesrepublik alles tun, um gemeinsam mit Frankreich die Einigung Westeuropas und seine Fortentwicklung zu einer eigenständigen Größe in der internationalen Politik zu erreichen. Eine Lösung der deutschen Frage war nach ihrer Auffassung nur in einem europäischen Rahmen möglich, nur über eine stärkere nationale Aktivierung auch der osteuropäischen Staaten.

Die dritte Position wurde von den Sozialdemokraten und Teilen der Freien Demokraten markiert. Sie vertraten die Meinung, daß die außenpolitische und wiedervereinigungspolitische Strategie der Bundesrepublik auf drei verschiedenen Hauptaktionsfeldern betrieben werden mußte: auf dem der Sicherheitspolitik, die zugleich Allianzpolitik und Rüstungsbeschränkungspolitik war, dem der Osteuropapolitik, die vorrangig Entspannungspolitik sein sollte; und – darin unterschied sich die SPD grundsätzlich von den anderen Gruppierungen – der Entwicklung der innerdeutschen Beziehungen. Dafür hatte der SPD-Vorsitzende, Willy Brandt, auf dem Dortmunder Parteitag die Formel des »qualifizierten, geregelten und zeitlich begrenzten Nebeneinander der beiden Gebiete Deutschlands« gefunden.[61] Verantwortliche Politiker innerhalb der SPD hatten erkannt, daß eine Isolierung der DDR deren Abhängigkeit von der Sowjetunion sowie die Konfrontation zwischen den beiden deutschen Staaten verstärken würde, aber keinerlei reale Chancen für eine Lösung der deutschen Frage bot.

In der damaligen innenpolitischen Konstellation schien eine gemeinsame

60 Vgl. die Ausführungen des CSU-Abgeordneten, Baron von und zu Guttenberg in der Aussprache über die Große Anfrage der SPD, in: DBT/V/59, 23. 9. 1966, S. 2913–2917 (S. 2914). Zur Europa- und deutschlandpolitischen Konzeption der CSU vgl. auch Klaus Bloemer, Zwei Deutschlands, ein Europa, in: ZEIT, 5. 1. 1968; ferner Franz Josef Strauß, Herausforderung und Antwort. Ein Programm für Europa, Stuttgart 1968.

61 Vgl. das Grundsatzreferat des Vorsitzenden der SPD, Willy Brandt, auf dem Dortmunder Parteitag am 1. 6. 1966, in: SPD-Parteitag Dortmund 1966, a.a.O.; vgl. ferner die Ausführungen von Helmut Schmidt am 23. 9. 1966 im Bundestag, in: DBT/V/59, 23. 9. 1966, insbes. S. 2890.

Aktion kaum möglich; weder hatte die Entspannungspolitik Schröders im Kabinett den notwendigen Entwicklungsspielraum, noch bot der von der CSU aufgezeigte pro-französische Kurs eine echte Alternative. Auch eine Kooperation des Schröder-Flügels innerhalb der Regierung mit der Opposition war nicht möglich, ehe nicht auch die CDU den Rubikon einer de facto-Anerkennung der nach dem Zweiten Weltkrieg in Europa entstandenen Realitäten überschritten hatte.

3. *Der deutsch-sowjetische Gewaltverzichtsdialog*

3.1 *Veränderte innen- und außenpolitische Konstellationen*

Die Aufnahme von Gesprächen mit der Sowjetunion über einen Gewaltverzicht, die im Winter 1966/67 begannen und schließlich im Sommer 1970 zur Unterzeichnung des Moskauer Vertrages führten, waren durch drei von einander unabhängige Entwicklungen möglich geworden: durch Umorientierungen in der sowjetischen Politik, ein intensiviertes Entspannungsbemühen der westlichen Verbündeten und Veränderungen in der westdeutschen Innenpolitik.
Die sowjetische Politik verfolgte in den sechziger Jahren vorrangig das Ziel, das amerikanische Engagement in Europa zu lockern und durch das Angebot zur Kooperation mit einigen der westlichen Staaten einen Keil zwischen die anderen zu treiben. Als Mitte der sechziger Jahre die Vereinigten Staaten durch die Ausweitung des Krieges in Indochina und ihre innenpolitischen Probleme absorbiert waren, versuchte die sowjetische Führung zunächst Paris und dann, als Antwort und Gegenoffensive auf die westdeutsche Ostpolitik, Bonn für eine partielle Zusammenarbeit zu gewinnen. Dies erklärt eine relativ konziliante sowjetische Antwort auf die deutsche Friedensnote und die betonte Bereitschaft zu einer Verbesserung der Beziehungen zur Bundesrepublik. Die Sowjetunion hatte zwar – ebenso wie die polnische und die tschechoslowakische Regierung – der Bundesrepublik vorgeworfen, sie weigere sich, die nach dem Zweiten Weltkrieg in Europa geschaffenen Tatsachen zu akzeptieren und blockiere durch ihr Bestehen auf dem Alleinvertretungsanspruch eine Entspannung in Europa; gleichzeitig hatte sie jedoch ihr Interesse an einer Verbesserung der Beziehungen zur Bundesrepublik bekundet. Sie hatte dabei eine Reihe von Gebieten genannt, auf denen ihr eine Zusammenarbeit

möglich schien.[62] Sie hatte auch das Angebot der Bundesregierung zum Austausch von Gewaltverzichtserklärungen aufgegriffen, allerdings daran die Bedingung geknüpft, »daß derartige Abkommen nicht als Deckmantel für eine Aggression gegenüber einem dritten Staat dienen« durften. Damit war der Weg bereitet für direkte Gespräche zwischen Moskau und Bonn.

Aber auch die Bundesrepublik sah sich ihrerseits veranlaßt, ihre Ost- und Entspannungspolitik zu intensivieren, wollte sie nicht Gefahr laufen, innerhalb des westlichen Bündnisses in die Isolierung zu geraten. Die Reise de Gaulles nach Moskau im Sommer 1966, das zurückhaltende Echo des westlichen Auslandes auf die deutsche Friedensnote sowie schließlich die Reden Präsident Johnsons vom August und Oktober 1966, in welchen er Entspannung und Aussöhnung zwischen Ost und West als das große, gemeinsame Ziel des Westens proklamierte, – diese Ereignisse kündigten mit großer Deutlichkeit an, daß auch im Westen alle Signale auf Entspannung gestellt waren.[63]

Der dritte Faktor war die Bildung der Großen Koalition im Dezember 1966. Bereits in ihrem Koalitionspapier, das die Grundlage für die Regierungsverhandlungen bildete, hatte sich die SPD für einen Austausch von rechtlich bindenden Gewaltverzichtserklärungen ausgesprochen, in die auch die DDR einbezogen werden sollte.[64] Ihre Mitwirkung an der Regierungsverantwortung bedeutete daher auch, daß ihre Vorstellungen in der Ost- und Entspannungspolitik nunmehr in stärkerem Maße als bisher in die offizielle Regierungspolitik Eingang fanden. Die neue Bundesregierung proklamierte als wichtigestes Ziel ihrer Außenpolitik: »eine konsequente und wirksame Friedenspolitik . . ., durch die politische Spannungen beseitigt und das Wettrüsten eingedämmt werden«.[65]

Zugleich kündigte die Regierungserklärung auch eine eigenständigere Entspannungspolitik an, auf die die Sozialdemokraten seit mehreren Jah-

62 Antwortnote der sowjetischen Regierung vom 17. 5. 1966 auf die Note der deutschen Bundesregierung vom 25. 3. 1966, in: EA 11/1966, S. D 290–298.

63 Vgl. die Reden des Präsidenten der Vereinigten Staaten, Lyndon B. Johnson, am 26. 8. 1966 in Idaho Falls und am 7. 10. 1966 vor der Konferenz amerikanischer Leitartikler in New York, in: EA 18/1966, S. D 486–488 bzw. EA 20/1966, S. D 517–521.

64 Als Grundlage der Koalitionsverhandlungen zur Bildung einer neuen Bundesregierung hatte die SPD-Bundestagsfraktion im November 1966 ein Acht-Punkte-Programm formuliert, in dem die Ziele einer von ihr mitgetragenen Regierung formuliert wurden; vgl. Auszüge in: Vorstand der SPD (Hrsg.), Y 1. Grundsätze Sozialdemokratischer Wehrpolitik, Bonn 1970 (Reihe Sicherheitsfragen, H. 1) S. 95–97.

65 Regierungserklärung von Bundeskanzler Kurt Georg Kiesinger am 13. 12. 1966 vor dem Deutschen Bundestag, in: DBT/V/80, 13. 12. 1966, S. 3656–3665.

ren gedrängt hatten. Sie wurde möglich durch die Aufhebung des Zielkonfliktes zwischen Bündnispolitik und Deutschland-Politik und das Einschwenken der Bundesrepublik auf den Entspannungskurs ihrer Alliierten. Sie hatte noch weitere Ursachen. Die Verwicklung der Vereinigten Staaten in Vietnam und die als Folge dieses Konfliktes akzentuierten innenpolitischen Probleme gaben zu der Besorgnis Anlaß, daß die USA künftig ihr Engagement in Europa reduzieren würden. Die französische Ostpolitik, insbesondere Gedanken einer französisch-sowjetischen Hegemonie in Europa, wie sie z. B. in einer Studie des Centre d'Etudes de Politique Etrangère zum Ausdruck kamen[66] wurden als eine Gefährdung der deutschen Interessen empfunden. Hinzu kam das Gefühl, das wirtschaftliche Gewicht der Bundesrepublik ermöglichte ihr auch eine gewichtigere Außenpolitik.

3.2 *Das Konzept einer europäischen Friedensordnung*

Die Große Koalition war ein taktisches Bündnis der beiden großen politischen Parteien in der Bundesrepublik, um die wirtschaftliche und außenpolitische Stagnation der Regierung Erhard zu überwinden. Damit hatten sich jedoch diejenigen politischen Kräfte in Westdeutschland zu einer Regierungskoalition verbunden, die bislang von divergierenden Voraussetzungen und Zielsetzungen in der Außenpolitik, insbesondere in der Entspannungspolitik, ausgegangen waren. Es blieb abzuwarten, ob diese Verknüpfung derart unterschiedlicher Ansätze zu neuer außenpolitischer Dynamik oder vielmehr zu innenpolitischer Lähmung führen würde.
Das vorrangige politische Ziel blieb für Bundeskanzler Kiesinger und die CDU/CSU die Erhaltung der westlichen Gesellschaftsform für die Bundesrepublik und der Versuch, die DDR – über eine innere Liberalisierung – daran so weit wie möglich partizipieren zu lassen. Die Methode bestand weiterhin in der Forderung nach Verwirklichung des Selbstbestimmungsrechtes des deutschen Volkes. Der Alleinvertretungsanspruch der Bundesrepublik sollte aufrechterhalten und die Rechtspositionen in Bezug auf die deutsche Frage bis zu einer endgültigen Friedensregelung gewahrt bleiben. In der Ostpolitik zog Kiesinger im wesentlichen die von Schröder skizzierten Linien weiter. In den Prozeß der Entkrampfung und Normali-

66 Vgl. Centre d'Etudes de Politique Etrangère, Modèles de Sécurité Européenne, in: Politique Etrangère, Nr. 6, 1967, S. 519–541, abgedruckt u. d. T. Sicherheitsmodelle für Europa, in: EA 2/1968, S. 51–64.

sierung sollte jetzt auch die DDR einbezogen werden. Dabei wurde das Bemühen um menschliche Erleichterungen herausgestellt, gleichzeitig aber betont, daß die Regierung sich nicht zu einer Anerkennung der DDR bereitfinden werde. Der Begriff einer europäischen Friedensordnung diente als ein Rahmenkonzept, in das Ost- wie Westpolitik eingebettet wurden. Ohne Gefährdung der Sicherheit der Bundesrepublik und ohne Infragestellung ihrer Westbindung sollte ein europäischer Interessenausgleich angebahnt und im Verlauf einer europäischen Wiedervereinigung auch eine Lösung für die deutsche Frage gefunden werden.[67]
Welche Vorstellungen verband nun der Koalitionspartner mit dem Konzept einer europäischen Friedensordnung? In einem Aufsatz in der jugoslawischen Zeitschrift *Internationale Politik* schrieb der damalige Außenminister Brandt: »Unser oberstes Ziel muß . . . die Sicherung des Friedens in Europa sein. Diesem Ziel sind alle anderen Probleme, einschießlich des Problems der deutschen Teilung, untergeordnet. Bausteine unser Politik sind: Abbau von Spannungen, Verbesserung der Beziehungen und vorbereitende Beiträge zu einer europäischen Friedensordnung«.[68] Deutlich setzte Brandt also die Prioritäten anders als Kiesinger, ordnete die Lösung der deutschen Frage der Verwirklichung einer europäischen Friedensordnung unter.
Aus der Sicht Brandts war eine europäische Friedensordnung mehr als ein europäisches Sicherheitssystem, das mit Abrüstungs- und kooperativen Rüstungssteuerungsmaßnahmen auskommen und eventuell durch internationale Garantien abgestützt werden konnte. Sie setzte voraus oder mußte mit einschließen, daß die militärische Konfrontation abgebaut und schließlich überwunden sowie daß den berechtigten Sicherheitsinteressen der europäischen Staaten Rechnung getragen würde. Eine europäische Friedensordnung beinhaltete aber notwendigerweise, daß auch die politischen Spannungen verringert und die Zusammenarbeit und Verständigung zwischen den Völkern vertieft würden.[69] Sie war für Brandt vor al-

67 Vgl. Kurt Georg Kiesinger, Entspannung in Deutschland, Friede in Europa. Reden und Interviews 1967, Bonn 1968; ders., Reden und Interviews 1968, Bonn 1969; vgl. ferner die Regierungserklärung von Bundeskanzler Kurt Georg Kiesinger am 13. 12. 1966 im Deutschen Bundestag, in: DBT/V/80, 13. 12. 1966, S. 3656–3665.

68 Willy Brandt, Realitäten des politischen Handelns, in: Internationale Politik, 1. 6. 1968, abgedruckt in: Bulletin, Nr. 70, 5. 6. 1968, S. 593–595 (S. 594), ähnlich auch ders., Friedenspolitik in Europa, Frankfurt 1968, S. 28 ff.; vgl. ferner ders., Entspannungspolitik mit langem Atem, in: AP, H. 8, 1967, S. 449–454.

69 Zum Konzept einer europäischen Friedensordnung vgl. Willy Brandt, Außenpolitik, Deutschlandpolitik, Europapolitik. Grundsätzliche Erklärungen während des ersten Jahres im Auswärtigen Amt, Berlin 1968, insbes. das darin abgedruckte Interview vom

lem aber ein gedanklicher und politischer Rahmen, in dem die deutsche Frage auf der Basis eines Modus vivendi geregelt werden konnte.
Die drei wichtigsten Instrumente dieser Politik waren der Austausch von Gewaltverzichtserklärungen, in welche die aus der Teilung Deutschlands resultierenden Probleme mit einbezogen wurden, der Verzicht auf nationale Verfügungsgewalt über Atomwaffen und ein beiderseitiger Abbau der konventionellen Streitkräfte in Europa. Damit sollte vor allem das Mißtrauen reduziert werden, das einer Normalisierung der Beziehungen zwischen der Bundesrepublik und den osteuropäischen Völkern im Wege stand. Zugleich sollte die militärische Konfrontation Schritt für Schritt und gleichgewichtig abgebaut sowie einvernehmliche Formen der Konfliktregelung gefunden werden.[70] Schlußstein einer derartigen Entwicklung sollte schließlich ein System kollektiver Sicherheit unter Beteiligung der Vereinigten Staaten und der Sowjetunion als Vorstufe zu einer europäischen Friedensordnung sein.[71]

3.3 *Die erste Runde deutsch-sowjetischer Gewaltverzichtsgespräche*

Die Reaktion der östlichen Adressaten auf die Friedensnote der Bundesrepublik vom März 1966 hatte gezeigt, daß die Ausklammerung der DDR den Staaten des Warschauer Paktes günstige Ansatzpunkte für eine gegen die Bundesrepublik gerichtete Propaganda bot. Hinzu kam, daß insbesondere innerhalb der SPD erkannt worden war, daß eine Politik der Isolierung der DDR in eine Sackgasse führte. In den Koalitionsverhandlungen hatte sie sich dann auch mit der Auffassung durchgesetzt, daß europäische Entspannung und innerdeutsche Entkrampfung einander bedingten.

2. 7. 1967 mit dem Deutschlandfunk, S. 80–89; ferner ders., Ost- und Westpolitik im Zusammenhang, in: Moderne Welt, H. 4, 1967, S. 354–361; sowie Reden und Interviews 1968–1969, Bonn 1969.

70 Vgl. das Interview von Bundesaußenminister Brandt am 2. 7. 1967 im Deutschlandfunk, in: Bulletin, Nr. 70, 4. 7. 1967, S. 604–607; das Interview am 14. 2. 1968 mit dem Sonntagsblatt, abgedruckt in: Bulletin, Nr. 21, 16. 2. 1968, S. 165–167; ferner das Interview mit der FAZ, 10. 4. 1969.

71 Vgl. Drei-Phasen-Abrüstungsplan Brandts, in: PPP, 8. 7. 1968; Jahn kündigt Abrüstungsvorschläge an, in: FAZ, 6. 7. 1968. Bei den Vorschlägen handelte es sich allerdings weniger um durchformulierte Verhandlungsvorschläge als vielmehr um die Erläuterung wesentlicher Elemente der von den Sozialdemokraten getragenen Abrüstungs- und Entspannungspolitik; vgl. z. B. Herbert Wehner, Deutsche und europäische Entspannung, in: RM, 21. 4. 1967.

In ihrer Regierungserklärung vom Dezember 1966 wiederholte die Bundesregierung ihre Bereitschaft, mit der Sowjetunion und anderen osteuropäischen Staaten Gewaltverzichtserklärungen auszutauschen, wobei die von CDU/CSU und SPD gemeinsam gebildete Regierung ausdrücklich das ungelöste Problem der deutschen Teilung in dieses Angebot mit einbezog.[72] Wie von ihren Vorgängerinnen wurde der Gewaltverzicht von ihr in erster Linie sicherheitspolitisch gesehen, aber nicht als eine isolierte Maßnahme, sondern eingebettet in eine Serie von Vorschlägen zur Abrüstung und Entspannung sowie zur Verbesserung der bilateralen Beziehungen.[73] Dem Austausch förmlicher Gewaltverzichtserklärungen wurde jedoch ein besonderer Stellenwert im Hinblick auf eine europäische Friedensregelung beigemessen.

Im Februar 1967 überreichte die Bundesregierung dem sowjetischen Botschafter in Bonn den Entwurf einer Gewaltverzichtserklärung. Er enthielt neben einer Präambel, in der dem Wunsch nach Entspannung in den Beziehungen zwischen den europäischen Staaten Ausdruck gegeben wurde, nur einen operativen Absatz mit der Verpflichtung, daß beide Staaten ihre Politik in Übereinstimmung mit den Grundsätzen der Charta der Vereinten Nationen, insbesondere Art. 2, gestalten und daß sie insbesondere bei der Verfolgung ihrer Ziele in der Deutschland-Frage auf Gewalt verzichten würden.[74] Dieser Gewaltverzicht war an keinerlei Vorausset-

72 Vgl. Regierungserklärung von Bundeskanzler Kurt Georg Kiesinger am 13. 12. 1966 vor dem Deutschen Bundestag, in: DBT/V/80, 13. 12. 1966, S. 3656–3665.

73 Vgl. Duckwitz, Gewaltverzicht und Interventionsrecht, a.a.O., S. 521; ferner Verkehr im Dreieck, in: SPIEGEL, Nr. 40, 1967, 25. 9. 1967, S. 29–31 (S. 30). Der SPIEGEL berichtete, Außenminister Brandt habe der Sowjetunion in einer Unterredung mit dem sowjetischen Botschafter Zarapkin im Juli 1967 Gespräche über folgende Fragenkomplexe angeboten: Bilaterale Beziehungen: Handel, Kultur, Technik und Wissenschaft, Luftverkehr, Justizhilfe; Ost-West-Beziehungen: Entspannung, Grenzen, Teilung Deutschlands, Berlin; Europäische Sicherheit: Gewaltverzicht, Truppenreduzierung, Austausch von Manöverbeobachtern, Atomwaffenbegrenzung.

74 Der operative Teil dieser Erklärung lautete: »Ausgehend von der beiderseitigen Absicht, zur Bildung einer dauerhaften Grundlage für Frieden und Sicherheit in Europa beizutragen, bekräftigt die Bundesrepublik Deutschland die Verpflichtung, ihre Politik in Übereinstimmung mit den Grundsätzen der Charta der Vereinten Nationen, insbesondere deren Art. 2, zu gestalten. Sie erklärt, daß sie sich bei der Behandlung von Streitfragen mit der Sowjetunion oder einem ihrer Verbündeten auch in Zukunft nur friedlicher Mittel bedienen wird und daß sie auf Anwendung von Gewalt und Drohung mit Gewalt zur Regelung solcher Streitfragen verzichtet. Die Bundesrepublik Deutschland verpflichtet sich insbesondere, bei der Verfolgung ihrer Ziele in der Deutschland-Frage auf Anwendung von Gewalt oder Drohung mit Gewalt zu verzichten«. Auswärtiges Amt (Hrsg.), Dokumentation zum Gewaltverzicht (vervielf.), 12. 7. 1968, S. 2. Der Text dieser Erklärung fehlt in der vom Presse- und Informationsamt herausgegebenen Dokumentation, Die Politik des Gewaltverzichts, Bonn 1968.

zungen geknüpft. In gleicher Weise erwartete die Bundesregierung von der Sowjetunion, daß auch sie auf Vorbedingungen verzichtete.
Im Frühjahr und Sommer 1967 wurden die Gespräche zwischen Staatssekretär Schütz im Auswärtigen Amt und dem sowjetischen Botschafter Zarapkin fortgesetzt. In diesen Unterredungen zeigte sich, daß die Gesprächspartner sowohl die Probleme Deutschlands und Mitteleuropas sehr unterschiedlich beurteilten, als auch divergierende Vorstellungen von dem Charakter eines Gewaltverzichts hatten. Dies wurde besonders deutlich anhand von zwei sowjetischen Memoranden, die der Bundesregierung im Oktober und im November 1967 übergeben worden waren. Darin wünschte die sowjetische Regierung Auskunft darüber, ob die Bundesregierung bereit wäre, Gewaltverzichtserklärungen auch mit der DDR auszutauschen und zwar zu den gleichen Bedingungen wie mit den anderen osteuropäischen Staaten. In dem zweiten Memorandum wurde die Bundesrepublik u. a. aufgefordert, eine klare Stellungnahme hinsichtlich der »Unveränderlichkeit der in Europa entstandenen Grenzen, darunter der Oder-Neiße-Grenze und der Grenze zwischen der Deutschen Demokratischen Republik und der Bundesrepublik Deutschland« abzugeben.[75]
Noch deutlicher zeigten die beiden den Memoranden beigegebenen Entwürfe für Gewaltverzichtserklärungen das Ausmaß der sowjetischen Forderungen. Während die Sowjetunion in der von ihr abzugebenden Erklärung auf ihre aus dem Potsdamer Abkommen abgeleiteten Rechte als Siegermacht pochte, sollte sich die Bundesrepublik ihrerseits verpflichten,
- die Unantastbarkeit der in Europa bestehenden Grenzen anzuerkennen und zu achten und an andere Staaten keine territorialen Forderungen zu stellen;
- den Status West-Berlins als einer besonderen politischen Einheit zu achten;
- das Münchner Abkommen für von Anfang an ungültig zu erklären;
- auf den Erwerb und die Herstellung von Kernwaffen sowie auf den Zugang zu diesen in direkter oder indirekter Form zu verzichten; sowie
- wirksame Maßnahmen zu treffen, um eine Entwicklung des Militarismus und Revanchismus auf ihrem Hoheitsgebiet zu verhindern.[76]

75 Memorandum der Sowjetunion an die Regierung der Bundesrepublik Deutschland vom 12. 10. 1967, in: Die Politik des Gewaltverzichts, a.a.O., S. 8; ferner Memorandum vom 21. 11. 1967, ebenda, S. 9.

76 Vgl. 1. und 2. Anlage zum Memorandum der Sowjetregierung vom 21. 11. 1967: Entwurf einer Erklärung der UdSSR über den Verzicht auf die Anwendung von Gewalt in den Beziehungen mit der BRD, in: Die Politik des Gewaltverzichts, a.a.O., S. 13–16.

Aus den von der Sowjetunion vorgelegten Schriftstücken ging hervor, daß sie den bilateralen Austausch von Gewaltverzichtserklärungen nicht auf das deutsch-sowjetische Verhältnis beschränken, sondern alle noch ungelösten Fragen zwischen der Bundesrepublik und ihren östlichen Nachbarn einbeziehen und zugleich der westdeutschen Politik bestimmte Auflagen machen wollte. Staatssekretär Duckwitz, der als Nachfolger von Staatssekretär Schütz ab Oktober 1967 auf deutscher Seite die Gewaltverzichtsgespräche führte, schrieb dazu: »Während nach unserer Auffassung der Gewaltverzicht gerade bedingungslos, ausschließlich mit der Bereitschaft, gemeinsam einen Modus vivendi zu finden, Lösungen nicht präjudizieren soll, versucht die Sowjetunion, ihn als Mittel der Anerkennung der von ihr nach dem Kriege einseitig geschaffenen »Realitäten« in Europa zu benutzen.[77]

Für die Sowjetunion war der Gewaltverzicht ein Instrument europäischer Ordnungspolitik. Sie versuchte, mit seiner Hilfe ihre politischen Ziele im Sinne einer völkerrechtlichen Bestätigung des Status quo und einer Anerkennung ihrer Hegemonie über die östliche Hälfte Europas durchzusetzen. Die Bundesregierung verstand den Gewaltverzicht ihrerseits als einen Versuch, die bereits geltende, aber abstrakte Völkerrechtsnorm des Verbotes der Androhung und Anwendung von Gewalt gem. Art. 2 der Charta der Vereinten Nationen zu konkretisieren, d. h. diese allgemeine Norm auch im Verhältnis der Bundesrepublik zu ihren östlichen Partnern mit Bezug auf die zwischen ihnen schwebenden jeweils besonderen Streitfragen zu spezifizieren. Mit der Betonung des Gewaltverzichts nach Art. 2 sollte gleichzeitig den Artikeln 53 und 107, den sog. Feindstaatenklauseln, die Grundlage entzogen werden. Die Bundesregierung betonte jedoch, daß Gewaltverzichtsvereinbarungen die materielle Lösung bestehender Streitfragen nicht präjudizieren dürften. Sie hätten im Wesentlichen die Aufgabe, bis zum Zeitpunkt eines einvernehmlich ausgehandelten Friedensvertrages der Befürchtung oder der Behauptung entgegenzuwirken, die Bundesregierung könnte eine Regelung in ihrem Sinne durch Anwendung oder Androhung von Gewalt anstreben.[78]

Trotz dieser Meinungsverschiedenheiten bemühte sich die Bundesregierung, die Gewaltverzichtsgespräche mit der Sowjetunion nicht abreißen zu lassen. In der Verteidigungsdebatte des Bundestages im Dezember 1967 wies Außenminister Brandt auf die Bedeutung hin, welche die Bun-

77 Vgl. Duckwitz, Gewaltverzicht und Interventionsrecht, a.a.O., S. 523.
78 Vgl. dazu Schnippenkoetter, Gewaltdrohung und Gewaltverbot, a.a.O., S. 78 f.

desregierung dem Austausch von Gewaltverzichtserklärungen zumaß. Neben Mißtrauen und politischen Unterstellungen habe sie bei der UdSSR und den osteuropäischen Staaten an mehr als einer Stelle auch sachliches Interesse feststellen können. An ihrem guten Willen solle es daher nicht fehlen, um zu Vereinbarungen zu kommen.[79]
Einen Tag darauf überreichte die sowjetische Regierung dem deutschen Geschäftsträger in Moskau eine Erklärung, in der sie behauptete, Revanchismus und Militarismus erfaßten immer breitere Bereiche des gesellschaftlichen und politischen Lebens in der BRD. Vor allem wurde das Auftreten der NPD kritisiert, aber auch behauptet, die Bundesregierung betreibe ein Programm umfassender Kriegsvorbereitungen. Es wäre bezeichnend, daß sich die Bundesregierung dagegen stemme, »in der entsprechenden völkerrechtlichen Form mit der DDR Erklärungen über die Nichtanwendung von Gewalt . . . auszutauschen«. Das betonte erneut den aggressiven Charakter der westdeutschen Politik.[80] Die Bundesregierung stellte darauf in einem dem sowjetischen Botschafter in Bonn übergebenen Aide-memoire die Frage, ob die Sowjetunion weiterhin an dem Gedankenaustausch über einen Gewaltverzicht interessiert sei. Ton und Inhalt ihrer jüngsten Erklärung ständen im Widerspruch zum Ergebnis der bisherigen Gespräche. Außerdem wies die Bundesregierung die Vorwürfe der sowjetischen Regierung in einer weiteren Note entschieden zurück.[81]
Die Steigerung der sowjetischen Forderungen – in ihrem letzten Memorandum hatte die Sowjetunion zum ersten Mal von der Bundesrepublik verlangt, mit der DDR Gewaltverzichtserklärungen auf der gleichen Grundlage wie mit den anderen osteuropäischen Staaten auszutauschen – deutete darauf hin, daß Moskau an der Jahreswende 1967/68 nicht an einer Übereinkunft interessiert war. Dennoch gingen die deutsch-sowjetischen Sondierungen weiter.
Im April erläuterte die Bundesregierung in einem Memorandum erneut ihre Auffassungen zu den von der Sowjetunion angeschnittenen Problemen – der Frage der Grenzen, des Münchner Abkommens, des Status von Berlin, des Gewaltverzichts mit der DDR, des Militarismus und des Neonazismus – und betonte, daß sie zunächst eine Vereinbarung über den Ge-

79 Vgl. die Ausführungen von Bundesaußenminister Brandt in der Verteidigungsdebatte des Bundestages am 7. 12. 1967, in: DBT/V/141, 7. 12. 1967, S. 7229–7233.
80 Vgl. Erklärung der Sowjetregierung an die Bundesrepublik Deutschland vom 8. 12. 1967, in: Die Politik des Gewaltverzichts, a.a.O., S. 17–23.
81 Vgl. Aide-mémoire der Bundesregierung an die Regierung der UdSSR vom 14. 12. 1967 sowie Verbalnote der Bundesregierung an die Regierung der UdSSR vom 22. 12. 1967, in: Die Politik des Gewaltverzichts, a.a.O., S. 23–25.

waltverzicht für wünschenswert halte. Sie sprach ferner die Tatsache an, daß eine Reihe der von sowjetischer Seite vorgebrachten Punkte auch die Interessen dritter Staaten berührten und erklärte, sie sei bereit, mit den betreffenden Regierungen über alle diejenigen Fragen zu sprechen, über die diese im Zusammenhang mit einem Gewaltverzicht Einvernehmen erzielen wollten. Damit versuchte die Bundesregierung zu vermeiden, Moskau als alleinigen Sprecher der osteuropäischen Belange zu akzeptieren. Obwohl sich die Bundesregierung der tatsächlichen oder beanspruchten Machtposition der Sowjetunion bewußt war, hielt sie es für einen unzulässigen Eingriff in die theoretisch auch von der Sowjetunion anerkannte Souveränität und Unabhängigkeit der osteuropäischen Staaten, wollte sie »inter alios« Fragen regeln, die nur diese Länder selbst angingen.[82]
Sowohl die sowjetische Regierung als auch die Bundesregierung erklärten im Sommer 1968 mehrfach, sie wollten den Meinungsaustausch fortsetzen.[83] Die in dem sowjetischen Aide-memoire vom 5. Juli 1968 erhobenen Forderungen und Vorwürfe Moskaus – insbesondere derjenige, die Politik Bonns widerspräche den Grundsätzen eines Gewaltverzichts – reduzierten die Aussichten auf eine einigermaßen sinnvolle Fortsetzung der Gespräche jedoch auf ein Minimum.[84] Ohne eine Antwort abzuwarten, veröffentlichte die sowjetische Regierung am 11. Juli überraschend einen Teil der Dokumente zum Gewaltverzicht und zwang damit die Bundesregierung zu einem entsprechenden Schritt, obwohl beide Seiten Vertraulichkeit vereinbart hatten.
Der Abbruch der Gespräche erfolgte zu einem Zeitpunkt, als sich die Bundesregierung anschickte, ihre Gewaltverzichtspolitik noch weiter zu konkretisieren, vor allem im Hinblick auf ihr Verhältnis zur DDR. Unter der Voraussetzung, daß damit keine völkerrechtliche Anerkennung der DDR verbunden war, wollte Bonn auch mit Ost-Berlin Gewaltverzichts-

82 Vgl. Antwort der Bundesregierung vom 9. 4. 1968 auf die sowjetischen Memoranden vom 12. 10. und 21. 11. 1967, in: Die Politik des Gewaltverzichts, a.a.O., S. 28–33, vgl. ferner Sanne, Zur Vorgeschichte des Vertrages, a.a.O., S. 77 f.; sowie Duckwitz, Gewaltverzicht und Interventionsrecht, a.a.O., S. 524; (Wolfgang) Wa(gner), Die Gewaltverzichtserklärung Bonns, in: NZZ, 11. 4. 1968.

83 Vgl. die Erklärung des sowjetischen Außenministers Gromyko auf der Tagung des Obersten Sowjets der UdSSR am 27. 6. 1968, in: Die Politik des Gewaltverzichts, a.a.O., S. 34–35; die Ausführungen von Bundeskanzler Kiesinger in der außenpolitischen Debatte des Bundestages am 20. 6. 1968, Auszug ebenda, S. 34; und die Rede von Bundesaußenminister Brandt vor der NATO-Ministerkonferenz in Reykjavik am 24. 6. 1968, Auszüge ebenda.

84 Vgl. Aide-mémoire der Sowjetregierung an die Regierung der Bundesrepublik Deutschland vom 5. 7. 1968, in: Die Politik des Gewaltverzichts, a.a.O., S. 36–46.

erklärungen austauschen. Ein entsprechender Hinweis war in der deutschen Antwortnote vom April enthalten; sie wurde von Außenminister Brandt den Westmächten auf der Ministertagung des NATO-Rates in Reykjavik im einzelnen erläutert.[85]

Auch mit Polen hoffte die Bundesrepublik in Kürze Gewaltverzichtsgespräche aufnehmen zu können, nachdem durch einen öffentlichen Austausch von »Signalen« und durch indirekte Kontakte über Stockholm und Brüssel das Klima dafür bereitet worden war.[86]

Die Gründe für das nachlassende Interesse Moskaus, mit Bonn zu einer Vereinbarung zu gelangen, sind in den Entwicklungen innerhalb Osteuropas zu suchen. Der Abbruch der Gespräche erfolgte auf dem Höhepunkt der Spannungen mit der tschechoslowakischen Regierung, wenige Wochen vor dem Einmarsch der Truppen des Warschauer Paktes in die CSSR. Die Veröffentlichung des Notenwechsels durch die Sowjetunion geschah am gleichen Tag, als die *Prawda* in scharfer Form das »Manifest der 2000 Worte« angriff und Prag vor weiteren Abweichungen mit dem Hinweis auf das sowjetische Eingreifen 1956 in Ungarn warnte. Die Sowjetunion war zum damaligen Zeitpunkt weniger an einer Verbesserung ihrer Beziehungen zu Westeuropa als vielmehr an der Sicherung ihres Besitzstandes in Osteuropa interessiert. Die sich in der CSSR und Rumänien manifestierenden Tendenzen, innen- oder außenpolitisch einen von Moskau unabhängigen Kurs einzuschlagen, und die sich gleichfalls in einigen osteuropäischen Staaten zeigende Bereitschaft, die Beziehungen zur Bundesrepublik zu normalisieren, gefährdeten nicht nur die sowjeti-

85 Vgl. Antwort der Bundesregierung vom 9. 4. 1968 auf die sowjetischen Memoranden vom 12. 10. und 21. 11. 1967, in: Die Politik des Gewaltverzichts, a.a.O., S. 31; ferner die Antwort der Bundesregierung auf eine Große Anfrage der CDU/CSU-Fraktion betr. Außenpolitik, in: DBT, Drucksache 5/3016 und insbesondere die Debatte über die Große Anfrage, in: DBT/V/180, 20. 6. 1968, S. 9702–9725, die Rede von Außenminister Brandt am 24. 6. 1968 auf der NATO-Ministerkonferenz in Reykjavik, Auszüge in: Die Politik des Gewaltverzichts, a.a.O., S. 35–36; Brandt trägt den NATO-Plan für innerdeutschen Gewaltverzicht vor, in: WELT, 25. 6. 1968.

86 Vgl. Hans Ulrich Behn, Chronik und Dokumente zum Vertrag mit Polen, in: Presse- und Informationsamt der Bundesregierung (Hrsg.), Der Vertrag zwischen der Bundesrepublik Deutschland und der Volksrepublik Polen, Bonn 1970, S. 103–249. In diesem Zusammenhang wichtig waren vor allem das Interview des polnischen Außenministers Rapacki mit der Trybuna Ludu vom 7. 1. 1968 und der Vortrag von Bundesaußenminister Brandt vor dem Rhein-Ruhr-Club in Düsseldorf am 11. 11. 1968, Auszüge in: Bulletin, Nr. 5, 16. 1. 1968, S. 38. Über indirekte Kontakte, die vor allem über die schwedische und die belgische Regierung liefen, erläuterte die Bundesregierung Warschau ihre Entspannungs- und Gewaltsverzichtspolitik. Der SPIEGEL berichtete, die polnische Regierung habe Bonn auf dem gleichen Wege zu verstehen gegeben, daß sie »an der Aufrichtigkeit der Absichten« Brandts nicht zweifele; vgl. SPIEGEL, Nr. 40, 25. 9. 1967, S. 30.

sche Vormachtstellung und führten zu Spannungen innerhalb des von ihr aufgebauten Blocksystems, sie zwangen die Sowjetunion auch zum Abbruch des Gewaltverzichtsdialogs mit der Bundesrepublik. Sie sah in der Bonner Ostpolitik - nicht ganz zu Unrecht - eine der Ursachen für die Aufweichung der Blocksolidarität, ohne daß es ihr zuvor gelungen war, mit der Bestätigung des Status quo durch den Westen, insbes. die Bundesrepublik, die Anerkennung ihres Hegemonialbereichs zu erreichen.[87]
Diese Entwicklung verstärkte auch die gegenseitige Abhängigkeit zwischen Ost-Berlin und Moskau. Der sowjetische Versuch, die sozialistischen Staaten in ihrem Machtbereich wieder stärker an die Leine zu legen, erlöste die SED-Führung in Ost-Berlin aus dem Dilemma, entweder ihr Ziel einer internationalen Anerkennung zu Gunsten eines Arrangements mit der Bundesrepublik aufgeben zu müssen oder aber sich von den nach Entspannung mit Westeuropa strebenden osteuropäischen Partnern zu isolieren. Die Sowjetunion bedurfte ihrerseits der Abhängigkeit der DDR, um einen Verbündeten in ihrem Bemühen zu haben, die divergierenden Tendenzen innerhalb des Warschauer Paktes aufzufangen und wieder eine stärkere Blockdisziplin durchzusetzen. Dafür brauchte Moskau - das zeigten die gegen die Bundesregierung erhobenen Beschuldigungen - diese als Buhmann, als permanente Bedrohung zur Aufrechterhaltung ihres Herrschaftsanspruches und zur Rechtfertigung der Stationierung ihrer Truppen in den Ländern des Warschauer Paktes.[88]
Mit dem Austausch von Gewaltverzichtserklärungen hätte die Sowjetunion anerkennen müssen, daß die Bundesrepublik einen friedlichen Kurs steuerte, und sie hätte damit eines der wichtigsten Instrumente ihrer

87 Vgl. dazu Hansjakob Stehle, Die blockierte Ostpolitik. Wechselwirkungen zwischen Bonns Bemühungen und Prager Reformkurs, in: ZEIT, 6. 12. 1968.

88 Vgl. dazu Malcolm Mackintosh, Die Sowjetunion und die europäische Sicherheit, in: EA 6/1968, S. 201-210; ferner Peter Bender, Entspannung oder Sicherheit, in: Der Monat, H. 242, November 1968, S. 5-8; Richard Löwenthal, The Sparrow in the Cage, in: Problems of Communism, H. 6, 1968 (November-Dezember), S. 2-28; Wolfgang Wagner, Europäische Politik nach der tschechoslowakischen Krise, in: EA 18/1968, S. 651-658. Vgl. dazu auch Duckwitz, Gewaltverzicht und Interventionsrecht, a.a.O., S. 525 f. Dieser weist darauf hin, daß ein erheblicher Teil des deutsch-sowjetischen Meinungsaustauschs in den Jahren 1967-1968 dem Ziel der Bewahrung der Einheit im Ostblock diente:
29. 1. 1967: Sowjetisches Memorandum gegen Militarismus und Revanchismus;
31. 1. 1967: Aufnahme der diplomatischen Beziehungen zu Rumänien durch die BRD;
19. 7. 1967: Sowjetisches Memorandum gegen die Notstandsgesetze;
3. 8. 1967: Austausch von Handelsmissionen zwischen BRD und CSSR;
8. 12. 1967: Sowjetisches Memorandum gegen Revanchismus und Militarismus;
31. 1. 1968: Wiederaufnahme der diplomatischen Beziehungen zwischen BRD und Jugoslawien.

blockinternen Politik verloren. Dies war für die sowjetische Regierung um so wichtiger, als ihr Bonn zum damaligen Zeitpunkt die Möglichkeit versagte, als Anwalt osteuropäischer Interessen aufzutreten und zugleich mit einem Gewaltverzicht die Anerkennung der Oder-Neiße-Grenze, die Ungültigkeit des Münchner Abkommens, die Lösung West-Berlins von der Bundesrepublik sowie die Anerkennung der DDR einzuhandeln und damit ihre Führungsrolle durch die Wahrnehmung der politischen Interessen ihrer Verbündeten vis-à-vis der Bundesrepublik unterstreichen zu können.

3.4 *Die Einbeziehung der DDR in einen Gewaltverzicht*

Ein besonderes Problem im Rahmen der deutsch-sowjetischen Gewaltverzichtsgespräche stellte die Frage dar, in welcher Weise die DDR in eine Vereinbarung einbezogen werden sollte. Während in der Note der Regierung Erhard vom März 1966 die DDR ausgeklammert worden war, versuchte die Große Koalition, »das ungelöste Problem der deutschen Teilung« in das Angebot zum Austausch von Gewaltverzichtserklärungen einzubeziehen.[89] Dieser Formulierung lag ein Kompromiß der Regierungsparteien zugrunde. Während die SPD darauf gedrängt hatte, die Politik der Isolierung der DDR aufzugeben und auch Ost-Berlin Gewaltverzichtsgespräche anzubieten, befürchtete die CDU/CSU von derartigen Verhandlungen und erst recht vom Abschluß einer offiziellen Vereinbarung mit dem anderen deutschen Staat eine internationale Aufwertung desselben und schließlich eine negative Präjudizierung der Deutschland-Frage.[90] Der von beiden Parteien gefundene Kompromiß sah vor, daß ein direkter Austausch von Gewaltverzichtserklärungen mit der DDR vermieden, aber die DDR in den Gewaltverzicht mit der Sowjetunion und anderen osteuropäischen Staaten einbezogen werden sollte. Außenminister Brandt sprach in diesem Zusammenhang von einem »Netz von Gewaltverzichten«.[91]

89 Vgl. die Regierungserklärung vom 13. 12. 1966, in: DBT/V/80, 13. 12. 1966, S. 3656–3665.

90 Zur Haltung der SPD vgl. den Rechenschaftsbericht Brandts auf dem Dortmunder Parteitag der SPD vom 3. 6. 1966, in: SPD-Parteitag Dortmund 1966, Protokoll, a.a.O., S. 509–520; zur Haltung der CDU vgl. die Rede von Bundeskanzler Kiesinger anläßlich des Tages der Deutschen Einheit am 17. 6. 1967, in: Bulletin, Nr. 64, 20. 6. 1967, S. 541–543.

91 Vgl. die Rede von Außenminister Brandt vor dem Foreign Correspondents Club in Tokio am 11. 5. 1967, in: Bulletin, Nr. 51, 17. 5. 1967, S. 436.

In den Sondierungsgesprächen drängte die sowjetische Regierung jedoch darauf, daß die Bundesregierung auch gegenüber der DDR ihre Bereitschaft zu Gewaltverzichtsgesprächen zu erkennen geben sollte. Ihr Verlangen wurde um so nachdrücklicher, je mehr die Bundesregierung dieser Frage auszuweichen suchte. Dazu mußte die Bundesregierung eine Formel finden, die dem Verlangen der Sowjetunion nach einer Einbeziehung der DDR in einen Gewaltverzicht entgegenkam, zugleich aber den deutschen Standpunkt wahrte, daß eine völkerrechtliche Anerkennung der DDR nicht in Frage kam. In langwierigen Diskussionen, die hauptsächlich im Kressbronner Kreis, dem wichtigsten Koordinierungsgremium der beiden Parteien geführt wurden, setzte sich die SPD mit ihrer Auffassung durch, daß auch die DDR zum Adressaten eines Gewaltverzichts gemacht werden mußte.[92] Im Bericht zur Lage der Nation im März 1968 erweiterete Bundeskanzler Kiesinger dann die Liste der Themen, über welche die Bundesregierung zu Verhandlungen mit Ost-Berlin bereit war, ausdrücklich um die Frage eines Gewaltverzichts, »wenn die andere Seite darauf verzichtete, mit diesen Gesprächen die Forderung nach völkerrechtlicher Anerkennung zu verquicken«.[93] Auf diese Erklärung nahm auch die Antwortnote Bonns vom April 1968 an die Sowjetunion Bezug.[94] Auf der Sitzung des NATO-Rates 1968 in Reykjavik erläuterte Außenminister Brandt im einzelnen die Vorstellungen der Bundesregierung in Bezug auf einen innerdeutschen Gewaltverzicht. Unter Hinweis auf die Vorbehaltsrechte der Vier Mächte hinsichtlich Berlins und Deutschlands als Ganzes sollten beide Seiten feststellen, daß sie die Einheit der Nation respektierten und eine friedliche Einigung anstrebten. Sie sollten sich verpflichten, die Lösung der nationalen Frage nur mit friedlichen Mitteln zu verfolgen, bei allen im innerdeutschen Verkehr entstehenden Streitfragen auf die Anwendung von Gewalt oder Drohung mit Gewalt zu verzichten und keinen Versuch zu unternehmen, die gesellschaftliche Struktur des Partners gewaltsam zu ändern.[95]

92 Vgl. Ein Schritt zum Gewaltverzicht, in: SZ, 10. 4. 1968.

93 Bericht der Bundesregierung über die Lage der Nation im geteilten Deutschland vom 11. 3. 1968, in: DBT/V/158, 11. 3. 1968, S. 8168–8176.

94 Vgl. Antwort der Bundesregierung vom 9. 4. 1968 auf die sowjetischen Memoranden vom 12. 10. und 21. 11. 1967, in: Die Politik des Gewaltverzichts, a.a.O., S. 31.

95 Vgl. die Erklärung von Bundesaußenminister Brandt auf der NATO-Ministerkonferenz am 24. 6. 1968 in Reykjavik, Auszüge in: Die Politik des Gewaltverzichts, a.a.O., S. 35–36. Es ist nicht bekannt, ob diese Vorschläge der DDR offiziell übermittelt wurden. Am 12. 7. 1968 wurden sie zusammen mit anderen Dokumenten zu den deutsch-sowjetischen Gewaltverzichtsgesprächen von der Bundesregierung veröffentlicht.

Auf diese Vorschläge gingen jedoch weder die DDR noch die Sowjetunion ein. Damit war eine für die Deutschland-Politik der sechziger Jahre charakteristische Situation eingetreten, daß die östliche Seite einen Vorschlag Bonns ablehnte bzw. mit einer Erhöhung ihrer Forderungen beantwortete, von dem die Bundesregierung bisher geglaubt hatte, er sei ein nicht zu vertretendes Zugeständnis.[96] Es gibt wenig Hinweise darauf, daß die Bundesregierung erwartet hatte, mit ihrem Angebot zu direkten Verhandlungen mit der DDR könnte der Engpaß in den deutsch-sowjetischen Sondierungsgesprächen überwunden werden. Vielmehr hatte sie wohl zum damaligen Zeitpunkt in erster Linie versucht, der anderen Seite ein wohlfeiles Alibi zu nehmen, um, wenn nicht mit Moskau und Ost-Berlin, so doch in ihren Verhandlungen mit anderen osteuropäischen Staaten weiterzukommen. Nach der Aufnahme der diplomatischen Beziehungen zu Rumänien war es der DDR nämlich gelungen, mit sowjetischer und polnischer Unterstützung die Forderung durchzusetzen, daß die Bundesrepublik vor einer Normalisierung ihrer Beziehungen zu weiteren osteuropäischen Staaten die Existenz zweier deutscher Staaten akzeptieren, die bestehenden Grenzen anerkennen und auf nukleare Waffen verzichten müßte.[97] Diese Blockade sollte durch die Demonstration westdeutscher Gesprächsbereitschaft und ostdeutscher Intransingenz unterlaufen werden.

In gleicher Weise stellt sich die Frage, ob die östliche Seite vorrangig daran interessiert war, mit dem Instrument des Gewaltverzichts einen höheren Grad von Anerkennung der DDR zu erreichen, oder ob sie Bonn zwingen wollte, die Grenzen ihres Bewegungsspielraumes gegenüber Ost-Berlins zu offenbaren und damit eine Annäherung zwischen der Bundesre-

96 Die Forderungen der Sowjetunion und der DDR konzentrierten sich auf die Aufgabe des Alleinvertretungsanspruches der BRD und die völkerrechtliche Anerkennung der DDR durch Bonn; vgl. das sowjetische Aide-mémoire vom 5. 7. 1968, in: Die Politik des Gewaltverzichts, a.a.O., S. 37 f. Die DDR suchte durch Anordnungen zum Reise- und Güterverkehr, u. a. durch die Einführung der Paß- und Visapflicht, ihren Forderungen Nachdruck zu verleihen; vgl. Texte zur Deutschlandpolitik, Bd. 2, S. 165–186.

97 Anfang Februar 1967 wurde auf einer kurzfristig einberufenen Konferenz der Außenminister des Warschauer Paktes die allgemeine Linie gegenüber der BRD – und die sogenannte »umgekehrte Hallstein-Doktrin« – festgelegt; vgl. Wolfe, Soviet Power and Europe, a.a.O., S. 348 ff. Über den Inhalt der Beschlüsse gibt jedoch weniger das von der Tagung verabschiedete Kommuniqué als vielmehr eine Rede des Ersten Sekretärs des ZK der SED, Walter Ulbricht, am 13. 2. 1967 in Berlin Auskunft; vgl. Kommuniqué über die Konferenz der Außenminister der Mitgliedstaaten des Warschauer Paktes in Warschau vom 10. 2. 1967, in: EA 6/1967, S. D 123–124; und Rede des Ersten Sekretärs des ZK der SED, Walter Ulbricht, vor dem Berliner Parteiaktiv vom 13. 2. 1967, in: ND, 16. 2. 1967, abgedruckt in: EA 6/1967, S. D 124–129.

publik und den osteuropäischen Staaten, die, wie besonders die CSSR und Ungarn, an der Herstellung normaler Beziehungen interessiert waren, zu verhindern. Es ist daher wenig wahrscheinlich, daß angesichts des vorrangigen Interesses der Sowjetunion im Sommer 1968, ihren Herrschaftsbereich in Osteuropa intakt zu halten bzw. wieder zu konsolidieren, ein noch weiteres Entgegenkommen Bonns die Hindernisse in den Gewaltverzichtsgesprächen ausgeräumt hätte.
Besondere Probleme ergaben sich in diesem Zusammenhang für Bonn in der Berlin-Frage. Während die Sowjetunion die Etablierung einer »selbständigen Einheit West-Berlin« forderte und die DDR den Verkehr zwischen Westdeutschland und der Stadt zu erschweren suchte, war die Bundesregierung entschlossen, die gewachsenen Bindungen zwischen Berlin und dem Bund zu verteidigen und, wenn möglich, sie besser abzusichern. Hier waren auch die drei Westmächte involviert, die ihrerseits nicht bereit waren, ihre aus der Niederlage Deutschlands im Zweiten Weltkrieg resultierenden Rechte aufzugeben. Für einen Gewaltverzicht mit der DDR sprach vor allem das Argument, daß die von Ost-Berlin abzugebende Erklärung sich auch auf die Zugangswege nach Berlin beziehen mußte. Ein von der DDR oder der UdSSR als Gegenleistung geforderter Verzicht auf die potentiell von West-Berlin drohende oder ausgehende Gewalt konnte jedoch weder von der Bundesrepublik noch vom West-Berliner Magistrat abgegeben werden, sondern allein von den drei Westalliierten und von diesen nicht gegenüber der DDR, sondern nur gegenüber der Sowjetunion. Voraussetzung für einen Berlin einschließenden Gewaltverzicht war daher ein Übereinkommen der Vier Mächte hinsichtlich Berlins; ebenso wie die Ungesichertheit von West-Berlin das Haupthindernis für weitergehende Vereinbarungen zwischen der Bundesrepublik und der DDR bildete.[98]

3.5 *Anerkennung des territorialen Status quo*

Die von der Sowjetunion in den Gewaltverzichtsgesprächen verwandte Formel nach »Anerkennung der Realitäten« war Ausdruck ihres vorrangigen Interesses, eine förmliche Bestätigung des Status quo durch den Westen und hier insbesondere durch die Bundesrepublik Deutschland zu erhalten, die als einziger westeuropäischer Staat eine Politik führte, der

98 Vgl. DGAP (Hrsg.), Anerkennung der DDR. Die politische und rechtliche Problematik, Bonn 1968, insbes. S. 24 ff. (vervielf. Mskr.).

die Hoffnung zugrunde lag, daß dieser Zustand langfristig zu Gunsten einer Wiedervereinigung Deutschlands verändert werden könnte. Aus diesem Grund hielt die Bundesregierung an der These fest, daß bis zu einem mit einem wiedervereinigten Deutschland einvernehmlich abgeschlossenen Friedensvertrag Deutschland in den Grenzen von 1937 fortbestehen würde. Es ist nicht anzunehmen, daß die Sowjetunion jemals fürchtete, die Bundesrepublik könnte die aus ihrem Rechtsstandpunkt abgeleiteten Ansprüche jemals mit Gewalt durchsetzen wollen; aber das westdeutsche Beharren darauf stellte für Moskau eine politische Herausforderung dar und barg die Gefahr in sich, daß eines Tages auch andere osteuropäische Staaten ihre Forderungen an Moskau präsentieren würden. Die Sowjetunion hatte daher kein Interesse daran, daß die Bundesrepublik lediglich auf die Anwendung oder Androhung von Gewalt zur Durchsetzung ihrer Forderungen verzichtete, ihre Ansprüche aber weiterhin aufrechterhielt. Die Bundesregierung sah dagegen in einem Gewaltverzicht ein Instrument, um einen Modus vivendi mit den osteuropäischen Staaten zu finden, ohne Wiedervereinigungs- und Grenzfrage negativ zu präjudizieren.

Trotz der grundsätzlichen Unvereinbarkeit beider Positionen zeigte der Notenwechsel hierzu – anders als in der Frage der Anerkennung der DDR – ein hohes Maß an taktischer Flexibilität. So hieß es in dem sowjetischen Memorandum vom Oktober 1967, die Politik der Staaten könnte nur von »der realen, auf dem europäischen Kontinent heute bestehenden Lage, von der territorialen Integrität der Staaten und der unbedingten Achtung ihrer Souveränität und Unabhängigkeit ausgehen«[99] – eine Formulierung, der auch die Bundesregierung weitgehend zustimmen konnte.

Die Große Koalition hatte bereits in ihrer Regierungserklärung die Ungültigkeit des Münchner Abkommens bestätigt und erklärte, daß sie keine Gebietsansprüche gegen irgend jemand erhebe.[100] Dennoch implizierten diese Aussagen keinerlei materielle Abstriche an den Positionen beider Seiten. Die vorsichtigere sowjetische Formulierung im Memorandum vom Oktober wurde bereits einen Monat später in den der Bundesregierung übermittelten Vertragsentwürfen revoziert. Jetzt wurde Bonn zugemutet, die Unantastbarkeit der in Europa bestehenden Grenzen formell anzuerkennen und das Münchner Abkommen für als von Anfang an un-

99 Memorandum der Sowjetregierung an die Regierung der Bundesrepublik Deutschland vom 12. 10. 1967, in: Die Politik des Gewaltverzichts, a.a.O., S. 7.

100 Vgl. Antwort der Bundesregierung vom 9. 4. 1968 auf die sowjetischen Memoranden vom 12. 10. und 21. 11. 1967, in: Die Politik des Gewaltverzichts, a.a.O., S. 32.

gültig zu erklären.[101] Analog dazu erklärte Bundeskanzler Kiesinger am 25. 4. 1969 im Deutschen Bundestag, die Bundesregierung sei nicht bereit, mit der sowjetischen Regierung unter der Bedingung der Anerkennung der sogenannten Realitäten zu verhandeln.[102] Bei aller Widersprüchlichkeit der Erklärungen und Gegensätzlichkeit der Positionen schien in dieser Frage zwischen der Bundesrepublik und der Sowjetunion jedoch ein Kompromiß möglich, wenn auf beiden Seiten der politische Wille vorhanden war, den Gewaltverzicht als ein ordnungspolitisches Element zur Regelung der beiderseitigen Beziehungen zu benutzen - eine These, die durch den Moskauer Vertrag vom 12. August 1970 bestätigt wird.

Es ist bereits darauf hingewiesen worden, daß für die Sowjetunion im Jahre 1968 die Konsolidierung ihres Machtbereichs Vorrang hatte vor der Intensivierung und Normalisierung der Beziehungen zur Bundesrepublik. Aber auch die Bundesregierung war in jenen Jahren nur zu einem Gewaltverzicht bereit, der nicht mit anderen politischen Fragen verknüpft war. Ihr vorrangiges Ziel war es, angebliche und wirkliche Befürchtungen vor Westdeutschland in Osteuropa auszuräumen und dadurch eine Normalisierung in den Beziehungen zu diesen Ländern zu erreichen. Die Befürworter eines Gewaltverzichts in der Bundesrepublik erhofften sich zweifellos auch ähnlich wohltätige Auswirkungen auf die deutsche Innenpolitik im Sinne eines Abbaus der auf die kommunistischen Staaten gerichteten Feindfixierung. In dem Klima einer allgemeinen Entspannung würden dann auch einvernehmliche Lösungen der offenen politischen Fragen eher möglich sein. Für die Bundesregierung war der Gewaltverzicht daher vor allem ein Instrument der Entspannungspolitik und weniger der europäischen Strukturpolitik.[103] Hinzu kam freilich, daß der Konsens innerhalb der Regierung der Großen Koalition gerade ausreichte, um gemeinsam eine Entspannungspolitik zu tragen, aber nicht, um die ordnungspolitischen Probleme Europas materiell angehen zu können.

101 Vgl. Entwurf einer Erklärung der BRD über den Verzicht auf die Gewaltanwendung in den Beziehungen mit der UdSSR, in: Die Politik des Gewaltverzichts, a.a.O., S. 15.

102 Vgl. die Rede Kiesingers am 25. 4. 1969, in: DBT/V/229, 25. 4. 1969, S. 12663–12666.

103 Vgl. den Bericht der Bundesregierung über die Lage der Nation im geteilten Deutschland vom März 1968, in: DBT/V/158, 11. 3. 1968, S. 8168–8176.

3.6 *Interventionsansprüche der Sowjetunion*

In besonderem Maße wurde der deutsch-sowjetische Gewaltverzichtsdialog durch den Versuch Moskaus belastet, aus dem Potsdamer Abkommen und den Artikeln 53 und 107 der Charta der Vereinten Nationen ein Interventionsrecht gegenüber der Bundesrepublik abzuleiten. In dem sowjetischen Memorandum vom November 1967 wurde ausdrücklich betont, daß, solange kein deutscher Friedensvertrag abgeschlossen sei, durch den Austausch von Gewaltverzichtserklärungen „die Rechte und Pflichten der Sowjetunion, die sich aus . . . der Charta der Vereinten Nationen ergeben«, nicht berührt würden.[104] Ein solcher Vorbehalt hätte jedoch nach Auffassung der Bundesrepublik den Gewaltverzicht entwertet und war daher für sie nicht akzeptabel.[105]

Das Ziel der von Bonn verfolgten Gewaltverzichtspolitik war es u. a., den eigenen Handlungsspielraum zu erweitern. Damit war eine ausdrückliche oder implizierte Anerkennung der sowjetischen Vorbehaltsrechte nicht vereinbar. Hinzu kam die in der öffentlichen Diskussion stets latent vorhandene Furcht, eine Vereinbarung mit der Sowjetunion könnte Eingriffe derselben in das politische und gesellschaftliche Leben Westdeutschlands nach sich ziehen. Dabei wurde allerdings häufig die Instrumentalität eines Gewaltverzichts übersehen. Es wurde nicht beachtet, daß sein Ziel auch eine qualitative Veränderung in den Beziehungen der Vertragspartner und nicht nur eine Garantie gegen die Anwendung oder Androhung von Gewalt war. Freilich war es die Absicht dieser Politik, Gewalt als Mittel zur Konfliktlösung auszuschließen, aber sie wurde in dem Wissen geführt, daß die Sicherheit der Bundesrepublik in erster Linie durch das Atlantische Bündnis garantiert wurde.

Für das sowjetische Vorgehen lassen sich verschiedene Motive anführen: Wenig bekannt ist, daß die Sowjetunion auch gegenüber der DDR nicht –

104 Entwurf einer Erklärung der UdSSR über den Verzicht auf die Anwendung von Gewalt in den Beziehungen mit der BRD, in: Die Politik des Gewaltverzichts, a.a.O., S. 14; vgl. ferner das sowjetische Memorandum vom 21. 11. 1967, dem der zitierte Entwurf als Anlage beigefügt war, ebenda, insbes. S. 11. Zu den sog. »Feindstaatenartikeln« der UN-Charta vgl. vor allem F(red) L(uchsinger), Ein Recht auf Intervention? In: NZZ, 21. 9. 1968; Dietrich Frenzke, Gewaltverzicht und Feindstaatenklauseln, in: EA 2/1970, S. 49–58; ferner Armin Albano Müller, Die Deutschland-Artikel in der Satzung der Vereinten Nationen, Stuttgart 1967; Hannes C. Schneider, Die Charta der Vereinten Nationen und das Sonderrecht für die im Zweiten Weltkrieg unterlegenen Nationen (Art. 53 und 107), Bonn 1967.

105 Vgl. die Note der Bundesregierung vom 9. 4. 1968, in: Die Politik des Gewaltverzichts, a.a.O., S. 33.

wie die Westmächte bei der Aufnahme der Bundesrepublik in das westliche Verteidigungssystem – auf ihre Rechte aus den Feindstaatenklauseln der UN-Charta verzichtet hatte.[106] Eine Abstützung des Gewaltverzichts ausschließlich auf den Art. 2 der Charta der Vereinten Nationen hätte daher der Bundesrepublik rechtlich eine privilegierte Position im Vergleich mit der DDR eingeräumt. Durch ihre Bezugnahme auf das Potsdamer Abkommen wollte die Sowjetunion betonen, daß sie an ihren Vier Mächte-Rechten in Bezug auf Deutschland festhielt. Weder war es im Interesse Bonns, die auf dem Potsdamer Abkommen beruhenden Pflichten und Rechte der Vier Mächte in Frage zu stellen, da auf ihnen auch die Sicherheit Berlins beruhte, noch aber konnte es der Sowjetunion einen daraus abgeleiteten Interventionsvorbehalt und das Recht zur Einmischung an ihre inneren Angelegenheiten zugestehen.[107]
Es waren daher vor allem auch politische Gründe, welche die Bundesregierung dazu veranlaßten, der sowjetischen Regierung einen Rückgriff auf die Feinstaatenklauseln zu verweigern. Im Rahmen der Gewaltverzichtsverhandlungen bemühte sie sich, diesen ausschließlich auf den Artikel 2 der UN-Charta zu gründen, der keine Ausnahmebestimmungen enthält. In öffentlichen Erklärungen und Rechtsgutachten suchte sie ferner nachzuweisen, daß keine der Siegermächte des Zweiten Weltkrieges ein Recht zur bewaffneten Intervention in der Bundesrepublik Deutschland besaß. Nach ihrer Auffassung ,,wären gewaltsame Interventionen, die unter Berufung auf angebliche Siegerrechte und Artikel 53/107 erfolgen würden, völkerrechtswidrige Aggressionen, gegen die das Recht auf individuelle oder kollektive Selbstverteidigung besteht und die somit den Bündnisfall nach Artikel 5 NATO-Vertrag auslösen würden«. Auf ihre Veranlassung wiesen die Regierungen der drei Westmächte in Presseerklärungen im September 1968 den sowjetischen Interventionsanspruch zurück.[108]

106 Im Warschauer Vertrag wird nur allgemein auf die Ziele und Grundsätze der Charta der Vereinten Nationen bezuggenommen, vgl. Frenzke, Gewaltverzicht und Feindstaatenklauseln, in: EA 2/1970, S. 53; für eine Interpretation eines DDR-Wissenschaftlers vgl. B. Graefrath, Die antifaschistischen Klauseln der UN-Charta und der Gewaltverzicht, in: Neue Justiz, H. 22, 1968, S. 686–692.

107 Vgl. Aide-mémoire der Sowjetregierung an die Regierung der Bundesrepublik Deutschland vom 5. 7. 1968, in: Die Politik des Gewaltverzichts, a.a.O., in dem auf die »friedensgefährdenden Tendenzen in der politischen Entwicklung der Bundesrepublik«, das »ständige Anwachsen der Aktivität neonazistischer und revanchistischer Kräfte«, die »Verstärkung der Militarisierung des Landes« sowie die »Beschränkung der demokratischen Rechte und Freiheiten seiner Bevölkerung« hingewiesen wurde.

108 Vgl. Aufzeichnung des Auswärtigen Amtes über den Interventionsanspruch der Sowjetunion sowie die Art. 53 und 107 der UN-Satzung (sog. Feindstaatenklauseln),

3.7 *Gewaltverzicht und Kernwaffenverzicht*

Die Konferenz der Nicht-Nuklearen im September 1968 bot der Bundesregierung die Möglichkeit, ihre Gewaltverzichtspolitik in einem anderen Kontext fortzuführen. Da die von den Nuklearmächten den nicht atomar gerüsteten Staaten zugesagten Sicherheitsgarantien als unzureichend empfunden wurden, es den Nicht-Nuklearen aber nicht gelang, eine allseitig akzeptable Formel für eine totale oder partielle Ächtung des atomaren Krieges zu finden, schlug die Bundesregierung eine allgemeine Gewaltverzichtsresolution vor. Darin wurde die Unteilbarkeit des Gewaltverbots der UN-Charta, das Recht eines jeden Staates auf Gleichheit, Souveränität und territoriale Unversehrtheit, die Prinzipien der Selbstbestimmung und Nichteinmischung in innere Angelegenheiten betont sowie der Grundsatz individueller und kollektiver Selbstverteidigung bekräftigt.[109] Die Formulierung, daß der Gewaltverzicht unteilbar sei und nicht selektiv angewandt werden könnte und daß jeder Staat das gleiche und unveräußerliche Recht habe, diesen Grundsatz zu seinen Gunsten in Anspruch zu nehmen, richtete sich sowohl gegen die sowjetischen Vorbehalte zur Intervention in der Bundesrepublik als auch gegen die von Moskau zur Recht-

14. 5. 1969, Auszug in: Auswärtiges Amt (Hrsg.), Die Auswärtige Politik der Bundesrepublik Deutschland, Köln 1972, S. 677–678. Am 17. 9. 1968 hatte das amerikanische Außenministerium in einer Erklärung versichert, daß »1) weder Art. 107 noch Art. 53, noch die beiden Artikel zusammen der UdSSR oder anderen Mitgliedstaaten des Warschauer Paktes das Recht einräumen, einseitig mit Gewalt in der Bundesrepublik Deutschland zu intervenieren; 2) wenn die Sowjetunion oder Mitglieder des Warschauer Paktes dennoch einseitig mit Gewalt in der Bundesrepublik intervenieren sollten, dieser Akt zu einer sofortigen alliierten Reaktion in Form von Selbstverteidigungsmaßnahmen entsprechend dem NATO-Vertrag führen würden; 3) keine Zweifel an der Rechtsgültigkeit des NATO-Vertrages gemäß UN-Charta bestehen können«. Ähnliche Erklärungen hatten die britische Regierung in Form eines Aide-mémoire am 20. 9. 1968 und die französische Regierung durch einen Sprecher des Außenministeriums am 6. 9. 1969 abgegeben, in: Abrüstung und Sicherheit, Bd. VI (1968), S. 378–380. Entsprechende Erklärungen gaben die drei Westmächte erneut anläßlich der Unterzeichnung des Nichtverbreitungsvertrages ab; vgl. Bulletin, Nr. 145, 29. 11. 1969, S. 1236. Während der Verhandlungen über den Moskauer Vertrag erklärte die sowjetische Regierung, daß sie sich in Zukunft in ihren Beziehungen zur BRD ausdrücklich von den Bestimmungen des Art. 2 der UN-Charta leiten lassen werde; vgl. Denkschrift der Bundesregierung zum Moskauer Vertrag vom 13. 12. 1971, in: Texte zur Deutschlandpolitik, S. 375–384 (S. 384).

109 Vgl. die Erklärung von Bundesaußenminister Brandt am 3. 9. 1968 auf der Konferenz der Nichtkernwaffenstaaten in Genf, in: EA 21/1968, S. D 502–506; Erklärung des Leiters der Delegation der Bundesrepublik am 20. 9. 1968 im 1. Ausschuß der Konferenz der Nichtkernwaffenstaaten in Genf, in: EA 21/1968, S. D 531–633; (von der BRD eingebrachte) Resolution A der Konferenz der Nichtkernwaffenstaaten in Genf vom 27. 9. 1968, in: EA 21/1968, S. D 533–534.

fertigung seines Eingreifens in der CSSR aufgestellte These von der begrenzten Souveränität der sozialistischen Staaten.
Der politischen Intention nach war das Vorgehen der Bundesregierung als Fortsetzung ihrer Gewaltverzichtspolitik in einem multilateralen Rahmen zu sehen – und wurde auch so von zahlreichen Staaten bewertet[110] – auch wenn die westdeutsche Delegation in Genf ihren Resolutionsentwurf mit den Sicherheitsproblemen der Nichtkernwaffen-Staaten angesichts ihrer ungleichen Verteidigungsmöglichkeiten im Vergleich zu den Nuklearmächten begründete. die Gewaltverzichtsresolution der Konferenz der Nicht-Nuklearen war das Musterbeispiel eines »abstrakten« Gewaltverzichts ohne Vorbedingungen, wie ihn die deutsche Diplomatie auch gegenüber den osteuropäischen Staaten anstrebte. In der Form einer niemand verpflichtenden Resolution war sie wenig mehr als eine Demonstration guten Willens ohne politische Verbindlichkeit, wenn man einmal von dem Public relations-Erfolg absieht, der darin bestand, daß die Bundesrepublik zum ersten Male seit dem Zweiten Weltkrieg auf einer großen internationalen Konferenz ihre Vorstellungen erfolgreich durchgesetzt hatte.[111]

3.8 *Innen- und außenpolitische Absicherung der Gewaltverzichtspolitik*

Es ist bereits darauf hingewiesen worden, daß die vor allem von Außenminister Brandt und seinem Berater, dem Leiter des Planungsstabes im Auswärtigen Amt, Egon Bahr, vorangetriebene Gewaltverzichtspolitik auf einer schmalen innenpolitischen Basis operieren mußte. Die Schwierigkeiten, innerhalb der Koalition eine gemeinsame Linie zu finden, be-

110 Bei der Abstimmung über die »deutsche« Resolution auf der Konferenz der Nichtkernwaffenstaaten enthielten sich z. B. die europäischen Neutralen mit der Begründung der Stimme, daß in ihr politische Differenzen zwischen Ost und West angesprochen würden; vgl. Hans Christian Lankes, Abrüstungsprobleme. Von der Genfer Konferenz der Nichtnuklearen, in: Forschungsinstitut der DGAP (Hrsg.), Europäische Sicherheit in den 70er Jahren. 5. Kolloquium der DGAP über Probleme der internationalen Sicherheit, 7.–9. 10. 1968 in der Theodor-Heuss-Akademie, Gummersbach, Bonn 1968 (vervielf.), S. 99–108 (S. 106).

111 Diese Entschließung knüpfte an die verschiedenen Grundsatzerklärungen der Vereinten Nationen zum Gewaltverzicht an; vgl. z. B. A/RES/ 2/60 (XXI), 30. 11. 1966: Strikte Beachtung des Verbotes der Androhung oder Anwendung von Gewalt in den internationalen Beziehungen und des Rechts der Völker auf Selbstbestimmung, in: EA 4/1967, S. D 94–96. Zur bescheidenen Bedeutung der deutschen Resolution vgl. Lawrence Scheinmann, Nuclear Safeguards, The Peaceful Atom and the IAEA, in: International Conciliation, Nr. 572 (März 1969), S. 5–64 (S. 13 f.).

schränkten den Handlungsspielraum der Regierung. So dauerte es mehr als vier Monate, bis im April 1968 die Antwort auf die sowjetischen Memoranden vom Oktober und November 1967 übergeben werden konnte. Nicht selten wurden die westdeutsche Öffentlichkeit oder die osteuropäischen Gesprächspartner irritiert durch Äußerungen zum Gewaltverzicht, die nicht mit der offiziell von der Regierung vertretenen Politik übereinstimmen wollten. Ein Beispiel dafür war die Antwort Bahrs in einer Fernsehdiskussion auf die Frage nach dem Status quo, in der er erklärte: »Wir haben ihn doch akzeptiert. Wenn die Bundesregierung sagt: Gewaltverzicht, na, was ist denn das anderes?«[112] Auch mußte das Angebot der Bundesregierung, die DDR in einen Gewaltverzicht einzubeziehen, unglaubwürdig bleiben, wenn gleichzeitig der CDU/CSU-Fraktionsvorsitzende im Bundestag, Rainer Barzel, erklärte, die Kommunisten in aller Welt müßten gegen das System Ulbricht, eine sowjetische Fremdherrschaft auf deutschem Boden«, ausgespielt werden, noch dazu, wenn er gleichzeitig betonte, daß die rechtlichen, moralischen und historischen Positionen unverändert blieben und nur die Methoden wechseln könnten und müßten.[113]

Damit waren die neuralgischen Punkte ausgesprochen, in denen die Auffassungen der Koalitionspartner auseinander gingen: Sollte die Bundesrepublik auf einem »abstrakten« Gewaltverzicht, d. h. ohne Bezugnahme auf die offenen politischen Fragen in Europa, beharren, sollte sie einen Gewaltverzicht zur Voraussetzung machen für Gespräche auch über die politischen Probleme, oder sollten in die Sondierung auch andere Sachfragen einbezogen werden? Wie weit konnte die Bundesregierung bei ihren Sondierungsgesprächen mit der Sowjetunion und anderen osteuropäischen Staaten in Richtung auf eine Anerkennung des Status quo gehen, bzw. wie konnte das Festhalten an den Rechtspositionen in der deutschen Frage mit einer faktischen Hinnahme der politischen Gegebenheiten der europäischen Situation vereinbart werden? Ein weiterer kritischer Punkt war das Verhältnis der Bundesrepublik zur DDR. Alle Parteien waren sich in der Ablehnung einer völkerrechtlichen Anerkennung einig, aber ob gegenüber Ost-Berlin der Alleinvertretungsanspruch behauptet werden oder ob die Bundesregierung bevollmächtigte Vertreter ernennen sollte,

112 Botschafter Egon Bahr am 4. 9. 1967 im Deutschen Fernsehen, zit. in: Schwarzkopf, Die Idee des Gewaltverzichts, a.a.O., S. 899.

113 Vgl. die Ausführungen des CDU/CSU-Fraktionsvorsitzenden, Rainer Barzel, am 1. 2. 1967 im Bundestag, in: DBT/V/90, 1. 2. 1967, S. 4170–4172.

die gleichberechtigt miteinander über einen innerdeutschen Gewaltverzicht verhandeln würden, blieb zwischen den Parteien strittig.[114]
Nicht immer gelang es, von diesen unterschiedlichen Positionen durch vorsichtige Nuancierungen abzulenken, wie sie Kiesinger und Brandt außerhalb von Parteitags- und Wahlreden pflegten, oder sie durch Kompromißformeln zu überbrücken, wodurch sich die Regierungserklärungen und diplomatischen Schriftstücke auszeichneten.[115] Diese Widersprüche, von denen in der Frage eines Gewaltverzichts auch die der sowjetischen Regierung übergebenen Stellungnahmen nicht freiblieben, mußten die Glaubwürdigkeit der Bundesregierung und damit ihre Verhandlungsposition schwächen.
Die Paralysierung der Ostpolitik im Sommer 1968 war für die westdeutsche Regierung ohne Zweifel eine herbe Enttäuschung; aber was den Zusammenhalt der Koalition anbetraf, so erleichterte die außenpolitische Stagnation die Lage und ersparte dieser in Fragen des Gewaltverzichts die Zerreißprobe, an deren Rand sie der Kernwaffensperrvertrag brachte. Die Stimmung innerhalb der Koalition beschrieb ein Kommentar Heinz Murmanns im *Handelsblatt*. Unter Bezugnahme auf die Ostpolitik und den Nichtverbreitungsvertrag hieß es dort, diese Fragen hätten gezeigt, »wie verschiedenartig die Temperamente in der Koalition sind und wie unterschiedlich die Distanzen abgesteckt waren, die zurückzulegen man bereit war. In der SPD hörte und hört man mit einigem Recht die Auffassung, der CDU/CSU fehle es eigentlich an einem klaren außenpolitischen Konzept; sie habe sich nur widerwillig vom Koalitionspartner ins Schlepptau nehmen lassen und versuche nach Kräften zu bremsen. In der CDU dagegen hieß es eher, die SPD sei zu unvorsichtig, sie sei zu Leistungen bereit, die nicht honoriert würden, sie achte zu wenig auf die Rechtspositionen, von denen man nun einmal nicht abrücken dürfte«.[116]

114 Vgl. dazu u. a. das Interview des Ministers für Gesamtdeutsche Fragen, Herbert Wehner, mit PPP, 20. 9. 1967; ferner Peter Bender, Die Ostpolitik Willy Brandts oder Die Kunst des Selbstverständlichen, Reinbek b. Hamburg 1972 (rororo aktuell 1548); insbes. S. 41 ff.

115 So enthielt z. B. die deutsche Note vom April Formulierungen, in denen ein Austausch von Gewaltverzichtserklärungen zwischen der BRD und der UdSSR als vorrangig bezeichnet und Vereinbarungen über die offenen politischen Probleme auf eine spätere Phase verwiesen wurden. Außerdem erklärte die Bundesregierung ihre Bereitschaft, mit jedem Mitglied des Warschauer Paktes über einen Gewaltverzicht und »über diejenigen sonstigen Fragen« zu sprechen, über die diese »im Zusammenhang mit einem Gewaltverzicht Einvernehmen erzielen wollen«. Antwort der Bundesregierung vom 9. 4. 1958 auf die sowjetischen Memoranden vom 12. 10. und 21. 11. 1967, in: Die Politik des Gewaltverzichts, a.a.O., S. 31.

116 Heinz Murmann, Ein Jahr der außenpolitischen Dürre, in: HB, 9. 5. 1968.

Nach inneren Richtungs- und Führungskämpfen hatte sich demgegenüber die FDP in ihren außenpolitischen Zielsetzungen der SPD angenähert. In den für die Gewaltverzichtspolitik relevanten deutschlandpolitischen Punkten hatte sie diese sogar »links« überholt.[117] Aber eine Zusammenarbeit zwischen SPD und FDP in der Außenpolitik, vergleichbar mit der Kooperation zwischen dem Schröder-Flügel der CDU und der SPD in gewissen außenpolitischen Fragen Mitte der sechziger Jahre, war unter den damals gegebenen Bedingungen politisch nicht möglich. Für die SPD ging es im Gegensatz zu Schröder nicht darum, Rückhalt gegenüber unterschiedlich orientierten Kräften in der eigenen Partei zu erhalten, sondern den stärkeren Koalitionspartner zu Entscheidungen zu veranlassen, vor denen dieser zurückscheute. Zum »Renversement des alliances«, zur Ersetzung des aus der innen- und wirtschaftspolitischen Stagnation entstandenen Zusammengehens von CDU/CSU und SPD durch eine in außenpolitischen Fragen übereinstimmende SPD-FDP-Koalition, kam es erst nach den Bundestagswahlen von 1969.

Die Reaktion der Bündnispartner, die von der Bundesregierung im Rahmen der Vierergruppe über die deutsch-sowjetischen Sondierungen informiert worden waren,[118] schwankte zwischen der Befürwortung weiterer Initiativen auf dem eingeschlagenen Weg und Skepsis hinsichtlich ihrer Erfolgsaussichten. Die Skepsis, vor allem der USA, kam besonders deutlich zum Ausdruck in einer Rede des stellvertretenden amerikanischen Außenministers Katzenbach, in der dieser an die europäischen Regierungen die Warnung richtete, keine eigenmächtigen Vorstöße in Moskau zu unternehmen.[119] In den westlichen Hauptstädten war man zufrieden dar-

117 Dieser Klärungsprozeß innerhalb der FDP wurde eingeleitet durch die sog. Schollwer-Studie und einen Artikel von Hans Wolfgang Rubin zur Deutschlandpolitik, vgl. Wolfgang Schollwer, Zielvorstellungen einer zeitgemäßen Deutschland-Politik, Auszüge in: Stern, H. 10, 1967; Hans Wolfgang Rubin, Die Stunde der Wahrheit, in: Stern, H. 12, 1967. Zur Diskussion um beide Papiere vgl. Henri Nannen (Hrsg.), Die Stunde der Wahrheit. Eine Dokumentation zur Deutschlandpolitik der FDP, Hamburg 1967 (vervielf. Mskr.). Diese Dokumentation war von dem Herausgeber des »Stern« für den Parteitag der FDP Anfang April 1967 in Hannover vorbereitet worden, Auszüge in: Liberal, H. 3, 1967. Einen Überblick über die Entwicklung gibt die von der Bundesgeschäftsstelle der FDP herausgegebene Dokumentation: Deutschlandpolitik der FDP, Bonn 1972. Die Umorientierung der FDP fand ihren vorläufigen Abschluß mit dem Rücktritt von Erich Mende und der Wahl von Walter Scheel im Frühjahr 1967 zum Parteivorsitzenden.

118 Vgl. Bonn hält Alliierte über Dialog mit Moskau auf dem laufenden, in: SZ, 10./11. 2. 1968; ferner die Gewaltverzichtserklärung Bonns, in: NZZ, 11. 4. 1968.

119 Vgl. Thema Gewaltverzicht wird aktuell. Vertrauliche Kontakte zwischen Bonn, Moskau, Paris und Washington, in: SZ, 2. 2. 1968.

über, daß die Bundesrepublik das Bremserhäuschen verlassen hatte, aber man wünschte nicht, daß sie in die Lokomotive des Entspannungszuges zustieg, wo sich bereits die USA und Frankreich darumstritten, wer Lokomotivführer und wer Heizer sein sollte.

3.9 *Die Wiederaufnahme des Gewaltverzichtsdialogs 1969*

Im Sommer 1969 war die innenpolitische Basis der Großen Koalition für eine gemeinsame Außenpolitik, vor allem für eine Fortführung der Entspannungspolitik, noch schmaler geworden. Die Sozialdemokraten waren den auf dem Nürnberger Parteitag vom März 1968 skizzierten Weg in Richtung auf eine Anerkennung des territorialen Status quo in Europa weitergegangen, während Bundeskanzler Kiesinger und die CDU/CSU nach dem Steckenbleiben des nach der Regierungsbildung unternommenen ostpolitischen Ansatzes sich auf die Mitte der sechziger Jahre von Schröder vertretenen Positionen zurückgezogen hatten. Die Diskussion über den »Kernwaffensperrvertrag« hatte die Polarisierung der politischen Kräfte einer breiten Öffentlichkeit im In- und Ausland vor Augen geführt.

Es mußte daher überraschen, daß die Bundesregierung im Juli 1969 eine neue Initiative ergriff, um das im Jahr zuvor von der Sowjetunion abgebrochene Gespräch über einen wechselseitigen Gewaltverzicht wiederaufzunehmen. Zusammen mit einer Note, in der sie ihre Verhandlungsbereitschaft zum Ausdruck brachte, übermittelte sie der Sowjetregierung neue Entwürfe für Gewaltverzichtserklärungen, in denen in der Sache an den bekannten Positionen festgehalten wurde, deren Formulierungen Moskau jedoch entgegenkamen.[120] Vorausgegangen waren im Frühjahr 1969 Gespräche zwischen Außenminister Brandt sowie Staatssekretär Duckwitz und dem sowjetischen Botschafter Zarapkin, bei denen die Bundesregie-

120 Diese Note, die bisher nicht veröffentlicht wurde, wurde am 3. 7. 1969 von Staatssekretär Duckwitz Botschafter Zarapkin übergeben. Dazu und zu ihrem Inhalt vgl. Sanne, Zur Vorgeschichte des Vertrages, in: Der Vertrag vom 12. August 1970, a.a.O., S. 79; ferner Günther Schmid, Entscheidung in Bonn. Die Entstehung der Ost- und Deutschlandpolitik 1969/70, Köln 1979, S. 174. Über diese Note und die in ihr gebrauchten Formulierungen hatte es zwischen Brandt und Kiesinger heftige Meinungsverschiedenheiten gegeben, die erst in langwieriger Diskussion überwunden werden konnten. Dabei ging es vor allem um einen Passus in der Note, in dem es hieß, die Bundesrepublik erhebe keine Gebietsansprüche gegen irgendjemand.

rung den Eindruck gewonnen hatte, daß die Sowjetunion an einer Fortsetzung der Sondierungen interessiert war.[121]

Ein Motiv für die sowjetische Gesprächsbereitschaft dürfte darin zu sehen sein, daß Moskau bemüht war, die im Zusammenhang mit der Intervention in der CSSR abgebrochenen Kontakte zum Westen wieder aufzunehmen. Und für die Bundesrepublik gab es nach Auffassung von Brandt keine Alternative zur begonnenen Entspannungspolitik. Die Methoden mußten möglicherweise überprüft werden, aber am Ziel hatte sich nichts geändert.[122] Die Okkupation der Tschechoslowakei im August 1968 hatte vielmehr die Aufmerksamkeit in besonderem Maße darauf gelenkt, daß die Unterbindung oder zumindest Reduzierung der militärischen, politischen und rechtlichen Möglichkeiten einer Intervention eines der entscheidenden Probleme einer europäischen Friedensordnung darstellte. Ohne einen umfassenden Gewaltverzicht, der im Verhältnis der Sowjetunion zur Bundesrepublik die umstrittenen Feindstaatenklauseln der UN-Charta miteinbezog, konnte von einer »Friedensordnung« oder auch nur von einer Normalisierung der Beziehungen zur östlichen Großmacht nicht die Rede sein. Für die Sowjetunion stand demgegenüber die Sicherung und Konsolidierung ihres Einflußbereiches im Vordergrund, die sie über einen auf die »reale Lage« in Europa bezogenen Gewaltverzicht anstrebte.

Für das Vorgehen der Bundesregierung im Sommer 1969 lassen sich drei Motivationsreihen erkennen. Im Frühjahr hatte die Sowjetunion ihre Bemühungen um eine Intensivierung ihrer Kontakte mit dem Westen wieder aufgenommen; vor allem hatte sie mit dem Budapester Appell vom März 1969 ihre Kampagne für eine europäische Sicherheitskonferenz wieder belebt. Viel spricht dafür, daß sich für Moskau das Konferenz-Projekt in erster Linie als Vehikel einer blockkonformen Westpolitik anbot, ohne daß über seine Zielsetzungen und seine einzelnen Stationen innerhalb des östlichen Bündnisses bereits ein voller Konsens herrschte. Auf jeden Fall stand der Vorschlag erneut auf der europäischen Agenda und wurde von

121 Vgl. das Interview von Bundesaußenminister Brandt mit WamS, 12. 1. 1969; Bonn versucht neuen Dialog mit Moskau über Gewaltverzicht, in: WELT, 5. 7. 1969. Zur sowjetischen Politik gegenüber Bonn vgl. auch Thomas W. Wolfe, Soviet Power and Europe 1945–1970, Baltimore, London 1970, S. 423 f. (Anm. 107).

122 Vgl. das Interview von Außenminister Brandt in: SPIEGEL, Nr. 37, 1968, 15. 9. 1968, S. 32–34, sowie die Ausführungen von Brandt am 16. 9. 1969 auf einer Pressekonferenz in Bonn, in: BPA, Materialien für die Presse, 16. 9. 1969; ferner die Erklärung des sowjetischen Außenministers, Andrej Gromyko, am 10. 7. 1969 vor dem Obersten Sowjet in Moskau, in: EA 19/1969, S. D 453–466 (S. D 458).

östlichen, westlichen und neutralen Staaten mit unterschiedlicher Verve aufgegriffen. Für die Bundesrepublik stellte sich die Frage, in welcher Weise sich das Konferenzprojekt für die deutschen Interessen nutzen ließ. Sehr früh setzte sich bei Außenminister Brandt die Überzeugung durch, daß es weder im deutschen Interesse sein würde, die vorgeschlagene Konferenz zu verhindern noch sie zum Diskussionsforum für die deutsche Frage zu machen. Die bilateralen Gewaltverzichtsverhandlungen mit der Sowjetunion und die damit im Zusammenhang stehenden innerdeutschen Gespräche boten eine Möglichkeit, in den Beziehungen zu diesen Ländern einschließlich der im Verhältnis zu ihnen offenen Fragen zu einem Modus vivendi zu kommen und damit eine günstigere Ausgangsposition der Bundesrepublik für den Fall eines Zustandekommens der Konferenz zu schaffen.[123]

Ein weiterer Gesichtspunkt lag in dem deutsch-polnischen Verhältnis. Aus den eben geschilderten Gründen wünschte die Bundesregierung auch mit Polen zu einem Ausgleich zu kommen.[124] Beide Seiten hatten über informelle Sondierungen sowie durch die öffentliche Bekundung ihrer Verhandlungsbereitschaft die Aufnahme von Gewaltverzichtsgesprächen vorbereitet. Nach der CSSR-Intervention schien sich jedoch sowohl in Warschau wie in Bonn die Auffassung durchgesetzt zu haben, daß es untunlich wäre, im deutsch-polnischen Bereich voranzugehen, ohne daß zuvor oder gleichzeitig auch die deutsch-sowjetischen Verhandlungen mit einiger Aussicht auf Erfolg in Gang kommen würden.

Hinzu kamen wirtschaftspolitische Erwägungen. Angesichts des Vormarsches der Italiener, Franzosen und Engländer auf den osteuropäischen Märkten drängte die deutsche Industrie auf ähnliche Möglichkeiten. Im Verhältnis zur Sowjetunion wünschte sie vor allem den Abschluß eines neuen Handels- und Warenabkommens, das 1964 an der Berlin-Klausel gescheitert war. Eine Normalisierung der Beziehungen zu den osteuropäischen Staaten eröffnete daher günstige Perspektiven für eine Ausweitung des Osthandels und von gemeinsamen Wirtschaftsprojekten.[125]

123 Vgl. das Interview von Bundesaußenminister Brandt in German International, 31. 7. 1969, abgedruckt in: Bulletin, 5. 8. 1969, S. 865–867. Zur Entwicklung der Haltung Bonns zum Projekt einer europäischen Sicherheitskonferenz vgl. unten, Kap. V.

124 In einem Vortrag am 20. 5. 1969 vor der Gesellschaft für Auslandskunde in München sagte Außenminister Brandt, die Bundesregierung sei bereit, »mit der polnischen Regierung über den Austausch von Gewaltverzichtserklärungen unter Einschluß des Grenzproblems als Element einer europäischen Friedensordnung – zu verhandeln«. In: Bulletin, Nr. 66, 22. 5. 1969, S. 561–565 (S. 563).

125 Vgl. dazu Otto Wolff von Amerongen, Aspekte des deutschen Osthandels, in: AP, H. 3, 1970, S. 143–148; Matthias Schmitt, Ökonomische Perspektiven in der Ostpoli-

Natürlich spielte auch eine Rolle, daß es für die Bundesrepublik keine Alternative zu der einmal begonnenen Politik eines Ausgleichs mit Osteuropa gab. Hinsichtlich der Methode des Vorgehens wäre allenfalls denkbar gewesen, über ein politisches Arrangement mit der DDR zu einer funktionalen Entspannung mit Osteuropa zu gelangen. Diese Option war Ost-Berlin aber ebenso wie Bonn zum damaligen Zeitpunkt gleichermaßen verschlossen. Die Bedingungen des innen- wie des außenpolitischen Bezugsrahmens der westdeutschen Politik verwiesen diese daher auf die Fortsetzung des Gewaltverzichtsdialogs in der Hoffnung, ihn nach den Wahlen vom Herbst 1969 mit mehr Überzeugungskraft führen zu können.

4. *Ostpolitik als Gewaltverzichtspolitik*

Die Bildung der Sozialliberalen Koalition im Herbst 1969 beseitigte die innenpolitische Blockade für die Führung – noch nicht die Durchsetzung! – einer erfolgversprechenden Gewaltverzichtspolitik mit der Sowjetunion und den anderen osteuropäischen Staaten. In seiner Regierungserklärung am 28. Oktober 1969 betonte Bundeskanzler Brandt, daß seine Regierung die von der Großen Koalition eingeleitete Politik weiterführen werde, zugleich machte er auch deutlich, wo diese über diejenige seines Vorgängers hinausgehen würde: Die Gewaltverzichtspolitik der Sozialliberalen Koalition werde von den durch den Zweiten Weltkrieg in Europa geschaffenen Realitäten ausgehen und die territoriale Integrität des jeweiligen Partners berücksichtigen. Dies gelte auch gegenüber der DDR.[126]
Der eine entscheidende Punkt war die Anwendung des Gewaltverzichts auf das Verhältnis zur Sowjetunion und den osteuropäischen Staaten so-

tik. Vortrag am 4. 3. 1971 vor der Deutschen Gesellschaft für Auswärtige Politik, Bonn 1971, abgedruckt in: AP, H. 4, 1971, S. 193–208; ferner die Rede von Bundesaußenminister Scheel am 18. 5. 1972 auf der Mitgliederversammlung des Wirtschaftsverbandes Eisen-, Blech- und Metallverarbeitende Industrie in Bonn über Stand und Aussichten des Osthandels, in: Bulletin, Nr. 74, 20. 5. 1972, S. 1061–1064. Kritisch über die Chancen im Osthandel äußert sich Rudolf Herlt, Im Prinzip ja . . . Aber die sowjetische Lieferfähigkeit ist noch zu gering, in: ZEIT, 5. 5. 1972.

126 Vgl. Regierungserklärung von Bundeskanzler Willy Brandt am 28. 10. 1969, DBT/VI/5, in: Texte zur Deutschlandpolitik, Bd. 4, S. 9–40.

wie die Vereinbarung eines Modus vivendi für die gegenwärtig nicht lösbaren Streitfragen, insbesondere hinsichtlich der europäischen Grenzen. Seine Funktion umriß Außenminister Scheel wie folgt: »Der Gewaltverzicht . . . geht von der Lage aus, wie sie ist. Er schreibt sie nicht fest, sondern beschreibt sie, ohne Werturteile damit zu verbinden. Er besagt nicht, ob etwas schön ist oder nicht, gerecht oder ungerecht . . . er geht von dem geographischen Status quo aus und bietet einen politischen Modus vivendi innerhalb der Grenzen dieses Status quo. Er respektiert und akzeptiert die Wirklichkeit. Er unternimmt nicht, sie völkerrechtlich anzuerkennen und damit zu legalisieren. Zu diesen Gegebenheiten gehört auch der gegenwärtige Grenzverlauf in Europa, der territoriale, tatsächliche Besitzstand der europäischen Staaten. Beide Staaten binden sich in dem Wissen, daß es weiterhin Probleme zwischen ihnen gibt. Wenn es solche Probleme – und zwar schwerwiegende und z. Z. nicht lösbar erscheinende – nicht gebe, wäre ein Gewaltverzicht überflüssig.«[127] Der Gewaltverzicht sollte jedoch die Probleme politisch entschärfen und sie damit einer langfristigen Lösung zugänglicher machen.
Die zweite, wesentliche Kurskorrektur bestand in der Bereitschaft, mit der DDR ohne Diskriminierung und ohne Vorbedingungen Verhandlungen auf Regierungsebene aufzunehmen, die zu einer vertraglich geregelten Zusammenarbeit führen sollten. Eine völkerrechtliche Anerkennung der DDR durch die Bundesrepublik wurde jedoch nicht in Betracht gezogen. »Auch wenn zwei Staaten in Deutschland existieren, sind sie doch füreinander nicht Ausland; ihre Beziehungen zueinander können nur von besonderer Art sein.«[128] Die Formel von den »zwei Staaten in Deutschland« trug ebenso den nach dem Zweiten Weltkrieg in Mitteleuropa entstandenen Realitäten wie dem Verfassungsgebot zur Wahrung der Einheit der Nation Rechnung. Die Normalisierung der Beziehungen zwischen den beiden Teilen Deutschlands sollte diese aus der Verkrampfung lösen und in den Prozeß der Ost-West-Entspannung einbeziehen, gleichzeitig aber auch die Voraussetzungen für eine langfristige Lösung der deutschen Frage schaffen. Nach der Regelung der deutsch-deutschen Beziehungen stellte die Bundesregierung auch die Aufgabe ihrer Veto-Position im Hinblick

127 Walter Scheel, Die deutsche Politik des Gewaltverzichts, in: FAZ, 15. 7. 1970, zit. nach: Texte zur Deutschlandpolitik, Bd. 6, S. 37–43 (S. 38 f.).
128 Regierungserklärung von Bundeskanzler Brandt vom 28. 10. 1969, a.a.O., S. 12. Vgl. in diesem Zusammenhang auch die Erklärung von Bundeskanzler Brandt zum Bericht über die Lage der Nation vom 14. 1. 1970, in: DBT/VI/22, abgedruckt in: Texte zur Deutschlandpolitik, Bd. 4, S. 201–221.

auf die internationale Anerkennung der DDR in Aussicht[129] – und machte diese damit von der Bereitschaft Ostberlins zu einer Normalisierung der Beziehungen zwischen den beiden deutschen Staaten abhängig.

4.1 *Gewaltverzicht und Modus vivendi mit der Sowjetunion*

Die Gewaltverzichtspolitik der Sozialliberalen Koalition hatte eine vierfache Zielsetzung:

- Sie sollte, *erstens,* die risikoreiche Konfrontation aus den Tagen des Kalten Krieges abbauen und eine interessenbezogene Kooperation zwischen der Bundesrepublik und den Staaten Ost- und Mitteleuropas einschließlich der DDR ermöglichen, wobei die Bundesrepublik bereit war, einen Modus vivendi für die nach dem Zweiten Weltkrieg in Europa entstandenen Probleme zu akzeptieren, wenn im Gegenzug die Sowjetunion und die anderen osteuropäischen Staaten die Bindungen West-Berlins an die Bundesrepublik respektierten;
- sie sollte, *zweitens,* eine Isolierung der Bundesrepublik gegenüber ihren Partnern im Westen vermeiden, die sich in ihren Entspannungsbemühungen nicht ständig von Bonn zurückhalten lassen wollten und insbesondere nicht auf unbegrenzte Dauer bereit waren, den Alleinvertretungsanspruch der Bundesrepublik zu respektieren. In diesem Sinne hatte ihre Politik den Zweck einer Entlastungsaktion;
- sie sollte, *drittens,* im Vorfeld der geplanten Konferenz für Sicherheit und Zusammenarbeit in Europa eine Normalisierung der Beziehungen zu den Staaten Osteuropas und zur DDR einleiten, um zu vermeiden, daß die »querelles allemandes« zum beherrschenden Thema der europäischen Staatenkonferenz würden. In diesem Sinne war der Gewaltverzicht Voraussetzung und Zweck europäischer Entspannungspolitik;
- und sie sollte, *viertens,* eine politische Grundlage für verstärkte Handels- und Wirtschaftsbeziehungen mit den osteuropäischen Staaten schaffen. Der westdeutschen Industrie sollte der Zugang eröffnet werden zu den osteuropäischen Märkten; den Volkswirtschaften des RGW wurden moderne Technologien und westliches Kapital in Aussicht gestellt.

129 Die Bundesregierung wußte allerdings, daß sie hier weder einen großen Handlungsspielraum noch viel Zeit hatte, nachdem im Herbst 1969 feststand, daß eine Reihe von Ländern der Dritten Welt (z. B. Indien!) demnächst Ost-Berlin anerkennen würden.

Die Normalisierung der Beziehungen zu den sozialistischen Staaten Osteuropas wurde von verantwortlichen Politikern der Sozialliberalen Koalition als eine historische Aufgabe begriffen – vergleichbar der von Adenauer bewirkten Aussöhnung mit Frankreich – mit ihr hoffte die Bundesregierung einen entscheidenden Beitrag zur Ost-West-Entspannung und zur Stabilisierung der Situation in Europa zu leisten. Außenpolitisch versprach sie sich von einer derartigen Politik einen Zuwachs an Handlungsspielraum, und zwar nach Osten, nach Westen sowie gegenüber der Dritten Welt, wenn es ihr gelang, ihre bisherige Buhmann-Funktion für die sozialistischen Staaten abstreifen zu können. Innenpolitisch würde die dadurch erreichte internationale Stabilisierung die »Politik der inneren Reformen« erleichtern, unter deren Maxime das Kabinett Brandt/Scheel angetreten war (u. a. auch eine Verschiebung von Haushaltsmitteln erlauben, z. B. aus dem Verteidigungsetat, um soziale Reformen möglich zu machen).
Der politischen Entlastung diente auch die Unterzeichnung des Nichtverbreitungsvertrages durch die Bundesregierung, die diese am 28. November 1969 nach Einholung weiterer Klarstellungen über die Rechte und Pflichten als Vertragsmitglied vollzog. Damit räumte sie ein weiteres Hindernis aus dem Weg, das in den vorangegangenen Jahren die Glaubwürdigkeit ihrer Entspannungspolitik belastet hatte.
Eine Woche später, am 8. Dezember 1969, nahm der Botschafter der Bundesrepublik in Moskau, Helmut Allardt, erste Verhandlungen mit Außenminister Gromyko über einen Gewaltverzicht auf. In einem Notenwechsel vom 15. November bzw. 7. Dezember 1969 war dieser Termin zwischen Bonn und Moskau vereinbart worden. Die Gespräche wurden seitens der Bundesrepublik auf der Grundlage von Weisungen geführt, an deren Ausarbeitung neben Experten des Sowjetunion-Referates im Auswärtigen Amt der Leiter der Politischen Abteilung II, MD Dr. Ruete, ferner Botschafter Allardt und Staatssekretär Bahr vom Bundeskanzleramt beteiligt waren. Dabei konnte die Bundesregierung teilweise auf Entwürfe für ein Verhandlungskonzept zurückgreifen, die vom Planungsstab des Auswärtigen Amtes unter der Leitung von Egon Bahr während der Großen Koalition ausgearbeitet worden waren.
Die erste deutsch-sowjetische Gesprächsrunde endete nach insgesamt drei Treffen kurz vor Weihnachten; sie beschränkte sich auf die Darlegung von Maximalpositionen. Außenminister Gromyko legte ein umfangreiches Verhandlungspaket vor, darin forderte die sowjetische Seite von der Bundesrepublik vor der Unterschrift unter eine Gewaltverzichtsvereinbarung eine formale Anerkennung des Status quo in Europa einschließlich

der völkerrechtlichen Anerkennung der DDR und der Unabänderlichkeit der bestehenden Grenzen. Botschafter Allardt ging dagegen von den noch von der Regierung der Großen Koalition formulierten Entwürfen für Gewaltverzichtserklärungen vom 3. Juli 1969 aus. Vor allem wollten aber beide Seiten in dieser ersten Gesprächsrunde herausfinden, ob und auf welcher Grundlage Verhandlungen über einen Gewaltverzicht möglich wären.[130] Moskau wollte wissen, ob die Bundesrepublik zu einer formalen Anerkennung des Status quo in Ost- und Mitteleuropa bereit war, während Bonn nach Mitteln und Wegen für einen Modus vivendi suchte, der eine Normalisierung der Beziehungen unbeschadet seiner grundsätzlichen Positionen in der deutschen Frage – Einheit der Nation, Verantwortung der Vier Mächte für Deutschland und Berlin als Ganzes, Bindung an den Westen – erlaubte.

Die neuen Initiativen Bonns nach Osten hin – am 25. November 1969 hatte die Bundesregierung Polen ebenfalls Gewaltverzichtsgespräche angeboten und Ende Januar hatte sie einer persönlichen Begegnung zwischen den Regierungschefs der beiden deutschen Staaten zugestimmt – waren eingebettet in eine rege diplomatische Aktivität nach Westen hin. Bereits vor der öffentlichen Ankündigung ihrer ost- und deutschlandpolitischen Offensive hatte Bundeskanzler Brandt seinen politischen Vertrauten und künftigen Staatssekretär im Bundeskanzleramt, Egon Bahr, nach Washington gesandt, um insbesondere dem Sicherheitsberater Präsident Nixons, Henry Kissinger, die Bonner Absichten zu erläutern und sich auf diese Weise der Rückendeckung des wichtigsten Verbündeten zu versichern. Brandt war sich der Tatsache bewußt, daß die westlichen Verbündeten einer unabhängigen Ostpolitik Skepsis und Mißtrauen entgegenbrachten und die daraus resultierenden Spannungen die Verhandlungsposition der Bundesrepublik in Moskau schwächen konnte. Sie brauchten Zeit, um sich an den aus ihrer Sicht abrupten Kurswechsel anpassen und eine eigene Position entwickeln zu können. Gerade diejenigen, welche der Bundesrepublik jahrelang zu mehr Flexibilität in ihren Beziehungen zu Osteuropa geraten

130 Zu den verschiedenen Gesprächs- bzw. Verhandlungsrunden, zu Verhandlungsführung und -vorbereitung in Bonn vgl. die außerordentlich detaillierte Untersuchung von Schmid, Entscheidung in Bonn, a.a.O.; zur Entwicklung der Deutschland-Politik vgl. William E. Griffith, The Ostpolitik of the Federal Republic of Germany, Cambridge u. London 1978; Richard Löwenthal, Vom Kalten Krieg zur Ostpolitik, in: ders. und Hans-Peter Schwarz (Hrsg.), Die zweite Republik. 25 Jahre Bundesrepublik Deutschland – eine Bilanz, Stuttgart 1974, S. 604–699; ferner Günther Schmid, Die Deutschlandpolitik der Regierung Brandt/Scheel, München 1975 (a. erschienen u. d. T. »Politik des Ausverkaufs? Die Deutschlandpolitik der Regierung Brandt/Scheel«, a.a.O.).

hatten, fürchteten jetzt die von einer aktivierten Ostpolitik ausgehende Dynamik, die auch die anderen Partner unter Zugzwang setzen konnte. Sie waren über den Machtzuwachs besorgt, welcher der Bundesrepublik nach einer Normalisierung ihrer Beziehungen zu den osteuropäischen Staaten zuwachsen würde, oder beschworen gar die Gefahr eines neuen »Rapallo".[131]

Eine Schlüsselrolle kam in diesem Zusammenhang den Vereinigten Staaten zu. Bei einem Besuch von Bundeskanzler Brandt im April 1970 in Washington versicherte ihm Sicherheitsberater Kissinger, daß die USA seine Ostpolitik grundsätzlich unterstützten. »There would be no attempt to change his basic course. We would not encourage any particular negotiating strategy. Nor would we comment on specific terms of his negotiation. For this he would have to take responsibility; we would not participate in the German domestic debate, on either side. We would support Brandt's objectives, stay silent on his methods, urge close consultation with his allies, warn against raising excessive expectations. And we would give him sense of partnership, which was the best assurance against the latent dangers of purely national policy«.[132] Diese Versicherungen Kissingers waren notwendig geworden, da durch kritische Äußerungen verschiedener Politiker die amerikanische Haltung in Zweifel geraten war. Teilweise wurde in Washington auch deutscher Wahlkampf ausgetragen, wenn Mitglieder der CDU/CSU dort nach Möglichkeiten suchten, »doch noch recht zu haben«. Für die Bundesregierung war jedoch die bündnispolitische Absicherung ihrer Politik eine Voraussetzung für deren Erfolg. Sie begrüßte es daher, daß sich der NATO-Rat auf seiner Dezember-Sitzung 1969 ebenso wie auf seiner Tagung im Mai 1970 in Rom ihre politischen Auffassungen und Ziele zu eigen machte.[133]

Das wichtigste Abstimmungsgremium war in diesem Zusammenhang die Bonner Vierergruppe,[134] in der Vertreter der Bundesregierung die drei

131 Diese Besorgnisse artikulierte Kissinger in seinen Memoiren, vgl. Henry Kissinger, White House Years, Boston u. Toronto 1979, S. 380 ff. (insbes. S. 408 ff., 422 f., 529 ff., 964 ff.). Zur französischen Reaktion vgl. Brandt, Begegnungen und Einsichten, a.a.O., S. 380 ff.; ferner Alfred Frisch, Franzosen über die Bonner Ostpolitik zutiefst besorgt, in: RM, 28. 11. 1969.

132 Kissinger, White House Years, a.a.O., S. 423 f.

133 Vgl. Erklärung der Mitgliedstaaten des Nordatlantischen Bündnisses zu Fragen der europäischen Sicherheit vom 5. 12. 1969, in: EA 4/1970, S. D 79–82; und Kommuniqué über die Minstertagung des Nordatlantikrates in Rom am 26. und 27. 5. 1970, in: EA 13/1970, S. D 315–318.

134 Die »Vierergruppe« wurde im Febr. 1957 auf amerikanische Initiative gegründet; in ihrem Rahmen sollten sich Vertreter der Regierungen der 3 Westmächte und der Bun-

Westmächte über ihre Verhandlungen mit Moskau und Warschau informierten und in der diese ihrerseits darüber wachten, daß die Rechte und Verantwortlichkeiten der Vier Mächte für Berlin und Deutschland als Ganzes nicht angetastet wurden.[135] Die Gruppe wurde damit zum zentralen deutschlandpolitischen Scharnier zwischen der Bundesrepublik und ihren westlichen Verbündeten. In der Folge entwickelte sich die Vierergruppe zum wichtigsten westlichen Koordinierungsgremium für Fragen der Ost-West-Beziehungen.

4.2 *»Bahr-Papier« und Moskauer Vertrag*

Bereits in den Koalitionsverhandlungen hatten SPD und FDP vereinbart, daß Staatssekretär Bahr zu gegebener Zeit die Gespräche mit der Sowjetunion leiten sollte. In den innerwestlichen Konsultationen hatte sich die Bundesregierung der Unterstützung ihrer Verbündeten versichert; die ersten Sondierungen in Moskau hatten die Ernsthaftigkeit des sowjetischen Verhandlungswillens dokumentiert – insbesondere durch die Tatsache, daß diese von Außenminister Gromyko selbst geführt wurden – wenn auch bisher keine sachliche Annäherung auszumachen war. Die Beauftragung von Bahr mit der Fortsetzung der Verhandlungsvorbereitungen Ende Januar 1970 bedeutete zum einen eine Anhebung der Gesprächsebene seitens der Bundesregierung, zum anderen wurde damit der Verhand-

desregierung mit deutschlandpolitischen Fragen befassen. Während der Berlin-Krise wurden in ihr die gemeinsamen westlichen Reaktionen abgestimmt und z. B. die Genfer Außenministerkonferenz vorbereitet; damals wurde sie als »Berlin Contingency Group« bekannt. Nach den deutsch-amerikanischen Querelen und Indiskreditionen 1961/62 trat die Gruppe in Washington nur noch selten zusammen. Stattdessen entstand in Bonn eine ähnliche Gruppe mit gleicher Funktion, denen die Botschafter bzw. Gesandten der drei, nach den Bonner und Pariser Verträgen für Deutschland und Berlin als Ganzes verantwortlichen westlichen Verbündeten sowie der Leiter der Politischen Abteilung im Auswärtigen Amt angehörten. Während der Verhandlungen über die Ostverträge und das Berlin-Abkommen tagte diese Gruppe oft täglich. In ihr wurden auch weiterhin wichtige Fragen der Ost-West-Beziehungen wie z. B. die Haltung auf der KSZE oder die Modalitäten einer Aufhebung der amerikanischen Sanktionen gegen das europ.-sowjetische Erdgas-Röhrengeschäft abgestimmt.

135 In der innenpolitischen Diskussion über die Ostverträge war ein Streitpunkt, in welchem Maße die Bundesregierung die Verbündeten konsultiert habe. Die Wahrheit dürfte in der Mitte zwischen den Interpretationen von Günther Schmid und Henry Kissinger liegen. Schmid bemüht sich nachzuweisen, daß die Bundesregierung in enger Konsultation mit den Verbündeten gehandelt habe, während Kissinger von »Informationen« spricht, welche die Bundesregierung darüber hinaus selektiv gehandhabt habe, vgl. Schmid, Entscheidung in Bonn, a.a.O., insbes. S. 28 ff. u. S. 251 ff.; sowie Kissinger, White House Years, a.a.O., insbes. S. 530 ff.

lungsprozeß als solcher beschleunigt, da Bahr als Architekt der Ostpolitik und enger Vertrauter Brandts flexibler und mit mehr Autorität als Botschafter Allardt in Moskau verhandeln konnte.

In den Gesprächen mit der Sowjetunion ging es zunächst darum, das gegenseitige Mißtrauen abzubauen. Dann galt es herauszufinden, welches die unverzichtbaren Interessen beider Seiten waren und welche Verhandlungsmarge für Kompromißpositionen bestand. Die Hauptschwierigkeiten ergaben sich in der Grenzfrage, in der Frage der Anerkennung der DDR und in der Berücksichtigung der Rechte und Verantwortlichkeiten der Vier Mächte für Berlin und Deutschland als Ganzes sowie der Bindungen West-Berlins an die Bundesrepublik. In der Grenzfrage wurde eine Formulierung gefunden – Unantastbarkeit bzw. Unverletzlichkeit der Grenzen statt der ursprünglich von der Sowjetunion geforderten Unveränderbarkeit. Außerdem sollte durch die Überordnung des Gewaltverzichts dem Abkommen der Charakter eines Grenzvertrages genommen werden. Mit den traditionellen Rechtsvorbehalten war diese Formulierung insoweit vereinbar, als eine spätere Wiedervereinigung nicht als Gebietsanschluß, sondern als eine Vereinigung zweier selbständiger politischer Systeme gesehen wurde. Hinsichtlich der von Moskau geforderten völkerrechtlichen Anerkennung der DDR argumentierte Bahr, daß eine uneingeschränkte Anerkennung der DDR durch die Bundesrepublik nicht möglich sei, dadurch die Rechte der Vier Mächte verletzt würden – also auch Rechte der Sowjetunion.[136] Bahr bezeichnete später diese Frage als den schwierigsten Punkt der Verhandlungen: »Die völkerrechtliche Anerkennung, die die Sowjetunion verlangt hat, der DDR durch uns war eben nicht akzeptabel. Das war der Kernpunkt . . . Wenn dieser Kern der Sache nicht durchsetzbar gewesen wäre oder akzeptabel geworden wäre für die Sowjetunion, hätte ich ohne Erfolg abreisen müssen und wäre abgereist.«[137] Die Einbeziehung Berlins in das geplante Vertragswerk erfolgte nur indirekt, indem die Normalisierung der Beziehungen »ausgehend von der in Europa bestehenden wirklichen Lage« erfolgen sollte.[138]

136 Vgl. Gerhard Wettig, Das Verhältnis zwischen Sowjetunion und DDR, Teil V: Die Verhandlungen mit der Bundesrepublik von Januar bis August 1970, Köln 1974 (Berichte des Bundesinstitutes für ostwissenschaftliche und internationale Studien, Nr. 4, 1974), S. 3 ff.; ferner Schmid, Entscheidung in Bonn, a.a.O., S. 48.

137 Interview von Günter Gaus mit Staatssekretär Egon Bahr am 4. 6. 1972 in der Fernsehsendung »Zur Person«, zit. nach Schmid, Entscheidung in Bonn, a.a.O., S. 48.

138 Diese Formulierung wurde zum ersten Mal in dem von Bahr und Gromyko ausgehandelten Kommuniqué zum deutsch-sowjetischen Meinungsaustausch über ein Gewaltverzichtsabkommen vom 22. 3. 1970 benutzt, vgl. Der Vertrag vom 12. August 1970, a.a.O., S. 143; er ist ebenfalls eine der Kernformeln des »Bahr-Papiers«, vgl. ebenda, S. 15–19; zu seiner Begründung vgl. Schmid, Entscheidung in Bonn, a.a.O., S. 56 f.

Nach insgesamt drei Verhandlungsrunden – im Januar/Februar, im März und im Mai 1970 – gelang es Bahr, mit Gromyko bzw. dem zuständigen Abteilungsleiter im sowjetischen Außenministerium, Falin, sich auf eine Vorvereinbarung zu einigen, das sogenannte »Bahr-Papier« – das durch eine Indiskretion vorzeitig bekannt wurde und in der westdeutschen Öffentlichkeit eine äußerst kontroverse Diskussion auslöste[139] – und das bereits die Kernpunkte des künftigen Vertrages enthielt. Darin traten die Bundesrepublik und die Sowjetunion für die Entwicklung friedlicher Beziehungen zwischen den europäischen Staaten auf der Grundlage der in Europa bestehenden wirklichen Lage ein. Der Gewaltverzicht wurde dadurch konkretisiert, daß sich die Bundesrepublik verpflichtete, die territoriale Integrität aller europäischen Staaten und die Unverletzlichkeit der Grenzen einschließlich der Oder-Neiße-Grenze und der Grenze zwischen der Bundesrepublik und der DDR »heute und künftig« zu respektieren. Darüber hinaus verzichtete sie auf jegliche Gebietsansprüche. Die sowjetische Seite verzichtete dafür auf das Geltendmachen von Interventionsansprüchen nach den sogenannten »Feindstaatenklauseln« der UN-Charta, indem beide Seiten vereinbarten, sich in ihren gegenseitigen Beziehungen vom Gewaltverzicht nach Art. 2 der UN-Charta leiten zu lassen.
Außerdem hatten sich Bahr und Gromyko über eine Reihe von Absichtserklärungen geeinigt, die den geplanten Vertrag ergänzen sollten. In ihnen erklärte die Bundesrepublik ihre Bereitschaft, entsprechende Verträge mit Polen, der CSSR und der DDR abzuschließen, die mit dem Moskauer Vertrag ein einheitliches Ganzes bilden sollten. Sie sagte zu, ihre Beziehungen zur DDR auf der Grundlage der Gleichberechtigung, der Nichtdiskriminierung und der Nichteinmischung in die inneren Angelegenheiten des anderen Staates in einem völkerrechtlich verbindlichen Abkommen zu regeln. Dies war etwas anderes als die ursprünglich von Moskau geforderte völkerrechtliche Anerkennung der DDR, auf die vor allem Ostberlin bedrängt hatte und gegen deren »Aufweichung« es erbitterten Widerstand geleistet hatte. In dem Vertrag mit der Tschechoslowakei sollten die mit der Ungültigkeit des Münchener Abkommens zusammenhängenden Fragen geregelt werden – von einer Ungültigkeitserklärung

139 Die Ostpolitik der Sozialliberalen Koalition wurde durch eine Reihe von Indiskretionen geplagt, die vor allem der innenpolitischen Opposition Munition lieferten. Das »Bahr-Papier« wurde am 12. 6. 1970 teilweise von BILD, am 8. 7. 1970 von der Illustrierten QUICK veröffentlicht. Vgl. dazu auch die Darstellung bei Schmid, Entscheidung in Bonn, a.a.O., insbes. Anm. 392, S. 366. Protokollfragmente der Moskauer Verhandlungen wurden im April 1972 wieder von Springer-Zeitungen und QUICK veröffentlicht, vgl. WELT, 18. 4. 1972, und QUICK, 26. 4. 1972.

»von Anfang an« war nicht mehr die Rede. Schließlich verpflichtete sich die Bundesregierung, sich »im Zuge der Entspannung in Europa« für die Aufnahme beider deutschen Staaten in die Vereinten Nationen einzusetzen. Dies bedeutete, daß Bonn sein Veto gegen eine internationale Anerkennung der DDR dann aufgeben würde, wenn Fortschritte bei der Normalisierung der Beziehungen zwischen den beiden deutschen Staaten erzielt worden waren. Schließlich erklärten die Bundesrepublik und die Sowjetunion ihre grundsätzliche Unterstützung für die geplante europäische Sicherheitskonferenz und ihren Willen zur allseitigen Entwicklung ihrer gegenseitigen Beziehungen.[140]
Das Bekanntwerden des »Bahr-Papiers« in der Bundesrepublik gegen die Absicht der Regierung führte zu einer heftigen Kontroverse: »Von Mißverständnissen und absichtlichen Mißdeutungen abgesehen, wurde erheblichen Teilen der Öffentlichkeit zum ersten Mal klar, daß es hier um nicht weniger ging als um die Liquidierung des zwanzigjährigen deutschen Sonderkonflikts mit dem Sowjetblock – um die Anerkennung der DDR als Staat unter Staaten und um den Verzicht auf Grenzforderungen für alle Zukunft; die rechtliche Unterscheidung, daß dieser Verzicht ein wiedervereinigtes Deutschland nicht binden konnte, war ja politisch insofern belanglos, als das ohnehin unbestimmt ferne Zustandekommen dieses Gesamtdeutschlands von den Großmächten und den Nachbarn ja keinesfalls ohne vorherige Festlegung auf die Außengrenzen der Teile geduldet werden würde. Die verlangten Verzichte betrafen zwar nichts, was zur Bundesrepublik gehörte, und enthielten nicht mehr als eine »Anerkennung der Realitäten«. Doch jeder konnte sich vorstellen, was sie bedeuteten, während die gleichzeitigen Gewinne an Sicherheit, Bewegungsfreiheit und innerdeutschem Kontakt für viele weit schwerer vorstellbar und in der entscheidenden Frage Berlins in diesem Augenblick keineswegs gesichert waren.«[141]
Von der Opposition wurde dem Unterhändler der Bundesregierung, Staatssekretär Bahr, vorgehalten, er hätte zu rasch und zu eigenmächtig gehandelt; bei einem höheren Maße an »Professionalität« wäre der Bundesrepublik manches Zugeständnis erspart geblieben.[142] An dem Vorwurf

140 Vgl. »Bahr-Papier«, in: Der Vertrag vom 12. August 1970, S. 15–19; ferner die Darstellung bei Löwenthal, Vom Kalten Krieg zur Ostpolitik, a.a.O., S. 683; sowie Benno Zündorf (Pseudonym für Antonius Eitel), Die Ostverträge. Die Verträge von Moskau, Warschau, Prag, das Berlin-Abkommen und die Verträge mit der DDR, München 1979, S. 27 ff.

141 Löwenthal, Vom Kalten Krieg zur Ostpolitik, a.a.O., S. 683 f.

ist sicher richtig, daß durch die Art und Weise, mit der die Verhandlungen geführt wurden und die durch Bundeskanzler Brandt angedeutete zeitliche Perspektive für den Abschluß eines Abkommens - im Sommer 1970 - sich die Bundesregierung unter einen gewissen Erfolgszwang gesetzt hatte. Aber auch die Sowjetunion hatte handfeste Interessen am Zustandekommen einer Vereinbarung,[143] da Bonn eine Schlüsselrolle für das Zustandekommen der von der Sowjetunion gewünschten europäischen Sicherheitskonferenz innehatte und nicht bereit war, den Weg dorthin ohne befriedigende Verhandlungsergebnisse frei zu geben. Nicht richtig ist dagegen, daß Bahr ohne Rückendeckung und Abstimmung mit dem Bundeskanzler oder dem Außenminister in Moskau verhandelt hatte, wenn auch nicht der gesamte Apparat des Auswärtigen Amtes über alle Verhandlungsschritte informiert war. Um die Sondierungen möglichst ungestört ablaufen zu lassen, hatte Staatssekretär Duckwitz vom Auswärtigen Amt Weisung gegeben, daß die Berichterstattung nur an die Spitze des Hauses erfolgen sollte. Nach jedem Gespräch übermittelten Bahr und Allardt ausführliche Berichte nach Bonn; außerdem pflegte Bahr zwischen den Verhandlungsrunden intensive Konsultationen mit Mitgliedern des Bundeskabinetts und dem Auswärtigen Amt und holte jeweils neue Instruktionen ein. Die Verbündeten wurden im Rahmen der Vierergruppe sowie bei zweiseitigen Konsultationen informiert. Desgleichen wurden die Auswärtigen Ausschüsse von Bundestag und Bundesrat sowie führende Politiker der drei Koalitionsfraktionen unterrichtet.[144]
Die Tragweite der Entscheidungen und die Vielschichtigkeit der laufenden Verhandlungen mit Moskau, Warschau und Ostberlin brachten es freilich mit sich, daß sowohl innerhalb der Bundesregierung als auch in den Koalitionsparteien Bewertungsunterschiede über das in Moskau Erreichte bestanden. Die tiefgreifenden Meinungsverschiedenheiten zwischen Regierung und Opposition wurden besonders in der durch eine Große Anfrage der CDU/CSU-Opposition zur Deutschland-, Ost- und Europapolitik ausgelösten Bundestagsdebatte am 27. Mai und 17. Juni 1970

142 Diese Vorwürfe wurden u. a. von Botschafter Allardt erhoben; vgl. Helmut Allardt, Moskauer Tagebuch. Beobachtungen, Notizen, Erlebnisse, Düsseldorf u. Wien 1973, u. a. S. 280 ff. und S. 336 ff.

143 Zur sowjetischen Interessenlage vgl. Gerhard Wettig, Europäische Sicherheit. Das europäische Staatensystem in der sowjetischen Außenpolitik 1966–1972, Düsseldorf 1972, S. 101 ff.; ferner Lawrence L. Whetten, Germany's Ostpolitik. Relations between the Federal Republic and the Warsaw Pact Countries, London u. a. 1971.

144 Vgl. Schmid, Entscheidung in Bonn, a.a.O., S. 34 ff.

sichtbar.[145] Es war daher nicht verwunderlich, daß auch die Bürger verunsichert waren, wie sich bei den Landtagswahlen in Nordrhein-Westfalen, Niedersachsen und im Saarland am 14. Juni 1970 zeigte, bei denen die Koalitionsparteien Einbußen hinnehmen mußten.
Das Bundeskabinett beschloß daher, die eigentlichen Vertragsverhandlungen, die Außenminister Scheel in Moskau führen sollte, nicht zu übereilen, und vielmehr die Zeit zu weiteren informellen Sondierungen bei der sowjetischen Seite über einen von deutscher Seite bei der Vertragsunterzeichnung auszusprechenden Wiedervereinigungsvorbehalt zu nutzen. Gleichzeitig sollten das Bundeskabinett, die Koalitionsparteien und die Außenpolitischen Ausschüsse von Bundestag und Bundesrat eingehend über den Vertragsinhalt und die von der Bundesrepublik zu übernehmenden Verpflichtungen unterrichtet sowie die Bevölkerung über den politischen Stellenwert der Verträge aufgeklärt werden.
Um deutlich zu machen, daß das »Bahr-Papier« kein bereits vereinbarter Vertragstext war, verabschiedete das Bundeskabinett am 7. Juni 1979 Richtlinien für die deutsch-sowjetischen Vertragsverhandlungen, in denen die grundsätzliche Haltung der Bundesregierung zum Gewaltverzicht, zur Berlin-Frage, zum Selbstbestimmungsrecht, zur Normalisierung der Beziehungen zur DDR und zur Fortgeltung bestehender Verträge noch einmal bekräftigt wurde. Nach weiteren internen Klärungen – insbesondere auch der verfassungsrechtlichen Aspekte des geplanten Abkommens – sowie intensiven internationalen Konsultationen ermächtigte das Bundeskabinett am 23. Juni 1970 Außenminister Scheel zu der Aufnahme von Vertragsverhandlungen. Es erklärte gleichzeitig, daß Fortschritte in der europäischen Entspannung untrennbar mit einer befriedigenden Berlin-Regelung verbunden seien und kündigte an, daß ein Gewaltverzichtsvertrag erst dann in Kraft gesetzt werden könnte, wenn entsprechende Vereinbarungen über Berlin erzielt worden waren.[146]
Außenminister Scheel traf am 27. Juli 1970 zusammen mit den Staatssekretären Bahr vom Bundeskanzleramt und Frank vom Auswärtigen Amt

145 Vgl. die Große Anfrage der CDU/CSU vom 27. 4. 1970 zur Deutschland-, Ost- und Europapolitik DBT, Drucksache 6/691; die Antwort der Bundesregierung vom 6. 5. 1970, DBT, Drucksache 6/757; und die Bundestagsdebatten am 27. 5. 1970 und am 17. 6. 1970, in: DBT/VI/53, S. 2665–2730 bzw. DBT/VI/59, S. 3219–3252.

146 Vgl. Sechs Richtlinien des Bundeskabinetts für die deutsch-sowjetischen Verhandlungen vom 7. 6. 1970, in: Der Vertrag vom 12. August 1970, a.a.O., S. 155–156; Beschluß des Bundeskabinetts über die Aufnahme von deutsch-sowjetischen Vertragsverhandlungen vom 23. 7. 1970, in: Der Vertrag vom 12. August 1970, a.a.O., S. 166–165; vgl. ferner die ausführliche Darstellung bei Schmid, Entscheidung in Bonn, a.a.O., S. 75 ff., S. 82 ff. und S. 94.

sowie einer größeren Delegation in Moskau ein. Sein Verhandlungsspielraum war durch die vorausgegangene Veröffentlichung des »Bahr-Papiers« hinsichtlich der operativen Teile des Vertrages sehr begrenzt, da jede Änderung nicht nur die materiellen Interessen der Sowjetunion, sondern auch ihr Prestige berührte. Die deutsche Delegation konzentrierte sich daher darauf, dem Vertrag eine Präambel voranzustellen. Darin sollte deutlich gemacht werden, daß es sich um einen bilateralen Kooperationsvertrag und nicht um eine vorgezogene friedensvertragliche Regelung handelte; gleichzeitig sollte durch die Erwähnung des deutsch-sowjetischen Abkommens von 1955 über die Aufnahme von diplomatischen Beziehungen die »deutsche Option« zumindest implizit im Vertrag verankert werden.[147] Dieser deutsche Anspruch auf Selbstbestimmung im Sinne des Grundgesetzes war auch Gegenstand des sogenannten »Briefes zur deutschen Einheit«, welcher der Sowjetunion bei der Vertragsunterzeichnung überreicht und in dem klar gestellt werden sollte, daß die Aufrechterhaltung dieses Anspruches nicht im Widerspruch zu den Vertragszielen stand. Ferner wurde der Sowjetunion offiziell zur Kenntnis gegeben, daß die Bundesregierung den deutsch-sowjetischen Vertrag dem Bundestag nicht zur Ratifizierung vorlegen werde, ehe nicht die Vier-Mächte-Verhandlungen in Berlin zu einem befriedigenden Ergebnis geführt hätten. Auf dieser Grundlage wurde der deutsch-sowjetische Vertrag am 7. August 1970 von den Außenministern Scheel und Gromyko paraphiert und – nach Beratungen im Bundeskabinett und Information der Verbündeten – am 12. August 1970 von Bundeskanzler Brandt und Ministerpräsident Kossygin in Anwesenheit von Generalsekretär Breschnjew unterzeichnet.[148]

147 Das Abkommen zwischen der Bundesrepublik Deutschland und der Sowjetunion vom 13. 9. 1955 über die Aufnahme diplomatischer Beziehungen bestand aus drei Teilen: einem gemeinsamen Kommuniqué, einem Briefwechsel zwischen Bundeskanzler Adenauer und Ministerpräsident Bulganin über die mit der Aufnahme diplomatischer Beziehungen verbundenen Ziele und Erwartungen sowie einem Ratifizierungsvorbehalt, sowie einem einseitigen Schreiben von Bundeskanzler Adenauer, in der dieser den Friedensvertragsvorbehalt in der Grenzfrage und den Alleinvertretungsanspruch der Bundesrepublik bekräftigte; vgl. EA 18/1955, S. 8219, und EA 19/1955, S. 8278–8279.

148 Vgl. Vertrag zwischen der Bundesrepublik Deutschland und der Union der Sozialistischen Sowjetrepubliken vom 12. August 1970, sowie Brief zur deutschen Einheit und Note der Bundesrepublik Deutschland an die drei Westmächte, in: Der Vertrag vom 12. August 1970, a.a.O., S. 7–13; vgl. ferner die Darstellung der Vertragsverhandlungen bei Schmid, Entscheidung in Bonn, a.a.O., S. 158 ff.; Zündorf, Die Ostverträge, a.a.O., S. 53 ff.; sowie den Bericht von Paul Frank, Entschlüsselte Botschaft. Ein Diplomat macht Inventur, Stuttgart 1981, S. 279 ff.

Die Bedeutung des Moskauer Vertrages für die deutsch-sowjetischen Beziehungen läßt sich am besten ermessen, wenn man ihn mit den noch ein paar Jahre zuvor unüberbrückbar erscheinenden Positionen vergleicht. An die Stelle unverbindlicher Gewaltverzichtserklärungen oder sowjetischer Maximalforderungen, die auf eine bedingungslose Anerkennung der europäischen Grenzen hinausliefen, war ein Vertrag getreten, in dem beide Seiten ihre Bereitschaft zur Normalisierung ihrer Beziehungen und zum Modus vivendi im Interesse des Friedens in Europa erklärten. Bestandteil dieses Mosud vivendi war einmal eine Verpflichtung, sich sowohl in den gegenseitigen Beziehungen wie in Fragen der europäischen und internationalen Sicherheit von den Grundsätzen des Gewaltverzichts leiten zu lassen und zum anderen die nach dem Zweiten Weltkrieg in Europa entstandenen Realitäten zu respektieren: die Existenz der DDR und der europäischen Nachkriegsgrenzen ebenso wie die Bindungen West-Berlins an die Bundesrepublik. Für eine Generation, die in der Hoffnung auf Wiedervereinigung – wenn möglich in den Grenzen von 1937 – gelebt hatte, war die Einsicht in die Notwendigkeit dieses Schrittes zweifellos bitter. Dennoch, mit den Worten Bundeskanzler Brandts, »mit diesem Vertrag geht nichts verloren, was nicht längst verspielt worden war«.[149] Gleichzeitig eröffnete dieser Schritt der Bundesrepublik die Möglichkeit zu einer Normalisierung ihrer Beziehungen zu den Staaten Osteuropas. In gewisser Weise zog er – indem er nach der Aussöhnung mit Frankreich und Israel eine ebensolche mit Polen ermöglichte – einen Schlußstrich unter die von den Deutschen begangenen Verbrechen im Zweiten Weltkrieg.

Der politische Wert des Moskauer Vertrages, dessen Inhalt im wesentlichen aus Absichtserklärungen bestand, mußte sich jedoch erst noch erweisen. Zum einen würde sich zeigen, ob auf der in Moskau abgesteckten Grundlage eine Normalisierung der Beziehungen mit Polen, der CSSR und vor allem mit der DDR möglich sein würde. Zum zweiten stand noch die sowjetische Bringeschuld in der Berlin-Frage aus, und drittens würden frühestens nach 10–15 Jahren verläßliche Aussagen darüber möglich sein, ob der Vertrag wirklich eine Normalisierung in den deutsch-sowjetischen Beziehungen bewirkt und auch in schwierigen Zeiten seine Tragfähigkeit erweisen würde.

149 Bundeskanzler Brandt, Fernsehansprache aus Moskau an die deutsche Bevölkerung vom 12. 8. 1970, in: Der Vertrag vom 12. August 1970, a.a.O., S. 28; vgl. ferner Conrad Ahlers, Der Vertrag mit der Sowjetunion, in: Texte zur Deutschlandpolitik, Bd. 6, S. 111–113; Erklärung von Bundeskanzler Brandt am 18. 9. 1970 im Deutschen Bundestag, DBT/VI/66, in: Dokumente zur Deutschlandpolitik, Bd. VI, S. 131–134.

4.3 *Verhandlungen mit Polen*

Wenige Tage nach der Übergabe des Gesprächsangebotes an Moskau überreichte der Leiter der westdeutschen Handelsmission in Warschau, Ministerialrat Böx, im polnischen Außenministerium eine Note der Bundesregierung, in der diese Gespräche über alle gemeinsam interessierenden Fragen vorschlug. Sie nahm dabei Bezug auf Ausführungen des polnischen Parteichefs Gomulka, die dieser auf einer Wahlkundgebung am 17. Mai 1969 in Warschau gemacht und in der er die Bereitschaft zu Gesprächen mit der Bundesrepublik ohne Vorbedingungen zu erkennen gegeben hatte. Daneben hatte es noch eine Reihe von informellen Kontakten zwischen führenden SPD-Politikern und Vertretern der PVAP gegeben.[150]

Das Hauptproblem in den deutsch-polnischen Beziehungen – und daher auch für die vorgesehenen Gespräche – bestand darin, daß Polen eine endgültige Anerkennung seiner Westgrenze durch die Bundesrepublik Deutschland forderte, während die Bundesregierung deren Respektierung unter den Friedensvertragsvorbehalt stellte und eine gesamtdeutsche Regierung nicht binden wollte. Ebenfalls wollte und durfte sie die Rechte und Verantwortlichkeiten der Vier Mächte für Deutschland als Ganzes nicht beeinträchtigen. Hinzu kamen Fragen der Entschädigung für Verbrechen des Nationalsozialismus einerseits und Wünsche für eine erleichterte Ausreise in Polen verbliebener Deutscher im Rahmen der Familienzusammenführung andererseits.

Die Gespräche zwischen Warschau und Bonn wurden am 4. Februar 1970 von einer Verhandlungsdelegation unter Leitung von Staatssekretär Duckwitz vom Auswärtigen Amt in Warschau aufgenommen; sein Gesprächspartner auf polnischer Seite war der stellvertretende Außenminister Winiewicz. Während die polnische Regierung – ebenso wie schon Gumulka in seiner Rede vom Mai 1969 – eine endgültige und eindeutige Anerkennung der Oder-Neiße-Grenze forderte, sondierten die Bonner Unterhändler zunächst auf der Grundlage der sogenannten »Nürnberger Formel«, der »Anerkennung bzw. Respektierung der Oder-Neiße-Linie

150 Vgl. Presse- und Informationsamt der Bundesregierung (Hrsg.), Der Vertrag zwischen der Bundesrepublik Deutschland und der Volksrepublik Polen, Bonn 1970, S. 140 ff.; Schmid, Entscheidung in Bonn, a.a.O., S. 97 ff. Die Erklärung Gomulkas ist abgedruckt in: EA 13/1969, S. D 313–320.

bis zur friedensvertraglichen Regelung«[151] und strebten darüber hinaus eine breit angelegte, allgemeine Verbesserung der deutsch-polnischen Beziehungen an. Die Bundesregierung war bereit, dem polnischen Interesse an gesicherten Grenzen im Rahmen eines Gewaltverzichtsabkommens Rechnung zu tragen, das auch einen Verzicht der Bundesrepublik Deutschland auf territoriale Ansprüche enthalten sollte. Die Respektierung der Grenzen müßte jedoch unter dem Friedensvertragsvorbehalt stehen und dürfte die bestehenden alliierten Rechte nicht beeinträchtigen. Diese wenig kompromißfähig erscheinenden Positionen waren in Memoranden enthalten, die beide Delegationen am 1. bzw. 3. März austauschten und in denen sie ihre Vorstellungen in Form von Formulierungsvorschlägen für die nächste Verhandlungsrunde darlegten. Eine Einigung war auf dieser Basis jedoch nicht möglich, da die polnische Regierung eine Grenzgarantie Bonns im Rahmen eines Gewaltverzichtsabkommens aus politischen und psychologischen Gründen nicht für ausreichend hielt und darauf verweisen konnte, daß Deutschland trotz der Gewaltverzichtserklärungen von 1925 (in den Locarno-Verträgen) und von 1934 (im deutsch-polnischen Nichtangriffspakt) 1939 Polen überfallen habe. Staatssekretär Duckwitz argumentierte dagegen, daß die alliierten Vorbehaltsrechte die Bundesrepublik daran hinderten, eine endgültige Grenzregelung mit Polen zu treffen.[152]

Eine Annäherung der Positionen wurde erst erzielt, als die deutsche Seite Ende April einen Formulierungsvorschlag vorlegte, der dem polnischen Wunsch nach einer deutlichen Grenzfixierung entgegenkam. Gerade in der Grenzfrage zeigte sich, daß die verschiedenen Verhandlungsebenen ein System von kommunizierenden Röhren darstellten. Die bei den Moskauer Verhandlungen von Staatssekretär Bahr erzielten Fortschritte hatten zur Folge, daß bei den Warschauer Verhandlungen Zugeständnisse gemacht werden mußten, um deren Scheitern zu vermeiden. Die in Warschau akzeptierten Formulierungen in der Grenzfrage konnten dann wieder in die Moskauer Verhandlungen aufgenommen werden. Nachdem die Sowjetunion im »Bahr-Papier« auf eine explizite Anerkennung der Grenzen verzichtet und sich mit deren Respektierung zufrieden gegeben hatte, schlug die deutsche Seite nunmehr eine Formulierung vor, nach der beide Verhandlungspartner feststellen sollten, »daß die Oder-Neiße-Linie die

151 Auf dem Nürnberger Parteitag der SPD im März 1968 hatte der SPD-Vorsitzende und damalige Bundesaußenminister Brandt diese Formel benutzt, vgl. Der Vertrag mit Polen, a.a.O., S. 156–158.

152 Vgl. Schmid, Entscheidung in Bonn, a.a.O., S. 108 f.

Westgrenze Polens ist. Die Bundesrepublik Deutschland wird die Integrität des polnischen Territoriums auch künftig achten. Bestehende Verträge werden hiervon nicht berührt.«[153]

In die Verhandlungen mit der polnischen Regierung schaltete sich Bundeskanzler Brandt, assistiert von Staatssekretär Bahr, mehrfach persönlich ein. Für das Verhandlungsklima in Warschau besonders hilfreich erwies sich ein Schreiben, das Brandt am 20. April 1970 an Parteichef Gomulka richtete und in dem er diesem versicherte, »daß wir es mit dem Wunsch nach einem Ausgleich und nach einer sachlichen Regelung ganz ernst meinen ... Die Bundesregierung verstehe den Wunsch Polens, innerhalb garantierter Grenzen zu leben und stelle die Unversehrtheit des polnischen Territoriums nicht in Frage.«[154] Nicht förderlich war dieser Brief für das Koalitionsklima in Bonn, da Außenminister Scheel über ihn nicht informiert war und die Verhandlungsdelegation des Auswärtigen Amtes sich in die Rolle eines Erfüllungsgehilfen der im Bundeskanzleramt konzipierten Politik versetzt sah. Die Folge war eine Umbildung der Spitze des Auswärtigen Amtes, die auch eine Ablösung von Duckwitz als beamteten Staatssekretär – nicht jedoch als Verhandlungsführer bei den deutsch-polnischen Verhandlungen – sowie eine größere Distanz des Auswärtigen Amtes zum Kanzleramt im politischen Tagesgeschäft beinhaltete.

Positive Auswirkungen auf die Vertragsverhandlungen hatte der polnische Wunsch nach einer verstärkten wirtschaftlichen und technologischen Zusammenarbeit mit der Bundesrepublik. Die Wirtschaftsverhandlungen, die bereits 1969 aufgenommen, aber mehrfach unterbrochen worden waren, führten im Juni 1970 zum Abschluß eines langfristigen Abkommens zwischen beiden Ländern über den Warenverkehr und die wirtschaftlich-technologische Zusammenarbeit für die Jahre 1970–1974. Im Rahmen dieses Abkommens stiegen die Ausfuhren der Bundesrepublik nach Polen von 658 Mio. DM auf 3615 Mio. DM und die Einfuhren von 744 Mio. auf 1426 Mio. DM. Der Anteil der Bundesrepublik am Westhandel Polens wuchs insgesamt auf über 30 v. H.[155] Gleichzeitig stieg je-

153 Vogelsang, Das geteilte Deutschland, a.a.O., S. 364. Eine ähnliche Formulierung enthält auch das Görlitzer Abkommen zwischen der DDR und Polen vom 6. 7. 1950, vgl. Der Vertrag mit Polen, a.a.O., S. 109.

154 Bundeskanzler Brandt im Deutschen Bundestag am 29. 4. 1970, in: DBT/VI/48, S. 2417 f.

155 Vgl. Abkommen über Warenverkehr und wirtschaftliche Zusammenarbeit vom 23. 6. 1970; ferner Michael Kreile, Osthandel und Ostpolitik, Baden-Baden 1978, S. 144 ff.; sowie Maciej Bielecki, Polen–Bundesrepublik Deutschland, in: Polnische Perspektiven, H. 3, 1980, S. 39–43.

doch auch die Verschuldung Polens im Westen – ein Keim für spätere Probleme.
Dennoch waren mit der von der Bundesrepublik vorgeschlagenen Grenzformel nicht alle Schwierigkeiten überwunden. Vor allem versuchte die polnische Delegation, eine wesentlich stärkere Form der Grenzanerkennung durchzusetzen. Sie lenkte erst ein, als ihr die von Bahr in Moskau getroffenen Absprachen bekannt und das Gewicht der Generalklausel des »Bahr-Papiers« über die »in Europa bestehende wirkliche Lage« als Grundlage des Normalisierungsprozesses bewußt wurde. Dennoch bedeutete die Veröffentlichung des »Bahr-Papiers« in der Bundesrepublik eine Belastung der Beziehungen zwischen Warschau und Bonn. Die Festlegung einer Formel für die Oder-Neiße-Grenze zwischen Staatssekretär Bahr und Außenminister Gromyko bedeutete nicht nur eine Präjudizierung des Verhandlungsspielraumes in den deutsch-polnischen Verhandlungen, sie negierte auch die politische Souveränität Polens und bestätigte damit die umstrittene »Breschnjew-Doktrin«. In Bonn hatte es zwar Überlegungen gegeben, ob nicht mit Polen und der Tschechoslowakei bevorzugt verhandelt werden sollte. Zum einen hatte die Bundesregierung jedoch erkannt, daß der Schlüssel für eine Normalisierung der Beziehungen zu den osteuropäischen Ländern in Moskau lag, und zum anderen gestalteten sich die Verhandlungen mit Warschau – später auch mit Prag – ungleich schwieriger als mit Moskau, da jede von ihnen für ihre Sonderkonflikte spezielle, besonders wasserdichte Lösungen erreichen wollte, während die Sowjetunion mit einer de facto-Anerkennung des europäischen Status quo zufrieden war. Die Verhandlungen mit Polen dauerten deshalb auch bis zum Spätherbst 1970.[156]
Als Gegenleistung für die von Moskau und inzwischen grundsätzlich auch von Warschau respektierte Weitergeltung bestehender Verträge sowie der Rechte der Vier Mächte (und damit des Friedensvertragsvorbehaltes) sollte sich Bonn verpflichten, daß bei etwaigen Friedensvertragsverhandlungen auch eine gesamtdeutsche Regierung dafür eintreten würde, die Oder-Neiße-Linie als polnische Westgrenze beizubehalten.[157] Darauf konnte die Bundesregierung jedoch nicht eingehen, wenn sie nicht das Scheitern des Vertrages an der dann erforderlichen verfassungsändernden

156 Insgesamt fanden zwischen Duckwitz und Winiewicz sechs Gesprächsrunden statt: vom 4.–7. Februar 1970, vom 9.–11. März 1970 und vom 22.–24. April 1970 in Warschau; vom 8.–10. Juni 1970 in Bonn; vom 23.–25. Juli 1970 in Warschau; und vom 5.–7. Oktober 1970 in Bonn. Die abschließenden Vertragsverhandlungen unter der Leitung der Außenminister fanden vom 3.–13. November 1970 in Warschau statt.
157 Vgl. Vogelsang, Das geteilte Deutschland, a.a.O., S. 365.

Zwei-Drittel-Mehrheit riskieren wollte. Ein weiteres Problem waren die von deutscher Seite geforderten Regelungen für die Ausreise in Polen verbliebener Deutscher im Rahmen der Familienzusammenführung. Dies lehnte die polnische Seite mit der Begründung ab, daß es in ihrem Land keine »deutsche Minderheit« gebe; der Wunsch polnischer Staatsbürger hingegen, in die Bundesrepublik zu emigrieren, könnte nicht Gegenstand zwischenstaatlicher Vereinbarungen sein.
Die abschließenden Verhandlungen in Warschau im November 1970 boten also noch genügend Konfliktstoff. Sie wurden ebenso wie schon die Moskauer Vertragsverhandlungen von Außenminister Scheel geführt. Zu Beginn der Verhandlungen stellte er klar, daß die Bundesregierung nur für die Bundesrepublik Deutschland Verpflichtungen eingehen und einer friedensvertraglichen Regelung weder vorgreifen noch diese durch bilaterale Absprachen ersetzen könnte. Ebenso müßte sie auch die Rechte und Verantwortlichkeiten der Vier Mächte für Deutschland und Berlin als Ganzes berücksichtigen. Gleichzeitig erkannte Scheel – wie dies andere führende Politiker der Bundesrepublik schon zuvor getan hatten – das moralische Recht Polens an, auf Dauer in gesicherten Grenzen zu leben. Auf dieser Basis wurde schließlich eine vertragliche Regelung gefunden. Für das schwierige Problem der Familienzusammenführung erklärte sich die polnische Regierung bereit, durch eine »öffentlich verwertbare Information« das Polnische Rote Kreuz zur Regelung derartiger humanitärer Fragen mit dem Deutschen Roten Kreuz zu bevollmächtigen.[158]
Am 18. November 1970 konnten schließlich die Außenminister Scheel und Jedrychowski ihre Paraphe unter den vereinbarten Vertragstext setzen. In der Präambel wird daran erinnert, daß Polen das erste Opfer des Zweiten Weltkrieges gewesen ist, der über die Völker Europas schweres Leid gebracht hat; daß inzwischen jedoch in beiden Ländern eine neue Generation herangewachsen sei, deren Zukunft durch die Unverletzlichkeit der Grenzen und die Achtung der territorialen Integrität und Souveränität aller Staaten in Europa abgesichert werden sollte. In Art. 1 wird festgestellt, daß die im Potsdamer Abkommen festgelegte Oder-Neiße-Linie »die westliche Staatsgrenze der Volksrepublik Polen bildet«. Ähnlich wie im Moskauer Vertrag bekräftigen die beiden Staaten die Unverletzlichkeit ihrer Grenzen jetzt und in Zukunft und verpflichten sich gegenseitig zur uneingeschränkten Achtung ihrer territorialen Integrität

158 Zum Ablauf der abschließenden Vertragsverhandlungen vgl. Hans-Ulrich Behn, Chronik und Dokumente zum Vertrag mit der Volksrepublik Polen, in: Der Vertrag mit der Volksrepublik Polen, a.a.O., S. 103–249, insbes. S. 179 ff.

und zum Verzicht auf Gebietsansprüche. Art. 2 erhält dann einen analogen Gewaltverzicht. Die in Art. 3 erklärte Bereitschaft zur vollen Normalisierung der Beziehungen und zur Erweiterung der Zusammenarbeit beinhaltete die Bereitschaft zur Aufnahme diplomatischer Beziehungen und zum Austausch von Botschaftern nach der Ratifizierung des Vertrages. Schließlich wurde wie im Moskauer Vertrag die Weitergeltung bestehender Verträge festgestellt.
In einem Briefwechsel zwischen der Bundesrepublik Deutschland und den drei Westmächten wurden die Rechte und Verantwortlichkeiten der Vier Mächte bestätigt und gleichzeitig erklärt, daß die Bundesregierung nur im Namen der Bundesrepublik Deutschland gehandelt habe. In einer Information, die ebenfalls Bestandteil dieses Vertragswerkes ist, unterrichtete die Volksrepublik Polen die Bundesregierung über ihre Bereitschaft, die Ausreise polnischer Staatsangehöriger deutscher Abstammung zu erleichtern.[159] Am 7. Dezember 1970 wurde dann der Warschauer Vertrag von Bundeskanzler Brandt, Ministerpräsident Cyrankiewicz sowie den Außenministern Scheel und Jedrychowski unterzeichnet. Es war bei der Gelegenheit dieses Besuches, daß Brandt seinen symbolischen Kniefall vor dem Denkmal der Gefallenen des Warschauer Ghetto-Aufstandes tat.
Ebenso wie beim Moskauer Vertrag hatte Bonn die Verbündeten über den Fortgang der Verhandlungen in Warschau laufend informiert. In seinem Bemühen, zu einem Ausgleich mit Polen zu kommen, konnte es der Unterstützung seiner Partner im Westen sicher sein. Schon bei seiner Polen-Reise im September 1967 hatte Staatspräsident de Gaulle von den »klar festgelegten Grenzen Polens« gesprochen. Präsident Nixon hatte gegenüber Bundeskanzler Brandt bei dessen Besuch in Washington erklärt, daß die Vereinigten Staaten dafür Verständnis haben würden, wenn die Bundesrepublik sich zu einer Anerkennung der Oder-Neiße-Grenze entschließen würde.[160] Dennoch hatte die Bundesrepublik vor allem darauf Rück-

159 Vgl. Vertrag zwischen der Bundesrepublik Deutschland und der Volksrepublik Polen über die Grundlagen der Normalisierung ihrer gegenseitigen Beziehungen, Note der Bundesregierung an die drei Westmächte und Antwortnote der drei Westmächte an die Bundesregierung, sowie Information der Regierung der Volksrepublik Polen, in: Der Vertrag mit Polen, a.a.O., S. 7–15; vgl. ferner Zündorf, Die Ostverträge, a.a.O., S. 62 ff. Zur Bewertung des Warschauer Vertrages vgl. auch Ulrich Scheuner, Die Oder-Neiße-Grenze und die Normalisierung der Beziehungen zum Osten, in: EA 11/1970, S. 377–386; Wolfgang Wagner, Ein neuer Anfang zwischen Polen und Deutschen. Der Vertrag von Warschau, in: EA 23/1970, S. 837–844.

160 Vgl. die Rede des französischen Staatspräsidenten, Charles de Gaulle, vor dem polnischen Parlament am 11. 9. 1967, in: EA 19/1967, S. D 447–448; und Brandt, Begegnungen und Einsichten, a.a.O., S. 383.

sicht zu nehmen, daß die alliierten Vorbehaltsrechte im Hinblick auf Deutschland als Ganzes und Berlin gewahrt blieben. Hatten diese beim Abschluß der Pariser und Bonner Verträge 1954 zunächst die Funktion, Frankreich, Großbritannien und die Vereinigten Staaten auf das Ziel der Wiedervereinigung Deutschlands und eine Grenzregelung im Rahmen eines Friedensvertrages festzulegen, so war diese Rolle inzwischen auf eine Art Rückversicherungsklausel geschrumpft. Vor allem aber sollten sie den Vier Mächten vertragliche Mitwirkungsmöglichkeiten bei der strukturellen Neuordnung in Mitteleuropa geben, die sie im Rahmen der bilateralen und multilateralen Ostpolitik auch wahrnahmen, am sichtbarsten bei den Vier-Mächte-Verhandlungen über Berlin. Scharnier deutscher und alliierter Interessen war wiederum die Vierergruppe in Berlin, ergänzt durch bilaterale Kontakte beim Besuch von Bundeskanzler Brandt im April 1970 in Washington und beim Treffen von Außenminister Scheel mit seinem französischen Amtskollegen Schumann im Mai 1970 in Paris. Auch die NATO-Tagung in Rom im Mai 1970 bot die Möglichkeit zu einer gemeinsamen ost- und entspannungspolitischen Bestandsaufnahme.

Die innenpolitische Debatte vollzog sich beim Warschauer Vertrag in einem etwas weniger hektischen Klima als beim Moskauer Abkommen. Die Bundesregierung hatte sich bemüht, während des gesamten Verhandlungsprozesses nicht nur die Auswärtigen Ausschüsse von Bundestag und Bundesrat sowie die Spitzen der Koalitionsparteien zu informieren, sondern auch das Präsidium des Bundes der Vertriebenen und verschiedener Landsmannschaften ins Vertrauen zu ziehen. Eine hilfreiche Rolle spielte auch das Kuratorium Unteilbares Deutschland, das den Rahmen für weitgehend emotionsfreie Diskussionen zwischen Spitzenpolitikern der Koalitions- und Oppositionsparteien bot.[161] Schließlich hatten mehrfach CDU- und CSU-Abgeordnete Polen besucht und Gelegenheit gehabt, die polnische Haltung in der Grenzfrage kennenzulernen, wie auch, umgekehrt, die Polen wissen zu lassen, daß die Opposition – trotz ihres Bestehens auf Rechtspositionen – in gleicher Weise eine Aussöhnung mit dem polnischen Volk wünschte. Dennoch hinderte der mit dem Vertrag ausgesprochene Verzicht auf die ehemaligen deutschen Ostgebiete die CDU/CSU an einer parlamentarischen Zustimmung zum Warschauer Vertrag.[162]

161 Vgl. Schmidt, Entscheidung in Bonn, a.a.O., S. 97 ff. und S. 290 ff.
162 Vgl. unten, S. 385 ff.; ferner Christian Hacke, Die Ostpolitik der CDU/CSU. Wege und Irrwege der Opposition seit 1969, Köln 1975.

Bei einer Würdigung des Warschauer Vertrages sind die Schwierigkeiten in Rechnung zu stellen, die durch eine unheilvolle Vergangenheit zwischen Polen und Deutschland aufgehäuft worden waren und für die in mühevoller Kleinarbeit einerseits politische und moralisch überzeugende, und andererseits rechtlich tragfähige Lösungen gefunden werden mußten. Ein Vergleich mit dem Moskauer Vertrag zeigt weiter, daß die Bundesrepublik bei der Hinnahme der Oder-Neiße-Grenze weiter als in diesem gegangen war, um dem polnischen Volk in seinem verständlichen Verlangen entgegenzukommen, innerhalb gesicherter Grenzen zu leben. Der Warschauer Vertrag ist daher seinem Charakter nach primär ein Grenzvertrag, und erst in zweiter Linie ein Gewaltverzichtsabkommen wie der Moskauer Vertrag. Eine explizite und vorbehaltlose Anerkennung der politischen Grenzen konnte die Bundesregierung jedoch nicht aussprechen, ohne die Ratifizierung des Vertrages durch Bundestag und Bundesrat zu gefährden. Dennoch glaubte sie, mit dem Vertragswerk den Grundstein für eine dauerhafte Aussöhnung zwischen dem deutschen und dem polnischen Volk gelegt zu haben.

Eine Reihe von innenpolitischen Entwicklungen in Polen und in der Bundesrepublik trafen zusammen und machten 1975/76 eine »Nachbesserung« des Warschauer Vertrages erforderlich. In der Bundesrepublik waren während des Ratifizierungsprozesses Entwicklungen aufgetreten – so z. B. die gemeinsame Entschließung des Deutschen Bundestages zur Deutschland- und Außenpolitik vom März 1972 – welche die polnische Seite als eine »Rücknahme« von Aussagen des Warschauer Vertrages interpretierte. Schwerwiegender waren jedoch zwei andere Faktoren. In Polen traten immer offener die wirtschaftlichen Probleme zutage, die zu Streiks und, nach deren gewaltsamer Niederschlagung, zur Ablösung von Parteichef Gumulka führten. Die wirtschaftliche und technologische Zusammenarbeit zwischen der Bundesrepublik und Polen hatte sich zwar auf der Grundlage des Handelsabkommens von 1970 vervielfacht und wuchs auf der Basis eines 1974 auf die Dauer von 10 Jahren abgeschlossenen neuen Abkommens weiter, gleichzeitig hatte aber auch die polnische Verschuldung im Westen besorgniserregende Dimensionen angenommen. Was Polen brauchte, waren Kredite zu günstigen Bedingungen. Gleichzeitig stieg die Zahl derjenigen Deutschstämmigen, die nach der »Information« vom Dezember 1970 in die Bundesrepublik ausreisen wollten. Bei den Ausreisewilligen handelte es sich vor allem um gut ausgebildete Facharbeiter, deren Ausreise den Arbeitskräftemangel in Polen noch zu verstärken drohte. Für die polnische Regierung ergab sich aufgrund der wirtschaftlichen Situation daher ein Sachzusammenhang zwischen einer

kompensatorischen deutschen Finanzhilfe und einer großzügigeren Gewährung von Ausreisegenehmigungen, die sich im Laufe der Zeit zu einem handfesten Junktim verknoteten.
Eine Einigung schien sich im Oktober 1973 anzubahnen, als Außenminister Scheel bei einem Besuch in Warschau zusagte, daß die Bundesregierung die Möglichkeit eines Kredites zu günstigen Bedingungen für Polen prüfen werde. Die polnische Seite erklärte sich ihrerseits bereit, die Frage der Ausreise deutschstämmiger Polen in Übereinstimmung mit der »Information« in den nächsten drei bis fünf Jahren in umfassender Weise zu lösen. Bei seinem Bonner Gegenbesuch im Dezember 1973 nannte der polnische Außenminister dabei eine Zahl von jährlich 50 000 Personen. Gleichzeitig machte jedoch die polnische Regierung Entschädigungsforderungen für Opfer deutscher Konzentrationslager und Besatzungsherrschaft geltend. Die Bundesregierung lehnte dieses Ansinnen ab, da sie befürchtete, dadurch ähnliche Forderungen anderer Staaten zu stimulieren. Daraufhin versiegte der Aussiedlerstrom mehr und mehr.
Auf der Basis von Verhandlungsergebnissen, die in zweiseitigen Gesprächen zwischen dem Staatssekretär des Auswärtigen Amtes, Gehlhoff, und dem polnischen Botschafter in Bonn, Pontiakowski, erzielt worden waren, gelang es Bundeskanzler Schmidt am Rande der Unterzeichnung der Schlußakte in Helsinki im August 1975, eine Verständigung mit dem polnischen Parteichef Gierek zu erreichen. Die Bundesrepublik sagte Polen eine Abfindung von 1,3 Milliarden DM für polnische Rentenansprüche und einen Finanzkredit in Höhe von 1 Milliarde DM zu; Polen stellte dafür eine Ausreisegenehmigung für weitere 120 000–150 000 Aussiedler in Aussicht. Zwei Monate später unterzeichneten die Außenminister Genscher und Olszowski ein Paket von fünf Abmachungen:

- ein Abkommen über Renten- und Unfallversicherung, in welchem sich beide Seiten verpflichteten, Leistungen im Rahmen der Renten- und staatlichen Unfallversicherung auch dann zu übernehmen, wenn Bürger des eigenen Landes Ansprüche gegenüber den Versicherungsträgern des anderen Staates erworben haben;
- eine Vereinbarung über die pauschale Abgeltung von Rentenansprüchen seitens der Bundesrepublik, in der eine einmalige Ausgleichszahlung von 1,3 Milliarden DM an die Volksrepublik Polen vereinbart wurde (da ursprünglich nur 700 000 Mio. DM veranschlagt worden waren, sollten offensichtlich die zusätzlichen 600 000 Mio. es dem polnischen Staat ermöglichen, auch KZ-Opfern Rentenleistungen zukommen zu lassen);

- ein Abkommen über die Gewährung eines Finanzkredits in Höhe von 1 Milliarde DM bei der Kreditanstalt für Wiederaufbau mit einem Zinssatz von 2,5 % p. a., mehrjährigem Rückzahlungsaufschub und langer Tilgungszeit;
- ein Protokoll, in dem die polnische Seite versicherte, daß sie in der Lage sei, im Laufe der folgenden vier Jahre 120 000–125 000 Personen deutscher Abstammung die Genehmigung zur Ausreise in die Bundesrepublik zu erteilen;
- die Vereinbarung eines langfristigen Programms für die Entwicklung der wirtschaftlichen, industriellen und technischen Zusammenarbeit.[163]

Diese Abkommen und Vereinbarungen waren in unterschiedlicher Weise ratifizierungs- und zustimmungsbedürftig. Bei der Debatte darüber entzündete sich die Diskussion an der Frage, welche Bindungswirkung dem Ausreise-Protokoll zukam. Um die – im Bundesrat angesichts der dort durch den Regierungswechsel in Niedersachsen veränderten Mehrheitsverhältnisse gefährdete – Ratifikation zu gewährleisten, war eine erneute Nachbesserung notwendig, die in Form eines ergänzenden Briefwechsels erfolgte und in dem die Zusage erhalten war, daß Bürger deutscher Abstammung auch nach Ablauf der Geltungsdauer des Protokolls noch ausreisen könnten.

4.4 *Der Vertrag mit Prag*

Die noch fehlende Normalisierung der Beziehungen mit der CSSR konnte erst im Sommer 1973 erfolgen. Der Vertrag über die gegenseitigen Beziehungen wurde an dem Tage paraphiert, an dem Staatssekretär Bahr und Staatssekretär Kohl die Ratifikationsurkunden zum Grundlagenvertrag austauschten (20. 6. 1973) – über ein Jahr nach Inkrafttreten der

163 Vgl. Abkommen zwischen der Bundesrepublik Deutschland und der Volksrepublik Polen über Renten- und Unfallversicherung vom 9. 10. 1975; Vereinbarung über pauschale Abgeltung von Rentenansprüchen vom 9. 10. 1975; Abkommen über die Gewährung eines Finanzkredites vom 9. 10. 1975; sowie Protokoll, in: Presse- und Informationsamt der Bundesregierung (Hrsg.), Dokumentation zur Entspannungspolitik der Bundesregierung, Bonn 1979[7], S. 45–60; vgl. ferner Helga Haftendorn, Ostpolitik revisited 1976, in: The World Today, Nr. 6 (Juni 1975), S. 222–229; Joachim Krause, Außenpolitische Opposition im und über den Bundesrat. Eine Fallstudie am Beispiel der Auseinandersetzungen um die Ratifizierung der deutsch-polnischen Vereinbarungen vom Oktober 1975, in: Zeitschrift für Parlamentsfragen, H. 3, 1980, S. 423–440; Zündorf, Die Ostverträge, a.a.O., S. 77 ff.

Verträge von Moskau und Warschau sowie des Berlin-Abkommens. Dieser späte Zeitpunkt ist umso verwunderlicher, als Bundeskanzler Kiesinger in seiner Regierungserklärung von 1966 (ähnlich wie bereits die Regierung Erhard in der Friedensnote d. J.) die Auffassung vertreten hatte, »daß das unter Androhung von Gewalt zustande gekommene Münchner Abkommen nicht mehr gültig ist«.[164] Erste Sondierungen mit Prag waren dann auch kurz nach Abschluß der Verhandlungen über den Warschauer Vertrag aufgenommen worden. Acht der Gesprächsrunden waren jedoch notwendig, um in der Frage der Ungültigkeit des Münchener Abkommens eine für beide Seiten akzeptable Formulierung zu finden. Erst im Mai konnten die eigentlichen Vertragsverhandlungen zwischen Bonn und Prag aufgenommen werden.[165]

Was waren die Gründe dafür, daß Prag zum Schlußlicht im Entspannungskonvoi wurde? Zum einen lag es an der politischen und rechtlichen Komplexität der Frage, von welchem Zeitpunkt ab (von Anfang an oder später) das Münchner Abkommen von 1938 ungültig sein sollte bzw. darum, ob über den Zeitpunkt überhaupt eine vertragliche Aussage erforderlich sein würde. Schließlich mußten Regelungen für die Rechtsfolgen einer Ungültigkeitserklärung gefunden werden. Das »Bahr-Papier« – das in gewisser Weise den Charakter einer deutsch-sowjetischen Rahmenvereinbarung für die sich aus dem europäischen Status quo ergebenden Probleme hatte – ging nicht über eine Absichtserklärung hinaus, nach der in einer für beide Seiten akzeptablen Form diejenigen Fragen geregelt werden sollten, die mit der Ungültigkeit des Münchner Abkommens zusammenhingen; wie eine solche Regelung aussehen konnte, blieb jedoch offen. Auch der nach der Intervention der Warschauer Pakt-Staaten vom November 1968 in der CSSR noch nicht abgeschlossene Konsolidierungsprozeß zwang die tschechoslowakische Führung zu einer behutsamen Vorgehensweise. Die Bundesrepublik zögerte ihrerseits, rechtsverbindliche Erklärungen über die Ungültigkeit des Münchner Abkommens abzu-

164 Regierungserklärung von Bundeskanzler Kurt Georg Kiesinger am 13. 12. 1966 vor dem Deutschen Bundestag, DBT/V/80, 13. 12. 1966, S. 3656–3665.

165 Nach einem Sondierungsgespräch Mitte Oktober 1970 in Prag fanden deutsch-tschechoslowakische Gespräche, die in der Regel auf deutscher Seite von Staatssekretär Frank vom AA geleitet wurden, am 31. 3. und 1. 4. 1971 in Prag; am 13. u. 14. 5. 1971 in Bonn; am 27. u. 28. 9. 1971 in Prag; am 18. und 19. 11. 1971 in Rothenburg ob der Tauber; am 29. u. 30. 6. 1972 in Prag und am 12. und 13. 4. 1973 in Bonn statt. Verhandlungen wurden geführt vom 7.–11. 7. 1973 auf Staatssekretärsebene, vom 23.–30. 5. 1973 auf Außenministerebene. Am 20. 6. 1973 erfolgte die Paraphierung durch die Außenminister Chnoupek und Scheel in Bonn. Vgl. auch Zündorf, Die Ostverträge, a.a.O., S. 96 f.

geben, wenn nicht sicher gestellt war, daß dadurch keine neuen Rechtsunsicherheiten (z. B. in Staatsangehörigkeitsfragen) entstehen würden. Hinzu kam die Rücksichtnahme auf Widerstände seitens der Sudetendeutschen Landsmannschaft, die als Meinungsfaktor in Rechnung zu stellen waren. Schließlich ergaben sich Probleme hinsichtlich der Einbeziehung West-Berlins in das Prager Abkommen, die erst auf der übergeordneten Ebene – in einer Abmachung, die Außenminister Scheel im November 1973 mit der sowjetischen Regierung schloß – geregelt werden mußten, ehe der Vertrag zwischen der Bundesrepublik und der Tschechoslowakei am 11. Dezember 1973 unterzeichnet werden konnte.[166]

Die Frage der Ungültigkeit des Münchner Abkommens war deshalb so kompliziert, weil hier eine Reihe von historischen, politischen und rechtlichen Problemen zusammentrafen. An dem »Diktat von München« hatten außer dem Reich ja auch Frankreich, Großbritannien und Italien mitgewirkt; jedes dieser Länder hatte eigene Formen gefunden, um sich vom »Münchner Abkommen« zu distanzieren. Dann war die Abtretung des Sudetenlandes nicht in einem einzelnen Rechtsakt erfolgt; dem Abkommen selbst war ein Notenwechsel zwischen Paris, London und Prag (19./21. September 1938) vorausgegangen, in dem die Selbstbestimmung für das Sudetenland und sein Anschluß an das Reich bereits grundsätzlich vereinbart worden waren. Auf dieses folgte eine ganze Reihe von Vereinbarungen zwischen dem Deutschen Reich und der Tschechoslowakei, in denen Einzelheiten – z. B. die Festlegung der neuen Grenzen – vereinbart wurden. Und schließlich waren alle diese Regelungen mit dem Einmarsch der Wehrmacht in die Resttschechoslowakei am 15. März 1939 und die Errichtung eines »Protektorats Böhmen und Mähren« hinfällig geworden.[167] Es galt daher, Regelungen für ein ganzes Bündel von Rechtsakten und politischen Entwicklungen zu finden. Hinzu kamen die politisch-psy-

166 Vgl. Notenwechsel zwischen der Bundesrepublik Deutschland und der Tschechoslowakischen Sozialistischen Republik zur Frage der Gewährung von Rechtsbeihilfe vom 23. u. 27. 11. 1973, in: Texte zur Deutschlandpolitik, Bd. II/1, S. 354–355; Vertrag über die gegenseitigen Beziehungen zwischen der Bundesrepublik Deutschland und der Tschechoslowakischen Sozialistischen Republik vom 11. 12. 1973, in: Dokumentation zur Entspannungspolitik, a.a.O., S. 73–90.

167 Zum Münchner Abkommen vgl. Boris Celvosky, Das Münchner Abkommen von 1938, Stuttgart 1958; Otto Kimminich, Zusammenfassende Thesen zum Zustandekommen und zur Beendigung des Münchner Abkommens, in: Ostverträge – Berlin-Status – Münchner Abkommen – Beziehungen zwischen der BRD und der DDR. Vorträge und Diskussionen eines Symposiums vom März 1971, Hamburg 1971 (Veröffentlichungen des Instituts für Internationales Recht an der Universität Kiel, Bd. 66), S. 177–184.

chologischen Belastungen: auf tschechoslowakischer Seite das Trauma der 1938 erzwungenen und unter Druck der eigenen Verbündeten zustande gekommenen Zustimmung zur Gebietsabtretung; seitens der Bundesrepublik das Elend der Vertreibung der Sudetendeutschen im Jahre 1945. So kam es, daß die Verhandlungen beträchtliche Zeit erforderten, obwohl die Sache selbst – die Ungültigkeit der Abkommen von 1938 – nicht strittig war.
Die tschechoslowakische Forderung, das Münchner Abkommen als von Anfang an ungültig zu erklären, zielte im wesentlichen auf die Anerkennung der Unrechtmäßigkeit der 1938 erzwungenen Gebietsabtretungen; die mehrheitlich in Bonn vertretene Auffassung, das Münchner Abkommen sei im März 1939 mit dem deutschen Einmarsch von Hitler »zerrissen« worden, spätestens jedoch mit der Kündigung durch die tschechoslowakische Exilregierung 1940 bzw. durch die Westmächte 1942 außer Kraft getreten, war Ausdruck deutscher, legalistischer Tradition, in die sich die Sorge vor möglichen negativen Rechtsfolgen einer Ungültigkeitserklärung »ex tunc« mischte.
Nachdem die Normalisierung mit den anderen osteuropäischen Staaten und der DDR vertraglich geregelt war, wuchs in der CSSR jedoch die Sorge, daß sie aus dem europäischen Entspannungsprozeß ausgespart bleiben könnte. In verschiedenen Reden und Erklärungen signalisierte die Prager Führung Anfang 1973 ihre Bereitschaft, die im Sommer 1972 auf deutschen Wunsch eingelegte »Denkpause« zu beenden und eine Kompromißformel zu suchen. Diese bestand darin, daß einmal das Münchner Abkommen von 1938 für nichtig erklärt, dafür jedoch kein Zeitpunkt genannt wurde, und zum anderen darin, daß durch die Ungültigkeitserklärung entstehende Rechtsunsicherheiten durch Zusatzbestimmungen ausgeschlossen wurden.[168] So wurde in Art. 2 festgestellt, daß der Vertrag nicht die Rechtswirkungen berührte, die sich aus dem in der Zeit vom 30.

168 In Art. I des Prager Vertrages heißt es – in einer sehr schwachen Formulierung – BRD und CSSR »betrachten das Münchner Abkommen vom 29. September 1938 im Hinblick auf ihre gegenseitigen Beziehungen nach Maßgabe dieses Vertrages als nichtig«. In der Präambel wird jedoch anerkannt, »daß das Münchner Abkommen vom 29. September 1938 der Tschechoslowakischen Republik durch das national-sozialistische Regime unter Anordnung von Gewalt aufgezwungen wurde«; vgl. Vertrag über die gegenseitigen Beziehungen zwischen der Bundesrepublik Deutschland und der Tschechoslowakischen Sozialistischen Republik, in: Dokumentation zur Entspannungspolitik, a.a.O., S. 73–90. Zur Interpretation vgl. auch Zündorf, Die Ostverträge, a.a.O., S. 102 ff.; zur Bewertung vgl. Wolfgang Wagner, Der Prager Vertrag als Schlußstein der bilateralen Ostpolitik, in: EA 3/1974, S. 63–70.

September 1938 bis zum 9. Mai 1945 angewendeten Recht ergaben; daß die Staatsangehörigkeit der betroffenen Personen unberührt blieb, und daß der Vertrag keine Rechtsgrundlage für materielle Ansprüche seitens der Tschechoslowakei bildete. Weiter verpflichteten sich beide Seiten – ähnlich wie im Warschauer Vertrag – zum Gewaltverzicht nach Art. 2 der UN-Charta, zur Unverletzlichkeit der gemeinsamen Grenze und zur Achtung der territorialen Integrität. Darüber hinaus erklärten sie, daß sie gegeneinander »keinerlei Gebietsansprüche haben und solche auch in Zukunft nicht erheben werden«. Schließlich kündigten die Bundesrepublik und die CSSR »weitere Schritte zur umfassenden Entwicklung ihrer gegenseitigen Beziehungen« an. Die wichtigsten Schritte waren in diesem Zusammenhang die Aufnahme diplomatischer Beziehungen, die am selben Tage wie die Unterzeichnung des Prager Vertrages am 11. Dezember 1973 erfolgte.
In einem ergänzenden Briefwechsel wurde vereinbart, daß West-Berlin in die Regelungen des Art. 3 des Vertrages (Ausnahmen von der Nichtigkeit des Münchner Abkommens) sowie in weitere Abkommen nach Art. 5 (Zusammenarbeit) einbezogen werden würde. Die Frage der Rechtshilfe für Berliner Gerichte – bei der im Verhältnis zu anderen osteuropäischen Staaten Schwierigkeiten aufgetreten waren – wurde in einem zusätzlichen Schriftwechsel am 23. und 27. November 1973 analog zu der mit der Sowjetunion vereinbarten Regelung geklärt. In einem weiteren Briefwechsel sicherte Prag der Bundesrepublik zu, daß die Aussiedlung tschechoslowakischer Staatsbürger deutscher Nationalität in die Bundesrepublik erleichtert und daß der Reise- und Besuchsverkehr zwischen beiden Ländern verbessert werden sollte. Schließlich gehört zum Vertragswerk noch ein Brief der tschechoslowakischen Regierung, in dem diese klarstellte, daß die in den Jahren 1938–1945 verübten strafbaren Handlungen mit Ausnahme von Kriegsverbrechen und Verbrechen gegen die Menschlichkeit verjährt sind.
Der Prager Vertrag war zwar der »juristisch schwierigste«, jedoch gleichzeitig der politisch gerechtfertigste der Ostverträge, galt es hier doch, ein Stück eindeutiger nationalsozialistischer Gewaltpolitik wiedergutzumachen. Es ist zu bedauern, daß er erst so spät abgeschlossen wurde – und daß auf seiner Grundlage nicht jenes Maß an nachbarschaftlicher Kooperation entwickelt werden konnte, das im Vertrag in Aussicht genommen wurde. Für eine Aussöhnung zwischen den beiden Völkern kam der Vertrag zu spät – fünfeinhalb Jahre für die CSSR, drei Jahre für die Bundesrepublik – beide hatte inzwischen die Normalität des Alltags in unterschiedlichen gesellschaftlichen Systemen und Blöcken eingeholt.

Mit dem Prager Vertrag waren die letzten Hindernisse auf dem Weg zur Aufnahme diplomatischer Beziehungen zu Bulgarien und Ungarn beseitigt. Beide Länder hatten mit Rücksicht auf Ostberlin und auf Prag eine Normalisierung der Beziehungen zur Bundesrepublik (und die Umwandlung der seit Anfang der sechziger Jahre bestehenden Handelsmissionen in Botschaften) von der vorherigen Anerkennung des Status quo in Europa durch die Bundesrepublik abhängig gemacht. Besonderer Verträge bedurfte es dazu nicht, da es im deutsch-bulgarischen bzw. deutsch-ungarischen Verhältnis keine ungelösten politischen Probleme gab. Am 21. Dezember 1973 wurde in Bonn, Sofia und Budapest in nahezu gleichlautenden Kommuniqués mitgeteilt, die Bundesrepublik und Bulgarien bzw. die Bundesrepublik und Ungarn hätten beschlossen, die Beziehungen zwischen ihren Ländern weiterzuentwickeln und diplomatische Beziehungen aufzunehmen.[169]

5. *Das Vier-Mächte-Abkommen über Berlin*

Bei den Bemühungen, eine Normalisierung der Beziehungen zwischen der Bundesrepublik und den ost- sowie mitteleuropäischen Staaten in die Wege zu leiten, kam einer befriedigenden Berlin-Regelung eine Schlüsselrolle zu. Zu den nach dem Zweiten Weltkrieg in Europa geschaffenen Fakten – der »in diesem Raum bestehenden wirklichen Lage«, wie es in dem »Bahr-Papier« und analog im Moskauer Vertrag hieß – gehörte auch die Vier-Mächte-Verantwortung für Berlin ebenso wie die Bindungen West-Berlins an die Bundesrepublik. Wenn sich Bonn im Rahmen eines vertraglich fixierten Modus vivendi zur Respektierung der territorialen Integrität der europäischen Staaten verpflichtete, dann erwartete es ein Gleiches von der Sowjetunion und deren osteuropäischen Verbündeten in Bezug auf Berlin. Um deutlich zu machen, daß beides Seiten einer Medaille waren, hatte die Bundesrepublik bereits vor Unterzeichnung des Moskauer Vertrages erklärt, daß dieser erst dann in Kraft gesetzt werden könnte, wenn »eine befriedigende Regelung der Lage in und um Berlin« vorlag.[170]

169 Vgl. Zündorf, Die Ostverträge, a.a.O., S. 112 ff.
170 Kabinett beschließt Verhandlungen, in: Der Vertrag vom 12. August 1970, a.a.O., S. 166 f.

Eine Vereinbarung über Berlin – die in Anerkennung der Vorbehaltsrechte der Vier Mächte für Berlin und Deutschland als Ganzes nur von diesen oder im Zusammenwirken mit diesen getroffen werden konnte – war wiederum die Voraussetzung für eine Regelung der Beziehungen zwischen den beiden deutschen Staaten. Nach einer Anerkennung der DDR als gleichberechtigter Staat in Deutschland würde es für die Bundesrepublik wie für die Westmächte noch schwieriger sein, der DDR Hoheitsrechte über die Verbindungswege von und nach Berlin abzusprechen. Zuvor mußte also eine Transitregelung ausgehandelt werden, die einen unbehinderten Zugang sicherstellte. Wenn beide deutsche Staaten eines Tages Mitglieder der Vereinten Nationen sein würden, so müßte ebenfalls geklärt sein, wer Berlin nach außen vertreten konnte, ohne daß diese Frage zum ständigen Anlaß innerdeutscher Streitereien wurde. Die Nachkriegsentwicklung hatte deutlich gemacht, in welcher Weise jede Veränderung in den Ost-West-Beziehungen sich auf Berlin, den empfindlichsten Punkt der mitteleuropäischen Situation, auswirkte. Es lag daher in der inneren Logik der Ostpolitik der Sozialliberalen Koalition – aber auch der amerikanisch-sowjetischen Détente – hier nach einer Endaktualisierung des latenten Krisenherds zu suchen.
Zugangsbeschränkungen und Behinderungen auf den Verbindungswegen nach Berlin[171] und sowjetische Proteste gegen die Tagung der Bundesversammlung in Berlin hatten in den Jahren 1968 und 1969 die Aufmerksamkeit erneut auf die unbefriedigende Lage der Stadt gelenkt. Im Februar 1969 schlug Präsident Nixon bei einem Besuch in Berlin – in einer Rede vor der Belegschaft der Siemens-Werke – Vier-Mächte-Verhandlungen über Berlin vor. Auch die Sowjetunion gab zu erkennen, daß sie an Gesprächen interessiert war. Sie strebte vor allem eine Beschränkung der Präsenz der Bundesrepublik in West-Berlin an. Die Westmächte wollten dagegen vor allem über eine Verbesserung des Zugangs nach Berlin sprechen und deuteten dafür die Bereitschaft Bonns zu Gesprächen mit der DDR über Verkehrsprobleme und zu Kompromissen in der Berlin-Prä-

171 Am 11. Juni 1968 führte die DDR den Paß- und Visumszwang für Reisen zwischen den beiden deutschen Staaten, zwischen West-Berlin und der DDR sowie zwischen West-Berlin und der BRD ein. Für die Reise von der Bundesrepublik nach West-Berlin wurde ein gebührenpflichtiges Transitvisum verlangt. Als Protest gegen die für den 5. März 1969 nach Berlin einberufene Bundesversammlung verkündete die DDR ein Durchreiseverbot für Mitglieder der Bundesversammlung; ferner kam es zu erheblichen Behinderungen auf den Transitwegen vom 1.–7. 3. 1969.

senz an. Im August d. J. schlugen sie dann der Sowjetunion offiziell die Aufnahme von Verhandlungen vor.[172]

Außenminister Brandt hatte seit mehreren Jahren auf Verhandlungen gedrängt, mit der die Situation der Stadt stabilisiert und diese aus dem aktuellen Krisenregister herausgenommen werden sollte. Bereits 1967 hatte der damalige Parlamentarische Staatssekretär im Auswärtigen Amt, Klaus Schütz, in seinem Auftrag Elemente für eine Berlin-Regelung entwickelt. Während die USA angesichts des geringen westlichen Verhandlungsspielraums in der Berlin-Frage solchen Verhandlungen jedoch mit Skepsis gegenüberstanden, erkannte Brandt frühzeitig, daß einer befriedigenden Berlin-Regelung eine Schlüsselrolle im Rahmen der Entspannungspolitik zukam, ohne die eine Anerkennung der DDR nicht möglich sein würde.

Die Westmächte gaben ihre Zurückhaltung gegenüber Berlin-Verhandlungen erst auf, als sich die Konturen der Ostpolitik der Sozialliberalen Koalition abzeichneten. Zum einen ergab sich jetzt die Möglichkeit eines Quid pro quo, das zugunsten einer Verbesserung der Situation in und um Berlin genutzt werden konnte, zum anderen stellten die Vier-Mächte-Verhandlungen ein subtiles Instrument dar, mit dem die Dynamik der von der Sozialliberalen Koalition geführten Ostpolitik kontrolliert und gegebenenfalls gezügelt werden konnte.[173]

Der komplexen Interessenlage entsprachen die für die Berlin-Gespräche entwickelten Gesprächsebenen und -gremien. Formell fanden die Gespräche zwischen den Vier für Deutschland als Ganzes und Berlin verantwort-

172 Vgl. Ursprung und Entwicklung der Berlin-Verhandlungen der Vier-Mächte, in: Presse- und Informationsamt der Bundesregierung (Hrsg.), Die Berlin Regelung. Das Viermächte-Abkommen über Berlin und die ergänzenden Vereinbarungen, Bonn 1971, S. 254 ff.; ferner Gerhard Wettig, Das Vier-Mächte-Abkommen in der Bewährungsprobe. Berlin im Spannungsfeld von Ost und West, Berlin 1981, S. 98 ff. Zum Berlin-Problem allgemein, insbesondere zum Status Berlins, vgl. Dieter Mahncke, Berlin im geteilten Deutschland, München und Wien 1973; Eberhard Menzel, Die vier Grundauffassungen über die gegenwärtige völker- und staatsrechtliche Stellung Berlins, in: Ostverträge – Berlin-Status . . . Verträge und Diskussionen eines Symposiums, a.a.O., S. 207–214; Jost Delbrück, Die staatsrechtliche Stellung Berlins in der Rechtsprechung des Bundesverfassungsgerichts und der Bundesgerichte, ebenda, S. 214–220. Für die sowjetische Interpretation vgl. Juri Rschewski, Der völkerrechtliche Status West-Berlins, in: Sowjetunion heute, 16. 2., 1. u. 16. 3. 1971, abgedruckt in: Texte zur Deutschlandpolitik, Bd. 8, S. 39–73. Zur historischen Entwicklung vgl. auch Daniel J. Nelson, Wartime Origins of the Berlin Dilemma, University, Ala. 1978; Gerhard Wettig, Das Berlin-Problem: Rückblick und Gegenwart. Der Berlin-Status und seine Wandlungen seit 1945, in: Aus Politik und Zeitgeschichte, B 9/69, 1. 3. 1969, S. 3–26.

173 Vgl. z. B. Kissinger, White House Years, a.a.O., S. 405 ff. u. S. 529 ff.

lichen Mächten statt, vertreten durch den britischen, den französischen und den amerikanischen Botschafter in Bonn sowie den sowjetischen Vertreter in Ostberlin. Die westliche Verhandlungsposition wurde maßgeblich unter Beteiligung der Bundesrepublik und des West-Berliner Senats in der Vierergruppe erarbeitet. Auf östlicher Seite fanden selbstverständlich intensive Abstimmungsprozesse zwischen Moskau und Ostberlin statt. Gerade in der Berlin-Frage konnte es sich die sowjetische Führung nicht leisten, gegen den Willen der DDR zu handeln, die von einem Abkommen direkt betroffen war – eher nötigten sie Ulbricht zugunsten von Honecker zum Rücktritt, den dieser am 3. Mai 1971, vorgeblich aus gesundheitlichen Gründen erklärte. Daneben gab es noch eine Reihe informeller Verhandlungskontakte, z. B. zwischen dem Sicherheitsberater des amerikanischen Präsidenten, Kissinger, und dem sowjetischen Botschafter in Washington, Dobrynin, sowie – in deren Auftrag – zwischen den Botschaftern der USA und der UdSSR, Rush und Abrassimow, ferner zwischen Staatssekretär Bahr und Außenminister Gromyko bzw. dem sowjetischen Botschafter in Bonn, Falin. Auch gab es Kontakte zwischen Bonn und dem Ostberliner Staatssekretär Michael Kohl.

Im Hinblick auf das erzielte Verhandlungsergebnis war das wichtigste prozedurale Arrangement jedoch der von Kissinger im April 1971 eingerichtete »back channel«, direkte Verhandlungskontakte zwischen Rush, Falin und Bahr, die auf westlicher Seite ihre Direktiven von Kissinger und Bahr, zum Teil unter Ausschaltung der Außenministerien, erhielten. Um den diplomatischen Apparat umgehen zu können, war eine spezielle Nachrichtenverbindung eingerichtet worden, die über einen amerikanischen Marineoffizier in Frankfurt lief.[174] Besonders aus dem unterschiedlichen Tempo, mit dem die Verhandlungen im »front channel«, den Vier-Mächte-Gesprächen, und im »back channel«, den Gesprächen zwischen Rush, Falin und Bahr, vorangingen, ergaben sich eine Reihe von Komplikationen. So forderte Außenminister Rogers in der kritischen Schlußphase Botschafter Rush auf, die Verhandlungen sofort zu unterbrechen und sich zur Berichterstattung nach Washington zu begeben, da er seine Ver-

174 Kissinger beschreibt den Apparat und die über ihn abgewickelten Verhandlungen in seinen Memoiren ausführlich; vgl. White House Years, a.a.O., S. 534, S. 807 ff., S. 825 ff. Siehe auch das Interview von Kenneth Rush am 26. 3. 1980 im Deutschen Fernsehen (Mskr. des SFB); Kissinger korrigierend: Günther Schmid, Henry Kissinger und die deutsche Ostpolitik. Kritische Anmerkungen zum ost- und deutschlandpolitischen Teil der Kissinger-Memoiren, in: Aus Politik und Zeitgeschichte, B 8/80, 23. 2. 1980, S. 10–20.

handlungsdirektiven[175] überschritten habe – ein Konflikt, der durch ein gewisses Maß an Eigenwilligkeit von Botschafter Rush und das persönliche Eingreifen von Präsident Nixon ausgeräumt werden konnte. Andererseits ermöglichte der Verhandlungsdraht hinter den Kulissen durch die kleine Zahl der beteiligten Verhandlungspartner und durch die Unterstützung, die alle drei von den verantwortlichen Männern an der Spitze ihrer Regierungen erhielten, zügigere Verhandlungen mit geringerem Reibungsverlust – und sie bezogen die Regierung in Bonn direkt in die Suche nach einer konsensfähigen Berlin-Regelung ein.

Bei den Berlin-Verhandlungen ging es um eine Fülle von Problemen, die Schütz mit der Formel »Zustand, Zugang und Zutritt« beschrieben hatte.[176] Diese Formel ging über die drei von Präsident Kennedy Ende Juli 1961 – d. h. vor dem Bau der Mauer – deklarierten »essentials« hinaus bzw. stellten ein deutsches Äquivalent zu diesen dar:

1. das Recht der Drei Westmächte auf »Anwesenheit in West-Berlin«,
2. das Recht auf »Zugang durch Ost-Deutschland«,
3. die Verpflichtung, in West-Berlin »die Selbstbestimmung ihrer Zukunft und die freie Wahl ihrer Lebensform zu gewährleisten«.[177]

»Zustand« betraf die Frage des Status von Berlin: die Rechte der Vier Mächte für Berlin als Ganzes und die Rechte der Drei Mächte in West-Berlin, die Einbeziehung West-Berlins in das Rechts- und Wirtschaftssystem der Bundesrepublik sowie die Bindungen West-Berlins an die Bundesrepublik einschließlich der außenpolitischen Vertretung durch den Bund. Der »Zugang« nach West-Berlin und darüber hinaus der gesamte militärische und zivile Verkehr zwischen dem Bundesgebiet und West-Berlin, war der neuralgischste Punkt, denn hier wurde über die Lebensfähigkeit der Stadt entschieden und hier waren die westlichen Interessen wegen der geographischen Lage Berlins am verwundbarsten. »Zutritt« bedeutete erweiterte Besuchsmöglichkeiten für Westberliner in Ostberlin, wie sie vor dem Mauerbau bestanden und dann durch begrenzte Passierscheinabkommen zu einem Rinnsal kanalisiert worden waren.

175 Diese waren – allerdings in sehr allgemeiner Form – in einem sog. »National Security Decision Memorandum (NSDM)« vom Frühsommer 1971 enthalten, das auf Empfehlungen zurückging, die in dem von einer interministeriellen Studiengruppe erstellten »National Security Study Memorandum (NSSM 111)« vom 29. 12. 1970 enthalten waren, vgl. John P. Leacacos, Kissinger's Apparat, in: Foreign Policy, Nr. 5 (Winter 1971–72), S. 3–27.

176 Vgl. Zündorf, Die Ostverträge, a.a.O., S. 117.

177 Vgl. die Rundfunk- und Fernsehansprache von Präsident Kennedy vom 25. 7. 1961, in: EA 17/1961, S. D 498–505. Zu den westlichen Berlin-Garantien vgl. Mahncke, Berlin im geteilten Deutschland, a.a.O., S. 138 ff.

Bei den Vorbereitungen für Berlin-Verhandlungen hatten sich die drei Westmächte und die Bundesrepublik darauf konzentriert, Regelungen zu erreichen, durch welche die Behinderungen auf den Zugangswegen ausgeschaltet und diese störfrei gemacht würden. Die Bundesrepublik wollte ihrerseits neben einer befriedigenden Zugangsregelung auch eine Anerkennung der Zusammengehörigkeit zwischen der Bundesrepublik und West-Berlin sowie des Rechts zu seiner Außenvertretung erreichen.

5.1 *Verhandlungen der Vier Mächte*

In der ersten Phase dieser Gespräche, die am 26. März 1970 im ehemaligen Alliierten Kontrollratsgebäude in West-Berlin aufgenommen wurden, beschränkten sich beide Seiten auf die Darstellung ihrer Positionen, ohne Kompromißmöglichkeiten anzudeuten. In dem Maße, wie die Bundesregierung - am direktesten Bahr in seinen Gesprächen mit Gromyko in Moskau - deutlich machte, daß sie die von der Sowjetunion geforderten weitreichenden Verpflichtungen zur Respektierung des Status quo in Europa nur eingehen konnte, wenn die Sowjetunion ihrerseits einen ungestörten zivilen Zugang nach Berlin gewährleistete, wurde auch die sowjetische Position flexibler. Die Führung in Moskau lehnte zwar direkte Zusagen an die Bundesregierung ab, weil diese die auch von ihr beanspruchte Vier-Mächte-Verantwortung geschwächt und zudem Konflikte mit der Ostberliner Regierung heraufbeschworen hätten; sie erkannte jedoch an, daß ohne eine Berlin-Regelung angesichts der Kritik der Opposition in der Bundesrepublik an der Unausgeglichenheit der Verpflichtungen eine Ratifizierung der Ostverträge so gut wie ausgeschlossen war. Nach der Unterzeichnung des Moskauer Vertrages wuchs daher das sowjetische Interesse an einer Vereinbarung; gleichzeitig wurde jedoch auch auf westlicher Seite erkannt, daß nunmehr die Aussicht bestand, zu einer umfassenderen Berlin-Regelung zu kommen.
18 Monate zäher Gespräche und Verhandlungen waren jedoch nötig, ehe eine Berlin-Vereinbarung unterschriftsreif war. Zunächst hielt Moskau an seinen Maximalforderungen fest, die in dem Abbau jeglicher Bundespräsenz und in der Umwandlung West-Berlins in eine »freie Stadt« gipfelten. In der Zugangsfrage erklärte es sich für unzuständig, da dies Sache der DDR sei. Die Westmächte wollten dagegen eine sowjetische Garantie für einen nicht nur unbehinderten, sondern erleichterten Zugang nach Berlin sowie eine Anerkennung der politischen Bindungen zwischen der Bundesrepublik und Berlin erreichen, wobei sie auch zum Abbau einiger

mehr demonstrativer Aspekte der Bundespräsenz (z. B. von Tagungen der Bundesversammlung) bereit waren. Ihnen ging es vor allem darum, der Sowjetunion und der DDR den Vorwand für Störmanöver gegen West-Berlin zu nehmen.[178] Da jedoch keine Seite bereit war, von ihren Rechtspositionen abzugehen, beschlossen die Vier Mächte Anfang 1971 auf Vorschlag Egon Bahrs, Rechts- und Statusfragen aus den Verhandlungen auszuklammern. Gleichzeitig gab Moskau Kompromißmöglichkeiten für die umstrittene Zugangsfrage zu erkennen: die Sowjetunion würde eine allgemeine Garantie für den unbehinderten Zugang aussprechen, Einzelheiten müßten jedoch zwischen den beiden deutschen Staaten vereinbart werden. Auch in der Frage der Bundespräsenz zeigte es sich kompromißbereit: die Sowjetunion war bereit, ein gewisses Maß an Bundespräsenz hinzunehmen, wenn ihr ihrerseits eine Präsenz in West-Berlin, etwa in Form eines Konsulates, eingeräumt würde.

Auf dieser Basis zeichneten sich im Frühjahr 1971 Kompromißmöglichkeiten für eine Berlin-Regelung ab, die in den folgenden Wochen und Monaten langsam Gestalt anzunehmen begann. Ihre Grundlage bildete eine Vier-Mächte-Vereinbarung im engeren Sinne; darauf aufbauend würden die Bundesregierung und der Berliner Senat einerseits und die DDR-Regierung andererseits die Modalitäten einer Zugangs- und Zutrittsregelung aushandeln, und schließlich würde das Ganze durch ein Vier-Mächte-Schlußprotokoll besiegelt und in Kraft gesetzt werden. Durch dieses Procedere wurden zusätzlich die enge Verzahnung von bilateraler Ostpolitik und alliierter Deutschland- und Berlin-Politik unterstrichen: »Die Vier Mächte konnten nicht ohne die Deutschen und die Deutschen konnten nicht ohne die Vier Mächte.« (Egon Bahr)[179] Die Verhandlungen zwischen den Vier Mächten über die verschiedenen Einzelfragen beanspruchten jedoch noch den ganzen Sommer, ehe am 3. September 1971 das Vier-Mächte-Abkommen, das seinerseits die Grundlage für die deutsch-deutschen Folgeverhandlungen bildete, unterzeichnet werden konnte.

Entsprechend der im Frühjahr 1971 getroffenen Absprache ließ der Text dieses Abkommens den Verhandlungsgegenstand offen, umschrieb ihn vielmehr durch den Hinweis auf das »betreffende Gebiet« sowie die aus

178 Vgl. Kissinger, White House Years, a.a.O., S. 823 ff. Zu den Berlin-Verhandlungen siehe ferner Die Berlin-Regierung, a.a.O., S. 256 ff.; Honoré M. Catudal, Jr., The Diplomacy of the Quadripartite Agreement on Berlin. A New Era in East-West Politics, Berlin 1978; Erich Vogt, Berlin and the Four-Power Negotiations in the Nixon Administration 1969–1971, Diss. Berlin 1978.

179 Egon Bahr, In Verantwortung für Deutschland. Rede zum 13. August 1981 in Berlin (Mskr.), S. 15.

der Kriegs- und Nachkriegszeit stammenden Vier-Mächte-Rechte und -Verantwortlichkeiten. Unbeschadet der Unterschiede in den Rechtsauffassungen sollte die Lage, die sich in diesem Gebiet entwickelt hat, nicht einseitig verändert werden (Teil I, Art. 4). Im operativen Teil des Vier-Mächte-Abkommens wurden die Westsektoren Berlins explizit genannt. Die Sowjetunion sagte zu, daß der Transitverkehr von zivilen Personen und Gütern zwischen den Westsektoren Berlins und der Bundesrepublik auf Straßen, Schienen- und Wasserwegen durch das Territorium der DDR ohne Behinderungen sein würde. Darüber hinaus sollte dieser Verkehr erleichtert werden, damit er »in der einfachsten und schnellsten Weise vor sich geht« (Teil II, A). Die drei Westmächte erklärten ihrerseits, daß die Bindungen zwischen den Westsektoren Berlins und der Bundesrepublik Deutschland aufrechterhalten und entwickelt würden, wobei sie anerkannten, daß diese Sektoren so wie bisher kein Bestandteil (konstitutiver Teil) der Bundesrepublik waren und auch weiterhin nicht von ihr regiert würden (Teil II, B).
In einem ergänzenden Briefwechsel wurde klar gestellt, wie diese Bestimmung ausgelegt werden sollte, daß z. B. die geltenden Verfahren zur Übernahme von Bundesgesetzen in West-Berlin nicht angetastet werden würden. Die Sowjetunion erklärte in dem Abkommen außerdem, daß der Besuchsverkehr und die Kommunikationsmöglichkeiten zwischen West-Berlin und Ostberlin sowie mit der übrigen DDR verbessert, die Probleme der Exklaven einschließlich Steinstücken durch Gebietsaustausch gelöst werden sollten (Teil II, C). Konkrete Regelungen sollten jeweils zwischen den zuständigen deutschen Behörden vereinbart werden. Ihre Modalitäten wurden jedoch in verschiedenen Anlagen im einzelnen beschrieben. Dabei verwies die Sowjetunion jeweils darauf, daß die Regelung »nach Konsultation und Übereinkunft mit der Regierung der Deutschen Demokratischen Republik« erfolge. Damit wurde der Rechtsstandpunkt der östlichen Seite gewahrt, daß es sich bei dem Transitverkehr durch das Territorium der DDR und bei den Besuchsmöglichkeiten um Angelegenheiten handelte, die in die Zuständigkeit und die Souveränität der DDR fielen. Die drei Westmächte erwähnten ihrerseits die Konsultation der Bundesrepublik, erklärten jedoch nicht deren Zustimmung, da dies ihrer Rechtsauffassung widersprochen hätte, daß Berlin kein Land der Bundesrepublik war. Mit der Bezugnahme auf die beiden deutschen Staaten wurde jedoch deutlich gemacht, daß das Vier-Mächte-Abkommen unter ihrer Mitwirkung zustande gekommen war.
Ferner erhielt die Vier-Mächte-Vereinbarung einen Hinweis darauf, daß die Vertretung der Interessen West-Berlins durch die Bundesrepublik –

die dabei quasi im Auftrag der drei Westalliierten handelte – wahrgenommen werden konnte (Teil II, D und Anlage IV); ferner einen Passus über die Errichtung eines sowjetischen Generalkonsulates in West-Berlin (Anlage IV). In den Fragen von »Zugang« und »Zutritt« war dem Westen eine weitgehende rechtliche Absicherung seiner Forderungen gelungen, in der Frage des »Zustandes« war zwar keine wasserdichte Regelung erreicht worden – dies zeigt den Streit darüber, in welcher Weise die Bindungen West-Berlins an die Bundesrepublik weiter entwickelt werden konnten – jedoch waren wesentliche Verbesserungen erzielt worden, insbesondere dadurch, daß zum ersten Mal die Außenvertretung West-Berlins durch die Bundesrepublik vertraglich anerkannt worden war.
Vor der Unterzeichnung der Vier-Mächte-Vereinbarung stellte sich noch das Problem einer verbindlichen deutschen Fassung, die den deutsch-deutschen Ausführungsverhandlungen zugrunde liegen sollte. Da insbesondere die amerikanische Seite ihre Unterschrift unter das Abkommen von dem Vorliegen einer solchen abhängig gemacht hatte, wurde unter großem Termindruck ein Text von den Delegationen der Bundesrepublik und der DDR ausgearbeitet, die zu diesem Zeitpunkt bereits Gespräche über Verkehrsfragen führten. Dabei waren einige Schlüsselbegriffe, z. B. »ties«: Bindungen oder Verbindungen, »constituent part«: Bestandteil oder konstitutiver Teil, umstritten. Nach Einschaltung der Botschafter der Vier Mächte wurde zwar Übereinstimmung über einen deutschen Text erzielt, in dessen Kenntnis die Unterschriftsleistung erfolgte, von dem sich die DDR jedoch alsbald distanzierte. Die Übersetzung der oben genannten Begriffe blieb daraufhin strittig.[180]

180 Vgl. den Text des Viermächte-Abkommens in: Die Berlin-Regelung, a.a.O., S. 157–177; die DDR-Interpretation, in: Ministerium für Auswärtige Angelegenheiten der DDR und Ministerium für Auswärtige Angelegenheiten der UdSSR (Hrsg.), Das Vierseitige Abkommen über Westberlin und seine Realisierung (Dokumente 1971–1977), Berlin (Ost) 1977. Eine wichtige Rolle bei der Suche nach Kompromißformeln spielten von den drei Westmächten am 5. 2. 1971 sowie von der Sowjetunion am 26. 2. 1971 vorgelegten Abkommensentwürfe die – entgegen der von beiden Seiten vereinbarten Vertraulichkeit – auszugsweise von Zycie Warszawy am 16. 4. 1971, einige Tage später auch von verschiedenen deutschen Blättern veröffentlicht wurden. Vgl. Wolfgang Wagner, Mit den Augen des Westens und des Ostens – Ein Vergleich zwischen dem westlichen und dem sowjetischen Berlin-Papier, in: Tsp., 28. 4. 1971; ferner ders., Das Berlin-Problem als Angelpunkt eines Ausgleichs zwischen Ost und West in Europa. Die Berlin-Verhandlungen und die Aussichten der deutschen Ostpolitik, in: EA 11/1971, S. 375–382.

5.2 *Deutsch-deutsche Verhandlungen*

In den anschließenden deutsch-deutschen Verhandlungen wurde zunächst ein Protokoll über den Post- und Fernmeldeverkehr ausgehandelt, dessen West-Berlin betreffende Ziff. 6 und 7 Eingang in die Vier-Mächte-Vereinbarungen fanden. Die wichtigste deutsche Ausfüllungsvereinbarung war jedoch das Transitabkommen, in dem der Verkehr zwischen der Bundesrepublik und dem Westteil Berlins für alle Zivilpersonen geregelt wurde. Für den Transitverkehr waren besondere Grenzübergangsstellen und Transitstrecken zu benutzen, er hatte ferner nach Maßgabe der Gesetze und Bestimmungen der DDR zu erfolgen. Besondere Bedeutung hatte in diesem Zusammenhang die Mißbrauchsregelung. Hier standen sich die Interessen der Bundesrepublik an Rechtssicherheit auf den Transitwegen und das Interesse der DDR an politischer Sicherheit gegenüber. Nur im Falle eines Mißbrauchs der Transitwege sollte der Reisende jedoch Durchsuchung, Zurückweisung oder gar Festnahme zu gewärtigen haben, nicht aber im Hinblick auf seine Zugehörigkeit zu einer bestimmten Personenkategorie, wegen seiner politischen Tätigkeit in der Bundesrepublik und in West-Berlin oder – bis auf eine klar begrenzte Ausnahme – wegen früher begangener, nach dem Recht der DDR strafbarer Handlungen. Das Visaverfahren wurde vereinfacht; weder den Westmächten noch der Bundesrepublik gelang es jedoch, eine Abschaffung der Visapflicht zu erreichen. Ferner wurden die Modalitäten des Güterverkehrs geregelt. In Verhandlungen zwischen dem Senat von Berlin und der DDR wurde eine Vereinbarung über erweiterte Besuchsmöglichkeiten von Personen mit Wohnsitz in Berlin (West) in Ostberlin und in der DDR beschlossen sowie ein Gebietsaustausch, der verschiedene Grenzgrundstücke und Enklaven umfaßte, vereinbart.[181]
Diese zwischen der Bundesrepublik bzw. dem Berliner Senat und der DDR ausgehandelten Ausfüllungsvereinbarungen lagen am 17. bzw. 21. Dezember 1971 vor. Vor der Unterzeichnung waren sie den Westmächten zur Billigung übermittelt worden, die sie als in Übereinstimmung mit dem Vierseitigen Abkommen bezeichneten. Das Vier-Mächte-Schlußprotokoll, mit dem die Gesamtregelung in Kraft gesetzt wurde und das darüber hinaus Vier-Mächte-Konsultationen im Fall von Schwierigkeiten bei seiner Anwendung oder bei einer Verletzung der eingegangenen Verpflich-

181 Vgl. Die Berlin-Regelung, a.a.O., S. 13 ff. u. S. 283 ff., ferner Zündorf, Die Ostverträge, a.a.O., S. 188 ff.

tungen vorsah, konnte jedoch erst am 3. Juni 1972 unterzeichnet werden, da die Sowjetunion – in Umkehrung des Berlin-Junktims der Bundesregierung – nunmehr ihrerseits das Inkrafttreten der Berlin-Regelung von der vorhergehenden Ratifizierung der Ostverträge durch die Bundesrepublik abhängig gemacht hatte.

Bei der Bewertung der Berlin-Regelung stehen drei Ergebnisse im Vordergrund: die Bestätigung der Präsenz der drei Westmächte in West-Berlin auf der Grundlage originärer Rechte, die Anerkennung der Zusammengehörigkeit zwischen West-Berlin und der Bundesrepublik sowie der unbehinderte Zugang von und nach der Stadt. Auch wenn nicht alle westlichen Verhandlungsziele erreicht und die unterschiedlichen Rechtsstandpunkte durch Formelkompromisse kaschiert werden mußten, wurde durch das Berlin-Abkommen die Situation in und um Berlin politisch und rechtlich stabilisiert. Vor allem erhöhte es entscheidend die Lebensfähigkeit der Stadt und die Lebensqualität für ihre Bewohner – durch den Verzicht auf die ständige Infragestellung ihres Status, durch die Sicherung der Zugangswege und durch verstärkte Bewegungsmöglichkeiten für Westberliner. Dies wird besonders an dem wirtschaftlichen Aufschwung deutlich, den die Stadt seit dem Berlin-Abkommen genommen hat.

Einer der Hauptkritikpunkte war die Anerkennung des östlichen Rechtsstandpunktes, daß Berlin (West) kein Bestandteil der Bundesrepublik war, sowie die Verminderung der Bundespräsenz, z. B. der Verzicht auf Sitzungen der Bundesversammlung und des Bundestages in Berlin oder auf Verfassungs- bzw. Amtsakte des Bundespräsidenten, des Bundeskanzlers und anderer Bundesminister. Da es sich dabei um eher demonstrative Aspekte der Berlin-Präsenz handelte (die auch als solche in der Vergangenheit begriffen worden waren), hatte die Diskussion darüber eher den Charakter eines Schattenboxens: die Anerkennung West-Berlins als Land der Bundesrepublik *und* die Fortgeltung der alliierten Rechte und Verpflichtungen in bezug auf ganz Berlin war nicht gleichzeitig zu erreichen. Die Interpretation, Berlin sei ein Land der Bundesrepublik, konnte sich zwar auf verschiedene Urteile des Bundesverfassungsgerichts stützen,[182] stand jedoch im Widerspruch zu der Haltung der Alliierten, die mit der Suspendierung von Art. 23 GG sowie von Art. 1,2 der Berliner Verfassung stets die Auffassung vertreten hatten, daß für West-Berlin ein Sonderstatus galt. Die Bundesregierung war ihrerseits vor allem bestrebt, eine praktikable Regelung zu erreichen, durch welche die Bundespräsenz grundsätzlich bestätigt und die Lebensfähigkeit der Stadt zeitlich unbe-

182 Vgl. Delbrück, Die staatsrechtliche Stellung Berlins, a.a.O., S. 217 ff.

grenzt gesichert wurde.[183] Sie konnte sich dabei auf ein hohes Maß an prinzipieller Übereinstimmung mit weiten Teilen der CDU/CSU-Opposition stützen.
Schwachstellen des Berlin-Abkommens blieben einige der bewußt ambivalent gehaltenen Formulierungen, die den Status der Stadt betrafen. Die Erstreckung völkerrechtlicher Verträge auf Berlin war mit Hilfe der sogenannten »Frank-Falin-Formel«, die explizit auf das Vier-Mächte-Abkommen vom 3. September 1971 Bezug nahm,[184] einvernehmlich geregelt worden. Umstritten blieb jedoch, wie die Bestimmung des Berlin-Abkommens interpretiert werden sollte, nach der die Bindungen zwischen Berlin (West) und der Bundesrepublik entwickelt werden konnten: bezog sich dieser Passus nur auf Verbindungen in verkehrstechnischer und postalischer Hinsicht, wie Moskau zunächst argumentierte, oder umfaßte er die Gesamtheit politischer, wirtschaftlicher und rechtlicher Bindungen, wie der Westen behauptete? Und schließlich, deckte er die Vermehrung oder nur die Intensivierung bestehender Bindungen? Diese Frage entzündete sich Ende 1973 an den Plänen der Bundesregierung, in Berlin ein Umweltbundesamt zu errichten. Aber auch die turnusmäßige Wahl des Regierenden Bürgermeisters zum Präsidenten des Bundesrates (und damit auch zum Vertreter des Bundespräsidenten) oder die Entsendung von Abgeordneten in das direkt gewählte Europäische Parlament wurde von der Sowjetunion beanstandet. Eine einvernehmliche Klärung ließ sich nicht erreichen.[185] Während die Bundesregierung das Recht zur »Entwicklung der

183 In die publizistische Diskussion über die Berlin-Regelung griff die Bundesregierung mit versch. Erklärungen und – in einigen Fällen unter Pseudonym veröffentlichten – Stellungnahmen ein; vgl. z. B. Rüdiger Freiherr von Wechmar, Die Berlin-Erklärung der Bundesregierung, in: SZ, 24. 3. 1971, abgedruckt in: Texte zur Deutschlandpolitik, Bd. 8, S. 121–122; Wieland Deutsch (= Rüdiger von Wechmar), Schwierigkeiten einer Berlin-Regelung, in: Liberal, H. 5, 1971, abgedruckt in: Texte zur Deutschlandpolitik, Bd. 8, S. 186–192.

184 Diese Formel, die von den Staatssekretären Frank und Falin im Sommer 1972 ausgehandelt worden war, lautet: »Entsprechend dem Viermächte-Abkommen vom 3. September 1971 wird dieses Abkommen in Übereinstimmung mit den festgelegten Verfahren auf Berlin (West) ausgedehnt«; vgl. Zündorf, Die Ostverträge, a.a.O., S. 160. Diese Klausel beinhaltet alle nach Abschluß des Berlin-Abkommens mit der Sowjetunion und osteuropäischen Staaten abgeschlossenen Abkommen, es sei denn, diese beziehen sich auf Fragen des Status und der Sicherheit; dann ist eine Einbeziehung Berlins nicht möglich.

185 Zu den Problemen der Anwendung des Berlin-Abkommens vgl. Das vierseitige Abkommen über Westberlin und seine Realisierung, a.a.O., und, als halboffizielle Stellungnahme der Bundesregierung, Günther van Well, Die Teilnahme Berlins am internationalen Geschehen: ein dringender Punkt auf der Ost-West-Tagesordnung, in: EA 20/1976, S. 647–656.

Bindungen« herausstrich, konnte sich die Sowjetunion auf die Bestimmung stützen, daß die Lage in Berlin nicht einseitig verändert werden durfte. Moskau bekannte sich zwar wiederholt zu der »strikten Einhaltung und vollen Anwendung des Abkommens«,[186] machte jedoch kein Hehl daraus, daß es primär an der »Einhaltung« des Abkommens interessiert war und einen Ausbau der Verbindungen zwischen West-Berlin und der Bundesrepublik als nicht vertragskonform betrachtete.
Berlin blieb damit weiterhin ein Seismograph, an dem sich der Zustand der Ost-West-Entspannung ablesen ließ. Dies wurde besonders deutlich, als die DDR-Regierung im Oktober 1980 den Mindestumtausch bei Besuchen in Ostberlin und in der DDR einseitig erhöhte. Sie verstieß damit zwar nicht gegen den Wortlaut der Regelungen über den Besucherverkehr oder gegen den Verkehrsvertrag, beeinträchtigte jedoch de facto die innerstädtische Kommunikation und damit auch den Geist der Berlin-Regelung. Dennoch waren die Pressionsmöglichkeiten in und mit Berlin wesentlich verringert worden. Vor allem brachte das Vier-Mächte-Abkommen eine erhebliche Verbesserung der Lebensfähigkeit Berlins, weil es zusammen mit den Vereinbarungen zwischen der Bundesrepublik und der DDR über den Transit von und nach Berlin, über den verbesserten Post- und Telefonverkehr sowie durch die Vereinbarungen zwischen dem Senat von Berlin und der DDR über Reise- und Besucherverkehr das Schicksal der Menschen in der geteilten Stadt wesentlich erleichterte. »Insofern war die Berlin-Regelung typisch für die Regelung der Deutschland-Frage insgesamt: zugunsten einer pragmatischen Politik des Ausgleichs und der Verständigung verzichtete man darauf, Rechtsstandpunkte zu vertreten, die im Augenblick ohnehin nicht zu realisieren waren, ohne sie allerdings völlig preiszugeben. Diese Politik trug dazu bei, der Entspannung in Europa den Weg zu ebnen und die Hindernisse für die Einberufung der Konferenz über Sicherheit und Zusammenarbeit in Europa . . . zu beseitigen. Eine befriedigende Berlin-Regelung war die Voraussetzung dafür gewesen, daß der Westen zu weiterreichenden Gesprächen über die Ost-West-

186 Diese sog. »Petersberger Formel« war anläßlich des Besuches von Generalsekretär Breschnjew im Mai 1973 in Bonn ausgehandelt worden. Im Kommuniqué über diesen Besuch hieß es: ». . . Willy Brandt und L. I. Breschnjew sind übereinstimmend der Auffassung, daß die strikte Einhaltung und volle Anwendung dieses Abkommens eine wesentliche Voraussetzung für eine dauerhafte Entspannung im Zentrum Europas und für eine Verbesserung der Beziehungen zwischen den entsprechenden Staaten, insbesondere zwischen der Bundesrepublik Deutschland und der Sowjetunion, sind«, in: EA 12/1973, S. D 337. Bei politischen Erklärungen in der DDR und in anderen osteuropäischen Staaten beließ es die Sowjetunion jedoch häufig bei der »strikten Einhaltung« des Abkommens und ließ die Verpflichtung zur »vollen Anwendung« fort.

Beziehungen in Europa bereit war«.[187] Sie war ebenfalls die Voraussetzung für die Ratifizierung der Verträge von Moskau und Warschau, welche unmittelbar darauf von der Bundesregierung eingeleitet wurde und die – nach heftigen innenpolitischen Kontroversen – am 17. Mai 1972 erfolgte. Und schließlich eröffnete die Berlin-Regelung auch die Möglichkeit für eine Normalisierung der innerdeutschen Beziehungen.

6. *Die Normalisierung der Beziehungen zwischen den beiden deutschen Staaten*

Kernstück der Ostpolitik war jedoch die Regelung der Beziehungen zwischen den beiden deutschen Staaten. In seiner Regierungserklärung am 28. Oktober 1969 hatte Bundeskanzler Brandt erklärt, Ziel der Politik der Sozialliberalen Koalition sei es, »die Einheit der Nation dadurch zu wahren, daß das Verhältnis zwischen den Teilen Deutschlands aus der gegenwärtigen Verkrampfung« gelöst wird. Er bot der DDR Verhandlungen an, die zu einer vertraglich vereinbarten Zusammenarbeit unterhalb der Schwelle völkerrechtlicher Anerkennung führen sollten. In diesem Zusammenhang gebrauchte Brandt die Formel von den »zwei Staaten in Deutschland«, die füreinander nicht Ausland sein könnten.[188] Der Versuch, über ein geregeltes Nebeneinander zu einem Miteinander zu kommen, ohne die Einheit der Nation aus dem Blick zu verlieren, war die Umsetzung in praktische Politik des von Egon Bahr Anfang der sechziger Jahre entwickelten Konzeptes eines »Wandels durch Annäherung«.[189]
Mit dem Angebot, Verhandlungen mit der DDR über eine Normalisie-

187 Görtemaker, Die unheilige Allianz, a.a.O., S. 111. Zur Bewertung der Berlin-Regelung vgl. auch Zündorf, Die Ostverträge, a.a.O., S. 147 ff.; Honoré M. Catudal, A Balance Sheet of the Quadripartite Agreement on Berlin. Evaluation and Documentation, Berlin 1978; Ernst R. Zivier, Der Rechtsstatus des Landes Berlin. Eine Untersuchung nach dem Viermächte-Abkommen vom 3. September 1971, Berlin 1977[3], Rolf Heyen (Hrsg.), Die Entkrampfung Berlins oder Eine Stadt geht zur Tagesordnung über, Reinbek 1972 (rororo aktuell).

188 Regierungserklärung vom 28. 10. 1969, DBT/VI/7, in: Texte zur Deutschlandpolitik, Bd. 4, S. 9–52 (S. 11 f.).

189 Vgl. die Rede von Egon Bahr am 15. 7. 1963 vor der Evangelischen Akademie Tutzing, in: Sicherheitspolitik der BRD, Teil 2, S. 550–553: vgl. ferner das Interview von Bahr mit Günter Gaus in der Sendung »Zur Person« am 4. 6. 1972, Niederschrift des Südwestfunks.

rung der gegenseitigen Beziehungen zu führen, ging auch eine Revision der von Bonn bisher betriebenen Nichtanerkennungspolitik der DDR einher. Die Bundesregierung stellte die Freigabe der Anerkennung der DDR durch dritte Staaten in Aussicht, wenn »Ostberlin auf unsere Bemühungen zu einem geregelten Modus vivendi eingeht«. Im einzelnen hieß es in einem Runderlaß des Auswärtigen Amtes, der den Auslandsvertretungen der Bundesrepublik am Tag der Regierungserklärung übermittelt wurde: »Vertragliche Vereinbarungen mit der DDR sollen dazu beitragen, die Spaltung unseres Volkes zu überwinden. Deshalb wird sich unsere Haltung zu den Außenbeziehungen der DDR danach bestimmen, wieweit Ostberlin auf unsere Bemühungen, über ein geregeltes Nebeneinander zu einem Miteinander zu kommen, eingeht. Von den anderen Staaten erwarten wir, daß sie bis zur Regelung dieses Verhältnisses die Frage der interationalen Stellung der DDR nicht präjudizieren und damit die innerdeutschen Bemühungen nicht beeinträchtigen.«[190] Die Frage der Außenbeziehungen der DDR wurde auf diese Weise als Mittel zur Förderung eines innerdeutschen Modus vivendi eingesetzt.

6.1 *Der Beginn des Dialoges: Erfurt und Kassel*

Da für die Bundesregierung die Verhandlungen mit Moskau über einen umfassenden Modus vivendi in Mitteleuropa Vorrang hatten – in richtiger Einschätzung der europäischen Kräfterelationen –, beschränkte sie sich zunächst darauf, ihre Absichten und Ziele darzulegen. Sei es, daß die DDR ihre Position zu den anstehenden Fragen darlegen, oder daß sie die Verhandlungsinitiative zurückgewinnen wollte, am 17. Dezember 1969 schlug jedenfalls Ulbricht in seiner Eigenschaft als Staatsratsvorsitzender der DDR Bundespräsident Heinemann »die Aufnahme gleichberechtigter, völkerrechtlicher Beziehungen zwischen den beiden deutschen Staa-

190 Bundesaußenminister Scheel, Interview mit Associated Press, 31. 10. 1969, abgedruckt in: Texte zur Deutschlandpolitik, Bd. 4, S. 53–58 (S. 57). Der Runderlaß war vom Deutschland- und Berlin-Referat des AA erarbeitet worden und im Namen von Außenminister Scheel den Auslandsvertretungen der Bundesrepublik am 28. 10. 1969 übermittelt worden. In Anspielung auf die »Hallstein-Doktrin« wird die darin empfohlene völkerrechtliche Behandlung der DDR auch als »Scheel-Doktrin« bezeichnet. Sein Inhalt wurde am 6. 11. 1969 von der WELT veröffentlicht und in einer Rede von Außenminister Scheel am 8. 11. 1969 auf dem FDP-Parteitag in Berlin bestätigt; vgl. Schmid, Die Deutschlandpolitik der Regierung Brandt-Scheel, a.a.O., S. 73 f. und Anm. 69.

ten entsprechend den Prinzipien der friedlichen Koexistenz« vor. Dem Schreiben war der »Entwurf eines Vertrages über die Aufnahme gleichberechtigter Beziehungen zwischen der Deutschen Demokratischen Republik und der Bundesrepublik Deutschland« beigefügt. In dem neun Artikel umfassenden Entwurf wurde u. a. die »Aufnahme normaler gleichberechtigter Beziehungen, frei von jeder Diskriminierung ... auf der Grundlage der allgemein anerkannten Prinzipien und Normen des Völkerrechts«, der Austausch von Botschaftern sowie die sofortige Aufnahme beider deutscher Staaten in die Vereinten Nationen vorgeschlagen. Ferner enthielt der Entwurf Erklärungen zur Anerkennung der bestehenden europäischen Grenzen, zum Gewaltverzicht und zur Respektierung West-Berlins als selbständige politische Einheit.[191]
Bundeskanzler Brandt benutzt die Gelegenheit der »Erklärung zur Lage der Nation« am 14. Januar 1970, um sich mit den Vorschlägen Ulbrichts auseinanderzusetzen. Er erklärte die Bereitschaft der Bundesregierung, mit der DDR einen breit angelegten Meinungsaustausch über alle Fragen zu führen, die für geregelte Beziehungen zwischen den beiden deutschen Staaten von Bedeutung sein könnten, ohne sich zu diesem Zeitpunkt jedoch auf Einzelheiten festzulegen. Angesichts der Tatsache, daß die Sondierungen mit Moskau noch ganz am Anfang standen, wollte sich Bonn nicht in irgendeiner Weise binden; gleichzeitig glaubte es, mit dem Angebot zu allgemeinen Verhandlungen Ulbrichts Taktik unterlaufen zu können. Brandt formulierte sechs Grundsätze, von denen sich die Bundesregierung bei Verhandlungen mit der DDR leiten lassen würde:

- Verpflichtung zur Wahrung der Einheit der Nation: die beiden deutschen Staaten könnten füreinander nicht Ausland sein;
- Geltung der Prinzipien zwischenstaatlichen Rechts: Ausschluß jeglicher Diskriminierung, Respektierung der territorialen Integrität und der Grenzen;

191 Vgl. Schreiben des DDR-Staatsratsvorsitzenden, Walter Ulbricht, an Bundespräsident Gustav Heinemann, vom 17. 12. 1969, sowie Entwurf eines Vertrages über die Aufnahme gleichberechtigter Beziehungen zwischen der Deutschen Demokratischen Republik und der Bundesrepublik Deutschland, in: Texte zur Deutschlandpolitik, Bd. 4, S. 143–147. Ähnliche Forderungen hatte Ulbricht am 12. 12. 1969 in einem Referat auf der 12. Tagung des ZK der SED erhoben, in dem er sich eingehend mit der deutschlandpolitischen Position der Bundesregierung auseinandergesetzt und die These von den »besonderen Beziehungen« zwischen den beiden deutschen Staaten mit Nachdruck abgelehnt hatte; vgl. ebenda, S. 96–142. Bereits im September 1967 hatte die DDR der BRD Verhandlungen über die Aufnahme »normaler Beziehungen« vorgeschlagen und einen Vertragsentwurf übermittelt; vgl. ND, 20. 9. 1967, in: Texte zur Deutschlandpolitik, Bd. 1, S. 124–129.

- Verpflichtung zur friedlichen Lösung aller Streitfragen;
- keine gewaltsame Änderung der gesellschaftlichen Struktur des anderen Verhandlungspartners;
- Regelung der nachbarschaftlichen Zusammenarbeit, insbesondere auf fachlich-technischem Gebiet, sowie Vereinbarung menschlicher Erleichterungen;
- Respektierung der Rechte und Verantwortlichkeiten in der Vier Mächte in Bezug auf Deutschland als Ganzes und Berlin;
- Unterstützung der Vier-Mächte-Verhandlungen zur Verbesserung der Lage in und um Berlin.[192]

Auf diese Ausführungen Brandts antwortete Ulbricht bereits wenige Tage später auf einer eigens zu diesem Zwecke einberufenen internationalen Pressekonferenz in Ostberlin. Er wiederholte zwar die Forderung der DDR nach »normalen, gleichberechtigten, völkerrechtlichen Beziehungen«, bezeichnete jedoch den Vertragsentwurf der DDR vom Dezember nicht mehr als ausschließliche Gesprächsgrundlage. Außerdem wollte die DDR das Ergebnis der Verhandlungen zwischen der Bundesrepublik und der Sowjetunion abwarten.[193] Dies gab nunmehr der Bundesregierung die Initiative zurück, die ihrerseits Ostberlin Verhandlungen über den Austausch von Gewaltverzichtserklärungen vorschlug. Sie benannte als Unterhändler den Bundesminister für Innerdeutsche Beziehungen, Egon Franke – einen für die DDR kaum akzeptablen Gesprächspartner, da sie die Existenz spezifischer innerdeutscher Beziehungen ja stets infrage gestellt und stattdessen normale diplomatische Beziehungen gefordert hatte.

In seiner Antwort kritisierte der Vorsitzende des DDR-Ministerrates, Willi Stoph, daß die Bundesregierung bisher nicht zu dem Vertragsentwurf der DDR Stellung genommen habe, vermied jedoch sorgfältig, diesen als alleinige Verhandlungsgrundlage zu bezeichnen. »Zur Herbeiführung der friedlichen Koexistenz und der vertraglichen Regelung normaler Beziehungen zwischen der Deutschen Demokratischen Republik und der Bundesrepublik Deutschland auf der Grundlage der allgemein anerkann-

192 Vgl. Bundeskanzler Brandt, »Bericht zur Lage der Nation« am 14. 1. 1969 vor dem Deutschen Bundestag, DBT/VI/22, in: Texte zur Deutschlandpolitik, Bd. 4, S. 201–221. Zu den internen Überlegungen innerhalb der Koalition über den ostpolitischen Kurs und eine Antwort auf die Vorschläge Ulbrichts vgl. Russisches Roulett, in: SPIEGEL, Nr. 55, 29. 12. 1969, S. 17–26.

193 Vgl. die Rede des DDR-Staatsratsvorsitzenden, Walter Ulbricht, am 19. 1. 1970 auf einer internationalen Pressekonferenz in Ost-Berlin, ND, 20. 1. 1970, abgedruckt in: Texte zur Deutschlandpolitik, Bd. 4, S. 256–274.

ten Normen des Völkerrechts« schlug er stattdessen eine Zusammenkunft zwischen ihm und Bundeskanzler Brandt vor, die noch im Februar 1970 in Ostberlin stattfinden sollte. Bundeskanzler Brandt nahm die Einladung zu einem solchen Gespräch am 11. Februar an, bat jedoch um eine Terminverschiebung und machte gleichzeitig deutlich, daß die Zusammenkunft ohne Vorbedingungen von irgendeiner Seite erfolgen müßte.[194] Eine Reihe von sensitiven Statusfragen, insbesondere hinsichtlich West-Berlins, mußten geklärt werden, ehe vereinbart wurde, daß sich beide Regierungschefs am 19. März in Erfurt treffen und daß dieser Begegnung eine zweite in der Bundesrepublik folgen sollte.

Das Treffen zwischen Bundeskanzler Brandt und Ministerpräsident Stoph in Erfurt hatte vor allem eine politisch-psychologische Bedeutung. Vor aller Welt wurde demonstriert, daß Deutsche und Deutsche miteinander reden konnten. Gleichzeitig wurde – unbeabsichtigt – deutlich, wie stark das Zusammengehörigkeitsgefühl zwischen den Deutschen nach 25 Jahren der Teilung noch war. Sachlich brachte die Zusammenkunft keine Fortschritte. Brandt wiederholte die sechs Prinzipien, die er bereits in seiner »Erklärung zur Lage der Nation« Anfang Januar als Leitsätze für innerdeutsche Verhandlungen genannt hatte, und Stoph unterbreitete erneut die Forderung der DDR, daß beide deutschen Staaten gleichberechtigte, völkerrechtliche Beziehungen zueinander aufnehmen sollten.

Die Forderungen seiner Regierung faßte er in sieben Punkten zusammen:

- Herstellung normaler gleichberechtigter Beziehungen zwischen der DDR und der BRD auf der Grundlage des Völkerrechts; Aufgabe des Alleinvertretungsanspruchs durch die BRD in allen Formen;
- Nichteinmischung in die außenpolitischen Beziehungen des anderen Staates, Verzicht auf die »Hallstein-Doktrin«;
- Gewaltverzicht nach Art. 2 der UN-Charta;
- Mitgliedschaft der DDR und der BRD in den Vereinten Nationen;
- Verzicht auf Besitz oder Verfügungsgewalt über Kernwaffen;
- Verzicht auf B- und C-Waffen, Herabsetzung der Rüstungsausgaben;
- Beseitigung aller Überreste des Zweiten Weltkrieges;
- Begleichung aller Schulden gegenüber der DDR und Regelung der Wiedergutmachungsverpflichtungen durch die BRD.

194 Vgl. Schreiben von Bundeskanzler Willy Brandt an den Vorsitzenden des DDR-Ministerrates, Willi Stoph, vom 22. 1. 1970, die Antwort von Ministerpräsident Stoph vom 11. 2. 1970, die Rückantwort von Brandt vom 18. 2. 1970 sowie ein weiteres Schreiben von Brandt an Stroph vom 8. 3. 1970, in: Texte zur Deutschlandpolitik, Bd. 4, S. 277, S. 291 ff., S. 294 f. u. S. 322.

Das einzige konkrete Ergebnis dieser Begegnung[195] war, daß beide Seiten verabredeten, am 21. Mai 1970 in Kassel zu einem weiteren Gespräch zusammenzutreffen.
In Kassel machte Stoph erneut die Regelung konkreter Fragen in den Beziehungen zwischen den deutschen Staaten von der vorherigen völkerrechtlichen Anerkennung der DDR abhängig. Als Antwort auf den Vertragsentwurf der DDR vom Dezember 1969 legte Brandt ein 20-Punkte-Memorandum - die sog. »20-Punkte von Kassel« vor, das »Grundsätze und Vertragselemente für die Aufnahme von gleichberechtigten Beziehungen zwischen der Bundesrepublik Deutschland und der Deutschen Demokratischen Republik« enthielt. Seine wichtigsten Elemente waren die Absicht der Bundesrepublik, mit der DDR einen vollgültigen Vertrag zu schließen, durch den die Beziehungen zwischen den beiden Staaten in Deutschland geregelt und die Kontakte zwischen den Menschen verbessert werden könnten. Dieser Vertrag sollte die gleiche Bindungswirkung haben wie andere Verträge zwischen souveränen Staaten und würde Verpflichtungen zum Gewaltverzicht, zur Achtung der territorialen Integrität sowie der Grenzen und zur Nichteinmischung in die inneren Angelegenheiten enthalten. Insbesondere würde »keiner der beiden deutschen Staaten für den anderen handeln und ihn vertreten« können. Er müßte jedoch der besonderen Lage in Deutschland und der Deutschen Rechnung tragen, »die in zwei Staaten leben und sich dennoch als Angehörige einer Nation verstehen.« Dies sollte einmal durch Respektierung der Rechte und Verpflichtungen der Vier Mächte und der von ihnen getroffenen Vereinbarungen sowie durch die Respektierung der Bindungen zwischen West-Berlin und der Bundesrepublik geschehen. Zum anderen sollte der Vertrag Regelungen für die Probleme vorsehen, die aus der Teilung entstanden waren und durch die die Zusammenarbeit auf allen Gebieten, im Handel sowie im Reiseverkehr erleichtert werden konnte.[196] Die Aufgabe des Alleinvertre-

195 Egon Bahr sprach später von der »Eisbrecherfunktion«, die dieses Treffen gehabt habe. Für die Zuschauer an den Fernsehschirmen bleibt unvergeßlich, wieviel Emotionen ausgelöst wurden, als eine jubelnde Menge in Erfurt den deutschen Bundeskanzler mit »Willy, Willy!«-Rufen feierte. Die Ausführungen von Bundeskanzler Brandt und Ministerpräsident Stoph in Erfurt sowie das gemeinsame Kommuniqué über die Begegnung vom 19. 3. 1970 sind abgedruckt in: Texte zur Deutschlandpolitik, Bd. 4, S. 327-365. Brandt gab ebenfalls am 20. 3. 1970 vor dem Deutschen Bundestag eine Erklärung über den Verlauf des Treffens ab, vgl. DBT/VI/41, in: Texte zur Deutschlandpolitik, Bd. 4, S. 366-370; Ministerpräsident Stoph berichtete einen Tag darauf vor der Volkskammer, ebenda, S. 371-383.

196 Die verschiedenen Erklärungen anläßlich des Kasseler Treffens zwischen Bundeskanzler Brandt und Ministerpräsident Stoph am 21. Mai 1970 sowie die Berichte beider Regierungschefs über die Zusammenkunft sind abgedruckt in: Texte zur Deutschland-

tungsanspruchs wurde damit in einen konkreten Zusammenhang mit Schritten zur Normalisierung der beiderseitigen Beziehungen gestellt.
Das Kasseler Treffen brachte die Erkenntnis, daß es sinnlos sein würde, sich weiter öffentlich anzureden, sondern daß die strittigen Fragen erst durch Sachverständige vorgeklärt werden mußten, ehe weitere Spitzenbegegnungen mit einiger Aussicht auf Erfolg stattfinden konnten. Obwohl zu diesem Zeitpunkt bereits eine grundsätzliche Einigung zwischen Bonn und Moskau in Gestalt des »Bahr-Papiers« erzielt worden war – das den Formulierungen der »20-Punkte« zugrunde lag – war die DDR nicht bereit, von ihrer Forderung nach völkerrechtlicher Anerkennung abzugehen und der besonderen Situation zwischen den beiden deutschen Staaten Rechnung zu tragen. Eher hatte sich ihre Haltung seit Erfurt verhärtet. Dies mag auch eine Reaktion auf die innenpolitischen Entwicklungen gewesen sein, die das Treffen der beiden Regierungschefs ausgelöst hatte. Jedenfalls regte Stoph in Kassel eine »Denkpause« an – bei prinzipieller Bereitschaft, den Gesprächsfaden nicht abreißen zu lassen. Eine Grundlage für eine mögliche Annäherung der Standpunkte zeichnete sich jedoch nicht ab.
Ende Oktober 1970 wurde in Bonn und in Ostberlin die Fortsetzung des Meinungsaustausches bekannt gegeben. Die Initiative zu den Gesprächen ging von der DDR aus, die angesichts der Fortschritte auf den anderen ost-westlichen Verhandlungsebenen fürchtete, den Anschluß an den Entspannungsdialog zu verlieren. Ein erstes vertrauliches Gespräch fand am 27. November 1970 in Ostberlin zwischen den Staatssekretären Bahr und Kohl statt. Da beide Seiten nicht zu Abstrichen an ihren grundsätzlichen Positionen bereit waren, konzentrierten sich die Kontakte zwischen Bonn und Ostberlin auf praktische Fragen des Verkehrs. Dies hatte zwei Gründe: zum einen waren auf diesem Gebiet praktische Verbesserungen naheliegend, und zum anderen zeichnete sich in den Berlin-Verhandlungen ab, daß die Vier Mächte zwar eine allgemeine Regelung treffen würden, konkrete Einzelheiten jedoch durch die beiden deutschen Staaten vereinbart werden müßten. Dabei bestand freilich die Gefahr, daß durch innerdeutsche Abmachungen eine Vier-Mächte-Regelung präjudiziert werden könnte. Die DDR förderte derartige Bestrebungen, u. a. mit ihrem Ange-

politik, Bd. 5, S. 96–170. Die »20 Punkte von Kassel« sind Teil der Erklärung von Brandt zur Eröffnung des Treffens, vgl. ebenda, S. 100 ff. Die Grundsätze zur Gestaltung der gegenseitigen Beziehungen entsprechen im wesentlichen den Aussagen in Pkt. 6 des »Bahr-Papiers«, werden jedoch ergänzt durch praktische Schritte zur Verbesserung der menschlichen Beziehungen.

bot an den Regierenden Bürgermeister von Berlin, über Fragen der Besuche von Westberlinern in Ostberlin und in der DDR direkt mit der Ostberliner Regierung zu verhandeln. Aber auch Bonn war nicht ganz vor der Versuchung gefeit, direkte Absprachen mit der DDR zu treffen, um auf diese Weise eine Beschleunigung der Berlin-Gespräche zu erreichen.[197] Andererseits wurde jedoch auch in der Bundesrepublik die Gefahr gesehen, daß eine Vier-Mächte-Regelung durch innerdeutsche Absprachen unterlaufen werden könnte. Die Gespräche zwischen Bahr und Kohl, die sich allmählich zu einem regelmäßigen und angesichts zahlreicher Rückschläge in den gegenseitigen Beziehungen belastbaren direkten Draht zwischen Bonn und Ostberlin entwickelten, konzentrierten sich daher auf allgemeine Verkehrsfragen, aus denen der Berlin-Verkehr ausgespart blieb.

Als Anfang September 1971 das Vier-Mächte-Abkommen über Berlin vorlag und die Westmächte die Bundesregierung – ebenso wie die Sowjetunion die Regierung der DDR – aufforderten, in Ausführung des Vier-Mächte-Abkommens Transitverhandlungen aufzunehmen, bestand bereits ein funktionierendes Verhandlungsgremium, das sich – in erweiterter Form – ohne zeitraubende Sondierungen an die Arbeit machen konnte. Parallel dazu verhandelte der Berliner Senat mit der DDR über Fragen der innerstädtischen Kommunikation, Besuche von Westberlinern in der DDR und einen Gebietsaustausch. Kurz vor Weihnachten lagen dann die Ergänzungsabkommen der DDR mit der Bundesrepublik und mit dem Senat vor.[198] Zu den Fortschritten in den innerdeutschen Beziehungen könnte auch die Entmachtung Ulbrichts im Mai 1971 beigetragen haben; jedenfalls ließ die DDR etwa zur gleichen Zeit ihre Vorbedingung nach völkerrechtlicher Anerkennung fallen.

Parallel zu der Intensivierung der Verhandlungskontakte zu Bonn setzte die DDR jedoch ihre Politik einer ideologischen Abgrenzung von der Bundesrepublik fort. Auf einer Pressekonferenz im Januar 1970 wies Ulbricht die These von der Einheit der Nation mit dem Hinweis auf die un-

197 Vgl. Schreiben von Ministerpräsident Stoph an den Regierenden Berliner Bürgermeister Schütz vom 24. 2. 1970 und Antwort von Schütz vom 25. 2. 1970, in: Texte zur Deutschlandpolitik, Bd. 8, S. 80–82. Die amerikanische Sorge vor deutschen Alleingängen war so groß, daß Sicherheitsberater Kissinger Staatssekretär Bahr Anfang Februar über den »back channel« eine Warnung zukommen ließ; vgl. Kissinger, White House Years, a.a.O., S. 825.

198 Zum Text der deutsch-deutschen Ausfüllungsvereinbarungen zum Vier-Mächte-Abkommen vgl. Die Berlin-Regelung, a.a.O., S. 13 ff.; zu ihrer Interpretation u. a. Zündorf, Die Ostverträge, a.a.O., S. 184 ff.

terschiedliche historische Entwicklung beider deutschen Staaten nach dem Zweiten Weltkrieg zurück, die zur Entstehung zweier entgegengesetzter Gesellschaftsordnungen und zur Zugehörigkeit beider Staaten zu qualitativ verschiedenen politischen Systemen geführt habe: »Die Deutsche Demokratische Republik ist ein sozialistischer deutscher Nationalstaat, die Westdeutsche Bundesrepublik ist ein kapitalistischer Staat ... mit beschränkter nationaler Souveränität«. Und weiter: »Zwischen den Krupps und den Krauses, zwischen den Milliardären und Multimillionären und dem werktätigen Volk gibt es keine nationale Einheit. Sie hat es auch im untergegangenen Deutschen Reich nicht gegeben«.[199]
Während Ulbricht noch zur Überwindung des historischen klassenmäßigen Gegensatzes – durch gesellschaftliche Veränderung in Westdeutschland – aufforderte, wurde nach den Treffen von Erfurt und Kassel die Möglichkeit einer Wiedervereinigung unter sozialistischen Vorzeichen nicht mehr erwähnt. Die Forderung nach Abgrenzung wurde zum notwendigen Korrelat für engere Beziehungen zur Bundesrepublik. Sie wurde mit dem antifaschistischen Charakter der DDR begründet, die diese dazu verpflichte, »in Gegenwart und Zukunft erst recht, unseren sozialistischen Arbeiter- und Bauernstaat weiterhin auf allen Gebieten von der imperialistischen Bundesrepublik (an anderer Stelle hieß es: Vom monopolkapitalistischen Regime Westdeutschlands) abzugrenzen«.[200] Einen vorläufigen Höhepunkt in der Abgrenzungskampagne der DDR bildete die Rede des Ersten Sekretärs des ZK der SED, Erich Honecker, Anfang Januar 1972 vor Angehörigen der Nationalen Volksarmee auf Rügen. Durch Verträge und Abkommen zwischen den sozialistischen Staaten und der Bundesrepublik habe die DDR selbst eine höhere internationale Autorität gewonnen. Gleichzeitig werde mit ihnen die DDR noch deutlicher von der BRD abgegrenzt. »Zwischen der sozialistischen Deutschen Demokratischen Republik und der imperialistischen BRD gibt es keine Einheit und kann es keine Einheit geben. Das ist so sicher und so klar wie die Tatsache, daß der Regen zur Erde fällt und nicht zu den Wolken hinauffließt. Dauergerede über ›Einheit der Nation‹ ändert nichts daran.«[201] Parallel zu

199 DDR-Staatsratsvorsitzender Ulbricht auf einer internationalen Pressekonferenz am 19. 1. 1970 in Ost-Berlin, in: ND, 20. 1. 1970, abgedruckt in: Texte zur Deutschlandpolitik, Bd. 4, S. 256–274 (S. 261 f.).

200 Ansprache des Sekretärs des ZK der SED, Hermann Axen, am 13. 9. 1970 in Ost-Berlin, in: ND, 14. 9. 1970, abgedruckt in: Texte zur Deutschlandpolitik, Bd. 6, S. 126–130 (S. 129).

201 Rede des Ersten Sekretärs des ZK der SED, Erich Honecker, am 6. 1. 1972 vor Angehörigen der Nationalen Volksarmee auf Rügen, in: ND, 7. 1. 1972, abgedruckt in: Texte zur Deutschlandpolitik, Bd. 9, S. 512–516 (S. 513 f.).

dieser Abgrenzungskampagne traf die DDR Vorbereitungen für eine Verfassungsreform, die Ende 1974 erfolgte und in derem Rahmen alle Hinweise auf die Existenz einer einheitlichen deutschen Nation fallen gelassen wurden.[202]

14 Tage nach Honeckers »Abgrenzungsrede« nahmen die Staatssekretäre Bahr und Kohl vertrauliche Verhandlungen über einen Verkehrsvertrag zwischen der Bundesrepublik und der DDR auf. Bis Anfang Mai trafen sich beide Unterhändler im zweiwöchentlichen Rhythmus abwechselnd in Bonn und Ostberlin. Nach der Regelung der Berlin betreffenden Verkehrsfragen lag es nahe, sich nunmehr dem deutsch-deutschen Verkehr zuzuwenden. Während Bonn vor allem Erleichterungen im Besuchs- und Reiseverkehr erreichen wollte, ging die Absicht der DDR dahin, die besatzungsrechtliche Natur des Berlin-Verkehrs dadurch zu kaschieren, daß ihm eine mit der Bundesrepublik frei ausgehandelte allgemeine Verkehrsregelung an die Seite gestellt wurde.[203] Auch die Sowjetunion hatte ein Interesse an einem erfolgreichen Abschluß der Gespräche: hoffte sie doch, durch die angestrebten Verkehrserleichterungen ein freundlicheres Klima für die Ratifizierung der Ostverträge durch den Deutschen Bundestag zu schaffen. Bei der Paraphierung des Verkehrsvertrages am 12. Mai 1972 – fünf Tage vor der entscheidenden Abstimmung im Bundestag – wies Staatssekretär Kohl darauf hin, daß der Verkehrsvertrag und die an ihn geknüpften Verkehrserleichterungen von der Ratifizierung der Verträge von Moskau und Warschau abhingen. Mit dem Verkehrsvertrag, zu dem noch eine Reihe von Protokollvermerken, Briefwechseln und mündlichen Erklärungen gehörten, wurde eine Rechtsgrundlage für den grenzüberschreitenden Straßen-, Schienen- und Wasserverkehr getroffen. Für die DDR war er der erste mit der Bundesrepublik geschlossene Staatsvertrag und damit ein Stück politischer Aufwertung; für die Bundesrepublik war er ein Vehikel für begrenzte Reiseerleichterungen zwischen beiden Staaten – die freilich auf westlicher Seite viele Wünsche offen ließen, jedoch die von der DDR betriebene Abgrenzungspolitik durchlöcherten.[204]

202 Vgl. Die neue Verfassung der DDR. Mit einem einleitenden Kommentar von Dietrich Müller-Römer, Köln 1974. Bereits 1971 hatte das Staatssekretariat für Westdeutsche Fragen seine Tätigkeit eingestellt; der »Deutsche Freiheitssender 904« war in »Stimme der DDR« umbenannt worden.

203 Vgl. Zündorf, Die Ostverträge, a.a.O., S. 202 f. Zu einigen der Probleme bei den Verhandlungen über ein Transitabkommen vgl. Wir nehmen auf eure Gefühle Rücksicht, in: SPIEGEL, Nr. 50, 6. 12. 1971, S. 23–30.

204 Vgl. Vertrag zwischen der Bundesrepublik Deutschland und der Deutschen Demokratischen Republik über Fragen des Verkehrs vom 26. 5. 1972, in: Texte zur Deutschlandpolitik, Bd. 10, S. 527–557. Zur Interpretation vgl. Zündorf, Die Ostverträge, a.a.O., S. 202 ff.

Die Präambel des Verkehrsvertrages, in der es hieß, der Vertrag würde u. a. in dem Bestreben geschlossen, normale gutnachbarliche Beziehungen beider Staaten zueinander zu entwickeln, eröffnete die Perspektive einer umfassenderen Regelung zwischen den beiden deutschen Staaten. In einer Tischrede anläßlich eines Freundschaftsbesuches in Bulgarien hatte SED-Chef Honecker die Bereitschaft der DDR erklärt, mit der Bundesrepublik in einen Meinungsaustausch »über die Herstellung normaler Beziehungen zwischen der Deutschen Demokratischen Republik und der Bundesrepublik Deutschland einzutreten und die hierfür erforderlichen völkerrechtsmäßigen Vereinbarungen zu treffen. Es könnte eine Entwicklung eingeleitet werden ... die zu einem friedlichen Nebeneinander zwischen der DDR und der BRD führt, zu normalen gutnachbarlichen Beziehungen mit dem Ausblick zu einem Miteinander im Interesse des Friedens, im Interesse der Bürger beider Staaten«.[205] Diese Normalisierung müsse auf der Grundlage der Normen und Prinzipien des Völkerrechts erfolgen, wobei Honecker ausdrücklich auf die Ausführungen des »Bahr-Papiers« verwies. Da es Beziehungen zwischen Staaten unterschiedlicher Gesellschaftsordnungen zu regeln gelte, müßten darüber hinaus die Prinzipien der friedlichen Koexistenz Anwendung finden.[206]

6.2 *Der Grundlagenvertrag*

Einen Monat nach Paraphierung des Verkehrsvertrages begannen die Unterhändler Bahr und Kohl Gespräche über die vertraglichen Grundlagen der Beziehungen zwischen beiden Staaten (15. Juni 1972); Anfang August ermächtigte das Bundeskabinett Staatssekretär Bahr zur Aufnahme offizieller Verhandlungen. Für diese Verhandlungen, die am 16. August 1972 in Ostberlin aufgenommen wurden, erhielt Bahr detaillierte Weisungen. Der angestrebte Vertrag sollte eine umfassende Regelung der deutsch-deutschen Beziehungen ermöglichen; ihre Verhandlungsziele hatte die Bundesregierung bereits in den sechs Punkten der »Erklärung zur

205 Rede des Ersten Sekretärs des ZK der SED, Erich Honecker, am 18. 4. 1972 in Sofia, in: ND, 19. 4. 1972, abgedruckt in: Texte zur Deutschlandpolitik, Bd. 10, S. 409–411 (S. 411). Diese Passage über die Herstellung »normaler, gutnachbarlicher Beziehungen« ist auch – nach dem Ort der Rede – als »Sofioter Formel« bezeichnet worden.

206 Interview des Ersten Sekretärs des ZK der SED, Erich Honecker vom 7. 6. 1972 mit der Nachrichtenagentur ADN, in: ND, 7. 6. 1972, abgedruckt in: Texte zur Deutschlandpolitik, Bd. 11, S. 41–53.

Lage der Nation« vom 14. Januar 1970 und in den »20 Punkten von Kassel« skizziert. Im einzelnen sollten folgende Dinge erreicht werden:

- der Vertrag sollte die besondere Qualität der deutsch-deutschen Beziehungen in möglichst starker Form berücksichtigen und die Vier-Mächte-Rechte im Hinblick auf Deutschland als Ganzes wahren;
- ein zweites Verhandlungsziel war die Vereinbarung menschlicher Erleichterungen in Form von erleichterten Kontakten und Besuchsmöglichkeiten;
- die Bindungen West-Berlins an die Bundesrepublik und seine Außenvertretung durch Bonn sollten anerkannt werden;
- die Außenbeziehungen der Bundesrepublik zu einigen, treu an der Seite Ostberlins ausharrenden sozialistischen Staaten sollten entblokkiert werden.[207]

Die Bundesregierung hatte sowohl die drei Westmächte im Rahmen der Vierergruppe als auch die CDU/CSU-Opposition über den Fraktionsvorsitzenden Barzel vor der Entscheidung im Kabinett detailliert über Verhandlungsziele und Verhandlungsstrategie informiert. Die Einbeziehung der Opposition in den Entscheidungsprozeß der Regierung sollte nicht zuletzt die Ratifizierung des Verkehrsvertrages sicherstellen, die noch vor der Auflösung des Bundestages zur Durchführung vorgezogener Neuwahlen anstand, nachdem die Koalition eine regierungsfähige Mehrheit verloren hatte; sie entsprach aber auch der Absicht der CDU/CSU, die Ostpolitik nicht zum Wahlkampfthema werden zu lassen. Die Konsultationen in der Vierergruppe waren im Hinblick auf die alliierten Vorbehaltsrechte für Deutschland als Ganzes erforderlich.

Beim Grundlagenvertrag war im wesentlichen die Bundesrepublik der Demandeur. Ihr ging es darum, die »querelles allemandes« dauerhaft zu entschärfen und eine tragfähige Normalisierung der Beziehungen zur DDR zu erreichen, auf deren Grundlage konkrete Probleme geregelt und die menschlichen Kontakte zwischen den beiden deutschen Staaten intensiviert, also ein Auseinanderleben der beiden Teile Deutschlands verhindert werden konnte. Die Anerkennung der DDR als zweiter deutscher Staat bedeutete weder politisch noch rechtlich die Auflösung der nationalen Zusammengehörigkeit; deshalb konnten die Bundesrepublik und die DDR nicht »Ausland füreinander sein«, wie Willy Brandt in den Kasseler

207 Vgl. Zündorf, Die Ostverträge, a.a.O., S. 214 ff.; der »Bericht zur Lage der Nation« vom 14. 1. 1969 ist abgedruckt in: Texte zur Deutschlandpolitik, Bd. 4, S. 201–221 (S. 219 f.), die »20 Punkte von Kassel« in: Texte zur Deutschlandpolitik, Bd. 5, S. 100 f.

»20 Punkten« gesagt hatte. Deshalb sollten die Beziehungen zwischen Bonn und Ostberlin Sonderbeziehungen sein, auch wenn der Vertrag die gleiche völkerrechtliche Verbindlichkeit haben würde wie bei Vereinbarungen mit anderen Staaten. Es war nicht nur das abstrakte Wiedervereinigungsgebot des Grundgesetzes – oder Rücksichtnahme auf die innenpolitischen Meinungen und Mehrheitsverhältnisse – welches die Architekten der Ostpolitik der Sozialliberalen Koalition an der »Einheit der Nation« festhalten ließ. Sie war kein kurz- oder mittelfristig erreichbares Ziel, vielmehr Kompaßmarke für eine Politik des langen Atems.[208]
Die Politik der »besonderen Beziehungen zwischen den beiden deutschen Staaten zueinander« konnte sich weiter auf die Rechte der Vier Mächte im Hinblick auf Deutschland als Ganzes und Berlin stützen, die nicht nur nach Westen hin in den Pariser und Bonner Verträgen von 1955 verankert,[209] sondern in dem Vier-Mächte-Abkommen über Berlin von allen vier Seiten bestätigt worden waren. Die Berufung auf diese Vier-Mächte-Rechte bedeutete zwar das Eingeständnis einer Souveränitätslücke; sie war jedoch gleichwohl ein Instrument der Bonner Deutschland-Politik. Sie waren nicht nur ein Rest Gesamtdeutschland, sondern über die bloße Ziel- oder Wunschvorstellung hinaus ein konkreter Beweis für die Behauptung, daß Bundesrepublik und DDR in einem engeren Verhältnis zueinander standen als die übrigen Staaten. Mit der Berufung auf die Vier-Mächte-Rechte konnte sie sich der Unterstützung der drei Westmächte versichern, die ebenso wie – etwas verschämter – die Sowjetunion ein Interesse daran hatten, die »Finger im deutschen Teig«[210] zu haben. »So wie die Bundesrepublik und die DDR bei den Berlin-Verhandlungen der Vier-Mächte in der Kulisse und im Souffleurkasten mitgewirkt ha-

208 Vgl. z. B. die Aussagen Egon Bahrs in einem Interview mit Günther Schmid vom 26. 11. 1973, in der er auf die Frage, ob er persönlich am Ziel der nationalstaatlichen Wiedervereinigung festhalten würde, erwiderte: »Aber selbstverständlich, das ist überhaupt keine Frage. Sehen Sie, ich komme gerade aus Paris. Ich kann die Nation doch nicht fallen lassen, wenn sie dort gefeiert wird«. In: Die Deutschlandpolitik der Regierung Brandt/Scheel, a.a.O., S. 251 f.; vgl. ferner Interview mit Gaus in der Fernsehsendung »Zur Person«, a.a.O.

209 Vgl. Art. 2 des Deutschland-Vertrages sowie die Schreiben der Drei Hohen Kommissare an Bundeskanzler Adenauer vom 26. 5. 1952 bzw. vom 23. 10. 1954 betreffend die alliierten Vorbehaltsrechte in Bezug auf Deutschland als Ganzes und Berlin, in: BGBl. 1955, Teil II, S. 503 u. S. 500, abgedruckt in: Die Vertragswerke von Bonn und Paris vom Mai 1952, Frankfurt 1952, S. 8 u. S. 135 bzw. EA 24/1954, S. 7172.

210 Bundeskanzler Brandt in einem Interview mit dem SPIEGEL, Nr. 17, 20. 4. 1970, S. 46.

ben, so haben umgekehrt auch die Vier Mächte bei den deutsch/deutschen Verhandlungen mitgewirkt«.[211]

Die DDR strebte jedoch ihrerseits gerade die völkerrechtliche Anerkennung durch die Bundesrepublik an; sie wollte normale diplomatische Beziehungen mit der Bundesrepublik und sprach dieser jedes Recht ab, ein Sonderverhältnis zwischen den beiden deutschen Staaten zu konstruieren. Würde sie daher bereit sein, sich mit Beziehungen unterhalb der Schwelle voller diplomatischer Anerkennung zufrieden zu geben, und was konnte ihr Bonn als Gegenleistung anbieten? Die Blockierung der internationalen Anerkennung der DDR ließ sich nicht mehr lange durchhalten. Mit der sog. »Scheel-Doktrin« war die Zurückhaltung gegenüber der DDR befristet worden bis zu einer befriedigenden innerdeutschen Regelung. Würde diese aber nicht in absehbarer Zeit zustande kommen, so war der »Scheel-Doktrin« der Boden entzogen. Aufgrund ihrer vertraglichen Verpflichtungen gegenüber der Bundesrepublik würden zwar die Westmächte davon absehen, gegen den Willen Bonns die DDR anzuerkennen; das hinderte sie jedoch schon seit längerem nicht mehr daran, unterhalb der Schwelle diplomatischer Beziehungen mit der DDR zusammenzuarbeiten. Den einzigen Trumpf, den Bonn mit Hilfe seiner Verbündeten in der Hand hielt, war die Aufnahme in die Vereinten Nationen, wo die drei Westmächte mit ihrem Veto einen Aufnahmeantrag der DDR zu Fall bringen konnten. (In gleicher Weise konnte die Sowjetunion natürlich auch die Aufnahme der Bundesrepublik blockieren.) Dieser Joker stach aber schon nicht mehr bei den UN-Sonderorganisationen, da es dort kein Vetorecht der Großmächte gab. Unter einen ganz konkreten Zeitdruck geriet die Bundesrepublik hinsichtlich der Konferenz für Sicherheit und Zusammenarbeit in Europa (KSZE). Die Vorbereitungskonferenz hatte im Herbst 1972 unter Mitwirkung der DDR begonnen, es bestand bei allen Beteiligten Klarheit darüber, daß an der Hauptkonferenz, die im Sommer 1972 stattfinden sollte, auch die DDR als gleichberechtigter Partner teilnehmen würde.

Zu bieten hatte Bonn also nur die Anerkennung durch sie selbst – und zwar in eingeschränkter Form – ferner die Möglichkeit des Beitritts zu den Vereinten Nationen sowie diplomatische Beziehungen zu den Westmächten und einigen mit der Bundesrepublik befreundeten Staaten. Allerdings

211 Zündorf, Die Ostverträge, a.a.O., S. 215. Über die Mitwirkung der Vier Mächte vgl. die Erklärung des Auswärtigen Amtes vom 9. 11. 1972, in: Texte zur Deutschlandpolitik, Bd. 11, S. 261.

würden letztere auch ihrerseits Forderungen an die DDR stellen; Bonn hatte also keineswegs das alleinige Verfügungsrecht über diese Trümpfe. Nicht ganz unwichtig war in diesem Zusammenhang die »China-Karte«, die Bonn nach der Aufnahme diplomatischer Beziehungen zur Volksrepublik China Mitte Oktober 1972 in den Händen hielt. Sie konnte mit ihr einen gewissen Einfluß auf die Haltung des Reichs der Mitte bei der Abstimmung über die Aufnahme der beiden deutschen Staaten in die Weltorganisation nehmen und z. B. ein Veto des Aufnahmeantrages der DDR im Sicherheitsrat verhindern.
Ein weiteres Problem war der Zeitdruck, unter dem die Bundesrepublik stand. Auf deren internationale Dimensionen – den internationalen Trend zur Anerkennung der DDR und die bevorstehenden Ost-West-Konferenzen – ist bereits hingewiesen worden. Hinzu kam die Auflösung des Bundestages Ende September 1972 und vorgezogene Neuwahlen, die für den 17. November 1972 angesetzt worden waren und deren Ausgang völlig offen war. Wenn die 1969 eingeleitete Ostpolitik in der begonnenen Weise und mit dem eingespielten Team von Unterhändlern fortgeführt und mit der Vereinbarung eines Vertrages zwischen den beiden deutschen Staaten ihren logischen Abschluß finden sollte, stand für die Verhandlungen nur eine begrenzte Zeit zur Verfügung. Der Erfolgsdruck war jedoch in ähnlicher Weise auch für die DDR gegeben, die angesichts der deutschlandpolitischen Rhetorik der Oppositonsparteien fürchten mußte, mit einer von der CDU/CSU geführten Regierung zu überhaupt keiner Vereinbarung zu kommen und eine Klimaverschlechterung in den deutsch/deutschen Beziehungen zu riskieren.
Die Verhandlungen, die Mitte August begannen und bis zum 6. November 1972 dauerten, waren angesichts des prinzipiellen Gegensatzes in den Verhandlungszielen außerordentlich schwierig. Während die Bundesregierung im »Bahr-Papier« und später noch einmal explizit in den »20 Punkten von Kassel« jeden Alleinvertretungsanspruch aufgegeben hatte, so hatte Ostberlin zwar – nicht zuletzt unter dem Eindruck der Vereinbarungen zwischen Moskau und Bonn – die Forderung nach völkerrechtlicher Anerkennung durch die Formel modifiziert, sie strebe die Herstellung normaler Beziehungen zur Bundesrepublik an und sei bereit, »die hierfür erforderlichen völkerrechtsmäßigen Vereinbarungen zu treffen« (sog. »Sofioter Formel«).[212] Das hinderte Ostberlin jedoch nicht daran, in den Verhandlungen zunächst doch eine völkerrechtliche Anerkennung zu fordern, ließ ihr jedoch eine Rückfallposition offen. Ein schwieriger

212 Vgl. die Rede Honeckers am 14. 4. 1972 in Sofia, in: ND, 19. 4. 1972.

Punkt war in diesem Zusammenhang die Weigerung Bonns, mit Ostberlin Botschafter auszutauschen. Konträre Positionen gab es auch in der Staatsbürgerfrage. Ein weiteres Problem bestand in der Ausdehnung des Vertrages auf West-Berlin. Sie fand ihre Grenzen nicht nur an der Weigerung der DDR, die Bindungen West-Berlins an die Bundesrepublik vertraglich anzuerkennen, sondern auch an den Bestimmungen des Berlin-Abkommens, wonach Fragen des Status nicht in die Zuständigkeit der Bundesrepublik fielen.[213]

Trotz der unterschiedlichen Ausgangspositionen war eine Einigung noch vor den Bundestagswahlen am 17. November 1972 möglich, vielleicht eben gerade wegen dieses Ereignisses. Am 6. November wurden die Verhandlungen zwischen den von Bahr und Kohl geleiteten Verhandlungsdelegationen abgeschlossen, am 7. November billigte das Bundeskabinett das Verhandlungsergebnis, am 8. November 1972 wurde das Vertragswerk paraphiert und veröffentlicht.

Im Grundlagenvertrag sind die beiden deutschen Staaten übereingekommen, zueinander normale, gutnachbarliche Beziehungen auf der Grundlage der Gleichberechtigung zu entwickeln und zu diesem Zweck Ständige Vertretungen auszutauschen. Es vergingen jedoch noch eineinhalb Jahre, ehe die Vertretungen in Bonn bzw. Ostberlin ihre Arbeit aufnehmen konnten. Zu viele diffizile, statusrechtliche Fragen waren zu klären. In dem Vertrag verpflichteten sich beide Staaten weiter, sich von den Zielen und Prinzipien der UN-Charta leiten zu lassen, sich der Androhung oder Anwendung von Gewalt zu enthalten und die Unverletztlichkeit der zwischen ihnen bestehenden Grenzen zu achten. Sie würden ferner davon ausgehen, daß keiner der beiden deutschen Staaten den anderen international vertreten oder in seinem Namen handeln kann. Ferner erklärten sie, daß sie die Unabhängigkeit und Selbständigkeit des anderen in seinen inneren und äußeren Angelegenheiten respektieren würden.

Die Bundesrepublik und die Deutsche Demokratische Republik erklärten ihre Bereitschaft, im Zuge der Normalisierung ihrer Beziehungen praktische und humanitäre Fragen zu regeln und eine Reihe von Abkommen

213 Zu den Positionen beider Seiten während der Verhandlungen über den Grundlagenvertrag vgl. die Interviews der Staatssekretäre Kohl (für die DDR) und Bahr (für die BRD) am 31. 8. 1972 im Deutschen Fernsehen, abgedruckt in: Texte zur Deutschlandpolitik, Bd. 11, S. 130–132; ferner die Erklärung von Bahr am 29. 9. 1972, ebenfalls im Deutschen Fernsehen, ebenda, S. 174–176; das Interview von Bundeskanzler Brandt mit der Hessischen Allgemeinen vom 4. 10. 1972, ebenda, S. 178–183; und die Rede von Ministerpräsident Stoph vom 6. 10. 1972 in Ost-Berlin, in: ND, 7. 10. 1972, abgedruckt in: Texte zur Deutschlandpolitik, Bd. 11, S. 197–199.

über Zusammenarbeit auf verschiedenen Gebieten zu schließen. Der Vertrag wurde ergänzt durch eine Reihe von Protokollen, Briefwechseln und Erklärungen, in denen Einzelfragen wie Familienzusammenführung, Reiseerleichterungen, Grenzverkehr und Arbeitsmöglichkeiten für Journalisten geregelt wurden. Die vorgesehenen Regelungen sollten jeweils von Fall zu Fall auf West-Berlin ausgedehnt werden können. In Übereinstimmung mit dem Vier-Mächte-Abkommen über Berlin konnte die Ständige Vertretung der Bundesrepublik die Interessen von Berlin (West) gegenüber der DDR vertreten. Beide Seiten vereinbarten ferner, etwa zur gleichen Zeit Anträge auf Mitgliedschaft in den Vereinten Nationen zu stellen. Sie wollten sich darüber hinaus über Fragen von beiderseitigem Interesse, besonders hinsichtlich der Sicherung des Friedens in Europa, konsultieren.[214]
Eine wichtige Bestimmung des Vertrages war die Fortgeltung der von den Vertragspartnern früher abgeschlossenen oder sie betreffenden zweiseitigen und mehrseitigen internationalen Verträge und Vereinbarungen. In gleichlautenden Noten an die drei Westmächte bzw. an die Sowjetunion, die Bestandteil eines Briefwechsels zum Vertrag waren, stellten beide Seiten explizit fest, »daß die Rechte und Verantwortlichkeiten der Vier Mächte und die entsprechenden diesbezüglichen vierseitigen Vereinbarungen und Beschlüsse durch diesen Vertrag nicht berührt werden können«. Bereits vor Abschluß der Vertragsverhandlungen hatten die Botschafter Großbritanniens, Frankreichs, der USA und der UdSSR einen Meinungsaustausch über die Rechte und Verantwortlichkeiten der Vier Mächte im Zusammenhang mit der Absicht der beiden deutschen Staaten geführt, den Beitritt zu den Vereinten Nationen zu beantragen, und darüber eine gemeinsame Erklärung veröffentlicht.[215]
In der Frage der Einheit der Nation und, daraus abgeleitet, deutsch-deutscher Sonderbeziehungen, erwies sich die Erwähnung von »historischen Gegebenheiten« und von »zwei deutschen Staaten« in der Präambel als der größte gemeinsame Nenner. Darüber hinaus erklärten beide Seiten, daß sie ihre gegenseitigen Beziehungen »unbeschadet ihrer unterschiedlichen Auffassungen zu grundsätzlichen Fragen, darunter der nationalen

214 Vgl. Vertrag über die Grundlagen der Beziehungen zwischen der Bundesrepublik Deutschland und der Deutschen Demokratischen Republik vom 21. 12. 1974, in: Dokumentation zur Entspannungspolitik, S. 160–224; zur Interpretation vgl. auch Zündorf, Die Ostverträge, a.a.O., S. 219 ff.

215 Vgl. Mitteilung des Auswärtigen Amtes über eine Viermächte-Erklärung vom 9. 11. 1972, in: Texte zur Deutschlandpolitik, Bd. 11, S. 325.

Frage« auf eine vertragliche Grundlage stellen wollten. Bei der Vertragsunterzeichnung überreichte die Bundesregierung ferner der DDR einen »Brief zur deutschen Einheit«, in dem es analog zu dem der Sowjetunion überreichten Schreiben hieß, »daß dieser Vertrag nicht im Widerspruch zu dem politischen Ziel der Bundesrepublik Deutschland steht, auf einen Zustand des Friedens in Europa hinzuwirken, indem das deutsche Volk in freier Selbstbestimmung seine Einheit wieder erlangt«.[216] Dieser Brief wurde von der Regierung der DDR widerspruchslos entgegengenommen und ist Bestandteil des Vertragswerkes, wenn er auch nicht zu den Vorzeigetexten Ostberlins gehört.
In Würdigung des Vertrages erklärte Bundeskanzler Brandt, der Vertrag sollte unbeschadet aller Gegensätze die Zeit der Feindseligkeit zwischen beiden Staaten beenden und eine Periode der Zusammenarbeit einleiten.[217] Die Opposition lehnte den Vertrag dagegen mit der Begründung ab, er bestätigte vor aller Welt die deutsche Teilung. Sie konnte dabei auf einen Bericht der *Londoner Times* verweisen, die geschrieben hatte, der Vertrag besiegele die Auflösung des Bismarck-Reiches 101 Jahre nach dessen Gründung.[218] In Übereinstimmung mit dieser Sicht erklärte Honecker, die Geschichte habe ihre Entscheidung getroffen: auf deutschem Boden seien zwei deutsche Staaten mit unterschiedlichen sozialen Systemen entstanden, die trotz ihrer unüberbrückbaren gesellschaftlichen Gegensätze im Sinne friedlicher Koexistenz normale Beziehungen miteinander haben könnten. Der ideologische Gegensatz machte jedoch Abgrenzung, und nicht Annäherung oder Konvergenz zwischen ihnen zum Gebot der Stunde.[219] Sprecher der Bundesregierung vertraten dagegen die Auffassung, daß der Vertrag nichts an der rechtlichen Lage in Deutschland änderte. Die deutsche Frage bliebe so lange offen, bis es dem deutschen Volk möglich sei, in Frieden und Selbstbestimmung seine Einheit wieder-

216 Brief zur Deutschen Einheit der Regierung der Bundesrepublik Deutschland an die Regierung der Deutschen Demokratischen Republik vom 21. 12. 1972, in: Texte zur Deutschlandpolitik, Bd. 11, S. 387.

217 Vgl. die Erklärung von Bundeskanzler Brandt am 9. 11. 1972 vor der Bundespressekonferenz in Bonn, in: Texte zur Deutschlandpolitik, Bd. 11, S. 320–324; ferner die »Erläuterungen zum Vertrag« vom 8. 11. 1972, ebenda, S. 302–305.

218 Vgl. den Beschluß der CDU/CSU-Fraktion nach der Beratung des Grundvertrages am 19. 12. 1972, in: Texte zur Deutschlandpolitik, Bd. 11, S. 378–379. Die Opposition kritisierte vor allem, daß sich die menschlichen Erleichterungen auf bloße Ankündigungen beschränkten und vertraglich nicht genügend abgesichert seien.

219 Vgl. das Interview des Ersten Sekretärs des ZK der SED, Honecker, mit der New York Times vom 25. 11. 1972, und das Schlußwort Honeckers auf der 8. Tagung des ZK der SED am 7. 12. 1972 in Ost-Berlin, in: ND, 8. 12. 1972, abgedruckt in: Texte zur Deutschlandpolitik, Bd. 11, S. 329–342 bzw. S. 358–372.

zuerlangen. Außenminister Scheel sagte: »Der Vertrag ist ein Vertrag für die Menschen und für die Zukunft in Deutschland. Wir wollen die Bindungen zwischen beiden Teilen Deutschlands stärken und wir wollen wieder Kontakte zwischen den Menschen möglich machen«.[220]
Lob und Kritik für den Grundlagenvertrag beleuchteten das grundsätzliche Dilemma, in dem sich die Bundesrepublik bei dem Versuch befand, ihre Beziehungen zu den ost- und mitteleuropäischen Staaten einschließlich der DDR auf der Basis des Status quo zu regeln und für die offenen Fragen einen Modus vivendi zu finden. Sie mußte die Entstehung von zwei deutschen Staaten auf deutschem Boden de facto anerkennen, die darüber hinaus unterschiedlichen Gesellschaftsordnungen und Bündnissystemen angehörten, und gleichzeitig die deutsche Frage durch eine Reihe von Formelkompromissen de jure offen halten, wollte sie nicht die verfassungsrechtliche Anfechtung und parlamentarische Ablehnung des Vertrages riskieren. Viel spricht für die These von Benno Zündorf, daß der noch rechtzeitig vor der Bundestagswahl ausgehandelte Vertrag ein optimales Verhandlungsergebnis unter den gegebenen Bedingungen darstellt: Seine sachlichen Vorzüge wögen das Odium der internationalen Aufwertung der DDR auf, und er enthalte ein Maximum an östlichen Zugeständnissen, nicht zuletzt weil die DDR (und mit ihr die Sowjetunion) auf diese Weise zur Wiederwahl der Regierung Brandt/Scheel beitragen wollte.[221]

7. *Die innenpolitische Akzeptanz der Ostvertragspolitik*

Die Ostpolitik der Bundesrepublik ist gekennzeichnet durch Elemente der Kontinuität ebenso wie durch Neuanfänge.[222] Adenauers Vorschlag eines »Burgfriedens« mit der Sowjetunion und Schröders »Politik der kleinen Schritte« waren Versuche, die Konfrontation des Kalten Krieges auf Zeit

220 Erklärung von Bundesaußenminister Scheel am 7. 11. 1972, in: Texte zur Deutschlandpolitik, Bd. 11, S. 263–264.
221 Vgl. Zündorf, Die Ostverträge, a.a.O., S. 217 f. Zur Bewertung des Grundvertrages siehe auch: Wolfgang Wagner, Ein Modus vivendi in Deutschland. Der Grundvertrag der beiden deutschen Staaten und seine Bedeutung für Europa, in: EA 1/1973, S. 1–6; Wilhelm Kewenig, Die Bedeutung des Grundvertrages für das Verhältnis der beiden deutschen Staaten, in: EA 2/1973, S. 37–46.
222 Vgl. dazu auch Josef Joffe, Westverträge, Ostverträge und die Kontinuität der deutschen Außenpolitik, in: EA 4/1973, S. 111–124.

oder auf bestimmten politischen Gebieten – z. B. dem Handel – zu überwinden. Die Gewaltverzichtspolitik der Großen Koalition ging noch einen Schritt weiter: ungeachtet des fundamentalen Dissenses in der deutschen Frage wurde der Versuch unternommen, die Beziehungen zur Sowjetunion und den osteuropäischen Staaten zu normalisieren. Die Ostpolitik der Regierung Brandt/Scheel war jedoch etwas qualitativ Neues: sie war bereit, die nach dem Zweiten Weltkrieg in Europa geschaffenen Fakten – einschließlich der Existenz der DDR – explizit zu akzeptieren und als Gegenleistung für die Absicherung Berlins die Staatlichkeit der DDR anzuerkennen und mit ihr vertragliche Beziehungen aufzunehmen. Trotz aller formal-juristischen Kautelen bedeutete dies die faktische Hinnahme der Teilung Europas. Dies war in der Tat eine Abkehr von den von früheren Regierungen vertretenen Positionen; und es war abzusehen, daß dieser Kurswechsel zu innenpolitischen Konflikten führen würde.

Bei der innenpolitischen Kontroverse über die Ostpolitik ging es nicht nur um Sachfragen, z. B. ob die Regierung grundlegende Interessen der Bundesrepublik in der Deutschland-Politik aufgegeben, ob sie ungerechtfertigte Zugeständnisse gemacht oder zu schnell verhandelt hatte, sondern sie war auch Teil der in jedem parlamentarischen System anzutreffenden Auseinandersetzung zwischen Opposition und Regierung über Inhalte und Verfahren der Regierungspolitik, mit dem Ziel, über die Kritik und das Aufzeigen von Alternativen vom Wähler ein Mandat zum Regierungswechsel zu erhalten. Und schließlich spielten innerparteiliche Prozesse eine Rolle: Richtungskämpfe innerhalb einer Partei oder Koalition, der Zwang zur politischen Geschlossenheit nach außen, persönliche Rivalitäten und Führungskämpfe.

Im Unterschied zu anderen westlichen Staaten gibt es in der Bundesrepublik Deutschland nicht die Tradition einer »bipartisan foreign policy«, einer von der Mehrheit der Parteien getragenen gemeinsamen Außenpolitik. Nur knapp zehn Jahre – von der Wehner-Rede im Juni 1960 bis zur Regierungserklärung der Sozialliberalen Koalition im Oktober 1969 – gab es so etwas wie einen außenpolitischen Grundkonsens in der Bundesrepublik; er war innenpolitisch motiviert[223] und sollte die SPD regierungs-

223 Zur Entscheidung der SPD für eine außenpolitische Gemeinsamkeit mit der Regierung Adenauer vgl. Hartmut Soell, Die deutschlandpolitischen Konzeptionen der SPD-Opposition 1949–1961, in: Erich Kosthorst, Klaus Gotto u. Hartmut Soell, Deutschlandpolitik der Nachkriegsjahre, Paderborn 1976, S. 41–46; ders., Fritz Erler. Eine politische Bibliographie, 2 Bde., Bonn-Bad Godesberg 1967; Lothar Wilker, Die Sicherheitspolitik der SPD 1956–1966. Zwischen Wiedervereinigungs- und Bündnisorientierung, Bonn-Bad Godesberg 1977.

fähig machen. Er hielt daher nur so lange, wie es die innenpolitische Situation erforderte: bis zum ersten Mal in der Geschichte der Bundesrepublik ein sozialdemokratischer Bundeskanzler die Richtlinien der Politik bestimmte. Schon die Handlungsunfähigkeit der Großen Koalition in allen entscheidenden außenpolitischen Fragen hatte die Brüchigkeit dieses außenpolitischen Konsenses erwiesen.

Aus drei Gründen mußte der innenpolitische Konflikt mit dem Machtwechsel von 1979 mit besonderer Heftigkeit aufbrechen. Zum einen sah sich die CDU/CSU, die die stärkste politische Kraft im Parteiensystem der Bundesrepublik geblieben war, nach 21 Jahren ununterbrochener Regierungsverantwortung zum ersten Mal in die Opposition verdrängt, ohne daß sie bereit war, diese Oppositionsrolle voll zu akzeptieren. Ihr Ziel war es daher, die Regierungsmacht sobald wie möglich zurück zu erobern. Die SPD ihrerseits, und hier vor allem ihr Stratege Herbert Wehner, setzte ebenfalls auf Konfrontation: um die Politik der Sozialliberalen Koalition – die zunächst im wesentlichen eine Politik Brandt/Bahr war – ohne innenpolitische Abstriche realisieren zu können, und um die Geschlossenheit der eigenen Partei und Koalition zu wahren. Als sich zeigte, daß als Folge des hohen Kurses am Wind das Regierungslager an Steuerbord abbröckelte, drehte die Regierung bei und versuchte – z. B. mit Hilfe der gemeinsamen Resolution des Bundestages zur Außen- und Deutschland-Politik – über eine begrenzte Kooperation mit der Opposition ihre Ostpolitik vor dem parlamentarischen Kentern zu retten. Hinzu kam für die CDU/CSU eine ungelöste Führungsfrage und eine Aufspaltung in verschiedene außenpolitische Gruppierungen, die jeder Kooperation mit der Regierung enge Grenzen setzten.[224] Ostpolitische Positionen waren damit ebenso Elemente der parlamentarischen Auseinandersetzung wie Instrumente innerparteilicher Konflikte.

Von den anderen gesellschaftlichen Gruppen befürworten die Kirchen seit Mitte der sechziger Jahre eine Aussöhnung mit den osteuropäischen Staaten. Auch die Gewerkschaften unterstützten die Vertragspolitik – angesichts ihrer Nähe zur SPD war dies nicht verwunderlich. Die Haltung der Wirtschaftsverbände war durch Zurückhaltung und Ambivalenz bestimmt: Ihre ökonomischen Interessen waren auf die Normalisierung der

224 Zur Rolle und den Problemen der Opposition in der Außenpolitik vgl. Heino Kaack, Opposition und Außenpolitik, in: Ernst-Otto Czempiel (Hrsg.), Die Anachronistische Souveränität, Köln 1969 (Sonderheft 1 der PVS), S. 224–249; speziell zur CDU/CSU: Christian Hacke, Die Ost- und Deutschlandpolitik der CDU/CSU. Wege und Irrwege der Opposition seit 1969, Köln 1975.

Beziehungen zur Sowjetunion und den anderen osteuropäischen Staaten gerichtet, ihre gesellschaftspolitische Orientierung ließ sie die Nähe der Vertragsgegner suchen.

7.1 *Die Auseinandersetzung über die Verträge von Moskau, Warschau und Prag*

Die Kritik der CDU/CSU-Opposition an den Ostverträgen richtete sich in der Sache darauf, daß die Bundesregierung Positionen und Optionen ohne entsprechende Gegenleistungen der anderen Seite aufgegeben habe; in der Tonart variierte sie von einem kompromißlosen Nein zur Ostpolitik, wie es von der CSU und von Franz Josef Strauß sowie der konservativen Gruppe in der CDU um den ehemaligen Bundeskanzler Kiesinger, den außenpolitischen Experten Marx, sowie den Vertriebenen-Politiker Windelen vertreten wurde, bis zu moderaten Vorbehalten und Präzisierungswünschen, für die die sog. »progressive Gruppe« um Kiep und Blüm argumentierte. Diese verschiedenen Positionen wurden im Bundestag vor allem bei der Debatte über eine Große Anfrage der CDU/CSU zur Deutschland-, Ost- und Europa-Politik im Mai 1970 deutlich.[225] Eine mittlere Position zum Moskauer Vertrag markierte der Fraktions- und Präsidiumsbeschluß vom August 1970, in dem gegenüber dem Moskauer Vertrag folgende Bedenken geäußert wurden:

- »das Recht der Deutschen auf Selbstbestimmung wird durch den Moskauer Vertrag gefährdet;
- die Festlegung von Grenzen muß einem Friedensvertrag vorbehalten bleiben;
- der Moskauer Vertrag bringt noch keine konkreten Verbesserungen in den innerdeutschen Beziehungen, Freizügigkeit für Menschen, Ideen und Meinungen sind bisher nicht gewährleistet;
- der Moskauer Vertrag beinhaltet bisher keine konstruktiven und zukunftsweisenden Bausteine für eine bessere Friedensordnung in Europa;

225 Am 27. 4. 1970 hatte die CDU/CSU-Fraktion im Bundestag eine insgesamt 18 Einzelfragen umfassende Große Anfrage zur Deutschland-, Ost- und Europapolitik eingebracht, auf die die Bundesregierung am 6. 5. 1970 schriftlich antwortete. Die Aussprache fand am 27. 5. 1970 statt, vgl. DBT/VI/53, S. 2665–2730. Diese Debatte ist in die Parlamentsgeschichte vor allem durch die engagierte Ablehnung der Ostvertragspolitik durch den CSU-Abgeordneten Freiherr von und zu Guttenberg eingegangen.

- die Politik der Bundesregierung, die diesem Vertrag zugrunde liegt, bedroht die Fundamente der westlichen Integrations- und Bündnispolitik;
- der Moskauer Vertrag bewirkt eine internationale Statusaufwertung der DDR in Richtung völkerrechtlicher Anerkennung;
- das Verhältnis von Leistung und Gegenleistung im Vertrag ist unausgewogen und berücksichtigt einseitig die Interessen der Sowjetunion;
- die Frage der zukünftigen Sicherung des freien Berlins bleibt durch den Moskauer Vertrag ungeklärt«.[226]

Die endgültige Haltung zu den Verträgen wurde jedoch von der Einsicht in die Protokolle der Moskauer Verhandlungen und von den künftigen Ergebnissen in der Ost- und Deutschlandpolitik abhängig gemacht. Dabei wurde insbesondere abgehoben auf ein befriedigendes Ergebnis der Vier-Mächte-Verhandlungen über Berlin und eine »Verbesserung der Beziehungen, eine Minderung der Spannungen und Verbesserungen für die Menschen«.[227]

Noch schwieriger war es für die Opposition, eine einheitliche Haltung zum Warschauer Vertrag zu finden. Eine Reihe von Unionsabgeordneten, darunter Philipp von Bismarck und Richard von Weizsäcker, hatten sich seit langem für eine Aussöhnung mit Polen eingesetzt und waren dabei bereit, dem polnischen Volk auch Zusicherungen in der Grenzfrage zuzugestehen. Vertriebenenpolitiker wie der Präsident des Bundes der Vertriebenen, Czaja, forderten dagegen zum massiven Widerstand gegen einen Vertrag auf, durch den das Selbstbestimmungsrecht der Deutschen wie der Polen verletzt und die Vertreibung nach 1945 nachträglich legalisiert würde.[228] In den Stellungnahmen der CDU/CSU-Fraktion zum deutsch-polnischen Vertrag dominierte jedoch der Wunsch nach Verständigung und Aussöhnung, es wurden keine Forderungen an Polen erhoben, vielmehr um Verständnis dafür gebeten, daß nach Auffassung der CDU/

226 DUD, Nr. 162, 27. 8. 1970; zitiert nach Hacke, Die Ost- und Deutschlandpolitik der CDU/CSU, a.a.O., S. 36 f. Hacke unterscheidet zwischen fünf außenpolitischen Gruppierungen innerhalb der Union: einer progressiven Gruppe, einer außenpolitisch unschlüssigen Gruppe, einer Mittelgruppe um Gerhard Schröder, einer konservativen Gruppe und der CSU, vgl. ebenda, S. 75 f.

227 Schreiben des CDU/CSU-Fraktionsvorsitzenden Barzel an Bundeskanzler Brandt vom 10. 8. 1970, in: Texte zur Deutschlandpolitik, Bd. 6, S. 81–82.

228 Vgl. z. B. die nach Abschluß eines Informationsbesuches in Polen von den CDU-Bundestagsabgeordneten von Bismarck und Müller-Hermann am 6. 8. 1970 herausgegebene Erklärung, in: Der Vertrag mit Polen, a.a.O., S. 166–168; und das Interview des Präsidenten des Bundes der Vertriebenen, Czaja, mit dem SPIEGEL, Nr. 19, 4. 5. 1970, S. 30–31.

CSU eine endgültige Festlegung der deutschen Grenzen nur im Zusammenhang mit einer friedensvertraglichen Regelung geschehen könne.
An den Vertrag mit Warschau stellte die CDU/CSU folgende Forderungen:

- Schaffung eines Modus vivendi, ausgehend von der Oder-Neiße-Linie und vorbehaltlich einer friedensvertraglichen Regelung für ganz Deutschland;
- Verzicht auf Androhung oder Anwendung von Gewalt;
- verbindliche und konkrete Regelungen für die Sicherung der Menschen- und Gruppenrechte, insbesondere des Rechtes auf Freizügigkeit und freien Verkehr mit den Angehörigen;
- Schaffung eines deutsch-polnischen Jugendwerkes;
- verstärkter Austausch auf wirtschaftlichem, kulturellem und wissenschaftlichem Gebiet;
- Errichtung einer deutsch-polnischen Handelskammer;
- Aufnahme voller diplomatischer Beziehungen unter Einbeziehung West-Berlins.[229]

Nach Abschluß der Berlin-Vereinbarungen modifizierte die CDU/CSU ihre Vorbehalte gegen die Ostverträge. Die Mitwirkung der drei Westmächte am Berlin-Abkommen hatte vor aller Welt deutlich gemacht, daß der ostpolitische Kurs der Sozialliberalen Koalition – trotz einiger sachlicher und prozeduraler Meinungsunterschiede – die Unterstützung der Verbündeten der Bundesrepublik hatte. Die Opposition geriet mit ihrem Nein zu den Verträgen daher in die Gefahr einer außenpolitischen Isolierung.[230] Eine ihrer Hauptthesen, die Bundesregierung gefährde mit ihrer Ostpolitik den Zusammenhalt des westlichen Bündnisses, kehrte sich in ihr Gegenteil um. Hinzu kamen Verschiebungen in der öffentlichen Meinung. Bei Meinungsumfragen gaben durchschnittlich zwei Drittel der Befragten zu erkennen, daß sie die Ostpolitik der Regierung Brandt/Scheel für eher richtig hielten.[231] Bei den Landtagswahlen im April 1972 in Ba-

229 Vgl. den Antrag der CDU/CSU-Fraktion betr. Beziehungen der Bundesrepublik Deutschland und der Volksrepublik Polen, in: DBT, Drucksache 6/1523, 4. 12. 1970, abgedruckt in: Texte zur Deutschlandpolitik, Bd. 6, S. 235–236; ferner Resolution der CDU/CSU-Bundestagsfraktion vom 15. 10. 1970, ebenda, S. 164–165.

230 Vgl. auch Theo Sommer, Nicht auf Biegen oder Brechen. Barzel täuscht sich über die Haltung unserer Verbündeten zu den Ostverträgen, in: ZEIT, 7. 4. 1972.

231 Vgl. Elisabeth Noelle-Neumann, Urteile über Bonn: Zur Ostpolitik – Wachsende Zustimmung, Zur Wirtschaftspolitik – Wachsendes Unbehagen, in: ZEIT, 26. 3. 1971; Jeder dritte CDU-Wähler für die Ostverträge, in: SPIEGEL, Nr. 45, 1. 11. 1971, S. 30, ferner Stern, Nr. 45, 31. 10. 1971, S. 63.

den-Württemberg beeinflußte die Sympathie für die Ostpolitik das Wählerverhalten jedoch kaum – im Gegenteil, hier konnte die CDU beträchtliche Stimmengewinne verbuchen, während die Koalitionsparteien Verluste hinnehmen mußten. Angesichts des Abbröckelns der Regierungsmehrheit im Bundestag durch mit der Ostpolitik nicht einverstandene Fraktionswechsler entstand noch eine andere Gefahr: die CDU/CSU wurde zum Zünglein an der Wage, von dem Billigung oder Scheitern der Ostverträge abhängen würde.

Die CDU/CSU machte nunmehr eine mögliche Zustimmung zu den Verträgen davon abhängig, daß das Recht auf Selbstbestimmung in das Vertragswerk selbst aufgenommen und daß darüber hinaus mit der DDR konkrete menschliche Erleichterungen und mehr Freizügigkeit für Menschen, Güter und Informationen vereinbart würden.[232] Eine dritte Forderung, die Anerkennung der Europäischen Gemeinschaft durch die Sowjetunion, wurde bald wieder fallen gelassen. In der Frage des Selbstbestimmungsrechtes konnte die Regierung auf den bei der Unterzeichnung des Moskauer Vertrages überreichten »Brief zur deutschen Einheit« verweisen; auch sagte Moskau zu, diesen Brief in den sowjetischen Ratifizierungsprozeß einzubeziehen.[233] In der Frage menschlicher Erleichterungen konnte die Bundesregierung auf das Transitabkommen zum Berlin-Vertrag und auf die deutsch-deutschen Verhandlungen über einen Verkehrsvertrag verweisen, die im Frühjahr 1972 unmittelbar vor dem Abschluß standen (die Paraphierung des Verkehrsvertrags erfolgte am 12. 5. 1972). Darüber hinaus bot die Koalition der Opposition die Verabschiedung einer gemeinsamen Resolution des Bundestages zu den Ostverträgen an, in der nochmals der Modus vivendi-Charakter der Verträge herausgestellt werden sollte. Die Sozialliberale Koalition war im Wort gegenüber ihren Verhandlungspartnern in Osteuropa, die Ostpolitik war bisher ein Torso, dem als Schlußstück eine Regelung der Beziehungen zur DDR fehlte. Sie

232 Vgl. Beschluß der CDU/CSU-Fraktion im Deutschen Bundestag vom 17. 12. 1971, in: Pressemitteilungen der CDU/CSU-Bundestagsfraktion, 17. 12. 1971; ferner die Ausführungen Barzels in: Pressemitteilungen der CDU/CSU-Fraktion, 5. 4. 1972. Vgl. dazu auch Hacke, Die Ost- und Deutschlandpolitik der CDU/CSU, a.a.O., S. 46 ff. Für eine differenzierte Bewertung der Ostverträge und der Berlin-Regelung eines der Ostpolitik skeptisch gegenüberstehenden CDU-Politikers vgl. Johann Baptist Gradl, Stets auf der Suche. Reden, Äußerungen und Aufsätze zur Deutschlandpolitik, hrsg. von Christian Hacke, Köln 1979, S. 305–316.

233 Vgl. die Rede Außenminister Gromykos vor beiden außenpolitischen Ausschüssen des Obersten Sowjets der UdSSR am 12. 4. 1972 zum Moskauer Vertrag, in: EA 13/1972, S. D 309–314; ferner Ostverträge: Unser Verdienst, in: SPIEGEL, Nr. 13, 20. 3. 1972, S. 24.

versuchte deshalb durch eine Kombination von zusätzlichen prozeduralen Zugeständnissen seitens der Sowjetunion – die in intensiven Gesprächen mit Falin, dem Botschafter Moskaus in Bonn, erreicht wurden – sowie mit verbalen Verbeugungen vor den Auffassungen ihres innenpolitischen Gegners die Verträge zu retten und ohne Änderungen in den Vertragstexten selbst über die parlamentarischen Hürden des Ratifizierungsverfahrens zu bringen.
Im April 1972 begannen sich die Ereignisse zu überschlagen. Einen Tag nach den Landtagswahlen in Baden-Würtemberg, die der CDU die absolute Mehrheit gebracht hatten, beschloß die Union, Bundeskanzler Brandt durch ein konstruktives Mißtrauensvotum im Bundestag zu Fall zu bringen. Bei der Abstimmung über das Mißtrauensvotum am 27. April verfehlte jedoch der Kandidat der Unionsparteien, Rainer Barzel, die zum Kanzlersturz erforderliche absolute Mehrheit der Mitglieder des Bundestages um zwei Stimmen. Einen Tag später lehnte der Bundestag mit Stimmengleichheit (247:247) den Haushalt des Bundeskanzlers ab. Währenddessen heizte die Springer-Presse und die Illustrierte *Quick* mit der Veröffentlichung weiterer geheimer Vertragsunterlagen das innenpolitische Klima an. Wenige Tage vor den Landtagswahlen in Baden-Würtemberg publizierten sie diesmal Versatzstücke der Moskauer Verhandlungsprotokolle.[234] Unter dem Zwang der Pattsituation einigten sich Regierung und Opposition auf den Text einer gemeinsamen Entschließung zu den Ostverträgen, in dem das Selbstbestimmungsrecht bekräftigt, der Friedensvertragsvorbehalt hinsichtlich der Grenzen bestätigt und das Ziel der Wiederherstellung der nationalen Einheit im europäischen Rahmen behauptet wurde.[235]
Dem Patt im Bundestag entsprach ein ebensolches innerhalb der Unionsparteien. Während am 10. April 1972 das Präsidium der CDU ein Liegenlassen der Verträge und Neuverhandlungen gefordert hatte, einigten sich am 9. Mai Vertreter der drei Bundestagsfraktionen auf eine gemeinsame Entschließung zu den Ostverträgen, welche diese auch für die Uni-

234 Vgl. WELT, 18. 4. 1972 u. QUICK, 26. 4. 1972; vgl. auch Wir ändern kein Wort, kein Komma, in: SPIEGEL, Nr. 17, 17. 4. 1972, S. 21 ff.; Dann wird aufgeblättert, es wird mörderisch, in: SPIEGEL, Nr. 18, 24. 4. 1972, S. 21 ff.

235 Vgl. Entschließung des Deutschen Bundestags zur Abstimmung über die Verträge der Bundesrepublik Deutschland mit der UdSSR und der Volksrepublik Polen, in: Dokumentation zur Entspannungspolitik, a.a.O., S. 378–380. Zur Entstehung vgl. Hacke, Die Ost- und Deutschlandpolitik der CDU/CSU, a.a.O., S. 49 ff.; ferner Carl-Christian Kaiser, Kurs auf die Kraftprobe, in: ZEIT, 28. 4. 1972; Dies ist keine Taktik, dies ist Strategie, in: SPIEGEL, Nr. 20, 8. 5. 1972, S. 21; Die Sache übersteht keiner unblessiert, in: SPIEGEL, Nr. 21, 15. 5. 1972, S. 21 ff.

onsabgeordneten annehmbar machen sollte; am 15. Mai empfahl das CDU-Präsidium ihre Annahme im Bundestag. Nach ihrer Auffassung waren zwar nicht alle Bedenken gegen die Verträge ausgeräumt worden, eine Zustimmung zur gemeinsamen Entschließung und eine Ablehnung der Verträge, die diese interpretieren sollte, widersprach jedoch politischer Logik. Dem widersetzte sich die CSU. Auch die konservative Gruppe in der Union tendierte dazu, sich dem ablehnenden Votum der bayerischen Schwesterpartei anzuschließen. Um die Geschlossenheit der Union zu wahren, empfahl die Fraktionsführung nunmehr Stimmenthaltung. Am 17. Mai 1972 passierten dann der Moskauer Vertrag mit 248 Ja-Stimmen, 10 Nein-Stimmen und 238 Enthaltungen; der Warschauer Vertrag mit 248 Ja-Stimmen, 17 Nein-Stimmen und 231 Enthaltungen den Bundestag. Zwei Tage später ließ der Bundesrat, bei Stimmengleichheit zwischen den von SPD/FDP und CDU/CSU regierten Ländern, die Verträge passieren. Sie traten am 24. Mai 1972 in Kraft.[236]
Ihre Haltung zum Vertrag mit der CSSR konnte die CDU/CSU ohne Rücksicht auf die Mehrheitsverhältnisse im Bundestag entwickeln, da die Bundesregierung seit den Wahlen vom Herbst 1972 – die den Charakter eines Plebiszits zur Ostpolitik getragen hatten – dort über eine komfortable Mehrheit verfügte. Auch die innere Führungsfrage der CDU/CSU war mit der Wahl von Carstens zum Fraktionsführer und Kohl zum Parteivorsitzenden einstweilen gelöst. Obwohl einige der Politiker, wie Marx und Strauß, die sich bei dem Moskauer und Warschauer Vertrag als Kritiker der Ostpolitik hervorgetan hatten, den Prager Vertrag als sorgfältiger ausgehandelt bezeichneten, lehnte die Union bei der Abstimmung im Bundesrat im März 1974 und im Bundestag im Juni 1974 den deutsch-tschechoslowakischen Vertrag geschlossen ab. Ausschlaggebend waren

236 Zur Entwicklung der Haltung der CDU/CSU vgl. Hacke, Die Ost- und Deutschlandpolitik der CDU/CSU, a.a.O., S. 53 ff. u. 75 ff.; ferner Rolf Zundel, Notbremsung bei Volldampf, in: ZEIT, 12. 5. 1972; Peter Bender, In Adenauers Fußstapfen, ebenda; Friedrich Karl Fromme, Schäden am staatsmännischen Standbild des Rainer Barzel, in: FAZ, 18. 5. 1972. Die erste Lesung der Verträge erfolgte im Bundestag vom 23.–25. 2. 1972, vgl. DBT/VI/181–183, S. 10521–10755; im Bundesrat am 9. 2. 1972, vgl. DBR/VI/381, S. 561–580; die Auswärtigen und Rechtsausschüsse empfahlen mit den Stimmen der Koalition (einschl. der dort stimmberechtigten Berliner Abgeordneten) die Annahme der Verträge. Die zweite und abschließende Lesung erfolgte im Bundestag am 10. und 17. 5. 1972; vgl. DBT/VI/186 u. 187, S. 10865–10963. Der Bundesrat behandelte die Ratifizierungsgesetze am 19. 5. 1972 in zweiter und letzter Lesung, vgl. DBT/VI/381, S. 561–580. Am 23. Mai 1972 wurden die Ratifizierungsgesetze von Bundespräsident Heinemann unterzeichnet. Die wichtigsten Stellungnahmen und Beschlüsse im Verlauf der Ratifizierungsdebatte sind abgedruckt in: Texte zur Deutschlandpolitik, Bd. 10.

für sie die Vorbehalte der Vertriebenenverbände, insbesondere der Sudetendeutschen Landsmannschaft, die ihre grund- und vermögensrechtlichen Interessen nicht ausreichend gewahrt sahen, sowie die nach dem Abschluß der Berlin-Regelung aufgetretenen Schwierigkeiten mit der Anwendung der Berlin-Klausel, die sie im Vertrag mit der CSSR nicht ausreichend berücksichtigt sahen.[237] Die ablehnende Haltung der Union zum Prager Vertrag scheint bei genauer Prüfung der materiellen Regelungen und der Einwände der Unionsparteien noch fragwürdiger als ihre Einstellung zu den Verträgen von Moskau und Warschau.

Noch einmal praktizierte die Union diese Strategie der »Annahme trotz Ablehnung« bei der Abstimmung des den Warschauer Vertrag ergänzenden Rentenabkommens. Im Bundestag waren die Vereinbarungen mit Polen vom 9. Oktober 1975 nicht in Gefahr, da die Koalitionsparteien über eine solide Mehrheit verfügten und elf Unionsabgeordnete mit der Mehrheit stimmten. Die Klippe war diesmal der Bundesrat, in dem im Frühjahr 1976 ein Stimmenverhältnis von 21:20, nach dem Regierungswechsel in Niedersachsen, von 26:15 für die Unionsregierten Länder bestand. Mit Blick auf die Bundestagswahlen im Herbst d. J. strebte die Unionsführung ein geschlossenes Votum in der Länderkammer an, während die Chefs der Minderheitsregierungen im Saarland und in Niedersachsen, Röder und Albrecht, sich die Möglichkeit einer Koalition mit der FDP nicht verbauen wollten. In einem bis zur letzten Minute spannenden Pokerspiel, bei dem es Albrecht war, der die Karten mischte, erreichte die Union zusätzliche bindende Zusagen der polnischen Seite über Ausreisemöglichkeiten für polnische Staatsbürger deutscher Abstammung. Nachdem zunächst alle CDU/CSU-regierten Länder – mit Ausnahme des Saarlandes, das sich der Stimme enthielt – für Ablehnung votiert hatten, passierte einen Tag später, am 11. März 1976, das deutsch-polnische Rentenabkommen mit den Stimmen aller Länder den Bundesrat. Erneut waren innenpolitische Rücksichten zum ausschlaggebenden Motiv für die parlamentarische Entscheidung der Union über die Ostpolitik geworden.[238]

237 Vgl. die Ausführungen des außenpolitischen Sprechers der CDU/CSU-Fraktion in der Ratifizierungsdebatte am 20. 6. 1974 im Deutschen Bundestag, in: DBT/VII/110, S. 7453 ff.; ferner Hacke, Die Ost- und Deutschlandpolitik der CDU/CSU, a.a.O., S. 101 ff.

238 Zum Verhalten der Union bei der Ratifizierung der deutsch-polnischen Vereinbarungen vom Oktober 1975 vgl. Joachim Krause, Außenpolitische Opposition im und über den Bundesrat. Eine Fallstudie am Fall der Auseinandersetzungen um die Ratifizierung der deutsch-polnischen Vereinbarungen vom Oktober 1975, in: ZfP, H. 3, 1980, S. 423–440.

7.2 *Prinzipielle Übereinstimmung zwischen Regierung und Opposition im Hinblick auf Berlin*

In ihrer ursprünglichen Argumentation gegen den Moskauer Vertrag hatte die CDU/CSU-Opposition geltend gemacht, daß sich die Entspannungsbereitschaft der Sowjetunion daran erweisen müsse, ob sie ihrerseits zur Respektierung der wirklichen Lage im Hinblick auf Berlin bereit sei. Ihre Haltung hatte die CDU/CSU Anfang 1970 in einem geheimen Positionspapier niedergelegt:

- »West-Berlin gehört zur demokratischen Ordnung der Bundesrepublik;
- West-Berlin gehört untrennbar zum Rechts-, Wirtschafts- und Finanzsystem der Bundesrepublik;
- West-Berlin und jeder einzelne Westberliner werden im Ausland von der Bundesrepublik vertreten;
- die Verbindungswege zwischen West-Berlin und dem übrigen Bundesgebiet werden verbindlich gesichert gegen Störungen, Schikanen, Blockierungen und sonstige Behinderungen des Personen- und Warenverkehrs;
- die Bewohner West-Berlins werden von den Diskriminierungen befreit, die ihnen den Besuch Ost-Berlin und Mitteldeutschland unmöglich machen;
- die Bundesrepublik hat in West-Berlin dasselbe Recht auf politische Präsenz, das die DDR in Ost-Berlin in Anspruch nimmt;
- eine befriedigende Berlin-Regelung muß, wie der Moskauer Vertrag, unbefristet sein«.[239]

Die Haltung der Union entsprach damit im wesentlichen den Vorstellungen der Bundesregierung. Wenn sie trotzdem zum innenpolitischen Streitpunkt wurde, der in Vorwürfen gipfelte, die Bundesregierung wolle die westliche Verhandlungsposition aufweichen, hatte dies primär innenpolitische Gründe. Da die Union eine befriedigende Berlin-Regelung zum Prüfstein der Ostverträge gemacht hatte und eine solche dann Mitte 1971 vorlag, geriet sie in Zugzwang. Sie mußte entweder dieses Ergebnis zur Kenntnis nehmen und daraus Konsequenzen für ihre Haltung zu den Verträgen mit Moskau und Warschau ziehen, oder aber die Berlin-Regelung

239 Rolf Zundel, Was sie früher sagten. CDU-Maßstäbe für ein Berlin-Abkommen, in: ZEIT, 3. 9. 1971; zit. nach Hacke, Die Ost- und Deutschlandpolitik der CDU/CSU, a.a.O., S. 38 ff.

als nicht ausreichend deklarieren bzw. neue Vorbehalte gegenüber den Verträgen von Moskau und Warschau aufbauen. Wenn sie letzteres wollte, mußte sie der Tatsache Rechnung tragen, daß die Berlin-Regelung von den westlichen Alliierten als zentrales Element der Ost-West-Entspannung begrüßt und von der Bevölkerung West-Berlins sowie von der öffentlichen Meinung in der Bundesrepublik überwiegend positiv bewertet wurde.

Innerhalb der CDU/CSU gab es eine Reihe von Abgeordneten wie Kiep oder Gradl, die in dem Berlin-Abkommen eine eindeutige Verbesserung der Situation sahen. Um einerseits die Leistung der westlichen Verbündeten nicht zu diskreditieren, andererseits aber auch keine eigenen Vorbehalte gegenüber der Ostpolitik der Koalition aufheben zu müssen, entschloß sich die Union zu einer positiven Bewertung des Berlin-Abkommens. Dabei strich sie heraus, daß wesentliche Maßnahmen zur Erleichterung des Zugangs von und nach Berlin, für die Beseitigung der Diskriminierung der Westberliner und für die Vertretung West-Berlins durch den Bund auf Vorschläge der CDU/CSU zurückgingen; sie kritisierte dagegen, daß der Westen auf Drängen Bonns Zugeständnisse bei der Errichtung eines sowjetischen Konsulats in West-Berlin, bei der Minderung der Bundespräsenz und der Form der Anerkennung der Beziehungen zwischen West-Berlin und der Bundesrepublik gemacht hätte. Die Statusfrage, die sie in ihren ursprünglichen Stellungnahmen herausgestrichen hatte und die in den Berlin-Verhandlungen angesichts der unüberbrückbaren Meinungsverschiedenheiten ausgeklammert worden war, erwähnte sie nicht weiter.[240] Sie argumentierte damit nach der Methode »was gut ist, kommt ins Kröpfchen der Opposition, was schlecht erscheint, ins Töpfchen der Regierung«.[241]

240 Vgl. den Beschluß des engeren Fraktionsvorstandes der CDU/CSU-Fraktion im Deutschen Bundestag vom 3. 9. 1971, in: Pressemitteilungen der CDU/CSU-Bundestagsfraktion, 3. 9. 1971; ferner Hacke, Die Ost- und Deutschlandpolitik der CDU/CSU, a.a.O., S. 41 ff.; Karlheinz Niclauß, Kontroverse Deutschlandpolitik. Die politische Auseinandersetzung in der Bundesrepublik Deutschland über den Grundlagenvertrag mit der DDR, Frankfurt a. M. 1977, S. 58.

241 Rolf Zundel, Wohin will Barzel führen? Die Union vor der Wahl: Bedingungslose Kampfansage oder abgestufte Opposition, in: ZEIT, 3. 9. 1971.

7.3 *Die Diskussion über den Grundlagenvertrag und den Beitritt zu den Vereinten Nationen*

Der Abschluß der Verhandlungen mit der DDR über den Grundlagenvertrag fiel in die heiße Phase des Wahlkampfes 1972; es ist darum auch nicht verwunderlich, daß die ersten Stellungnahmen der politischen Parteien von Wahlkampfgesichtspunkten bestimmt wurden. Regierung und Koalitionsparteien stellten die Abmachungen mit der DDR als Ergebnis ihrer auf Frieden und Entspannung gerichteten Politik heraus, während sie die Ost- und Deutschlandpolitik der Unionsparteien unter Hinweis auf deren widersprüchliche Haltung bei der Ratifizierung des Moskauer und Warschauer Vertrages im Bundestag als unglaubwürdig disqualifizierten.[242]

Die Führung der Unionsparteien war dagegen bestrebt, Festlegungen zu umgehen. Zum einen mußte sie zu vermeiden suchen, daß der Grundlagenvertrag zum Wahlkampf-entscheidenden Thema wurde, zum anderen wollte sie den Handlungsspielraum für ihre eigenen ost- und deutschlandpolitischen Optionen nach dem erhofften Wahlsieg möglichst groß halten. Sie argumentierte daher, daß die Prüfung des ausgehandelten Vertragstextes nicht von »Zeitdruck und der Hektik des Wahlkampfes« beeinflußt werden dürfte, stellte jedoch weitere Verbesserungen des Vertrages durch erneute Verhandlungen in der Zeit zwischen Paraphierung und Unterschrift in Aussicht.[243] Diese abwartende Haltung hatte nicht zuletzt auch innerparteiliche Gründe. Angesichts der unterschiedlichen Auffassungen innerhalb der Union, vor allem zwischen CDU und CSU, wie sie in dem Meinungsstreit anläßlich der Ratifizierung der Ostverträge zutage getreten waren, konnte eine ausführliche Diskussion des Grundlagenvertrages die Einheit der Union im Wahlkampf infrage stellen.

Bei ihrer Bewertung des Grundlagenvertrages hatte die Union – gemessen an den von ihr selbst aufgestellten Beurteilungsmaßstäben – abzuwägen zwischen der mit dem Vertrag bewirkten internationalen Aufwertung der

242 Vgl. die Erklärung von Bundeskanzler Brandt am 9. 11. 1972 auf der Bundespressekonferenz in Bonn, in: Texte zur Deutschlandpolitik, Bd. 11, S. 320–321; die Rede Brandts auf dem Wahlparteitag der SPD am 12. 10. 1972 in Dortmund, ebenda, S. 213–221; die Rede Außenminister Scheels auf dem Wahlparteitag der FDP am 23. 10. 1972 in Freiburg, ebenda, S. 254–255.

243 Vgl. die Ausführungen des stellv. Bundesvorsitzenden der CDU, Schröder, auf dem Wahlparteitag der CDU am 10. 10. 1972 in Wiesbaden, in: Texte zur Deutschlandpolitik, Bd. 11, S. 202–212; die Erklärung des CDU/CSU-Fraktionsvorsitzenden, Barzel, am 7. 11. 1972 auf der Bundespressekonferenz in Bonn, ebenda, S. 265–267.

DDR einschließlich der Aufgabe des Alleinvertretungsanspruches durch die Bundesrepublik einerseits, und den erreichten menschlichen Erleichterungen andererseits, die auf der Grundlage des Vertrages erreicht bzw. in Aussicht gestellt worden waren. Die Union – die Mehrheit der Bundestagsfraktion ebenso wie die von der CDU/CSU geführten Landesregierungen – gelangte dabei zu einem negativen Urteil, und zwar aufgrund folgender Bedenken:

- der Vertrag bringe keine ausreichenden, vertraglich abgesicherten menschlichen Erleichterungen und Verbesserungen der Freizügigkeit für Menschen, Meinungen und Informationen. Nach wie vor werde an der Mauer geschossen;
- der Vertrag stützte durch die Anerkennung der DDR als selbständiger und unabhängiger Staat sowie durch die gleichzeitige und gleichberechtigte Aufnahme von Bundesrepublik und DDR in die Vereinten Nationen die Zwei-Staaten-Theorie; in der politischen Praxis könnte dies mit einer völkerrechtlichen Anerkennung der DDR gleichgesetzt werden;
- der Vertrag enthalte keine Einigung beider Seiten über die Einheit der Nation; er erschwere die Verwirklichung des Selbstbestimmungsrechts der Deutschen;
- der Vertrag erwähne nicht die Rechte und Verantwortlichkeiten der Vier Mächte für Deutschland als Ganzes und Berlin; er höhle Geist und Buchstaben des Deutschland-Vertrages und der mit ihm verbundenen Erklärung aus, in denen sich die drei Westmächte zu einer Wiedervereinigung Deutschlands in Freiheit verpflichtet haben;
- der Vertrag beziehe Berlin nicht ein, die Anwendung der Abkommen und Regelungen, die auf der Grundlage des Vertrages in Zukunft abgeschlossen werden sollen, auf Berlin ist jeweils von der Zustimmung der DDR abhängig;
- die Bundesregierung habe mit dem Vertrag langjährige Forderungen der DDR erfüllt, sie habe jedoch keine entsprechenden Gegenleistungen erhalten. Sie habe unter Termindruck und Erfolgszwang gehandelt.[244]

244 Vgl. Beschluß der CDU/CSU-Fraktion vom 19. 12. 1972, in: Pressemitteilung der CDU/CSU-Fraktion vom 19. 12. 1972; Stellungnahme des Bundesrates (auf Antrag der CDU/CSU-regierten Länder) zum Entwurf eines Gesetzes zum Grundlagenvertrag vom 2. 2. 1973, in: Bundesratsdrucksache 640/72 (Beschluß) vom 2. 2. 1973, abgedruckt in: Texte zur Deutschlandpolitik, Bd. 12, S. 128–129; Rede des Vorsitzenden der CSU, Franz Josef Strauß, in der Ratifizierungsdebatte des Bundestages zum

Im Gegensatz zu der überwiegenden Mehrheit der CDU/CSU-Fraktion sprachen sich vier Unionsvertreter, die Abgeordneten Blüm, Hornus, Kiep und Klein, für den Vertrag aus. Auch sie kritisierten, daß der Grundvertrag zu wenig konkrete Ansätze für eine echte Normalisierung böte und Anlaß zu mehrdeutigen Interpretationen gebe. Er sei jedoch ein Ausgangspunkt, der genutzt werden sollte. Sie akzeptierten darüber hinaus, daß sich die Bundesregierung mit ihrer Ost- und Deutschland-Politik weitgehend in Übereinstimmung mit ihren westlichen Verbündeten befand und daß die Mehrheit der Bürger der Bundesrepublik diese Politik für grundsätzlich richtig hielt.[245]

Die Debatte über den Grundlagenvertrag, die vom 9.–11. Mai 1973 im Bundestag stattfand, konzentrierte sich vor allem auf die Frage, ob dieser Vertrag die deutsche Frage weiter offen halte, zumindest aber die Überwindung der Spaltung Deutschlands nicht erschwere. Während Oppositionsabgeordnete von einem »Teilungsvertrag« sprachen, der in der Welt den Eindruck erwecken müßte, daß die Deutschen in ihre geteilte Existenz freiwillig einwilligten, betonte die Bundesregierung, daß der Grundvertrag das Ergebnis nüchterner Einsicht in die Notwendigkeit wäre, endlich zu handeln und den gegenwärtigen Zustand der Teilung als Konfliktherd in der Mitte Europas zu entschärfen. Er diente dem Ziel, die Verbindungen und das Gespräch zwischen den Menschen in Deutschland zu erleichtern, sowie die Voraussetzungen für eine Zusammenarbeit zwischen den beiden deutschen Staaten zu schaffen.

In der Frage des Beitritts der Bundesrepublik zu den Vereinten Nationen machte eine starke Gruppe von Unionsabgeordneten geltend, der gleichzeitige und gleichberechtigte Beitritt der Bundesrepublik käme einer internationalen Anerkennung der DDR gleich. Die Bundesregierung vertrat dagegen die Auffassung, daß ein weiteres Fehlen der Bundesrepublik in den Vereinten Nationen mit ihrer Rolle und ihrer Verantwortung in der Staatengemeinschaft nicht länger vereinbar wäre.

Das Ratifizierungsgesetz zum Grundvertrag wurde am 11. Mai 1973 vom Bundestag mit 268 (SPD, FDP und 4 CDU-Abgeordnete) gegen 217

Grundlagenvertrag am 9. 5. 1973, DBT/VII/29; Rede des CDU-Abgeordneten Kiesinger in der gleichen Debatte am 11. 5. 1973, DBT/VII/31, in: Texte zur Deutschlandpolitik, Bd. 12, S. 320–342 bzw. S. 532–540.

245 Vgl. den Text der Rede von Leisler Kiep, die dieser in der Ratifizierungsdebatte am 11. 5. 1973 im Bundestag halten wollte. Auf Veranlassung der Fraktionsführung wurde Kiep jedoch nicht auf die Rednerliste gesetzt; der Text der Rede wurde als schriftliche Begründung zur Abstimmung über den Grundvertrag zu Protokoll genommen, vgl. DBT/VII/31, S. 1633–1724.

(CDU/CSU) Stimmen gebilligt, der Gesetzentwurf über den Beitritt der Bundesrepublik zu den Vereinten Nationen wurde mit 364 gegen 121 Stimmen angenommen. Der Bundesrat, der den Grundlagenvertrag in erster Lesung mit den Stimmen der CDU/CSU geführten Länder abgelehnt hatte, entschied in der zweiten Lesung am 25. Mai 1973 gegen einen Antrag des Bayern auf Überweisung an den Vermittlungsausschuß; damit war der Vertrag auch von der Länderkammer angenommen. Dem Beitritt zu den Vereinten Nationen stimmte der Bundesrat in der gleichen Sitzung mehrheitlich zu.[246] Trotz der Anrufung des Bundesverfassungsgerichts durch den Freistaat Bayern setzten Bundesrepublik und DDR den Grundlagenvertrag am 21. Juni 1973 in Kraft; am darauffolgenden Tag empfahl der Sicherheitsrat der Vereinten Nationen die Aufnahme beider deutscher Staaten in die Weltorganisation.

7.4 *Das Urteil des Bundesverfassungsgerichtes*

Die innenpolitische Auseinandersetzung um die Ost- und Deutschland-Politik der Sozialliberalen Koalition erreichte im Sommer 1973 mit der Anrufung des Bundesverfassungsgerichtes durch das Land Bayern einen neuen Höhepunkt.
Am 28. Mai 1973 stellte die Bayerische Staatsregierung den Antrag, den Grundlagenvertrag bzw. das Ratifizierungsgesetz für »mit dem Grundgesetz nicht vereinbar und deshalb für nichtig« zu erklären. Bereits zwei Tage vor der Abstimmung im Bundesrat hatte die Bayerische Staatsregierung den Erlaß einer einstweiligen Anordnung beantragt, durch die das Inkraftsetzen des Vertrages aufgehalten werden sollte, bis über seine Verfassungsmäßigkeit entschieden worden war. Diesen Antrag lehnte das Gericht am 4. Juni 1973 als »derzeit nicht dringend geboten« ab. Auch einen weiteren Antrag Bayerns auf Erlaß einer einstweiligen Anordnung, der am 13. Juni gestellt worden war, um den für den 20. Juni mit der DDR vereinbarten Notenaustausch und damit die Inkraftsetzung des Grundlagenvertrages zu verhindern, wurde am 18. Juni vom Bundesverfassungsgericht abgelehnt. In einer nichtöffentlichen, mündlichen Verhandlung hatte die Bundesregierung dargelegt, daß sie zwar das Inkrafttreten des Grundlagenvertrages und ihren Aufnahmeantrag in die Vereinten Nationen kurzfristig zurückstellen, jedoch keinen Einfluß mehr auf

246 Vgl. DBT/VII/29–31, 9.–11. 5. 1973, S. 1428–1479, 1544–1622 u. 1633–1651; DBR/VII/394, 25. 5. 1973, S. 168–179.

das Schicksal des DDR-Antrages nehmen könnte, den zu unterstützen sich die Vier Mächte in ihrer Erklärung vom November 1972 ausdrücklich verpflichtet hatten. Mit dem Bruch des Junktims zwischen UN-Beitritt und Grundlagenvertrag einschließlich der mit diesem verbundenen menschlichen Erleichterungen liefe die Bundesrepublik Gefahr, den größten Teil ihrer Verhandlungserfolge aufs Spiel zu setzen.[247]
Das Verfahren über die Feststellung der Verfassungsmäßigkeit des Grundlagenvertrages wurde begleitet von einer Reihe von prozeduralen Scharmützeln, die darauf gerichtet waren, die Richterbank zu dezimieren bzw. einen Zeitgewinn zu erzielen. So lehnte Bayern zweimal den Richter Dr. Rottmann des erkennenden Zweiten Senats des Bundesverfassungsgerichts als befangen ab, da sich dieser bereits dezidiert öffentlich zur Rechtslage Deutschlands geäußert hätte. Diesen Antrag erklärte das Gericht in einer ersten Entscheidung am 29. Mai für unbegründet; in einem zweiten Beschluß am 16. Juni nach Vorliegen weiterer Unterlagen jedoch für begründet. Diese Verfahrensfrage hatte eine eminent politische Bedeutung, da bei der ersten Beschlußfassung über den Antrag Bayerns auf Erlaß einer einstweiligen Verfügung deutlich geworden war, daß von den acht Richtern eine Gruppe von vier Richtern (einschließlich Rottmann) es für wenig wahrscheinlich hielt, daß aufgrund der bis jetzt erkannten Gründe das Bundesverfassungsgericht das Vertragsgesetz für verfassungswidrig halten würde, während die anderen vier Richter diese Möglichkeit durchaus in Betracht zogen. Auch wenn die Richter in ihrer zweiten Ablehnung einer einstweiligen Verfügung sich auf den Grundsatz des »judicial self-restraint« berufen hatten, der dem Gericht einen Eingriff in die politische Verantwortung der Exekutive versagt, darf jedoch nicht übersehen werden, daß es sich um ein hochpolitisches Verfahren handelte. Die Bayerische Landesregierung als Antragsteller ebenso wie die zu dem Antrag gehörte Bundesregierung als auch das Gericht selbst (dessen Besetzung das Ergebnis eines hart umkämpften Parteienproporzes ist!) sind

247 Vgl. Presse- und Informationsamt der Bundesregierung in Zusammenarbeit mit dem Bundesverfassungsgericht (Hrsg.), Der Grundlagenvertrag vor dem Bundesverfassungsgericht, Bonn 1973; ferner Der Grundlagenvertrag vor dem Bundesverfassungsgericht. Eine Dokumentation der Bayerischen Staatsregierung zur Prüfung der Verfassungsmäßigkeit des Grundvertrages durch das Bundesverfassungsgericht, 2 Teile, München 1973. Zu den Nachteilen einer Aufschiebung des Inkraftsetzens des Grundlagenvertrages zum vorgesehenen Zeitpunkt vgl. Martin Kriele, Recht und Politik in der Verfassungsrechtsprechung, in: Neue Juristische Wochenschrift, 1976, S. 779 ff. In seinem Urteil zur Hauptsache rügt das BVerfG. jedoch das Überspielen des Bundesverfassungsgerichts durch die Exekutive, vgl. Leitsätze zum Urteil des BVerfG vom 31. 7. 1973, in: Dokumentation der Bayerischen Staatsregierung, a.a.O., Teil 2, S. 3.

politische Organe, die hier zudem noch über einen hochpolitischen Gegenstand zu befinden hatten.

Die Bayerische Staatsregierung hatte die Anrufung des Bundesverfassungsgerichts damit begründet, daß der Grundlagenvertrag
- gegen das Verfassungsgebot zur Wahrung der staatlichen Einheit Deutschlands verstoße;
- das Wiedervereinigungsgebot verletze;
- dem Beitrittsrecht des anderen Teiles Deutschlands zum Geltungsbereich des Grundgesetzes entgegenstehe;
- mit den Vorschriften des Grundgesetzes in bezug auf Berlin unvereinbar sei;
- die Schutz- und Fürsorgepflicht gegenüber den Deutschen in der DDR verletze.[248]

Die Bundesregierung beantragte ihrerseits festzustellen, daß das Vertragsgesetz zum Grundlagenvertrag mit dem Grundgesetz vereinbar sei. Sie begründete dies damit, daß der Vertrag
- dem Verfassungsziel der Friedenssicherung und der Humanität diene, indem er den Menschen praktische Vorteile bringe;
- in Übereinstimmung mit dem Gesetzgeber am Fortbestand Deutschlands festhalte und die deutsche Frage offen lasse;
- nicht im Widerspruch zu dem Wiedervereinigungs-Gebot stehe, denn die drei Westmächte blieben daran gebunden, den Vier-Mächte-Vorbehalt auf Deutschland als Ganzes zu beziehen;
- an der Fortexistenz Deutschlands als Rechtssubjekt festhalte und eine Qualifizierung der DDR als Ausland vermeide;
- an der Einheit der deutschen Nation und an der deutschen Staatsangehörigkeit festhalte;
- keine völkerrechtliche Anerkennung der DDR beinhalte;
- den Status Berlin unberührt lasse, wie er durch die Vier-Mächte-Vereinbarung fixiert worden sei.

Die Bundesregierung betonte in ihrer Stellungnahme, daß der Vertrag weder rechtlich noch praktisch die Wiedervereinigung verbaue, gleichgültig, in welcher Form sie einmal verwirklicht werden könnte. Er bringe aber

248 Vgl. Die Antragsschrift der Bayerischen Staatsregierung vom 28. 5. 1973 zur Prüfung der Verfassungsmäßigkeit des Grundvertrages, in: Dokumentation der Bayerischen Staatsregierung, a.a.O., S. 9–32; ferner die verschiedenen von der Bayerischen Staatsregierung vorgelegten Gutachten und Schriftsätze, u. a. der Professoren Wengler, Blumenwitz, Doehring und Ress, ebenda, S. 33–170. Die CDU/CSU-Fraktion hatte ihrerseits eine Verfassungsklage abgelehnt, vgl. Grundvertrag: »Was machen wir dann bloß?« In: SPIEGEL, Nr. 22, 28. 5. 1973.

Verbesserungen sowohl im politischen als auch im menschlichen Bereich und halte die Situation für künftige, weitere Verbesserungen offen. Eine Alternative zu diesem Vertrag gebe es nicht.[249] Nach der mündlichen Verhandlung am 19. Juni erging dann am 31. Juli 1973 das Urteil in der Hauptsache. Das Bundesverfassungsgericht erkannte das Zustimmungsgesetz zum Grundlagenvertrag vom 21. 12. 1972 »in der sich aus den Gründen ergebenden Auslegung« als mit dem Grundgesetz vereinbar an.[250] Urteil und Begründung, die durch diesen Spruch neben dem Urteil selbst Gesetzeskraft erhielten, stellten einen Kompromiß von erheblicher politischer Tragweite dar. Die Mehrheit der Richter ließ einen Vertrag passieren, gegen den sie politische Bedenken hegte; die Minderheit, die dem Vertrag positiv gegenüberstand, tolerierte seine teilweise recht eigenwillige Auslegung durch die Mehrheit; alle Richter nahmen die Urteilsschelte inkauf, die ihnen dieser politische Kompromiß einbrachte.

In der Kernfrage, der Vereinbarkeit des Grundlagenvertrags mit dem Verfassungsgebot der Wiedervereinigung, hielt das Gericht an seiner Rechtsprechung zum KPD-Verbotsurteil fest, wonach das Wiedervereinigungsgebot Verfassungsrang habe. Kein Verfassungsorgan der Bundesrepublik Deutschland darf danach die Wiederherstellung der staatlichen Einheit als politisches Ziel aufgeben, der Bundesregierung bleibt es aber überlassen, in eigener Verantwortung zu entscheiden, mit welchen politischen Mitteln und auf welchem politischen Wege sie dieses Ziel erreichen oder ihm näher zu kommen suche. Hier habe das Gericht weder Kritik zu üben noch seine Auffassung über die Aussichten dieser Politik zu äußern. Die Verfassung gebiete jedoch, daß die Bundesregierung auf keinen Rechtstitel aus dem Grundgesetz verzichte, mittels dessen sie in Richtung auf Verwirklichung der Wiedervereinigung und der Selbstbestimmung wirken könnte. Das Gericht kam dazu dem Schluß, der Vertrag könnte so interpretiert werden, daß er mit keiner der Aussagen des Grundgesetzes im Widerspruch steht.[251]

Um zu diesen Aussagen zu gelangen, hielten es die Richter des Bundesverfassungsgerichts für erforderlich, zum Rechtsstatus Deutschlands Stellung zu nehmen. In dem Streit der Theorien über den Fortbestand des

249 Vgl. den Schriftsatz der Bundesregierung im Verfahren zur Prüfung der Verfassungsmäßigkeit des Grundlagenvertrages vom 30. 5. 1973, in: Der Grundlagenvertrag vor dem Bundesverfassungsgericht, a.a.O., S. 26–36.

250 Urteil des Bundesverfassungsgerichts vom 31. 7. 1973, in: Dokumentation der Bayerischen Staatsregierung, a.a.O., S. 8.

251 Ebenda, S. 31 f.

Deutschen Reiches[252] kreierten sie eine neue Variante, indem sie »Dachstaat-« und »Kernstaat«-Theorie zu einer »Teilidentitätstheorie« verbanden. Danach besteht das Deutsche Reich fort, besitzt nach wie vor Rechtsfähigkeit, ist jedoch mangels Organisation als Gesamtstaat nicht handlungsfähig. Die Bundesrepublik Deutschland sei als Staat identisch mit dem Deutschen Reich, in bezug auf seine räumliche Ausdehnung jedoch nur »teilidentisch«. Ihre Hoheitsgewalt sei staatsrechtlich auf den Geltungsbereich des Grundgesetzes beschränkt, sie fühle sich aber für ganz Deutschland verantwortlich. Da die DDR zu Deutschland gehöre, könne sie im Verhältnis zur Bundesrepublik nicht als Ausland angesehen werden.[253] Diese rechtstheoretische Konstruktion ist in sich wenig schlüssig und politisch fragwürdig, da mit ihr die in der politischen Realität evidente Staatlichkeit und Selbständigkeit der DDR geleugnet wird.[254]
Dem Satz der Urteilsbegründung, daß der Vertrag eine »ernsthaft gewollte neue Grundlage für die Bestimmung des Verhältnisses der beiden Staaten zueinander« sei – »unbeschadet dessen, daß die Vertragsteile rechtlich frei sind, jederzeit übereinzukommen, den Vertrag in Übereinstimmung mit den für ihn geltenden Rechtsgrundsätzen zu ändern oder zu ergänzen« wird man voll zustimmen können; er ist jedoch kaum vereinbar mit der im gleichen Absatz enthaltenen Aussage, er sei kein »vereinbarter Modus vivendi«. Ebenso problematisch ist die Interpretation, daß der Vertrag einen Doppelcharakter habe; »er ist seiner Art nach ein völkerrechtlicher Vertrag, seinem spezifischen Inhalt nach ein Vertrag, der vor allem inter-

252 Das staatsrechtliche Verhältnis der Bundesrepublik (und der DDR) zum Deutschen Reich ist in der rechtswissenschaftlichen Literatur umstritten. Bis zum Urteil des BVerfG dominierte die sogen. »Kernstaattheorie«, wonach die Bundesrepublik die Rechtspersönlichkeit des Deutschen Reiches als dessen Kernstaat fortsetzt und in seinem Namen staats- und völkerrechtlich handeln kann. Eine andere Variante ist die »Dachtheorie«, nach der auf dem Boden des Deutschen Reiches staatliche Teilordnungen entstanden sind, über denen ein z. Z. inaktives »Dach«, das Deutsche Reich, schwebt. Jede der beiden Teilordnungen kann sowohl für sich selbst, als auch als Repräsentant des deutschen Gesamtstaates handeln; vgl. Gerhard Scheuer, Die Rechtslage des geteilten Deutschland, Frankfurt 1960, S. 77 ff.

253 Vgl. Urteil des Bundesverfassungsgerichts vom 31. 7. 1973, in: Dokumentation der Bayerischen Staatsregierung, a.a.O., S. 26 ff.

254 Zur Rechtslage nach dem Grundlagenvertrag und zur Kritik am Urteil des BVerfG vgl. Wilhelm Kewenig, Deutschlands Rechtslage heute, in: EA 3/1974, S. 71–82; Otto Kimminich, Das Urteil über die Grundlagen der staatsrechtlichen Konstruktion der Bundesrepublik Deutschland, in: Deutsches Verwaltungsblatt, 18/1973, S. 657–662; Thomas Oppermann, Anmerkungen zum BVerfG-Urteil vom 31. Juli 1973, in: Juristenzeitung, H. 18, 1973, S. 594–597; Ulrich Scheuner, Die staatsrechtliche Stellung der Bundesrepublik. Einige Bemerkungen zum Verfahren über den Grundvertrag, in: Die Öffentliche Verwaltung, H. 23, 1973, S. 801–808.

se-Beziehungen regelt«. Diese inter-se-Beziehungen seien dann völkerrechtlich zu regeln, »wenn eine staatsrechtliche Ordnung, wie hier wegen der Desorganisation des Gesamtstaats, fehlt«. Der Vertrag sei auch »kein Teilungsvertrag, der weder heute noch für die Zukunft ausschließt, daß die Bundesregierung jederzeit alles ihr Mögliche tut, daß das deutsche Volk seine staatliche Einheit wieder organisieren kann«. Auch die Aussagen zur deutsch-deutschen Grenze orientierten sich an der orthodoxen These eines noch existierenden Staates »Deutschland als Ganzes«. Daraus folgerte das Gericht, »daß es sich also um eine staatsrechtliche Grenze handelt ähnlich der, die zwischen den Ländern der Bundesrepublik Deutschland verlaufe«.[255]

Ein eklatanter Verstoß gegen das im Urteil bekräftigte Prinzip des »judicial self-restraint« – und ein Widerspruch zu dem zuvor formulierten Grundsatz über die politische Verantwortung der Exekutive – sind die detaillierten Ausführungen darüber, auf welche Weise die Bundesregierung allen Deutschen Schutz und Fürsorge nach Art. 116 Abs. 1 und 16 GG angedeihen zu lassen habe, daß jedes mit der DDR abzuschließende Abkommen und jede Vereinbarung mit ihr auf Berlin ausgedehnt werden müsse, es sei denn, die alliierten Vorbehaltsrechte stünden dem entgegen, sowie die Forderung, daß alle im Art. 7 des Zusatzprotokolls zum Grundlagenvertrag vorgesehenen Folgeverträge und Vereinbarungen den Normen des Grundgesetzes entsprechen müßten – hier wurde z. B. eine Garantie des Brief-, Post- und Fernmeldegeheimnisses erwähnt. Außerdem wurde die Bundesregierung unter Berufung auf den Grundlagenvertrag aufgefordert, sich für einen Abbau von Mauer, Stacheldraht, Todesstreifen und Schießbefehl einzusetzen.[256] Damit engten die Bundesverfassungsrichter nicht nur den Spielraum der praktischen Politik unnötig ein, sondern sie brachten sich mit ihrer Realitätsferne auch um ein Stück Glaubwürdigkeit.

Insgesamt gesehen hat das Urteil zwar den Grundlagenvertrag mit der DDR selbst intakt gelassen, durch die Interpretation, die ihm das Bundesverfassungsgericht gegeben hat und vor allem durch die Bindung künftiger Bundesregierungen an die in der Begründung aufgestellten Leitsätze hat es der Ostpolitik, dessen Schlußstein der Vertrag sein sollte, jedoch geschadet. Während man im Westen die Verpflichtung auf die Wieder-

255 Vgl. Urteil des Bundesverfassungsgerichts vom 31. 7. 1973, in: Dokumentation der Bayerischen Staatsregierung, a.a.O., S. 33, S. 37, S. 39 u. S. 40.
256 Vgl. ebenda, S. 45 ff.

herstellung der nationalen Einheit Deutschlands mit Unbehagen zur Kenntnis nahm, wurde das Urteil in den osteuropäischen Staaten als eine Abkehr von einer Entspannungspolitik verstanden, die »von der wirklichen Lage« ausging, zumal sich die Bundesregierung von dem Urteil ja auch nicht distanzieren konnte.[257] Es war wahrscheinlich kein Zufall, daß sich die Haltung der osteuropäischen Staaten in der Berlin-Frage gerade damals zu verhärten begann. Noch viel verhängnisvoller aber war, daß ein überholtes Deutschlandbild mit der Aura der verfassungsgerichtlichen Benedicto versehen und die Ost- und Deutschland-Politik künftiger Bundesregierungen in das Korsett der Vorstellungen der 50er Jahre geschnürt wurde. Die Kritiker der Deutschland- und Ostpolitik der Sozialliberalen Koalition konnten sich bestätigt fühlen, und ihre Anhänger durften nicht dagegen aufmucken.

8. *Rückschläge in der Entspannungspolitik*

Einer der Architekten der Ost- und Deutschland-Politik der Sozialliberalen Koalition, Egon Bahr, sagte nach Abschluß des Grundlagenvertrages, bisher habe die Bundesrepublik keine Beziehungen mit der DDR gehabt, nun werde sie schlechte haben, und dies sei ein Fortschritt. Es werde lange dauern, bis sie bessere kriege.[258] Diese Voraussage sollte sich als zutreffend erweisen.

Mitte 1973 erhöhte die DDR die Mindestumtauschsätze für Besuche in Ostberlin und in der DDR von 5 auf 10 bzw. 20 DM; sie untersagte sog. »Geheimnisträgern« alle Westkontakte; und es kam zu Zurückweisungen auf den Transitwegen als Protest gegen die Errichtung eines Umweltbundesamtes in West-Berlin. Damit einher ging eine verstärkte ideologische Abgrenzungskampagne seitens der SED-Führung. So hieß es in einem Bericht des Politbüros an das 5. Plenum der SED Ende April 1972: »Wir bleiben uns stets bewußt, daß die Abgrenzung der sozialistischen DDR von der imperialistischen BRD sowie die aktive Politik der friedlichen Koexistenz ein dialektischer Prozeß sind«. Der Prozeß der Entspannung

257 Für eine östliche Stellungnahme zum Urteil des BVerfG vgl. J. Rshewski, Sowjetische Stellungnahme zum Grundlagenverlag, in: Meshdunarodnaja Shisn, abgedruckt in: ND, 3. 1. 1974, und: Texte zur Deutschlandpolitik, Bd. II/1, S. 384–398.

258 Vgl. Schmid, Die Deutschlandpolitik der Regierung Brandt/Scheel, a.a.O., S. 257.

sei begleitet von einer »Verschärfung der ideologischen Auseinandersetzung«.[259] Aus Sorge vor einer Destabilisierung ihres politischen Systems durch die verstärkten Westkontakte als Ergebnis des Grundvertrages benutzte die DDR-Führung Ideologie und Portemonnaie als Ventile, um diese Kontakte zu drosseln und ihre schädlichen Wirkungen so gering wie möglich zu halten.

Währenddessen gingen jedoch die Verhandlungen zwischen Bonn und Ostberlin weiter, als deren Ergebnis in den Jahren 1974 bis 1980 über ein Dutzend Abkommen und Protokolle auf den verschiedensten Gebieten, so z. B. über die Verbesserung des Transit- und Reiseverkehrs einschließlich der Festlegung von Pauschalzahlungen zur Abgeltung von Visa- und Straßenbenutzungsgebühren, des Post- und Fernmeldewesens, des Zahlungsverkehrs, des Gesundheitswesens, des Umweltschutzes und der Grenzmarkierung beschlossen wurden. Ende Oktober 1974 lenkte die DDR in der Frage der Mindestumtauschsätze ein und setzte die Beträge auf DM 6,50 bzw. 13,00 herunter, Ende November wurden Rentner völlig vom Zwangsumtausch befreit. Weitere Erleichterungen des Reiseverkehrs wurden bekannt gegeben.

Diese Zusagen waren die Voraussetzung für den Abschluß einer neuen Vereinbarung zwischen der Bundesrepublik und der DDR über den Swing im innerdeutschen Handel, ein zinsloser Verrechnungskredit zugunsten beider Seiten, dessen Höhe für die Zeit bis Ende 1981 auf 850 Mio. Verrechnungseinheiten festgesetzt wurde. Gleichzeitig unterbreitete Ostberlin der Bundesregierung weitreichende Vorschläge zum Ausbau und zur Verbesserung der Verkehrswege von und nach Berlin, z. B. den zweigleisigen Ausbau der wichtigsten Eisenbahnstrecken von Berlin nach dem Bundesgebiet, den Bau einer Autobahn von Berlin nach Hamburg und die Reparatur einiger bestehender Autobahnstrecken. Die Kosten für diese Maßnahmen sollten von der Bundesrepublik übernommen werden. Dem Senat von Berlin bot die DDR u. a. Verhandlungen über eine Wiedereröffnung des Teltow-Kanals sowie über Abkommen zur Abwasser- und Müllbeseitigung an. Ebenfalls bekundete sie ein Interesse daran, von Firmen aus der Bundesrepublik und Berlin ein Kernkraftwerk, Maschinen und Aus-

259 Vgl. den Bericht des Politbüros an das 5. Plenum des ZK der SED im April 1972, in: ND, 28. 4. 1972; vgl. ferner die Anordnung der DDR über eine Neuregelung des verbindlichen Mindestumtauschsatzes für Besucher aus nichtsozialistischen Ländern und Berlin, in: ND, 5. 11. 1973, abgedruckt in: Texte zur Deutschlandpoltik, Bd. II/1, S. 286–289; und die Darstellung bei Dettmar Cramer, Deutschland nach dem Grundvertrag, Bonn 1973, S. 65 ff.

rüstungen, Anlagen für einen Schlachthof und Eisenbahnwaggons zu erwerben.[260]
Die internationale Anerkennung der DDR, ihre Mitgliedschaft in den Vereinten Nationen ebenso wie ihre gleichberechtigte Mitwirkung in der KSZE waren in gleicher Weise ein Element innenpolitischer Konsolidierung der DDR wie das kontinuierliche volkswirtschaftliche Wachstum mit Steigerungsraten von 5 v. H. zu einer besseren Versorgung der Bevölkerung mit Wohnungen und Konsumgütern führte.[261] Die »Stabilisierung durch wirtschaftlichen Wohlstand« verstärkte auch die Zustimmung der Bewohner der DDR zu ihrem System und machte dadurch Westkontakte risikoloser. Auf diese Weise entstand eine enge Wechselbeziehung zwischen den Leistungen der Bundesrepublik in Form eines verstärkten Waren- und Kapitalimportes der DDR (der sich Ende 1980 auf 20 v. H. des Bruttosozialproduktes der DDR belief) und den Gegenleistungen Ostberlins in Form eines erleichterten Reise- und Besucherverkehrs (1980 wurden 8 Mio. Westbesuche in der DDR und in Ostberlin gezählt – bei einer Einwohnerzahl von 17 Mio.). Ebenso wie die Normalisierung zwischen den beiden deutschen Staaten eine Funktion des Modus vivendi mit der Sowjetunion und den osteuropäischen Staaten war, stand diese in einem symbiotischen Verhältnis zur allgemeinen Ost-West-Entspannung, war von dieser abhängig und wirkte wieder auf diese zurück.
Es schmälert nicht die historische Leistung der Regierung Brandt/Scheel, wenn daran erinnert wird, daß die vertragliche Absicherung der Ostpolitik, insbesondere das Berlin-Abkommen, nur mit der Unterstützung der westlichen Verbündeten möglich war. Brandt hatte dies sehr deutlich gemacht, als er auf die Verankerung der Ostpolitik im westlichen Bündnis hinwies. »Unsere Ostpolitik basiert auf unserer Westpolitik. Dies ist eine Tatsache und nicht eine Zweifelsfrage. Unsere Bemühungen um Verstän-

260 Vgl. Vereinbarung über den Swing im Handel zwischen der BRD und der DDR vom 6. 12. 1974; die Erklärung vom Regierungssprecher Grünewald vom 9. 12. 1974 über die Befreiung von Rentnern von Zwangsumtausch; sowie die Rede von Bundeskanzler Schmidt am 11. 12. 1974 im Deutschen Bundestag, alle Texte in: Texte zur Deutschlandpolitik, Bd. II/2, S. 399–421. Die Vorschläge der Regierung der DDR an die Bundesregierung vom 9. 12. 1974 sowie das Aide-Memoire an den Senat von Berlin vom 9. 12. 1974, in: ND, 11. 12. 1974, abgedruckt in: Texte zur Deutschlandpolitik, Bd. II/2, S. 408–415.

261 Vgl. Deutsches Institut für Wirtschaftsforschung Berlin (Hrsg.), DDR-Wirtschaft. Eine Bestandsaufnahme, Frankfurt 1974, S. 116 f. ferner Außenwirtschaftliche Belastungen mindern Wachstumschancen. Zur Lage der DDR-Wirtschaft an der Jahreswende 1979/80, in: DIW-Wochenbericht, 6/1980, S. 59–67.

digung und Zusammenarbeit nach Osten sind darauf ausgerichtet, ein Mehr an Frieden und Sicherheit für Europa zu erreichen. Sie kommen also auch der westlichen Zusammenarbeit zugute. Hier und da hat man vermutet oder befürchtet, es gebe einen Widerspruch zwischen dem Vertrag mit der Sowjetunion und unserer aktiven Teilnahme am westeuropäischen Einigungswerk und am Atlantischen Bündnis. Dies ist eine Beurteilung, die von falschen Voraussetzungen ausgeht. Ich will dies hier noch einmal in aller Deutlichkeit sagen: Die Bundesrepublik Deutschland führt ihre Ostpolitik nicht als Wanderer zwischen den Welten; sondern in der festen Verankerung der westlichen Zusammenarbeit. Atlantisches Bündnis und westeuropäische Partnerschaft sind für uns essentielle Voraussetzungen für den Erfolg eines Ausgleichs mit dem Osten«.[262]
Die zunächst bilateral geführte Gewaltverzichtspolitik – gleichsam um den historischen Rückstand auszugleichen, in den die Bundesrepublik durch das Festhalten an überholten deutschlandpolitischen Positionen im Verhältnis zu ihren Partnern geraten war – mündete daher in den Jahren 1973/74 in die multilateral betriebene Entspannungs- und Rüstungskontrollpolitik der KSZE und der MBFR-Verhandlungen ein. In diesem Rahmen, in enger Abstimmung im Kreis der Neun oder der Fünfzehn, lag in den kommenden Jahren der Schwerpunkt der bundesdeutschen Ostpolitik. Dies hinderte die Bundesregierung nicht daran, in diesen Konferenzen durchaus eigene, identifizierbare und mit den Interessen der Partner nicht immer übereinstimmende Verhandlungsziele zu verfolgen bzw. solche in die gemeinsame Verhandlungsposition einzubringen; sie hat jedoch nie den gemeinsamen Bündnisrahmen infrage gestellt. Verdächtigungen, Bonn liebäugele mit einer »Rapallo-Politik«, entbehrten daher

262 Ansprache von Bundeskanzler Brandt beim 5. Treffen der deutsch-französischen Handwerkskammern am 3. 9. 1971 in Hamburg, in: Presse- und Informationsamt der Bundesregierung (Hrsg.), Bundeskanzler Brandt. Reden und Interviews, Bonn 1971, S. 326–332 (327), zit. auch in Brandt, Begegnungen und Einsichten, a.a.O., S. 465. Auf die Zusammenhänge von Ostpolitik und Westpolitik wies auch Bundeskanzler Schmidt mehrfach hin; vgl. Bundeskanzler Schmidt, Erklärung zur Lage der Nation am 30. 1. 1975 im Deutschen Bundestag, DBT/VII/146, in: Texte zur Deutschlandpolitik, Bd. II/3, S. 9–24; ferner Karl Kaiser, Ostpolitik und westliches Bündnis, in: Das Parlament, 43/1979, 27. 10. 1979; ders., Die neue Ostpolitik, in: Aus Politik und Zeitgeschichte, B 43/79, 27. 10. 1979, S. 3–10. Zu den Handlungsbedingungen der Außenpolitik der Bundesrepublik vgl. auch Ernst-Otto Czempiel, Die Bundesrepublik – eine heimliche Großmacht? In: Aus Politik und Zeitgeschichte, B 26/79. 30. 6. 1979, S. 3–19; Werner Link, Entspannungspolitik – Bewährungsprobe westlicher Zusammenarbeit, in: Aus Politik und Zeitgeschichte, B 37/79, 15. 9. 1979, S. 3–18.

der politischen Grundlage, waren Tagespolemik.[263] Mit dieser engen Verkoppelung von Ostpolitik und Ost-West-Entspannungspolitik riskierte die Bundesregierung aber auch, daß Veränderungen in der internationalen »Großwetterlage«, direkt oder mit einer gewissen zeitlichen Verzögerung, auf ihre Ost- und Deutschland-Politik zurückwirkten.

Die sowjetische Intervention in Afghanistan am Jahresende 1979/80 und die amerikanische Reaktion darauf legten sich wie ein Rauhreif auf die europäischen Entspannungshoffnungen. Für zahlreiche Politiker in der Bundesrepublik kam diese Entwicklung als ein Schock, sie versuchten daher zunächst, die mitteleuropäische Region aus der Verschlechterung der Ost-West-Beziehungen herauszuhalten. Sie wollten auf die Hegemonialmächte einwirken, um diese zu veranlassen, den Gesprächsfaden mit der anderen Seite nicht völlig abreißen zu lassen. Es gab auch Stimmen, die forderten, daß die Europäer sich mit ihrer Entspannungspolitik von den Supermächten abkoppeln sollten.[264] Diejenigen, die für eine »Europäisierung Europas« (Bender) plädierten, unterschätzten dabei jedoch die Verflechtung der europäischen Situation mit den globalen Ost-West-Beziehungen, während jene anderen, die die Supermächte zu einem mehr kooperativen Verhalten drängen wollten, übersahen, wie tief die Kluft zwischen Washington und Moskau bereits geworden war.

Nach der aus ihrer Sicht diskriminierende Behandlung in der Handelsfrage, insbesondere nach der Verknüpfung derselben mit der Frage der Aus-

263 Von außenpolitischen Kommentatoren ist wiederholt die Befürchtung geäußert worden, die Ostpolitik der Sozialliberalen Koalition ziele auf eine Neutralisierung der Bundesrepublik ab bzw. fördere derartige Bestrebungen. Als Beleg dafür wurden Skizzen Egon Bahrs aus seiner Zeit als Leiter des Planungsstabes im Auswärtigen Amt gewertet, vgl. Walter F. Hahn, West Germany's Ostpolitik: The Grand Design of Egon Bahr, in: ORBIS, Bd. 16, Nr. 4 (Winter 1973), S. 859–880; ders. Between Westpolitik and Ostpolitik: Changing West German Security Views, Beverly Hills u. London 1957 (Foreign Policy Papers No. 3). Bei dem zitierten Dokument, Pl 82.01/0223/68, abgedruckt in: QUICK, 27. 9. 1973, handelt es sich um eines von mehreren Optionspapieren, wie sie auch im Planungsstab schon vorher entwickelt worden waren, vgl. z. B. Günter Diehl, Politische Perspektiven der europäischen Sicherheit in den siebziger Jahren: Chancen und Risiken gesamteuropäischer Sicherheitsarrangements, Vortrag auf dem 4. Kolloquium der DGAP über Fragen der internationalen Sicherheit, 12.–14. 6. 1967, in Bergisch-Gladbach.

264 Zur Reaktion auf die sowjetische Intervention in Afghanistan vgl. Theo Sommer, Die Spannung muß teilbar bleiben, in: ZEIT, 11. 1. 1980; Richard Löwenthal, Die Rote Armee in Kabul: Ende der Entspannung? In: ZEIT, 11. 1. 1980; Gunter Hoffmann, » . . . ob wir an einem Krieg vorbeikommen?« SPD-Bundesgeschäftsführer Egon Bahr über die Zukunft der Entspannung, in: ZEIT, 18. 1. 1980. Die These der »Abkoppelung« wurde u. a. von Peter Bender, Das Ende des ideologischen Zeitalters. Die Europäisierung Europas, Berlin 1981, vertreten.

wanderung sowjetischer Juden, war Moskau zu dem Schluß gekommen, daß es nur noch sehr begrenzt von einer Fortsetzung der Ost-West-Entspannung mit den Vereinigten Staaten profitieren könnte. In Washington hatte sich nach dem Nahostkrieg von 1973, dem sowjetischen Fußfassen in Angola, Äthiopien und im Jemen, vor allem aber nach der forcierten Aufrüstung der Sowjetunion im Bereich nuklearer Mittelstreckenwaffen, die Auffassung durchgesetzt, daß Moskau aus einer Fortsetzung der Entspannungspolitik einseitige Vorteile ziehen würde, wenn die Vereinigten Staaten nicht deutlich machten, daß sie einem weiteren Machtzuwachs der Sowjetunion entschieden Widerstand entgegensetzen würden.[265] Hinzu kam die Entwicklung in Polen. Die Arbeiterunruhen im August 1980 und die Herausforderung der Staatsmacht durch die unabhängige Gewerkschaft »Solidarität« führten zu einer Verunsicherung des östlichen Staatensystems. Die weitverbreitete Sympathie für die polnischen Arbeiter im Westen zeigte, daß die Anerkennung des Status quo sich primär auf die europäischen Grenzen bezog und den autoritären Regimen Osteuropas keinen Blankoscheck gab. Aus Sorge, der Bazillus der Aufmüpfigkeit könnte überspringen und die Stabilität der DDR gefährden, reaktivierte die DDR-Führung ihre Abgrenzungsstrategie und suchte der Gefahr einer Ansteckung durch eine erneute Erhöhung der Mindestumtauschsätze für Bürger aus der Bundesrepublik und aus Berlin – diesmal gleich auf DM 25,– ohne Ausnahmen – für Rentner – und durch administrative Maßnahmen gegen polnische Staatsbürger einzudämmen.[266]

265 Zum Scheitern der Entspannungspolitik aus der Sicht der USA vgl. Gebhard Schweigler, Von Kissinger zu Carter. Entspannung im Widerstreit von Innen- und Außenpolitik 1969–1981, München u. Wien 1982. Dazu aus deutscher Sicht Josef Füllenbach u. Eberhard Schulz, Entspannung am Ende? Chancen und Risiken einer Politik des Mudus vivendi, München u. Wien 1980. Die Veränderung in der Entspannungspolitik wird u. a. dokumentiert durch eine Reihe von Aufsätzen in der ZEIT, vgl. George Kennan, Sind alle Russen 2,50 m groß? Der Westen übertreibt die Bedrohung von außen und ist blind für die Gefahren im Innern, in: ZEIT, 27. 2. 1976; Egon Bahr, Die Entspannung hat erst begonnen, in: ZEIT, 26. 3. 1976, Richard Löwenthal, Hat Entspannung eine Zukunft? Über reale und scheinbare Veränderungen in der Weltpolitik, in: ZEIT, 2. 4. 1976; ders., Wie offensiv ist die Sowjetunion; In: ZEIT, 9. 4. 1976. Fünf Jahre später spricht Löwenthal vom »Verfall der Entspannung«, vgl. Das gestörte Ost-West-Gleichgewicht, in: ZEIT, 6. 2. 1981; ders., Die Richtung: Reden und Rüsten, in: ZEIT, 13. 2. 1981.

266 Vgl. Anordnung über die Durchführung eines verbindlichen Mindestumtausches von Zahlungsmitteln vom 9. 10. 1980, in: ND, 10. 10. 1980, abgedruckt in: Deutschland-Archiv, H. 11, 1980, S. 1214; ferner Gerhard Wettig, Die Abschirmung in der Westpolitik der DDR, in: AP, H. 2, 1981, S. 120–128; Dettmar Cramer, Ostpolitik im Wartestand, in: Deutschland-Archiv, H. 1, 1981, S. 1–3; Claus Genrich, Honeckers langfristige Absichten, in: FAZ, 22. 12. 1980; ders., Honeckers Wechselspiel, in: FAZ, 9. 1. 1981.

Gleichzeitig intensivierte die DDR ihre ideologische Abgrenzungskampagne. In einer Rede in Gera Mitte Oktober 1980 forderte Honecker als Voraussetzung einer umfassenden Normalisierung der Beziehungen zwischen Bundesrepublik und DDR die vorbehaltlose Anerkennung der Existenz zweier souveräner, voneinander unabhängiger Staaten mit unterschiedlichen Gesellschaftsordnungen sowie die Respektierung des Prinzips der Nichteinmischung. Er verlangte in diesem Zusammenhang von der Bundesrepublik, daß sie »endlich« bereit sei, die Staatsbürgerschaft der DDR anzuerkennen, die Ständigen Vertretungen in Botschaften umzuwandeln und »eine Regelung des Grenzverlaufs auf der Elbe entsprechend dem internationalen Recht« herbeizuführen.[267]
Mit dieser Doppelstrategie, die primär dem Ziel innenpolitischer Stabilisierung dienen sollte, möglicherweise aber auch ein Signal in Richtung Osten war, riskierte die DDR jedoch, daß sie damit den Normalisierungsprozeß in den deutsch-deutschen Beziehungen unterbrach, wenn nicht gar umkehrte. Mit ihren Statusforderungen rührte sie an Pflöcken, die zwar durch den Lauf der Geschichte morsch geworden, die jedoch durch den Spruch des Bundesverfassungsgerichtes noch tiefer eingeschlagen worden waren und damit den Handlungsspielraum der Bundesregierung in ihrem Verhältnis zur DDR auf absehbare Zeit eindeutig begrenzten. Die Erhöhung des Zwangsumtausches rührte ebenfalls an einen Kernbereich Bonner Deutschland-Politik, in der »menschlichen Erleichterungen« ein besonderer Stellenwert zukam. Die Bundesregierung machte daher deutlich, daß für sie eine »drastische Veränderung« beim Zwangsumtausch eine Voraussetzung für Verhandlungen über die von der DDR vorgeschlagenen Großprojekte im Energie- und Verkehrsbereich war. Allerdings war angesichts der Finanznot im Bundeshaushalt abzusehen, daß Bonn in den nächsten Jahren nur sehr beschränkt Mittel für kostenintensive Großprojekte aufbringen konnte – ungeachtet der Haltung der DDR.
Die polnische Krise und die Erhöhung des Zwangsumtauschs belasteten die deutsch-deutschen Beziehungen nachhaltig; beide Seiten machten jedoch deutlich, daß sie den Gesprächsfaden nicht völlig abreißen lassen wollten. Im Dezember 1981 fand die zweimal verschobene Begegnung von Bun-

267 Vgl. die Rede des Generalsekretärs des ZK der SED, Honecker, zur Eröffnung des Parteilehrjahres 1980/81 in Gera am 13. 10. 1980, in: ND, 14. 10. 1980; ferner das Schlußwort Honeckers auf einer Bezirksdelegiertenkonferenz der SED in Ostberlin am 15. 2. 1981, in der er erklärte, die Frage einer Vereinigung beider deutscher Staaten stelle sich neu, wenn in der Bundesrepublik eine sozialistische Umgestaltung stattgefunden habe, in: ND, 16. 2. 1981.

deskanzler Schmidt und Parteichef Honecker am Werbellinsee in der DDR statt. Das Gespräch brachte keine Fortschritte in den deutsch-deutschen Beziehungen, insbesondere nicht die – insgeheim erhoffte – Ermäßigung des Mindestumtausches. Ähnlich wie der Besuch des sowjetischen Parteichefs Breschnjew drei Wochen zuvor in Bonn, nahmen in den Gesprächen am Werbellinsee Fragen der Sicherheit und der Rüstungsbeschränkung breiten Raum ein. Diese neue Akzentuierung in den deutsch-deutschen Beziehungen – trotz des außerordentlich limitierten Handlungsspielraumes gerade der DDR in dieser Frage – hatte eine Reihe von Gründen. Einmal ordnete sich Ost-Berlin damit in die von Moskau geführte »Friedenskampagne« ein, deren bevorzugter Adressat die Bundesrepublik und deren Ziel es war, die Stationierung neuer amerikanischer Mittelstreckenraketen in Westeuropa zu verhindern. Zum andern konnte die DDR auf diese Weise ein Mitspracherecht in internationalen Sicherheitsfragen zu Protokoll geben, und schließlich reagierte die SED-Führung auf die auch in der DDR wachsende Kriegsfurcht in der Bevölkerung. Im Kommuniqué fand das seinen Niederschlag in der Formulierung, »daß von deutschem Boden nie wieder Krieg ausgehen darf« und daß die beiden deutschen Staaten sich ihrer großen Verantwortung für die Sicherung des Friedens in Europa bewußt seien.[268]
Gleichzeitig machte die Begegnung Schmidt-Honecker aber auch den geringen Gestaltungsspielraum der beiden deutschen Staaten für die Entwicklung der innerdeutschen Beziehungen deutlich. In einem Interview mit dem SED-Zentralorgan »Neues Deutschland« ließ Honecker daran keinen Zweifel, wenn er von dem »Wechselverhältnis zwischen den bilateralen und den internationalen Seiten unserer Beziehungen« sprach und deren Bedeutung für Frieden und Entspannung unterstrich. »Andererseits kann sich keiner der beiden Staaten von der Weltpolitik abkoppeln. Von einer allgemeinen Verschärfung der Weltlage können sie nicht unberührt bleiben.«[269] Während der SED-Generalsekretär dabei vor allem auf den NATO-Nachrüstungsbeschluß abhob, machte die Verkündung des Kriegsrechtes in Polen am letzten Tag des Schmidt-Besuches in der DDR

268 Vgl. Gemeinsames Kommuniqué über den Besuch von Bundeskanzler Schmidt in der Deutschen Demokratischen Republik vom 11.–13. 12. 1981, in: EA 3/1982, S. D 79–82; ferner J. B. (Jürgen Bölkow), Der Gesprächsmechanismus, in: Tsp., 13. 12. 1981; Peter Jochen Winters, Die innerdeutschen Beziehungen nach dem Treffen Schmidt-Honecker, in: EA 3/1982, S. 77–84.

269 Staatsratsvorsitzender und SED-Generalsekretär Honecker in einem Interview im Neuen Deutschland am 16. 12. 1981, abgedruckt in: EA 3/1982, S. D 82–87.

(13. Dezember 1981) die Grenzen westlicher Entspannungspolitik deutlich.
Die Verschärfung der Situation in Polen konfrontierte die Bundesrepublik mit einem doppelten Dilemma: ein Ausweg aus der polnischen Krise schien nur über die wirtschaftliche und politische Stabilisierung eines repressiven Regimes möglich und lief damit den westlichen Wertvorstellungen zuwider, während die von den USA verfolgte Politik der Isolierung Polens und der »Bestrafung« der Sowjetunion mit Sicherheit keine Liberalisierung in Polen bewirken, darüber hinaus aber die Ost-West-Beziehungen einer unerträglichen Belastung aussetzen würde. Der von der Bundesregierung eingeschlagene mittlere Kurs – politische Verurteilung des Militärregimes, aber Fortsetzung einer begrenzten wirtschaftlichen Kooperation – brachte die Bundesrepublik in einen Gegensatz zu der harten Linie der Politik Washingtons, ohne daß er die Entspannungspolitik wieder flott machen konnte.
Dies zeigte sich besonders deutlich bei der Kontroverse über das von einem Konsortium westeuropäischer Firmen mit der Sowjetunion 1981 abgeschlossene Erdgas-Röhren-Geschäft, bei dem es um die Lieferung von Ausrüstungsgegenständen für die transsibirische Erdgasleitung im Austausch gegen spätere Gaslieferungen nach Westeuropa ging und an dem deutsche Firmen und Banken einen besonderen Anteil hatten. Nach der Verhängung des Kriegsrechtes in Polen erließ die Regierung in Washington ein Embargo für die Lieferung von Investitionsgütern an die Sowjetunion, das Lizenzen und Zulieferungen für das Gas-Röhrengeschäft einschloß und zu einer Belastung der europäisch-amerikanischen Beziehungen führte, als sich die Mehrzahl der westeuropäischen Firmen mit aktiver Unterstützung ihrer Regierungen über die von Washington verfügten Restriktionen hinwegsetzten.[270] Erst nach mühseligen Verhandlungen, die zum Teil zwischen den USA und den Europäern in der EPZ, zum Teil in der Bonner Vierergruppe geführt worden waren, lenkten die USA im November 1982 ein und hoben die gegen westeuropäische Firmen verhängten Sanktionen auf, während die Europäer sich zu einer größeren Zurückhaltung im Osthandel verpflichteten.
Noch in einem anderen Fall zeigte sich die begrenzte Operationalisierbarkeit ökonomischer Instrumente für politische Veränderungen. Der Bun-

270 Zum Gas-Röhren-Geschäft und seinen Auswirkungen auf das europäisch-amerikanische Verhältnis vgl. Harald Müller u. Reinhard Rode, Osthandel oder Wirtschaftskrieg? Die USA und das Gas-Röhrengeschäft, Frankfurt 1982.

desregierung gelang es nicht, die Ende 1981 und, nach einer sechs-monatigen Verlängerung, Mitte 1982 anstehende Überprüfung bzw. Verlängerung des Swing im innerdeutschen Handel dazu zu benutzen, um die DDR zu einer Reduzierung des Mindestumtausches zu veranlassen. Bonn und Ost-Berlin waren wieder bei einer Politik der ganz kleinen Schritte angelangt.

Bundesrepublik und DDR gaben jedoch mehrfach zu erkennen, daß sie die Bemühungen um einen Interessenausgleich nicht für beendet hielten. »Ob«, mit den Worten des scheidenden Ständigen Vertreters der Bundesrepublik in Ost-Berlin, Günter Gaus, »dieses auf beiden Seiten vorhandene Interesse sich umsetzen läßt in konkrete Ergebnisse, hängt derzeit von den beiden deutschen Staaten am wenigsten ab.«[271] Es entläßt sie jedoch nicht aus ihrer Verantwortung, weiterhin nach Möglichkeiten für eine Politik des Ausgleichs und der Entspannung zu suchen.[272] Diese findet jedoch ihre Grenzen an der Tatsache, daß die DDR der westlichste Staat des östlichen Militärgebietes ist, ebenso wie dadurch, daß die Bundesrepublik Deutschland ihre Sicherheit nur im Rahmen der NATO und durch die enge Verbindung mit den Vereinigten Staaten gewährleistet sieht.

271 Vgl. Günter Gaus, Die Elbe – Ein deutscher Strom, nicht Deutschlands Grenze, in: ZEIT, 30. 1. 1981. Mit diesem Interview wurde eine lebhafte Debatte in der Bundesrepublik über die nationale Frage ausgelöst, vgl. u. a. Egon Bahr, Die nationale Frage. Das Problem der Wiedervereinigung und die Pflicht zum Frieden, in: ZEIT, 19. 3. 1982; ferner Günter Gaus, Plädoyer für eine rationale deutsch-deutsche Politik, in: ZEIT, 4. 6. 1982.

272 Vgl. Willy Brandt, Entspannungspolitik ohne Kaltschnäuzigkeit, in: ZEIT, 5. 2. 1982. Auch die neue CDU/CSU/FDP-Regierung hat sich auf die Fortführung einer auf das Ziel »echter Entspannung« gerichteten Politik verpflichtet; vgl. die Regierungserklärung von Bundeskanzler Kohl am 13. 10. 1982 im Deutschen Bundestag, in: Bulletin, Nr. 93, 14. 10. 1982, S. 853–868. Auf die Zusammenhänge zwischen Entspannungspolitik und Bündnispolitik gehen ein Theo Sommer, West-Westkonflikt vor der Ost-West-Krise? Polen und die Entspannung, in: ZEIT, 1. 1. 1982; Rolf Zundel, Steht Bonn schon bald allein? Was ein Ende der Entspannungspolitik für die Bundesrepublik bedeuten würde, in: ZEIT, 9. 1. 1981.

V. Multilaterale Entspannungspolitik im Rahmen der Konferenz für Sicherheit und Zusammenarbeit in Europa

Verfolgte die Gewaltverzichtspolitik der Bundesrepublik das Ziel, in bilateralen Verträgen mit der Sowjetunion und den osteuropäischen Nachbarn sowie mit der DDR einen Modus vivendi in Bezug auf diejenigen Probleme zu vereinbaren, die sich aus der offenen deutschen Frage ergaben, so war das Projekt einer europäischen Sicherheitskonferenz über ein Jahrzehnt lang das wichtigste Instrument multilateraler Entspannungspolitik, das von den einzelnen Staaten und Staatengruppen jedoch mit sehr unterschiedlichen - und sich wandelnden - Motiven und Interessen verfolgt wurde.[1]

Im Rahmen der von Bonn betriebenen Sicherheits- und Entspannungspolitik hatte die KSZE, deren Hauptkonferenz in mehreren Phasen vom 3. Juli 1973 bis zum 1. August 1975 in Helsinki, Genf und wieder Helsinki stattfand, vor allem drei Funktionen: Zunächst wurde der sowjetische Konferenzvorschlag als ein Hebel benutzt, um gleichsam im Vorfeld der Konferenz eine befriedigende Regelung für das deutsche Problem einschließlich der Sicherung West-Berlins zustande zu bringen; gleichzeitig sollte damit die sowjetische Strategie unterlaufen werden, die Ergebnisse der gesamteuropäischen Konferenz gleichsam zu einem Ersatzfriedensvertrag mit Deutschland hochzustilisieren. Darüber hinaus bedurfte die primär bilateral geführte Ostpolitik der Bundesrepublik einer multilateralen Absicherung, und zwar einmal aus sachlichen Gründen, vor allem in der Sicherheitsfrage, und zum anderen aus bündnispolitischen Rücksichten, um eine aus Mißtrauen über die deutschen Absichten gespeiste Lok-

1 Zu den mit einer europäischen Sicherheitskonferenz verknüpften Motiven und Interessen (sowie zur Vorgeschichte der KSZE allgemein) vgl. Hans-Adolf Jacobsen, Wolfgang Mallmann und Christian Meier (Hrsg.), Sicherheit und Zusammenarbeit in Europa (KSZE). Analyse und Dokumentation, Bd. 1, Köln 1973; Bd. 2, Köln 1978; Friedrich-Karl Schramm, Wolfram-Georg Riggert und Alois Friedel (Hrsg.), Sicherheitskonferenz in Europa. Dokumentation 1954–1972, Frankfurt a. M. 1972; Institut für Internationale Politik und Wirtschaft (Hrsg.), Sicherheit und friedliche Zusammenarbeit in Europa. Dokumente 1967–1972, Berlin (Ost) 1973; Michael Palmer, The Prospects for a European Security Conference, London 1971; Hans-Peter Schwarz und Helga Haftendorn (Hrsg.), Europäische Sicherheitskonferenz, Opladen 1970; Timothy W. Stanley, A Conference on European Security? Problems, Prospects, and Pitfalls, Washington 1970.

kerung des europäischen wie des atlantischen Zusammenhalts zu vermeiden.[2] Schließlich bot das Konferenzprojekt eine Möglichkeit, die bislang weitgehend getrennt verhandelten Fragenkomplexe militärischer Sicherheit und europäischer Entspannungspolitik im Zusammenhang zu behandeln und damit die Voraussetzungen für ein dauerhafteres europäisches Sicherheitssystem, oder wie Brandt es nannte, eine europäische Friedensordnung zu schaffen.[3] Die Chance einer europäischen Neuordnung schien Ende der sechziger Jahre gegeben, da mit der Auflockerung der durch den Kalten Krieg akzentuierten Interessenblockade zwischen den in Europa engagierten Großmächten nicht nur den europäischen Staaten ein größerer Handlungsspielraum zugewachsen war, sondern sich auch die Möglichkeit einer Überwindung des Konfrontationssystems zugunsten blockübergreifender, stärker kooperativ angelegter Strukturen andeutete.[4] Die Protagonisten eines friedlichen Wandels wollten auf der geplanten Ost-West-Konferenz erste Blaupausen für dieses neue europäische System vereinbaren, während die Skeptiker in der KSZE einen Testfall für die Entspannungs- und Kooperationsbereitschaft der Sowjetunion und ihrer Verbündeten sahen. In der Tat läßt sich am Fortschreiten bzw. Scheitern des KSZE-Prozesses in den siebziger Jahren auch der jeweilige Zustand der Ost-West-Beziehungen ablesen.

2 In Paris und in Washington war man besorgt, die Ostpolitik der Bundesrepublik könnte eine eigene Dynamik gewinnen, die zu einer Schwächung des westlichen Bündnisses, möglicherweise sogar zu einer Neutralisierung Deutschlands führen würde, vgl. Willy Brandt, Begegnungen und Einsichten. Die Jahre 1960–1975, Hamburg 1976, S. 347 f., S. 363 f. und 380 ff.; Henry A. Kissinger, White House Years, Boston u. Toronto 1979, S. 408 ff. und 422 ff.

3 Brandt unterschied zwischen einem »europäischen Sicherheitssystem«, in dem das Verhältnis zwischen NATO und Warschauer Pakt stabilisiert oder aber beide Bündnisse stufenweise abgelöst und etwas Neues an ihre Stelle gesetzt würde, und einer »europäischen Friedensordnung«, die über ein Sicherheitssystem hinausging und durch die der Kalte Krieg und seine Spannungen wirklich überwunden werden könnten, vgl. Willy Brandt, Für ein geregeltes Nebeneinander. Interview mit dem Deutschlandfunk vom 2. 7. 1967, abgedruckt in: Willy Brandt, Außenpolitik, Deutschlandpolitik, Europapolitik. Grundsätzliche Erklärungen während des ersten Jahres im Auswärtigen Amt, Berlin 1968, S. 80–89 (S. 85 f.); ferner ders., Friedenspolitik in Europa, Frankfurt a. M. 1968.

4 Vgl. Uwe Nerlich, Der Wandel des »europäischen Systems« und die Idee einer gesamteuropäischen Konferenz, in: EA 12/1970, S. 415–423.

1. *Östliche Vorschläge für eine europäische Sicherheitskonferenz*

Als der polnische Außenminister Rapacki in einer Rede vor der UN-Vollversammlung am 14. Dezember 1964 die Einberufung einer Konferenz aller europäischen Staaten anregte, auf der das »gesamte Problem der Sicherheit in Europa« erörtert werden sollte,[5] griff er auf einen Vorschlag zurück, der bereits in den fünfziger Jahren auf der europäischen Tagesordnung gestanden hatte. Im Zusammenhang mit den Plänen für einen »Vertrag zwischen den europäischen Staaten über die kollektive Sicherheit« hatte die Sowjetunion vor allem 1954, als im Westen die Diskussion über die Pariser Verträge im Gange war, mehrfach die Einberufung einer Konferenz europäischer Staaten gefordert.[6] In einem wesentlichen Punkt unterschieden sich diese sowjetischen Vorschläge jedoch von der polnischen Konferenzidee. Während in den fünfziger Jahren verschiedene Entwürfe Moskaus über die Einbindung und Neutralisierung Deutschlands in ein gesamteuropäisches Sicherheitssystem im Vordergrund standen, die durch eine gesamteuropäische Konferenz sanktioniert werden sollten, war jetzt das Konferenzprojekt zu einem flexiblen Instrument geworden, das in der Folge mit unterschiedlichen Zielsetzungen eingesetzt wurde.[7] Der polnische Vorschlag war zunächst im Rahmen der kommunistischen Kampagne gegen die MLF zu sehen, mit ihm sollte die Diskussion über den Gomulka-Vorschlag eines nuklearen »freeze« belebt und konkretisiert werden.[8]

5 Vgl. die Rede des polnischen Außenministers, Adam Rapacki, am 14. 12. 1964 vor der UN-Vollversammlung, in: EA 8/1965, S. D 210–212.

6 Vgl. Curt Gasteyger, Die sowjetische Europapolitik, in: Arnold Bergsträßer und Wilhelm Cornides (Hrsg.), Die Internationale Politik 1955. Eine Einführung in das Geschehen der Gegenwart, München 1958 (Jahrbücher des Forschungsinstituts der DGAP), S. 420–436.

7 Zur sowjetischen KSZE- und Europa-Politik in den sechziger Jahren vgl. Marschall D. Shulman, Sowjetische Vorschläge für eine europäische Sicherheitskonferenz (1966–1969), in: EA 19/1969, S. 671–684; Klaus Mehnert, Sicherheitskonferenz für Europa, in: Osteuropa, H. 10, 1970, S. 657–678; Gerhard Wettig, Europäische Sicherheit. Das europäische Staatensystem in der sowjetischen Außenpolitik 1966–1972, Düsseldorf 1972; Boris Meißner, Das Entspannungskonzept der Hegemonialmacht: Entspannungsbegriff und Entspannungspolitik aus der Sicht der Sowjetunion, in: Hans-Peter Schwarz und Boris Meißner (Hrsg.), Entspannungspolitik in Ost und West, Köln u. a. 1979, S. 1–35.

8 Vgl. die Rede des Ersten Sekretärs der Polnischen Vereinigten Arbeiterpartei, Wladyslaw Gomulka, am 28. 12. 1963 in Plock sowie das polnische Memorandum betr. ein Einfrieren der nuklearen Rüstungen in Mitteleuropa, in: EA 5/1964, S. D 180 bzw. 8/1964, S. D 224–225.

Diese polnische Initiative wurde von der Sowjetunion und den Staaten des Warschauer Paktes zunächst nur zögernd aufgegriffen, mit einem Satz in dem Kommuniqué des Politischen Beratenden Ausschusses vom 20. Januar 1965,[9] und mit einem Halbsatz in der 128 Punkte umfassenden Erklärung des sowjetischen Delegierten Federenko im Abrüstungsausschuß der Vereinten Nationen am 26. April 1965.[10] Immer häufiger tauchte der Vorschlag einer europäischen Sicherheitskonferenz in Besuchskommuniqués und Zeitungsartikeln auf.[11] Mit dem Rechenschaftsbericht von Generalsekretär Breschnjew auf dem 23. Parteitag der KPdSU im März-April 1966 wurde er schließlich offizielle sowjetische Politik.[12] Die Bedeutung, die der Warschauer Pakt einer europäischen Sicherheitskonferenz beilegte, steigerte sich weiter in der Bukarester Erklärung vom 6. Juli 1966,[13] dem Karlsbader Appell der kommunistischen Parteien vom 26. April 1967[14] und – nach einem durch blockinterne Probleme und die Entwicklung in der CSSR bedingten Schweigen zu Problemen der europäischen Sicherheit – in der Budapester Erklärung des Warschauer Paktes vom 17. März 1969, in der die besondere Dringlichkeit des Zustandekommens einer europäischen Sicherheitskonferenz betont wurde.[15]
Eine Interpretation der wechselnden Motivationen und Funktionen des östlichen Vorschlags einer europäischen Sicherheitskonferenz ist nur vor dem Gesamthintergrund der internationalen Situation, insbesondere der

9 Vgl. das Kommuniqué über die Tagung des Politischen Beratenden Ausschusses des Warschauer Paktes in Warschau vom 20. 1. 1965, in: EA 5/1965, S. D 108–111.

10 Vgl. Erklärung des sowjetischen Delegierten Nikolai T. Federenko vom 26. 4. 1965 vor der UN-Abrüstungskommission, in: DoD, 1965, S. 37–58 (S. 40).

11 Vgl. Christian Meier, Der Budapester Appell der Warschauer Pakt-Staaten. Zum Plan einer europäischen Sicherheitskonferenz seit Ende 1964 (Berichte des BOIS, Nr. 42, 1969), S. 5 f.

12 Rechenschaftsbericht des Ersten Sekretärs der KPdSU, Leonid I. Breschnjew, am 29. 3. 1966 auf dem 23. Parteitag der KPdSU, Auszüge in: EA 10/1966, S. D 258–266. Die sowjetische Zurückhaltung kann dahingehend interpretiert werden, daß die sowjetische Führung nach dem Sturz Chruschtschows zunächst ihre innere Machtbasis konsolidieren und ihre außenpolitischen Prioritäten definieren mußte und sich daher mit spektakulären Aktionen zurückhielt.

13 Vgl. Erklärung der Teilnehmerstaaten des Warschauer Vertrages vom 6. 7. 1966 zur europäischen Sicherheit (Bukarester Erklärung), in: EA 16/1966, S. D 414–424.

14 Vgl. Erklärung für den Frieden und die Sicherheit in Europa, verabschiedet von der Konferenz der in Karlsbad vertretenen kommunistischen und Arbeiter-Parteien Europas am 26. 4. 1967, in: EA 11/1967, S. D 259–266. Zum programmatischen Hauptreferat des Ersten Sekretärs der KPdSU, Leonid I. Breschnjew, auf dieser Konferenz vgl. Shulman, Sowjetische Vorschläge für eine europäische Sicherheitskonferenz, a.a.O., S. 676–677.

15 Vgl. Appell der Budapester Konferenz der Staaten des Warschauer Vertrages an alle europäischen Länder vom 17. 3. 1969, in: EA 7/1969, S. D 151–153.

Lage in Osteuropa und im westlichen Bündnis sowie der Beziehungen zwischen den beiden Supermächten möglich.[16] Die Rede Breschnjews auf dem 23. Parteitag der KPdSU muß zweifellos ebenso wie der Vorschlag Rapackis im Zusammenhang mit dem Bemühen gesehen werden, der Bundesrepublik den Zugang zu Atomwaffen zu verweigern. Hier war eine europäische Sicherheitskonferenz sozusagen das zweite Gleis der sowjetischen Nichtverbreitungspolitik.[17] Zugleich war sie aber auch eine Antwort auf die mit der Friedensnote eingeleiteten ostpolitischen Initiativen Bonns und die im westlichen Bündnis zutage getretenen Krisenerscheinungen - der Auszug Frankreichs aus der NATO-Organisation, das Scheitern des britischen EWG-Beitritts und die Drohung mit amerikanischen Truppenrückzügen.
Die Bukarester Erklärung von 1966 war auf drei Grundtöne gestimmt, die in den folgenden Jahren in verschiedenen Variationen das durchgängige Thema der östlichen Entspannungspolitik bildeten: Anerkennung des Status quo, allgemeiner Gewaltverzicht und Ausweitung der wirtschaftlichen und technologischen Beziehungen zwischen Ost- und Westeuropa. Im Zusammenhang mit der Einberufung einer europäischen Konferenz über Sicherheit und Zusammenarbeit wurden die Auflösung der Militärbündnisse, der Abzug aller ausländischen Truppen, die zahlenmäßige Verringerung der Streitkräfte der beiden deutschen Staaten, die Errichtung von kernwaffenfreien Zonen, der Verzicht seitens der Bundesrepublik auf den Zugang zu nuklearen Waffen sowie die Anerkennung der bestehenden Grenzen und der Existenz der DDR gefordert. In dem Bekenntnis zu den »Prinzipien der Souveränität und nationalen Unabhängigkeit, der Gleichberechtigung, der Nichteinmischung in die inneren Angelegenheiten und des gegenseitigen Nutzens« als Richtschnur für die zwischenstaatlichen Beziehungen kamen die zunehmenden Selbständigkeitstendenzen in Osteuropa zum Ausdruck. Weiter enthielt das Dokument Passagen, die Elemente de Gaulle'scher Europa-Politik aufnahmen und darauf abzielten, die mit dem Ausscheiden Frankreichs aus der integrierten NATO-Organisation evident gewordene Krise des westlichen Bündnisses auszunutzen und eine Lockerung der Bindungen zwischen den USA und Europa zu fördern.[18]

16 Vgl. dazu die Studie von Thomas W. Wolfe, Soviet Power and Europe 1945–1970, Baltimore u. London 1970; ferner Wettig, Europäische Sicherheit, a.a.O.; Lawrence Whetten, Germany's Ostpolitik. Relations between the Federal Republic and the Warsaw Pact Countries, London 1971.
17 Zur sowjetischen Nichtverbreitungspolitik vgl. George Quester, The Politics of Nuclear Proliferation, Baltimore u. London 1973, S. 33 ff.
18 Vgl. Bukarester Erklärung vom 6. 7. 1966, in: EA 16/1966, S. D 414–424.

Das Manifest von Karlsbad, ein Jahr später, liest sich dagegen wie ein Traktat der Moralischen Aufrüstung. Die Genossen waren in das Caux des Ostens geladen worden, um in ihrem Glauben an den Sieg des Sozialismus gestärkt und gegen die Verlockungen Johnson'scher Brückenschlagtheorie[19] und Kiesinger-Brandt'scher neuer Ostpolitik[20] gefeit zu werden. Die anti-deutsche Stoßrichtung von Bukarest wurde teilweise ersetzt durch heftige Angriffe gegen die Vereinigten Staaten. Ziel aber blieb die Auflösung des westlichen Bündnisses, die Isolierung der Bundesrepublik als sein Hauptpfeiler und der Abzug der Amerikaner vom europäischen Kontinent.[21]

In dem Budapester »Appell an alle europäischen Länder vom März 1969« trat ein neuer Ton der Ungeduld zutage: »Es gibt keine gewichtigen Gründe, die Einberufung einer gesamteuropäischen Konferenz aufzuschieben«.[22] Für die augenscheinliche Ernsthaftigkeit des Vorschlags sprach der weitgehende Verzicht auf Polemik. Während zwar eine Reihe von Voraussetzungen für die europäische Sicherheit – die Anerkennung des Status quo, der Verzicht der Bundesrepublik auf Verfügungsgewalt über Kernwaffen und die Respektierung des besonderen Status von West-Berlin – genannt wurden, wurde auf Vorbedingungen für das Zustandekommen einer europäischen Sicherheitskonferenz verzichtet. Sie sollte die Aufgabe haben, über Mittel und Wege zum Abbau der militärischen Konfrontation und zur Entwicklung einer gesamteuropäischen Zusammenarbeit zu beraten. Der Zeitpunkt des Appells, wenige Wochen vor der Jubiläumstagung der NATO anläßlich ihres zwanzigjährigen Bestehens,

19 Vgl. Rede des Präsidenten der Vereinigten Staaten, Lyndon B. Johnson, vor der Konferenz amerikanischer Leitartikler am 7. 10. 1966 in New York, in: EA 20/1966, S. D 517–521.

20 Mit ihrer Regierungserklärung vom 13. 12. 1966 gab die Regierung der Großen Koalition die Politik der völligen Negierung der DDR auf; am 31. 1. 1967 wurde die Aufnahme diplomatischer Beziehungen zwischen der BRD und Rumänien vereinbart.

21 Vgl. Karlsbader Erklärung vom 26. 4. 1967, in: EA 11/1967, S. D 259–266. Diese Zielrichtung wird erhärtet durch den Hinweis von Generalsekretär Breschnjew auf die Möglichkeit eines Austritts aus der NATO ab 1969, vgl. Rede des Leiters der KPdSU-Delegation, Genosse L. I. Breschnjew, in: Iswestija, 26. 4. 1967. Die Abschwächung der antideutschen Propaganda könnte interne Überlegungen in der Sowjetunion über eine Neuorientierung der Politik gegenüber der BRD widerspiegeln, die durch die CSSR-Krise unterbrochen wurde; vgl. dazu Wolfe, Soviet Power, a.a.O., S. 322 ff.; ferner Wolfgang Berner, Das Karlsbader Aktionsprogramm. Eine Bilanz der Konferenz der Kommunistischen Parteien Europas über Fragen der europäischen Sicherheit, in: EA 11/1967, S. 393–400.

22 Budapester Appell der Staaten des Warschauer Paktes vom 17. 3. 1969, in: EA 7/1969, S. D 152.

war zweifellos gut gewählt. Zum einen sollten die negativen Wirkungen des Einmarsches in die CSSR mit einer neuen Entspannungsinitiative überspielt, zum anderen der Aufforderung der NATO zu Gesprächen über eine beiderseitige Truppenreduzierung, wie sie im »Signal von Reykjavik«[23] enthalten war, eigene Vorschläge entgegengesetzt werden.

Die Prager Erklärung der Außenminister des Warschauer Paktes vom 31. Oktober 1969 war im Ton noch verbindlicher gehalten als der Budapester Appell vom Frühjahr. Von politischen Voraussetzungen oder einer Auflösung der Bündnissysteme war nicht mehr die Rede. Die für eine »gesamteuropäische Konferenz zu Fragen der Sicherheit und Zusammenarbeit« vorgeschlagenen Themen waren vage, jedoch interpretationsfähig: »1. Gewährleistung der europäischen Sicherheit und Verzicht auf Gewaltanwendung oder Gewaltandrohung in den gegenseitigen Beziehungen zwischen den europäischen Staaten; 2. Erweiterung der gleichberechtigten Handels-, Wirtschafts- und wissenschaftlich-technischen Beziehungen zwischen den europäischen Staaten«.[24]

Beide Punkte wurden konkretisiert in zwei vertraulichen Schriftstücken, die von der Prager Regierung der Bundesregierung – über die Vertretung in Paris[25] und anderen europäischen Regierungen Anfang November übergeben wurden. Der Textvorschlag für eine multilaterale europäische Gewaltverzichtsdeklaration beinhaltete eine feierliche Erklärung, auf die Anwendung oder Androhung von Gewalt zu verzichten und alle Streitigkeiten untereinander ausschließlich mit friedlichen Mitteln zu regeln. Ein zweiter Punkt war die Anerkennung und Respektierung der territorialen Integrität aller europäischen Staaten in ihren gegenwärtigen Grenzen. Bezug genommen wurde jedoch nicht nur auf die »Prinzipien der Souveränität, der territorialen Integrität und der Unabhängigkeit aller Staaten sowie der Nichteinmischung in ihre inneren Angelegenheiten« sowie auf Art. 2 der UN-Charta, sondern auch auf Kap. VIII, das sich auf die Zulässigkeit regionaler Sicherheitsvereinbarungen bezieht, aber auch die sog. »Feindstaatenklausel« (Art. 53) enthält. Das Dokument bekräftigte ferner implizit die Breschnjew-Doktrin, indem von dem Gewaltverzicht

23 Vgl. Kommuniqué und Erklärung des NATO-Ministerrates in Reykjavik vom 25. 6. 1968, in: EA 15/1968, S. D 357–360.

24 Erklärung der Konferenz der Außenminister des Warschauer Paktes in Prag vom 31. 10. 1969 betr. Europäische Sicherheitskonferenz, in: EA 23/1969, S. D 551–552.

25 Bereits der Budapester Appell vom 17. 3. 1969 war der Bundesregierung in Paris vom ungarischen Botschafter übergeben worden.

die sich aus multi- oder bilateralen Verträgen ergebenden Verpflichtungen ausgenommen wurden.[26]
Der Entwurf für eine europäische Vereinbarung über Zusammenarbeit beschränkte sich auf eine sehr allgemein gehaltene Absichtserklärung über die verstärkte Zusammenarbeit zwischen allen europäischen Staaten auf wirtschaftlichem, wissenschaftlichem und technologischem Gebiet.[27]
Die Prager Dokumente bestätigen einen Eindruck, den westliche Politiker auch in Gesprächen mit sowjetischen Diplomaten gewonnen hatten: daß die Sowjetunion das Konferenzprojekt vor allem als ein Instrument blockkonformer Westpolitik benutzte; es aber über Ziele und Gegenstand der Konferenz innerhalb des Warschauer Paktes unterschiedliche und nicht voll miteinander abgestimmte Positionen gab.[28] Die Nennung präziser Daten für eine solche Zusammenkunft – erste Hälfte 1970 in Helsinki – der völlige Verzicht auf Polemik und auf anstößige Forderungen sowie der Vorschlag, die Konferenz in zwei- oder mehrseitigen Konsultationen vorzubereiten, waren mehr als alle propagandistischen Paukenschläge ein Anzeichen dafür, daß die Warschauer-Pakt-Staaten – aus unterschiedlichen Motiven – am Zustandekommen der Konferenz in höchstem Maße interessiert waren.

2. *Die Entwicklung der Haltung der Bundesrepublik*

2.1. *Zurückhaltende erste Reaktionen*

Regierung und Öffentlichkeit in der Bundesrepublik begannen sich zum ersten Mal im Frühjahr 1966 mit dem Vorschlag zu befassen, als der sowjetische Außenminister Gromyko am 27. März 1966 auf einer Presse-

26 Vgl. Dokument über die Erweiterung von gleichberechtigten Beziehungen auf dem Gebiet des Handels, der Wirtschaft, Wissenschaft und Technik, die auf die Entwicklung der politischen Zusammenarbeit zwischen den europäischen Staaten gerichtet sind (Entwurf). Anlage zum Prager Kommuniqué der Außenminister der Warschauer-Pakt-Staaten vom 31. 10. 1969, in: EA 4/1970, S. D 89–90.

27 Vgl. Dokument über den Verzicht auf die Anwendung oder Androhung von Gewalt in den gegenseitigen Beziehungen zwischen den Staaten in Europa (Entwurf). Anlage zum Prager Kommuniqué der Außenminister der Warschauer-Pakt-Staaten vom 31. 10. 1969, in: EA 4/1970, S. D 90.

28 Vgl. das Interview des SPD-Fraktionsvorsitzenden, Helmut Schmidt, nach seiner Moskau-Reise im Sommer 1969, in: ZEIT, 29. 8. 1969.

konferenz in Rom die Einberufung einer europäischen Sicherheitskonferenz vorschlug, auf der u. a. über den Abzug ausländischer Truppen, eine kernwaffenfreie Zone und eine friedliche Regelung des deutschen Problems gesprochen werden sollte.[29] In einer ersten Stellungnahme lehnte Bundeskanzler Erhard den Vorschlag nicht rundheraus ab, wandte sich jedoch gegen den Versuch, »die USA aus Europa zu verdrängen oder nur noch in kontinentalen Kategorien zu denken«.[30] Diese Befürchtung war durch eine Bemerkung des sowjetischen Außenministers genährt worden, es handele sich um Probleme, die in erster Linie die europäischen Staaten interessierten. Ähnlich reagierte die Bundesregierung auf den Bukarester Appell des Warschauer Paktes vom Juli 1966. Auf einer Pressekonferenz am 11. Juli 1966 erklärte Regierungssprecher von Hase, die Bundesregierung stehe dem Gedanken, Ost-West-Gespräche über die europäische Sicherheit und später auch eine regelrechte Konferenz über dieses Thema zu veranstalten, aufgeschlossen gegenüber. Solche Gespräche könnten sich im Zuge einer allgemeinen Entspannung als nützlich erweisen. Allerdings müßten sie innerhalb des Westens sorgfältig vorbereitet werden und von vornherein das Ziel haben, die Teilung Europas durch eine neue europäische Friedensordnung zu überwinden, in deren Rahmen auch eine Lösung der deutschen Frage auf der Grundlage des Selbstbestimmungsrechts möglich sei.[31] Die flexible Haltung der Bundesregierung, die von allen Bundestagsparteien geteilt wurde,[32] war vor allem taktisch zu verstehen, da in einer Reihe von westlichen Ländern, besonders in Skandinavien, Belgien und Großbritannien der Wunsch nach Ost-West-Gesprächen über die europäische Sicherheit wuchs.[33] Um nicht erneut in den Ge-

29 Vgl. Gromykos alter Europa-Vorschlag, in: FAZ, 28. 4. 1966; Moskau für gesamteuropäische Konferenz ohne Teilnahme der USA, in: WELT, 28. 4. 1966.

30 Bundeskanzler Erhard am 28. 4. 1966 in einer Rede vor der Versammlung der Auslandshandelskammern in Bonn; vgl. Erhard: Europäische Konferenz nur mit den Vereinigten Staaten, in: WELT, 29. 4. 1966; ferner seine Erklärung vom 25. 5. 1966, in der er darauf hinwies, daß die Frage der europäischen Sicherheit untrennbar mit der deutschen Frage verknüpft sei. Nach Auffassung der Bundesregierung war eine Konferenz, auf der die europäische Sicherheit unter Ausklammerung des Deutschland-Problems behandelt werden würde, ein Widerspruch in sich selbst; vgl. DBT/V/43, 25. 5. 1966, S. 2027–2029.

31 Vgl. (Wolfgang) Wa(gner), Stellungnahme Bonns zur Bukarester Erklärung, in: NZZ, 13. 7. 1966.

32 Vgl. Gromyko-Vorschlag prüfen, in: FAZ, 29. 4. 1966.

33 Auf der Tagung des NATO-Rates im Sommer 1966 hatte sich der dänische Außenminister Haekkerup für eine Sicherheitskonferenz unter Einbeziehung der blockfreien Staaten eingesetzt, auf der über die Grenzen in Mitteleuropa, die Wiedervereinigung Deutschlands und über Abrüstungsmaßnahmen gesprochen werden sollte. Die Mehrheit

ruch zu kommen, in Sachen Entspannung ein ewiger Neinsager zu sein, erklärte sie, daß ihr der Gedanke solcher Gespräche durchaus zusagte, spickte ihre Bereitschaft aber zugleich mit einer Reihe von Forderungen und Vorbehalten, die ihr im Ernstfall einen Rückzug offenhalten würden. Aber es gab auch schon damals Stimmen in der Bundesrepublik, die dafür plädierten, eine Sicherheitskonferenz zu benutzen, um Fortschritte auf dem Gebiet beiderseitiger Truppenreduzierungen zu erzielen.[34]

Über eine abgestimmte Position verfügte die Bundesregierung zu diesem Zeitpunkt jedoch noch nicht, ja, sie schien sie auch nicht zu benötigen, da sie dem Konferenzprojekt wenig praktische – und umso mehr propagandistische – Bedeutung zumaß.[35] Sie ging von der Einschätzung aus, daß Moskau versuchte, mit Hilfe einer europäischen Sicherheitskonferenz seine Deutschland- und Europa-Politik weiterzubringen, ohne daß mit dem Zustandekommen einer Konferenz in naher Zukunft zu rechnen war. Daher wollte die Bundesregierung alles vermeiden, was das westliche Bündnis, auf dem die Sicherheit der Bundesrepublik beruhte, schwächen würde. Sie mußte darauf bestehen, daß die Vereinigten Staaten an Ost-West-Gesprächen über die europäische Sicherheit von Anfang an teilnahmen. Ferner suchte die deutsche Politik regionale Sicherheitsvereinbarungen zu verhindern, die zu einer Verfestigung des Status quo oder zu einer Diskriminierung der Bundesrepublik führen konnten. Die verschiedenen Rapacki-Pläne – auf die sich Gromyko in Rom ausdrücklich berufen hatte[36] – waren für sie mit den Jahren nicht akzeptabler geworden. Stattdessen versuchte sie den Gedanken einer europäischen Friedensordnung in die Diskussion zu bringen, wobei es sich – zu diesem Zeitpunkt – im Grunde le-

der Minister war jedoch der Auffassung, daß die Zeit für eine derartige Konferenz noch nicht gekommen war. Der Ständige Rat wurde jedoch beauftragt, die Aussichten für eine Verbesserung der Ost-West-Beziehungen zu prüfen; vgl. Kommuniqué über die Ministertagung der NATO in Brüssel vom 8. 6. 1966, in: EA 13/1966, S. D 336–339.

34 Vgl. Stellungnahme Bonns zur Bukarester Erklärung, in: NZZ, 13. 7. 1966.

35 Darauf lassen z. T. widersprüchliche Äußerungen aus dem Regierungslager schließen. So äußerte sich Bundeskanzler Erhard auf einer Pressekonferenz am 10. 6. 1966 außerordentlich skeptisch über den Konferenzvorschlag; vgl. Bundesregierung will Dialog mit Osteuropa, in: WELT, 11. 6. 1966. Ferner gibt es Hinweise darauf, daß die positive Stellungnahme von Staatssekretär von Hase vom 11. 6. 1966, die auf einer Vorlage des für Fragen der Europäischen Sicherheit zuständigen Referates in der Abrüstungsabteilung des Auswärtigen Amtes beruhte, nicht mit Außenminister Schröder und dem zuständigen Staatssekretär Carstens abgestimmt war, die sich zu Besprechungen in der Türkei aufhielten.

36 Vgl. Gromykos fragwürdiger Test, in: WELT, 29. 4. 1966; vgl. dazu auch oben, Kap. II, S. 100 ff.

diglich um eine neue Verpackung der alten deutschen Forderung handelte, eine Entspannung nicht nur an der Oberfläche zu suchen, sondern auch die Ursachen der Spannung in Europa zu beseitigen, zu denen die Spaltung Deutschlands gehörte.[37]

2.2 *Priorität bilateraler Ostpolitik*

Der Betrachter gewinnt jedoch den Eindruck, daß Regierung und Opposition zum damaligen Zeitpunkt eine europäische Sicherheitskonferenz bzw. der Vorschlag einer solchen, nicht gelegen kam. Die SPD bereitete einen Redneraustausch mit der SED vor, der zwar scheiterte, als die politische Führung in Ostberlin Angst vor ihrer eigenen Courage bekam, für mehrere Monate aber die innerdeutsche Phantasie in Anspruch nahm. Die Bundesregierung war ihrerseits bemüht, die Risse zu kitten, die der Rückzug Frankreichs aus der NATO und die Ankündigung einer Verringerung der anglo-amerikanischen Truppenpräsenz in der Bundesrepublik hervorgerufen hatten.[38] Mit der Friedensnote vom März 1966[39] hatte sie im Ausland ihren Entspannungswillen dokumentiert. Gleichzeitig war sie dabei, mit einer Reihe von osteuropäischen Staaten normalere Beziehungen, vor allem über die Errichtung von Handelsmissionen, anzuknüpfen. Hier fürchtete Außenminister Schröder, eine europäische Sicherheitskonferenz könnte den Prozeß der Auflockerung in Osteuropa stoppen und der Sowjetunion neue Disziplinierungsmöglichkeiten geben.[40]
Das Projekt einer europäischen Sicherheitskonferenz wurde in der Folgezeit verschiedentlich bilateral und multilateral mit anderen westlichen Staaten erörtert.[41] Auf der Sitzung des NATO-Rates im Juni 1966 äußerte sich Außenminister Schröder skeptisch über die Möglichkeiten der Atlantischen Allianz, selbst auf dem Gebiet der Entspannungs- und Ostpolitik initiativ zu werden. Es müsse vor allem vermieden werden, daß die NATO »sozusagen als Gegenüber der Warschauer-Pakt-Organisation

37 Vgl. Stellungnahme Bonns zur Bukarester Erklärung, in: NZZ, 13. 7. 1966.
38 Vgl. unten, Kap. VI, S. 519 ff.
39 Vgl. Zirkularnote der Bundesregierung zur deutschen Friedenspolitik vom 25. 3. 1966, in: EA 7/1966, S. D 171–175; ferner oben, Kap. IV, S. 282 ff.
40 Vgl. die Rede von Außenminister Gerhard Schröder am 7. 6. 1966 im NATO-Ministerrat in Brüssel, in: Bulletin, Nr. 81, 21. 6. 1966, S. 642–644.
41 Vgl. den Bericht von Bundeskanzler Ludwig Erhard über seine Gespräche in London am 25. 5. 1966 im Deutschen Bundestag, in: DBT/V/43, 25. 5. 1966, S. 2029.

auftritt.[42] Schröder verwies auf den Zug zur Auflockerung in Osteuropa; ein Dialog von Organisation zu Organisation könnte u. U. eine Entwicklung blockieren, die vielleicht fruchtbare Ansätze für eine Verbesserung der Beziehungen zu den osteuropäischen Staaten biete. Daher sollten Initiativen gegenüber den kommunistischen Staaten nicht von der NATO, sondern vielmehr von den einzelnen Mitgliedern des Bündnisses unternommen werden, vorausgesetzt, sie hielten sich im Rahmen der gemeinsamen Politik und würden koordiniert. Zu diesem Zweck sollte der Meinungs- und Erfahrungsaustausch über die Ostpolitik innerhalb der NATO intensiviert, die Politik gegenüber den osteuropäischen Ländern mehr als bisher harmonisiert, Prioritäten und Schwerpunkte gemeinsam festgelegt werden.

Erst im Herbst 1966, in Beantwortung einer Großen Anfrage der SPD-Fraktion zur Abrüstungs- und Entspannungspolitik,[43] präzisierte die Bundesregierung ihre Haltung zur Frage einer europäischen Sicherheitskonferenz. Sie erklärte, daß die Konferenz mit dem Ziel einberufen werden müßte, die Teilung Deutschlands durch eine gerechte Friedensordnung zu überwinden oder unwiderrufliche Schritte auf dem Weg dahin zu tun. Ferner könnte die DDR nicht Teilnehmer an einer solchen Staatenkonferenz sein, da sie von der überwiegenden Mehrheit der europäischen Regierungen nicht als Staat anerkannt werde. Schließlich unterstrich die Bundesregierung die Bedeutung der Vereinigten Staaten für die Sicherheit Europas. Sie müßten daher von vornherein in eine Konferenz zur Regelung der europäischen Probleme einbezogen werden. Die Regierung vertrat die Auffassung, daß angesichts der sowjetischen Deutschland-Politik gegenwärtig eine erfolgreiche Konferenz jedoch nicht denkbar sei. In Fortsetzung des mit der Friedensnote angebahnten Weges wollte sie aber ihre Bemühungen fortsetzen, mit gezielten Entspannungsmaßnahmen das Klima der Ost-West-Beziehungen zu verbessern und das gegenseitige Mißtrauen abzubauen.[44]

42 Vgl. die Rede Schröders am 7. 6. 1966 im NATO-Ministerrat, in: Bulletin, Nr. 81, 21. 6. 1966, S. 642–644; ferner das Interview von Bundesaußenminister Schröder am 13. August 1966 in der Nürnberger Zeitung, in: Bulletin, Nr. 109, 19. 8. 1966, S. 861–862.

43 Vgl. DBT, Drucksache 5/775, 29. 6. 1966, S. 642–644. Diese Anfrage befaßte sich vor allem mit der Friedensnote vom März 1966 und der Nichtverbreitung von Kernwaffen.

44 Vgl. die Antworten von Bundesaußenminister Schröder am 23. 9. 1966 im Deutschen Bundestag auf die Große Anfrage der SPD-Fraktion, in: DBT/V/59, 23. 9. 1966, S. 2881–2926 (2897).

2.3 *Überprüfung der Haltung nach Bildung der Großen Koalition*

Mit der Bildung der Großen Koalition im November/Dezember 1966 veränderten sich einige der strukturellen und konzeptionellen Grundlagen, auf denen die bisherige Einschätzung des Konferenzprojektes beruhte. Mit der SPD wurden diejenigen politischen Kräfte in der Bundesrepublik in die Regierungsverantwortung miteinbezogen, die sich bislang am nachdrücklichsten für Initiativen auf dem Gebiet der Entspannungspolitik eingesetzt hatten.[45] Obenan im außenpolitischen Teil der Regierungserklärung vom 13. Dezember 1966 stand das Bekenntnis zu »einer konsequenten und wirksamen Friedenspolitik, durch die politische Spannungen beseitigt und das Wettrüsten eingedämmt werden«.[46] Zunächst sah die Regierung allerdings keinen Anlaß, ihre bisherige Zurückhaltung aufzugeben. Gegenüber den Forderungen der FDP-Opposition nach einer aktiveren europäischen Sicherheitspolitik[47] deutete Herbert Wehner im April 1968 im Bundestag jedoch an, daß die Regierung nicht untätig abwarten werde, bis die Konferenz eines Tages vor der Tür stehe. Sie könnte aber nur in Abstimmung und gemeinsam mit ihren Allianzpartnern in eine solche Konferenz hineingehen, die »ursprünglich hergerichtet worden ist, um die Bundesrepublik sozusagen zum Sündenbock für alle Befürchtungen zu machen, die man in Ost und West hegt«. Die Bundesregierung sei dabei, sich Gedanken zu machen und Schritte zu unternehmen, wie sie das Konferenzprojekt in ihrem Sinne ändern und für deutsche Interessen nutzbar machen könnte.[48] Eine wichtige Rolle spielten in diesem Zusammenhang Sondierungen, die von der Bundesregierung und führenden FDP-Politikern mit einer Reihe von nichtblockgebundenen Staaten wie Schweden und Jugoslawien geführt wurden. Einen besonderen Stellenwert nahmen

45 Vgl. das Acht-Punkte-Programm der SPD-Bundestagsfraktion vom 2. 11. 1966, das als Grundlage der Koalitionsverhandlungen diente, in: Vorstand der SPD (Hrsg.), Y 1. Grundsätze sozialdemokratischer Wehrpolitik, S. 95–97 (Reihe Sicherheitsfragen, Heft 1). Zusammenfassung in: Jahrbuch der Sozialdemokratischen Partei Deutschlands 1966/67, Bad Godesberg, o. J., S. 57. Dem Acht-Punkte-Programm lagen u. a. Erfahrungen zugrunde, die sozialdemokratische Politiker bei Reisen nach Osteuropa machen konnten. Vor allem Helmut Schmidt hatte den Eindruck gewonnen, daß der Vorschlag einer europäischen Sicherheitskonferenz durchaus ernst gemeint war.

46 Regierungserklärung von Bundeskanzler Kurt Georg Kissinger am 13. 12. 1966 im Deutschen Bundestag, DBT/V/80, 13. 12. 1966, S. 3656–3665.

47 Vgl. die Rede von Walter Scheel in der Haushaltsdebatte des Bundestages, DBT/V/165, 2. 4. 1968, S. 8614–8624.

48 Rede des Bundesministers für Gesamtdeutsche Fragen, Herbert Wehner, am 5. 4. 1968 im Deutschen Bundestag, DBT/V/168, 5. 4. 1968, S. 8954–8960 (S. 8958).

in diesem Zusammenhang die Gespräche zwischen Vertretern der SPD und der KPI ein, die im Herbst 1967 und im Frühjahr 1968 stattfanden und in denen die KPI als Dolmetscher fungierte, der die deutschen Vorstellungen den anderen kommunistischen Parteien Osteuropas (einschließlich der SED in der DDR) vermittelte und ihr gleichzeitig eine bessere Einschätzung ihres ost- und entspannungspolitischen Handlungsspielraums nach Osten erlaubte.[49]

Bei allen verbindlichen Formulierungen ließ die Regierung in der Sache jedoch keinen Zweifel daran, daß sie eine europäische Sicherheitskonferenz für ein ungeeignetes Instrument hielt, solange die Sowjetunion keine Bereitschaft zeigte, von ihren Maximalforderungen in der Deutschland- und Europa-Politik abzugeben. Zum damaligen Zeitpunkt war es ihres Erachtens unmöglich, die gegensätzlichen Auffassungen durch multilaterale Verhandlungen zu überwinden. Sie versprach sich mehr Erfolg von dem mit der Friedensnote vom März 1966 beschrittenen und durch die Gewaltverzichtsgespräche mit der Sowjetunion konkretisierten bilateralen Weg.[50] Im multilateralen Kontext unterstützte sie den im »Signal von Reykjavik« enthaltenen Vorschlag der NATO, Ost-West-Verhandlungen über eine beiderseitige Reduzierung der Truppen in Europa aufzunehmen.[51]

Der bereits seit der Harmel-Studie in der NATO diskutierte Gedanke beiderseitiger und ausgewogener Truppenreduzierungen (Mutual and Balanced Force Reductions = MBFR), an dessen Entwicklung die Bundesregierung wesentlich beteiligt war, bot ihr ein sicherheitspolitisches Instrumentarium, das sich im Sinne einer längerfristigen Politik nutzen ließ, deren

49 Vgl. Heinz Timmermann, Im Vorfeld der neuen Ostpolitik. Der Dialog zwischen italienischen Kommunisten und deutschen Sozialdemokraten 1967/68, in: Osteuropa, H. 6, 1971, S. 388–399; Brandt, Begegnungen und Einsichten, a.a.O., S. 289 ff. Diese Kontakte, die von der KPI angeregt wurden und in die auch Egon Franke, stellv. SPD-Fraktionsvorsitzender, und Egon Bahr, damals Leiter des Planungsstabes im Auswärtigen Amt, einbezogen waren, führten zu einer öffentlichen Kontroverse und zu Besorgnissen bei den Alliierten, vgl. Timmermann, Im Vorfeld der neuen Ostpolitik, a.a.O., S. 397 f.; ihre Bedeutung dürfte jedoch erheblich überschätzt worden sein.

50 In der außenpolitischen Debatte des Bundestages am 20. 6. 1968 sagte Brandt dazu, seine verschiedenen Gespräche mit Kollegen aus anderen Ländern hätten ihn in seiner Auffassung bestätigt, »daß die Zeit für eine solche Konferenz nicht reif sei, daß aber ganz gewiß größere Anstrengungen als bisher unternommen werden müssen, um über die sicherheitsmäßige Komponente einer europäischen Friedensordnung, auch über die Grenzen von Blöcken hinweg und auch mit bündnisfreien Staaten zusammen, nachzudenken und einer solchen Ordnung den Weg zu ebnen«, in: DBT/V/180, 20. 6. 1968, S. 9703.

51 Vgl. Erklärung der Außenminister und Vertreter der am NATO-Verteidigungsprogramm beteiligten Länder über beiderseitige und ausgewogene Truppenverminderungen vom 25. 6. 1968, in: EA 15/1968, S. D 359–360; ferner unten, Kap. VI.

Ziel eine vertragliche Stabilisierung der sicherheitspolitischen Strukturen in Europa war, auf deren Grundlage dann eine Lösung der politischen Fragen möglich würde. Im Falle ihrer Verwirklichung konnten Truppenreduzierungen außerdem geeignet sein, das militärische Gleichgewicht auf einem niedrigeren Niveau mit geringeren Kosten und Risiken aufrecht zu erhalten. Bei ihren bilateralen Sondierungen mit der Sowjetunion und anderen osteuropäischen Staaten sowie im Rahmen der multilateralen Konsultationen innerhalb des westlichen Bündnisses setzte sich die Bundesregierung daher dafür ein, vorrangig über beiderseitige und ausgewogene Truppenreduzierungen zu verhandeln.

2.4 *Erwiderung des Budapester Appells und des finnischen Memorandums*

Erst nach dem Budapester Appell des Warschauer Paktes vom März 1969 und dem finnischen Memorandum vom Mai d. J.[52] begann in der Bundesrepublik eine ernsthafte Diskussion über die Chancen und Risiken des Konferenzprojektes. Der finnische Vorstoß machte dieses im Westen »salonfähig«, er forderte aber auch eine konkrete Antwort seitens der Bundesregierung.

Außenminister Brandt, der sich noch einige Wochen zuvor sehr skeptisch zur Sicherheitskonferenz geäußert hatte,[53] interpretierte die Budapester Erklärung als einen überraschenden, zumindest taktischen Kurswechsel der Staaten des Warschauer Paktes. Positiv bewertete er die Anknüpfung an die Bukarester Erklärung und nicht an den ideologiebefrachteten Karlsbader Appell sowie den weitgehenden Verzicht auf Polemik.[54] Inhaltlich enthielt der neuerliche Vorstoß keine grundsätzlich neuen Aspekte; allerdings wurden die altbekannten Forderungen nach Unantastbarkeit der europäischen Grenzen, nach Anerkennung der Existenz der DDR, nach Verzicht der Bundesrepublik auf einen Alleinvertretungsan-

52 Vgl. Memorandum der finnischen Regierung an alle europäischen Staaten, die USA und Kanada zur Frage einer europäischen Sicherheitskonferenz, in: EA 13/1969, S. D 309–310.

53 Vgl. das Interview von Außenminister Willy Brandt mit Paese Sera, 6. 2. 1969, abgedruckt in: Bulletin, Nr. 16, 7. 2. 1969, S. 128–130.

54 Vgl. die Rede von Außenminister Willy Brandt in der Haushaltsdebatte des Bundestages am 19. 3. 1969, in: DBT/V/221, 19. 3. 1969, S. 11979–11986 (S. 11981 A–B); ferner das Interview Herbert Wehners mit der Stuttgarter Zeitung vom 22. 3. 1969, abgedruckt in: SPD, Pressemitteilungen und Informationen, 21. 3. 1969.

spruch und auf Verfügungsgewalt über Kernwaffen sowie nach Respektierung des besonderen Status von West-Berlin nicht als Vorbedingungen für eine europäische Konferenz, sondern als Hauptvoraussetzungen für die Gewährleistung der europäischen Sicherheit, also als Verhandlungsgegenstände, genannt. Diese Akzentverschiebung ließ es sinnvoll erscheinen, das Budapester Papier dahingehend zu prüfen, ob es Ansatzpunkte für eine Diskussion enthielt. In einer Erklärung in Bad Godesberg am 24. April nannte Brandt vier Punkte, welche die Bundesregierung als Voraussetzungen für ihre Zustimmung zu dem Konferenzprojekt betrachtete:

- keine Vorbedingungen für ihr Zustandekommen;
- angemessene Vorbereitung der Konferenz;
- Teilnahme der Vereinigten Staaten und Kanadas;
- realistische Erfolgsaussichten.[55]

Brandt betonte, daß eine Sicherheitskonferenz nur dann sinnvoll sein würde, wenn in ihrem Rahmen die ordnungs- und sicherheitspolitischen Probleme Mitteleuropas ausdrücklich zur Verhandlung gebracht würden. Eine europäische Sicherheitskonferenz, die lediglich Ausdruck des allgemeinen Entspannungswillens sei, aber die politische Ordnungsfunktion beiseite ließe, würde mit Sicherheit die westliche Position schwächen, gleichzeitig aber der Sowjetunion die gewünschte Bestätigung des territorialen und politischen Status quo bringen.

In der Bewertung der östlichen Initiative gab es Meinungsunterschiede sowohl zwischen den Koalitionspartnern als auch gegenüber der oppositionellen FDP. Innerhalb der SPD überwog die Auffassung, man sollte die Gesprächsbereitschaft der Staaten des Warschauer Paktes prüfen, ohne jedoch zu große Hoffnungen hinsichtlich der Möglichkeiten einer derartigen Konferenz zu hegen: Sie biete keine Handhabe, um Friedensvertragsverhandlungen für Deutschland oder etwas ähnliches einleiten zu können.[56] Von dieser Erwartung ging jedoch die FDP aus, die damals am nachdrücklichsten von allen Bonner Parteien das Zustandekommen einer europäischen Sicherheitskonferenz befürwortete.[57] Die CDU/CSU

55 Vgl. die Rede von Außenminister Brandt am 24. 4. 1969 auf der Jahrestagung des Bundesverbandes deutscher Zeitungsverleger in Bad Godesberg, in: Bulletin, Nr. 52, 25. 4. 1969, S. 437–439.

56 Vgl. das RIAS-Interview von Herbert Wehner am 26. 3. 1969, in: Bulletin, Nr. 40, 28. 3. 1969, S. 337–339.

57 Vgl. William Borm, Deutschlandlösung durch Sicherheitskonferenz, in: Moderne Welt, H. 4, 1968, S. 428–432.

glaubte dagegen, keine Anzeichen für eine Gesprächsbereitschaft zu sehen und warnte davor, den Wechsel der Tonart schon für Entspannung zu halten.[58] Sie sah vor allem die Gefahr einer Aushöhlung der westlichen Allianz durch die Verheißung eines europäischen Sicherheitssystems und eine Festschreibung des Status quo durch ein Eingehen auf die sowjetischen Forderungen.[59] Im Deutschland-Union-Dienst schrieb Barzel, es hieße »das Pferd am Schwanz aufzuzäumen, wenn man ohne ein innerdeutsches Gespräch, ohne Lösung der politischen Fragen, ohne Gewaltverzicht, ohne diplomatische Beziehungen und ohne den Blick auf die Spannungsursachen versucht, unter der Überschrift ›Europäisches Sicherheitssystem‹ den Status quo in Europa festzuschreiben.«[60] Barzel bezog sich dabei auf das negative Ergebnis des Briefwechsels zwischen Ministerpräsident Stoph und Bundeskanzler Kiesinger sowie auf den mit Schwierigkeiten belasteten Gewaltverzichtsdialog zwischen der Bundesrepublik und der Sowjetunion.[61]
Die Kontroverse zwischen den beiden Koalitionsparteien spitzte sich im Laufe des Sommers 1969, unter dem Eindruck des Wahlkampfes, noch weiter zu und zwang die Regierung zur dilatorischen Behandlung des

58 Vgl. Rainer Barzel, Zur Diskussion über ein Europäisches Sicherheitssystem, in: DUD, 9. 6. 1969.

59 So Bundeskanzler Kiesinger am 17. 4. 1969 vor dem CDU-Bundesvorstand in Bonn, vgl. Vorbehalte zum Budapester Vorschlag, in: SZ, 18. 4. 1969. Ähnlich auch Regierungssprecher Diehl am 24. 3. 1969 in der Bundespressekonferenz, vgl. Bonn hält wenig von Sicherheitskonferenz, in: SZ, 25. 3. 1969.

60 Rainer Barzel, Zur Diskussion über ein Europäisches Sicherheitssystem, in: DUD, 9. 6. 1969, S. 4.

61 Der Vorsitzende des Ministerrates der DDR, Willi Stoph, hatte am 10. 5. und 18. 9. 1967 Schreiben an Bundeskanzler Kiesinger gesandt, die dieser jeweils am 13. 6. und 28. 9. 1967 beantwortet hatte. Dem 2. Schreiben Stophs war der »Entwurf eines Vertrages über die Herstellung und Pflege normaler Beziehungen zwischen der Deutschen Demokratischen Republik und der Bundesrepublik Deutschland« beigefügt, in dem u. a. die Anerkennung der bestehenden Grenzen in Europa, West-Berlin als selbständige politische Einheit und der Verzicht auf Zugang zu Nuklearwaffen postuliert wurden. Die Bundesregierung hatte ihrerseits das Recht auf Selbstbestimmung und das Streben nach Wiedervereinigung betont. Um »die Not der Spaltung zu mildern und die Beziehungen der Deutschen in ihrem geteilten Vaterland zu erleichtern«, hatte sich die Bundesregierung zu Verhandlungen mit der DDR bereiterklärt. Darauf ging die DDR jedoch nicht ein. In einem weiteren Brief an Kiesinger am 14. 5. 1968 beschränkte sich Stoph darauf, gegen die Verabschiedung der Notstandsgesetze zu protestieren, vgl. den Wortlaut des Notenwechsels und der Erklärungen in: Texte zur Deutschlandpolitik, Bd. 1, S. 65–70, S. 124–129, S. 156–159, Bd. 2, S. 154–155. Zu den deutsch-sowjetischen Gewaltverzichtverhandlungen, die im Juli 1968 unterbrochen worden waren – sie wurden im Juli 1969 fortgesetzt – vgl. Presse- und Informationsamt der Bundesregierung, Die Politik des Gewaltverzichts. Eine Dokumentation der deutschen und sowjetischen Erklärungen zum Gewaltverzicht 1949 bis Juli 1968, Bonn 1968; ferner oben, Kap. IV.

Konferenzprojekts. Besonders deutlich wurde dies bei der Formulierung der deutschen Antwort auf das finnische Memorandum vom Mai 1969, die sich durch eine hohen Grad an Unverbindlichkeit auszeichnete und eine Entscheidung für oder gegen die vorgeschlagene europäische Sicherheitskonferenz offen lassen sollte.[62] Gleichzeitig war jedoch nicht zu übersehen, daß in die Ost-West-Beziehungen neue Bewegung gekommen war. Anfang Juli hatte die Bundesregierung Moskau die Wiederaufnahme des ein Jahr zuvor steckengebliebenen Gewaltverzichtsdialogs vorgeschlagen, im August wurde in der Bonner Vierer-Gruppe die Aufnahme von Sondierungen über Berlin beschlossen und schließlich begannen im September Verkehrs- und Postgespräche mit Ostberlin. Trotz aller öffentlichen Auseinandersetzungen war also auch die Regierung der Großen Koalition entschlossen, ihre Ostpolitik fortzusetzen.[63]
Mit ihrem flexiblen Aufgreifen des finnischen Vorschlages reagierte die SPD im Sommer 1969 auch auf die bei den kleineren Verbündeten und den neutralen Staaten wachsende Neigung, sich auf das Projekt einer europäischen Sicherheitskonferenz einzulassen. Sie befürchtete, daß sie andernfalls Gefahr lief, sich ihren Handlungsspielraum nach Osten und vermutlich im Verlaufe der Entwicklung auch nach Westen zu beschneiden. Sie würde dann möglicherweise doch auf eine Ost-West-Konferenz gehen müssen, ohne die Möglichkeit zu haben, ihre Interessen in geeigneter Weise ins Spiel bringen zu können. In Gesprächen mit dem sowjetischen Botschafter in Bonn, Zarapkin, und mit Außenminister Gromyko am Rande der UN-Vollversammlung in New York, hatte Brandt den Eindruck gewonnen, daß die Sowjetunion an ihren Zusammentritt keine Vorbedingungen mehr knüpfte, sondern daß vielmehr die von Moskau so innig gewünschte Konferenz Bonn einen kleinen Hebel in die Hand gab, mit dessen Hilfe eine Reihe von praktischen Fragen der Ost-West-Beziehungen einer Lösung näher gebracht werden konnten. Klarer als viele andere hatte Brandt erkannt, daß der Bundesrepublik im Hinblick auf diese Konferenz eine Schlüsselrolle zufiel, die er wie folgt charakterisierte: »Wenn eine Hochzeit beabsichtigt ist, und einer der beiden Hochzeiter nicht erscheint, hat der andere nur wenig Freude«.[64] Er übersah jedoch nicht, daß

62 Antwort der Bundesrepublik vom 11. 9. 1969 auf das finnische Memorandum vom 5. 5. 1969, in: Jacobsen/Mallmann/Meier, Sicherheit und Zusammenarbeit in Europa 1, a.a.O., S. 152.

63 Zu den innenpolitischen Bedingungen der Ostpolitik 1969/70 vgl. Arnulf Baring, Machtwechsel. Die Ära Brandt-Scheel, Stuttgart 1982, S. 229 ff.

64 Brandt, Begegnungen und Einsichten, a.a.O., S. 248, ferner S. 259 ff.

jedes noch so vorsichtige Einschwenken Bonns das Konferenzprojekt aktualisieren würde. Die Bundesregierung mußte sich daher bald über ihre Konferenzziele sowie über die im Vorfeld der Konferenz zu lösenden Probleme klar werden, wenn sie einen maßgeblichen Einfluß auf die weitere Entwicklung des Projektes ausüben wollte.
Die von Außenminister Brandt mehrfach gebrauchte Formel von der »sorgfältigen Vorbereitung« einer Sicherheitskonferenz[65] erlaubte der Bundesregierung ein Eintreten für das Konferenzprojekt und gewährleistete zugleich ein hohes Maß an Kontrollierbarkeit des zur Konferenz führenden Prozesses. Gleichzeitig trug diese Formel der inneren Zerrissenheit der Großen Koalition Rechnung, die größere Avancen im europäischen Entspannungsprozeß nicht zuließ.
Auf der NATO-Tagung im April 1969 in Washington versuchte Brandt, eine einheitliche Haltung des Bündnisses in der Frage einer europäischen Sicherheitskonferenz herbeizuführen. Die im Budapester Appell genannten Verhandlungsziele berührten fundamentale Sicherheitsinteressen der Bundesrepublik; sie mußte vermeiden, daß Bonn isoliert oder der Westen ohne eine gemeinsame und wohldurchdachte Position in diese Konferenz hineinschlitterte. Der Versuch Brandts, bereits in diesem Stadium die NATO zu einem Eingehen auf die Vorschläge des Warschauer Paktes zu veranlassen, scheiterte zwar an der amerikanischen Skepsis gegenüber dem Konferenzprojekt; der NATO-Rat wurde aber angewiesen zu prüfen, »wie zu gegebener Zeit ein nützlicher Verhandlungsprozeß am besten in Gang gesetzt werden könnte«.[66]
Ein anderes Problem betraf die Beziehungen zur DDR. Auf dem Hamburger Überseetag im Mai 1969 hatte Brandt darauf hingewiesen: »Schon um keine unliebsamen Überraschungen zu erleben, erscheint es mir dringend erforderlich, daß wir durch nichtdiskriminierende, gleichberechtigte Verhandlungen zwischen Bonn und Ost-Berlin . . . eine Klärung des Verhältnisses zwischen den beiden deutschen Teilen erreichen. Sonst würde eine europäische Sicherheitskonferenz zusätzlich zu anderen Belastungen

65 Vgl. z. B. die Reden von Außenminister Brandt am 24. 4. 1969 auf der Jahrestagung des Bundesverbandes deutscher Zeitungsverleger in Bad Godesberg, in: Bulletin, Nr. 52, 25. 4. 1969, S. 438; sowie am 7. 5. 1969 auf dem Überseetag in Hamburg, in: Bulletin: Nr. 59, 8. 5. 1969, S. 497–500.
66 Kommuniqué des NATO-Ministerrates vom 11. 4. 1969, in: EA 10/1969, S. D 235–237; vgl. ferner die Rede von Außenminister Brandt am 24. 4. 1969, a.a.O.

durch eine übersteigerte Vorführung deutscher Querelen von ihren eigentlichen Aufgaben abgelenkt werden«.[67]
Wenn Bonn vermeiden wollte, daß mit der deutschen Frage ein Problem zum Konferenzthema wurde, bei dem die Bundesregierung ohnehin kaum Trümpfe in der Hand hielt und bei dem sie in die Verlegenheit geraten konnte, aus einer schwachen und möglicherweise isolierten Verhandlungsposition heraus ihre Karten auf den Tisch legen zu müssen, mußte sie versuchen, eine Regelung für die mit der deutschen Frage zusammenhängenden Probleme in ihrem Vorfeld zu erreichen. Die von der Bundesregierung daraufhin konzipierte bilaterale Gewaltverzichtspolitik hatte im Hinblick auf die Sicherheitskonferenz das Ziel, in der Frage der deutschen Grenzen und im innerdeutschen Verhältnis einen Modus vivendi zu erreichen, um zu vermeiden, daß die deutsche Frage zum Kernthema der Konferenz wurde. Gleichzeitig bewirkte sie damit eine Aufhebung der Interessenblockade in den Ost-West-Beziehungen: Nicht nur wurde damit eine bilateral angelegte Politik der Annäherung und des Ausgleichs mit den osteuropäischen Staaten wieder möglich, ja notwendig, sondern das ordnungspolitisch motivierte Gewaltverzichtskonzept des Westens wurde für den Fall des Zustandekommens einer Ost-West-Konferenz wieder negotiabel, mit dem die Beziehungen zwischen den europäischen Staaten eine neue politische Qualität erhalten sollten.[68]

2.5 *Neubewertung durch die Regierung Brandt*

Mit der Bildung der Sozialliberalen Koalition im Herbst 1969 veränderten sich einige der Rahmenbedingungen der bisherigen Entspannungspolitik. Die Anerkennung der Faktizität der durch den Zweiten Weltkrieg in

67 Rede von Bundesaußenminister Brandt am 7. 5. 1969 auf dem Überseetag in Hamburg, in: Bulletin, Nr. 59, 8. 5. 1969, S. 497–500; vgl. ferner das Interview von Bundeskanzler Brandt mit dem Deutschlandfunk am 7. 12. 1969. Demgegenüber erklärte die DDR-Führung, vor einer europäischen Sicherheitskonferenz könnte es keine Gespräche mit der BRD geben. Die westdeutschen Forderungen nach innerdeutschen Gesprächen sollten nur dazu dienen, diese auf die lange Bank zu schieben oder sie zu verhindern; vgl. das Interview von Außenminister Otto Winzer am 13. 8. 1969 mit ADN, abgedruckt in: ND, 14. 8. 1969. Diese Haltung wurde später modifiziert; vgl. Walter Ulbricht, Zu einigen Fragen der Außenpolitik der Regierung der SPD/FDP, in: Außenpolitische Korrespondenz, 22. 12. 1969, S. 393–398.

68 Vgl. Uwe Nerlich, Die Interessenlage der Bundesrepublik: Bezugsrahmen und Beurteilungselemente, in: Schwarz/Haftendorn, Europäische Sicherheitskonferenz, a.a.O., S. 85–99 (S. 89).

Europa ausgelösten Entwicklungen einschließlich der Existenz der DDR[69] erweiterte den Spielraum der Bundesrepublik vis à vis Osteuropa und ermöglichte ihr auch ein flexibleres Aufgreifen des Konferenzprojektes. Sie übersah dabei freilich nicht, daß sich die Zielsetzungen der Sowjetunion und ihrer Verbündeten wenig geändert hatten. Nach ihrer Einschätzung waren diese weiterhin darauf gerichtet, die rechtliche und politische Konsolidierung des Status quo zu erreichen sowie die amerikanische Position in Europa zu schwächen und die Entwicklung der Europäischen Gemeinschaft zu hemmen. Sie sah gleichfalls das sowjetische Bemühen um Entlastung in Europa als Folge der Entwicklung auf dem asiatischen Kontinent sowie den Wunsch der osteuropäischen Staaten nach stärkerem wirtschaftlichen Austausch und Teilhabe an den Technologien des Westens.[70] Sie war jedoch der Auffassung, daß der Westen dieser Herausforderung ständig zu begegnen haben werde, ob nun die Konferenz stattfand oder nicht. Wichtiger als nach Mitteln und Wegen zu suchen, um sie zu verhindern, war es zu überlegen, in welcher Weise sie für die Interessen der Bundesrepublik genutzt werden konnte.

Für die Bundesregierung erhielt das Konferenzprojekt in der Folgezeit besondere Bedeutung als Instrument ihrer Deutschland-Politik. Im Zusammenwirken mit ihren Partnern im Atlantischen Bündnis setzte sie es einmal ein, um die Vorrangigkeit ihrer bilateralen Gewaltverzichtsgespräche mit Moskau und Warschau zu betonen. Mit der Bindung der Aufnahme von multilateralen Kontakten an Fortschritte bei den bilateralen Verhandlungen lieferte die Bundesregierung zum anderen eine Formel, auf die sich Befürworter und Gegner der Sicherheitskonferenz innerhalb der Allianz einigen konnten:[71] die einen, weil sie sich vom Forträumen von Hindernissen in den Ost-West-Beziehungen bessere Erfolgschancen für die Konferenz versprachen, und die anderen, weil sie eben diese Konferenz hinauszögerte.

Das zweite Ziel war die Sicherung West-Berlins. Zu dem von der Bundesregierung aufgestellten Junktim zwischen Berlin-Lösung und Ratifizierung der Ostverträge trat die Bedingung der NATO, vor multilateralen

69 Vgl. die Regierungserklärung von Bundeskanzler Willy Brandt am 28. 10. 1969 vor dem Deutschen Bundestag, in: DBT/VI/5, 28. 10. 1969, S. 21.

70 Vgl. Der Mann neben Brandt. Interview mit Bundesaußenminister Walter Scheel, in: ZEIT, 19. 11. 1971.

71 Vgl. Punkt 14 der Brüsseler Erklärung des NATO-Rates vom 5. 12. 1969 und Punkt 15 des NATO-Kommuniqués von Rom (27. 5. 1970), in: EA 4/1970, S. D 79–82, bzw. EA 13/1970, S. D 315–318.

Vorgesprächen für eine Konferenz über Europäische Sicherheit und Zusammenarbeit (KSZE)[72] müßten die Berlin-Verhandlungen erfolgreich abgeschlossen werden.[73] Berlin wurde damit zum Joker in der Hand der Vier Mächte, sowohl für die deutsche Ostpolitik als auch für den Zusammentritt der Sicherheitskonferenz. Jede von ihnen konnte sowohl die Verträge mit Moskau und Warschau als auch die Sicherheitskonferenz über den Hebel Berlin blockieren. Für die deutsche Politik ergab sich dadurch ein Zwang zur engen Abstimmung ihrer KSZE-Position mit den für Berlin verantwortlichen Mächten.[74]

Der dritte Hebel war auf die Herbeiführung eines Modus vivendi zwischen Bonn und Ost-Berlin gerichtet. Auch hier postulierte die Bundesregierung ein Junktim zwischen Fortschritten in den innerdeutschen Beziehungen und einer erfolgversprechenden Sicherheitskonferenz. Sie unternahm damit den Versuch, das Interesse der osteuropäischen Staaten an der Konferenz zu nutzen, um in ihrem Vorfeld eine, wenn auch begrenzte, Verständigung und Zusammenarbeit zwischen der Bundesrepublik und der DDR zu erreichen. Gleichzeitig kam es ihr darauf an, die von der Konferenz ausgehende internationale Aufwertung der DDR dadurch zu unterlaufen, daß zuvor eine befriedigende Regelung der Beziehungen zwischen den beiden deutschen Staaten erfolgt war.

Auch nach dem Regierungswechsel bemühte sich die Bonner Diplomatie zunächst, nicht über grundsätzlich positive, aber unverbindliche Stellungnahmen hinauszugehen und zu vermeiden, daß über prozedurale Regelungen die Bundesregierung zu früh in multilaterale Verhandlungen hineinge-

72 Das Konferenzprojekt ist im Verlauf seiner Entwicklung mit einer verwirrenden Vielfalt von Buchstabensymbolen bezeichnet worden. Der östlichen Terminologie Gesamteuropäische Konferenz, Europäische Sicherheitskonferenz (ESK), stellte der Westen den Begriff Konferenz über Europäische Sicherheit (KES) oder Konferenz über die Sicherheit Europas (KSE) gegenüber, der den westlichen Vorstellungen von Teilnehmerkreis (d. h. einschließlich der USA und Kanadas) und Gegenstand (Sicherheit Europas) besser entsprach. Allmählich entwickelte sich in der Diktion beider Bündnisse der Terminus Konferenz über Sicherheit und Zusammenarbeit in Europa (KSZE).

73 Vgl. Kabinettsbeschluß vom 23. 7. 1970; s. a. Conrad Ahlers, Der Vertrag mit der Sowjetunion, in: Presse- und Informationsamt der Bundesregierung (Hrsg.), Der Vertrag vom 12. August 1970 zwischen der Bundesrepublik Deutschland und der Union der Sozialistischen Sowjetrepubliken, Bonn 1970, S. 67–74 (S. 69 f.); ferner das Kommuniqué des NATO-Ministerrates vom 4. 12. 1970, in: EA 3/1971, S. D 74–79.

74 Auch die Sowjetunion und die DDR konnten über den Berlin-Hebel die Ostpolitik der Bundesregierung und die Sicherheitskonferenz blockieren. Geht man jedoch davon aus, daß die Sowjetunion an einem raschen Zustandekommen einer Konferenz interessiert war, so mußte sich die Bundesregierung vor allem mit den drei Westmächten, die durchaus nicht alle Geschmack an einer Sicherheitskonferenz fanden, abstimmen.

zogen wurde. Vorrang hatten eindeutig die bilateralen Gewaltverzichtsgespräche mit der Sowjetunion und Polen sowie die Viermächte-Verhandlungen über Berlin.[75] In der Regierungserklärung vom 28. Oktober 1969 rangierte die Sicherheitskonferenz deutlich hinter dem Bekenntnis zur Zusammenarbeit im westlichen Bündnis. Anknüpfend an die Antwort der Bundesregierung auf das finnische Memorandum hieß es dort, eine Konferenz, die der europäischen Sicherheit dienen soll, »kann nach sorgfältiger Vorbereitung eine wichtige Etappe auf dem Weg zu größerer Sicherheit bei geringerer Rüstung und zu Fortschritten zwischen den Partnern Ost- und Westeuropas werden«.[76] In den folgenden Monaten erhielt diese vorsichtige Formulierung dann stärkere Konturen: Durch die Erklärung von Bundesaußenminister Scheel, daß die Teilnahme an der Konferenz an keine Vorbedingungen geknüpft werden dürfte, durch den Hinweis des Kanzlers, daß eine solche Konferenz erst sinnvoll sein würde, wenn in den innerdeutschen Verhandlungen Fortschritte erzielt worden wären, sowie durch den Vorschlag von Verteidigungsminister Schmidt, auf einer Sicherheitskonferenz auch über beiderseitige, ausgewogene Truppenreduzierungen zu sprechen.[77]

Eine Änderung dieser Haltung erfolgte im Sommer 1970. In Punkt 10 des Bahr-Papiers – das Mitte Mai 1970 in den deutsch-sowjetischen Gewaltverzichtsverhandlungen zwischen Außenminister Gromyko und Staatssekretär Bahr ausgehandelt worden war – hieß es, die Bundesregierung werde alles von ihr Abhängende für die Vorbereitung und erfolgreiche Durchführung einer Konferenz über Sicherheit und Zusammenarbeit in Europa tun.[78] Es bleibt eine offene Frage, inwieweit diese Verpflichtungserklärung ein Zugeständnis an den sowjetischen Verhandlungspartner darstellte oder inwieweit ihr die Überzeugung zugrunde lag, daß die Sicherheitskonferenz jetzt auch von deutscher Seite mit Nachdruck verfolgt werden sollte.

75 Vgl. Regierungserklärung von Bundeskanzler Willy Brandt am 28. 10. 1969, in: DBT/UI/5, 28. 10. 1969, S. 20–34 (S. 21); Bericht zur Lage der Nation am 14. 1. 1970, in: DBT/VI/22, 14. 1. 1970, S. 839–848 (S. 844).

76 Regierungserklärung von Bundeskanzler Brandt am 28. 10. 1969, in: DBT/VI/5, 28. 10. 1969, S. 32.

77 Vgl. die Ausführungen von Außenminister Scheel am 6. 11. 1969 in der Fragestunde des Bundestages, in: DBT/VI/9, 6. 11. 1969, S. 279; das Interview von Bundeskanzler Brandt mit dem Deutschlandfunk am 7. 12. 1969; sowie die Rede von Verteidigungsminister Schmidt am 10. 12. 1969 vor der Beratenden Versammlung der Westeuropäischen Union in Brüssel, in: Bulletin, Nr. 152, 12. 12. 1969, S. 1289–1292.

78 Vgl. Bahr-Papier, in: Der Vertrag vom 12. August 1970, a.a.O., S. 15–19 (S. 19); ferner oben, Kap. IV.

Mit dem Abschluß des Moskauer Vertrages hatten sich in der Tat wesentliche Voraussetzungen des Konferenzprojektes verändert. Mit der Anerkennung des territorialen Status quo hatte die Sowjetunion eines der wesentlichsten Ziele ihrer Europa-Politik erreicht; zu ihrer Durchsetzung war das Konferenzinstrument überflüssig geworden. Für die Bundesrepublik hatte damit die Sicherheitskonferenz viel von ihren Gefahren verloren. Vor allem aber konnten die Sowjetunion und die osteuropäischen Staaten die Frage der Sicherheit in Europa nicht mehr ausschließlich oder in erster Linie als die Frage nach der Sicherheit vor Deutschland hinstellen. Es blieb ihr Ziel, mit Hilfe einer Ost-West-Konferenz eine diplomatisch und politisch sichtbare Rangaufwertung der DDR zu erreichen. Aber eine solche diplomatische Aufwertung brauchte keine völkerrechtliche Anerkennung zu implizieren, ebensowenig wie der Moskauer Vertrag in dieser Weise interpretiert werden konnte.[79] Mit den in Moskau und Kassel abgegebenen Absichtserklärungen der Bundesregierung[80] war zugleich diese Frage in ihrer politischen Bedeutung relativiert worden, und es konnte erwartet werden, daß sie auf der Konferenz nicht zu einem Streitpunkt werden würde.[81]
Diese politische Auffangstellung ermöglichte es der Bundesregierung, im Hinblick auf ihre Forderung, vor einer europäischen Konferenz müßten Fortschritte bei der Regelung der innerdeutschen Beziehungen erzielt worden sein, flexibler zu operieren. Sie mußte sich freilich darüber im klaren sein, daß damit das Konferenzprojekt als Instrument ihrer Deutschland-Politik an Wirksamkeit verlor. Doch hatte dieses nach den Verträgen von Moskau und Warschau schon viel von seiner Hebelwirkung eingebüßt. Es war zudem fraglich, ob es sich als Hebel zum Aufbrechen des Widerstandes der DDR gegen einen Modus vivendi mit der Bundesrepublik unterhalb der Schwelle völkerrechtlicher Anerkennung benutzen ließ. Hinzu kam, daß eine Reihe von westlichen Staaten, die an ei-

79 Anläßlich der Unterzeichnung des Moskauer Vertrages übergab Außenminister Scheel der sowjetischen Regierung einen sog. »Brief zur deutschen Einheit«, in dem erklärt wird, der Vertrag stehe nicht im Widerspruch zu dem Streben des deutschen Volkes nach Einheit; vgl. Der Vertrag vom 12. August 1970, a.a.O., S. 10; vgl. dazu auch Paul Frank, Sicherheitsprobleme im Lichte des Moskauer Vertrages, in: EA 24/1970, S. 867–876.

80 Vgl. die 20 Punkte von Kassel (insbes. Punkt 1 und 20), in: Texte zur Deutschlandpolitik, Bd. 5, S. 100 ff.

81 Vgl. Lothar Ruehl, Politische Fragen im Zusammenhang mit einer Konferenz über Sicherheit in Europa. Arbeitspapier für die Sitzung der Studiengruppe für Internationale Sicherheit der Deutschen Gesellschaft für Auswärtige Politik am 12. 10. 1970 in Bonn, S. 4.

nem raschen Zustandekommen der Konferenz interessiert waren, nicht bereit waren – insbesondere nach der Ergebnislosigkeit der innerdeutschen Treffen von Erfurt und Kassel – Bonn ein Vetorecht gegen multilaterale Verhandlungen einzuräumen, bis dieses eine befriedigende Regelung der innerdeutschen Beziehungen erreicht hatte.
Mit dem Verzicht auf ein innerdeutsches Junktim gab die Bundesregierung die deutschlandpolitische Zielsetzung ihrer KSZE-Politik jedoch nicht auf. Sie versuchte weiterhin, ihre Beziehungen zur DDR so weitgehend wie möglich im Vorfeld der Konferenz zu regeln. Ehe Bundesregierung und NATO-Ministerrat grünes Licht für die Aufnahme von KSZE-Sondierungen gaben, waren im Dezember 1971 die deutschen Ergänzungsvereinbarungen zum Berlin-Abkommen der Vier Mächte unterzeichnet und damit die Voraussetzungen für ein Inkrafttreten der Berlin-Regelung geschaffen worden.[82] Ebenfalls war Anfang Mai 1972 der Verkehrsvertrag zwischen den beiden deutschen Staaten paraphiert worden, der wichtige Vorentscheidungen für den anschließend verhandelten Grundlagenvertrag enthielt. Dieser lag Anfang November 1972 vor; seine Paraphierung erfolgte exakt 14 Tage vor Beginn der Vorgespräche für eine europäische Sicherheitskonferenz in Helsinki (22. November 1972). Er trat in Kraft fünf Tage vor Beginn der KSZE-Außenministerkonferenz in Helsinki (26. Juni 1973). Diese enge zeitliche Abstimmung war ein Ergebnis der Politik des Junktim, mit dem die Bundesregierung Druck ausübte – und gleichfalls unter Druck gesetzt wurde, als das Projekt einer europäischen Sicherheitskonferenz als Vehikel multilateraler Entspannungspolitik ab etwa 1972 eine Eigendynamik zu gewinnen begann und auch Bonn bei der Ratifizierung der Ostverträge und beim Abschluß des Grundlagenvertrages unter Zugzwang setzte.
Am 16. Mai 1972 verabschiedete das Bundeskabinett 18 KSZE-Leitlinien, die vom Auswärtigen Amt ausgearbeitet und mit den anderen Ressorts – insbesondere BMVg, BMWi, BMI – abgestimmt worden waren. Darin gab die Bundesregierung ihrer Auffassung Ausdruck, daß die Verständigungsbemühungen in Europa einen Grad erreicht hätten, der es gerechtfertigt erscheinen ließ, bilaterale und multilaterale Konsultationen zur Vorbereitung einer Konferenz über Sicherheit und Zusammenarbeit

82 Das Berlin-Abkommen trat – zusammen mit den Ostverträgen – am 3. 6. 1972 inkraft; vgl. Presse- und Informationsamt der Bundesregierung (Hrsg.), Die Berlin-Regelung. Das Viermächte-Abkommen über Berlin und die ergänzenden Vereinbarungen, Bonn 1971; ferner Benno Zündorf, Die Ostverträge. Die Verträge von Moskau, Warschau, Prag, das Berlin-Abkommen und die Verträge mit der DDR, München 1979, S. 188 ff.; vgl. auch oben, Kap. IV.

in Europa aufzunehmen. Sie betonte jedoch, daß ihre Teilnahme an der Vorbereitung weder eine Anerkennung der politischen Gegebenheiten in Europa noch eine Verpflichtung beinhaltete, an der Konferenz selbst teilzunehmen. Sie forderte erneut eine gründliche Vorbereitung derselben, um auf der Konferenz dann zu konkreten Ergebnissen in Sachfragen der Sicherheit und Zusammenarbeit zu kommen. Dabei sollten folgende Themen behandelt werden:

- Prinzipien zwischenstaatlicher Beziehungen einschließlich eines Gewaltverzichts;
- Prinzipien militärischer Sicherheit, z. B. vertrauensbildende Maßnahmen und MBFR-Prinzipien;
- Freizügigkeit von Menschen, Ideen und Informationen;
- Zusammenarbeit auf den Gebieten Handel und Finanzen, industrielle Kooperation, Entwicklungshilfe, Wissenschaft und Technologie, Verkehr, Energie, Umwelt, Kultur und Tourismus;
- Verfahrensfragen und Konferenzfolgen.[83]

Im Hinblick auf die vorgeschlagenen Prinzipien zwischenstaatlicher Beziehungen betonte sie, daß kein neues, regionales Völkerrecht – insbesondere kein Friedensvertragsersatz – geschaffen, sondern vielmehr die geltenden völkerrechtlichen Grundlagen friedlichen Zusammenlebens bekräftigt und ein möglichst einheitliches Verständnis dieser Prinzipien entwickelt werden sollten. Als besonders wichtig bezeichnete die Bundesregierung die Anerkennung des Selbstbestimmungsrechtes, der allgemeinen Menschenrechte und der individuellen Grundfreiheiten als Ausgangspunkt der Freizügigkeit für Menschen, Ideen und Informationen. Auf dem Gebiet der Wirtschaftsbeziehungen plädierte Bonn vor allem für eine Intensivierung der industriellen Kooperation einschließlich der Gründung von gemischten Gesellschaften in Osteuropa. Sie dachte ferner an eine Zusammenarbeit zwischen Ost und West in der Entwicklungshilfe –

83 Vgl. Leitlinien der Bundesregierung für die »Konferenz über Sicherheit und Zusammenarbeit in Europa« vom 16. 5. 1972; die wesentlichen Punkte der Kabinettsvorlage werden wiedergegeben in: SPIEGEL, Nr. 23, 1972, 29. 5. 1972, S. 81–82; vgl. ferner den Vortrag von VLR I. Götz von Groll am 26. 11. 1975 vor der Hochschule der Bundeswehr Hamburg (unveröffentl. Redemanuskript); ferner Frank, Zielsetzungen der Bundesrepublik Deutschland im Rahmen europäischer Sicherheitsverhandlungen, a.a.O.; Rüdiger Lentz, Die Entwicklung der deutschen Position zur KSZE – multilaterale Problemstellung und innerorganisatorische Innovation, in: Helga Haftendorn, Wolf-Dieter Karl, Joachim Krause und Lothar Wilker (Hrsg.), Verwaltete Außenpolitik. Sicherheits- und entspannungspolitische Entscheidungsprozesse in Bonn, Köln 1978, S. 151–165; Hanns-Jürgen Küsters, Die außenpolitische Zusammenarbeit der Neun und die KSZE, ebenda, S. 85–98.

ein Punkt, indem sie bei ihren westlichen Partnern wenig Unterstützung fand.
In der Behandlung militärischer Fragen waren die Leitlinien widersprüchlich. Zum einen trat die Bundesregierung für eine prozedurale Verbindung zwischen der KSZE und den ebenfalls geplanten MBFR-Verhandlungen im Sinne einer Parallelität der Verhandlungsprozesse und der Aufnahme einzelner Elemente des MBFR-Komplexes (gemeinsame Erklärung über MBFR-Grundsätze, vertrauensbildenden Maßnahmen etc.) in die Tagesordnung der KSZE ein, zum anderen wurden detaillierte MBFR-Grundsätze aufgestellt, die den Rahmen der geplanten KSZE eindeutig gesprengt hätten. Letztere waren auf Wunsch von Verteidigungsminister Schmidt nachträglich in die Leitlinien eingefügt worden.[84] Bisher war weder innerhalb der Bundesregierung noch im Bündnis geklärt, in welcher Beziehung beide Konferenzprojekte zueinander stehen sollten.
Ein wichtiger Punkt der KSZE-Leitlinien des Bundeskabinetts war der Wunsch nach enger Abstimmung der westlichen Verhandlungsposition im Rahmen des westlichen Bündnisses und der Europäischen Gemeinschaft. Zum einen ergab sich dies aus sachlichen Gründen, da über Fragen der militärischen Sicherheit nur zusammen mit den Allianzpartnern bzw. über Probleme des Ost-West-Handels nur im EG-Rahmen verhandelt werden konnte. Bonn suchte dabei den innerwestlichen Abstimmungsprozeß mit eigenen Vorschlägen nachdrücklich zu beeinflussen. Zum anderen wollte die Bundesregierung nach der Akzentuierung der bilateralen Ostpolitik in den Jahren 1969–71 aus innen- und außenpolitischen Gründen den multilateralen Aspekt der Entspannungspolitik hervorheben. Der innenpolitischen Opposition – im November 1972 fanden vorgezogene Bundestagswahlen statt – sollte damit die Übereinstimmung des Regierungskurses mit demjenigen der westlichen Verbündeten signalisiert und diesen wiederum die Gewähr dafür gegeben werden, daß Bonn keine Extratouren in Richtung Osten im Sinn hatte. Gleichzeitig sollten natürlich auch die Partner in diese gemeinsame Entspannungspolitik eingebunden werden. Aus diesen Gründen war die KSZE-Politik der Bundesrepublik weitgehend Bündnis- und Gemeinschaftspolitik, wie sich auch die Entwicklung der westdeutschen Position im wesentlichen im NATO- und EG-Rahmen vollzog.

84 Vgl. Lentz, Die Entwicklung der deutschen Position zur KSZE, a.a.O., S. 158; ferner Hans-Georg Wieck, Überlegungen zur Sicherheit in Europa, in: AP, H. 9, 1973, S. 385–392; sowie unten, Kap. VI.

3. *Die Ausarbeitung einer gemeinsamen westlichen Verhandlungsposition*

Nachdem die Bündnispartner im Harmel-Bericht der Allianz eine aktive Rolle bei den Bemühungen um eine Entspannung in den Ost-West-Beziehungen zugewiesen hatten, mußten sie auch zu den Vorschlägen des Warschauer Paktes für eine europäische Sicherheitskonferenz Stellung nehmen. Sie taten dies zunächst, indem sie im Gegenzug dazu Maßnahmen zur Reduzierung der konventionellen Streitkräfte in Europa vorschlugen. Auf ihrer Sitzung in Reykjavik am 24. und 25. Juni 1968 forderten die Minister der am NATO-Verteidigungsprogramm beteiligten Länder (d. h. ohne Frankreich und Island) im sog. »Signal von Reykjavik« die Sowjetunion und die anderen Länder Osteuropas zu Gesprächen über eine beiderseitige Truppenreduzierung auf.[85]

Auch die erste Reaktion der NATO auf den Budapester Appell vom März 1969[86] war durch Zurückhaltung geprägt. Während Außenminister Brandt und sein italienischer Kollege Nenni sich für eine positive Reaktion einsetzten, hielten die Mehrzahl der Außenminister die Zeit für eine derartige Konferenz noch nicht für gekommen. Die militärische Intervention der Warschauer Pakt-Staaten in der Tschechoslowakei, Störmanöver auf den Zugangswegen nach Berlin und wiederholte Polemiken gegen den »aggressiven Charakter« der NATO[87] weckten Zweifel an der östlichen Entspannungsbereitschaft. Zunächst sollte daher durch Sondierungen in Moskau und in den anderen osteuropäischen Hauptstädten herausgefunden werden, welche konkreten Probleme sich am ehesten für erfolgversprechende Verhandlungen eignen würden. Damit hatte der Westen den ihm von den östlichen Staaten zugeworfenen Ball aufgenommen, wenn er auch noch offen ließ, wann und auf welche Weise er ihn zurückspielen würde.

85 Vgl. Erklärung der Außenminister und Vertreter der am NATO-Verteidigungsprogramm beteiligten Länder über beiderseitige und ausgewogene Truppenreduzierungen vom 25. 6. 1968, in: EA 15/1968, S. D 359–360. Die Möglichkeit von Truppenreduzierungen in Ost und West war bereits im Harmel-Bericht erwähnt worden; vgl. Bericht über die künftigen Aufgaben der Allianz vom 14. 12. 1967, in: EA 3/1968, S. D 73–77; zu den Motiven und zum Ablauf der MBFR-Verhandlungen vgl. unten, Kap. VI.

86 Vgl. Kommuniqué des NATO-Ministerrates vom 11. 4. 1969, in: EA 10/1969, S. D 235–237; der Budapester Appell der Warschauer-Pakt-Staaten vom 17. 3. 1969 ist abgedruckt in: EA 7/1969, S. D 151–153.

87 Vgl. Erklärung der sowjetischen Regierung vom 9. 4. 1969 anläßlich des zwanzigjährigen Bestehens der NATO, in: EA 10/1969, S. D 237–242.

3.1 *Themenvorschläge für Ost-West-Verhandlungen*

Auf ihrer Sitzung im Frühjahr 1969 hatten die Minister den Ständigen NATO-Rat beauftragt, eine Liste von Themen vorzubereiten, die sich für Ost-West-Verhandlungen eignen würden, und entsprechende Verfahrensvorschläge zu machen. Damit sollte gewährleistet werden, daß die Verhandlungen gut vorbereitet würden. Gleichzeitig sollte sichergestellt sein, daß an ihnen alle Regierungen teilnehmen würden, deren Betiligung an einer politischen Regelung in Europa notwendig war. Ebenfalls wollten die Minister damit die sowjetische Absicht durchkreuzen, unter dem Motto einer »gesamteuropäischen Beratung« die Vereinigten Staaten (und Kanada) von der Konferenz fernzuhalten und damit einen Keil zwischen die Verbündeten zu treiben.
Eine erste Aufstellung solcher Themen lag der Konferenz der Stellvertretenden Außenminister der NATO-Staaten im November 1969 vor. Es handelte sich dabei um drei Gruppen von Maßnahmen: Um Spannung vermindernde und Vertrauen schaffende Maßnahmen, z. B. ein multilateraler Gewaltverzicht, der Austausch von Manöverbeobachtern, die Errichtung von Beobachtungsposten und ähnliche Maßnahmen kooperativer Rüstungssteuerung; um Maßnahmen zur Rüstungsbegrenzung und Abrüstung, vor allem beiderseitige und gleichgewichtige Truppenreduzierungen; sowie um Maßnahmen für eine wirtschaftliche, technologische und kulturelle Zusammenarbeit. Es wurde ferner unterschieden zwischen solchen Maßnahmen, über die bereits verhandelt wurde, solchen, die sich unmittelbar zu Verhandlungen eignen würden und solchen, die noch näher geprüft werden müßten, ehe sie als Verhandlungsthemen vorgeschlagen werden konnten.
In den vorbereitenden Sondierungen im Ständigen NATO-Rat regte Bonn an, (hier noch die Regierung der Großen Koalition) in den Themenkatalog auch Deutschland und Berlin betreffende Fragen einzubeziehen. Sie folgte damit einem wesentlichen Grundsatz ihrer Deutschland-Politik, daß es in Europa keine Entspannung ohne Lösung der den Spannungen zugrunde liegenden politischen Fragen geben könnte. Auf der anderen Seite suchte sie den Vorbehalt einer friedensvertraglichen Lösung aufrecht zu erhalten. Trotz sehr unterschiedlicher Auffassungen über die Zweckmäßigkeit einer Einbeziehung der deutschen Frage in mögliche Verhandlungsvorschläge berücksichtigte der NATO-Rat die Wünsche der Bundesregierung und bezog Maßnahmen zur Regelung der innerdeutschen Beziehungen, zur Bestätigung der Vier-Mächte-Verantwortung für Berlin und zur Lösung anderer offener Fragen in den Themenkatalog mit

ein. Nach dem Regierungswechsel änderte die Bundesregierung ihre politische Strategie und vertrat nunmehr die Auffassung – so durch Staatssekretär Duckwitz auf der Konferenz der stellvertretenden Außenminister, – daß die Deutschland betreffenden Fragen durch bilaterale Verhandlungen gelöst werden müßten, ehe an die Aufnahme multilateraler Gespräche gedacht werden konnte. Hatte bei einigen Verbündeten vorher die Befürchtung geherrscht, die neue Bundesregierung könnte in ihrer Ostpolitik weiter als die Verbündeten gehen, so sah sich diese jetzt in Brüssel einer unwilligen Reaktion ihrer Partner ausgesetzt, die befürchteten, daß sie mit ihrer Entspannungspolitik warten müßten, bis Bonn seine Beziehungen zu Ost-Berlin geregelt hatte.[88]

Die Einigung über eine Themenliste wurde dadurch erschwert, daß auch andere Verbündete die jeweils sie interessierenden Fragen berücksichtigt sehen wollten. So schlugen z. B. die Briten einen »Code of good conduct«, einen Kodex zwischenstaatlicher Beziehungen vor, und die Amerikaner das Verbot einer Störung von Rundfunksendungen. Einige Partner wünschten einen formellen Widerruf der Breschnjew-Doktrin. An der Negotiabilität der vorgeschlagenen Themen ließ sich in etwa ablesen, wie die verschiedenen Staaten die Möglichkeit und die Wünschbarkeit von multilateralen Ost-West-Verhandlungen beurteilten.[89]

Vor allem ging es jedoch in Brüssel um die Frage, in welcher Weise diese Themen dem Warschauer Pakt notifiziert werden sollten. Sollte sich die NATO auf Signale beschränken oder konkrete Verhandlungsvorschläge machen? Sollte sie die Themenliste dem Osten gleichsam à la carte anbieten und ihm die Auswahl überlassen oder sollte der Westen die ihn besonders interessierenden Fragen bündeln und der anderen Seite als menu de table d'hôte offerieren? Auf der Konferenz setzte sich die letztere Auffassung durch, für die auch Bonn eintrat. Die Liste sollte nicht veröffentlicht werden, Priorität sollten Verhandlungen über beiderseitige und gleichgewichtige Truppenreduzierungen haben. Im Vergleich dazu kam den anderen erörterten Arms control-Maßnahmen eher eine ergänzende Funktion zu.[90]

88 Zur Konferenz der stellvertretenden Außenminister der NATO vgl. Jean Wetz, Les alliés durcissent leur attitude à l'égard du projet de conférence sur la sécurité européene, in: MONDE, 7. 11. 1969.

89 Zu den Interessen der verschiedenen westlichen Staaten vgl. Jacobsen/Mallmann/Maier, Sicherheit und Zusammenarbeit in Europa 1, a.a.O., S. 39–57, sowie die in diesem Band enthaltenen Dokumente.

90 Vgl. die Rede von Verteidigungsminister Schmidt am 10. 12. 1969 vor der WEU-Versammlung in Brüssel, in: Bulletin, Nr. 152, 12. 12. 1969, S. 1289–1292; ferner die Erklärung der Mitglieder der Nordatlantischen Allianz vom 5. 12. 1969 zu Fragen der europäischen Sicherheit, in: EA 4/1970, S. D 79–82.

Der Ministerrat der NATO folgte auf seiner Dezembertagung 1969 im wesentlichen den von den stellvertretenden Außenministern gesetzten Prioritäten. Die Minister erklärten, eine derartige Konferenz müßte sorgfältig vorbereitet werden und konkrete Ergebnisse versprechen. Dazu sei es notwendig, daß zuvor Fortschritte in den laufenden Ost-West-Verhandlungen – d. h. in den bilateralen Gewaltverzichtsverhandlungen der Bundesrepublik, den Vier-Mächte-Gesprächen über Berlin und den amerikanisch-sowjetischen Verhandlungen über eine Reduzierung der strategischen Waffensysteme – erzielt würden. Als mögliche Themen für weitere Verhandlungen mit der Sowjetunion und den anderen osteuropäischen Staaten wurden Fragen der Rüstungsbeschränkung und Abrüstung, Deutschland und Berlin, sowie ein verstärkter wirtschaftlicher, technischer und kultureller Austausch genannt. Außerdem wurde auf die Erklärung von Reykjavik und das Angebot von Verhandlungen über beiderseitige und ausgewogene Truppenreduzierungen verwiesen.[91] Insgesamt gesehen stellte die Erklärung vom Dezember 1969 eine Kompromißformel dar, welche die NATO-Staaten in keiner Weise festlegte, aber ihre Bereitschaft zu Verhandlungen unterstrich. Es wurden in gleicher Weise die Wünsche der Bundesrepublik, Großbritanniens, Italiens, Belgiens und der Skandinavier berücksichtigt, die das Angebot des Warschauer Paktes nicht ungeprüft ausgeschlagen sehen wollten, wie auch die Abneigung Frankreichs gegen Block zu Block-Verhandlungen und der USA gegen das Konferenzprojekt überhaupt.[92]

In den beiden folgenden Jahren konkretisierte die NATO ihre Vorstellungen über eine Konferenz über Sicherheit und Zusammenarbeit in Europa.[93] Die Allianz stand dabei unter dem Eindruck der zunehmenden Dynamik in den Ost-West-Beziehungen, die sich in einer Vermehrung der bilateralen Kontakte und dem Austausch von Signalen zwischen den beiden Gruppierungen manifestierte. Das Bündnis stand vor der Alternative, ent-

91 Vgl. Erklärung der Mitglieder der Nordatlantischen Allianz vom 5. 12. 1969 zu Fragen der europäischen Sicherheit, in: EA 4/1970, S. D 79–82.

92 Vgl. NATO: Deutsche Vorfragen vor Sicherheitskonferenz klären, in: FAZ, 5. 12. 1969; Der Atlantikrat und die Europäische Sicherheitskonferenz, in: NZZ, 6. 12. 1969. Die Rede von Außenminister Rogers auf der NATO-Konferenz am 6. 12. 1969 darf als grundsätzliche Stellungnahme des amerikanischen Außenministeriums zum Konferenzprojekt betrachtet werden.

93 Für den Vergleich der Stellungnahme der NATO zum Projekt einer Konferenz über Sicherheit und Zusammenarbeit in Europa hilfreich ist die von der Informationsabteilung der NATO herausgegebene Sammlung, NATO: Final Communiques 1949–1974, Brüssel 1975; sowie die vom Presse- und Informationsamt anläßlich der NATO-Konferenz im Mai 1972 herausgegebene Dokumentation, Die Atlantische Gemeinschaft. Grundlagen und Ziele, Bonn 1972.

weder selbst auf dem Gebiet der Entspannungspolitik aktiv zu werden, oder den Zusammenhalt und die Sicherheit des Westens dadurch zu gefährden, daß die einzelnen Staaten bilaterale Vereinbarungen mit der anderen Seite suchten. Daraus folgte nicht nur, daß das Bündnis gemeinsame Verhandlungsoptionen entwickeln mußte, sondern angesichts der Funktion von Truppenstärken für die Allianz auch, daß der Hauptakzent auf Verhandlungen über beiderseitige, ausgewogene Truppenreduzierungen gelegt wurde, zumal zwei wichtige Partner der Allianz – die USA und die Bundesrepublik – aus unterschiedlichen Gründen hieran besonders interessiert waren.

Neben diesen Sicherheitsmaßnahmen kristallisierten sich in den nächsten Monaten folgende weitere Themen heraus:

- Grundsätze der Beziehungen zwischen Staaten, einschließlich eines Gewaltverzichts;
- Entwicklung engerer internationaler Beziehungen mit dem Ziel, zu einer größeren Freizügigkeit für Menschen, Ideen und Informationen beizutragen;
- Förderung der Zusammenarbeit im kulturellen, wirtschaftlichen, technischen und wissenschaftlichen Bereich und auf dem Gebiet der menschlichen Umwelt.[94]

Auf seiner Sitzung im Mai 1970 in Rom wiederholte der NATO-Ministerrat auf Vorschlag Bonns das »Signal von Reykjavik« und forderte die »interessierten Staaten« zu exploratorischen Gesprächen über MBFR auf. Gleichzeitig wurden vier Kriterien für Truppenverminderungen genannt: keine Beeinträchtigung der Sicherheit, Gegenseitigkeit und Ausgewogenheit, Einbeziehung von Stationierungs- und einheimischen Streitkräften sowie ihrer Waffensysteme, ferner Verifizierung und Kontrolle.[95]

Der Warschauer Pakt ging auf die Vorschläge der NATO nur insoweit ein, als er in dem Budapester Memorandum vom Mai 1970 feststellte, daß die Frage von Truppenreduzierungen in einem von der Sicherheitskonferenz zu bildenden Organ oder im Rahmen eines anderen annehmbaren Verfahrens behandelt werden könnte, diese Zusage jedoch auf »ausländische Streitkräfte auf dem Territorium europäischer Staaten« be-

94 Vgl. die Erklärung der am integrierten Verteidigungsprogramm der NATO beteiligten Länder vom 27. 5. 1970 über beiderseitige und ausgewogene Truppenreduzierungen, in: EA 13/1970, S. D 318–319.

95 Vgl. ebenda.

schränkte.[96] In der Ostberliner Erklärung vom Dezember 1970 fehlte dann sogar jeder Hinweis auf Truppenreduzierungen, stattdessen wurde auf die Bukarester Erklärung vom Juli 1966 verwiesen. Diese Erklärung hatte einen Katalog programmatischer Maximalforderungen enthalten, die fast ausnahmslos auf das Ziel gerichtet waren, die amerikanische Präsenz und damit den Einfluß der Vereinigten Staaten in Europa zu reduzieren.[97] Auf seiner Dezember-Tagung beschränkte sich der NATO-Rat dann auch darauf, die Signale von Reykjavik und Rom zu wiederholen.[98]

Erst im darauffolgenden Jahr kam in die scheinbar festgefahrenen Positionen neue Bewegung: Im Mai 1971 kam es zu Grundsatzvereinbarungen zwischen den Vereinigten Staaten und der Sowjetunion über SALT und über Berlin sowie zu einer Annäherung der Standpunkte in der Frage von Truppenreduzierungen.[99] Mag sein, daß die Neueinschätzung der Entspannungspolitik durch den Generalsekretär der KPdSU, Leonid Breschnjew, auf dem 24. Parteitag im April 1971 und die an diese geknüpften wirtschaftlichen Erwartungen[100] zum Durchbruch geführt hatten, oder daß es die amerikanisch-chinesische Annäherung war – etwa zur gleichen Zeit hatte Peking Washington Gesprächsbereitschaft signalisiert, im Juli d. J. kam es dann zur geheimen Mission Kissingers in der Volksrepublik China – welche Moskau veranlaßten, den Gesprächsfaden mit Washington nicht abreißen zu lassen.

Jedenfalls gab nunmehr die amerikanische Administration ihren Wider-

96 Vgl. Memorandum der Außenministerkonferenz der Warschauer-Pakt-Staaten vom 22. 6. 1970 zu Fragen, die mit der Einberufung einer gesamteuropäischen Konferenz zusammenhängen, in: EA 14/1970, S. D 323–324.

97 Vgl. Erklärung der Warschauer-Pakt-Staaten zu Fragen der Sicherheit und der friedlichen Zusammenarbeit in Europa vom 2. 12. 1970 (angenommen auf der Konferenz des Politischen Beratenden Ausschusses in Ost-Berlin am 2. 12. 1970), in: EA 1/1971, S. D 22–24. Die Erklärung des Politischen Beratenden Ausschusses des Warschauer Paktes in Bukarest vom 6. 7. 1966 zur europäischen Sicherheit ist abgedruckt in: EA 16/1966, S. D 414–424.

98 Vgl. Kommuniqué des NATO-Rates in Brüssel vom 4. 12. 1970, in: EA 3/1971, S. 74–79.

99 Zum Durchbruch bei den amerikanisch-sowjetischen SALT-Verhandlungen und den Vier-Mächte-Gesprächen über Berlin vgl. Kissinger, White House Years, a.a.O., S. 810 ff. In der Frage von Verhandlungen über Truppenreduzierungen erklärte sich die Sowjetunion im sogen. »Signal von Tiflis« bereit, sowohl über Stationierungs- als auch über einheimische Streitkräfte zu sprechen; vgl. Rede von Generalsekretär Breschnjew am 14. 5. 1971 in Tiflis, Auszüge in: EA 14/1971, S. D 348. Diese Äußerung war der amerikanischen Regierung besonders willkommen, da sie unter dem Hinweis auf internationale Verhandlungen den Forderungen nach einseitigen Truppenrückzüge aus Westeuropa besser Widerstand leisten konnte; vgl. auch unten, Kap. VI.

100 Vgl. den von Generalsekretär Breschnjew auf dem 24. Parteitag der KPdSU am 30. 3. 1971 erstatteten Rechenschaftsbericht des ZK, in: EA 10/1971, S. D 232–248.

stand gegen das europäische Konferenzprojekt auf. Auf ihrer Frühjahrstagung in Lissabon kündigten die NATO-Außenminister die Bereitschaft zu multilateralen Vorgesprächen für eine KSZE an, sobald die Berlin-Verhandlungen erfolgreich abgeschlossen wären. Sie erklärten ferner ihre Bereitschaft zu exploratorischen Gesprächen mit der Sowjetunion und anderen interessierten Regierungen, die der Vorbereitung von Verhandlungen über Truppenreduzierungen dienen sollten. Gleichzeitig wurde der Ständige NATO-Rat angewiesen, seine vorbereitenden Arbeiten zu Sach- und Verfahrensfragen von Ost-West-Verhandlungen zu intensivieren.[101]

3.2 *Klärung von Sach- und Verfahrensfragen*

Die Annäherung zwischen den Vorstellungen der Sowjetunion und ihrer Verbündeten einerseits, die vor allem eine demonstrative Ost-West-Konferenz wünschten, durch welche die nach dem Zweiten Weltkrieg in Europa entstandene Lage international bestätigt werden würde, und den Interessen des Westens andererseits, der Fortschritte in konkreten Sachfragen erreichen wollte, vollzog sich auf zwei Ebenen: Zum einen in einem sog. »Kommuniqué-Dialog«, in dem beide Lager ihre Positionen darlegten, Akzente setzten und Verhandlungsbereitschaft signalisierten,[102] und zum anderen über vielfältige bilaterale Kontakte zwischen westlichen und östlichen Politikern. Besondere Aufmerksamkeit fand in diesem Zusammenhang der Besuch von Bundeskanzler Brandt im September 1971 in Oreanda auf der Krim, während die größte praktische Bedeutung dem Geheimbesuch des Sicherheitsberaters von Präsident Nixon, Henry Kissinger, im April 1972 in Moskau zukam.[103]

---

101 Vgl. das Kommuniqué des NATO-Ministerrates in Lissabon vom 4. 6. 1971, in: EA 14/1971, S. D 350–354; zum Positionswechsel der USA vgl. Kissinger, White House Years, a.a.O., S. 947 f.

102 Vgl. das Schaubild bei Helga Haftendorn, Abrüstungs- und Entspannungspolitik zwischen Sicherheitsbefriedigung und Friedenssicherung. Zur Außenpolitik der BRD 1955–1973, Düsseldorf 1974, S. 324 f.; ferner die Chronologie bei Jacobsen/Mallmann/Meier, Sicherheit und Zusammenarbeit in Europa 1, a.a.O., S. 455 ff.

103 Vgl. den Bericht von Bundeskanzler Brandt über seinen Besuch auf der Krim, in: ders., Begegnungen und Einsichten, a.a.O., S. 459 ff.; ferner das offizielle Kommuniqué über diese Gespräche vom 18. 9. 1971 in: EA 20/1971, S. D 471–473. Über den Besuch Kissingers in Moskau im April 1972 vgl. dessen Bericht, in: The White House Years, a.a.O., S. 1144 ff.

Einen wesentlichen Beitrag zum Zustandekommen der Konferenz über Sicherheit und Zusammenarbeit in Europa leisteten auch die bündnisfreien und neutralen Länder. Diese ließen sich dabei vor allem von der Erwartung leiten, daß sie mittels dieser Konferenz auch ihr politisches Eigengewicht verstärken könnten. Zu dem Wunsch, aus dem Schatten der Großmächte herauszutreten, gesellte sich bei den neutralen Staaten die Hoffnung, eine Bestätigung ihres Status und ihrer Politik zu erhalten. In der Tat gelang es den bündnisfreien Ländern, im Verlauf der Vorbereitungen für eine KSZE zu einem überzeugenden eigenen Part im »Konzert der Staaten und Interessen« zu finden,[104] dessen Bedeutung in Ost und West nur langsam erkannt, der dann aber auf der Vorkonferenz in Helsinki voll zum Tragen kam.
Besondere Initiativen entwickelte in diesem Zusammenhang die finnische Regierung. Mit ihrem Memorandum vom Mai 1969 erreichte Finnland einmal, daß das Projekt einer europäischen Sicherheitskonferenz aus dem Kontext unverbindlicher Deklarationen herausgenommen und den einzelnen Regierungen eine Stellungnahme abverlangt wurde. Zum anderen enthielt ihre Note eine Reihe von Verfahrensvorschlägen – Teilnahme aller infrage kommenden Regierungen, d. h. auch USA und Kanada; Verzicht auf Vorbedingungen; sorgfältige Vorbereitung – die so formuliert waren, daß sie für alle angesprochenen Staaten eine akzeptable prozedurale Grundlage boten. Die Regierung in Helsinki förderte das Konferenzprojekt weiter dadurch, daß sie sich als Gastgeber für Vorbereitungsgespräche als auch für die Hauptkonferenz anbot.[105] Anfang 1970 besuchte ein Sonderbotschafter die Hauptstädte aller interessierten Staaten und konferierte mit den Regierungen. In einem weiteren Memorandum vom November 1970 unterbreitete die finnische Regierung eine Reihe von Grundsätzen für multilaterale Vorgespräche, die von allen Regierungen als vereinbarte Grundlage für die Vorkonferenz in Helsinki akzeptiert wurden. Danach sollten

104 Zur Haltung der nichtgebundenen und neutralen Staaten vgl. die Darstellung und Dokumentation bei Jacobsen/Mallmann/Meier, a.a.O.; ferner Karl E. Birnbaum, East-West Diplomacy in the Era of Multilateral Negotiations: The Case of the Conference on Security and Cooperation in Europe (CSCE), in: Nils Andrén and Karl E. Birnbaum (Hrsg.), Beyond Détente: Prospects for East-West Cooperation and Security in Europe, Leiden 1976, S. 139–157; Hanspeter Neuhold, Die neutralen Staaten Europas und die Konferenz über Sicherheit und Zusammenarbeit in Europa, in: EA 13/1973, S. 445–451.

105 Vgl. das Memorandum der finnischen Regierung zur Frage einer Europäischen Sicherheitskonferenz vom 5. 5. 1969, in: EA 15/1969, S. D 309–310.

- alle interessierten Regierungen an einer Konferenz über Sicherheit und Zusammenarbeit teilnehmen können, wobei ihre Teilnahme an den Vorgesprächen nicht als Zustimmung zur tatsächlichen Abhaltung der Konferenz ausgelegt würde;
- die Teilnahme von Regierungen an den verschiedenen Stadien der Konsultationen und Verhandlungen keine völkerrechtliche Anerkennung der bestehenden politischen Verhältnisse in Europa bedeuten;
- die sorgfältige Vorbereitung der Konferenz durch einen mehrstufigen Konsultationsprozeß, insbesondere durch die Vorschaltung bilateraler Kontakte mit dem finnischen Außenministerium, sog. »multiple bilaterals«, vor eine multilaterale Vorbereitungsrunde, gesichert werden.[106]

Der Beitrag der finnischen Diplomatie zum Zustandekommen der Konferenz war umso bemerkenswerter, als die Regierung in Helsinki sich bei ihren Initiativen nach drei Richtungen hin absichern mußte: Zum einen gegenüber der Sowjetunion, mit der Finnland in einem Verhältnis enger und prekärer Nachbarschaft lebte; zum anderen gegenüber dem Westen, der mehr oder weniger ausgesprochen das Vorurteil hegte, Finnland sei wegen seiner Abhängigkeit von der Sowjetunion nicht unabhängig genug, um eine wirklich eingeständige Position einnehmen zu können, und schließlich gegenüber einer labilen innenpolitischen Situation.
Andere bündnisfreie Staaten wie Österreich, die Schweiz, oder Jugoslawien unterbreiteten eigene Vorschläge für die Konferenz.[107] Bei aller Vielfalt der Anregungen zu Verfahrens- und Sachfragen läßt sich feststellen, daß die Mehrzahl dieser Länder die östlichen Verfahrensvorschläge positiv aufnahmen und insbesondere für einen baldigen Zusammentritt der Konferenz eintraten. In inhaltlichen Fragen neigten sie aber eher der westlichen Position zu, daß auf der Zusammenkunft über unverbindliche Absichtserklärungen hinaus auch konkrete Sachfragen beraten werden sollten. Besonders in der Frage des Gewaltverzichts zeigte sich deutlich, daß die bündnisfreien Staaten ein starkes Interesse daran hatten, den Einsatz militärischer Macht zu politischen Pressionen zu verhindern und der sowjetischen Doktrin von der begrenzten Souveränität der sozialistischen Staaten mit der Betonung nationaler Eigenständigkeit unabhängig von

106 Vgl. das Aide-mémoire der finnischen Regierung vom 24. 11. 1970 zur Frage der Europäischen Sicherheitskonferenz, in: EA 3/1971, S. D 72.
107 Vgl. Jacobsen/Mallmann/Meier, Sicherheit und Zusammenarbeit in Europa 1, a.a.O., Dokumente Nr. 53, 61, 117 u. 120, S. 188 ff., S. 237 ff., S. 398 ff. u. S. 405 ff.

der Blockzugehörigkeit entgegenzutreten.[108] Vor allem trugen die ungebundenen Staaten dazu bei, das Konferenzprojekt verhandlungsfähig zu machen.
Solange der Hauptakzent der geplanten Konferenz auf Fragen der Sicherheit lag, vollzog sich die westliche Interessenabstimmung vor allem im Rahmen der NATO. In dem Maße, wie sich ihr Schwerpunkt zu Fragen der Zusammenarbeit verlagerte und dabei Fragen der wirtschaftlichen und technologischen Kooperation an Bedeutung gewannen, ergab sich die Notwendigkeit, auch die Europäische Gemeinschaft in den Abstimmungsprozeß einzubeziehen. Gleichzeitig galt es, die Mitwirkung Frankreichs zu erreichen, das Verhandlungen über eine Truppenreduzierung ablehnte und an den entsprechenden Allianzbeschlüssen nicht mitgewirkt hatte.
Da auf der KSZE nicht nur sicherheitspolitische und ökonomische Themen zur Diskussion standen, sondern eminent politische Fragen, die den formalen EG-Rahmen sprengten, fügte es sich glücklich, daß die sechs Staaten der Europäischen Wirtschaftsgemeinschaft unter dem Druck der Währungsprobleme auf der Haager-Gipfelkonferenz im Dezember 1969 beschlossen hatten, ihrerseits die politische Zusammenarbeit zu intensivieren. Im sog. »Luxemburger Bericht« wurden ein Jahr später regelmäßige Außenministerkonferenzen und die Einsetzung eines aus den politischen Direktoren der Außenministerien gebildeten Politischen Komitees beschlossen.[109] Im Februar 1971 setzte das Politische Komitee einen Unterausschuß zu Fragen der KSZE ein, der sich in der Folgezeit intensiv mit der Vorbereitung der Konferenz befaßte. Allmählich entwickelte sich eine Arbeitsteilung dergestalt, daß die militärischen Aspekte der KSZE von NATO-Gremien behandelt wurden, wie auch die – notwendige – Ab-

108 Vgl. Günther Gillessen, Kein schlechter Anfang für den Westen, in: FAZ, 18. 12. 1972; Westlicher Vorstoß in Helsinki, in: FAZ, 16. 1. 1973; Neutrale unterstützen westlichen Vorschlag, in: FAZ, 18. 1. 1973; Voten der Neutralen in Helsinki, in: NZZ, 19. 1. 1973; Günther Gillessen, Die Neutralen unterscheiden zwischen Ost und West, in: FAZ, 23. 1. 1973; ders., Sicherheit der Neutralen – Sicherheit der NATO-Länder, in: FAZ, 15. 2. 1973.
109 Zur Vorgeschichte der Europäischen Politischen Zusammenarbeit (EPZ) und zur Gründung des Politischen Komitees vgl. Herbert Müller-Roschach, Die deutsche Europapolitik 1949–1977. Eine politische Chronik, Bonn 1980, S. 226 ff.; für die Haager Beschlüsse vgl. Kommuniqué der Konferenz der Staats- und Regierungschefs der Europäischen Gemeinschaften vom 2. 12. 1969, in: EA 2/1970, S. D 42–44; der »Luxemburger Bericht« (nach dem Vorsitzenden des Ausschusses, der diesen Bericht ausgearbeitet hatte, dem Leiter der Politischen Abteilung im belgischen Außenministerium, auch »Davignon-Bericht« genannt), ist abgedruckt in: Bulletin, Nr. 150, 31. 10. 1970, S. 1588–1591.

stimmung mit den Nordamerikanern über das Bündnis lief; allgemeine politische Fragen wie Prinzipien zwischenstaatlichen Verhaltens und praktische Fragen der Ost-West-Entspannung wie die Entwicklung menschlicher Kontakte vom Politischen Komitee (EPZ) behandelt wurden, während für Fragen der wirtschaftlichen Kooperation ein sogenannter »Ad-hoc-Ausschuß« gebildet wurde, in dem auch die EG-Kommission vertreten war.[110] Die verstärkte Abstimmung unter den westeuropäischen Staaten bot sich auch deshalb an, weil deutlich wurde, daß die eigentliche Initiative von den Europäern – unabhängig von der Blockzugehörigkeit – ausging, während die Vereinigten Staaten das Zustandekommen der Konferenz eher duldeten, aber nicht aktiv betrieben.

Sehr wesentlich für den Erfolg der Konferenz würde ihre verfahrensmäßige Organisation sein. Sollte eine kurze, aber spektakuläre Konferenz auf der Ebene der Außenminister oder Regierungschefs stattfinden, auf die möglicherweise weitere Konferenzen folgen würden, wie es der Warschauer Pakt vorgeschlagen hatte? Wenn auf einer solchen Konferenz praktische Ergebnisse erzielt und nicht nur Propagandaresolutionen verabschiedet werden sollten, wie es der Westen wünschte, dann müßte ihre Vorbereitung sehr intensiv sein. Ließ sich dies aber mit dem zunehmenden Druck in vielen Staaten vereinbaren, daß eine solche Konferenz möglichst rasch zusammentreten sollte? Der Westen machte sich daher einen französischen Verfahrensvorschlag zu eigen, nachdem die Konferenz in mehreren Phasen stattfinden sollte. Nach vorbereitenden Gesprächen der Missionschefs in Helsinki (den sog. »multiple bilaterals«) sollte eine relativ kurze Außenministerkonferenz tagen, die verschiedene Kommissionen mit der Ausarbeitung von Vorschlägen zu den einzelnen Konferenzthemen beauftragen würde. Danach würden die Außenminister (oder die Regierungschefs) wieder zusammentreten und die Arbeitsergebnisse prüfen, Beschlüsse fassen und über Folgeveranstaltungen befinden. Eine derartige Vorgehensweise bot den Vorteil, daß der Konferenzprozeß in allen seinen Phasen überschaubar blieb und nur soviel Einigkeit öffentlich zur Schau gestellt wurde, wie durch konkrete Verhandlungsergebnisse gerechtfertigt war.

In der Frage der Tagesordnung für die Konferenz wurde auf der NATO-

110 Zu den Kompetenzen und Entscheidungsverfahren bei der Vorbereitung der KSZE vgl. Götz von Groll, Das Debut auf der internationalen Ebene: Die Neun auf der KSZE, in: Reinhardt Rummel u. Wolfgang Wessels (Hrsg.), Die Europäische Politische Zusammenarbeit – Leistungsvermögen und Struktur der EPZ, Bonn 1978, S. 121–137; ferner Küsters, Die außenpolitische Zusammenarbeit der Neun und die KSZE, a.a.O.

Tagung im Dezember 1971 in Brüssel Übereinstimmung darüber erzielt, daß über folgende Themenbereiche gesprochen werden sollte:

1. Sicherheitsfragen einschließlich von Grundsätzen für zwischenstaatliche Beziehungen (sog. 4Code of good conduct« und Gewaltverzicht) und bestimmte militärische Aspekte der Sicherheit (Grundsatzerklärung über MBFR, Bewegungsbeschränkungen etc.);
2. Freizügigkeit für Menschen, Informationen und Ideen sowie kulturelle Beziehungen;
3. Wirtschaftliche, technologische und wissenschaftliche Zusammenarbeit;
4. Zusammenarbeit zur Verbesserung des Umweltschutzes.[111]

Bei der Formulierung der Konferenzthemen hatten die Minister versucht, ihre eigenen Vorstellungen mit solchen Elementen zu kombinieren, bei denen sie ein besonderes Interesse der blockfreien und der osteuropäischen Staaten vermuten konnten. Im Januar 1972 legten dann die Staaten des Warschauer Paktes in Prag einen Katalog von Grundprinzipien vor, der auf einer gesamteuropäischen Konferenz verabschiedet werden sollte:

1. Unverletzlichkeit der Grenzen;
2. Gewaltverzicht;
3. Friedliche Koexistenz;
4. Grundlagen gutnachbarlicher Beziehungen und Zusammenarbeit im Interesse des Friedens: Unabhängigkeit und nationale Souveränität, Gleichberechtigung, Nichteinmischung in die inneren Angelegenheiten;
5. Gegenseitig vorteilhafte Beziehungen zwischen den Staaten auf wirtschaftlichem, wissenschaftlich-technischem und kulturellem Gebiet sowie beim Tourismus und Umweltschutz;
6. Abrüstung; und
7. Unterstützung der Vereinten Nationen.[112]

In einem gesonderten Teil der Prager Erklärung wurde die Bereitschaft erklärt, eine Vereinbarung über die Reduzierung der Streitkräfte und Rüstungen in Europa, und zwar der ausländischen wie der einheimischen, abzuschließen. Eine Verbindung zur Sicherheitskonferenz wurde dabei nicht hergestellt.

111 Vgl. Kommuniqué über die Tagung des NATO-Ministerrates in Brüssel vom 10. 12. 1971, in: EA 4/1972, S. D 98–103.

112 Prager Erklärung über Frieden, Sicherheit und Zusammenarbeit in Europa vom 26. 1. 1972, in: EA 4/1972, S. D 106–110.

Die formale Übereinstimmung vieler der von der NATO und dem Warschauer Pakt vorgeschlagenen Themen darf jedoch nicht darüber hinwegtäuschen, daß diese nur Chiffren waren für unterschiedliche politische Ziele. Einige Aufschlüsse über die zugrundeliegenden Motivationen vermitteln der Kontext, in dem die einzelnen Themen genannt wurden, sowie die begleitenden Interpretationen und Kommentare.[113] Die eigentliche Aufgabe im Vorfeld der Konferenz und während der multilateralen Vorgespräche bestand darin, das Vokabular zu synchronisieren oder zumindest die politische Bandbreite der Begriffe abzustecken. Dies war einer der Gründe für die westliche Forderung nach sorgfältiger Vorbereitung. Erst dann, wenn in mühseliger Kleinarbeit die hinter den Begriffen stehenden Zielvorstellungen transparent gemacht worden waren, waren sinnvolle Verhandlungen möglich und bot die Konferenz Aussicht auf Erfolg.

Allmählich kristallisierten sich dann vier Themen für die Tagesordnung einer Konferenz über Sicherheit und Zusammenarbeit in Europa heraus:

1. Politische und militärische Aspekte der europäischen Sicherheit;
2. Wirtschaftliche Zusammenarbeit und Umweltschutz;
3. Kontakte zwischen den Menschen, Kultur- und Informationsaustausch;
4. Mögliche institutionelle Folgen der Konferenz.

Bis zuletzt blieb jedoch offen, wie das MBFR-Projekt in den KSZE-Prozeß einbezogen bzw. wie beide Projekte miteinander verbunden werden sollten. Während Bonn – und hier vor allem das Verteidigungsministerium – MBFR als integralen Bestandteil jedes sicherheitspolitischen Dialoges mit den Osteuropäern betrachtete, war von den Staaten des Warschauer Paktes – wie auch aus den USA – zu hören, daß die Frage einer Truppenreduzierung zu kompliziert sei, um mit einiger Aussicht auf Erfolg im Rahmen dieser Konferenz erörtert werden zu können. Auch die Franzosen machten aus ihrer Abneigung gegen MBFR keinen Hehl. Die Entscheidung, über Truppenreduzierungen und über europäische Sicherheit auf zwei getrennten, aber parallelen Konferenzen zu verhandeln, wurde – sehr zum Mißvergnügen Bonns – zwischen Kissinger und Gromyko bilateral ausgehandelt und auf dem sowjetisch-amerikanischen Gipfel im

113 Besonders deutlich wird dies bei der Prager Erklärung vom Januar 1972; vgl. ferner Ein neuer Schritt zur Sicherheit in Europa. PRAWDA über Tagung des Politischen Beratenden Ausschusses, in: ND, 29. 1. 1972; Für ein wahrhaft friedliches Europa, in: ND, 28. 1. 1972; Günther Gillessen, Sowjetische Ziele für eine Sicherheitskonferenz, in: FAZ, 11. 1. 1972.

Mai 1972 in Moskau publik gemacht.[114] Auf der Bonner NATO-Konferenz wenige Tage später wurde diese Absprache im wesentlichen bestätigt; gleichzeitig jedoch beschlossen, daß beide Verhandlungen in einem zeitlichen und inhaltlichen Zusammenhang stehen sollten, und zwar in der Weise, daß über spannungsvermindernde und vertrauensbildende Maßnahmen auf der Konferenz über Sicherheit und Zusammenarbeit diskutiert, über eine Truppenreduzierung aber gesondert im kleineren Kreis der betroffenen Länder verhandelt werden sollte. Die Bundesregierung betonte jedoch, daß sie nur an einer Sicherheitskonferenz teilnehmen würde, wenn Aussicht auf Verhandlungen auch über eine Truppenreduzierung bestand.[115]

3.3 *Erwartungen und Ziele bezüglich der KSZE*

Als der NATO-Ministerrat im Mai 1972 grünes Licht für die Aufnahme von multilateralen Vorgesprächen nach Unterzeichnung des Schlußprotokolls zum Vier-Mächte-Abkommen über Berlin gab, war ein westliches, insbesondere westdeutsches Verhandlungsziel bereits erreicht worden: In bilateralen und multilateralen Verträgen mit der Sowjetunion und Polen war ein Modus vivendi für einige der wichtigsten politischen Streitfragen in Europa erzielt und vor allem eine Absicherung West-Berlins und seiner Zugehörigkeit zum Westen erreicht worden. Die von Brandt konzipierte »Vorfeldstrategie« und das von Bonn und Washington gemeinsam postulierte und von den anderen Verbündeten – wenn auch widerwillig – unterstützte Berlin-Junktim hatte seine Wirkung getan. Das von Moskau aufgestellte »Gegenjunktim«, wonach die Unterzeichnung des Berlin-Schlußprotokolls erst nach Ratifizierung der Ostverträge durch den Deutschen Bundestag erfolgen konnte, hatte angesichts der schwindenden Mehrheit für die Verträge zwar zeitweise die Berlin-Regelung in Gefahr gebracht, im Endeffekt jedoch gegen den sowjetischen Willen eine Verzögerung der KSZE bewirkt. Obwohl der Interessenausgleich zwischen der Bundesrepublik und der DDR noch ausstand, der erst die Voraussetzung für die

114 Vgl. den Bericht Kissingers in: White House Years, a.a.O., S. 1144 ff.; ferner das Kommuniqué über den Besuch von Präsident Nixon in Moskau vom 29. 5. 1972, in: EA 12/1972, S. D 292–298.

115 Vgl. das Kommuniqué des NATO-Ministerrates in Bonn vom 31. 5. 1972, in: EA 15/1972, S. D 353–355; und die Erklärung von Bundesaußenminister Scheel am 31. 5. 1972 vor der Presse, in: Bulletin, Nr. 81, 3. 6. 1972, S. 1119.

Aufnahme der beiden deutschen Staaten in die Vereinigten Nationen schuf, schien dieser nach dem Abschluß des Transit-Abkommens und des Verkehrsvertrages mit der DDR eher eine Frage der Zeit als der Überwindung von grundsätzlichen Problemen zu sein. In der Tat konnte der Grundlagenvertrag zwischen Bundesrepublik und DDR noch vor Beginn der Helsinki-Konsultationen (und vor den vorgezogenen Neuwahlen zum Deutschen Bundestag!) paraphiert werden. Damit war eine wichtige Voraussetzung für den Fortgang der europäischen Entspannungspolitik geschaffen worden.

Der im wesentlichen bilaterale Ausgleich (auch hier sollten die multilateralen Elemente nicht übersehen werden, wie sie im »Modellcharakter« des Moskauer Vertrages und im Berlin-Abkommen zum Ausdruck kamen) sollte auf der KSZE durch multilaterale Vereinbarungen ergänzt werden, durch welche die Entspannung konsolidiert und stabilisiert werden konnte. Mittels eines Kataloges von »Prinzipien zwischenstaatlicher Beziehungen« sollten die völkerrechtlichen Grundlagen des friedlichen Zusammenlebens der Staaten bekräftigt und eine möglichst einverständliche Interpretation derselben erreicht werden. Durch den Verweis auf existierendes Völkerrecht und durch die Herstellung eines Zusammenhangs zwischen den verschiedenen Prinzipien sollte vermieden werden, daß entweder ein europäisches Sonderrecht geschaffen oder solche Grundsätze, durch die der politische und territoriale Status quo bestätigt wurde, besonders hervorgehoben würden. Für die Bundesregierung ergab sich das Problem, daß sie an dem von ihr postulierten Friedensvertragsvorbehalt festhalten wollte und Festlegungen zu vermeiden suchte, die über das hinausgingen, was sie in den Ostverträgen akzeptiert hatte; daß sie aber andererseits eine Verpflichtung der Sowjetunion auf vereinbarte Grundsätze zwischenstaatlichen Verhaltens erreichen wollte. »Binden und nicht gebunden werden« war ihr Motto. Verhandlungsstrategisch sahen sich die westlichen Staaten vor die Aufgabe gestellt, einseitige Verfestigungen des Status quo, wie z. B. eine Sanktionierung der Breschnjew-Doktrin einer begrenzten Souveränität der sozialistischen Staaten, zu vermeiden, die in den Vorschlägen für eine Prinzipienerklärung enthaltenen positiven Ansätze, wie z. B. die Geltung der Prinzipien für alle Staaten oder die Achtung der Menschenrechte und Grundfreiheiten, konstruktiv aufzunehmen und weiterzuentwickeln.[116]

116 Zu den Konferenzzielen des Westens vgl. Frank, Zielsetzungen der Bundesrepublik Deutschland im Rahmen europäischer Sicherheitsverhandlungen, a.a.O.; sowie die Erklärung des Vertreters der Bundesrepublik Deutschland bei den Helsinki-Konsultatio-

Zur Intensivierung der Ost-West-Zusammenarbeit boten sich vor allem zwei Bereiche an: wirtschaftliche Kooperation und menschliche Kontakte. Auf dem Gebiet des Handels strebten die RGW-Staaten die vollständige Anwendung des Prinzips der Meistbegünstigung an, die nach ihrer Auffassung eine umfassende Liberalisierung und die Aufhebung »diskriminierender« Maßnahmen einschloß.[117] Diese Forderung richtete sich in der Tendenz gegen die Europäische Gemeinschaft und ihre gemeinsame Osthandelspolitik. Die EG-Mitglieder waren ihrerseits bereit, sich für einen Ausbau des Handels und der wirtschaftlichen Kooperation, die Meistbegünstigung auf der Grundlage der Gegenseitigkeit und für die Beseitigung von Handelshemmnissen einzusetzen, wobei das Planwirtschaftssystem, die begrenzten Lieferkapazitäten und der Kreditbedarf der Staatshandelsländer auf der einen Seite und die Spielregeln der gemeinsamen Außenwirtschaftspolitik der Europäischen Gemeinschaft auf der anderen Seite die Grenzen für eine Ausweitung des Handelsaustausches absteckten. Allerdings erwarteten die EG-Mitglieder, daß der Osten die Gemeinschaft als Verhandlungspartner anerkannte. Unter Hinweis auf die weitreichenden Gemeinschaftskompetenzen der EG forderten die Sechs (ab 1. 1. 1973 die Neun) auch eine Mitwirkung der Gemeinschaft am KSZE-Prozeß in der Weise, daß das Land, das die Präsidentschaft inne hatte, auch für die EG sprechen konnte und z. B. Vertretern der EG-Kommission Gast- und Rederecht gab. Den Vereinigten Staaten waren

nen am 29. 11. 1972, vervielf. Maskr.; Die NATO-Staaten stimmten die Grundlinien ihrer Verhandlungsposition auf der Konferenz des NATO-Ministerrates am 30. und 31. 5. 1972 in Bonn und am 7. und 8. 12. 1972 in Brüssel ab; vgl. die Kommuniquées über beide Sitzungen in EA 15/1972, S. D 353–355 bzw. EA 3/1973, S. D 72–76. NATO-Generalsekretär Luns legte die Konzeption der NATO am 22. 11. 1972 in einer Rede vor der Nordatlantischen Versammlung dar, abgedruckt in: EA 3/1973, S. D 53–59. Die EG-Staaten hatten ihre Konferenzziele im Kommuniqué der Pariser Gipfelkonferenz vom 20. 10. 1972 sowie in dem von ihnen am 21. 11. 1972 in Haag verabschiedeten Bericht dargelegt, vgl. EA 21/1972, S. D 502–508. Sie konnten sich dabei auf die Beschlüsse der EG-Ministertagung vom 26. und 27. 5. 1972 stützen. Ihre Vorstellungen für eine Tagesordnung formulierten die Neun in Form von Mandatsentwürfen, die am 15. 1. 1973 von der EPZ verabschiedet und dann von den verschiedenen EG-Mitgliedern in die Helsinki-Konsultationen eingebracht wurden. Dsgl. legte das Politische Komitee am 13. 11. 1973 ein detailliertes Papier über Konferenzziele und Strategie der Neun auf der KSZE vor, vgl. von Groll, Die Neun auf der KSZE, a.a.O.

117 Vgl. den Prager Entwurf der Außenminister der Warschauer Pakt-Staaten über die Erweiterung von gleichberechtigten Beziehungen vom 31. 10. 1969, in: EA 4/1970, S. D 89–90; zur Entwicklung der Haltung der Sowjetunion gegenüber der Europäischen Gemeinschaft vgl. Eberhard Schulz, Moskau und die europäische Integration, München und Wien 1975.

hinsichtlich der Meistbegünstigungsklausel dadurch zusätzlich die Hände gebunden, daß ein im Herbst 1972 abgeschlossenes amerikanisch-sowjetisches Handelsabkommen, das auch die Meistbegünstigungsklausel enthielt, beim Ratifizierungsverfahren im Kongreß in Form des Jackson-Vanick-Amendment mit der Gewährung von Ausreisevisen an sowjetische Juden verknüpft und damit für Moskau unannehmbar geworden war.[118] Weniger problematisch schien die Entwicklung der industriellen Kooperation und ein verstärkter wissenschaftlich-technischer Gedankenaustausch zwischen West und Ost.

Ein wesentliches Ziel der westeuropäischen Staaten war es, konkrete Vereinbarungen über eine Intensivierung der menschlichen Kontakte, eine Verbesserung des Informationsflusses zwischen West und Ost und eine Verstärkung des Kulturaustausches zu erreichen. Dabei ging es weniger darum, den limitierten Zeitungsaustausch oder den organisierten Tourismus auszuweiten, als vielmehr darum, für die Menschen in Ost und West ein Mehr an Kontakten und Begegnungs- sowie die Bewegungsmöglichkeiten zu schaffen. Dabei wurde nicht übersehen, daß eine allgemeine Forderung nach Freizügigkeit einen Eingriff in die inneren Angelegenheiten der Warschauer-Pakt-Staaten bedeutet hätte. Diese sollten deshalb vor allem zu einer flexibleren Praxis im Besucherverkehr und bei der Familienzusammenführung veranlaßt werden. Für die Bundesrepublik hatte die Frage der menschlichen Erleichterungen einen besonders hohen Stellenwert, da ihre Ost- und Entspannungspolitik auf die Erwartung gegründet war, daß mit einer faktischen Anerkennung der Grenzen in Mitteleuropa eine größere Durchlässigkeit derselben für Menschen, Ideen und Informationen bewirkt werden könnte. Dies löste jedoch nicht das grundsätzliche Dilemma, daß jede Liberalisierung der osteuropäischen Gesellschaftssysteme dazu tendierte, die dortigen Herrschaftsstrukturen infrage zu stellen und entsprechende Gegenbewegungen und Abgrenzungsmaßnahmen auszulösen.

Hinter die grundsätzlichen und praktischen Fragen der Zusammenarbeit zwischen Staaten unterschiedlicher Gesellschaftssysteme traten Maßnahmen der militärischen Sicherheit in ihrer Bedeutung zurück. Verhandlungen über Rüstungsbeschränkung sollten auf getrennten Konferenzen stattfinden – über die europäischen Streitkräfte und Rüstungen bei den MBFR-Gesprächen zwischen Vertretern von NATO- und Warschauer

118 Zum sowjetisch-amerikanischen Handelsabkommen vgl. Gebhard Schweigler, Von Kissinger zu Carter. Entspannung im Widerstreit von Innen- und Außenpolitik 1969–1981, München und Wien 1982, S. 111 f. und S. 202 ff.

Pakt in Wien, über die strategischen Potentiale der nuklearen Großmächte bei der Fortsetzung der bilateralen SALT-Gespräche zwischen den USA und der Sowjetunion (im Mai 1972 war ein Abkommen über die Beschränkung von ABM-Systemen sowie eine Interimsvereinbarung über strategische Waffen, SALT I, abgeschlossen worden).[119] Auf der KSZE sollte vor allen Dingen über solche Maßnahmen gesprochen werden, mit deren Hilfe das gegenseitige Vertrauen gestärkt und die militärische Lage stabilisiert würde. Auf diese Weise sollten die der – fortbestehenden – militärischen Konfrontation innewohnenden Gefahren verringert werden. Gleichzeitig wollte der Westen auf den engen Zusammenhang zwischen den politischen und militärischen Aspekten der Sicherheit aufmerksam machen.

In der Frage der Verhandlungsstrategie war der Westen der Auffassung, daß die einzelnen Problembereiche der KSZE-Agenda ein einheitliches Ganzes bildeten, die Prinzipienerklärung daher auch nicht losgelöst von den angestrebten praktischen Regelungen, z. B. auf dem Gebiet menschlicher Erleichterungen, betrachtet werden oder gar eine Art »Generalerklärung« darstellen konnte. Auch sollten alle Fragen als gemeinsame Verhandlungsmasse angesehen werden, um gegebenenfalls ein Entgegenkommen in einem Gebiet mit Zugeständnissen auf einem anderen honorieren zu können. Hinsichtlich der Verbindlichkeit der anzustrebenden Beschlüsse bestand noch Uneinigkeit: einerseits sollten die für den Westen günstigeren Regelungen, z. B. auf humanitärem Gebiet, nach Möglichkeit vertragliche Verpflichtungen konstituieren, während andererseits weder mit der Prinzipienerklärung neues Völkerrecht geschaffen noch mit den vertrauensbildenden Maßnahmen zu starke Bindungen eingegangen werden sollten.

Auch wenn es vor allem im Kreis der Sechs bzw. der Neun gelungen war, so etwas wie eine gemeinsame Verhandlungsposition abzustecken, mit welcher der Westen die multilateralen Vorgespräche aufnehmen konnte, so bestanden doch noch viele Widersprüche und Unklarheiten über ihre Vorgehensweise. Diese bezogen sich auch auf Verfahrensfragen, z. B. wann die eigentliche KSZE-Konferenz beginnen sollte, und ob die Errichtung eines gemeinsamen Organs – oder einer Folgekonferenz – angestrebt werden sollte, welche die Arbeiten der Konferenz fortführen könnte. Eine

119 Vgl. Amerikanisch-sowjetischer Vertrag über die Begrenzung von Raketen-Abwehrsystemen sowie Interimsabkommen über Maßnahmen hinsichtlich der Begrenzung strategischer Angriffswaffen vom 26. 5. 1972, in: EA 17/1972, S. D 392–398; vgl. ferner oben, Kap. III.

weitere Schwierigkeit ergab sich durch die Terminklemme, in welche sich die NATO mit einer »Parallelität« von KSZE und MBFR manövriert hatte. Jetzt waren es die Vereinigten Staaten, die auf Einhaltung des zwischen Kissinger und Gromyko vereinbarten Terminplans drängten, wonach die KSZE im Juni und die MBFR-Verhandlungen im Oktober 1973 begonnen werden sollten. Aus Washingtoner Sicht sollten auf der KSZE möglichst wenig bindende Vereinbarungen getroffen, sondern vor allem die von den Sowjets aufgebaute Hürde aus dem Weg geräumt werden, die den Verhandlungen über eine beiderseitige Truppenreduzierung noch im Wege stand – die wiederum die USA vor allem aus innenpolitischen Gründen brauchten, um Forderungen nach einseitigen Truppenrückzügen abzuwehren.

Anfang Juni wurden die multilateralen Vorgespräche abgeschlossen mit der Verabschiedung von Empfehlungen zum Verfahren der Konferenz über Sicherheit und Zusammenarbeit in Europa, deren Kernstück spezifizierte Mandate für die Kommissionen in der zweiten Konferenzrunde waren. Das Tauziehen in der ersten und zweiten Phase der Vorgespräche über die prozedurale Vorbereitung der KSZE hatte den Erfolg gehabt, daß einer detaillierten Konferenzvorbereitung der Weg geebnet wurde. Die zweite Phase diente dann zur Vorlage und Sichtung der verschiedenen Tagesordnungsvorschläge, wobei sich die guten Dienste der schweizerischen Delegation als hilfreich erwiesen, welche die vorgebrachten Tagesordnungspunkte thematisch sortiert und auf vier »Körbe« verteilt hatte.[120] Damit war das erste Gerippe für eine Agenda vorhanden. Die eigentlichen Schwierigkeiten begannen in der dritten und vierten Phase, als sich die Delegationen im Hauptausschuß und in mehreren Redaktionsgruppen bemühten, die verschiedenen Vorschläge aneinander anzupassen und die Mandate für die Kommissionen zu formulieren. Obwohl es sich dabei nur um Verhandlungsaufträge handelte, kamen die unterschiedlichen politischen Standpunkte voll zum Tragen, da sich der Westen nicht von vorneherein auf unverbindliche und vielseitig interpretierbare Formulierungen

120 Am 29. 1. 1973 legte die Schweiz ein Arbeitsdokument vor, in dem alle Vorschläge für die Tagesordnung einer KSZE in vier »Körbe« geordnet wurden; vgl. Götz von Groll, Die Helsinki-Konsultationen, in: AP, H. 2, 1973, S. 123–129; ferner Luigi Vittorio Ferraris (Hrsg.), Report on a Negotiation. Helsinki–Geneva–Helsinki 1972–1975, Leiden 1979, S. 9 ff. (Um eine Darstellung der Vorgeschichte der KSZE erweiterte Originalfassung u. d. T.: Testimonianze di un Negoziato Helsinki–Ginevra–Helsinki 1972–75, Padova 1977). Die Bedeutung dieser Darstellungen besteht darin, daß die Verfasser maßgeblich an den Konsultationen in Helsinki und an den Verhandlungen in Genf beteiligt waren.

beschränken, sondern ein konkretes Arbeitsprogramm für die Kommissionsphase verabschieden wollte.

Trotz aller aufgetretenen Probleme trug das Ergebnis der Vorgespräche sehr weitgehend dem Wunsch des Westens Rechnung, die Konferenz in allen ihren Phasen so sorgfältig wie möglich vorzustrukturieren. Auf seiner Sitzung am 14. und 15. Juni 1973 in Kopenhagen nahm der NATO-Rat die Empfehlungen von Helsinki zustimmend zur Kenntnis und befürwortete die Eröffnung der Hauptkonferenz am 3. Juli d. J.[121] Wie vorgesehen fand die Außenministerkonferenz der KSZE dann vom 3. bis 7. Juli 1973 in der finnischen Hauptstadt statt. Die Minister billigten einstimmig die von der Vorkonferenz ausgearbeiteten Empfehlungen über den Ablauf der KSZE und legten in Grundsatzerklärungen ihre Auffassung zu den wesentlichsten Fragen der Sicherheit und Zusammenarbeit in Europa sowie über die weitere Arbeit der Konferenz dar. Es wurde vereinbart, mit der Kommissionsphase am 19. September in Genf zu beginnen und, wenn es die Ergebnisse rechtfertigten, die Schlußkonferenz Anfang 1974 stattfinden zu lassen.

Auf der Grundlage bei der den multilateralen Konsultationen erzielten Übereinkünfte setzten die Außenminister drei Kommissionen mit verschiedenen Unterkommissionen ein, und zwar

- eine Kommission für Fragen der Sicherheit in Europa, mit dem Verhandlungsauftrag
  1. in Übereinstimmung mit den Zielen und Grundsätzen der Vereinten Nationen Prinzipien zu formulieren, von denen sich die Staaten in ihren gegenseitigen Beziehungen leiten lassen sollten, sowie Vorschläge für eine Konkretisierung des Gewaltverzichts und für Methoden zur friedlichen Regelung von Streitfällen auszuarbeiten;
  2. Vorschläge für vertrauensbildende Maßnahmen wie Manöverbeobachter und die vorherige Ankündigung von größeren Übungen zu unterbreiten;
- eine Kommission für Fragen der Zusammenarbeit in den Bereichen der Wirtschaft, der Wissenschaft und der Technik sowie der Umwelt. Sie sollte Richtlinien und konkrete Empfehlungen erarbeiten für eine erweiterte Kooperation auf der Grundlage der Gegenseitigkeit der Vorteile und Verpflichtungen sowie unter Berücksichtigung der Unterschiede der wirtschaftlichen und sozialen Systeme. Dabei sollte sie von folgenden Unterkommissionen unterstützt werden:

121 Vgl. das Kommuniqué über die Sitzung des NATO-Ministerrates in Kopenhagen vom 15. 6. 1973, in: EA 14/1973, S. D 384–386.

1. Handel,
2. Industrielle Kooperation,
3. Wissenschaft und Technik,
4. Umwelt,
5. Zusammenarbeit auf anderen Gebieten (Verkehr, Arbeitsmarkt, Tourismus);

- eine Kommission für Fragen der Zusammenarbeit in humanitären und anderen Bereichen. Sie erhielt den Auftrag, alle Möglichkeiten zu prüfen, die zur Erleichterung des kulturellen und wissenschaftlichen Austausches, zur größeren Verbreitung von Informationen, zu verstärkten Kontakten zwischen den Menschen und zur Lösung humanitärer Fragen führen könnten. Folgende Unterkommissionen wurden vorgesehen:
  1. Menschliche Kontakte,
  2. Information,
  3. Kultureller Austausch,
  4. Bildungswesen.

Eine Entscheidung in der vor allem von der Sowjetunion gewünschten Frage einer Institutionalisierung der Konferenz wurde vertagt bzw. dem Koordinierungsausschuß in der zweiten Konferenzphase übertragen.[122] Bei den multilateralen Vorgesprächen waren etikettierte Verhandlungskörbe vorbereitet worden, deren Füllung noch ausstand. Die Außenminister hatten auf ihrem Treffen in Helsinki zusätzliche Orientierungspunkte gesetzt und unter Beweis gestellt, daß ein Dialog trotz des Fortbestehens unterschiedlicher gesellschaftlicher und politischer Systeme möglich war. In Genf mußte sich erweisen, ob sich die Verhandlungen darauf reduzieren würden, die fortbestehenden Gegensätze durch interpretationsfähige Formeln zu überdecken oder ob es gelingen würde, inhaltliche Aussagen zu solch kontroversen Begriffen wie »Sicherheit« oder »Gleichberechti-

122 Vgl. die Schlußempfehlungen der Konsultationen für die Konferenz über Sicherheit und Zusammenarbeit in Europa vom 8. 6. 1973 in Helsinki, in: EA 13/1973, S. D 369–380; sowie das Kommuniqué über die erste Phase der KSZE vom 3.–7. 7. 1973, in: EA 16/1973, S. D 494. Dort – ebenso wie in Jacobsen/Mallmann/Meier, Sicherheit und Zusammenarbeit in Europa 2, a.a.O., – sind die wichtigsten Verfahrens- und sonstigen Vorschläge sowie die Grundsatzreden der Außenminister während der ersten Phase der KSZE abgedruckt. Die verschiedenen im Europa-Archiv veröffentlichten Beiträge und Dokumente wurden in folgendem Sammelband zusammengefaßt: Hermann Volle und Wolfgang Wagner (Hrsg.), KSZE. Konferenz über Sicherheit und Zusammenarbeit in Europa in Beiträgen und Dokumenten aus dem Europa-Archiv, Bonn 1976.

gung« zu machen und konkrete Maßnahmen für eine verstärkte Zusammenarbeit auf den verschiedenen Sektoren - einschließlich humanitärer Fragen - zu beschließen.[123]

4. *Die Ausarbeitung der KSZE-Schlußakte*

Den in Genf versammelten Vertretern der 35 Staaten war die Aufgabe übertragen worden, den Text einer Grundsatzerklärung über die künftige Gestaltung der Ost-West-Beziehungen in Europa auszuarbeiten. Durch die vorausgegangenen multilateralen Konsultationen und durch die Konferenz der Außenminister war ihre Arbeit in mehrfacher Weise vorstrukturiert worden:

- Inhaltlich, durch detaillierte Mandate für die Arbeit der drei Kommissionen und ihrer Unterausschüsse sowie des Koordinierungsausschusses;
- verhandlungstaktisch, indem sowohl die Interessen als auch die Marge für Kompromisse und Einigungsmöglichkeiten zwischen den verschiedenen Verhandlungsteilnehmern sichtbar geworden waren; und
- prozedural, da sich die Abstimmung im Rahmen der Neun außerordentlich bewährt hatte und die EPZ zu einem wichtigen Koordinationszentrum im Rahmen der KSZE geworden war (ebenso wie sich die neutralen und nichtgebundenen Staaten - sowie Rumänien - als einflußreiche, unabhängige Akteure auf dieser Bühne etabliert hatten).

Damit war weitgehend der Rahmen abgesteckt, in dem auch die Delegation der Bundesrepublik in Genf agieren konnte.
Darüber hinaus muß jedoch die KSZE-Politik Bonns im Kontext sowohl ihrer Sicherheits- und Bündnispolitik als auch ihrer Ost- und Entspannungspolitik gesehen werden.[124] Die Westbeziehungen gestalteten sich re-

123 Zur Bewertung der ersten Phase der KSZE vgl. Guido Brunner, Das Ergebnis von Helsinki. Die Vorbereitungen für die Konferenz über Sicherheit und Zusammenarbeit in Europa, in: EA 13/1973, S. 439–444; von Groll, Die Helsinki-Konsultationen, a.a.O.; ders., Die Außenminister in Helsinki, in: AP, H. 3, 1973, S. 255–274; Ferraris, Report on a Negotiation, a.a.O., S. 41 ff.

124 Zu den Zielen der KSZE-Politik der Bundesrepublik vgl. die Leitlinien vom 16. 5. 1972, wiedergegeben in: SPIEGEL, Nr. 23, 29. 5. 1972, S. 81–82; ferner die Rede von Außenminister Scheel am 4. 7. 1973 auf der Außenministerkonferenz in Helsinki, in: Jacobsen/Mallmann/Meier, Sicherheit und Zusammenarbeit in Europa 2, S. 634–641; sowie die von der EPZ am 13. 11. 1973 verabschiedeten Konferenzziele

lativ unproblematisch, da die Vereinigten Staaten, der wichtigste sicherheitspolitische Partner Bonns, bei der europäischen Konferenz eine Position des »low profile« an den Tag legte und die KSZE den Europäern als diplomatische Spielwiese überließ, lediglich besorgt, daß dadurch weder ihre eigene bilaterale Détente-Politik mit Moskau gestört noch ihre Rechte und Pflichten im Hinblick auf Deutschland als Ganzes und Berlin tangiert würden. Zentraler waren die Bezüge zur Ost- und Entspannungspolitik, und zwar nicht nur in dem Sinne, daß die KSZE selbst Form und Ausdruck dieser Politik war. Sie war auch ein Instrument, in dessen Vorfeld und mit dessen Hilfe die nationalen Interessen der Deutschen (in diesem Fall ist der abgenutzte und meist ungenaue Begriff die einzig präzise Kennzeichnung) gefördert werden konnten. Auch auf der Konferenz selbst waren Bonner Positionen häufig zugleich Signale an Moskau oder Ostberlin. Ebenso war die Bundesregierung bemüht, auf dem Gebiet der Deutschland-Politik nicht hinter das in den bilateralen Verträgen mit Moskau, Warschau und Ostberlin zurückzugehen, sondern im Gegenteil, die in diesen ausgesparte Materie der »menschlichen Kontakte« in einen Verhandlungskontext einzubringen und auf diesem Feld konkrete Ergebnisse zu erzielen, die den Menschen auf beiden Seiten der Teilungslinie in Europa zugute kommen würden. Andererseits waren durch die bilaterale Ostpolitik der Bundesrepublik – z. B. mit der Formulierung des Gewaltverzichts – Orientierungsmarken gesetzt worden, die auch die 35 banden.

Aus dieser besonderen deutschlandpolitischen Interessenlage folgte ein entsprechendes Engagement der bundesdeutschen KSZE-Delegation in Genf bei den Verhandlungen über die Prinzipienerklärung in »Korb I«, bei den humanitären Fragen von »Korb III« sowie – da die ökonomische Verflechtung als integraler Bestandteil der Ost-West-Beziehungen gesehen wurde – auf dem Gebiet der wirtschaftlichen Zusammenarbeit in »Korb II«.

Die Bundesrepublik war nicht die Erfinderin des »Dekalogs«, der zehn Punkte umfassenden Erklärung über Prinzipien zwischenstaatlicher Beziehungen (wie es nachher die Fama wollte); inhaltlich ging dieser auf Forderungen der Warschauer Pakt-Staaten zurück, formal knüpfte er an einen britischen Vorschlag zur Entwicklung eines »Code of good con-

und Strategien der Neun, vgl. Otto Graf Schwerin, Die Solidarität der EG-Staaten in der KSZE, in: EA 15/1975, S. 483–492. Vgl. auch Günter Joetze, Der KSZE-Prozeß in geschichtlicher Perspektive, in: Elemente des Wandels der westlichen Welt, Köln 1979 (Jahrbuch für Ost-West-Fragen), S. 273–286.

duct« an. Im sog. »Kommuniqué-Dialog« zwischen NATO und Warschauer Pakt hatten dann seine einzelnen Elemente Konturen erhalten. Schließlich waren in einem zähen Verhandlungsprozeß in Helsinki die einzelnen »Schubladen« gemeinsam beschriftet und ihre Reihenfolge bestimmt worden. Dazu hatten die Neun einen von der Bundesrepublik und Italien ausgearbeiteten Entwurf vorgelegt.
Da die Bundesrepublik vermeiden wollte, daß mittels derartiger Prinzipien die KSZE den Charakter einer Ersatz-Friedenskonferenz erhielt (so verhinderte die deutsche Delegation u. a. einen expliziten Hinweis auf Ursachen und Folgen des Zweiten Weltkrieges in der Präambel zu »Korb I«) oder die in Europa bestehende Situation unwiderruflich festschrieb, argumentierte sie im wesentlichen defensiv. Sie wollte verhindern, daß in die Prinzipienerklärung Formulierungen Eingang fanden, die den gegenwärtigen Status und die künftigen Entwicklungsmöglichkeiten der Bundesrepublik negativ präjudizierten. Dies galt besonders für die Grenzfrage. Bonn war bereit, wie schon in den Verträgen mit Moskau und Warschau, die Unverletzlichkeit der bestehenden Grenzen anzuerkennen, d. h. auf jeden Versuch zu verzichten, Grenzänderungen durch Androhung oder Anwendung von Gewalt herbeizuführen, aber es wollte gleichzeitig die Möglichkeit friedlicher, einvernehmlicher Grenzänderungen nicht ausgeschlossen wissen, sei es langfristig im Zuge der Wiedervereinigung Deutschlands, sei es im Rahmen des westeuropäischen Einigungsprozesses.
Beides waren jedoch Fernziele. Kurzfristig und unmittelbar ging es der Bundesrepublik darum, die bestehenden Grenzen in Europa durchlässiger zu machen. Aus diesem Grund setzte sie sich für eine Verstärkung der Besuchs- und Reisemöglichkeiten, eine Erleichterung der Familienzusammenführung, eine Intensivierung des Jugend- und Sportaustausches sowie eine Verbesserung der Informationsmöglichkeiten ein – die Teilung wurde akzeptiert, aber gleichzeitig sollte sie erträglicher gemacht werden. Der in den Ostverträgen kodifizierte politische Modus vivendi zwischen den Staaten sollte ergänzt – und damit auch legitimiert – werden durch Regelungen, die unmittelbar den Menschen zugute kommen würden.
Dagegen versprach sich Bonn wenig konkrete Ergebnisse auf dem Gebiet der militärischen Sicherheit – hier lag das Schwergewicht bei den MBFR-Verhandlungen in Wien. In der Frage der Ost-West-Wirtschaftskooperation war die Haltung Bonns ambivalent. Einerseits erwartete es nicht, daß von der KSZE wesentliche Impulse zur Verstärkung des Ost-West-Handels ausgehen würden. Dieser expandierte auch ohne die Konferenz, seit die Staaten des RGW im Zuge der Umorientierung ihrer Wirtschaftspoli-

tik sich 1969 für einen verstärkten Technologie- und Kapitalimport aus den westlichen Industriestaaten ausgesprochen hatten. Aber vielleicht konnten die Rahmenbedingungen für eine verstärkte industrielle Kooperation erleichtert und Hindernisse abgebaut werden, die dem wirtschaftlichen Austausch im Wege standen. Zum anderen war der Osthandel ein integraler Bestandteil der bundesdeutschen Ostpolitik. Es sollte nicht übersehen werden, daß zu Zeiten des Außenministers Schröder die Ostpolitik sich im wesentlichen auf die Instrumente des Osthandels stützte, ja, sich auf diese reduzierte. Über eine verstärkte Ost-West-Wirtschaftskooperation sollte ein Netz von Abhängigkeiten geschaffen werden, das für die andere Seite ein Motiv für die Fortsetzung der Entspannungspolitik darstellen würde.[125] Hinzu kam ein weiterer Gesichtspunkt. Nachdem die Außenhandelskompetenz von den einzelnen Staaten nunmehr auf die Europäische Gemeinschaft übergegangen war, diese also nur noch gemeinsam über Fragen der Handelspolitik und der wirtschaftlichen Kooperation mit den osteuropäischen Staaten verhandeln konnten, lag es nahe, diese dazu zu benutzen, um den Osten zur Anerkennung der EG als Verhandlungspartner und als politischer Faktor zu veranlassen.[126]

4.1 *Prinzipien zwischenstaatlicher Beziehungen*

Der von den Außenministern in Helsinki verabschiedete Prinzipien-Katalog[127] war nicht mehr als eine Ansammlung von Begriffshülsen, über deren spezifische Füllung und Anwendung, ihre Verbindung und Zuord-

125 Vgl. Angela Stent, From Embargo to Ostpolitik. The Political Economy of West German – Soviet Relations, 1955–1980, Cambridge u. a. 1981; Claudia Wörmann, Der Osthandel der Bundesrepublik. Politische Rahmenbedingungen und ökonomische Bedeutung, Frankfurt 1982; Michael Kreile, Bundesrepublik Deutschland, in: Eberhard Schulz (Hrsg.), Die Ostbeziehungen der Europäischen Gemeinschaft. Von Nationalstaatlicher Politik zu gemeinsamer Verantwortung, München und Wien 1977, S. 153–169.

126 Zur Rolle der EG in den Ost-West-Beziehungen vgl. Eberhard Schulz, Moskau und die europäische Integration, München und Wien 1975; ders., Überlegungen zur Gestaltung der Ostbeziehungen der Europäischen Gemeinschaft, ebenda, S. 213–264; Hans Bräker, Die wirtschaftliche Öffnung der Sowjetunion und des RGW nach Westen, in: Boris Meissner und Alexander Uschakow (Hrsg.), Probleme der Konferenz über Sicherheit und Zusammenarbeit in Europa, Berlin 1975, S. 171–202.

127 Vgl. die Schlußempfehlungen der Helsinki-Konsultationen vom 8. 6. 1973, in: EA 13/1973, S. D 369–380. Diese Empfehlungen wurden ohne Änderung von den Außenministern auf der ersten Phase der KSZE verabschiedet, die vom 3.–7. 7. 1973 in Helsinki stattfand; vgl. Kommuniqué über die erste Phase der Konferenz über Sicherheit und Zusammenarbeit in Europa vom 7. 7. 1973, in: EA 16/1973, S. D 494.

nung, in Genf beraten werden mußte. Im Grunde ging es dabei, wenn nicht um die Entwicklung eines gemeinsamen Entspannungskonzeptes, so doch darum, wie Ost, West und nichtgebundene Staaten die Voraussetzungen für eine Entspannung in Europa definieren wollten. Die Sowjetunion wollte dagegen in erster Linie eine formelle Bestätigung des territorialen Status quo erreichen, für sie war daher die Prinzipienerklärung das Kernstück ihrer Konferenzdiplomatie und innerhalb dieser die Festschreibung des Prinzips der Unantastbarkeit der bestehenden Grenzen. Im Gegensatz zu dieser primär statischen Zielsetzung begriffen die westlichen Konferenzteilnehmer ihre Politik als dynamisch; sie wollten zwar dic bcstehenden militärischen, politischen und ökonomischen Systeme weder abschaffen noch verändern, aber sich nicht der Möglichkeit zu ihrer Wandlung begeben und die Barrieren senken, die der Zusammenarbeit über die Blockgrenzen hinweg im Wege standen. Für sie waren daher die Grundsätze des Gewaltverzichts und die Möglichkeit zur einvernehmlichen Grenzänderung, das Selbstbestimmungsrecht der Völker und die Achtung von auf das Individuum bezogenen Menschenrechten von besonderer Bedeutung.[128]
Die Hinnahme der bestehenden Strukturen schloß jedoch nicht die Anerkennung hegemonialer Sonderrechte ein, wie sie unter Berufung auf die sog. »Breschnjew-Doktrin« von der begrenzten Souveränität der sozialistischen Staaten von Moskau beansprucht wurde. In diesem Punkt wurden die westlichen Staaten mit großem Nachdruck von den blockfreien Staaten und von Rumänien unterstützt, die die Konferenz dazu benutzten, um die Souveränität und Gleichberechtigung aller Staaten zu betonen sowie das Selbstbestimmungsrecht und das Verbot einer Einmischung in innere Angelegenheiten in der Prinzipienerklärung zu verankern. Diese unterschiedlichen Interessenanlagen und Akzentsetzungen deuteten bereits an, wie schwierig es sein würde, sich auf einen »Wohlverhaltenskodex« für die Beziehungen von 35 Ländern unterschiedlicher politischer und gesellschaftlicher Systeme zu verständigen.[129]

128 Vgl. den sowjetischen Entwurf einer »Allgemeinen Erklärung über die Grundlagen der Sicherheit in Europa und die für die Beziehungen zwischen den Staaten in Europa geltenden Prinzipien« vom 4. 7. 1973, den jugoslawischen Vorschlag einer »Deklaration der für die Beziehungen zwischen den Teilnehmerstaaten geltenden Prinzipien« vom 6. 7. 1973; sowie den Entwurf einer Erklärung über die »Prinzipien« der Beziehungen zwischen den Teilnehmerstaaten der KSZE, von Frankreich im Namen der Neun vorgelegt am 19. 10. 1973, in: EA 16/1973, S. D 481–483, S. D 490–493 bzw. EA 1/1974, S. D 1–3.

129 Die verschiedenen Verhandlungspositionen und -etappen der Genfer Kommissionsphase werden detailliert beschrieben bei Ferraris, Report on an Negotiation, a.a.O.,

Bonn hatte bei den multilateralen KSZE-Konsultationen den Dekalog in der von den Außenministern verabschiedeten Form, insbesondere die Nennung der Unverletzlichkeit der Grenzen als selbständiges Prinzip der zwischenstaatlichen Beziehungen, nur akzeptiert, nachdem die sowjetische Seite Zugeständnisse bei der Formulierung des Mandats über Maßnahmen zu humanitären Fragen und Informationsaustausch gemacht hatte.[130] Sie hatte außerdem darauf hingewiesen, daß alle zehn Prinzipien ein einheitliches Ganzes bilden müßten. Die Formulierung des Begründungszusammenhangs zwischen den verschiedenen Prinzipien beherrschte dann auch die Diskussion in Genf, die darüber hinaus von der sachlichen Verbindung und der taktischen Koppelung zwischen der Prinzipienerklärung und den in »Korb III« zu vereinbarenden praktischen Maßnahmen über menschliche Kontakte und Informationsaustausch geprägt wurde.

Das erste Prinzip des Dekalogs – »Souveräne Gleichheit, Achtung der der Souveränität innewohnenden Rechte« – gehörte nicht zu den am härtesten umkämpften Problemen. Im wesentlichen ging es darum, ob, wie es in dem sowjetischen Entwurf für eine Prinzipienerklärung hieß, die Teilnehmerstaaten »Träger der Oberhoheit auf ihrem Territorium« seien, oder ob sie darüber hinaus auch das Recht hatten, ihr politisches, soziales und wirtschaftliches System frei zu wählen und zu entwickeln sowie über ihre Zugehörigkeit zu Verträgen, Organisationen und Bündnissen frei bestimmen zu können, wie es Jugoslawien und Frankreich vorschlugen. Die Einigung erfolgte schließlich auf der Grundlage von Textvorschlägen der DDR und Jugoslawien. Aus Bonner Sicht erhielt dieses Prinzip eine zusätzliche Bedeutung dadurch, daß in dieses das Recht zur einvernehmlichen, friedlichen Grenzänderung eingefügt wurde.

S. 99 ff.; vgl. ferner Karl E. Birnbaum, Die Konferenz über Sicherheit und Zusammenarbeit in Europa. Eine Zwischenbilanz der Genfer Kommissionsphase, Bonn 1974 (Arbeitspapiere zur Internationalen Politik 2, hrsg. vom Forschungsinstitut der DGAP); Götz von Groll, Die Genfer KSZE-Verhandlungen, in: AP, H. 2, 1974, S. 159–166.

130 Vgl. Ferraris, Report on a Negotiation, a.a.O., S. 21. Mit der von dem deutschen Vertreter am 5. 3. 1973 in Helsinki erklärten Bereitschaft, die Unantastbarkeit der Grenzen als separates Prinzip zu akzeptieren, scherte die Bundesrepublik aus der Front der westlichen Staaten aus, die die Grenzfrage als Korrelat des Gewaltverzichts sahen. Bonn tat dies aus ostpolitischen Motiven und mit Blick auf die DDR, mit der sie gerade über deutsch-deutsche Folgevereinbarungen zum Grundlagenvertrag verhandelte. Sie trug damit auch der Tatsache Rechnung, daß sie in den bilateralen Ostverträgen bereits einer ähnlichen Formulierung zugestimmt hatte, hinter die sie nicht zurückgehen wollte. Allerdings sollte durch entsprechende Vorbehalte die Möglichkeit zur einvernehmlichen Grenzänderung nicht verbaut werden.

Heftige Kontroversen entbrannten jedoch über die Formulierung des zweiten, dritten und vierten Prinzips. Das zweite Prinzip betraf den Gewaltverzicht, das dritte die Unverletzlichkeit der Grenzen und das vierte den Grundsatz der territorialen Integrität der Staaten. Dazu hatte die Bonner Delegation im September 1973 ein erläuterndes Dokument vorgelegt, in dem der Grundsatz der Unantastbarkeit der Grenzen in Bezug gesetzt wurde zum Gewaltverbot und jede gewaltsame Grenzänderung ausgeschlossen wurde. Gleichzeitig wurde der Grenzartikel dahingehend interpretiert, daß damit keine formale Anerkennung der territorialen Grenzen in Europa ausgesprochen wurde.[131] Die deutschen Vorstellungen fanden auch Eingang in das Dokument, das die französische Delegation als Kompromißvorschlag im Namen der Neun am 19. Oktober 1973 vorlegte. Dort hieß es: »Die Teilnehmerstaaten halten ihre Grenzen, wie sie an diesem Tag bestehen, wie immer nach ihrer Auffassung deren rechtlicher Status sein mag, für unverletzlich. Die Teilnehmerstaaten sind der Auffassung, daß ihre Grenzen nur im Einklang mit dem Völkerrecht, durch friedliche Mittel und mittels Übereinkunft, in Achtung des Selbstbestimmungsrechts der Völker geändert werden können«.[132]
Weder ließ sich in Genf jedoch ein Vorbehalt hinsichtlich des rechtlichen Status der Grenzen - durch den dem besonderen Verhältnis zwischen den beiden deutschen Staaten Rechnung getragen werden sollte - noch eine Einschränkung des Prinzips der Unverletzlichkeit der Grenzen durch die Möglichkeit einvernehmlicher Grenzänderungen durchsetzen, da Ostberlin und Moskau kategorisch jede Qualifizierung des Prinzips der Unantastbarkeit der Grenzen ablehnten. Der Kompromiß bestand darin, daß eine Passage über friedliche Grenzänderungen formuliert, zunächst aber noch offen gelassen wurde, welchem Prinzip sie zugeordnet werden sollte. Nachdem eine Plazierung im dritten Prinzip nicht hatte durchgesetzt werden können, gab Bonn seiner Einfügung im vierten Prinzip, über die territoriale Integrität der Staaten, den Vorzug. Die endgültige Plazierung im

131 Vgl. Ferraris, Report on an Negotiation, a.a.O., S. 100 f.

132 Schlußakte der Konferenz über Sicherheit und Zusammenarbeit in Europa vom 1. 8. 1975, in: Presse- und Informationsamt der Bundesregierung (Hrsg.), Sicherheit und Zusammenarbeit in Europa. KSZE-Dokumentation, Bonn 1975, S. 27–141 (ferner in: EA 17/1975, S. D 437–438). Die Neun haben im Rahmen der EPZ einen interpretierenden Kommentar zur KSZE-Schlußakte erstellt; seine wesentlichsten Argumente werden wiedergegeben in der Analyse von Jacobsen–Mallmann–Meier, Sicherheit und Zusammenarbeit in Europa 2, a.a.O., S. 527–583; vgl. ferner Klaus Blech, Die Prinzipienerklärung der KSZE-Schlußakte, in: EA 8/1976, S. 257–270; Götz von Groll, Die Schlußakte der KSZE, in: AP, H. 3, 1975, S. 243–265.

ersten Prinzip erfolgte nach beträchtlichem weiteren Tauziehen und nach bilateralen amerikanisch-sowjetischen Kontakten in der Schlußphase von Genf.

Das zweite Prinzip, die Enthaltung von der Androhung oder Anwendung von Gewalt, wurde in Anlehnung an Art. 2 der Charta der Vereinten Nationen und an die im Oktober 1970 von der UN-Vollversammlung verabschiedete »Deklaration über Grundsätze des Völkerrechts betreffend freundschaftliche Beziehungen und Zusammenarbeit zwischen den Staaten«[133] formuliert. Hier ergab sich das Problem, daß einerseits kein neues europäisches Recht gesetzt, vielmehr die bestehenden Grundsätze, wie sie in der UN-Charta und in anderen internationalen Dokumenten enthalten waren, bekräftigt werden sollten; die Bundesrepublik, Italien und Rumänien andererseits jedoch ein Interesse daran hatten, eine Bestätigung der in der Charta der Vereinten Nationen enthaltenen Feindstaaten-Klauseln nach Art. 53 und 107 zu vermeiden.

Das fünfte Prinzip, die Verpflichtung zur friedlichen Beilegung von Streitfällen, war zwischen Ost und West nicht grundsätzlich kontrovers, da es sich um nicht mehr als um eine reine Absichtserklärung handelte. Das Ergebnis blieb jedoch hinter den Erwartungen vor allem der kleineren Staaten zurück. Gerade das Beispiel des Zypern-Konfliktes, der während der Genfer Kommissionsphase Griechenland, die Türkei und Zypern entzweite, hatte gezeigt, daß die Zeit für ein obligatorisches Streitschlichtungsverfahren, wie es die Schweiz vorgeschlagen hatte,[134] nicht reif war.

Bei der Diskussion des sechsten und achten Prinzips, von »Nichteinmischung in innere Angelegenheiten«, bzw. von »Gleichberechtigung und Selbstbestimmungsrecht der Völker« standen sich erneut die östliche, statische, und die westliche, dynamische, Interpretation des Entspan-

133 Vgl. Resolution 2625 (XXV) der UN-Vollversammlung vom 24. 10. 1973 in: Blätter für deutsche und internationale Politik, H. 2, 1971, S. 211–216; ferner Jochen Abr. Frowein, Freundschaft und Zusammenarbeit unter den Staaten. Die UN-Resolution über freundschaftliche Beziehungen als Ausdruck wichtiger Strömungen im heutigen Völkerrecht, in: EA 2/1973, S. 70–76; Hanspeter Neuhold, Die Prinzipien des »KSZE-Dekalogs« und der »Friendly Relations-Declaration« der UNO-Generalversammlung. Ein Vergleich aus transdisziplinärer Sicht, in: Bruno Simma und E. Blenck-Knocke (Hrsg.), Zwischen Intervention und Zusammenarbeit: Interdisziplinäre Arbeitsergebnisse zu Grundfragen der KSZE, Berlin 1979, S. 441–502.

134 Vgl. Entwurf der Delegation der Schweiz für einen Vertrag über ein europäisches System der friedlichen Beilegung von Streitigkeiten vom 18. 9. 1973, in: Jacobsen–Mallmann–Meier, Sicherheit und Zusammenarbeit in Europa 2, a.a.O., S. 718–774; ferner Rudolf L. Bindschedler, Der schweizerische Entwurf eines Vertrages über ein europäisches System der friedlichen Streiterledigung und seine politischen Aspekte, in: EA 2/1976, S. 57–66.

nungsbegriffes gegenüber. Die atlantischen und die ungebundenen Staaten suchten einerseits nach einer möglichst weitreichenden Formulierung, um der Sowjetunion eine erneute militärische Intervention à la CSSR unter Berufung auf die Breschnjew-Doktrin der begrenzten Souveränität der sozialistischen Staaten zu verwehren, andererseits wollten sie aber das Einmischungsverbot eng auf politisch-militärische Aktionen angewandt wissen, um einen möglichst ungehinderten Personen- und Informationsaustausch zwischen Ost und West zu ermöglichen. Die Sowjetunion wollte ihrerseits - gerade auch angesichts ihres Zugeständnisses, über einen breiten Katalog von Maßnahmen im »Korb III« zu verhandeln - die Autorität und die Souveränität des Staates erhalten und bestätigt wissen (und forderte daher die Einfügung eines entsprechenden Vorbehalts in die Präambel zu »Korb III« sowie eine restriktive Formulierung des sechsten Prinzips). Diese Frontenstellung wiederholte sich dann bei der Erörterung des neunten Prinzips, der Kooperation zwischen den Staaten, wobei der Westen auf die Bedeutung des Individuums für die Ost-West-Zusammenarbeit abhob, die Sowjetunion jedoch diese auf staatliche oder staatlich reglementierte Kontakte beschränkt sehen wollte.
Beim »Selbstbestimmungsrecht« gab es weniger deutsch-deutsche Probleme, da sich die Bonner Delegation bemühte, solche Fragen nach Möglichkeit bereits im Vorfeld zu klären und die »Querelles allemandes« von der Konferenz fernzuhalten, als vielmehr einen Gegensatz zwischen der sowjetischen Haltung und der von den Niederlanden vertretenen Position, nach der jedes Land das Recht hatte, sich sein politisches, wirtschaftliches und gesellschaftliches System frei zu wählen und auch eine einmal getroffene Entscheidung zu revidieren. Den Haag formulierte damit eine Art »Anti-Breschnjew-Doktrin«. Das »low profile« der Bonner Delegation bei der Diskussion dieser beiden Prinzipien und ihr schnelles Abfinden mit einem von Bulgarien vorgetragenen Kompromißtext korrespondierte jedoch schlecht mit ihrem großen politischen Interesse daran, daß in die Prinzipienerklärung der KSZE auch solche Elemente aufgenommen werden sollten, die einen friedlichen Wandel in Europa ermöglichten.[135]
Bei der Diskussion der Menschenrechte war zunächst eine Klärung notwendig, ob darunter nur Religionsfreiheit, wie Moskau meinte, oder in einem umfassenden Sinne, wie es der Vatikan vorgeschlagen hatte, Gedanken-, Gewissens-, Religions- und Überzeugungsfreiheit zu verstehen -

135 Vgl. die Rede von Außenminister Walter Scheel am 4. 7. 1973 auf der Außenministerkonferenz der KSZE, in: Bulletin, Nr. 82, 5. 7. 1973, S. 833–838.

und damit zu garantieren und zu schützen seien. Damit war die heikle Dissidentenfrage ebenso wie das Problem nationaler, ethischer und sprachlicher Minderheiten angesprochen. Dieses Knäuel unterschiedlicher Probleme und nationaler Empfindlichkeiten konnte erst nach drei Monaten und 56 Sitzungen einigermaßen entwirrt und in eine für den Westen befriedigende Form gebracht werden.

Bei der Abfassung des zehnten Prinzips der »Erfüllung völkerrechtlicher Verpflichtungen nach Treu und Glauben« ergaben sich zwei verschiedene Schwierigkeiten. Zum einen war zu klären, ob nur die von einem Staat eingegangenen internationalen Verträge und Konventionen schutzbedürftig waren, oder ob das Prinzip auch auf das Völkergewohnheitsrecht Anwendung finden sollte, und wie bei einem Konflikt zwischen diesen völkerrechtlichen Normen und den Grundsätzen der Prinzipienerklärung zu verfahren war. Das Ergebnis war eine weite Interpretation völkerrechtlicher Normen in Anlehnung an die »Declaration on Friendly Relations« und die Bestätigung des Vorrangs der UN-Charta.

Weit schwieriger war es, eine allseitig akzeptable Formulierung für die Fortgeltung der Vier-Mächte-Rechte zu finden. Keines der Prinzipien sollte bemüht werden können, um die Rechte und Pflichten der Vier Siegermächte des Zweiten Weltkrieges gegenüber Deutschland als Ganzes und Berlin infrage zu stellen. Eine zu allgemeine Formulierung beinhaltete die Gefahr, daß gleichsam durch die Hintertür die »Breschnjew-Doktrin« wieder eingeführt wurde, während eine speziell auf Deutschland bezogene Aussage wegen ihres diskriminierenden Charakters für Bonn nicht akzeptabel war. Die Lösung bestand in einem relativ allgemeinen Verweis auf die Achtung und Anerkennung bestehender Verträge, die getrennt vom zehnten Prinzip in den Schlußabsätzen der Prinzipienerklärung untergebracht wurde. An dieser Festschreibung war auch die Sowjetunion interessiert, die durchaus den logischen Zusammenhang zwischen alliierten Vorbehaltsrechten und dem Selbstbestimmungsrecht der Völker sowie der Möglichkeit zur einvernehmlichen Grenzänderung sah. Nachdem es Moskau nicht gelungen war, den Vorrang des Prinzips der Unantastbarkeit der Grenzen durchzusetzen, mußte es letztlich an einer engen Verbindung zwischen den einzelnen Prinzipien interessiert sein – die aus ganz anderen Gründen für die Bundesrepublik eine Conditio sine qua non ihrer Zustimmung zur Schlußakte war.

Ein letzter Problemkreis betraf den Geltungsbereich der Prinzipienerklärung, ihre Bindungswirkung und ihre praktische Umsetzung. Wie konnte sichergestellt werden, daß die Prinzipien auch auf Berlin Anwendung finden würden, obwohl im Text stets von den »Teilnehmerstaaten« die Rede war? Bonn schlug für die Präambel eine Formulierung vor, nach der die Prinzipien für die Beziehungen zwischen den Teilnehmerstaaten und in ganz Europa gelten sollten (die sog. »Andorra-Klausel«, da auch Andorra nicht auf der KSZE vertreten war). Diese - relativ spät in der Kommissionsphase vorgetragene - Bonner Forderung bestärkte die östlichen Staaten in ihrer Auffassung, daß eine derartig weitgehende Konzession wie die Einbeziehung Berlins in den KSZE-Prozeß von der Fortdauer des Entspannungsprozesses abhängig sei. Sie wollten daher den Geltungsbereich »ganz Europa« mit einer Aussage über die Notwendigkeit kontinuierlicher Entspannung verknüpft sehen. Das Ergebnis war ein Satz in der Vorbemerkung zur Schlußakte, in dem deren Segnungen allen Teilnehmerstaaten und ganz Europa zugute kommen und dadurch der Prozeß der Entspannung erweitert, vertieft und dauerhaft gemacht werden sollte. Präambel und Schlußbemerkungen unterstrichen noch einmal, daß mit der Prinzipienerklärung kein neues Völkerrecht gesetzt wurde, sondern daß es sich im wesentlichen um Absichtserklärungen der teilnehmenden Staaten handelte, deren Verwirklichung in das nationale Belieben gestellt und deren Realisierung nirgends eingeklagt werden konnte. Während die größeren Teilnehmerstaaten keine Beschränkung ihres Handlungsspielraumes akzeptieren wollten - die Haltung der bundesdeutschen Delegation war in dieser Frage ambivalent: sie wünschte »mehr als Empfehlungen an die Regierungen«[136] - wollten einige der kleineren Staaten eine ebensolche Bindung. Das Warschauer Pakt-Mitglied Rumänien setzte - trotz heftigem Widerstand der Sowjetunion - durch, daß in die Schlußakte unter der Überschrift »Fragen der Verwirklichung einiger der vorstehenden Prinzipien« der Gewaltverzicht noch einmal bekräftigt und erläutert wurde, während auf Vorschlag der Schweiz ein Expertentreffen zur Prüfung von Methoden zur friedlichen Beilegung von Streitfällen in Aussicht genommen wurde.[137]

136 Zur Bonner Haltung in dieser Frage vgl. von Groll, Die Genfer KSZE-Verhandlungen, a.a.O., S. 159.

137 Vgl. Teil I. 1. b der Schlußakte, »Fragen der Verwirklichung einiger der vorstehenden Prinzipien«, in: Sicherheit und Zusammenarbeit in Europa, a.a.O., S. 43–46. Dieser Teil der Schlußakte hat sehr wenig Beachtung gefunden, er fehlt z. B. auch im Kommentar der Neun und in den einschlägigen Publikationen.

4.2 *Aspekte militärischer Sicherheit*

Die Bundesrepublik gehörte zu denjenigen Ländern, die in der Vorphase der KSZE die Auffassung vertreten hatten, daß auf einer *Sicherheits*konferenz auch über Fragen der militärischen Sicherheit gesprochen werden müßte. Sie hatte daran mitgearbeitet, Vorschläge für eine beiderseitige Truppenreduzierung zu formulieren, und zwar nicht nur aus verhandlungstaktischen Gründen, sondern weil nach ihrer Auffassung politische und militärische (ebenso wie ökonomische) Elemente integrale Bestandteile des europäischen Entspannungsprozesses waren. Sie war daher auch nur sehr widerstrebend bereit gewesen, in die prozessuale Trennung von MBFR und KSZE einzuwilligen. Neben dem Abbau der militärischen Potentiale, über die nunmehr in Wien verhandelt werden sollte, war es das Ziel Bonns, einige der der militärischen Konfrontation innewohnenden Instabilitäten zu verringern und damit den »Frieden sicherer zu machen«. In diesem Konzept kaum vertrauensbildenden Maßnahmen eine besondere Bedeutung zu: die Ankündigung militärischer Manöver und Bewegungen sowie der Austausch von Manöverbeobachtern, durch welche deren nichtoffensiver Charakter verifiziert werden sollte, und – wenn möglich – die Beschränkung von größeren militärischen Bewegungen. Es war ein Konzept, das politische Zusicherungen mit militärischen Beschränkungen verband.

In der Genfer Kommissionsphase der KSZE verfolgten die Bundesrepublik und ihre NATO-Partner das Ziel, das in Helsinki relativ vage formulierte Mandat für Maßnahmen der Friedenssicherung in dreierlei Hinsicht zu konkretisieren:

- Es sollten eindeutige Grundsätze formuliert und konkrete Maßnahmen in Aussicht genommen werden, die in der Praxis keine Auslegungsschwierigkeiten bereiteten;
- die Bestimmungen sollten für alle europäischen Staaten in gleicher Weise gelten und ihnen zugute kommen;
- der Geltungsbereich der Maßnahmen sollte möglichst weit gesteckt sein; umso mehr militärische Aktivitäten in die Vorausinformation einbezogen wurden, umso positivere Wirkungen würde das auf den Entspannungsprozeß haben.

Das westliche Konzept legten mehrere NATO-Delegationen in verschiedenen Arbeitspapieren dar (vor allem Großbritannien, Norwegen und Belgien). Am 23. 1. 1974 faßte die bundesdeutsche Delegation diese verschiedenen Gedanken in einem Entschließungsentwurf zusammen. Darin betonte sie den engen Zusammenhang zwischen den militärischen und po-

litischen Komponenten der Sicherheit, der es unmöglich machte, über Sicherheit und Zusammenarbeit in Europa zu verhandeln, ohne auch die militärischen Aspekte der Sicherheit zu berücksichtigen. Diesem politisch-militärischen Zusammenhang entsprächen die vertrauensbildenden Maßnahmen. Sie beeinträchtigten weder die legitimen Sicherheitsinteressen noch beschränkten sie die Souveränität der Teilnehmerstaaten, sie seien vielmehr geeignet, um im Einklang mit den anderen Vereinbarungen der KSZE die Lage in Europa zu stabilisieren und die der militärischen Konfrontation inhärenten Gefahren zu verringern.
In dem deutschen Papier wurde auch auf die MBFR-Verhandlungen eingegangen; während deren Ziel es sei, bindende Vereinbarungen über einen Abbau der militärischen Konfrontation in einem auf Mitteleuropa begrenzten Bereich zu treffen, beinhalteten vertrauensbildende Maßnahmen eine politische und moralische Verpflichtung, die sich jedoch auf ganz Europa bezöge. Ziel müßte es sein, durch ein höheres Maß an Transparenz aller größeren militärischen Aktivitäten zu einer echten Spannungsminderung und Vertrauensbildung beizutragen. Die Vorankündigung sollte sich deshalb sowohl auf Manöver wie auf Truppenbewegungen von Landstreitkräften (oder kombinierten Streitkräften) in Divisionsstärke (oder mehr) beziehen. Genaue Informationen über diese Aktionen sollten allen Teilnehmerstaaten möglichst zwei Monate vorher übermittelt werden. Die Vorausbenachrichtigung militärischer Manöver und Bewegungen sollte ergänzt werden durch einen möglichst großzügigen gegenseitigen Austausch von Manöverbeobachtern. Außerdem sollten sich nach dem deutschen Entschließungsentwurf alle Teilnehmerstaaten zur Zurückhaltung bei ihren militärischen Aktivitäten verpflichten und alles vermeiden, das zu einer Fehleinschätzung der Absichten beitragen und damit die Spannungen vergrößern könnte.[138]
Diese Vorschläge wurden von den neutralen und nichtgebundenen Staaten sehr weitgehend unterstützt, die ihrerseits möglichst konkrete Sicherheitsgarantien in die Schlußakte hineingeschrieben sehen und darüber hinaus erreichen wollten, daß sie in stärkerem Maße an den Ost-West-Verhandlungen über Rüstungskontrolle und -beschränkung beteiligt würden.

138 Vgl. die Darstellung bei Ferraris, Report on a Negotiation, a.a.O., S. 180 f. u. 188 ff. Zur sicherheitspolitischen Interessenlage der Bundesrepublik vgl. ferner Dietrich Genscher, Vertrauensbildende Maßnahmen und bestimmte Aspekte der Sicherheit und Abrüstung in der Schlußakte, in: EA 8/1976, S. 271–274.

Sie wünschten deshalb auch eine regelmäßige Berichterstattung über den Fortgang der MBFR-Verhandlungen.[139]
Die Sowjetunion und mit ihr die Mehrzahl der Mitglieder des Warschauer Paktes – Rumänien spielte eine Sonderrolle – vertraten dagegen die Auffassung, daß auf militärischem Gebiet nur kleine Schritte möglich seien, ehe nicht der politische Entspannungsprozeß wesentlich vorangekommen wäre. Den westlichen Delegationen warf der sowjetische Vertreter vor, die von ihnen gewünschte »Transparanz« sollte in Wirklichkeit der militärischen Spionage dienen und sähe daher Mißtrauen und nicht Vertrauen.[140] 18 Monate lang, vom September 1973 bis zum März 1975, weigerte sich die Sowjetunion, in mehr als marginale Maßnahmen einzuwilligen, deren freiwilligen Charakter sie nicht müde wurde zu betonen. Erst nachdem die Gefahr bestand, daß auch andere Teile der Schlußakte platzen würden, lenkte sie ein und stellte ein höheres Maß an Flexibilität hinsichtlich des Umfangs der zu vereinbarenden Maßnahmen in Aussicht, wenn im Gegenzug dazu die Freiwilligkeit der zu übernehmenden Verpflichtungen ausdrücklich bestätigt und in dem Entschließungstext hervorgehoben würde.
Dieser Kompromiß bildete dann auch die Grundlage für die Formulierungen in diesem Teil der Schlußakte. In der Präambel wurde ausdrücklich betont, daß die vorherige Ankündigung größerer militärischer Manöver auf freiwilliger Grundlage erfolgen werde. In den operativen Paragraphen wurde weiter differenziert zwischen der Vorankündigung von militärischen Manövern, die sich auf Landstreitkräfte mit einer Gesamtstärke von 25 000 Mann auf dem Territorium der europäischen Teilnehmerstaaten sowie im angrenzenden Seegebiet und Luftraum (Sowjetunion und Türkei: in einem Streifen von 250 km Breite an ihren europäischen Grenzen) beziehen und die die Teilnehmerstaaten 21 Tage vorher ankündigen

139 Zur Haltung der neutralen und nichtgebundenen Staaten vgl. Neuhold, Die neutralen Staaten Europas und die Konferenz über Sicherheit und Zusammenarbeit in Europa, a.a.O.; Ljubivoje Acimovic, Military Aspects of European Security. Tenth Anniversary Colloquium »Uncertain Détente: A Pre-Belgrade Evaluation of Post-Helsinki Developments«, John F. Kennedy Institute, Tilburg, 20.–23. 4. 1977.

140 Die Staaten des Warschauer Paktes (ohne Rumänien) bezogen sich in ihrer Argumentation auf die knappe Erwähnung von vertrauensbildenden Maßnahmen in dem sowjetischen Entwurf einer Allgemeinen Erklärung über die Grundlagen der Sicherheit in Europa vom 4. 7. 1973, a.a.O.; vgl. ferner Wojciech Multan, Military Détente in Europe and the CSCE. Problems and Prospects, in: Polish Institute of International Affairs (Hrsg.), Conference on Security and Co-operation in Europe. A Polish View, Warszawa 1976, S. 113–136; dass., Poland and the Implementation of the CSCE Final Act, Warsaw 1980.

werden, sowie anderen militärischen Manövern (z. B. kleineren Übungen), die sie ankündigen *können* und größeren militärischen Bewegungen, über die sie nach *eigenem Ermessen* entscheiden würden. Beim Austausch von Beobachtern zur Teilnahme an militärischen Manövern wurde dann wieder die Freiwilligkeit und die Reziprozität der Maßnahmen betont. Vergleicht man dieses relativ bescheidene Ergebnis mit den Ausgangspositionen, so wird deutlich, daß nur ein Minimalkonsens erreicht wurde, der weit hinter den Erwartungen der Bundesrepublik zurückblieb. Dies lag zum einen an dem sowjetischen Bestreben, ihren militärischen Bereich gegen unerwünschte Einblicke abzuschirmen, aber auch daran, daß Bonn im Rahmen des westlichen Lagers z. B. auf die Sonderinteressen Frankreichs[141] und der Türkei – oder der USA – Rücksicht nehmen mußte. Eines der Probleme, das weitreichendere sicherheitspolitische Lösungen auf der KSZE verhinderte, war ja gerade, daß angesichts der globalen Dimension der Ost-West-Konfrontation ein regionaler, europäischer Ansatz nicht zur Problemlösung taugte und daher die Hauptmächte der beiden Bündnissysteme regionale Abrüstungs- oder Rüstungsbeschränkungsvereinbarungen ablehnten. So unausgewogen daher das Gleichgewicht zwischen politischen und militärischen Entspannungsschritten war, so sollte doch nicht übersehen werden, daß das Gebiet der vertrauensbildenden Maßnahmen der einzige Bereich war, auf dem konkrete Vereinbarungen getroffen wurden. Ihre Einhaltung trotz des grundsätzlich freiwilligen Charakters würde ein Gradmesser für die Fortdauer des Entspannungsprozesses sein.[142]

4.3 *Ost-West-Wirtschaftskooperation*

Die Außenminister hatten eine zweite Kommission beauftragt, Richtlinien und konkrete Empfehlungen für eine intensivierte Zusammenarbeit auf den Gebieten der Wirtschaft, der Wissenschaft und Technik sowie der Umwelt auszuarbeiten, und zwar »unter Berücksichtigung der Unterschiede der wirtschaftlichen und sozialen Systeme sowie unter Bedingun-

141 So erreichte z. B. Frankreich, daß MBFR in der Schlußerklärung nicht einmal erwähnt wurde.

142 Zur Bewertung der vertrauensbildenden Maßnahmen in der KSZE-Schlußakte vgl. Wolf Graf von Baudissin, Vertrauensbildende Maßnahmen als Instrument kooperativer Rüstungssteuerung, in: Jost Delbrück, Norbert Ropers u. Gerda Zellentin (Hrsg.), Grünbuch zu den Folgewirkungen der KSZE, Köln 1977, S. 215–229.

gen der Gegenseitigkeit der Vorteile und Verpflichtungen.«[143] Mit dieser »Zauberformel« (von Groll) war der Streit darüber überbrückt worden, in welcher Weise die Forderung der RGW-Staaten nach strikter Reziprozität und Gewährung der Meistbegünstigung und diejenige der EG-Staaten nach Berücksichtigung der unterschiedlichen systemaren Strukturen Rechnung getragen werden sollte. In der Praxis bedeutet dies jedoch, daß die Probleme nur vertagt worden waren.

Für Bonn ging es bei den Beratungen über den »Korb II« zum einen darum, den engen Zusammenhang zwischen politischer und militärischer Sicherheit einerseits und wirtschaftlicher Zusammenarbeit andererseits zu betonen, ohne daß dabei jedoch – wie es gelegentlich mit Blick auf die innerdeutschen Beziehungen und Berlin geschah – die ökonomische Kooperation zur Voraussetzung für Sicherheit und Stabilität hochstilisiert wurde.[144] Die zweite Zielsetzung war eher taktischer Natur. Für die Neun kam es zum einen darauf an, die Gemeinschaft als Faktor in der Weltpolitik anerkannt zu erhalten und ihre Kompetenz für den Außenhandel der Gemeinschaft zu unterstreichen, ohne jedoch Präjudizien für die künftigen Verhandlungen der EG mit den Staatshandelsländern zu schaffen (oder z. B. die GATT- und UNCTAD-Regelungen zu unterlaufen). Um diesen Standpunkt zu betonen, legten der EG-Ministerrat im Oktober 1974 – als die Kommissionsberatungen noch voll im Gang waren – den Entwurf eines Rahmenabkommens für die Handelsbeziehungen der Gemeinschaft mit den verschiedenen Staatshandelsländern vor.[145] Drittens wollte Bonn praktische Verbesserungen in der Ost-West-Kooperation erreichen, wobei es besonderes Interesse an dem Ausbau der industriellen Kooperation zeigte. Ursprünglich strebte die Bundesregierung hier die Vereinbarung einer Charta der industriellen Zusammenarbeit an, konnte dieses Vorhaben angesichts des Widerstandes mehrerer osteuropäischer Staaten und der Skepsis einiger westeuropäischer Partner jedoch nicht weiterverfolgen. Sie ging daraufhin den umgekehrten Weg (»bottom-up approach«) und konzentrierte sich auf konkrete Vorschläge zu prakti-

143 Vgl. Schlußempfehlungen der Helsinki-Konsultationen vom 8. 6. 1973, in: EA 13/1973, S. D 369–380 (S. D 372); vgl. auch von Groll, Die Außenminister in Helsinki, a.a.O., S. 264.

144 Vgl. Siegfried Bock, Festigung der Sicherheit in Europa – Kernstück der Schlußakte von Helsinki, in: Deutsche Außenpolitik, H. 11, 1975, S. 1623–1639.

145 Vgl. Paul Bähr, Handel und Händel zwischen Ost und West. Die Europäische Gemeinschaft und die Staatshandelsländer, in: EA 5/1973, S. 173–182; John Pinder, Kann die Europäische Gemeinschaft eine Ostpolitik betreiben? In: EA 4/1974, S. 105–114.

schen Fragen, so z. B. auf erleichterte direkte Kontakte zwischen Kooperationspartnern oder verbesserte Informationsmöglichkeiten.
Die Sowjetunion hatte zunächst die Absicht verfolgt, eine Art europäischer Wirtschaftscharta aufzusetzen und durch die KSZE verabschieden zu lassen, mit der ein langfristiges Kooperationsprogramm zwischen Ost und West eingeleitet werden sollte. Später zogen sie und die anderen RGW-Länder sich auf die Position zurück, daß in der Schlußakte zumindest die Prinzipien der wirtschaftlichen Kooperation in Europa verankert werden müßten.[146] Zwischen Ost und West besonders umstritten war die Formulierung einer Bestimmung, nach der die Vorteile und Verpflichtungen der wirtschaftlichen Zusammenarbeit zwischen den verschiedenen Partnern ausgewogen sein, das Meistbegünstigungsrecht gewährt und Handelshemmnisse, die die jeweils andere Seite als Diskriminierungen betrachtete (so z. B. aus deutscher Sicht die häufig von Ostblockstaaten geforderten Kompensationsgeschäfte), abgebaut werden müßten. Ein weiteres Problem bestand in der Forderung einiger der weniger industrialisierten Länder, daß die Bedürfnisse der europäischen Etnwicklungsländer, zu deren Sprecher sich Rumänien und die Türkei gemacht hatten, besonders berücksichtigt werden sollten.
Angesichts dieser unterschiedlichen Interessenlagen bereitete die Abfassung der Präambel zu »Korb II« sowie die Bestimmungen zum Unterkapitel »Handel« die meisten Schwierigkeiten. Diese wurden weiter verstärkt durch die Verbindung des sowjetisch-amerikanischen Handelsvertrages mit der Forderung nach erweiterten Auswanderungsmöglichkeiten für sowjetische Juden durch den Kongreß (sog. »Jackson–Vanick Amendment«) und die darauf erfolgte Zurückweisung dieses Vertrages durch Moskau; ferner die Vorlage eines Rahmenabkommens für die Handelsbeziehungen zwischen der EG und den Staatshandelsländern.
Angesichts sowohl der Bedeutung als auch der seit 1965 eingespielten Praxis von Ost-West-Kooperationsprojekten gab es bei den Unterkapiteln »Industrielle Kooperation« und »Projekte gemeinsamen Interesses« trotz unterschiedlicher Akzentsetzungen weniger Probleme. Allerdings

146 Zur Haltung der SU und der RGW-Staaten zu Fragen der wirtschaftlichen Kooperation vgl. den von der DDR und Ungarn am 5. 7. 1973 vorgelegten Entwurf einer »Gemeinsamen Erklärung über die Entwicklung der Zusammenarbeit auf dem Gebiet der Wirtschaft, des Handels, der Wissenschaft und Technik sowie im Bereich des Umweltschutzes«, in: EA 16/1973, S. D 484–487. Der sowjetische Erklärungsentwurf vom 4. 7. 1973 enthielt nur einen sehr allgemeinen Satz; im Sinne »östlicher Arbeitsteilung« war der DDR und Ungarn die Aufgabe übertragen worden, die RGW-Vorstellungen in die KSZE einzubringen.

konnten die bestehenden Schwierigkeiten, die einer Verstärkung der Ost-West-Kooperation im Wege standen, nur in den wenigsten Fällen lösungsfähig gemacht werden.
Die beiden nächsten Unterkapitel befaßten sich mit Fragen der wissenschaftlich-technologischen Kooperation und mit Problemen der Umwelt. Obwohl die KSZE das erste Forum war, auf dem Ost und West über Umweltprobleme redeten – die osteuropäischen Staaten hatten die UN-Umweltkonferenz 1972 in Stockholm boykottiert, da die DDR nicht eingeladen worden war – gab es weniger Kontroversen, und der Unterausschuß konnte seine Arbeiten bereits im Juni 1974 – ein Jahr vor den anderen Gremien! – erfolgreich abschließen. Komplizierter waren die Dinge im Unterausschuß »Zusammenarbeit auf anderen Gebieten«, wo es z. B. in der Frage des Tourismus Ost-West- und in der Frage der Gastarbeiter Nord-Süd-Kompromisse zu schließen galt. Im großen und ganzen konnten sich jedoch die Neun mit ihren Vorschlägen durchsetzen, wenn sie auch einige Formelkompromisse akzeptieren mußten.[147]
Bei den Verhandlungen über »Korb II« legte die Delegation der Bundesrepublik ein besonders aktives Interesse an den Tag. Bereits während der Außenministerkonferenz hatte sie ein Arbeitspapier zur Frage der industriellen Kooperation vorgelegt, in dessen zehn Punkten Gebiete benannt worden waren, auf denen konkrete Maßnahmen zur dauerhaften Verbesserung der Zusammenarbeit beschlossen werden sollten.[148] Nach Aufnahme der Kommissionsberatungen unterbreitete die deutsche Delegation im September 1973 einen Vorschlag für die Tagesordnung sowie, wenig später, am 4. Oktober 1973, ein Arbeitspapier über Bereiche und Formen der industriellen Kooperation, dessen einzelne Punkte sie im Verlauf der Beratungen durch weitere Arbeitspapiere spezifizierte. Anfang Januar 1974 legte die Bundesrepublik zusammen mit den EG-Partnern Dänemark, Frankreich und Italien einen Entschließungsentwurf vor, der die Grundlage für die weiteren Beratungen bildete.[149]
Neben diesen Initiativen auf dem Gebiet der industriellen Kooperation unterbreitete die bundesdeutsche Delegation während der Zeit ihrer Präsidentschaft (Januar–Juni 1974), teilweise zusammen mit anderen Mit-

147 Vgl. Teil II der Schlußakte, »Zusammenarbeit in den Bereichen der Wirtschaft, der Wissenschaft und der Technik sowie der Umwelt«, in: Sicherheit und Zusammenarbeit in Europe, a.a.O., S. 53–93; ferner Ferraris, Report on a Negotiation, a.a.O., S. 249 ff.
148 Vgl. Vorschlag der Bundesrepublik Deutschland vom 4. 7. 1973, Nr. I, »Leitlinien zur Förderung der industriellen Kooperation«, in: EA 16/1973, S. D 472–473.
149 Vgl. Ferraris, Report on a Negtiation, a.a.O., S. 250 ff.

gliedern der Neun, verschiedene Arbeitspapiere im zweiten Ausschuß und in seinen Unterausschüssen. Durch ihre Aktivitäten in dieser wichtigen Phase der Vorstrukturierung von Verhandlungsergebnissen wurde Bonn im Zusammenwirken mit der EG-Kommission, deren Vertreter bei der Delegation der Ratsmacht hospitierten, zum Gegenspieler der Sowjetunion auf östlicher Seite, die dort – flankiert von der DDR und Ungarn – die Verhandlungen führte. Schließlich bewies die Bundesrepublik ihr besonderes Interesse – und ihre Kompetenz – für den »Korb II«, indem sie es war, die den Entwurf für diesen Teil des Kommentars der Neun zur Schlußakte formulierte.[150]
Auch wenn die westlichen Auffassungen nicht in allen Punkten durchgesetzt werden konnten, betrachtete Bonn das Ergebnis der Verhandlungen über »Korb II« als einen Erfolg. Es war gelungen, die wesentlichsten Probleme der wirtschaftlichen Zusammenarbeit zwischen Ost und West zumindest anzudiskutieren und damit auch die Entwicklungsmöglichkeiten für eine weitere Kooperation einschätzen zu können. In gewisser Weise war es ein »Probelauf« für die anstehenden Verhandlungen zwischen der Europäischen Gemeinschaft und den Staatshandelsländern über neue Handelsverträge. Aus Bonner Sicht war bedeutsam, daß zum einen die Rolle der Europäischen Gemeinschaft anerkannt und diese aufgrund der engen Abstimmung zwischen den Neun und mit der EG-Kommission international gestärkt wurde. Zum anderen waren negative Präjudizierungen vermieden worden. Nicht gering sollte aus der Sicht eines geographisch in der Mitte Europas angesiedelten Landes die Tatsache bewertet werden, daß zum ersten Mal von Ost und West die Dringlichkeit einer Lösung der Umweltprobleme anerkannt worden war.
Auch wenn einige Fragen, z. B. die Ausdehnung der Meistbegünstigungsklausel, bis zuletzt umstritten waren und die sowjetische Seite erst in der Schlußrunde im Juli 1975 zu einem Kompromiß bereit war, konnte bei »Korb II« stärker an die gemeinsamen Interessen von Ost und West angeknüpft werden und es gab daher weniger grundsätzliche Meinungsverschiedenheiten zu überbrücken als bei den anderen »Körben«. Auch konnte ein annehmbares Gleichgewicht von Forderungen und Zugeständnissen innerhalb des »Korbes« selbst hergestellt und Tauschgeschäfte mit anderen »Körben« vermieden werden. Allerdings sollte die Bedeutung dieses Bereiches für den Verhandlungsprozeß nicht überschätzt werden:

150 Innerhalb der Bundesregierung lag die Federführung hierfür beim Wirtschaftsministerium, das auch durch mehrere Beamte in der deutschen KSZE-Delegation vertreten war.

Trotz des sowohl von der EG (die beiden nordamerikanischen Teilnehmerstaaten und auch die nichtgebundenen Staaten hielten sich bei diesem »Korb« weitgehend zurück) als auch den RGW-Staaten manifestierten Interesses an der Weiterentwicklung der Wirtschaftskooperation wären beide Seiten bereit gewesen, die KSZE platzen zu lassen, wenn in der Frage der Prinzipienerklärung und der humanitären Kontakte keine Übereinkünfte möglich gewesen wären.
Ehe dieser Korb jedoch abgehakt werden konnte, mußte noch dem Anliegen Jugoslawiens und vor allem Maltas Rechnung getragen und eine Erklärung zu »Fragen der Sicherheit und Zusammenarbeit im Mittelmeerraum« verabschiedet werden, in der die Absicht ausgesprochen wurde, eine engere Zusammenarbeit auf den verschiedensten Gebieten mit den Mittelmeeranrainern in die Wege zu leiten.[151]

4.4 *Menschliche Kontakte, Kultur- und Informationsaustausch*

Beim »Korb III« war es den Außenministern in Helsinki nur mit Mühe gelungen, eine Kompromißformel zu finden, mit der der Dissens überdeckt werden konnte, ob primär ein verbesserter Kulturaustausch angestrebt, wie es der Osten wollte, oder aber, aus westlicher Sicht, es um eine Erleichterung der menschlichen Kontakte gehen sollte. Gleich zu Beginn der Kommissionsberatungen in Genf kam ein zweiter Gegensatz hinzu, der ähnlich auch in den anderen Kommissionen aufgetreten war. Die Sowjetunion und ihre osteuropäischen Staaten wollten ein sehr allgemein gehaltenes Dokument verabschieden, das sich im wesentlichen auf Leitlinien beschränkte, die unter den Vorbehalt der Prinzipienerklärung gestellt wurden, während konkrete Maßnahmen dann in bilateralen Abkommen vereinbart werden sollten.[152]
Von einer ganzen Reihe von westlichen Delegationen waren sowohl in Helsinki als auch in Genf Arbeitspapiere mit konkreten Vorschlägen für eine Verbesserung der menschlichen Kontakte, der Informationsverbreitung und des Kulturaustausches vorgelegt worden. Auch die Bundesrepu-

151 Vgl. »Fragen der Sicherheit und Zusammenarbeit im Mittelmeerraum«, in: Sicherheit und Zusammenarbeit in Europa, a.a.O., S. 93–96.
152 Vgl. das am 5. 7. 1973 von Bulgarien und Polen – in Abstimmung mit der Sowjetunion – vorgelegte Dokument »Die Grundrichtung der Entwicklung der kulturellen Zusammenarbeit, der Kontakte und des Austausches im Bereich der Information«, in: EA 16/1973, S. D 487–490.

blik hatte auf der Außenministerkonferenz drei Arbeitspapiere unterbreitet, die Anregungen für eine Resolution zur Familienzusammenführung, für die Verbesserung der Arbeitsbedingungen von Journalisten und für die Schaffung eines wissenschaftlichen Forums enthielten.[153] Auf die auftretenden Schwierigkeiten reagierten die einzelnen Delegationen unterschiedlich: die Sowjetunion (ebenso wie die DDR und Bulgarien) mit Sturheit, die Niederländer entschlossen, den westlichen Standpunkt durchzusetzen, und die Bundesrepublik mit Vorsicht und Zurückhaltung, da sie weder den westlichen Standpunkt kompromittieren noch ihre Entspannungspolitik gen Osten gefährden wollte.
Angesichts dieses Auseinanderklaffens der Interessenlagen zwischen Ost und West bedurfte es komplizierter Kompromißformeln, ehe überhaupt nur Aussicht auf ernsthafte Verhandlungen, geschweige denn eine Einigung bestand. Der erste Schritt bestand darin, daß die Teilnehmerstaaten übereinkamen, parallel über die Ausarbeitung einer Präambel – an der vor allem der Sowjetunion und den osteuropäischen Staaten gelegen war – und über konkrete Maßnahmen zu den Themen menschliche Kontakte, Information, Kultur und Bildung zu verhandeln, wie der Westen wünschte – der sich wiederum gegen eine mehr als symbolische Präambel sträubte, da er von dieser eine Relativierung der zu vereinbarenden Maßnahmen fürchtete. Die zweite Hürde war die sowjetische Forderung, in der Präambel den Grundsatz der Nichteinmischung in die inneren Angelegenheiten zu verankern. Nur dann war sie bereit, auf Einzelmaßnahmen einzugehen und Kompromisse in Erwägung zu ziehen.
In dieser Situation unterbreitete die finnische Delegation einen Kompromißvorschlag, der darauf abzielte, die »Körbe I« und »III« miteinander zu verknüpfen (sog. »Finnisches Paket«). Sie stellte einen prozeduralen Zusammenhang zwischen einer akzeptablen Formulierung der Prinzipien I, »Souveräne Gleichheit« und X, »Erfüllung völkerrechtlicher Verpflichtungen nach Treu und Glauben« und einen Verweis in der Präambel zu »Korb III« auf die Prinzipienerklärung her, nach der die Zusammenarbeit »unter voller Achtung der die Beziehungen zwischen den Teilnehmerstaaten leitenden Prinzipien durchgeführt werden sollte.« Auch die

153 Die Arbeitspapiere der Bundesrepublik vom 4. 7. 1973 zur Familienzusammenführung und zur Verbesserung der Arbeitsbedingungen von Journalisten sind abgedruckt in: EA 16/1973, S. D 473–474; ferner die drei von Frankreich am 5. 7. 1973 vorgelegten Arbeitspapiere zur Entwicklung der Zusammenarbeit und zum kulturellen Austausch, in: EA 16/1973, S. D 477–481; sowie ein dänisches und ein britisches Arbeitspapier, die Ende September 1973 unterbreitet wurden, dessen Inhalt beschrieben wird in: Ferraris, Report on a Negotiation, a.a.O., S. 300 f.

anderen neutralen Staaten, insbesondere Österreich und die Schweiz, leisteten mehrfach gute Dienste, um Verhandlungsengpässe zu überwinden, Vorschläge zu koordinieren und Kompromißformulierungen zu entwickeln. Dennoch waren die Verhandlungen weiterhin sehr mühselig.
Eine schnellere Gangart zeichnete sich erst im Frühjahr 1975 ab, als die sowjetische Führung beschlossen hatte, eine abschließende KSZE-Gipfelkonferenz im Sommer 1975 anzustreben und entsprechend auf ihre Verhandlungsdelegation in Genf einwirkte. Eine wichtige Rolle spielte in diesem Zusammenhang das Treffen zwischen den Außenministern Kissinger und Gromyko am 19. Mai 1975 in Wien, bei denen die amerikanische Regierung – primär aus innenpolitischen Gründen – ihren Einfluß zugunsten substantieller Aussagen in der Frage menschlicher Erleichterungen geltend machte. Auch bei einem Gespräch Kissingers mit Gromyko im April 1974 waren die Schwierigkeiten bei der KSZE angesprochen worden, ohne daß damals dies jedoch Auswirkungen auf den Gang der Verhandlungen gehabt hatte. Insgesamt gesehen hielten sich die USA in Genf sehr zurück und traten nur mit ganz wenigen inhaltlichen Vorschlägen hervor, so z. B. bei »Korb III« zur Informationsverbreitung. Ihre Rolle beschränkte sich darauf, in der Schlußphase der Konferenz die Rahmenbedingungen zu schaffen, die einen erfolgreichen Abschluß der Kommissionsberatungen im Juli 1975 gestatteten.[154]
In der Sache ging es bei den Auseinandersetzungen um die Formulierung von »Korb III« darum, ob die KSZE Beschlüsse fassen könnte, die unmittelbar den Menschen in den Teilnehmerstaaten zugute kommen würden. Die osteuropäischen Staaten lehnten jeden Automatismus ab und warfen dem Westen vor, er mische sich in ihre inneren Angelegenheiten ein. Ähnlich wie der Westen bei der Prinzipienerklärung, fühlten sie sich bei »Korb III« in der Defensive und vermuteten in allen Vorschlägen ausschließlich das Ziel, die Verhältnisse in ihrem Bereich zu ändern. Da es also nicht möglich war, in der Schlußerklärung unmittelbare, individuelle Ansprüche oder Rechte von Individuen oder Gruppen zu formulieren, wählte der Westen den Weg, Richtlinien für die Behandlung bestimmter Fragen durch die Teilnehmerstaaten festzulegen. Im deutschen Vorschlag zur Verbesserung der Arbeitsbedingungen von Journalisten im Ausland hieß es also nicht: »Jeder Journalist hat das Recht (oder den Anspruch)

154 Zum Gang der Verhandlungen im 3. Ausschuß und seinen Unterausschüssen vgl. Ferraris, Report on a Negotiation, a.a.O., S. 299 ff., zu den prozeduralen Fragen insbes. S. 306, S. 309 f. u. S. 323.

auf ein Visum für mehrfache Ein- und Ausreisen«, sondern: »Die Teilnehmerstaaten werden Anträge auf ein mehrfaches Ein- oder Ausreisevisum unverzüglich und wohlwollend prüfen«; d. h. es wurden keine Rechte deklariert, sondern Verpflichtungen stipuliert.

Während die osteuropäischen Staaten befürchteten, die westlichen Forderungen nach größerer Freizügigkeit von Menschen, Informationen und Ideen würden zu einer Auflockerung und damit Destabilisierung ihrer Systeme führen und deshalb nur möglichst weiche und in das Belieben der Regierungen gestellte Maßnahmen wollten, konnten die westlichen Staaten auf einigen Gebieten – Information, Kultur, Bildung – ebenfalls nur schwachen Formulierungen zustimmen, weil es den nationalen Regierungen aufgrund privatwirtschaftlicher oder föderalistischer Organisationsstrukturen an Kompetenzen fehlte. Um praktische Verbesserungen zu erreichen, wurden Verpflichtungen zur Verbesserung der bestehenden Zustände formuliert. So hieß es z. B. im »Journalistentext«, falls ein akkreditierter Journalist ausgewiesen würde, werde er über die Gründe für diese Maßnahme unterrichtet werden und könne einen Revisionsantrag stellen. Auf diese Weise sollte sichergestellt werden, daß die eingetretenen Fortschritte meßbar und damit überprüfbar wurden. Da viele der Kriterien jedoch vieldeutig waren – was bedeutete z. B., Besuche zur Familienzusammenführung seien »so zügig wie möglich zu behandeln« und die Gebühren seien, wo notwendig, zu verringern und »gemäßigt« zu halten? – bestand ein breiter Spielraum für Interpretationen.[155] Fortschritte bei der Entwicklung der Kontakte über die Blockgrenzen hinweg würden wesentlich davon abhängen, wie beständig einerseits der Entspannungsprozeß und wie anpassungsfähig andererseits die osteuropäischen Systeme waren.

Angesichts der hohen Erwartungen, die in der Bundesrepublik auf die KSZE und hier insbesondere die Möglichkeit gesetzt worden waren, menschliche Erleichterungen in den Beziehungen zur DDR und zu den osteuropäischen Staaten zu erwirken, mußten die bei »Korb III« erzielten begrenzten Ergebnisse enttäuschen. So wurde dies auch in Bonn gesehen,

155 Vgl. Gerhard Henze, Neue Aufgaben der Entspannungspolitik. Freizügigkeit und verbesserte Informationsmöglichkeit als Ziele der KSZE, in: EA 18/1975, S. 567–576; ferner Reinhard Lohrmann, die KSZE-Beschlüsse zur Familienzusammenführung, zu Verwandtenbesuchen und zu Eheschließungen zwischen Angehörigen verschiedener Staaten, in: Delbrück u. a., Grünbuch zu den Folgewirkungen der KSZE, a.a.O., S. 431–441; Gerhard Wettig, Information, ebenda, S. 393–410; Joachim Krause, Arbeitsbedingungen für Journalisten nach der KSZE, ebenda, S. 411–429; Berthold Meyer, Gesamteuropäische Jugendbegegnungen und Tourismus, ebenda, 443–456.

und zwar bei Regierung und Opposition.[156] Gerade auf dem Gebiet größerer Freizügigkeit von Menschen, Informationen und Ideen war in Genf wenig mehr als ein Mindesstandard vereinbart worden, der in vielen Fällen die Praxis, so z. B. im Verhältnis zu Polen, weit hinter sich ließ. Dennoch hegte die Bundesregierung die Hoffnung, daß mit den Bestimmungen von »Korb III« der Weg markiert worden war, auf dem sich die Zusammenarbeit zwischen Ost und West entwickeln und damit auch die Fortsetzung des Entspannungsprozesses sichergestellt werden könnte.

4.5 *Folgen der Konferenz*

Bereits vor dem Zusammentritt der KSZE war die Frage ihrer Instituionalisierung umstritten gewesen. Sollte sie ein einmaliges Ereignis bleiben, von Zeit zu Zeit oder in regelmäßigen Abständen wiederholt werden, oder sollte gar ein ständiges Organ, ein europäischer Konsultationsausschuß, wie es die tschechoslowakische Delegation auf der Außenministerkonferenz in Helsinki vorgeschlagen hatte, eingerichtet werden?[157]
Die Frage der Fortsetzung des KSZE-Prozesses berührte in zentraler Weise die Ziele der KSZE-Politik ebenso wie die während der verschiedenen Phasen mit diesem Unternehmen gemachten Erfahrungen. Für die Sowjetunion, die in der Vorbereitungsphase lautstark ein ständiges Organ gefordert hatte, stand der Gesichtspunkt im Vordergrund, ihren Einfluß in Europa auf Dauer zu stärken, möglicherweise auch eine Ablösung der gegenwärtigen Blöcke und Gruppierungen einzuleiten und an ihre Stelle ein gesamteuropäisches Sicherheitssystem zu setzen. Genau aus diesem Grund verhielten sich die westlichen Staaten gegenüber diesen Vorschlä-

156 Vgl. die Rede von Bundeskanzler Helmut Schmidt am 30. 7. 1975 auf der abschließenden Konferenz der Staats- und Regierungschefs, in: EA 20/1975, S. D 548–551; sowie die Ausführungen des Vorsitzenden des außenpolitischen Arbeitskreises der CDU/CSU-Fraktion, Werner Marx, am 25. 7. 1975 im Deutschen Bundestag, in: DBT/VII/183, 25. 7. 1975, S. 12803–12812.

157 Vgl. den tschechoslowakischen Entschließungsentwurf vom 4. 7. 1973, »Beschluß über den Beratenden Ausschuß zu Fragen der Sicherheit und Zusammenarbeit in Europa«, in: EA 16/1973, S. D 490; ferner Adam Daniel Rotfeld, Follow-up to the Conference. Forms of Co-operation after the Conference on Security and Cooperation in Europe, in: Conference on Security and Cooperation in Europe – A Polish View, a.a.O., S. 221–270; Hans-Peter Schwarz, Sicherheitskonferenz und westliche Staatengemeinschaft, in: EA 24/1972, S. 823–834; Gerda Zellentin, Für und wider die Institutionalisierung einer Konferenz über Sicherheit und Zusammenarbeit in Europa (KSZE), in: EA 4/1973, S. 147–150.

gen äußerst skeptisch, da sie in der Tat eine Schwächung, zumindest eine irritierende Wirkung auf den Zusammenhalt von EG und NATO fürchteten. Sie banden daher eine Entscheidung über die Konferenzfolgen an die auf der Konferenz selbst erzielten Fortschritte. Die ungebundenen Staaten tendierten ihrerseits dazu, eher die Möglichkeiten als die Gefahren eines europäischen Forums zu sehen, das ihre Mitsprachemöglichkeiten stärken und den Einfluß der Allianzen in Ost und West schwächen würde.

In dem Maße, wie einerseits Moskau seine Pläne zur Errichtung eines blockübergreifenden europäischen Sicherheitssystems aufgab, und andererseits erkennen mußte, daß der Zwang, sich mit den östlichen Entspannungskonzepten auseinanderzusetzen, zu einer engeren Abstimmung der westlichen Ostpolitiken und zur Konsolidierung des EG- wie des NATO-Systems führten, verlor es auch das Interesse an einem ständigen Organ. Die kleineren Länder dagegen, Rumänien und Dänemark z. B., oder die nichtgebundenen wie Finnland, begriffen in zunehmendem Maße den KSZE-Prozeß in erster Linie als ein Schutzschild (»Helsinki-umbrella«), der ihre Handlungsmöglichkeiten vis-à-vis den Großmächten erweiterte und ihre Sicherheit und Unabhängigkeit garantierte. Der Westen, und hier insbesondere die Neun, deren Strategie auf dem Prinzip der Kontrollierbarkeit des gesamten Konferenzprozesses aufgebaut war, erkannten während der Genfer Kommissionsphase, daß sich mittels festgelegter Konferenzfolgen auch der Nach-Konferenzprozeß im gewissen Grade steuern und Druck in Richtung auf die Implementierung der Konferenzergebnisse ausüben ließ. Im Namen der Neun legte Dänemark im April 1955 einen Vorschlag vor, der Elemente der Kontinuität, der Periodizität und von Ad hoc-Treffen auf verschiedenen Ebenen miteinander verband. Danach sollte 1977 nach entsprechender Vorbereitung (ursprünglich nach drei Jahren) eine Folgekonferenz der KSZE in Belgrad stattfinden, der weitere derartige Treffen folgen konnten. Auch hier wurde ein etappenweises Vorgehen und kein Automatismus beschlossen. Die Aufgaben dieser Folgekonferenz – nicht Überprüfungskonferenz wie im Nichtverbreitungsvertrag! – wurden vage dahingehend beschrieben, daß sie einen vertieften Meinungsaustausch sowohl über die Durchführung der Bestimmungen der Schlußakte als auch über die Entwicklung der Zusammenarbeit und des Entspannungsprozesses ermöglichen sollte.[158] Außerdem wurden noch eine Reihe von Expertentreffen vorgesehen.

158 Vgl. »Folgen der Konferenz«, in: Sicherheit und Zusammenarbeit in Europa, a.a.O., S. 134–136; vgl. ferner Ferraris, Report on a Negotiation, a.a.O., S. 341 ff.

Nimmt man den Wunsch nach Fortsetzung des KSZE-Prozesses zum Maßstab der Bewertung des Konferenzerfolges, so waren die Neutralen und die Neun eher zufrieden mit demselben, während sich das sowjetische Interesse sichtbar abgekühlt hatte (und die USA sich weiterhin distanziert verhielten).[159]

4.6 *Die Unterzeichnung der KSZE-Schlußakte*

Die in zäher Kleinarbeit während der Genfer Kommissionsphase erarbeitete KSZE-Schlußakte wurde am 1. August 1975 von den Staats- und Regierungschefs der 35 teilnehmenden Staaten – von dem italienischen Ministerpräsidenten Aldo Moro gleichzeitig als amtierender Ratspräsident für die Europäische Gemeinschaft – in einer feierlichen Zeremonie in Helsinki unterzeichnet und damit verabschiedet. Die Gipfelkonferenz bot den Politikern aus Ost und West sowie den ungebundenen Staaten ein Forum, um die Konferenzergebnisse zu akzentuieren und zu bewerten. Nahezu alle Redner würdigten die KSZE-Schlußakte als das Ergebnis fast zehnjähriger Entspannungsbemühungen in Europa. In ihrem historischen Stellenwert sei sie vergleichbar mit den Verträgen der Bundesrepublik Deutschland mit Moskau und den anderen osteuropäischen Staaten sowie mit dem Vier-Mächte-Abkommen über Berlin. Generalsekretär Breschnjew ging dabei soweit, die politische Entspannung in Europa als »unumkehrbar« zu bezeichnen, wobei er jedoch erklärte, daß sie »vordringlich« durch Maßnahmen zur militärischen Entspannung ergänzt werden müßte. Dagegen betonten die westlichen Regierungschefs, daß mit der KSZE-Schlußakte nur eine Grundlage für den weiteren Entspannungsprozeß gelegt worden sei, daß die Art und Weise ihrer Implementierung aber darüber entscheiden würde, ob er von Dauer wäre.
Im Hinblick auf die Ergebnisse der dreijährigen Mammutkonferenz betonten die östlichen Staaten in Übereinstimmung mit ihrer während der Kommissionsberatungen eingenommenen Position die Bedeutung der Prinzipienerklärung und hoben die Anerkennung des Grundsatzes der

159 Zur Bewertung des KSZE-Ergebnisses vgl. Blech, Die Prinzipienerklärung der KSZE-Schlußakte, a.a.O.; ders., Die KSZE als Schritt im Entspannungsprozeß. Bemerkungen zu allgemeinen Aspekten der Konferenz, in: EA 22/1975, S. 681–692; von Groll, Die Schlußakte der KSZE, a.a.O.; Gerhard Wettig, Zum Ergebnis der KSZE, in: Osteuropa, H. 12, 1975, S. 977–986, Hans-Peter Schwarz, Zwischenbilanz der KSZE, Stuttgart 1977; Karl E. Birnbaum, East-West diplomacy in the era of multilateral negotiations: the case of the Conference on Security and Cooperation in Europe, a.a.O.

Unverletzlichkeit der Grenzen und der Nichteinmischung in die inneren Angelegenheiten der Staaten hervor, während westliche Politiker das Hauptgewicht auf Fortschritte bei der Entwicklung der Zusammenarbeit zwischen Ost und West und bei der Beachtung der Menschenrechte legten. Die Bundesregierung und die drei für Berlin und Deutschland als Ganzes verantwortlichen Mächte betonten, daß die Schlußakte keine Friedensregelung sei und die bestehenden Abkommen und Verträge unberührt lasse. Gleichzeitig unterstützten sie die Geltung der Konferenzergebnisse für ganz Europa, also trotz seines besonderen Status auch für Berlin. Bundeskanzler Schmidt wies darüber hinaus darauf hin, daß kein Volk in Europa stärker als das deutsche die von der Spaltung des Kontinents ausgehenden Gefahren spüre. Mit den Ostverträgen habe es seinen Teil zum Prozeß der weltweiten Entspannung beigetragen. Sein Ziel bleibe es jedoch, auf einen Zustand des Friedens in Europa hinzuwirken, in dem das deutsche Volk in freier Selbstbestimmung seine Einheit wiedererlangen würde.[160]

Die dritte Phase der KSZE bot den Staats- und Regierungschefs auch Gelegenheit zu verschiedenen Gesprächen im kleineren Kreis und zu bilateralen Kontakten. So fanden am Rande des KSZE-Gipfels u. a. zwei Gespräche zwischen Bundeskanzler Schmidt und SED-Chef Honecker statt, in denen Verbesserungen des Verkehrs von und nach Berlin sowie bei der Familienzusammenführung angesprochen wurden. Besondere Bedeutung hatte eine Begegnung zwischen dem Bundeskanzler und dem polnischen Parteichef Gierek, in der eine grundsätzliche Übereinstimmung über drei Renten- und Finanzabkommen erzielt wurde, mit denen verschiedene der nach dem Warschauer Vertrag verbliebenen Probleme in den deutsch-polnischen Beziehungen geregelt und die Voraussetzung für eine verstärkte Gewährung von Ausreisegenehmigungen an deutschstämmige Polen im Rahmen der Familienzusammenführung geschaffen wurde. Betrachtet man die Resultate dieser Zusammenkünfte, so hatte es den Anschein, als ob der KSZE-Prozeß auch einige der anderen aus der Spaltung Europas resultierenden Probleme einer Lösung näher gebracht hatte.

Bei der Würdigung der KSZE-Ergebnisse betonte die Bundesregierung daher auch, daß mit der Schlußakte eine Perspektive eröffnet werde, um

160 Vgl. die Erklärung von Bundeskanzler Helmut Schmidt am 30. 7. 1975 auf dem KSZE-Gipfel in Helsinki, in: Bulletin, Nr. 198, 1. 8. 1975, S. 921–923; diese Erklärung sowie die wichtigsten Passagen der Reden der anderen Staats- und Regierungschefs sind abgedruckt in: EA 20/1975, S. D 539–574.

zu mehr Sicherheit und Zusammenarbeit zu kommen, diese aber nicht schon im vollen Maße garantiere. Für die Bewertung der Konferenzergebnisse nannte Außenminister Genscher in der KSZE-Debatte des Bundestages unmittelbar vor der Unterzeichnung der Schlußakte folgende Kriterien:

- Welche Bedeutung haben die Konferenzergebnisse für die Bundesrepublik Deutschland als einer freiheitlichen Demokratie, die dem Atlantischen Bündnis angehört?
- Welche Bedeutung haben sie für die Bundesrepublik als Teil der Europäischen Gemeinschaft der Neun?
- Was bedeuten sie für die Deutschen angesichts der anhaltenden staatlichen Teilung?[161]

Aus dieser Perspektive betonte Genscher, daß als Folge des durch die KSZE bewirkten Zwanges, gemeinsame Positionen im Entspannungsdialog zu entwickeln, sowohl der Zusammenhalt des westlichen Bündnisses als auch die Rolle der Europäischen Gemeinschaft in der internationalen Politik gestärkt worden sei. In der deutschen Frage seien negative Festlegungen vermieden worden; es sei gelungen, Berlin in den KSZE-Prozeß einzubeziehen, und vor allem seien menschliche Erleichterungen in Aussicht genommen worden, die das Leben und das Schicksal unzähliger Menschen im geteilten Europa unmittelbar berührten. Allerdings fiel auf – nicht nur bei den Ausführungen des Außenministers – welchen hohen Rang die Bundesregierung dem zumaß, was verhindert worden sei: weder habe die Sowjetunion ihr Ziel erreicht, eine völkerrechtliche Festschreibung des bestehenden Zustandes in Europa zu erhalten, noch stelle die KSZE-Schlußakte eine europäische Friedensregelung dar, noch könne irgendeine Bestimmung dahingehend interpretiert werden, daß sie die Breschnjew-Doktrin von der begrenzten Souveränität der sozialistischen Staaten sanktioniere. Allerdings wurde in den verschiedenen Reden und Äußerungen von Koalitionspolitikern auch deutlich, daß sie dazu tendierten, dem Geist von Helsinki eine größere Bedeutung zuzumessen als den Buchstaben von Genf.[162]

Die Opposition bemängelte dagegen, daß der Geist flüchtig und die Buch-

161 Vgl. die Ausführungen von Außenminister Genscher in der KSZE-Debatte des Deutschen Bundestages am 25. 7. 1975, in: DBT/VII/183, 25. 7. 1975, S. 12797–12803 und 12869–12871.

162 Vgl. dazu die Rede des SPD-Vorsitzenden, Willy Brandt, in der gleichen Sitzung des Bundestages, in: DBT/VII/183, 25. 7. 1975, S. 12812–12816; ferner Blech, Die KSZE als Schritt im Entspannungsprozeß, a.a.O.

staben vieldeutig seien. In einem Entschließungsantrag hatte die CDU/CSU-Fraktion daher die Bundesregierung aufgefordert, die Schlußdokumente der KSZE nicht zu unterschreiben, da maßgebliche Teile des Schlußdokuments der Konferenz über Sicherheit und Zusammenarbeit in Europa

- wesentlichen Interessen des geteilten Deutschland und seiner Menschen nicht gerecht würden sowie zusätzlich die Ausübung des Selbstbestimmungsrechtes des ganzen deutschen Volkes erschwerten;
- infolge gegensätzlicher Auslegung in grundlegenden Fragen statt Entspannung neuen Konfliktstoff schüfen, der sich auf Deutschland und besonders auf Berlin auswirkte;
- die westliche Forderung nach Freizügigkeit von Menschen, Meinungen und Informationen nicht erfüllt wäre;
- einer weltweiten Täuschung über die wahre Sicherheitslage der Welt dienten.[163]

Bei der Begründung dieses Entschließungsantrages kritisierte der außenpolitische Sprecher der CDU/CSU-Fraktion, Werner Marx, vor allem, daß die Bundesregierung ihre 1972 selbst gesteckten Ziele nicht erreicht habe. So sei ohne Not der Zusammenhang mit den MBFR-Verhandlungen aufgegeben worden. Erst dort, wo es um harte Tatsachen, um militärische Rüstung, Waffen, Gerät und Soldaten gehe, wo man über Einklagbares, Meßbares, Fühlbares hätte verhandeln könne, hätte sich die Bereitschaft zu faßbarer Sicherheit in Europa erweisen können. So erwecke die KSZE falsche Hoffnungen. Vor allem aber kritisierte die Opposition, daß in der deutschen Frage der Sowjetunion unzumutbare Zugeständnisse gemacht worden seien. Moskau könnte daher die Konferenzergebnisse als Besiegelung der Spaltung Europas und als Anerkennung ihres Machtbereiches interpretieren und politisch nutzen. Auch hinsichtlich einer größeren Freizügigkeit von Menschen, Meinungen und Informationen habe der Westen sein Ziel nicht erreicht. Die kommunistischen Staaten hätten nur unterschrieben, was längst schon woanders stünde, ohne daß sie an ihrer restriktiven Praxis etwas änderten.

Diese Argumentation zeigte, daß die CDU/CSU bei der Bewertung der Ergebnise der KSZE im wesentlichen die gleichen Maßstäbe anlegte, die sie zur Ablehnung (bzw. Kritik) der Ostverträge und des Grundlagenver-

163 Vgl. den Entschließungsantrag der Fraktion der CDU/CSU, in: DBT, Drucksache 7/3885; sowie die Ausführungen der Abgeordneten Marx, Carstens und Stücklen in der KSZE-Debatte des Bundestages am 25. 7. 1975, in: DBT/VII/183, 25. 7. 1975, S. 12803–12812, S. 12830–12834 u. S. 12819–12824.

trages bewogen hatte. Sie wollte konkrete Fortschritte in der deutschen Frage ohne Lockerung der Bindungen der Bundesrepublik an die westliche Staatengemeinschaft – das hieß aber auch: Erhaltung der bestehenden Strukturen bis zur Elbe/Werra-Linie, und Veränderung derjenigen im östlichen Lager. Diese bedeutete aber angesichts der konkreten historischen und politischen Situation die Quadratur des Kreises. Damit erhielt die Kritik der Opposition an den Ergebnissen von Genf und Helsinki weitgehend den Charakter eines zum innenpolitischen Schlagabtausch geeigneten Knüppels, mit dem sie den Sack schlug und den Esel meinte, vor allem aber den Eseltreiber ablösen wollte.
Doch die Haltung der CDU/CSU war nicht einheitlich. So erkannte der Abgeordnete Alois Mertes, der im Auftrag seiner Fraktion die KSZE-Verhandlungen aus der Nähe verfolgt hatte, die begrenzten Handlungsmöglichkeiten nach den Festlegungen von 1972/73 einerseits und die »vorzügliche Arbeit« der Bonner Verhandlungsdelegation durchaus an, wenn er auch die Sorge äußerte, daß die Vieldeutigkeit der Vereinbarungen keine eindeutige Auslegung zulasse und damit Probleme für ihre Einhaltung aufwerfe. Der außenpolitische Sprecher des CDU-Präsidiums, Walther Leisler Kiep, ging noch weiter, und trat in einer – nicht gehaltenen – Rede für eine offensive Interpretation der KSZE-Dokumente im Sinne westlicher Interessen ein.[164]
Diese sorgfältig abwägenden Stellungnahmen machten das grundsätzliche Dilemma deutlich, mit dem die Opposition in ihrer entspannungspolitischen Position konfrontiert war: angesichts des breiten westlichen Konsenses, in den die KSZE-Politik der Bundesregierung eingebettet war und den sie auch unter Zurückstellung eigener Interessen zu erhalten bemüht war, riskierte die CDU/CSU, den Rapport mit der Politik der westlichen Verbündeten zu verlieren, deren Erhaltung und Stärkung ihr erklärtes Ziel war. Sollte ihre westpolitische Position glaubhaft bleiben, erforderte

164 Lt. dpa vom 28. 7. 1975, die sich auf einen vorher an die Presse verteilten Text und auf Informationen aus der CDU/CSU-Fraktion berief, wollte der außenpolitische Sprecher des CDU-Präsidiums, Walther Leisler Kiep, eine grundsätzlich positive Würdigung der KSZE-Ergebnisse in der KSZE-Debatte des Bundestages vornehmen. Er kam jedoch nicht dazu, diese Rede zu halten und verließ vorzeitig die Sitzung. An seiner Stelle sprach der CSU-Vorsitzende, Franz Josef Strauß. Zur Haltung Kieps vgl. auch: ders., Zur Entspannungspolitik – Bilanz und Ausblick, in: Sonde, Nr. 1, 1975, S. 72–78; ferner die von der Außenpolitischen Kommission der CDU (Vorsitz: Kiep) herausgegebenen »Materialien zur Konferenz für Sicherheit und Zusammenarbeit in Europa«, in: CDU (Hrsg.), Argumente, Dokumente, Materialien, Nr. I/6. In diesen Materialien wird u. a. auch die klare organisatorische Trennung zwischen KSZE und MBFR *begrüßt*, die von Marx in der Bundestagsdebatte kritisiert worden war.

dies eine Anpassung ihrer Ost- und Deutschlandpolitik. Einstweilen behalf sich die CDU/CSU mit Formelkompromissen des »Sowohl als auch«, ohne daß sich die Mehrzahl ihrer Mitglieder zuviele Gedanken über das »Wie« machte. Dennoch war die CDU/CSU bei der Bewertung der Konferenzergebnisse in einer besseren Situation als die SPD und die FDP: indem sie die Schlußakte an den vereinbarten Texten maß und skeptisch über die Einhaltung der in Genf und Helsinki eingegangenen Verpflichtungen wachte, konnte die künftige Entwicklung ihre Zurückhaltung entweder bestätigen oder freudige Überraschungen bringen, während die SPD, die weitgehend auf die von der KSZE ausgehenden Folgewirkungen setzte, an der erfolgreichen Einlösung dieser Verpflichtungen gemessen werden würde.

5. *Die Implementierung der KSZE-Ergebnisse*

Ähnlich wie die Regierungen der acht Partner in der Europäischen Gemeinschaft[165] betrachtete die Bundesregierung die KSZE-Schlußakte als Stufe in einem auf verstärkte Zusammenarbeit zwischen Ost und West sowie auf Einebnung der durch den Kalten Krieg in Europa aufgetürmten Hindernisse gerichteten Entspannungsprozeß. Sie setzte damit auf die mit Hilfe der Ergebnisse von Genf und Helsinki bewirkten Fortschritte, obwohl die Schlußakte ihr keinen einklagbaren Rechtstitel in die Hand gab,[166] sie vielmehr auf die von den 35 eingegangenen politisch-moralischen Verpflichtungen vertrauen mußte. Dabei kalkulierte sie durchaus Rückschläge ein, aber ihre Sorge mußte es sein, daß dieser Prozeß mehr

165 Die gemeinsame Haltung der Neun im Hinblick auf die KSZE-Ergebnisse wird belegt durch die Erklärung des Europäischen Rates vom 17. 7. 1975, in: EA 20/1975, S. 574–576; vgl. ferner das Kommuniqué über die Ministertagung des NATO-Rates vom 12. 12. 1975, in: EA 4/1976, S. D 93–95.

166 Vgl. Theodor Schweisfurth, Zur Rechtsnatur, Verbindlichkeit und völkerrechtlichen Relevanz der KSZE-Schlußakte, in: Zeitschrift für ausländisches öffentliches Recht und Völkerrecht, Bd. 36, 1975, S. 681–721; Hans-Joachim Schütz, Probleme der Anwendung der KSZE-Schlußakte aus völkerrechtlicher Sicht, in: Delbrück u. a., Grünbuch zu den Folgewirkungen der KSZE, a.a.O., S. 155–175; Jost Delbrück, Die völkerrechtliche Bedeutung der Schlußakte der Konferenz über Sicherheit und Zusammenarbeit in Europa, in: Rudolf Bernhardt, Ingo von Münch u. Walter Rudolf (Hrsg.), Drittes Deutsch-Polnisches Juristen-Kolloquium, Baden-Baden 1977, S. 31–50.

Entspannung produzieren als verbrauchen würde; d. h. die Diskrepanz zwischen Erwartung und Erfüllung, zwischen Anspruch und Leistung, durfte nicht zu groß werden.[167]

Zunächst konnte Bonn weitere Fortschritte im Entspannungsprozeß registrieren. Am 9. Oktober 1975 wurden die Renten- und Finanzierungsabkommen mit Polen unterzeichnet, die zugesagte Gewährung von Ausreisevisen für deutschstämmige Polen im Rahmen der Familienzusammenführung wurde im März 1976 von Warschau präzisiert und erweitert, um Bedenken der Opposition Rechnung zu tragen und die Ratifizierung der deutsch-polnischen Vereinbarungen durch Bundestag und Bundesrat sicherzustellen.[168] Im Zuge dieser bilateralen Vereinbarungen stiegen die Zahlen der deutschen Aussiedler aus Polen beträchtlich an (von 358 im August 1977 auf 2528 im Mai 1976). Die Sowjetunion und die CSSR lokkerten ebenfalls einige der bisherigen Restriktionen, so daß in den ersten zehn Monaten nach Unterzeichnung der KSZE-Dokumente über 25 000 Deutschstämmige aus osteuropäischen Staaten in die Bundesrepublik übersiedeln konnten.

Auch bei den innerdeutschen Verhandlungen konnten Fortschritte erreicht werden. Im Dezember 1975 wurden zwischen der Bundesrepublik und der DDR eine Reihe von Verbesserungen im Berlin-Verkehr vereinbart, darunter die Erneuerung der Autobahn Helmstedt-Berlin; die Aufnahme von Verhandlungen über den Bau der Autobahn Hamburg–Berlin und die Wiedereröffnung des Teltow-Kanals wurden angekündigt. Im

167 Vgl. Curt Gasteyger, Europa zwischen Helsinki und Belgrad, in: EA 1/1977, S. 1–8; Hans-Peter Schwarz, Zwischen Helsinki und Belgrad. Chancen und Gefahren für Gesamteuropa, in: Die Politische Meinung, H. 1, 1977, S. 5–22; Eberhard Schulz, Unorthodoxe Gedanken zwischen Helsinki und Belgrad. Versuch einer Bilanz über ein Kapitel Entspannungspolitik, in: Osteuropa, H. 7, 1977, S. 378–388.

168 Vgl. die Abkommen und Vereinbarungen zwischen der Bundesrepublik Deutschland und der Volksrepublik Polen über Renten- und Finanzfragen sowie Protokoll über Familienzusammenführung vom 9. 10. 1975, in: Dokumentation zur Entspannungspolitik, S. 45–72; ferner Helga Haftendorn, Ostpolitik revisited 1976, in: The World Today, Nr. 6 (Juni 1976), S. 222–229; Joachim Krause, Außenpolitische Opposition im und über den Bundesrat am Beispiel der Auseinandersetzungen um die Ratifizierung der deutsch-polnischen Vereinbarungen vom Oktober 1975, in: Zeitschrift für Parlamentsfragen, H. 3, 1980, S. 423–440; die deutsch-deutschen Vereinbarungen über Verbesserungen im Berlin-Verkehr vom 19. 12. 1975 und das Post- und Fernmeldeabkommen vom 30. 3. 1976 sind abgedruckt in: Dokumentation zur Entspannungspolitik, S. 257–332; vgl. ferner die Antwort der Bundesregierung auf eine kleine Anfrage der Fraktionen der SPD u. FDP betr. Verwirklichung der KSZE-Beschlüsse vom 12. 7. 1976, DBT, Drucksache 7/5580.

März 1976 folgte ein Post- und Fernmeldeabkommen sowie verschiedene Verwaltungsvereinbarungen, die der Verbesserung des Post-, Fernsprech- und Telegrammverkehrs mit der DDR dienten. Auch zeigte sich Ostberlin etwas flexibler bei der Genehmigung von Anträgen zur Übersiedlung in die Bundesrepublik und bei Besuchen in dringenden Familienangelegenheiten. Der lebhafte Anstieg des Reiseverkehrs aus der Bundesrepublik und Berlin in die DDR war allerdings weniger eine Folge der KSZE, als vielmehr der Senkung der Mindestumtauschquoten und der Möglichkeit von Reisen im eigenen PKW, die Anfang 1975 in Kraft getreten waren. Auf fast acht Millionen Besucher aus der Bundesrepublik und West-Berlin (einschließlich Tagesbesucher), die 1975 in die DDR und nach Ostberlin reisten, kamen 1,3 Millionen Besucher aus der DDR im Rentenalter und noch einmal 40 000 in dringenden Familienangelegenheiten. Der Reiseverkehr blieb daher eine Einbahnstraße, und es darf nicht vergessen werden, daß die erwirkten Erleichterungen durch beträchtliche finanzielle Leistungen der Bundesrepublik bezahlt wurden (so z. B. in Form einer pauschalen Abgeltung der Transitgebühren, einer Kostenübernahme bei Bauvorhaben auf den Verbindungswegen durch die DDR und durch den Freikauf von politischen Häftlingen). Die zahlreich genutzten Besuchsmöglichkeiten in die DDR erweckten jedoch den Eindruck einer Lockerung der Verkrampfung bei den Menschen in beiden Teilen Deutschlands.

Mit dieser positiven Entwicklung kontrastierte die nur sehr zögernde und zurückhaltende Erfüllung der übrigen KSZE-Verpflichtungen, insbesondere aber die zunehmenden Repressionen, mit der die osteuropäischen Staaten gegen Dissidenten und Bürgerrechtler, vor allem aber gegen diejenigen vorgingen, die sich explizit auf die Vereinbarungen von Helsinki beriefen wie die »Öffentliche Gruppe zur Förderung der Durchführung der Helsinki-Beschlüsse in der UdSSR« oder die »Charta 77« in der CSSR und »KOR« in Polen. Während 1976 die Behörden in den sozialistischen Staaten auf die entstehende Bürgerrechtsbewegung mit selektiven Einschüchterungen reagierten, folgte 1977 die Verhaftung von Juri Orlov, des Leiters der »Öffentlichen Gruppe«, von Alexander Ginsburg und von weiteren Dissidenten, die sich unter Berufung auf die KSZE-Schlußakte für die Bürgerrechte in der Sowjetunion eingesetzt hatten. Zu ähnlichen Strafaktionen kam es in Polen und in der CSSR, wo u. a. prominente »KOR«-Mitglieder wie Jacek Kuron und Adam Michnik sowie die »Charta«-Sprecher Vaclav Havel, Jiri Lederer und Frantisek Pavlikcek in die Gefängnisse wanderten. In der DDR lenkte die Selbstverbrennung von Pastor Oskar Brüsewitz die Aufmerksamkeit auf die Schikanen der dortigen Behörden.[169] Für den Westen wurde damit die Achtung der Menschenrechte zum Lackmustest für die östliche Entspannungsbereitschaft.

5.1 *Diskrepanz zwischen Erwartung und Erfahrung: Menschenrechte und Rüstungsbeschränkung*

Drei Entwicklungen fielen zusammen und führten dazu, daß die Menschenrechtsfrage zum Indikator für den Entspannungsprozeß wurde. Das Menschenrechtsprinzip, wie es in der KSZE-Schlußakte festgeschrieben worden war und vor dem Hintergrund der in »Korb III« enthaltenen humanitären Maßnahmen interpretiert wurde, akzentuierte die individuellen Freiheitsrechte und reduzierte damit die Rolle des Staates als Regelungsinstanz für die Rechte und Pflichten des einzelnen. Für die sozialistischen Staaten, deren Stabilität auf einem genau und in jedem osteuropäischen Staat verschieden austarierten Gleichgewicht von Zustimmung und Zwang zum System beruhte, und die den Freiheitsraum ihrer Untertanen den Erfordernissen der Systemstabilität anzupassen pflegten, bedeutete die westliche individualistische Menschenrechtsinterpretation eine Infragestellung der Grundlagen, auf denen ihr staatliches System beruhte.

Das grundlegende Mißverständnis lag darin, daß einmal die Mehrzahl der westlichen Politiker die KSZE-Schlußakte in der Erwartung unterschrieben hatten, Moskau und die anderen osteuropäischen Führungen könnten bereit sein, in eine Liberalisierung ihrer Regime einzuwilligen, um der Früchte des Entspannungsprozesses nicht verlustig zu gehen. Zum anderen gingen die Parteioberen im Osten davon aus, daß sie entweder ihre Systeme von den Auswirkungen von Helsinki abschotten, oder doch zumindest deren nagative Auswirkungen leicht unter Kontrolle halten könnten. Die Entstehung einer Bürgerrechtsbewegung in den sozialistischen Staaten kam für sie daher überraschend und zwang zu scharfen Gegenmaßnahmen, wenn sie nicht die Stabilität ihrer Systeme riskieren wollten. Die Entwicklung in Polen war dafür ein Beleg.

169 Vgl. Gerhard Wettig, Die Verwirklichung der KSZE-Schlußakte durch die UdSSR und die DDR, in: DA, H. 4, 1977, S. 389–415 (S. 404 f.); ferner Second Semiannual Report by the President to the Commission on Security and Cooperation in Europe. Report Submitted to the Committee on International Relations, Washington, June 1977.

Damit im engen Zusammenhang stand eine zweite Entwicklung. Gegenüber den östlichen Forderungen nach Abhaltung einer europäischen Sicherheitskonferenz hatten die westlichen Staaten zunächst aus der Defensive heraus argumentiert und verhandelt. Die Forderung nach Verhandlungen über eine Truppenreduzierung war zunächst nicht mehr als ein taktischer Gegenzug der NATO, mit dem dem östlichen Konferenzprojekt die Schau gestohlen werden sollte. Als sich abzeichnete, daß die Sicherheitskonferenz parallel zu Truppenreduzierungsverhandlungen zustandekommen würde, schob der Westen als einen weiteren Tagungsordnungspunkt die Freizügigkeit von Menschen, Ideen und Informationen nach. Moskau mußte »Korb III« schlucken, wenn es nicht auf die »Körbe I und II« verzichten wollte. Diese defensive Ausgangssituation schimmert noch durch, wenn bei der Bewertung des Konferenzergebnisses im Westen stolz betont wurde, was alles in Genf verhindert worden war.

Erst allmählich wurde den westlichen Politikern bewußt, daß sich die Konferenzergebnisse auch konstruktiv nutzen ließen. Mit der Herausstellung von Verbesserungen im humanitären Bereich oder mit der Einforderung der Menschenrechte sollte eine ins Zwielicht geratene Entspannungspolitik wieder glaubwürdiger gemacht und damit innenpolitisch abgestützt werden. Zum anderen konnte sie offensiv genutzt werden in der ideologischen Auseinandersetzung mit den sozialistischen Staaten und ihrem Totalitätsanspruch. Schließlich konnte die Behauptung der moralischen und politischen Überlegenheit der traditionellen westlichen Demokratien unterstrichen werden, die in der Bundesrepublik durch die Terrorakte der Roten Armee-Fraktion und die zu ihrer Abwehr gebrauchten polizeilichen Maßnahmen, in den USA durch den Watergate-Skandal in Zweifel geraten waren. Letztere Möglichkeit nutzten vor allem jene Politiker, die der KSZE skeptisch gegenüber standen, während sich ihre Befürworter der Zweischneidigkeit einer offensiven und öffentlichen Benutzung des Menschenrechtsargumentes bewußt blieben.

Die dritte Entwicklungslinie begann in der amerikanischen Innenpolitik. Angesichts eines durch Vietnam und durch Watergate kompromittierten Präsidenten geriet auch die von diesem und seinem engsten Berater, Henry Kissinger, konzipierte Politik des begrenzten Ausgleichs mit der Sowjetunion ins Kreuzfeuer der Kritik und wurde zum Ansatzpunkt von Profilierungsbestrebungen einzelner Senatoren. Mit dem Jackson-Vanik-Amendment zum amerikanisch-sowjetischen Handelsabkommen, in dem die Gewährung der Meistbegünstigungsklausel mit der Gewährung von Ausreisevisen für sowjetische Juden verknüpft worden war, wurde dieser Vertrag zu Fall gebracht. Gleichzeitig erhielten in den USA jene Aufwind, die skeptisch der von der Regierung betriebenen Politik einer begrenzten Kooperation mit der Sowjetunion gegenüber standen. Eine besondere KSZE-Kommission aus Vertretern des Kongresses und der Administration wurde gegründet, die den Auftrag erhielt, über die Erfüllung der Schlußakte von Helsinki zu wachen und laufend darüber zu berichten, wobei die Gewährung der Menschenrechte zum Gradmesser für ihre Einhaltung wurde.

In den Vereinigten Staaten vereinigte die Menschenrechtsfrage konservative und liberale Vertreter des politischen Spektrums: die einen nutzten sie, um das totalitäre System der Sowjetunion anzuprangern und eine verstärkte Kooperation zwischen Moskau und Washington von einer grundlegenden Änderung der sowjetischen Politik abhängig zu machen; die anderen wollten die amerikanische Politik an moralischen Werten orientieren, um diese im In- und Ausland wieder respektabel zu machen. Die Betonung der Menschenrechte richtete sich nicht primär gegen die Sowjetunion, sondern bezog sich auf alle autoritären Regime (so forderten sie auch eine Einstellung der amerikanischen Militärhilfe an alle Staaten der Dritten Welt, die die Menschenrechte mit Füßen traten), und war vor allem eine Aufforderung an die eigene Administration. Unter der Präsidentschaft Carters verselbständigte sich dann das Instrument der Menschenrechte zu einem eigenständigen politischen Prinzip, das mit Rigidität und Selbstgerechtigkeit praktiziert wurde – und damit den Raum für eine amerikanisch-sowjetische Détente eng umschrieb.[170]

Zunächst und für alle Welt sichtbar wurde der KSZE-Prozeß durch die Menschenrechtsfrage blockiert; langfristig wurde er jedoch vor allem durch das wachsende Mißverhältnis von politischer Entspannung und militärischer Konfrontation belastet. Fragen der Rüstungsbeschränkung und Abrüstung waren auf der KSZE ausgeklammert bzw. auf marginale

170 Vgl. Schweigler, Von Kissinger zu Carter, a.a.O., S. 215 ff. u. S. 401 ff.; Henry A. Kissinger, Years of Upheaval, Boston 1982, S. 979 ff.; ferner Peter G. Brown u. Douglas McLean (Hrsg.), Human Rights in U.S. Foreign Policy, Lexington, Mass. 1979; Jacob Schissler, US-Menschenrechtspolitik und KSZE. Innen- und außenpolitischer Entscheidungsprozeß vor der Belgrader Nachfolgekonferenz, in: PVS, Nr. 4, 1980, S. 363–381. Dort sind auch die über ein Dutzend Kongreßdokumente zitiert, die das Interesse beider Häuser insbes. an der Menschenrechtsfrage seit 1975 belegen. Besondere Bedeutung hatten in diesem Zusammenhang zwei Berichte der Commission on Security and Cooperation in Europe: Report on the Study Mission to Europe to the Commission on Security and Cooperation in Europe – Report submitted to the Committee on International Relations, Febr. 11, 1977; sowie Implementation of the Final Act of the Conference on Security and Cooperation in Europe: Findings and Recommendations Two Years after Helsinki. Report to the Committee on International Relations, 23. 9. 1977.

atmosphärische Maßnahmen wie Manöverankündigung und -beobachtung beschränkt worden; ihre Regelung war den MBFR-Verhandlungen in Wien bzw. den SALT-Gesprächen in Genf übertragen worden. Das Festlaufen der Verhandlungen über eine Reduzierung der konventionellen Streitkräfte in Europa sowie die Lückenhaftigkeit (z. B. die Tatsache, daß der Bereich der in Europa stationierten und auf europäische Ziele gerichteten taktischen Nuklearwaffen ausgeklammert blieb) und schließlich das Scheitern des SALT-Ansatzes an der innenpolitischen Opposition in den Vereinigten Staaten, beleuchteten die Ergebnislosigkeit des Versuches, eine einvernehmliche Beschränkung der Streitkräfte und Rüstungen zu erreichen. Gleichzeitig setzte die Sowjetunion jedoch ihre Aufrüstung fort, besonders spektakulär im Mittelstreckenbereich mit der Stationierung von ca. 300 Raketen vom Typ SS-20, deren Zielradius Westeuropa abdeckte. Die sowjetische Aufrüstung – aus welchen Gründen sie auch immer erfolgte[171] – stand aus westeuropäischer Sicht im Widerspruch zu einem Entspannungsprozeß, der in ihrem Verständnis von Sicherheit die militärische Komponente einschloß (das hatte auch die KSZE-Vorgeschichte deutlich gemacht) und stellte diesen zunehmend infrage.[172] Dieser Zusammenhang wurde auch von Moskau gesehen, wie die sowjetische Forderung nach Verzicht auf den Ersteinsatz von Nuklearwaffen (wobei Moskau nicht sagte, wie der Nuklearverzicht sich zu dem allgemeinen Gewaltverzicht verhielt, der von den 35 in Helsinki ausgesprochen worden war) oder ihre Kampagne gegen die Neutronenwaffe zeigte. Auf beiden Seiten erschöpfte sich diese Einsicht jedoch in Wehklagen und propagandistischen Luftballons; sie wurde nicht umgesetzt in substantielle Anstrengungen, die Verhandlungen über einen Abbau der militärischen Konfrontation in Europa wieder flott zu machen.

5.2 *Magere Ergebnisse der KSZE-Folgekonferenz in Belgrad*

Im Nachhinein wirkt die KSZE-Folgekonferenz in Belgrad wie ein Versuch, Unvereinbares auf einen Nenner zu bringen: das westliche Entspannungsziel, eine schrittweise Annäherung der getrennten Teile zu errei-

171 Vgl. Gasteyger, Europa zwischen Helsinki und Belgrad, a.a.O., S. 4 ff.

172 Vgl. Egon Bahr, Von Moskau über Helsinki nach Wien, in: NG, H. 12, 1975, S. 986–991. In diesem Aufsatz steht der programmatische Satz: »Es gibt keine Entspannung, wenn das Gebiet des Militärischen ausgeklammert bleibt«. (S. 991).

chen, das jedoch auch die Fähigkeit und die Bereitschaft zum Wandel in Richtung auf eine Liberalisierung der autoritären Strukturen in den sozialistischen Staaten einschloß, mit demjenigen des Ostens, das auf Anerkennung und Sanktionierung des Status quo in Europa, vor allem aber auf die Stabilisierung der politischen und gesellschaftlichen Systeme im eigenen Machtbereich gerichtet war.[173] Diese Ausgangslage bestimmte auch die Konferenzstrategie von West und Ost. Die Neun und die Fünfzehn, allen voran die Vereinigten Staaten, versuchten die Schlußakte offensiv zu operationalisieren und über die Herausstellung der individuellen Menschenrechte auch die Ost-West-Beziehungen wieder dynamischer zu gestalten (oder aber die Sowjetuniom zum Offenbarungseid zu zwingen). Sie waren auch nicht bereit, die KSZE-Schlußakte »zerpflücken« zu lassen; nach ihrer Auffassung mußte über alle Teile gleich ausführlich gesprochen werden.

Die Sowjetunion hatte ihr wichtigstes KSZE-Ziel, die Anerkennung des Status quo in Europa, in Helsinki erreicht, wenn sie es auch mit gefährlichen Zugeständnissen erkaufen mußte, wie das Entstehen einer auf individuelle Rechte pochenden Bürgerrechtsbewegung in den osteuropäischen Staaten zeigte. Gleichzeitig hatte sich auf wirtschaftlichem Gebiet erwiesen, daß weder die westlichen Industriestaaten in der Lage waren, den für die ehrgeizigen sowjetischen Modernisierungsziele erforderlichen Kapital- und Technologiebedarf zu befriedigen, noch daß die Systeme der RGW-Staaten die Flexibilität besaßen, um die erforderlichen Wirtschaftsreformen vornehmen und politisch durchstehen zu können. Angesichts der offensiven westlichen Menschenrechtskampagne suchte Moskau daher Zuflucht bei einer Strategie der Schadensbegrenzung. Auf der Strecke blieben die Interessen der neutralen und nichtgebundenen Staaten, die die Schlußakte in Helsinki in der Erwartung unterzeichnet hatten, daß damit die Fortsetzung des Entspannungsprozesses gesichert und ihre Sicherheit

173 Zu den Zielen und Interessen von West und Ost anläßlich der Folgekonferenz in Belgrad vgl. Curt Gasteyger, Die Aussichten der Entspannung. Europa nach dem KSZE-Folgetreffen in Belgrad, in: EA 15/1978, S. 469–476; für eine auf Stellungnahmen der sozialistischen Staaten aufbauende Analyse vgl. Egbert Jahn (in Zusammenarbeit mit Jiri Hromádko), Zur Ambivalenz von Entspannungspolitik nach der KSZE, in: Delbrück u. a., Grünbuch zu den Folgewirkungen der KSZE, a.a.O., S. 57–77; ferner Schissler, US-Menschenrechtspolitik und KSZE, a.a.O.; David S. Broder, Pushing Human Rights: To what Consequence? In: IHT, 17. 6. 1977; Metthew Nimetz, Das Belgrader Treffen als Etappe im KSZE-Prozeß. Eine Bewertung aus amerikanischer Sicht, in: EA 13/1978, S. 379–386; Victor-Yves Shebali, Le bilan intérimaire de la C.S.C.E. à la veille de Belgrade, in: Politique Etrangère, Nr. 2, 1977, S. 109–153.

und ihr Handlungsspielraum vis-à-vis den Blöcken gewährleistet sein würden.[174]
Eine Kombination von westlicher Zielstrebigkeit und Hartnäckigkeit mit östlicher Scheu, bereits das Vorbereitungstreffen scheitern zu lassen und sich damit den Vorwurf eines KSZE-Boykotts zuzuziehen, sowie die konstruktive Hilfe der neutralen und nichtgebundenen Staaten ermöglichte die Verabschiedung einer detaillierten Tagungsordnungsstruktur für die Belgrader Folgekonferenz durch das zu diesem Zweck eingesetzte Vorbereitungstreffen. Dieses hatte vom 15. Juni bis zum 5. August 1977 in der jugoslawischen Hauptstadt getagt. Auf Bestreben der Neun, die in Abstimmung mit den USA und Kanada handelten, wurden für die Folgekonferenz die Möglichkeit einer ausgewogenen Debatte sowohl über die bisherige Erfüllung der KSZE-Schlußakte als auch über ihre konstruktive Weiterentwicklung geschaffen. Zu den verschiedenen »Körben« sowie zu Mittelmeerfragen und zu Konferenzfolgen wurden »subsidäre Arbeitsorgane« eingesetzt, die eine vertiefte Debatte zu den einzelnen Tagesordnungs-Punkten gewährleisten sollten. Nach der öffentlichen Generaldebatte im Plenum und einer weiteren Plenarwoche sollten Plenum und Arbeitsorgane mindestens acht Wochen lang nebeneinander tagen und dann dem Plenum Bericht erstatten. Der Abschlußbericht sollte dann in Redaktionsgruppen erstellt werden. Als Abschlußdatum wurde der 22. Dezember 1977 in Aussicht genommen; gleichzeitig wurde aber vorgesehen, daß das Treffen seine Arbeit nach der Weihnachtspause weiterführen konnte, wenn dies nötig war. Es sollte jedenfalls nicht beendet werden, ohne daß Einvernehmen über ein Schlußdokument sowie über Ort und Zeitpunkt für ein weiteres Folgetreffen erzielt worden waren.[175] Die Staaten des Warschauer Paktes hatten demgegenüber für eine kurze Generaldebatte und für die Verabschiedung eines primär in die Zukunft weisenden Dokumentes plädiert. Durchgesetzt hatte sich das Konzept einer Arbeitskonferenz auf Botschafterebene nach dem Genfer Muster.[176]

174 Zur KSZE-Folgekonferenz aus der Sicht der N+N-Staaten vgl. Ljubivoje Aćimović; Das Belgrader KSZE-Folgetreffen. Eine Betrachtung aus jugoslawischer Sicht, in: EA 9/1978, S. 271–280.

175 Vgl. das Schlußdokument des Vorbereitungstreffens zur Folgekonferenz der KSZE in Belgrad vom 15. 6.–5. 8. 1977, in: EA 16/1977, S. D 429–434. Die zur Belgrader Folgekonferenz im Europa-Archiv veröffentlichten Beiträge und Dokumente wurden in folgendem Sammelband zusammengefaßt: Hermann Volle u. Wolfgang Wagner (Hrsg.), Das Belgrad Folgetreffen. Der Fortgang des Entspannungsprozesses in Europa. Beiträge und Dokumente aus dem Europa-Archiv, Bonn 1978.

176 Vgl. Günther van Well, Belgrad 1977. Das KSZE-Folgetreffen und seine Bedeutung für den Entspannungsprozeß, in: EA 18/1977, S. 577–585.

Wie zu erwarten war, kam es auf der Belgrader Folgekonferenz zu einer heftigen Kontroverse über die Durchführung der KSZE-Schlußakte, die sich vor allem an der unterschiedlichen Interpretation der Prinzipien VII, »Menschenrechte«, und VI, »Nichteinmischung in die inneren Angelegenheiten«, festhakte. Da einerseits die Sowjetunion weder zu Schuldeingeständnissen noch zu Zugeständnissen in der Menschenrechtsfrage bereit war, und andererseits der Westen eine selektive Diskussion der Schlußakte ablehnte, ging nichts mehr. Diese Widerstände konnten auch die nichtgebundenen Staaten mit der Vorlage von Kompromißtexten nicht überwinden. Übrig blieb eine Einigung auf dem kleinsten gemeinsamen Nenner, ein kurzes abschließendes Dokument, in dem festgehalten wurde, daß weder ein Konsens über den bisher erreichten Grad der Durchführung der Schlußakte, noch über die Vielzahl der der Konferenz unterbreiteten Vorschläge erreicht werden konnte.[177] Die 35 hielten jedoch an ihrer Absicht fest, den KSZE-Prozeß 1980 mit einer zweiten Folgekonferenz fortzusetzen, für die Madrid als Tagungsort in Aussicht genommen wurde. Auch die beiden in Genf von der Schweiz bzw. der Bundesrepublik Deutschland angeregten Expertentreffen, über Methoden der friedlichen Streitschlichtung und über Zusammenarbeit auf dem Gebiet der Wissenschaft, sollten wie geplant stattfinden. Mit der Drohung, andernfalls das Belgrader Treffen platzen zu lassen, hatte Malta die Errichtung eines besonderen »Mittelmeerorgans« der KSZE gefordert; da eine derartige inhaltliche und regionale Ausweitung von allen anderen Staaten abgelehnt wurde, hatte sich schließlich die maltesische Delegation mit dem Zugeständnis eines besonderen Expertentreffens über Probleme des Mittelmeerraumes zufrieden gegeben.
Was waren die Gründe für die Ergebnislosigkeit des Belgrader Treffens? Auf die »Saturierung« der sowjetischen Entspannungspolitik ist bereits

177 Vgl. Abschließendes Dokument des KSZE-Folgetreffens in Belgrad vom 8. 3. 1978, in: EA 8/1978, S. D 246–248; Vorschlag der N+N-Staaten für ein Schlußdokument vom 7. 12. 1977/1. 2. 1978, ebenda, S. 220–223; Sowjetischer Entwurf vom 17. 2. 1978, ebenda, S. 231–237; Entwurf der Neun und der Fünfzehn (ohne Frankreich) vom 21. 2. 1978, ebenda, S. D 237–246. Frankreich hatte an diesem »for the record« vorgelegten Text nicht mitgewirkt, vielmehr am 16. 2. 1978 einen eigenen Entwurf vorgelegt, ebenda, S. D 224–230. Zu den Ergebnissen der Belgrader Folgekonferenz vgl. Bericht des Politischen Ausschusses der Parlamentarischen Versammlung des Europarats vom 11. 4. 1978, Auszug betr. die KSZE-Folgekonferenz in Belgrad, in: EA 8/1978, S. D 382–389; Gerhard Wettig, Die Menschenrechtsproblematik auf der KSZE-Folgekonferenz, in: Aus Politik und Zeitgeschichte, B 27/78, 8. 7. 1978, S. 25–43; The Department of State (Hrsg.), The Belgrade Follow-up Meeting to the Conference on Security and Cooperation in Europe, Oct. 4, 1977 - March 9, 1978, Special Report, Nr. 43, June 1978.

hingewiesen worden, soweit sich diese Ziele in dem – nicht zuletzt von ihr selbst – vorgegebenen KSZE-Rahmen verwirklichen ließen. Das amerikanische Engagement in der Menschenrechtsfrage war grundsätzlicher Art und hatte nur bedingt Bezüge zur KSZE; diese wurde jedoch zum prominentesten Resonanzboden für diese Politik. Die konfrontativen Elemente der amerikanischen Position erfuhren eine weitere Verstärkung durch die Benennung des den (antikommunistischen) Gewerkschaften nahestehenden, in internationalen Verhandlungen erfahrenen und persönlich ehrgeizigen Politikers, Arthur Goldberg, zum amerikanischen Delegationsleiter.

Vielleicht noch entscheidender aber war, daß sich seit Mitte der siebziger Jahre die internationalen Rahmenbedingungen grundlegend verändert hatten. Die Hoffnungen auf eine globale Ost-West-Détente waren verflogen; der Yom-Kippur-Krieg von 1973 hatte die Vergeblichkeit des von Kissinger unternommenen Versuches erwiesen, die Sowjetunion in ein amerikanisch-sowjetisches Regelsystem zum Management internationaler Krisen einzubinden, während das Jackson-Vanick-Amendment zum sowjetisch-amerikanischen Handelsvertrag die Glaubwürdigkeit der Regierung in Washington als verläßlicher Entspannungspartner aus Moskauer Sicht lädiert hatte. Vor dem Hintergrund eines gewandelten innenpolitischen Klimas in den Vereinigten Staaten zeigte sich, daß die Verhandlungen und 1979 der Abschluß des SALT II-Abkommens nicht Krönung, sondern nicht-lebensfähige Nachgeburt der Kissinger'schen Détente-Politik waren. Aus dieser Verschlechterung der internationalen Großwetterlage blieb zwar Europa vorerst ausgespart, aber es wurde auch deutlich, daß Entspannungsfortschritte nicht ohne konstruktive Mitwirkung der beiden Supermächte möglich waren.

Die aktive Rolle der amerikanischen Regierung bei der Belgrader Folgekonferenz und die von ihr vertretene Menschenrechtspolitik führten zu einigen Reibungspunkten in den westeuropäisch-amerikanischen Beziehungen. Nach der Amtsübernahme der Carter-Regierung im Januar 1977 waren diese angesichts unterschiedlicher wirtschafts- und energiepolitischer Prioritäten sowieso nicht ohne Spannungen.[178] Die unmittelbare Folge des aktiven Auftretens der amerikanischen Delegation in Belgrad

178 Anlaß der Spannungen in den amerikanisch-europäischen Beziehungen war die Forderung Washingtons, die Bundesrepublik sollte durch Ankurbelung ihrer Wirtschaft die anderen Industriestaaten aus der Rezession ziehen (sogen. »Lokomotivtheorie«), und die amerikanische Kritik an der Nuklearexportpolitik Bonns und Paris', vgl. z. B. Marion Dönhoff, Bonn and Washington: The Strained Relationship, in: FA, Bd. 57, Nr. 5 (Sommer 1979), S. 1052–1064.

war eine teilweise Verlagerung der internen Abstimmungsprozesse von der EPZ in NATO-Gremien, wenn auch der Rahmen der Neun weiterhin dazu diente, westeuropäische Positionen zu klären und Entwürfe vorzubereiten, ehe diese von den Neun mit der amerikanischen Delegation abgestimmt wurden. Dies hatte aber auch zur Folge, daß die Neun in Belgrad weniger geschlossen auftraten als in Genf; in der entscheidenden Phase der Vorlage von Entwürfen für ein Schlußdokument Frankreich sogar aus dem EG-Kontext ausscherte, da es den harten Kurs der Amerikaner nicht mitmachen und stattdessen die östliche Kompromißbereitschaft mit einem eigenen Entwurf testen wollte.
Die starre Haltung der Sowjetunion bewirkte andererseits auch ein stärkeres Heranrücken der Vertreter der neutralen und nichtgebundenen Staaten (N + N-Staaten) an die westlichen Delegationen, so daß in den entscheidenden Fragen die fünf Kernstaaten des Warschauer Paktes (ohne Rumänien) mit einer nahezu einmütigen Haltung der restlichen 29 Delegationen konfrontiert waren. Angesichts des bei der KSZE vereinbarten Konsensprinzips brauchte Moskau zwar nicht fürchten, von den anderen Staaten überstimmt zu werden; anstatt die Grundsteine für ein neues europäisches Sicherheitssystem legen zu können, war der sowjetische Einfluß auf der KSZE auf eine Vetoposition zusammengeschrumpft.

5.3 *Bonn zwischen ostpolitischen Wünschen und westpolitischen Zwängen*

Der Zwang zur Solidarität mit den NATO-Verbündeten einerseits, und der Wunsch nach Fortsetzung der Entspannungspolitik mit der Sowjetunion und den osteuropäischen Staaten andererseits schränkte den Handlungsspielraum der Bundesrepublik beträchtlich ein, so daß ihre Haltung auf der Folgekonferenz in Belgrad eher durch Unauffälligkeit als durch besonderen Initiativenreichtum gekennzeichnet war. Besonders deutlich zeigte sich dies in der Menschenrechtsfrage, wo Bonn die östlichen Praktiken, insbesondere die Dissidentenverfolgungen, zwar scharf verurteilte und auch ein unter Federführung der USA entstandenes Arbeitspapier über die Verwirklichung des siebten Prinzips miteinbrachte, gleichzeitig aber nach Wegen suchte, um abseits vom Licht der Öffentlichkeit auch weiterhin konkrete Verbesserungen für die Menschen, vor allem im geteilten Deutschland, zu erreichen. Die Bundesregierung wollte die Ergebnisse ihrer bisherigen Entspannungspolitik retten. Zum einen suchte sie diese vor dem vor allem in den Vereinigten Staaten und von der CDU/CSU-Opposition erhobenen Vorwurf abzuschirmen, sie gebe die humanitären Werte des Westens preis, ohne eine wirkliche Entspannung zu erreichen, da die Sowjetunion nicht zu grundlegenden Änderungen ihrer Politik bereit sei. Zum anderen sah sie die Gefahr, daß ein Herumreiten auf der Menschenrechtsfrage zur völligen Verhärtung der östlichen Positionen führen und dann auch die »kleine Entspannung« in Mitteleuropa nicht mehr möglich sein werde.

Die Polarisierung des Konferenzgeschehens in Belgrad ließ jedoch für eine mittlere Position keinen Raum: weder für die neutralen und nichtgebundenen Staaten, die diese erfolgreich in Genf und Helsinki gespielt hatten, noch für Frankreich, das dies in Belgrad mit der Vorlage eines eigenen Kompromißpapiers versuchte, und erst recht nicht für die Bundesregierung und das von Außenminister Genscher geleitete Auswärtige Amt, die unter allen Umständen zusätzliche politische Reibungsflächen mit den Vereinigten Staaten vermeiden wollten. Als die Sowjetunion und ihre Verbündeten den Spieß umkehrten und dem Westen ihrerseits Menschenrechtsverletzungen vorwarfen, sah sich Bonn neben Washington auf die Anklagebank gesetzt und mit massiver Kritik gegen »Berufsverbote« und »Terroristengesetze« eingedeckt.[179]

Wie der Breschnjew-Besuch im Mai 1978 in Bonn und die verschiedenen im darauffolgenden Jahr mit der DDR abgeschlossenen Vereinbarungen zeigten, wirkte sich die in Belgrad sichtbar gewordene Verschlechterung des Ost-West-Verhältnisses in der Praxis jedoch nicht negativ auf die Beziehungen der Bundesrepublik zur Sowjetunion und den osteuropäischen Staaten aus. Hinzu kam, daß sich in dieser Phase die Bonner Entspannungsinitiativen auf Fragen der militärischen Sicherheit und Rüstungsbeschränkung konzentrierten. Allerdings waren bei den Wiener MBFR-Verhandlungen nur kleine Fortschritte zu verzeichnen, von einem Durchbruch waren diese noch weit entfernt.[180]

Insgesamt gesehen blickte die Bundesregierung mit gemischten Gefühlen auf Belgrad zurück.[181] Weder hatten grundsätzliche Positionen des We-

179 Die Bundesregierung reagierte auf diese Vorwürfe mit der Vorlage eines eigenen Menschenrechtsberichtes, vgl. Der Schutz der Menschenrechte in der Bundesrepublik Deutschland. Ein Bericht der Bundesregierung, in: Bulletin, Nr. 27, 15. 3. 1978, S. 252–254; ferner Auswärtiges Amt (Hrsg.), Menschenrechte in aller Welt, Konventionen, Erklärungen, Perspektiven. Dokumentation, Bonn, o. J.

180 Vgl. unten, Kap. VI.

181 Vgl. die Ausführungen von Staatssekretär Günther van Well in seiner Schlußerklärung auf dem KSZE-Treffen in Belgrad am 9. 3. 1978, in: Bulletin, Nr. 27, 15. 3. 1978, und EA 8/1978, S. D 253–258; ferner Gerhard Wettig, Sicherheitspolitik und KSZE-

stens und der Bundesrepublik aufgegeben werden müssen – wenn man davon absieht, daß es nicht gelungen war, die »Moro-Formel« durchzusetzen (d. h. eine von den anderen Teilnehmern zumindest geduldete offizielle Mitwirkung der Europäischen Gemeinschaft an den Verhandlungen) – noch hatte die dort zutage getretene Polarisierung negative Auswirkungen auf die Ostpolitik der Bundesrepublik gehabt. Andererseits waren jedoch deutliche Risse in der westlichen Haltung gegenüber dem Warschauer Pakt sichtbar geworden. Vor allem aber erwies es sich für Bonn immer schwieriger, den bilateralen Entspannungsdialog mit Moskau und Ostberlin in einem multilateralen Kontext abzusichern und damit gegen Verdächtigungen abzuschirmen, Bonn sei auf dem Weg zur »Selbstfinnlandisierung« oder strebe ein »Renversement des alliances« an.
Das Scheitern des ersten KSZE-Folgetreffens wirkte sich für Bonn weniger am Konferenztisch in Belgrad, als wenige Monate später beim Breschnjew-Besuch in der Bundesrepublik negativ aus.[182] Ohne eine gleichgerichtete Entspannungspolitik der Partner fehlte der multilaterale Rahmen, der Bonn vor dem Vorwurf bewahrte, es unternehme einen Alleingang nach Osten. Spätestens mit der Intervention der Sowjetunion in Afghanistan im Dezember 1979 hatte die KSZE für Bonn ihre instrumentielle Wirkung als multilaterale Verstrebung der bundesdeutschen Ostpolitik eingebüßt. Angesichts der sowjetischen Vorgehensweise und der Diskussion darüber, wie der Westen auf diese reagieren sollte, wurde deutlich, daß dieser nicht mehr über eine gemeinsame Grundlage für die Fortführung einer aktiven Entspannungspolitik verfügte.[183]

Treffen Belgrad, in: AP, H. 3, 1978, S. 287–296; ferner Olaf Ihlau, »Da läßt sich nichts mehr holen«. KSZE-Folgetreffen: Endphase ohne Lichtblicke, in: SZ 13. 2. 1978; Eduard Neumaier, Am Ende Treffer für die Sowjets. Die Verhandlungsstrategie des Westens ist nicht aufgegangen, in: ZEIT, 10. 3. 1978.

182 Zum Breschnjew-Besuch in Bonn vgl. die Dokumentation in: EA 18/1978, S. D 510–516.

183 Nach der sowjetischen Intervention in Afghanistan setzte in der Bundesrepublik eine lebhafte Debatte darüber ein, welche Folgen das Vorgehen Moskaus auf die Ost- und Entspannungspolitik haben würde und ob Entspannung teilbar sei, vgl. z. B. die Ausführungen von Schmidt, Kohl u. Genscher in der Afghanistan-Debatte des Deutschen Bundestages am 17. 1. 1980, in: DBT/VIII/196, S. 15578–15584, 15584–15593 u. 15593–15600; ferner Richard Löwenthal, Die Rote Armee in Kabul: Ende der Entspannung? In: ZEIT, 11. 1. 1980; Theo Sommer, Die Spannung muß teilbar bleiben. Afghanistan und die Folgen: Droht wieder ein Kalter Krieg? In: ZEIT, 11. 1. 1980; Hans-Peter Schwarz, Das Ende aller Sicherheit. Die Weltpolitik nach dem Überfall auf Afghanistan, in: Die Politische Meinung, H. 188, 1980, S. 7–15.

6. *Madrid und die Krise des europäischen Entspannungsprozesses*

Nach den mageren Ergebnissen der ersten Folgekonferenz stellte sich die Frage, wie der KSZE-Prozeß weitergehen sollte. Würde sich die Polarisierung von Belgrad in Madrid wiederholen und zum vollständigen Scheitern des europäischen Entspannungsprozesses führen? Oder würde es möglich sein, im KSZE-Kontext Bereiche paralleler Interessenlagen zu identifizieren, in denen ein sachbezogener Gedankenaustausch und schließlich Vereinbarungen möglich wären?
Ein erster Test waren die drei Expertentreffen über wissenschaftliche Fragen, über Methoden der friedlichen Streitschlichtung und über Zusammenarbeit im Mittelmeerraum, die 1978 und 1979 stattfanden. Alle drei Konferenzen, die wenig internationale Aufmerksamkeit erregten, verliefen ohne dramatische Ost-West-Konfrontationen; aber auch, ohne die Zusammenarbeit in Europa substantiell voran zu bringen. Am ausgeprägtesten waren die Meinungsverschiedenheiten zwischen Ost, West und nichtgebundenen Staaten in Montreux, wo der schweizerische Vorschlag für ein europäisches System obligatorischer Streitschlichtung an – allerdings in Ost und West unterschiedlich ausgeprägten – nationalen Souveränitätsvorbehalten scheiterte. Die meiste Substanz enthielt das Schlußdokument des Mittelmeertreffens in La Valetta, bei dem sich allerdings Malta mit seinen Sonderwünschen nicht durchsetzen konnte und das zudem vom Nahost-Konflikt überschattet wurde. Bei diesem Treffen wurden auf westliche Entwürfe zurückgehende Vorschläge für eine intensivere Zusammenarbeit auf wirtschaftlichem, wissenschaftlichem und kulturellem Gebiet zwischen den Mittelmeer-Anrainern verabschiedet. Auf dem Expertentreffen in Bonn wurde die Tagesordnung für ein »Wissenschaftliches Forum« vereinbart, das dann vom 18. 2 .–3. 3. 1980 in Hamburg stattfand. Dieses Forum war das erste Ost-West-Treffen nach der sowjetischen Intervention in Afghanistan. Bemerkenswert war in Hamburg die Bereitschaft aller Staaten zum sachlichen Gedankenaustausch und die hohe Toleranzschwelle, mit der Moskau die westliche Kritik an den Verstößen gegen den »Geist von Helsinki« (insbesondere an der Verbannung des Nobelpreisträgers Andrej Sacharow) aufnahm und seine Bereitschaft unter Beweis zu stellen suchte, den KSZE-Prozeß ungeachtet der internationalen Spannungen fortzusetzen.[184]

184 Vgl. Bericht über ein Treffen von Experten der KSZE-Teilnehmerstaaten in Bonn vom 20. 6.–28. 7. 1978 zur Vorbereitung eines Wissenschaftlichen Forums, in: EA 17/1979,

Ebenso wie die Sowjetunion hatte auch die Mehrzahl der westlichen und nichtgebundenen Staaten ein Interesse daran, den KSZE-Prozeß fortzusetzen oder zumindest einen entsprechenden Versuch zu unternehmen. Dabei wurden deutliche Unterschiede zwischen denjenigen deutlich, die keine großen Erwartungen hinsichtlich der Resultate eines weiteren Folgetreffens hegten, und jenen, die sich von der Konferenz in Madrid neue Impulse für den Entspannungsdialog versprachen. Die USA, Kanada, Großbritannien und Portugal sahen in der zweiten Folgekonferenz im wesentlichen eine Möglichkeit, um Moskau und seine Verbündeten wegen der sowjetischen Intervention in Afghanistan und den fortwährenden Verletzungen der Menschenrechte vor der Weltöffentlichkeit zurechtweisen zu können. Da sie nicht erwarteten, daß die östlichen Staaten zu substantiellen Zugeständnissen bereit sein würden, traten sie für eine minimalistische Lösung ein, d. h. für ein Kommuniqué, in dem wie in Belgrad lediglich die Tatsache des Meinungsaustausches sowie die dabei aufgetretenen Meinungsverschiedenheiten erwähnt wurden.

Die Neun wollten die Madrider Folgekonferenz dazu benutzen, um den multilateralen Entspannungsdialog wieder in Gang zu bringen, dem sie einen stabilisierenden Faktor in der europäischen Entwicklung zumaßen. Sie wollten in Madrid nichts beschönigen, aber auch unfruchtbare Polemik vermeiden. Um ein substantielles Schlußdokument zu erreichen, bereiteten sie eine Reihe von über die Schlußakte von Helsinki hinausgehende Vorschläge vor, über die in Madrid gesprochen werden sollte. Auf Initiative Frankreichs, das im Mai 1978 – also unmittelbar nach der Belgrader Folgekonferenz – den Vorschlag einer europäischen Abrüstungskonferenz gemacht hatte,[185] wurden dabei verstärkt Fragen der Sicherheit

S. D 442–444; Bericht über ein Treffen von Experten der KSZE-Teilnehmerstaaten in Montreux vom 31. 10.–11. 12. 1978 über eine Methode der friedlichen Regelung von Streitfällen, in: EA 17/1979, S. D 445–446; Bericht über ein Treffen von Experten der KSZE-Teilnehmerstaaten in Valetta vom 13. 2.–26. 3. 1979 über Zusammenarbeit im Mittelmeerraum, in: EA 17/1979, S. D 446–450; Bericht über die Tagung des Wissenschaftlichen Forums der KSZE-Teilnehmerstaaten in Hamburg vom 18. 2.–3. 3. 1980, in: EA 9/1980, S. D 225-232. In Anbetracht des Fehlens von Sekundärliteratur sei auch auf die verschiedenen, von der Arbeitsgruppe CSCE der EPZ erstellten Bewertungen verwiesen, z. B. Cooperation Politique Européenne, Groupe de travail CSCE, Analyse des Resultats du Forum Scientifique, CSCE (80) 3/ Rev. 1/15. 4. 1980.

185 Vgl. das Memorandum der französischen Regierung vom 19. 5. 1978 an die Teilnehmerstaaten der KSZE mit dem Vorschlag einer Abrüstungskonferenz in Europa (KAE), in: EA 18/1980, S. D 506–509. Bereits im Jan. 1978 hatte Frankreich seine Absicht angekündigt, eine derartige Initiative zu ergreifen, vgl. Erklärung der französischen Regierung zur Abrüstungsfrage vom 25. 1. 1978, in: Informationsblätter der französischen Botschaft, Nr. 1, Januar 1978; vgl. ferner David S. Yost, Rüstungskon-

in den KSZE-Prozeß einbezogen. Neben einer Bestätigung der Prinzipien der Schlußakte, Erleichterungen im Ost-West-Handel und Verbesserungen in den humanitären Fragen setzten die Westeuropäer sich vor allem dafür ein, daß von den 35 in Madrid ein konkretes Mandat für eine europäische Abrüstungskonferenz verabschiedet werden würde.
Auch in Madrid bewährten sich die innerwestlichen Abstimmungsprozesse im großen und ganzen. Die Koordinierung war seit Genf jedoch komplizierter geworden. Durch die gestiegene Bedeutung der Sicherheitsfragen hatte sich ein Teil der Konsultationen in die NATO verlagert; damit waren aber auch die Schwierigkeiten gewachsen, angesichts der unterschiedlichen Interessen z. B. der USA und Kanadas auf der einen Seite, Frankreichs und der Bundesrepublik auf der anderen, zu einer Einigung zu kommen. Probleme der »Körbe« II und III wurden wie bisher im Kreis der Neun im Politischen Komitee, in der Arbeitsgruppe KSZE der EPZ oder im Ausschuß der Ständigen Vertreter (COREPER) unter Einbeziehung von Vertretern der EG-Kommission abgestimmt. Aufgrund der unterschiedlichen Bewertung der Ost-West-Beziehungen kam es gelegentlich zu Problemen mit Großbritannien, die dann zu einer Position des kleinsten gemeinsamen Nenners führten. Dennoch hatte die Zusammenarbeit der Neun nicht an Intensität eingebüßt, wenn auch Akzentverschiebungen in ihrer Politik festzustellen waren, je nachdem welches Land die Präsidentschaft inne hatte und damit die »Sprachregelung« beeinflussen konnte. Zum dritten bot Madrid der Bundesrepublik die Möglichkeit, sich in den von Frankreich geführten und durch die Diskussion über das Projekt einer europäischen Abrüstungskonferenz geprägten Entspannungsgeleitzug wieder einzuordnen – damit konnte der in Belgrad sichtbar gewordene Prioritätenkonflikt zwischen Entspannungs- und Sicherheitspolitik überbrückt werden, wenn auch – für alle Beobachter sichtbare – Bewertungsunterschiede zu den angelsächsischen Staaten hinsichtlich des Nutzens des KSZE-Prozesses bestehen blieben.
Auch diesmal trat die Gruppe der neutralen und nichtgebundenen Staaten relativ geschlossen auf und setzte sich für einen gehaltvollen Schlußtext mit substantiellen Vorschlägen, und zwar einschließlich eines Mandates

trolle im KSZE-Prozeß. Zum Stand der Verhandlungen über ein Mandat für eine Konferenz über Abrüstung in Europa auf dem Madrider Folgetreffen, in: EA 18/1982, S. 545–553. Die Neun und die Fünfzehn machten sich diesen Vorschlag im Vorfeld der Madrider KSZE-Folgekonferenz zu eigen, vgl. Erklärung der Außenminister der EG vom 20. 11. 1979 zum französischen Vorschlag einer Abrüstungskonferenz in Europa, in: EA 18/1980, S. D 509–510; Kommuniqué über die Tagung des NATO-Ministerrates vom 14. 12. 1979, in: EA 2/1980, S. D 38–43 (40).

für eine europäische Abrüstungskonferenz, ein. Zu diesem Zweck legten sie verschiedene Vorschläge sowie in zwei kritischen Phasen der Konferenz - im März und im Dezember 1981 - Entwürfe für ein Schlußdokument vor.[186] Sie taten dies aus der Einsicht heraus, daß sie bei einem Zusammenbruch des Entspannungsdialoges am meisten zu verlieren hatten, da ihr Handlungsspielraum zu einem guten Teil davon abhing, daß sie nicht unaufhörlich zur Parteinahme für die eine oder andere Seite gezwungen sein würden.

Auch die Sowjetunion und die Warschauer-Pakt-Staaten strebten ein positives Ergebnis der KSZE an. Ihr Interesse war es vor allem, die Probleme einer militärischen Entspannung durch entsprechende Vorschläge, z. B. durch ein Verbot des Ersteinsatzes von Kernwaffen, die Nichterweiterung der bestehenden Bündnisse und die Ausweitung der vertrauensbildenden Maßnahmen zu thematisieren. Diese Vorschläge waren in erster Linie als Gegenzug zu dem NATO-Doppelbeschluß vom Dezember 1979 zu verstehen und sollten die Gegner einer Stationierung von taktischen Nuklearwaffen im Westen stärken. In Madrid legte die polnische Delegation außerdem einen Vorschlag über die Einberufung einer Konferenz über militärische Entspannung und Abrüstung in Europa vor, der zahlreiche Berührungspunkte mit dem französischen Vorschlag einer europäischen Abrüstungskonferenz aufwies.[187] Um einen Verhandlungsauftrag für eine Konferenz dieses Typs zu erreichen, waren die östlichen Staaten zu Zugeständnissen in Bezug auf den »Korb III« der Schlußakte bereit.

Im Hinblick auf die Fortführung des KSZE-Prozesses gab es auch im Osten unterschiedliche Auffassungen. Während dieser, vor allem die Instrumentalisierung der Menschenrechtsfrage durch die NATO-Staaten,

186 Vgl. den Vorschlag der Delegationen Österreichs, Zyperns, Finnlands, Liechtensteins, San Marinos, Schwedens, der Schweiz und Jugoslawiens: Entwurf eines abschließenden Dokuments des Madrider Treffens 1980 der KSZE-Teilnehmerstaaten, Informelles Konferenzpapier, 31. 3. 1981; ferner Vorschlag der Delegationen Österreichs, Zyperns, Finnlands, Liechtensteins, San Marinos, Schwedens, der Schweiz und Jugoslawiens: Entwurf des abschließenden Dokuments des Madrider Treffens 1980 der KSZE-Teilnehmerstaaten, CSCE/RM. 39, 16. 12. 1981.

187 Vgl. Vorschlag der Volksrepublik Polen über die Einberufung einer Konferenz über militärische Entspannung und Abrüstung in Europa, CSCE/RM. 6, 8. 12. 1980. Bereits im Mai 1979 hatte der Warschauer Pakt die Einberufung einer solchen Konferenz vorgeschlagen und diesen Vorschlag im Dezember 1979 erweitert und konkretisiert, vgl. Kommuniqué über die Tagung des Außenministerkomitees des Warschauer Paktes in Budapest am 14. u. 15. 5. 1979, in: EA 13/1979, S. D 329–332; Kommuniqué über die Tagung des Komitees der Außenminister des Warschauer Paktes in Ost-Berlin am 5. u. 6. 12. 1979, in: EA 2/1980, S. D 49–55; ferner Adam Daniel Rotfeld, Vertrauensbildende Maßnahmen in und für Europa, in: Polnische Perspektiven, Nr. 5, 1981, S. 21–31.

für die Sowjetunion lästig geworden war, wollten einige der osteuropäischen Staaten, z. B. Polen, diesen gerne fortsetzen, da er auch ihren Handlungsspielraum erweiterte, indem er ihnen die Möglichkeit eines vertieften Dialoges mit westlichen und nichtgebundenen Staaten bot und zugleich der Sowjetunion ein gewisses Maß an Zurückhaltung auferlegte, wenn diese nicht vor aller Öffentlichkeit in einen zu deutlichen Widerspruch zu den KSZE-Prinzipien geraten wollte.
Obwohl bei allen 35 Staaten ein mehr oder minder großer Wille vorhanden war, der zweiten KSZE-Folgekonferenz zum Erfolg zu verhelfen, zumindest aber keinen Eklat zu provozieren, wäre beinahe bereits das Vorbereitungstreffen gescheitert, da es zunächst nicht gelang, eine Einigung über die Tagesordnung der Hauptkonferenz zu erzielen. Wiederum wollte Moskau möglichst wenig Zeit auf die Diskussion über die Implementierung der Schlußakte verwenden, um den westlichen Vorwürfen über ihre Verletzung zu entgehen, während der Westen, insbesondere die Vereinigten Staaten, erst nach einer ausführlichen Debatte über die Erfüllung der KSZE-Beschlüsse bereit waren, über neue Vorschläge zur Vertiefung der Zusammenarbeit in Europa zu sprechen. In buchstäblich letzter Minute, unter Anhalten der Uhren, gelang ein Kompromiß, der sich am in Belgrad praktizierten Verfahren orientierte und eine offizielle Eröffnung der KSZE-Folgekonferenz in Madrid am 11. November 1980 erlaubte.[188]
Wie vorauszusehen, begann die Konferenz mit einer wenig ergiebigen Debatte über Erfüllung bzw. Nichterfüllung der KSZE-Schlußakte, in der die westlichen Staaten die sowjetische Intervention in Afghanistan als einen flagranten Verstoß gegen die Prinzipien von Helsinki verurteilten und Moskau die Bemühungen der Sowjetunion und der anderen sozialistischen Staat um Frieden und Abrüstung herausstellte.[189] Wie in der Tagesordnung festgelegt, wurden in der fünften und sechsten Woche dann Vorschläge zu den drei Körben, »Sicherheit«, »Wirtschaftliche

188 Vgl. Schlußdokument des Vorbereitungstreffens zum Folgetreffen der KSZE in Madrid vom 9. 9.–10. 11. 1980 (Datierung des Originaldokumentes: 14. 11. 1980), in: EA 3/1981, S. D 54–59; Offene Gegensätze auf der KSZE-Konferenz, in: FAZ, 25. 9. 1980; Gustav Chalupa, In Madrid wurden die Uhren angehalten . . . In: Tsp., 12. 11. 1980; wha (Walter Haubrich), Doch noch Einigung über Tagesordnung in Madrid, in: FAZ, 15. 11. 1980.

189 Vgl. die Erklärungen in der ersten (öffentlichen) Phase des Madrider Folgetreffens der KSZE (Auszüge), in: EA 3/1981, S. D 60–108. Zur Haltung der Bundesrepublik vgl. die Erklärung von Außenminister Hans-Dietrich Genscher vom 13. 11. 1980, ebenda, S. D 75–81, und Bulletin, Nr. 120, 18. 11. 1980, S. 1019–1023; ferner Afghanistan das beherrschende Thema in Madrid. Scharfe Kritik an der Sowjetunion, in: FAZ, 14. 11. 1980; Siegfried Löffler, Fundamentale Ost-West-Gegensätze wurden deutlich, in: Tsp., 15. 11. 1980.

Zusammenarbeit« und »Humanitäre Fragen«, sowie zu Problemen des Mittelmeerraumes und zu den Konferenzfolgen vorgelegt.[190] Auf einer Reihe von Gebieten wurden im Verlauf des Jahres 1981 konkrete Fortschritte erzielt, so z. B. beim Ost-West-Handel, wenn auch dieser Bereich durch die nach dem sowjetischen Einmarsch in Afghanistan von den Vereinigten Staaten verhängten Sanktionen belastet blieb. Angesichts der sowjetischen Kompromißbereitschaft war auch eine Annäherung der Standpunkte bei Einzelmaßnahmen zur Verbesserung der Zusammenarbeit in humanitären und anderen Bereichen zu verzeichnen.[191]
Im Mittelpunkt der Diskussionen auf dem Madrider Treffen stand jedoch das Projekt einer europäischen Abrüstungskonferenz (KAE). Nach dem Scheitern der Belgrader Folgekonferenz suchte Paris nach Wegen, um den europäischen Entspannungsdialog von den Menschenrechtsklippen wieder frei zu bekommen. Frankreich begriff seinen Vorschlag durchaus auch als Alternative zum KSZE-Prozeß; erst die Unterstützung, die dieser seitens der Neun fand, ließ ihn in den KSZE-Rahmen einmünden. Auch der Warschauer Pakt begriff seinen 1979 formulierten Gegenvorschlag einer Konferenz über militärische Entspannung und Abrüstung sowohl als Alternative wie als Ergänzung des KSZE-Prozesses. Beide Seiten schlugen ein etappenweises Vorgehen vor. In einer ersten Konferenzphase sollten primär die in Helsinki vereinbarten vertrauensbildenden Maßnahmen ergänzt und verstärkt werden, z. B. durch einen Austausch militärischer Daten, die Offenlegung der Verteidigungshaushalte, die vorherige Ankündigung militärischer Bewegungen und eine Begrenzung von Manövern. Nach dem französischen Plan sollten in einer zweiten Phase dann über eine Begrenzung und Reduzierung der in Europa dislozierten Land- und Luftstreitkräfte (die See- und Nuklearstreitkräfte wurden ausgeklammert) verhandelt werden. Alle Maßnahmen sollten explizit sich auf ganz Europa erstrecken, d. h. eine Region umfassen, die vom Atlantik bis zum Ural reichen würde.[192] In den ersten östlichen Vorschlägen sollten

190 Vgl. die vom Exekutivsekretariat der KSZE zusammengestellte Liste der Vorschläge, CSCE/RM/Inf. 4, 27. 1. 1981.

191 Vgl. Jürgen Nötzold, Die zweite KSZE-Folgekonferenz in Madrid, in: AP, H. 2, 1982, S. 138–146; Siegfried Löffler, Der Durchbruch in Madrid blieb bisher aus, in: Tsp., 30. 7. 1981; ders., Kein Fortschritt in Madrid, in: Tsp., 8. 11. 1981; James M. Markham, Grateful for a Few Small Victories, Western Diplomats Leave Madrid, in: IHT, 16. 3. 1982.

192 Vgl. Benoit d'Aboville, Le projet de Conférence européenne sur le désarmement et l'échéance de Madrid, in: Pierre Lellouche (Hrsg.), La sécurité de l'Europe dans les années 80. Les relations Est-Quest et le théatre européen, Paris 1980, S. 393–403; ferner Wilhelm Bruns, Europäische Abrüstungskonferenz und KSZE-Prozeß, in: NG,

in der zweiten Phase vor allem die in Europa stationierten Nuklearwaffen reduziert werden. In dem von Polen im Dezember 1980 vorgelegten Dokument wurde jedoch dann offen gelassen, auf welche Arten von Streitkräften und Rüstungen sich die Reduzierungen erstrecken sollten. Auch Jugoslawien, Rumänien und Schweden unterbreiteten in Madrid eigene Vorschläge für eine europäische Abrüstungskonferenz. Rumänien, das primär Stationierungs- und Dislozierungsbeschränkungen vorschlug, strebte als Fernziel ein militärisches Disengagement der Großmächte in Europa an, während Schweden sich bei seinen Vorschlägen, die sich auch auf die nuklearen Waffensysteme bezogen, an alten Plänen für eine kernwaffenfreie Zone in Europa orientierte.
Strittig war auf dem KSZE-Folgetreffen nicht das »ob« einer derartigen Konferenz, sondern das »wie«. Die NATO-Staaten bestanden darauf, daß in Helsinki ein konkretes Mandat für eine solche Konferenz ausgearbeitet werden sollte, während der Warschauer Pakt dies weitgehend offen lassen bzw. eine Festlegung einem besonderen Vorbereitungstreffen übertragen wollte. Für die vertrauensbildenden und sicherheitsschaffenden Maßnahmen (VBSM), über die auf einer solchen Konferenz verhandelt werden sollte, hatten die NATO-Staaten vier Kriterien aufgestellt:

- VBSM müssen militärisch bedeutsam sein;
- VBSM müssen politisch verpflichtend sein;
- VBSM müssen verifizierbar sein;
- VBSM müssen den gesamten europäischen Bereich umfassen.[193]

Während die ersten drei Kriterien konsensfähig waren – jedenfalls in der Form allgemeiner Prinzipien –, hakten sich die Verhandlungen an der Forderung des Westens fest, daß der gesamte europäische Teil der Sowjetunion in derartige Verhandlungen und Vereinbarungen einbezogen werden müßte. Moskau wollte dagegen zunächst nur den gleichen Geltungsbereich zugestehen, wie er für die in Helsinki vereinbarten ver-

H. 5, 1981, S. 432–437; Jonathan Alford, Vertrauensbildende Maßnahmen und Sicherheit in Europa, Perspektiven für das Madrider KSZE-Folgetreffen, in: EA 19/1980, S. 589–598; Hans-Günter Brauch, Vertrauensbildende Maßnahmen. Element einer neuen Rüstungskontroll- und Abrüstungsstrategie, in: Aus Politik und Zeitgeschichte, B 19/82, 15. 5. 1982, S. 22–38; Gerhard Wettig, Sicherheitspartnerschaft oder Sicherheitsgegnerschaft? Bilanz aus Anlaß der Vertagung des Madrider KSZE-Folgetreffens, ebenda, S. 3–14.

193 Die erste Formalisierung dieser 4 NATO-Kriterien erfolgte auf der Tagung des NATO-Rates im Juni 1980 in Ankara, vgl. Kommuniqué über die Ministertagung des NATO-Rates in Ankara am 25. u. 26. 6. 1980, in: EA 15/1980, S. D 417–424 (S. D. 421); ferner Bruns, Europäische Abrüstungskonferenz und KSZE-Prozeß, a.a.O., S. 433; Wettig, Sicherheitspartnerschaft oder Sicherheitsgegnerschaft? A.a.O., S. 9.

trauensbildenden Maßnahmen galt, also eine Zone von 250 km östlich der sowjetischen Westgrenze. Auf dem XXVI. Parteitag überraschte Generalsekretär Breschnjew die Weltöffentlichkeit jedoch mit der Ankündigung, daß die Sowjetunion bereit sei, den Anwendungsbereich von vertrauensbildenden Maßnahmen auf den gesamten europäischen Teil ihres Territoriums auszudehnen, wenn die westlichen Staaten zu einer entsprechenden Erweiterung ihres Territoriums bereit seien.[194] Zunächst ließ Moskau offen, was darunter zu verstehen sei, forderte vielmehr den Westen zu einem Angebot auf. Während der weiteren Verhandlungen wurde jedoch deutlich, daß der Warschauer Pakt eine generelle Einbeziehung des Luft- und Seegebietes der europäischen Randmeere und des Atlantiks anstrebte, zwar nicht bis zur amerikanischen Ostküste, aber unter Einschluß der Azoren. Demgegenüber waren die NATO-Staaten nur bereit, militärische Aktivitäten im angrenzenden Seebereich und Luftraum dann einzubeziehen, wenn diese in einem funktionalen Zusammenhang mit den auf der Abrüstungskonferenz zu vereinbarenden militärischen Aktivitäten im Geltungsbereich »ganz Europa« ständen. Damit wurde die Frage des Anwendungsbereiches von VBSM zum Schlüsselproblem der sicherheitspolitischen Verhandlungen in Madrid.

Der Vorschlag Österreichs und sieben anderer N+N-Staaten für ein Schlußdokument der Madrider Konferenz, den diese im Dezember 1981 vorlegten, bot für den Geltungsbereich der auf einer KAE zu verhandelnden vertrauensbildenden und sicherheitsschaffenden Maßnahmen eine Kompromißformel an, die versuchte, den funktionalen Ansatz des Westens mit dem geographischen des Ostens zu verbinden. Auch in einer Vielzahl anderer Fragen enthielt das N+N-Papier konsensfähige Kompromißformulierungen. Danach konnten etwa 80–90 % der Verhandlungsmaterie – unter dem Vorbehalt einer Gesamteinigung – abgehakt werden. In Reichweite schien das vor allem von Bonn verfolgte Ziel, ein ausgewogenes und substantielles Schlußdokument zu verabschieden, das

- ein präzises Konferenzmandat für eine europäische Abrüstungskonferenz vorsah;
- Verbesserungen auf dem Gebiet der wirtschaftlichen Zusammenarbeit enthielt;

194 Vgl. den Rechenschaftsbericht von Generalsekretär Leonid Breschnjew auf dem XXVI. Parteitag der KPdSU vom 23. 2. 1981, in EA 8/1981, S. D 208–219 (S. D 218).

- Fortschritte bei der Erleichterung menschlicher Kontakte, beim Informationsaustausch und bei der kulturellen und wissenschaftlichen Zusammenarbeit ermöglichen würde.

Eine Einigung stand jedoch noch in den folgenden Punkten aus:

- eine Bekräftigung des VII. Prinzips (Grundfreiheiten und Rechte des Menschen), sowie die Vereinbarung eines Treffens von Menschenrechts-Experten;
- die genaue Formulierung des geographischen Anwendungsbereiches von VBSM für das Mandat zu einer »Konferenz über vertrauensbildende und sicherheitsbildende Maßnahmen und Abrüstung in Europa«;
- eine Erklärung zur Verbesserung des Zugangs zu Informationsquellen und zur Nichtausweisung von Journalisten aufgrund ihrer Berichterstattung;
- eine verbindliche Regelung für den ungehinderten Zugang zu den diplomatischen Missionen;
- sowie einige andere Formulierungen auf dem Gebiet der Zusammenarbeit in humanitären anderen Bereichen.

Auch mußte noch eine Vereinbarung über Ort und Zeitpunkt der europäischen Abrüstungskonferenz sowie des nächsten KSZE-Folgetreffens getroffen werden.

Die Zuspitzung der Krise in Polen und die Verhängung des Kriegsrechtes im Dezember 1981 fiel zusammen mit dem Versuch der KSZE-Staaten, in einem konzentrierten Schlußspurt sich auf der Basis des Entwurfs der nichtgebundenen und neutralen Staaten über einen Kompromiß für ein Schlußdokument zu verständigen. Einige Delegationen, darunter diejenige der Bundesrepublik, tadelten zwar die Erklärung des Kriegszustandes in Polen, bemühten sich jedoch gleichzeitig um einen Kompromiß in der Frage eines Schlußdokuments. Bonn war nicht der Auffassung, daß die Verhängung des Kriegsrechtes ein Verstoß gegen die Schlußakte von Helsinki war, wie dies von den Vereinigten Staaten behauptet wurde. Die amerikanische Delegation wollte in Madrid die Verhängung des Kriegszustandes benutzen, um die Sowjetunion in die Defensive zu treiben. Sie beantragte daher eine Sondersitzung der KSZE, auf der über die Polenfrage debattiert werden sollte. Eine solche kam jedoch nicht zustande, da dazu auch die Zustimmung der neutralen und nichtgebundenen – sowie der östlichen Staaten – notwendig gewesen wäre. An ihre Stelle trat der Plan einer Polen-Debatte der KSZE auf der Ebene der Außenminister, die im Februar 1982 stattfand. Diese Debatte wurde durch die Handhabung der Tagesordnung durch den polnischen Vorsitzenden ad absurdum geführt. Das einzige, was erreicht wurde, war ein hohes Maß an Verärgerung bei zahlreichen Staaten, so z. B. Frankreich und Österreich, deren Außenministern das Rederecht verweigert wurde. Damit lief nichts mehr, eine Einigung auf der Basis des N+N-Vorschlages war nicht mehr möglich. Daraufhin wurde die Schweiz von den westlichen und neutralen Staaten veranlaßt, einen Vorschlag für die Vertagung der Konferenz bis zum Herbst vorzulegen. Nach erneuten, schwierigen Verhandlungen vertagte sich dann die Konferenz am 12. März 1982 auf den 9. November – in der Hoffnung, daß bis zu diesem Zeitpunkt das Kriegsrecht in Polen aufgehoben und damit geeignetere Rahmenbedingungen für eine Fortführung des KSZE-Prozesses gegeben wären.[195]

Bei der Wiederaufnahme der Madrider KSZE-Konferenz im Winter 1982/83 hatte sich jedoch weder die Situation in Polen grundlegend gebessert noch war eine Auflockerung in den Ost-West-Beziehungen festzustellen. Die Vereinigten Staaten tendierten daher dazu, eine sinnvolle Fortführung der KSZE-Verhandlungen überhaupt in Frage zu stellen, zumal die Reagan-Administration derartige multilaterale Gespräche eher als »Störfaktor« des bilateral angelegten Verhandlungsdialoges bei INF und start (im Grunde auch bei MBFR) ansah. Auf jeden Fall wollte sie aber Madrid als ein Forum benutzen, um die Sowjetunion und ihre Verbündeten an die Erfüllung ihrer mit der Unterzeichnung der Schlußakte von Helsinki eingegangenen Verpflichtungen, insbesondere auf dem Gebiet der Menschenrechte, zu erinnern und auf deren Einhaltung zu drängen. Die EG-Staaten wollten dagegen den Verhandlungsprozeß wegen Polen nicht weiterhin blockieren. Insbesondere wollten sie ein Mandat für die Einberufung der geplanten Konferenz über vertrauensbildende Maßnahmen und Abrüstung in Europa erreichen, um in Zukunft nicht völlig vom Ost-West-Dialog über sicherheitspolitische Fragen ausgeschlossen zu sein.

Angesichts der Belastung der europäisch-amerikanischen Beziehungen durch den Streit über das Erdgas-Röhrengeschäft mit der Sowjetunion suchte Washington einen neuen Streit mit seinen europäischen Partnern

195 Vgl. James M. Markham, Stalled on Poland, Madrid Talks To Recess Friday Until Autumn, in: IHT, 9. 3. 1982; ders., Madrid Talks Recess Amid Acrimony, in: IHT, 13.–14. 3. 1982; Siegfried Löffler, Selbst um die Pause wurde in Madrid gerungen. KSZE-Folgekonferenz vertagt sich unter dem Druck der polnischen Ereignisse bis zum 9. November, in: Tsp., 14. 3. 1982; wha (Walter Haubrich), Amerikanische Attacken und eine sowjetische Repressalie. Die Vertagung des KSZE-Folgetreffens, in: FAZ, 15. 3. 1982; James M. Markham, Grateful for a Few Small Victories, Western Diplomats Leave Madrid, in: IHT, 16. 3. 1982.

zu vermeiden, die den Wert von Sanktions- und Strafmaßnahmen bezweifelten. Die NATO-Staaten verständigten sich daher darauf, weiterhin am Ziel eines »substantiellen« Schlußdokumentes einschließlich des Mandates für eine KAE festzuhalten. Der Entwurf der N+N-Staaten vom Dezember 1981 war nach ihrer Auffassung jedoch auf dem Gebiet der Menschenrechte ergänzungsbedürftig. Insbesondere sollte nunmehr explizit das Recht auf Bildung freier Gewerkschaften sowie das Streikrecht garantiert, das Recht der Bürger aller Staaten auf Beobachtung der Einhaltung der KSZE-Schlußakte durch die Regierungen gewährleistet sowie das Selbstbestimmungsrecht der Völker bekräftigt werden.[196] Diese Forderungen wurden von den Warschauer Pakt-Staaten als grobe Einmischung in die inneren Angelegenheiten ihrer Länder zurückgewiesen. Die neutralen und nichtgebundenen Staaten setzten ihrerseits sich zwar ebenfalls kritisch mit den Verletzungen der KSZE-Bestimmungen auseinander, versuchten jedoch, einen zügigen substantiellen Abschluß zu erreichen, da durch zusätzliche Forderungen für das Schlußdokument ebenso wie durch eine Verschleppung der Konferenz die Glaubwürdigkeit des KSZE-Prozesses ernsthaften Schaden leiden würde.

Als die Konferenz im Dezember 1982 in die Weihnachtsferien ging, war jedoch noch nicht einmal andeutungsweise zu erkennen, ob, wann und in welcher Form eine Einigung auf ein aussagefähiges Schlußdokument zu erreichen war. Die nach der Verkündung des Kriegsrechtes in Polen aufgetretenen Schwierigkeiten machten erneut deutlich, daß sich der KSZE-Prozeß nicht von der allgemeinen Entwicklung der Ost-West-Beziehungen isolieren ließ. Nachdem die KSZE-Schlußakte mit ihren den Status quo in Europa konsolidierenden Elementen unterzeichnet war, hatte der KSZE-Prozeß für Moskau an Wert als Instrument europäischer Entspannungspolitik verloren; vor allem war die sowjetische Führung nicht mehr bereit, zugunsten seiner Fortführung eine Destabilisierung im eigenen Einflußbereich, sei es durch unabhängige Gewerkschaften in Polen, sei es durch Helsinki-Gruppen im eigenen Land, zu riskieren. Für die Vereinigten Staaten bot die KSZE-Schlußakte mit ihren Aussagen zu Menschenrechten und Bürgerfreiheiten ein ideologisches Instrument in der

196 Vgl. Günther Gillessen, Niemand will das Madrider KSZE-Folgetreffen scheitern lassen, in: FAZ, 6. 11. 1982; Amerika und die europäischen Verbündeten sind sich noch nicht über die Folgerungen aus dem sowjetischen Verhalten einig, ebenda; Udo Bergdoll, NATO-Staaten legen neue Forderungen zur Verwirklichung der Menschenrechte vor, in: SZ, 10. 11. 1982; Werner Herzog, Der Versuch, das Unmögliche zu schaffen, ebenda; Polen Hauptthema in Madrid. Bonns Botschafter auf KSZE-Tagung nennt bisheriges Ergebnis beklemmend, in: SZ, 18. 11. 1982.

wiederbelebten machtpolitischen Auseinandersetzung mit der Sowjetunion, zumal sie sich weder von einer Bekräftigung der KSZE-Prinzipien noch von der Einberufung einer KAE ein Mehr an Sicherheit in Europa versprachen.

Die Verlierer waren die europäischen Staaten, für die der KSZE-Prozeß und die mit ihm einhergehenden bilateralen Abmachungen ein Mehr an Kommunikation und Freizügigkeit über die ideologische Mauer hinweg gebracht hatten. Insofern war die Auflockerung des polnischen Gesellschaftssystemes 1980/81 durchaus auch eine Folge des Entspannungsprozesses, ebenso wie die Zurückhaltung Moskaus bei der Benutzung militärischer Instrumente zu seiner Unterdrückung sicher auch mit Rücksicht auf die Schockwirkung eines derartigen Schrittes in Westeuropa begründet war, der eine Fortführung der KSZE oder einer wie immer gearteten Ost-West-Kooperation für längere Zeit unmöglich gemacht hätte. Für die nichtgebundenen und neutralen Staaten bedeutete das Steckenbleiben des Entspannungsprozesses eine Einschränkung ihres politischen Handlungsspielraumes. Dies wurde u. a. anhand der Schwierigkeiten sichtbar, die diese Staatengruppe im Herbst 1982 hatte, als sie versuchte, sich auf eine gemeinsame Marschroute – insbesondere hinsichtlich der Bewertung der Situation in Polen und der Schuld der beiden Supermächte an der Vereisung der Ost-West-Beziehungen – für die Wiederaufnahme der Madrider Verhandlungen zu einigen. Verlierer war aber auch die Bundesrepublik Deutschland, für die die KSZE über ein Jahrzehnt lang das wichtigste Instrument multilateraler Entspannungspolitik gewesen war.

VI. Die Bemühungen um eine Reduzierung der konventionellen Streitkräfte in Europa (MBFR[1])

1. *Die historischen Entwicklungslinien*

Die militärische Präsenz der Sowjetunion und der Vereinigten Staaten in Mitteleuropa ist neben der Teilung Deutschlands eines der wesentlichsten Strukturmerkmale der europäischen Nachkriegsentwicklung. Alle Vorschläge für eine Rüstungsbeschränkung, die in den fünfziger und in der ersten Hälfte der sechziger Jahre gemacht wurden, sahen folgerichtig in einer Veränderung der militärischen Präsenz der Sowjetunion und der Vereinigten Staaten in Europa einen Schlüssel zur politischen Neugestaltung.[2] Dies galt in gleicher Weise für die verschiedenen Vorschläge Zonen begrenzter Rüstung, wie z. B. die Rapacki- und Gomulka-Pläne sowie die verschiedenen Disengagement-Vorschläge, als auch für jene Programme, bei denen eine Verringerung der Streitkräfte und Rüstungen in Mitteleuropa mit gleichzeitigen politischen Veränderungen, insbesondere mit Schritten zur Wiedervereinigung Deutschlands verknüpft waren.[3] Diese

1 MBFR = Mutual Balanced Force Reductions, beiderseitige ausgewogene Streitkräftereduzierungen. Das Kürzel »MBFR« stand ursprünglich für eine bestimmte Form der Streitkräftereduzierung und wurde in der politischen Diskussion häufig mit einer solchen, unter Betonung militärisch-technischer Gesichtspunkte, synonym gesetzt. Die Erweiterung des sicherheitspolitischen Konzepts zu einem langfristigen politischen Programm, die 1971 von der Bundesregierung vorgenommen wurde, wird mit der Bezeichnung MBFR im engeren Sinne nicht voll erfaßt; andererseits hat sie sich in der westlichen Diskussion so sehr eingebürgert, daß eine Änderung sehr schwierig sein würde. Die Festlegung der NATO auf die Bezeichnung »MBFR« mit den sich daraus ergebenden Implikationen erschwerte jedoch eine Aufnahme dieses Begriffes durch den Warschauer Pakt. Zu Beginn der Wiener Konferenz im Oktober 1973 einigten sich die Verhandlungspartner auf die Bezeichnung MURFAAMCE = Mutual Reductions of Forces and Armaments and Associated Measures in Central Europe. Im allgemeinen Sprachgebrauch wird jedoch weiter das Kürzel »MBFR« (im Westen) oder »MFR« (im Osten) benutzt.

2 Vgl. Uwe Nerlich, Die Rolle beiderseitiger Truppenverminderung in der europäischen Sicherheitspolitik, in: EA 5/1972, S. 161–168; ferner ders., Der Wandel des »europäischen Systems« und die Idee einer gesamteuropäischen Konferenz, in: EA 12/1970, S. 415–423; ders., Zur Struktur und Dynamik europäischer Sicherheitspolitik, in: EA 14/1971, S. 481–494.

3 Für den ersten polnischen Rapacki-Plan vgl. Polnischer Vorschlag über die Errichtung einer kernwaffenfreien Zone in Mitteleuropa vom 2. 10. 1957, Auszug in: Hermann Volle und Claus-Jürgen Duisberg (Hrsg.), Probleme der internationalen Abrüstung. Die Be-

Vorschläge, ebenso wie die globalen Konzepte zur Reduzierung der Rüstungen scheiterten nicht zuletzt an der wechselseitigen Blockade der politischen Zielsetzungen der Großmächte in Europa.
In der zweiten Hälfte der sechziger Jahre führte jedoch die zunehmende Akzeptanz des Status quo in Europa und die vorwiegend aus innenpolitischen Gründen getroffene Neubewertung der Rolle von Stationierungsstreitkräften im Westen zu einer Abschwächung der politischen Zusammenhänge zwischen militärischer Präsenz sowie hegemonialer Stellung einerseits und den Beziehungen der beiden Großmächte zu »ihren« Teilen Deutschlands andererseits. (Die militärische Intervention des Warschauer Paktes im Sommer 1968 in der CSSR unterstrich dagegen die weiterhin große Bedeutung, die Moskau einer Truppenpräsenz zumaß.) Das Ergebnis war eine sich abschwächende Blockierung der Interessenkonstellation der europäischen Hauptmächte, die Aussichten auf eine zunehmende politische Mobilität eröffnete.
Damit wandelte sich auch die Funktion regionaler Rüstungskontrollmaßnahmen. Ihr Ziel war nicht mehr die Veränderung der europäischen Situation, sondern deren Stabilisierung. In der Folge erhielten Vorschläge für eine Truppenreduzierung die Aufgabe, sowohl einseitige westliche Verminderungen der militärischen Präsenz außenpolitisch zu instrumentalisieren als auch die sich anbahnende Ost-West-Entspannung durch die Herstellung eines militärischen Gleichgewichtes auf einer niedrigeren Ebene zu stabilisieren. In diesem Zusammenhang wurde der Vorschlag beiderseitiger, ausgewogener Truppenreduzierungen (MBFR) in der zweiten Hälfte der sechziger und in den siebziger Jahren zum wichtigsten multilateralen Rüstungssteuerungskonzept des westlichen Bündnisses.[4]

mühungen der Vereinten Nationen 1945–1961, Frankfurt/M., Berlin 1964 (Rüstungsbeschränkung und Sicherheit, Band 1/I und 1/II), S. 644–648. Für den Gomulka-Plan vgl. Memorandum der polnischen Regierung betr. das »Einfrieren« der nuklearen Rüstungen vom 29. 2. 1964, in: EA 8/1964, S. D 224–225. Der wichtigste westliche Vorschlag war der erste Eden-Plan, vorgetragen auf der Konferenz der Regierungschefs Frankreichs, Großbritannien, der Vereinigten Staaten und der Sowjetunion in Genf am 18. 7. 1955, in: EA 16/1955, S. 8104–8105. Eine Zusammenstellung dieser Vorschläge ist enthalten in: Eugene Hinterhoff, Disengagement, London 1959; vgl. ferner das britische Abrüstungsmemorandum vom 21. 7. 1955, in: Volle-Duisberg, Probleme der internationalen Abrüstung, a.a.O., S. 464, oder den sowjetischen Entwurf vom 10. 1. 1959 für einen Friedensvertrag mit Deutschland, in: EA 2–3/1959, S. D 21–33.

4 Für einen Überblick über die MBFR-Problematik und -Verhandlungen vgl. Christoph Bertram, Mutual Force Reductions in Europe: The Political Aspects, London 1972 (Adelphi Papers, Nr. 84); Lothar Ruehl, MBFR: Lessons and Problems, London 1982 (Adelphi Papers, Nr. 176); Reinhard Mutz, Konventionelle Abrüstung in Europa. Die Bundesrepublik Deutschland und MBFR, Baden-Baden 1983 (i. E.); ders. (Hrsg.), Die

1.1 *Tendenzen in Richtung auf einseitige westliche Reduzierungen*

In den sechziger Jahren wuchs in den Vereinigten Staaten und in Großbritannien der Druck in Richtung auf eine Verringerung ihrer in Mitteleuropa stationierten Truppen. In den USA hatte der Krieg in Vietnam sowohl die Zahlungsbilanzprobleme verschärft als auch die Position derjenigen im Kongreß gestärkt, die auf einen Abbau des als »overcommitment« empfundenen überseeischen Engagements drängten. Eine besondere Rolle spielten in diesem Zusammenhang die verschiedenen Initiativen von Senator Mansfield, durch die die Regierung in Washington unter Druck gesetzt wurde, ihre Verbündeten, insbes. die Bundesrepublik, zur Übernahme größerer finanzieller und militärischer Lasten im Rahmen der westlichen Verteidigung zu veranlassen.[5] Anderenfalls drohte Washington, seine Truppen in der Bundesrepublik einseitig zu verringern oder zurückzunehmen.

Die Bundesregierung in Bonn sah in der Aufrechterhaltung einer starken militärischen Präsenz jedoch unverändert einen Garanten ihrer Sicherheit wie auch eine Voraussetzung zur Lösung der europäischen Probleme. Mit einseitigen Reduzierungen würde der Westen wertvolle Positionen ohne Gegenleistung aus der Hand geben. Angesichts der nach ihrer Einschätzung unveränderten militärischen und politischen Bedrohung durch den Warschauer Pakt mit seinen überlegenen Streitkräften würde die militärische Sicherheit Westeuropas und der Bundesrepublik geschwächt, ohne daß es gleichzeitig zu Fortschritten in der deutschen Frage und zu einer politischen Entspannung in Europa kommen würde.[6]

Im Oktober 1966 nahmen die Vereinigten Staaten, Großbritannien und

Wiener Verhandlungen über Truppenreduzierungen in Mitteleuropa (MBFR). Chronik, Dokumentation, Bibliographie, Baden-Baden 1983; John G. Keliher, The Negotiations on Mutual and Balanced Force Reductions. The Search for Arms Control in Central Europe, New York u. a., o. J.; William B. Prendergast, Mutual and Balanced Force Reduction. Issues and Prospects, Washington, D. C., 1978; Jeffrey Record, Force Reductions in Europe. Starting Over, Cambridge, Mass. und Washington, D. C. 1980; Robin Ranger, Arms and Politics 1958–1978. Arms Control in a Changing Political Context, Toronto 1979.

5 Vgl. Gregory F. Treverton, The »Dollar Drain« and American Forces in Germany. Managing the Political Economics of Alliance, Athens, Ohio 1978; Elke Thiel, Dollar-Dominanz, Lastenteilung und amerikanische Truppenpräsenz in Europa. Zur Frage kritischer Verknüpfung währungs- und stationierungspolitischer Zielsetzungen in den deutsch-amerikanischen Beziehungen, Baden-Baden 1979; John Newhouse u. a., U.S. Troops in Europe. Issues, Costs, and Choises, Washington, D. C. 1971.

6 Vgl. das Interview von Außenminister Schröder am 21. 10. 1966 im Deutschen Fernsehen, in: Bulletin, Nr. 179, 26. 10. 1966, S. 1105–1107.

die Bundesrepublik Verhandlungen über die Höhe der Stationierungsstreitkräfte und den von Bonn aufzubringenden Devisenausgleich auf. Für diese Verhandlungen stellte die Bundesregierung drei Kriterien auf:

- Maßstab der Bedrohung könnten nicht die politischen Absichten, sondern nur das militärische Potential des Warschauer Paktes sein;
- Truppenreduzierungen sollten parallel in Ost und West und unter Berücksichtigung der ungleichen geostrategischen Bedingungen in Europa erfolgen;
- der Abzug von Stationierungstruppen sollte durch politische Maßnahmen, wie z. B. einen Gewaltverzicht, ein Rückführungsverbot und Verhaltensregeln für die verbleibenden Stationierungstruppen ergänzt werden.[7]

Bonns Verhandlungsziel war es, eine einseitige Verringerung der amerikanischen und britischen Truppen zu vermeiden und stattdessen einen Sondierungsauftrag zu erreichen, mit dem festgestellt werden sollte, ob die sowjetische Regierung auf beiderseitige Truppenreduzierungen in Mitteleuropa eingehen würde. Während der Gespräche zeigte sich jedoch, daß weder die Vereinigten Staaten zum damaligen Zeitpunkt in dieser Frage aktiv werden wollten, noch daß es Hinweise auf ein sowjetisches Interesse an beiderseitigen Truppenreduzierungen gab. In ihrem Ergebnis beschränkten sich die Dreierverhandlungen daher auf finanzielle Regelungen und auf eine Rückverlegung von ca. 35 000 amerikanischen und 6000 britischen Soldaten. Die abgezogenen Kräfte blieben weiterhin der NATO unterstellt. Die in die USA zurückverlegten Brigaden sollten in einem Rotationssystem laufend gegen die in der Bundesrepublik stationierten ausgewechselt werden und mit ihnen einmal im Jahr zu gemeinsamen Übungen zusammenkommen. Auch das schwere Gerät blieb in der Bundesrepublik.[8] Diese Reduzierungen wurden militärisch dahingehend ge-

7 Vgl. die Erklärung von Bundeskanzler Erhard am 5. 10. 1966 vor dem Bundestag sowie die sich anschließende Aussprache über Fragen des Devisenausgleichs, in: DBT/V/60, 5. 10. 1966, S. 2940–2944.

8 Die Bundesregierung erklärte sich bereit, »während des Zeitraums Juli 1967 bis Juni 1968 500 Millionen US-Dollar in mittelfristigen amerikanischen Staatspapieren anzulegen« und sagte Großbritannien eine Devisenhilfe in Höhe von 550 Millionen DM zu: 200 Millionen DM für militärische Beschaffung; 250 Millionen DM für zivile Beschaffung der öffentlichen Hand; 100 Millionen DM im nicht-öffentlichen Bereich der Wirtschaft; vgl. Erklärung des Auswärtigen Amtes zum Abschluß der deutsch-britisch-amerikanischen Gespräche über Truppenstationierung und Devisenausgleich vom 2. 5. 1967, in: EA 11/1967, S. D 254–256; sowie die Erklärung des amerikanischen Außenministeriums vom gleichen Tag, ebenda, S. D 256–258; ferner Thiel, Dollar-Dominanz, Lastenteilung und amerikanische Truppenpräsenz in Europa, a.a.O.; Treverton, The »Dollar Drain« and American Forces in Germany, a.a.O.

rechtfertigt, daß durch neue technologische Entwicklungen, z. B. die Verfügbarkeit von Großraumtransportern, eine rasche Rückverlegung der Truppen im Krisenfall möglich war. Damit habe sich die Notwendigkeit einer vorgeschobenen Stationierung verringert.[9]

Für die Bundesrepublik und das Bündnis stellte sich daher die Frage, ob es andere Formen des Gleichgewichts in Europa gab, die militärisch sinnvoll waren und die gegenseitige Abschreckung gewährleisteten, aber weniger empfindlich auf zahlenmäßige Veränderungen in der Präsenz der militärischen Streitkräfte reagierten. Außerdem wurden in Bonn intern Überlegungen darüber angestellt, ob es Mittel und Wege gäbe, um auch die Bundeswehr angesichts des Fehls an längerdienenden Mannschaften und Offizieren »gesund schrumpfen« zu lassen. Pläne des Verteidigungsministeriums zur Kaderung von elf Brigaden des Feldheeres mußten 1967 jedoch nach einer energischen Intervention von SACEUR, General Lemnitzer, zu den Akten gelegt werden.[10] Da sich auch die gelegentlich geäußerte Erwartung nicht erfüllte, Moskau könnte dem westlichen Beispiel folgen und seine Streitkräfte ebenfalls reduzieren, die Sowjetunion vielmehr im Zuge der Intervention des Warschauer Paktes in der CSSR ihre ständig in Mitteleuropa stationierten Truppen um fünf Divisionen verstärkte, bot sich nur der Weg über vereinbarte Truppenreduzierungen an, wenn ein ungefähres Streitkräftegleichgewicht auf einer niedrigeren Ebene herbeigeführt werden sollte.

Bereits in den Jahren 1964–65 waren im Bundesministerium der Verteidigung Studien zur Truppenverminderung durchgeführt worden. Diese gingen einmal von der Fragestellung aus, was die Bundesrepublik tun sollte, wenn der Warschauer Pakt Truppen reduzieren würde, und zum anderen, welche Vorschläge der Westen diesem unterbreiten konnte, wenn er selbst reduzieren müßte. Anfang 1965 war von der Bundesregierung eine Studiengruppe unter Leitung von General a. D. Heusinger eingesetzt worden, der Beamte des Verteidigungsministeriums, des Auswärtigen Amtes und des Bundeskanzleramtes angehörten. In einem ersten Bericht, der im Juli 1965 fertig war, wurde die politische und militärische Situation im Bündnis analysiert und die Schlußfolgerung gezogen, daß NATO und Bundesrepublik ihre militärische Anstrengungen nicht vernachlässigen dürften. Allerdings könnte es sich die Bundesrepublik auch nicht erlauben, bei den Bemühungen um eine Entspannung in Europa abseits zu stehen. Dabei

9 Vgl. dazu Gerd Schmückle, »Big Lift« und Krisenstreitmacht. Neue Tendenzen und Möglichkeiten der westlichen Verteidigungsplanung, in: EA 8/1967, S. 279–286.

10 Vgl. Ruehl, MBFR: Lessons and Problems, a.a.O., S. 7.

dürfte jedoch ihre Sicherheit nicht gefährdet und die Spaltung Deutschland nicht verhärtet werden.[11]
Im Anschluß daran erarbeitete die Heusinger-Gruppe eine Studie über die Reduzierung der Streitkräfte in Mitteleuropa. In einem ersten Teil, der im Februar 1967 vorlag, wurden die Auswirkungen einseitiger westlicher Truppenreduzierungen untersucht. Die Autoren kamen zu dem Schluß, daß eine einseitige Reduzierung das Kräfteverhältnis zugunsten des Warschauer Paktes verändern würde. Seine negativen Folgen könnten durch andere Maßnahmen, wie z. B. eine Änderung der NATO-Strategie oder durch eine Verstärkung der Bundeswehr bzw. ihre Umgliederung nicht aufgehoben, höchstens abgeschwächt werden. Es wurde empfohlen, die Bundesregierung sollte gegenüber ihren Alliierten daraufhinwirken, daß diese bei einem einseitigen Abzug bindende Erklärungen darüber abgeben würden, daß die abgezogenen Verbände nicht aufgelöst, ihr Gerät in der Bundesrepublik belassen und Vorbereitungen für eine sofortige Rückführbarkeit getroffen wurden – Überlegungen, die in die Londoner Vereinbarung von 1967 Eingang fanden.
Darüber hinaus sollten gegenüber der Sowjetunion einseitige Maßnahmen des Westens als Vorleistungen dargestellt und auf angemessene militärische Gegenleistungen gedrängt werden. Durch Vereinbarungen auf dem Rüstungskontrollsektor sollte das beeinträchtigte Kräfteverhältnis wiederhergestellt sowie militärische Aktionen gegen die Bundesrepublik oder ihre Androhung erschwert werden. Unter Bezug auf die Friedensnote der Bundesregierung vom März 1966 wurden dabei als mögliche Maß-

11 Bereits Mitte der fünfziger Jahre waren im Auftrag von Bundeskanzler Adenauer im Amt Blank und dann im Verteidigungsministerium unter Leitung von General Heusinger Studien über eine Reduzierung der Truppen in Mitteleuropa ausgearbeitet worden. Heusinger war damals sicherheitspolitischer Berater Adenauers und später Generalinspekteur der Bundeswehr. Diese Studien gingen von der Wiedervereinigung Deutschlands aus bzw. boten sicherheitspolitische Überlegungen an, die mit einer Wiedervereinigung einhergehen konnten. Die Heusingerschen Vorstellungen liefen auf einen truppenfreien Raum zwischen Elbe und Weichsel hinaus, an den sich östlich bis etwa zur russischen Grenze und westlich bis zur Westgrenze der BRD eine Zone beschränkter Rüstung anschließen würde. In einer dritten östlichen und westlichen Zone, die die Sowjetunion bis zum Djnepr und Westeuropa bis zu den Pyrenäen umfassen würde, sollten nach Zahl und Art äquivalente Streitkräfte unterhalten werden können; vgl. oben, Kap. II. Interessant ist, daß Mitte der fünfziger Jahre auch innerhalb der amerikanischen Administration Pläne für eine beiderseitige Truppenreduzierung in Europa diskutiert, mit Rücksicht auf die Bundesregierung jedoch nicht als Verhandlungsvorschlag formuliert wurden, vgl. Williams Harlan Hale, Double-facing in Washington and Bonn, in: The Reporter, Januar 1957. Das – sicher überzeichnete – Leitmotiv dieses Artikels war, daß sowohl Bonn wie Washington unorthodoxe Gedanken hegten, sie sich aber gegenseitig verbargen.

nahmen Gewaltverzichtserklärungen und Vorsorge gegen Überraschungsangriffe genannt. Durch derartige Schritte durfte jedoch weder die Bundesrepublik diskriminiert noch der DDR zur internationalen Anerkennung verholfen werden.
In einem zweiten Teil der Studie wurden dann die Probleme und Möglichkeiten beiderseitiger Truppenreduzierungen untersucht. Dabei stellte sich heraus, daß eine zahlengleiche Verminderung der Streitkräfte - in welcher Form auch immer - entweder die Sicherheit des Westens beeinträchtigen oder diejenige des Ostens maßgeblich verändern und daher nicht verhandelbar sein würde. Die zweckmäßigste Art der Verringerung wurde in einer verhältnisgleichen Reduzierung nach Divisionsäquivalenten gesehen, d. h. aufgrund seiner höheren Waffenintensität sollte der Warschauer Pakt weniger Personal, aber mehr militärisches Gerät als die Westmächte abziehen. Ergebnis der Studie war, daß eine derartige Reduzierung auf ein niedrigeres Kräfteverhältnis für den Westen dann vorteilhaft sein könnte, wenn ein mit Stationierungskräften vorgetragener Überraschungsangriff der wahrscheinlichste Konflikttyp war. Die Möglichkeit eines Angriffes aus dem Stand hinsichtlich Zielsetzung und Schwerpunktbildung würde bei niedrigeren Truppenstärken verringert werden und die Bedrohung damit abnehmen. Allerdings war damit zu rechnen, daß weitere Kräfte aus der Tiefe herangeführt und sich das Kräfteverhältnis aufgrund der kürzeren Nachschublinien des Warschauer Paktes rasch zu ungunsten des Westens entwickeln würden.
Diesen militärischen Bedenken stand jedoch die Erwartung gegenüber, daß beiderseitige Truppenreduzierungen günstige politische Wirkungen haben könnten. Eine Verringerung der sowjetischen militärischen Präsenz in den osteuropäischen Ländern, namentlich in der DDR, könnte bessere Voraussetzungen für eine politische Evolution in Mitteleuropa bieten sowie sich unmittelbar positiv auf die Bevölkerung der DDR und langfristig auf die allgemeine Entspannung in Europa auswirken.[12]
Die Bedeutung der Heusinger-Studien lag jedoch weniger in ihren Schlußfolgerungen - über einige ihrer Ergebnisse wurde der NATO-Rat unterrichtet, die Studie selbst für die späteren Arbeiten zu MBFR jedoch nie

12 In den Heusinger-Studien wurde damit ein Gedanke aufgegriffen, welcher der Abrüstungs- und Deutschlands-Politik der SPD in den fünfziger Jahren zugrunde gelegen hatte: die Auffassung, Voraussetzung für eine Wiedervereinigung sei, die sowjetischen Truppen zum Abzug aus der DDR zu veranlassen und damit das dortige Regime seiner wesentlichsten Stütze zu berauben. Für Informationen über die »Heusinger-Studien« ist die Verfasserin vor allem General a. D. Adolf Heusinger †, dankbar.

offiziell herangezogen – als vielmehr darin, daß die Probleme einer beiderseitigen Truppenreduzierung unter politischen und militärischen Kriterien sehr detailliert untersucht und durchdacht worden waren. Die Bundesrepublik befand sich damit in der vorteilhaften Situation, mit den Möglichkeiten und den Risiken des Instrumentes beiderseitiger Truppenreduzierungen vertraut zu sein, als dieses Ende der sechziger Jahre auf der politischen Tagesordnung des Westens seinen Platz fand.

1.2 *Der »Harmel-Bericht« und die Londoner Dreier-Verhandlungen*

Mit dem Harmel-Bericht vom Dezember 1976 reagierte das Bündnis auf die Auflockerung in den Ost-West-Beziehungen, aber auch auf das Ausscheiden Frankreichs aus der NATO-Integration und das Heranrücken einer Kündigungsmöglichkeit für den Vertrag im Jahr 1969. Es galt das Selbstverständnis des Bündnisses neu zu definieren sowie seine künftigen Aufgaben zu beschreiben. Die zentrale Aussage des Harmel-Berichtes war, daß »militärische Sicherheit und eine Politik der Entspannung ... keinen Widerspruch, sondern eine gegenseitige Ergänzung« darstellten. Während die erste Funktion der Atlantischen Allianz darin bestand, »eine ausreichende militärische Stärke und politische Solidarität aufrecht zu erhalten, um gegenüber Aggression und anderen Formen von Druckanwendung abschreckend zu wirken und das Gebiet der Mitgliedstaaten zu verteidigen, falls es zu einer Aggression kommt«, sei ihre zweite Funktion »die weitere Suche nach Fortschritten in Richtung auf dauerhafte Beziehungen, mit deren Hilfe die grundlegenden politischen Fragen gelöst werden können«.[13]
Zu diesem Zweck suchte das Bündnis nach Instrumenten und Verfahren, die es ihm erlaubten, seine bisherige Aufgabe, die Gewährleistung der militärischen Sicherheit durch Abschreckungs- und Verteidigungsbereitschaft, durch eine gemeinsame Entspannungspolitik und Verhandlungsbereitschaft gegenüber den Staaten des Warschauer Pakts zu ergänzen.

13 Bericht des NATO-Rates vom 14. 12. 1967 über die künftigen Aufgaben der Allianz, in: EA 3/1968, S. D 75–77. Nicht zuletzt sollte der Bericht zu Empfehlungen führen, mit welchen die zahlreichen Ostkontakte der kleineren NATO-Staaten – Belgien, Dänemark und die Niederlande – harmonisiert werden konnten, vgl. dazu das Interview von Außenminister Brandt am 11. 12. 1967 in der Schwäbischen Zeitung, abgedruckt in: Bulletin, Nr. 147, 13. 12. 1967, S. 1242–1244.

Als eine mögliche Maßnahme im Bereich von Abrüstung und Rüstungssteuerung wurden im Harmel-Bericht Verhandlungen über beiderseitige Truppenreduzierungen vorgeschlagen.[14] Auf der Sitzung des NATO-Rates im Dezember 1967 – inzwischen hatte in Bonn die Große Koalition die Regierungsgeschäfte übernommen – setzte sich dann auch Außenminister Brandt für eine ausgewogene Reduzierung der Truppen beiderseits der Demarkationslinie ein. Sie war nach deutscher Auffassung aber nur zu erreichen, wenn das militärische Kräfteverhältnis nicht zum Nachteil des Westens verändert wurde. Der Westen würde unverantwortlich handeln, wenn er seine Kräfte und deren Wirksamkeit verringerte, ohne zu fordern, daß die andere Seite das Gleiche tue. Auch nach Meinung Brandts bedurfte es jedoch noch weiterer Untersuchungen, um klarzustellen, wie das militärische Gleichgewicht beschaffen war und wie sich Truppenreduzierungen auswirken würden.[15]

Angesichts der Entspannungstendenzen im Bündnis hatte die Bundesrepublik nur eine Option, wenn sie eine außenpolitische Isolierung vermeiden wollte: zur Wahrung ihrer Interessen, die auf Erhaltung der militärischen Sicherheit, auf die Herbeiführung einer Ost-West-Entspannung und auf Fortschritte in der deutschen Frage gerichtet waren, mußte sie versuchen, sowohl die militärische Präsenz als auch das Deutschland-Problem in dem allgemeinen Entspannungsdialog zu verankern. Dafür boten sich vor allem solche Schritte an, durch welche über eine Auflockerung der militärischen Konfrontation bessere Voraussetzungen für eine Regelung der europäischen Probleme geschaffen wurden. Die Bundesregierung konnte dabei auf Gedanken zurückgreifen, die bereits im März 1966 in der deutschen Friedensnote entwickelt worden waren.[16]

Der Vorschlag beiderseitiger Truppenreduzierungen – zuerst angedeutet in einer Rede von Präsident Johnson im Oktober 1966, jedoch zum dama-

14 Vgl. ebenda, Der Vorschlag war von belgischer Seite als Entspannungsmaßnahme in den Harmel-Bericht eingebracht worden. Seine Wurzel hatte er in den verschiedenen Rapacki- und Gomulka-Plänen, jedoch war die Betonung der nuklearen Rüstung fallen gelassen und eine Verifikation vorgesehen worden. Die belgischen Vorstellungen wurden auch von dänischer und niederländischer Seite unterstützt, während die Bundesregierung ihnen damals reserviert gegenüberstand, vgl. Lawrence W. Whetten, Germany's Ostpolitik. Relations Between the Federal Republic and the Warsaw Pact Countries. London 1971, S. 73.

15 Vgl. Warnung vor einseitiger Abrüstung, in: SZ, 14. 12. 1967; vgl. ferner Willy Brandt, Friedenspolitik in Europa, Frankfurt/M. 1968, S. 188 ff.

16 Vgl. die Note der Bundesregierung vom 25. März 1966 zur deutschen Friedenspolitik, in: EA 7/1966, S. D 171–175; ferner oben, Kap. IV.

ligen Zeitpunkt weder von den Vereinigten Staaten intendiert[17] noch von der Sowjetunion aufgegriffen[18] - stellte für die Bundesregierung eine Möglichkeit dar, einseitige Rückzüge der Verbündeten zu vermeiden, als sie auch ihren Willen zur Entspannung unter Beweis stellen konnte. Vor der Versammlung der Westeuropäischen Union erklärte Außenminister Brandt im Dezember 1966: »Wir wollen uns geduldig bemühen, eine Lage herbeizuführen helfen, in der umfassende Regelungen der europäischen Verhältnisse möglich werden. Ich denke hier an eine Klimaverbesserung durch schrittweise und ausgewogene Verminderung der Streitkräfte auf beiden Seiten der Demarkationslinie, wie es kürzlich auch von Präsident Johnson und meinem Kollegen George Brown ins Auge gefaßt wurde. Keine Seite dürfte dadurch einem erhöhten Risiko ausgesetzt werden.«[19]
Beiderseitige und gleichwertige Truppenreduzierungen waren seit langem ein Bestandteil sozialdemokratischer Sicherheitspolitik. Sie gingen zurück auf die Unterstützung der verschiedenen Disengagement-Pläne in den fünfziger Jahren und auf den von dem damaligen sicherheitspolitischen Sprecher der SPD, Helmut Schmidt, mehrfach zur Diskussion gestellten Gedanken einer mitteleuropäischen Rüstungsbegrenzungs- und Kontrollzone.[20] Die CDU/CSU hatte derartigen Plänen jedoch stets mit beträchtlicher Skepsis gegenüber gestanden. Militärisch fürchtete sie eine

17 Vgl. die Rede von Präsident Johnson am 7. 10. 1966 vor der Konferenz amerikanischer Leitartikler in New York über die Ost-West-Beziehungen, in: EA 20/1966, S. D 517–521, Wesentliche Elemente dieser Rede gingen auf eine Vorlage des damaligen Regierungsberaters Zbigniew Brzezinski zurück, die das Weiße Haus verwendete, weil die darin enthaltene Brückenschlagskonzeption mit den dafür angebotenen Beispielen, zu denen eine Truppenreduzierung in Europa gehörte, sich für atmosphärisch wirksame Gesten zu eignen schienen. Verteidigungsminister McNamara hatte bereits im Juni 1966 die Möglichkeit beiderseitiger Truppenreduzierungen angedeutet, vgl. Chalmers M. Roberts, U. S. Would Match Red Troop Cuts, in: WP, 22. 6. 1966; dennoch wurden in den USA erst um 1970 detaillierte Studien zu MBFR in Auftrag gegeben, vgl. die Rede des stellvertretenden Außenministers Elliot Richardson auf der Second Annual Convocation on the Challenge of Building Peace in New York am 29. 4. 1970, Auszug in: EA 11/1970, S. D 272–274.

18 Vgl. dazu Thomas W. Wolfe, Soviet Power and Europe 1945–1970, Baltimore und London 1970, S. 294 f.

19 Rede von Bundesaußenminister Brandt am 14. Dezember 1966 vor der Versammlung der Westeuropäischen Union in Paris, in: Bulletin, Nr. 158, 16. 12. 1966, S. 1273–1275.

20 Vgl. die Rede Helmut Schmidts am 5. 11. 1959 im Deutschen Bundestag, in: DBT/III/87, S. 4758–4767; ferner ders., Verteidigung oder Vergeltung. Ein deutscher Beitrag zum strategischen Problem der NATO, Stuttgart 1961, S. 177 ff.; Entschließung des Nürnberger Parteitages der SPD zur Außen- und Sicherheitspolitik, Auszüge in: Vorstand der SPD (Hrsg.), Y 1. Grundsätze Sozialdemokratischer Wehrpolitik, Bonn 1969, S. 93–94.

Schwächung der westlichen Verteidigungsfähigkeit und politisch hatte sie vor allem die Sorge, daß damit ein Rückzug des amerikanischen Engagements vom europäischen Kontinent eingeleitet würde, der zu einem machtpolitischen Vakuum in der Mitte Europas führen könnte. In den Koalitionsverhandlungen hatte sie jedoch die Forderung der SPD akzeptieren müssen, Ost-West-Vereinbarungen über Truppenreduzierung und Rüstungsverminderung zum Programmpunkt der gemeinsamen Regierungspolitik zu machen,[21] aber da Verhandlungen nicht in Aussicht standen, kostete dies nicht viel.

Erst allmählich wandelte sich der Stellenwert von Truppenreduzierungen von einer mehr oder minder unverbindlichen Zielvorstellung zu einem konkreten politischen Konzept. SPD und Auswärtiges Amt – hier vor allem der Abrüstungsbeauftragte Schnippenkoetter – begannen Truppenverminderungen als integralen Bestandteil ihrer Entspannungspolitik – die drei V's: Truppenverminderung, Gewaltverzicht und nukleare Nichtverbreitung – zu begreifen; CDU/CSU und Verteidigungsministerium sahen in ihnen vor allem ein Instrument zur Stabilisierung des westlichen Bündnisses, zur Verhinderung einseitiger amerikanischer und britischer Truppenabzüge und zur Koordinierung der bilateralen Entspannungspolitiken der verschiedenen Bündnismitglieder. Sie erkannten auch bald, daß sich der Vorschlag von Verhandlungen über eine beiderseitige Truppenreduzierung vorzüglich nutzen ließ, um dem östlichen Projekt einer europäischen Sicherheitskonferenz eine westliche Initiative entgegenzustellen, sei es in der Absicht, damit eigene Interessen und Anliegen in dieses Projekt und in seine Vorbereitung einzubringen, sei es, um Einfluß zu nehmen auf den politischen Willensbildungsprozeß in den westlichen Hauptstädten, oder sei es, um mit derartigen Vorschlägen Moskau die Freude an seinem Lieblingsprojekt zu verderben.

21 In dem Acht-Punkte-Programm der SPD-Fraktion hieß es: »Die Bundesregierung muß versuchen, Vereinbarungen zwischen Ost und West auf beiden Seiten herbeizuführen. Dabei sollen Ansatzpunkte für Fortschritte in der deutschen Frage erreicht werden«. In: Grundsätze Sozialdemokratischer Wehrpolitik, a.a.O., S. 95. Das Acht-Punkte-Programm beruhte in seinem außenpolitischen Teil auf der Entschließung des Dortmunder Parteitages der SPD vom Juni 1966 sowie auf Erfahrungen, die Helmut Schmidt und andere SPD-Abgeordnete auf ihren Reisen in die Sowjetunion und andere osteuropäische Staaten im Sommer 1966 gemacht hatten.

2. *Die Entwicklung einer gemeinsamen MBFR-Politik des Westens*

2.1 *Das »Signal von Reykjavik«*

Mit dem »Signal von Reykjavik« eröffnete die NATO im Juni 1968 ihre Bemühungen um das Zustandekommen von Ost-West-Verhandlungen über eine beiderseitige Truppenreduzierung.[22] Die NATO-Partner reagierten damit einmal auf die in der Politik der Vereinigten Staaten und Großbritanniens zutage tretende Tendenz, ihre militärische Präsenz in Mitteleuropa allmählich zu reduzieren, und ließ sie nach alternativen Sicherheitsstrukturen suchen, die auf einem niedrigeren Kräftegleichgewicht beruhten. Zum anderen antwortete die NATO damit auf verschiedene östliche Initiativen zur europäischen Sicherheit, insbesondere auf den Vorschlag für eine europäische Sicherheitskonferenz. Da die wesentlichen Probleme Europas, die Teilung des Kontinents und die Systemkonkurrenz als nicht negoziabel erschienen, antwortete sie auf die politische Herausforderung in militärisch-sicherheitspolitischen Kategorien. Es war ein Kompromiß, der den entspannungswilligen Mitgliedern in der Allianz entgegenkam, welche die östliche Verhandlungsbereitschaft auf die Probe stellen wollten, zugleich aber jenen Partnern einen Aufschub gewährte, die multilateralen Verhandlungen kritisch gegenüber standen.

Für ein derartiges Signal hatten sich auf der Sitzung des NATO-Rates vor allem der belgische Außenminister Harmel und Bundesaußenminister Brandt eingesetzt. Für Brandt ordneten sich Truppenreduzierungen logisch ein in das Gesamtkonzept eines europäischen Sicherheitssystems. Dieses ging von dem Fortbestand der gegenwärtigen Bündnisse aus, aber sollte diese in ein entspannteres Verhältnis zueinander bringen. Ein ausgewogener und gleichwertiger Abbau des Streitkräfteniveaus in Ost und West könnte dann durch eine Begrenzung und stufenweise Verringerung der in Europa stationierten Kernwaffen sowie durch einen Gewaltverzicht ergänzt werden.[23]

22 Vgl. Kommuniqué der NATO-Ratstagung in Reykjavik sowie Anhang: Erklärung der Außenminister und Vertreter der am NATO-Verteidigungsprogramm beteiligten Länder über beiderseitige und ausgewogene Truppenverminderungen, in: EA 15/1968, S. D 357–360.

23 Vgl. das Interview von Außenminister Brandt am 2. 7. 1967 im Deutschlandfunk, in: Bulletin, Nr. 70, 4. 7. 1967; ferner die Ausführungen von Außenminister Brandt in der außenpolitischen Debatte des Bundestages, in: DBT/V/180, 20. 6. 1968, S. 9702 und S. 9746; vgl. auch die Rede von Außenminister Brandt am 11. 1. 1968 vor dem Rhein-

Für die Mehrzahl der Außenminister war das »Signal von Reykjavik« und die darin vorgeschlagenen Verhandlungen jedoch eher ein Versuch, die sicherheitspolitische Situation in Europa zu stabilisieren, indem einseitige Reduzierungen im Westen vermieden und die Initiative in der europäischen Sicherheitsdiskussion durch eigene Vorschläge zurückgewonnen werden sollte.

Die unterschiedlichen Interessenlagen der 14 – Frankreich hatte zwar an den Vorbereitungen teilgenommen, behielt sich jedoch seine weitere Haltung zu MBFR vor – wird auch an den deklarierten Zielen und Bedingungen für diese Verhandlungen deutlich. Orientiert am Ziel einer dauerhaften Friedensordnung in Europa sollten sie zu »einer Verminderung der Spannung und einer weiteren Verringerung der Kriegsgefahr beitragen.« Gleichzeitig betonten die Minister jedoch »die Notwendigkeit, daß das Bündnis militärisch wirksam bleiben und das Kräftegleichgewicht zwischen der NATO und dem Warschauer Pakt« erhalten werden müßte. Sie warnten insbesondere vor einseitigen Reduzierungen, durch welche die Sicherheit der NATO-Staaten geschwächt und die Aussicht auf erfolgreiche Verhandlungen verringert werden würde. Die Ambivalenz in der Zielsetzung kam auch in den Grundsätzen zum Ausdruck, welche die Minister als Richtlinien für Verhandlungen über beiderseitige Truppenreduzierungen aufstellten:

- Sie sollten auf Gegenseitigkeit beruhen und nach Umfang und zeitlichem Ablauf ausgewogen sein;
- sie sollten einen wesentlichen und bedeutsamen Schritt darstellen und dazu dienen, den jetzigen Grad der Sicherheit bei verminderten Kosten aufrecht zu erhalten, jedoch nicht so geartet sein, daß sie eine nachteilige Veränderung der Lage in Europa zur Folge haben könnten;
- sie sollten mit dem Ziel in Einklang stehen, in Europa allgemein und zwischen den Beteiligten Vertrauen zu schaffen;
- zu diesem Zweck sollte jede neue Abmachung hinsichtlich der Truppen mit den lebenswichtigen Sicherheitsinteressen aller Parteien vereinbar und wirksam durchführbar sein.[24]

Ruhr-Club in Düsseldorf, Auszüge in: Bulletin, Nr. 5, 16. 1. 1968, S. 38; ferner Brandt trägt der NATO Plan für innerdeutschen Gewaltverzicht vor, in: WELT, 25. 6. 1968. Der Vorschlag für eine Begrenzung der Kernwaffen in Europa sowie das Angebot zum Austausch von Gewaltverzichtserklärungen waren bereits in der Deutschen Friedensnote vom März 1966 enthalten, vgl. Note der Bundesregierung vom 25. März 1966 zur deutschen Friedenspolitik, in EA 7/1966, S. D 171–175.

24 Vgl. Kommuniqué über die NATO-Ratstagung vom 25. Juni 1968 in Reykjavik, a.a.O.

Diese Grundsätze sollten der Allianz als Richtlinien für die weiteren Vorarbeiten zur Entwicklung einer abgestimmten MBFR-Verhandlungsposition dienen. Da das Bündnis bislang noch über kein klares Verhandlungskonzept verfügte, waren sie außerordentlich vage formuliert und es blieb offen, wie sie konkretisiert werden sollten.[25]

Bereits nach der NATO-Konferenz in Brüssel im Dezember 1967 war im politischen Ausschuß der NATO mit der Entwicklung von Reduzierungsmodellen begonnen worden. Dabei wurde versucht, Vergleichsgrundlagen für die vorhandenen Potentiale und für mögliche Verringerungen der stationierten und einheimischen Streitkräfte auszuarbeiten.[26] Die verschiedenen Vorschläge, die im Frühjahr und Sommer 1968 vorlagen, wurden jedoch vom Militärausschuß der NATO mit der Begründung verworfen, daß sie nicht den im Kommuniqué von Reykjavik festgelegten Grundsätzen entsprachen. Unter dem Eindruck des Einmarsches der Warschauer Pakt-Truppen in der CSSR empfahlen die Militärs, weitere Untersuchungen durchzuführen und dabei zu berücksichtigen, daß

- die Sicherheit der Allianz das vorrangige Kriterium bliebe;
- der Asymmetrie der Geographie und des militärischen Kräfteverhältnisses in Europa Rechnung getragen werde;
- die Okkupation der CSSR diese Asymmetrie noch verstärkt und die militärische Lage weiter zugunsten der Sowjetunion verändert habe;
- bei allen Vereinbarungen über Truppenreduzierungen Vorsorge für eine effektive Verifizierung getroffen wurde.[27]

Es war nicht zu übersehen, daß mit der Intervention in der CSSR die Hoffnung, über MBFR-Verhandlungen könnte die Ost-West-Entspannung vorangebracht und die innerwestlichen Sicherheitsprobleme gelöst werden, einen nachhaltigen Dämpfer erfahren hatte.[28]

25 Vgl. Lothar Ruehl, Die Truppenabbauverhandlung und die Europäische Sicherheit zwischen 1973 und 1976, in: Karl Kaiser und Markus Kreis (Hrsg.), Sicherheitspolitik vor neuen Aufgaben, Frankfurt 1977, S. 103–140 (S. 107 f.).

26 Vgl. Helga Haftendorn, Abrüstungs- und Entspannungspolitik zwischen Sicherheitsbefriedigung und Friedensicherung. Zur Außenpolitik der BRD, Düsseldorf 1974, S. 247.

27 Vgl. Lothar Ruehl, Suche nach der Balance auf der schiefen Ebene des Machtgefälles, in: WELT, 23. 4. 1970.

28 Kommuniqué über die Ministertagung der NATO in Brüssel vom 16. 11. 1968, in: EA 1/1969, S. D 26–28.

2.2 *Truppenreduzierungen als mögliches Thema von Ost-West-Verhandlungen*

Einen neuen politischen Impuls erhielten die Diskussionen über Truppenreduzierungen, als der Warschauer Pakt im Frühjahr 1969 seine Kampagne für eine europäische Sicherheitskonferenz wiederbelebte.[29] Auf der Sitzung des Ministerrates im April 1969 beschränkten sich die NATO-Partner jedoch darauf, auf ihre Bemühungen um Abrüstung und Rüstungskontrolle einschließlich ausgewogener Truppenreduzierungen zu verweisen. Der Einmarsch der Warschauer Pakt-Staaten in die CSSR und die dadurch bewirkte Veränderung des militärischen Kräfteverhältnisses zu ungunsten des Westens hinderten sie daran, ihr Verhandlungsangebot ausdrücklich zu wiederholen. Ein grundsätzliches Hemmnis für Verhandlungen war die Prager Krise jedoch nicht mehr. In ihrem Kommuniqué gaben sie der Absicht Ausdruck, »in enger Konsultation bei der Sowjetunion und den anderen Ländern Osteuropas herauszufinden, welche konkreten Probleme sich am ehesten für fruchtbare Verhandlungen und eine baldige Lösung eigneten«. Sie wiesen den Rat an, »eine Liste dieser Probleme aufzustellen und zu untersuchen, wie zu gegebener Zeit ein nützlicher Verhandlungsprozeß am besten in Gang gesetzt werden könnte.[30] Der vom NATO-Rat in Auftrag gegebene Problemkatalog lag den stellvertretenden Außenministern auf ihrer Sitzung am 5. November 1969 vor. Er enthielt die Empfehlung, die Verhandlungen auf beiderseitige, ausgewogene Truppenreduzierungen zu konzentrieren. Vertrauensbildende Maßnahmen könnten dann zu einem späteren Zeitpunkt, ggf. wie Bonn wünschte, im Zusammenhang mit den Truppenreduzierungen in Aussicht genommen werden. Außerdem verabschiedeten die Ministerstellvertreter interne Richtlinien für die Ausarbeitung einer Verhandlungsposition zu MBFR. Dabei zeigte sich jedoch, daß innerhalb des Bündnisses nur in sehr allgemeiner Form Übereinstimmung über Reduzierungsraum, einzubeziehende Streitkräfte und Rüstungen sowie Reduzierungsquoten bestand.[31] Diese Richtlinien bildeten die Grundlage für

29 Vgl. den Budapester Appell der Staaten des Warschauer Pakts vom 17. 3. 1969, in: EA 7/1969, S. D 151–153.

30 Kommuniqué des NATO-Ministerrates in Washington vom 11. 4. 1969, in: EA 10/1969, S. D 235–237.

31 Vgl. Martin Müller, Konzeption und Akteur. Die Entwicklung der MBFR-Politik der Bundesrepublik zwischen 1968 und 1971, in: Helga Haftendorn, Wolf-Dieter Karl, Joachim Krause, Lothar Wilker (Hrsg.), Verwaltete Außenpolitik. Sicherheits- und entspannungspolitische Entscheidungsprozesse in Bonn, Köln 1978, S. 167–189 (S. 174 f.); ferner Ruehl, MBFR: Lessons and Problems, a.a.O., S. 8 f.

die Erarbeitung illustrativer MBFR-Modelle sowie für die in der »Erklärung von Rom« genannten MBFR-Kriterien.[32]
Ein Streitpunkt war, ob die NATO auf ihrer Dezember-Tagung das »Signal von Reykjavik« wiederholen und dem Warschauer Pakt erneut Verhandlungen über beiderseitige, ausgewogene Truppenreduzierungen anbieten sollte. Wenn ja, sollte sie es mit einem »Signal« bewenden lassen oder konnte sie bereits konkrete Verhandlungsvorschläge machen? Welche politischen Ziele sollten mit Verhandlungen über Truppenverminderungen verfolgt werden? Während die Bundesregierung und die italienische Regierung das »Signal von Reykjavik« gerne wiederholt und substantiell angereichert gesehen hätten, waren die Amerikaner skeptisch hinsichtlich der Negoziabilität von MBFR und wollten weitere Studien abwarten.[33]
Diese Meinungsunterschiede spiegelten sich auch in der vom NATO-Ministerrat im Dezember 1969 verabschiedeten Erklärung zu Fragen der europäischen Sicherheit wieder. Darin bekräftigten die Minister ihre in Reykjavik geäußerte Bereitschaft zu Gesprächen über beiderseitige und ausgewogene Truppenreduzierungen und kündigten an, daß sie ihre Sondierungen und Studien fortsetzen würden. Noch einen Schritt weiter gingen im darauf folgenden Abschnitt der Erklärung die am Verteidigungsprogramm der NATO beteiligten 14 Staaten, indem sie die Auffassung vertraten, daß die bisher zur Frage von Truppenverminderungen durchgeführten Arbeiten genügend fortgeschritten waren, um die Aufstellung bestimmter Kriterien zu ermöglichen, die Truppenreduzierungen erfüllen müßten.[34]
Im Frühjahr 1970 lagen dem Ständigen NATO-Rat eine Serie von sogenannten illustrativen Modellen vor, in denen mögliche Reduzierungsvorstellungen und ihre Folgen untersucht wurden. Einem dieser Modelle lag die Annahme symmetrischer Reduzierungen der Land- und Luftstreitkräfte von NATO und Warschauer Pakt um 10–30 % zugrunde. Die anderen Modelle gingen von asymmetrischen Reduzierungen aus, indem entweder der Warschauer Pakt prozentual mehr Truppen abbauen oder

32 Vgl. unten, S. 536 ff.
33 Zu den Meinungsverschiedenheiten über den künftigen Kurs der Allianz in der Entspannungspolitik vgl. Jean Wetz, Les alliés durçissent leur attitude à l'égard du projet de conférence sur la sécurité europèene, in: MONDE, 7. 11. 1969; Drew Middleton, NATO: Quandary Over Warsaw Pact Bid, in: NYT, 9. 11. 1969; Der Antlantikrat und die Europäische Sicherheitskonferenz, in: NZZ, 6. 12. 1969.
34 Erklärung der Mitgliedstaaten des Nordatlantischen Bündnisses vom 5. 12. 1969 zu Fragen der europäischen Sicherheit, in: EA 4/1970, S. D 79–82.

zusätzlich offensive Komponenten wie Panzer- und Pioniereinheiten einbeziehen sollte, oder aber der Reduzierungsraum nach Osten um die drei westlichen Militärbezirke der Sowjetunion erweitert werden würde.[35]
Die Problematik dieser Modelle bestand darin, daß diejenigen, die den Sicherheitsinteressen der NATO entgegenkamen, nicht verhandelbar waren – es schien wenig realistisch, daß die Sowjetunion asymmetrische Reduzierungsquoten und Reduzierungsräume akzeptieren würde[36] – und diejenigen, die verhandelbar schienen, waren mit militärischen Nachteilen für den Westen verbunden und damit für diesen nicht sehr reizvoll. SACEUR und MC kamen bei einer militärischen Risikobewertung der verschiedenen Modelle, die sie im Auftrage der NATO-Minister vornahmen, darüber hinaus zu dem Ergebnis, daß alle Modelle zu einer Verschlechterung des bestehenden Kräfteverhältnisses in Mitteleuropa führen und damit die Sicherheit der NATO gefährden würden.[37] Die Forderung, daß durch beiderseitige Truppenreduzierungen die Verteidigungsfähigkeit der NATO nicht geschwächt, das offensive Potential des Warschauer Paktes aber abgebaut werden sollte, glich der Quadratur des Kreises, zumal MBFR auch noch für die Sowjetunion attraktiv sein sollte.
Auch in der Bundesrepublik hatten in der Zwischenzeit Arbeiten zur Entwicklung eines MBFR-Verhandlungskonzepts begonnen, an denen vor allem die Stiftung Wissenschaft und Politik beteiligt war. Diese war 1965 auf Beschluß des Deutschen Bundestages gegründet und mit Grundlagen- und Auftragsforschung, insbesondere auf dem Gebiet der internationalen Sicherheit und der Rüstungsbeschränkung, beauftragt worden. Ihr kam in der Folgezeit besondere Bedeutung für den deutschen MBFR-Beitrag zu. Zunächst wurde dort der Versuch gemacht, die strukturellen Bedin-

35 Vgl. Lothar Ruehl, Aus der Not eine Tugend machen, in: WELT, 22. 4. 1970; ders., Suche nach der Balance auf der schiefen Ebene des Machtgefälles, in: WELT, 23. 4. 1970; ders., Das Blinkfeuer der NATO nach dem Signal von Reykjavik, in: WELT, 24. 4. 1970; ders., Denkmodelle für den Truppenabbau – aber noch kein konkretes Angebot an den Osten, in: WELT, 29. 5. 1970; Kurt Becker, Römische Signale für Moskau. Die NATO bietet Truppenreduzierung an, in: ZEIT, 5. 6. 1970; Theo Sommer, Truppenabbau – aber wie? In ZEIT, 11. 6. 1971.

36 Juri Kostko, Das Gleichgewicht des Schreckens oder die Gewährleistung wahrer Sicherheit, in: Mirovaja Ekonomika i Mezdunarodnye Otnosenija, Nr. 6, 1972, S. 79–93; englische Übersetzung u. d. T. Mutual Force Reductions in Europe, in: Survival, Nr. 5, 1972, S. 236–248.

37 Vgl. Müller, Konzeption und Akteur, a.a.O., S. 177 f.; ferner die Rede von General Karl Schnell, Deputy Chief of Staff Plans and Operations, NATO, am 4. 10. 1971 (vervielf. Mskr.). Die Risikobewertung der NATO-Modelle beleuchtet den damals zum Bündnis anzutreffenden Widerspruch zwischen dem auf politischer Ebene vorherrschenden Enthusiasmus für MBFR und der auf der militärischen Ebene sehr ausgeprägten Skepsis.

gungen der europäischen Sicherheitsbeziehungen zu analysieren und, darauf gestützt, Zielvorstellungen und Kriterien für eine Truppenreduzierung zu entwickeln.[38]
In einem nächsten Schritt erarbeitete die SWP dann ein eigenes Reduzierungsmodell, das sogenannte »Modell 75«. Im Gegensatz zu den bisherigen NATO-Modellen sollte gezeigt werden, daß nicht jede Reduzierung zu ungunsten des Westens ausfallen müßte. Vielmehr schien es »möglich zu sein, durch Reduzierungen größeren Ausmaßes (insbesondere der stationierten Truppen) eine Lage zu schaffen, die aus militärischer Sicht für den Westen annehmbar sein könnte«.[39] In der Studie wurde zwar der Grundsatz gleichprozentiger Reduzierungen mit Rücksicht auf die Verhandlungsfähigkeit des Vorschlages beibehalten, jedoch eine Reduzierungsquote von 75 % vorgeschlagen, um die in der ersten Phase die Stationierungstruppen, in einer zweiten auch die einheimischen Streitkräfte verringert werden sollten. Mit einer derartigen Reduzierung würde zwar der Sowjetunion das für die politische Kontrolle im eigenen Bereich erforderliche Minimum an Truppen belassen, ihre Offensivmöglichkeiten jedoch entscheidend beschränkt werden. Die Tatsache, daß dadurch auch die Verteidigungsfähigkeit der NATO begrenzt wurde, verlöre an Gewicht angesichts des Abbaus der sowjetischen Offensivfähigkeit. Um Truppenrückführungen zu verhindern, sollte die Reduzierung um Maßnahmen wie gegenseitige Inspektionen, Verstärkungsverbote und Bewegungsbeschränkungen ergänzt werden. Gleichzeitig waren Sanktionen im Falle einer Vertragsverletzung vorgesehen.
Neben der Beschneidung der sowjetischen Offensivkapazitäten zielten die Vorschläge der SWP darauf ab, der Sowjetunion zwar eine begrenzte Kontrolle der innenpolitischen Entwicklung in Osteuropa zu belassen, ihr jedoch eine erneute militärische Intervention im Stile der Ereignisse vom August 1968 zu erschweren. Auf diese Weise sollte in Osteuropa eine politische Evolution der bestehenden Verhältnisse möglich sein, während gleichzeitig die Situation im Westen dadurch stabilisiert wurde, daß dem

38 Vgl. Müller, Konzeption und Akteur, a.a.O., S. 177 ff.; ferner Uwe Nerlich, Europäische Sicherheit der 70iger Jahre. Politische Zielsetzungen und Prioritäten im Prozeß gesamteuropäischer Annäherung, SWP - AZ 148, Juli 1968; Dieter Kalix, Militärische Kriterien für Verdünnungsmaßnahmen in Zentraleuropa, SWP - AZ 149, August 1968 und April 1969.

39 Dieter Kalix, Beiderseitige, ausgewogene Truppenreduzierungen in Mitteleuropa: »Modell 75«, SWP - AP 1005/E 3, Oktober 1969, Teil I, S. 2; vgl. auch Müller, Konzeption und Akteur, a.a.O., S. 170 ff.

amerikanischen Bedürfnis nach Truppenreduzierungen ohne abträgliche Wirkungen auf die eigene Sicherheit Rechnung getragen wurde.[40]
Ein Hauptproblem für die politische Umsetzung der von der SWP entwickelten Vorstellungen bestand jedoch in der mangelnden Verzahnung zwischen deutschen und NATO-internen Überlegungen, der sich auf beiden Ebenen entwickelnden Eigendynamik, sowie der unterschiedlichen Gemengelage von Interessen in der Bundesrepublik und im Bündnis. Im Laufe des Jahres 1969 wurde das »Modell 75« zwar mehrfach mit Vertretern der beteiligten Ministerien (AA, BKA, BMVg und Stab für Studien und Übungen der BW) diskutiert, der interne Entscheidungsprozeß jedoch nicht zu einem Abschluß gebracht. Die Gründe dafür sind einmal in sachlichen Bedenken gegen die Vorschläge, insbesondere des Verteidigungsministeriums im Hinblick auf derartig weitgreifende Reduzierungen zu sehen. Zum anderen fehlte es im Bündnis zum damaligen Zeitpunkt an geeigneten Ansprechpartnern; die bündnisinternen Prozesse waren wesentlich durch Routine und Lethargie gekennzeichnet. Schließlich hatte die Bonner Zurückhaltung ihre Ursache in den verschiedenen personellen Veränderungen des Jahres 1969, die insbesondere die Abrüstungsabteilung des Auswärtigen Amtes und die Spitze des Verteidigungsministeriums betrafen.[41]
Ebenso wie die »Heusinger-Studien« wurde das »Modell 75« nicht offiziell in die NATO-Diskussion eingebracht. Vielmehr stimmte der deutsche Vertreter im Politischen Ausschuß der NATO im November 1969 Richtlinien für MBFR zu, die von gleichzeitigen und gleichprozentigen Reduzierungen einheimischer und stationierter Streitkräfte im Umfang von 10–30 % im mitteleuropäischen Bereich ausgingen.[42] Hatte die Bundesregierung aus den NATO-Modellen die Lehre gezogen, daß es nicht nur darum gehen konnte, Vorschläge zu entwickeln, die mit den eigenen Sicherheitsinteressen vereinbar, sondern die auch verhandelbar sein mußten, so erkannte sie jetzt, daß frühzeitige Konsultationen und eine Berücksichtigung der Grundpositionen der Partner für erfolgreiche eigene Initiativen unabdingbar waren.

40 Vgl. Kalix, Beiderseitige, ausgewogene Truppenreduzierungen in Mitteleuropa, a.a.O., S. 6 ff.
41 Anstelle von Botschafter Schnippenkoetter wurde Mitte 1969 der sicherheitspolitische Experte der SPD-Fraktion, Hellmuth Roth, neuer Abrüstungsbeauftragter; das Verteidigungsressort übernahm in der Sozialliberalen Koalition Helmut Schmidt, das Auswärtige Amt Walter Scheel. Damit im Zusammenhang standen weitere Umbesetzungen auf der Referatsebene.
42 Vgl. Müller, Konzeption und Akteur, a.a.O., S. 175; ferner oben S. 532.

2.3 *Die »Erklärung von Rom«*

Auf Initiative von Verteidigungsminister Schmidt begann bald nach den für die Bundesregierung hinter den Erwartungen zurückbleibenden Ergebnissen der NATO-Tagung vom Dezember 1969 die Vorbereitung einer eigenen Initiative, mit der das besondere deutsche Interesse an MBFR betont und das Projekt innerhalb der Allianz vorangebracht werden sollte. Unter der Federführung des neuen Abrüstungsbeauftragten, Botschafter Hellmuth Roth, und unter maßgeblicher Beteiligung des Planungsstabes des BMVg, erarbeiteten die mit MBFR befaßten Referate beider Ministerien den Entwurf eines Arbeitspapiers zu MBFR.

Eine der wichtigsten Prämissen dieses Papieres waren die in Mitteleuropa bestehenden Asymmetrien zwischen den beiden Bündnissystemen. Während der Warschauer Pakt eine Überlegenheit auf dem Gebiet der konventionellen Streitkräfte und im Mittelstreckenbereich besaß sowie Vorteile aus seiner günstigeren geographischen Lage ziehen konnte, war die NATO lediglich auf dem Gebiet der taktischen Kernwaffen in der Vorhand. Aufgabe der MBFR-Verhandlungen sollte es daher sein, bereits im Anfangsstadium von Reduzierungen diese Asymmetrien auszugleichen und ein militärisches Gleichgewicht auf niedrigerem Niveau herzustellen. Zu diesem Zweck wurden eine Reihe von Kriterien genannt, die bei Truppenreduzierungen berücksichtigt werden sollten:

- Beiderseitig ausgewogene Truppenverminderungen waren vor allem für Mitteleuropa von Bedeutung, weil hier die militärische Konfrontation am massivsten war;
- stationierte und einheimische Streitkräfte sollten gleichzeitig vermindert werden;
- von Beginn der Reduzierungen an waren konventionelle und zugeordnete nukleare Bewaffnung einzubeziehen;
- die Streitkräfteverminderungen sollten in Stufen erfolgen, um die Aufrechterhaltung der beiderseitigen Sicherheit zu gewährleisten;
- Eine ausreichende Kontrolle der Vereinbarungen im Reduzierungsraum sowie Überwachungsmöglichkeiten für die an den Reduzierungsraum anschließenden Gebiete mußten gewährleistet sein;
- Zusätzliche Maßnahmen zur Erschwerung von Überraschungsangriffen und zur Gewinnung ausreichender Warnzeiten waren vorzusehen, um den geographischen Vorteil des Warschauer Paktes zu verringern.[43]

43 Vgl. Müller, Konzeption und Akteur, a.a.O., S. 176.

Die Grundgedanken dieses Papiers wurden bereits zu einem sehr frühen Zeitpunkt bei einem Arbeitsfrühstück der NATO-Botschafter in Brüssel zur Diskussion gestellt und, angesichts ihrer positiven Aufnahme, weiter ausgearbeitet und im März 1970 vom Bundessicherheitsrat gebilligt. Am 26. 3. 1970 wurde das Papier als Vorlage für die Ministertagung des NATO-Rates im Bündnis eingebracht. Gleichzeitig war die Bundesregierung bemüht, sie außenpolitisch in Konsultationen mit ihren wichtigsten Verbündeten abzusichern. Dies geschah bei einem Besuch des Bundeskanzlers im April 1970 in Washington und bei einem Gespräch zwischen Verteidigungsminister Schmidt und seinem britischen Amtskollegen Healey im Mai 1970.

Auf der Tagung des NATO-Ministerrates im Mai 1970 in Rom setzte sich die Bundesrepublik, unterstützt von Großbritannien und Italien, mit der Absicht durch, ein neues Signal für die Aufnahme von Verhandlungen über eine beiderseitige Truppenreduzierung zu setzen.[44] In einer Erklärung der am integrierten Verteidigungsprogramm beteiligten 14 NATO-Mitglieder luden diese die Sowjetunion und andere osteuropäische Staaten zu exploratorischen Gesprächen über beiderseitige und ausgewogene Truppenverminderungen in Europa, speziell in Mitteleuropa ein. Für diese Sondierungen wurden folgende Grundsätze genannt, die eine Weiterentwicklung der in Reykjavik und in Brüssel genannten Prinzipien[45] darstellten:

- »Beiderseitige Truppenverminderungen müßten mit den lebenswichtigen Sicherheitsinteressen des Bündnisses vereinbar sein und sich nicht zum militärischen Nachteil einer Seite auswirken, wobei Unterschiede, die aus geographischen und sonstigen Umständen erwachsen, zu berücksichtigen sind;
- Truppenverminderungen müßten auf Gegenseitigkeit beruhen und nach Umfang und zeitlichem Ablauf abgestuft und ausgewogen sein;

44 Vgl. Kommuniqué des NATO-Ministerrates in Rom vom 27. 5. 1970, in: EA 13/1970, S. D 315–318; ferner Ruehl, MBFR: Lessons and Problems, a.a.O., S. 8 f. Ruehl weist an dieser Stelle darauf hin, daß die von der Bundesregierung gewünschte Formulierung, die Reduzierungen sollten sich auf »Streitkräfte einschließlich ihrer konventionellen und nuklearen Waffensysteme« beziehen, auf amerikanischen Widerstand stieß und keinen Eingang in die »Erklärung von Rom« fand.

45 Vgl. Erklärung der Außenminister und Vertreter der integrierten am NATO-Verteidigungsprogramm beteiligten Länder vom 25. 6. 1968 über beiderseitige und ausgewogene Truppenverminderung, in: EA 15/1968, S. D 359–360; sowie Erklärung der Mitgliedstaaten der NATO vom 5. 12. 1969 zu Fragen der europäischen Sicherheit, in: EA 4/1970, S. D 79–82.

- Truppenverminderungen müßten in dem betreffenden Gebiet Stationierungs- und einheimische Streitkräfte und ihre Waffensysteme umfassen;
- Um die Einhaltung von Abkommen über beiderseitige und ausgewogene Truppenverminderungen zu gewährleisten, müssen ausreichende Verifizierungen und Kontrollen vorgesehen werden«.[46]

Im übrigen beschränkten sich die NATO-Minister darauf, die vom Ständigen NATO-Rat vorgelegten Studien zur Kenntnis zu nehmen und eine Fortsetzung der vorbereitenden Arbeiten zu empfehlen. Die gastgebende italienische Regierung wurde beauftragt, die Länder des Warschauer Paktes (mit Ausnahme der DDR – hier behielt sich die Bundesregierung eine Information vor[47] –) über die Ergebnisse der Konferenz von Rom zu unterrichten.

Die Verabschiedung der »Erklärung von Rom« darf jedoch nicht darüber hinwegtäuschen, daß im Bündnis weiterhin keine Übereinstimmung über die Ziele und Methoden von MBFR bestand. Während vor allem die Bundesrepublik MBFR als flexibles Instrument multilateraler Entspannungs- und Sicherheitspolitik benutzen wollte, sahen andere Partner in dem Verhandlungsangebot eher eine taktische Methode, um einseitige amerikanische Abzüge zu verhindern. Hinzu kamen die Schwierigkeiten, in welche die Allianz bei der Entwicklung von Reduzierungsmodellen geraten war. Da es ihr zum Zeitpunkt der NATO-Tagung in Rom weiterhin an einem kohärenten Verhandlungskonzept fehlte, legte sie sich mit ihrer Erklärung auf Verhandlungsgrundsätze fest, ehe sie über Ziel und Vorgehensweise Übereinstimmung erzielt hatte. »Angeboten wurde eine Verhandlung mit den Staaten des Warschauer Paktes über Streitkräfteverringerung in Europa, insbesondere in Mitteleuropa – das weder geographisch noch durch Aufzählung von Staaten und Gebieten abgegrenzt worden war – mit der Leitvorstellung, daß solche Truppenverminderungen »ausgewogen« und »gegenseitig« zu sein hätten und »phasenweise« ausgeführt werden sollten. Einbezogen würden »stationierte« und »einheimische« Streitkräfte »und deren Waffensysteme«. Die Verminderungen müßten »mit den vitalen Sicherheitsinteressen« vereinbar sein, dürften »keiner Seite

46 Erklärung der Minister der am integrierten NATO-Verteidigungsprogramm beteiligten Länder vom 27. 5. 1970 über beiderseitige und ausgewogene Truppenverminderung, in: EA 13/1970, S. D 318–319; ferner Lothar Ruehl, Aber ziemlich wenig Illusionen, in: WELT, 27. 5. 1970; Kurt Becker, Römische Signale für Moskau, in: ZEIT, 5. 6. 1970.

47 Vgl. den Erlaß der Bundesregierung von 20. 5. 1970, vgl. auch NATO berät über beiderseitige Truppenreduzierung in Europa, in: Tsp., 6. 10. 1971.

militärische Nachteile« zufügen und müßten »die geographischen und sonstigen« Unterschiede in der Lage der beiden Bündnisse im Verhältnis zueinander berücksichtigen.«[48] Offen blieb, was »ausgewogen« oder »phasenweise« bedeuten sollte; nicht geklärt wurde, ob alle Streitkräfte ohne Unterschied zwischen Land-, Luft- und Seestreitkräften und alle Waffensysteme einschließlich der nuklearen Waffen in eine Reduzierung miteinbezogen werden sollten. Diese in ihrer Intention offenen Formulierungen ließen vielfältige Auslegungen zu und hatten dennoch für die spätere Verhandlungspraxis die Wirkung von Festlegungen, auf die die andere Seite zurückgreifen konnte, wenn sie z. B. die Einbeziehung der einheimischen Streitkräfte und die Reduzierung von taktischen Nuklearwaffen forderte.

Das größte Interesse am Zustandekommen einer europäischen Sicherheitskonferenz und an Verhandlungen über beiderseitige Truppenreduzierungen hatte die Bundesregierung. Nach dem Abschluß der Verträge mit Moskau und Warschau war es ihr Ziel, die bislang bilateral geführte Ostpolitik multilateral abzusichern, und zwar sowohl gegenüber der Opposition im Innern wie gegenüber dem Mißtrauen der Verbündeten. Natürlich verstand die Bundesregierung MBFR auch als ein taktisches Instrument, um eine als unvermeidlich betrachtete Verringerung der amerikanischen Truppenpräsenz in Europa zu ermöglichen, ohne daß das Kräfteverhältnis verändert oder das Vertrauen Westeuropas in die amerikanische Sicherheitsgarantie geschwächt würde. Gleichzeitig wurde MBFR unter dem Gesichtspunkt kooperativer Rüstungssteuerung gesehen, als ein europäischer Beitrag, um »den Grad der Unsicherheit, die Kosten und die Gefahr von Gewaltanwendungen in der Welt zu verringern.[49] Im Gegensatz zu der Mehrzahl seiner Amtskollegen in der NATO verstand Schmidt, bei aller Betonung des Gleichgewichtsgedankens, beiderseitige Truppenreduzierungen vor allem als politische Aufgabe, als Schritt zur Entwicklung neuer Sicherheitsstrukturen in Europa.

48 Ruehl, Die Truppenabbauverhandlung und die Europäische Sicherheit, a.a.O., S. 109–110.

49 Rede von Bundesverteidigungsminister Schmidt am 8. 4. 1970 vor dem Council on Foreign Relations in New York, in: Bulletin, Nr. 27, 11. 4. 1970, 463–466; vgl. ferner das Interview mit Helmut Schmidt, Erhaltung des Gleichgewichts der Macht auf dem europäischen Kontinent, in: WELT, 16. 2. 1970; sowie die Rede Schmidts am 10. 12. 1969 vor der Versammlung der Westeuropäischen Union in Brüssel, in: Bulletin, Nr. 152, 12. 12. 1969, S. 1289–1292; ferner Hans-Georg Wieck, Politische und militärische Probleme ausgewogener Truppenreduzierungen in Europa, in: EA 22/1970, S. 807–814.

Ein weiteres Ziel der Bundesregierung war es, einen inhaltlichen Zusammenhang zwischen der Initiative des Warschauer Paktes für eine europäische Sicherheitskonferenz und den westlichen Reduzierungsvorschlägen herzustellen. Damit wurde einmal die Absicht verfolgt, dem psychologischen Vorteil der Sowjets – die Sicherheitskonferenz ständig im Gespräch zu halten, ohne jedoch getestet zu werden, wie ernst es ihr damit war – etwas Gleichwertiges entgegenzusetzen und damit die sowjetische Entspannungsbereitschaft auf die Probe zu stellen. Zum anderen sollte angesichts der zunehmenden Sympathie für die Sicherheitskonferenz in verschiedenen NATO-Ländern vermieden werden, daß auf dieser ein Kernpunkt der Sicherheit in Europa, der beiderseitige Truppenaufmarsch, ausgespart blieb. Die militärische Präsenz wurde als ein Ansatzpunkt gesehen, von dem aus politische Regelungen bewirkt werden konnten.[50]
Die von Bonn in Umlauf gesetzte Formel »keine KSE ohne MBFR« fand keinen Eingang in die Erklärung von Rom. Eine Verknüpfung scheiterte zum damaligen Zeitpunkt an der Weigerung der Vereinigten Staaten, sich in irgendeiner Weise auf eine Sicherheitskonferenz oder auf Verhandlungen über Truppenreduzierungen festzulegen. Absoluten Vorrang hatten auf der strategischen Ebene die SALT-Gespräche mit der Sowjetunion, und auf der europäischen Ebene die Verhandlungen über eine Vier-Mächte-Regelung für Berlin. Zu der Abneigung, sich auf eine neue Verhandlungsebene und -gegenstand festzulegen, kam die – berechtigte – Sorge, daß angesichts des Fehlens eines konkreten Verhandlungskonzeptes derartige Verhandlungen ein unkalkulierbares Risiko bedeuteten. Die amerikanische Regierung wehrte das Drängen der Verbündeten auf die Weise ab, daß sie einer möglichst vagen und unverbindlichen Erklärung zustimmte, im übrigen aber weitere Studien und Sondierungen forderte. Erst im November 1970 wurde der MBFR-Komplex im Nationalen Sicherheitsrat der USA erörtert und eigene Studien in Auftrag gegeben.[51]
Für die Vereinigten Staaten besaß das Verhandlungsprojekt vor allem innenpolitische Nützlichkeit, um die Forderungen nach einseitigen Reduzierungen aufzufangen. Präsident Nixon benutzte daher sowohl die schwachen Versuche der Europäer, im Rahmen des EDIP mehr für die gemeinsame Verteidigung zu tun, als auch die Aussicht auf mögliche

50 Vgl. Helmut Schmidt, Erhaltung des Gleichgewichts der Macht auf dem europäischen Kontinent, Interview mit der WELT, 16. 2. 1970.
51 Vgl. Henry A. Kissinger, White House Years, Boston und Toronto 1979, S. 354 u. S. 400.

MBFR-Verhandlungen, um diese Vorstöße abzublocken. In einem Schreiben an den NATO-Rat versicherte er im Dezember 1970, daß die amerikanischen Streitkräfte in Europa nur im Rahmen eines Abbaus mittels beiderseitiger Reduzierungen verringert werden würden.[52] Als im Mai 1971 ein erneuter Entschließungsantrag im Senat zur Abstimmung anstand, der diesmal als Zusatz zum Wehrpflichtgesetz formuliert war und auf ein großes Maß an Zustimmung zählen konnte, ging das Weiße Haus noch einen Schritt weiter. Es griff die von Parteisekretär Breschnjew in einer Rede in Tiflis geäußerte Bereitschaft Moskaus zu Gesprächen über eine Truppenverminderung auf und legte sich auf Verhandlungen über MBFR fest.[53] Der Druck in Richtung auf einseitige Reduzierungen übte nunmehr auch in den USA eine Hebelwirkung aus, welche die Bereitschaft zu beiderseitigen, ausgewogenen Truppenreduzierungen beeinflußte. Je mehr sich dieser Druck verstärkte – im Sommer 1971 kamen zu der allgemeinen Mißstimmung über ein »overcommitment« noch die Zwänge der Wirtschafts- und Währungskrise hinzu – wurde Washington zeitweilig zum Hauptschrittmacher für eine beiderseitige, ausgewogene Truppenreduzierung innerhalb des Bündnisses, ohne daß die Administration jedoch über klare Vorstellungen hinsichtlich der Ziele und der Substanz derartiger Verhandlungen verfügte.

Der Warschauer Pakt, der bislang keine Neigung zu Verhandlungen über Truppenreduzierungen hatte erkennen lassen – sieht man einmal von Andeutungen in vertraulichen sowjetisch-amerikanischen Gesprächen ab, die aber von der Regierung in Washington nicht sehr hoch bewertet worden waren,[54] nahm schon wenige Wochen nach Rom den ihm von der

52 Vgl. Botschaft von Präsident Nixon an den NATO-Rat vom 3. 12. 1970, in: EA 3/1971, S. D 73–74.

53 Vgl. die Rede von Generalsekretär Breschnjew am 14. 5. 1971 in Tiflis, Auszüge betr. Truppenverminderung in Europa, in: EA 14/1971, S. 348; ferner Erklärung des amerikanischen Außenministeriums vom 17. 5. 1971 betr. beiderseitige und ausgewogene Truppenverminderungen in Europa, in: EA 14/1971, S. D 348–349; ferner die Rede des amerikanischen Stellvertretenden Außenministers, Elliot Richardson, vor dem Council on World Affairs in Chicago am 20. 1. 1970 über die Europa-Politik der Vereinigten Staaten, in: EA 4/1970, S. D 95–100.

54 Nach Berichten der Washington Post soll der sowjetische Botschafter in Washington, Dobrynin, bei einem Gespräch mit dem stellvertretenden amerikanischen Außenminister Richardson erklärt haben, die sowjetische Regierung sei zur Erörterung jedes Vorschlages über Truppenreduzierungen in Europa bereit, der auf der Ministerratstagung der NATO im Juni 1970 erarbeitet werde, vgl. Geheimgespräche über Truppenstationierung, in: SZ, 11. 2. 1970. Die aufgeschlossene Haltung von Staatssekretär Richardson gegenüber dem MBFR-Projekt, die er in seiner Rede in Chicago Ende Januar 1970 zu erkennen gab, könnte möglicherweise von diesen Gesprächen beeinflußt worden sein.

NATO zugespielten Ball auf. Auf einer kurzfristig einberufenen Konferenz der Außenminister in Budapest im Juni 1970 erklärten sie die Bereitschaft ihrer Länder, über eine Truppenverminderung in Europa zu sprechen. In einem Memorandum machten sie jedoch gleichzeitig deutlich, daß für sie das Projekt einer gesamteuropäischen Konferenz vorrangig war. Die Frage von Truppenreduzierungen könnte in einem Organ dieser Konferenz, aber auch in einem anderen, für die interessierten Staaten annehmbaren Verfahren diskutiert werden.[55] In Übereinstimmung mit der traditionellen östlichen Argumentation wurde jedoch nur von einer Reduzierung der ausländischen Streitkräfte gesprochen; die einheimischen Truppen blieben unerwähnt.[56] In der Ostberliner Erklärung des Politischen Beratenden Ausschusses vom Dezember 1970 fehlte dann jeder Hinweis auf Truppenreduzierungen, stattdessen wurde auf die Bukarester Erklärung von 1966 verwiesen.[57] Dort war die Beseitigung der ausländischen Militärstützpunkte, der Abzug aller ausländischen Truppen von fremden Territorien, die Reduzierung der Streitkräfte der beiden deutschen Staaten sowie die Bildung atomwaffenfreier Zonen gefordert worden.[58] Diese Maßnahmen waren in ihrer Zielsetzung darauf gerichtet, den Rückzug der USA aus Europa und die Auflösung des westlichen Bündnisses zu bewirken und daher für den Westen in dieser Form nicht diskutabel.

Auf seiner Dezember-Tagung beschränkte sich der NATO-Rat daher darauf, die Signale von Reykjavik und Rom zu wiederholen. Auf den Vorschlag, Truppenreduzierungen in einem besonderen Organ der gesamteuropäischen Konferenz zu erörtern, gingen die Minister nicht ein, sie erklärten jedoch ihre Bereitschaft, eine »beiderseitige und ausgewogene

Das Weiße Haus und die Spitze des State Department maßen jedoch diesen Andeutungen keine große Bedeutung zu; gegenüber ihren NATO-Verbündeten bezweifelten sie mehrfach die Negoziabilität von beiderseitigen Truppenreduzierungen.

55 Vgl. Memorandum der Außenministerkonferenz der Mitgliedsstaaten des Warschauer Paktes vom 22. 6. 1970 zu Fragen, die mit der Einberufung einer gesamteuropäischen Konferenz zusammenhängen, in: EA 14/1970, S. D 323–324.

56 Vgl. Andrej Krasnow, New Stage in Preparations für All-European Conference, in: Soviet News (Sowjetische Botschaft, London), 7. 7. 1970.

57 Vgl. Erklärung der Warschauer Pakt-Staaten zu Fragen der Sicherheit und der friedlichen Zusammenarbeit in Europa vom 2. 12. 1970, in: EA 1/1971, S. D 22–24. Auf einer Konferenz der Verteidigungsminister und der militärischen Führungsspitzen des Warschauer Vertrages Anfang März in Budapest soll nach einem Bericht der FAZ Übereinstimmung darüber geherrscht haben, daß eine beiderseitige Truppenreduzierung in Europa derzeit nicht in Betracht komme, vgl. Warschauer Pakt gegen Truppenabbau, in: FAZ, 11. 3. 1971.

58 So z. B. in der Erklärung der Teilnehmerstaaten des Warschauer Paktes in Bukarest vom 6. 7. 1966 zur europäischen Sicherheit, in: EA 16/1966, S. 414–424.

Verminderung der Stationierungsstreitkräfte als Teil eines einheitlichen Programms zur Verminderung sowohl von Stationierungs- wie von einheimischen Streitkräften zu prüfen«.[59] Diese Formulierung deutete als neue Nuance die Möglichkeit an, der Reduktion von fremden Truppen evtl. Priorität zu geben. Die Forderung nach Einbeziehung auch der einheimischen Truppen – eine Frage, die damals innerhalb der NATO noch völlig offen war – hatte vor allem politische Gründe. Nach Westen sollte sie die multilateralen Elemente von MBFR unterstreichen, nach Osten hatte sie die Funktion eines Sperriegels, der Verhandlungen verschob, bis sich das Bündnis auf eine gemeinsame Verhandlungsposition geeinigt hatte. Mit der Annahme eines Programms zur Verstärkung der europäischen Verteidigung (EDIP),[60] dem die Zusicherung des amerikanischen Präsidenten entsprach, die in Europa stationierten Streitkräfte der USA nicht zu verringern, es sei denn im Rahmen von beiderseitigen Truppenreduzierungen, dokumentierten die Verbündeten ihre Auffassung, daß Gewährleistung der Sicherheit durch angemessene Verteidigungsfähigkeit und Bereitschaft zu Verhandlungen zwei Seiten ein und derselben Medaille waren.

2.4 *Die Entwicklung von Verhandlungselementen für MBFR*

In dem Bemühen, eine gemeinsame Verhandlungsposition für beiderseitige, ausgewogene Truppenreduzierungen zu entwickeln, beschritt die Allianz nach Rom neue Wege. Nach der Phase des Streitkräftevergleichs und der Erarbeitung von alternativen Reduzierungsmodellen – die in dieser Form militärisch nicht vertretbar bzw. politisch nicht verhandlungsfähig waren, die aber die militärischen und politischen Probleme von MBFR schärfer hervortreten ließen – begann nun die Erarbeitung von Elementen und Bausteinen für ausgewogene Truppenreduzierungen, ohne daß diese sogleich zu festen Verhandlungspositionen zusammengefügt wurden. Angeregt durch die Entwicklung neuer Verhandlungsmethoden und -verfahren im Rahmen der amerikanisch-sowjetischen Gespräche über die Begrenzung strategischer Waffensysteme (SALT), wurde der

59 Kommuniqué des NATO-Ministerrates in Brüssel vom 4. 12. 1970, in: EA 3/1971, S. D 74–79 (S. D 77).
60 Vgl. Erklärung der Minister der am integrierten Verteidigungsprogramm der NATO beteiligten Länder vom 2. 12. 1970 über die »Allianz in den siebziger Jahren«, in EA 3/1971, S. D. 79–82.

Versuch gemacht, den Gesamtbereich der Fragen, die sich bei den Bemühungen um eine Reduzierung von Streitkräften in Europa stellten, aufzugliedern und die einzelnen Bereiche gesondert zu untersuchen. Derartige Elemente waren:
- Reduzierungsraum;
- Arten der Reduzierung, z. B. einheimische oder Stationierungsstreitkräfte, konventionelle oder nukleare Komponenten;
- Reduzierungsquoten und ihre Anrechnung, z. B. auf Einheiten, Personalstärken oder Gerät;
- zeitliche Durchführung der Reduzierungen;
- Verifikation und begleitende Maßnahmen.[61]

Jeder Fragenbereich sollte zunächst für sich diskutiert, denkbare Verhandlungspositionen erörtert und diese nach den in Rom festgelegten Kriterien überprüft werden. Im Rahmen eines umfassenden Abstimmungsprozesses zwischen den Verbündeten bzw. nach Sondierungen mit der anderen Seite sollten dann gemeinsame Verhandlungsoptionen entwickelt werden.

Im Unterschied zu den Verhandlungen über eine Begrenzung der strategischen Waffensysteme, die, ausgehend von einem annähernden Kräftegleichgewicht, das Ziel verfolgten, bestimmte waffentechnische Entwicklungsmöglichkeiten zu unterbinden und darüber hinaus Höchstgrenzen für das vorhandene Potential festzulegen, waren Ausgangslage und Zielsetzungen von MBFR komplexer. Nicht nur mußten Verhandlungen über eine Truppenreduzierung die unterschiedlichen geostrategischen Bedingungen beider Bündnisse berücksichtigen, sondern es sollten auch die politischen Wirkungen von Veränderungen der Truppenpräsenz in die Überlegungen einbezogen werden. Daraus ergab sich die Konzipierung von MBFR als ein politisches Instrument, wobei die auf dem Streitkräftesektor möglichen sicherheitspolitischen Regelungen mit der allgemeinen Entwicklung des Ost-West-Verhältnisses in Europa synchronisiert werden mußten.[62] Ein Hauptziel der deutschen MBFR-Politik war es, einen Abbau des militärischen Offensivpotentials des Warschauer Paktes zu erreichen und die sowjetische Option für den Einsatz militärischer Macht als

61 Vgl. Richard M. Nixon, United States Foreign Policy for 1970's. Building for Peace. Message from the President of the United States. 92nd Congress, 1st Session, House Document Nr. 92–53, Washington 1971, S. 152–153.

62 Vgl. Erklärung der Minister der am integrierten NATO-Verteidigungsprogramm beteiligten Länder vom 27. 5. 1970 über beiderseitige und ausgewogene Truppenverminderung in: EA 13/1970, S. D. 319.

Interventions- und Pressionsinstrument zu begrenzen. Im Ergebnis sollte das militärische Konfrontationssystem in Mitteleuropa abgeschwächt und die Voraussetzungen für eine politische Evolution geschaffen werden.[63] Diese Zielsetzung lag dem deutschen MBFR-Papier zugrunde, mit dem die Bundesregierung im März 1971 ihre Vorstellungen für Verhandlungen über eine beiderseitige, ausgewogene Truppenreduzierung im Ständigen NATO-Rat präzisierte. Das Papier war in enger Zusammenarbeit zwischen dem Auswärtigen Amt und dem Verteidigungsministerium, bei ständiger Information des Bundeskanzlers, erarbeitet worden und sollte innerhalb des Bündnisses als Diskussionsgrundlage und als ein roter Faden für die weiteren Überlegungen und Studien der Allianz dienen.

Ausgangspunkt für die deutschen Überlegungen waren drei Grundsätze:

- Erhaltung der Sicherheit, d. h. Beibehaltung und Glaubwürdigkeit der Strategie der »flexible response«;
- Erhaltung des Gleichgewichts, d. h. Stabilisierung des bestehenden Kräfteverhältnisses zwischen West und Ost;
- Glaubwürdigkeit des MBFR-Konzeptes, d. h. seine Vertretbarkeit nach Westen und seine Verhandelbarkeit nach Osten.

Der auffallendste Unterschied zu den vorangegangenen Modellstudien der Allianz bestand in der Abkehr von im wesentlichen militärischen Gleichgewichtsmodellen und in der Kombination von politischen Stabilisierungsschritten mit militärischen Reduzierungen beziehungsweise Limitierungen. In dieser Hinsicht trug das Papier deutlich die Handschrift der SWP.[64]

63 Vgl. Paul Frank, Zielsetzungen der Bundesrepublik Deutschland im Rahmen europäischer Sicherheitsverhandlungen, in: EA 5/1972, S. 153–160. Dieser Aspekt wird in der Regel von Kritikern der Abrüstungspolitik der Bundesrepublik übersehen, vgl. Dieter Senghaas, Volker Rittberger und Burhard Luber, MBFR: Aufrüstung durch Rüstungskontrolle? In: Aus Politik und Zeitgeschichte, B 13/73, 31. 3. 1973, S. 26–54.

64 Zunächst hatte die SWP ein dreiphasiges MBFR-Konzept vorgeschlagen: In einer ersten Phase sollte ein Verbot der Verstärkung ausländischer, d. h. amerikanischer und sowjetischer Streitkräfte in Europa vereinbart werden; außerdem sollten größere Truppenbewegungen nur nach rechtzeitiger Voranmeldung erlaubt sein. In der zweiten Phase sollten die stationierten Streitkräfte in begrenzten Zonen Europas reduziert bzw. zurückverlegt sowie zusätzliche Rückführungsbeschränkungen vereinbart werden. In der dritten Phase sollten die einheimischen Truppen zunächst auf den gegenwärtigen Stand eingefroren, später durch teilweise Auflösung verringert werden. Dabei wurde eine Reduzierung der Bundeswehr als Gegenleistung für Abzüge sowjetischer Truppen gesehen; vgl. Uwe Nerlich und Dieter Kalix, Die Frage der »ausländischen« Streitkräfte bei der Entwicklung eines politischen MBFR-Konzepts, SWP – AP 1043, November 1970; siehe auch Müller, Konzeption und Akteur, a.a.O., S. 181.

Im einzelnen wurden in dem deutschen Paper fünf Elemente oder Stufen skizziert, die Bestandteil von Verhandlungen über eine beiderseitige, ausgewogene Truppenreduzierung sein konnten:

1. Vereinbarung von Prinzipien, von der sich die Verhandlungspartner bei europäischen Sicherheitsregelungen leiten lassen würden;
2. Beschränkung der militärischen Dispositionsmöglichkeiten (Vorausbenachrichtigung beziehungsweise Einschränkung von militärischen Bewegungen – »constraints«);
3. Quantitative Begrenzung von Streitkräften und Rüstungen (»force limitation agreement«);
4. Stufenweise Reduzierungen (Abzug von Stationierungsstreitkräften und Reduzierung von einheimischen Streitkräften);
5. Vereinbarung von Endstärken mit dem Ziel der Festsetzung von Höchstgrenzen (»common ceiling«).[65]

Jedes dieser Elemente würde beliebig mit anderen kombinierbar sein. Dieses »Baustein-Verfahren« ermöglichte ein stufenweises Vorgehen, das es erlauben würde, mit kleinen Schritten zu beginnen, die politisch stabilisierend wirken würden, ohne jedoch militärische Risiken zu beinhalten. Entsprechend der internationalen Lage und dem Stand der Verhandlungen konnten in jeder Phase weitere politisch und militärisch relevante Elemente einbezogen werden. Jede Phase konnte durch Teilvereinbarungen abgeschlossen werden, ohne daß das Ziel der Verhandlungen, die Vereinbarung eines neuen Streitkräfteniveaus, darüber verloren gehen würde. Die Reduzierung von Truppenstärken war nicht mehr der Hauptzweck von MBFR-Verhandlungen. Ihm übergeordnet war das Ziel, die Angriffsoptionen des Warschauer Paktes zu beschneiden, insbesondere seine für einen Überraschungsangriff sofort verfügbaren Kräfte zu begrenzen und es ihm zu erschweren, Verstärkungen in den Reduzierungsraum hereinzuführen. Durch die so erreichte Verringerung der Bedrohung sollte die politische Atmosphäre verbessert und damit der Ost-West-Entspannungsprozeß erleichtert werden.[66]

65 Vgl. Lothar Ruehl, NATO sucht Maßstäbe für Truppenabbau, in: WELT, 28. 9. 1971; ferner Nerlich, Die Rolle beiderseitiger Truppenverminderung in der europäischen Sicherheitspolitik, a.a.O., Uwe Nerlich hat als Studienleiter im Forschungsinstitut für Internationale Politik und Sicherheit der Stiftung Wissenschaft und Politik in Ebenhausen bei München, das in Fragen von MBFR der Bundesregierung zuarbeitete, maßgeblichen Anteil an der Entwicklung der deutschen MBFR-Konzeption gehabt, vgl. Müller, Konzeption und Akteur, a.a.O.

66 Vgl. Wieck, Politische und militärische Probleme ausgewogener Truppenreduzierungen in Europa, a.a.O. Als Leiter des Planungsstabes im Verteidigungsministerium gehörte Wieck, neben dem Leiter der Abrüstungsabteilung im Auswärtigen Amt, Botschafter Roth, mit zu den geistigen Vätern von MBFR.

Mit dem deutschen MBFR-Programm konnten freilich nicht alle Bedenken innerhalb der Allianz ausgeräumt werden. Bei vielen Partnern überwog die Skepsis im Hinblick auf die Möglichkeit, auf dieser Basis mit dem Warschauer Pakt zu Verhandlungen zu kommen, wobei insbesondere die USA auf rasche Abzüge drängten (und inoffiziell die deutschen Vorschläge als »a dignified way of doing nothing« bezeichneten). Andere dagegen fürchteten, durch Verhandlungen über eine beiderseitige, ausgewogene Truppenverminderung könnte eine Dynamik zu Gunsten weiterer Truppenreduzierungen oder anderer Arms control-Vereinbarungen ausgelöst werden, die der Westen auf lange Sicht nicht werde steuern können. Beträchtliches Gewicht hatte auch der Einwand, daß eine wesentliche Reduzierung nicht ohne Auswirkungen auf die Strategie des Bündnisses bleiben würde. Sie könnte zu einer verstärkten Abhängigkeit Europas von nuklearen Waffen oder auch zum Ersatz der Abschreckungsstrategie durch eine Mobilisierungsstrategie führen und damit neue Spannungen heraufbeschwören.

Wesentliche Bedenken wurden auch weiterhin von militärischer Seite gegen eine Truppenreduzierung erhoben. Im NATO-Hauptquartier und bei den verschiedenen alliierten Stäben wurde dabei stets auf das faktische Ungleichgewicht zwischen den beiden Paktsystemen hingewiesen, das bei einer Reduzierung noch weiter verschärft würde. Auch wurde die Befürchtung geäußert, daß eine Reduzierung in Mitteleuropa den Druck auf die Flanken der NATO verstärken könnte. Diesem Einwand suchte die Bundesregierung dadurch Rechnung zu tragen, daß Reduzierungen in Zentraleuropa von Bewegungsbeschränkungen in einem Gebiet begleitet sein sollten, das wesentlich größer als der eigentliche Reduzierungsraum war.[67]

Im Laufe des Jahres 1971 brachte die Bundesregierung Entwürfe einer Absichtserklärung und von Grundsätzen für die Bewegungsbeschränkungen in die NATO ein. In Anknüpfung an die McCloy-Sorin-Erklärung von 1961, mit der die 18-Mächte-Verhandlungen über eine allgemeine Abrüstung eröffnet worden waren, sollte am Beginn von Verhandlungen über beiderseitige Truppenreduzierungen eine gemeinsame Erklärung stehen, in der die betroffenen Staaten – möglichst alle europäischen und nordamerikanischen Länder – ihre Absichten und Prinzipien im Hinblick auf die europäische Sicherheit darlegen würden. Solche Grundsätze könnten unter anderem die Verpflichtung auf ausgewogene Maßnahmen, die

67 Vgl. Uwe-Karsten Heye, Katalog der Risiken beim Projekt Truppenreduzierung, in: SZ, 19. 10. 1971.

keinem Staat zum militärischen Nachteil gereichen würden, die Einbeziehung von Stationierungs- und einheimischen Truppen sowie ihrer Waffensysteme, der Schutz vor Kräfteverschiebungen und Überraschungsangriffen durch begleitende Maßnahmen sowie eine angemessene Verifizierung sein. Nach Auffassung der Bundesregierung sollte eine derartige Deklaration auf der Konferenz über Sicherheit und Zusammenarbeit verabschiedet werden.[68]

Die im deutschen Programm vorgesehenen Bewegungsbeschränkungen hatten eine doppelte Zielsetzung. Zu Beginn des Verhandlungsprogramms kam ihnen vor allem die Aufgabe zu, Mißtrauen abzubauen und Fehlbeurteilungen auszuschließen, durch die das gesamte MBFR-Projekt gefährdet werden konnte. Später sollten sie – im Verein mit Verifizierungsmaßnahmen – eine Rückführung oder Verstärkung der reduzierten Truppen verhindern. Für diese Aufgabe eignete sich nahezu das gesamte, in den sechziger Jahren entwickelte Arsenal von Arms control-Maßnahmen: Vorausbenachrichtigungen, Bodenbeobachtungsposten, Manöverbeobachter, besondere Nachrichtenverbindungen und ein Informationsaustausch. Auch hier war eine stufenweise Intensivierung der Maßnahmen möglich und sinnvoll: zunächst konnte daran gedacht werden, eine gleichzeitige Ankündigung von Truppenbewegungen zu vereinbaren. Dann würde eine Vorausbenachrichtigung, schließlich die Zustimmung der anderen Seite zu den beabsichtigten Umdislozierungen notwendig sein. Der letzte Schritt wäre dann der völlige Verzicht beider Seiten auf größere Truppenbewegungen.

Mitte 1972 legte die Bundesregierung dann Grundzüge eines Abkommens über eine Begrenzung der Streitkräfte vor. Dabei war zunächst weniger an die Festlegung von Höchstgrenzen (»ceilings«) gedacht, deren Überwachung ohne Inspektionen an Ort und Stelle schwierig schien. Vielmehr sollte es sich um ein gesamteuropäisches Verstärkungs- und Neustationierungsverbot handeln, durch das die vorhandenen Streitkräfte auf ihren gegenwärtigen Mannschafts- und Ausrüstungsstand eingefroren werden sollten. Um Reminiszenzen an den Gomulka-Plan zu vermeiden, wurde davon abgesehen, von einem »freeze« zu sprechen.[69] Ähnlich wie

68 Vgl. Uwe Nerlich, Zielsetzungen der BRD in europäischen Sicherheitsverhandlungen. Arbeitspapier für die Sitzung der Studiengruppe für Internationale Sicherheit der Deutschen Gesellschaft für Auswärtige Politik am 7. 2. 1971, S. 17.

69 Vgl. die polnischen Vorschläge für ein »Einfrieren« der nuklearen Waffen in Europa, z. B. Memorandum der polnischen Regierung vom 29. 2. 1964 betr. das »Einfrieren« der nuklearen Rüstungen in Mitteleuropa, in: EA 8/1964, S. D 224–225.

beim Nichtverbreitungs-Vertrag wurde ein Verzicht auf bestimmte Tätigkeiten gefordert, deren Einhaltung mit relativ einfachen, notfalls auch nationalen Mitteln, überwacht werden konnte.[70] Dieses sogenannte »Force limitation agreement« würde den Kernpunkt der Vereinbarungen bilden. Auf seiner Basis könnte dann auch eine befriedigende Vereinbarung über Bewegungsbeschränkungen vereinbart sowie in einem späteren Stadium auf das Problem der Verifizierung angegangen werden, das eine Voraussetzung für die eigentlichen Reduzierungen sein würde.

Die Bundesregierung verfolgte mit dem integralen Programm die Absicht, durch Kombination von vertrauensbildenden sowie stabilisierenden Schritten und Maßnahmen der Rüstungsbeschränkung sowohl den Interessen als auch den Befürchtungen der Verbündeten in optimaler Weise Rechnung zu tragen. Während des gesamten MBFR-Prozesses mußte die uneingeschränkte Sicherheit aller Beteiligten gewährleistet sein. Dabei stellte sich das Problem, daß Maßnahmen gefunden werden mußten, die geeignet waren, die auf geographischen und anderen Faktoren beruhenden Ungleichheiten auszubalancieren. Gleichzeitig mußten aber auch Maßnahmen in Aussicht gestellt werden, die für die östliche Seite interessant waren und die damit dem Programm eine faire Verhandlungschance gaben.

2.5 *Die NATO-Konferenz von Lissabon und die Nominierung von Brosio als MBFR-Explorateur*

Die NATO-Konferenz im Juni 1971 in Lissabon stand ganz unter dem Eindruck der Rede Breschnjews in Tiflis, in der dieser – wie bereits auf dem XXIV. Parteitag der KPdSU Ende März in Moskau[71] – angeboten

70 Vgl. Nerlich, Zielsetzungen der BRD in europäischen Sicherheitsverhandlungen, a.a.O.

71 Vgl. die Rede Breschnjews am 14. 5. 1971 in Tiflis, Auszüge in: EA 14/1971, S. D 348; ferner den von Breschnjew auf dem XXIV. Parteitag der KPdSU am 30. 3. 1971 in Moskau vorgetragenen Rechenschaftsbericht, Auszüge in: EA 10/1971, S. D 232–248. Die sowjetische Regierung präzisierte gegenüber dem amerikanischen Botschafter in Moskau, Beam, und in Gesprächen mit der kanadischen Regierung ihre Vorstellungen über eine Truppenreduzierung noch weiter, vgl. Breschnjews Signal läßt Nixon aufatmen, in: SZ, 17. 5. 1971; Kossygin präzisiert die Vorschläge zur Truppenverminderung in Europa, in: SZ, 20. 5. 1971. Zur Bewertung der Mansfield-Initiative und des Signals von Tiflis durch die Bundesregierung vgl. das Interview von Verteidigungsminsiter Schmidt am 19. 5. 1971 im Westdeutschen Rundfunk und von Regierungssprecher von Wechmar am 21. 5. 1971 im Sender Freies Berlin. Wechmar wies auf das »timing« der Breschnjew-Rede – wenige Tage vor der NATO-Konferenz in Lissabon – hin.

hatte, auch über eine Reduzierung der einheimischen Truppen zu verhandeln, und der Niederlage der von Mansfield geführten Senatoren im amerikanischen Senat, welche die amerikanische Regierung unter Druck setzen wollten, um eine wesentliche Reduzierung der in Europa stationierten Truppen zu erreichen.[72] Die nunmehr von der Sowjetunion zur Schau getragene Gesprächsbereitschaft und die jetzt auch vom amerikanischen Präsidenten bestätigte Bereitschaft zu Verhandlungen über beiderseitige Truppenreduzierungen hatten zweifellos dazu beigetragen, daß der Antrag Mansfields im Senat gescheitert war. Diese Vorgänge zwangen jedoch die amerikanische Regierung, sich im Bündnisrahmen für eine rasche Aufnahme von Verhandlungen über eine beiderseitige, ausgewogene Truppenreduzierung einzusetzen.[73]

Auf amerikanischen Vorschlag beschlossen die Außenminister der Allianz auf der Tagung des Ministerrates im Juni 1971 in Lissabon, zunächst die bilateralen Sondierungen mit der Sowjetunion und anderen osteuropäischen Staaten fortzusetzen, um die östliche Verhandlungsbereitschaft noch weiter auszuloten. Daraus sprach das Mißtrauen der Verbündeten, inwieweit das sowjetische Einlenken taktischer Natur war, um dem Westen das Ja zu der vom Warschauer Pakt gewünschten Sicherheitskonferenz zu erleichtern, bzw. ob sich die Sowjetunion mit Hilfe von MBFR eine alternative Verhandlungsposition aufzubauen hoffte.[74] Hinzu kam, daß die USA durch die SALT-Verhandlungen voll in Anspruch genommen waren. Die stellvertretenden Außenminister sollten dann im Herbst die Ergebnisse der Sondierungen prüfen und über Sach- und Verfahrensfragen für beiderseitige, ausgewogene Truppenreduzierungen beraten. Die Minister kündigten in dem Kommuniqué ferner an, daß sie »zu gegebener Zeit« einen oder mehrere Vertreter benennen wollten, um weitere exploratorische Gespräche mit der Sowjetunion und anderen interessierten Regierungen zu führen. Die französische Regierung nahm die angedeutete sowjetische Gesprächsbereitschaft nicht zum Anlaß, um ihre Zurückhaltung gegenüber beiderseitigen Truppenreduzierungen aufzuge-

72 Vgl. Ablehnung der Initiative Mansfields – ein Erfolg Nixons, in: FAZ, 21. 5. 1971; ferner Joachim Schwelien, Wieviel GIs für Europa? In: ZEIT, 21. 5. 1971.

73 Vgl. Drew Middleton, NATO Says Troop Talks Can Precede Berlin Pact, in: NYT, 20. 5. 1971; Washington hofft auf Kooperation Bonns. Truppenreduzierungen ohne Berlin-Junktim gewünscht, in: FAZ, 26. 5. 1971; Washington will Moskaus Absichten ausloten. Truppenabbau zentrales Thema der NATO-Tagung, in: FAZ, 1. 6. 1971.

74 Vgl. Peter Bender, Mutmaßungen über Moskaus Motive. Was steckt hinter den Offerten des Kreml? In: ZEIT, 28. 5. 1971; NATO Chief Finds Soviet Bid »Vague«, in: NYT, 3. 6. 1971.

ben. Sie enthielt sich auch dieses Mal bei sämtlichen MBFR betreffenden Artikeln des NATO-Kommuniqués der Stimme.[75]
Der Zusammenhang zwischen beiderseitigen Truppenreduzierungen und einer Konferenz über Sicherheit und Zusammenarbeit in Europa wurde auch weiterhin offen gehalten, da es dazu divergierende Auffassungen bei den Bündnispartnern gab. Damit im Zusammenhang stand die Frage, ob die Aufnahme von MBFR-Verhandlungen ebenso wie die Sicherheitskonferenz von einer befriedigenden Berlin-Vereinbarung abhängig gemacht werden sollte. Die Bundesregierung wollte vermeiden, daß die Sowjetunion den an der Sicherheitskonferenz angesetzten Hebel für eine Berlin-Lösung liegen lassen und beiderseitige Truppenreduzierungen zum Vorwand für das von ihr gewünschte multilaterale Verhandlungsgremium nahm.[76] Sie verzichtete jedoch auf ein formales Junktim, um ihre Verhandlungsposition sowohl im NATO-Rat als auch gegenüber der Sowjetunion nicht überzustrapazieren – aber auch, weil sie in Anbetracht der Komplexität von MBFR sicher sein konnte, daß es noch eine Weile bis zur Aufnahme von Reduzierungsverhandlungen dauern würde.[77]
Unter dem doppelten Zwang, dem nachdrücklichen Interesse der Vereinigten Staaten an Truppenreduzierungen und der vom Warschauer Pakt angekündigten Verhandlungsbereitschaft, wurden in den NATO-Gremien zwischen Lissabon und der Konferenz der stellvertretenden Außenminister im Oktober 1971 Fortschritte bei der Ausarbeitung einer gemeinsamen Verhandlungsposition erzielt. Dabei wurden die deutschen Vorschläge von den Verbündeten als eine Leitlinie für die weitere Diskussion akzeptiert. Die USA vermieden es jedoch, sich auf eine bestimmte inhaltliche MBFR-Konzeption festzulegen, da ihre eigenen internen MBFR-Studien noch nicht abgeschlossen waren. Angesichts der gleichzeitigen britischen Zurückhaltung und des französischen Desinteresses an MBFR-Ver-

75 Vgl. Kommuniqué des NATO-Ministerrates in Lissabon vom 4. 6. 1971, in: EA 14/1971, S. D 350–354; ferner Rogers Suggests NATO Powers Individually Probe Moscow, in: Wireless Bulletin, 5. 6. 1971. Die Bundesregierung unterstützte diesen amerikanischen Vorschlag, vgl. M. Rogers suggère de poursuivre les contacts bilateraux avec l'Est, in: MONDE, 5. 6. 1971; ferner Michel Tatu, Les participants, à l'exception de la France, ont décidé de sonder les intentions soviétiques sur la reduction des forces en Europe, in: MONDE, 6./7. 6. 1971.

76 Vgl. Brandt: Verhandlungen über Truppenabzug nicht auf Kosten der Berlin-Gespräche, in: FAZ, 26. 5. 1971; vgl. ferner das Interview des Sprechers der Bundesregierung, Conrad Ahlers, am 26. 5. 1971 mit dem Norddeutschen Rundfunk, in: Bulletin, Nr. 152, 28. 5. 1971, S. 869–870.

77 Vgl. Washington hofft auf Kooperation Bonns, in: FAZ, 26. 5.1971; Bonn verzichtet auf ein Junktim zwischen Berlin-Regelung und Truppenabzug, in: FAZ, 3. 6. 1971.

handlungen hielt die Bundesregierung vorsichtige, kleine Konsultationsschritte für am zweckmäßigsten. Mit ihnen konnte das Thema möglicher Verhandlungen weiterentwickelt werden, ohne daß die Partner auf eine inhaltliche Festlegung gedrängt wurden, die leicht eine gegenteilige Wirkung haben konnte.[78]

Die Bundesregierung riskierte damit jedoch, daß in der Zwischenzeit von anderer Seite, insbesondere in Washington, von ihren Vorstellungen abweichende Verhandlungskonzepte entwickelt wurden. Aus ihrer Sicht war es jedoch wichtiger, daß zum einen multilaterale Ost-West-Sicherheitsverhandlungen überhaupt zustande kamen, und daß zum anderen die Regierung in Washington Rückendeckung für ihre Bemühungen erhielt, die Forderungen des Kongresses nach einseitigen amerikanischen Truppenrückzügen abzuwehren. So läßt sich auch erklären, warum Bundeskanzler Brandt und Verteidigungsminister Schmidt bei ihrem Besuch im Juni 1971 in Washington den Gedanken einer symbolischen Reduzierung aufgriffen, obwohl die innerhalb des State Department diskutierte 5 % Reduzierung der Stationierungsstreitkräfte weder den Kriterien von Rom entsprach noch mit dem deutschen MBFR-Konzept vereinbar war. Diese Äußerungen, sowie ein nachfolgendes Interview des Verteidigungsministers, verursachten daher auch einen beträchtlichen Aufruhr in den mit MBFR befaßten Referaten in Bonn, die nicht vorher informiert worden waren. Als Rückfallposition empfahl der Bundessicherheitsrat, eine begrenzte Reduzierung von Stationierungsstreitkräften sollte verbunden werden mit der Zusicherung, daß es sich nur um einen ersten Schritt in einem weiterführenden MBFR-Prozeß handelte, in dem auch über die Reduzierung von einheimischen Streitkräften gesprochen werden müßte. Außerdem sollte angestrebt werden, daß ein solcher erster Reduzierungsschritt bereits mit einer Grundsatzerklärung über die Prinzipien und Kriterien eines langfristigen MBFR-Programms verbunden sowie von stabilisierenden Maßnahmen begleitet wäre.[79]

Auch gegenüber Moskau signalisierte Bonn sein Interesse am Zustandekommen von MBFR-Verhandlungen. Eine Einladung von Generalsekretär Breschnjew an Bundeskanzler Brandt zu einem Besuch auf der Krim bot beiden Regierungen die Möglichkeit, die Probleme von Verhandlun-

78 Vgl. Uwe Nerlich, Konzeptionelle und prozedurale Probleme der MBFR-Politik, Arbeitspapier für die Sitzung der Studiengruppe für internationale Sicherheit der Deutschen Gesellschaft für Auswärtige Politik am 19. 3. 1973.

79 Vgl. Müller, Konzeption und Akteur, a.a.O., S. 183 f., dessen Interpretation m. E. hier zu sehr aus der Perspektive der überrumpelten Administration gesehen ist.

gen über eine Truppenreduzierung zu erörtern. Dabei ergab sich, trotz des Fortbestandes unterschiedlicher Interessenlagen, in fünf Punkten eine Übereinstimmung zwischen der deutschen und der sowjetischen Haltung. Erstens sollten an den Verhandlungen über MBFR nicht nur die Supermächte teilnehmen. Zweitens sollten sich Truppenreduzierungen nicht auf das Gebiet der Bundesrepublik und der DDR beschränken. Drittens dürften die Reduzierungsmaßnahmen nicht nur die Stationierungsstreitkräfte betreffen, und viertens müßte das allgemeine Kräftegleichgewicht gewahrt bleiben. Fünftens sollten die vorgesehenen Maßnahmen »ohne Nachteil für die Beteiligten« sein. Der fünfte Punkt, der einem sowjetischen Petitum entsprach, fand auch Eingang in das gemeinsame Kommuniqué.[80] Diese sog. »Oreanda-Formel« wurde in der westdeutschen Presse heftig kritisiert. Brandt wurde vorgeworfen, er habe damit die gemeinsame NATO-Position verlassen, daß Truppenreduzierungen »ausgewogen« sein müßten. Dieser konnte jedoch darauf verweisen, daß sich die im Kommuniqué enthaltene Formulierung mit dem ersten Kriterium der MBFR-Erklärung von Rom deckte. Fehl am Platz war auch der Vorwurf, Brandt habe mit seinem Besuch bei Breschnjew einen neuen Alleingang unternommen. Seine Reise ordnete sich vielmehr ein in die damals laufenden Ost-West-Sondierungen, mit denen der Westen die östliche Verhandlungsbereitschaft ausloten wollte.[81]

Auf der Tagung der stellvertretenden Außenminister im Oktober 1971 waren es jetzt jedoch die Amerikaner, die aus innenpolitischen Gründen auf eine rasche Aufnahme von Verhandlungen drängten. Demgegenüber mahnte Staatssekretär Frank, der die Bundesregierung vertrat, zur Zurückhaltung, bis sich das Bündnis auf eine gemeinsame Verhandlungsposition geeinigt hatte.[82] Er konnte dabei darauf verweisen, daß auch auf sowjetischer Seite die Lautstärke der in den vergangenen Monaten zu diesem Thema abgegebenen Erklärungen nicht dem Stand der internen Überlegungen zur Frage beiderseitiger Truppenreduzierungen entsprach. Vermutlich hat der Warschauer Pakt erstmals im Sommer 1971 eine eige-

80 Vgl. Kommuniqué über die Gespräche zwischen Bundeskanzler Brandt und Generalsekretär Breschnjew in Oreanda auf der Krim vom 18. 9. 1971, in: EA 20/1971, S. D 471–473; die Presseerklärung von Staatssekretär Ahlers vom 19. 9. 1971, in: SZ, 20. 9. 1971; ferner Fritz Ullrich Fack, Auf den Spuren von Rapallo, in: FAZ, 20. 9. 1971; Bonner Nachlese zum Treffen von Oreanda, in: NZZ, 22. 9. 1971.

81 Vgl. Erklärung von Bundeskanzler Brandt vor der Presse auf dem Flughafen Köln/Bonn am 18. 9. 1971 über seine Gespräche mit Generalsekretär Breschnjew in Oreanda, in: EA 20/1971, S. D 473–474.

82 Vgl. Bonn bremst Washingtons Tempo bei der Truppenreduzierung, in: WELT, 8. 10. 1971.

ne Studiengruppe eingesetzt, die sich mit den militärischen Fragen der seit langem geforderten Konferenz über Sicherheit und Zusammenarbeit in Europa befassen sollte.[83] Vor allem aber fürchtete Bonn, Washington könnte sich bilateral mit Moskau auf einen begrenzten Truppenabzug einigen, ohne daß dieser in ein umfassendes MBFR-Programm eingebunden und in dessen Rahmen auch eine Reduzierung von einheimischen Streitkräften sowie begleitende Maßnahmen vorgesehen wurden. Diese Sorge versuchte die amerikanische Regierung in der Folge jedoch zu zerstreuen, indem sie den Grundsatz multilateraler Verhandlungen bekräftigte und beiderseitige, ausgewogene Truppenreduzierungen in einen Zusammenhang mit den Bemühungen der Allianz um eine Ost-West-Entspannung stellte.[84]

Angesichts der zahlreichen noch ungeklärten Fragen beschränkten sich die Ministerstellvertreter auf ihrer Sitzung im Oktober 1971 darauf, den ehemaligen Generalsekretär der NATO, Manlio Brosio, als offiziellen Beauftragten der 14 Regierungen für die geplanten exploratorischen Gespräche mit den östlichen Staaten zu benennen. In Begleitung von fünf Regierungsvertretern, darunter auch einem Beamten des Auswärtigen Amtes, sollte Brosio Moskau und anderen interessierten Regierungen die Grundzüge der westlichen MBFR-Position erläutern und gleichzeitig herausfinden, ob – in Anspielung auf die Äußerung Breschnjews in Tiflis, man sollte den Wein nicht nach seinem Aussehen beurteilen, sondern ihn kosten[85] – in den Weinkellern des Kreml nicht nur Krimsekt, sondern auch Rheinwein gelagert wurde. Diese Beschlüsse wurden vom NATO-Ministerrat auf seiner turnusmäßigen Sitzung in Brüssel im Dezember 1971 bestätigt.[86] Er erklärte ferner, daß auf einer Konferenz über Sicherheit und Zusammenarbeit in Europa auch Maßnahmen behandelt werden sollten, durch welche die Gefahren einer militärischen Konfrontation verringert und die Sicherheit in Europa gestärkt werden könnte.[87]

83 Vgl. Eilte Breschnjew den Sachverständigen voraus? In: dpa, 26. 8. 1971; Drew Middleton, NATO Says Warsaw Pact Studies Troop-Cut Issues, in: NYT, 11. 9. 1971.

84 Vgl. die Rede von Außenminister William P. Rogers am 1. 12. 1971 vor dem Verein der Auslandspresse in Washington, Auszüge in: EA 4/1972, S. D 93–96. Für den vollen Text vgl. DSB, 20. 12. 1971, S. 693–702.

85 Vgl. die Rede von Generalsekretär Breschnjew am 14. 5. 1971 in Tiflis, Auszüge in: EA 14/1971, S. D 348.

86 Vgl. NATO berät über beiderseitige Truppenreduzierung in Europa, in: Tsp., 6. 10. 1971; ferner Hans Josef Strick, Brosio soll in Moskau sondieren, in: SZ, 4. 10. 1971; Hans-Georg Wieck, Perspektiven für MBFR in Europa, in: AP, H. 11, 1971, S. 641–645.

87 Vgl. das Kommuniqué der NATO-Ministertagung in Brüssel vom 10. 12. 1971, in: EA 4/1972, S. D 98–103. Ein wesentliches, weiteres Ergebnis der NATO-Konferenz, das

Mit der in Brüssel gefundenen Formel war jedoch noch keine Entscheidung darüber gefallen, in welcher Weise die Truppenreduzierungen mit einer Sicherheitskonferenz verbunden werden sollten. In der Tat war dies eine der Fragen, in der die Meinungen innerhalb der Allianz erheblich auseinandergingen. Während die Bundesregierung und die BENELUX-Länder militärische Aspekte in die Konferenz einbeziehen und im übrigen einen engen inhaltlichen und prozeduralen Zusammenhang zwischen MBFR und KSZE herzustellen wünschten, wollten die Vereinigten Staaten über die ihnen wichtigeren Truppenreduzierungen lieber auf einem in bezug auf Teilnehmerkreis und Thema begrenzterem Gremium verhandeln.

Der Auftrag an den früheren Generalsekretär der NATO, Brosio, die Haltung der Sowjetunion und anderer osteuropäischer Staaten in der Frage von Truppenreduzierungen zu sondieren, der unabhängig von den geplanten multilateralen Vorbereitungsgesprächen für eine Sicherheitskonferenz erfolgte, deutete an, daß die NATO zweigleisig verfahren, sich zumindest prozedural noch nicht festlegen wollte. Dazu im Gegensatz stand der Vorschlag der Staaten des Warschauer Paktes, über Truppenreduzierungen in einem besonderen Organ der Sicherheitskonferenz zu beraten.[88]

Trotz verschiedener Andeutungen aus Moskau, über eine Einladung an Brosio werde beraten, gingen die sowjetische Regierung und ihre Verbündeten auf das vom Westen vorgeschlagene Procedere für Sondierungen über eine Truppenreduzierung nicht ein. Weder von der Außenministerkonferenz des Warschauer Paktes Ende November/Anfang Dezember 1971 in Warschau noch der Tagung des Politischen Beratenden Ausschusses im Januar 1972 in Prag wurde die Brosio-Mission erwähnt. In der Prager Deklaration wurden zwar einige Elemente beiderseitiger Truppenreduzierungen bestätigt – die Einbeziehung ausländischer und nationaler Streitkräfte, ferner der Grundsatz, daß die Reduzierungen sich nicht zum Nachteil der beteiligten Staaten auswirken dürften – zugleich wurde aber auch betont, daß die Behandlung dieser Fragen kein Vorrecht der Bünd-

durchaus als komplementär zu den MBFR-Beschlüssen betrachtet werden muß, waren die Beschlüsse der sog. Eurogroup über Mehrleistungen der europäischen NATO-Staaten in Höhe von 420 Mill. US-Dollar im Rahmen des europäischen Programms zur Verbesserung der Verteidigung (EDIP), vgl. Kommuniqué über die Ministertagung der Europäischen Gruppe in der NATO (Eurogroup) in Brüssel vom 7. 12. 1971, in: EA 4/1972, S. D 96–98.

88 Vgl. das Budapester Memorandum der Außenminister des Warschauer Paktes vom 22. 6. 1970, in: EA 14/1970, S. D 323–324 (S. D 324).

nisse sein dürfte. Demgegenüber wurden mit Nachdruck die Forderungen nach dem baldigen Zusammentritt einer europäischen Sicherheitskonferenz wiederholt.[89]
Bei der östlichen Zurückhaltung, den NATO-Explorateur zu empfangen – zu einer offiziellen Ablehnung kam es nie – fielen möglicherweise vier Gründe zusammen: Vorbehalte gegen direkte Verhandlungen von Block zu Block, welche nach außen hin durch die Benennung des ehemaligen NATO-Generalsekretärs noch unterstrichen wurden – auch wenn dieser als Multilateralbeauftragter der westlichen Verbündeten auf die Reise geschickt werden sollte; das Fehlen einer abgestimmten und ausgearbeiteten Position der Mitglieder des Warschauer Paktes in der Frage von Truppenreduzierungen; Priorität für die europäische Sicherheitskonferenz, die auch ohne die Einbeziehung von Truppenreduzierungen zustande kommen würde;[90] sowie Hoffnungen auf bilaterale Rüstungskontrollverhandlungen mit den Vereinigten Staaten. Andererseits konnte sich die Sowjetunion, die seit den 50er Jahren Streitkräftereduzierungen in Europa ständig gefordert hatte, nicht ohne Gesichtsverlust der Aufforderung der NATO-Staaten zu derartigen Verhandlungen völlig entziehen, zumal sie damit möglicherweise ein weiteres Hinauszögern der europäischen Sicherheitskonferenz seitens des Westens riskierte. Auch dürften ihr die westlichen Schwierigkeiten, zu einer gemeinsamen Verhandlungsposition zu gelangen, nicht entgangen sein; es mußte daher in ihrem Interesse liegen, ihrerseits die westliche Verhandlungsbereitschaft zu testen.

2.6 *Vereinbarung von MBFR-Sondierungen*

Im Frühjahr 1972 waren die Sondierungen über eine europäische Sicherheitskonferenz soweit gediehen, daß der Beginn von Vorbereitungsgesprächen bevorstand, sobald das Viermächte-Abkommen über Berlin in allen seinen Teilen ausgehandelt und unterzeichnet war. Es war daher zu klären, wie Sicherheitskonferenz und Streitkräftereduzierungen miteinander verzahnt werden sollten bzw. welche prozeduralen Formen für MBFR angesichts der sowjetischen – und französischen! – Abneigung,

89 Vgl. Kommuniqué der Konferenz der Außenminister des Warschauer Paktes in Warschau vom 1. 12. 1971, in: EA 4/1972, S. D 91–92; sowie Deklaration über Frieden, Sicherheit und Zusammenarbeit in Europa, verabschiedet vom Politischen Beratenden Ausschuß der Warschauer-Pakt-Staaten am 26. 1. 1972 in Prag, in: EA 4/1972, S. D 106–110.
90 Vgl. oben, Kap. V.

über Truppenreduzierungen auf der KSZE zu sprechen, gefunden werden konnten.

Zunächst legte die Bundesregierung Mitte Mai 1972 ihre Marschroute für eine europäische Sicherheitskonferenz fest. Zu MBFR hieß es in den am 16. 5 1972 vom Kabinett verabschiedeten KSZE-Leitlinien u. a.:

- Im Interesse der Sicherheit sei es wichtig, daß zwischen Ost und West schrittweise und parallel Fortschritte auf den nichtmilitärischen und militärischen Gebieten der Sicherheit erzielt werden; an der Bereitschaft der Sowjetunion und anderer osteuropäischer Staaten, auch auf militärische Fragen einzugehen, könnte ihre Bereitschaft zur Entspannung gemessen werden;
- MBFR-Explorationen sollten im Zuge der multilateralen Vorbereitungen einer KSZE erfolgen. Spätestens auf und parallel zu einer KSZE sollte der Beginn von MBFR-Verhandlungen verbindlich vereinbart werden;
- auf der KSZE müßten bestimmte Elemente des MBFR-Komplexes (gemeinsame Erklärung über MBFR-Grundsätze und -Kriterien, stabilisierende Maßnahmen etc.) behandelt werden;
- MBFR-Verhandlungen im engeren Sinne müßten in einem jeweils auf die unmittelbar betroffenen Staaten beschränkten Gremium außerhalb der KSZE stattfinden.[91]

Der Kabinettsbeschluß zeigte, daß die Bundesregierung nicht mehr auf einer Behandlung von Truppenreduzierungen auf der KSZE bestand, sondern Verhandlungen in einem kleineren Kreis der Betroffenen für geeigneter ansah. Mit der Verknüpfung von KSZE und MBFR wollte sie jedoch sicherstellen, daß es überhaupt zu Verhandlungen über Truppenreduzierungen kam, und darüber hinaus, daß die Sicherheitsproblematik integraler Bestandteil der KSZE blieb. Zu diesem Zweck wurde auf Initiative des Verteidigungsministeriums Punkt 8 der Leitlinien »Militärische Aspekte der Sicherheit«, um die im Juni 1971 vom Bundessicherheitsrat beschlossenen MBFR-Grundsätze ergänzt. Im Anschluß an das deutsche »Baustein-Konzept« wurde darin ein »integrales«, d. h. stabilisierende Maßnahmen und Streitkräfteverminderungen umfassendes MBFR-Konzept gefordert, in dem eine Reduzierung von stationierten und einheimischen Streitkräften den stabilisierenden Maßnahmen nachfolgen oder in

91 Vgl. Leitlinien der Bundesregierung für die »Konferenz über Sicherheit und Zusammenarbeit in Europa« vom 16. 5. 1972; die wesentlichen Punkte der Kabinettsvorlage werden wiedergegeben in: SPIEGEL, Nr. 23, 29. 5. 1972, S. 81–82; vgl. ferner Hans-Georg Wieck, Überlegungen zur Sicherheit in Europa, in: AP, H. 9, 1972, S. 385–392.

solche eingebettet sein sollte. Als erster Schritt im Verhandlungsprozeß über beiderseitige, ausgewogene Truppenreduzierungen wurde erneut eine Vereinbarung über die Begrenzung des Streitkräfteniveaus ins Auge gefaßt. Auch wurde nicht ausgeschlossen, daß von einem ersten Reduzierungsschritt im Rahmen eines integralen Programms nur Stationierungsstreitkräfte erfaßt wurden.[92] Mit dieser Marschroute und in der Erwartung, daß eine, wenn auch lockere, Verzahnung von KSZE und MBFR sicher war, ging die Bundesregierung in die NATO-Ministerkonferenz am 30. und 31. Mai 1972 in Bonn.

Die Frage der Verbindung von KSZE und MBFR wurde jedoch zum Streitpunkt auf der Frühjahrskonferenz der NATO. Bei dem Treffen von Generalsekretär Breschnjew und US-Präsident Nixon wenige Tage zuvor in Moskau hatten beide Staatsmänner zwar die Nützlichkeit von Verhandlungen über eine beiderseitige Truppenreduzierung bestätigt, sich gleichzeitig jedoch darüber verständigt, daß der Modus für derartige Verhandlungen von den betroffenen Staaten auf einem besonderen Forum vereinbart werden sollte.[93] Während die NATO-Partner bislang von einem inhaltlichen und prozeduralen Zusammenhang von KSZE und MBFR ausgegangen waren, schlug der amerikanische Außenminister Rogers nunmehr die Abhaltung von zwei getrennten, parallelen Konferenzen vor: die eine über Zusammenarbeit und die andere über Truppenreduzierungen.[94] Um ein solches Verfahren für die Bundesrepublik und die anderen westeuropäischen Partner annehmbar zu machen, war eine, wenn auch lockere, inhaltliche und prozedurale Planung der beiden Konferenzprojekte erforderlich. Bonn drängte auf die Herstellung eines verhandlungspolitischen Zusammenhanges von Sicherheit und Entspannung, um zum einen ein Auseinanderklaffen zwischen der politischen und militärischen Ebene der Ost-West-Verhandlungen zu vermeiden und um zum anderen zu verhindern, daß die Bündnispartner angesichts ihrer unterschiedlichen Sicherheitsinteressen in der Truppenfrage auseinanderdividiert würden.

92 Vgl. Rüdiger Lentz, Die Entwicklung der deutschen Position zur KSZE – multilaterale Problemstellung und innerorganisatorische Innovation, in: Haftendorn u. a. (Hrsg.), Verwaltete Außenpolitik, a.a.O., S. 151–165, insbes. S. 158; ferner Müller, Konzeption und Akteur, a.a.O., S. 184.

93 Vgl. Kommuniqué über den Besuch von Präsident Nixon in der Sowjetunion vom 29. 5. 1972, in: EA 12/1972, S. D 292–298.

94 Vgl. Washington will getrennte Konferenzen über Truppenabbau und Zusammenarbeit, in: FAZ, 31. 5. 1972; Adalbert Weinstein, Truppenverminderung und Parallel-Konferenz, in: FAZ, 2. 6. 1972.

Nach längerem Tauziehen hinter den Kulissen setzte sich die amerikanische Regierung mit ihrer Auffassung durch, daß über europäische Zusammenarbeit und über eine Reduzierung der Streitkräfte getrennt verhandelt werden müßte. Um den Wünschen der Verbündeten nach einer Verknüpfung beider Themenkomplexe entgegenzukommen, wurde einmal ein gewisser zeitlicher Zusammenhang postuliert als auch – in einer sehr vagen Formulierung – die Prüfung vertrauensschaffender und stabilisierender Maßnahmen als Thema für eine Sicherheitskonferenz in Aussicht genommen. Bonn drang jedoch nicht mit seiner Auffassung durch, daß auf der KSZE auch über Substanzfragen militärischer Sicherheit, z. B. über Grundsätze für eine Truppenverminderung sowie über Bewegungsbeschränkungen, und nicht nur über atmosphärische Maßnahmen, wie z. B. eine Vorausbenachrichtigung von Truppenbewegungen und den Austausch von Manöverbeobachtern, verhandelt werden sollte. Ebenfalls ließ sich der Vorschlag einiger kleinerer NATO-Staaten nicht realisieren, nachdem die Teilnehmer an der Sicherheitskonferenz einem besonderen Gremium ein Mandat für MBFR-Verhandlungen erteilen sollten. Auch die zeitliche Verknüpfung war locker formuliert und beschränkte sich auf den Vorschlag der am integrierten Verteidigungsprogramm der NATO beteiligten Staaten »daß multilaterale Sondierungen über beiderseitige und ausgewogene Truppenverminderungen sobald wie möglich entweder vor oder parallel zu den multilateralen Vorbereitungsgesprächen über eine Konferenz über Sicherheit und Zusammenarbeit in Europa durchgeführt werden«.[95]

Mit dieser Entscheidung hatte sich die NATO zwar auf eine zeitliche Parallelität zwischen Truppengesprächen und Sicherheitskonferenz festgelegt, aber gleichzeitig ihrer sachlichen Trennung implizit zugestimmt. Das weitere zeitliche Vorgehen wurde in Gesprächen zwischen dem Sicherheitsberater Präsident Nixons, Henry Kissinger, und der sowjetischen Regierung im September 1972 abgestimmt. Danach sollten Sondierungsgespräche für Verhandlungen über eine Truppenreduzierung Ende Januar 1973 in einem neutralen Land von den unmittelbar beteiligten Staaten aufgenommen werden. Die Durchführung der Hauptkonferenz wurde für Oktober 1973 in Aussicht genommen.

Am 15. 11. 1972, eine Woche vor dem Beginn der multilateralen Vorgespräche für die Konferenz über Sicherheit und Zusammenarbeit in Hel-

95 Kommuniqué des NATO-Ministerrates in Bonn vom 31. 5. 1972, in: EA 15/1972, S. D 353–355; vgl. ferner die Erklärung von Außenminister Scheel am 31. 5. 1972 vor der Presse in Bonn, in: Bulletin, Nr. 81, 3. 6. 1972, S. 1119.

sinki, übermittelten sieben NATO-Staaten – die Vereinigten Staaten, Großbritannien, Kanada, die Bundesrepublik und die BENELUX-Staaten – den Regierungen von vier Staaten des Warschauer Paktes – der Sowjetunion, Polen, CSSR und Ungarn – eine Einladung zur Aufnahme von vorbereitenden Gesprächen für Verhandlungen über einen Truppenabbau, die Ende Januar 1973 in Genf beginnen sollten.[96] Die Bundesregierung unterbreitete den gleichen Vorschlag der DDR. Diese Einladung wiederholte die NATO auf ihrer Ministerratssitzung im Dezember 1972 und bestätigte, daß Gespräche über MBFR und KSZE im gleichen Zeitraum stattfinden sollten. Ein formelles Junktim wurde jedoch ausdrücklich nicht formuliert. Die Minister begnügten sich vielmehr mit dem Hinweis, daß sich Fortschritte in einem Themenbereich auch auf die anderen Verhandlungen günstig auswirken würden.[97]

Während die NATO-Partner ihre Gesprächsbereitschaft dokumentierten, gingen intern die Arbeiten an der Ausarbeitung einer Marschroute für die Sondierungsgespräche und einer Verhandlungsposition für die Hauptkonferenz weiter. Innerhalb der Bundesregierung stand die Frage im Vordergrund, wie eine Einbeziehung einheimischer Streitkräfte in Reduzierungsverhandlungen gewährleistet werden konnte, da sich die amerikanischen Überlegungen auf Abzüge der Stationierungsstreitkräfte konzentrierten. Durch eine Einbeziehung der Bundeswehr in Reduzierungsverhandlungen wollte sich die Bundesregierung einmal ein angemessenes Mitspracherecht bei diesen sichern, zum anderen hoffte sie, auf diese Weise die geplante Wehrstrukturreform bündnispolitisch absichern und entspannungspolitisch verkaufen zu können. Ehe jedoch die Ergebnisse der amerikanischen MBFR-Studien vorlagen, war es schwierig, definitive Positionen zu beziehen. Die NATO beschränkte sich zum damaligen Zeitpunkt daher darauf, Richtlinien für die Explorationsgespräche zu entwickeln, die sich im wesentlichen auf Prozedurfragen bezogen und die am 29. Januar 1973 – zwei Tage vor Beginn der Sondierungsgespräche – verabschiedet wurden.

Die Staaten des Warschauer Paktes ließen sich ihrerseits mit einer Antwort auf das Verhandlungsangebot der NATO Zeit: Erst am 18. Januar

96 Vgl. NATO-Staaten laden Warschauer-Pakt-Staaten zu Explorationsgesprächen über MBFR ein, in: Archiv der Gegenwart, 1972, S. 17 474 A; ferner Erklärung von Außenminister Scheel auf der Bundespressekonferenz am 16. 11. 1972, in: Bulletin, Nr. 159, 17. 11. 1972, S. 1892–1894; Lothar Ruehl, NATO-Partner suchen nach praktischem Truppenabbau, in: WELT, 17. 11. 1972.

97 Vgl. Kommuniqué des NATO-Ministerrates in Brüssel vom 8. 12. 1972, in: EA 3/1973, S. D 72–76.

1973 akzeptierten sie den westlichen Terminvorschlag, schlugen jedoch Wien statt Genf als Konferenzort vor und äußerten den Wunsch, daß an den Beratungen außer den bisher eingeladenen Staaten auch andere interessierte Länder teilnehmen sollten.[98] Der Westen akzeptierte seinerseits Wien als Tagungsort, so daß sich dort am 31. Januar 1973 neunzehn Delegationen zur Vorbereitungsrunde für mögliche Verhandlungen über eine Truppenreduzierung versammeln konnten, allerdings ohne daß Übereinstimmung über den Namen der Konferenz, den Kreis der Teilnehmer und das gemeinsame Vorgehen bestand. Auf eine sehr äußerliche Weise war das Prinzip der Parallelität gewahrt worden, gleichzeitig hatte sich die Allianz jedoch in einen Zielkonflikt zwischen vereinbartem Zeitplan und der noch ausstehenden inhaltlichen Konkretisierung gebracht.[99]

3. *Die Phase der Vorverhandlungen*

3.1 *Verhandlungsziele der NATO-Staaten und der Sowjetunion*

In der Außen- und Sicherheitspolitik der westlichen Staaten besaß MBFR einen sehr unterschiedlichen Stellenwert. Eine derartig weitgespannte Politik war nicht ohne Risiko: Sie barg nicht nur die Gefahr militärischer Nachteile in sich, sondern es war auch ungewiß, ob die Allianz die Kraft, die Ausdauer und den Zusammenhalt aufbringen würde, um diesen Prozeß in jeder seiner Phasen zu steuern. Aus der Sicht der Bundesrepublik gab es jedoch keine erkennbare Alternative: Erstens würde sich ohne eine Politik für beiderseitige, ausgewogene Truppenreduzierungen mit großer Wahrscheinlichkeit die militärische Sicherheit der NATO im Laufe der nächsten Jahre durch einseitiges westliches Reduzieren verschlechtern, zweitens riskierte der Westen ohne eine eigene sicherheitspolitische Entspannungsinitiative die Geschlossenheit der Allianz, deren Partner durch die Entspannungsouvertüren des Ostens dazu verführt werden könnten, »den Wein zu kosten«, ohne sich über seine Wirkungen im klaren zu sein; und drittens war die Fortsetzung der von der

98 Vgl. Moskau sagt Teilnahme an Truppenabbau-Gesprächen zu, in: FAZ, 19. 1. 1973; Günther Gillessen, Ein russischer Zankapfel für die Europäer, in: FAZ, 20. 1. 1973.

99 Vgl. dazu Uwe Nerlich, Konzeptionelle und prozedurale Probleme der MBFR-Politik, a.a.O.; ferner Ruehl, MBFR: Lessons and Problems, a.a.O., S. 9 ff.

Bundesrepublik mit den Verträgen von Moskau und Warschau eingeleiteten Entspannungspolitik nur im Rahmen und mit Unterstützung des Bündnisses möglich.
In einer groben Schematisierung ließen sich drei unterschiedliche Zielsetzungen für mögliche MBFR-Verhandlungen erkennen:
- Der Gesichtspunkt der Schadensverhütung: einseitige Truppenreduzierungen der USA sollten wenn nicht verhindert, so doch unerwünschte Wirkungen minimalisiert werden;
- der Gesichtspunkt finanzieller Entlastung: über MBFR sollten eigene Streitkräfte aus budgetären oder innen- bzw. gesellschaftspolitischen Gründen reduziert, gleichzeitig jedoch offensichtliche militärische Ungleichgewichte, z. B. eine Verlagerung des Drucks auf die Flanken, verhindert werden;
- der Gesichtspunkt der Entspannungspolitik: Vereinbarungen über eine Reduzierung militärischer Präsenz und ihrer Disponibilität wurden als eine Möglichkeit gesehen, um Konfliktlagen zu differenzieren, die Verwendbarkeit von Streitkräften für politische Zwecke zu beschränken und eine langfristige Änderung des europäischen Sicherheitssystems herbeizuführen.

Während für die Bundesrebublik die Verhandlungen über eine Truppenreduzierung ein zentraler Bestandteil ihrer Détente- und Arms control-Politik waren und sie daher ein entscheidendes Mitspracherecht beanspruchte, hatte für die anderen NATO-Staaten MBFR einen bedeutend geringeren Stellenwert. Dies galt auch für die USA, obwohl ihnen aufgrund ihrer starken militärischen Präsenz in Westeuropa eine Veto-Position für alle ihren Interessen nicht entsprechenden Verhandlungsvorschläge zukam.
Zunächst fühlten sich die Vereinigten Staaten unter dem Schock der Mansfield-Resolution und aufgrund des Drängens einiger ihrer europäischen Verbündeten in den MBFR-Kontext hineinkatapultiert, ohne bisher eigene prozedurale und inhaltliche Vorstellungen entwickelt zu haben. Die spezifischen Bedingungen des Aufgreifens von MBFR durch die amerikanische Administration – als Reaktion auf den innenpolitischen Druck einerseits und auf das Hochspielen der Truppenfrage durch die Sowjetunion mit der Rede Breschnjews in Tiflis andererseits – formten sehr weitgehend die amerikanische Position in der Anfangsperiode von MBFR. Priorität besaß für sie die Aufnahme baldiger Verhandlungen über eine Reduzierung der amerikanischen Stationierungsstreitkräfte in Europa. Dementsprechend maßen sie der Vereinbarung prozeduraler Regelungen mit der Sowjetunion – wie sie in den Gesprächen Nixons in Moskau im

Mai und Kissingers im September 1972 festgelegt worden war – eine größere Bedeutung zu als der Entwicklung einer gemeinsamen Verhandlungsposition im Bündnis.[100] Diese Haltung stand in einem offensichtlichen Widerspruch zu derjenigen der Bundesrepublik, die ein langfristiges MBFR-Konzept hatte und damit politische Veränderungen in den Strukturen der europäischen Sicherheit bewirken wollte.

Während im Laufe der MBFR-Verhandlungen sowohl die USA als auch die Bundesrepublik aufgrund ihrer jeweiligen Interessenlage eine Schrittmacherrolle spielten, war die britische Haltung geprägt durch politische Vorsicht und militärische Skepsis.[101] Die konservative Regierung in London stand der Détente-Politik mit größerer Zurückhaltung gegenüber als die meisten anderen westeuropäischen Regierungen. Ebenfalls wurde bezweifelt, daß MBFR dazu beitragen könnte, einseitige amerikanische Truppenrückzüge zu verhindern. Aus britischer Sicht hatte der Vollzug des Beitritts zur Europäischen Gemeinschaft absolute Priorität. Gerade dieser erforderte aber von der britischen Regierung eine gewisse Anpassung an die Auffassungen der EG-Partner, insbesondere der Bundesrepublik, und verlangte damit eine Unterstützung des MBFR-Projektes. Sie suchte dabei jedoch Entwicklungen zu verhindern, die negative Auswirkungen auf die politische Zusammenarbeit in Westeuropa gehabt hätten und wollte die Option einer engeren europäischen Verteidigungskooperation offen halten.

Von den übrigen NATO-Staaten setzten sich Belgien, Holland und Dänemark am nachdrücklichsten für MBFR ein, wobei der Wunsch nach finanzieller und innenpolitischer Entlastung mit der von diesen Staaten seit langem betriebenen bilateralen Entspannungspolitik zusammenfiel. Bei den nord- und südeuropäischen Ländern dominierte dagegen eher die Sorge vor einer Verlagerung der militärischen Bedrohung aus dem zentraleuropäischen Bereich auf die Flanken und daraus resultierende politische Pressionen.

100 Zur Entwicklung der Haltung der USA zu MBFR vgl. Keliher, The Negotiations on MBFR, a.a.O.; John N. Yochelson, MBFR: The Search for an American Approach, in: ORBIS, Bd. 17, Nr. 1 (Frühjahr 1973), S. 155–173; ders., MFR: West European and American Perspectives, in: Wolfram Hanrieder (Hrsg.), The United States and Western Europe, Cambridge, Mass. 1974, S. 251–281; Prendergast, Mutual and Balanced Force Reductions, a.a.O.; ferner Uwe Nerlich, Die amerikanische MBFR-Politik, SWP – LN 2181, Juli 1978; vgl. ferner Prospects for the Vienna Force Reduction Talks. Report Prepared for the Committee on Foreign Relations, U. S. Senate, 95th Congress, 2nd Session, Washington, D. C. 1978.

101 Zur Haltung Großbritanniens vgl. Christoph Bertram, Mutual Force Reductions in Europa: The Political Aspects, London 1972 (Adelphi Papers, Nr. 84); Prendergast, Mutual and Balanced Force Reductions, a.a.O.

Die stärksten Vorbehalte gegen MBFR machte jedoch die französische Regierung geltend, welche mit der Begründung, Verhandlungen über eine beiderseitige Truppenreduzierung würden zu einer Stabilisierung der gegenwärtigen Bündnissysteme und damit zu einer Befestigung des Status quo führen, in Wahrheit für die Erhaltung des militärischen und politischen Status quo in Europa eintrat. Zum einen befürchtete Paris die ordnungspolitischen Folgen einer Reduzierung der Stationierungstruppen in Mitteleuropa, insbesondere eine Schwächung der Mitsprachemöglichkeiten der Vier Mächte bei der Regelung der europäischen Probleme; und zum anderen beruhte aus Pariser Sicht die militärische Sicherheit Westeuropas auf der Präsenz der amerikanischen Streitkräfte im Glacis östlich des Rheins, zumal Frankreich zugunsten seiner Force de frappe auf eine nennenswerte eigene konventionelle Komponente verzichtet hatte. Hinzu kam die Furcht, der nationale Handlungsspielraum könnte durch ein multilaterales Rüstungsabkommen oder durch Verhandlungen über ein solches eingeschränkt werden. Trotzdem nahm Paris an den bündnisinternen MBFR-Konsultationen teil und brachte dort seine Bedenken zur Geltung.[102]

Die unterschiedlichen Interessenlagen innerhalb des Bündnisses erschwerten die Ausarbeitung einer gemeinsamen Verhandlungsposition, die zusätzlich dadurch verzögert wurde, daß die MBFR skeptisch gegenüberstehenden Staaten ihre Vorbehalte zurückhielten, während diejenigen, die von der Nützlichkeit von Verhandlungen überzeugt waren, sich scheuten, die noch Zögernden zu drängen, um keine vorschnelle Ablehnung zu provozieren. Angesichts der Schlüsselrolle, die auf westlicher Seite den Vereinigten Staaten, der Bundesrepublik Deutschland und Großbritannien zukam, hing der Verlauf der NATO-internen Konsultationen weitgehend von dem Schrittmaß ab, das diese Staaten anschlugen, und war seinerseits

102 Zur französischen Haltung zu MBFR vgl. Walter Schütze, Frankreich und das Problem einer ausgewogenen Truppenverminderung in Ost und West, in: EA 13/1970, S. 469–478; ferner Un groupe d'études (du centre d'études de Politique étrangère), La réduction équilibrée des forces et aménagement de la sécurité en Europe dans le context politique actuel, in: Politique Etrangère, Nr. 5, 1970, S. 499–516; Jacques Vernant, Diplomatie et mouvement sur l'Europe, in: Revue de Défense Nationale, Juli 1971, S. 1170–1180; Michel Debré, Europe 1971: deux echecs – deux succes – deux epreuves – deux certitudes, in: Revue de Défense Nationale, Oktober 1971, S. 1411–1433; ders., Europa muß noch warten. Frankreich und die Sicherheit des Kontinents: Keine grundsätzliche Neuorientierung, in: ZEIT, 11. 2. 1972; ferner Jean Klein, La France et le désarmement, in: Projet, Nr. 125 (Mai 1978), S. 605–617; Walter Schütze, Neue Tendenzen der französischen Europa- und Sicherheitspolitik nach den Wahlen vom März 1978, in: EA 23/1978, S. 771–782.

abhängig von dem Prozeß inneradministrativer Willensbildung und dessen politischen Rahmenbedingungen in den drei Hauptstädten. Insgesamt bewährte sich das MBFR-Instrumentarium des Bündnisses, vor allem die Zusammenarbeit im Politischen Ausschuß des NATO-Rates (SPC) und in der vom Rat eingesetzten MBFR-Arbeitsgruppe, das ergänzt wurde durch zahlreiche bilaterale, ab Anfang 1974 auch trilaterale (USA-GB-BRD) Konsultationsgremien.[103] Eine der Hauptursachen bündnisinterner Meinungsverschiedenheiten war die unterschiedliche Einschätzung der sowjetischen Zielsetzungen bzw. Zweifel an der sowjetischen Bereitschaft, ein Abkommen über beiderseitige Truppenreduzierungen mit substantiellen Zugeständnissen zu honorieren.

Nach den westlichen Verhandlungsangeboten von Reykjavik und Rom für beiderseitige, ausgewogene Truppenreduzierungen hatte es den Anschein gehabt, als ob die Sowjetunion diese Signale nur unter dem taktischen Gesichtspunkt erwidert hatte, das Projekt einer europäischen Sicherheitskonferenz nicht zu gefährden. Die Umstände der Rede Breschnjews in Tiflis und die Absprachen zwischen der sowjetischen und der amerikanischen Regierung im Sommer 1972 ließen jedoch keinen Zweifel mehr an dem grundsätzlichen Interesse Moskaus, zu multilateralen Verhandlungen über die militärische Präsenz in Mitteleuropa zu kommen. Wahrscheinlich hatte die sowjetische Führung zu diesem Zeitpunkt die Nützlichkeit beiderseitiger Truppenverminderungen als Instrument ihrer Westpolitik erkannt, mit dessen Hilfe es möglich sein würde, die Vereinigten Staaten und ihre wichtigsten Verbündeten in einen langfristigen Verhandlungsprozeß über die Strukturen der europäischen Sicherheit hineinzuziehen. Dabei dürfte ihr die Aussicht besonders attraktiv erschienen sein, einen Abzug von amerikanischen Streitkräften mit bindenden Beschränkungen für die Bundesrepublik zu kombinieren und damit den Sonderstatus der beiden deutschen Staaten zu betonen. Diese Stoßrichtung wird dadurch unterstrichen, daß die Sowjetunion ihr Interesse an MBFR gerade zu dem Zeitpunkt entdeckte, als aufgrund der im Westen ingang befindlichen Diskussion deutlich wurde, daß sie dadurch zwar keine Abkoppelung der USA erreichen, aber durch das Insistieren der Euro-

103 Zu den Abstimmungsprozessen in der NATO vgl. Johannes Altmeppen, Das MBFR-Entscheidungssystem der NATO. Organisatorische Strukturen und Verfahren einer integrierten Bürokratie, in: Haftendorn u. a. (Hrsg.), Verwaltete Außenpolitik, a.a.O., S. 99–113; diess., Management der Sicherheitspolitik. Ein Beitrag zum Entscheidungsprozeß der Bundesrepublik Deutschland, in: Schwarz, Sicherheitspolitik, a.a.O., S. 509–526.

päer auf Einbeziehung einheimischer Streitkräfte in Truppenreduzierungen die Möglichkeit einer Kontrolle der Bundeswehr erhielt.
Gleichzeitig bot sich der sowjetischen Führung auf diese Weise eine Möglichkeit, die eigene militärische Präsenz in Osteuropa vertraglich abzusichern und damit festzuschreiben. Darüber hinaus konnte sie im eigenen Machtbereich – vor allem in Rumänien und in Polen – diskutierte Konzepte europäischer Sicherheit in eine weitgehend von ihr bestimmte Verhandlungsposition einbinden und die eigene Stellung im Warschauer Pakt stärken.[104] Die übrigen Warschauer Pakt-Staaten folgten im wesentlichen der sowjetischen Position mit nur geringen Abweichungen oder Akzentuierungen. Der Warschauer Pakt konnte daher wesentlich flexibler als die NATO-Staaten verhandeln, die jeden neuen Verhandlungsschritt in langwierigen Konsultationen untereinander abstimmen mußten.

3.2 *Le congrès danse, mais marche-t-íl?*

Als am 31. Januar 1973 wie vereinbart Vertreter von zwölf NATO- und sieben Warschauer Pakt-Staaten in Wien zusammen kamen und vom österreichischen Außenminister begrüßt wurden, war weder der Kreis der Teilnehmer noch der Gegenstand der Verhandlungen völlig geklärt. Scheinbar prozeduraler Art, war ihre Regelung so eng mit den inhaltlichen Problemen von MBFR verknüpft, daß sich eine Übereinkunft schwierig gestaltete. Um die Verfahrensfragen zu regeln – und dann die

104 Zur Haltung der Sowjetunion und der Warschauer-Pakt-Staaten zu MBFR vgl. Juri Kostko, Das »Gleichgewicht des Schreckens« oder die Gewährung wahrer Sicherheit, in: Mirovaja Ekonomika i Mezdunarodnye Otnosenija, H. 5, 1972, S. 84–102 und H. 6, 1972, S. 79–92; engl. Auszüge in: Survival, Nr. 3, 1972, S. 236–239; Thomas W. Wolfe, Soviet Attitudes Towards MBFR and the USSR's Military Presence in Europe, Santa Monica 1972 (RAND Paper P – 4819); Dimitri Proektor, Das Problem der militärischen Entspannung in Europa, in: Sowjetunion heute, Nr. 1, 1973, S. 26–28; O. Khlestov, Mutual Force Reductions in Europe, in: Survival, Nr. 6, 1974, S. 293–298; Gerhard Wettig, Die sowjetische MBFR-Politik als Problem der Ost-West-Entspannung in Europa, Berichte des BOIS, Nr. 4, 1975; Ingo Oeser, Kampf sozialistischer Staaten für praktische Ergebnisse der Wiener Verhandlungen, in: Deutsche Außenpolitik, H. 6, 1976, S. 807–817; Klaus-Dieter Ernst, Effektive Abrüstungsmaßnahmen – Gebot unserer Zeit, in: Einheit, H. 4, 1977, S. 477–486; John Borawski, Mutual Force Reductions in Europe from a Soviet Perspective, in: Orbis, Bd. 22, Nr. 4 (Winter 1979), S. 845–873; Gerhard Wettig, Die sicherheitspolitische Dimension der Entspannung, in: Osteuropa, H. 12, 1979, S. 997–1007; Alois Mertes, Sowjetische Kriterien der Sicherheit und Rüstungskontrolle – Konzeptionelle Gegensätze und Unterschiede zum Westen, in: Forndran/Friedrich, Rüstungskontrolle und Sicherheit in Europa, a.a.O., S. 257–272.

Verhandlungen offiziell eröffnen zu können - wurden pragmatisch eine Reihe von neuen Gesprächsformen entwickelt. Diese reichten von Kontakten zwischen Emissären der NATO und des Warschauer Paktes über »multiple bilaterals« zwischen den verschiedenen Delegationen aus West und Ost bis zu einer in Wien erfundenen Einrichtung, dem »Plenarcocktail«. Dieser ermöglichte einen intensiven Gedankenaustausch zwischen den Vertretern beider Seiten und stellte eine Brücke von der Eröffnungssitzung bis zur ersten offiziellen Plenarsitzung am 14. Mai 1973 dar.

Die Vorphase der Explorationen wurde vor allem durch die ungelöste Teilnehmerfrage belastet. Während die NATO Verhandlungen zwischen den direkt beteiligten Staaten vorgeschlagen hatte - also zwischen denjenigen Ländern, die in Mitteleuropa Streitkräfte unterhielten und potentielle Vertragspartner eines auf diese Region bezogenen Abkommens sein würden - und die Flankenstaaten durch Beobachter vertreten sehen wollte, hatte die Sowjetunion angeregt, alle »interessierten« europäischen Staaten einzuladen. Indem es den Aspekt von Block-zu-Block-Verhandlungen herunterspielte, wollte Moskau vor allem Frankreich zur Teilnahme veranlassen.

Zwar konnte relativ rasch Übereinstimmung darüber erzielt werden, daß die unmittelbar betroffenen Staaten ein größeres Gewicht im Entscheidungsprozeß erhalten und den Flankenstaaten ein Beobachterstatus zugewiesen werden sollte; die Warschauer Pakt-Staaten standen jedoch auf dem Standpunkt, daß Ungarn nicht als direkter Teilnehmer an den Verhandlungen teilnehmen könnte, es sei denn zusammen mit einem zusätzlichen NATO-Land. In diesem Zusammenhang forderten sie eine Teilnahme Italiens. Der Westen vertrat dagegen die Auffassung, daß Ungarn als mitteleuropäischer Staat ohne Präjudizierung seiner Einbeziehung in spätere Vereinbarungen Vollteilnehmer sein sollte. Diese Position war insofern nicht unproblematisch, da der Westen Ungarn erst sehr spät in seine Überlegungen über einen möglichen Reduzierungsraum einbezogen hatte und auf jeden Fall eine direkte Teilnahme Italiens vermeiden wollte, um die dort stationierten amerikanischen Streitkräfte und Marineeinheiten nicht zum Verhandlungsgegenstand zu machen.

Nach außerordentlich zähen Gesprächen auf verschiedenen Ebenen wurde für die Teilnehmerfrage folgendes Arrangement vereinbart. Danach sollten 7 Mitglieder der NATO (Belgien, Bundesrepublik Deutschland, Kanada, Luxemburg, Niederlande, USA, Großbritannien) und 4 des Warschauer Paktes (DDR, Polen, Sowjetunion, Tschechoslowakei) direkte Verhandlungsteilnehmer mit Entscheidungsbefugnis sein, während Ungarn zusammen mit den 7 Flankenstaaten als Teilnehmer besonderen

Status betrachtet werden würde. In einer einseitigen Erklärung der westlichen Staatengruppe, die jedoch Bestandteil der Verfahrensregelung war, wurde eine Teilnahme Ungarns an künftigen Verhandlungen und seine Beteiligung an einem möglichen Abkommen jedoch ausdrücklich offen gehalten, um somit die »Frage Ungarns« auf der Tagesordnung zu halten. Diese Regelung wurde auf der ersten Plenarsitzung der Konferenz am 14. Mai 1973 ebenso wie die Einigung über andere Verfahrensfragen (Sitzordnung, Vorsitz, Vertraulichkeit der Sitzungen, Konferenzsprache) formuliert und im Protokoll der Sitzung festgehalten.[105]

Auf zwei weiteren Plenarsitzungen legten die Delegationen in Grundsatzerklärungen die Haltungen ihrer Regierungen zu den Verhandlungszielen dar. Ein Streitpunkt war dabei die Bezeichnung der Konferenz, bei der die östliche Seite gegen die Verwendung des in der NATO üblichen Begriffes »ausgewogen« – also gegen das »B« in MBFR – opponierte. Das Wort »balanced« fehlt auch in der Beschreibung des Verhandlungsgegenstandes, auf den sich die Delegationen im Abschlußkommuniqué einigten: »Gegenseitige Verminderung von Streitkräften und Rüstungen und damit zusammenhängende Maßnahmen in Mitteleuropa« (MURFAAMCE). Insgesamt wurde Einvernehmen über folgende Elemente von MBFR-Verhandlungen erzielt:

- Die Verhandlungen sollten zur Schaffung stabilerer Beziehungen und zur Festigung von Frieden und Sicherheit in Mitteleuropa beitragen;
- konkrete Abmachungen sollten ihrem Umfang und zeitlichen Ablauf nach in jeder Hinsicht und zu jedem Zeitpunkt dem Grundsatz der unverminderten Sicherheit aller Beteiligten entsprechen;
- die Verhandlungen sollten so geführt werden, daß das wirksamste und gründlichste Herangehen an den Verhandlungsgegenstand gewährleistet und seine Komplexität berücksichtigt würde;
- die Verhandlungen sollten nicht nur auf die Verminderung von Streitkräften und Rüstungen in Mitteleuropa abzielen, sondern auch auf »damit zusammenhängende Maßnahmen«.[106]

105 Vgl. Protokoll der Plenarsitzung der vorbereitenden Konsultationen zu MBFR vom 14. 5. 1973 in Wien, in: Auswärtiges Amt (Hrsg.), Abrüstung und Rüstungskontrolle. Dokumente zur Haltung der Bundesrepublik Deutschland, Bonn 1981[5], S. 64–67; vgl. ferner Friedrich Ruth, Die Wiener Vorgespräche über Truppenverminderung. Verlauf und Ergebnis, in: EA 18/1973, S. 643–650; Keliher, The Negotiations on MBFR, a.a.O., S. 34 ff.

106 Vgl. Kommuniqué zum Abschluß der vorbereitenden Konsultationen zu MBFR in Wien vom 28. 6. 1973, in: Abrüstung und Rüstungskontrolle, a.a.O., S. 72.

Mit diesen Formelkompromissen – die auf einem Gipfeltreffen zwischen Präsident Nixon und Parteichef Breschnjew im Juni 1973 in Washington abgesegnet wurden – war der Weg für den Beginn von Hauptverhandlungen im Oktober 1973 frei. Unter dem Druck der Forderung des U.S. Kongresses nach einseitigen amerikanischen Truppenrückzügen, hatte der Westen in einer Reihe von wichtigen Punkten nachgegeben, glaubte jedoch, genügend Caveats eingebaut und damit Sachfragen nicht durch Verfahrensregeln negativ präjudiziert zu haben. Er ging weiterhin davon aus, daß beiderseitige Truppenreduzierungen in einem Prozeß schrittweise so ausgehandelt und implementiert werden müßten, daß die Wirkungen jederzeit kalkulierbar und die militärische Sicherheit unvermindert erhalten bleiben würde. Der explizite Hinweis auf »associated measures« wurde als Anerkennung des westlichen Konzeptes von begleitenden Maßnahmen wie Bewegungsbeschränkungen und Verifikationen bewertet. Eine konkrete Tagesordnung für die Hauptkonferenz wurde nicht vereinbart, jedoch wurde festgelegt, daß jeder direkte Teilnehmer das Recht haben sollte, zum Verhandlungsgegenstand zu sprechen und entsprechende Vorschläge zu unterbreiten.

3.3 *Einigung auf eine gemeinsame westliche Verhandlungsposition*

Nachdem ein Kompromiß in den Verfahrensfragen erzielt worden war, stand nunmehr der Westen vor der Aufgabe, zu einer abgestimmten Verhandlungsposition zu gelangen, die einerseits den Interessenlagen der primär an MBFR interessierten und von diesen betroffenen Staaten (also insbesondere der USA und der Bundesrepublik) Rechnung trug, jedoch genügend Flexibilität besaß, um wechselnde Verhandlungslagen berücksichtigen zu können.

Am 30. 4. 1973 legten die Vereinigten Staaten den Verbündeten ein Positionspaper zu MBFR vor, in dem drei Optionen für die weitere MBFR-Diskussion formuliert wurden:

Option I: Herstellung einer zahlenmäßigen Parität von NATO und Warschauer Pakt im Reduzierungsraum. Sie sollte erreicht werden durch eine Reduzierung der amerikanischen und der sowjetischen Landstreitkräfte um je ein Sechstel. Dabei sollte die Sowjetunion eine komplette Panzerarmee zurückziehen, während auf westlicher Seite vor allem amerikanische Versorgungseinheiten ausgedünnt würden. Eine zeitlich begrenzte Rückkehr der reduzierten Truppen zu Übungszwecken sollte möglich sein. Diese Option wurde von den Vereinigten Staaten favorisiert, da sie am ehe-

sten rasche Ergebnisse zu versprechen schien und damit erklärtermaßen den innenpolitischen Pressionen in den USA am besten Rechnung trug.
Option II: Phasenweise, gleichprozentige Reduzierung von Stationierungs- und einheimischen Streitkräften. In einer ersten Phase sollten, wenn möglich, bestimmte stabilisierende Maßnahmen, wie Vorankündigung von Truppenbewegungen und Manövern, Begrenzung größerer Übungen und Austausch von Manöverbeobachtern vereinbart werden. Daran anschließen sollte sich eine zweite Phase mit einer ca. zehnprozentigen Reduzierung von Stationierungsstreitkräften und eine dritte Phase mit ca. zehnprozentigen Reduzierungen der einheimischen Truppen. Dabei würden die Stationierungsstreitkräfte unter Mitnahme ihres Geräts abziehen, während es den einheimischen Streitkräften überlassen bleiben sollte, ob sie ihre zu reduzierenden Truppen auflösen oder ausdünnen würden. Die Reduzierung von einheimischen Streitkräften in der dritten Phase würde wiederum von stabilisierenden Maßnahmen flankiert sein. Das Ergebnis der Verminderungen sollte eine übereinstimmende gemeinsame Höchststärke der stationierten und der einheimischen Streitkräfte von NATO und Warschauer Pakt sein.
Option III: Reduktion von verschiedenen offensiven Elementen der sowjetischen und amerikanischen Truppen (»mixed package«), in der als Gegenleistung für den Abzug einer sowjetischen Panzerarmee der Abbau von 1000 amerikanischen nuklearen Gefechtsköpfen und ihren Trägern angeboten werden sollte. Diese Option wurde nicht als selbständiger, sondern vielmehr als ein die anderen Optionen ergänzender Vorschlag verstanden.[107]
Das amerikanische Positionspapier stellte seinerseits einen mühsam erarbeiteten inneradministrativen Kompromiß dar; dies bedeutete, daß der amerikanische Verhandlungsspielraum gegenüber den Wünschen und Anregungen der Verbündeten relativ begrenzt war. Aus innenpolitischen Gründen gab Washington einem Verhandlungskonzept den Vorzug, mit dem sich relativ rasch ein Abkommen über eine Reduzierung von Stationierungsstreitkräften erreichen lassen würde – John Yochelson hat dies als eine Verhandlungsstrategie des »quick fix« bezeichnet[108] –, während es

107 Vgl. United States Approach to MBFR, Washington, 30. 4. 1973. Die Grundlinien dieses Papiers werden beschrieben in: Ruehl, MBFR: Lessons and Problems, a.a.O., S. 9; ferner Nerlich, Konzeptionelle und prozedurale Probleme der MBFR-Politik, a.a.O.; Martin Müller, Konzeption und Akteur: Die MBFR-Politik der Bundesrepublik 1972/73, unveröffentl. Manuskript, S. 15 f.
108 Vgl. Yochelson, The Search for an American Approach, a.a.O.

einer Verminderung der einheimischen Streitkräfte zurückhaltend gegenüberstand und in einer solchen sowohl eine Gefahr für die Implementierung der Strategie der »flexible response« als auch für die europäische Verteidigungskooperation sah. Als die USA erkannten, daß die Europäer ebenfalls unter innenpolitischem Druck standen, ihre Streitkräfte zu reduzieren, schlugen sie neben der »Schnellschuß-Lösung« mit der Option II ein Phasenkonzept vor, das dem von Bonn favorisierten integralen Programm entgegenkam. Die dritte Option war nur als Ergänzung der beiden anderen gedacht und sollte gegebenenfalls zu einem späteren Zeitpunkt in die Verhandlungen eingebracht werden.
Das amerikanische Optionspapier löste rege Aktivitäten in den Bürokratien der Bündnispartner aus. In einer ersten Reaktion wurde in Bonn kritisiert, daß die USA MBFR weniger als ein Instrument der multilateralen Entspannungspolitik denn als eine Methode innenpolitischer Schadensbegrenzung und bündnisinterner Lastenverteilung verstünden. Vor allem wurde in Bonn moniert, daß in den amerikanischen Vorschlägen eine Reduzierung einheimischer Truppen nicht vorgesehen oder erst als zweiter Schritt in Aussicht genommen wurde. Aus drei Gründen drängte die Bundesregierung – vor allem Schmidt während seiner Zeit als Verteidigungsminister – auf eine Einbeziehung der Bundeswehr in Reduzierungsverhandlungen: zum einen wollten auch die kleineren Mächte ihre Rüstungslasten vermindern, wenn sich die Großen dazu entschlossen; zum andern drohte das innerwestliche Gleichgewicht gestört zu werden, wenn nach amerikanischen Rückzügen das relative Gewicht der Bundeswehr unverhältnismäßig groß würde; und schließlich suchte sich die Bundesregierung auf diese Weise einen Platz am Verhandlungstisch zu sichern und eine zweiseitige amerikanisch-sowjetische Vereinbarung zu erschweren, die Washington damals wohl vorgezogen hätte.[109] Aus dieser Sicht war für sie nur die Option II akzeptabel, wobei zwischen den verschiedenen Ressorts tiefgreifende Meinungsverschiedenheiten darüber bestanden, wie eine Gleichbehandlung von einheimischen und stationierten Truppen gewährleistet werden sollte. Erst nach heftigem internen Tauziehen wurde ein Kompromiß dergestalt erreicht, daß Reduzierungen von stationierten und

109 Vgl. Helmut Schmidt, Das nächste Entspannungsziel, Interview mit dem Bonner Generalanzeiger, 27. 8. 1971; ferner Views of NATO Allies Differ on Negotiating Cuts in Troops, in: IHT, 6. 10. 1961; Bonn gegen Alleingang der Supermächte, in: FAZ, 25. 6. 1971; sowie zum Stellenwert einheimischer und stationierter Streitkräfte in einem Reduzierungskonzept vgl. Bertram, Mutual Force Reductions in Europe: The Political Aspects, a.a.O.

einheimischen Streitkräften nacheinander vollzogen, jedoch gleichzeitig verhandelt werden sollten.[110]
Auf der NATO-Ministerratstagung am 14. und 15. Juni 1973 zeigte sich jedoch, daß die Bundesregierung mit ihrer Forderung nach Einbeziehung der einheimischen Truppen in ein erstes Verhandlungspaket nahezu völlig isoliert war. Neben den Vereinigten Staaten machte vor allem auch die britische Regierung deutlich, daß sie keine Reduzierungen von europäischen Truppen wünschte. Sie wollte zunächst die Auswirkungen einer amerikanisch-sowjetischen Truppenverminderung und der mit ihnen verbundenen stabilisierenden Maßnahmen beurteilen können. Durch die Veröffentlichung verschiedener interner Studien versuchte Washington gleichzeitig seine Auffassung zu belegen, daß eine vorrangige amerikanisch-sowjetische Truppenreduzierung keine Verminderung der Sicherheit bedeute,[111] sich also wesentlich unproblematischer realisieren ließ, als das von Bonn gewünschte integrale Programm.
Diese Sachlage zwang die Bundesregierung, ihre eigene Position zu überprüfen. Das Auswärtige Amt schlug eine relativ lockere Verbindung von stationierten und einheimischen Truppen bei den Verhandlungen vor und hielt es für ausreichend, wenn in einer ersten MBFR-Vereinbarung neben einer Reduzierung von amerikanischen und sowjetischen Streitkräften eine Verpflichtung der Verhandlungspartner enthalten sein würde, in einer zweiten Phase dann über die Reduzierung einheimischer Streitkräfte zu verhandeln. Das Verteidigungsministerium trat jedoch für eine engere Verknüpfung in der Weise ein, daß die Reduzierung der stationierten Truppen in zwei Phasen stattfinden und daß die zweite Phase erst nach Abschluß der Verhandlungen über die einheimischen Truppen beginnen sollte. Als Kompromiß wurde daran gedacht, zunächst über eine Reduzierung der Stationierungsstreitkräfte zu verhandeln und anschließend an den Vollzug dieser Vereinbarung die Verhandlungen über eine Reduzierung der einheimischen Truppen aufzunehmen. Das Bundeskabinett beschloß im Juli 1973, an der gemeinsamen Behandlung von stationierten und einheimischen Truppen bei Reduzierungsverhandlungen auch weiterhin festzuhalten, im taktischen Vorgehen jedoch flexibel zu sein.[112] Diese Haltung vertrat Verteidigungsminister Leber auch in Gesprächen mit seinem amerikanischen Amtskollegen Schlesinger und mit dem Sicherheitsberater des amerikanischen Präsidenten, Kissinger, die am 17. und

110 Vgl. Müller, Konzeption und Akteur 1972/73, a.a.O.
111 Vgl. die sogen. »Pentagon-Studie«, in: FAZ, 8. 6. 1973.
112 Vgl. Müller, Konzeption und Akteur 1972/73, a.a.O., S. 20 ff.

18. Juni 1973 in Washington stattfanden. Dabei wurde erneut das Drängen Washingtons nach vorgezogenen amerikanischen Truppenreduzierungen deutlich.[113]
Bei den Verhandlungen innerhalb der NATO über gemeinsame Richtlinien für die MBFR-Verhandlungen zeigte sich erneut, daß sich die Bundesregierung mit dem Konzept einer engen Verknüpfung beider Phasen nicht durchsetzen konnte. Bonn gelang es lediglich – im wesentlichen auf Insistieren der Vertreter des Verteidigungsministeriums – daß die nach dem Verhandlungskonzept des Bündnisses vorzusehende Vereinbarung gemeinsamer Höchststärken der Streitkräfte von NATO und Warschauer Pakt im Reduzierungsraum (»common ceiling«) so interpretiert werden sollte, daß darin auch die einheimischen Truppen eingeschlossen werden sein würden. Die NATO-Richtlinien vom 18. Oktober 1973, auf denen dann der westliche Verhandlungsvorschlag vom 22. November 1973 beruhte, sahen vor, daß in einer ersten Phase über eine Reduzierung von Stationierungsstreitkräften verhandelt und in einer zweiten Phase die Vereinbarung gemeinsamer Höchststärken vereinbart werden sollte, in die ein Abbau auch von einheimischen Streitkräften einbezogen werden konnte.[114] »Es mutet wie eine Ironie der Geschichte an, daß, wie es sich bei den MBFR-Verhandlungen bald herausstellte, die Sowjetunion auf der engen Verknüpfung der beiden Phasen und insbesondere auf der Einbeziehung der Bundeswehr in Reduzierungen bestand und somit trotz unterschiedlicher Motive zu einer ähnlichen Position wie die Bundesrepublik gelangte.«[115]

4. *Die Wiener MBFR-Verhandlungen*

Mit der Einigung über Verfahrensfragen Ende Juni 1973 in den Vorverhandlungen und mit der Abstimmung der bündnisinternen Verhandlungspositionen im Sommer und Frühherbst des gleichen Jahres waren die

113 Vgl. Amerikanische Truppenreduzierungen schon 1974? In: FAZ, 19. 7. 1973; Leber: Keine Wendung im strategischen Denken der Vereinigten Staaten, in: FAZ, 20. 7. 1973.

114 Vgl. Hans Achim Weseloh, Zwischenbilanz der Sicherheitspolitik, in: FAZ, 30. 7. 1973; Truppenabbau im Verhältnis eins zu zwei. Washingtons Pläne für die Präsenz in Europa, in: FAZ, 18. 9. 1973; ferner Abrüstung: Gleich draufgehauen, in: SPIEGEL, Nr. 39, 29. 9. 1974.

115 Müller, Konzeption und Akteur 1972/73, a.a.O., S. 22.

Voraussetzungen dafür gegeben, daß zum ersten Mal in der Geschichte der europäischen Nachkriegsentwicklung Ost-West-Verhandlungen über eine Reduzierung der militärischen Konfrontation in Mitteleuropa aufgenommen werden konnten.
Bereits bei der Eröffnungssitzung der Hauptkonferenz am 30. Oktober 1973 traten jedoch die gegensätzlichen Zielsetzungen von West und Ost offen zutage. Während die westliche Staatengruppe das Prinzip der Ausgewogenheit hervorhob, das sich sowohl auf den Reduzierungsprozeß sowie auf das als Ergebnis angestrebte Kräfteniveau beziehen sollte,[116] machten die Warschauer Pakt-Staaten deutlich, daß bei der Reduzierung von Streitkräften und Rüstungen das bestehende militärische Kräfteverhältnis nicht verändert, sondern auf niedrigerem Niveau beibehalten werden müßte. Dies war ihre Interpretation des Grundsatzes der »unverminderten Sicherheit aller Beteiligten«. Den Tenor für eine derartige Argumentation hatte Generalsekretär Breschnjew angegeben, als er auf dem »Weltkongreß der Friedenskräfte« verkündet hatte: »Von unserem Standpunkt aus ist es wichtig, daß die künftige Reduzierung nicht das entstandene Kräfteverhältnis in Mitteleuropa und überhaupt auf dem europäischen Kontinent verletzt; würde gegen dieses Prinzip verstoßen, so würde die ganze Frage lediglich zu einem Zankapfel und zum Gegenstand endlosen Streites werden«.[117]
Damit hatten die Warschauer Pakt-Staaten deutlich gemacht, daß für sie nur gleichwertige, d. h. mengengleiche oder gleichprozentige Reduzierungen infrage kamen, während der Westen über einen asymmetrischen Truppenabbau zu einem gleichwertigen, d. h. zahlengleichen, Streitkräfteniveau kommen wollte. Ein weiterer Punkt, an dem sich bereits in den Eröffnungserklärungen die unterschiedlichen Interessenlagen beider Seiten zeigten, war die Frage, ob zunächst über die Stationierungsstreitkräfte und dann in einem zweiten Schritt über die einheimischen Streitkräfte

116 Diese Position formulierte der Bonner Delegationsleiter, Botschafter Behrends, am 30. 10. 1973 wie folgt: »Aus diesem Grundsatz der unverminderten Sicherheit folgt für uns, daß die allseits bekannten Disparitäten und Unausgewogenheiten im Sicherheitsbereich zu berücksichtigen sind. Daher sollten die Verhandlungen darauf abzielen, im geographischen Bereich von Mitteleuropa auf niedrigerer Ebene einen ungefähren Gleichstand der Landstreitkräfte beider Seiten in Form einer übereinstimmenden Höchststärke herbeizuführen«. In: Abrüstung und Rüstungskontrolle, a.a.O., S. 73–75.

117 Rede von Generalsekretär Breschnjew auf dem Weltkongreß der Friedenskräfte am 26. 10. 1973, in: EA 3/1974, S. D 78–84 (82).

verhandelt werden sollte,[118] oder, wie es Breschnjew gefordert hatte, »über die Reduzierung sowohl der ausländischen als auch der nationalen Land- und Luftstreitkräfte der an den Verhandlungen teilnehmenden Staaten in dem bereits festgelegten Raum Zentraleuropas«.[119] Hatte Breschnjew auch eine Reduzierung der mit Kernwaffen ausgerüsteten Truppenteile gefordert - um auf diese Weise die aus den SALT-Verhandlungen ausgeklammerten FBS in die Ost-West-Arms control einzubeziehen - so wollte der Westen den Verhandlungsgegenstand auf Reduzierungen der Landstreitkräfte beschränken, die von stabilisierenden Maßnahmen abgestützt werden sollten. Während die Verhandlungsposition der NATO-Staaten primär sicherheitspolitisch motiviert war und die Herstellung eines neuen, ausgeglicheneren Kräftegleichgewichts auf niederigerer Ebene anstrebte, das zugleich die sowjetischen Offensivmöglichkeiten beschränkte, dominierten bei der Sowjetunion ordnungspolitische Ziele: die sicherheitspolitische Neutralisierung der westeuropäischen Militärpotentiale und die Festschreibung des Status quo auf einem niedrigeren Kräfteniveau. Insofern bildeten die MBFR-Verhandlungen für Moskau eine logische Ergänzung seiner KSZE-Politik.[120]

4.1 *Die Vorlage östlicher und westlicher Verhandlungsvorschläge zu Beginn der Hauptverhandlungen*

Am 8. November 1973 unterbreiteten die vier direkten Teilnehmerstaaten des Warschauer Paktes den Textvorschlag eines Abkommens über beiderseitige Truppenverminderungen in drei Phasen. Danach sollte in einem ersten Schritt - 1975 - jede Seite ihre Streitkräfte um je 20 000 Mann sowie das dazugehörige Gerät »in angemessener Weise« verringern. 1976 sollten dann die verbleibenden Gesamtstärken jeder Seite um weitere 5 % und 1977 um nochmals 10 % reduziert werden. Dabei würden die auslän-

118 Vgl. die Erklärung des niederländischen Delegationsleiters und Sprechers der westlichen Staatengruppe, Quarles van Ufford, und die Erklärung des U.S. Delegierten Resor am 31. 10. 1973, in: DoD, 1973, S. 718–723.

119 Rede Breschnjews vom 26. 10. 1973, a.a.O.

120 Vgl. dazu O. Khlestov, Mutual Force Reductions in Europe, in: Survival, Nr. 6, 1974, S. 293–298; ferner Lothar Ruehl, Die Wiener Verhandlungen über Truppenverminderung in Ost und West, in: EA 15/1974, S. 507–518; Gerhard Wettig, Die sowjetische MBFR-Politik als Problem der Ost-West-Entspannung in Europa, Berichte des BOIS, H. 4, 1975; David Holloway, Die Sowjetische Haltung zur Truppenverminderung in Europa. Versuch einer Einschätzung, in: Beiträge zur Konfliktforschung, H. 4, 1973, S. 5–31.

dischen Truppen einschließlich ihrer Waffen und sonstigen Ausrüstungen in ihr nationales Territorium zurückverlegt werden, wobei in der Reduzierungszone kein Gerät zurückgelassen werden dürfte. Die einheimischen Einheiten würden aufgelöst, ihre Mannschaften entlassen und ihre Ausrüstungen ausgemustert werden. Die Gleichwertigkeit der Verminderungen sollte durch die »ungefähre Ähnlichkeit in Waffen- und Verbandstypen« der zur Reduzierung anstehenden Streitkräfte gewährleistet und in einem Zusatzprotokoll im einzelnen aufgeführt werden.[121]
Bei ihrer Verwirklichung hätten diese Vorschläge eine Reduzierung der Landstreitkräfte auf östlicher Seite um etwa 150 000 Mann auf rund 775 000 Mann und auf westlicher Seite um 133 000 Mann auf etwa 644 000 Mann – bei einer von der NATO angenommenen Gesamtstärke von 925 000 Warschauer-Pakt- und 777 000 NATO-Streitkräften im Reduzierungsraum – bedeutet. Zahlenmäßig wären weniger amerikanische Soldaten als sowjetische Einheiten zurückgezogen worden, doch erstere hätten 5000 km über den Atlantik und letztere nur 650 km hinter die sowjetischen Grenzen verlegt werden müssen. Der Abzug des eingelagerten amerikanischen Materials der NATO-Eingreifreserve, die vorgesehene Auflösung der einheimischen Truppen (statt ihrer Kaderung) sowie das Verbot von Verstärkungen aus Übersee einschließlich einer zeitweiligen Rückkehr von Verbänden in die Bundesrepublik zu Übungen (»Reforger«-Manöver) hätte einen tiefen Eingriff in das Verteidigungsdispositiv des Bündnisses bedeutet. Vor allem wurde befürchtet, daß die Festschreibung der in der Reduzierungszone zugelassenen Streitkräftestärken, ihrer Ausrüstung und Bewaffnung, der Sowjetunion einen direkten Zugriff auf die Bundeswehr geben und eine Sonderbehandlung des deutschen Territoriums bedeuten würde. Die Folge wäre eine »sicherheitspolitische Statusdifferenzierung zwischen der Bundesrepublik und ihren Partnern in NATO und EG . . .; damit wäre ein politischer Strukturunterschied im Bereich der Verfügbarkeit über Territorium und Streitkräfte begründet und somit nicht nur die Organisations- und Dispositionsfreiheit der NATO über einen Teil ihrer Streitkräfte und ihres Gebietes einge-

121 Der Vertragsentwurf der Warschauer Pakt-Staaten vom 8. 11. 1973 wurde – in Übereinstimmung mit der in Wien vereinbarten Vertraulichkeit – nicht offiziell veröffentlicht. Verschiedene östliche Publikationsorgane brachten jedoch in den nächsten Wochen eine detaillierte Beschreibung seines Inhalts, vgl. Keliher, The Negotiations on MBFR, a.a.O., S. 52 ff.; Paul J. M. Teunissen, The Vienna Negotiations on Mutual Reductions of Forces and Armaments and Associated Measures in Central Europe (MURFAAMCE), in: Frans A. M. Alting von Geusau (Hrsg.), Uncertain Détente, Alphen v. R. 1978, S. 93–133 (S. 106 ff.).

schränkt worden (wie auf der anderen Seite auch für die Warschauer Gegenallianz im östlichen Teil Mitteleuropas), sondern auch die Fähigkeit der westeuropäischen Staaten zur Gründung eines Bundesstaates mit eigener Verteidigung und Rüstung«.[122] Insgesamt gesehen beunruhigten den Westen eher die politischen Folgen des östlichen Reduzierungsplanes als seine militärischen Wirkungen.
Mit ihren Vorschlägen nutzten die Warschauer Pakt-Staaten äußerst geschickt die Schwächen der westlichen Position aus. Der östliche Vorschlag entsprach sowohl dem in Rom aufgestellten Grundsatz, daß »Truppenreduzierungen auf Gegenseitigkeit beruhen und nach Umfang und zeitlichem Ablauf abgestuft und ausgewogen« sein müßten, als auch, daß sie »in dem betreffenden Gebiet Stationierungs- und einheimische Streitkräfte sowie ihre Waffensysteme umfassen« müßten.[123] Ebenso griffen sie die damalige Bonner Forderung nach Einbeziehung der einheimischen Streitkräfte ebenso wie der nuklearen Waffensysteme auf. Schließlich war es folgerichtig, einen Abzug des in der Bundesrepublik gelagerten Materials und ein Verbot amerikanischer Verstärkungen zu fordern, wenn eine spätere Rückführung von Verbänden in den Reduzierungsraum verhindert werden sollte; ein Ziel, daß der Westen im Hinblick auf die sowjetischen Streitkräfte mit Hilfe von Bewegungsbeschränkungen erreichen wollte.
Die Vorlage eines Entwurfes für ein Abkommen setzte die der NATO angehörenden Verhandlungspartner unter Zugzwang, nun auch ihrerseits konkrete Vorschläge zu unterbreiten. Mit der Begründung, daß zunächst gemeinsame Verhandlungselemente erarbeitet werden sollten, die dann zu einem Vertragsentwurf ausformuliert werden könnten, legten sie am 22. November 1973 Grundzüge für ein Reduzierungsprogramm vor. Ihre Vorschläge sahen – im Gegensatz zu denjenigen des Warschauer Paktes – asymmetrische Reduzierungen der Landstreitkräfte vor, die in zwei Phasen auf eine gemeinsame Höchstgrenze von 700 000 Mann im Verhandlungsgebiet verringert werden sollten. Nach den westlichen Berechnungen würde dies bedeuten, daß der Warschauer Pakt etwa 150 000 Mann mehr als die NATO reduzieren müßte. In der ersten Phase sollten nur amerikanische und sowjetische Truppen um etwa 15 % verringert werden (29 000 Amerikaner im Austausch gegen den Rückzug der 1. Sowjetischen Gardepanzerarmee mit 68 000 Mann und 1700 Panzern aus der DDR). In ei-

122 Ruehl, Verhandlungen über Truppenverminderung in Ost und West, a.a.O., S. 514.
123 Vgl. Kommuniqué des NATO-Ministerrates in Rom vom 27. 5. 1970, in: EA 13/1970, S. D 315–318.

ner zweiten Phase, deren Details erst nach Abschluß einer ersten sowjetisch-amerikanischen Vereinbarung ausgehandelt werden sollten, würden dann einheimische und andere europäische Truppen bis auf die gemeinsame Höchststärke von je 700 000 Mann verringert werden. Dabei würde jedem Bündnis die Kombination seiner nationalen Kontingente innerhalb des Plafonds von 700 000 Mann freistehen. Durch zusätzliche stabilisierende Begleitmaßnahmen sollten Fehlkalkulationen und Überraschungsangriffe ausgeschaltet werden.[124]

Der NATO-Vorschlag stellte eine erhebliche Korrektur der Römischen MBFR-Offerte dar. Nunmehr ging es den Bündnispartnern primär um folgende Punkte:

- Vereinbarung gemeinsamer kollektiver Höchstumfangbegrenzungen ohne nationale Umfangbegrenzungen (»collective common ceiling without national subceilings«), also gemeinsamer Gleichstand der Personalstärken der Landstreitkräfte (bei 700 000 Mann);
- überproportionale Verminderung der Panzerzahl des Warschauer Paktes im Vertragsraum, um die Angriffskapazitäten und die Offensivstruktur des Warschauer Paktes abzuschwächen;
- keine Einbeziehung von Luftstreitkräften in die Reduzierungen;
- Nichteinbeziehung der nuklearen Bewaffnung der NATO-Streitkräfte;
- Durchführung der Reduzierungen in zwei zeitlich getrennten Phasen, beginnend mit amerikanischen und sowjetischen Abzügen;
- keine Vereinbarungen, die über die im Reduzierungsgebiet stehenden Streitkräfte hinausgreifen und in die externe Potentiale, etwa nukleare Waffensysteme, einbezogen werden könnten;
- keine Abmachungen, die in die politische, militärpolitische oder militärische Organisations- und Dispositionsfreiheit der NATO oder der westeuropäischen Staaten eingreifen und Änderungen von der Zustimmung der östlichen Vertragspartner abhängig machen würden.

Die Bundesrepublik, die sowohl unter dem Aspekt innerwestlicher Stabilisierung als auch ost-westlicher Arms control das größte Interesse an einem Erfolg der MBFR-Verhandlungen hatte, sah sich jedoch in dem Dilemma, daß weder die westliche Verhandlungsposition ihren Interessen voll Rechnung trug, noch die östlichen Vorschläge für sie akzeptabel waren, da diese primär auf einen Abbau der Bundeswehr und einen Sonder-

124 Vgl. Ruehl, MBFR: Lessons and Problems, a.a.O., S. 14 f.; Keliher, Negotiations on MBFR, a.a.O., S. 84 ff.; Prendergast, Mutual and Balanced Force Reductions, a.a.O., S. 26 ff.; vgl. ferner Press Briefing by Ambassador Quarles van Ufford am 14. 1. 1974 in Wien, NATO Information Service, 28. 1. 1974.

status für die Bundesrepublik (sowie die BENELUX-Staaten) abzielten,[125] beide Vorschläge sich jedoch gegenseitig ausschlossen und damit einen Verhandlungsfortschritt blockierten.
Diese Interessenblockade bestand 1974 und den größten Teil des darauffolgenden Jahres fort. Die verschiedenen östlichen Vorschläge für einen ersten Reduzierungsschritt bzw. ein Moratorium für die Dauer der Verhandlungen, auf die der Westen mit einer Nichtumgehungsverpflichtung antwortete, bedeuteten keine inhaltliche Annäherung der Standpunkte.[126] Im wesentlichen sollten sie nur nach außen weitere Verhandlungsbereitschaft dokumentieren. Sowjets und Amerikaner waren zum damaligen Zeitpunkt mit den SALT-Verhandlungen, Ost- und Westeuropäer mit der Ausarbeitung der KSZE-Vereinbarungen voll beschäftigt. Außerdem war für beide Seiten der Zwang weggefallen, rasche Verhandlungserfolge zu erzielen. Mit dem Zustandekommen der KSZE und den in Helsinki und Genf erzielten Verhandlungsfortschritten hatte einerseits das ursprünglich vom Westen formulierte prozedurale Junktim zwischen KSZE und MBFR seine Wirkung verloren, andererseits hatte auch im Westen der Druck in Richtung auf einseitige Reduzierungen nachgelassen und damit den Wert von MBFR als Schadensbegrenzungsmaßnahme reduziert.

4.2 *Die Einbeziehung nuklearer Waffensysteme*

Nach der sowjetisch-amerikanischen Vereinbarung von Wladiwostok im Dezember 1974, in der sich beide Seiten auf Höchstgrenzen für strategische Waffensysteme im Rahmen der SALT-Verhandlungen geeinigt hatten, sowie nach der Unterzeichnung der KSZE-Schlußakte am 1. August 1975 in Helsinki, wuchs auf beiden Seiten das Interesse und die Möglichkeit, Fortschritte bei den stagnierenden MBFR-Verhandlungen zu erzie-

125 Mit der Begründung, daß Stärke und Ausrüstung der Bundeswehr ihre Reduzierung bereits in der Anfangsphase erforderten und daß sich alle an den MBFR-Verhandlungen direkt beteiligten Länder zu Reduzierungen verpflichtet hätten, forderten insbes. die DDR und die SU einen Abbau der Bundeswehr, vgl. DDR fordert Abbau der Bundeswehr, in: SZ 28. 2. 1974; Kreml für Abbau auch der Bundeswehr, in: FAZ, 11. 4. 1974.

126 Vgl. Lothar Ruehl, Probleme des Truppenabbaus in Europa, in: Klaus-Dieter Schwarz (Hrsg.), Sicherheitspolitik. Analysen zur politischen und militärischen Sicherheit, Bad Honnef 1978, S. 287–314 (312). Zum Verhandlungsstand Mitte 1975 vgl. die Presseerklärungen des Sprechers der westlichen Teilnehmerstaaten, Baron de Vos van Steenwigk und des Sprechers der Warschauer-Pakt-Staaten, Tadeusz Stroulak, vom 17. 7. 1975, in: Abrüstung und Sicherheit, Bd. XII: 1975, S. 154–157.

len. Die Ausklammerung der FBS aus dem SALT-Rahmen ließ es wünschenswert erscheinen, diese Systeme – jedenfalls teilweise – in einen anderen Verhandlungskontext einzubeziehen. Der Abschluß des KSZE-Prozesses und die damit symbolisierte Ost-West-Entspannung legten es andererseits nahe, diese für Fortschritte bei MBFR zu nutzen, statt von MBFR zu erwarten, daß es selbst unmittelbar zum Entspannungsprozeß beitragen würde. Eine dritte Entwicklung kam hinzu, die den Vereinigten Staaten eine Überprüfung ihrer mit den MBFR-Verhandlungen verfolgten Prioritäten gestattete. Mit dem Scheitern der Initiative Senator Mansfields – zuletzt im Juni 1974 – war der vor allem innenpolitisch begründete Druck in Richtung auf einseitige Reduzierungen ihrer Streitkräfte weggefallen, während gleichzeitig die von Verteidigungsminister Schlesinger geforderte strategische Optionsvielfalt eine starke amerikanische konventionelle Präsenz in Westeuropa voraussetzte. Gleichzeitig mehrten sich in den USA die Stimmen, die für eine Überprüfung der Rolle der taktischen Nuklearwaffen in Europa eintraten.[127] Alle diese Entwicklungen führten zu einer Modifizierung der westlichen Verhandlungsposition und zur Vorlage eines neuen Angebots im Dezember 1975.
Kurz nach dem Gripfeltreffen zwischen Präsident Ford und Generalsekretär Breschnjew im Dezember 1974 wurde von amerikanischer Seite der Gedanke einer Einbeziehung von taktischen Nuklearwaffen in die MBFR-Verhandlungen zur Diskussion gestellt.[128] Im Juni 1975 war der inneradministrative Entscheidungsprozeß in den USA soweit gediehen, daß auf der Sitzung der Nuklearen Planungsgruppe am 16. und 17 Juni in Monterey ein entsprechender Verhandlungsvorschlag – der auf der sogenannten »Option III« des amerikanischen Arbeitspapiers vom April 1973 beruhte – zur Diskussion gestellt werden konnte.[129] Danach sollten beide Seiten Abstriche an ihren Offensivwaffen vereinbaren, und zwar würden die Vereinigten Staaten eine bestimmte Anzahl von taktischen

127 Vgl. Ruehl, MBFR: Lessons and Problems, a.a.O., S. 16 f.; ferner Jeffrey Record, U.S. Nuclear Weapons in Europe. Issues and Alternatives, Washington, D. C. 1974; Nuclear Weapons and Foreign Policy. Hearings before the Subcommittee on U.S. Security Agreements Abroad and the Subcommittee on Arms Control, International Law and Organization of the Committee on Foreign Relations, U.S. Senate, 93rd Congress, 2nd Session, Washington, March–April 1974.

128 Vgl. die Bemerkung von Präsident Ford auf einer Pressekonferenz am 2. 12. 1974, in: DoD, 1974, S. 772–784 (S. 776); ferner Victor Meier, Taktische Atomwaffen Thema für Wiener MBFR-Gespräche, in: Frankfurter Neue Presse, 14. 12. 1974.

129 Vgl. Paul Lewis, U.S. prepared to reduce nuclear strength in Europe, in: Financial Times, 11. 6. 1975; Im Westen hofft man nun auf Vereinbarungen für Truppenabbau, in: FAZ, 13. 8. 1975.

Nuklearwaffen aus Westeuropa abziehen, wenn die Sowjetunion dafür als Gegenleistung eine sowjetische Panzerarmee zurückführen würde. Dieser Vorschlag wurde in den folgenden Monaten intensiv in trilateralen Gesprächen zwischen Washington, London und Bonn sowie in den verschiedenen NATO-Gremien diskutiert, wobei sich auch die Frage nach dem geeigenten Zeitpunkt für die Vorlage eines derartigen Ergänzungsvorschlages stellte. Obwohl für das Jahr 1976 in Anbetracht der in der Bundesrepublik und in den USA anstehenden Wahlen nicht mit einem konkreten Verhandlungsergebnis gerechnet wurde, beschlossen die Bündnispartner auf der NATO-Sitzung am 11. und 12. Dezember 1975, ihren Vorschlag noch in demselben Jahr auf den Verhandlungstisch in Wien zu legen, um einerseits die eigene Kompromißbereitschaft – auch gegenüber dem einheimischen Wählervolk – zu dokumentieren und um zum anderen die Staaten des Warschauer Paktes zu zwingen, Farbe zu bekennen und zu zeigen, ob sie ihrerseits zu Kompromissen bereit wären, nachdem der Westen auf ihre wiederholte Forderung nach Einbeziehung taktischer Nuklearwaffen eingegangen war. Allerdings war nicht zu übersehen, daß die Vorlage der neuen Vorschläge ohne rechte Begeisterung erfolgte, vielmehr in der amerikanischen wie in der deutschen Öffentlichkeit mit Zurückhaltung, wenn nicht mit Kritik begleitet wurde.[130]

In dem westlichen Ergänzungsvorschlag vom 16. Dezember 1975 wurde angeboten, zusätzlich 1000 nukleare Sprengköpfe aus amerikanischem Besitz und entsprechende Trägersysteme, darunter 54 Kampfflugzeuge des Typs F4-Phantom und 36 Flugkörper vom Typ Pershing abzuziehen. Gleichzeitig wurde die Bereitschaft zur Einbeziehung der Luftstreitkräfte in ein Reduzierungsabkommen erklärt, wobei die kombinierten gemeinsamen Höchststärken bei jeweils 900 000 Mann liegen sollten. Dieses Angebot wurde als einmalig, bedingt und begrenzt deklariert und davon abhängig gemacht, daß

- die Sowjetunion dafür als besondere Gegenleistung eine sowjetische Panzerarmee mit 69 000 Mann und 1700 Kampfpanzern in die UdSSR zurückzog;
- die Warschauer Pakt-Staaten gemeinsamen Höchstgrenzen der Personalstärken der Landstreitkräfte im Vertragsgebiet zustimmten;
- das Konzept phasenweiser Reduzierungen in zwei Stufen akzeptierten;

130 Vgl. Jeffrey Record, Towards Imbalanced Force Reductions, in: WP, 22. 2. 1976; ein (Adalbert Weinstein), Abenteuerlich, in: FAZ, 12. 12. 1975; g-n (Günther Gillessen), Riskantes Angebot, in: FAZ, 17. 12. 1975; Isolde Pietsch, »Atomversuch« bei MBFR, in: RM, 19. 12. 1975.

- keine nuklearen Waffensysteme der europäischen NATO-Streitkräfte über die angebotenen hinaus abgezogen würden;
- weder Verhandlungen über die nukleare Bewaffnung der NATO-Streitkräfte noch über die NATO-Luftstreitkräfte in diesem Raum stattfinden würden;
- die Zahl der konventionellen Kampfflugzeuge der US-Luftstreitkräfte im Vertragsraum von der Regelung nicht berührt würde und also vermehrt werden könnte;
- nicht über eine Auswahl der abzuziehenden nuklearen Waffensysteme verhandelt würde. Die Vereinigten Staaten würden diese frei aus ihrem Inventar auswählen und in die USA zurückbringen;
- der kollektive Charakter der Vereinbarung erhalten blieb und nur die Sowjetunion und die Vereinigten Staaten für ihre Reduktion nationale Verpflichtungen eingingen, daß also keine nationalen Höchststärken für die Streitkräfte der europäischen Länder im Vertragsgebiet festgesetzt würden.[131]

Diese Konditionen waren im wesentlichen auf Initiative der Westeuropäer formuliert worden, die Sorge hatten, daß mit einer Einbeziehung von bestimmten nuklearen Waffensystemen in ein MBFR-Abkommen eine Modernisierung der nuklearen Bewaffnung in Westeuropa verhindert und das Mittelglied der »Triade«, auf dem die westliche Abschreckungs- und Verteidigungsplanung beruhte, geschwächt werden könnte. Wenn sie dem Vorschlag dennoch zustimmten, so geschah dies einmal auf Drängen der amerikanischen Regierung, die möglicherweise in Wladiwostok der Sowjetunion bestimmte Zusicherungen über eine Einbeziehung der FBS in ein MBFR-Abkommen gegeben hatte. Zum anderen sahen sie in dem Vorschlag einen brauchbaren Hebel, um die Sowjetunion zur Reduzierung ihrer überlegenen Panzerwaffen zu veranlassen. Es war jedoch abzusehen, daß in dem Maße, wie Moskau seine neuen Mittelstreckenraketen, die SS-20, in der westlichen Sowjetunion zu dislozieren begann, der militärische Wert des Angebotes fragwürdig wurde. Ein Hauptproblem war der dem westlichen Vorschlag innewohnende grundlegende Widerspruch: abgezogen werden sollten im wesentlichen veraltete Systeme; wenn dies für die andere Seite angesichts der inneramerikanischen Tendenzen zur Überprüfung der in Westeuropa dislozierten taktischen nuklearen Systeme – wie sie im Nunn-amendment vom April 1975 zum Ausdruck kamen

131 Vgl. Ruehl, Die Truppenabbauverhandlung und die europäische Sicherheit, a.a.O., S. 134 ff.

– überhaupt attraktiv sein sollte, mußte sie auf einer Nichtumgehungsklausel bestehen, welche die westliche Verteidigungsplanung und eine Modernisierung der taktischen nuklearen Waffen beschränken konnte, ohne daß – bedingt durch den Charakter als »Tauschangebot« Raketen gegen Panzer – gleiche Beschränkungen für die sowjetische Raketenrüstung vereinbart werden konnten. Die Annahme ist daher sicher nicht falsch, daß der Westen sein Zusatzangebot selbst mit sehr gemischten Gefühlen betrachtete.

Die Frage, ob die Warschauer Pakt-Staaten auf dieses Angebot überhaupt eingehen würden, klärte sich bald, spätestens mit der Vorlage des östlichen Gegenvorschlags vom 19. Februar 1975, in dem die östliche Seite spiegelbildlich zum NATO-Vorschlag den Rückzug von je 54 F4-Phantom und SU-17-20 Fitter und je 36 Flugkörper Pershing I und Scud-B, außerdem von Nike-Herkules- bzw. SAM II-Boden-Luftabwehrraketen als zusätzliche Komponenten zum Abzug von 2–3 % der amerikanischen und der sowjetischen Streitkräfte aus dem Reduzierungsraum und die Verminderung von etwa je 300 Kampfpanzern vorschlug. Ebenfalls sollten ein sowjetisches und ein amerikanisches Armeehauptquartier aufgelöst und die gegenwärtigen Streitkräftestärken eingefroren werden. In den beiden folgenden Jahren sollten dann alle Bündnisstreitkräfte nach Verbänden mit der gesamten Ausrüstung um jeweils 10–15 % verringert werden.[132]

In der Praxis würde das östliche Angebot strikt gleicher Abzüge wegen der Disparitäten in den Streitkräftestrukturen und in der Leistung der zu reduzierenden Waffensysteme auf beiden Seiten ungleiche Wirkungen haben. In ihrer Tendenz liefen die Vorschläge der Warschauer Pakt-Staaten – wie schon ihr Vertragsentwurf vom November 1973 – auf eine Kodifizierung des europäischen Streitkräfte- und Rüstungsgefüges sowie auf die Schaffung einer mitteleuropäischen Rüstungskontrollzone hinaus, in die nunmehr ausdrücklich auch die taktischen Nuklearwaffen einbezogen werden sollten. Dies war aus zwei Gründen für die Bundesrepublik und ihre westlichen Partner nicht akzeptabel: zum einen wäre damit die regionale militärische Überlegenheit der Sowjetunion vertraglich verankert worden,[133] und zum anderen fürchteten sie eine ernsthafte Behinderung

132 Ebenda, vgl. ferner Keliher, Negotiations on MBFR, a.a.O., S. 67 ff.

133 Auf Initiative von Außenminister Genscher war im Kommuniqué des NATO-Ministerrates vom 11./12. 12. 1975 im Hinblick auf die Verhandlungsziele bei MBFR betont worden, »daß die vorhandenen Disparitäten beim Personalbestand der Landstreitkräfte und bei Panzern das stärkste Element der Unstabilität in Mitteleuropa

der westeuropäischen und atlantischen Verteidigungskooperation. Da Moskau das Vorhandensein eines annähernden Kräftegleichgewichtes behauptete, war aus westlicher Sicht eine einvernehmliche Klärung der Streitkräftestärken beider Seiten im Reduzierungsraum eine Voraussetzung, um zu einem Abkommen zu gelangen. Die NATO-Staaten forderten den Warschauer Pakt daher auf, eigene Angaben über seine Streitkräfte im Reduzierungsraum zu unterbreiten, durch welche der aktuelle Kräftestand belegt werden könnte.

Nachdem bislang weitgehend auf der Basis der NATO-Zahlen argumentiert worden war, legten die Staaten des Warschauer Paktes im Juni 1976 ihrerseits Gesamtzahlen für ihre Streitkräfte vor, wonach im Reduzierungsgebiet insgesamt 987 000 Mann Warschauer Pakt-Streitkräfte, davon 805 000 Mann Landstreitkräfte, stünden (NATO-Landstreitkräfte: 791 000 Mann). Nach ihrer Auffassung war daher in Mitteleuropa ein ungefähres Kräftegleichgewicht gegeben.[134] In der Folge entspann sich eine intensive Datendebatte, da beide Seiten die jeweils von der anderen vorgelegten Zahlen anzweifelten. Aus diesem Grunde forderte die östliche Seite den Westen zur Vorlage aktualisierter Zahlen auf, was im Dezember 1976 geschah. Die Vorlage gemeinsamer westlicher Zahlen wurde jedoch dadurch erschwert, daß Frankreich – Nichtteilnehmer an den MBFR-Verhandlungen – sich dagegen verwahrte, daß seine in der Bundesrepublik stationierten Einheiten in die westlichen Streitkräftestärken einbezogen wurden.[135] Die Vertreter der NATO forderten ihrerseits die Warschauer Pakt-Staaten auf, ihre Angaben zu spezifizieren, begrifflich zu klären und sich über gemeinsame Zählregeln zu verständigen. Obwohl dies in den Verhandlungen der beiden folgenden Jahre auch geschah, ist es bisher nicht gelungen, die Diskrepanz in den Zahlenangaben voll aufzuklären. Infolge der zentralen Bedeutung, die der Westen der Herstellung einer ungefähren Parität im Reduzierungsraum zumaß, und der Behauptung des Ostens, daß eine solche bereits existieren würde, mit gleichen Abzügen jedoch auf ein niedrigeres Niveau transponiert werden sollte, fiel einer Einigung über die Datenfrage eine Schlüsselrolle für eine MBFR-Vereinba-

darstellen und daß eine Vereinbarung für diese Disparitäten eine angemessene Lösung finden muß«. Das westliche Zusatzangebot wurde ausdrücklich als ein Mittel gesehen, um dieses Ziel zu erreichen, vgl. EA 4/1976, S. D 93–95; ferner Günther Gillessen, Kann Moskau sich auf Parität einlassen?, in: FAZ, 28. 2. 1976.

134 Vgl. Manuel Lucbert, Les Sovietiques ont fourni des chiffes sur les éffectifs du pacte de Varsovie, in: MONDE, 20./21. 6. 1976; Lothar Ruehl, Neues zum Truppenabbau, in: ZEIT, 23. 7. 1976.

135 Vgl. Paul Lewis, French blow to »cut troop« talks, in: Observer, 1. 8. 1976.

rung zu, die von beiden Seiten als Joker für die Verhandlungen benutzt wurde. Dabei mochte es scheinen, als ob die Bundesrepublik dieses Datenspiel mit besonderer Hingabe spielte.

4.3 *Neue westliche und östliche Initiativen*

Ende 1976 mehrten sich die Stimmen, die für neue Verhandlungsinitiativen bei den festgefahrenen MBFR-Verhandlungen eintraten. Bundeskanzler Schmidt forderte, die Gespräche von der Expertenebene auf die politische Ebene zu heben, der SPD-Vorsitzende Brandt und der SPD-Fraktionsvorsitzende Wehner setzten sich für eine erste Vereinbarung über symbolische Schritte ein, bis die Voraussetzungen für ein substantielleres Abkommen geschaffen seien.[136] Auch der neue amerikanische Präsident Carter sprach davon, »to get the MBFR talks out of the Doldrums«.

Während bei dem neu gewählten amerikanischen Präsidenten das Motiv im Vordergrund stand, den Arms control-Dialog auf seinen verschiedenen Ebenen fortzusetzen und auf dem außenpolitischen Feld rasche Erfolge zu erzielen, war die Interessenlage der SPD-Führung differenzierter. Sie sah in MBFR vor allem ein Ansatz, um wieder Bewegung in die europäischen Ost-West-Beziehungen zu bringen und dem Entspannungsprozeß neue Impulse zu geben. Dieses Argument gewann an Gewicht, als sich abzeichnete, daß auf der KSZE-Nachfolgekonferenz in Belgrad nicht mit substantiellen Fortschritten zu rechnen sein würde. Ein zweites Motivbündel, das z. B. für Bundeskanzler Schmidt im Vordergrund stand und auf das er in seiner IISS-Rede im Oktober 1977 hinwies, war die Sorge vor einer Verschlechterung des politisch-militärischen Gleichgewichtes in Europa zu ungunsten des Westens. Dieser stand vor der Alternative, entweder seine eigenen Rüstungsanstrengungen zu verstärken oder seine Bemühungen um eine kontrollierte Rüstungsbegrenzung zu intensivieren. Wenn durch neue SALT-Vereinbarungen die strategischen Potentiale der USA und der Sowjetunion neutralisiert wurden, wuchs in Europa die Bedeutung der Disparitäten zwischen Ost und West auf taktisch-nuklearem und konventionellem Gebiet. Fortschritte bei den Wiener Verhandlungen über MBFR konnten daher ein wichtiger Schritt in Richtung auf ein aus-

136 Vgl. Interview von Bundeskanzler Schmidt mit Die Presse, Wien, am 29. 9. 1976; Interview des SPD-Vorsitzenden Brandt mit dem Bonner Generalanzeiger am 9. 12. 1976; Interview des SPD-Fraktionsvorsitzenden Wehner am 29. 3. 1977 mit der Deutschen Welle.

gewogeneres Kräfteverhältnis in Europa sein.[137] Bei anderen SPD-Politikern spielte eine Rolle, daß eine Einigung bei MBFR neue kostspielige Verteidigungsprogramme – insbesondere das neue NATO-Langzeitprogramm – überflüssig machen würde, ein Gesichtspunkt, der angesichts der leeren Kassen des Bundes besonders attraktiv war.
Die verschiedenen Initiativen sozialdemokratischer Politiker, insbesondere der Vorschlag Brandts, mit einem ersten symbolischen Schritt zu beginnen, führten zu einer regen innenpolitischen Debatte in der Bundesrepublik, in der die Opposition der SPD vorwarf, sie unterminiere die NATO-Position; ja, sie unterstellte sogar, Politiker wie Brandt und Wehner seien ein Sicherheitsrisiko für die Politik der Bundesrepublik. Der Experte der CDU/CSU für Rüstungskontrollfragen, Alois Mertes, warnte Regierung und SPD vor Zweideutigkeiten und Alleingängen, die nur den deutschen Interessen schaden könnten. Er kritisierte, daß die von Brandt vorgeschlagenen »symbolischen« Reduzierungen ohne vorhergehende Vereinbarung des Prinzips der Parität mit dem Grundsatz künftiger Gleichheit nicht vereinbar seien. Die Grundsätze der Parität und der Kollektivität seien für den Westen unverzichtbar, nur so ließe sich ein stabileres Kräfteverhältnis bei unverminderter Sicherheit beider Seiten erreichen. Bisher zeichne sich in Wien jedoch noch keinerlei Kompromiß ab.[138]
Diese Diskussion wurde durch Große Anfragen von CDU/CSU sowie FDP und SPD und eine sicherheitspolitische Bundesdebatte im Dezember 1977 weiter akzentuiert.[139]
Die überraschend heftige Reaktion der Opposition hatte zwei Gründe. Seit Beginn der MBFR-Verhandlungen hatte sich die Bundesregierung bemüht, eine von allen politischen Kräften im Deutschen Bundestag getragene und vom Konsens der Allianz abgestützte und in diese eingebundene MBFR-Politik zu führen, und diese damit aus den innenpolitischen

137 Vgl. Helmut Schmidt, Politische und wirtschaftliche Aspekte der westlichen Sicherheit. Vortrag vor dem International Institute of Strategic Studies am 28. 10. 1977 in London, in: Bulletin, Nr. 112, 8. 11. 1977, S. 1013–1020.

138 Vgl. Alois Mertes, Brandt unterminiert NATO-Positionen, in: CDU-Pressedienst, 9. 12. 1976; Die CDU bezeichnet Wehner als ein »Sicherheitsrisiko für unser Land«, in: FAZ, 31. 3. 1977; ferner die Rededuelle zwischen den Abgeordneten Mertes und Pawelczyk in den Bundestagsdebatten am 19. 1. 1977 und am 8. 9. 1977, in: DBT/VIII/7, S. 201–212 und DBT/VIII/39, S. 3042–3050.

139 Vgl. die Große Anfrage der CDU/CSU-Fraktion zur Verteidigungspolitik, DBT, Drucksache 8/195, und der Fraktionen von SPD und FDP zur Sicherheitspolitik, DBT, Drucksache 8/224, sowie die Antwort der Bundesregierung, DBT, Drucksache 8/464, ferner die Debatte über diese Anfragen am 8. 9. 1977, in: DBT/VIII/39, 8. 9. 1977.

Kontroversen herauszuhalten. Das bedeutete aber auch, daß die MBFR-Politik primär Stabilisierungspolitik war, in zweiter Linie Arms control-Politik und erst in dritter Linie Entspannungspolitik. Die Betonung der gemeinsamen NATO-Position bedeutete daher auch, daß hier eine Akzentverschiebung verhindert werden sollte. Zum anderen wollte die Opposition die Gelegenheit nutzen, um auf Beurteilungsunterschiede innerhalb der Regierung hinzuweisen. Während der Kanzler mit politischen Initiativen die MBFR-Verhandlungen wieder flott machen wollte, hielt die Abrüstungsunterabteilung im Auswärtigen Amt an der Fortsetzung der Expertendiskussion über das militärische Kräfteverhältnis fest und widersetzte sich einer Modifikation der ursprünglichen Verhandlungsposition und -Strategie.[140] Neue Initiativen hatten daher sowohl mit der Kritik der Oppsition als auch mit dem Widerstand von Teilen der Ministerialbürokratie zu rechnen.

Innerhalb der SPD war vor allem ihr Abrüstungsexperte Pawelczyk bemüht, in Wien ein erstes Abkommen über Truppenreduzierungen zu erreichen. Er ging dabei – ähnlich wie Bundeskanzler Schmidt – von der Einschätzung aus, daß der Klärungsprozeß in Wien soweit fortgeschritten war, daß eine erste Vereinbarung möglich sei. Diese könnte folgende Elemente enthalten: »Alle direkten Verhandlungsteilnehmer verpflichten sich, ihre Streitkräfte zu reduzieren; der Reduzierungsprozeß soll in zwei Stufen aufgeteilt werden. Um die Vertrauensbildung in der Entspannungspolitik zu festigen und voranzutreiben, könnte ein erster Reduktionsschritt auf amerikanische und sowjetische Streitkräfte beschränkt werden. Einzelheiten der Verminderung von Streitkräften der übrigen direkten Teilnehmer wären anschließend zu vereinbaren. Die Reduktion könnte sich auf Land- und Luftstreitkräfte und in einem gewissen Grade auch auf konventionelle und nukleare Waffen erstrecken«.[141] Nach seiner

140 Als Nachfolger von Botschafter Roth war Anfang 1976 Dr. Friedrich Ruth, langjähriger Abrüstungsexperte und CDU-Mitglied, zum Leiter der Abrüstungsunterabteilung und Abrüstungsbeauftragten ernannt worden. Zahlreiche Beobachter führten die starre Haltung der Bundesregierung auf seinen Einfluß zurück, vgl. auch Günther Gillessen, Der Konterkapitän, in: FAZ, 27. 12. 1976; Wird in Bonn offizielle und inoffizielle Außenpolitik gemacht? In: FAZ, 14. 1. 1977; Genscher widerspricht Wehners Abrüstungs-Äußerungen, in: FAZ, 6. 4. 1977; Karl Feldmeyer, Für Wehner liegt in Wien der Stein der Weisen, in: FAZ, 8. 4. 1977; Gewisse Bewegung, in: SPIEGEL, Nr. 8, 11. 4. 1977, S. 36 f.

141 Vgl. Alfons Pawelczyk, Möglichkeiten eines Streitkräfte-Abbaus in Europa. Grundpositionen und Bewegungen in den Wiener MBFR-Gesprächen, in: EA 2/1977, S. 41–46 (46); ferner ders., Erstes MBFR-Abkommen möglich, in: WELT, 13. 4. 1977.

Auffassung würden beide Seiten mit einem derartigen Abkommen kein Sicherheitsrisiko eingehen, dieses könnte vielmehr dazu beitragen, daß die Entspannungspolitik nicht nur zur Vertrauensbildung, sondern auch zu tatsächlichen Verringerungen von Streitkräften führte. Der Versuch Pawelczyks, die Unterstützung des Auswärtigen Amtes sowie anderer NATO-Delegationen für seinen Vorschlag eines ersten Schrittes zu gewinnen, scheiterte jedoch.[142]

Im westentlichen auf Initiative von Bundeskanzler Schmidt wurden in Zusammenarbeit zwischen dem Auswärtigen Amt und dem Bundesministerium der Verteidigung neue Vorschläge für die MBFR-Verhandlungen entwickelt, mit denen einigen der östlichen Kritikpunkte an der bisherigen NATO-Position Rechnung getragen werden sollte. Dabei wurden folgende Aspekte geprüft:

- Beteiligung aller Teilnehmerstaaten und deren Einbeziehung in ein MBFR-Reduzierungsabkommem;
- Verzahnung von erster und zweiter Phase. Verhandlungen über konkrete Schritte in der ersten Phase sollten erst aufgenommen werden, wenn die für die zweite Phase vorgesehenen Maßnahmen im Prinzip angenommen worden waren;
- Information der anderen Seite über die im Bündnisrahmen vorgesehenen einzelnen Reduzierungen (Notifikation von wie, wann, und wieviel der nationalen Reduzierung);
- Verzicht auf die Forderung nach Abzug einer kompletten sowjetischen Panzerarmee bei Beibehaltung der Forderung nach Abzug von 69 000 Mann, 1700 Panzern und fünf Divisionen;
- prozeduraler Vorschlag, in der Datendiskussion jeweils einen bestimmten Prozentsatz der »disputed« Streitkräfte anzurechnen.

Diese Vorschläge diskutierte Bundeskanzler Schmidt bei seinem Besuch in Washington vom 13.–17. Juli 1977 mit der amerikanischen Regierung; sie waren ebenfalls Gegenstand bilateraler deutsch-britischer Gespräche. In den Beratungen des SPC und auf der Sitzung des Ständigen NATO-Rates im Oktober 1977 verständigten sich die Bündnispartner darauf, der anderen Seite eine Festlegung des Umfanges der nicht-amerikanischen und nicht-sowjetischen Reduzierungen bereits in Phase I anzubieten sowie die ursprüngliche Forderung nach Abzug einer sowjetischen Panzerarmee zu modifizieren, und zwar unter der Voraussetzung, daß die Warschauer

142 Vgl. die Stellungnahme von SACEUR Haig vor dem Armed Services Committee des Senates und den Bericht darüber: Haig nimmt die Europäer in Schutz, in: WELT, 3. 3. 1977.

Pakt-Staaten die Prinzipien der Parität und Kollektivität akzeptierten.[143] Das sogenannte »deutsche Initiativ-Papier« wurde dann vom NATO-Ministerrat am 9. Dezember 1977 formell gebilligt. Die Vorlage dieser Vorschläge wurde jedoch davon abhängig gemacht, daß es zuvor zu einem Austausch aufgeschlüsselter Streitkräftezahlen kam, was dann auch im März 1978 geschah. Am 19. April 1978 schlugen die NATO-Delegationen in Ergänzung bzw. Abänderung ihrer Vorschläge von 1973 (Basisvorschlag) und 1975 (nuklearer Ergänzungsvorschlag) folgendes vor:

- Festlegung der Paritätszahlen in Phase I;
- Reduzierung des Streitkräfteüberhangs über diesen Zahlen in absoluten Reduzierungsumfängen oder in prozedural gleichen Schritten;
- Annahme des Prinzips der Kollektivität für die nicht-amerikanischen und nicht-sowjetischen Teilnehmer, verbunden mit der Bereitschaft, im Zusammenhang mit Phase I den kollektiven Umfang der nicht-amerikanischen/nicht-sowjetischen Reduzierungen in Phase II festzulegen;
- Forderung der Konzentration auf Personalreduzierungen bei selektiver Einbeziehung von Waffen durch Modifizierung der Forderung des Abzugs einer Panzerarmee bei Beibehaltung der Forderung des Abzugs von 68 000 Mann, 1700 Panzern und 5 Divisionen.[144]

Als Reaktion auf den westlichen Vorschlag legten die Staaten des Warschauer Paktes am 8. Juni 1978 ebenfalls ein neues Angebot vor, in dem sie dem Westen in einer Reihe von Fragen deutlich entgegenkamen. Insbesondere akzeptierten sie nunmehr das Prinzip gemeinsamer Streitkräftehöchststärken sowie eine Beschränkung der ersten Phase auf Abzüge von Stationierungstruppen. Im einzelnen machten die Staaten des Warschauer Paktes folgende Vorschläge:

- Reduzierung der amerikanischen und sowjetischen Streitkräfte in einer ersten Phase um ca. 7 % (14 000 Mann USA, 30 000 Mann Sowjetunion);
- Vereinbarung gemeinsamer Streitkräftehöchststärken in Höhe von je 900 000 Mann (700 000 Land- und 200 000 Luftstreitkräfte);
- Abbau der vom Westen benannten taktischen Nuklearwaffen mit insgesamt 1000 Sprengköpfen im Austausch gegen 1000 sowjetische Pan-

143 Neue Truppenabbau-Vorschläge aus dem Auswärtigen Amt? In: FAZ, 5. 7. 1977; Bonns Vorschläge zu Verhandlungen in Wien finden Carters Zustimmung, in: FAZ, 20. 7. 1977; Richard Burt, A New Western Plan Seeks to End Impasse in Troop-Cut Parley, in: NYT, 25. 10. 1977.

144 Vgl. Keliher, Negotiations on MBFR, a.a.O., S. 84 f.; Record, Force Reductions in Europe, a.a.O., S. 55 ff.

zer und 250 Schützenpanzer (d. h. der Ausrüstung von 3 Divisionen statt der vom Westen geforderten 5);
- Verringerung der nach der ersten Phase verbleibenden Streitkräfte um weitere 5–7 % auf die vereinbarten Höchststärken.

Da sie jedoch gleichzeitig forderten, daß die Reduzierungen auf der Basis der vom Warschauer Pakt vorgelegten Daten erfolgen müßten, enthielten die neuen Vorschläge einen für den Westen nicht akzeptablen Kern, da angesichts des Auseinanderklaffens der östlichen und der westlichen Streitkräftezahlen um ca. 150 000 Mann der Überhang des Warschauer Paktes nicht abgebaut, sondern vielmehr festgeschrieben worden wäre. Auch versuchte die östliche Seite, die Festlegung nationaler Höchststärken durch die Hintertür wieder einzuführen, da kein Staat einseitige Rückzüge eines anderen zu mehr als 50 % ausgleichen dürfte.[145]

Bereits bei dem Besuch von Generalsekretär Breschnjew im Mai 1978 in Bonn hatte die Sowjetunion das Prinzip der Parität anerkannt, während Bundeskanzler Schmidt seinerseits Reduzierungen der Bundeswehr im Rahmen einer MBFR-Vereinbarung zugesagt hatte. In der gemeinsamen deutsch-sowjetischen Erklärung vom 11. Mai 1978 hieß es dazu: »Beide Seiten betrachten es als wichtig, daß niemand militärische Überlegenheit anstrebt. Sie gehen davon aus, das annähernde Gleichheit und Parität zur Gewährleistung der Verteidigung ausreichen. Ihrer Meinung nach würden angemessene Maßnahmen der Abrüstung und Rüstungsbegrenzung im nuklearen und konventionellen Bereich, die diesem Grundsatz entsprechen, von großer Bedeutung sein. Hinsichtlich der Streitkräfte in Mitteleuropa bekräftigen beide Seiten das Ziel der Wiener Verhandlungen, auf der Grundlage unverminderter Sicherheit der Beteiligten zu einer stabileren Lage auf niedrigerem militärischen Niveau als heute zu gelangen. Beide Seiten bestätigen erneut, daß sie dementsprechend bereit sein werden, sich mit ihren Streitkräften an Verringerungen der direkten Teilnehmer der Verhandlungen gemäß den Modalitäten, die in Wien ausgehandelt werden, zu beteiligen.«[146]

Vertreter der NATO bezeichneten in ihrer ersten Reaktion die neue Position des Warschauer Paktes als ein bemerkenswertes Entgegenkommen und als einen bedeutsamen Schritt vorwärts; ein Sprecher des Weißen

145 Vgl. Keliher, Negotiations on MBFR, a.a.O., S. 73 ff.; Ruehl, MBFR: Lessons and Problems, a.a.O., S. 211 ferner V. Victorov, New Initiatives in Vienna, in: International Affairs (Moskau), H. 9, 1978, S. 79–82.

146 Deutsch-Sowjetische Deklaration vom 6. 5. 1978 anläßlich des Besuches von Generalsekretär Breschnjew in der Bundesrepublik, in: EA 18/1978, S. D 513–515 (514).

Hauses sagte, damit sei eine ernst zu nehmende Grundlage für Verhandlungen in Wien geschaffen worden. In der Bundesrepublik überwog bei der SPD Optimismus, bei Vertretern der CDU/CSU Skepsis. Ein Sprecher des Auswärtigen Amtes bezeichnete die östlichen Vorschläge als wichtigen Beitrag, betonte jedoch die unveränderte Bedeutung von Parität und Kollektivität, die Ablehnung nationaler Höchststärken und die Notwendigkeit einer Einigung in der Datenfrage.[147] Auf diese Position pendelte sich auch die Reaktion der übrigen Bündnispartner ein. Es setzte sich die Auffassung durch, daß der Warschauer Pakt mit seinen Vorschlägen vom Juni 1978 alle Kompromißangebote des Westens konsumiere, seine Forderungen jedoch nur sehr begrenzt erfülle und nicht zu eigenen Konzessionen bereit sei. Durch die Verhandlungsstrategie des Westens und die Reaktion des Ostens war eine scheinbar technische Frage, die Einigung in der Datendiskussion, zum Kernstück der Voraussetzungen für ein MBFR-Abkommen geworden.

Diese Verhandlungslage stellte den Westen und die Bundesrepublik im besonderen vor die Frage nach ihren bei MBFR verfolgten Verhandlungszielen. War sie primär an einem multilateralen Abkommen mit symbolischer Entspannungswirkung interessiert, so bot das sowjetische Einlenken auf die Grundprinzipien der westlichen Verhandlungsposition die Möglichkeit einer Einigung. Politiker, die wie Wehner einer derartigen Zielsetzung hohes Gewicht beimaßen, setzten sich daher dafür ein, die Verhandlungen auf politischer Ebene zu einem solchen Abschluß zu führen.[148] Diejenigen, die MBFR primär im Arms control-Kontext sahen, richteten ihr Augenmerk vor allem auf die Frage, ob mit den sowjetischen Vorschlägen die vorhandenen Disparitäten abgebaut werden konnten. Nach ihrer Auffassung ließen sie offen, ob gleiche Reduzierungen sich auch auf beiden Seiten gleich auswirken, d. h. keiner Seite zum Nachteil gereichen würden. Hier mußte also weiterverhandelt werden.[149] Die sowjetischen Vorschläge widersprachen jedoch der ursprünglichen westlichen Position, die auf ungleiche Reduzierungen, d. h. einen Abbau überlegener sowjeti-

147 Die NATO skeptisch zu sowjetischen Truppenabbau-Vorschlägen, in: FAZ, 15. 6. 1978; Lothar Ruehl, Erste Ost-Offerte nach vier Jahren, in: ZEIT, 16. 6. 1978; Die NATO nennt östliche Vorschläge zu Truppenverminderung »bedeutenden Schritt«, in: FAZ, 19. 6. 1978; NATO begrüßt Entgegenkommen des Ostblocks bei Truppenabbau, in: SZ, 19. 6. 1978.

148 Vgl. Herbert Wehner, Deutsche Politik auf dem Prüfstand, in: NG, H. 2, 1979, S. 92–94; ferner Wehners Rezepte, in: FAZ, 6. 2. 1979.

149 Vgl. SPD begrüßt Ostblock-Vorschläge, in: SZ, 1./2. 7. 1978; Truppenabbau in Europa – ein zähes Thema, in: SZ, 13. 7. 1978.

scher Potentiale abzielte, und waren daher nicht annehmbar für diejenigen, die mit MBFR strukturelle Regelungen in Europa erreichen wollten.[150] Ihre Argumentationsweise erhielt eine gewisse Rechtfertigung durch einige Elemente in der östlichen Position, die auf Eingriffe in das westliche Verteidigungsdispositiv und auf eine Kontrolle der Bundeswehr abzielten und damit deutlich machten, daß Moskau mit seinen Vorschlägen deren politische Wirkungen nicht außer Acht ließ. Sei es, daß die Skepsis über die sowjetischen Absichten überwog, sei es, daß den westlichen Politikern der Mut fehlte, das politische Potential von MBFR zu nutzen, um es zu einem Instrument des Arms control und der Sicherheitspolitik zu machen. Die weitere Entwicklung zeigte, daß die Konzentration auf die Datenfrage weiterhin eine Einigung ausschloß.

Die Diskussion über die sogenannte deutsche Initiative – die keineswegs von allen Verbündeten einhellig unterstützt, von einigen vielmehr als »most unfortunate« bezeichnet wurde[151] – und die Debatte über die östlichen Vorschläge, die für die meisten überraschend gekommen war, hatten zur Folge, daß diesseits und jenseits des Atlantiks erneut und intensiv über die Verhandlungsziele und -positionen bei MBFR nachgedacht wurde. In den USA kamen dabei zwei verschiedene Entwicklungen zusammen. Zum einen begannen Vertreter des State Department, der ACDA und des NSC auf Fortschritte bei MBFR zu drängen, sei es als Reaktion auf wiederholte Vorstellungen der Wiener Verhandlungsdelegation und ihrer Leiter, Resor und Dean, sei es, um die vor allem bei Besuchen von Helmut Schmidt und Alfons Pawelczyk in Washington vorgetragenen Überlegungen zu berücksichtigen, sei es um die SALT-Verhandlungen durch eine Vereinbarung auf der europäischen Ebene politisch abzustützen. Zum anderen begannen MBFR kritisch gegenüberstehende Senatoren, wie Senator Nunn und Vertreter des Joint Chief of Staff, verstärkt gegenseitige Inspektionen und sonstige militärisch relevante Begleitmaß-

150 Vgl. Manfred Wörner, Die östlichen Abrüstungsvorschläge sind unannehmbar, in: DUD, Nr. 131, 12. 7. 1978; ders., Moskaus Überlegenheit muß abgebaut werden, in: ZEIT, 16. 2. 1979.

151 Vgl. NATO and the New Soviet Threat. Report of Senator Sam Nunn and Senator Dewey F. Bartlett to the Committee on Armed Services, U. S. Senate, Washington, 24. 1. 1977; Senator Sam Nunn, Mutual and Balanced Force Reductions – A Need to Shift our Focus. Speech to the Georgia Chamber of Commerce, 14. 11. 1977 (vervielf. Text); Prospects for the Vienna Force Reduction Talks, Report propared for the Committee on Foreign Relations, U.S. Senate (sogen. »Biden Report«) Washington, 10. 10. 1978; Paul E. Zinner, A Report on the Status of MBFR Negotiations as Observed in the Fall of 1977, Davis, Ca., Febr. 1978; Uwe Nerlich, Die amerikanische MBFR-Politik, SWP – LN 2181, Juli 1978.

nahmen zu fordern, um im Spannungsfall die Warnzeiten zu vergrößern und um damit einen Ausgleich für die militärischen Nachteile eines MBFR-Abkommens auf der Basis der westlichen Vorschläge von 1978 zu erreichen. Dies führte zur Überlegung, wie einige nachteilige Elemente in dem westlichen Verhandlungsangebot, insbesondere die Option III eliminiert, dieses selbst vereinfacht und durch geeignete »confidence building measures« angereichert werden könnte.

In der Bundesrepublik richtete sich die Diskussion vor allem auf drei Alternativen:

- Abschluß einer Interims-Vereinbarung über konsensfähige Verhandlungsgrundsätze (wie bei SALT 1971 und 1973) oder Vereinbarung eines Rahmenabkommens über gemeinsame kollektive Höchststärken (wie in Wladiwostok 1974);
- Abschluß eines modifizierten Teilabkommens, in dem den Warschauer Pakt-Staaten entweder ein neues und begrenztes Angebot unterbreitet würde, um die Sowjetunion zu ungleichen Reduzierungen zu veranlassen, oder indem eine Vereinbarung über eine Verminderung zunächst nur von amerikanischen und sowjetischen Stationierungsstreitkräften vereinbart, oder indem eine Einigung über bestimmte Teilmaßnahmen erreicht würde (z. B. über bestimmte vertrauensbildende Maßnahmen);
- Neuformulierung der Verhandlungsziele und des Verhandlungsgegenstandes: statt einer zahlenmäßigen Beschränkung von konventionellen Potentialen eine Beschränkung von militärischen Optionen unter Einbeziehung der sogenannten »Grauzonenproblematik«.[152]

Auch die Sowjetunion verstärkte ihre Aktivitäten und signalisierte mehrfach Kompromißbereitschaft. Der sowjetische Botschafter in Washington, Dobrynin, schlug der amerikanischen Regierung den Abschluß einer bilateralen Vereinbarung über ein Phase-I-Abkommen vor, nachdem die USA und die Sowjetunion ihre Stationierungsstreitkräfte in der 1978 diskutierten Größenordnung reduzieren sollten. Gleichzeitig sollten sich die anderen MBFR-Staaten verpflichten, ihre Truppen bis zum Abschluß ei-

152 Vgl. Günther Gillessen, Truppenverhandlungen ohne Ende? In: FAZ, 6. 12. 1978; Uwe Nerlich, Die Politik des Streitkräfteabbaus in Europa. Vorschläge für eine politische Neuorientierung der MBFR-Verhandlungen, in: EA 7/1977, S. 197–204; ders., Entwicklungsmöglichkeiten von MBFR nach den sowjetischen Gegenvorschlägen vom 8. Juni 1978. Arbeitspapier für die Studiengruppe für Internationale Sicherheit der DGAP am 15. 1. 1979; Christoph Bertram, Neue Ansätze der Rüstungskontrolle, in: Forndran/Friedrich, Rüstungskontrolle und Sicherheit in Europa, a.a.O., S. 337–346.

nes umfassenden Abkommens nicht zu erhöhen. Eine derartige Vereinbarung setzte nach sowjetischer Auffassung keine Übereinstimmung in der Datenfrage voraus.[153] In einer weiteren Initiative kündigte Generalsekretär Breschnjew eine einseitige Reduzierung der in der DDR stationierten Truppen um 20 000 Mann einschließlich ihres Gerätes an.[154]
Mit dem Vorschlag für die Einberufung einer europäischen Abrüstungskonferenz, auf der über vertrauensbildende Maßnahmen sowie über die Reduzierung der konventionellen Streitkräfte in Europa beraten werden sollte, setzte die französische Regierung eigene Akzente.[155] Im Bündnis hatte jedoch die Entwicklung eines Nachrüstungsprogramms, insbesondere die Modernisierung der taktischen Nuklearwaffen, Vorrang.

4.4 *Der Doppelbeschluß der NATO: Nachrüstung und Rüstungsbeschränkung*

In seiner Londoner Rede vom Oktober 1977 hatte Bundeskanzler Schmidt das Dilemma angesprochen, daß die westliche Politik sowohl »dem moralischen und politischen Anspruch auf Rüstungsbegrenzung genügen und gleichzeitig die Abschreckung zur Verhinderung eines Krieges voll aufrechterhalten« müsse.[156] Während er dabei den Akzent auf Rüstungskontrollverhandlungen – insbesondere MBFR – gelegt hatte, mit deren Hilfe Disparitäten im konventionellen und taktisch-nuklearen Kräfteverhältnis abgebaut werden sollten, verschob sich diese Gewichtung in der Politik der Jahre 1978 und 1979.
Bereits Mitte der siebziger Jahre hatten in der NATO Überlegungen zur Stärkung der Verteidigungsfähigkeit im konventionellen und taktisch-nuklearen Bereich begonnen, die in dem von der Allianz Ende Mai 1978 verabschiedeten Langzeitprogramm ihren Niederschlag fanden.[157] In Ergän-

153 Vgl. Record, Force Reductions in Europe, a.a.O., S. 60 f.
154 Vgl. die Rede Generalsekretär Breschnjews am 6. 10. 1979 in Ost-Berlin, in: ND, 7. 10. 1979.
155 Vgl. die Erklärung der französischen Regierung zu Abrüstungsfragen vom 25. 1. 1978, in: Ambassade de France (Hrsg.), Service de Presse et d'Information, Nr. 4, 31. 1. 1978.
156 Helmut Schmidt, Politische und wirtschaftliche Aspekte der westlichen Sicherheit, a.a.O.
157 Vgl. Kommuniqué über die Tagung des NATO-Ministerrates am 30. und 31. 5. 1978 in Washington, in: EA 17/1978, S. D 478–482; ferner Langfristiges Verteidigungsprogramm der NATO vom 31. 5. 1978, ebenda, S. D 483–486. Hierzu und zum folgenden vgl. auch oben, Kap. III.

zung dieses Programms wurden in einer High-Level Group des Bündnisses konkrete Vorschläge für die Modernisierung der taktischen Nuklearwaffensysteme des Bündnisses ausgearbeitet, während parallel dazu in einer anderen Arbeitsgruppe - der Special Group - Verhandlungsangebote zur Beschränkung der taktisch-nuklearen und konventionellen europäischen Potentiale entwickelt wurden.
Die Intensivierung der Rüstungsprogramme in der NATO, insbesondere auf dem Gebiet der taktischen Nuklearwaffen; das Auf-der-Stelle-Treten der Wiener-Verhandlungen trotz verschiedener Kompromißangebote beider Seiten, und der 1980 ins Land stehende Wahlkampf führten in der Bundesrepublik zu einer Intensivierung der sicherheitspolitischen Diskussion. Diese vollzog sich vor allem auf drei Ebenen: innerhalb der politischen Parteien, insbesondere in der SPD, in der Presse und im Deutschen Bundestag. Innerhalb der Sozialdemokratischen Partei reichte das Spektrum der Meinungen von denjenigen, die den Vorrang von Rüstungskontroll- und Abrüstungsverhandlungen forderten und neue Rüstungsbeschlüsse aufschieben wollten, bis entsprechende Verhandlungsergebnisse vorlagen, weil sie in dem Nachrüstungsbeschluß der NATO eine Gefahr für die Ost-West-Entspannung sahen, über diejenigen, die für eine wohl abgewogene Parallelität von Schritten zur Rüstung und Rüstungsbeschränkung eintraten, bis zu denjenigen, für die eine Wiederherstellung des militärischen Gleichgewichts in Europa - vorzugsweise über Maßnahmen zur Rüstungsreduzierung, wenn erforderlich aber auch über verstärkte eigene Rüstungsanstrengungen - Vorrang hatte und die darin ebenfalls einen Akt der Bündnissolidarität sahen.[158] In der FDP dominierte die »Genscher-Linie«, nach der eine angemessene Verteidigungsfähigkeit des Westens die unabdingbare Voraussetzung für eine realistische Entspannungspolitik war.[159] Bei der CDU/CSU reichte die Spannweite der Meinungen von denjenigen, die auf der Basis des Harmel-Berichts von 1968 die Gewährleistung einer gesicherten Verteidigungsfähigkeit der Allianz, und darauf gestützt, Maßnahmen zur Rüstungsbeschränkung und zum Abbau der politischen Spannungen in gleicher Weise verfolgen woll-

158 Vgl. insbes. die Ausführungen der Abgeordneten Voigt, Wehner, Ehmke und Pawelczyk in der sicherheitspolitischen Debatte des Bundestages am 8. und 9. 3. 1979; in: DBT/VIII/141 und DBT/VIII/142, S. 11 119–11 279.

159 Vgl. Hans-Dietrich Genscher, Sicherheit und Entspannung. Pressemitteilung des Auswärtigen Amtes Nr. 1013 A/79 vom 16. 2. 1979; ferner Sicherheit und Entspannung: Aus einem Aufsatz des Außenministers, in: FAZ, 17. 2. 1979; ferner die Ausführungen von Graf Lambsdorff in der sicherheitspolitischen Debatte des Bundestages am 8. 3. 1979, in: DBT/VIII/141, S. 11 188–11 196.

ten, bis zu denjenigen, die angesichts fortgesetzter sowjetischer Rüstungsanstrengungen der Verstärkung der eigenen Verteidigungsanstrengungen den Vorrang gaben.[160]
Der Abklärung - genauer: Markierung - der sicherheitspolitischen Positionen - dienten zwei Große Anfragen der Fraktionen der SPD und FDP vom 18. 10. 1978 und der CDU/CSU vom 23. 11. 1978.[161] In ihrer Antwort, die am 16. 2. 1979 vorgelegt wurde und die zuvor ausführlich vom Kabinett beraten worden war, nutzte die Bundesregierung die Möglichkeit, ihre Politik einer aktiven Friedenssicherung darzustellen und die Bedeutung von Verteidigungsfähigkeit, Rüstungskontrolle und Abrüstung als deren konstitutive Elemente zu betonen.[162] Die Debatte des Bundestages im März 1979 konzentrierte sich dabei auf die Relationen zwischen den beiden Komponenten Rüstung und Rüstungskontrolle, ausgelöst durch eine Äußerung Herbert Wehners, der die Sowjetunion als defensiv bezeichnet und die westliche Verhandlungsführung bei MBFR getadelt hatte.[163] Die Debatte brachte zwar keine Klärung der kontroversen Standpunkte, sie machte jedoch deutlich, daß ein Nachrüstungsbeschluß ohne flankierende Angebote zur Rüstungskontrolle und ohne neue Initiativen bei den Wiener MBFR-Verhandlungen innenpolitisch nicht durchsetzbar sein würde.
Bereits auf dem Parteitag in Hamburg im November 1977 hatte die SPD ihren Parteivorstand beauftragt, ein politisches Konzept für die Rüstungskontroll- und Abrüstungspolitik zu entwickeln. Zu diesem Zweck

160 Vgl. insbes. die Ausführungen der Abgeordneten Kohl, Wörner, Dregger und Zimmermann in der sicherheitspolitischen Debatte des Bundestages am 8. und 9. 3. 1979, in: DBT/VIII/141 und DBT/VIII/142; ferner Kurt Becker, Reden ist besser als Rüsten. Zum Hausstreit zwischen Schmidt und Wehner, in: ZEIT, 7. 2. 1979; Günther Gillessen, Die Bundesregierung muß sich klar entscheiden, in: FAZ, 7. 2. 1979.

161 Vgl. Große Anfrage der Fraktionen der SPD und FDP zur Politik der Friedenssicherung durch Verteidigung und Entspannung und zum Stand der Bemühungen um Abrüstung und Rüstungskontrolle, DBT, Drucksache 8/2195, 18. 10. 1978; Große Anfrage der Fraktion der CDU/CSU zur Erhaltung und Festigung des Friedens durch Sicherheit, Rüstungskontrolle, Abrüstung und den Abbau der politischen Spannungsursachen, DBT, Drucksache 8/2312, 23. 11. 1978.

162 Vgl. Antwort der Bundesregierung auf die Große Anfrage der Fraktionen der SPD und FDP, DBT Drucksache 8/2587 vom 16. 2. 1979; ferner die Erklärungen des Sprechers der Bundesregierung, Klaus Bölling, über das Ergebnis der Kabinettssitzung am 14. 2. 1979, in: Abrüstung und Rüstungskontrolle, a.a.O., S. 151-152.

163 Vgl. Wehner, Deutsche Politik auf dem Prüfstand, a.a.O.; ferner die Ausführungen Wehners in der sicherheitspolitischen Debatte des Bundestages am 9. 3. 1979, in: DBT/VIII/142, S. 11 261-11 267; Der Kanzler war richtig beleidigt, in: SPIEGEL, Nr. 8, 17. 2. 1979, S. 21-23; Hans Rühle, Moskau ist nicht defensiv, in: DZ/CuW, 16. 2. 1979; Kurt Becker, Mehr Ratlosigkeit als Zuversicht, in: ZEIT, 16. 3. 1979.

hatte dieser eine Expertenkommission unter Leitung des Abgeordneten Pawelczyk eingesetzt, die eine Reihe von Arbeitspapieren erarbeitete, die die Grundlage des Leitantrages »Sicherheitspolitik im Rahmen der Friedenspolitik« für den SPD-Parteitag im Dezember 1979 in Berlin bildeten. Die innerparteiliche Diskussion unmittelbar vor und auf dem Parteitag spitzte sich jedoch darauf zu, ob und unter welchen Bedingungen die Bundesregierung dem NATO-Nachrüstungsbeschluß zustimmen sollte. Dabei ging es vor allem um die Frage, ob das Bündnis einen Beschluß über Produktion und Dislozierung von LRTNF zusammen mit Angeboten zu Rüstungskontrollverhandlungen fassen sollte (sogenannte »Parallellösung«), oder ob vor einem Stationierungsbeschluß in Verhandlungen mit der Sowjetunion herausgefunden werden sollte, ob diese zur Beschränkung und zum Abbau ihrer Mittelstreckensysteme bereit war, so daß dann der Westen auf eine Dislozierung verzichten könnte (sog. Null-Lösung). Auf dem SPD-Parteitag setzten sich diejenigen Kräfte durch, die wie Bundeskanzler Schmidt aus sicherheits- und bündnispolitischen Gründen für die Parallellösung eintraten, die in der Sache eine von Verhandlungsangeboten zur Rüstungsbeschränkung flankierte Rüstungsentscheidung war.[164]

Ehe die NATO Beschlüsse über die Einführung neuer taktischer Nuklearwaffen und über neue Verhandlungsangebote für die Rüstungskontrollverhandlungen fassen konnte, hatte jedoch die sowjetische Führung die Initiative ergriffen. In einer Rede in Ostberlin erklärte Generalsekretär Breschnjew die Bereitschaft der UdSSR, die in den westlichen Gebieten der Sowjetunion stationierten Kernwaffenträger mittlerer Reichweite unter der Voraussetzung zu reduzieren, daß die NATO ihrerseits keine zusätzlichen Systeme stationierte. Um die Verhandlungen über eine militärische Entspannung in Europa über den toten Punkt hinwegzubringen, wollte sie außerdem in den nächsten zwölf Monaten die Stärke der sowjetischen Truppen in Mitteleuropa um bis zu 20 000 Mann, 1000 Panzer sowie anderes Gerät einseitig reduzieren. Ferner setzte sich Breschnjew für eine Vereinbarung weiterer vertrauensbildender Maßnahmen ein. Die ge-

164 Vgl. Beschluß des Hamburger Parteitages der SPD zur Außen-, Friedens- und Sicherheitspolitik vom 15.–18. 11. 1977; Leitantrag des PV zur Sicherheitspolitik im Rahmen der Friedenspolitik vom 10. 9. 1979; Beschluß des Berliner Parteitages, Sicherheitspolitik im Rahmen der Friedenspolitik, vom 5. 12. 1979; sowie Protokolle 4 und 5 des Berliner Parteitages, 3.–7. 12. 1979, in: Dokumente und Materialien der SPD, Bonn 1980. Zur Kritik siehe u. a. Anton-Andreas Guha, Die Devise »Erst aufrüsten, dann abrüsten«, galt auch diesmal, in: FR, 20. 10. 1980 und 21. 10. 1980.

planten NATO-Beschlüsse – so warnte er insbesondere die Bundesrepublik – würden die Situation in Europa unweigerlich verschärfen und die Entspannung gefährden.[165]
Diese Vorschläge waren auch in Schreiben enthalten, die Breschnjew Mitte Oktober an die Regierungschefs der westeuropäischen NATO-Staaten sandte. Diese reagierten auf die Rede Breschnjews mit einer Mischung von Interesse und Skepsis. Die Angebote zur Rüstungsreduzierung wurden in Bonn von der Bundesregierung positiv gewertet, insbesondere die sowjetische Bereitschaft, das eigene Mittelstreckenpotential in Verhandlungen einzubeziehen. Allerdings machte die Regierung auch deutlich – ohne daß es dazu besonderer Ermahnungen der Opposition bedurft hätte – daß die sowjetische Offerte keine Aufschiebung der NATO-Beschlüsse bedeuten könnte.[166] Der sowjetische Vorstoß ließ nicht erkennen, ob die Sowjetunion zu substantiellen Reduzierungen bereit war, und er war zu spät erfolgt, um an der NATO-Entscheidung noch etwas ändern zu können.
Nach einer intensiven Debatte in den verschiedenen Gremien der Allianz und in den einzelnen Ländern, die unter dem Eindruck sowohl amerikanischen Drängens, das NATO-Modernisierungsprogramm ohne Einschränkung zu verabschieden, als auch sowjetischer Versuche, eben diese Entscheidung zu verhindern oder zu vertagen, geführt wurde, faßten die NATO-Außen- und Verteidigungsminister am 12. Dezember 1979 folgende Beschlüsse:

- Modernisierung des LRTNF-Potentials der NATO durch die Dislozierung von 108 Pershing II-Raketen sowie 464 bodengestützten Marschflugkörpern;
- einseitiger Abzug von 1000 amerikanischen nuklearen Gefechtsköpfen aus Europa (damit war die Option III bei MBFR konsumiert);
- Angebot von Verhandlungen über eine Begrenzung der amerikanischen und sowjetischen LRTNF gemäß den Grundsätzen der Gleichheit und der Verifizierbarkeit;

165 Vgl. die Rede Generalsekretär Breschnjews vom 6. 10. 1979 in Ost-Berlin, in: ND, 7. 10. 1979; vgl. ferner Breschnjew erläutert seine Initiative, in: SZ, 17. 10. 1979.

166 Vgl. Bonn bedenkt Breschnjews Angebot mit Interesse und Skepsis, in: FAZ, 8. 10. 1979; Grundsätzlich einig in der Bewertung der Breschnjew-Ankündigung, in: FAZ, 9. 10. 1979; Washington bleibt dabei: Der Westen braucht Mittelstrecken-Raketen in Europa, in: FAZ, 9. 10. 1979; Washington sieht in Breschnjews Angebot einen durchsichtigen, aber wirkungsvollen Zug, in: FAZ, 11. 10. 1979; Kurt Becker, Breschnjew beim Wort nehmen, in: ZEIT, 12. 10. 1979; Schmidt sieht in der Rede Breschnjews positive Ansätze und Einschüchterungsversuche, in: FAZ, 15. 10. 1979.

- Ankündigung neuer Initiativen auf dem Gebiet der Rüstungskontrolle.[167]

Um die MBFR-Verhandlungen aus der Stagnation herauszuführen, wurde beschlossen, den Abschluß eines Interimabkommens für eine erste Phase von Reduzierungen amerikanischer und sowjetischer Stationierungsstreitkräfte vorzuschlagen. Dieses sollte folgende Elemente enthalten:

- Vorgezogener Abzug von 13 000 amerikanischen und 30 000 sowjetischen Soldaten nach einer nur auf sowjetische und amerikanische Landstreitkräfte im Reduzierungsgebiet beschränkten Dateneinigung;
- kollektive Absichtserklärungen aller direkten Teilnehmer zu folgenden Punkten eines Phase II-Abkommens, zu denen bereits grundsätzliche Übereinstimmung bestand:
- Parität in der Form übereinstimmender kollektiver Höchststärken bei je 700 000 Mann Landstreitkräften und kombinierter übereinstimmender kollektiver Höchststärken für Land- und Luftstreitkräfte bei etwa 900 000 Mann;
- Notwendigkeit einer Gesamtdateneinigung;
- beiderseitiger Abbau des Überhangs der Landstreitkräfte auf ein »common collective ceiling« von 700 000 Mann nach Dateneinigung;
- einseitige Erklärungen der westlichen direkten Teilnehmer zu bestimmten Fragen der Phase II (insbesondere Bereitschaft zur Übernahme eines »signifikanten Anteils« an der kollektiven Reduzierungsquote);
- Paket von sieben begleitenden Maßnahmen, die integraler Bestandteil eines Phase I-Abkommens sein sollten.

Im einzelnen wurden dabei folgende begleitenden Maßnahmen vorgeschlagen, die für die Teilnehmer verpflichtend sein würden:

- Ankündigung von Divisionsaktivitäten außerhalb der Kasernen durch alle Teilnehmer in Europa (Geltungsbereich soll einen wesentlichen Teil des europäischen Territoriums der Sowjetunion einschließen);
- Austausch von Beobachtern zu angekündigten Aktivitäten (Geltungsbereich wie oben);
- Ankündigung von Bewegungen der Landstreitkräfte der dirketen Teilnehmer in den Raum der Reduzierungen hinein (1 Monat im voraus);
- Boden- und/oder Luftinspektionen auf Anforderung (maximal 18 Inspektionen pro Jahr);

167 Vgl. Kommuniqué der Sondersitzung von NATO-Außen- und Verteidigungsministern am 12. 12. 1979 in Brüssel, in: EA 2/1980, S. D 35–37. Vgl. auch oben, Kap. III.

- Errichtung von ständigen Durchlaufpunkten für stationierte Land- und Luftstreitkräfte;
- Austausch von Informationen über militärische Daten;
- Nichtbeeinträchtigung nationaler Aufklärungsmittel.[168]

Mit diesen Vorschlägen hatte das Bündnis eine signifikante Kursänderung in seiner MBFR-Politik vollzogen. Es strebte nicht länger vorrangig eine Reduzierung der Streitkräfte in Mitteleuropa, sondern den Abschluß eines Stabilisierungsabkommens an. Diese Wende hatte sich bereits angedeutet, als der Westen 1978 seine Forderung auf Abzug einer kompletten sowjetischen Panzerarmee fallen ließ. Ihr lag die Erkenntnis zugrunde, daß im Fall einer militärischen Auseinandersetzung in Europa weniger die Quantität der hier dislozierten Truppen, als vielmehr die mit ihnen realisierbaren militärischen Optionen (die außer von der Zahl von der Bewaffnung, Ausbildung, Führung u. a. m. abhängig war) entscheidend sein würden. Durch ein Beobachtungs- und Informationsaustauschsystem mit bindenden Verpflichtungen für beide Seiten wollte die NATO dem Warschauer Pakt die Option eines Überraschungsangriffes verweigern und die eigenen Vorwarnzeiten für Mobilisierungen und Verstärkungen vergrößern.

In einer derartigen Sicht war auch die Datenfrage weniger relevant. Es wäre daher konsequent gewesen, wenn der Westen seine Forderung auf Aufklärung der Disparitäten zwischen den eigenen Erkenntnissen und den Angaben des Warschauer Paktes über die Truppenstärken in Osteuropa fallen gelassen hätte. (Daß die NATO dies nicht tat, unterstreicht die Joker-Funktion der Datenfrage. Ähnliche Überlegungen veranlaßten möglicherweise auch die sowjetische Seite, auf den vom Westen angefochteten zu niedrigen Zahlen zu beharren.[169])

In der Bundesrepublik wurden die Vorschläge für ein derartig dichtes Inspektionssystem mit gemischten Gefühlen betrachtet. Die Akzentuierung vertrauensbildender Maßnahmen trug einer alten Forderung der SPD Rechnung, die seit langem eine Abkehr von der unfruchtbaren Datendiskussion gefordert und demgegenüber die wohltätigen Auswirkungen von vertrauensbildenden Maßnahmen auf die Ost-West-Entspannung betont

168 Vgl. Kommuniqué des NATO-Ministerrates vom 14. 12. 1979, in: EA 2/1980, S. D 38–43; Record, Force Reductions in Europe, a.a.O., S. 63 ff.; Ruehl, MBFR: Lessons and Problems, a.a.O., S. 26 ff.; Flora Lewis, NATO to Offer New Plan on Troop Cuts, in: IHT, 15.–16. 12. 1979.

169 Vgl. den entspr. Hinweis von Ruehl, MBFR: Lessons and Problems, a.a.O., S. 25.

hatte.[170] Andererseits wurde die Implementierung eines derartigen Systems, von dem das gesamte Bundesgebiet erfaßt würde (außerdem auf westlicher Seite nur noch das Gebiet der BENELUX-Staaten) in der Praxis zu einem Sonderstatus der Bundesrepublik in der Allianz führen und möglicherweise – wenn es wirklich wirksam wäre – das logistische System des Bündnisses fühlbar in Mitleidenschaft ziehen. Auch war, eingedenk der langen und fruchtlosen Debatten über Inspektionen an Ort und Stelle in den fünfziger und sechziger Jahren, sehr zweifelhaft, ob die östliche Seite auf derartige Vorschläge eingehen würde.

Zunächst war es jedoch fraglich, ob es überhaupt zu weiteren MBFR-Verhandlungen kommen würde. Zum einen hatte die Sowjetunion gedroht, daß der Nachrüstungsbeschluß der NATO negative Auswirkungen auch auf die anderen Rüstungskontrollverhandlungen haben würde; zum anderen hatte die sowjetische Intervention Ende Dezember in Afghanistan den Hoffnungen auf eine Fortsetzung der Ost-West Entspannung einen empfindlichen Dämpfer versetzt; und schließlich war in den USA der Ratifizierungsprozeß der SALT-Verträge ausgesetzt worden. Die 20. Verhandlungsrunde der MBFR-Verhandlungen begann daher unter schlechten Vorzeichen. Sie brachte zwar keine greifbaren Ergebnisse, aber auch keine Rückschläge. Es war »business as usual«: zähe Verhandlungen, Austausch von teils bekannten, teils leicht abgewandelten Argumenten, und kleine Annäherungsschritte, wie z. B. der Austausch aktualisierter Daten.

Am 10. Juli 1980 legte die Sowjetunion neue Vorschläge vor, die z. T. auf den vom Westen unterbreiteten Gedanken eines Interimabkommens eingingen. Sie bestanden aus folgenden beiden Elementen:

- Konzentration der Verhandlungen auf ein Phase I-Abkommen mit einer Reduzierung sowjetischer Truppen um 20 000 Mann und amerikanischer Truppen um 13 000 Mann (damit brachte die Sowjetunion ihre einseitigen Abzüge von 20 000 Mann aus der DDR zur Hälfte in Anrechnung);
- Forderung, daß nach Abschluß beider Reduzierungsphasen sichergestellt wird, daß die Streitkräfte keines Teilnehmers 50 % der kombi-

170 Vgl. Hellmuth Roth, Voraussetzungen und Möglichkeiten zur Weiterentwicklung der multilateralen Verhandlungen über beiderseitige ausgewogene Truppenreduzierungen (MBFR) in Europa. Studie für die SPD-Bundestagsfraktion, Bonn, Dezember 1977; ferner die Arbeiten des IFSH, z. B. Dieter S. Lutz und Erwin Müller (Hrsg.), Vertrauensbildende Maßnahmen. Zur Theorie und Praxis einer sicherheitspolitischen Strategie, Baden-Baden 1982. Ihre Problematik deutet Ruehl dagegen an, vgl. MBFR: Lessons and Problems, a.a.O., S. 27.

nierten kollektiven Höchststärken von 900 000 Mann übersteigen.[171] Diese Forderung richtete sich vor allem auf eine Begrenzung bzw. ein Einfrieren der Bundeswehr.

Der Westen vertrat dagegen die Auffassung, daß es sich bei den sowjetischen Reduzierungen aus der DDR um eine einseitige Maßnahme gehandelt habe, die bei MBFR nicht in Anrechnung gebracht werden könnte. Er betonte im übrigen, daß er bereit sei, über alle östlichen Vorschläge zu reden, wenn Einigung in der Datenfrage erzielt wäre. Trotz dieser hinhaltenden Antworten des Westens legte die östliche Seite am 13. November einen weiteren Interimsvorschlag vor, nach dem beide Seiten sich zu einem Einfrieren der Truppenstärken auf den jetzigen Stand für die Dauer von drei Jahren verpflichten sollten, sobald die erste Phase eines Reduzierungsabkommens in Kraft getreten sei.[172] Dieser Vorschlag bedeutete eine weitere Annäherung an das vom Westen geforderte Prinzip der Kollektivität – das Prinzip der Parität war von Breschnjew in Bonn und mit den östlichen Vorschlägen vom Juni 1978 aufgenommen worden[173] – ohne daß auf dieser Basis eine Einigung angesichts der um 150 000 Mann differierenden Zahlenangaben möglich war.

Die allgemeine Klimaverschlechterung in den Ost-West-Beziehungen ebenso wie die von der neuen Reagan-Administration in Washington eingeleitete Überprüfung der bisherigen Rüstungskontrollpolitik machten eine baldige Übereinkunft bei MBFR in den Jahren 1980/81 unwahrscheinlich. Bei den Bemühungen, neue sicherheitspolitische Alternativen zu einer ungebremsten Fortsetzung des Rüstungswettlaufs zu entwickeln, hatte die Entwicklung einer Verhandlungsposition für die Verhandlungen über Mittelstreckensysteme (INF) Vorrang, die direkter Bestandteil des NATO-Doppelbeschlusses vom Dezember 1979 waren. Dieser Prozeß dauerte bis zum Herbst 1981. Im Frühjahr 1982 erfolgte dann eine neue amerikanische Initiative für Verhandlungen über eine Reduzierung der strategischen Waffensysteme (SALT/START)[174] und im Sommer 1982, als ein dritter Schritt, kam es zur Vorlage neuer Vorschläge für eine Reduzierung der konventionellen Streitkräfte in Europa.

171 Vgl. Ruehl, MBFR: Lessons and Problems, a.a.O., S. 21; ferner ders., Ein Gegengeschäft Bonn–Moskau. Neuer Streit über alte Verhandlungszüge bei der Rüstungsbegrenzung, in: ZEIT, 1. 8. 1980.

172 Vgl. Westen beantwortet Vorschlag des Warschauer Paktes, in: Tsp., 10. 10. 1980.

173 Vgl. Warschauer Pakt machte neuen Vorschlag bei Truppengesprächen, in: Tsp., 14. 11. 1980.

174 Vgl. oben, Kap. III.

Währenddessen hatte die östliche Seite am 18. Februar 1982 in Wien den »Entwurf eines Abkommens über die gegenseitige Verminderung von Streitkräften und Rüstungen und damit zusammenhängende Maßnahmen in Mitteleuropa« vorgelegt. Dieser Entwurf baute im wesentlichen auf den Vorschlägen des Warschauer Paktes vom 6. August 1978 und vom 10. Juli 1980 auf. Für die Phase I wurde jetzt jedoch der Abzug von 3 kompletten U.S. Brigaden mit allen ihren Waffen und Gerät (13 000 Mann) im Austausch gegen lediglich eine vollständige sowjetische Division sowie weiterer Truppenteile, ebenfalls einschließlich Waffen und Gerät (20 000 Mann), vorgesehen. Ein Fortschritt gegenüber früheren Entwürfen bedeutete, daß nunmehr explizit die Sicherheit der Flankenstaaten berücksichtigt werden sollte und daß die östliche Seite den Gedanken von begleitenden Maßnahmen über Informationsaustausch und Bewegungsbeschränkungen aufgenommen hatte, ohne jedoch die entsprechenden westlichen Vorschläge in ihrer Gesamtheit zu akzeptieren. Umstritten waren jedoch weiter die Einschränkung des Prinzips der Kollektivität durch die Forderung, daß jeder Teilnehmerstaat seine Landstreitkräfte annähernd proportional zu ihrem Anteil an den gesamten Landstreitkräften im Reduzierungsraum vermindern sollte; ferner das Bestehen auf einer Nichtumgehungsverpflichtung für alle direkten Teilnehmer (»freeze«), und zwar auch ohne Dateneinigung; und schließlich Umfang und Art der Phase-I-Reduzierungen.[175]

Am 8. Juli legte die westliche Seite ihrerseits einen Abkommensentwurf vor, der von den Vereinigten Staaten ausgearbeitet und im Detail in der NATO abgestimmt worden war. Im einzelnen wurde ein aus fünf Teilen bestehendes Vertragswerk vorgeschlagen:

- ein *Vertrag* über beiderseitige Streitkräfteverminderungen und begleitende Maßnahmen in Mitteleuropa, der u. a. folgende Bestimmungen enthielt:
- Vertragsparteien waren die direkten Teilnehmer, Raum der Reduzierung das von ihren Außengrenzen umschlossene geographische Gebiet;
- Reduzierungen in vier Etappen auf annähernd 900 000 Mann Land-

175 Vgl. Entwurf eines Abkommens über die gegenseitige Verminderung von Streitkräften und Rüstungen und damit zusammenhängende Maßnahmen in Mitteleuropa, vorgelegt durch den Leiter der Delegation Polens, Stanislaw Przygodzki, am 18. 2. 1982 (Zusammenfassung), in: Mutz, Die Wiener Verhandlungen über Truppenreduzierungen in Europa, a.a.O., S. 287–293.

und Luftstreitkräfte (davon 700 000 Landstreitkräfte), wobei in der ersten Etappe amerikanische und sowjetische Landstreitkräfte im Verhältnis 13 000 zu 30 000 Mann vermindert werden sollten. Für die übrigen drei Etappen waren kollektive Reduzierungsquoten vorgesehen, die zu Zwischenhöchststärken führen sollten. Voraussetzung für die Unterzeichnung war eine Einigung über die Ausgangsdaten aller Teilnehmer;

- Erfordernis der Verifikation jeder einzelnen Reduzierungsetappe;
- Flankensicherheitsklausel;
- begleitende Maßnahme entsprechend dem westlichen Paketvorschlag vom Dezember 1979;
- Einrichtung einer Konsultativkommission;
- Vertragsdauer 15 Jahre; erste Überprüfungskonferenz nach zehn Jahren, zweite Überprüfungskonferenz nach fünf Jahren mit der Möglichkeit der Vertragsverlängerung;
- Kündigungsrecht, wenn außergewöhnliche, mit den vereinbarten Zielen des Vertrages und dem Vertragszustand zusammenhängende Ereignisse die höchsten Interessen eines Staates gefährden (»supreme interest clause«). Tritt eine Vertragspartei zurück, sind auch die anderen Parteien nicht mehr an den Vertrag gebunden;
- ergänzendes *Protokoll,* in dem die indirekten Teilnehmer sich zur Unterstützung des Vertrages und seiner Ziele sowie zur Anwendung bestimmter begleitender Maßnahmen verpflichten;
- *Annex I* über Umfang, Datum und Modalitäten von Reduzierungen und Begrenzungen;
- *Annex II* über begleitende Maßnahmen;
- *Annex III* über kurzfristige Ausnahmen von den Höchststärken bei Personalaustausch, Verbands- und Reservistenübungen.[176]

Zum ersten Mal erklärten sich die NATO-Staaten zum Abschluß eines integrierten MBFR-Abkommens bereit, das vertragliche Vereinbarungen über eine Reduzierung der einheimischen Streitkräfte einschloß. Als »Sicherung« diente die Bestimmung, daß die Reduzierungen erst in kraft tre-

176 Vgl. Entwurf eines Abkommens über beiderseitige Streitkräfteverminderungen und begleitende Maßnahmen in Mitteleuropa, unterbreitet durch den Leiter der Delegation der Bundesrepublik, Walter Boss, am 8. 7. 1982 (Zusammenfassung), in: ebenda, S. 297–303; ferner Rüdiger Moniac, Abbau auch bei der Bundeswehr. USA planen Abrüstungs-Offensive bei den MBFR-Verhandlungen in Wien, in: WELT, 17. 5. 1982; Erich Hauser, Neue Drehung im MBFR-Walzer. Der West-Entwurf für die Wiener Verhandlungen gibt einige alte Ideen auf, in: FR, 21. 7. 1982; Günter Gillessen, MBFR-Konferenz in Wien vertagt. Neue Vorschläge, aber kein Ergebnis, in: FAZ, 30. 7. 1982.

ten würden, wenn eine Einigung über die Ausgangsdaten erzielt worden war und daß ein Übergang zur jeweils nächsten Etappe eine Verifizierung sowohl der Reduzierungen als auch der verbleibenden Höchststärken voraussetzte. Der östlichen Befürchtung dagegen, die Bundeswehr könnte aus den Reduzierungen weitgehend ausgespart bleiben, wurde dadurch Rechnung getragen, daß alle MBFR-Teilnehmer sich verpflichteten, einen »signifikanten Anteil« an den Reduzierungen zu übernehmen. Hiermit wurde eine Formulierung wiederaufgenommen, die bereits bei den Gesprächen zwischen Bundeskanzler Schmidt und Generalsekretär Breschnjew verwendet worden war. Außerdem waren über den eigentlichen Reduzierungsraum hinausreichende begleitende Maßnahmen (Informations- und Beobachteraustausch bei größeren Bewegungen) sowie gewisse Ausnahmeregelungen für Großübungen (»Reforger«) zum Bestandteil des Vertrages gemacht worden.

Eine genaue Analyse der neuen westlichen Vorschläge macht deutlich, daß ihr Hauptmotiv nicht die Unterbreitung eines Kompromißvorschlages war, um den baldigen Abschluß eines Abkommens zu erleichtern, sondern vielmehr, um in der Öffentlichkeit Verhandlungsbereitschaft zu dokumentieren, um nach der Vorlage eines östlichen Vertragsentwurfes die Verhandlungsinitiative zurückzugewinnen und um die eigene Verhandlungsposition erneut deutlich zu machen. Es war daher nicht verwunderlich, daß die Antwort des Warschauer Paktes differenziert ausfiel. Die östliche Seite begrüßte den neuen, integrierten Ansatz, kritisierte jedoch das Bestehen auf der Datenfrage, die Ausklammerung von Waffen und Gerät aus den vorgesehenen Reduzierungen und die Forderung nach begleitenden Maßnahmen, die über den eigentlichen Reduzierungsraum hinausgingen.[177]

Der Dissens über die tatsächlich in Mitteleuropa präsenten Streitkräfte (»Datenfrage«) und damit über die Höhe der Reduzierungen, die Frage nationaler Reduzierungsverpflichtungen (»national sub-ceilings«) und der Anwendungsbereich sowie die Modalitäten der begleitenden Maßnahmen (»collateral measures«) erwiesen sich damit als die zähesten Streitpunkte bei den MBFR-Verhandlungen, wenn auch nicht übersehen werden sollte, daß in einer Reihe von prinzipiellen Grundfragen, so z. B. in der Frage gemeinsamer Höchststärken (»common ceiling«) weitgehende Übereinstimmung erreicht worden war. Auch in Verfahrensfragen gab es Fortschritte. Auf den östlichen Vorschlag vom 10. Dezember 1981 zur Einrichtung ei-

177 Vgl. Pierre Simonitsch, Sparzwang als Chance für die Sicherheit. Bei den MBFR-Verhandlungen liegen zum ersten Mal zwei Vertragsentwürfe vor, in: SZ, 25. 10. 1982.

ner Redaktionsgruppe für die Ausarbeitung eines Vertragstextes reagierte der Westen mit dem Gegenvorschlag, drei Arbeitsgruppen einzusetzen:
- Arbeitsgruppe 1: allgemeine Zielsetzungen, Reduzierungs- und Begrenzungsumfänge, Verknüpfung zwischen den Phasen;
- Arbeitsgruppe 2: begleitende Maßnahmen;
- Arbeitsgruppe 3: Daten.

Wenn dennoch zum Ende der 28. Verhandlungsrunde im Dezember 1982 eine Einigung nicht in Reichweite schien, so lag dies weniger am Verhandlungsstand in Wien, als vielmehr daran, daß MBFR im Ost-West-Konflikt weitgehend seine politische Funktion verloren hat. Einst ebenso Schadensbegrenzungsmaßnahme wie Instrument der Entspannungspolitik, drohen gegenwärtig weder einseitige Truppenabzüge noch -Reduzierungen (dies kann sich jedoch ändern, wenn die geburtenschwachen Jahrgänge ins Wehrpflichtalter kommen!), noch würde ein begrenztes Abkommen eine große Wirkung als Entspannungssignal haben. In einer Zeit, in der die Hauptbedrohung von den nuklearen Waffensystemen auszugehen scheint und hier Lösungen vordringlich sind, weckt MBFR Zweifel, ob in Wien am richtigen Objekt zur richtigen Zeit verhandelt wird. Dies führte auf westlicher Seite schon zu der Überlegung, wie die Konferenz ohne Schaden beendet werden könnte. In diesem Zusammenhang wurde verschiedentlich überlegt, ob MBFR nicht in die von der KSZE diskutierte Konferenz über Abrüstung und Entspannung übergeführt werden sollte. Wollten Ost und West die Konferenz in Wien jedoch fortführen, so würde nur eine politische Entscheidung in den wichtigsten Hauptstädten die Verhandlungen aus ihrer gegenwärtigen Sackgasse herausführen können.

5. *Zielsetzungen und Probleme von MBFR aus der Sicht der Bundesrepublik*

Mit ihrem Eintreten für Verhandlungen über beiderseitige, ausgewogene Truppenreduzierungen verfolgten die verschiedenen Bundesregierungen seit 1969 mehrere eng miteinander verbundene Ziele. Zum einen sahen sie in einem Abkommen über eine Truppenverminderung sowie in begleitenden Maßnahmen eine Möglichkeit, das militärische Kräftegleichgewicht in Europa – wenn möglich auf einer niedrigeren Ebene – zu stabilisieren. Einseitige Veränderungen, z. B. ein Abzug von in Europa stationierten

Streitkräften der Vereinigten Staaten sollte verhindert beziehungsweise durch entsprechende sowjetische Reduzierungen ausgeglichen werden. Darüber hinaus sollte der Versuch unternommen werden, eine Entwicklung in Gang zu setzen, in deren Verlauf eine substantielle Reduzierung der Streitkräfte in Europa möglich werden würde. Vor allem aber sollten in das europäische System Sicherungen eingebaut werden, die verhindern würden, daß die Sowjetunion ihr überlegenes militärisches Potential für politische Pressionen einsetzen konnte.

Zum anderen waren Verhandlungen über MBFR, zumindest bis etwa 1972, ein integraler Bestandteil multilateraler Entspannungspolitik, und zwar aus drei Gründen: Erstens konnten Truppenabbauverhandlungen als »Instrument einer Politik des Übergangs von der Konfrontation zu Verhandlungen und schließlich zu einem gewissen Maß an Kooperation auch auf dem schwierigen Gebiet der Sicherheitspolitik dienen«.[178] Sie ergänzten damit, zweitens, die bilateral geführte Ostpolitik und sicherten diese multilateral ab. Sie gaben, drittens, den Europäern die Möglichkeit, die zwischen der Sowjetunion und den USA geführte Arms control-Politik, wie sie vor allem mit den SALT-Verhandlungen praktiziert wurde, mit der europäischen Sicherheitsdiskussion auf der KSZE oder der geplanten Konferenz über Abrüstung in Europa (KAE) zu verbinden und sich eine direkte Mitsprache zu sichern.

Die Frage war jedoch, ob die sicherheitspolitische und die entspannungspolitische Zielsetzung miteinander vereinbar bzw. ob es möglich war, eine Verhandlungsposition auszuarbeiten, die beiden in gleicher Weise Rechnung trug. Es zeigte sich bald, daß vor allem auf amerikanischer Seite MBFR primär innenpolitische Nützlichkeit besaß und sich darüber hinaus als ein taktisches Instrument der Ost-West-Beziehungen ebenso wie der Bündnispolitik benutzen ließ. Mit ihrem Bausteinkonzept vom Frühjahr 1971 hatte die Bundesregierung ihrerseits versucht, entspannungspolitische mit sicherheitspolitischen Zielsetzungen zu verbinden, dabei jedoch die amerikanische Interessenlage übersehen, die primär auf Reduzierungen ihrer Stationierungsstreitkräfte gerichtet war. Sie mußte daher ihre Vorschläge fallen lassen und sich auf den Versuch beschränken, die Vorstellungen der Amerikaner mit eigenen Überlegungen so anzureichern, daß sie mit den politischen und militärischen Interessen der Bundesrepublik einigermaßen vereinbar waren.

178 Paul Frank, Zielsetzungen der Bundesrepublik Deutschland im Rahmen europäischer Sicherheitsverhandlungen, in: EA 5/1972, S. 153–160 (S. 158).

Die westliche Eröffnungsposition vom November 1973, auch noch ihre Ergänzung durch die sog. »Option III« vom Dezember 1975, waren primär als Rüstungskontrollmaßnahmen konzipiert und darauf gerichtet, die Sicherheitslage in Europa dadurch zu stabilisieren, daß die östliche Seite sowohl ihren Überhang an konventionellen Streitkräften abbauen als auch eines ihrer offensivsten Elemente, eine komplette sowjetische Panzerarmee, zurückziehen würde. Die sicherheitpolitische Stabilisierung sollte im wesentlichen durch ungleichgewichtige Reduzierungen erreicht werden. Dazu wurden die Konzepte von »Parität« als Verhandlungsziel und von »Selektivität« als Verhandlungsmethode entwickelt. Die Bundesregierung führte ihrerseits den Grundsatz der »Kollektivität« ein, um einen Sonderstatus der Bundesrepublik zu verhindern.
Bald zeigte sich jedoch, daß die westliche Verhandlungsposition weder den mit ihr verbundenen entspannungspolitischen noch den sicherheitspolitischen Zielen gerecht wurde. Die Verhandlungen in Wien brachten die Entspannungspolitik in keiner Weise voran, im Gegenteil, angesichts der Unvereinbarkeit der Positionen in Ost und West, konsumierten sie Entspannung, anstatt daß sie diese produzierten. Auch sicherheitspolitische Fortschritte waren aus den gleichen Gründen nicht zu erreichen. Der westliche Kompromißvorschlag vom April 1978, in dem die NATO im wesentlichen auf deutsche Initiative hin einige ihrer Forderungen modifizierte, war ein letzter Versuch, unter Abstrichen an den sicherheitspolitischen Zielen, die von einem MBFR-Abkommen erwartete Entspannungswirkung zu erreichen.
Die westliche Verhandlungsposition geriet jedoch von zwei Seiten zunehmend unter Beschuß: Sie wurde zum einen von denjenigen kritisiert, die durch die westliche Verhandlungsmethode, insbesondere der aus der sicherheitpolitischen Forderung nach Parität resultierenden Datendiskussion, eine Gefährdung der Entspannungspolitik sahen und forderten, die »Fliegenbeinzählerei« zu beenden und statt dessen eine neue politische Initiative zu starten, um doch noch zu einer Vereinbarung zu kommen.[179] Zum anderen meldeten sich in der innenpolitischen Diskussion der Bundesrepublik diejenigen zu Wort, für die der westliche Kompromißvorschlag die äußerste Grenze eines Zugeständnisses darstellte und die mahnten, Vorrang müßte die Verstärkung der militärischen Verteidigungsfunktion des Bündnisses haben.[180] In der innenpolitischen Debatte

179 Vgl. z. B. Wehner, Deutsche Politik auf dem Prüfstand, a.a.O.
180 Vgl. Manfred Wörner, Die östlichen Abrüstungsvorschläge sind unannehmbar, in: DUD, Nr. 131, 12. 7. 1978.

konnten sich zwar alle Parteien auf eine gemeinsame Position des Bündnisses zu MBFR berufen, da diese selbst aber ambivalent war und im Grunde unvereinbare Elemente zusammenband, verknüpfte jede damit unterschiedliche Zielvorstellungen.

Diese Bewertungsunterschiede setzten sich in der Ministerialbürokratie fort. Im Kanzleramt dominierte Mitte der 70er Jahre die entspannungspolitische Zielsetzung; im Verteidigungsministerium wurde ein Rüstungskontrollabkommen angestrebt. Das Auswärtige Amt schwenkte nach dem Sichtbarwerden anders gelagerter amerikanischer Interessen rasch auf die Vorstellungen Washingtons ein und betrieb in der Folge MBFR vorrangig als ein Instrument der Bündnispolitik. Die politische Führung versäumte es jedoch, diesen Prioritätenkonflikt auf der Arbeitsebene auszuräumen, so daß es in der Folge laufend zu Reibungen zwischen den Vertretern des Planungsstabes im BMVg einerseits und der Abrüstungsabteilung im Auswärtigen Amt andererseits kam.[181] Die verschiedenen Initiativen, mit denen die Bundesregierung zur Fortentwicklung der Bündnisposition beitrug, spiegelten diese Ambivalenz wider. Von ihrer Zielsetzung her - die eine Vorgabe der politischen Führung war - waren sie entspannungspolitisch motiviert und sollten den MBFR-Verhandlungen neue, konstruktive Impulse geben sowie den Abschluß eines Abkommens erleichtern; in ihrer inhaltlichen Ausgestaltung, die auf der Arbeitsebene im Auswärtigen Amt, z. T. auch im Führungsstab der Streitkräfte im Verteidigungsministerium erfolgte, dominierten sicherheitspolitische und bündnispolitische Überlegungen, die mit der angestrebten Entspannungswirkung nicht ohne weiteres vereinbar waren. Das Ergebnis war ein hohes Maß an Unglaubwürdigkeit und Immobilität der deutschen MBFR-Politik, die Bewegung forderte, zugleich aber Initiativen anderer Partner abblockte.

Die Unvereinbarkeit beider Zielsetzungen zeigte sich besonders deutlich beim westlichen MBFR-Vorschlag von 1979. Hier wurde (im wesentlichen auf amerikanische Initiative) das Instrument vertrauensbildender Maßnahmen - das ursprünglich ein Kernelement westlicher Entspannungspolitik war - primär sicherheitspolitisch operationalisiert (im Sinne einer Beschränkung der östlichen Option eines Überraschungsangriffes), das Reduzierungsziel aber gleichzeitig mehr oder weniger aufgegeben. Damit wandelte sich MBFR von einer Maßnahme der Rüstungsbeschränkung zu einer vorrangig der militärischen Sicherheit dienenden Stabilisierungsmaßnahme. Ebenso wie eine Verringerung von Streitkräf-

181 Vgl. Müller, Konzeption und Akteur, a.a.O., S. 184 ff.

ten jedoch nicht per se spannungsmindernd wirkt, sondern nur dann, wenn gleichzeitig auf beiden Seiten entsprechende Bedrohungspotentiale und Bedrohungsperzeptionen abgebaut werden, so setzt eine Stabilisierung, wenn sie spannungsmindernd wirken soll, voraus, daß der Stabilitätszuwachs der einen Seite kein Stabilitätsdefizit der anderen beinhaltet. Dieser Forderung sind die westlichen MBFR-Vorschläge seit 1979 nicht gerecht geworden. Der Vorrang der sicherheitspolitischen Zielsetzung führte vielmehr dazu, MBFR in zunehmendem Maße als ein Instrument zu betrachten, durch das die eigene Sicherheit vergrößert werden sollte (in der Form von marginal verhandelbaren Vorschlägen), wobei man glaubte, die Bedrohungsperzeptionen der anderen Seite weitgehend vernachlässigen zu können. Eine Ausnahme war die auf Initiative der Bundesregierung in die NATO-Position eingebrachte Zusicherung, daß alle NATO-Partner ihre Streitkräfte in signifikanter Weise verringern würden, daß also die Bundeswehr, die auf östlicher Seite als stärkste konventionelle Armee ein Bedrohungsfaktor besonderer Art war, nicht ausgespart wurde. Es ist kein Zufall, daß diese Formulierung beim Besuch Generalsekretär Breschnjews im Mai 1978 in Bonn zum ersten Mal gebraucht wurde, d. h. in einem entspannungspolitischen Kontext.
Angesichts der Sackgasse, in der sich die westliche MBFR-Verhandlungsstrategie Anfang der 80er Jahre befindet, sind Verhandlungsfortschritte nicht ohne eine Rückbesinnung auf die Funktion von MBFR in den Ost-West-Beziehungen und im Rahmen der gemeinsamen Sicherheitspolitik notwendig. Es scheint jedoch, als ob diese Überprüfung 1982 mit der Vorlage des westlichen Verhandlungsentwurfes einstweilen abgeschlossen wurde. Dabei wurde der sicherheitspolitischen Zielsetzung von MBFR Vorrang gegeben, und zwar in dem Sinne, daß der Westen nur dann zu einem Vertragabschluß bereit war, wenn dieser sein eigenes militärisches Sicherheitsdispositiv deutlich verbesserte (primär durch Bewegungsbeschränkungen und -kontrollen der anderen Seite). Weiterhin wurde MBFR eine marginale Nützlichkeit als Instrument eines multilateralen Ost-West-Dialoges beigemessen, der jedoch weitgehend dilatorisch geführt, zugleich aber als ein Instrument der Bündnispolitik genutzt werden konnte. Er ließ sich dann reaktivieren, wenn auf der politischen Ebene Entwicklungen eintraten, die eine Vereinbarung oder Verhandlungsfortschritte politisch nützlich erschienen ließen.
Mit dem Regierungswechsel in der Bundesrepublik im Oktober 1982 dürfte auch hier die Ambivalenz beseitigt worden sein, die bisher die Bonner Position kennzeichnete. Mit der Übernahme des Verteidigungsministeriums durch einen CDU-Politiker, der sich bereits früher für die Ak-

zentuierung der sicherheits- und bündnispolitischen Zielsetzungen von MBFR ausgesprochen und der von Bundeskanzler Schmidt und führenden SPD-Politikern akzentuierten Entspannungswirkung von MBFR grundsätzlich skeptisch gegenüber gestanden hatte, dürfte die Ausrichtung von MBFR an den Gesichtspunkten militärischer Sicherheit künftig dominieren. Ob dies den Abschluß eines Abkommens erleichtert, steht freilich dahin. In der öffentlichen Begründung, besonders zu Wahlkampfzeiten, wird jedoch auch weiterhin zu hören sein, wie prächtig die Wiener Konferenz sowohl die sicherheitspolitischen Ziele der Allianz fördert als auch den Entspannungsdialog voranbringt.

VII. Der Verzicht auf eine nationale nukleare Option

1. *Die nuklearen Dilemmata der Bundesrepublik*

Mit dem Beitritt zur NATO und dem Verzicht auf eine unabhängige nationale Verteidigungspolitik hat die Bundesrepublik die Gewährleistung ihrer Sicherheit einem gemeinsamen Verteidigungsbündnis überantwortet – in der Erkenntnis der eigenen politischen Begrenzungen und in der Erwartung, daß ihren Interessen auf diese Weise am besten Rechnung getragen würde. Dies hat jedoch zum einen die Folge, daß die Sicherheit der Bundesrepublik abhängig ist von Veränderungen in der Politik des Bündnisses (bzw. seiner Hauptmitglieder) und der Rolle, die nuklearen Waffen in der westlichen Verteidigung zukommt. Zum anderen erwuchs aus dieser Abhängigkeit das Verlangen, ein angemessenes Mitspracherecht über die Angelegenheiten der gemeinsamen Verteidigung zu erhalten, das sich auch auf nukleare Fragen erstreckte. Um dieses eingeräumt zu erhalten, mußte Bonn glaubhaft dokumentieren, daß es nicht nach nationaler Verfügungsgewalt über Kernwaffen strebte.[1]
Der Verzicht auf Kernwaffen bedeutete jedoch keinen Verzicht auf Kernforschung und friedliche Nutzung der Kernenergie. Als rohstoffarmes, hochindustrialisiertes und exportabhängiges Land hat die Bundesrepublik ein besonderes Interesse an der zivilen Nutzung der Kernenergie. Nicht nur spielt die Kernkraft neben Kohle und Öl eine wichtige Rolle bei der Deckung des Energiebedarfs, sondern fortgeschrittene Nukleartechnologien sollen auch die Leistungsfähigkeit der deutschen Industrie dokumentieren. Der Verzicht auf eine militärische nukleare Option, zunächst

1 Vgl. oben, Kap. III, insbes. S. 162 ff. Die nuklearen Dilemmata der Bundesrepublik, in etwas anderer Akzentuierung und aus der Sicht von 1965, beschreibt Uwe Nerlich, Die nuklearen Dilemmas der Bundesrepublik Deutschland, in: EA 17/1965, S. 637–652; vgl. ferner Karl Kaiser und Beate Lindemann (Hrsg.), Kernenergie und internationale Politik. Zur friedlichen Nutzung der Kernenergie, München u. Wien 1975; Lothar Wilker (Hrsg.), Nuklearpolitik im Zielkonflikt. Verbreitung der Kernenergie zwischen nationalem Interesse und internationaler Kontrolle, Köln 1980; Karl Kaiser und Franz Klein (Hrsg.), Kernenergie ohne Atomwaffen, Bonn 1982. Zur Haltung der Bundesrepublik in der Frage einer Nichtweiterverbreitung nuklearer Waffen vgl. Uwe Nerlich, Der NV-Vertrag in der Politik der BRD. Zur Struktur eines außenpolitischen Prioritätenkonflikts, Ebenhausen 1973 (SWP-S 217); Beate Kohler, Der Vertrag über die Nichtverbreitung von Kernwaffen und das Problem von Sicherheitsgarantien, Frankfurt, Berlin 1972.

1954 von Adenauer als Verzicht auf die Produktion von Atomwaffen ausgesprochen und dann 1969 von der Sozialliberalen Koalition mit der Unterschrift unter den Nichtverbreitungs-Vertrag kodifiziert, diente daher auch der Absicherung einer unbehinderten friedlichen Nutzung der Kernenergie. Den Rahmen dafür bot die 1957 gegründete Europäische Atomgemeinschaft, durch die Beschränkungen in integrative Bindungen umgewandelt werden sollten.

Besondere Zusammenhänge bestanden auch zwischen der nuklearen Option der Bundesrepublik und ihrer Ost- und Deutschlandpolitik. Nach dem Beitritt zur NATO beschwor die Sowjetunion die Gefahr einer nuklear gerüsteten Bundesrepublik, um die osteuropäischen Staaten enger an die sowjetischen Sicherheitsgarantien zu binden und um regionale Rüstungsbeschränkungsabkommen mit dem Westen zu erreichen, in welche die Bundesrepublik eingebunden und vermutete revanchistische Ambitionen gezügelt werden sollten. Bis Mitte der 60er Jahre hatte Bonn versucht, sich eine nukleare Option offen zu halten, um sie in Verhandlungen über eine Wiedervereinigung als Verhandlungsobjekt einsetzen zu können. Diese verlor jedoch zunehmend an Wert, als einmal deutlich wurde, daß keiner ihrer Bündnispartner bereit war, der Bundesrepublik eine wie auch immer geartete nukleare Teilhabe zuzugestehen, und als andererseits das Bestehen auf einer solchen die europäische Entspannung nachhaltig behinderte, von der sich die Bundesregierung nicht zuletzt auch Fortschritte in der deutschen Frage versprach.

Die deutsche Unterschrift unter den Nichtverbreitungs-Vertrag von 1969 war daher darauf angelegt, sicherheitspolitische, ostpolitische und nuklearenergiepolitische Interessen in Übereinstimmung zu bringen. Zu Prioritätenkonflikten kam es jedoch immer dann, wenn sich in der Politik der nuklearen Großmächte – und hier vor allem in derjenigen der USA – das Gleichgewicht zwischen sicherheits- und energiepolitischen Faktoren änderte. Dies geschah Mitte der 60er Jahre, als die Vereinigten Staaten den Verhandlungen mit dem militärischen Konkurrenten, der Sowjetunion, über eine Nichtweiterverbreitung nuklearer Waffen den Vorrang gaben vor dem Wunsch des Bündnispartners in Bonn nach nuklearer Teilhabe.

Eine neue Konfliktzone brach Mitte der 70er Jahre auf, als die Bundesrepublik daran ging, ihre nukleare wirtschaftliche Kooperation mit Schwellenländern der Dritten Welt auszubauen, während Washington etwa gleichzeitig bemüht war, dem Ziel der Nichtweiterverbreitung von Kernwaffen Vorrang einzuräumen und zu diesem Zweck die Nutzung des nuklearen Brennstoffkreislaufes ebenso wie die internationale nukleare Kooperation restriktiv handhabte.

In einem schwierigen Balanceakt versuchte Bonn, diese zeitweise gegenläufigen Zielsetzungen in seiner Nuklearpolitik miteinander zu vereinbaren. Die Bundesregierung setzte sich dabei mancherlei Mißverständnissen aus und geriet in den Verdacht, sie strebe nach nationalen Atomwaffen. Dadurch entstand eine Zone des Mißtrauens, in der Optionen als Absichten, Mitwirkung an der nuklearen Planung als Verfügungsgewalt, und ungehinderte wirtschaftliche Nutzung der Kernenergie, insbesondere der Export von sensitiven Materialien und Anlagen, als zumindest fahrlässige Weiterverbreitung von Kernwaffen interpretiert wurden. Diese stets wachen Verdächtigungen des Auslandes und die nichtgeklärten nuklearen Prioritäten im Inland engten den Handlungsspielraum der Bundesrepublik beträchtlich ein.

2. *Grundzüge der Nuklearpolitik der Bundesrepublik in den 50er und 60er Jahren*

Mitte der 50er Jahre meinte Bonn, die Grundlagen für eine seinen politischen Möglichkeiten (und Begrenzungen) entsprechende Nuklearpolitik gelegt zu haben. Mit dem in den Pariser Verträgen verankerten Verzicht auf die Herstellung von ABC-Waffen, der Integration der Kernforschung und -entwicklung in die Europäische Atomgemeinschaft (EURATOM), und der Verortung der verteidigungspolitischen Entscheidungen in den Rahmen des Atlantischen Bündnisses, glaubte es dem Verdacht vorgebeugt zu haben, die Bundesrepublik strebe nach nationaler Verfügungsgewalt über Kernwaffen, ohne jedoch auf die politischen Möglichkeiten nuklearer Kooperation noch auf eine wirtschaftliche Nutzung der Kernenergie verzichtet zu haben.
Auf dem Sektor der zivilen Nutzung der Kernenergie begann in der Bundesrepublik unter aktiver finanzieller Förderung durch staatliche Stellen die Auflage ehrgeiziger Atomprogramme und der Aufbau nuklearer Forschungs- und Produktionskapazitäten. Dabei zeigte sich, daß über die Beschaffung von Kernbrennstoffen und die Durchführung von Sicherheitskontrollen hinaus, EURATOM nur eine begrenzte Bedeutung für die Entwicklung der Kernenergieindustrie in der Bundesrepublik erlangte, da der leistungsfähigste Partner, Frankreich, aufgrund seiner militärischen Interessen nur begrenzt zu einer nuklearen Zusammenarbeit bereit war. Von größerer Bedeutung war die Kooperation mit den Vereinigten Staa-

ten. Mit dem »Atoms for Peace Program« hatte die Eisenhower-Administration die Weichen in Richtung auf eine verstärkte internationale Zusammenarbeit gestellt. Diese enge Kooperation führte dazu, daß die Entwicklung einer eigenen Reaktorlinie aufgegeben und die Industrie- und Elektrizitätsversorgungsunternehmen in der Bundesrepublik primär unter Kostengesichtspunkten für die Adaptierung der von den USA entwickelten Leichtwasserreaktoren optierten. Trotz zahlreicher Rückschläge, die z. T. ihre Ursache in dem Dualismus zwischen einem national konzipierten Atomprogramm und den internationalen Kooperationsprozessen hatten, war anfang der 70er Jahre in der Bundesrepublik eine leistungsfähige, technologisch hochstehende und international konkurrenzfähige Nuklearindustrie entstanden.[2]

Auf dem militärischen Sektor war die Haltung der Bundesregierung in nuklearen Fragen durch drei Grundmuster geprägt:

- durch das Festhalten an den 1954/55 eingegangenen Verpflichtungen (A-Waffen-Produktionsverbot und EURATOM-Kontrollen);
- durch die Anpassung an die militärischen Entwicklungen im Bündnis (Zustimmung zur Strategie der »Massiven Vergeltung«, Ausrüstung der Bundeswehr mit nuklearen Trägerwaffen, Exploration des MLF-Projektes);
- durch das Offenhalten von politischen Lösungen (multilaterale nukleare Teilhabe, sog. »europäische Option«, Quid pro quo in der deutschen Frage).

Insbesondere die sich wandelnde Rolle nuklearer Waffen in der Militärstrategie des Bündnisses zwang die Bundesrepublik zu schmerzhaften Anpassungsprozessen in ihrer Sicherheitspolitik, die durch die Opposition im Innern gegen jede nukleare Rolle noch verschärft wurden.[3]

Zusätzliche Probleme brachte die internationale Debatte über eine Beschränkung von Nuklearwaffen. Mit den Plänen für kernwaffenfreie Zonen in Mitteleuropa[4] strebten die Sowjetunion und ihre Verbündeten eine

2 Vgl. Karl Winnacker und Karl Wirtz, Das unverstandene Wunder. Kernenergie in Deutschland, Düsseldorf 1975; ferner Otto Keck, Policymaking in a Nuclear Program. The Case of the West German Fast Breeder Reactor, Lexington, Mass., u. Toronto 1981; Bundesministerium für Forschung und Technologie (Hrsg.), Zur friedlichen Nutzung der Kernenergie. Eine Dokumentation der Bundesregierung, Bonn 1977.

3 Vgl. oben, Kap. III.

4 Der wichtigste östliche Vorschlag in diesem Zusammenhang war der »Rapacki-Plan«, vgl. die Erklärung des polnischen Außenministers Rapacki am 2. 10. 1957 vor der UN-Vollversammlung, abgedruckt in: Dokumente zur Deutschlandpolitik, Bd. III/3.3, S. 1681–1686; Memorandum der polnischen Regierung zur Schaffung einer atomwaffen-

Neutralisierung der Bundesrepublik an; zumindest wollten sie aber verhindern, daß die Bundeswehr mit nuklearen Trägerwaffen ausgerüstet oder daß Bonn über multinationale Arrangements einen Finger an den nuklearen Abzugshebel bekam. Mit der östlichen Kampagne für rüstungsbeschränkte Zonen, die primär ordnungspolitisch motiviert war, fielen Bemühungen der neutralen und nichtgebundenen Staaten zusammen, eine Einschränkung des Wettrüstens über die Bildung eines »Clubs der kernwaffenfreien Staaten« zu erreichen. Außerdem forderten sie eine Einstellung der Kernwaffenversuche, deren Gefahren durch nukleare Unfälle bei Testserien der Großmächte aktualisiert worden waren. Die Vereinigten Staaten schlugen ihrerseits 1957, zusammen mit anderen Abrüstungsmaßnahmen, ein Abkommen über die Nichtweiterverbreitung von nuklearen Waffen vor, wollten jedoch zuvor eine Übereinkunft über die Einstellung der Produktion spaltbaren Materials für militärische Zwecke erreichen, durch das ihr Vorsprung im nuklearen Rüstungswettlauf kodifiziert worden wäre.[5]

Obwohl sie den meisten Vorschlägen keine großen Realisierungschancen zumaß, war die Bundesregierung in Bonn doch besorgt, daß durch Vorschläge, wie z. B. eine Verzichtserklärung auf den Ersteinsatz von Kernwaffen, die nukleare Abschreckung durchlöchert oder das militärische Kräftegleichgewicht zu Ungunsten des Westens verschoben werden könnte. Vor allem aber wollte sie verhindern, daß über Rüstungsbeschränkungsmaßnahmen, wie z. B. den Rapacki-Plan, die Bundesrepublik einem Sonderstatus unterworfen würde, den sie durch ihre Politik der politischen, ökonomischen und militärischen Westintegration gerade überwunden zu haben glaubte. Sonst hielt sie sich jedoch mit öffentlichen Stellungnahmen und eigenen Vorschlägen weitgehend zurück. Es überraschte daher, als sich Bundeskanzler Adenauer auf einer Pressekonferenz im Januar 1957 für ein Verbot von Nuklearwaffen aussprach – und damit eine gewisse Verstimmung in den deutsch-amerikanischen Beziehungen provozierte – obwohl seine Äußerung wohl eher innenpolitisch motiviert und an

freien Zone in Mitteleuropa, ebenda, Bd. III/4.1, S. 529–533. Für eine Übersicht über die verschiedenen Vorschläge für rüstungsbeschränkte Zonen in Europa vgl. Charles R. Planck, Sicherheit in Europa. Die Vorschläge für Rüstungsbeschränkung und Abrüstung 1955–1965, München 1968.

5 Vgl. United Nations (Hrsg.), The United Nations and Disarmament 1945–1965, New York 1967 (United Nations Publication 76.I.8), S. 123 ff. u. S. 185 f.; ferner Hermann Volle und Claus-Jürgen Duisberg (Hrsg.), Probleme der internationalen Abrüstung. Die Bemühungen der Vereinten Nationen 1945–1961, Frankfurt u. Berlin 1964, Bd. 2.

den durch die Debatte über eine Nuklearbewaffnung der Bundeswehr beunruhigten Wähler gerichtet war.[6]

Noch größeres Aufsehen erregte eine Erklärung von Verteidigungsminister Strauß im Juni 1958, in dem er die allgemeine Abrüstung als Hauptziel der deutschen Politik bezeichnete und in diesem Zusammenhang fünf Maßnahmen vorschlug:

- die Einstellung der Kernwaffenversuche;
- die Einstellung der Produktion von atomaren Waffen;
- eine internationale Kontrolle oder die Vernichtung der vorhandenen Bestände an Kernwaffen;
- die Unterstellung der weiteren Erzeugung und Verteilung von spaltbarem Material unter die Aufsicht einer internationalen Behörde;
- ausgewogene Truppenreduzierungen zur Herstellung eines konventionellen Gleichgewichtes.[7]

Auch diese Äußerung muß vor dem Hintergrund der innenpolitischen Debatte gesehen werden. Allerdings hätte der Bundesregierung eine derartige Vereinbarung damals außer taktischen Pluspunkten auch politische Vorteile gebracht. Sie hätte das Problem der nuklearen Bewaffnung der Bundeswehr eliminiert, ohne daß ein Abbau des für die Sicherheit der Bundesrepublik für notwendig erachteten amerikanischen Nuklearpotentials wahrscheinlich gewesen wäre. Viel eher wäre der Aufbau der britischen und der französischen Nuklearstreitkräfte behindert und dadurch die auf den Besitz von Kernwaffen gestützte Sonderstellung beider Länder im Vergleich zur Bundesrepublik relativiert worden.

3. *Der Vertrag über die teilweise Einstellung der Kernwaffenversuche*

Nach dem wenig bedeutsamen Antarktis-Vertrag und der Einrichtung einer direkten Nachrichtenverbindung zwischen Washington und Moskau zur Benutzung in Krisensituationen, der sog. »Hot line«, war der Vertrag über das Verbot von Kernwaffenversuchen in der Atmosphäre, im Welt-

6 Vgl. Adenauer für kontrolliertes Kernwaffenverbot und gegen militärisch verdünnte Zone in Europa, Zusammenfassung in: Abrüstung und Sicherheit, Bd. I (1943–1959), S. 167; ferner Herbert von Borch, Muß das so sein? In: WELT, 18. 1. 1957; Für ein Teilverbot von Atomwaffen. Ministerialdirektor Grewe über die Chancen der Abrüstung, in: WELT, 23. 12. 1957.

7 Vgl. Minister Strauß nennt fünf Phasen für eine Abrüstung, in: WELT, 20. 6. 1958.

raum und unter Wasser die erste Ost-West-Vereinbarung, mit der wenigstens ansatzweise eine Beschränkung des Wettrüstens versucht wurde.[8] Dieser Vertrag wurde nach fünfjährigen, wechselvollen Verhandlungen am 5. August 1963 in Moskau von den Vereinigten Staaten, der Sowjetunion und Großbritannien unterzeichnet. Unterirdische Tests wurden von dem Abkommen nicht berührt, da in den Verhandlungen keine Verständigung über das dafür notwendige Kontrollsystem erreicht worden war, möglicherweise auch, weil beide Seiten den Zeitpunkt für eine völlige Einstellung der Kernwaffenversuche aus militärischen Gründen noch nicht für gekommen hielten. Mit dem Teststop-Vertrag wurde zwar die horizontale Verbreitung von Kernwaffen erschwert, die sog. vertikale Proliferation, die Verbesserung der Kernwaffen durch die Nuklearmächte, war aber weiter möglich. Ein internationales Überwachungssystem war nicht vorgesehen, bei einer Verletzung des Vertrages oder bei einer sonstigen schwerwiegenden Gefährdung seiner höchsten nationalen Interessen hatte jedes Mitglied jedoch die Möglichkeit, vom Vertrag zurückzutreten. Dieser stand allen Staaten zur Unterzeichnung bzw. zum Beitritt offen. Während Frankreich und die Volksrepublik China eine Unterzeichnung ablehnten, waren bis 1980 dem Vertrag einschließlich der Signatarmächte 112 Staaten beigetreten. 15 weitere Länder hatten ihn unterzeichnet.[9]
Ein Hauptergebnis des Vertrages war die Stabilisierung der internationalen Kräfteverhältnisse ebenso wie der Beziehungen zwischen den Vereinigten Staaten und der Sowjetunion. Zum einen wurde der Abstand zwischen den nuklearen Großmächten und den anderen Staaten mit nuklearen Ambitionen kodifiziert, zum anderen konnten die USA im Verhältnis zur Sowjetunion ihren Vorsprung bei der Erprobung kleiner, sauberer und viel genauerer Nuklearwaffen ausbauen, die Sowjetunion jedoch ihre Erfahrungen bei der Erprobung von Kernwaffen mit hoher Sprengkraft und in großen Höhen konsolidieren.

8 Vgl. Vertrag über die Einstellung der Kernwaffenversuche in der Atmosphäre, im Weltraum und unter Wasser vom 5. 8. 1963, in: BGBl., 1964, Teil II, S. 906–910. Vgl. ferner Text des Vertrages über die Antarktis vom 1. 12. 1959, in: EA 12/1960, S. D 149–154; sowie Memorandum über die Vereinbarung zwischen den Vereinigten Staaten und der Sowjetunion über die Errichtung einer direkten Nachrichtenverbindung vom 20. 6. 1963, in: EA 16/1963, S. D 391–393.

9 Vgl. SIPRI Yearbook 1980, S. 447–461. Für eine Darstellung der Verhandlungen, die zum Moskauer Vertrag über die teilweise Einstellung der Kernwaffenversuche führten, vgl. Erhard Forndran, Probleme der internationalen Abrüstung. Die Bemühungen um Abrüstung und kooperative Rüstungssteuerung, Frankfurt, Berlin 1970, insbes. Kap. I B und II; sowie David E. Mark, Die Einstellung der Kernwaffenversuche. Probleme und Ergebnisse der bisherigen Verhandlungen, Frankfurt, Berlin 1965.

Die politische Motivation, die beide Seiten zum Abschluß des Teststop-Vertrages veranlaßt hatte,[10] wird zum einen durch das erzielte Verhandlungsergebnis, und zum anderen durch die Art und Weise unterstrichen, wie dieses erreicht wurde. Ein Charakteristikum des Vertrages war die Ausklammerung strittiger Fragen. Da beide Seiten ihr politisches Prestige in die Kontrollfrage investiert hatten – wobei sich die Differenz der geforderten Ortsinspektionen von mehreren hundert und null auf sieben bzw. drei verringert hatte, bestand die Lösung nun in der Beschränkung des Versuchsverbotes auf diejenigen Bereiche – Atmosphäre, Weltraum, unter Wasser – in denen eine Überwachung mit nationalen Mitteln nicht nur möglich, sondern auch unstrittig war. Damit opferte der Westen ein langgehegtes Ziel, bei allen Rüstungsbeschränkungsmaßnahmen eine Anerkennung des Grundsatzes internationaler Kontrollen zu erreichen – viele Kommentatoren sprachen damals daher auch von einem Test-Stop-»Moratorium«.[11] Der Grundsatz einer möglichst umfassenden internationalen Kontrolle war ein fester Bestandteil der Abrüstungsphilosophie der 50er Jahre; die auf dem Gedanken einer Stabilisierung der militärischen Konfrontation basierende Arms control-Doktrin konnte auf ihn verzichten.

Ein weiteres Charakteristikum war der bilaterale Verhandlungsstil. Die entscheidenden Verhandlungen hatten außerhalb der multilateralen Gremien in Form von sowjetisch-amerikanischen Botschaftergesprächen und inoffiziellen Kontakten zwischen Vertretern der beiden Regierungen, in einem Briefwechsel zwischen Präsident Kennedy und Ministerpräsident Chruschtschow sowie durch den Austausch von öffentlichen Signalen zwischen den beiden Regierungschefs stattgefunden. Währenddessen gingen die Verhandlungen im multilateralen Rahmen des Genfer 18-Mächte-Abrüstungsausschusses und in der UN-Vollversammlung unter Mitwirkung der beiden nuklearen Großmächte routinemäßig weiter. Die eigentlichen

10 Vgl. David E. Mark, Die weltpolitischen Auswirkungen des Moskauer Vertrages vom 5. August 1963, in: EA 20/1963, S. 747–762. Zur Einordnung des Teststops in die langfristige Strategie der USA vgl. die Erklärung von Verteidigungsminister Robert McNamara am 13. 8. 1963 vor dem Senate Foreign Relations Committee im Rahmen der Testban-Hearings, in: NYT, 14. 8. 1963; zu den Motiven und Intentionen von Präsident Kennedy vgl. Arthur M. Schlesinger, Jr., A Thousand Days. John F. Kennedy in the White House, Greenwich, Conn., 1967 (Fawcett Crest Book A-1000), S. 811 ff.; zu einigen kurzfristigen Aspekten vgl. Herbert von Borch, Geht der Kalte Krieg zu Ende? In: AP, H. 9, 1963, S. 583–590.

11 Vgl. z. B. Wilhelm Cornides, Das Moskauer Moratorium und die Bundesrepublik, Inhalt und Tragweite des Vertrages über die teilweise Einstellung der Kernwaffenversuche, in: EA 16/1963, S. 583–592 (S. 585 f.).

Entscheidungen fielen jedoch auf der bilateralen Ebene und wurden weitgehend von den Regierungschefs selbst getroffen. Dieser bilaterale Verhandlungsstil vor einem multilateralen Hintergrund wurde in der Folge zum beherrschenden Strukturprinzip der Verhandlungen über Rüstungsbeschränkung.

3.1 *Bedenken gegen den Teststop-Vertrag in Bonn*

Die Bundesregierung hatte die Verhandlungen über die Einstellung der Kernwaffenversuche mit Sympathie, jedoch nur geringem Interesse verfolgt, da sie hinsichtlich ihrer Erfolgsschancen skeptisch war. Sie wurde daher vom Vertragsabschluß überrascht, zumal sie von den USA nur sehr kursorisch unterrichtet worden war. Dies erklärt – irritierte jedoch die Verbündeten – daß die zunächst geäußerte freudige Zustimmung innerhalb weniger Tage schweren Bedenken wich, die – zumindest zeitweilig – zur Infragestellung, zumindest aber zur Verzögerung der Unterschrift Bonns unter den Vertrag führten.[12]
Die Hauptbedenken der Bundesregierung richteten sich gegen die sog. »All states clause«, d. h. die in Art. III des Vertrages enthaltene Bestimmung, daß dieser allen Staaten zum Beitritt offen steht. Von dieser Bestimmung, die der DDR den Beitritt zum Vertrag mit allen Rechten und Pflichten erlaubte, befürchtete die Bundesregierung eine völkerrechtliche Aufwertung der DDR.
Das in der Debatte über den Teststop-Vertrag geäußerte Argument, die Bundesrepublik sei durch die »All states clause« überrascht worden, entbehrt jedoch der Grundlage. Bereits der britisch-amerikanische Entwurf sah vor, daß der Vertrag allen Staaten zum Beitritt offen stehen sollte.[13]

12 Vgl. Bonn begrüßt Konferenz in Moskau, in: WELT, 11. 6. 1963; Bonn und die Atomstoppgespräche in Moskau, in: NZZ, 11. 7. 1963; Interview von Außenminister Schröder am 19. 7. 1963 im Deutschen Fernsehen, abgedruckt in: Bulletin, Nr. 128, 23. 7. 1963, S. 1143–1146; ferner Tradition und neue Linie, in: WELT, 2. 8. 1963; Brentano erläutert die Bonner Bedenken. Bundesregierung erwartet Information über Moskauer Gespräche, in: WELT, 6. 8. 1963; Auseinandersetzungen um das Moskauer Abkommen in Bonn, in: NZZ, 6. 8. 1963.

13 Vgl. den amerikanisch-britischen Vertragsentwurf über eine Einstellung der Kernwaffenversuche in der Atmosphäre, im Weltraum und unter Wasser vom 27. 8. 1962, ENDC/59, 27. 8. 1962, abgedruckt in: EA 20/1967, S. D 510–513. Zur Diskussion in der Bundesrepublik über die »all states clause« vgl. F(red) L(uchsinger), Auseinandersetzung um das Moskauer Abkommen in Bonn, in: NZZ, 6. 8. 1963; Cornides, Das Moskauer Moratorium und die Bundesrepublik, a.a.O., S. 587 ff.

Es ist allerdings richtig, daß frühere Entwürfe in bezug auf die Staatsqualität der Mitglieder vorsichtiger formuliert waren. Der Hinweis auf die »nationale Souveränität« der Mitglieder in der Rücktrittsklausel fehlte im Entwurf von 1962; auch war dort nur von *einer* Verwahrregierung die Rede. Die Wahl von drei Depositarregierungen, bei denen die Unterzeichnung des Vertrages und die Hinterlegung der Ratifikations- bzw. Beitrittsurkunden erfolgen konnte, ging auf eine Anregung der Bundesregierung zurück und trug den westlichen und östlichen Interessen gleichermaßen Rechnung. Während die Bundesregierung ihre Unterschrift in London, Moskau und Washington leisten würde, konnte die DDR dem Vertrag nur in Moskau beitreten, und den westlichen Regierungen blieb die Annahme der Beitrittsurkunde Ostberlins erspart. Auch wurde verhindert, daß eine Depositarregierung durch ein Veto den Beitritt eines Staates verhindern konnte. Allerdings änderte dies nichts daran, daß der Vertrag gleiche Rechte und Pflichten für die beiden deutschen Staaten stipulierte.

Die Sorge der Bundesregierung, daß die Sowjetunion mehr an einer völkerrechtlichen Sanktionierung der deutschen Teilung als an einer Entspannung in Europa interessiert war, wurde verstärkt durch eine Rede von Ministerpräsident Chruschtschow am 19. Juli im Kreml, in dem sich dieser für den gleichzeitigen Abschluß eines Nichtangriffspaktes zwischen den Mitgliedern der NATO und des Warschauer Paktes aussprach sowie als weitere Maßnahmen, über die in Bälde verhandelt werden sollte, eine Herabsetzung der Rüstungsausgaben, eine Verringerung der Truppenstärken, die Errichtung von Bodenkontrollposten sowie den Austausch von Militärmissionen zur Verhinderung von Überraschungsangriffen nannte.[14] Obwohl es sich bei diesen Vorschlägen alles um Maßnahmen handelte, über die seit längerer Zeit in Genf diskutiert wurde, fürchtete die Bundesregierung eine »Mechanik des nächsten Schrittes«, d. h. neue Vereinbarungen im Bereich der Rüstungsbeschränkung, ohne daß gleichzeitig Fortschritte in der deutschen Frage erzielt wurden.[15]

14 Vgl. die Rede von Ministerpräsident Chruschtschow am 19. 7. 1963 auf einem sowjetisch-ungarischen Freundschaftstreffen im Kreml, Auszüge in: EA 16/1963, S. D 402–406 (S. D. 405). In dieser Rede und in einem Interview am 28. 7. 1963 wies Chruschtschow auf die Dringlichkeit einer Lösung der deutschen Frage durch den Abschluß eines deutschen Friedensvertrages hin; vgl. Bonn: Vorschläge sehr sorgfältig prüfen, in: WELT, 23. 7. 1963; Bonner Nachlese zum Vertrag von Moskau, in: NZZ, 29. 7. 1963.

15 Vgl. Fritz Erler, Der Moskauer Vertrag in der politischen Perspektive der Bundesrepublik Deutschland. Einführung zu: Mark, Die Einstellung der Kernwaffenversuche, a.a.O., S. XIX–XXVII (S. XXIV).

Eine dritte Quelle der Besorgnis war der von den beiden Westmächten in Moskau praktizierte Verhandlungsstil. Aus dem Wunsch heraus, rasche Verhandlungsergebnisse zu erzielen, waren die Verbündeten über die einzelnen Phasen der Moskauer Gespräche nicht informiert worden; die Verhandlungsleiter der drei Nuklearmächte hatten darüber hinaus die sonst üblichen diplomatischen Kontakte vermieden. Dies gab zu der Befürchtung Anlaß, die beiden Westmächte könnten auch bei künftigen Ost-West-Verhandlungen deutsche Interessen nicht ausreichend berücksichtigen.[16]

Hinzu kamen Bewertungsunterschiede innerhalb der Bundesregierung. Die ersten Reaktionen auf den Abschluß des Teststop-Vertrages waren ausgesprochen positiv. Ein Sprecher der Bundesregierung erklärte am 25. 7. 1963, dem Tage der Paraphierung durch die drei Atommächte: »Die deutsche Regierung begrüßt die in Moskau erzielte Einigung über ein begrenztes Teststopabkommen. Zwar umfaßt dieses Abkommen nicht das ganze Gebiet der Atomversuche, aber es ist doch nach den jahrelangen Verhandlungen über Abrüstungsfragen ein erster Teilerfolg. Die deutsche Regierung hofft, daß sich diese erste Übereinkunft als ein Auftakt für weitere Fortschritte in Richtung auf eine allgemeine kontrollierte Abrüstung erweist.«[17] Auch Sprecher aller drei im Bundestag vertretenen Parteien begrüßten das Abkommen. In einem Interview mit der *Sunday Times* erklärte Außenminister Schröder, er sehe keine Schwierigkeiten für einen Beitritt der Bundesrepublik zu diesem Vertrag.[18]

Innerhalb weniger Tage war jedoch ein Meinungsumschwung zu beobachten. Als erster scheint der Vorsitzende der CDU/CSU-Fraktion und ehe-

16 Vgl. Arthur J. Olsen, Germans Caution on Pact's Sequel, in: NYT, 27. 7. 1963; ferner F(red) L(uchsinger), Bonner Nachlese zum Vertrag von Moskau. Gefahren der Koexistenzstimmung, in: NZZ, 29. 7. 1963. Die Bundesregierung war nur in sehr allgemeiner Form über die Moskauer Dreiergespräche informiert worden. Als sich eine Einigung über einen allen Staaten zum Beitritt offenstehenden Vertrag abzeichnete, sandte sie LR Dr. Jürgen Diesel vom Auswärtigen Amt nach Moskau, um genauere Informationen zu erlangen und um ihre Gesichtspunkte in die Verhandlungen einzubringen. Diesem gelang es jedoch nicht, von dem amerikanischen oder britischen Verhandlungsführer empfangen zu werden, geschweige denn, die Bedenken Bonns gegen die vorgesehene Beitrittsklausel vorbringen zu können. Zu der mangelhaften Konsultation der USA während der Moskauer Teststopp-Verhandlungen vgl. die Ausführungen des CDU-Abgeordneten Vogt in der Bundestagsdebatte am 22. 1. 1964, in: DBT/IV/107, 22. 1. 1964, S. 4945; ferner William B. Bader, The U.S. and the Spread of Nuclear Weapons, New York 1968, S. 48 ff. Eine detaillierte Darstellung der amerikanischen Haltung gibt Schlesinger, A Thousand Days, a.a.O., S. 824 ff.

17 Bonn bezeichnet das Abkommen als ersten Teilerfolg, in: WELT, 26. 7. 1963.

18 Vgl. das Interview von Außenminister Schröder am 28. 7. 1963 in der Sunday Times, zit. in: WELT, 29. 7. 1963.

malige Außenminister, Heinrich von Brentano, Bedenken geäußert zu haben, vor allem die Befürchtung, daß der Vertrag zu einem Einfrieren der unbefriedigenden Situation in Europa beitragen könnte. Auch auf der Sitzung des Vorstandes der CDU/CSU-Fraktion scheint von Brentano zu einer abwartenden und vorsichtigen Haltung geraten zu haben, während Schröder weiterhin für den Beitritt der Bundesrepublik zum Teststop-Vertrag eintrat.[19] Ein Teil der Bedenken richteten sich dabei weniger gegen den Vertrag selbst, als vielmehr gegen mögliche weitere Schritte im Bereich der Rüstungsbeschränkung. Auf der Sitzung machte sich die CDU/CSU mehrheitlich die vor allem von Brentano vertretene Auffassung zu eigen, es dürfe nicht zugelassen werden, daß durch derartige Schritte die Verteidigungskraft der NATO einseitig geschwächt und der Weg zur Wiedervereinigung Deutschlands verbaut werde. Eine Nichtangriffsvereinbarung zwischen NATO und Warschauer Pakt könnte nur dann in Aussicht genommen werden, wenn dadurch die Stellung Berlins gesichert werde.[20]

Im Bundeskabinett wurde vor allem die Frage erörtert, wie eine Aufwertung der DDR im Zusammenhang mit dem Teststop-Vertrag verhindert werden könnte. Das Ergebnis der Beratung faßte Regierungssprecher von Hase dahingehend zusammen, daß die Bundesregierung nach wie vor das Abkommen als einen ersten Schritt zur allgemeinen und kontrollierten Abrüstung begrüßte. Der materielle Inhalt des Abkommens, d. h. der Verzicht auf Atomversuche, wäre für die Bundesregierung unproblematisch, da sie schon vor Jahren auf die Produktion von nuklearen Waffen verzichtet habe. Die Bundesregierung müßte ihre Aufmerksamkeit aber der Frage zuwenden, »ob durch einen Beitritt der Sowjetzone zu dem Abkommen eine Aufwertung des Ulbricht-Regimes eintreten kann«. Diese

19 Vgl. Arthur J. Olsen, Germans Caution on Pact's Sequel, in: NYT, 27. 7. 1963; Bedenken gegen Nichtangriffspakt. Vorstand der CDU/CSU-Fraktion tagte in Bonn, in: WELT, 30. 7. 1963; ferner Heinrich von Brentano, Aspekte des Moskauer Abkommens, in: DUD, 5. 8. 1963.

20 Vgl. Bedenken gegen Nichtangriffspakt, in: WELT, 30. 7. 1963. Die Bezugnahme auf die Sicherung Berlins ist vor dem Hintergrund sowjetisch-amerikanischer Sondierungen über Berlin zu sehen, vgl. dazu Manfred Abelein, Die Verhandlungen über die Internationalisierung der Zufahrtswege nach Berlin seit dem Herbst 1961, in: EA 12/1963, S. 444–450. Bereits im Frühjahr 1962 hatten die Vereinigten Staaten ein Verhandlungspaket vorgeschlagen, das einen Nichtverbreitungs-Vertrag und einen Nichtangriffspakt vorsah, die mit Schritten zur Sicherung Berlins und zur Wiedervereinigung Deutschlands verbunden werden sollten. Auch von sowjetischer Seite wurde im Laufe des Jahres 1963 der Vorschlag eines Nichtangriffspaktes mit Garantien für Berlin verbunden, vgl. Henry M. Pachter, Der Ost-West-Konflikt, in: Wilhelm Cornides, Dietrich Mende und Wolfgang Wagner (Hrsg.), Die Internationale Politik 1963, München, Wien 1963 (Jahrbücher der Deutschen Gesellschaft für Auswärtige Politik), S. 3–51 (S. 32).

Frage beinhaltete Probleme, die im vertrauensvollen Gespräch mit den Verbündeten der Klärung bedürften.[21]
Noch vor der Vertragsunterzeichnung durch die Signatarmächte begannen intensive Konsultationen mit den westlichen Verbündeten. Im Ständigen NATO-Rat informierten die USA die Partner über die Verhandlungsziele und -ergebnisse; Bonn wurde darüber hinaus in der Vierer-Gruppe unterrichtet. Außerdem sandte Präsident Kennedy Bundeskanzler Adenauer ein persönliches Schreiben. Auf der Rückreise von Moskau machte der amerikanische Unterstaatssekretär Tyler in Bonn Station, um Staatssekretär Carstens persönlich über Einzelheiten des Vertrages zu informieren. Die Reihe der Konsultationen wurde fortgesetzt mit zwei Gesprächen zwischen Bundeskanzler Adenauer und dem amerikanischen Verteidigungsminister McNamara am 1. August und noch einmal – auf Wunsch des Bundeskanzlers – am 5. August 1963. Der britische Außenminister Lord Home unterrichtete Außenminister Schröder zunächst auf diplomatischem Wege, lud ihn jedoch gleichzeitig zu einem Besuch nach London in der Absicht ein, ihm die Grundlagen der britischen Entspannungspolitik zu erläutern und die in der deutschen Öffentlichkeit geäußerten Befürchtungen zu zerstreuen, Großbritannien könnte dabei lebenswichtige deutsche Interessen preisgeben. Den Höhepunkt der Konsultationen bildete der Besuch von Außenminister Rusk am 10. August 1963 in Bonn.[22] Mit der sowjetischen Regierung fanden keinerlei Konsultationen statt – Botschafter Groepper war in diesen entscheidenden Wochen nicht auf seinem Moskauer Posten – ja, man vermied diese ängstlich, um im Westen nicht die Furcht vor einem neuen »Rapallo« zu erzeugen.[23]

21 Vgl. die Erklärung von Staatssekretär von Hase auf der Bundespressekonferenz am 31. 7. 963, Protokoll des BPA, abgedruckt in: Dokumente zur Deutschlandpolitik, Bd. 9.1, S. 579–585; ferner Bonn Will Defer Signing Test Ban, in: NYT, 6. 8. 1963; Le chancelier Adenauer juge la situation internationale extraordinairement critique, in: MONDE, 7. 8. 1963; Kabinett sucht Rückendeckung, Ollenhauer bei Minister Schröder, in: WELT, 7. 8. 1963; sowie die Tagebuchaufzeichnung von Heinrich Krone, in: Rudolf Morsey und Konrad Repgen (Hrsg.), Adenauer-Studien, Bd. III, S. 177–178.

22 Vgl. Bundesregierung bekundet Vertrauen zu den Westmächten, in: WELT, 25. 7. 1963; Kennedy unterrichtet den Bundeskanzler, in: WELT, 25. 7. 1963; Washington unterrichtet Bonn, in: WELT, 30. 7. 1963; Kanzler legt deutsche Bedenken dar, in: WELT, 2. 8. 1963; McNamara ändert überraschend Reisepläne – Wieder beim Kanzler, in: WELT, 5. 8. 1963; Auseinandersetzungen um das Moskauer Abkommen in Bonn, in: NZZ, 6. 8. 1963; Beschluß über Beitritt erst nach Gespräch mit Rusk und Lord Home, in: WELT, 9. 8. 1963.

23 Adenauer dachte daran, den früheren Botschafter in Moskau, Hans Kroll, in privater Sondermission zu Ministerpräsident Chruschtschow zu entsenden, vgl. Konrad Adenauer, Erinnerungen 1959–1963. Fragmente, Stuttgart 1968, S. 223. Allerdings bestanden

Im Rahmen dieser Konsultationen bemühte sich die Bundesregierung, die Vereinigten Staaten und Großbritannien zu verbindlichen Erklärungen darüber zu veranlassen, daß ein Beitritt der DDR zum Teststop-Vertrag keine internationale Anerkennung derselben bedeutete. Diese Erklärung sollte nach Möglichkeit allen Vertragspartnern, insbesondere den Neutralen notifiziert oder in Form eines Zusatzprotokolls Bestandteil des Ratifizierungsverfahrens werden.[24] Einseitige, öffentliche Erklärungen, wie z. B. die Erklärung des amerikanischen Präsidenten vom 1. August 1963, daß die Unterschrift der DDR unter den Teststopvertrag keine Anerkennung der Spaltung Deutschlands bedeutete,[25] hielt sie nicht für ausreichend. Die westdeutsche Diplomatie war bestrebt, die Hürde für die Alliierten möglichst hoch, für sich selber aber in einer überspringbaren Höhe anzusetzen; denn in Bonn war man sich darüber im klaren, daß Bonn nicht den politischen Handlungsspielraum besaß, um sich in der Teststop-Frage isolieren zu können.

Zunächst mußte die Regierung jedoch versuchen, die innerhalb der CDU/CSU auseinandergehenden Meinungen auf einen gemeinsamen Nenner zu bringen. Ein Befürworter des Beitritts - nach den von den USA und Großbritannien in Aussicht gestellten Klarstellungen hinsichtlich der Rolle der DDR - war Außenminister Schröder, der die Auffassung vertrat, daß sich die Bundesrepublik innerhalb des Bündnisses nicht isolieren dürfte. Zu den Gegnern gehörten der Fraktionsvorsitzende im Bundestag, von Brentano, der CSU-Vorsitzende Strauß und Sonderminister Krone, welche die deutschlandpolitischen Implikationen des Vertrages scheuten. Bundeskanzler Adenauer scheint eine mittlere Position eingenommen zu haben. Ihm ging es vor allem darum, verbindliche Garantien zu erhalten; aber er wußte, daß die Bundesregierung ihre Unterschrift nur um den Preis einer bündnispolitischen Isolierung verweigern konnte.[26]

Kontakte zwischen dem sowjetischen Botschafter in Bonn und Außenminister Schröder, vgl. Auseinandersetzungen um das Moskauer Abkommen in Bonn, in: NZZ, 6. 8. 1963.

24 Vgl. die Erklärung von Staatssrekretär Hase am 2. 8. 1963 auf der Bundespressekonferenz, zit. in: Kennedy konnte Bedenken in Bonn noch nicht ausräumen, in: WELT, 3. 8. 1963; vgl. ferner Auseinandersetzungen um das Moskauer Abkommen in Bonn, in: NZZ, 6. 8. 1963; Bonns Sorgen nach der Unterzeichnung des Moskauer Abkommens, in: NZZ, 9. 8. 1963.

25 Vgl. die Erklärung von Präsident Kennedy auf einer Pressekonferenz am 1. 8, 1963 in Washington, Auszug in: Mark, Einstellung der Kernwaffenversuche, a.a.O., S. 415–416.

26 Zur innenpolitischen Debatte über den Teststop-Vertrag vgl. Georg Schröder, Tradition und neue Linie, in: WELT, 2. 8. 1963; Jacques Nobecourt, Le chancelier Adenauer juge la situation internationale extraordinairement critique, in: MONDE, 7. 8. 1963; Hans

Aus drei Gründen konnte sich die Bundesrepublik eine Schwächung der westlichen Allianz gerade im Sommer 1963 nicht erlauben: angesichts der gleichzeitig stattfindenden amerikanisch-sowjetischen Sondierungsgespräche über Berlin, vor dem Hintergrund der Ankündigung Frankreichs, seine Atlantik-Flotte aus der NATO-Integration zurückzuziehen, und im Hinblick auf die geplante Fortführung des Ost-West-Dialogs, für den sich die Bundesregierung ein Mitspracherecht sichern wollte.
Der Klärung der offenen Fragen dienten die Gespräche, die Außenminister Rusk am 10. August mit Bundeskanzler Adenauer und Außenminister Schröder in Bonn führte. Im Anschluß an den Besuch des amerikanischen Außenministers erklärte Staatssekretär von Hase, es sei ein Weg gefunden worden, der es der Bundesrepublik ermögliche, dem Vertrag beizutreten.[27] Auf der Sitzung des Kabinetts am 12. 8. prallten zwar noch einmal die divergierenden Meinungen der Minister aufeinander, doch wurde auf dieser Sitzung erstmals konkret die Unterzeichnung des Teststopvertrages in Aussicht genommen. Bonn wollte vorher jedoch noch die Ratifizierungsdebatte im amerikanischen Senat und den Besuch von Außenminister Schröder in London abwarten.[28]
Den Wünschen der Bundesregierung nach einer bindenden Zusicherung, daß der Beitritt der DDR zum Teststop-Vertrag nicht deren internationale Anerkennung bedeutete, kam der amerikanische Außenminister am 12. August 1963 im Rahmen eines Hearings des Foreign Relations Commitee zum Moskauer Vertrag nach. In seiner Erklärung berief sich Rusk darauf, daß die Anerkennung eines Staates eine entsprechende Absicht voraussetze. Die USA aber »erkennen die sowjetische Besatzungszone in Ostdeutschland nicht als Staat oder Gebilde mit nationaler Souveränität an und haben auch nicht die Absicht, dies zu tun oder die dortigen Behörden als Regierung anzuerkennen. Diese Behörden können diese Sachlage nicht dadurch ändern, daß sie den Vertrag über das Versuchsverbot un-

Gresmann, Der ewige Außenseiter. Bonn beantwortet die Politik von morgen mit den Argumenten von gestern, in: ZEIT, 9. 8. 1963; F(red) L(uchsinger), Bonns Beitritt zum Moskauer Abkommen. Zwiespalt im Regierungslager, in: NZZ, 16. 8. 1963; Nach einer Weile des Unwillens: Strauß hält sich zurück, in: WELT, 17. 8. 1963.

27 Vgl. Erklärung von Staatssekretär von Hase auf der Bundespressekonferenz am 10. 8. 1963, in: Dokumente zur Deutschland-Politik, Bd. 9. 1, S. 615–619; Rundfunkinterview von Außenminister Gerhard Schröder mit der Deutschen Welle am 11. 8. 1963, ebenda, S. 621–624.

28 Vgl. Bonn und das Moskauer Abkommen. Ein Beschluß des Kabinetts, in: NZZ, 14. 8. 1963; Bonner Beitritt zum Moskauer Abkommen, in: NZZ, 18. 8. 1963.

terzeichnen«.[29] Ähnlich lautende Erklärungen des amerikanischen Präsidenten vom 1. August sowie des State Department vom 2. August wurden ebenso wie ein Rechtsgutachten betr. Fragen der Anerkennung im Zusammenhang mit dem Vertrag über das Kernwaffenversuchsverbot zu den Ratifizierungsakten genommen. Darüber hinaus erklärte Außenminister Rusk, durch die Einsetzung von drei Verwahrregierungen wollten sich die USA ein Einspruchsrecht bewahren, falls die DDR versuchen sollte, im Rahmen des Vertrages Rechte geltend zu machen, wie z. B. die Teilnahme oder Stimmabgabe auf einer Revisionskonferenz. Auch das nach dem Besuch von Außenminister Schröder in London veröffentlichte Kommunique enthielt die Zusicherung, daß die DDR aus dem Vertrag keine staatlichen Rechte ableiten könnte.[30]

3.3 *Das Beitrittsverfahren*

Am 16. August 1963 beschloß das Kabinett einstimmig, dem Teststop-Vertrag beizutreten. Am Nachmittag des gleichen Tages billigten die Auswärtigen Ausschüsse des Bundestages und des Bundesrates in einer gemeinsamen Sitzung diesen Schritt.[31] Am 19. August 1963 unterzeichneten die Vertreter der Bundesrepublik Deutschland in London, Moskau und Washington den Vertrag über die Teileinstellung der Kernwaffenversuche. In einer gleichzeitig abgegebenen Erklärung verwies die Bundesregierung auf ihren Alleinvertretungsanspruch und erklärte: »Für die Bun-

29 Erklärung von Außenminister Rusk am 12. 8. 1963 vor dem Senate Foreign Relations Commitee, in: Mark, Die Einstellung der Kernwaffenversuche, a.a.O., S. 414–421. Bei den Erklärungen von Außenminister Rusk handelt es sich um einseitige Erklärungen und – da sie Bestandteil der »legislative history« waren – Selbstbindungen der USA; völkerrechtliche Verbindlichkeit hätte nur eine sogen. authentische Interpretation, d. h. eine gemeinsame oder konkludente Erklärung der Signatarmächte, erlangt.

30 Vgl. Kommuniqué über den Besuch von Bundesaußenminister Schröder in London vom 15. 8. 1963, in: Bulletin, Nr. 145, 16. 8. 1963, S. 1273; ferner Schröder: Bindende Zusicherungen, in: WELT, 16. 8. 1963; Das Ergebnis der Londoner Gespräche Schröders, in: NZZ, 17. 8. 1963.

31 Vgl. Beschluß des Bundeskabinetts über die Unterzeichnung des Moskauer Atomteststopp-Vertrages, in: Bulletin, Nr. 146, 17. 8. 1963, S. 1281; vgl. ferner Rededuell Schröder-Strauß im Bundestagsausschuß erwartet . . . Kabinett legt Termin für Unterzeichnung fest, in: WELT, 16. 8. 1963; Die Nein-Sager unterlagen. Wie sich das Kabinett zur Beitrittserklärung durchrang, in: ZEIT, 16. 8, 1963; Einstimmiger Kabinettsbeschluß, in: WELT, 17. 8. 1963; Bonns Beitritt zum Moskauer Abkommen. Einstimmiger Beschluß des Bundeskabinetts, in: NZZ, 18. 8. 1963; Bonn vor der Unterzeichnung des Teststoppabkommens, in: NZZ, 20. 8. 1963; Kein Rededuell im Ausschuß, in: WELT, 17. 8. 1963.

desregierung werden daher im Rahmen dieses Vertrages keine vertraglichen Beziehungen mit der sowjetischen Besatzungszone oder mit den dort eingesetzten Stellen entstehen.«[32]

Ehe die Bundesregierung am 23. Oktober 1965 beschloß, das Ratifizierungsverfahren einzuleiten, war in Gesprächen mit den drei Westmächten noch zu klären, wie Berlin in den Vertrag einbezogen werden konnte.[33] Dies geschah in der Form, daß das Zustimmungsgesetz eine Berlin-Klausel enthielt, gleichzeitig jedoch auf die alliierten Vorbehaltsrechte Bezug genommen wurde. Am 29. November wurde das Vertragsgesetz vom Bundesrat einstimmig angenommen, am 22. Januar 1964 passierte es den Bundestag in erster Lesung.[34] In der Debatte sprachen sich Außenminister Schröder sowie Vertreter aller Parteien für eine Zustimmung zum Teststop-Vertrag aus, wenn sie auch auf seinen vergleichsweise geringen Beitrag zur Lösung des Abrüstungsproblems hinwiesen. Sie sahen in ihm jedoch einen Test für die Möglichkeit einer Annäherung zwischen Ost und West, in deren Verlauf möglicherweise auch eine Lösung der deutschen Frage gefunden werden konnte. Widerspruch gegen die »sogenannte Entspannungspolitik« meldete als einziger Redner der CSU-Abgeordnete Baron von Guttenberg an. Er hielt die von Außenminister Schröder, SPD und FDP vertretene These für falsch, daß gegenwärtig eine Problemlösung nur an der Peripherie möglich und tunlich sei; diese aber die Chance eröffnen würde, dann später zum Kern vorzudringen. Nach seiner Auffassung müßte man beim »Kern«, d. h. der deutschen Frage, beginnen und diesen Standpunkt gegenüber Moskau und Washington mit Unnachgiebigkeit vertreten.[35]

Die Debatte über den Teststop-Vertrag wurde von nahezu allen Rednern zu grundsätzlichen Aussagen über den Kurs der deutschen Außenpolitik zwischen Washington und Paris genutzt. Aktuellen Anlaß dazu bot die Aufnahme diplomatischer Beziehungen zwischen Frankreich und der

32 Erklärung der Bundesregierung vom 19. 8. 1963 anläßlich der Unterzeichnung des Moskauer Atomtestabkommens, in: Bulletin, Nr. 147, 20. 8. 1963, S. 1289.

33 Vgl. Berlin-Klausel für Gesetz über Teststopp-Abkommen, in: WELT, 24. 10. 1963; Test Pact Vote Delayed By Bonn. Legal Argument on Berlin's Role Defers Ratification, in: NYT, 7. 10. 1963. Aus dem Bericht der New York Times läßt sich herauslesen, daß die Westmächte zunächst Bedenken gegen eine Einbeziehung Berlins in das Ratifizierungsgesetz hatten.

34 Vgl. Ratifizierungsgesetz zum Moskauer Vertrag vom 5. 8. 1963, in BGBl. 1964, Teil II, S. 906–910.

35 Zur Debatte über den Moskauer Vertrag vgl. vor allem die Reden von Außenminister Schröder und des SPD-Abgeordneten Erler, in: DBT/IV/107, 22. 1. 1964, S. 4930–4931 u. S. 4931–4936; sowie die Rede von Baron von Guttenberg, ebenda, S. 4956–4962.

Volksrepublik China, ein Schritt, über den die Bundesrepublik im Widerspruch zu den im deutsch-französischen Vertrag vorgesehenen Konsultationen nicht informiert worden war.[36] Die sich in der Folgezeit innerhalb der Unionsparteien akzentuierenden Auseinandersetzungen zwischen »Atlantikern« und »Gaullisten« wirkten zwar nur indirekt in die Ausschußberatungen hinein, führten aber dennoch dazu, daß es ein weiteres halbes Jahr dauerte, ehe der Bundestag die zweite und abschließende Lesung des Ratifizierungsgesetzes anberaumen konnte. Die letzten Meinungsverschiedenheiten wurden anscheinend erst bei einem Gespräch ausgeräumt, zu dem Bundeskanzler Erhard im Mai 1964 führende Abgeordnete der Unionsparteien in sein Haus am Tegernsee eingeladen hatte.[37] Dem Bundeskanzler war daran gelegen, daß der Vertrag vor seiner für den Juni geplanten Reise nach Washington den Bundestag passiert hatte.

Zu den Ausschußberatungen hatte den Abgeordneten eine Denkschrift der Bundesregierung vorgelegen, in der nochmals darauf hingewiesen wurde, daß das Alleinvertretungsrecht der Bundesregierung durch den Vertrag nicht berührt wurde. Diesen Standpunkt machte sich auch der Auswärtige Ausschuß in seinem Ausschußbericht vom 1. Juni 1964 zueigen. In diesem Bericht wurde ferner darauf hingewiesen, daß durch den Teststop-Vertrag die Sicherheit der Bundesrepublik nicht beeinträchtigt werde, da diese in erster Linie »vom Funktionieren, von der Verteidigungskraft und -bereitschaft des Atlantischen Bündnisses abhängt«. Zu der Frage der nuklearen Teilhabe, die beim Nichtverbreitungsvertrag eine außerordentlich wichtige Rolle spielen sollte, hieß es in dem Bericht, daß weder die Überlassung von nuklearen Informationen noch die Bildung einer mit amerikanischen Waffen ausgerüsteten multilateralen Atommacht von den Bestimmungen des Vertrages berührt werde. Das Zustandekommen einer europäischen Atommacht schließe der Vertrag ebenfalls nicht aus, beschränke diese jedoch auf bestimmte Möglichkeiten.[38] Nach kurzer Debatte, in der noch einmal die alten Argumente wiederholt wurden,

36 Vgl. die Frage des SPD-Abgeordneten Karl Mommer und die Antwort von Bundesaußenminister Schröder in der Fragestunde des Bundestages, in: DBT/IV/107, 22. 1. 1964, S. 4915–4916.

37 Vgl. CDU-Gespräche bei Erhard am Tegernsee. Schröders Außenpolitik als Hauptthema, in: NZZ, 21. 5. 1964; FDP und SPD bezweifeln Beilegung der Differenzen, in: WELT, 22. 5. 1964.

38 Vgl. den Bericht des Bundestagsausschusses für Auswärtige Angelegenheiten vom 1. 6. 1964, in: DBT, Drucksachen 4/1862 u. 4/2286. Die Stellungnahme des mitberatenden Verteidigungsausschusses ist in diesem Bericht enthalten.

billigte schließlich der Bundestag am 5. Juni 1964 einstimmig das Ratifizierungsgesetz zum Teststop-Vertrag.[39] Das Verfahren wurde abgeschlossen mit der Hinterlegung der Ratifikationsurkunden in London und Washington am 1. Dezember 1964, während die Sowjetregierung die Entgegennahme des Dokumentes unter Hinweis auf die darin enthaltene Berlin-Klausel verweigerte.

Die Vorgänge um den Teststop-Vertrag zeigten mit großer Deutlichkeit, wie gering der außenpolitische Handlungsspielraum der Bundesrepublik war. Um eine Isolierung innerhalb des Bündnisses zu vermeiden, erklärte sich die Bundesregierung zur Vertragsunterzeichnung bereit und stellte ihre deutschlandpolitischen Bedenken zurück. Die Formeln – mehrere Hinterlegungsorte, »disclaimer« seitens der Westmächte, Vorbehaltserklärung der Bundesregierung – die dazu bestimmt waren, ihr diesen Schritt zu erleichtern, schufen jedoch einen Präzedenzfall, der in der Folgezeit eine Teilnahme der DDR an internationalen Abkommen erlaubte, ohne das gleiche Maß an Beunruhigung hervorzurufen wie beim Teststop-Vertrag.[40] Was 1963 wie ein »Betriebsunfall« aussah, wurde zur Norm für künftige Rüstungsbeschränkungsabkommen.

Die andere Folge des Teststop-Vertrages war innenpolitischer Natur. Bei der Diskussion über die Frage des Beitritts bildeten sich politische Gruppierungen heraus, die quer durch die CDU/CSU gingen. Die Nichtbeteiligung Frankreichs am Testop-Vertrag akzentuierte die Frage, ob die Bundesrepublik dem französischen Kurs einer Nichtmitwirkung an der angelsächsischen Entspannungsdiplomatie folgen sollte oder ob sie ihre Ziele in der deutschen Frage eher über die Festigung des westlichen Bündnisses und eine von diesem getragene Entspannungspolitik erreichen konnte. Ihren Höhepunkt erreichte die Debatte zwischen »Gaullisten«

39 Vgl. Aussprache und Beschluß des Bundestages vom 5. 6. 1964, in: DBT/IV/129, 5. 6. 1964, S. 6261–6273. Auf den ursprünglich diskutierten Gedanken, dem Vertrag eine Präambel voranzustellen oder in einer Entschließung des Bundestages die Haltung in der deutschen Frage darzustellen, wurde im Hinblick auf die eindeutigen Erklärungen der Verbündeten sowie die bei der Unterzeichnung von der Bundesregierung abgegebenen Erklärung verzichtet.

40 Die Auffassung, mit der Unterschrift der BRD unter das Moskauer Abkommen sei nichts präjudiziert worden – wenn sie auch Bedenken hinsichtlich der Beteiligung der »Zone« artikulierten – vertraten Dietrich Schwarzkopf und Olaf von Wrangel, Chancen für Deutschland. Politik ohne Illusionen, Hamburg 1965, S. 47. Auf die Möglichkeit, den Moskauer Vertrag als Vorbild für künftige multilaterale Verträge unter Einschluß der DDR zu benutzen, wies Außenminister Winzer seinerseits bereits im Oktober 1963 hin, vgl. Otto Winzer, Zu einigen Aspekten der gegenwärtigen internationalen Lage und des Kampfes der DDR für die friedliche Koexistenz, in: Einheit, H. 10, 1963, S. 12–26 (S. 14).

und »Atlantikern« dann bei der Frage einer Multilateralen Atomstreitmacht und in den ersten Reaktionen zum Nichtverbreitungsvertrag; aber die Diskussion über den Teststop wirkte bereits als Katalysator in dieser Richtung.
So war der Teststop-Vertrag in vieler Weise exemplarisch: Er zeigte Wege auf, wie bei Fortbestand des grundsätzlichen Interessengegensatzes zwischen den nuklearen Großmächten durch das weitgehende Aussparen politischer Fragen begrenzte Vereinbarungen auf dem Rüstungssektor möglich waren; es wurden Formeln entwickelt, mit denen der Nichtanerkennung der DDR Rechnung getragen und die Mitwirkung beider deutscher Staaten an derartigen Abkommen gesichert werden konnte; und schließlich zeichneten sich bei der Diskussion über den Vertrag innenpolitische Reaktionsmuster ab, die sich beim Vertrag über die Nichtverbreitung nuklearer Waffen wiederholten.

4. *Der Vertrag über die Nichtweiterverbreitung von Kernwaffen*

Wesentlich differenzierter als beim Teststop-Vertrag waren die internationalen und innenpolitischen Interaktionsmuster bei den Verhandlungen über ein Abkommen zur Nichtweiterverbreitung nuklearer Waffen. Dies hatte seine Gründe in der unterschiedlichen Betroffenheit der verschiedenen Staaten, sowie in den Widersprüchen, die in dem Vertrag selbst begründet waren: danach erklärten sich die Nuklearmächte bereit, auf etwas zu verzichten, das sie sowieso nicht tun wollten: nämlich nukleare Waffen an andere Staaten weiterzugeben. Sie erwarteten jedoch konkrete Zugeständnisse von den Nichtnuklearen: Diese sollten sich ohne entsprechende Gegenleistungen einer Option begeben, deren Verwirklichung zwar kostspielig und politisch risikoreich war, ihnen aber Macht und Einfluß versprach. Das Element der Wohltätigkeit – Schutz der menschlichen Umwelt vor radioaktiver Verseuchung – das den Moskauer Unterhändlern weltweiten Applaus beschert hatte, trat zurück hinter konkrete Ansprüche und Forderungen seitens der Nichtkernwaffenstaaten – nach Garantien für ihre Sicherheit, nach Berücksichtigung ihrer wirtschaftlichen und wissenschaftlich-technologischen Interessen, nach konkreten Abrüstungsbemühungen seitens der Nuklearen.
Eine Übereinkunft über die Nichtverbreitung nuklearer Waffen wurde weiter kompliziert durch einen sehr komplexen Verhandlungsrahmen.

Auch wenn weiterhin die wesentlichen Entscheidungen bilateral getroffen wurden – zwischen den Co-Präsidenten der Genfer Abrüstungskonferenz, in Gesprächen zwischen dem sowjetischen Botschafter und dem amerikanischen Außenminister am Rande der UN-Vollversammlung und über diverse diplomatische Kanäle – so zwang das Verhandlungsziel – die Bindung vor allem der Schwellenmächte – zu intensiven multilateralen Verhandlungen. Dies geschah vor allem auf der 18-Mächte-Abrüstungskonferenz, deren Diskussionen in der UN-Abrüstungskommission und in der Vollversammlung der Vereinten Nationen fortgesetzt wurden. Eine dritte Verhandlungsebene entstand innerhalb der Bündnissysteme. Die divergierenden Interessenlagen zwischen Kernwaffen- und Nichtkernwaffenstaaten zwangen die nuklearen Großmächte – und zwar auch die Sowjetunion – zu intensiven Konsultationen mit ihren Verbündeten, die den Charakter einer Generaldebatte über die nukleare Verteidigung und die Art der Mitwirkung der Verbündeten an derselben annahm. Eine weitere Interessenkostellation bildete sich während der Nichtverbreitungsverhandlungen erst langsam heraus: Die Zusammenarbeit zwischen den Nichtnuklearen, vor allem den Schwellenmächten, die entschlossen waren, sich ihrer Option nicht ohne Gegenleistungen zu begeben. Sichtbaren Ausdruck fand diese Interessengemeinschaft in der Konferenz der Nichtnuklearen im Herbst 1968 in Genf.
Der Zwang zur Zusammenarbeit und Abstimmung nicht nur mit der Gegenseite, sondern auch mit einer Vielzahl dritter Staaten, führte bei gleichbleibender politischer Motivation der Vereinigten Staaten und der Sowjetunion zu einer Reihe von Interessenblockaden. Ebenso wie beim Teststop ließen sich die USA vorrangig von Arms control-Gesichtspunkten leiten. Diese partielle Kooperation mit dem potentiellen Kontrahenten hatte einen so hohen Stellenwert in der eigenen politischen Strategie, daß sie durch Konflikte an der Peripherie, zum Beispiel den Krieg in Vietnam, oder innerhalb des eigenen Hegemonialbereichs, z. B. die sowjetische Intervention in der Tschechoslowakei, nicht wesentlich behindert wurde.
Aber sie konnte nur auf der Basis einer intakten eigenen Einflußsphäre im Zentrum, nämlich in Europa, geführt werden. Instrument dieser Politik war für Washington die MLF: Sie sollte dem Bündnis die nötige Kohäsion verleihen, die nukleare Kontrolle zentralisieren und gleichzeitig atomare Ambitionen der Verbündeten auffangen und kanalisieren. Die amerikanische MLF-Politik hatte aber gleichzeitig die Wirkung, die europäischen Partner für die Frage der nuklearen Teilhabe bzw. Mitbestimmung zu sensibilisieren – und schwächte damit die Verhandlungsposition der USA in der Nichtverbreitungsfrage. Auf der anderen Seite stärkte das

Forcieren eines Nichtverbreitungs-Vertrages gegenüber der Sowjetunion deren Widerstand gegen eine nukleare Gemeinschaftslösung innerhalb der NATO und zwang damit die USA zu Zugeständnissen auf Kosten des Bündnisses.[41]
Eine Folge dieser Verengung der Fragestellung auf die Alternative: MLF oder Nichtverbreitung, war eine tiefgreifende Verstimmung zwischen den Bündnispartnern, ein Gefühl der Krise in den europäisch-amerikanischen Beziehungen.[42] Das hätte möglicherweise vermieden werden können, wenn sich die USA nicht auf den Versuch eingelassen hätten, die MLF den Deutschen als ersten Schritt zu einer europäischen Atommacht zu empfehlen, diese im selben Atemzug aber gegenüber den Sowjets als Nonproliferations-Maßnahme auszugeben, sowie gleichzeitig den Briten in Nassau die Mittel zu einer unabhängigen Nuklearmacht zuzugestehen und sie den Franzosen zu verweigern. Die multilaterale Atomstreitmacht und der Nichtverbreitungsvertrag waren in der Außenpolitik der USA zwei separate Instrumente, die von verschiedenen Gruppen innerhalb der Administration getragen wurden, bei denen es aber die amerikanische Führung versäumte, sie zu einer gemeinsamen europäischen Sicherheitspolitik zu integrieren.[43]
Wie auch beim Teststop war die sowjetische Nichtverbreitungs-Politik vorrangig Europa-Politik, die auf die Konsolidierung ihres Machtbereiches in Europa gerichtet war. Aus mehreren Gründen richtete sich der Hauptstoß dabei vor allem gegen die Bundesrepublik, aber auch gegen das Atlantische Bündnis. Einmal war die Bundesrepublik aufgrund der historischen Gegebenheiten das für eine Denunzierung als atomlüstern psychologisch anfälligste Glied der westlichen Allianz. Die Beschwörung der Gefahr deutscher Atomwaffen diente dazu, die osteuropäischen Staaten an die sowjetische Sicherheitsgarantie zu binden. Sie sollte ferner die

41 Zur MLF vgl. oben, Kap. III, S. 172 ff.; zur wachsenden Bedeutung der Nichtverbreitungsfrage in der amerikanischen Politik – im Vergleich zu den Bemühungen um eine nukleare Gemeinschaftslösung – vgl. vor allem den Aufsatz von William C. Foster, New Directions in Arms Control and Disarmament, in: FA, Bd. 43, Nr. 4 (Sommer 1965), S. 587–601; ferner die Rede von Senator Robert F. Kennedy am 23. 6. 1965 vor dem amerikanischen Senat über Maßnahmen gegen die Ausbreitung der Kernwaffen, Auszug in: EA 15/1965, S. D 380–384.

42 Zu den Problemen europäisch-atlantischer Zusammenarbeit vgl. z. B. Alastair Buchan, The Changed Setting of the Atlantic Debate, in: FA, Bd. 43, Nr. 4 (Sommer 1965), S. 574–586; und Theo M. Loch, Entfremdung zwischen Amerika und Europa, in: EA 2/1968, S. 43–50.

43 Vgl. Herbert von Borch, Washingtons Dilemma wegen des Atomsperrvertrags, in: SZ, 21. 1. 1966; ferner die Kritik von Elizabeth Young, The Control of Proliferation, The 1968 Treaty in Hindsight and Forcast, London 1969 (Adelphi Papers, Nr. 56), S. 14.

Bundesrepublik im Bündnis isolieren und das Mißtrauen ihrer westlichen Nachbarn wecken oder zumindest Bonn als Hindernis ost-westlicher Entspannungspolitik erscheinen lassen. Und schließlich verfolgte die sowjetische Nichtverbreitungs-Politik das Ziel, die in der westlichen Nuklearpolitik inhärenten Widersprüche zu akzentuieren und damit sowohl das Bündnis als Ganzes zu schwächen als auch den Handlungsspielraum ihrer einzelnen Mitglieder – insbesondere der Bundesrepublik Deutschland – zu begrenzen.[44]
Aber auch für die Sowjetunion ergaben sich diverse Interessenblockaden. Mit ihrer Forderung nach Einbindung der Bundesrepublik in einen lükkenlosen Nuklearverzicht, der jede gemeinsame strategische Planung innerhalb der NATO verhindert und damit das westliche Bündnis militärisch funktionsunfähig gemacht hätte, errichtete sie eine Hürde, welche die Vereinigten Staaten trotz ihres hohen Interesses an einer Übereinkunft aus sicherheitspolitischen Erwägungen nicht überspringen konnten und von der erst einige Stangen heruntergenommen werden mußten, ehe Washington dann unter Verzicht auf die MLF darübersetzen konnte. Gleichfalls weckte die Reaktivierung der Feindstaatenklauseln der UN-Charta, welche die exponierte Position der Bundesrepublik im Zusammenhang mit der Gewaltverzichts-Diskussion unterstreichen sollte, sowie die Disziplinierung der CSSR, die zur Sicherung des eigenen Hegemonialbereichs notwendig war, in Bonn Gegenkräfte, die sich einer Vertragsunterzeichnung widersetzten bzw. den Beitritt von zusätzlichen Zusicherungen und Interpretationen ihrer Bündnispartner abhängig machten. Letztere hätten für sich allein wahrscheinlich nicht ausgereicht, um die Bundesrepublik zur Unterschrift zu veranlassen. Mit der von der Sowjetunion hergestellten Verknüpfung von Gewaltverzicht und Nuklearverzicht war der Beitritt zum Nichtverbreitungsvertrag zur Voraussetzung der von der Bundesregierung mit dem Instrument der Gewaltsverzichts betriebenen Entspannungspolitik geworden. Als die Sowjetunion den Oxer »Interventionsanspruch« gemäß Artikel 53 und 107 der UN-Charta mit dem Wassergraben »Anerkennung der europäischen Realitäten« vertauschte – und gleichzeitig mit dem Verzicht auf völkerrechtliche Anerkennung der DDR ihrerseits das Interesse an einem Modus vivendi mit dem Westen über Bündnisgesichtspunkte stellte – war die Bundesrepublik

44 Zum Zusammenhang zwischen sowjetischer Nichtverbreitungspolitik und Deutschland-Politik vgl. Thomas Jansen, Der Atom-Sperrvertrag als Problem der Deutschland- und Europa-Politik, vervielf. Mskr., Mainz 1969; ferner Gerhard Wettig, Funktionen eines Sperrvertrages in der sowjetischen Politik, in: AP, H. 1, 1968, S. 9–22.

in der Lage, den Sprung zu wagen, der ihr den Weg zu einem Ausgleich mit den osteuropäischen Staaten eröffnete.
Die Nichtverbreitungs-Politik der Vereinigten Staaten und der Sowjetunion stellte Bonn vor mehr Probleme, als sie Chancen bot. Diese bestanden nicht, oder nur zum geringsten Teil, in dem Verzicht auf eine nationale nukleare Option – dem erklärten Vertragsziel – denn darauf hatte die Bundesrepublik bereits 1954 im Zusammenhang mit ihrem Beitritt zur NATO verzichtet. Das Hauptproblem der westdeutschen Außenpolitik war die durch den Nichtverbreitungsvertrag hervorgerufene Belastung der Bündnispolitik. Sie ergab sich einmal durch die enge Verbindung, die zwischen den Bemühungen um nukleare Gemeinschaftslösungen innerhalb des Bündnisses und der Nichtverbreitungs-Frage bestand; und zum andern durch die sich in der amerikanischen Politik am Beispiel dieses Vertrages manifestierende Tendenz, Arms control-Lösungen den Vorrang vor der Regelung von Bündnisproblemen zu geben.
Die von der Bundesregierung in der Folge betonte »europäische Option« erhielt einmal eine gewisse Ersatzfunktion im westdeutschen Bewußtsein für die gescheiterte MLF – an deren Stelle mit der Nuklearen Planungsgruppe der NATO ein funktionierendes gemeinsames Planungsinstrument getreten war – und sie wurde als eine alternative Sicherheitslösung perzipiert, als eine Art Rückversicherung für den Fall eines amerikanischen politischen und militärischen Disengagement. Aber gleichzeitig unterminierte die Nichtverbreitungsfrage die Voraussetzungen für eine derartige europäische Gemeinschaftslösung und belastete die deutsch-französischen ebenso wie deutsch-britischen Beziehungen – und damit auch die europäische Integrationspolitik. Frankreich machte seine Unterstützung der Bundesrepublik in der deutschen Frage von ihrem Verzicht auf nukleare Gemeinschaftslösungen und Großbritannien seine Zustimmung zu solchen – in der Form der von London vorgeschlagenen ANF oder einer Mitbestimmungslösung – von einem Verzicht auf jede physische nukleare Teilhabe abhängig, während die USA zunächst gerade in der »hardware-Lösung« den Deus ex machina für nukleare Partizipation wie auch für Nonproliferation sahen.[45]
Auch in der Deutschland- und Ostpolitik sah sich Bonn vor das Dilemma gestellt, daß es eine nukleare Option als mögliches Faustpfand für eine Regelung der deutschen Frage behalten wollte.[46] Ein Modus vivendi mit

45 Vgl. Nerlich, Die nuklearen Dilemmas der BRD, a.a.O., S. 650.
46 Vgl. das Interview von Außenminister Schröder am 3. 7. 1965 mit den Düsseldorfer Nachrichten, abgedruckt in: Bulletin, Nr. 117, 9. 7. 1965, S. 948–949. In der öffentli-

der Sowjetunion und den osteuropäischen Staaten – die Voraussetzung für jede einvernehmliche Regelung in der deutschen Frage – war aber erst nach dem Verzicht auf eben diese Option möglich. In der Innenpolitik schließlich akzentuierte die Nichtverbreitungsfrage die bereits beim Teststop aufgetretene Spaltung der regierenden CDU/CSU in »Atlantiker« und »Gaullisten« und wurde dann, während der Großen Koalition, zum äußeren Symbol der inneren Widersprüche der Koalition zwischen CDU/CSU und SPD, insbesondere in der Außenpolitik, die schließlich zu ihrer Handlungsunfähigkeit im Sommer 1969 und zum innenpolitischen »renversement des alliances« im Herbst 1969 führte.
Aus diesem Szenarium von Dilemmata ergab sich für die Bundesregierung der Zwang zum gleichzeitigen Agieren und Reagieren auf verschiedenen Aktionsebenen: Der bündnisinternen bzw. bilateralen deutsch-amerikanischen, im Ost-West-Kontext und auf dem innenpolitischen Parkett. Da sich – anders als beim Teststop-Vertrag – die Bundesregierung zu einem relativ frühen Zeitpunkt in die Überlegungen einschaltete, durchlief ihre Haltung eine Reihe verschiedener Phasen, die von dem Versuch, einen weltweiten Nichtverbreitungsvertrag zu verhindern bzw. diesen entsprechend ihren Interessen umzugestalten, über eine Phase der Mitsprache im Rahmen gemeinsamer Konsultationen innerhalb des Bündnisses und eine solche der Mitwirkung an der Vertragsformulierung bzw. an den mit diesem einhergehenden Interperationen reichte und schließlich, nach der Auflage desselben durch die Signatarmächte, in einer Debatte darüber kulminierte, zu welchen Bedingungen und Kosten die Bundesrepublik Deutschland ihm beitreten sollte. In richtiger Einschätzung des eigenen Handlungsspielraumes herrschte die Überzeugung vor, daß die Bundesrepublik dem Vertrag nicht fernbleiben konnte, und nur von Randgruppen wurde der Gedanke an eine Verweigerung der Unterschrift erwogen. Die jeweiligen Bundesregierungen waren aber auch entschlossen, ihren begrenzten Handlungsspielraum voll auszunutzen, um einen Vertrag zu Bedingungen zu erzielen, der ihren nationalen Interessen soweit wie möglich entsprach. In der Einschätzung dieses Spielraumes unterschieden sich CDU und SPD allerdings erheblich.

chen Diskussion wurde gelegentlich Bezug genommen auf eine diplomatische Initiative der sowjetischen Regierung vom November 1958, in der Moskau angedeutet hatte, ein Verzicht der Bundesrepublik auf atomare Bewaffnung würde durch einen Friedensvertrag honoriert werden, der die Voraussetzungen für eine Regelung des deutschen Problems als Ganzes schaffen könnte; vgl. Hans Kroll, Botschafter in Belgrad, Tokio und Moskau 1962–1963, München 1969 (dtv 547), S. 216 ff. Kroll vertritt in seinen Memoiren die Auffassung, daß mit einem Eingehen auf diesen Vorschlag zumindest die Berlin-Krise 1958–1961 hätte vermieden werden können.

4.1 *Die Aktualisierung der Nichtverbreitungs-Frage*

Eine neue Aktualität erhielt die Frage der Nichtweiterverbreitung nuklearer Waffen nach der Detonation der ersten chinesischen Atombombe im Oktober 1964. Mindestens seit der »Irischen Resolution« vom Dezember 1961[47] hatte diese Frage jedoch fest auf der internationalen Tagesordnung gestanden. Als im Zusammenhang mit den Moskauer Verhandlungen über eine teilweise Einstellung der Kernwaffenversuche die Frage geprüft wurde, welche weiteren Schritte der Rüstungsbeschränkung von den Vereinigten Staaten und der Sowjetunion in Angriff genommen werden könnten, trug der amerikanische Unterhändler Harriman seinen sowjetischen Gesprächspartnern den Plan eines Vertrages über die Nichtverbreitung nuklearer Waffen vor. Obwohl Moskau einem Nichtangriffspakt zwischen den Mitgliedstaaten des Warschauer Vertrages und der NATO den Vorzug gab, wurde dieser Vorschlag nicht negativ aufgenommen. In einer Rede vor der UN-Vollversammlung im September 1963 befaßte sich Außenminister Gromyko ausführlich mit dem Problem der nuklearen Weiterverbreitung und regte neben der Schaffung kernwaffenfreier Zonen auch den Abschluß eines Nichtverbreitungsvertrages an.[48] Anläßlich des Wiederzusammentritts der Genfer 18-Mächte-Abrüstungskonferenz im Januar 1964 schlug der amerikanische Präsident neben verschiedenen anderen Maßnahmen vor, die Nuklearmächte sollten übereinkommen, Kernwaffen nicht in die nationale Kontrolle von Staaten zu geben, die bisher noch nicht über solche verfügten, und sicherstellen, daß jede Weitergabe von nuklearem Material für friedliche Zwecke nur unter wirksamen internationalen Sicherheitsbestimmungen erfolgte.[49]

Wenige Tage später legte die sowjetische Delegation in Genf ein Neun-Punkte-Memorandum vor, das sich von den amerikanischen Vorschlägen vor allem darin unterschied, daß die meisten seiner Maßnahmen auf die Situation in Europa bezogen waren. Auch die Frage einer Nichtweiterverbreitung von Kernwaffen, die in dem sowjetischen Memorandum hinter Vorschlägen wie dem Abschluß eines Nichtangriffspaktes zwischen den Ländern der NATO und des Warschauer Paktes sowie der Schaffung

47 Vgl. die sog. »Irische Resolution« der UN-Vollversammlung vom 4. 12. 1961, in: Volle/Duisberg, Probleme der internationalen Abrüstung, a.a.O., Bd. 2, S. 913.

48 Vgl. die Rede des sowjetischen Außenministers, Andrej A. Gromyko, am 19. 9. 1963 vor der UN-Vollversammlung, Auszüge in: DoD, 1963, S. 509–524.

49 Vgl. die Botschaft von Präsident Johnson an die 18-Mächte-Abrüstungskonferenz vom 21. 1. 1964, in: EA 5/1964, S. D 168–169.

atomwaffenfreier Zonen rangierte, wurde mit den Gefahren begründet, die dann entstehen würden, wenn die Bundesrepublik auf irgendeine Weise Zugang zu Nuklearwaffen erhielt. Die sowjetische Regierung schlug vor, »daß ein Übereinkommen über diese Frage, neben einem Verbot, diese Waffen oder auch Informationen über ihre Herstellung direkt an andere Staaten weiterzugeben, auch Bestimmungen enthält, die sicherstellen, daß nicht auf indirektem Wege über militärische Blocks, wie z. B. die sogenannte multilaterale Atomstreitmacht der NATO, Kernwaffen übertragen oder zugänglich gemacht werden«.[50]

Der Wortlaut der amerikanischen und der sowjetischen Vorschläge in der Nichtverbreitungsfrage enthielt jedoch bereits einen Hinweis auf die grundsätzliche Interessenblockade der Nonproliferations-Politik beider Mächte: Während der von den USA benutzte Passus, daß die Weitergabe in die *nationale* Verfügungsgewalt verboten werden sollte, eine kollektive Atomstreitmacht nicht ausschloß, wollte die Sowjetunion gerade diese verhindern. Sie versuchte darüber hinaus, jede Form bündnisinterner nuklearer Zusammenarbeit zu blockieren. Hinter der in Genf mit Inbrunst geführten Debatte über »control« und »access«, d. h. über die Definition von nationaler Verfügungsgewalt und Zugang zu Nuklearwaffen, verbarg sich die Frage nach der nuklearen Rolle der Bundesrepublik Deutschland ebenso wie die nach einer mit Nichtverbreitungsregelungen zu vereinbarenden Form bündnisinterner nuklearer Gemeinschaftslösungen.

Die Debatte in Genf wurde begleitet von dem Austausch öffentlicher Erklärungen und Noten, die Bestandteil der sowjetischen Anti-MLF-Kampagne waren und die die Westmächte sowie die Bundesrepublik zu wiederholten Versicherungen zwangen, daß eine Übertragung von Kernwaffen in die nationale Verfügungsgewalt nicht beabsichtigt sei.[51] Hinter dem Schutzschirm des vor allem von der Sowjetunion mit großem propagandi-

50 Memorandum der sowjetischen Regierung vom 28. 1. 1964 über Maßnahmen zur Abschwächung des Wettrüstens und zur Verringerung der internationalen Spannung, in: EA 5/1964, S. D 173–176.

51 Vgl. z. B. die sowjetischen Noten an die Regierungen der Vereinigten Staaten und der Bundesrepublik vom 11. 7. 1964 betr. die Aufstellung multilateraler Atomstreitkräfte, in: EA 18/1964, S. D 449–451; Erklärung der sowjetischen Nachrichtenagentur TASS zur Frage der Verhinderung einer Weiterverbreitung von Kernwaffen, in: DoD, 1964, S. 295–298; Note der Bundesregierung an die Sowjetunion vom 2. 9. 1964 betr. die Aufstellung multilateraler Atomstreitkräfte, in: EA 18/1964, S. D 451–452; Antwort der Vereinigten Staaten vom 10. 9. 1964 auf die sowjetische Note vom 11. 7. 1964 betr. Multilaterale Atomstreitmacht, in: DoD, 1964, S. 381–382; Kommuniqué über die Tagung des Politischen Beratenden Ausschusses des Warschauer Paktes vom 20. 1. 1965, in: EA 5/1965, S. D. 108–111.

stischen Aufwand geführten Meinungsaustausches fanden verschiedene Runden bilateraler amerikanisch-sowjetischer Gespräche statt, in denen die USA versuchte, eine Gesprächsbasis mit der Sowjetunion zu finden. Zugleich mehrten sich innerhalb der Vereinigten Staaten die Stimmen, die sich für verstärkte Bemühungen um ein Nichtverbreitungs-Abkommen aussprachen.[52] Im Sommer 1965 sandte Präsident Johnson dann den Verhandlungsführer bei den Moskauer Teststop-Verhandlungen, Averell Harriman, nach Moskau, um in Sondierungen mit der sowjetischen Führung herauszufinden, auf welchen Gebieten ein Übereinkommen möglich sein würde. Harriman scheint in seinen Gesprächen im Kreml die Überzeugung gewonnen zu haben, daß die Sowjetunion an dem Zustandekommen eines Nichtverbreitungs-Abkommens sehr interessiert war.[53] Jedenfalls erklärte Präsident Johnson in einer Botschaft an die Genfer 18-Mächte-Abrüstungskonferenz Ende Juli 1965, die Vereinigten Staaten würden ihre Bemühungen um eine Nichtweiterverbreitung nuklearer Waffen intensivieren und sähen dem Ergebnis ihrer Anstrengungen mit Optimismus entgegen.[54]

Aber auch zahlreiche Nichtkernwaffenstaaten griffen in den internationalen Abrüstungsgremien das Problem der Nichtverbreitung auf und legten eigene Vorschläge vor, in denen die Einstellung aller Kernwaffenversuche und ein Moratorium für jede direkte oder indirekte nukleare Dissemination gefordert wurde. Die sowjetische Anti-MLF-Kampagne hatte insofern ihre Wirkung getan, als die ungebundenen Staaten die geplante NATO-Atomstreitmacht in zunehmendem Maße als das entscheidende Hindernis für ein Übereinkommen empfanden.[55]

52 Vgl. z. B. die Rede von Senator Robert F. Kennedy am 23. 6. 1965 im Senat über Maßnahmen zur Nichtverbreitung, in: EA 15/1965, S. D 380–384; den Aufsatz von Foster, New Directions in Arms Control and Disarmament, a.a.O.; ferner den sog. »Gilpatric-Bericht«, den Bericht einer von Präsident Johnson eingesetzten Kommission zur Untersuchung der Nuklearfrage, in dem empfohlen wurde, notfalls die MLF zu opfern, wenn auf diese Weise die Zustimmung der Sowjetunion zu einem Nichtverbreitungsabkommen erlangt werden könnte, in: NYT, 5. 7. 1965.

53 Vgl. Gespräch Harrimans mit Kossygin über Abrüstungsfragen, 21. 7. 1965, in: Abrüstung und Sicherheit, Bd. III (1964–1966), S. 250.

54 Vgl. die Botschaft von Präsident Johnson vom 27. 7. 1965 an die 18-Mächte-Abrüstungskonferenz, in: DoD, 1965 S. 281; ferner die Ausführungen von Außenminister Rusk auf einer Pressekonferenz am 2. 8. 1965, Auszüge betr. Nichtverbreitung, ebenda, S. 294–295.

55 Vgl. Memorandum der acht blockfreien Mitglieder der 18-Mächte-Abrüstungskonferenz vom 15. 9. 1965 zur Nichtweiterverbreitung nuklearer Waffen, ENDC/158, 15. 9. 1965, in: EA 20/1965, S. D 514; ferner United States Arms Control and Disarmament Agency, International Negotiations on the Treaty on the Nonproliferation of Nuclear Weapons, Washington, D.C. 1969, S. 19 f.

Der Ständige NATO-Rat befaßte sich während der Sommermonate des Jahres 1965 mehrfach mit der NV-Frage und bemühte sich, die Vorstellungen der Verbündeten zu einem gemeinsamen Verhandlungsvorschlag zusammenzufassen. Die Meinungen gingen jedoch – insbes. zwischen den USA einerseits und Großbritannien und Kanada andererseits – darüber auseinander, ob auch eine gemeinschaftliche Verfügungsgewalt ausgeschlossen werden sollte.[56] Es gelang den Bündnispartnern nicht, die unterschiedlichen Vorstellungen auf einen Nenner zu bringen. Der NATO-Rat begnügte sich daher damit, die Anregungen seiner Mitglieder zur Kenntnis zu nehmen und die Vereinigten Staaten aufzufordern, ihre Vorschläge in die Form eines Vertragsentwurfes zu bringen. Der Text des amerikanischen Entwurfes wurde dann einen Tag, ehe die amerikanischen Delegation ihr Arbeitspapier in Genf vorlegte, noch einmal im NATO-Rat gründlich beraten.[57] Es gelang aber nicht, einen gemeinsamen westlichen Verhandlungsvorschlag zu erarbeiten; der Konsens reichte nur soweit, daß die übrigen drei westlichen Staaten, die zusammen mit den USA am Genfer Verhandlungstisch saßen, den amerikanischen Entwurf in Genf unterstützen wollten, ohne sich aber auf diesen in allen seinen Details festzulegen.[58]

Am 17. August 1965 legten die Vereinigten Staaten ihren Vertragsentwurf in Genf vor. Kernstück des amerikanischen Vorschlages waren die Artikel I und II, in denen sich jeder Kernwaffenstaat verpflichten sollte, »Kernwaffen weder mittelbar noch unmittelbar durch ein Militärbündnis der nationalen Verfügungsgewalt eines Nichtatomstaats zu unterstellen; er verpflichtet sich ferner, keine sonstigen Maßnahmen zu treffen, durch welche die Gesamtzahl der Staaten und anderen Organisationen vermehrt würde, die unabhängige Verfügung über den Einsatz von Kernwaffen besitzen«. Auch eine Hilfe bei der Produktion von Kernwaffen wurde verboten. Der Artikel II des Entwurfes beinhaltete eine Verpflichtung der Nichtkernwaffenstaaten, »keine Kernwaffen herzustellen und weder unmittelbar noch mittelbar durch ein Militärbündnis die Unterstellung sol-

56 Vgl. die Darstellung bei Forndran, Probleme der internationalen Abrüstung, a.a.O., S. 200 f.; ferner Joachim Schwelien, Atomschwert – in wessen Hand? In: ZEIT, 13. 8. 1965.

57 Vgl. die Ausführungen von Staatssekretär von Hase am 16. 8. 1965 in der Bundespressekonferenz (Niederschrift des BPA); Associated Press und Reuter vom 16. 8. 1965.

58 Vgl. die Äußerung von Lord Chalfont vor der Presse in Genf, daß es kleinere Meinungsverschiedenheiten zwischen den NATO-Partnern in der NV-Frage gebe, in: NZZ, 13. 8. 1965, zit. bei Forndran, Probleme der internationalen Abrüstung, a.a.O., S. 325, Anm. 22.

cher Waffen unter seine nationale Verfügungsgewalt anzustreben oder anzunehmen . . .«. Der Kontrollartikel, Artikel III, war bewußt sehr vage gehalten, um einen maximalen Verhandlungsspielraum zu ermöglichen. Die Artikel V bis VII entsprachen im wesentlichen den Bestimmungen über Beitritt, Signatarmächte und Rücktrittsklausel, wie sie bereits im Moskauer Vertrag über die Einstellung der Kernwaffenversuche enthalten waren.[59]

Die sowjetische Regierung unterbreitete ihre Vorschläge für einen Vertrag über die Nichtverbreitung von Kernwaffen am 24. September 1965 der – publikumswirksameren – Vollversammlung der Vereinten Nationen. Der sowjetische Vertragsentwurf war formal ähnlich angelegt wie der amerikanische, ging jedoch in seinen Verbotsbestimmungen sehr viel weiter. Nach Artikel I sollte nicht nur der Besitz und die Verfügungsgewalt über Kernwaffen verboten sein, sondern auch der Mitbesitz, die Mitverfügung, die Mitverwendung oder die Mitwirkung an der Erprobung dieser Waffen durch Nichtkernwaffenstaaten. In die bestehenden Regelungen innerhalb der NATO griff die Bestimmung ein, nach der Nichtkernwaffenstaaten jede Art von nuklearer Rolle, z. B. auch die Verfügung über entsprechende Trägerwaffen, untersagt werden sollte. Auch sollte jede Hilfe bei der Produktion von Kernwaffen in Form von Informationen oder Herstellungstechniken verboten werden. Einen Kontrollartikel enthielt der sowjetische Entwurf nicht, ebenso wurde auf den in Artikel IV der amerikanischen Vorlage unternommenen Definitionsversuch verzichtet, was unter Kernwaffen zu verstehen sei. In der Frage des Beitritts, der Vertragsdauer, der Rücktrittsmöglichkeiten und der Signatarmächte entsprach das sowjetische Papier ebenfals den im Moskauer Vertrag praktizierten Regelungen.[60]

Bei der Diskussion über beide Entwürfe in den Vereinten Nationen und in der Genfer 18-Mächte-Abrüstungskonferenz läßt sich im folgenden Jahr eine deutliche Akzentverschiebung feststellen. Während die Auseinandersetzung zwischen den Vereinigten Staaten und der Sowjetunion weiterhin von der Frage einer Beteiligung der Bundesrepublik Deutschland an nuklearen Gemeinschaftslösungen im Rahmen der NATO beherrscht wurde, konzentrierte sich die allgemeine Debatte auf die ungleichen Verpflichtungen für Kernwaffen- und Nichtkernwaffenstaaten. Vor allem die

59 Vgl. den amerikanischen Entwurf eines Vertrages über die Nichtverbreitung von Kernwaffen, ENDC/152, 17. 8. 1965, in: EA 20/1965, S. D 511–513.

60 Vgl. den sowjetischen Entwurf eines Vertrages über die Nichtverbreitung von Kernwaffen vom 24. 9. 1965, A/5976, 24. 9. 1965, in: EA 20/1965, S. D 518–520.

nichtgebundenen Staaten waren nicht bereit, einem Abkommen über die Nichtweiterverbreitung von Kernwaffen zuzustimmen, wenn die Nuklearmächte nicht gleichzeitig eine Verpflichtung zur nuklearen Abrüstung eingingen. Außerdem forderten sie Sicherheitsgarantien, um in der Zukunft vor nuklearen Drohungen und Aggressionen geschützt zu sein.[61]

4.2 *Erste Formulierung einer Nichtverbreitungs-Position durch die Bundesrepublik*

Eine grundlegende Erfahrung des Teststop-Vertrages war für die Bundesregierung die Erkenntnis, daß sie versuchen mußte, ihre eigenen Interessen zu einem sehr frühen Zeitpunkt in die internationale Diskussion einzubringen, wenn diese dort berücksichtigt werden sollten. Als nach Abschluß des Teststop-Vertrages in bilateralen Gesprächen zwischen den Vereinigten Staaten und der Sowjetunion wie auch im Rahmen der Genfer 18-Mächte-Abrüstungskonferenz Sondierungen darüber stattfanden, welche weiteren Entspannungsschritte in Angriff genommen werden könnten, regte die Bundesregierung an, daß sich der NATO-Ministerrat mit dieser Frage befassen sollte.[62] Dahinter stand einmal der Wunsch nach einer angemessenen Mitsprachemöglichkeit und zum anderen das Bemühen, eine Isolierung innerhalb des westlichen Bündnisses zu verhindern, wie dies beim Teststopvertrag geschehen war.
Diese Initiative der Bundesregierung markierte den Beginn neuer Verhaltensmuster in der Arms control-Diskussion. Bisher hatte Bonn das sich intensivierende Bemühen der Vereinigten Staaten, mit der Sowjetunion gewisse Spielregeln für den Rüstungswettlauf zu vereinbaren, als Negativposten ihrer Bündnispolitik betrachtet. Sie hatte eine abwartende, wenn nicht ablehnende Haltung eingenommen und versucht, ihre eigenen Anliegen nicht durch die Ausschöpfung der vorhandenen Konsultationsmechanismen und die Entwicklung eigener Vorschläge, sondern durch den Hinweis auf Rechtspositionen und die Verpflichtung der Verbündeten zur Wahrung ihrer Interessen in der deutschen Frage durchzusetzen.
Der erste Schritt in Richtung auf eine aktivere Rolle der Bundesrepublik

61 Vgl. Forndran, Probleme der internationalen Abrüstung, a.a.O., S. 210 f.
62 Vgl. Bonn Proposes NATO Aid On Pact To Bar Attacks. Asks U.S. to Bring Atlantic Body Into East-West Talks, in: NYT, 19. 8. 1963.
63 Vgl. Helga Haftendorn, Der Abrüstungsbeauftragte. Zur Organisation der Abrüstungspolitik in der Bundesrepublik, in: PVS, Nr. 1, 1972, S. 2–38.

bestand in der Schaffung eines institutionellen Instrumentariums in Form eines Abrüstungsbeauftragten und einer ihm zugeordneten Unterabteilung im Auswärtigen Amt. Die zweite Mitspracheebene war der NATO-Rat. Bei den Verhandlungen über die Abstimmung der westlichen Positionen im Sommer 1965 unterstützte die Bundesregierung grundsätzlich den Gedanken einer Nichtweiterverbreitung nuklearer Waffen; hinsichtlich der im NATO-Rat diskutierten Vertragsentwürfe meldete sie jedoch Bedenken an. Der ständige Vertreter der Bundesrepublik in Paris, Botschafter Grewe, drängte vor allem auf die Klärung folgender Fragen:

- Realisierung einer nuklearen Gemeinschaftslösung innerhalb des Bündnisses;
- Sicherheitsgarantien für die Nichtkernwaffenstaaten;
- Abrüstungsschritte seitens der Atommächte;
- wirksame Inspektions- und Kontrollregelungen;
- keine Präjudizierung der Wiedervereinigung Deutschlands bei einem Beitritt der Bundesrepublik und der DDR zu einem Nichtverbreitungs-Abkommen.[64]

Noch ehe die Vereinigten Staaten ihren Vertragsentwurf in Genf vorgelegt hatten, äußerten sich führende Bonner Politiker in einer Reihe von Interviews zur Nichtverbreitungsfrage, die in Absicht und Wirkung auf ein internationales Auditorium abgestimmt waren und dem Standpunkt Bonns bei den Verbündeten wie der Sowjetunion Nachdruck verleihen sollten. Die Serie der Interviews, die sämtlich dem Bonner Korrespondenten verschiedener deutscher Tageszeitungen, Dr. Wolfgang Wagner, gegeben wurden, eröffnete Gerhard Schröder am 3. Juli 1965 mit einem Interview, das in den *Düsseldorfer Nachrichten* veröffentlicht wurde. Auf die Frage nach den Voraussetzungen, unter denen die Bundesrepublik einem Nichtverbreitungs-Abkommen beitreten könnte, verwies Schröder zunächst auf den 1954 ausgesprochenen Verzicht auf die Herstellung von ABC-Waffen, den er als Vorstufe der Nichtverbreitung atomarer Rüstung bezeichnete. »Es ist daher kein unbilliges Verfahren, wenn wir andere Länder, die uns so gern den vollständigen atomaren Verzicht nahelegen, auffordern, ihrerseits erst einmal diese Vorstufe zu erreichen, in dem sie einen gleichen Verzicht aussprechen, wie wir dies 1954 getan haben«. Unter Hinweis auf die Sicherheitsfrage, die sich für alle Nichtkernwaffen-

64 Vgl. die Erklärung von Staatssekretär von Hase am 16. 8. 1965 auf der Bundespressekonferenz (Niederschrift BPA); ferner Abrüstung. Liebe Grüße aus Moskau, in: SPIEGEL, Nr. 8, 14. 2. 1966, S. 33; ferner Alexander Petri, Die Entstehung des NV-Vertrages. Die Rolle der Bundesrepublik Deutschland, Phil. Diss. Tübingen 1970, S. 56 f.

staaten stellte, für die Bundesrepublik angesichts ihrer exponierten geographischen Lage und der auf Westeuropa gerichteten sowjetischen Mittelstreckenraketen jedoch nach Auffassung von Schröder eine besondere Dringlichkeit besaß, erklärte er, »Ich meine, daß eine Form der atomaren Organisation gefunden werden muß, die das Sicherheitsbedürfnis der nicht atomar gerüsteten NATO-Mitglieder angesichts der mehr als 700 auf Europa gerichteten sowjetischen Mittelstreckenraketen befriedigt. Wenn dies durch die Schaffung einer multilateralen atlantischen Abschreckungsstreitmacht oder durch eine gleichwertige Lösung geschehen ist, könnte Deutschland seinen Alliierten gegenüber auf den Erwerb eigener Atomwaffen verzichten«. Er fuhr fort: »Sollte die Sowjetunion bereit sein, wie wir dies wünschen und hoffen, wesentlichen und unwiderruflichen Schritten zur Wiedervereinigung Deutschlands in Freiheit zuzustimmen, wo würde sich die Sicherheitsfrage anders stellen. Der Beitritt Gesamtdeutschlands zu einem weltweiten Abkommen würde möglich sein«.[65]

Geht man davon aus, daß der Außenminister mit diesem Interview die Bonner Verhandlungsziele in der Nichtverbreitungsfrage abstecken wollte, so schälten sich drei Punkte für die weitere Verhandlungstaktik heraus: Es war dies einmal die Unterscheidung zwischen einem den eigenen Bündnispartnern gegenüber ausgesprochenen Erwerbsverzicht, der von einer befriedigenden Form nuklearer Organisation innerhalb des Bündnisses abhängig gemacht wurde, und zum andern dem Beitritt zu einem weltweiten Abkommen, den Schröder mit Fortschritten in der deutschen Frage verknüpfte, sowie schließlich die Vorbereitung einer dilatorischen Wartestellung mit dem Hinweis, daß die Bundesrepublik mit ihrem 1954 ausgesprochenen Verzicht auf die Herstellung nuklearer Waffen bereits einen wesentlichen Schritt in Richtung Nichtverbreitung getan habe.

Das von dem Vorsitzenden des Bundesverteidungsrates, Heinrich Krone, am 24. Juli dem *Tagesspiegel* gegebene Interview unterschied sich nur in Nuancen von den Äußerungen Schröders. Auch Krone machte den Ver-

65 Interview von Bundesaußenminister Schröder mit den Düsseldorfer Nachrichten, 3. 7. 1965, abgedruckt in: Bulletin, Nr. 117, 9. 7. 1965, S. 948–949 (S. 949). Diese Äußerungen wurden in der Öffentlichkeit, vor allem im Ausland, dahingehend interpretiert, daß Schröder der Bundesrepublik eine nationale nukleare Option offenhalten wollte. Insbesondere die Sowjetunion wurde nicht müde, diese Äußerung als Beweis für das nukleare Machtstreben der BRD zu interpretieren, vgl. die Erklärung des sowjetischen Delegierten Zarapkin am 3. 8. 1965 auf der Genfer Abrüstungskonferenz, der expressis verbis auf das Schröder-Interview bezug nahm, ENDC/PV 220, S. 5–19, in: DoD, 1965, S. 295–307 (S. 304 f.); vgl. dazu auch Theo Sommer, Schröders Interview-Bombe. Bonn will keine Atomwaffen, aber einen Preis für den Verzicht, in: ZEIT, 16. 7. 1965.

zicht auf den Besitz von Kernwaffen abhängig von einer vorherigen Lösung im westlichen Bündnissystem. Im Gegensatz zu Schröder bezeichnete Krone dabei den Vorschlag einer NATO-Atomstreitmacht als nicht mehr akut; seine Vorstellungen gingen vielmehr in Richtung auf eine verstärkte Beteiligung der Nichtatommächte an der nuklearen Strategie der NATO. Ferner verband er die Frage des Nuklearverzichts, allerdings zurückhaltender als Schröder, mit Fortschritten in Richtung auf eine Wiedervereinigung Deutschlands.[66]

Sehr viel entschiedener als Schröder und Krone sprach sich der Führer der Opposition, Fritz Erler, in einem Interview am 23. Juli, ebenfalls mit dem *Tagesspiegel,* für eine positive Haltung der Bundesrepublik zur Frage der Nichtverbreitung und gegen jede nationale Verfügungsgewalt der Bundesrepublik über Kernwaffen aus. Allerdings wies auch er auf die Notwendigkeit hin, die nichtatomaren Partner des Bündnisses als Gegenleistung für ihren Verzicht auf eine nationale nukleare Option an der Strategie des Bündnisses zu beteiligen. Erler befürwortete dabei eine politische Lösung, die Errichtung eines Gremiums innerhalb des Bündnisses, in dem die Bundesrepublik »Sitz und Stimme hat, das von Anfang an an der strategischen Planung beteiligt ist, das die Dislokation der Streitkräfte mitbestimmt, das die atomare Zielplanung kennt und festlegt und auch über die Entwicklung künftiger Waffensysteme befindet«. Nur indirekt zog auch Erler eine Verbindung zum Deutschland-Problem, als er sich auf eine entsprechende Frage des Interviewers für eine sinnvolle Koppelung von Abrüstung und Entspannung mit Fortschritten auf dem Weg zur Wiedervereinigung aussprach. Erler dachte dabei aber weniger an ein Quid pro quo als vielmehr an die atmosphärisch entspannende Wirkung von Rüstungskontrollmaßnahmen, welche die Spaltung auflockern helfen könnten.[67]

Die öffentliche Diskussion über die Nichtverbreitungsfrage begann jedoch erst nach der Vorlage des amerikanischen Entwurfs am 17. August 1965 auf der Genfer Abrüstungskonferenz. In einer ersten Stellungnahme bezeichnete die Bundesregierung den amerikanischen Vertragsentwurf

66 Vgl. das Interview des Bundesministers und Vorsitzenden des Bundesverteidigungsrats, Krone, in: Tsp., 24. 7. 1965, abgedruckt in: Bulletin, Nr. 127, 24. 7. 1965, S. 1025–1026; vgl. auch Heinrich Krone, Die deutsche Sicherheit, in: PSK, 13. 1. 1966, abgedruckt in: Bulletin, Nr. 7, 15. 1. 1966, S. 49–50.

67 Interview des SPD-Fraktionsvorsitzenden im Bundestag, Fritz Erler, in: Tsp., 23. 7. 1965. Ähnlich wie Erler äußerte sich auch das Mitglied der sozialdemokratischen Regierungsmannschaft, Senator Helmut Schmidt, im Pressedienst der SPD, vgl. Genfer Abrüstungskonferenz und NATO-Beratungen, in: SPD-info, 26. 7. 1965.

zur Nichtverbreitung von Kernwaffen als »einen wichtigen Beitrag für die Lösung des Problems. Er trägt zugleich den Verteidigungsinteressen des Atlantischen Bündnisses Rechnung«.[68] Diese verbale Zustimmung verdeckte jedoch nur mühsam, daß die Bundesregierung die amerikanische Nonproliferationspolitik mit Zurückhaltung betrachtete.
Sehr viel eindeutiger begrüßte die Opposition den amerikanischen Vertragsentwurf und bekräftigte, daß eine von ihr geführte Bundesregierung keine nationale Verfügungsgewalt über Atomwaffen anstreben würde. Aber auch die SPD wies darauf hin, daß durch eine Nichtverbreitungs-Vereinbarung die Sicherheitsinteressen der Bundesrepublik – im Sinne einer gemeinsamen nuklearen Planung im Bündnis – nicht gefährdet werden dürften. Sie machten ferner auf den Zusammenhang zwischen Fortschritten bei der Verminderung von Spannungen und der Lösung der deutschen Frage aufmerksam. Schließlich wurde gefordert, daß die zivile Anwendung der Atomkraft der Bundesrepublik als einer großen Industrienation nicht verschlossen bleiben dürfte.[69] Es ist interessant, daß die Frage der Sicherung der zivilen Nutzung der Kernenergie zum ersten Male in einer Erklärung der SPD-Opposition öffentlich formuliert wurde.
Zum Wahlkampfthema wurde der Nichtverbreitungs-Vertrag durch eine Äußerung des ehemaligen Bundeskanzlers, Konrad Adenauer, der den amerikanischen Vorschlag in einer Wahlrede in Münster als eine »Tragödie für uns Deutsche« bezeichnete, und den Amerikanern vorwarf, daß sie Europa den Russen überantworten wollten.[70] Wenig später sprach der CSU-Vorsitzende, Franz Josef Strauß, von der atomaren Komplizenschaft der Sowjetunion und der USA. Strauß warnte die Bundesregierung davor, weiterhin den atlantischen Musterknaben spielen und neue Vorleistungen erbringen zu wollen. In einem Artikel im *Rheinischen Merkur* schrieb der streitbare Bayer: »Wir sind grundsätzlich bereit, unserem Verzicht auf die Herstellung von ABC-Waffen in unserem Land auch noch

68 Stellungnahme der Bundesregierung zur Abrüstungsfrage vom 17. 8. 1965, in: Bulletin, Nr. 140, 18. 8. 1965, S. 1129. Vgl. auch die Interpretation der Erklärung der Bundesregierung durch Staatssekretär von Hase auf der Bundespressekonferenz am 23. 8. 1965 (Niederschrift des BPA), auf der sich dieser ausdrücklich davon distanziert, daß die Bundesregierung den amerikanischen Entwurf »begrüßt« habe.
69 Vgl. die Erklärung des Mitglieds der sozialdemokratischen Regierungsmannschaft, Helmut Schmidt, am 18. 8. 1965 vor dem Verein der Ausländischen Presse in Bonn, in: SPD-info, 18. 8. 1965.
70 Vgl. die Darstellung bei Anneliese Poppinga, Meine Erinnerungen an Konrad Adenauer, München 1972 (dtv 817), S. 264 ff.; ferner ZEIT, 27. 8. 1965, zit. bei Petri, Die Entstehung des NV-Vertrages, a.a.O., S. 68.

unseren Verzicht auf nationale Kontrolle über Atomwaffen hinzuzufügen, wenn dafür eine europäische Atommacht entsteht. Nicht bereit sein dürfen wir jedoch, die Grundlagen für unsere Sicherheit aufzugeben, für die auf lange Sicht auch eine selbständig funktionierende europäische Abschreckungsmacht erforderlich sein wird.[71]

Mit diesen Äußerungen war die CDU/CSU in die mißliche Lage geraten, daß maßgebliche Vertreter der Bundesregierung wie Außenminister Schröder, prominente Mitglieder der Fraktion, wie Altbundeskanzler Adenauer und der CSU-Vorsitzende Strauß, ihre Meinungsverschiedenheiten in der Nichtverbreitungsfrage öffentlich austrugen. Trotz der Bemühungen von Fraktionsführung und Parteipräsidium gelang es nicht, eine gemeinsame Position zu entwickeln. Die internen Bewertungsunterschiede konnten lediglich für die Zeit des Wahlkampfes mit einer interpretationsfähigen Erklärung mühsam überdeckt werden.[72] Die SPD-Opposition und die mit der CDU verbündete FDP forderten eine NV-Debatte im Bundestag, die wiederum die Regierung zu vermeiden suchte, um die Gegensätze in der eigenen Partei nicht allzu deutlich werden zu lassen.

Die Bundesregierung bemühte sich ihrerseits, ihre Handlungsfähigkeit durch die verschiedenen Erklärungen nicht beschneiden zu lassen. Staatssekretär von Hase betonte mehrfach, daß die Bundesregierung an ihrer ursprünglichen Stellungnahme festhielt.[73] Insbesondere Außenminister Schröder wollte verhindern, daß Bonn in eine außenpolitische Isolierung geriet, die unvermeidlich war, wenn sie sich in der Nichtverbreitungsfrage in eine Frontstellung sowohl zu den Vereinigten Staaten als auch zu anderen Nichtnuklearen begeben würde.[74] In einer Phase relativer Entscheidungsschwäche angesichts der bevorstehenden Bundestagswahlen – dies zeigte sich besonders kraß in dem Verzicht auf jede öffentliche Stellungnahme zu dem am 24. September 1965 von der Sowjetunion in den Ver-

71 Franz Josef Strauß, Das Genfer Schelmenspiel. Die deutschen Sicherheitsinteressen müssen unter allen Umständen gewahrt bleiben, in: RM, 27. 8. 1965.

72 Vgl. Zur Genfer Abrüstungskonferenz. Erklärung des CDU-Präsidiums vom 23. 8. 1965, in: UNION-Auslandsdienst, 27. 8. 1965.

73 Vgl. die Ausführungen von Staatssekretär von Hase am 23. 8. 1965 auf der Bundespressekonferenz (Niederschrift des BPA).

74 Vgl. Schröder betont positive Haltung Bonns zu Genfer US-Vorschlägen, in: WELT, 21. 8. 1965; ferner das Interview von Außenminister Schröder am 14. 9. 1965 mit der WamS, in: Bulletin, 18. 11. 1965, Nr. 140, S. 1469–1471, in dem Schröder die Beziehungen zu den drei wichtigsten Verbündeten der BRD, den USA, Großbritannien und Frankreich erörterte sowie sich gegen die These einer Interessengemeinschaft zwischen den beiden Supermächten wandte.

einten Nationen vorgelegten Entwurf eines Nichtverbreitungs-Vertrages[75] – lag es im Interesse der Bundesregierung, sich alle Optionen in der Nuklearfrage offen zu halten und zwar sowohl hinsichtlich ihrer Verhandlungstaktik gegenüber einem Nichtverbreitungsvertrag als auch in bezug auf die Art der von ihr geforderten nuklearen Gemeinschaftslösung.

4.3 *Bemühungen um ein Offenhalten der nuklearen Option*

Nach den Wahlen im September 1965 verlagerte sich die innenpolitische Auseinandersetzung zumindest teilweise in den Bundestag. Ende September und Ende Oktober befaßte sich der Auswärtige Ausschuß mit der Nichtverbreitungsfrage. Außenminister Schröder und das von ihm geleitete Auswärtige Amt benutzte diese Sitzungen, um deutlich zu machen, daß die Bundesregierung das *Ziel* der Nichtverbreitung von Kernwaffen voll unterstützte, den vorgelegten Vertragsentwurf aber nur als *ein Mittel* zu diesem Ziel betrachtete. In ihrer Politik mußte sie dafür sorgen, daß Einwände gegen das Mittel nicht mißverstanden wurden als Einwände gegen das Ziel.

Das Auswärtige Amt vertrat in einer Vorlage für den Auswärtigen Ausschuß die Auffassung, daß das angestrebte Übereinkommen einerseits ungenügend sei, um das anvisierte Ziel zu erreichen, andererseits aber in manchen Punkten über dieses hinaus schließe:

- So sei eine Universalität auf der Nuklearseite nicht zu erreichen;
- hingegen sei Universalität auf der nichtnuklearen Seite nicht nötig, denn es gehe nicht um die 110 Staaten der Welt, sondern um die Schwellenmächte;
- die Nuklearmächte würden sich zu etwas verpflichten, was sie ohnehin nicht zu tun willens seien, gleichzeitig blieben sie selbst frei von jeder Beschränkung;
- es seien keine Kompensationen für die Nichtnuklearen, z. B. auf wirtschaftlichem Gebiet, vorgesehen;

75 Vgl. den sowjetischen Entwurf eines Vertrages über die Nichtweiterverbreitung von Kernwaffen vom 24. 9. 1965, GEN/A/5976, 24. 9. 1965, in: EA 20/1965, S. D 518–520. Nach der erhitzten Debatte über den amerikanischen Entwurf fällt das völlige Stillschweigen zum sowjetischen Text mit seinen sehr viel weitergehenden Forderungen auf. Erst in der Bundestagsdebatte im Herbst 1966 – also ein Jahr nach seiner Vorlage! – befaßte sich der CDU-Abgeordnete Birrenbach kritisch mit dem sowjetischen Entwurf; vgl. DBT/V/59, 23. 9. 1966, S. 2898–2904 (S. 2900 f.). Auch die westdeutsche Presse griff das Thema nicht auf.

- eine Nichtverbreitung würde dann nicht stattfinden, wenn keine Nuklearmacht disseminationsbereit sei, wenn Atomversuche universell verboten würden und wenn Kernbrennstoffe nur unter internationaler Kontrolle und nur zu friedlichen Zwecken vergeben würden;
- als Folge der Situation in Deutschland ergäbe sich bei einem universellen Vertrag das Problem der Teilhabe der DDR und die Gefahr ihrer Aufwertung, auch wenn ähnlich wie beim Teststopvertrag von getrennten Hinterlegungsorten ausgegangen würde;
- durch den Nichtverbreitungsvertrag würde die Bundesrepublik in die Situation gebracht, erstmalig weitreichende Verzichtserklärungen gegenüber Staaten abgeben zu müssen, die das Deutschland-Problem auf das Basis der Teilung lösen wollten.[76]

In seiner Regierungserklärung ging Bundeskanzler Erhard ausführlich auf die Probleme von Abrüstung und Entspannung ein, wobei er den Vorrang einer allgemeinen Abrüstung vor Teilmaßnahmen betonte und sich gegen alle Maßnahmen wandte, durch welche die Teilung Deutschlands vertieft werden könnte. Erhard bekräftigte den Verzicht auf eine nationale nukleare Option, forderte jedoch eine Beteiligung der Bundesrepublik an der nuklearen Organisation und Planung im Bündnis, ohne auf die Art und Weise derselben näher einzugehen.[77]

Die Debatte über diesen Teil der Regierungserklärung konzentrierte sich auf die Art und Weise der Teilnahme der Bundesrepublik am nuklearen Entscheidungsprozeß des Bündnisses. Während von den Sprechern der Regierungsfraktionen die Form der angestrebten nuklearen Gemeinschaftslösung offengehalten wurde, da innerhalb der Regierung die Meinungen darüber auseinander gingen, ob das Projekt einer multilateralen Atomstreitmacht noch weiter verfolgt werden sollte, sprach sich die Opposition für eine reine Mitbestimmungslösung und gegen jede physische Teilhabe aus. Der verteidigungspolitische Sprecher der SPD, Helmut Schmidt, nannte dabei vier Punkte, in denen sich die Bundesrepublik ein Mitspracherecht sichern sollte:

- Mitwirkung an der strategischen Planung, insbesondere an der Zielplanung;
- insitutionalisierte Möglichkeiten gemeinsamen Krisenmanagements;
- negatives Veto für den Einsatz nuklearer Waffen von westdeutschem Gebiet aus oder auf Ziele in Deutschland;

76 Vgl. dazu Kurt Birrenbach, Zur Problematik des Atomsperrvertrages, Arbeitspapier vom 9. 2. 1965 für die Sitzung der CDU/CSU-Fraktion am 16. 2. 1965, S. 13 ff.

77 Vgl. die Regierungserklärung von Bundeskanzler Erhard am 10. 11. 1965, in: DBT/V/4, 10. 11. 1965, S. 17–33.

- Zusammenarbeit bei der Produktion und Entwicklung von neuen Waffensystemen.[78]

Rascher als die anderen politischen Kräfte in der Bundesrepublik hatte die SPD die Akzentverschiebung in der amerikanischen Politik erkannt und wollte vermeiden, daß sich die Bundesrepublik im Bündnis isolierte. Schmidt warnte daher vor der Gefahr, daß die Bundesrepublik mit einem »Nein« zu dem Vertrag in eine »schreckliche Isolierung gerate, nicht nur gegenüber der Sowjetunion, sondern durchaus auch innerhalb des westlichen Lagers und durchaus auch im Verhältnis zur Dritten Welt.« Exponent der Vertragsgegner war der CSU-Vorsitzende Strauß, der sich mit Verve gegen eine deutsche Unterschrift unter den, wie er ihn nannte, »Atomsperrvertrag«, aussprach, weil dieser den Handlungsspielraum der Bundesrepublik auf nicht zu vertretende Weise einschränkte und zu einer Aufwertung der DDR führen würde.[79]

Bei ihren westlichen Verbündeten warb die neue Bundesregierung um Unterstützung für ihre Auffassung, daß ein angemessenes Mitspracherecht in nuklearen Fragen Voraussetzung für ihre Zustimmung zu einer Nichtverbreitungsregelung sei. Die NATO-Minister beschränkten sich auf ihrer Sitzung im Dezember 1965 jedoch darauf, ihrer Besorgnis über die Gefahren der Verbreitung von Kernwaffen Ausdruck zu geben,[80] wobei die Vagheit dieser Aussage darauf hindeutete, daß zwischen den Bündnispartnern keine Übereinstimmung erzielt werden konnte. In dem Kommuniqué über die Gespräche zwischen Erhard und Johnson Ende des Jahres in Washington hieß es, die Bundesrepublik Deutschland und andere interessierte Partner im Bündnis sollten eine angemessene Rolle in der nuklearen Verteidigung erhalten, ohne daß diese Rolle näher spezifiziert wurde. Die von beiden Seiten mit Befriedigung notierte Aufnahme der Tätigkeit des sogenannten »McNamara-Komitees« mag als ein Hinweis darauf gewertet werden, daß die Amerikaner keine über eine Konsultationslösung hinausgehende Verpflichtung eingehen wollten. Den Bonner Gesprächspartnern wurde jedoch ausdrücklich versichert, daß bündnisin-

78 Vgl. die Ausführungen des verteidigungspolitischen Sprechers der SPD, Helmut Schmidt, am 30. 11. 1965, in: DBT/V/8, 30. 11. 1965, S. 210–221; ferner die Rede dess. in der Debatte über die Große Anfrage der SPD-Fraktion zur Rüstungsbegrenzung und Friedenssicherung, in: DBT/V/59, 23. 9. 1966, S. 2882–2891; vgl. dazu auch SPD und FDP rücken von einer Nuklearstreitmacht ab, in: Stuttgarter Zeitung, 24. 9. 1966.

79 Ausführungen von Franz Josef Strauß in der Debatte über die Regierungserklärung am 30. 11. 1965, in: DBT/V/8, 30. 11. 1965, S. 195–210.

80 Vgl. das Kommuniqué über die Tagung des NATO-Ministerrates in Paris vom 16. 12. 1965, in: EA 2/1966, S. D 52–54.

terne nukleare Abmachungen keine Verbreitung nuklearer Waffen darstellten, vielmehr solche verhindern sollten.[81]

In der Friedensnote vom März 1966 versuchte die Bundesregierung, ihre Nuklearpolitik darzustellen und eigene Vorschläge für eine Beschränkung von Kernwaffen zu entwickeln. Sie wollte damit vermeiden, daß ihr aufgrund ihres Beharrens auf einer angemessenen Mitbestimmung im Bündnis die Schuld für das Nichtzustandekommen des Nichtverbreitungsvertrages zugeschoben wurde. Sie betonte daher, daß die Bundesrepublik im Rahmen des Bündnisses für eine Beteiligung aller Partner an der Verantwortung für die nukleare Verteidigung eintrete, jedoch nicht den nationalen Besitz nuklearer Waffen anstrebe. Im Hinblick auf die Nichtverbreitungsfrage schlug die Bundesregierung ein schrittweises Vorgehen vor:

- Den Verzicht aller Nichtkernwaffenstaaten, die Militärallianzen in Ost und West angehören, auf die Herstellung von Kernwaffen;
- ähnliche Schritte der bündnisfreien Staaten; und schließlich
- eine Übereinkunft der Nuklearmächte, Kernwaffen nicht in die nationale Kontrolle anderer Länder zu geben.[82]

Mit diesen Vorschlägen verfolgte die Bundesregierung mehrere Absichten. Zunächst bemühte sie sich, den 1954 ausgesprochenen Herstellungsverzicht als eigene Vorleistung anerkannt zu erhalten. Dann unternahm sie den Versuch, zwischen der Proliferation, d. h. der Verbreitung durch Eigenproduktion, und der Dissemination, d. h. der Weitergabe durch die Nuklearmächte, zu differenzieren. Nach Möglichkeit sollten unterschiedliche Lösungen für beide Probleme gefunden werden, eventuell in der Form einer freiwilligen Verzichtserklärung der Nichtnuklearen und eines separaten Nichtweitergabe-Abkommens der Nuklearmächte. Damit hätte sich für die Bundesrepublik einmal das Problem umgehen lassen, auch gegenüber der Sowjetunion einen Nuklearverzicht aussprechen zu müssen. Zum anderen hätte sich die Frage einer Teilnahme und der davon befürchteten Aufwertung der DDR nicht gestellt. Die gesonderte Berücksichtigung der allianzfreien Staaten entsprach der Einsicht, daß sich für

81 Vgl. das Kommuniqué über die Besprechungen zwischen Präsident Johnson und Bundeskanzler Erhard in Washington vom 21. 12. 1965, in: EA 2/1966, S. D 54–56; ferner auch Theo Sommer, Was Erhard erwartet. Amerikas Absage an simple Zukunftsmodelle, in: ZEIT, 19. 11. 1965; ders., Das nukleare Dilemma. Johnson zwischen zwei Beratergruppen, in: ZEIT, 26. 11. 1965.

82 Vgl. Zirkularnote der Bundesregierung zur deutschen Friedenspolitik vom 25. März 1966, in: EA 7/1966, S. D 171–175. Zu ihrer Entstehungsgeschichte und der Reaktion auf die Initiative der Bundesrepublik vgl. oben, Kap. IV. In der bisherigen Diskussion ist wenig beachtet worden, in welchem hohen Maße die »Friedensnote« auch ein Instrument der Bonner Nuklearpolitik war.

diese das Sicherheitsproblem anders als für die Mitglieder in Militärbündnissen stellen müßte; sie diente aber auch dazu, bündnisinterne nukleare Gemeinschaftslösungen abzusichern.
Ein weiterer Vorschlag betraf die stufenweise Verringerung der in Europa stationierten Atomwaffen, ohne daß allerdings präzisiert wurde, ob sich die Reduktion auf die Trägerwaffen oder die Sprengköpfe oder beides beziehen sollte. Als einziger der in Friedensnote enthaltenen Vorschläge zur Rüstungsbeschränkung wurde er an die Bedingung geknüpft, daß gleichzeitig Fortschritte bei der Lösung der politischen Probleme in Mitteleuropa erzielt würden. Dies war insofern konsequent, als der Vorschlag einer regionalen Begrenzung nuklearer Waffen zum Vergleich mit den verschiedenen Rapacki- und Gomulka-Plänen herausfordern mußte, mit denen die osteuropäischen Staaten vorrangig deutschlandpolitische Ziele verfolgt hatten. Gleichzeitig baute sie sich damit eine Rückzugsposition auf, die notwendig geworden war, nachdem sie weder im NATO-Rat noch in den deutsch-amerikanischen Konsultationen eine Verbindung von globalem Nichtverbreitungsvertrag mit Fortschritten in der deutschen Frage hatte durchsetzen können, und die es ihr erlaubte, in Zukunft in puncto »Junktim« beweglicher zu taktieren.
In Beantwortung einer Großen Anfrage der SPD-Fraktion präzisierte Außenminister Schröder im September 1966 die in der Friedensnote enthaltenen Vorschläge. Er setzte sich vor allem für eine Unterscheidung zwischen Herstellungs- und Weitergabeverbot, sowie für ein schritt- und gruppenweises Vorgehen bei den Bemühungen ein, die Ausbreitung der Kernwaffen zu verhindern. Seinem Vorschlag, als erstem Schritt zu Regelungen innerhalb der Bündnissysteme zu gelangen, lag einmal die Absicht zugrunde, die Einwirkungsmöglichkeiten der Sowjetunion auf die Ausgestaltung eines nuklearen Arrangements innerhalb der NATO zu beschneiden und zum anderen eine befriedigende Mitwirkung aller Bündnispartner an der nuklearen Strategie des Bündnisses als die im spezifischen Allianzkontext geeignetste Sicherheitsgarantie herauszustellen. Mit unterschiedlichen Verfahren für den Nichterwerb und die Nichtweitergabe von Nuklearwaffen wurde nicht nur das Ziel verfolgt, das Problem eines gleichberechtigten Beitritts der DDR zu einem universellen Vertrag zu umgehen, sondern damit sollte auch die besondere Verantwortung der Kernwaffenstaaten betont und diese ihrerseits zu Schritten in Richtung auf eine nukleare Abrüstung veranlaßt werden. Im übrigen wurde in der Regierungserklärung erneut betont, daß die Bundesrepublik nicht nach nationaler Verfügungsgewalt über Atomwaffen strebte. Sie wäre bereit, sich an einer Regelung zu beteiligen, die dem eigentlichen Ziel der Nicht-

verbreitungspolitik dient, nämlich das Entstehen weiterer Atommächte zu verhindern, wenn die Probleme der nuklearen Sicherheit im westlichen Bündnis befriedigend gelöst sind.[83]
Die Problematik dieser Erklärung lag darin, daß sie eine Position fixierte, über welche die internationale Entwicklung hinweggegangen war.

4.4 *Wechselwirkungen zwischen außen- und innenpolitischen Zwängen*

Ende 1966 verdichteten sich die Anzeichen, daß die Vereinigten Staaten und die Sowjetunion in ihren Gesprächen in New York und Washington weitgehende Übereinstimmung über die Grundzüge eines Nichtverbreitungs-Abkommens erzielt hatten.[84] Diese Annäherung wurde durch grundlegende Änderungen sowohl in der amerikanischen wie in der sowjetischen Politik ermöglicht. Mit der Entscheidung, das Projekt einer multilateralen Atomstreitmacht aufzugeben und stattdessen die Mitsprachewünsche der Europäer mit einer institutionalisierten Konsultationslösung, dem Ausschuß für Angelegenheiten der Nuklearen Verteidigung (NDAC) und der Nuklearen Planungsgruppe (NPG) zu befriedigen, hatten die Vereinigten Staaten das entscheidende Hindernis für eine sowjetisch-amerikanische Vereinbarung aus dem Wege geräumt. Vor die Entscheidung gestellt, zwischen »Bipolarity or Alliance Cohesion« – so der Titel eines Aufsatzes von Curt Gasteyger – wählen zu müssen, hatten sie für die partielle Kooperation mit dem Gegenspieler optiert,[85] und zwar unter Inkaufnahme, zumindest kurzfristig, einer Belastung der Bündnisbeziehungen. Die zunehmende Stärkung des Bilateralismus war sicher durch die sich stabilisierende nukleare Patt-Situation bedingt, hatte ihren aktuellen Anlaß aber auch in der Verschärfung des Vietnam-Krieges und in den Bemühungen der amerikanischen Regierung, eine Ausweitung dieses Konfliktes zu verhindern.[86]

83 Vgl. die Große Anfrage der Fraktion der SPD vom 29. 6. 1966 betr. Vorschläge zur Rüstungsbegrenzung und Sicherung des Friedens DBT, Drucksache 5/775, 29. 6. 1966, sowie die Antwort der Bundesregierung vom 23. 9. 1966, in: DBT/V/59, 23. 9. 1966, S. 2891–2898.

84 Vgl. Forndran, Probleme der internationalen Abrüstung, a.a.O., S. 219 ff.; S. 246 und S. 247 ff.; ferner (Wolfgang) Wa(gner), Bonn vor der Frage der Nonproliferation. Ein amerikanisch-sowjetisches Abkommen in Sicht? In: NZZ, 29. 12. 1966.

85 Curt Gasteyger, The American Dilemma: Bipolarity or Alliance Cohesion? London 1966 (Adelphi Papers, Nr. 24).

86 Eine weitere Annäherung des sowjetischen und des amerikanischen Standpunktes in der Nichtverbreitungsfrage war Mitte 1967, unter dem Eindruck des Juni-Krieges im Nahen

In einer Rede im Oktober 1966 hatte Präsident Johnson deutlich gemacht, daß die amerikanische Regierung langfristig Bündnis- und Entspannungspolitik jedoch nicht als Alternativen betrachtete, sondern vielmehr in der einen das Korrelat der anderen sah.[87] In der Praxis zeigte sich jedoch, daß der Gedanke eines Brückenschlages zwischen Ost und West nicht ausreichend war, um die gegenläufigen Interessen amerikanischer Global- und Europapolitik auf einen Nenner zu bringen. Das Fehlen einer Europa – Ost- und Westeuropa – einbegreifenden Konzeption der Entspannungspolitik[88] führte zu dem Paradoxon, daß als Ergebnis des betonten Bilateralismus in den sowjetisch-amerikanischen Beziehungen die multilateralen Tendenzen sowohl in den jeweiligen Hegemonialbereichen als auch im globalen System gestärkt wurden.

Auch die Sowjetunion befand sich 1966 in einer besonderen Lage. Die nach dem Sturz Chruschtschows gebildete neue kollektive Führung hatte ihre Stellung im Innern gefestigt und begann, ihre Außenpolitik zu reaktivieren. Eine Reihe von Entwicklungen in Westeuropa – das Ausscheiden Frankreichs aus der NATO-Organisation, die durch die Ankündigung britischer und amerikanischer Truppenrückzüge in Westeuropa ausgelösten Zweifel an der Garantie der Vereinigten Staaten und die von der Bundesrepublik mit der Friedensnote vom März 1966 eingeleitete Entspannungsoffensive – veranlaßten Moskau dazu, den Akzent zunächst auf die Europa-Politik zu legen. Die Bukarester Erklärung vom Juli 1966 umriß das Maximalprogramm der sowjetischen Führung: Auflösung der militärischen Blöcke; Beseitigung der ausländischen Stützpunkte und Abzug aller fremden Truppen; Verzicht der Bundesrepublik auf direkten oder indirekten Zugang zu Kernwaffen; Anerkennung des Status quo in Europa; Abschluß eines deutschen Friedensvertrages; Einberufung einer europäischen Sicherheitskonferenz; Entwicklung der wirtschaftlichen, wissenschaftlich-technologischen und kulturellen Zusammenarbeit zwischen den europäischen Ländern.[89]

Osten zu beobachten. Nach dem Treffen in Glassborough zwischen Ministerpräsident Kossygin und Präsident Johnson einigten sich beide Staaten auf die Vorlage von gleichlautenden Entwürfen auf der Genfer Abrüstungskonferenz, obwohl in der Kontrollfrage noch keine Übereinstimmung erzielt worden war.

87 Vgl. die Rede von Präsident Lyndon B. Johnson vor der Konferenz amerikanischer Leitartikler am 7. 10. 1966 in New York, in: EA 20/1966, S. D 517–521.

88 Die Entwicklung einer derartigen »second stage of détente«, wie er es nannte, forderte Marshall D. Shulman, »Europe« versus »Détente«? In: FA, Bd. 45, Nr. 3 (Frühjahr 1967), S. 389–402.

89 Vgl. Erklärung der Teilnehmerstaaten des Warschauer Vertrages vom 6. 7. 1966 zur europäischen Sicherheit, in: EA 16/1966, S. D 414–424.

Mit diesen, auf die Situation in Europa abzielenden Vorschlägen und mit der Annäherung an die Vereinigten Staaten in der Nichtverbreitungsfrage unternahm die sowjetische Führung den Versuch, beide Wege, den der Sicherung des Status quo in Europa und den der Schwächung des westlichen Bündnissystems, gleichzeitig zu beschreiten. Eine Schlüsselrolle in dieser Politik kam der Bundesrepublik Deutschland zu, und zwar sowohl, weil diese infolge der Blockierung der deutschen Frage das exponierteste Mitglied des westlichen Bündnisses war, als auch wegen ihrer Funktion als »europäisches Standbein« der amerikanischen Politik. Die sowjetische Führung benutzte die Nuklearfrage, um die Bundesrepublik zu isolieren; der fast gleichzeitig mit Bonn angeknüpfte Gewaltverzichtsdialog diente dazu, die europäische Karte, darunter das As »Rapallo-Komplex«, im Spiel zu halten.
Es sollte sich zeigen, daß beim Pokerspiel der Weltmächte die sowjetische Seite in der NV-Frage über die besseren Karten verfügte, aber das Spiel nicht kassieren konnte. Die Vereinigten Staaten mußten zwar die MLF aufgeben, was für sie kein großes Opfer darstellte. Trotz der Belastungen, welche die amerikanische Nichtverbreitungs-Politik für das westliche Bündnis mit sich brachte, blieb dieses im wesentlichen intakt, im Gegenteil, die Bemühungen um eine gemeinsame Détente-Politik revitalisierten dieses als politisches Koordinierungsgremium. Die Sowjetunion mußte ihrerseits ernsthafte Erschütterungen in ihrem Machtbereich in Kauf nehmen, die einen Höhepunkt mit der Intervention der Warschauer Pakt-Staaten in der CSSR im August 1968 und in dem sowjetisch-chinesischen Grenzkonflikt 1969 erreichten.
Die Annäherung der beiden Großmächte stellte Bonn vor eine Reihe von schwierigen Entscheidungen. In der Bündnispolitik sah es sich mit dem Dilemma konfrontiert, entweder weiter mit Nachdruck für eine nukleare Teilhabe in Form einer atlantischen Atomstreitmacht einzutreten, die zwar ein hohes Maß an strategischer Mitsprache versprach, aber die Gefahr der politischen Isolierung beinhaltete; oder aber sich mit einer Konsultationsregelung zufrieden zu geben, die angesichts der Krise in der Allianz nur bedingt geeignet zu sein schien, die Glaubwürdigkeit der amerikanischen nuklearen Garantie wieder herzustellen, für deren Verwirklichung aber eine reale Chance bestand und die der Bundesrepublik immerhin ein Minimum an nuklearer Mitbestimmung bot.
Auch in der Ost- und Entspannungspolitik sah sich die Bundesregierung vor eine Reihe schwerwiegender Fragen gestellt. Ließ sich die nukleare Option als Tauschobjekt für Fortschritte in der deutschen Frage verwenden, wie es Schröder in seinem Interview mit den *Düsseldorfer Nachrich-*

ten angedeutet hatte,[90] oder war der Verzicht auf jede Form nuklearer Teilhabe, die über konsultative Lösungen hinausging, die Voraussetzung für eine Normalisierung der Beziehungen zur Sowjetunion und den osteuropäischen Staaten, wie Brandt es sah?[91] Gleichzeitig stellte sich die Frage nach dem Stellenwert von Bündnispolitik und Entspannungspolitik im Gesamtkonzept westdeutscher Außenpolitik. Während die Vereinigten Staaten beide als grundsätzlich miteinander vereinbar betrachteten und aus aktuellen Anlässen entstehende Abstimmungsprobleme in Kauf nahmen, sahen zahlreiche Politiker in der Bundesrepublik Bündnis- und Entspannungspolitik als Alternativen und hielten die Bündnispolitik für absolut vorrangig.

Es blieb abzuwarten, ob die Große Koalition aus CDU/CSU und SPD würde einlösen können, was Bundeskanzler Kiesinger in seiner Regierungserklärung im Dezember 1966 in Aussicht stellte: die Versöhnung von Entspannungs- und Bündnispolitik. In der Nuklearfrage hatten sich die Koalitionspartner darauf geeinigt, jede Forderung nach nuklearem Mitbesitz aufzugeben und einen die Bundesrepublik nicht diskriminierenden Nichtverbreitungsvertrag zu unterstützen, um sich einerseits im Bündnis nicht zu isolieren, und um andererseits die Voraussetzungen für eine erfolgreiche Entspannungspolitik zu schaffen.[92]

Mitte Dezember 1966, am Rande der NATO-Tagung in Paris, wurden Außenminister Brandt von seinem amerikanischen Kollegen die ersten beiden Artikel eines Nichtverbreitungs-Vertragsentwurfes übergeben, über die in den sowjetisch-amerikanischen Sondierungsgesprächen Übereinstimmung erzielt worden war. Weitere Teile folgten im Januar 1967. Dieser neue Entwurf, der durch Indiskretionen bekannt wurde,[93] unter-

90 Vgl. das Interview von Bundesaußenminister Schröder am 3. 7. 1965 mit den Düsseldorfer Nachrichten, in: Bulletin, Nr. 117, 9. 7. 1965, S. 948–949.

91 Vgl. das Interview von Bundesaußenminister Brandt in: WELT, 18. 2. 1967; abgedruckt in: Bulletin, Nr. 18, 21. 2. 1967, S. 139–141; ferner das Interview Brandts mit dem Deutschlandfunk am 2. 7. 1967, in: Bulletin, Nr. 70, 4. 7. 1967, S. 604–608.

92 Vgl. die Regierungserklärung von Bundeskanzler Kiesinger am 13. Dezember 1966 im Deutschen Bundestag, in: DBT/V/80, 13. 12. 1966, S. 3656–3665; ferner Willy Brandt, Entspannungspolitik mit langem Atem, in: AP, H. 8, 1967, S. 449–454. Vgl. ferner Acht-Punkte-Programm der SPD-Bundestagsfraktion vom November 1966, in: Vorstand der SPD (Hrsg.), Y 1. Grundsätze Sozialdemokratischer Wehrpolitik, Bonn 1970, S. 95–97.

93 Unter der Überschrift »Das Diktat der Atom-Giganten« veröffentlichte BILD am Sonntag am 19. 2. 1967 den amerikanischen Entwurf in einer deutschen Fassung. Dieser wurde von anderen Springer-Zeitungen sowie vom SPIEGEL, Nr. 10, 27. 2. 1967, S. 27, nachgedruckt. In der Fragestunde des Bundestages am 23. 2. 1967 bezeichnete Außenminister Brandt den von der BILD-Zeitung veröffentlichten »deutschen Übersetzungstext« als nicht authentisch; vgl. DBT/V/97, 23. 2. 1967, S. 4415.

schied sich in wesentlichen Punkten von dem 1965 von den USA vorgelegten Text: Zum einen wurde nicht nur die nationale Verfügungsgewalt über Kernwaffen, sondern auch jede Form nuklearer Teilhabe durch einen Nichtkernwaffenstaat unter Verbot gestellt, und zum anderen sollte für die Überwachung des Vertrages, die sich außer auf spaltbares Material auch auf Ausrüstungen etc. erstrecken würde, allein die Internationale Atomenergie-Organisation (IAEO) in Wien zuständig sein.

Schneller als erwartet ergab sich damit für die neue Bundesregierung die Notwendigkeit, eine Stellungnahme zu den amerikanischen Vorschlägen zu erarbeiten. Sie wurde sowohl durch die unterschiedliche Bewertung der Nichtverbreitungsfrage seitens der Koalitionspartner, als auch dadurch erschwert, daß Bonn in den vorangegangenen Monaten nur sehr kursorisch von Washington über den Fortgang der Sondierungsgespräche mit der Sowjetunion unterrichtet worden war. Die Bundesregierung wollte sich daher zunächst nicht durch öffentliche Erklärungen festlegen. Sie beschränkte sich in ersten Stellungnahmen darauf, auf die Sicherheitsbedürfnisse der nichtnuklearen Staaten, die Bedeutung einer ungehinderten friedlichen Nutzung der Kernenergie sowie auf die »europäische Option« hinzuweisen.[94]

Die ersten Wochen des Jahres 1967 dienten im wesentlichen der Information und der Konsultation mit den Verbündeten. Der deutsche Botschafter in Washington, Knappstein, wurde zur Berichterstattung nach Bonn gerufen; anschließend wurde er beauftragt, bei der amerikanischen Regierung, insbesondere der federführenden Abrüstungsbehörde, Erläuterungen zu denjenigen Punkten einzuholen, die am amerikanischen NV-Text oder im Zusammenhang damit unklar waren. Bundeskanzler Kiesinger versuchte währenddessen, im Rahmen eines der regelmäßigen deutsch-französischen Konsultationsgespräche die Haltung des französischen Nachbarn zu erkunden.[95] Außenminister Brandt benutzte seinen Antrittsbesuch in der amerikanischen Hauptstadt dazu, sich eingehend über die

94 Vgl. die Erklärung von Staatssekretär von Hase am 4. 1. 1967 auf der Bundespressekonferenz (Niederschrift des BPA); die Ausführungen von Bundeskanzler Kiesinger am 16. 1. 1967 ebenfalls auf der Bundespressekonferenz, in: Bulletin, Nr. 5, 18. 1. 1967, S. 37; die Rede von Bundesaußenminister Brandt am 24. 1. 1967 vor der Beratenden Versammlung des Europarates in Straßburg, in: Bulletin, Nr. 8, 26. 1. 1967, S. 59–61 (S. 60), sowie die Stellungnahme des Außenministers in der Fragestunde des Bundestages am 1. 2. 1967, in: DBT/V/90, 1. 2. 1967, S. 4164–4169.

95 Vgl. den Bericht von Bundeskanzler Kiesinger über seine Gespräche mit dem französischen Staatspräsidenten und der Regierung in Paris vor der Bundespressekonferenz am 16. 1. 1967, in: Bulletin, Nr. 5, 18. 1. 1967, S. 33–39; ferner Atom-Sperrvertrag. Schlag der Trommeln, in: SPIEGEL, Nr. 10, 27. 2. 1967, S. 17–30.

Nichtverbreitungs-Politik der USA zu informieren, deutsche Bedenken gegen den jüngsten amerikanischen Vertragsentwurf vorzubringen und den Spielraum für Korrekturen abzutasten.[96] Gleichzeitig fanden multilaterale Konsultationen im NATO-Rat statt.[97] Auch bereitete sich die Bundesregierung auf eine Kontaktaufnahme mit anderen nichtnuklearen Schwellenmächten, wie Italien, Schweden, Japan und Indien vor, die vor allem am Rande der Ende Februar wiederbeginnenden Genfer Abrüstungskonferenz stattfinden sollten.[98]

Währenddessen wuchs jedoch innerhalb der Bundesrepublik die politische Opposition gegen den Nichtsverbreitungs-Vertrag. Die Bedenken, die vor allem von der CDU/CSU geäußert wurden, bezogen sich in erster Linie auf die Unausgeglichenheit der Verpflichtungen zwischen Kernwaffen- und Nichtkernwaffenstaaten, die Sorge vor einer Beschränkung der friedlichen Nutzung der Kernenergie und die Zukunft von EURATOM. Zunehmend wurde auch die Forderung nach Offenhalten der »europäischen Option« erhoben.[99] Die Gegner des Vertrages, zu denen vor allem Altbundeskanzler Adenauer, der engere Fraktionsvorstand der CDU – Rainer Barzel und die außenpolitischen Experten Birrenbach und Majonica – sowie die bayerische CSU unter Franz Josef Strauß gehörten,[100] beeinflußten nicht nur die Meinungsbildung innerhalb der Mehrheitspartei. Mit Re-

96 Vgl. das Interview von Bundesaußenminister Brandt mit der WELT, 18. 2. 1967, in der dieser ausführlich über seine Sondierungsgespräche in den USA berichtete, in: Bulletin, Nr. 18, 21. 2. 1967, S. 139–141. Auch auf diplomatischer Ebene fanden in dieser Phase rege deutsch-amerikanische Kontakte statt, vgl. Konsultationen Washington–Bonn, in: SZ, 14./15. 1. 1967, U.S. Presses Bid to End Bonn Fear On Nuclear Pact. Foster and West German Aid Discuss Key Points in Proposed Treaty, in: NYT, 25./26. 2. 1967.

97 Vgl. Atomwaffen-Sperrvertrag vorgelegt, in: SZ, 3. 2. 1967. Auf der Sitzung des Ständigen NATO-Rates im Januar 1967 wurden die Verbündeten offiziell über die Grundzüge des mit der Sowjetunion abgestimmten amerikanischen Vertragsentwurfes unterrichtet. In der Diskussion wurden, meist in der Form von Fragen, das Problem der Sicherheitsgarantien, der friedlichen Nutzung der Kernenergie und der Verbindung zur Abrüstung erörtert.

98 Vgl. Bonn sucht nichtatomare Mitstreiter, in: SZ, 14./15. 1. 1967; Schnippenkoetter bereitet die nächste Runde in Genf vor, in: FAZ, 31. 1. 1967.

99 Vgl. u. a. L'adhésion de l'Allemagne au traité de nondissémination nucléaire suscite un large mouvement d'opposition, in: MONDE, 1. 2. 1967; Vorbehalte zum Atomsperrvertrag. Strauß und Erhard fürchten Konsequenzen, in: SZ, 13. 2. 1967; Bedenken gegen den Sperrvertrag. Parteien befürchten Behinderung der friedlichen Nutzung der Kernenergie, in: SZ, 15. 2. 1967; Heftige Kritik am Sperrvertrag, in: SZ, 16. 2. 1967; Die Opposition gegen den Sperrvertrag lautstärker, in: FAZ, 20. 2. 1967.

100 Vgl. die Rede von Altbundeskanzler Adenauer am 16. 2. 1967 in Madrid, in: Adenauer, Erinnerungen 1959–1963, a.a.O., S. 238–246; Ernst Majonica, Der Nonproliferationsvertrag und die Betroffenen, in: DUD, 15. 2. 1967; Rede von Franz Josef Strauß am 8. 2. 1967 in Vilshofen, in: dpa, 8. 2. 1972.

den, Interviews und Zeitungsartikeln, z. T. auch Indiskretionen, unternahmen sie auch den Versuch, eine breite Öffentlichkeit gegen den Vertrag zu mobilisieren. Darüber hinaus wirkten sie auf Bundeskanzler Kiesinger ein, der in dieser Phase loyal die von Außenminister Brandt vertretene und vom Kabinett gebilligte NV-Politik unterstützte, um ihn zu einer Distanzierung von dieser Politik zu veranlassen.[101]
Auf parlamentarischer Ebene kam nicht nur der Auswärtige Ausschuß zu einer Sondersitzung zusammen; auch die drei Bundestagsfraktionen legten in der Nichtverbreitungsfrage eine lebhafte Aktivität an den Tag. Sowohl die CDU/CSU als auch die SPD setzten Kommissionen ein, die den Auftrag erhielten, alle mit dem NV-Vertrag zusammenhängenden Fragen zu untersuchen und den Fraktionen Bericht zu erstatten.[102] Besonders intensiv wurde das Nonproliferations-Problem in der CDU/CSU diskutiert. In einer Sondersitzung der Fraktion am 16. 2. 1967 machte der Berichterstatter der NV-Kommission, der Abgeordnete Birrenbach, in einem umfangreichen Exposé vor allem rechtliche und politische Bedenken gegen den Vertrag geltend,[103] während Wissenschaftsminister Stoltenberg die Auswirkungen auf Forschung und Industrie beleuchtete. Auch Außenminister Brandt und der Kernphysiker und Philosoph, Carl Friedrich von Weizsäcker, wurden zu Hearings eingeladen.[104] In den Fraktionen von SPD und FDP überwogen die Befürworter des Vertrages, doch wurden auch dort die Probleme, vor allem eine mögliche Behinderung der friedlichen Nutzung der Kernenergie, nicht übersehen.[105]

101 Die Opposition gegen den Sperrvertrag lautstärker, in: FAZ, 20. 2. 1967; Die Bonner Wünsche zum Sperrvertrag, in: SZ, 21. 2. 1967; Kiesinger zwischen Befürwortern und Gegnern, in: SZ, 22. 2. 1967.

102 Vgl. Bonn berät über Atomsperrvertrag. Sondersitzung des Außenpolitischen Ausschusses, in: SZ, 28./29. 1. 1967. Der NV-Arbeitsgruppe der Unionsfraktion gehörten die Abgeordneten Birrenbach, Kliesing, von Guttenberg, Kopf und Zimmermann an, während die von der SPD-Fraktion eingesetzte Kommission sich aus den Abgeordneten Flämig, Merten, Berkhard und Eppler zusammensetzte. Berichterstatter waren die Abg. Birrenbach bzw. Flämig.

103 Vgl. Kurt Birrenbach, Zur Problematik des Atomsperrvertrages, Arbeitspapier vom 9. 2. 1967; ferner Die Bonner Diskussion um den Atomsperrvertrag, in: NZZ, 18. 2. 1967. Zur Haltung von Stoltenberg vgl. Droht Deutschland die Atom-Apartheid, in: SPIEGEL, Nr. 10, 27. 2. 1967, S. 32–40.

104 Vgl. Sperrvertrag in Brandts Sicht, in: SZ, 18./19. 2. 1967. Zum Inhalt der Ausführungen Weizsäckers vgl. ders., Atomkontrolle durch Schwarze Kästchen, in: FAZ, 28. 2. 1967.

105 Zur Haltung der SPD vgl. Gerhard Flämig, Ein Morgenthau-Plan im Quadrat? Zur Diskussion um den Atomsperrvertrag, in: SPD-Pressedienst, 9. 3. 1967, sowie die verschiedenen Stellungnahmen von Außenminister Brandt; zur Haltung der FDP vgl. u. a. FDP weist Bedenken der CDU/CSU zurück, in: SZ, 9. 2. 1967. Zur innenpoliti-

Das Bundeskabinet, das sich seit Beginn des Jahres mehrfach mit dem NV-Vertrag befaßt hatte, einigte sich – in Abwesenheit von Finanzminister Strauß, dem schärfsten Kritiker des Vertrages – auf seiner Sitzung am 17. Februar auf vier Grundsätze, von denen sich die Bundesregierung in ihrer Nichtverbreitungs-Politik leiten lassen wollte und die Regierungssprecher von Hase am 20. 2. 1967 vor der Presse in Bonn bekannt gab:
- Zustimmung zum Grundsatz der Nichtverbreitung;
- keine Beeinträchtigung der Sicherheit der Nichtkernwaffenstaaten;
- substantielle Abrüstungsverpflichtungen auch der Nuklearmächte;
- keine Behinderung der friedlichen Nutzung der Kernenergie.

Die Bundesregierung beschloß außerdem, ihre Konsultationen fortzusetzen und weitere Interpretationen einzuholen. Gleichzeitig bemühte sie sich, die ausufernde innenpolitische Diskussion wieder in ruhigere Bahnen zu lenken. Sie wies einmal auf den begrenzten außenpolitischen Handlungsspielraum der Bundesrepublik hin und erklärte zum andern, sie werde sich um weitere Verbesserungen des Vertrages bemühen.[106]

Die Einigung des Bundeskabinetts war erleichtert worden durch eine Reihe von Zusicherungen, die Außenminister Brandt von seinem Besuch in den Vereinigten Staaten zurückgebracht hatte. Diese bezogen sich einmal auf Korrekturen am Vertragstext in der Kontrollfrage, auf die Einfügung eines Hinweises auf Abrüstungsbemühungen der Kernwaffenmächte, auf die Zusage von Sicherheitsgarantien sowie eine schriftliche Vertragsinterpretation. In der Frage der »europäischen Option« war Brandt auf die im Vertrag vorgesehene Rücktrittsklausel verwiesen worden. Diese Zusicherungen wurden der Bundesregierung in einem Schreiben von Präsident Johnson an Bundeskanzler Kiesinger noch einmal schriftlich bestätigt.[107]

Andererseits erlaubten sowohl die zahlreichen noch ungeklärten Probleme, vor allem in der Kontrollfrage und hinsichtlich der Sicherstellung der friedlichen Nutzung der Kernenergie, als auch das Fehlen eines zwischen den USA und der Sowjetunion verbindlich vereinbarten Vertragstextes der Bundesregierung noch keine abschließende Stellungnahme zum NV-

schen Debatte über den Nichtverbreitungsvertrag vgl. auch Kohler, Der Vertrag über die Nichtverbreitung von Kernwaffen, a.a.O., S. 123 ff.; und Petri, Die Entstehung des NV-Vertrages, a.a.O., S. 106 f.

106 Vgl. die Erklärung von Staatssekretär von Hase am 20. 2. 1967 auf der Bundespressekonferenz (Niederschrift des BPA), Auszug in: Bulletin, Nr. 19, 22. 2. 1967, S. 145.

107 Vgl. das Interview von Außenminister Brandt mit der WELT, 18. 2. 1967, in: Bulletin, Nr. 18, 21. 2. 1967, S. 139–141; Washington beschwichtigt Bedenken Bonns gegen Atomvertrag, in: FAZ, 13. 2. 1967; U.S. Gives Bonn Written Pledge On Arms-Ban Pact. Johnson Note Says Treaty Is No Bar to European Force, in: NYT, 30. 3. 1967.

Vertrag. Hinzu kam die starke Opposition aus den Reihen der CDU/CSU und der Wirtschaft, die Bundeskanzler Kiesinger zu einem vorsichtigen Taktieren veranlaßte.[108]

Versucht man rückblickend, die außenpolitische Wirkung der vehementen innenpolitischen Opposition gegen den Nichtverbreitungsvertrag zu bewerten, so sind zwei Gesichtspunkte in Betracht zu ziehen. Zunächst wirkten Äußerungen, in denen der NV-Vertrag als »Morgenthau-Plan im Quadrat« (Adenauer) oder als »neues Versailles von kosmischen Ausmaßen« (Strauß) bezeichnet wurde, irritierend auf die Verbündeten und alarmierend auf das der Bundesrepublik kritisch gegenüber stehende Ausland. Angesichts dieser für den innenpolitischen Konsum bestimmten Kraftworte fiel es draußen schwer, zwischen Bedenken gegen den vorliegenden Vertragsentwurf und nationalen nuklearen Ambitionen zu unterscheiden.

Andererseits bildete die innenpolitische Opposition ein nicht ganz unwillkommenes Gegengewicht zu dem beharrlichen Drängen der Vereinigten Staaten nach einer Festlegung der europäischen Verbündeten auf die amerikanische Verhandlungsposition. Die Vertagung einer endgültigen Entscheidung bei genereller Zustimmung zum Prinzip der Nichtweiterverbreitung[109] und die dadurch gewonnene Atempause gaben der Bundesregierung die Möglichkeit, intensive Konsultationen, vor allem mit der amerikanischen Regierung, aber auch mit Vertretern anderer nuklearer Schwellenmächte zu führen, die zu einer Annäherung der Standpunkte beitrugen und deren Ergebnis Verbesserungen am Vertragsentwurf und den ihn begleitenden Interpretationen waren.

4.5 *Verbesserungen am Vertragsentwurf*

Die Bundesregierung benutzte die nächsten Monate, um Klärungen in einer Reihe von Sachfragen – vor allem hinsichtlich des vorgesehenen Kontrollverfahrens – herbeizuführen. Außerdem versuchte sie, die innenpolitische Diskussion durch die Herausstellung konkreter Probleme zu entemotionalisieren und die ins Zwielicht geratene Nichtverbreitungs-Politik

108 Vgl. Kiesinger zwischen Befürwortern und Gegnern, in: SZ, 22. 2. 1967.

109 Bonn muß sich entscheiden, in: SZ, 18. 4. 1967; Kabinett berät über Sperrvertrag, in: SZ, 19. 4. 1967; Le cabinet de Bonn s'efforce de parvenir à une décision sur le traité de nondissémination des armes nucléaires, in: MONDE, 20. 4. 1967; Bundeskabinett legt sich nicht fest, in: SZ, 20. 4. 1967.

der Bundesrepublik nach außen hin wieder deutlich zu machen. Diesem Zweck dienten drei Denkschriften - vom April und Mai 1967 sowie vom März 1968[110] - sowie eine Große Anfrage der Koalitionsfraktionen, die durch Außenminister Brandt Ende 1967 im Bundestag beantwortet wurde.[111] Die Bundesregierung bekannte sich darin ausdrücklich zum Ziel der Nichtweiterverbreitung nuklearer Waffen, stellte aber zugleich vier Forderungen an einen akzeptablen Kernwaffen-Sperrvertrag:

- Der Vertrag müßte im Hinblick auf die Rechte und Pflichten von Kernwaffen- und Nichtkernwaffenstaaten ausgewogen sein; er sollte eine nukleare Abrüstung auch der Kernwaffenmächte erleichtern und der Entspannung dienen;
- der Vertrag dürfte die Sicherheitsinteressen der Nichtnuklearmächte nicht beeinträchtigen. Er müßte ihnen Schutz vor Drohung oder Anwendung von Gewalt gewähren und dürfte das Recht auf kollektive Selbstverteidigung nicht einschränken;
- der Vertrag dürfte die friedliche Nutzung der Kernenergie nicht nur nicht behindern, er sollte sie fördern. Er dürfte kein Monopol der Kernwaffenstaaten im friedlichen Bereich begünstigen;
- der Vertrag dürfte die zukünftige Einigung Europas nicht stören, d. h. sollte von niemanden dazu benutzt werden können, eine Politik durchzusetzen, die mit seiner eigentlichen Zielsetzung nichts zu tun hatte.[112]

Den Schwerpunkt der außenpolitischen Aktivität der Bundesrepublik bildeten jedoch die außerordentlich intensiven Verhandlungen, welche der Abrüstungsbeauftragte der Bundesregierung, Botschafter Schnippenkoetter, mit seinen amerikanischen Kollegen im State Department, vor allem in der Arms Control and Disarmament Agency, führte und die sich mit

110 Vgl. Denkschrift der Bundesregierung vom 7. 4. 1967 zur Frage der Nichtverbreitung von Kernwaffen, in: Presse- und Informationsamt der Bundesregierung (Hrsg.), Vertrag über die Nichtverbreitung von Kernwaffen. Dokumentation zur deutschen Haltung und über den deutschen Beitrag, Bonn 1969, S. 11–14; Denkschrift der Bundesregierung vom 19. 5. 1967 zu den gegenwärtigen Abrüstungsverhandlungen, in: Bulletin, Nr. 52, 19. 5. 1967, S. 441–442; Memorandum der Bundesregierung vom 6. 3. 1968 zum Atomwaffensperrvertrag, in: Vertrag über die Nichtverbreitung von Kernwaffen, a.a.O., S. 23–27.

111 Vgl. die Große Anfrage der Fraktion der CDU/CSU und SPD vom 19. 4. 1967, in: DBT, Drucksache 5/1650, und die Antwort der Bundesregierung vom 27. 4. 1967, in: DBT/V/106, 27. 4. 1967, S. 4938–4946, abgedruckt in: Vertrag über die Nichtverbreitung von Kernwaffen, a.a.O., S. 15–23.

112 Vgl. die Memoranden der Bundesregierung sowie die Antwort auf die Große Anfrage der Koalitionsfraktionen vom 27. 4. 1967, in: Vertrag über die Nichtverbreitung von Kernwaffen, a.a.O., S. 11–27; ferner das Interview von Außenminister Brandt, in: HB, 8. 9. 1967.

Unterbrechungen auf über zwei Jahre erstreckten.[113] Hinzu kamen Verhandlungen mit der britischen Regierung sowie den anderen NATO-Partnern, insbesondere den vier nichtnuklearen Staaten, die gleichzeitig Mitglieder von EURATOM waren.[114] Die Serie der Konsultationen wurde ergänzt durch zahlreiche Kontaktgespräche mit Abrüstungsfachleuten aus Japan, Schweden, Indien und anderen nichtnuklearen Staaten. Nach außen hin fand die Aktivität der Bundesrepublik als nichtnuklearer Staat auf der Genfer Konferenz der Nichtnuklearen im Herbst 1968 einen gewissen Höhepunkt.[115] Nur sehr zurückhaltend machte die Bundesregierung jedoch von der Möglichkeit zu Konsultationen mit der sowjetischen Regierung Gebrauch.[116]

Anders als während der durch die Frage der nuklearen Teilhabe belasteten Debatte in den vorangegangenen Jahren vermied sie es, in die Isolierung zu geraten und zum Objekt östlicher Propaganda und westlicher Pressionen zu werden. Auch war die Bundesrepublik in einer relativ starken Verhandlungsposition, da die etablierten Nuklearmächte ein besonderes Interesse daran hatten, die Bundesrepublik durch einen Kernwaffen-Sperrvertrag zu binden. Die Gefahr bestand jedoch darin, daß die

113 Vgl. u. a. Konsultationen Washington–Bonn, in: SZ, 14./15. 1. 1967; U.S. Presses Bid to End Bonn's Fear On Nuclear Pact. Foster and West German Aid Discuss Key Points in Proposed Treaty, in: NYT, 25./26. 2. 1967; Bonns Einwände gegen einen Atomsperrvertrag. Harte Verhandlungen Schnippenkoetters in Washington, in: NZZ, 19. 4. 1967; Rusk konsultiert Brandt, in: SZ, 8. 12. 1967; Bonn's ›No‹ to Nuclear Treaty, in: The Times, 18. 9. 1968; As Concession to Bonn, U.S. Delays Step on A-Treaty, in: IHT, 23. 4. 1969.

114 Vgl. u. a. Bonn sucht nichtatomare Mitstreiter, in: SZ, 14./15. 1. 1967; Bonner Nuklearsorgen, in: NZZ, 30. 1. 1967; EURATOM untersucht den Sperrvertrag, in: SZ, 2. 3. 1967; Europakommission prüft Atomsperrvertrag, in: SZ, 4. 10. 1967; Europa und der Atomsperrvertrag, in: NZZ, 14. 10. 1967; Fünf EURATOM-Partner einigen sich, in: SZ, 30. 10. 1967.

115 Vgl. Swidbert Schnippenkoetter, Sicherheitsgarantien für die Nichtnuklearen? In: AP, H. 11, 1968, S. 645–653; ferner die Dokumentation in: EA 21/1968, S. D 495–546.

116 Diese Frage war innerhalb der Koalition umstritten. Bundeskanzler Kiesinger vertrat die Auffassung, da die Bundesregierung nur von Washington über die NV-Gespräche informiert worden sei, habe Bonn keinen Anlaß, in direkten Kontakt mit der sowjetischen Regierung zu treten. Er wünschte, daß Moskau von den USA offiziell über die amerikanische Interpretation unterrichtet wird und dann in Kenntnis dieser Auslegung den Vertrag unterschreibt. Dieses Verfahren wurde dann auch in der Praxis angewandt. Dennoch fanden eine Reihe inoffizieller Kontakte statt, wobei in einigen Fällen die Initiative von sowjetischer Seite ausging. So sandte Botschafter Zarapkin im Februar 1969 eine Botschaft an Außenminister Brandt, die Erläuterungen zur sowjetischen Vertragsposition enthielt, vgl. das Interview von Bundeskanzler Kiesinger in: SPIEGEL, Nr. 13, 20. 3. 1967, S. 42–53; Die leidige Unterschrift, in: ZEIT, 19. 7. 1968; Sowjetische Note zum Atomsperrvertrag an Bonn, in: NZZ, 8. 2. 1969.

Bundesrepublik den ihr bewilligten Kredit überzog. Sie riskierte dann, an den Pranger gestellt und ob ihrer »Entspannungsfeindlichkeit« gescholten zu werden.

4.5.1 *Ausgewogenheit der Verpflichtungen*

Als Anfang 1967 erste Teile des von den Vereinigten Staaten ausgehandelten Vertragsentwurfs bekannt wurden, beherrschte die BILD-Schlagzeile »Das Diktat der Atom-Giganten« die öffentliche Diskussion in der Bundesrepublik.[117] Die Ungleichheit der Verpflichtungen, die dem Prinzip der Nichtverbreitung zugrunde lag, weckte die Vermutung, daß der Vertrag einseitig auf Erhaltung des Oligopols der gegenwärtigen Nuklearmächte angelegt war. Nationen ohne eigene Kernwaffen würden – wie der Botschafter der Bundesrepublik bei der NATO, Wilhelm Grewe, in einem Vortrag folgerte – künftig kaum in der Lage sein, die Rolle einer »Großmacht« zu spielen; sie könnten in ihrer wissenschaftlich-technologischen Entwicklung nicht mit den Kernwaffenmächten Schritt halten und würden nicht im Stande sein, sich gegen einen Kernwaffen besitzenden Angreifer selbst zu verteidigen.[118]
In der Tat stellte sich mit den Bemühungen, die Zahl der Atommächte einzufrieren, die Frage nach der Struktur des internationalen Systems sowie nach der Rolle und den Aktionsmöglichkeiten des einzelnen Staates in demselben. Für die Bundesrepublik war vor allem von Bedeutung, ob der Nichtverbreitungsvertrag zur Verfestigung des bipolaren Systems und damit zu einer Einengung des Handlungsspielraums der im Hegemonialbereich der beiden nuklearen Großmächte lebenden Staaten beitragen würde, oder ob das verstärkte Zusammenspiel zwischen den beiden nuklearen Großmächten zu einem Abbau der Konfrontationsstrukturen und zu einem Mehr an gesamteuropäischer Kooperation führen könnte.
Kernthema der politischen Diskussion in der Bundesrepublik über die

117 Vgl. Das Diktat der Atomgiganten, in: BILD am Sonntag, 19. 2. 1967; vgl. ferner Atom-Sperrvertrag. Schlag der Trommeln, in: SPIEGEL, Nr. 10, 27. 2. 1967, S. 17–30.

118 Zur – umstrittenen – Rolle Grewes in der Nichtverbreitungsdiskussion vgl. Kohler, Der Vertrag über die Nichtverbreitung von Kernwaffen, a.a.O., S. 119 ff.; ferner Grewes Bericht in: Wilhelm Grewe, Rückblenden. Aufzeichnungen eines Augenzeugen deutscher Außenpolitik von Adenauer bis Schmidt, o. O. u. J. (1979), S. 655 ff. Mit der »Gleichheit und Ungleichheit der Staaten« im Rahmen einer Analyse des internationalen Systems befaßt sich Grewe auch in seinem Buch: Spiel der Kräfte in der Weltpolitik. Theorie und Praxis der internationalen Beziehungen, Düsseldorf, Wien 1970, insbes. S. 82 ff.

Nichtweiterverbreitung nuklearer Waffen war daher die Frage nach den strukturellen Auswirkungen derselben. Der fundamentale Dissens zwischen denjenigen, die den Vertrag vehement ablehnten, und jenen, die ihn grundsätzlich befürworteten, bestand in der unterschiedlichen Einschätzung seiner Auswirkungen auf den Handlungsspielraum der Bundesrepublik. Dabei spielte der Verzicht auf Besitz oder Teilhabe an nuklearen Waffen nur noch eine geringe Rolle. Vielmehr fürchteten die Gegner des Vertrages eine politische, militärische und ökonomische Diskriminierung der Bundesrepublik im Vergleich zu den Nuklearmächten, die zu einer Beschränkung ihrer Optionen führen würde.[119] Neben einer emotional artikulierten Furcht vor einem internationalen »Zweiklassensystem«[120] wurde die Sorge geäußert, daß die Abhängigkeit der Bundesrepublik von den USA vergrößert und bestimmte europäische Entwicklungen, so die Bildung einer europäischen Verteidigungsgemeinschaft mit eigener Atomstreitmacht, abgeschnitten werden könnten.[121] Stellten die Vertreter der CDU/CSU im allgemeinen stärker die Bindungsperspektive des NV-Vertrages heraus, so tendierten SPD-Politiker wie Außenminister Brandt dazu, die Entspannungsfunktion einer derartigen Vereinbarung zu betonen. Nichtverbreitung, Gewaltverzicht und Truppenverminderung (die drei »V's« – NV, GV und TV) waren für sie Instrumente einer Politik, die zur Aussöhnung mit den osteuropäischen Staaten führen sollte und die langfristig auf das Ziel einer Veränderung der europäischen Strukturen in Richtung auf eine europäische Friedensordnung gerichtet war.[122]

Zusammen mit zahlreichen anderen nichtnuklearen Staaten forderte die Bundesregierung von einem akzeptablen NV-Vertrag, daß Rechte und Pflichten von Kernwaffen- und Nichtkernwaffenmächten einigermaßen ausgewogen sein müßten. Sie äußerte die Erwartung, daß nicht nur die horizontale Proliferation verhindert, sondern auch die vertikale Ansamm-

119 Vgl. Birrenbach, Zur Problematik des Atomsperrvertrages, a.a.O.; ders., Der neue gemeinsame Entwurf der Vereinigten Staaten und der Sowjetunion für einen Nichtweiterverbreitungsvertrag vom 24. August 1967, 27. 9. 1967; vgl. ferner das Interview von Altbundeskanzler Adenauer in: SPIEGEL, Nr. 10, 27. 2. 1967, S. 21.

120 »Diktat« und »Diskriminierung« waren die zentralen Begriffe der Polemik des Bayern-Kurier gegen den Nichtverbreitungsvertrag; vgl. Marcel Hepp, Der Atomsperrvertrag. Die Supermächte verteilen die Welt, Stuttgart 1968.

121 Vgl. Birrenbach, Der neue gemeinsame Entwurf der USA und der SU für einen NV-Vertrag, a.a.O.; Grewe, Über den Einfluß der Kernwaffen auf die Politik, a.a.O.

122 Vgl. das Interview von Bundesaußenminister Brandt am 2. 7. 1967 mit dem Deutschlandfunk, in: Bulletin, Nr. 119, 4. 7. 1962, S. 604–607; die Rede Brandts am 7. 12. 1967 in der verteidigungspolitischen Debatte des Bundestages, in: DBT/V/141, 7. 12. 1967, S. 7229–7233; die Rede Brandts am 20. 6. 1968 in der außenpolitischen Debatte des Bundestages, in: DBT/V/180, 20. 6. 1968, S. 9702–9706.

lung von Kernwaffen beschränkt werden würde: durch Verzicht seitens der Atommächte auf neue technologische Entwicklungen, durch ein Einfrieren und schließlich den Abbau der vorhandenen Bestände, durch die Einstellung der Produktion spaltbaren Materials für militärische Zwecke und durch die Vereinbarung eines vollständigen Teststops.[123] Mit diesen Forderungen versuchte Bonn eine Interessengemeinschaft mit den übrigen Nichtkernwaffenstaaten herzustellen; mit der Akzentuierung der Abrüstungsforderung wollte es sich gleichzeitig vor dem Vorwurf abschirmen, mit seinen Verbesserungswünschen am Vertrag blockiere es die allgemeinen Entspannungsbemühungen.
Die Nuklearmächte suchten der Abrüstungsforderung in der Weise Rechnung zu tragen, daß sie – zunächst in die Präambel, später auch in den operativen Teil des Vertrages – die Verpflichtung aufnahmen, zur Beendigung des nuklearen Wettrüstens beizutragen. Während der Nichtverbreitungsdebatte in der Vollversammlung der Vereinten Nationen im Sommer 1968 wurde diese Absichtserklärung durch den Hinweis auf konkrete Maßnahmen – Einstellung aller Kernwaffenversuche und weitere vertrauensbildende Schritte mit dem Ziel eines Abbaus aller nuklearen Arsenale und schließlich einer allgemeinen und vollständigen Abrüstung – präzisiert. In Art. VI des Vertrages verpflichteten sich außerdem alle Vertragsparteien, »redliche Verhandlungen« sowohl über Teilmaßnahmen als auch über eine allgemeine Abrüstung zu führen.[124]
Diese Präzisierung wurde ihnen dadurch erleichtert, daß seit Anfang 1967 zwischen den USA und der Sowjetunion Sondierungen über die Aufnahme von Verhandlungen über eine Begrenzung der strategischen Waffensysteme stattfanden,[125] ebenso wie den Nichtnuklearen die Zustimmung zu

123 Vgl. die Denkschrift der Bundesregierung zum Nichtweiterverbreitungsvertrag vom 7. 4. 1967, in: Vertrag über die Nichtweiterverbreitung von Kernwaffen, a.a.O., S. 11–14; Memorandum der Bundesregierung vom 6. 3. 1968 an die 18-Mächte-Abrüstungskonferenz in Genf, ebenda, S. 23–27. Bei ihrer Forderung nach Ausgewogenheit von Rechten und Pflichten konnte sich die Bundesregierung auf eine dahingehende Resolution der UN-Vollversammlung vom November 1965 stützen, vgl. A/RES 2028 (XX), 19. 11. 1965, in: EA 6/1966, S. D 157–158; vgl. ferner Schnippenkoetter, Sicherheitsgarantien für die Nichtnuklearen? A.a.O.

124 Vgl. den Wortlaut der gleichlautenden amerikanischen und sowjetischen Entwürfe für einen Vertrag über die Nichtverbreitung von Kernwaffen vom 24. 8. 1967 und vom 18. 1. 1968, ENDC/192 und ENDC/193, 24. 8. 1967, in: EA 20/1967, S. D 460–462, bzw. ENDC/192/Rev. 1 und ENDC/193/Rev. 1, 18. 1. 1968, in: EA 4/1968, S. D 81–85.

125 Zur Vorgeschichte der Verhandlungen über eine Reduzierung der strategischen Waffensysteme (SALT) vgl. Der Weg nach Helsinki. Eine Dokumentation zu den SALT-Gesprächen, in: AD, November 1969.

einer vagen und unverbindlichen Absichtserklärung durch die Aussicht auf diese Verhandlungen schmackhafter gemacht wurde.[126] In Umkehrung ihrer früher eingenommenen Positionen weigerten sich die Nuklearmächte aber strikt, den Nichtverbreitungs-Vertrag mit konkreten anderen Abrüstungsmaßnahmen zu koppeln. Da der Vertrag – außer der Rücktrittsklausel – keine Sanktionen enthielt, blieb die nach fünf Jahren vorgesehene Revisionskonferenz die einzige Vertragsbestimmung, mit deren Hilfe die Nichtnuklearen die Nuklearmächte zur Einhaltung der von ihnen eingegangenen Verpflichtungen zu veranlassen hofften.[127]

4.5.2 *Nuklearverzicht, Sicherheit und Gewaltverzicht*

In engem Zusammenhang mit der Forderung nach Abrüstungsleistungen der Nuklearmächte stand die von der Bundesregierung mehrfach ausgesprochene Erwartung, als Gegenleistung für den Nuklearverzicht der Nichtkernwaffenstaaten sollte in den Vertrag eine Wohlverhaltensklausel der Kernwaffenstaaten aufgenommen werden. Danach sollten sich die Atommächte verpflichten, auf Drohung, politischen Druck oder nukleare Erpressung gegenüber den Nichtatomaren zu verzichten.[128] Eine universale Lösung wurde jedoch dadurch erschwert, daß sich das Sicherheitsproblem für die nichtnuklearen Staaten in sehr unterschiedlicher Weise stellte, je nach der perzipierten Bedrohung und den vorhandenen Sicherheitsarrangements.

Bereits in einem sehr frühen Stadium der Verhandlungen hatten die Nuklearmächte versucht, diesen Bedenken Rechnung zu tragen. Anfang 1966 bot Präsident Johnson den Nichtnuklearen für den Fall einer atomaren Bedrohung eine Beistandsgarantie der USA an, während Minister-

126 Ihrer Forderung nach Einschränkung des nuklearen Wettrüstens versuchten die Nichtnuklearen durch zwei auf der Genfer Konferenz der Nichtkernwaffenstaaten verabschiedete Resolutionen Nachdruck zu verleihen; vgl. die Resolution »C« betr. Einstellung des nuklearen Wettrüstens vom 27. 9. 1968, in: EA 21/1968, S. D 535–536; und Resolution »D« betr. amerikanisch-sowjetische Gespräche über eine Beschränkung der Strategischen Waffensysteme, ebenda, S. D 536–537.

127 Diese Bestimmung wurde von der Bundesregierung nicht ohne Bedenken akzeptiert, da sie von einer Teilnahme der DDR an der Revisionskonferenz eine Statusaufwertung derselben fürchtete. Im Gegensatz zu ihrem Verhalten beim Moskauer Vertrag hielt sie sich jedoch in dieser Frage mit öffentlichen Stellungnahmen zurück und beschränkte sich auf einen »disclaimer« bei der Vertragsunterzeichnung.

128 Vgl. die Denkschrift der Bundesregierung vom 7. 4. 1967 zur Frage der Nichtverbreitung, in: Vertrag über die Nichtverbreitung von Kernwaffen, a.a.O., S. 11–14; Memorandum der Bundesregierung vom 6. 3. 1968 an die 18-Mächte-Abrüstungskonferenz in Genf, ebenda, S. 23–27.

präsident Kossygin vorschlug, in den Nichtverbreitungs-Vertrag einen Artikel aufzunehmen, nach dem die Anwendung von Kernwaffen gegen nichtatomare Vertragspartner, auf deren Territorium keine Kernwaffen vorhanden waren, verboten werden sollte.[129] Beide Vorschläge stießen jedoch auf Vorbehalte bei den Nichtnuklearen, die entweder neue Abhängigkeitsverhältnisse fürchteten oder eine über den Nuklearverzicht hinausgehende Forderung nach Kernwaffenfreiheit ablehnten.[130] Für die Bundesrepublik kam hinzu, daß die aus dem Rapacki-Plan entlehnte Kossygin-Formel das bestehende militärische Gleichgewicht in Europa entscheidend verändert hätte.

Im Zusammenhang mit den Nichtverbreitungsverhandlungen wurde daher versucht, eine Regelung im Rahmen der Vereinten Nationen zu finden. Das Ergebnis war die Resolution des Sicherheitsrates vom 19. Juni 1968, in welcher die Verantwortung dieses Gremiums für die Aufrechterhaltung der internationalen Sicherheit bekräftigt wurde. Die ständigen Mitglieder, d. h. die Atommächte, verpflichteten sich darüber hinaus, jedem nichtnuklearen Signatarstaat des NV-Vertrages zu Hilfe zu kommen, der das Opfer einer nuklearen Bedrohung oder Aggression würde. Auch wurde in der abschließenden Debatte über den Nichtverbreitungsvertrag in den Vereinten Nationen ein neuer Präambelsatz in den Vertragstext eingefügt, in dem das Verbot der Gewaltanwendung und Gewaltdrohung in den internationalen Beziehungen unter Bezugnahme auf die UN-Charta bekräftigt wurde.[131]

Die Bundesregierung begrüßte diese Schutzgarantie der Nuklearmächte. Da sie ihre Sicherheit primär durch das Atlantische Bündnis gewährleistet sah, war sie vor allem bestrebt, eine Schwächung desselben als Folge des NV-Vertrages zu vermeiden. Besorgnis riefen in Bonn die in der amerikanischen Nichtverbreitungsdiskussion zutage getretenen Tendenzen hervor, einer Übereinkunft mit der Sowjetunion Vorrang vor Bündnis-

129 Vgl. die Botschaft von Präsident Johnson vom 27. 1. 1966 an die 18-Mächte-Abrüstungskonferenz, in: EA 6/1966, S. D 163–165; ferner die Botschaft von Ministerpräsident Kossygin vom 1. 1. 1966 an die 18-Mächte-Abrüstungskonferenz, ebenda, S. D 166–168.

130 Vgl. ACDA, International Negotiations on the Nonproliferation of Nuclear Weapons, a.a.O., S. 42 f., S. 73 f., S. 89 f., S. 101 ff.; ferner Forndran, Probleme der internationalen Abrüstung, a.a.O., S. 222 ff.

131 Vgl. die Resolution des Sicherheitsrates vom 19. 6. 1968 über die Sicherheit der Kernwaffenfreien Staaten im Zusammenhang mit dem Kernwaffensperrvertrag, SC/RES 255 (1968), 19. 6. 1968, in: EA 14/1968, S. D 333–334; ferner Vertrag über die Nichtverbreitung von Kernwaffen vom 1. 7. 1968, in EA 14/1968, S. D 321–328.

rücksichten zu geben. In intensiven Verhandlungen mit den Vereinigten Staaten bemühte sie sich um Zusicherungen, daß durch den Vertrag die gemeinsame nukleare Verteidigung nicht beeinträchtigt würde. Diesem Zweck dienten vor allem die mit Washington ausgehandelten Vertragsinterpretationen, in denen herausgestellt wurde, daß der Vertrag

- nicht die Weitergabe nuklearer Trägersysteme oder die Verfügungsgewalt darüber untersagte, solange eine solche Weitergabe keine Sprengköpfe einschloß;
- die alliierten Konsultationen und die gemeinsame Planung auf dem Gebiet der nuklearen Verteidigung nicht berührte, solange daraus keine Weitergabe von Kernwaffen oder der Verfügungsgewalt darüber resultierte;
- die Regelungen über die Dislozierung von Kernwaffen auch auf dem Territorium der nichtnuklearen Bündnispartner in Friedenszeiten nicht beeinträchtigt wurden. Im Kriegsfall würde der Nichtverbreitungs-Vertrag nicht mehr maßgebend sein.[132]

Bei diesen Interpretationen handelte es sich um eine einseitige Vertragsauslegung seitens der Vereinigten Staaten mit beschränkter völkerrechtlicher Wirkung. Durch die Behandlung in der Ratifizierungsdebatte des amerikanischen Senates wurden sie jedoch Teil der »legislative history« und banden künftige amerikanische Regierungen. Die Sowjetunion, der sie im April 1967 während der Vertragsverhandlungen mitgeteilt wurden, widersprach ihnen nicht, ohne sie jedoch ausdrücklich zu billigen. In einer Rede vor dem Obersten Sowjet anläßlich der Ratifizierung des Nichtverbreitungsvertrages gab die sowjetische Regierung eine Vertragsinterpretation ab, die sich weitgehend mit der westlichen Auffassung deckte, wenn auch die Akzente anders gesetzt wurden. So betonte Moskau vor allem das Ziel, durch den Vertrag der Bundesrepublik jeden direkten oder indirekten Zugang zu Nuklearwaffen zu verwehren.[133] Dagegen hatte die sowjetische Regierung ihre Vorbehalte hinsichtlich der gemeinsamen nu-

132 Die insgesamt sechs amerikanischen Interpretationen wurden dem Senat von Präsident Johnson am 9. 7. 1968 zugeleitet und in den Anhörungen am 10. 7. 1968 von Außenminister Rusk mündlich bekanntgegeben, vgl. Nonproliferation Treaty. Hearings before the Committee on Foreign Relation, U.S. Senate, 90th Congress, 2nd Session, Washington 1968, S. 262–263; deutscher Text in: EA 1/1970, S. D 5–6.

133 Vgl. den Bericht der Nachrichtenagentur TASS über die Sitzung des Präsidiums des Obersten Sowjets am 24. 11. 1969 zur Ratifizierung des Vertrages über die Nichtverbreitung von Kernwaffen, Auszug betr. die Rede von Außenminister Gromyko in: EA 1/1970, S. D 12–14.

klearen Planung innerhalb der NATO fallen gelassen.[134] Eine authentische Interpretation des Vertrages mit völkerrechtlicher Verbindlichkeit wurde jedoch nicht erreicht, da eine solche die Einigung der Vertragspartner auf eine gemeinsame Auslegung vorausgesetzt und damit den dem Vertrag zugrundeliegenden Kompromiß wahrscheinlich nicht möglich gemacht hätte.

Der Wunsch der Bundesregierung, von den USA eine über den NATO-Vertrag hinausreichende Schutzgarantie zu erhalten, war jedoch nicht zu verwirklichen. Die Ratifizierungsdebatte im amerikanischen Senat hatte deutlich gemacht, daß dieser nicht bereit war, Bindungen für die Vereinigten Staaten einzugehen, die über die bestehenden Verpflichtungen hinausreichten.[135] Bei der Unterzeichnung des Vertrages machte die Bundesregierung daher ihrerseits deutlich, daß eine Voraussetzung ihres Beitritts die Gewährleistung ihrer Sicherheit durch die westliche Allianz war und daß sie sich im Falle einer Auflösung der NATO veranlaßt sehen könnte, die im NV-Vertrag enthaltene Rücktrittsklausel in Anspruch zu nehmen.[136]

Parallel dazu bemühte sich die Bundesregierung, eine über die Resolution des Sicherheitsrates und die Absichtserklärung in der Präambel des NV-Vertrages hinausgehende internationale Bestätigung dafür zu erlangen, daß das Prinzip des Verzichts auf Anwendung oder Androhung von Gewalt nach Art. 2 der UN-Charta für alle Staaten ohne Einschränkung

134 Im April 1968 hatte der Sprecher des sowjetischen Außenministeriums, Samjatin, die Ansicht geäußert, daß die Tätigkeit der BRD im nuklearen Planungsausschuß der NATO nicht gegen den Atomsperrvertrag verstoße; vgl. Kein Druck auf Moskau, in: HB, 15. 8. 1968.

135 Vgl. das Hearing im amerikanischen Senat, in: Nonproliferation Treaty, Hearings . . ., a.a.O., S. 42–48; ferner die Berichte des Senate Foreign Relations Committee zum Nonproliferations-Vertrag vom 26. 9. 1968 und 6. 3. 1969, in: DoD, 1968, S. 642–667, bzw. DoD, 1969, S. 78–97. In diesen Berichten wurde betont, daß zwischen dem Vertrag und der von der amerikanischen Regierung im Zusammenhang mit der Entschließung des Sicherheitsrates abgegebenen Erklärung kein rechtlicher Zusammenhang bestände und daß seine Zustimmung zum Vertrag keine Zustimmung zu Maßnahmen bedeutete, die der Sicherheitsrat auf der Grundlage seiner Resolution Nr. 255 treffen könnte.

136 In Beantwortung einer Großen Anfrage der CDU/CSU-Fraktion wies die Bundesregierung am 20. 10. 1969 auf diese Möglichkeit hin, vgl. Stellungnahme zu Frage 3c), in: Vertrag über die Nichtverbreitung von Kernwaffen, a.a.O., S. 48. Diese Auffassung wurde von Washington geteilt, vgl. Nonproliferation Treaty. Hearings . . . a.a.O., S. 47–48. Vgl. auch Note und Erklärung der Bundesregierung vom 28. 11. 1969 anläßlich der Unterzeichnung des Nichtverbreitungsvertrages, in: Vertrag über die Nichtverbreitung von Kernwaffen, a.a.O., S. 64–69.

galt.[137] Derartige Garantien waren notwendig geworden, als die Sowjetunion im Zusammenhang mit den deutsch-sowjetischen Gewaltverzichtsverhandlungen den Interventionsvorbehalt nach Art. 53 und 107 der UN-Charta, die sog. »Feindstaatenklauseln« aktivierte.[138] Die Bundesregierung bemühte sich daher, von den vier Siegermächten des Zweiten Weltkrieges eine Nichtigkeitserklärung dieser Feindstaatenklauseln zu erhalten.

Mitte September 1968 gaben die drei Westmächte zuvor in der Vierergruppe bestimmte Erklärungen ab, in denen es hieß, daß die Art. 53 und 107 der UN-Charta keinem Staat ein Recht gewährten, einseitig in der Bundesrepublik Deutschland zu intervenieren.[139] Mit ihnen wurde ein bekannter Sachverhalt bestätigt, denn bereits beim Beitritt der Bundesrepublik zu den Pariser Verträgen 1954 hatten die drei Mächte ebenso wie die Bundesrepublik erklärt, daß sie sich in ihren gegenseitigen Beziehungen in Zukunft von dem in Art. 2 der Charta der Vereinten Nationen verankerten Gewaltverzicht leiten lassen wollten. Anläßlich der Unterzeichnung des Nichtverbreitungsvertrages durch Bonn im November 1969 bestätigten die drei Westmächte noch einmal ihre Haltung in der Frage der Feindstaatenklauseln.[140] Der Interventions-Vorbehalt Moskaus fand seine Entsprechung in dem Friedensvertragsvorbehalt Bonns. Erst als die Sozialliberale Koalition daran ging, ihre Beziehungen zur Sowjetunion auf der Basis der nach dem Zweiten Weltkrieg in Europa geschaffenen

137 Vgl. die Erklärung von Staatssekretär Diehl auf der Bundespressekonferenz am 8. 3. 1968, zit. in: Bonn zur Genfer Nukleargarantie, in: NZZ, 10. 3. 1968. Auf der Genfer Konferenz der Nichtnuklearen hatte die Bundesrepublik eine Resolution eingebracht, in der folgende Grundsätze bekräftigt wurden:
- die Unteilbarkeit des Prinzips der Nichtanwendung und Nichtandrohung von Gewalt in den zwischenstaatlichen Beziehungen nach Art. 2 der UN-Charta, wobei konventionelle und nukleare Gewalt grundsätzlich gleichgestellt wurden;
- das Recht eines jeden Staates auf Gleichheit, Souveränität, territoriale Unversehrtheit, Nichteinmischung in die inneren Angelegenheiten und Selbstbestimmung;
- der Grundatz individueller und kollektiver Selbstverteidigung nach Art. 51 der UN-Charta als einzig legitime Ausnahme von dem übergeordneten Grundsatz der Nichtanwendung von Gewalt.

Vgl. Resolution »A« betr. Sicherheit der Nichtkernwaffenstaaten der Genfer Konferenz der Nichtkernwaffenstaaten vom 27. 9. 1968, in: EA 21/1968, S. D 533–534.

138 Vgl. oben, Kap. IV.

139 Vgl. die Erklärungen der britischen, französischen und amerikanischen Regierung vom 16. 9. 1968, in: Abrüstung und Sicherheit, Bd. VI (1968), S. 378–380.

140 Vgl. die Erklärung des amerikanischen Außenministers, des britischen Außenministers und eines Sprechers des französischen Außenministeriums anläßlich der Unterzeichnung des NV-Vertrages durch die BRD am 28. 11. 1969, in: Bulletin, Nr. 145, 29. 11. 1969, S. 1236.

Realitäten zu normalisieren, fand sich die sowjetische Regierung ebenfalls bereit, die vorrangige Geltung des Art. 2 der UN-Charta auch im Verhältnis zur Bundesrepublik anzuerkennen. Im Hinblick auf den Nichtverbreitungsvertrag hatte die sowjetische Regierung bereits vorher klargestellt, daß die Bundesrepublik mit der Unterzeichnung in bezug auf Rechte und Pflichten allen anderen Staaten gleichgestellt werde und daß die Resolution Nr. 255 des Sicherheitsrates auch für sie gelte, obwohl die Bundesrepublik noch nicht Mitglied der Vereinten Nationen war.[141]
In einer Erklärung, welche die Bundesregierung anläßlich der Unterzeichnung des Nichtverbreitungsvertrages abgab, stellte sie ihrerseits fest, »daß die in der Präambel des Vertrages enthaltenen Grundsätze und die in Art. 2 der Charta der Vereinten Nationen niedergelegten völkerrechtlichen Prinzipien, die jede gegen die territoriale Unversehrtheit oder die politische Unabhängigkeit eines Staates gerichtete Androhung oder Androhung von Gewalt ausschließen, unabdingbare und auch für die Bundesrepublik Deutschland uneingeschränkt geltende Voraussetzungen des Vertrages selbst sind.«[142] Sie sprach darüber hinaus die Erwartung aus, daß seine Unterzeichnung sich förderlich auf die von der Bundesregierung betriebene Gewaltverzichtspolitik auswirken würde.
Die Kontroverse über Gewaltverzicht und Nuklearwaffenverzicht - zwischen denen zunächst kein materieller Zusammemhang bestand - zeigt den Grad der Verflechtung von Rüstungsbeschränkungs- und Ostpolitik auf. Von Moskau wurden die Feindstaatenklauseln benutzt, um der Bundesrepublik ihren begrenzten Handlungsspielraum in der deutschen Frage deutlich zu machen. In der innenpolitischen Diskussion wurde der Interventionsvorbehalt zum Anlaß genommen, um ursprünglich auf anderen Motiven beruhende Vorbehalte gegen den NV-Vertrag zu artikulieren und um gleichzeitig die von der SPD mit Nachdruck betriebene Entspan-

141 Diese Feststellung war in einer der Bundesregierung am 6. 2. 1969 übergebenen Erklärung enthalten, vgl. die Aussage von Außenminister Brandt auf der Bundespressekonferenz am 14. 4. 1969 (Niederschrift des BPA); ferner Vertrag zwischen der Bundesrepublik Deutschland und der Union der Sozialistischen Sowjetrepubliken vom 12. August 1970, in: Presse- und Informationsamt der Bundesregierung, Der Vertrag vom 12. August 1970 zwischen der Bundesrepublik Deutschland und der Union der Sozialistischen Sowjetrepubliken, Bonn 1970, S. 7–9; sowie die Äußerung des sowjetischen Außenministers in den Verhandlungen mit dem Bundesminister des Auswärtigen vom 29. 7. 1970 zur Frage eines Interventionsanspruches, Anlage 2 zur Denkschrift der Bundesregierung zum Moskauer Vertrag, in: Texte zur Deutschlandpolitik, Bd. 9, S. 384. Vgl. dazu auch Kap. IV.

142 Erklärung der Bundesregierung aus Anlaß der Unterzeichnung des Nichtverbreitungsvertrages am 28. 11. 1969, in: Vertrag über die Nichtverbreitung von Kernwaffen, a.a.O., S. 68.

nungspolitik zu blockieren. Außenminister Brandt betonte zwar wiederholt, daß der Nichtverbreitungs-Vertrag kein Sicherheitsrisiko darstellte, da die Sicherheit der Bundesrepublik durch das Bündnis und die Schutzgarantie der Vereinigten Staaten gewährleistet werde, aber die Regierung sah sich dennoch veranlaßt, sich zumindest durch entsprechende Vertragsinterpretationen abzusichern. Andererseits benutzte aber auch die Bundesregierung, vor allem nach Bildung der Sozialliberalen Koalition, den Nichtverbreitungs-Vertrag als ein Instrument ihrer Entspannungspolitik und stellte damit in ihrer Außenpolitik eine Verbindung her, die sie geneigt war, nach innen zu leugnen.

4.5.3 *Friedliche Nutzung der Kernenergie*

Im Vordergrund der Bedenken, die in der Bundesrepublik gegen den Nichtverbreitungs-Vertrag geäußert wurden, stand die Sorge, durch diesen könnte die friedliche Nutzung der Kernenergie beeinträchtigt werden. Die Befürchtungen wurden einmal genährt durch die in dem Vertrag angelegte ungleiche Behandlung von Kernwaffen- und Nichtkernwaffenstaaten, die den Keim für eine Diskriminierung auch im wirtschaftlichen Bereich in sich barg. Sie war zum andern entstanden durch die bewußt unpräzise Formulierung des Vertrages, durch die ein sowjetisch-amerikanischer Kompromiß überhaupt erst möglich wurde, die aber auch Anlaß zu unterschiedlichen Interpretationen bot. Und schließlich wurden von dem vorgesehenen Kontrollsystem negative Auswirkungen auf die Arbeit von EURATOM, Wettbewerbsverzerrungen durch eine erhöhte Kostenbelastung sowie eine verstärkte Industriespionage befürchtet.[143]
Der umstrittene Artikel des Nicht-Verbreitungsvertrages war der Art. III, der sich mit der Kontrolle der zivilen Verwendung nuklearer Energie befaßte. In dieser Frage war eine sowjetisch-amerikanische Einigung am mühsamsten gewesen, da hier die USA auf die Interessen ihrer westeuropäischen Verbündeten Rücksicht nehmen mußten. Während der erste

143 Zu den durch den Nichtverbreitungsvertrag für die friedliche Nutzung der Kernenergie aufgeworfenen Probleme vgl. H. Anton Keller, Heinz Bolliger und Peter B. Kalff, On the Economic Implications of the Proposed Nonproliferation Treaty, in: Revue de Droit International, Nr. 1, 1968, S. 27–73; Lawrence Scheinman, Nuclear Safeguards, the Peaceful Atom, and the IAEA, in: International Conciliation, Nr. 572 (März 1969), S. 5–64; Felix Oboussier, Mögliche Auswirkungen des geplanten Atomsperrvertrages auf den EURATOM-Vertrag, in: Beiträge zum Internationalen Wirtschaftsrecht und Atomenergierecht, Bd. 2, H. 5, S. 141–166; Bodo Börner, Rechtsfolgen des Atomsperrvertrages für die Bundesrepublik Deutschland, Düsseldorf 1969.

sowjetische Entwurf vom September 1965 keinerlei Kontrollregelung enthielt, wollten die USA zunächst eine Kontrolle durch die IAEO, die Internationale Atomenergie-Organisation in Wien, oder »equivalent international safeguards« zulassen.[144] Zum ersten Male wurde die Kontrollfrage von der Sowjetunion und ihren östlichen Verbündeten auf der 10. Generalkonferenz der IAEO im September 1966 angesprochen. Unterstützt von der Sowjetunion, hatten die DDR, Polen und die Tschechoslowakei sich bereit erklärt, ihre nuklearen Anlagen dem Kontrollsystem der Wiener Behörde zu unterstellen, wenn die Bundesrepublik ebenfalls dazu bereit war.[145] Die Bundesregierung sagte eine Prüfung dieser Vorschläge in Abstimmung mit ihren EURATOM-Partnern zu, wies jedoch darauf hin, daß ihre gesamten nuklearen Anlagen bereits seit langem von einem internationalen Kontrollsystem überwacht würden. Dieses EURATOM-System sollte in seiner gegenwärtigen Form erhalten bleiben.[146]

Das neue Interesse der kommunistischen Staaten an Kontrollregelungen war durch zwei Entwicklungen bedingt. Zum einen drängten die Vereinigten Staaten in den gleichzeitig stattfindenden amerikanisch-sowjetischen Sondierungsgesprächen auf eine wirksame Kontrollregelung, und zum anderen bot der Rückgriff auf das Wiener System der Sowjetunion die Möglichkeit, das EURATOM-System zu entwerten oder zumindest die Probleme zwischen Frankreich einerseits und ihren fünf nichtnuklearen Mitgliedern zu verschärfen. Da es ein wesentliches Ziel sowjetischer Politik war, der Bundesrepublik jeden Zugang zu Kernwaffen zu verweigern, ließ sich auf diese Weise eine engere deutsch-französische Zusammenarbeit auf dem nuklearen Sektor verhindern. Möglicherweise war Moskau nach dem Scheitern der MLF zu der Auffassung gelangt, daß Bonn versuchen könnte, eine europäische Atomstreitmacht durch ein Zusammengehen mit Paris zu realisieren.

Die Haltung der Vereinigten Staaten in der Kontrollfrage war ambiva-

144 Vgl. den sowjetischen Entwurf eines Vertrages über die Nichtverbreitung von Kernwaffen vom 24. 9. 1965, in: EA 20/1965, S. D 518–520, sowie den amerikanischen Entwurf vom 17. 8. 1965, ebenda, S. D 511–513.

145 Vgl. International Negotiations on the NPT, a.a.O., S. 54. Das Telegramm der DDR, Auszüge der Stellungnahmen Polens, der CSSR und der SU sowie der Erwiderung des Delegierten der BRD sind abgedruckt in: DoD, 1966, S. 640–644.

146 Vgl. die Erklärung von Staatssekretär von Hase am 26. 10. 1966 auf der Bundespressekonferenz, in: Bulletin, Nr. 140, 28. 10. 1966, S. 1123; ferner Interview von Bundesaußenminister Brandt mit der WELT, 18. 2. 1967, abgedruckt in: Bulletin, Nr. 18, 21. 2. 1967, S. 139–141; und Antwort der Bundesregierung vom 27. 4. 1967 auf eine Große Anfrage der Fraktionen von CDU/CSU und SPD im Deutschen Bundestag, in: Vertrag über die Nichtverbreitung von Kernwaffen, a.a.O., S. 21.

lent.[147] Die Anwendung des IAEO-Systems auf spaltbares Material und Anlagen der Nichtnuklearen entsprach aus mehreren Gründen ihren Nichtverbreitungsinteressen am besten: Auf dieser Basis schien eine Einigung mit der Sowjetunion am ehesten möglich; eine derartige Regelung würde die Zustimmung auch der Mehrzahl der blockfreien Staaten finden, und schließlich erhielte die auf amerikanische Initiative geschaffene Wiener Behörde auf diese Weise weltweite Kompetenzen. Auf der anderen Seite mußte eine derartige Haltung zu Belastungen in der Bündnis- und Europa-Politik führen. Am Beispiel der Kontrolle zeigten sich erneut die grundlegenden Zielkonflikte einer nicht in die Bündnispolitik integrierten Arms control-Politik. Aber es machte auch die Bemühungen Washingtons deutlich, einen Kompromiß zu finden, der das Ziel des Nichtverbreitungsvertrages nicht gefährdete, die Interessen der europäischen Verbündeten, insbesondere der Bundesrepublik und Italiens, aber berücksichtigte.

Die Haltung der Bundesrepublik in der Kontrollfrage wurde vorrangig von der Erwägung bestimmt, daß durch diese die friedliche Nutzung der Kernenergie, insbesondere die Fortentwicklung der nuklearen Technologien und ihre wirtschaftliche Verwertung, nicht beeinträchtigt werden dürfte. Die Kontrolle sollte sich nicht auf Anlagen, sei es durch Offenlegung der Konstruktionsdetails oder Überwachung ihres Betriebs, sondern auf die Ein- und Ausgangskontrolle in automatisierter Form beschränken. Zu diesem Zweck waren vom Kernforschungszentrum Karlsruhe Verfahren für eine automatisierte Spaltstoff-Flußkontrolle entwickelt worden, deren technische Anwendbarkeit im Zusammenwirken mit der IAEO in den folgenden Jahren erprobt wurde, die aber bis zum Abschluß des Nichtverbreitungsvertrages noch nicht einsatzbereit waren.[148] Ein wesentlicher Gesichtspunkt des in Karlsruhe entwickelten Verfahrens war es, daß es auf allen Phasen des Brennstoffzyklus angewandt werden konnte, also das Fehlen geeigneter Kontrolltechniken nicht den Vorwand dafür liefern konnte, nichtnuklearen Staaten bestimmte Phasen des Zyklus zu untersagen, z. B. den Betrieb von Anreicherungs- oder Wiederaufarbei-

147 Vgl. z. B. das Interview von Außenminister Rusk am 10. 2. 1967 auf der Fernsehpressekonferenz im Deutschen Fernsehen, in: DSB, 6. 3. 1967, S. 360–362.

148 Vgl. Arbeitspapier über Sicherungsmaßnahmen, vorgelegt von der Delegation der BRD am 13. 9. 1968 auf der Konferenz der Nichtkernwaffenstaaten in Genf, in: Vertrag über die Nichtverbreitung von Kernwaffen, a.a.O., S. 33–36; vgl. ferner Carl Friedrich von Weizsäcker, Atomkontrollen nur durch schwarze Kästchen, in: FAZ, 28. 2. 1967; Konrad Dietrich, Die instrumentierte Spaltstoffkontrolle, in: FAZ, 19./20. 11. 1969.

tungsanlagen, die mit den herkömmlichen Techniken nicht ausreichend überwacht werden konnten.[149]
Ein weiteres Verhandlungsziel war die Erhaltung des bisherigen EURATOM-Systems und zwar nicht nur, weil hier die Gefahr einer Industriespionage geringer schien, sondern vor allem deshalb, weil dieses System nicht auf eine Diskriminierung von Kernwaffen- und Nichtkernwaffenstaaten angelegt war. Ein anderer wesentlicher Gesichtspunkt war die im Rahmen von EURATOM praktizierte internationale Zusammenarbeit im nuklearen Bereich, die erhalten und ausgebaut werden sollte. Wenn es im Verlauf der Verhandlungen nicht gelingen würde, eine Anerkennung der Gleichwertigkeit von EURATOM- und IAEO-Systems zu erreichen, dann war es nach Auffassung Bonns notwendig, beide in eine sinnvolle Beziehung zueinander zu setzen. Dies konnte dadurch geschehen, daß sich die IAEO auf eine Verifizierung der EURATOM-Kontrollen beschränkte, Doppelkontrollen also vermieden wurden.[150]
Der Entwurf für einen Kontrollartikel, über den die Verbündeten der USA nach Abschluß der sowjetisch-amerikanischen Sondierungen vom Herbst 1966 konsultiert wurden, trug weitgehend den sowjetischen Forderungen nach Übernahme des IAEO-Systems Rechnung. Die im ersten amerikanischen Vertragsentwurf enthaltene Bestimmung, daß an seine Stelle auch andere internationale Sicherheitsmaßnahmen treten könnten, war weggefallen. Auch sollte sich die Kontrolle außer auf die nuklearen Anlagen auf für den Produktionsprozeß spaltbaren Materials wichtige Einrichtungen erstrecken. Gegen derartige einschneidende Kontrollbestimmungen meldeten die westeuropäischen Staaten schwere Bedenken

149 Bis zur Ausarbeitung des durch den NV-Vertrag notwendig gewordenen neuen Sicherheitssystems durch die IAEO gab es drei Kontrollsysteme für die friedliche Nutzung der Kernenergie: 1. Das IAEO-System, vgl. IAEO, INFCIRC/66/Rev. 2, 16. September 1968, in: SIPRI (Hrsg.), Safeguards against Nuclear Proliferation, Stockholm u. a. 1975, S. 95–111; 2. Das EURATOM-System, vgl. Amtliche Kurzfassung des Vertrages über die Gründung der Europäischen Atomgemeinschaft, in: EA 23–24/1957, S. 10 357–10 364; 3. Das ENEA-System, vgl. Beschluß des Rates der Organisation für Europäische Wirtschaftliche Zusammenarbeit zur Errichtung einer Europäischen Kernenergieagentur vom 17. 12. 1957, in: Bundesanzeiger, 14. 4. 1959. Für eine kritische Analyse der verschiedenen Sicherheitssysteme im Hinblick auf den Nichtverbreitungsvertrag vgl. Frank Barnaby und Jozef Goldblat, Nuclear Safeguards, in: SIPRI Yearbook 1972, S. 375–388; Rudolf Botzian, Die Internationale Atomenergie-Organisation und der Kernwaffen-Sperrvertrag, in: EA 6/1969, S. 209–216; Hans Herbert Götz, Die Kontrollen von EURATOM, in: FAZ, 2. 3. 1967.

150 Vgl. die Antwort der Bundesregierung vom 27. 4. 1967 auf eine Große Anfrage der Fraktionen von CDU/CSU und SPD, in: Vertrag über die Nichtverbreitung von Kernwaffen, a.a.O., S. 21.

an; die EURATOM-Kommission erklärte ihn für unvereinbar mit den Bestimmungen des EURATOM-Vertrages.[151]
In außerordentlich intensiven Verhandlungen, die sowohl bilateral zwischen Bonn und Washington als auch zwischen den USA und der EURATOM-Kommission gemäß den Bestimmungen des 1958 zwischen beiden abgeschlossenen Abkommens über Kernmateriallieferungen an die Gemeinschaft, sowie im NATO-Rat geführt wurden, gelang es, eine Annäherung der Standpunkte zu erreichen. Auf einer Sitzung der stellvertretenden Außenminister der NATO-Staaten sagten die USA ihren europäischen Verbündeten zu, im Sinne ihrer Vorschläge mit der Sowjetunion verhandeln zu wollen. Es zeigte sich jedoch bald, daß Moskau nicht bereit war, EURATOM in wesentlichen Punkten entgegenzukommen, und daß Washington ein Scheitern des Nichtverbreitungsvertrages aus Rücksicht auf seine westeuropäischen Verbündeten nicht riskieren wollte.[152]
Diese Verhandlungen, die das ganze Jahr 1967 in Anspruch nahmen, waren nicht nur wegen der Komplexität der Materie und den unterschiedlichen Interessenlagen der USA einerseits und den nichtnuklearen EURATOM-Mitgliedern andererseits außerordentlich schwierig, sondern sie wurden zusätzlich dadurch kompliziert, daß drei weitere Staaten bzw. Staatengruppen mit berücksichtigt werden mußten, die nicht am Verhandlungstisch saßen: die Sowjetunion, die ihrerseits eigene Vorstellungen von einer Kontrollregelung hatte und die sich im Rahmen bilateraler amerikanisch-sowjetischer Sondierungen nur allmählich einige der von den Westeuropäern aufgestellten Forderungen zu eigen machte; Frankreich, das zwar Mitglied von EURATOM war, aber keinerlei Bindungen durch den Nichtverbreitungsvertrag eingehen wollte; und schließlich die

151 Vgl. Antwort der Kommission der Europäischen Gemeinschaften über die Auswirkungen des Nichtweiterverbreitungsvertrages auf die Gemeinschaften vom 18. 10. 1967; in: Europäisches Parlament, PV 19, 18. 10. 1967, abgedruckt in: EA 24/1967, S. D 579–583; vgl. ferner die Ausführungen von Bundesaußenminister Brandt am 1. 2. 1967 in der Fragestunde des Bundestages, in: DBT/V/90, 1. 2. 1967, S. 4164–4169; Bedenken gegen den Sperrvertrag, in: SZ, 15. 2. 1967; ferner den Aufsatz des deutschen Mitgliedes in der EURATOM-Kommission, Robert Margulies, Atomsperrvertrag und EURATOM unvereinbar, in: Wirtschaftsdienst, H. 3, 1967, S. 129–131.

152 Vgl. USA und EURATOM einigen sich. Europäische Vorschläge zum Sperrvertrag werden den Sowjets in Genf unterbreitet, in: SZ, 2. 11. 1967; NATO über Sperrvertrag uneins. Sitzung des Ständigen Rats in Brüssel bringt keine Annäherung der Standpunkte, in: SZ, 2./3. 12. 1967; ferner Kurt Becker, Guillotine Atomsperrvertrag? In Genf geht es auch um die Interessen Bonns, in: ZEIT, 13. 10. 1967; Jürgen Diesel, Die Verhandlungen über den Kernwaffen-Sperrvertrag seit Herbst 1966, in: EA 8/1968, S. 295–302.

Vielzahl der blockfreien Staaten, die argwöhnisch jede Sonderregelung betrachteten.

Ein Vergleich der von den Vereinigten Staaten und der Sowjetunion im Januar 1968 vorgelegten gleichlautenden Entwürfe für einen Vertrag über die Nichtweiterverbreitung von Kernwaffen – in den Entwürfen beider Staaten vom August 1967 fehlte der Kontrollartikel, über den damals noch keine Übereinstimmung erreicht worden war – mit den ersten Entwürfen, über welche die Bundesregierung Anfang 1967 unterrichtet worden war, zeigt deutlich die erzielten Fortschritte.

Zunächst war es gelungen, das Prinzip der instrumentierten Spaltstofffluß-Kontrolle an strategischen Punkten im Vertrag zu verankern – zwar nicht im operativen Teil, aber in der Präambel – und die Sicherungsmaßnahmen auf den Ein- und Ausgang spaltbaren Materials zu beschränken. Eine Anerkennung gleichwertiger originärer Kontrollkompetenzen von EURATOM und IAEO war nicht durchzusetzen gewesen. Doch wurde eine Lösung gefunden, die das EURATOM-System prinzipiell unangetastet ließ. Die im Vertragstext vorgesehenen Sicherheitsregelungen konnten von den Unterzeichnerstaaten entweder einzeln oder gemeinsam mit anderen Staaten mit der IAEO vereinbart werden. Damit war die Möglichkeit gegeben, daß sich die IAEO auf eine Verifizierung der EURATOM-Kontrollen beschränkte.[153]

Auch die sogenannte »Guillotine-Klausel«, nach der beim Nichtzustandekommen eines Abkommens über Sicherheitsmaßnahmen innerhalb einer bestimmten Frist – 3 Jahre nach amerikanischen, 2 Jahre nach sowjetischen Vorstellungen – automatisch das IAEO-Kontrollsystem in Kraft treten sollte, wurde dahingehend entschärft, daß diese Frist nur noch für das Inkrafttreten dieser Maßnahmen gelten sollte. Eine Nichteinigung bedeutete jedoch, daß für den oder die betreffenden Staaten die Versorgung mit Kernbrennstoffen in Frage gestellt war. Eine Aufhebung der Diskriminierung zwischen nuklearen und nichtnuklearen Staaten wurde nicht erreicht. Zwar erklärten sich die USA und Großbritannien bereit, einige ihrer zivilen Reaktoren der IAEO-Kontrolle zu unterstellen, aber eine Gleichbehandlung beider Staatengruppen im Hinblick auf die zivile

153 Vgl. die Erläuterung des amerikanischen und des sowjetischen Delegierten auf der Genfer 18-Mächte-Abrüstungskonferenz bei der Vorlage der revidierten Vertragsentwürfe am 18. 1. 1968, ENDC/PV 357, S. 14–21 bzw. 7–14, in: EA 4/1968, S. D 85–96; sowie die von der amerikanischen Regierung anläßlich der Vorlage des revidierten Vertragsentwurfes abgegebene offizielle Interpretation des Art. III, ebenda, S. D 89–90.

Nutzung der Kernenergie scheiterte am Widerstand der Nuklearmächte.
Die praktische Ausfüllung des Art. III blieb jedoch einem von EURATOM bzw. seinen nichtnuklearen Mitgliedern mit der IAEO auszuhandelnden Abkommen vorbehalten. Die EG-Kommission empfahl daher ihren Mitgliedern, die Ratifizierung des Vertrages davon abhängig zu machen, daß zuvor eine befriedigende Verifikationsregelung erreicht worden wäre.[154] Da auch das Wiener System den Bedingungen des Nichtverbreitungsvertrages angepaßt werden mußte, setzte der Gouverneursrat der IAEO im April 1970 einen Ausschuß ein, der die Aufgabe hatte, vertragskonforme Vorschläge für Sicherheitsvereinbarungen auszuarbeiten. Das Ergebnis, das in Form eines Modellabkommens ein Jahr später vorlag, entsprach weitgehend den Vorstellungen der westeuropäischen Staaten.[155]
Der nächste Schritt war dann die Aushandlung eines Verifikationsabkommens zwischen IAEO und EURATOM. Dies wurde jedoch dadurch verzögert, daß Frankreich für seine nuklearen Anlagen eine Sonderstellung innerhalb von EURATOM beanspruchte, ehe es bereit war, der Erteilung eines Verhandlungsmandates an die Kommission zuzustimmen. Mitte 1972 wurde zwischen der IAEO und der EG-Kommission weitgehende Übereinstimmung über ein solches Abkommen erzielt. Danach sollte das EURATOM-Kontrollsystem beibehalten werden, die IAEO jedoch ein Verifizierungsrecht erhalten.[156]
Von Seiten der Nuklearindustrie wurde nicht nur die Sorge geäußert, daß durch eine Verschärfung der internationalen Sicherungsmaßnahmen die Nuklearforschung und -entwicklung in der Bundesrepublik behindert werden könnten; es wurde darüber hinaus befürchtet, ihr könnte der Zugang zu bestimmten fortgeschrittenen Technologien wie Anreicherung, Wiederaufarbeitung und Schnelle Brutreaktoren verweigert werden. Eine weitere Sorge war, durch den NV-Vertrag könnten Exportbarrieren aufgebaut und die Konkurrenzfähigkeit deutscher Firmen auf dem Weltmarkt behindert werden. Zum Sprecher der westdeutschen Industrie

154 Vgl. die Ausführungen von Außenminister Brandt auf der Bundespressekonferenz am 31. 7. 1968, in: Abrüstung und Sicherheit, Bd. VI (1968), S. 291–292; ferner Georg Nachtweh, Sperrvertrag darf Euratom nicht spalten, in: WELT, 23. 7. 1968.
155 Vgl. Werner Ungerer, Kernenergiekontrollen gemäß NV-Vertrag, in: AP, H. 8, 1971, S. 451–464; Konrad Müller, Sicherheitskontrollen für den Atomwaffensperrvertrag, in: FAZ, 4. 8. 1970; Bonn ist mit dem geplanten Atom-Kontrollsystem zufrieden, in: FAZ, 27. 7. 1970; Hanni Konitzer, Die atomaren Mittelstaaten fanden Gehör, in: FAZ, 22. 2. 1971.
156 Vgl. Auch künftig Kernenergie-Kontrolle durch Euratom, in: FAZ, 27. 7. 1972.

machte sich besonders das Deutsche Atomforum, das in verschiedenen Stellungnahmen die Bundesregierung aufforderte, dafür Sorge zu tragen, daß sie im Vergleich zu derjenigen der Kernwaffenstaaten nicht benachteiligt würde.[157]
Zur Absicherung der friedlichen Nutzung der Kernenergie nahm die Bundesregierung eine Reihe von Kontakten zu anderen nichtnuklearen Staaten auf, z. B. Italien, Schweden, Japan und Indien, die in gleicher Weise betroffen waren. In bilateralen Konsultationen mit den Vereinigten Staaten setzte sich Bonn für eine eindeutige Klarstellung ein, daß die zivile Nukleartechnologie und der freie Informationsfluß nicht behindert würden. Das Ergebnis dieser Bemühungen war die Aufnahme einer Absichtserklärung in die Präambel des Vertrages, wonach der Austausch wissenschaftlicher Informationen und die internationale Zusammenarbeit auf dem zivilen Sektor gefördert werden sollten. Im operativen Teil wurde das Recht aller Vertragspartner betont, »an dem weitestmöglichen Austausch von Informationen zur weiteren Entwicklung der Anwendung der Kernenergie für friedliche Zwecke teilzunehmen«. Später hinzugefügt wurde noch eine Verpflichtung aller Vertragsparteien – vor allem der Kernwaffenstaaten – die friedliche Nutzung der Kernenergie zu erleichtern. Damit sollte verbreiteten Befürchtungen entgegengetreten werden, die Belieferung der Nichtkernwaffenstaaten mit nuklearen Anlagen und Materialien könnte durch extensive Auslegung des Vertrages beeinträchtigt werden.[158]
Außerdem sicherten die Vereinigten Staaten der Bundesrepublik und den übrigen westlichen Verbündeten in einer Reihe von Interpretationen zum Vertragstext eine ungehinderte Nutzung der Kernenergie zu. Völkerrechtlich am verbindlichsten war der Grundsatz einer restriktiven Vertragsauslegung, die den NATO-Partnern notifiziert und Bestandteil des Ratifizierungsverfahrens durch den amerikanischen Senat wurde. Inhaltlich am bedeutsamsten war eine Erklärung des amerikanischen Außenministeriums vom Februar 1967, nach der weder der Verkauf von Plutonium oder angereichertem Uran an EURATOM, noch die Entwicklung soge-

157 Vgl. die Stellungnahmen des Deutschen Atomforums zum Vertrag über die Nichtweiterverbreitung von Kernwaffen vom 28. 2. 1967 und vom 22. 7. 1968, in: Stellungnahmen zur Abrüstung und Rüstungskontrolle, a.a.O., S. 40–42 bzw. 149–151, sowie des Verbandes der Chemischen Industrie vom 30. 7. 1968, ebenda, S. 158–159.

158 Vgl. Entwürfe für einen Vertrag über die Nichtverbreitung von Kernwaffen vom 24. 8. 1967, in: EA 20/1967, S. D 460–462, und vom 18. 1. 1968, in: EA 4/1958, S. D 81–85; ferner Konrad Müller, Was nützt ein Atomreaktor ohne Brennstoff, in: Stuttgarter Zeitung, 7. 2. 1968.

nannter »Schneller Brüter« seitens der Bundesrepublik durch den Vertrag beschränkt würden. Die Bundesregierung machte sich dieses Vertragsverständnis zu eigen und gab es als deutsche Vertragsinterpretation auf der Genfer Konferenz der Nichtnuklearen sowie anläßlich der Unterzeichnung des Atomsperrvertrages im November 1969 zu Protokoll.[159]

4.5.4 *Offenhalten der »europäischen Option«*

Die Forderung nach Offenhalten einer »europäischen Option« wurde in der innerdeutschen Debatte zum Kristallisationspunkt der Befürchtungen und Hoffnungen derjenigen, die dem Vertrag kritisch gegenüberstanden. Die sogenannte »europäische Option« ging zurück auf eine Bemerkung von Präsident Kennedy, mit der dieser den Verbündeten in Aussicht stellte, daß die von den USA projektierte MLF den Kern einer künftigen europäischen Nuklearstreitmacht bilden könnte.[160] Die Ironie der Geschichte wollte es, daß der Lockvogel, den die USA aufsteigen ließen, um den Europäern eines ihrer damaligen Lieblingsprojekte attraktiv zu machen, zum »skeleton in the closet« wurde, an dem sich zeitweilig sowohl die amerikanisch-sowjetischen Verhandlungen über einen Nichtverbreitungsvertrag als auch die Bereitschaft der Bundesrepublik zur Unterschrift unter denselben festzuhaken drohten.

In dem Maße, wie die Vereinigten Staaten von dem Projekt einer multilateralen Atomstreitmacht des Bündnisses abrückten, erhielt die »europäische Option« in den Augen ihrer Befürworter die Rolle einer Ersatzlösung, die der Bundesrepublik den Weg zur nuklearen Teilhabe offenzuhalten schien, und sie war eine Rückversicherung für den Fall, daß das Atlantische Bündnis eines Tages zerfallen oder seine Glaubwürdigkeit einbüßen würde. Der Nachdruck und die Emotionalität der Argumenta-

159 Vgl. Nonproliferation Treaty. Hearings . . . a.a.O., S. 262–263; ferner Statement by the Department of State on Nonproliferation and Peaceful Nuclear Activities, 20. 2. 1967, in: DoD, 1967, S. 96–98. Eine ähnliche Erklärung wurde von Botschafter Goldberg im Ersten Ausschuß der UN-Vollversammlung am 31. 5. 1968 abgegeben, vgl. A/C.1/PV 1577, in: DoD, 1968, S. 415–422. Weitere Zusicherungen wurden der Bundesrepublik in vertraulichen Schreiben von Außenminister Rusk an Brandt am 18. 4. 1967 und von Präsident Johnson an Bundeskanzler Kiesinger am 11. 12. 1967 gegeben; vgl. ferner die Erklärung von Botschafter Schnippenkoetter am 10. 9. 1968 auf der Konferenz der Nichtkernwaffenstaaten, in: Vertrag über die Nichtverbreitung von Kernwaffen, a.a.O., S. 30–33; sowie Note und Erklärung der Bundesregierung vom 28. 11. 1969 anläßlich der Unterzeichnung des Nichtverbreitungsvertrages, ebenda, S. 64–69.

160 Vgl. die Rede von Präsident Kennedy am 17. 5. 1961 vor dem kanadischen Parlament in Ottawa, Auszüge in: EA 11/1961, S. D 320–322.

tion, mit welcher vor allem von Seiten der CDU/CSU an der Möglichkeit einer europäischen Atomstreitmacht festgehalten wurde, ist nur verständlich angesichts der Schocks, welchen die weitgehende Annäherung der USA an die Sowjetunion in der Nichtverbreitungsfrage auslöste. Die Kluft zwischen »Atlantikern« und »Gaullisten« innerhalb der CDU/CSU, durch welche die erste Phase der Nichtverbreitungsdiskussion in der Bundesrepublik gekennzeichnet war, wurde überbrückt durch die gemeinsame Sorge um die Möglichkeiten künftiger europäischer Politik. Offenhaltung und schließlich Realisierung der »europäischen Option« wurden als die einzige Lösung betrachtet, »die den Staaten Europas eine Aussicht bietet, ihre Sicherheit, ihre Unabhängigkeit und ihren Rang in der Welt zu behaupten«.[161]
Dieses Zitat von Wilhelm Grewe macht deutlich, in welcher Weise in dem Syndrom »europäische Option« Sorgen um die Wahrung der Sicherheit der Bundesrepublik, vor allem im Falle einer Reduzierung des amerikanischen Engagements in Europa, Furcht vor politischer und wirtschaftlicher Diskriminierung sowie der Wunsch nach Bildung eines von den USA unabhängigen und diesem gleichwertigen westeuropäischen Machtblocks zusammenflossen. Hinzu kam das Bedenken, der europäische Einigungsprozeß könnte durch die Ausklammerung der sicherheitspolitischen, d. h. der atomaren, Komponente behindert werden.[162]
Nur zögernd machte sich die SPD die Auffassung ihres Koalitionspartners zu eigen, daß die Sicherung der »europäischen Option« eine Conditio sine qua non für eine Zustimmung der Bundesrepublik zum Nichtverbreitungsvertrag sein müßte. Es war dies ein Zugeständnis, ohne das ein Kompromiß über die gemeinsam zu vertretende Nichtverbreitungspolitik nicht zustande gekommen wäre. Der bisherige Verlauf der Verhandlungen hatte jedoch gezeigt, daß in dieser Frage ein Entgegenkommen der Nuklearmächte am schwersten zu erreichen sein würde. Die Sowjetunion interpretierte die »europäische Option« als eine Form nuklearer Teilhabe, die durch den Vertrag ausgeschlossen werden sollte,[163] während das amerikanische Interesse am Zustandekommen eines Nichtverbreitungsvertra-

161 Grewe, Über den Einfluß von Kernwaffen auf die Politik, a.a.O., S. 93.
162 Vgl. z. B. Birrenbach, Die Problematik des Atomsperrvertrages, a.a.O., S. 25 f.; Marcel Hepp, Der Atomsperrvertrag, a.a.O., insbes. S. 31 ff.; Franz Heubl, Der fragwürdige Atomsperrvertrag, in: BK, 18. 2. 1967; Fritz Zimmermann, Atomsperrvertrag und Europäische Einigung, in: CSU-Korrespondenz, 21. 5. 1968.
163 Vgl. z. B. die Erklärung des sowjetischen Delegierten Roschtschin am 23. 6. 1966 auf der Genfer 18-Mächte-Abrüstungskonferenz, ENDC/PV 267, 23. 6. 1966, in: DoD, 1966, S. 359–368 (S. 363).

ges größer war als das Offenhalten der – hypothetischen – Möglichkeit einer gemeinsamen westeuropäischen Atomstreitmacht.
Washington sicherte der Bundesrepublik auf deren Drängen jedoch zu, daß ein europäischer Bundesstaat nicht durch den Atomwaffensperrvertrag gebunden sein würde. Diese Aussage bekräftigte die amerikanische Regierung in den Interpretationen zum NV-Vertrag dahingehend, daß ein künftiger europäischer Bundesstaat auch auf nuklearem Gebiet die Rechtsnachfolge eines seiner Glieder antreten könnte. Allerdings müßte dieser Staat die vollständige Kontrolle über alle die äußere Sicherheit betreffenden Angelegenheiten ausüben. Die Weitergabe von Kernwaffen oder der Verfügungsgewalt über diese an ein multilaterales Gebilde ohne Staatsqualität wurde ausdrücklich als nicht vertragskonform ausgeschlossen.[164]
Diese restriktive, durch den Text von Art. I und II des Vertrages an sich nicht geforderte Auslegung war kaum geeignet, alle Bedenken der Befürworter einer »europäischen Option« auszuräumen. Sie ließ insbesondere jene Zwischenstufen eines europäischen atomaren Zusammenschlusses außer Betracht, die unterhalb der Schwelle eines europäischen Bundesstaates lagen. Andererseits war anzunehmen, daß eine über die amerikanische Interpretation hinausgehende Deutung den Widersspruch der Sowjetunion zur Folge gehabt und damit ihren begrenzten politischen Wert völlig verloren hätte. Auch war es unrealistisch zu erwarten, die Bundesrepublik könnte durch ihr Fernbleiben vom Vertrag eine bessere »europäische Option« offenhalten, nachdem sich mit Ausnahme Frankreichs die möglichen Partner durch ihre Unterschrift unter den NV-Vertrag gebunden hatten. Ferner gab die bisherige Haltung der europäischen Atommächte keinen Anlaß zu der Annahme, daß sie bereit sein würden, vor einer völligen staatlichen Verschmelzung anderen Staaten eine Teilhabe an ihren nationalen nuklearen Potentialen einzuräumen.

4.6 *Der Beitritt der Bundesrepublik zum Nichtverbreitungs-Vertrag*

Als der von der Vollversammlung der Vereinten Nationen mit großer Mehrheit verabschiedete Nichtverbreitungs-Vertrag am 1. Juli 1968 zur

164 Vgl. Nonproliferation Treaty. Hearings . . ., a.a.O., S. 263; abgedruckt in: EA 1/1970, S. D 5–7; ferner Washington beschwichtigt Bedenken Bonns gegen Atomvertrag. Politisch geeintes Europa nicht gebunden, in: FAZ, 13. 2. 1967; U.S. Gives Bonn Written Pledge on Arms-Ban Pact, in: NYT, 30. 3. 1967.

Unterschrift aufgelegt wurde, konnte Außenminister Brandt mit Befriedigung darauf verweisen, daß es der Bundesregierung im Zusammenwirken mit anderen nichtnuklearen Staaten gelungen sei, einen Vertrag zu erreichen, der an die Bundesrepublik keine unzumutbaren Bedingungen stellte. Sie habe vier Forderungen für einen weltweit akzeptablen Vertrag vorgebracht:
- Ungehinderte Nutzung der Kernenergie zu friedlichen Zwecken;
- deutlich erkennbare Verbindung zu allgemeiner Abrüstung;
- Gewährleistung der Sicherheit;
- keine Beeinträchtigung der europäischen Einigung.

Diese Forderungen wären mit dem vorliegenden Text und durch die von den Vereinigten Staaten abgegebenen Interpretationen im wesentlichen erfüllt worden.[165]
Mit dem Argument, daß weitere Verbesserungen am Vertragstext nicht mehr möglich wären, drängte der Außenminister auf eine rasche Unterzeichnung. Er wies in diesem Zusammenhang darauf hin, daß das Kontrollverfahren erst nach dem Beitritt der Bundesrepublik und der übrigen nichtatomaren EURATOM-Mitglieder zwischen diesen und der IAEO ausgehandelt werden könnte. Bundeskanzler Kiesinger hielt aber eine Reihe von Fragen noch für klärungsbedürftig. Im Kabinett bestand jedoch Übereinstimmung darüber, daß die Bundesrepublik im Herbst 1968 den Vertrag unterzeichnen würde. Zuvor sollte die für September nach Genf einberufene Konferenz der Nichtnuklearen noch abgewartet werden, die weitere Klarstellungen über die Auslegung des Vertrages bringen und der Bundesrepublik gleichzeitig die Möglichkeit geben würde, ihre Interpretation zu Protokoll zu geben.[166]
Eine Reihe von Gründen verhinderten jedoch eine deutsche Unterschrift. Die Intervention der Warschauer Pakt-Staaten in der CSSR akzentuierte das Problem des sowjetischen Interventionsanspruches. Vor allem aber wurde der politische Konsens brüchig, auf den die Große Koalition gegründet worden war. Dies zeigte sich besonders deutlich in der Außenpolitik, wo die Bewertungsunterschiede von Anfang an am größten waren. Während für die SPD der NV-Vertrag – zusammen mit einem Gewaltverzicht und Truppenverminderungen – ein notwendiger Bestandteil ihrer

165 Vgl. Presse- und Informationsgespräch im Auswärtigen Amt am 23. 7. 1968, in: Stellungnahmen zur Abrüstung und Rüstungskontrolle, a.a.O., S. 152–157.

166 Vgl. die Ausführungen von Bundeskanzler Kiesinger am 5. 7. 1968 und von Außenminister Brandt am 31. 7. 1968 auf der Bundespressekonferenz (Niederschriften des BPA).

Entspannungspolitik war, dominierte bei der CDU/CSU die Abneigung, gegenüber der Sowjetunion völkerrechtlich bindende Verpflichtungen einzugehen. Unter dem Eindruck der Prager Ereignisse war daher auch für die Befürworter des Vertrages ersichtlich, daß zu diesem Zeitpunkt für eine Unterschrift keine Mehrheit zu erhalten war. Das Kabinett beschloß daher im August 1968, die Vertragsunterzeichnung einstweilen zu vertagen.[167]

Anfang 1969 begann die internationale Politik wieder aus dem Windschatten der Prager Krise herauszutreten. Die Sowjetunion und die Vereinigten Staaten kündigten Ende Januar die Aufnahme von Gesprächen über eine Begrenzung strategischer Waffensysteme an und äußerten gleichzeitig ihren Wunsch nach einem baldigen Inkrafttreten des Nichtverbreitungs-Vertrages. Etwa zum gleichen Zeitpunkt unterzeichnete Italien, das sich in der Nichtverbreitungsfrage in vielem in einer ähnlichen Position wie die Bundesrepublik befand, den Vertrag. Damit rückte auch für Bonn der Termin einer endgültigen Entscheidung näher. Während die Befürworter des Vertrages vor allem darauf verwiesen, daß mit weiteren Verbesserungen kaum zu rechnen war, die Bundesrepublik höchstens riskierte, in eine außenpolitische Isolierung zu geraten und den Kredit zu verspielen, den sie sich als kluger Sachwalter der Belange der Nichtnuklearen erworben hatte, stellten seine Kritiker u. a. die Forderung auf, daß vor einer Unterschrift Bonns die Sowjetunion zunächst den von ihr postulierten Interventionsanspruch widerrufen müßte. Auch sollte die friedliche Nutzung der Kernenergie, insbesondere die Nichtbehinderung durch Kontrollen und die Belieferung mit Kernbrennstoffen, vertraglich sichergestellt werden.[168]

In der Haushaltsdebatte des Bundestages im März 1969 äußerte Außenminister Brandt dennoch die Hoffnung, daß der Vertrag vor Beginn der Sommerferien unterzeichnet werden könnte. Darauf drängte auch die SPD-Faktion unter Berufung auf entsprechende Koalitionsvereinbarungen.[169] Die CDU versuchte dagegen, eine Entscheidung bis nach den Neu-

167 Vgl. Bonn vertagt Entscheidung über den Atomsperrvertrag, in: WELT, 23. 8. 1968.

168 Vgl. Willy Brandt, Sperrvertrag und Gleichberechtigung, in: SPD-info, 31. 1. 1969; ferner Kurt Becker, Sperrfeuer gegen den Sperrvertrag. Doch bleibt der Zwang zur Unterschrift, in: ZEIT, 14. 2. 1969; Bonner Hin und Her um den Sperrvertrag, in: SZ, 22. 1. 1969; Einwände gegen den Atomsperrvertrag, in: SZ, 25./26. 1. 1969; Der Streit um den Atomsperrvertrag in Deutschland, in: NZZ, 8. 2. 1969; Bundesregierung läßt sich in der Sperrvertragsfrage nicht festlegen, in: SZ, 8./9. 2. 1969.

169 Vgl. die Ausführungen von Außenminister Brandt in der Haushaltsdebatte des Bundestages am 19. 3. 1969, in: DBT/V/221, 19. 3. 1969, S. 11979–11986 (S. 11982), sowie Acht-Punkte-Programm der SPD-Fraktion vom 2. 11. 1966, in: Y 1. Grundsätze

wahlen im Herbst zu vertagen und die CSU machte kein Hehl aus ihrer Präferenz für eine Verschiebung ad calendas graecas.
Die Ratifizierungsdebatte im amerikanischen Senat sowie erste Äußerungen des neuen amerikanischen Präsidenten hatten gezeigt, daß es auch unter einer Regierung Nixon nicht realistisch war, über die bisherigen Interpretationen hinausgehende Zugeständnisse zu erwarten. Als eine weitere Konzession sagte Washington jedoch zu, die Ratifizierungsurkunde erst zu hinterlegen, wenn die aus Bonner Sicht noch offenen Fragen geklärt waren. Dies erwies sich jedoch als ein Bumerang, da nunmehr auch die Sowjetunion ihre Ratifizierung von der Unterschrift Bonns abhängig machte.[170] In der Frage der Sicherheitsgarantien nahm die Bundesregierung Anfang Januar Gespräche mit der sowjetischen Regierung auf, wobei ihr der sowjetische Wunsch nach einer Fortsetzung des Gewaltverzichtsdialogs mit der Bundesrepublik zugutekam. In einer Außenminister Brandt im Februar überreichten Note sicherte Moskau zu, daß die Bundesrepublik weder in der Frage der Sicherheitsgarantien noch bei der friedlichen Nutzung der Kernenergie gegenüber anderen nichtnuklearen Staaten diskriminiert werden würde.[171]
Im April 1969 zeichnete sich jedoch ab, daß die Große Koalition angesichts der kaum zu überbrückenden Meinungsunterschiede nicht in der Lage war, eine Entscheidung über den Nichtverbreitungsvertrag zu treffen.[172] Die SPD vertrat die Auffassung, die noch offenen Fragen könnten bis zur Ratifizierung geklärt werden und riet zur Unterzeichnung bei Abgabe einer entsprechenden Vorbehaltserklärung. Die CDU/CSU bestand jedoch in ihrer Mehrheit auf weiteren Zusicherungen, ehe Bonn seine Unterschrift unter das Vertragswerk setzen könnte. Im Juni 1969 gab das Kabinett seine Beschlußunfähigkeit zu und ließ Regierungssprecher Diehl mitteilen, daß mit einer Unterzeichnung des Vertrages vor den Bundestagswahlen im September nicht mehr zu rechnen sei.[173]

sozialdemokratischer Wehrpolitik, a.a.O., S. 95–97; ferner Sperrvertrag ein Zankapfel der Koalition, in: SZ, 10. 4. 1969; Bonn entre deux politiques étrangères, in: MONDE, 12. 4. 1969.

170 Vgl. Dan Morgan, As Concession to Bonn, U.S. Delays Last Step on A-Treaty, in: IHT, 23. 4. 1969; Peter Grose, Formal A-Pact Ratification Stalled by U.S. and Russia, in: IHT, 14. 5. 1969.

171 Vgl. Deutsch-sowjetische Gespräche über den NV-Vertrag, in: Abrüstung und Sicherheit, Bd. VII (1969), S. 13–15.

172 Vgl. Presse- und Informationsamt der Bundesregierung, Mitteilung an die Presse, Nr. 505/69, 23. 4. 1969; ferner Die deutsche Unterschrift unter den Atomsperrvertrag. Neue Koalitionshändel in Bonn, in: NZZ, 12. 4. 1969.

173 Bonns Haltung zum Atomsperrvertrag, in: NZZ, 20. 6. 1969.

Die Bildung der Sozialliberalen Koalition im Herbst 1969 schuf dann die innenpolitischen Voraussetzungen für eine Unterzeichnung des Nichtverbreitungs-Vertrages. In seiner Regierungserklärung kündigte Bundeskanzler Brandt am 28. Oktober 1969 an, daß die Bundesrepublik diesen unterzeichnen werde, »sobald die noch ausstehenden Klärungen herbeigeführt sind«. Er ließ jedoch keinen Zweifel daran, daß dies rasch erfolgen werde.[174]

Bei den von Brandt genannten Klärungen mußte die Bundesregierung entscheiden, welche Fragen noch vor einer Unterzeichnung und welche in der Phase bis zur Ratifizierung geregelt werden sollten. Angesichts des hohen Stellenwertes, die der NV-Vertrag im außenpolitischen Programm der Sozialdemokraten besaß, war hier jedoch eine Vorentscheidung bereits gefallen: Sie wollte sich in einer neuen, aber zeitlich begrenzten Verhandlungsrunde um weitere Klarstellungen bemühen, aber von vorneherein wurden dabei die Aushandlung des Verifizierungsabkommens und die »Erledigung« des sowjetischen Interventionsanspruches ausgeklammert. Sie setzte daher die von ihrer Vorgängerin geführten Konsultationen und Kontakte mit der amerikanischen und der sowjetischen Regierung fort. Der neue Abrüstungsbeauftragte, Botschafter Roth, reiste nach Washington, um dort, neben weiteren Klarstellungen zur Auslegung des Kontrollartikels, vor allem die Frage von Liefergarantien für Kernbrennstoffe zu klären sowie zusätzliche Interpretationen zum Sicherheitsbereich, z. B. zur Rücktrittsklausel, zu erhalten. Staatssekretär Duckwitz erörterte seinerseits mit dem sowjetischen Botschafter in Bonn, Zarapkin, die in der Öffentlichkeit geäußerte Sorge eines Widerspruchs der Sowjetunion zu den amerikanischen Interpretationen. In einer der Bundesrepublik Anfang November übermittelten Note bestätigte Moskau noch einmal, daß die Bundesrepublik mit dem Vertrag die gleichen Rechte und Pflichten wie alle anderen nichtnuklearen Signatarmächte erhalte.[175]

Noch vor der Abgabe der Regierungserklärung hatte die CDU/CSU eine Große Anfrage im Bundestag eingebracht, in der sie Auskunft darüber zu erhalten wünschte, ob sich die neue Bundesregierung an die früher zum Nichtverbreitungs-Vertrag aufgestellten Grundsätze halten werde. In der Debatte des Bundestages über die Anfrage und die Antwort der Bundesre-

174 Vgl. die Regierungserklärung von Bundeskanzler Brandt am 28.10. 1969 im Deutschen Bundestag, in: DBT/VI/5, 28. 10. 1969, S. 20–34 (S. 33).

175 Vgl. Bonn und der Atomsperrvertrag. Abschluß einer Gesprächsrunde in Washington, in: NZZ, 3. 11. 1969; Der Atomsperrvertrag als Traktandum der Regierung Brandt. Abklärung in Washington – Fragen an Moskau, in: NZZ, 5. 11. 1969; ferner Kurt Becker, Bonns Karten sind ausgereizt, in: ZEIT, 7. 11. 1969.

gierung ging es vor allem um die drei Komplexe Verifikation, »europäische Option« und Feindstaatenklauseln. Während die Unionsabgeordneten Stoltenberg und Birrenbach Wettbewerbsnachteile für die deutsche Wirtschaft – vor allem gegenüber den Nuklearmächten – durch das noch nicht geklärte Kontrollsystem befürchteten und auf das Spannungsverhältnis zwischen dem nationalstaatlichen Prinzip, das dem NV-Vertrag zugunde lag, und den europäischen Einigungsbestrebungen hinwiesen, nicht zuletzt aber auch ihrem Mißtrauen gegenüber den sowjetischen Absichten Ausdruck gaben, betonte die Regierung, daß erst mit der Unterzeichnung des Vertrages die Voraussetzungen geschaffen würden, um die angesprochenen Probleme befriedigend lösen zu können.[176]
Größtenteils beschränkte sich die Debatte auf die Wiederholung von Argumenten, die zuvor bereits eingehend zur Sprache gekommen oder in den umfangreichen Stellungnahmen des Auswärtigen Amtes im Detail beantwortet worden waren. Die Regierung konzedierte der CDU/CSU jedoch, daß ihre Kritik zu beachtlichen Verbesserungen der Vertragsbedingungen geführt habe, betonte aber, daß das weitere Herauszögern einer Entscheidung der Bundesrepublik nur Nachteile bringen würde. Allerdings werde die Bundesregierung die Unterzeichnung zum Anlaß nehmen, um gleichzeitig ihre Interpretation des Vertrages zu Protokoll zu geben. Ein von der Opposition eingebrachter Resolutionsentwurf, in dem in acht Punkten weitere Klarstellungen zum Nichtverbreitungs-Vertrag vor einer »abschließenden Würdigung« gefordert wurden – worunter die Mehrheit der CDU/CSU die Unterzeichnung verstand – fand nicht die erforderliche Mehrheit.[177]
Die Unterzeichnung des Nichtverbreitungsvertrages erfolgte am 28. November 1969 gleichzeitig in London, Moskau und Washington. Aus diesem Anlaß übergab die Bundesregierung den drei Depositarregierungen eine Note, in der es hieß, sie gehe davon aus, daß

- »der Vertrag der Bundesrepublik Deutschland gegenüber so ausgelegt und angewendet wird wie gegenüber den anderen Vertragsparteien;
- daß die Sicherheit der Bundesrepublik Deutschland und ihrer Verbündeten weiterhin durch die NATO oder ein entsprechendes Sicherheitssystem gewährleistet bleibt;

176 Vgl. die Große Anfrage der CDU/CSU vom 20. 10. 1969 betr. Atomwaffensperrvertrag, in: DBT, Drucksache 6/1, 20. 10. 1969; die Antwort der Bundesregierung vom 12. 11. 1969, in: DBT/VI/10, 12. 11. 1969, S. 310–326; sowie die Debatte über die Große Anfrage in: DBT/VI/10, 12. 11. 1969, S. 307–360.

177 Vgl. DBT, Drucksache 6/1 u. 6/50, ferner DBT/VI/10, 12. 11. 1969, S. 359–360.

- daß die Resolution Nr. 255 des Sicherheitsrates der Vereinten Nationen sowie die dieser zugrunde liegenden Absichtserklärungen der Vereinigten Staaten, der Sowjetunion und Großbritanniens uneingeschränkt auch für die Bundesrepublik Deutschland gelten;
- daß der Vertrag den Zusammenschluß der europäischen Staaten nicht behindert;
- daß die Vertragsparteien die im Vertrag vorgesehenen Abrüstungsverhandlungen, insbesondere auf dem Gebiet der nuklearen Waffen, alsbald aufnehmen werden«.[178]

In einer gleichzeitig abgegebenen Erklärung wiederholte die Bundesregierung diese Interpretationen. Sie erklärte ferner, daß sie den Vertrag erst dann zur Ratifizierung vorlegen werde, wenn die Verhandlungen zwischen EURATOM und IAEO zu einer Einigung geführt hätten. In diesem Zusammenhang erläuterte sie ihr Verständnis der durch den Vertrag geforderten Kontrollverpflichtungen, wobei sie sich auf die ihr dazu von den USA gegebenen Interpretationen berief, durch die sichergestellt werden sollte, daß Forschung und Entwicklung auf dem Gebiet der friedlichen Verwendung der Kernenergie nicht behindert würden. Sie gab außerdem ihrer Überzeugung Ausdruck, daß der Vertrag den europäischen Zusammenschluß nicht behindere, und daß er dazu beitragen könnte, andere Abkommen zur Fertigung des Friedens in Europa zu erleichtern.[179]

Mit der Hinterlegung der Ratifikationsurkunden der drei Depositarmächte sowie von 40 weiteren Staaten trat der Nichtverbreitungs-Vertrag im März 1970 in Kraft. Seine Wirksamkeit war jedoch davon abhängig, daß es gelang, in Ausfüllung von Art. III ein System von NV-konformen Sicherungsmaßnahmen zu entwickeln. Die IAEO setzte zu diesem Zweck im April 1970 einen Ausschuß unter dem Vorsitz des damaligen österreichischen UN-Botschafters Waldheim ein, der nach intensiven Verhandlungen im März 1971 dem IAEO-Gouverneursrat Richtlinien für die Aushandlung von Verifikationsabkommen mit den einzelnen NV-Staaten vorlegte, deren insgesamt 116 Paragraphen praktisch ein Modellabkommen darstellten. Die in der Debatte über den NV-Vertrag häufig geäußerte Sorge, daß auf die zivilen Nuklearstaaten eine »Kontroll-Lawine« zukommen würde, die eine beträchtliche Behinderung der technologischen

178 Note der Bundesregierung vom 28. 11. 1969 anläßlich der Unterzeichnung des Kernwaffensperrvertrages, in: Vertrag über die Nichtverbreitung nuklearer Waffen, a.a.O., S. 64–67.

179 Vgl. Erklärung der Bundesregierung aus Anlaß der Unterzeichnung des Kernwaffensperrvertrages vom 28. 11. 1969, ebenda, S. 67–69.

Entwicklung und wirtschaftlichen Nutzung der Kernenergie darstellen würde, erwies sich als unbegründet.
Der Überwachung sollte der gesamte Brennstoffkreislauf eines Landes unterliegen, wobei die Kontrollen im wesentlichen auf statistischen Verfahren und die Inspektionen auf bestimmte strategische Punkte beschränkt werden sollten. Darüber hinaus würde sich die IAEO weitgehend auf die bestehenden nationalen und regionalen Kontrollsysteme stützen. Die Kosten für diese Kontrollen sollten aus dem regulären Haushalt der Wiener Behörde finanziert werden. Auf diese Weise konnten wichtige Anliegen der industriellen Nichtkernwaffenstaaten befriedigt werden.[180]
Auf der Grundlage dieses Modellabkommens wurden vom November 1971 bis zum Juli 1972 zwischen IAEO und EURATOM Verhandlungen geführt, deren Ziel es war, ein Verifikationsabkommen abzuschließen, das sich im wesentlichen auf die EURATOM-Sicherungsmaßnahmen stützte und doppelte Kontrollen vermied. Ein entsprechendes Abkommen konnte am 5. April 1973 unterzeichnet werden. Es trat – nach Ratifizierung durch die Mitglieder von EURATOM – am 21. Februar 1977 in Kraft.[181]
Die Bundesregierung leitete ihrerseits im Sommer 1973 das Rafitikationsverfahren für den NV-Vertrag und das Verifikationsabkommen mit der IAEO ein, nachdem die Verhandlungen über letzteres erfolgreich abgeschlossen worden waren. Am 20. Februar 1974 verabschiedete der Bundestag mit 355 gegen 90 Stimmen den Vertrag über die Nichtverbreitung von Kernwaffen und mit 444 ohne Gegenstimmen das Verifikationsabkommen. In der Debatte über beide Abkommen wiederholten noch einmal die Sprecher aller Parteien, daß durch den Vertrag weder die Sicherheit der Bundesrepublik Deutschland gefährdet noch die wirtschaftliche

180 Das IAEO-Modellabkommen wurde vom Gourverneursrat im April 1971 gebilligt; vgl. INFCIRC/153, das sogen. »Blaue Buch«, in: SIPRI, Safeguards Against Nuclear Proliferation, a.a.O., S. 73–94; vgl. ferner Werner Ungerer, Kernenergiekontrollen gemäß NV-Vertrag, in: AP, H. 8, 1971, S. 451–464; Werner Boulanger, Das Musterabkommen für die IAEO-Sicherheitskontrolle, in: Atomwirtschaft, H. 11, 1970, S. 521–522 u. S. 533.

181 Vgl. Werner Boulanger, Das Verifikationsabkommen IAEO-EURATOM, in: Atomwirtschaft, H. 9–10, 1972, S. 510–511; Werner Ungerer, Das Verifikationsabkommen EURATOM-IAEO, in: AP, H. 2, 1973, S. 189–200; ders., Die Rolle internationaler Organisationen bei der Verhinderung mißbräuchlicher Verwendung der Kernenergie, in: Kaiser-Lindemann, Kernenergie und internationale Politik, a.a.O., S. 153–226; vgl. ferner Kohler, Der Vertrag über die Nichtverbreitung von Kernwaffen, a.a.O., S. 132–136.

Nutzung der Kernenergie behindert werden dürften. Für die CDU/CSU-Fraktion, die teils für und teils gegen den NV-Vertrag gestimmt hatte, betonte Karl Carstens, daß die CDU/CSU in ihrer Gesamtheit nationale Verfügungsgewalt und nationalen Besitz an Kernwaffen nicht wünschte und für eine nukleare Abrüstung einträte. Der vorliegende Vertrag legte jedoch den verschiedenen Staatengruppen ungleiche Verpflichtungen auf; er diskriminierte die Nichtkernwaffenstaaten gegenüber den Kernwaffenmächten außerordentlich. Die Mehrheit der Fraktion wäre jedoch der Auffassung, daß ein Nein zu dem Vertrag größere Nachteile mit sich bringen würde als eine Zustimmung.[182] Am 8. März 1974 stimmte auch der Bundesrat mit den Stimmen der CDU/CSU-regierten Länder dem Ratifikationsgesetz zu, nachdem ein Antrag Bayerns auf Anrufung des Vermittlungsausschusses abgelehnt worden war. Am 2. Mai 1975 hinterlegte die Bundesregierung – zusammen mit den EURATOM-Mitgliedern Italien, Belgien, Niederlande, Luxemburg, Dänemark und Irland – die Ratifikationsurkunden in Washington, London und Moskau.
In einer bei der Hinterlegung abgegebenen Erklärung faßte die Bundesregierung noch einmal die Voraussetzungen zusammen, unter denen sie ihre Mitgliedschaft im NV-Vertrag sehen wollte:
- Verstärkte Anstrengungen aller Staaten, insbesondere der Kernwaffenmächte, zur Abrüstung und internationalen Entspannung;
- Gewährleistung der Sicherheit der Bundesrepublik im Rahmen der NATO;
- keine Behinderung der europäischen Einigung;
- keine Beeinträchtigung von Forschung, Entwicklung und Nutzung der Kernenergie für friedliche Zwecke sowie der internationalen und multinationalen Zusammenarbeit auf diesem Gebiet;
- keine Benachteiligung der Kernindustrie der Bundesrepublik im internationalen Wettbewerb;
- Übernahme ähnlicher Verpflichtungen und Sicherungsmaßnahmen seitens der Kernwaffenstaaten.[183]

Die Tatsache, daß die Ratifizierung des NV-Vertrages mit großer Mehrheit und ohne die polemische Begleitmusik erfolgte, durch welche die Debatte der 60er Jahre gekennzeichnet war, ist weniger darauf zurückzufüh-

182 Vgl. die Erklärung des CDU/CSU Fraktions-Vorsitzenden, Karl Carstens, in der Debatte am 20. 2. 1974, in: DBT/VII/81, S. 5280–5283.
183 Vgl. Erklärung der Bundesrepublik Deutschland bei der Hinterlegung der Ratifikationsurkunden zum NV-Vertrag vom 2. 5. 1975, in: Auswärtiges Amt (Hrsg.), Abrüstung und Rüstungskontrolle. Dokumente zur Haltung der Bundesrepublik Deutschland, Bonn 1981[5], S. 78–79.

ren – wie auch die Erklärung von Carstens in der Ratifizierungsdebatte des Bundestages deutlich machte –, daß inzwischen alle Bedenken gegen den Vertrag ausgeräumt worden waren. Maßgebend war zum einen, daß sich in der Bundesrepublik, vor allem auch bei Vertretern der Nuklearindustrie und anderen Kritikern des Vertrages, die Einsicht durchgesetzt hatte, daß ein Nichtbeitritt der Bundesrepublik größere Nachteile bringen würde, als der Vertrag selbst und die geforderten Sicherungsmaßnahmen. Insbesondere riskierte die Bundesrepublik, keine Brennstofflieferungen mehr zu erhalten und von der internationalen nuklearen Kooperation weitgehend abgeschnitten zu werden. Zum anderen hatten sich einige der internationalen Rahmenbedingungen verändert. Durch die Neuorientierung ihrer Ost- und Deutschlandpolitik hatte der Kernwaffensperrvertrag seine gegen die Bundesrepublik Deutschland gerichete Zielsetzung in der Politik Moskaus weitgehend verloren; mit der Unterschrift unter den Vertrag hatte Bonn darüber hinaus seine Anfälligkeit für östliche Denunzierungen wie für westliche Pressionen wesentlich reduziert. Schließlich hat der Ausschluß einer nuklearen Gemeinschaftslösung ebenso wie die Einengung der »europäischen Option« dazu geführt, daß die militärische Integration, vor allem auf dem statusempfindlichen nuklearen Gebiet, nicht mehr als Katalysator eines politischen Zusammenschlusses betrachtet werden konnte. Diese Entkoppelung von nuklearer Option, deutscher Frage und politischem Status hatte daher zur Folge, daß der politische Handlungsspielraum der Bundesrepublik durch den Nichtverbreitungsvertrag nicht wie befürchtet eingeschränkt wurde.

5. *Nuklearpolitik im Widerstreit politischer und ökonomischer Interessen*

Das Ergebnis des NV-Vertrages war die Herausbildung eines hierarchisch strukturierten nuklearen Systems: dominiert von den Kernwaffenmächten, mit einer Mittelschicht von zivilen Nuklearstaaten wie Kanada, Bundesrepublik Deutschland und Japan, die zwar sicherheitspolitisch auf die Hegemonialmächte angewiesen sind, aufgrund ihrer ökonomischen und technologischen Potenz jedoch eine eigenständige Nuklearpolitik verfolgen und damit die Spielregeln des nuklearen Systems mitprägen, und schließlich die nuklearen Schwellenmächte als Unterschicht, zu denen die Entwicklungsländer der Dritten Welt wie Argentinien, Brasilien oder Pakistan gehören, die sicherheitspolitisch, wirtschaftlich und technologisch von den beiden anderen Gruppen abhängig sind.[184] Der Kompromiß zwischen diesen drei Gruppierungen verlor seine Tragfähigkeit, als sich herausstellte, daß zum einen die Nuklearmächte nicht bereit waren, die gegebenen Zusagen einzulösen und den nuklearen Verzicht der Nichtkernwaffenstaaten durch verstärkte technische Hilfe und eigene Abrüstungsbeiträge zu honorieren. Anstatt sich zu verringern, vergrößerte sich damit die politische Statusdifferenz zwischen ihnen und den nuklearen Habenichtsen.[185]

Zum zweiten signalisierte die Zündung eines Kernsprengkörpers durch Indien im Jahre 1974, daß verschiedene der nuklearen Schwellenländer aufgrund eigener technologischer Anstrengungen in der Lage waren, die Attribute eines Kernwaffenstaates zu erwerben. Mit der Weiterverbreitung und -entwicklung ziviler Kerntechnologien war auch der Zugang nicht nur zum Know-how, sondern auch zur Herstellung von Sprengkörpern gegeben. Damit entstand eine Grauzone potentieller Nuklearmächte, die entweder »friedliche« Kernsprengkörper zur Explosion gebracht hatten oder bei denen der Verdacht bestand, sie verfügten – wie Israel – über die entsprechenden Technologien, ohne diesen Besitz bislang öffentlich demonstriert zu haben (»Bombe im Keller«), während sich gleichzeitig die technologische Scheidelinie zwischen friedlicher und militärischer Nutzung der Kernenergie verwischte. Das Problem der nuklearen Proliferation bestand nicht mehr länger in der Weitergabe von nuklearen Waffen und Waffensystemen, sondern in der autonomen Entwicklung von nuklearen Sprengkörpern. In der Nichtverbreitungspolitik galt es daher, politische und technologische Barrieren zu errichten, um ein Schwellenland daran zu hindern, diesen Weg zu beschreiten bzw. ihn sehr kostspielig zu machen.

Zum dritten stieg die wirtschaftliche Bedeutung der Kernenergie für die Industriestaaten ebenso wie für die Länder der Dritten Welt durch die Verteuerung des Rohöls als Folge der Krisen im Nahen Osten. Ohne

184 Vgl. Helga Haftendorn, Die Krise des internationalen Nuklearsystems. Nuklearpolitik im Widerstreit politischer, ökonomischer und sicherheitspolitischer Interessen, in: Aus Politik und Zeitgeschichte, B 5/79, 3. 2. 1979, S. 3–27; ferner Charles K. Ebinger, International Politics of Nuclear Energy, Beverly Hills u. London 1978 (The Washington Papers, Nr. 57).

185 Dieser Konflikt prägte auch 1975 die Genfer NV-Überprüfungskonferenz; vgl. Johannes Bauch, Fünf Jahre Kernwaffen-Sperrvertrag. Die Genfer Überprüfungskonferenz zum Vertrag über die Nichtverbreitung von Kernwaffen, in: EA 19/1975, S. 606–616.

Rückgriff auf eine breite zivile Nutzung der Kernenergie schien für die Industriestaaten Versorgungssicherheit und wirtschaftliches Wachstum, für viele der Entwicklungsländer fortschreitende Industrialisierung und damit eine Verkürzung des Entwicklungsabstandes zwischen reichen und armen Ländern nicht mehr möglich. Während für die Staaten der Dritten Welt die friedliche Nutzung der Kernenergie eine ordnungspolitische Funktion hatte, erhielt diese für die Industriestaaten eine sicherheitspolitische Dimension.

5.1 *Der Prioritätenkonflikt zwischen wirtschaftlichen Interessen und sicherheitspolitischen Zielen*

Von der »Ökonomisierung« der Nuklearpolitik war die Bundesrepublik in spezifischer Weise betroffen. Beim Wiederaufbau der westdeutschen Wirtschaft war der Nuklearindustrie besondere Bedeutung als Wachstums- und Zukunftsindustrie zugemessen worden. Eine konkurrenzfähige Nuklearindustrie sollte vor der Welt (und nicht zuletzt auf den Exportmärkten!) die Leistungsfähigkeit der deutschen Wirtschaft dokumentieren. Dies galt insbesondere, als sich erwies, daß die Bundesrepublik auf anderen Gebieten, z. B. beim Flugzeug- oder Großkomputerbau, nicht mehr mithalten konnte. Der »Schnelle Brüter« erhielt für die deutsche Industrie etwa die gleiche symbolische Bedeutung wie für Frankreich das Überschallflugzeug »Concorde«.
Näherliegend war jedoch das energiepolitische Ziel, die Abhängigkeit der Bundesrepublik von Energieeinfuhren und vom Preisdiktat der OPEC-Staaten zu reduzieren. Angesichts einer zunehmend unkalkulierbarer werdenden Politik der Lieferanten von angereichertem Uran kam das Bemühen hinzu, die wesentlichsten Elemente des nuklearen Brennstoffkreislaufes – insbesondere Anreicherung, Wiederaufarbeitung und Endlagerung – in eigener Regie zu betreiben (bzw. an entsprechenden multilateralen Arrangements direkt beteiligt zu sein), um die auf diesem Gebiet vorhandenen Abhängigkeiten zu verringern. Der hohe Energie- und technologiepolitische Stellenwert, welcher der Kernenergie schon in den 50er Jahren in der Bundesrepublik eingeräumt wurde, hatte ein hohes Engagement staatlicher Stellen bei der Kernforschung und -entwicklung zur Folge, die ihren sichtbarsten Ausdruck in der gemeinsamen Aufstellung von nuklearen Entwicklungsplänen (den sog. »Atomprogrammen«), dem Betrieb von Forschungseinrichtungen (z. B. dem Kernforschungszentrum Karlsruhe) und in einer großzügigen finanziellen Förderung durch den

Staat (mit bis 1980 über 25 Mrd. DM an Bundes- und Ländermitteln) zum Ausdruck kam.[186]

Die gesamtwirtschaftliche Bedeutung des nuklearen Sektors in der Bundesrepublik ist allerdings bisher relativ gering. Der Anteil der Kernenergie am Gesamtenergieverbrauch beträgt derzeit 3,1 %; der Anteil an der Stromversorgung etwa 10 % und soll in den nächsten zehn Jahren auf 30 % gesteigert werden – eine Zielvorgabe, die aufgrund der anhaltenden Widerstände gegen den Bau von Kernkraftwerken nicht erreicht werden dürfte. In der Nuklearindustrie werden gegenwärtig etwa 35 000 Arbeitskräfte beschäftigt, zum größten Teil Spezialisten. Weitere 240 000 Arbeitsplätze bestehen bei ca. 300 Zulieferbetrieben. Das jährliche Investitionsvolumen für Kernkraftwerke und Brennstoffkreislauf ist mit etwa 8 Mrd. DM jedoch beträchtlich. Die Produktionskapazität der Kraftwerkshersteller wurde – in den Jahren des Booms und in der Annahme eines rasch steigenden Energiebedarfs – für den gleichzeitigen Bau von sechs Kraftwerken mit einer Leistung von je 1.300 MWe ausgelegt. Wegen der begrenzten Aufnahmefähigkeit des Binnenmarktes hatte dies eine starke Exportorientierung der Nuklearindustrie zur Folge, die Mitte der siebziger Jahre begann, sich Exportmärkte in Ländern der Dritten Welt zu erschließen.

In der Nuklearexportpolitik, insbesondere am deutsch-brasilianischen Nuklearabkommen von 1975, wurde daher auch zuerst der in der Nuklearpolitik der Bundesrepublik angelegte Prioritätenkonflikt zwischen wirtschaftlichen Interessen und sicherheitspolitischen, am Grundsatz der Non-Proliferation orientierten Zielen deutlich. Im deutsch-brasilianischen Abkommen hatte sich Bonn verpflichtet, an Brasilien 2–8 Kernkraftwerke, eine kleine Anreicherungs- sowie eine Wiederaufarbeitungsanlage zu liefern und das nötige technologische Know-how zu vermitteln.[187] Zum ersten Mal war ein Industrieland bereit, einen kompletten nuklearen Brennstoffkreislauf an ein Land der Dritten Welt zu liefern. Zwei Entwicklungen hatten zum Abschluß des Geschäftes beigetragen: zum einen die Enttäuschung Brasiliens, daß die Vereinigten Staaten – ursprünglich war als Kraftwerkslieferant der amerikanische Konzern Westinghou-

186 Zur staatlichen Kernenergiepolitik und zur Bedeutung des nuklearen Sektors in der Bundesrepublik vgl. Keck, Policy-making in a Nuclear Program, a.a.O., S. 21 ff.; Bundesministeriums für Forschung und Technologie, Zur friedlichen Nutzung der Kernenergie, a.a.O., S. 430 ff.

187 Vgl. den Text des deutsch-brasilianischen Abkommens vom 27. 6. 1976, in: EA 18/1975, S. D 485–489.

se in Betracht gezogen worden – weder bereit waren, eine Liefergarantie für angereichertes Uran abzugeben, noch Wiederaufarbeitungsanlagen an Brasilien zu liefern; und zum anderen die seit langem zwischen der Bundesrepublik und Brasilien bestehende Zusammenarbeit auf technologisch-wissenschaftlichem und wirtschaftlichem Gebiet. Für die deutsche Seite war das Brasilien-Abkommen in erster Linie ein Exporterfolg; man glaubte in Bonn, daß das Brasilien-Abkommen, insbesondere in Anbetracht der vorgesehenen Sicherungsmaßnahmen, voll in Einklang mit den Intentionen des Nichtverbreitungsvertrages stand.

Die Kritik am deutsch-brasilianischen Abkommen entzündete sich im Ausland vor allem daran, daß ein Schwellenland der Dritten Welt, das zudem nicht Mitglied des NV-Vertrages war, einen kompletten Brennstoffkreislauf und damit Zugang zu Technologien erhielt, die auch zur militärischen Nutzung der Kernenergie verwandt werden konnten. In der innenpolitischen Diskussion wurde der Vorrang außenwirtschaftlicher Gesichtspunkte beim Abschluß dieses Abkommens und die Vernachlässigung der Risiken nuklearer Proliferation kritisiert, die sich auf das enge Zusammenwirken von Nuklearindustrie, Forschungsministerium (BMFT) und Außenwirtschaftsabteilung beim Auswärtigen Amt zurückführen ließen.[188] Zum offenen Konflikt zwischen der primär wirtschaftspolitisch orientierten Nuklearpolitik der Bundesrepublik und der amerikanischen Non-Proliferationspolitik kam es, als letztere unter dem Einfluß der indischen Nuklearexplosion sowie innenpolitischen Entwicklungen (so z. B. der Zusage Präsident Nixons, Atomreaktoren sowohl an Israel wie an Ägypten zu liefern) daran gingen, diese wesentlich restriktiver zu fassen und zu handhaben.[189] Der deutsch-amerikanische Konflikt über das Brasilien-Geschäft aktualisierte für die Bundesrepublik einmal die Sicherheitsfrage, indem es sie auf ihre Abhängigkeit vom militärischen Schutz durch die Vereinigten Staaten verwies. Zum anderen warf die von

188 Vgl. Lothar Wilker, Das Brasiliengeschäft – Ein »diplomatischer Betriebsunfall«? In: Helga Haftendorn, Wolf-Dieter Karl, Joachim Krause und Lothar Wilker (Hrsg.), Verwaltete Außenpolitik. Sicherheits- und entspannungspolitische Entscheidungsprozesse in Bonn, Köln 1978, S. 191–208; Helga Haftendorn, The Nuclear Triangle: Washington, Bonn and Brasilia. National Nuclear Policies and International Proliferation, Washington, D. C. 1978 (Georgetown University Occasional Papers, Nr. 2).

189 Zur amerikanischen Nuklearpolitik vgl. Helga Haftendorn, Die Nuklearpolitik der Vereinigten Staaten zwischen Autonomie und Interdependenz, in: Wilker, Nuklearpolitik im Zielkonflikt, a.a.O., S. 13–46, sowie die dort angegebene Literatur; ferner Uwe Nerlich, Die Konventionalisierung der Kernenergie und der Wandel der Nonproliferationspolitik – Verteilung und Kontrolle als politisches Konfliktpotential, in: Kaiser/Lindemann. Kernenergie und internationale Politik, a.a.O., S. 107–150.

den USA angestrebte Beschränkung der Verfügungsmöglichkeiten über den nuklearen Brennstoffkreislauf grundsätzliche energiepolitische und wirtschaftliche Probleme auf. Es schien, als würden sich alle jene Bedenken bewahrheiten, mit denen die Gegner des NV-Vertrages vor einer Bindung durch denselben abgeraten hatten, nur daß die Ursache der Probleme nicht die Mitgliedschaft in diesem Vertrag, sondern die energiepolitische Abhängigkeit der Bundesrepublik war.

5.2 *Die Neuorientierung der amerikanischen Nuklearpolitik und die europäisch-amerikanische Debatte über die friedliche Nutzung der Kernenergie*

Die Neuorientierung der amerikanischen Nuklearpolitik hatte drei Stoßrichtungen. Zum einen plädierten die Vereinigten Staaten für eine restriktive Entwicklung und Nutzung fortgeschrittener Technologien des nuklearen Brennstoffkreislaufes, insbesondere für die Zurückstellung des Baues von Wiederaufarbeitungsanlagen und von Schnellen Brütern, bis Technologien entwickelt worden waren, durch die kein waffenfähiges Plutonium anfiel. Die Vereinigten Staaten argumentierten außerdem, daß die vorhandenen Uranreserven ausreichend und eine Wiederaufarbeitung bis auf weiteres unrentabel sei; ein Verzicht auf einen vollen Brennstoffkreislauf wäre daher ohne wirtschaftliche Nachteile durchführbar. Aus der Sicht der Bundesrepublik, die in Gorleben eine eigene Wiederaufarbeitungsanlage und eine Endlagerstätte für radioaktiven Abfall plante, war die Verfügung über den gesamten Brennstoffkreislauf, insbesondere die Wiederaufarbeitung notwendig, um die Abhängigkeit von Lieferungen mit angereichertem Uran zu reduzieren, die in der Vergangenheit mehrfach unterbrochen worden waren. In der Wiederaufarbeitung wurde außerdem eine, zumindest teilweise, Lösung des Problems der Endlagerung gesehen.
Parallel dazu gingen die Vereinigten Staaten daran, die Genehmigungspraxis für Nuklearexporte neu zu regeln. In Zukunft sollten nur noch jene Staaten nukleare Anlagen oder Materialien erhalten, die entweder Mitglied des NV-Vertrages waren oder alle ihre nuklearen Aktivitäten umfassenden Sicherungsmaßnahmen der IAEO, sogenannten »full scope safeguards«, unterstellt hatten. Ferner behielten sich die USA das Recht vor, der Hochanreicherung, Wiederaufarbeitung und Weitergabe von Materialien amerikanischen Ursprungs vorher ihre Zustimmung geben zu müssen (sog. »prior consent«). Gleichzeitig mit den Bemühungen um

eine umfassende Novellierung des Atomic Energy Act setzte sich Washington, ausgelöst durch das Brasilien-Geschäft und eine von Frankreich in Aussicht genommene Lieferung von Wiederaufarbeitungstechnologien an Pakistan, für internationale Absprachen über eine restriktivere Nuklearexportpolitik ein.

Die amerikanisch-europäischen Meinungsverschiedenheiten stellten die beteiligten Länder vor die Frage, ob ihre nuklearen Interessen oder die Rücksichtnahme auf Bündnisbeziehungen Priorität haben sollten. Solange die Nixon- bzw. Ford-Administration aus Bündnisrücksichten ihre Bedenken gegen die westeuropäischen Exportgeschäfte nur auf diplomatischem Wege äußerte, versuchte Bonn, Nichtverbreitungsgesichtspunkten dort Rechnung zu tragen, wo es sich ohne Beeinträchtigung seiner nuklearen Exportpolitik machen ließ. Es erklärte sich bereit, in das Brasilien-Abkommen zusätzliche Sicherungsmaßnahmen einzubauen. Es unterstützte ferner eine kanadisch-amerikanische Initiative, im Rahmen der nuklearen Lieferländer sich über gemeinsame Grundsätze für Nuklearexporte zu verständigen. Gleichzeitig bekräftigten jedoch Bonn und Paris, daß sie zu den mit Brasilien und Pakistan abgeschlossenen Abkommen stehen und sie in der vorgesehenen Form durchführen würden.[190]

Die Arbeit der Gruppe Nuklearer Lieferländer (des sog. »Nuclear Supplier's Club«) entsprach dabei in mehrfacher Weise den Interessen der nuklearen Lieferländer: zum einen leitete sie den amerikanischen Druck auf ein multilaterales Forum ab und schützte damit die einzelnen Staaten vor bilateralen Pressionen, zum anderen ermöglichte sie eine gemeinsame Erarbeitung von Richtlinien, die von allen beteiligten Staaten für vertretbar gehalten wurden – wobei es dabei nicht ohne einige Formelkompromisse abging – und die ein Gegeneinanderausspielen auf den Exportmärkten verhindern sollten.[191] Insgesamt verfolgten Paris und Bonn die Tendenz, über Absichtserklärungen und eine Verbesserung des Kontrollinstrumentariums der IAEO hinaus keiner Regelung zuzustimmen, die ihre eigene Handlungsfreiheit auf dem Nuklearsektor beschränkt und ihre Beziehungen zu den Handelspartnern in der Dritten Welt belastet hätte.

Die in der Carter-Administration deutlich werdende Akzentverlagerung von der Bündnisorientierung zur Priorität nuklearer Nichtverbreitung

190 Vgl. Karl Kaiser, Auf der Suche nach einer Welt-Nuklearordnung. Zum Hintergrund deutsch-amerikanischer Divergenzen, in: EA 6/1978, S. 153–172.

191 Vgl. Richtlinien der Gruppe der Nuklearlieferländer für den Nuklearexport, in: Bulletin, Nr. 6, 8, 17. 1. 1978, S. 45–46.

forderte die anderen nuklearen Lieferländer jedoch zur Entscheidung heraus, ob sie an ihrer bisherigen Haltung festhalten und damit eine Belastung ihrer Beziehungen zu den Vereinigten Staaten riskieren sollten, oder ob sie sich dies aus sicherheitspolitischen Erwägungen nicht leisten konnten. Eine Schlüsselrolle fiel dabei Frankreich zu. Nicht nur war es das westeuropäische Land mit der am höchsten entwickelten Nuklearindustrie und der am stärksten auf Unabhängigkeit von den USA bedachten Außenpolitik, sondern aufgrund der Verflechtung der westeuropäischen Nuklearindustrien über EURATOM oder Gemeinschaftsprojekte waren die anderen Länder auch nicht in der Lage, ihre bisherige Politik gegen Paris durchzuhalten. Es war daher von weitreichender Bedeutung, als Staatspräsident Giscard d'Estaing am 16. Dezember 1976 ankündigte, daß Frankreich bis auf weiteres auf den Export von Anreicherungsanlagen verzichten würde.[192] Am 17. Juni 1977 folgte die Bundesrepublik, die nun dem Druck sowohl von Washington als auch von Paris ausgesetzt war, mit einer entsprechenden Erklärung.[193]

Unter dem Eindruck der Krise in den deutsch-amerikanischen Beziehungen als Folge des Brasilien-Abkommens begann die Bundesregierung, die ihr weitgehend entglittene Kontrolle über die Nuklearpolitik wiederherzustellen. Organisatorischen Ausdruck fand dieses Bemühen in der Gründung eines Kabinettsausschusses für die friedliche Nutzung der Kernenergie. Als weiteres Beratungsgremium wurde ein Beirat für die friedliche Nutzung der Kernenergie berufen, dem Vertreter der Bundesregierung, der Bundestagsparteien, der Länder, der Verbände und der Wissenschaft angehörten.[194]

Eine Entschärfung des europäisch-amerikanischen Konfliktes in der Nuklearfrage gelang auf dem Londoner Gipfel im Mai 1977. Die sieben wichtigsten Industriestaaten einigten sich auf einen amerikanischen Vorschlag, eine internationale Bewertung des nuklearen Brennstoffkreislaufes (INFCE) unter den Gesichtspunkten der Wirtschaftlichkeit, der Versorgungssicherheit und des Proliferationsrisikos durchzuführen. Diese

192 Vgl. Sechs Grundsätze der nuklearen Außenpolitik Frankreichs, in: Informationsblätter der französischen Botschaft, Nr. 170, November 1976; ferner Pierre Lellouche, Frankreich im internationalen Disput über die Kernenergie. Die neue auswärtige Nuklearpolitik unter Giscard d'Estaing, in: EA 17/1978, S. 541–552; Simone Courteix, Exportations nucléaires et nonprolifération, Paris 1978.

193 Vgl. Erklärung der Bundesregierung zur Nuklearexportpolitik vom 17. Juni 1977, in: Bulletin, Nr. 65, 22. 6. 1977, S. 613; s. ebenfalls die Erklärung vom 7. April 1977 zur friedlichen Nutzung der Kernenergie, in: Bulletin, Nr. 36, 15. 4. 1977, S. 331.

194 Vgl. Wilker, Nuklearpolitik im Zielkonflikt, a.a.O., S. 90 f.

Konferenz, die von Oktober 1977 bis zum Februar 1980 in Wien tagte und an der die wichtigsten nuklearen Liefer- und Empfängerländer aus aller Welt teilnahmen (insges. 66 Staaten und sechs internationale Organisationen), erarbeitete ein ganzes Bündel von Empfehlungen zu der Frage, wie die Kernenergie weltweit verfügbar gemacht werden kann, ohne gleichzeitig die Gefahr einer Weiterverbreitung von Kernwaffen zu erhöhen. Auf der Organisationskonferenz der INFCE hatte Bonn – zusammen mit Paris – durchgesetzt, daß die Expertenkonferenz lediglich Empfehlungen, aber keine bindenden Beschlüsse erarbeiten sollte. Die Vereinigten Staaten verbanden mit dem Konferenzprojekt die Absicht, auf dem Weg über eine wissenschaftliche Analyse einen Einstieg anderer Länder in die Plutonium-Wirtschaft zu verhindern.
Auf der Konferenz setzte sich jedoch die Mehrzahl der zivilen Nuklearstaaten mit der Auffassung durch, daß die friedliche Nutzung der Kernenergie nicht auf einen bestimmten Brennstoffkreislauf beschränkt werden könnte und daß auch keine grundsätzlichen Aussagen darüber möglich wären, ob ein Brennstoffkreislauf proliferationsträchtiger als ein anderer war. Die Verbreitung von Kernwaffen sei vor allem ein politisches Problem, das nicht technisch zu lösen sei. Die Aussage der Konferenz, daß jedes Land auch in Zukunft seine Entscheidung für ein bestimmtes Kernenergieprogramm unter Berücksichtigung der jeweiligen technischen, wirtschaftlichen, finanziellen, ökologischen und politischen Gegebenheiten zu treffen haben werde, sowie die von der Konferenz erarbeiteten Expertisen wertete die Bundesregierung als Bestätigung sowohl für das von ihr vertretene Entsorgungskonzept, das die Zwischenlagerung abgebrannter Brennelemente, ihre Wiederaufarbeitung und die Endlagerung des radioaktiven Abfalls in unterirdischen Salzstöcken beinhaltete, als auch für die von ihr beanspruchte Option des Schnellen Brutreaktors. Der Erfolg der Konferenz selbst habe gezeigt, daß es zweckdienlicher sei, möglichst viele an der Kernenergienutzung interessierte Länder in ein System der Zusammenarbeit und gemeinsamer Verantwortung für die ausschließlich friedliche Nutzung der Kernenergie einzubinden, statt den Versuch zu unternehmen, ihnen technische Informationen und Materialien vorzuenthalten.[195]

195 Vgl. Wertung der Ergebnisse von INFCE durch die Bundesregierung. Schreiben des Bundeskanzlers vom 29. 4. 1980 an den Deutschen Bundestag, in: Abrüstung und Rüstungskontrolle, a.a.O., S. 256–259; ferner International Atomic Energy Agency (Hrsg.), International Nuclear Fuel Cycle Evalution: Summary Volume, Wien 1980; zur Bewertung seitens der Bundesregierung vgl. auch Werner Ungerer, Internationale

Die von der Bundesregierung gehegte Hoffnung, mit der Einberufung der INFCE könnte die Verabschiedung der neuen Nuklearexportgesetzgebung durch den amerikanischen Kongreß hinausgeschoben oder zumindest entschärft werden, erfüllte sich jedoch nicht. In Washington dominierte der moralische Impetus, eine (im technischen Sinne) möglichst »wasserdichte« Regelung zu treffen, durch die eine Weiterverbreitung von Kernwaffen verhindert, zumindest aber nicht mit amerikanischer Hilfe bewirkt werden konnte. In dieser Debatte machte die amerikanische Nuklearindustrie, die durch das Gesetzeswerk ihre Exportinteressen gefährdet sah, nur sehr zurückhaltend von ihren Einflußmöglichkeiten Gebrauch. Als am 10. März 1978 der »Nuclear Non-Proliferation Act« (NNPA) in Kraft trat, reagierte Bonn mit einer Mischung aus Überraschung, Bestürzung und Empörung, wobei es ebenso sehr Anstoß an den Bestimmungen des Gesetzes selbst wie an der einseitigen Vorgehensweise der USA nahm.[196] Rückblickend läßt sich jedoch sagen, daß durch die relativ flexible Auslegung, die dieses Gesetz durch die amerikanische Regierung erfuhr, dieses eher eine Quelle von Irritationen denn eine echte Behinderung der Nuklearpolitik der Bundesrepublik darstellte.
Dennoch läßt sich nicht leugnen, daß die neue amerikanische Nuklearexportgesetzgebung von Bonn eine Reihe von Kompromissen in seiner Nuklearexportpolitik erforderte. Für die EURATOM-Partner ergab sich die Notwendigkeit, über die von den USA geforderte Ergänzung des bestehenden Kooperationsabkommens mit EURATOM zu verhandeln und dieses in Einklang mit den Bestimmungen des NNPA zu bringen. Da die Europäer auf dem Standpunkt standen, »pacta sunt servanda«, aber andererseits eine Unterbrechung bzw. Einstellung der Belieferung mit angereichertem Uran vermeiden wollten, nahmen sie im Frühjahr 1979, wenn auch mit einigen Vorbehalten, Gespräche mit Washington über eine Ergänzung des bestehenden Abkommens auf. Ein Hauptstreitpunkt war dabei der von den Vereinigten Staaten geforderte »prior consent« für die sensitiven Teile des Brennstoffkreislaufes. Mit Kanada, das seine Nuklearexportpolitik als Folge der indischen Nuklearexplosion ebenfalls restrik-

Nuklearordnung vor und nach INFCE, in: AP, H. 3, 1980, S. 243–259; M. Popp, C. Patermann und H. F. Wagner, Die wesentlichen Ergebnisse von INFCE, vervielf. Mskr., Bonn 1980.

196 Vgl. Nuclear Non-Proliferation Act of 1978. Public Law 95–242, 10. 3. 1978; zur Entstehungsgeschichte vgl. U.S. Senate, Committee on Governmental Affairs (Hrsg.), Legislative History of the Nuclear Nonproliferation Act of 1978, H. R. 8638, Washington, Januar 1979; Helga Haftendorn, Die Nuklearpolitik der westlichen Industriestaaten, in: Kaiser-Klein, Kernenergie ohne Atomwaffen, a.a.O., S. 192–235.

tiver handhabte, konnte im September 1981 eine neue Vereinbarung über die Wiederaufarbeitung von bestrahlten Brennstoffen und die Lagerung von Plutonium unterzeichnet werden, die sowohl der kanadischen Forderung nach proliferationsresistenten Regeln als auch dem Petitum der Bundesrepublik nach Kontinuität und Kalkulierbarkeit der nuklearen Kooperation Rechnung trug.[197]

Die Krise der bundesdeutschen Nuklearpolitik hatte jedoch ihre Ursache nicht in der restriktiven Handhabung der internationalen Kernenergiebeziehungen, sondern in der innenpolitischen Blockierung eines weiteren Ausbaues der Kernenergie und in dem Versanden der Exportmärkte. Der innenpolitische Widerstand gegen die Errichtung neuer und den weiteren Betrieb der bestehenden Kernkraftwerke erreichte 1979 mit den Demonstrationen gegen das in Gorleben geplante integrierte Entsorgungszentrum einen neuen Höhepunkt. Betroffene Bürger und engagierte junge Menschen schlossen sich unter dem Signum des Umweltschutzes zu Bürgerinitiativen zusammen, wobei viele mit ihrem Protest gegen die Atomenergie ein Stück Gesellschaftskritik praktizierten. Politische Relevanz erhielt diese, als sich ansatzweise eine bundesweite Anti-Kernkraftbewegung formierte, die in der Folge den Grundstock der Partei der »Grünen« bildete.

Verschiedene Einsprüche vor Verwaltungsgerichten der Bundesrepublik und eine stark emotional geführte öffentliche Diskussion hatten zur Folge, daß der Bau und die Inbetriebnahme neuer Kraftwerke aufgeschoben wurden und daß darüber hinaus die Vorbehalte der Kernkraftgegner Eingang in die politische Programmatik verschiedener gesellschaftlicher und politischer Gruppen fanden. Ihre Wirkung zeigte sich exemplarisch an der Entscheidung der niedersächsischen Landesregierung, vorerst keine Genehmigung für den Bau des Entsorgungszentrums in Gorleben zu erteilen, sowie in den Beschlüssen des SPD-Parteitages vom Dezember 1979, in denen zwar die Fortführung der bisherigen Kernenergiepolitik befürwortet, gleichzeitig jedoch ein Offenhalten der Möglichkeit eines völligen Kernenergieverzichts gefordert wurde.

Eine gewisse Klärung über den künftigen Kurs der bundesdeutschen Nuklearpolitik brachte der Regierungswechsel im Herbst 1982, da die

197 Vgl. Exchange of letters between the Government of Canada and EURATOM to Amend the Agreement for Cooperation in the Peaceful Uses of Atomic Energy of October 6, 1959, Brüssel 16. 1. 1978. Zur kanadischen Nuklearpolitik ferner Robert W. Morrison und Edward F. Wonder, Canada's Nuclear Export Policy, Ottawa 1978 (Carleton International Studies, 1978); Haftendorn, Die Nuklearpolitik der westlichen Industriestaaten, a.a.O.

CDU/CSU und der Wirtschaftsflügel der FDP stets zu den nachdrücklichsten Befürwortern eines Ausbaus der Kernenergie gehört hatten. Der regierungsamtliche Enthusiasmus änderte jedoch nichts daran, daß die Wirtschaftlichkeit der Kernenergie im Vergleich zu anderen Energieträgern und damit ihre Wettbewerbsfähigkeit infolge enormer Kostenüberschreitungen der im Bau befindlichen Anlagen trotz der dramatisch gestiegenen Rohölpreise abnahm. Die Ölschwemme Anfang der 80er Jahre sowie die Aussicht auf substantielle Erdgaslieferungen aus der Sowjetunion reduzierten die Attraktivität der Kernenergie weiter. Die meisten Energieversorgungsunternehmen in der Bundesrepublik glaubten, das Problem der Versorgungssicherheit durch eine größere Diversifikation ihrer Bezugsquellen ebensogut lösen zu können, wie durch Investitionen auf dem Kernenergiesektor und in alternative Energieträger. Besonders dramatisch waren die Kostenüberschreitungen beim Bau des Schnellen Brüters in Kalkar, sodaß seine Fortführung nicht an Umweltbedenken oder mangelnder politischer Unterstützung zu scheitern drohte, sondern an der fehlenden Bereitschaft der Elektrizitätsunternehmen, in eine derartig aufwendige Technologie mit ungewissem Ergebnis zu investieren, wenn es kostengünstigere Alternativen gab.[198]

Zu der Stagnation auf dem Inlandsmarkt kam hinzu, daß auch die von deutschen Unternehmen in der Dritten Welt getätigten Exportgeschäfte nicht wie geplant liefen. Von der Revolutionsregierung des Ayatollah Khomeni wurde der an die Kraftwerksunion erteilte Auftrag zur Errichtung von acht Kernkraftwerken im Iran storniert; Probleme beim Bau und der Finanzierung der Kraftwerke in Angra dos Reis in Brasilien machten es notwendig, auch dieses Exportgeschäft zu reduzieren bzw. zeitlich zu strecken. Lediglich aus Argentinien konnte die KWU den Auftrag für ein Schwerwasserkraftwerk (Atucha II) in die Orderbücher nehmen. Die weltweite Wirtschaftskrise erwies sich somit als eine wirksamere Proliferationsbarriere als Restriktionen und Verbote.

198 Zur energiepolitischen Debatte in der Bundesrepublik vgl. Lutz Mez, Bundesrepublik Deutschland – Der unaufhaltsame Aufstieg zur Atommacht, in: ders. (Hrsg.), Der Atomkonflikt. Berichte zur internationalen Atomindustrie, Atompolitik und Anti-Atom-Bewegung, Reinbek b. Hamburg 1981, S. 29–53; ferner Beschluß des SPD-Parteitages vom 3.–7. 12. 1979 zum Antrag 500 »Energiepolitik«, in: Jahrbuch der Sozialdemokratischen Partei Deutschlands 1979–1981, Bonn 1981, S. 423–437; Michael Brandt, Rocketing costs jeopardise nuclear reactor despite Bonn's approval, in: Kölner Stadt-Anzeiger, 16. 12. 1982, abgedruckt in: The German Tribune, 2. 1. 1983; Eckhart Spoo, Die Notwendigkeit der Atomenergie ist nur eine Legende, in: FR, 13. 12. 1982.

5.3 *Nuklearpolitik zu Beginn der achtziger Jahre*

Die Akzentuierung der nuklearen Frage in den 70er Jahren hat erneut den engen Zusammenhang zwischen den verschiedenen Dimensionen der Sicherheit in der Außenpolitik der Bundesrepublik deutlich gemacht. Die Einsicht, daß die militärische Sicherheit nur im engen Zusammenwirken mit den NATO-Partnern gewährleistet werden konnte, hatte die Bundesrepublik in den 60er Jahren in einem schmerzhaften Prozeß zur Aufgabe des Gedankens an eine nukleare Teilhabe – in der Form der MLF – und zur Unterschrift unter den Nichtverbreitungs-Vertrag veranlaßt. Dieser Schritt war die Voraussetzung gewesen für die Reaktivierung des westlichen Bündnisses ebenso wie für eine erfolgreiche Entspannungspolitik nach Osten. Im Austausch gegen ihre Unterschrift erlangte sie das Versprechen, daß nukleare Forschung und Entwicklung, wenn sie sich in dem durch den Nichtverbreitungs-Vertrag vorgezeichneten Rahmen hielten, nicht nur nicht behindert, sondern diese Aktivitäten auch nicht als »Griff nach der Bombe« verdächtigt würden.
Diese Schutzzone verließ die Bundesrepublik mit ihren Exportgeschäften nach Lateinamerika und aktivierte damit Bedenken, die sich weniger gegen deutsche nukleare Ambitionen, als vielmehr gegen solche der von ihr auf diese Weise unterstützten Länder richteten und entsprechende Gegenreaktionen provozierten. (Nota bene: die Bundesrepublik war nicht der auslösende Faktor für diese Tendenz zur restriktiveren Handhabung des internationalen Nukleartransfers, sie landerte ihren Coup in Brasilia jedoch gerade zu dem Zeitpunkt, als in Nordamerika durch die indische Explosion sensibilisierte Politiker daran gingen, den Zielen der Nichtverbreitung wieder größere Aufmerksamkeit zu widmen.)
Aus der Überprüfung der mit den modernen Nukleartechnologien verbundenen Proliferationsrisiken zogen die USA die Schlußfolgerung, daß die nichtnuklearen Staaten auf die Nutzung von Plutoniumtechnologien verzichten sollten. Dies war jedoch für die Bundesrepublik nicht akzeptabel, die ihre Kernenergiewirtschaft auf die Nutzung des gesamten Brennstoffkreislaufes (einschließlich Anreicherung, Wiederaufarbeitung und Schnelle Brüter) sowie auf den Export dieser Technologien gegründet hatte. Als Washington die sicherheitspolitische Abhängigkeit der Bundesrepublik operationalisierte, um Bonn zur Zurückhaltung in der Kernenergiepolitik zu veranlassen, sah sich die Bundesrepublik einem ähnlichen Prioritätenkonflikt gegenüber, wie sie ihn während der Nichtverbreitungs-Debatte erlitten hatte; nur daß es diesmal nicht um den Vorrang von Bündnispolitik oder Arms control-Politik, sondern von sicherheits-

politischen oder energie- sowie wirtschaftspolitischen Bedürfnissen ging. Auch drohte Bonn nicht noch einmal die Gefahr einer internationalen Isolierung, da es sich in einer Interessengemeinschaft mit den anderen nuklearen Lieferländern befand (und die Sowjetunion zwar ähnlich wie die USA gegenüber Bonn für eine restriktive Handhabung des Nuklearexportes eintrat, aber kein Interesse daran hatte, die Bonner Probleme politisch auszubeuten).

Der Handlungsspielraum der Bundesrepublik in der Nuklearfrage wurde auf der internationalen Ebene primär durch deren sicherheitspolitische Dimensionen begrenzt. Die unbehinderte Nutzung der Kernenergie versprach Energieversorgung und wirtschaftlichen Wohlstand zu sichern und die störanfällige Abhängigkeit der Bundesrepublik von den erdölexportierenden Staaten zu verringern. Während ihr die Nutzung der Kernenergie einerseits zusätzliche Optionen an die Hand gab, zwang sie andererseits ihre sicherheitspolitische Abhängigkeit von den USA – die sie auch zur Einhaltung der Regeln der Nichtverbreitungs-Politik verpflichtete – zur Rücksichtnahme auf deren Interessen. Vergleicht man jedoch die Situation der 60er Jahre mit derjenigen in den 70er und 80er Jahren, so war die Bedeutung der Kernenergie für Sicherheit und Stabilität der Bundesrepublik gestiegen, während gleichzeitig ihr Handlungsspielraum gegenüber Washington wesentlich gewachsen war, wenn er sich auch nicht als unbegrenzt erwies.

Nach langwierigem deutsch-amerikanischen Tauziehen erklärte sich die Bundesrepublik schließlich bereit, in Zukunft bei internationalen Nukleargeschäften größere Zurückhaltung zu üben. Sie hielt aber an ihrem Recht zur Nutzung des gesamten Brennstoffkreislaufes fest und zwar einschließlich dessen sensitiver Bestandteile (auch wenn sie diese Option in der Praxis aus finanziellen und innenpolitischen Gründen nur eingeschränkt nutzen sollte). Ihr gelang es auch, in dieser Frage eine solide Koalition mit den anderen nichtnuklearen Staaten zustande zu bringen, die sich bei der INFCE bewährte. Die erneute Positionsänderung der Vereinigten Staaten in der Reagan-Administration, von einer am Ziel der Nichtverbreitung orientierten Restriktion zu einer mehr an den wirtschaftlichen Interessen der amerikanischen Industrie orientierten nuklearen Expansion, war jedoch nicht das Ergebnis internationaler Überzeugung, sondern vielmehr das Resultat der Ansprüche der eigenen nationalen Industrie, sowie einer für deren Bedürfnisse aufgeschlossenen neuen politischen Administration. (Die Beilegung des europäisch-amerikanischen Streites über das Gas-Röhrengeschäft mit der Sowjetunion zeigte ebenfalls, wie eine Kombination von internationalem Widerspruch und

wirtschaftlichen Interessen im eigenen Lande Washington zum Einlenken bewegte.)
Der gewachsene Handlungsspielraum der Bundesrepublik beruhte auf ihren auf wirtschaftlicher Stabilität und europäischer Solidarität begründeten Einflußmöglichkeiten und weniger auf einer verringerten sicherheitspolitischen Abhängigkeit. Dennoch bedurfte die Bundesrepublik unter diesen Bedingungen nicht mehr des Statussymbols nuklearer Teilhabe, ihr Interesse reduzierte sich auf Prozesse echter nuklearer Mitbestimmung. Aus Bonner Sicht erwies sich in dieser Hinsicht die Nukleare Planungsgruppe der NATO als ideal, da sie Bonn einen höchstmöglichen nuklearen Einfluß bei niedrigstem politischen Einsatz gewährte.
In der Diskussion über die Stationierung weitreichender taktischer Nuklearwaffen in Europa konnte die Bundesrepublik daher auch ihre Rolle als Nicht-Kernwaffenstaat betonen, indem sie eine Beteiligung an der Entscheidung über die Produktion neuer Waffen ablehnte und ihren Verantwortungsbereich auf die Zustimmung zur Dislozierung nuklearer Systeme auf ihrem Territorium beschränkte. Gleichzeitig setzte sie eine Modifizierung des seit den 60er Jahren geltenden Zweischlüsselsystems durch, nach der die Entscheidungsbefugnis über den Einsatz dieser Waffen in Zukunft ausschließlich bei den USA liegen würde.
Diese Entscheidungen spiegeln das gewachsene Selbstbewußtsein der Bundesrepublik als Nichtkernwaffenstaat wider, der ein ökonomisches Interesse an der zivilen Nutzung der Kernenergie hat, jedoch auf militärische Symbole unter Statusgesichtspunkten verzichten kann, und der aufgrund seiner geographischen und politischen Situation in besonderer Weise um die Glaubwürdigkeit der verschiedenen Elemente seiner Sicherheitspolitik – Verteidigungsfähigkeit, Entspannungsbereitschaft und wirtschaftliche Stabilität – bemüht ist.

VIII. Sicherheits- und Entspannungspolitik: Ein Prioritätenkonflikt?

Der hohe Stellenwert der Sicherheits- und Entspannungspolitik für die Außenpolitik der Bundesrepublik Deutschland und ihre enge Verflechtung in das westliche Staatensystem werfen die Frage auf, wie unter den jeweiligen internationalen und innenpolitischen Bedingungen der latente Prioritätenkonflikt zwischen der primär im Rahmen der Nordatlantischen Allianz formulierten Verteidigungspolitik und der am Ziel einer Überwindung der Teilung Deutschlands orientierten Ost- und Entspannungspolitik bewältigt wurde. War überhaupt eine freie Entscheidung möglich, und wenn ja, unter welchen Bedingungen und zu welchen Kosten? Damit ist auch die Frage nach Autonomie und Handlungsspielraum der Bundesrepublik gestellt, und zwar sowohl im historischen Kontext ihrer Entstehungsbedingungen als auch angesichts der gegenwärtig zu beobachtenden engen Verflechtung in das internationale Staatensystem. Gleichzeitig sollen Anpassungszwänge und Einwirkungsmöglichkeiten für ihre Außenpolitik aufgezeigt werden.

1. *Sicherheit durch Westbindung*

Die Entstehung der Bundesrepublik war begleitet von einem hohen Maß an Unsicherheit und Ungesichertheit: Würde die unter der Obhut der westlichen Siegermächte entstandene Demokratie stabil genug sein, um auch unter widrigen Umständen auf eigenen Füßen stehen zu können? Würde der westdeutsche Teilstaat die Chance zur Wiedervereinigung zurückweisen, wenn diese nur um den Preis der Aufgabe oder Beschränkung seiner demokratischen Freiheiten und Bindungen an den Westen möglich sein würde? War es nicht denkbar, daß sich die Großmächte über die Köpfe der Deutschen einigen würden, wenn dadurch der Spannungsherd in der Mitte Europas beseitigt werden könnte? Und war nach den Erfahrungen der Berliner Blockade und des Korea-Krieges denn auszuschließen, daß die Sowjetunion versuchen könnte, sich mit militärischer Gewalt den Einfluß im restlichen Europa zu verschaffen, den die Westmächte ihr

mit diplomatischen Mitteln zu verweigern suchten? Die Sorge um die Sicherung der territorialen Integrität und die Gewährleistung einer am Vorbild der westlichen Demokratien orientierten gesellschaftlichen Entwicklung hatten daher auf der politischen Prioritätenliste der ersten Bundesregierung Vorrang vor dem Fernziel der Wiedervereinigung.
Angesichts der Entstehung der Bundesrepublik Deutschland als Geschöpf des Kalten Krieges und, in den Worten von Dean Acheson, als Zwillingsschwester der Nordatlantischen Allianz, war der Weg vorgezeichnet, der ihr Sicherheit versprach: die enge Verbindung mit den westlichen Staaten, vor allem den USA. Zunächst war jedoch offen, ob ihre Sicherheit durch eine Schutzgarantie der Westmächte, durch eine europäische Armee oder durch die Aufstellung deutscher Kontingente im Rahmen der NATO gewährleistet werden könnte.[1] Aus der Sicht Bonns war die Europäische Verteidigungsgemeinschaft die politisch zukunftsweisende, der NATO-Beitritt die militärisch sinnvolle Lösung. Die europäische Lösung scheiterte jedoch an den französischen Vorbehalten gegen eine deutsche Wiederbewaffnung, obwohl die EVG die Westdeutschen langfristig in eine von Frankreich kontrollierte und nur lose mit der NATO verzahnte Europa-Armee eingebunden hätte. Stattdessen wurde nunmehr den Deutschen gestattet, eigene Streitkräfte, die Bundeswehr, aufzustellen, die in das Atlantische Bündnis integriert und deren Rüstung der Kontrolle der WEU unterstellt wurde. Gleichzeitig wurde das Besatzungsstatut abgelöst und der Bundesrepublik die innere und äußere Souveränität zuerteilt, wobei sich die drei westlichen Siegermächte jedoch Rechte und Pflichten in bezug auf Deutschland als Ganzes und Berlin vorbehielten. Die Westmächte erkannten ihrerseits die Bundesrepublik als die einzig legitimierte Sprecherin Gesamtdeutschlands an und verpflichteten sich zur Unterstützung seiner Wiedervereinigung. Als Gegenleistung verpflichtete sich die Bun-

1 Zur Sicherheitsorientierung der Bundesrepublik vgl. Klaus von Schubert, Bedingungen des Überlebens. Sicherheitspolitik und politische Moral zwischen Militärstrategie und Waffentechnik, in: Aus Politik und Zeitgeschichte, B 1/80, 8. 3. 1980, S. 3–36; ders., Sicherheitspolitik der Bundesrepublik Deutschland. Dokumentation 1945–1977, Einleitung, Köln 1977 u. 1978, S. 15 ff.; zur Diskussion über das Ob und Wie eines westdeutschen Verteidigungsbeitrages vgl. Gerhard Wettig, Entmilitarisierung und Wiederbewaffnung in Deutschland 1943–1955. Internationale Auseinandersetzungen über die Rolle der Deutschen in Europa, München 1967; Robert McGeehan, The German Rearmament Question. American Diplomacy and European Defense After World War II, Urbana, Ill. 1971; Arnulf Baring, Außenpolitik in Adenauers Kanzlerdemokratie. Bonns Beitrag zur Europäischen Verteidigungsgemeinschaft, München u. Wien 1969; Paul Noack, Das Scheitern der Europäischen Verteidigungsgemeinschaft. Entscheidungsprozesse vor und nach dem 30. August 1954, Düsseldorf 1977. Vgl. auch oben, Kap. III.

desrepublik – und das bezog sich sowohl auf die Frage der Wiedervereinigung als auch auf diejenige der Grenzen, deren Festlegung einem Friedensvertrag mit Gesamtdeutschland vorbehalten wurde – auf Gewaltanwendung oder Gewaltandrohung gemäß Art. 2 der UN-Charta zu verzichten.[2]

Die 1954/55 geschaffene Regelung für die Sicherheitsfrage hatte drei weitreichende, langfristige Konsequenzen für den Zusammenhang von Sicherheit und deutscher Frage. Zum einen präjudizierte sie den politischen Zusammenschluß Westeuropas negativ, indem der Tendenz zu nationalen Lösungen auf dem Verteidigungssektor Vorrang vor Gemeinschaftslösungen gegeben und der militärische Bereich aus dem westeuropäischen Integrationsprozeß ausgeklammert wurde. Zum anderen wurden mit dem Beitritt der Bundesrepublik zur NATO die Vereinigten Staaten dauerhaft an die Verteidigung Westeuropas gebunden. Sie gewährleisteten nicht nur Sicherheit für die Bundesrepublik, sondern auch vor ihr. Damit hatten sich die USA als politische Ordnungsmacht in Europa wie als militärische Schutzmacht etabliert. Zum dritten verzichtete die Bundesrepublik de facto auf eine aktive Wiedervereinigungspolitik, die in der Verantwortung der Drei oder Vier Mächte verblieb. Die alliierten Vorbehaltsrechte gaben diesen nicht nur ein Mitspracherecht bei gesamtdeutschen Regelungen, sondern entließen die Bundesrepublik auch aus der Verantwortung, sich um solche zu bemühen. Der Preis für die westliche Schutzgarantie bestand darin, daß die Bundesrepublik der Politik der Westbindung Priorität zumaß vor der Politik der Wiedervereinigung.

Verbal hielt die Bundesregierung jedoch weiter am Ziel der Einheit Deutschlands fest und behauptete, durch eine »Politik der Stärke« könnte die Wiedervereinigung am ehesten herbeigeführt werden. Die sowjetischen Noten von 1952 und 1955 mit dem Angebot einer Wiedervereinigung zum Preis der Neutralisierung oder die westlichen Vorschläge, die Teilung Europas über einen Abbau der militärischen Konfrontation zu überwinden, tendierten daher dazu, die Prioritätenfrage erneut zu aktualisieren, indem sie die Prämisse des Vorrangs von Sicherheit vor Einheit problematisierten und damit zugleich an der Raison d'être der Bundesrepublik rührten.

2 Vgl. die Pariser Verträge vom 23. 10. 1954, in: Verträge der Bundesrepublik Deutschland, Serie A, Bd. 8, S. 3–73, abgedruckt in: EA 23/1954, S. 7127–7138 u. EA 24/1954, S. 7171–7181. Zur Außenpolitik Konrad Adenauers vgl. ders., Erinnerungen, 4 Bde., Stuttgart 1965 ff.; Hans-Peter Schwarz, Die Ära Adenauer, Stuttgart 1981 (Geschichte der Bundesrepublik Deutschland, Bd. 2); ders., Das außenpolitische Konzept Konrad Adenauers, in: Klaus Gotto (Hrsg.), Konrad Adenauer. Seine Deutschland- und Außenpolitik 1945–1963, München 1975; vgl. auch oben, Kap. II.

2. *Ost-West-Détente als »Gefahrenzone besonderer Art«*

In den ersten Anzeichen ost-westlicher Détente-Politik Mitte der fünfziger Jahre sah die Bundesregierung eine »Gefahrenzone besonderer Art« (Adenauer). Sie befürchtete nicht nur eine Einigung der Großmächte auf Kosten der Bundesrepublik, sondern sah auch ihre eigenen Interessen gefährdet, die auf eine uneingeschränkte Erhaltung des westlichen Sicherheitssystems gerichtet waren. Mochten die verschiedenen alliierten Deutschland-Pläne, in denen unter Mitwirkung der Bundesrepublik Sicherheitsarrangements mit Schritten zur Wiedervereinigung zu einem komplizierten Paket zusammengeschnürt worden waren, noch mit ihren Zielen kompatibel sein und genügend Kautelen enthalten, um eine rasche Verwirklichung unwahrscheinlich zu machen, so gefährdeten die verschiedenen Vorschläge für rüstungsbeschränkte Zonen oder ein Disengagement der Großmächte die Westbindung der Bundesrepublik, auf der ihr freiheitliches Gesellschaftssystem ebenso wie ihr wirtschaftlicher Wohlstand beruhten, ohne greifbare Fortschritte in der deutschen Frage zu bringen. Wirkliche Entspannung war aus ihrer Sicht nur durch den Anschluß der DDR an eine weiter im westlichen Sicherheits- und Gesellschaftssystem verankerte Bundesrepublik möglich.

Um der bei den westlichen Verbündeten sichtbaren Tendenz entgegen zu wirken, das Sicherheitsproblem von der Deutschland-Frage abzukoppeln und beide getrennt zu verhandeln, formulierte die Bundesregierung ein Junktim zwischen Abrüstung und deutscher Frage und versuchte solche Lösungen zu blockieren, die nicht mit konkreten Schritten auf dem Weg zur Wiedervereinigung verbunden waren. Damit war sie solange erfolgreich, wie für den Westen kein unmittelbarer Zwang bestand, mit der Sowjetunion zu Vereinbarungen zu kommen. Unter dem Eindruck des 1958 von Chruschtschow verkündeten Berlin-Ultimatums zeigte sich jedoch, daß die Verbündeten der Bundesregierung eher bereit waren, sich mit der Sowjetunion auf der Grundlage des territorialen Status quo in Europa (der eine alliierte Präsenz in und den Zugang nach West-Berlin einschloß) zu arrangieren, als einen militärischen Konflikt in Mitteleuropa zu riskieren.[3]

3 Für eine Analyse der Berlin-Krise 1958–62 vgl. Honoré M. Catudal, Kennedy in der Mauer-Krise. Eine Fallstudie zur Entscheidungsfindung in den USA, Berlin 1981; Walther Stützle, Kennedy und Adenauer in der Berlin-Krise 1961–1962, Bonn-Bad Godesberg 1973; für eine Darstellung aus der Sicht der damaligen Bundesregierung vgl. Wilhelm G. Grewe, Rückblenden. Aufzeichnungen eines Augenzeugen deutscher Außenpolitik von Adenauer bis Schmidt, o. O. u. J. (1979). Vgl. auch oben, Kap. II.

Gleichzeitig wandelte sich unter den Bedingungen des »Nuklearen Patts« das westliche Sicherheitskonzept und die diesem zugeordnete Militärstrategie. Angesichts der Fähigkeit der Sowjetunion, mit weitreichenden Waffen amerikanisches Territorium zu erreichen, hatte die Strategie der »massiven Vergeltung« an Glaubwürdigkeit eingebüßt und ihre Schutzfunktion für Westeuropa verloren. Die Vereinigten Staaten sahen sich daher veranlaßt, nach einer strategischen Alternative, der Strategie der »abgestuften Erwiderung«, zu suchen, die ihnen die Möglichkeit gab, einen Angriff der Gegenseite mit Mitteln, am Ort und zum Zeitpunkt ihrer Wahl zu beantworten. Die Kuba-Krise hatte beiden Seiten die Gefahren einer nuklearen Konfrontation und einer unkontrollierten Fortsetzung des Rüstungswettlaufs vor Augen geführt. Abschreckung und Verteidigung sollten daher durch Maßnahmen der Rüstungsbeschränkung und Rüstungskontrolle ergänzt werden. Dieser Politik lag die Erwartung zugrunde, daß durch eine begrenzte Kooperation mit dem machtpolitischen und ideologischen Gegner das Risiko eines militärischen Konfliktes verringert, insbesondere ein Nuklearkrieg verhindert werden könnte.[4]

Sowohl die westliche Reaktion in der Berlin-Krise als auch die geplanten Änderungen im sicherheitspolitischen und strategischen Konzept des Bündnisses lösten in der Bundesrepublik große Beunruhigung aus. In der Berlin-Frage waren es vor allem drei Aspekte, die in Bonn auf Widerstand stießen: die Beschränkung der Schutzgarantie auf *West*-Berlin und den Zugang dahin, die mögliche Respektierung von Beamten der DDR als »Agenten« der Sowjetunion bei der Kontrolle auf den Zugangswegen, und die kontemplierte Anerkennung der Oder-Neiße-Grenze. Darin wurde deutlich, daß die amerikanische Regierung unter Präsident Kennedy einen Modus vivendi mit der Sowjetunion auf der Basis des territorialen Status quo anstrebte, während die Politik Bonns auf seiner Veränderung basierte und in allen Aktionen, die nicht die Dinge offen ließen, einen Status quo minus sah. Die Möglichkeiten der Bundesregierung, auf eine Änderung der amerikanischen Position hinzuwirken, waren jedoch äußerst begrenzt.

Was blieb, war der Versuch, stärker auf die französische Karte zu setzen und die Beziehungen zu Paris zu intensivieren, wo Staatspräsident de

4 Zur Entwicklung des sicherheitspolitischen und strategischen Konzeptes des Westens vgl. Lawrence Freedman, The Evolution of Nuclear Strategy, London 1981; Samuel P. Huntington, The Common Defence. Strategic Programs in National Politics, New York u. London 1981; zur Reaktion darauf seitens der Bundesrepublik vgl. Catherine McArdle Kelleher, Germany and the Politics of Nuclear Weapons, New York und London 1975.

Gaulle in der deutschen Frage den Standpunkt der Bundesregierung unterstützte und ebenfalls Bedenken hinsichtlich der sicherheitspolitischen Umorientierung der Vereinigten Staaten hegte. Das Ergebnis war der Abschluß des deutsch-französischen Vertrages und die deutsch-französische Versöhnungsfeier in Reims. So spektakulär dieser Schritt auch zelebriert wurde, so gering waren seine unmittelbaren Auswirkungen. In der Berlin-Frage ersparte der Bau der Mauer der Bundesrepublik schmerzliche politische Zugeständnisse, indem Chruschtschow seine Haltung in der Frage des Status quo mit Beton und Stacheldraht durchsetzte und der Westen dies ohne Gegenaktion akzeptierte. In der Sicherheitsfrage war Frankreich genauso wenig wie die USA bereit, der Bundesrepublik ein nukleares Mitbestimmungsrecht zu geben, sodaß Bonn nur eine Rückkehr zu den Verhandlungen über eine multilaterale Atomstreitmacht im Rahmen der NATO (MLF) und nukleare Konsultationen im Bündnis blieben. Schließlich nahm eine aus Teilen der Partei Konrad Adenauers sowie aus der SPD und FDP bestehende innenpolitische Opposition mit Hilfe einer Präambel zum Deutsch-französischen Vertrag diesem seine anti-atlantische Spitze und beraubte ihn des Charakters eines Sonderbündnisses.[5]

In der militärischen Sicherheitspolitik bezog sich der Disput zwischen der Bundesrepublik und den USA vor allem auf drei Bereiche. Zum einen verfolgte Bonn mit großer Skepsis die in Amerika ablaufende Strategiedebatte. Die von Verteidigungsminister McNamara entwickelte Strategie der »abgestuften Erwiderung« reduzierte zum einen die Bedeutung der im Gang befindlichen Ausrüstung der Bundeswehr mit nuklearen Trägerwaffen und schien damit auch ihren politischen Bündniswert zu verringern. Zum anderen wurde in Bonn die Gefahr gesehen, daß im Konfliktfall Europa zum Schauplatz eines ausgedehnten konventionellen oder mit taktischen Nuklearwaffen geführten begrenzten Krieges werden konnte, der für die Bundesrepublik verheerende Folgen haben würde. Diese Zweifel an der Glaubwürdigkeit der amerikanischen Sicherheitsgarantie – die z. B. Frankreich zu der Entscheidung veranlaßten, eine eigene nationale Nuklearstreitmacht aufzubauen – ließen die Bundesregierung nach Möglichkeiten einer verstärkten Mitwirkung an den strategischen Entscheidungsprozessen in der Allianz suchen. Möglichkeiten einer nuklearen

5 Zum Komplex der deutsch-amerikanisch-französischen Beziehungen in der ersten Hälfte der sechziger Jahre vgl. Alfred Grosser, Les Occidentaux. Les pays d'Europe et les Etats-Unis depuis la guerre, Paris 1978; zu den innenpolitischen Rückwirkungen in der Bundesrepublik vgl. Waldemar Besson, Die Außenpolitik der Bundesrepublik. Erfahrungen und Maßstäbe, München 1970, insbes. S. 310 ff.

Teilhabe schien das von Washington propagierte Projekt einer multilateralen Atomstreitmacht (MLF) zu bieten, einer gemeinsam von der NATO betriebenen Flotte von Überwasserschiffen, die mit Polaris-Nuklearraketen ausgerüstet sein sollten.[6] Die Aussicht, daß die Deutschen einen Finger an den nuklearen Abzugshebel bekommen würden, mobilisierte jedoch zahlreiche Gegenkräfte. Frankreich forcierte daraufhin nicht nur seine »force de frappe«, sondern suchte auch seine Kontakte zu den östlichen Staaten an Bonn vorbei zu aktivieren. Die Sowjetunion verstärkte ihrerseits ihre Bemühungen, um mit den Vereinigten Staaten zu bilateralen Rüstungsbeschränkungsvereinbarungen zu kommen; vor allem bemühte sie sich, der Bundesrepublik den Zugang zu Atomwaffen zu versperren.

Vor die Wahl gestellt, entweder bündnisinternen Regelungen über eine nukleare Teilhabe den Vorrang zu geben und damit Rüstungskontrollabsprachen mit der Sowjetunion auszuschließen, oder aber zusammen mit dieser Vereinbarungen über eine teilweise Einstellung der Kernwaffenversuche (1963) und über eine Nichtverbreitung von Kernwaffen (1968) durchzusetzen, entschlossen sich die Vereinigten Staaten für das letztere. Die Bundesrepublik sah sich der Gefahr einer zweifachen Isolierung ausgesetzt: nicht nur waren ihre Verbündeten nicht mehr bereit, die deutschlandpolitischen Positionen Bonns mitzutragen, wonach der Status quo nicht in irgendeiner Weise präjudiziert werden durfte – z. B. indem die DDR Vertragspartner von Rüstungskontrollvereinbarungen wurde – sondern die USA begannen darüber hinaus, globalen Absprachen mit der anderen Supermacht Priorität gegenüber bündnisinternen Problemlösungen zu geben. Damit geriet aber ein Grundpfeiler der Sicherheitspolitik der Bundesrepublik, der Vorrang bzw. die Ausschließlichkeit allianzorientierter Sicherheitspolitik, ins Wanken.

6 Zu der Diskussion über eine nukleare Mitwirkung der Bundesrepublik im Rahmen der NATO vgl. – neben dem oben zit. Buch von Kelleher – Dieter Mahncke, Nukleare Mitwirkung. Die Bundesrepublik Deutschland in der atlantischen Allianz 1954–1970, Berlin u. New York 1972; ferner oben, Kap. III u. VII. Zu den Prioritätenkonflikten vgl. Pierre Hassner, Change and Security in Europe. Part I: The Background; Part II: In Search of a System, London 1968 (Adelphi Papers, Nr. 45 u. 49); Helga Haftendorn, Außenpolitische Prioritäten der Bundesrepublik Deutschland in den sechziger Jahren, in: Politik und Kultur, H. 3–4, 1975, S. 79–98.

3. *Das Konzept des Brückenschlages*

Etwa zur gleichen Zeit begannen zwei der engsten Verbündeten der Bundesrepublik, die Vereinigten Staaten und Frankreich, aus sehr unterschiedlichen Gründen die West-Ost-Beziehungen zu intensivieren. Mit einer demonstrativen Reise nach Moskau und nach Polen wollte Staatspräsident de Gaulle den amerikanischen Tendenzen auf Suprematie im westlichen Bündnis - die auch den Anspruch einschloß, in Sicherheitsfragen als Sprecher der Verbündeten in Moskau zu verhandeln - entgegenwirken und ihnen die Vision eines »Europa vom Atlantik bis zum Ural« entgegensetzen, das als dritte Kraft in der Weltpolitik wirken würde. Außerdem wollte Paris einer zu engen Bindung der Bundesrepublik an die Vereinigten Staaten, insbesondere jeder Art von nuklearen Gemeinschaftslösungen im Bündniskontext entgegenwirken. Nachdem der Versuch fehlgeschlagen war, mit Hilfe des Deutsch-französischen Vertrages engere Beziehungen zur Bundesrepublik herzustellen und die Dominanz der Vereinigten Staaten abzuschwächen, wollte de Gaulle durch eine aktive Ostpolitik den Anspruch Frankreichs als europäische Ordnungsmacht hervorheben. In der Grenzfrage ging de Gaulle vom territorialen Status quo aus. In deutschen Ohren klang es schockierend, wenn der französische Staatspräsident von Hindenburg in Oberschlesien als der »polnischsten aller polnischen Städte« sprach. Man überhörte dabei, daß er gleichzeitig von der nationalen Wiedervereinigung der Deutschen als einer »natürlichen Sache« ausging - ohne allerdings zu sagen, wie sie verwirklicht werden konnte. Für ihre Politik einer Annäherung an die osteuropäischen Staaten auf der Grundlage des territorialen Status quo hatte die französische Regierung ein Konzept der »détente-entente-coopération« entwickelt.[7]

Die amerikanischen Ziele waren konkreter und weitergesteckt. Da ging es zunächst darum, das Risiko eines unkontrollierten Nuklearkrieges zu verringern, der beiden nuklearen Großmächten verheerende Schäden zufügen würde. Zu diesem Zweck sollte zum einen die eigene Abschreckung durch eine angemessene Doktrin (die »flexible response«) und entsprechende Streitkräfte glaubwürdiger gemacht werden, zum anderen sollte

7 Zur französischen Ost- und Entspannungspolitik vgl. André Fontaine, Un seul lit pour deux rêves. Histoire de la »détente« 1962–1981, Paris 1981; das Konzept der französischen Ost- und Entspannungspolitik wird entwickelt in: Sicherheitsmodelle für Europa. Eine Studie des Centre d'Etudes de Politique Etrangère, in: EA 2/1968, S. 51–64.

ein aus Zufall oder Fehleinschätzung ausgelöster Konflikt ausgeschlossen werden. Teststop- und Nichtverbreitungsvertrag sollten das Entstehen weiterer Nuklearmächte verhindern. Vor allem aber suchten die USA die sowjetische Unterstützung bei dem Versuch, den Nuklearkrieg durch eine begrenzte gegenseitige Kooperation politisch einzuhegen.
Da die Vereinigten Staaten jedoch ihre Weltmachtrolle nicht nur dem Besitz des (damals) größten Kernwaffenarsenals der Welt verdankten, sondern ebenso sehr ihren weltweiten Bündnissystemen, durften sie diese nicht zugunsten einer Zusammenarbeit mit dem machtpolitischen Konkurrenten aufs Spiel setzen. Präsident Johnson entwickelte daher das Konzept eines Brückenschlages, durch das Amerika mit seinen europäischen Partnern ebenso verbunden sein sollte wie Westeuropa mit Osteuropa, die USA mit der Sowjetunion.[8] Bonn sah sich der immer drängender vorgebrachten Forderung Washingtons ausgesetzt, auch seinerseits Schritte in Richtung auf eine Normalisierung der Beziehungen zu den osteuropäischen Staaten zu unternehmen; das hieß aber auch, in den territorialen Fragen den Status quo zu akzeptieren. Der zweite deutsche Staat wurde damals in dem vom Berater Präsident Johnsons, Zbigniew Brzezinski, entwickelten Konzept ausgespart; über die Normalisierung der Beziehungen zu den übrigen osteuropäischen Staaten und eine erweiterte Kooperation mit der Sowjetunion sollte die DDR isoliert und Moskau dazu bewogen werden, Ulbricht fallen zu lassen. Das langfristige Ziel des amerikanischen Brückenschlagkonzeptes bestand darin, die Teilung Europas wenn nicht zu überwinden, so doch zu entschärfen, vor allem aber: die Gefahr eines militärischen Konfliktes auszuschalten.
Angesichts der neuen entspannungspolitischen Prioritäten ihrer Verbündeten mußte die Bundesregierung in Bonn ihren in den fünfziger Jahren mit der Politik der Westbindung unternommenen Versuch, ihre deutschlandpolitischen Interessen in einer gleichgerichteten Bündnispolitik aufgehen zu lassen, als gescheitert betrachten. Aus zwei Gründen konnte sie den französischen Weg einer Lockerung der Bündnisbeziehungen, um ihr Wiedervereinigungs-Ziel intakt zu halten, nicht gehen: zum einen war sie

8 Vgl. die Rede von Präsident Lyndon B. Johnson am 7. 10. 1966 vor der Konferenz amerikanischer Leitartikler in New York, in: EA 20/1966, S. D 517–521; für das dieser zugrundeliegende Konzept vgl. Zbigniew Brzezinski u. William E. Griffith, Peaceful Engagement in Eastern Europe, in: FA, Bd. 39, Nr. 4 (Juli 1961), S. 642–654; Zbigniew Brzezinski, Alternative to Partition. For a Broader Conception of America's Role in Europe, New York 1965; zu den durch den bilateralen Ansatz der amerikanischen Détente-Politik ausgelösten Spannungen im Bündnis vgl. Curt Gasteyger, The American Dilemma: Bipolarity or Alliance Cohesion? London 1966 (Adelphi Papers, Nr. 24); Marshall Shulman, »Europe« Versus »Détente«? In: FA, Bd. 45, Nr. 3 (April 1967), S. 389–402.

militärisch weiterhin auf den Schutz durch das Bündnis, vor allem aber durch die USA, angewiesen (eine europäische Lösung war ebenso wenig möglich, da Frankreich nicht bereit war, die »Force de frappe« in eine Gemeinschaftsregelung einzubringen). Zum anderen waren die Vorbehalte gegenüber einer unabhängigeren Rolle der Bundesrepublik bei ihren Nachbarn so groß, daß derartige Tendenzen sofort Gegenkräfte mobilisierten. Sicherheit für Deutschland war auch weiterhin Sicherheit vor Deutschland. Die starre Handhabung des Alleinvertretungsanspruches mittels der Hallstein-Doktrin und die nachhaltige Opposition der Bundesregierung gegen den Nichtverbreitungsvertrag stellten bereits eine beträchtliche Belastung der Bündnisbeziehungen dar. Bonn hatte daher genau abzuwägen, wo seine eigenen Interessen einen entschlossenen Widerstand gegen die sich bei den Verbündeten manifestierenden Tendenzen erforderten, und wo Möglichkeiten zur Anpassung an die Politik der Partner bestanden.

Die Regierung Erhard beschloß, ihre von Außenminister Schröder bereits Anfang der sechziger Jahre eingeleitete »Politik der kleinen Schritte« gegenüber Osteuropa zu intensivieren. Die bisher auf dem Gebiet der Osthandelspolitik unternommenen Schritte wurden in der »Friedensnote« vom März 1966 ergänzt durch das Angebot eines Austausches von Gewaltverzichtserklärungen nach Art. 2 der UN-Charta und durch die Bereitschaft Bonns, über eine beiderseitige Truppenverminderung und einen Verzicht auf Kernwaffen zu verhandeln. Diese Vorschläge waren jedoch sorgfältig so formuliert worden, daß die Bonner Politik den Anschein von Beweglichkeit erhielt – und damit die Unterschiede zu derjenigen der Verbündeten weniger sichtbar wurden – ohne daß sie von ihrer grundsätzlichen Ablehnung des Status quo in Europa abrückte. Im Konflikt unterschiedlicher Prioritäten zwischen Sicherheits- und Deutschland-Politik blieb der Vorrang der Bündnispolitik erhalten; an die Entspannungspolitik der Partner paßte sich die Regierung der Kleinen Koalition aus CDU/CSU und FDP aber nur insoweit an, wie dies zur Vermeidung einer Belastung der Bündnisbeziehungen nötig schien. Um beim Bild des Brückenschlages zu bleiben: Bonn betrat die Brückenrampe, ohne jedoch den Fluß zu überqueren.[9]

9 Vgl. Zirkularnote der Bundesregierung zur deutschen Friedenspolitik, mit Vorschlägen zur Abrüstung und Sicherung des Friedens (»Friedensnote«) vom 25. 3. 1966, in: EA 7/1966, S. D 171–175; für eine Interpretation der »Politik der kleinen Schritte« vgl. Karl Kaiser, German Foreign Policy in Transition. Bonn between East and West, London u. Oxford 1968; Helga Haftendorn, Abrüstungs- und Entspannungspolitik zwischen Sicherheitsbefriedigung und Friedenssicherung. Zur Außenpolitik der BRD 1955–1973, Düsseldorf 1974, S. 193 ff.; ferner oben, Kap. IV.

4. *Zwei Säulen der Sicherheit: Verteidigungsfähigkeit und Verhandlungsbereitschaft*

Die Änderung der Einstellung Bonns zur Entspannungspolitik wurde durch zwei Entwicklungen bewirkt: eine innenpolitische und eine solche im Bündnis. Die Große Koalition, die im Dezember 1966 nach dem Scheitern der Regierung Erhard in Bonn die Regierungsgeschäfte übernahm, war ein politisches Bündnis zwischen denjenigen Kräften, die wie die CDU/CSU an der Offenhaltung des Status quo in Europa festhielten, und solchen, die wie die SPD über die Anerkennung des territorialen Status quo diesen langfristig politisch im Sinne einer die Bündnissysteme – und damit auch die Teilung Deutschlands – aufhebenden europäischen Friedensordnung überwinden wollten. In der Sicherheitspolitik strebte die Große Koalition zunächst eine stärkere Mitsprache bei den gemeinsamen Bündnisangelegenheiten an und wandte sich gegen den vor allem bei den Verhandlungen über Rüstungskontrolle zutage tretenden Bilateralismus der Supermächte. Während jedoch die CDU/CSU eher an eine Verstärkung der europäischen Komponente dachte, wollte die SPD unter den gegenwärtigen Bedingungen keine Schwächung der Bündnissysteme. Durch Verhandlungen, vor allem über Gewaltverzicht und Truppenverminderung, wollte sie jedoch die Voraussetzungen dafür schaffen, daß eines Tages die Bündnissysteme durch ein europäisches Sicherheitssystem überwölbt werden könnten, das die Grundlage bieten würde für die Errichtung einer europäischen Friedensordnung, in deren Rahmen auch eine Lösung der deutschen Frage denkbar war. Die SPD trat daher dafür ein, die NATO stärker in den Entspannungsprozeß einzubeziehen und ihr eine aktivere Rolle bei der Normalisierung der Beziehungen zu den osteuropäischen Staaten zuzuweisen. Der gemeinsame außenpolitische Nenner der »ungleichen Zwillinge« der Großen Koalition war die Anpassung an die Entspannungspolitik der Verbündeten.[10]

Das neu entdeckte entspannungspolitische Engagement Bonns löste in den westlichen Hauptstädten Zustimmung ebenso wie Besorgnis aus: Zu-

10 Für die ost- und entspannungspolitischen Vorstellungen Brandts vgl. Willy Brandt, Außenpolitik, Deutschland-Politik, Europa-Politik. Grundsätzliche Erklärungen während des ersten Jahres im Auswärtigen Amt, Berlin 1968, insbes. das in diesem Band enthaltene Interview mit dem Deutschlandfunk vom 2. 7. 1967, in dem Brandt das Konzept einer europäischen Friedensordnung entwickelte, vgl. ebenda, S. 85; ferner ders., Friedenspolitik in Europa, Frankfurt 1968; ders., Begegnungen und Einsichten. Die Jahre 1960–1975, Hamburg 1976.

stimmung, weil Bonn nunmehr seine Bremserfunktion aufgab; Besorgnis, weil die deutschen Ziele, die auf Überwindung des politischen Status quo gerichtet waren, sich von den auf Ost-West-Normalisierung auf der Grundlage des Status quo gerichteten der anderen Staaten unterschieden. Um ein Auseinanderlaufen der Entspannungspolitik der verschiedenen Bündnispartner zu verhindern und um gleichzeitig diese mit den verteidigungspolitischen Aufgaben des Bündnisses in Einklang zu bringen, formulierten die NATO-Partner ein neues sicherheitspolitisches Konzept. Darin wurde betont, daß die Hauptaufgabe des Bündnisses auch weiterhin die Gewährleistung einer ausreichenden Verteidigungsfähigkeit war, daß diese Aufgabe jedoch durch eine zweite ergänzt würde: durch die Bereitschaft zu Verhandlungen mit der anderen Seite, um auf diese Weise zu einer dauerhaften Entspannung in den Ost-West-Beziehungen zu gelangen.[11] Der latente Prioritätenkonflikt zwischen militärischer Verteidigungspolitik und politischer Entspannungspolitik wurde dadurch überbrückt, daß beide zu zwei Säulen einer gemeinsamen Sicherheitspolitik des Bündnisses erklärt wurden. Damit war jedoch noch nicht die Frage beantwortet, ob das Bündnis sich auch als fähig erweisen würde, nicht nur die militärische Verteidigungspolitik, sondern auch die politische Entspannungspolitik von 15 Staaten mit sehr unterschiedlichen außenpolitischen Interessen zu koordinieren.
Für die Regierung der Großen Koalition, dann ab 1969 für die Sozialliberale Koalition, wurde die »Harmel-Formel« zur willkommenen konzeptionellen Begründung einer Sicherheitspolitik, deren Bestandteile eine auf Erhalt der Bündnissolidarität gerichtete Verteidigungspolitik und eine auf Ausgleich mit den osteuropäischen Staaten abzielende Entspannungspolitik waren. Der entscheidende Unterschied zwischen der von beiden Regie-

11 Vgl. Bericht des NATO-Ministerrates vom 14. 12. 1967 über die künftigen Aufgaben der Allianz (Harmel-Bericht), in: EA 3/1968, S. D 73–77. Zur Entwicklung der westlichen Entspannungspolitik vgl. Wolf-Dieter Karl, Entspannungspolitik – Der Weg von der Konfrontation zur begrenzten Kooperation in den Ost-West-Beziehungen, in: Klaus-Dieter Schwarz (Hrsg.), Sicherheitspolitik. Analysen zur politischen und militärischen Sicherheit, Bad Honnef-Erpel 1978[3], S. 171–202; Manfred Görtemaker, Die unheilige Allianz. Die Geschichte der Entspannungspolitik 1943–1979, München 1979; Pierre Hassner, Europe in the Age of Negotiation, Washington 1973 (The Washington Papers, Nr. 8); Robert McGeehan, Ist eine neue Entspannung möglich? Gedanken zum Zustand der Ost-West-Beziehungen, in: EA 11/1982, S. 327–336. Für den – bislang unzulänglichen – Versuch einer begrifflichen Klärung vgl. Helga Haftendorn, Towards a Theory of Détente, in: Ruediger Juette (Hrsg.), Détente and Peace in Europe, Frankfurt u. New York 1977, S. 102–118; Gerhard Wettig, Konflikt und Kooperation zwischen Ost und West. Entspannung in Theorie und Praxis – Außen- und sicherheitspolitische Analyse, Bonn 1981.

rungsbündnissen betriebenen Ostpolitik bestand darin, daß die Regierung Kiesinger/Brandt sich nicht zur Anerkennung der als Folge des Zweiten Weltkrieges in Europa entstandenen Realitäten durchringen konnte, während die Regierung Brandt/Scheel einen Modus vivendi auf der Grundlage dieses Status quo erreichen wollte, der die DDR einschloß. Sie ergänzte ihre ostpolitischen Aktivitäten durch eine Erhöhung ihrer Verteidigungsbereitschaft (Wehrstrukturreform und Einführung neuer Waffengenerationen). In der Sozialliberalen Koalition hatten sich zwar Parteien mit ähnlichen außenpolitischen Zielen verbunden, so daß ihre Handlungsfähigkeit nicht durch die gleichen koalitionsinternen Interessenblockaden belastet wurde, die die Große Koalition gelähmt hatten; ihr Handlungsspielraum wurde jedoch dadurch eingeschränkt, daß sie auf der Basis einer schmalen und unter dem Einfluß der Kritik an der Ostpolitik abbröckelnden parlamentarischen Mehrheit operieren mußte und Gefahr lief, um die Früchte ihrer Politik, die Ratifizierung der Ostverträge, gebracht zu werden.

Inhaltlich hatte die Sicherheitspolitik der Sozialliberalen Koalition drei Schwerpunkte. Im Vordergrund stand die Ostvertragspolitik mit der Sowjetunion, Polen, der CSSR und der DDR, in der mit Hilfe des Instruments des Gewaltverzichts und ausgehend vom territorialen Status quo ein Modus vivendi in den offenen politischen Fragen erzielt wurde.[12] Parallel dazu bemühte sich die Bundesregierung, eine Intensivierung der europäischen Integrationspolitik zu erreichen. Sie schlug die Errichtung einer Wirtschafts- und Währungsunion vor und stimmte einer engeren außenpolitischen Abstimmung zwischen den EG-Partnern im Rahmen der Europäischen Politischen Zusammenarbeit (EPZ) zu. Mit dieser Politik versuchte Bonn deutlich zu machen, daß sie kein »Wanderer zwischen den Welten«, sondern politisch und ökonomisch fest im Westen verankert

12 Für einen ersten, allerdings nicht in allen Details zuverlässigen Überblick über die Ostpolitik der Bundesrepublik vgl. William E. Griffith, The Ostpolitik of the Federal Republic of Germany, Cambridge, Mass., u. London 1978 (dt. u. d. T. Die Ostpolitik der Bundesrepublik Deutschland. Vorwort von Richard Löwenthal, Stuttgart 1981); für die Ostpolitik der Sozialliberalen Koalition vgl. Günther Schmid, Politik des Ausverkaufs? Die Deutschlandpolitik der Regierung Brandt/Scheel, München 1975; ders., Entscheidung in Bonn. Die Entstehung der Ost- und Deutschland-Politik 1969/1970, Köln 1979; für die Haltung der CDU/CSU-Opposition vgl. Christian Hacke, Die Ost- und Deutschland-Politik der CDU/CSU. Wege und Irrwege der Opposition seit 1969, Köln 1975; und für die Vertragspolitik die Darstellung eines an den Verhandlungen beteiligten Diplomaten: Benno Zündorf, Die Ostverträge. Die Verträge von Moskau, Warschau, Prag, das Berlin-Abkommen und die Verträge mit der DDR, München 1979. Vgl. auch oben, Kap. IV.

war. Schließlich unterstützte sie im Bündniskontext die Bemühungen um eine verstärkte Lastenteilung zwischen den Vereinigten Staaten und den europäischen Verbündeten (Eurogroup, Europäisches Verstärkungsprogramm - EDIP, europäische Rüstungszusammenarbeit).
Gleichzeitig setzte sie sich mit Nachdruck für multilaterale Verhandlungen mit den Staaten des Warschauer Paktes ein. Ihr Hauptinteresse galt dabei einer beiderseitigen Truppenreduzierung (MBFR) und der Konferenz über Sicherheit und Zusammenarbeit in Europa (KSZE).[13] Beide hatten eine besondere Bedeutung für die Sicherheitspolitik Bonns. Materiell Entspannungspolitik, deren Ziele der Abbau von Bedrohungsperzeptionen, die Vereinbarung von Regeln friedlichen Zusammenlebens, die Verbesserung der Ost-West-Zusammenarbeit und eine Verringerung der militärischen Rüstungen sein sollte, waren MBFR und KSZE von ihrer Methode her Westpolitik, da die Adressaten der Vorschläge Bonns nicht die osteuropäischen Staaten, sondern die Partner im Kreis der 15 oder Neun (bzw. der Zehn) waren und die Abstimmung und Ausarbeitung von Verhandlungspositionen in NATO-Gremien oder in der EG bzw. der EPZ erfolgte. Sie waren daher aus der Sicht Bonns in besonderer Weise geeignet, einen multilateralen Rahmen für die im wesentlichen bilateral geführte Ostpolitik zu schaffen, und sie übertrugen NATO und EG eine Rolle im Entspannungsprozeß, die ein Auseinanderdriften von Westpolitik und Ostpolitik verhindern sollte.
Ohne den soliden Rückhalt im westlichen Bündnis wäre die Ostpolitik der Bundesrepublik in den Jahren 1969–72 nicht möglich gewesen, doch steckte diese auch wieder den Handlungsspielraum Bonns ab. Dies zeigte sich besonders deutlich an dem Junktim, mit dem die NATO (vor allem die USA) den Zusammentritt einer KSZE von einer befriedigenden Berlin-Lösung abhängig machte (wie auch die Sowjetunion diese an die Ratifizierung der Ostverträge gebunden hatte). Ihre Verantwortung für Berlin, und die Tatsache, daß es nur zu einer Normalisierung der Ost-West-

13 Vgl. oben, Kap. V u. VI. Die ersten beiden Phasen der KSZE und ihre Vorgeschichte werden dokumentiert und analysiert in: Hermann Volle u. Wolfgang Wagner (Hrsg.), KSZE. Konferenz über Sicherheit und Zusammenarbeit in Europa in Beiträgen und Dokumenten aus dem Europa-Archiv, Bonn 1976; diess., Das Belgrader KSZE-Folgetreffen. Der Fortgang des Entspannungsprozesses in Europa in Beiträgen und Berichten aus dem Europa-Archiv, Bonn 1978; ferner Hans-Adolf Jacobsen, Wolfgang Mallmann, Christian Maier (Hrsg.), Sicherheit und Zusammenarbeit in Europa (KSZE). Analyse und Dokumentation, Köln 1975; diess., Bd. 2 (1973–1978), Köln 1978. Zu den MBFR-Verhandlungen jetzt auch Reinhard Mutz, Die Wiener Verhandlungen über Truppenreduzierungen in Mitteleuropa (MBFR). Chronik, Glossar, Dokumentation, Bibliographie 1973–1982, Baden-Baden 1983.

Beziehungen in Europa kommen würde, wenn auch für Berlin eine befriedigende Lösung gefunden wurde (hier war es an der Sowjetunion, ihrerseits den Status quo zu respektieren!), gab den Vereinigten Staaten die Möglichkeit, den Verlauf der bi- wie der multilateralen Ostpolitik zu kontrollieren. Kissinger beschreibt in seinen Memoiren, wie er bzw. die amerikanische Regierung dieses Instrument benutzten.[14] Von Paul Frank, dem damaligen Staatssekretär im Auswärtigen Amt, ist der Ausspruch Kissingers überliefert: »Wenn schon Entspannungspolitik, dann machen wir sie und nicht Sie!«[15]

Wenn man die bilateralen Abstimmungsprozesse zwischen Bonn und Washington genauer betrachtet, dann wird jedoch zweierlei deutlich. Die Ostpolitik war kein »Alleingang nach Moskau«, wie manche Kritiker der Bundesregierung vorwarfen, sondern ihre Architekten hatten zuvor genau den Spielraum vermessen, der ihrer Politik zur Verfügung stand – da war Platz für einen Modus vivendi vor dem Hintergrund der bestehenden Bündnissysteme, aber eben nicht Platz für ein diese ersetzendes oder überwölbendes europäisches Sicherheitssystem[16] – und sie hatten Konsultationsprozesse formaler und informeller Art entwickelt, die eine unerläßliche Absicherung und Abstimmung mit den westlichen Verbündeten gewährleisteten.[17] Die zweite Erkenntnis ist, daß innerhalb dieses Rahmens Bonn die Richtung und Geschwindigkeit des Verhandlungsprozesses mit Moskau und Warschau – später mit Ostberlin – bestimmte. Washington wäre es nur unter hohen Kosten für die deutsch-amerikanischen Bezie-

14 Vgl. Henry A. Kissinger, White House Years, Boston u. Toronto 1979, S. 381, S. 405 ff., S. 823 ff.; ders., Years of Upheaval, Boston u. Toronto 1982, S. 143 ff.; Kissinger war von 1969–1973 Sicherheitsberater von Präsident Nixon und von 1973 bis zum Januar 1977 amerikanischer Außenminister.

15 Paul Frank im Gespräch mit Ernst Weisenfeld in der Sendung »Zeugen der Zeit« am 13. 7. 1982 im 3. Programm der ARD; ähnlich auch in Paul Frank, Entschlüsselte Botschaft. Ein Diplomat macht Inventur, Stuttgart 1981, S. 287. Paul Frank war von 1970–1974 Staatssekretär im Auswärtigen Amt.

16 So der Vorwurf von Walter F. Hahn in: ders., Between Westpolitik and Ostpolitik: Changing West German Security Views, Beverly Hills u. London 1975 (Foreign Policy Paper I/3), der von der CDU/CSU-Opposition, der Springer-Presse und Quick in der Debatte über die Ostverträge aufgegriffen wurde. Besonders abstrus war die Interpretation einer internen Studie des Planungsstabes des Auswärtigen Amtes: Wie Egon Bahr Deutschland neutralisieren will, in: Quick, Nr. 40, 1973, 27. 9. 1973, S. 10 a–10 d u. 114 a–114 d. Die Verfasserin ist im Besitz einer Aufzeichnung, aus der hervorgeht, daß der Planungsstab bereits 1965/66 unter der Leitung von Dr. Günther Diehl und einer CDU/CSU geführten Bundesregierung Überlegungen darüber anstellte, welche europäischen Strukturen nach einer Auflösung der Bündnissysteme möglich wären.

17 Besondere Bedeutung hatte in diesem Zusammenhang die Bonner Vierergruppe, vgl. oben, Kap. IV, S. 327 f.; ferner Schmid, Entscheidung in Bonn, a.a.O., S. 251 ff.

hungen möglich gewesen, diese Dynamik zu bremsen und zu stoppen – versuchte es daher auch gar nicht, sondern bettete sie in den Rahmen multilateraler Abstimmungsprozesse ein und trieb im übrigen eine »Politik der Schadensbegrenzung«.
Die Vereinigten Staaten aktivierten ihrerseits die bilateralen Verhandlungen mit der Sowjetunion (und ihre Bemühungen um eine Anknüpfung von Kontakten mit der Volksrepublik China), die einen ersten Höhepunkt mit dem Besuch Präsident Nixons im Mai 1972 in Moskau und der Unterzeichnung der SALT-Abkommen fanden. Washington war besonders darauf bedacht, in allen Fragen der militärischen Sicherheit – noch stärker als in europäischen Angelegenheiten – die Fäden in der Hand zu behalten und negative Präjudizierungen zu verhindern. Bei der Vorbereitung einer gemeinsamen Verhandlungsposition für die MBFR-Verhandlungen zeigte sich, daß die Bundesregierung in Bonn keine Schrittmacherrolle bei einer noch nicht geklärten oder abweichenden amerikanischen Interessenlage übernehmen konnte, während dies bei der KSZE durchaus möglich war, weil die USA diese Veranstaltung als wenig relevant für ihre eigenen Sicherheitsinteressen ansahen.
Als Schlüssel für den Versuch, Ost- und Westpolitik fugenlos aneinander zu passen, erwiesen sich die deutsch-amerikanischen Beziehungen. Voraussetzung war, daß der außenpolitische Zielkatalog Bonns und Washingtons hinreichend ähnlich bzw. kompatibel war und die Abstimmungsprozesse zwischen den beiden Hauptstädten sich dicht und vertrauensvoll gestalteten. Der mißglückte Versuch Kissingers, über eine »Year of Europe« die Bündnisbeziehungen auch formal enger zu knüpfen, ist dafür kein Gegenbeleg.[18] Bei seiner Initiative übersah der amerikanische Außenminister vielmehr, daß die Bundesrepublik über besonders enge und vertrauensvolle Beziehungen zu Frankreich verfügte und nicht in einen Ausbau der atlantischen Strukturen einwilligen konnte, wenn sie dies in einen offenen Gegensatz zu ihren westlichen Nachbarn gebracht und die europäische Zusammenarbeit beeinträchtigt hätte.

18 Vgl. die Rede von Sicherheitsberater Henry Kissinger auf dem Jahresessen von Associated Press am 23. 4. 1973 in New York über die Europa-Politik der Vereinigten Staaten, in: EA 10/1973, S. D 220–225; zu den Motiven des »Year of Europe«-Vorschlages vgl. Kissinger, Years of Upheaval, a.a.O., S. 128 ff., S. 700 ff.; zu seinem Schicksal vgl. Andrew J. Pierre, Was wird aus dem »Jahr Europas«? In: EA 5/1974, S. 131–141; Jörg Kastl, Das Atlantische Bündnis nach dem »Jahr Europas«. Krise oder Neubeginn? In: EA 17/1974, S. 589–596.

5. *Ökonomische Dimensionen der Sicherheit*

Unter dem »Ölschock« im Gefolge des Yom-Kippur-Krieges von 1973 und der dadurch ausgelösten Energiekrise erhielt die Sicherheitspolitik Mitte der siebziger Jahre eine weitere Dimension: die Sicherstellung der Versorgung der westlichen Industriestaaten mit den für ihre Wirtschaft erforderlichen Rohstoffen. Auf diese Herausforderung reagierten die Vereinigten Staaten und Westeuropa unterschiedlich. Die USA, die nur zu einem relativ geringen Prozentsatz ihres Gesamtenergiebedarfs auf Importe angewiesen waren, wollten auf den Druck der OPEC-Staaten mit Gegendruck reagieren und forderten ihre Partner im Westen zu einem solidarischen Verhalten auf, während die Westeuropäer aufgrund ihrer Abhängigkeit von den Öleinfuhren aus den Staaten des Nahen Ostens den Dialog mit der arabischen Welt zu intensivieren suchten. Beide, Westeuropäer und Amerikaner, stellten auf ihre Weise einen Zusammenhang zwischen den Problemen der Energieversorgung und der Sicherheit im engeren Sinne her. Die Westeuropäer sahen in der Verwundbarkeit ihrer Volkswirtschaften eine Gefahr für ihre politische Stabilität und fürchteten darüber hinaus, daß ein Konflikt an der Peripherie sich zu einem nuklearen Weltenbrand entwickeln könnte, in den Europa hineingezogen würde. Sie maßen daher dem Europäisch-Arabischen Dialog einen hohen Stellenwert zu und waren bereit, zugunsten eines Interessenausgleichs mit den arabischen Staaten ihre bisherige Unterstützung Israels zu relativieren.

Die Vereinigten Staaten betonten demgegenüber, daß beide Komplexe, Sicherheit und Energie, so eng miteinander verknüpft waren, daß sie auch nur gemeinsam inhaltlich und prozedural behandelt werden könnten. Sie forderten daher die anderen Industriestaaten zur Bildung eines »Gegenkartells« zur OPEC auf und verstärkten gleichzeitig ihre Unterstützung für Israel. Das Ergebnis dieser unterschiedlichen Vorstellungen war eine Krise in den europäisch-amerikanischen Beziehungen. Die Bundesrepublik fand sich in einen Prioritätenkonflikt zwischen ihren europäischen Interessen und ihrer atlantischen Solidarität verwickelt.[19] Es gelang zwar,

19 Für eine Darstellung des Nahost-Konflikts und seines Zusammenhangs mit der Krise in den europäisch-amerikanischen Beziehungen vgl. Kissinger, Years of Upheaval, a.a.O., S. 854 ff.; zum Europäisch-Arabischen Dialog vgl. Udo Steinbach, Die Europäische Gemeinschaft und die Arabischen Staaten, in: Karl Kaiser und Udo Steinbach (Hrsg.), Deutsch-Arabische Beziehungen. Bestimmungsfaktoren und Probleme einer Neuorientierung, München und Wien 1981, S. 185–204; zur Politik der Bundesrepublik vgl. Frie-

die beschädigten atlantischen Beziehungen wieder zu reparieren, aber nicht, ein gemeinsames Konzept wirtschaftlicher Sicherheit und adäquate Problemlösungsstrategien im atlantischen Kontext zu entwickeln.[20] Das Fehlen einer gemeinsamen Problemsicht und geeigneter Abstimmungsweisen beeinträchtigte auch in der Folge die europäisch-amerikanischen Beziehungen und führte besonders im Fall der Bundesrepublik zu Prioritätenkonflikten zwischen wirtschaftlichen Interessen und sicherheitspolitisch bedingten Rücksichten auf die Vereinigten Staaten. Ein Beispiel war der nach dem Streit um das »Brasilien-Geschäft« ausgesprochene Verzicht Bonns, keine sensitiven Nukleartechnologien an Staaten zu liefern, die sich nicht umfassenden Sicherheitskontrollen unterworfen hatten.[21] Zur Krise spitzte sich jedoch die unterschiedliche sicherheitspolitische Bewertung wirtschaftlicher Interessen Anfang der achtziger Jahre im Fall des westeuropäisch-sowjetischen Erdgas-Röhrengeschäftes zu. Während die Bundesrepublik und ihre westeuropäischen Partner dieses primär unter Energieversorgungs- und Außenhandels- sowie Arbeitsmarktgesichtspunkten sahen, fürchteten die Vereinigten Staaten, daß sich die Europäer in eine zu große Rohstoff-Abhängigkeit von der Sowjetunion begeben würden (in diesem Fall auf dem Erdgassektor), die Moskau politisch ausnutzen könnte. Im Zuge einer Wiederbelebung der Politik des »containment« versuchte die Reagan-Administration, der Sowjetunion den Zugang zu westlichen Technologien und Devisen zu verweigern, von denen sie annahm, sie kämen primär dem sowjetischen Militärapparat zugute. Das Erdgas-Röhrengeschäft wollte sie in der Weise verhindern, daß sie allen amerikanischen Firmen und ihren ausländischen

demann Büttner und Peter Hünseler, Die politischen Beziehungen zwischen der Bundesrepublik Deutschland und den arabischen Staaten, ebenda, S. 109–152; zur Internationalen Energieagentur als Ergebnis der Bemühungen um eine engere Abstimmung zwischen den westlichen Industriestaaten vgl. Peter Roggen. Die Internationale Energie Agentur. Energiepolitik und wirtschaftliche Sicherheit, Bonn 1976.

20 Für die Zusammenhänge zwischen Energie und Sicherheit aus der Sicht der Bundesrepublik vgl. u. a. Helmut Schmidt, Politische und wirtschaftliche Aspekte der westlichen Sicherheit. Vortrag des Bundeskanzlers am 28. 10. 1977 in London (Alastair Buchan Memorial Lecture), in: Bulletin, Nr. 112, 8. 11. 1977, S. 1013–1020.

21 Zum »Brasilien-Geschäft«, d. h. der Lieferung eines kompletten nuklearen Brennstoffkreislaufes durch Firmen der Bundesgepublik an Brasilien, vgl. Lothar Wilker, Das Brasilien-Geschäft – Ein »diplomatischer Betriebsunfall«? In: Helga Haftendorn, Wolf-Dieter Karl, Joachim Krause, Lothar Wilker (Hrsg.), Verwaltete Außenpolitik. Sicherheits- und entspannungspolitische Entscheidungsprozesse in Bonn, Köln 1978, S. 191–208; Helga Haftendorn, The Nuclear Triangle: Washington, Bonn and Brasilia. National Nuclear Policies and International Proliferation, Washington 1978 (Georgetown University Occasional Paper, Nr. 2).

Töchtern eine Mitarbeit als Zulieferer oder Lizenzgeber untersagte. Ihre Absicht war es auch, die Sowjetunion damit stellvertretend für das polnische Militärregime zu bestrafen.

Über den aktuellen Konflikt hinaus, der eine nachhaltige Belastung der europäisch-amerikanischen Beziehungen bewirkte, wurde anhand der Einstellung zum Ost-West-Handel ein fundamental unterschiedliches Verständnis von wirtschaftlicher Sicherheit auf beiden Seiten des Atlantik deutlich. Die Vereinigten Staaten ordneten in diesem Fall wirtschaftliche Gesichtspunkte (mit Ausnahme der eigenen Getreidelieferungen an die Sowjetunion!) ebenso wie Rücksichten auf die Verbündeten dem politischen und militärischen Gegensatz zur Sowjetunion unter. Die Westeuropäer meinten dagegen, wirtschaftliche von militärischen Interessen trennen zu können. Aus ihrer Sicht war das Erdgas-Röhrengeschäft – über die wohltätigen Auswirkungen auf Umsatz und Beschäftigung hinaus – geeignet, ihre wirtschaftliche Sicherheit zu erhöhen, da es ihre Energieversorgung diversifizieren, d. h. weniger krisenanfällig machen würde. Zum anderen sollte Moskau über die langfristige Zusammenarbeit und die dadurch geschaffenen gegenseitigen Abhängigkeiten zu politischem Wohlverhalten veranlaßt werden.[22]

Für die Bundesrepublik potenzierte der Streit um das Erdgas-Röhrengeschäft die Zahl möglicher Prioritätenkonflikte. Sowohl die Rohstoffabhängigkeit und die Exportorientierung ihrer Wirtschaft als auch die im Rahmen der Entspannungspolitik angestrebte gegenseitige Kooperation mit der Sowjetunion sprachen für ein Festhalten an diesem Geschäft trotz amerikanischer Bedenken, während sie aufgrund der engen Verkoppelung ihrer Verteidigungspolitik mit derjenigen der Vereinigten Staaten anfällig war für Drohgebärden aus Washington und z. B. eine Reduzierung der amerikanischen Streitkräfte in der Bundesrepublik aus einer Reihe von sicherheitspolitischen Erwägungen nicht riskieren wollte. Im Vergleich zu 1962, als sich die Bundesrepublik dem von den Vereinigten Staaten verhängten Röhrenembargo ohne größeres Zögern anschloß, zeigt die Beilegung der Krise von 1982, die im wesentlichen durch ein Einlenken Washingtons erfolgte, eine beträchtlich gewachsene Durchsetzungsfähigkeit

22 Zum Erdgas-Röhrengeschäft vgl. Harald Müller und Reinhard Rode, Osthandel oder Wirtschaftskrieg? Die USA und das Gas-Röhren-Geschäft, Frankfurt 1982; Hans Maull, Erdgas und wirtschaftliche Sicherheit. Zukunftsprobleme für die Bundesrepublik und den Westen, Bonn 1981 (Arbeitspapiere zur Internationalen Politik, Nr. 17, des FI der DGAP); Wolfgang Hoffmann, Ein Kampf mit stumpfen Waffen. Boykott gegen die UdSSR, in: ZEIT, 8. 1. 1982.

Bonns gegenüber Washington, die allerdings durch die Unterstützung der westeuropäischen Partner abgesichert war. In diesem Konflikt – und nicht nur dort! – zeigte sich die Bedeutung der »rélance Européenne« für den außenpolitischen Handlungsspielraum der Bundesrepublik.

6. *Politik des Gleichgewichts*

Der Streit um das Erdgas-Röhrengeschäft spiegelte darüber hinaus ein Auseinanderdriften der Ziele und Inhalte der Entspannungspolitik einerseits und der Verteidigungspolitik andererseits sowie deren unterschiedliche Bewertung durch Washington und Bonn wider. In den Vereinigten Staaten waren seit dem Yom-Kippur-Krieg die Zweifel gewachsen, ob die Entspannungspolitik die Sowjetunion wirklich zu dem Maß an Zurückhaltung in Krisensituationen und in der Rüstungspolitik veranlaßte, von dem sich die Architekten dieser Politik hatten leiten lassen. Hinzu kam, daß die Détente-Politik in zunehmendem Maße in die innenpolitische Auseinandersetzung in den USA hineingezogen wurde und selbst für einen so geschickten Politiker wie Kissinger nicht mehr voll kontrollierbar war – so im Fall des amerikanisch-sowjetischen Handelsabkommens, das vom Kongreß im Jackson-Vanik-Amendment mit der Frage der jüdischen Auswanderung aus der Sowjetunion verknüpft worden war. Allmählich, ohne daß dies in Europa in seiner Bedeutung voll wahrgenommen wurde, hatte sich dort die Einschätzung der Möglichkeiten einer Zusammenarbeit mit der Sowjetunion gewandelt. Es bedurfte nur noch des Anlasses der sowjetischen Invasion in Afghanistan – die vor dem Hintergrund der internationalen Demütigung der USA durch die Geiselnahme ihrer Diplomaten in Teheran erfolgte – um die Vereinigten Staaten auf den Kurs einer neuen Containment-Politik gegenüber der Sowjetunion einschwenken zu lassen.[23] Die Verstärkung der eigenen Verteidi-

23 Für den Weg der USA von der Détente-Politik zu einer Wiederbelebung der Eindämmungspolitik vgl. Kissinger, Years of Upheaval, a.a.O., S. 979 ff.; Gebhard Schweigler, Von Kissinger zu Carter. Entspannung im Widerstreit von Innen- und Außenpolitik 1969–71, München und Wien 1982; ders., Europa, Amerika und die Entspannung, in: Aus Politik und Zeitgeschichte, B 28/82, 17. 7. 1982, S. 3–14; Robert E. Osgood, The Revitalization of Containment, in: FA, Bd. 60, Nr. 3 (Frühjahr 1982), S. 465–502; William G. Hyland, Soviet American Relations: A New Cold War? Santa Monica 1981 (RAND-Studie).

gungsanstrengungen hatte für die Vereinigten Staaten im Rahmen dieser Politik eine doppelte Funktion: sie sollte einmal Lücken im amerikanischen Abschreckungs- und Verteidigungsspektrum, insbesondere das sog. »window of vulnerability«, die Verwundbarkeit der landgestützten ICBM-Raketen, schließen; zum anderen sollte es an den USA ein politisches Instrument in die Hand geben, das es ihnen erlauben würde, sowjetischen Vorstößen in den verschiedenen Teilen der Welt wirksam entgegentreten sowie Verhandlungen mit Moskau aus einer Position der Stärke heraus führen zu können. Dem ehemaligen Außenminister Kissinger fiel die Aufgabe zu, in einer vielbeachteten Rede zum 30. Jahrestag der NATO mit dem Alarmruf: »Deterrence is dead« die Europäer aus ihrer nörgelnden Selbstzufriedenheit aufzuschrecken und zu größeren Verteidigungsanstrengungen, vor allem im Mittelstreckenbereich, aufzufordern.[24]

Die Reagan-Administration unterschied sich von ihren Vorgängerinnen im wesentlichen durch eine starke Rhetorik, die an die verletzten nationalen Gefühle der Amerikaner appellierte und ihre Selbstachtung nach Vietnam, Watergate und der Geiselaffäre wieder stärken wollte, und zum anderen durch eine – nahezu ausschließliche – Ausrichtung ihres außenpolitischen Handelns auf den Ost-West-Konflikt.[25] Allerdings mußte auch sie die Erfahrung machen, daß ihr außenpolitischer Handlungsspielraum von gegenläufigen innenpolitischen Entwicklungen eingeengt wurde. Vor allem konnte sie den Verteidigungshaushalt nicht in der von ihr angestrebten Höhe aufstocken und das MX-Programm in der vorgesehenen Weise im Kongreß durchsetzen. Verantwortlich dafür – und den damit einhergehenden Umschwung in der öffentlichen Meinung – waren zum einen wirtschaftliche Probleme, vor allem die Rezession und das Haushaltsdefizit, zum anderen das Entstehen einer antinuklearen Bewegung, die sich zu-

24 Vgl. Henry A. Kissinger, NATO. The Next Thirty Years, in: Survival, Nr. 6, S. 264–268 (bei diesem Text handelte es sich um die »gereinigte« Fassung der Rede, die der ehemalige Außenminister am 1. 9. 1979 in Brüssel hielt); ferner McGeorge Bundy, Strategic Deterrence Thirty Years Later: What Has Changed? In: The Future of Strategic Deterrence, Part I, London 1980 (Adelphi Papers, Nr. 160).

25 Zur sicherheitspolitischen Programmatik der Reagan-Administration vgl. W. Scott Thompson (Hrsg.), National Security in the 1980's: From Weakness to Strength, San Francisco, Ca. 1980; s. a. meine Besprechung dieses Buches: Helga Haftendorn, Zurück zur Politik der Stärke? Amerikas globale Strategie, in: FAZ, 20. 1. 1981. Zur Politik gegenüber der Sowjetunion vgl. Richard Pipes, U.S.-Soviet Relations in the Era of Détente, Boulder, Col., 1981. Für eine Umsetzung der Programmatik in politische Strategien und Programme vgl. die »State of the Union«-Botschaft von Präsident Reagan vom 26. 1. 1982, in: WB, 27. 1. 1982; ferner den Jahresbericht von Verteidigungsminister Caspar W. Weinberger vom 8. 2. 1982, in: EA 15/1982, S. D. 355–384.

nächst gegen die Stationisierung der MX-Raketen in verbunkerten Stellungen in Utah und Nevada wandte und dann für ein allgemeines Einfrieren der nuklearen Rüstungen einsetzte. Präsident Reagan reagierte auf diese Entwicklung, indem er wieder einen – zumindest argumentativen – Zusammenhang zwischen Rüstungsentscheidungen und Abrüstungsbemühungen herstellte.[26]

Von ihren Verbündeten erwartete die Reagan-Administration, daß diese ihre Sicht der Weltprobleme teilten und die Vereinigten Staaten in ihren Bemühungen um eine Eindämmung des sowjetischen Einflusses unterstützten. Sie sollten sich fügen, andernfalls würden die USA einseitig vorgehen. Erst allmählich begann Washington einzusehen, daß es in vielen Fällen entweder nicht über die Machtmittel verfügte, um die Partner wieder in Reih und Glied einschwenken zu lassen, oder daß ihre Kooperation im wohlverstandenen eigenen amerikanischen Interesse war. Die Aufhebung der Handelssanktionen gegen die Sowjetunion, die sich beim Erdgas-Röhrengeschäft vor allem gegen die Westeuropäer gerichtet hatten, erfolgte, weil die eigene Wirtschaft meuterte. Bei der Raketenrüstung im Mittelstreckenbereich hielten die Europäer eine Trumpfkarte in der Hand: die Implementierung des NATO-Doppelbeschlusses. Sie konnten daher ihren Einfluß für die Wiederaufnahme des Rüstungskontrolldialoges geltend machen.

Die Veränderungen in den Ost-West-Beziehungen auf globaler Ebene betrafen die Bundesrepublik in besonderer Weise; sie aktualisierten vor allem den Prioritätenkonflikt zwischen Bündnis- und Entspannungspolitik. Bonn reagierte auf die sowjetische Intervention in Afghanistan in der Weise, daß sie diese zu entdramatisieren und als Ost-Süd-, nicht aber als Ost-West-Konflikt darzustellen suchte, während die Vereinigten Staaten ihn benutzten, um in der Art einer Ersatzhandlung das zu tun, was sie gerne gegenüber dem Iran getan hätten: Flagge zu zeigen und Stärke zu demonstrieren. In der Absicht, die in Mitteleuropa erreichte Entspannung zu erhalten, suchte die Bundesregierung die Kooperation mit den mittel- und osteuropäischen Staaten fortzusetzen, insbesondere mit der DDR, solange dies die Entwicklung in Polen zuließ. Die Verhängung des Kriegsrechtes in Polen im Dezember 1981 ebenso wie die ein Jahr zuvor von den Behörden der DDR verfügte Erhöhung des Mindestumtauschsatzes für

26 Vgl. die Rede von Präsident Reagan vom 22. 11. 1982 über die Nuklearstrategie der Vereinigten Staaten gegenüber der Sowjetunion und zur Einführung des MX-Raketensystems, in: NYT, 23. 11. 1982; ferner Steven R. Weisman, President Plans to Deploy MX in an »Dense Pack« in Wyoming. Seeks Arms Pacts with Soviet, ebenda.

Besuche in Ostberlin und in der DDR zeigte jedoch, daß die Entspannung nicht »teilbar«, sondern die europäische Entwicklung in vielfältiger Weise mit den globalen Ost-West-Beziehungen verflochten war.

Die Verschlechterung der Ost-West-Beziehungen kam für viele in der Bundesrepublik als ein Schock. Die einen reagierten mit einer Mischung von Entrüstung und Rechthaberei (nach dem Motto: wir haben schon immer vor Illusionen gewarnt), die anderen mit Betroffenheit oder Kritik an beiden Großmächten, die für die Verschlechterung der Ost-West-Beziehungen verantwortlich gemacht wurden.[27] Daraus wurde die Forderung abgeleitet, die Bundesrepublik müßte sich in stärkerem Maße von den Großmächten emanzipieren und eine eigenständigere, europäische Politik verfolgen.[28]

Die Bundesregierung bemühte sich ihrerseits, eine Politik der Schadensbegrenzung zu treiben, die aber nicht sehr wirkungsvoll war: so sprach sie sich zunächst gegen Boykottmaßnahmen aus, lenkte dann jedoch ein und beteiligte sich an der Seite der USA am Olympia-Boykott. Vor allem versuchte sie, ihren Einfluß in Washington wie auch ihre Kontakte zu Moskau zu benutzen, um die abgerissenen Gesprächsfäden wieder zu knüpfen. Wenn sich Bundeskanzler Schmidt dabei in der Rolle eines »Dolmetschers« zwischen Washington und Moskau versuchte, dann nicht als unparteiischer Neutraler,[29] sondern als loyaler Verbündeter der Vereinigten Staaten, der sich als Vertreter eines Landes zu Wort meldete, das sich aufgrund seiner exponierten geographischen Lage und seiner politischen Interessen in besonderem Maße bedroht fühlte.

Konnte Bonn jedoch Mittler zwischen den immer unvereinbar erscheinen-

27 Zur Reaktion in der Bundesrepublik auf die Verschlechterung in den Ost-West-Beziehungen als Folge der sowjetischen Intervention in Afghanistan vgl. Wolfgang Wagner, Das Ost-West-Verhältnis nach der sowjetischen Intervention in Afghanistan. Die Eskalation der Enttäuschungen in der Periode der Détente, in: EA 5/1980, S. 135–146; Helga Haftendorn, L'Allemagne fédérale et les paradoxes de la sécurité, in: Pierre Lellouche (Hrsg.), La sécurité de l'Europe dans les années 80. Les relations Est-Quest et le théatre Européen, Paris 1980, S. 197–212; Manfred Görtemaker, Afghanistan und die Entspannungspolitik, in: Osteuropa, H. 6, 1980, S. 469–480; Hans-Peter Schwarz, Das Ende aller Sicherheit. Die Weltpolitik nach dem Überfall auf Afghanistan, in: Die Politische Meinung, Jg. 25, H. 188 (Januar/Februar 1980); Peter Bender, Zwei neurotische Riesen. Am Beginn der großen Weltkrise? In: Merkur, H. 6, 1980, S. 529–541.

28 Für die Forderung nach einer größeren europäischen Rolle in der Weltpolitik vgl. Peter Bender, Das Ende des ideologischen Zeitalters. Die Europäisierung Europas, Berlin 1981; Günter Gaus, Der Westen, Polen und der Kreml. Ein Plädoyer für die Entspannungspolitik, in: ZEIT, 22. 1. 1982; Egon Bahr, Europa in der Globalität, in: Merkur, H. 8, 1981, S. 765–771.

29 Vgl. J. B. (Jürgen Bölkow), Dolmetscher oder »dritter Mann«? In: Tsp., 29. 11. 1981.

den Zielsetzungen von Verteidigungspolitik und Entspannungswillen sein? Beim NATO-Doppelbeschluß vom Dezember 1979 unternahm es diesen Versuch, und zwar mit Erfolg. Damals, unmittelbar vor der sowjetischen Intervention in Afghanistan, hatten die NATO-Partner beschlossen, der wachsenden sowjetischen Bedrohung auf dem Gebiet nuklearer Mittelstreckenraketen durch die Stationierung weitreichender amerikanischer Nuklearwaffen (LRTNF) in Westeuropa zu begegnen und damit die Glaubwürdigkeit der amerikanischen Abschreckungsdrohung zu verstärken. Gleichzeitig wurde Moskau jedoch zu Verhandlungen über eine Rüstungsbeschränkung im INF-Bereich aufgefordert und angeboten, auf die Implementierung des Nachrüstungsbeschlusses zu verzichten, wenn die Sowjetunion ihrerseits ihre auf Westeuropa zielenden Mittelstreckensysteme, insbesondere die neuen SS-20-Raketen, abbauen würde.
Der NATO-Doppelbeschluß war ein Signal westlicher Entschlossenheit, die sowjetische Aufrüstung nicht länger tatenlos hinzunehmen; gleichzeitig gab das Verhandlungsangebot eine Möglichkeit, die Bereitschaft der NATO zur Rüstungsbeschränkung unter Beweis zu stellen. Sein Zusammenfallen mit der Krise in den Ost-West-Beziehungen nach Afghanistan und mit dem Regierungswechsel in den Vereinigten Staaten sowie dem damit verbundenen Rechtsruck in den USA einerseits, und die in den westeuropäischen Ländern nicht zuletzt als Folge des Schocks über den Kollaps der Entspannungspolitik entstehende Friedensbewegung andererseits, führten jedoch dazu, Ernsthaftigkeit und Glaubwürdigkeit von Verhandlungsangebot und Rüstungsentscheidung in Zweifel zu ziehen. Die Bundesrepublik, deren Priorität Verhandlungen mit dem Ergebnis einer Beschränkung der sowjetischen Mittelstreckenwaffensysteme gewesen war, geriet in die paradoxe Situation, sich als Vorkämpfer für den NATO-Beschluß präsentieren und an diesem unter allen Umständen festhalten zu müssen, wenn sie sich nicht dem Vorwurf mangelnder Verteidigungsbereitschaft aussetzen wollte. Die Vereinigten Staaten, deren primäres Interesse die Modernisierung ihres taktischen Nuklearwaffenpotentials war, mußten sich unter dem Druck ihrer Verbündeten zu Verhandlungen mit dem erklärten Ziel einer »Null-Lösung« bei den Mittelstreckenwaffen und signifikanten Reduzierungen bei den strategischen Waffensystemen bereit erklären. Diese Dynamik – oder der Zwang zur Berücksichtigung bündnispolitischer Interessen – übte in beiden Richtungen einen hohen Anpassungsdruck aus.[30]

30 Zur Diskussion über den NATO-Doppelbeschluß und seine Implementierung vgl. oben, Kap. III; ferner Peter Corterier, Modernization of Theatre Nuclear Forces and Arms

Für die Bundesrepublik zeigten sich in der Krise der europäisch-amerikanischen Beziehungen über die Entspannungspolitik die Grenzen ihres Handlungsspielraums. Der Versuch, die Entfremdung zwischen den Weltmächten zu überbrücken, setzte sie im Westen dem Verdacht aus, sie wollte – als Ergebnis sowjetischer Einschüchterungsversuche – ihre Bündnisbeziehungen lockern und strebte eine unabhängigere Rolle im Verhältnis zu den Vereinigten Staaten an. Diese Verdächtigungen, die von dem Sicherheitsberater Präsident Carters, Zbigniew Brzezinski, auf den Begriff der »Selbstfinnlandisierung« gebracht wurden, erhielten durch das fortgesetzte sowjetische Liebeswerben um Bonn neue Nahrung.[31]
Hatten zuvor die Europäer Zweifel an der Glaubwürdigkeit des strategischen Schutzes durch die USA geäußert, den sie durch die Kombination von politischer Führungslosigkeit und politischer Verwundbarkeit gefährdet sahen, so zweifelten nunmehr die Amerikaner daran, ob die Europäer noch voll zu ihren Bündnisverpflichtungen stehen würden. Zentrales Interesse der Bundesrepublik war es jedoch, weder das für ihren militärischen Rückhalt lebenswichtige Bündnis zu schwächen, noch die Früchte der mit der Ostpolitik erkauften Entspannung in Mitteleuropa aufs Spiel zu setzen. Die Klammer zwischen beiden Zielen bildete der Rückgriff auf das Harmel-Konzept von 1967, auf das auch die anderen Bündnispartner erneut verpflichtet werden sollten. Damals waren Verteidigungsfähigkeit und Verhandlungsbereitschaft zu den zwei Säulen der atlantischen Politik erklärt worden. Allerdings hatte dieses Konzept im Laufe der Zeit eine Begriffsveränderung erfahren. Zunächst war es Anfang der siebziger Jahre auf die Formel »Sicherheit und Entspannung« ausgeweitet worden, zehn Jahre später wurde das Ziel qualifiziert als »wirkliche Entspannung« und der Weg dorthin auf Verhandlungen über Rüstungskontrolle und Abrüstung eingeengt.[32] Auch seine eigene Rolle sah das Bündnis nunmehr

Control, in: NATO-Letter, Nr. 4, 1981, S. 4–9; Friedrich Ruth, Sicherheitspolitik der NATO: Abschreckung und Rüstungskontrolle, in: EA 5/1982, S. 135–144; John Newhouse, Arms and Orthodoxy (A Reporter At Large), in: The New Yorker, 7. 6. 1982.

31 Für eine repräsentative, wenn auch nicht allzu informierte Artikulation derartiger Vorbehalte gegenüber der Bundesrepublik vgl. Michael M. Harrison, Eastward-Prone West Germany Worries Americans, in: IHT, 27. 7. 1982; zur sowjetischen Westpolitik vgl. Gerhard Wettig, Die Bundesrepublik Deutschland als Faktor der sowjetischen Westpolitik, in: Beiträge zur Konfliktforschung, H. 2, 1982, S. 45–71. Den Handlungsspielraum der Bundesrepublik überschätzt dagegen Philip Windsor, Germany and the Western Alliance: Lessons from the 1980 Crisis, London 1981 (Adelphi Papers, Nr. 170).

32 Vgl. das Kommuniqué über die Tagung des NATO-Ministerrates am 17. und 18. 5. 1982 in Luxemburg, in: EA 14/1982, S. D 336–339; Erklärung der Staats- und Regierungschefs der NATO vom 10. 6. 1982 (Bonner Erklärung) sowie Dokument über

bescheidener. Anstelle des Ziels, einen »gerechten und dauerhaften Frieden in Europa«[33] zu verwirklichen, wollte es nun lediglich internationale Stabilität wiederherstellen und auf ihrer Grundlage ein konstruktiveres Ost-West-Verhältnis erreichen.

Von der Öffentlichkeit wenig bemerkt, hatte die politische Führung der Bundesrepublik bereits Mitte der siebziger Jahre, mit dem Wechsel von Brandt zu Schmidt, begonnen, den mit dem Begriff einer »europäischen Friedensordnung« umschriebenen Zielhorizont zurückzunehmen zugunsten einer Politik des Gleichgewichts. Frieden wurde nicht mehr als Ergebnis einer Veränderung der bestehenden Sicherheitsstrukturen, sondern im Gegenteil, in ihrer Stabilisierung gesehen. Diese Politik setzte nicht so sehr Mut und Phantasie, als vielmehr Glaubwürdigkeit und Berechenbarkeit voraus. Diese Kursberichtigung trug zum einen den reduzierten Erwartungen hinsichtlich der Entwicklung der Ost-West-Beziehungen Rechnung, die auch weiterhin von dem macht- und gesellschaftspolitischen Gegensatz geprägt sein würden, wie sie auch Ausdruck der unterschiedlichen politischen Vorstellungswelt Helmut Schmidts war, in der das Konzept des Gleichgewichts seit langem eine zentrale Rolle spielte.[34]

Die »Politik des Gleichgewichts« hatte den Vorzug, mit den Erfordernissen militärischer Sicherheit voll kompatibel zu sein, da sich in diese sowohl die politische Forderung nach Erhaltung bzw. Wiederherstellung eines ausgeglichenen militärischen Kräfteverhältnisses als auch die Strategie des Gegenschlages einordnen ließ. Von ihrer Anlage her warf sie also keine Zielkonflikte mit den Bündnispartnern auf, sie war vielmehr darauf angelegt, solche zu vermeiden. (Die sicherheitspolitische Debatte im Bündnis sollte daher nicht der von Schmidt propagierten »Politik des Gleichgewichts« angelastet werden.) Die Gefahr dieses relativ statischen Konzeptes bestand darin, daß es als Vorwand zum Verzicht auf eigene po-

Abrüstung und Rüstungskontrolle, in: EA 14/1982, S. D 342–346; ferner Erklärung der Bundesregierung zu aktuellen Fragen der Sicherheitspolitik vom 31. 3. 1982, in: Bulletin, Nr. 30, 3. 4. 1982, S. 233–234.

33 Vgl. das Kommuniqué über die Sitzung des NATO-Ministerrates am 9. und 10. 12. 1971 in Brüssel, in: EA 4/1972, S. D 98–103.

34 Für das von Helmut Schmidt entwickelte Konzept einer »Strategie des Gleichgewichts« vgl. die Rede des Bundeskanzlers vor der Sondergeneralversammlung der Vereinten Nationen am 26. 5. 1978 in New York, in: Vereinte Nationen, H. 3, 1978, S. 91–94. Dieses Konzept ist bereits angelegt in seinem 1969 erschienenen Buch, Strategie des Gleichgewichts. Deutsche Friedenspolitik und die Weltmächte, Stuttgart, 1969. Vgl. ferner J. B. (Jürgen Bölkow), Schmidts drei Maßstäbe, in: Tsp., 7. 10. 1979, unter Bezug auf ein Interview Schmidts, in: The Economist, 29. 9. 1979 und 6. 10. 1979, S. 47–50 bzw. 47–55; ferner auch die Rede von Außenminister Genscher am 25. 7. 1975 in der KSZE-Debatte des Bundestages, in: DBT/VII/193, S. 12797–12803 bzw. 12869–12871.

litische Initiativen genutzt werden konnte - wozu einige Vertreter des Auswärtigen Amtes neigten - und daß es keine Antworten auf die Zukunft der deutschen Frage gab. Es war daher sicher kein Zufall, daß Männer wie Bahr und Gaus sich mit dieser die Phantasie wenig beflügelnden Politik des Gleichgewichts nicht zufrieden gaben, sondern über alternative Sicherheitskonzepte nachzudenken begannen, die explizit Lösungsmöglichkeiten für die deutsche Frage einbezogen.[35] Allerdings wurde bei der Kritik häufig übersehen, daß Gleichgewicht ja kein Ziel an sich war, vielmehr eine Methode darstellte, mit der der Frieden in Europa in einer schwierigen Übergangszeit erhalten werden sollte. Die Maxime des Gleichgewichtskonzeptes konnte daher eine geeignete Strategie für eine aufgrund historischer Bedingungen, geographischer Lage und politischen Verzichtes in ihrem Handlungsspielraum eingeschränkte »große Mittelmacht« sein.[36]

7. *Autonomie und Handlungsspielraum bundesdeutscher Außenpolitik*

Der knappe Überblick über die Entwicklung der Außenpolitik der Bundesrepublik zeigt, daß diese in hohem Maße Produkt ihrer Entstehungsbedingungen und ihrer Verflechtung in das internationale System war, und daher nur über eine begrenzte Autonomie der außenpolitischen Problemdefinition verfügte. Mit der Grundentscheidung zur Akzeptanz ihrer Existenz als eng mit den westlichen Demokratien verbundenes Staatswesen, die 1954/55 in den Bonner und Pariser Verträgen festgeschrieben wurde, akzeptierte die Bundesrepublik auch die Hierarchie ihrer außenpolitischen Ziele: Sicherheit durch atlantische Bindung, wirtschaftlicher Wohlstand durch Westintegration, Zurückstellung einer Lösung der nationalen Frage. In den nahezu 35 Jahren ihrer staatlichen Existenz haben

35 Vgl. Egon Bahr, Gemeinsame Sicherheit. Gedanken zur Entschärfung der nuklearen Konfrontation in Europa, in: EA 14/1982, S. 421–430; Günter Gaus, Friedenspolitik für Deutschland. Rede auf dem Berliner SPD-Parteitag am 7. 11. 1981, in: Beilage zur Berliner Stimme, Nr. 46, 12. 11. 1981.

36 Zur Rolle der Bundesrepublik in Europa, in der Allianz und im globalen System vgl. Ernst-Otto Czempiel, Die Bundesrepublik - eine heimliche Großmacht? In: Aus Politik und Zeitgeschichte, B 26/79, 30. 6. 1979, S. 3–19; Fritz Stern, Germany in a Semi-Gaullist Europe, in: FA, Bd. 58, Nr. 4 (Frühjahr 1980) S. 867–886; Wolfram F. Hanrieder, Germany as Number Two? In: International Studies Quarterly, Bd. 26, Nr. 1, S. 57–86.

sich an diesem Zielkatalog keine Änderungen ergeben, wohl aber die Bedeutungsinhalte und Methoden zu ihrer Gewährleistung gewandelt.
Die größte Veränderung ergab sich in der deutschen Frage. Dort hatte die Politik der Bundesrepublik das ganze Spektrum von aktiver Hoffnung auf Wiedervereinigung als Ergebnis einer Freigabe der sowjetisch besetzten Zone durch die Sowjetunion, über das Offenhalten der deutschen Frage bis zum Modus vivendi auf der Grundlage des Status quo bei gleichzeitiger staatlicher Anerkennung des zweiten deutschen Staates durchlaufen. Sie hat gegenwärtig eine neue Phase phantasievollen, wenn auch politisch irrelevanten Nachdenkens über deutsche Identität erreicht.[37]
Bis Mitte der sechziger Jahre waren Positionsänderungen – verspätete – Anpassungsleistungen an gewandelte Positionen der Partner und veränderte internationale Strukturen. Erst 1969, und zwar als Ergebnis eines innenpolitischen »Machtwechsels« (Baring) trat die erste signifikante, nicht außengeleitete Änderung ein: der Entschluß, Entspannungspolitik mit der Sowjetunion, den osteuropäischen Staaten und der DDR auf der Grundlage des Status quo zu betreiben. Die Architekten dieser Politik – vor allem Brandt und Bahr – hofften auf diese Weise, in langfristiger Perspektive, eine Veränderung eben dieses Status quo bewirken zu können: die Errichtung einer die bestehenden Bündnissysteme ablösenden europäischen Friedensordnung, in deren Rahmen auch eine Lösung der deutschen Frage – und zwar im Sinne einer wie auch immer beschaffenen Einheit – erreicht werden könnte. Das Bundesverfassungsgericht unterstützte aus ganz anderen, konservativen Motiven heraus ihre Ziele, indem es das Prinzip der Veränderung zum Verfassungsauftrag erhob. Die Nachfolger Brandts und Scheels – vor allem Bundeskanzler Schmidt – wollten Politik auf der Grundlage der bestehenden Realitäten betreiben und orientierten sich an der Stabilisierung des Status quo – und sahen sich mit einer aus enttäuschten Hoffnungen und Kriegsfurcht gespeisten Debatte über nationale Identität und politische Zukunft konfrontiert.
Prioritätenkonflikte zwischen Bündnis- und Sicherheitspolitik einerseits und Deutschland- und Ostpolitik andererseits waren so lange bedeutungslos, wie der Handlungsspielraum der Bundesrepublik nur soweit reichte, um den von den Westmächten – und hier vor allem von den USA – vorge-

37 Hier wäre vor allem an die Aussagen der Berliner Alternativen Liste in ihrem Wahlprogramm vom Mai 1982 zu erinnern; vgl. aber auch die intensive Diskussion über Deutschland-Politik und nationale Frage 1981/82 in der ZEIT, z. B. Egon Bahr, Die nationale Frage. Das Problem der Wiedervereinigung und die Pflicht zum Frieden, in: ZEIT, 19. 3. 1982; Günter Gaus, Ohne Schlaumeier und Schwarmgeister. Plädoyer für eine rationale deutsch-deutsche Politik, in: ZEIT, 4. 6. 1982.

zeichneten Weg aus Einsicht und nicht aus Zwang zu gehen. Dies traf vor allem für die Reaktion auf die Stalin-Noten von 1952 mit dem Angebot einer Wiedervereinigung zum Preis der Neutralisierung zu. Zum Konflikt kam es in der zweiten Hälfte der fünfziger Jahre, als die Westmächte erste Versuche unternahmen, um mit der Sowjetunion trotz der fortbestehenden machtpolitischen und ideologischen Konkurrenz zu Vereinbarungen zu kommen bzw. als sie in den sechziger Jahren Abkommen mit der Sowjetunion Vorrang vor bündnisorientierten Regelungen gaben. Konfliktzonen waren in diesem Zusammenhang das Berlin-Problem und der Nichtverbreitungsvertrag. Die dabei aufgetretenen Spannungen zwischen sicherheitspolitischen Zielen und deutschlandpolitischen Positionen waren in erster Linie außenpolitische Anpassungskonflikte, d. h. Schwierigkeiten seitens der Bundesregierungen, sich genügend flexibel an sich wandelnde Positionen ihrer Verbündeten anzupassen. Für die weitgehende Außenleitung ihres politischen Systems spricht, daß die grundlegende Änderung in der Ost- und Entspannungspolitik, die Annahme des Status quo als Grundlage für die Politik in der deutschen Frage, erfolgte, ohne von schwerwiegenden außenpolitischen Prioritätenkonflikten begleitet zu sein.

Ein außenpolitischer Prioritätenkonflikt trat jedoch auf, als die Vereinigten Staaten sich Ende der siebziger und verstärkt Anfang der achtziger Jahre von der Politik begrenzter Kooperation mit der Sowjetunion abwendeten und zu einer Eindämmungsstrategie zurückkehrten, während die Bundesrepublik an der Entspannungspolitik festzuhalten suchte.[38] Allerdings ist jetzt festzustellen, daß die Problemlösung nicht über eine – wenn auch zeitlich verzögerte – Anpassung der Bundesrepublik an die geänderte Politik ihres Hauptverbündeten erfolgte, sondern daß sie an ihrem sicherheitspolitischen Konzept – Verteidigungsfähigkeit und Verhandlungsbereitschaft – festhielt, dieses zwar etwas modifizierte, gleichzeitig aber auch Washington zur Modifikation seines Konzeptes und zu dessen Ergänzung um Elemente der Verhandlung und der Rüstungsbeschränkung veranlaßte. Aus der Sicht der Bundesrepublik waren außenpolitische Prioritätenkonflikte daher primär bündnisinterne Meinungs-

38 Dieser Prioritätenkonflikt erforderte von der Bundesregierung Überlegungen darüber, wie er gelöst werden sollte. Die Lösungsvorschläge beschränkten sich jedoch auf eine bessere Sprachregelung oder innenpolitische Instrumentierung, vgl. Außenpolitik: Feste Sprache, in: SPIEGEL, Nr. 4, 25. 1. 1982, S. 23–28; Die Allianz ist kein Instrument der USA, in: SPIEGEL, Nr. 20, 17. 5. 1982, S. 22–23; Philipp Jenninger, Ende der Gemeinsamkeit. Zur Ost- und Allianzpolitik der Koalition, in: DUD, Nr. 94, 17. 5. 1982, S. 3–6.

verschiedenheiten – vor allem im deutsch-atlantischen Verhältnis – über die Gewichtung von westlich orientierter, militärischer Sicherheitspolitik und östlich orientierter Deutschland- und Entspannungspolitik.

Während die Fähigkeit der Bundesrepublik zur Verfolgung ihrer außenpolitischen Ziele dann am größten war, wenn sich ihre Politik mit derjenigen ihrer westlichen Verbündeten in Übereinstimmung befand, ist ihr außenpolitischer Handlungsspielraum, d. h. die Fähigkeit, eigene Interessen auch gegen die Interessen anderer Staaten durchsetzen zu können, eher allmählich gewachsen. Er wuchs in dem Maße, wie es gelang, einseitige Abhängigkeit – politischer und wirtschaftlicher Art – durch gegenseitige Interdependenzen zu ersetzen. Während in der Sicherheitspolitik die augenfällige Angewiesenheit auf den strategischen Schutz durch die USA die Fähigkeit zum autonomen Handeln gering hielt, hat die Entspannungspolitik den Handspielraum dramatisch erweitert, gleichzeitig jedoch auch neue Abhängigkeiten geschaffen. Die Anerkennung des territorialen Status quo in Europa hat die Bundesrepublik von dem Zwang befreit, mit zunehmend stumpfer werdenden Instrumenten und mit dem Risiko internationaler Isolierung eine in der Intention offensive, in der Handhabung defensive und in der Wirkung erfolglose Politik gegenüber der Sowjetunion und den osteuropäischen Staaten betreiben zu müssen. Die Entspannungspolitik ermöglichte Bonn ein sehr viel höheres Maß an Flexibilität in der Ausgestaltung nicht nur ihrer Ostpolitik, sondern auch in der Westpolitik und in den Beziehungen zu Ländern der Dritten Welt. Angesichts des hohen Stellenwertes, den sie einer Fortdauer der Ost-West-Entspannung beimaß, begab sich die Bundesrepublik jedoch gleichzeitig in eine neue Abhängigkeit gegenüber der Sowjetunion, die es in der Hand hat, ihre Fortsetzung von entsprechendem Wohlverhalten seitens der Bundesrepublik abhängig zu machen. Es war eine Funktion der »Politik des Gleichgewichts«, Sicherheits- und Entspannungsinteressen gegeneinander auszubalancieren.

In der innenpolitischen Auseinandersetzung kam es dann zu Prioritätenkonflikten – vielleicht sollte man besser sagen: Grundsatzdebatten – wenn die Bundesrepublik Weggabelungen erreicht hatte und vor wirklichen oder scheinbaren Entscheidungen über ihren künftigen Weg in der Sicherheits- oder Deutschland-Politik stand: 1952–1955, ehe die Westbindung vertraglich fixiert und die Möglichkeit einer ausgehandelten Wiedervereinigung noch gegeben schien, und 1970–72, als die Ostvertragspolitik Teilung und Grenzfrage festschreiben und zugleich die westorientierte Bündnispolitik zu gefährden schien. Rückblickend wird deutlich, daß in beiden Fällen um Scheinalternativen gekämpft wurde. In den fünfziger Jahren

besaß die Bundesrepublik nicht den Handlungsspielraum, um gegen den Willen der Westmächte eine aktive Wiedervereinigungspolitik, ausgehend von den sowjetischen Vorschlägen, verfolgen zu können; in den siebziger Jahren war es nur eine Frage der Zeit, wann die Bundesrepublik unter dem Druck ihrer Verbündeten und unter ungünstigeren Bedingungen gezwungen gewesen wäre, den Status quo zu akzeptieren. Dies hätte wahrscheinlich zu einer größeren Belastung der Bündnisbeziehungen geführt, als Irritationen von der Dynamik der Ostpolitik ausgingen. In beiden Fällen löste die von den jeweiligen Bundesregierungen betriebene Politik heftige innenpolitische Kontroversen aus, die das politische System zu erschüttern schienen. Sie stärkten im Endergebnis jedoch die an der Regierung befindlichen politischen Gruppierungen. (In den Bundestags-Wahlen 1957 konnte die CDU/CSU den um die Wiederbewaffnung und die Ausrüstung der Bundeswehr mit nuklearen Trägerwaffen geführten Wahlkampf mit absoluter Mehrheit gewinnen; 1972 wurde die SPD in dem mit Argumenten der Ostvertragspolitik geführten Wahlkampf stärkste Fraktion.)
Seit Anfang der achtziger Jahre ist eine neue Debatte im Gange, die sich am NATO-Doppelbeschluß entzündet hat, aus einer Mischung von Lebensangst und Kriegsfurcht gespeist wird und deren Anliegen es ist, unter dem Motto »Frieden schaffen ohne Waffen« alternative Entwürfe für eine friedlichere Zukunft zu formulieren. Indem diese neue Friedensbewegung bzw. einige Gruppen ihres heterogenen Spektrums sich gegen den Vorrang der militärischen Sicherheit wenden, problematisieren sie auch den Bündniskontext und aktualisieren die Frage der Zukunft Deutschlands. Aber noch ist nicht klar, ob es sich bei dieser Debatte um einen Streit über die sicherheitspolitischen Prioritäten der Außenpolitik der Bundesrepublik oder um einen grundsätzlichen Gesellschafts- und Generationskonflikt ähnlich wie zu Zeiten der APO und der Studentenrevolution handelt (in anderen Formen und mit anderen Zielen freilich), und welches seine außenpolitischen Auswirkungen sein werden.
Zwischen außen- und innenpolitischer Problemdefinition und -diskussion bestehen zahlreiche Rückkoppelungsprozesse. Am deutlichsten werden diese dann, wenn die Außenpolitik als Folge innenpolitischer Krisen mehr oder weniger paralysiert ist – so 1966, als die Regierung Erhard zu schwach war, um die erforderliche Anpassung in der Frage der MLF vorzunehmen, und 1982, als FDP-Chef und Außenminister Genscher mehr am Überleben seiner Partei als an sicherheitspolitischen Initiativen der Bundesrepublik interessiert war. Auch wenn der primäre Grund für den auf derartige Schwächeperioden folgenden Koalitions- und Regierungs-

wechsel innen- und wirtschaftlicher Art war, so ging mit diesem in der Regel auch eine Neudefinition der außenpolitischen Prioritäten einher.
In welcher Weise prägt nun die Dominanz sicherheitspolitischer Prioritäten – und damit auch der hohe Stellenwert der Beziehungen zu den Vereinigten Staaten und des Bündniskontextes – die Strukturen der Außenpolitik der Bundesrepublik? Zunächst sorgte sie für ein hohes Maß an außenpolitischer Kontinuität, wobei der Bündniskontext als eine Art von Kontrollinstrument wirkte, bei dem die Alarmglocke schrillte, wenn Bonn sich vom Bündniskonsens zu entfernen drohte. Entsprechend dem außenpolitischen Handlungsspielraum der Bundesrepublik war damit auch die Schwingungsbreite vorgegeben, innerhalb derer sie ihre deutschland- und entspannungspolitischen Ziele verfolgen konnte.
Eine weitere Folge der Westbindung der Bundesrepublik war die Konsolidierung ihres demokratischen Systems, das eine nie erwartete Stabilität erreichte und sich bislang gegen Extremismus von rechts wie von links als stabil erwies. Dazu trugen zwei Entwicklungen bei: das kontinuierliche wirtschaftliche Wachstum und die breite öffentliche Akzeptanz der politischen Grundentscheidung für den Westen.
Der wirtschaftliche und politische Erfolg führte weitgehend zur Verdrängung der nationalen Frage und verhinderte, daß die DDR zur nationalen Irredenta wurde. Die Deutschen lernten, daß sich Sicherheitsorientierung und Westbindung (bzw. aus DDR-Sicht: Ost-Bindung) und Wiedervereinigung unter den gegebenen internationalen Bedingungen gegenseitig ausschlossen. Da die Bundesregierung in Einsicht in ihren beschränkten Handlungsspielraum eine aktive Politik der Wiedervereinigung nicht versuchte, leistete sie freilich – insbesondere durch den Verzicht auf eine nähere Prüfung der Stalin-Noten von 1952 und durch ihr rasches Abfinden mit dem Bau der Mauer 1961 – der Legendenbildung Vorschub, sie habe die nationale Einheit bewußt ausgeschlagen. Es stand vielmehr garnicht in ihrer Macht, diese politisch zu verwirklichen. Das Mögliche realisierte die Sozialliberale Koalition in der ersten Hälfte der siebziger Jahre: ein geregeltes Nebeneinander der beiden deutschen Staaten, das ein Miteinander möglich machte, wenn es die internationalen Rahmenbedingungen gestatteten. Es erscheint jedoch nicht undenkbar, daß in den beiden deutschen Staaten eine neue Generation heranwächst, die in dem Bemühen um eigene politische Identität oder in der Kritik des geltenden Primats der Sicherheitsorientierung erneut die nationale Frage stellen könnte.
Die nationale Frage stellen bedeutet aber, nicht nur die Prioritäten westdeutscher Außenpolitik neu zu bewerten, sondern auch die Strukturen infrage zu stellen, die die europäische Nachkriegsentwicklung geprägt ha-

ben: neben der Teilung Europas die Entstehung von zwei konkurrierenden Bündnissystemen sowie die Etablierung der nuklearen Weltmächte als europäische Ordnungsmächte. Eine Veränderung dieser Strukturen erscheint nur möglich bei einem Rückzug der Sowjetunion und der Vereinigten Staaten aus Europa. Folgerichtig haben eine Reihe von Autoren für die »Europäisierung Europas« (Peter Bender) plädiert und die Europäer aufgefordert, mit Selbstbewußtsein und Selbstbehauptungswillen die Voraussetzungen für die Überwindung der Teilung Europas zu schaffen. Doch ist unter den Bedingungen globaler - militärischer, ökonomischer und politischer - Interdependenz noch ein Regionalismus möglich, es sei denn in der weltpolitischen Irrelevanz? Würden die Vereinigten Staaten und die Sowjetunion zusehen, wie sich diejenige Region ihrem Einfluß entzieht, die in der Nachkriegsperiode ihren Weltmachtstatus begründet hat? Würde nicht eine derartige Veränderung der europäischen Strukturen neue Sicherheitsprobleme aufwerfen, deren Lösung einer Quadratur des Zirkels gleichkäme, da nicht nur Sicherheit für Deutschland, sondern auch Sicherheit vor Deutschland zu gewährleisten wären? Wenn Peter Bender schreibt, daß die Zweistaatlichkeit Deutschlands zu einem konstituierenden Element der europäischen Entspannung geworden ist,[39] muß man dann nicht weiter fragen, ob die Teilung Europas nicht auch ein stabilisierendes Element der Weltpolitik - und damit ein Sicherheitsfaktor - ist, jedenfalls solange die Bundesrepublik sich nicht in der Konfrontation ergeht, sondern aus der Teilung Ansporn und Verpflichtung zur Zusammenarbeit bezieht?

Damit schließt sich der Kreis. Für die Bundesrepublik Deutschland sind Sicherheit und Entspannung vorrangige Aufgaben ihrer Außenpolitik; Sicherheit als atlantische, d. h. als im NATO-Bündnis und mit den Vereinigten Staaten zu verwirklichende Pflicht, und Entspannung als europäische, d. h. als sich aus der Teilung Europas ergebende Verantwortung. Ihre Staatskunst aber besteht darin, beide miteinander vereinbar zu halten.

39 Vgl. Bender, Das Ende des ideologischen Zeitalters, a.a.O., S. 229.

Ausgewähltes Literaturverzeichnis

1. *Gesamtdarstellungen*

Auswärtiges Amt (Hrsg.), Die Auswärtige Politik der Bundesrepublik Deutschland, Köln 1972.

Baring, Arnulf, Außenpolitik in Adenauers Kanzlerdemokratie. Bonns Beitrag zur Europäischen Verteidigungsgemeinschaft, München und Wien 1969.

Baring, Arnulf, Machtwechsel. Die Ära Brandt-Scheel, Stuttgart 1982.

Besson, Waldemar, Die Außenpolitik der Bundesrepublik. Erfahrungen und Maßstäbe, München 1970.

Fontaine, André, Un seul lit pour deux rêves. Histoire de la »détente« 1962–1981, Paris 1981.

Görtemaker, Manfred, Die unheilige Allianz. Die Geschichte der Entspannungspolitik 1943–1979, München 1979.

Gotto, Klaus, u. a. (Hrsg.), Konrad Adenauer. Seine Deutschland- und Außenpolitik 1945–1963, München 1975.

Grosser, Alfred, Les Occidentaux. Les pays d'Europe et les Etats-Unis depuis la guerre, Paris 1978.

Haftendorn, Helga, Abrüstungs- und Entspannungspolitik zwischen Sicherheitsbefriedigung und Friedenssicherung, Düsseldorf 1974.

Haftendorn, Helga, Wolf-Dieter Karl, Joachim Krause und *Lothar Wilker* (Hrsg.), Verwaltete Außenpolitik. Sicherheits- und entspannungspolitische Entscheidungsprozesse in Bonn, Köln 1978.

Hanrieder, Wolfram F., und *Hans Rühle* (Hrsg.), Im Spannungsfeld der Weltpolitik. 30 Jahre deutsche Außenpolitik (1949–1979), Stuttgart 1981.

Hanrieder, Wolfram F., West German Foreign Policy 1949–1963. International Presence and Domestic Response, Stanford, Ca. 1967.

Die Internationale Politik. Jahrbücher des Forschungsinstitutes der Deutschen Gesellschaft für Auswärtige Politik, Bonn 1958 ff.

Jacobsen, Hans-Adolf, und *Otto Stenzl* (Hrsg.), Deutschland und die Welt. Zur Außenpolitik der Bundesrepublik 1949–1963, München 1964.

Joffe, Josef, Westverträge, Ostverträge und die Kontinuität der deutschen Außenpolitik, in: Europa-Archiv, Folge 4/1973, S. 111–124.

Kaiser, Karl, German Foreign Policy in Transition. Bonn Between East and West, London, Oxford, New York 1968.

Kaiser, Karl, und *Roger Morgan* (Hrsg.), Strukturwandlungen der Außenpolitik in Großbritannien und der Bundesrepublik, München u. a. 1970.

Löwenthal, Richard, und *Hans-Peter Schwarz* (Hrsg.), Die zweite Republik. 25 Jahre Bundesrepublik Deutschland – Eine Bilanz, Stuttgart 1974.

Müller-Roschach, Herbert, Die deutsche Europapolitik 1949–1977. Eine politische Chronik, Bonn 1980.

Niclauß, Karlheinz, Demokratiegründung in Westdeutschland. Die Entstehung der Bundesrepublik von 1945–1949, München 1974.

Schwarz, Hans-Peter, Die Ära Adenauer. Gründerjahre der Republik 1949–1957, Stuttgart 1981.

Schwarz, Hans-Peter, Vom Reich zur Bundesrepublik. Deutschland im Widerstreit der außenpolitischen Konzeptionen in den Jahren der Besatzungsherrschaft 1945–1949, Neuwied 1966 (2. Aufl. Stuttgart 1981).
Soell, Hartmut, Fritz Erler – Eine politische Biographie, Bonn-Bad Godesberg 1976.
Weidenfeld, Werner, Konrad Adenauer und Europa, Bonn 1976.
Weizsäcker, Carl Friedrich von, Der bedrohte Friede. Politische Aufsätze 1945–1981, München und Wien 1981.

2. *Dokumentationen und Memoiren*

Adenauer, Konrad, Erinnerungen 1945–1963, 4 Bde., Stuttgart 1965–1968.
Auswärtiges Amt (Hrsg.), Abrüstung und Rüstungskontrolle. Dokumente zur Haltung der Bundesrepublik, Bonn 1979[3].
Auswärtiges Amt (Hrsg.), Die Bemühungen der deutschen Regierung und ihrer Verbündeten um die Einheit Deutschlands 1955–1966, Bonn 1966.
Baring, Arnulf, Sehr verehrter Herr Bundeskanzler! Heinrich von Brentano im Briefwechsel mit Konrad Adenauer 1949–1964, Hamburg 1974.
Blankenhorn, Herbert, Verständnis und Verständigung. Blätter eines politischen Tagebuches 1949–1979, Frankfurt 1980.
Blumenwitz, Dieter (Hrsg.), Konrad Adenauer und seine Zeit. Politik und Persönlichkeit des ersten Bundeskanzlers, 2 Bde., Stuttgart 1976.
Brandt, Willy, Außenpolitik, Deutschlandpolitik, Europapolitik. Grundsätzliche Erklärungen während des ersten Jahres im Auswärtigen Amt, Berlin 1968.
Brandt, Willy, Begegnungen und Einsichten. Die Jahre 1960–1975, Hamburg 1976.
Brandt, Willy, Friedenspolitik in Europa, Frankfurt 1968.
Bundesminister der Verteidigung (Hrsg.), Weißbuch 1970. Zur Sicherheit der Bundesrepublik Deutschland und zur Lage der Bundeswehr, Bonn 1970 ff.
Bundesministerium für Forschung und Technologie (Hrsg.), Zur friedlichen Nutzung der Kernenergie. Eine Dokumentation des Bundesregierung, Bonn 1977.
Bundesministerium für Innerdeutsche Beziehungen (vormals Bundesministerium für Gesamtdeutsche Fragen) (Hrsg.), Dokumente zur Deutschlandpolitik, Frankfurt, Berlin 1961 ff.
Bundesministerium für Innerdeutsche Beziehungen (vormals Bundesministerium für Gesamtdeutsche Fragen) (Hrsg.), Texte zur Deutschlandpolitik, Bonn 1967 ff.
Frank, Paul, Entschlüsselte Botschaft. Ein Diplomat macht Inventur, Stuttgart 1981.
Grewe, Wilhelm G., Rückblenden. Aufzeichnungen eines Augenzeugen deutscher Außenpolitik von Adenauer bis Schmidt, o. O. u. J. (1979).
Huyn, Hans Graf, Die Sackgasse. Deutschlands Weg in die Isolierung, Stuttgart 1966.
International Institute for Strategic Studies (Hrsg.), The Military Balance, London 1958 ff.
Kiesinger, Kurt Georg, Friede in Europa. Reden und Interviews 1967, Bonn 1968.
Kiesinger, Kurt Georg, Reden und Interviews 1968, Bonn 1969.
Kissinger, Henry A., White House Years, Boston und Toronto 1979.
Kissinger, Henry A., Years of Upheaval, Boston und Toronto 1982.
Kroll, Hans, Botschafter in Belgrad, Tokio und Moskau 1962–1963, München 1969.
Meißner, Boris (Hrsg.), Die deutsche Ostpolitik 1961–1970, Kontinuität und Wandel. Dokumentation, Köln 1970.
Ministerium für Auswärtige Angelegenheiten der DDR und Ministerium für Auswärtige Angelegenheiten der UdSSR (Hrsg.), Das Vierseitige Abkommen über Westberlin und seine Realisierung (Dokumente 1971–1977), Berlin (Ost) 1977.
Morsey, Rudolf, und *Konrad Repgen* (Hrsg.), Adenauer-Studien (Veröffentlichungen der Kommission für Zeitgeschichte), Mainz 1971.
NATO (Hrsg.), Tatsachen und Dokumente, Brüssel 1976.

Poppinga, Anneliese, Meine Erinnerungen an Konrad Adenauer, Stuttgart 1972.
Presse- und Informationsamt der Bundesregierung (Hrsg.), Die Atlantische Gemeinschaft. Grundlagen und Ziele, Bonn 1972.
Presse- und Informationsamt der Bundesregierung (Hrsg.), Bericht zur Rüstungskontrolle und Abrüstung, Bonn 1982.
Presse- und Informationsamt der Bundesregierung (Hrsg.), Die Berlin-Regelung. Das Viermächte-Abkommen über Berlin und die ergänzenden Vereinbarungen, Bonn 1971.
Presse- und Informationsamt der Bundesregierung (Hrsg.), Dokumentation zur Entspannungspolitik der Bundesregierung, Bonn 1979[7].
Presse- und Informationsamt der Bundesregierung in Zusammenarbeit mit dem Bundesverfassungsgericht (Hrsg.), Der Grundlagenvertrag vor dem Bundesverfassungsgericht. Eine Dokumentation. Bonn 1973.
Presse- und Informationsamt der Bundesregierung (Hrsg.), Die Politik des Gewaltverzichts. Eine Dokumentation der deutschen und sowjetischen Erklärungen zum Gewaltverzicht 1949 bis Juli 1968, Bonn 1968.
Presse- und Informationsamt der Bundesregierung (Hrsg.), Sicherheit und Zusammenarbeit. KSZE-Dokumentation, Bonn 1975.
Presse- und Informationsamt der Bundesregierung (Hrsg.), Vertrag über die Nichtverbreitung von Kernwaffen. Dokumentation zur deutschen Haltung und über den deutschen Beitrag, Bonn 1969.
Presse- und Informationsamt der Bundesregierung (Hrsg.), Der Vertrag vom 12. August 1970 zwischen der Bundesrepublik Deutschland und der Union der Sozialistischen Sowjetrepubliken, Bonn 1970.
Presse- und Informationsamt der Bundesregierung (Hrsg.), Der Vertrag zwischen der Bundesrepublik Deutschland und der Volksrepublik Polen, Bonn 1970.
Presse- und Informationsamt der Bundesregierung (Hrsg.), Politische Zeittafel 1949–1979. Drei Jahrzehnte Bundesrepublik Deutschland, Bonn 1981.
Schmid, Carlo, Erinnerungen, Bern, München, Wien 1979.
Schmidt, Helmut, Beiträge, Stuttgart 1967.
Scholz, Arno und *Walther G. Oschilewski* (Hrsg.), Turmwächter der Demokratie: Ein Lebensbild von Kurt Schumacher, Berlin-Grunewald 1953.
Schubert, Klaus von (Hrsg.), Sicherheitspolitik der Bundesrepublik Deutschland. Dokumentation 1945–1977, 2 Bde., Köln 1979.
Siegler, Heinrich (Hrsg)., Dokumentation zur Abrüstung und Sicherheit, Bonn, Wien, Zürich 1960 ff.
Stockholm International Peace Research Institute (Hrsg.), Nuclear Energy and Nuclear Weapon Proliferation, Stockholm u. a. 1979.
Stockholm International Peace Research Institute (Hrsg.), SIPRI Yearbook of World Armaments and Disarmament, Stockholm, Cambridge, Mass., u. a. 1970 ff. (jährlich).
United Nations (Hrsg.), The United Nations and Disarmament 1945–1965, New York 1967.
United States Arms Control and Disarmament Agency (Hrsg.), Documents on Disarmament, Washington, D. C. 1969 ff.

3. *Kalter Krieg und deutsche Frage*

Backer, John H., The Decision to Divide Germany. American Foreign Policy in Transition, Durham, N. J. 1978, (dt.: Die Entscheidung zur Teilung Deutschlands. Amerikas Deutschlandpolitik 1943–1948, München 1981).
Brandt, Peter, und *Herbert Ammon* (Hrsg.), Die Linke und die nationale Frage. Dokumente zur deutschen Einheit seit 1945, Reinbek bei Hamburg 1981.
Buczylowski, Ulrich, Kurt Schumacher und die deutsche Frage. Sicherheitspolitik und strategische Offensivkonzeption vom August 1950 bis September 1951, Stuttgart 1973.

Buttlar, Walrab von, Ziele und Zielkonflikte in der sowjetischen Deutschlandpolitik 1945–1947, Stuttgart 1980.
Catudal, Honoré M., Kennedy in der Mauer-Krise. Eine Fallstudie zur Entscheidungsfindung in den USA, Berlin 1981.
Erdmenger, Klaus, Das folgenschwere Mißverständnis. Bonn und die sowjetische Deutschlandpolitik 1945–1955, Freiburg 1967.
Gotto, Klaus u. a. (Hrsg.), Konrad Adenauer. Seine Deutschland- und Außenpolitik 1945–1963, München 1975.
Graml, Hermann, Die Legende der verpaßten Gelegenheiten. Zur sowjetischen Notenkampagne des Jahres 1952, in: Vierteljahreshefte für Zeitgeschichte, H. 3, 1981, S. 307–341.
Hacke, Christian (Hrsg.), Johann Baptist Gradl. Stets auf der Suche. Reden, Äußerungen und Aufsätze zur Deutschlandpolitik, Köln 1979.
Heinemann, Gustav, Verfehlte Deutschlandpolitik, Frankfurt 1966.
Jansen, Thomas, Abrüstung und Deutschland-Frage, Mainz 1968.
Jaspers, Karl, Freiheit und Wiedervereinigung. Über Aufgaben deutscher Politik, München 1960.
Kosthorst, Erich, Klaus Gotto und *Hartmut Soell,* Deutschlandpolitik der Nachkriegsjahre, Paderborn 1976.
Loth, Wilfried, Die Teilung der Welt. Geschichte des Kalten Krieges 1941–1955. München 1980.
Mahncke, Dieter, Berlin im geteilten Deutschland, München u. Wien 1973.
Nolte, Ernst, Deutschland und der Kalte Krieg, München 1974.
Scheuer, Gerhard, Die Rechtslage im geteilten Deutschland, Frankfurt 1960.
Schmid, Günther, Die Deutschlandpolitik der Regierung Brandt/Scheel, München 1975.
Schmitz, Kurt Thomas, Deutsche Einheit und europäische Integration. Der sozialdemokratische Beitrag zur Außenpolitik der Bundesrepublik Deutschland unter besonderer Berücksichtigung des programmatischen Wandels einer Oppositionspartei, Bonn 1978.
Schwarz, Hans-Peter, Die Ära Adenauer 1949–1957, Stuttgart 1981.
Schulz, Eberhard, Die sowjetische Deutschlandpolitik, in: Osteuropa-Handbuch: Sowjetunion. Bd. 2, Außenpolitik, Köln 1977, S. 229–291.
Soell, Hartmut, Fritz Erler – Eine politische Biographie, Bonn-Bad Godesberg 1976.
Sommer, Theo (Hrsg.), Denken an Deutschland. Zum Problem der Wiedervereinigung – Ansichten und Einsichten, Hamburg 1966.
Stützle, Walther, Kennedy und Adenauer in der Berlin-Krise 1961–1962, Bonn-Bad Godesberg 1973.
Tudyka, Kurt (Hrsg.), Das geteilte Deutschland, Stuttgart 1965.
Vogelsang, Thilo, Das geteilte Deutschland, München 1975[6].
Wolfe, Thomas S., Soviet Power and Europe 1945–1970, Baltimore, London 1970.

4. *Ost- und Entspannungspolitik*

Andrén, Nils, und *Karl E. Birnbaum* (Hrsg.), Beyond Détente: Prospects for East-West Cooperation and Security in Europe, Leyden 1976.
Bahr, Egon, Was wird aus den Deutschen? Reinbek 1982.
Bender, Peter, Die Ostpolitik Willy Brandts oder die Kunst des Selbstverständlichen, Reinbek 1972.
Bender, Peter, Offensive Entspannung. Möglichkeiten für Deutschland, Köln 1964.
Bender, Peter, Das Ende des ideologischen Zeitalters. Die Europäisierung Europas, Berlin 1981.
Brandt, Willy, Friedenspolitik in Europa, Frankfurt 1968.
Catudal, Honoré M., jr., The Diplomacy of the Quadripartite Agreement on Berlin. A New Era in East-West Politics, Berlin 1978.

Cramer, Dettmar, Deutschland nach dem Grundvertrag, Bonn 1973.
Füllenbach, Josef, und *Eberhard Schulz,* Entspannung am Ende? Chancen und Risiken einer Politik des Modus vivendi, München u. Wien 1980.
Gaus, Günther, Texte zur deutschen Frage, Darmstadt 1981.
Görtemaker, Manfred, Die unheilige Allianz. Die Geschichte der Entspannungspolitik 1943–1979, München 1979.
Griffith, William E., The Ostpolitik of the Federal Republic of Germany, Cambridge u. London 1978 (dt. u. d. T. Die Ostpolitik der Bundesrepublik Deutschland, Stuttgart 1981).
Hacke, Christian, Die Ostpolitik der CDU/CSU. Wege und Irrwege der Opposition seit 1969, Köln 1975.
Hahn, Walter F., Between Westpolitik und Ostpolitik. Changing West German Security Views, Beverly Hills u. London 1975.
Jahn, Egbert und *Volker Rittberger* (Hrsg.), Die Ostpolitik der BRD. Triebkräfte, Widerstände, Konsequenzen, Opladen 1974.
Kuper, Ernst, Frieden durch Konfrontation und Kooperation. Die Einstellung von Gerhard Schröder und Willy Brandt zur Entspannungspolitik, Stuttgart 1974.
Löwenthal, Richard, Vom Kalten Krieg zur Ostpolitik, in: *Richard Löwenthal* u. *Hans-Peter Schwarz* (Hrsg.), Die zweite Republik, Stuttgart 1974, S. 604–699.
Nannen, Henri (Hrsg.), Die Stunde der Wahrheit. Eine Dokumentation zur Deutschlandpolitik der FDP, Hamburg 1967 (vervielf.).
Niclauß, Karlheinz, Kontroverse Deutschlandpolitik. Die politische Auseinandersetzung in der Bundesrepublik Deutschland über den Grundlagenvertrag mit der DDR, Frankfurt 1977.
Schmid, Günther, Entscheidung in Bonn. Die Entstehung der Ost- und Deutschlandpolitik 1969/1970, Köln 1979.
Schwarz, Hans-Peter, und *Boris Meißner* (Hrsg.), Entspannungspolitik in Ost und West, Köln u. a. 1979.
Schwarzkopf, Dietrich, und *Olaf von Wrangel,* Chancen für Deutschland. Politik ohne Illusionen, Hamburg 1965.
Schulz, Eberhard, An Ulbricht führt kein Weg mehr vorbei. Provozierende Thesen zur deutschen Frage, Hamburg 1967.
Schulz, Eberhard (Hrsg.), Die Ostbeziehungen der Europäischen Gemeinschaft. Von Nationalstaatlicher Politik zu gemeinsamer Verantwortung, München u. Wien 1977.
Schweigler, Gebhard, Von Kissinger zu Carter. Entspannung im Widerstreit von Innen- und Außenpolitik, München u. Wien 1982.
Wettig, Gerhard, Das Vier-Mächte-Abkommen in der Bewährungsprobe. Berlin im Spannungsfeld von Ost und West, Berlin 1981.
Whetten, Lawrence, Germany's Ostpolitik. Relations Between the Federal Republic and the Warsaw Pact Countries, London 1971.
Zivier, Ernst R., Der Rechtsstatus des Landes Berlin. Eine Untersuchung nach dem Viermächte-Abkommen vom 3. September 1971, Berlin 1977[3].
Zündorf, Benno, Die Ostverträge. Die Verträge von Moskau, Warschau, Prag, das Berlin-Abkommen und die Verträge mit der DDR, München 1979.

5. *Ost-West-Beziehungen in Europa* (einschl. KSZE)

Delbrück, Jost, Norbert Ropers und *Gerda Zellentin* (Hrsg.), Grünbuch zu den Folgewirkungen der KSZE, Köln 1977.
Ferraris, Luigi Vittorio (Hrsg.), Report on a Negotiation. Helsinki-Geneva-Helsinki 1972–1975, Leiden 1979.
Harmel, Pierre, Auf der Suche nach neuen Formen europäischer Sicherheit, in: Europa-Archiv, Folge 5, 1971, S. 151–158.

Jacobsen, Hans-Adolf, Wolfgang Mallman und *Christian Meier* (Hrsg.), Sicherheit und Zusammenarbeit in Europa (KSZE). Analyse und Dokumentation, Bd. 1, Köln 1973; Bd. 2, Köln 1978.
Lellouche, Pierre (Hrsg.), La sécurité de l'Europe dans les années 80. Les relations Est-Ouest et le théatre européen, Paris 1980.
Mehnert, Klaus, Sicherheitskonferenz für Europa, in: Osteuropa, H. 10, 1970, S. 657–678.
Meißner, Boris und *Alexander Uschakow* (Hrsg.), Probleme der Konferenz über Sicherheit und Zusammenarbeit in Europa, Berlin 1975.
Planck, Charles R., Sicherheit in Europa. Die Vorschläge für Rüstungsbeschränkung und Abrüstung 1955–1965, München 1968.
Schulz, Eberhard, Moskau und die europäische Integration, München u. Wien 1975.
Schramm, Friedrich-Karl, Wolfram-Georg Riggert und *Alois Friedel* (Hrsg.), Sicherheitskonferenz in Europa. Dokumentation 1954–1972, Frankfurt a. M. 1972.
Schweisfurth, Theodor, Zur Rechtnatur, Verbindlichkeit und völkerrechtlichen Relevanz der KSZE-Schlußakte, in: Zeitschrift für ausländisches öffentliches Recht und Völkerrecht, Bd. 36, 1975, S. 681–721.
Schwarz, Hans-Peter, und *Helga Haftendorn* (Hrsg.), Europäische Sicherheitskonferenz, Opladen 1970.
Schwarz, Hans-Peter, Zwischenbilanz der KSZE, Stuttgart 1977.
Simma, Bruno und *Edda Blenck-Knocke* (Hrsg.), Zwischen Intervention und Zusammenarbeit. Interdisziplinare Arbeitsergebnisse zu Grundfragen der KSZE, Berlin 1979.
Volle, Hermann und *Wolfgang Wagner* (Hrsg.), KSZE. Konferenz über Sicherheit und Zusammenarbeit in Europa in Beiträgen und Dokumenten aus dem Europa-Archiv, Bonn 1976.
Volle, Hermann und *Wolfgang Wagner* (Hrsg.), Das Belgrader KSZE-Folgetreffen. Der Fortgang des Entspannungsprozesses in Europa in Beiträgen und Berichten aus dem Europa-Archiv, Bonn 1978.

6. *Bündnis- und Sicherheitspolitik*

Baring, Arnulf, Außenpolitik in Adenauers Kanzlerdemokratie. Bonns Beitrag zur Europäischen Verteidigungsgemeinschaft, München und Wien 1969.
Baumann, Gerhard, Sicherheit. Deutsche Friedenspolitik im Bündnis, Darmstadt 1970.
Bomsdorf, Falk und *Uwe Nerlich* (Hrsg.), Sowjetische Macht und westliche Verhandlungspolitik im Wandel militärischer Kräfteverhältnisse, Baden-Baden 1982.
Bundy, McGeorge, Strategic Deterrence Thirty Years Later: What has changed? In: The Future of Strategic Deterrence, Part I, London 1980, (Adelphi Papers, Nr. 160).
Carstens, Karl, und *Dieter Mahncke* (Hrsg.), Westeuropäische Verteidigungskooperation, München, Wien 1972.
Dettke, Dieter, Allianz im Wandel. Europäisch-amerikanische Sicherheitsbeziehungen in der Phase des Bilateralismus der Supermächte, Frankfurt 1976.
Deutsche Gesellschaft für Auswärtige Politik (Hrsg.), Regionale Verflechtung der Bundesrepublik Deutschland. Empirische Analysen und theoretische Probleme, München u. Wien 1973.
Dormann, Manfred, Demokratische Militärpolitik. Die alliierte Militärstrategie als Thema deutscher Politik, Freiburg i. Br. 1970.
Erler, Fritz, Ein Volk sucht seine Sicherheit. Bemerkungen zur deutschen Sicherheitspolitik, Frankfurt 1961.
Erler, Fritz, und *Richard Jaeger,* Sicherheit und Rüstung, Köln 1962.
Freedmann, Lawrence, The Evolution of Nuclear Strategy, London 1981.
Genschel, Dietrich, Wehrreform und Reaktion. Die Vorbereitung der inneren Führung 1951–1956, Hamburg 1972.

Haftendorn, Helga, Management der Sicherheitspolitik. Ein Beitrag zum Entscheidungsprozeß der Bundesrepublik Deutschland, in: *Klaus-Dieter Schwarz* (Hrsg.), Sicherheitspolitik, Bad Honnef 1978³, S. 509–526.
Hansen, Helge, und *Jürgen Schwarz,* Militärstrategische Konzepte, in: Carstens, Karl, und Dieter Mahncke (Hrsg.), Westeuropäische Verteidigungskooperation, München, Wien 1972.
Hill, Roger, Political Consultation in NATO, Toronto 1978.
Hofmann, Wilfried, Die Beteiligung der Bundesrepublik Deutschland an den Entscheidungsprozessen der NATO, in: Deutsche Gesellschaft für Auswärtige Politik (Hrsg.), Regionale Verflechtung der Bundesrepublik Deutschland, München u. Wien 1973, S. 143–165.
Joffe, Josef, Die sieben Irrtümer der Friedensbewegung, in: Der Monat, Nr. 282, H. 1, 1982.
Joffe, Josef, Europapräsenz und Europapolitik der Vereinigten Staaten, SWP-AZ 153, April 1969.
Kaiser, Karl (Hrsg.), Bedrohungsvorstellungen als Faktor in der internationalen Politik, Düsseldorf 1971 (Jahrbuch für Friedens- und Konfliktforschung, Bd. 1).
Kaiser, Karl, und *Markus Kreis* (Hrsg.), Sicherheitspolitik vor neuen Aufgaben, Frankfurt a. M. 1977.
Kelleher, Catherine McArdle, Germany and the Politics of Nuclear Weapons, New York u. London 1975.
Kissinger, Henry A., The Troubled Partnership, A Re-Appraisal of the Atlantic Alliance, New York, London, Toronto 1965.
Krell, Gert, und *Werner Damm* (Hrsg.), Abrüstung und Sicherheit. Eine Konsultation mit Wissenschaftlern und Politikern, München 1979.
Krell, Gert, und *Dieter S. Lutz* (Hrsg.), Nuklearrüstung im Ost-West-Konflikt. Potentiale, Doktrinen, Rüstungssteuerung, Baden-Baden 1980.
Löwke, Uwe F., Für den Fall, daß . . . Die Haltung der SPD zur Wehrfrage 1949–1955, Hannover 1969.
Lutz, Dieter S. (Hrsg.), Sicherheitspolitik am Scheideweg? Bonn 1982.
Mahncke, Dieter, Nukleare Mitwirkung, Die Bundesrepublik Deutschland in der Atlantischen Allianz 1954–1970, Berlin u. New York 1972.
McGeehan, Robert, The German Rearmament Question. American Diplomacy and European Defense After World War II, Urbana, Ill. 1971.
Mechtersheimer, Alfred (Hrsg.), Nachrüsten? Dokumente und Positionen zum NATO-Doppelbeschluß, Reinbek 1981.
Militärgeschichtliches Forschungsamt (Hrsg.), Verteidigung im Bündnis. Planung, Aufbau und Bewährung der Bundeswehr 1950–1972, München 1975.
Newhouse, John, u. a., U.S. Troops in Europe. Issues, Costs, and Choices, Washington, D. C. 1971.
Noack, Paul, Das Scheitern der Europäischen Verteidigungsgemeinschaft. Entscheidungsprozesse vor und nach dem 30. August 1954, Düsseldorf 1977.
Osgood, Robert E., NATO: The Entangling Alliance, Chicago 1962.
Pestalozzi, Hans A., Ralf Schlegel, und *Adolf Bachmann* (Hrsg.), Frieden in Deutschland. Die Friedensbewegung, wie sie wurde, was sie werden kann, München 1982.
Pöttering, Hans-Gert, Adenauers Sicherheitspolitik 1955–63. Ein Beitrag zum deutsch-amerikanischen Verhältnis, Düsseldorf 1975.
Richardson, James E., Deutschland und die NATO, Köln u. a. 1967.
Rupp, Hans Karl, Außerparlamentarische Opposition in der Ära Adenauer. Der Kampf gegen die Atombewaffnung in den fünfziger Jahren, Köln 1980.
Schmidt, Helmut, Strategie des Gleichgewichts. Deutsche Friedenspolitik und die Weltmächte, Stuttgart 1969.
Schmidt, Helmut, Verteidigung oder Vergeltung. Ein deutscher Beitrag zum strategischen Problem der NATO, Stuttgart 1961.

Schubert, Klaus von, Bedingungen des Überlebens. Sicherheitspolitik und politische Moral zwischen Militärstrategie und Waffentechnik, in: Aus Politik und Zeitgeschichte, B 1/1980, S. 3–36.
Schubert, Klaus von, Wiederbewaffnung und Westintegration. Die innere Auseinandersetzung um die militärische und außenpolitische Orientierung der Bundesrepublik 1950–1952, Stuttgart 1970.
Schwarz, Hans-Peter, Die Politik der Westbindung oder die Staatsraison der Bundesrepublik, in: Zeitschrift für Politik, H. 4, 1975, S. 307–337.
Schwarz, Klaus-Dieter (Hrsg.), Sicherheitspolitik. Analysen zur politischen und militärischen Sicherheit, Bad Honnef-Erpel 1978[3].
Senghaas, Dieter, Rüstung und Militarismus, Frankfurt 1972.
Speier, Hans, German Rearmament and Atomic War. The Views of German Military and Political Leaders, Evanston, Ill. 1957.
Vorstand der SPD (Hrsg.), Y 1. Grundsätze Sozialdemokratischer Wehrpolitik, Bonn 1970.
Wettig, Gerhard, Entmilitarisierung und Wiederbewaffnung in Deutschland 1943–1955. Internationale Auseinandersetzungen um die Rolle der Deutschen in Europa, München 1967.
Wettig, Gerhard, Die sowjetischen Sicherheitsvorstellungen und die Möglichkeit eines Ost-West-Einvernehmens, Baden-Baden 1981.
Wilker, Lothar, Die Sicherheitspolitik der SPD 1956–1966. Zwischen Wiedervereinigungs- und Bündnisorientierung, Bonn-Bad Godesberg 1977.
Windsor, Philip, Germany and the Western Alliance: Lessons from the 1980 Crisis, London 1981 (Adelphi Papers, Nr. 170).
Yost, David S. (Hrsg.), NATO's Strategic Options. Arms Control and Defense, New York u. a. 1981.

7. *Rüstungskontrolle und Abrüstung*

Baudissin, Wolf Graf von, Kooperative Rüstungssteuerung als Mittel der Entspannungspolitik, in: Information für die Truppe, H. 7, 1972, S. 13–40.
Bertram, Christoph (Hrsg.), Arms Control and Military Force, Farnborough, Engl. 1980.
Bertram, Christoph, Mutual Force Reductions in Europe: The Political Aspects, London 1972 (Adelphi Papers, Nr. 84).
Borawski, John, Mutual Force Reductions in Europe from a Soviet Perspective, in: Orbis, Bd. 22, Nr. 4 (Winter 1979), S. 845-873.
Bruns, Wilhelm, und *Eckhard Lübkemeier,* Stand und Probleme der INF-Verhandlungen in Genf, Bonn 1982.
Burt, Richard (Hrsg.), Arms Control and Defense Postures in the 1980's, Boulder, Col. 1982.
Forndran, Erhard, Rüstungskontrolle. Friedenssicherung zwischen Abschreckung und Abrüstung, Düsseldorf 1970.
Forndran, Erhard, Probleme der internationalen Abrüstung. Die Bemühungen um Abrüstung und kooperative Rüstungssteuerung, Frankfurt u. Berlin 1970.
Forndran, Erhard, und *Paul J. Friedrich* (Hrsg.), Rüstungskontrolle und Sicherheit in Europa, Bonn 1979.
Frank, Paul, Zielsetzungen der Bundesrepublik Deutschland im Rahmen europäischer Sicherheitsverhandlungen, in: Europa-Archiv, Folge 5/1972, S. 153–160.
Gasteyger, Curt (Hrsg.), Strategie und Abrüstungspolitik der Sowjetunion. Ausgewählte Studien und Reden, Frankfurt u. Berlin 1964.
Kaplan, Morton A. (Hrsg.), SALT: Problems and Prospects, Morrisontown, N. J. 1973.
Katholische Friedensbewegung PAX CHRISTI, Abrüstung und Sicherheit, Frankfurt 1980.

Keliher, John G., The Negotiations on Mutual and Balanced Force Reductions. The Search for Arms Control in Central Europe, New York u. a., o. J.
Kostko, Juri, Mutual Force Reductions in Europe, in: Survival, Nr. 5, 1972, S. 236–248.
Labrie, Roger P. (Hrsg.), SALT Handbook. Key Documents and Issues 1972–1979, Washington, D. C. 1979.
Mutz, Reinhard (Hrsg.), Die Wiener Verhandlungen über Truppenreduzierungen in Mitteleuropa (MBFR). Chronik, Dokumentation, Bibliographie, Baden-Baden 1983.
Mutz, Reinhard, Konventionelle Abrüstung in Europa. Die Bundesrepublik Deutschland und MBFR, Baden-Baden 1983.
Nerlich, Uwe, Die Politik des Streitkräfteabbaus in Europa. Vorschläge für eine politische Neuorientierung der MBFR-Verhandlungen, in: Europa-Archiv, Folge 7/1977, S. 197–204.
Nerlich, Uwe, Die Rolle beiderseitiger Truppenverminderung in der europäischen Sicherheit, in: Europa-Archiv, Folge 5/1972, S. 161–168.
Nerlich, Uwe, Zur Struktur und Dynamik europäischer Sicherheitspolitik, in: Europa-Archiv, Folge 14/1971, S. 481–494.
Newhouse, John, Arms and Orthodoxy, in: The New Yorker, 7. 6. 1982.
Newhouse, John, Cold Dawn. The Story of SALT, New York 1973.
Oeser, Ingo, Kampf sozialistischer Staaten für praktische Ergebnisse der Wiener Verhandlungen, in: Deutsche Außenpolitik, H. 6, 1976, S. 807–817.
Planck, Charles R., Sicherheit in Europa. Die Vorschläge für Rüstungsbeschränkung und Abrüstung 1955–1965, München 1968.
Prendergast, William B., Mutual and Balanced Force Reduction. Issues and Prospects, Washington, D. C. 1978.
Ranger, Robin, Arms and Politics 1958–1978. Arms Control in a Changing Political Context, Toronto 1979.
Record, Jeffrey, Force Reductions in Europe. Starting Over, Cambridge, Mass. u. Washington, D. C. 1980.
Rostow, Eugene V., SALT II – A Soft Bargain, A Hard Sell, Washington 1978.
Roth, Hellmuth, Voraussetzungen und Möglichkeiten zur Weiterentwicklung der multilateralen Verhandlungen über beiderseitige ausgewogene Truppenreduzierungen (MBFR) in Europa. Studie für die SPD-Bundestagsfraktion, Bonn 1977.
Ruehl, Lothar, MBFR: Lessons ans Problems, London 1982 (Adelphi Papers, Nr. 176).
Ruehl, Lothar, Die Truppenabbauverhandlung und die Europäische Sicherheit zwischen 1973 und 1976, in: *Kaiser, Karl*, und *Markus Kreis* (Hrsg.), Sicherheitspolitik vor neuen Aufgaben, Frankfurt 1977, S. 103–140.
Ruth, Friedrich, Sicherheitspolitik der NATO: Abschreckung und Rüstungskontrolle, in: Europa-Archiv, Folge 5/1982, S. 135–144.
Ruth, Friedrich, Die Wiener Vorgespräche über Truppenverminderung. Verlauf und Ergebnis, in: Europa-Archiv, Folge 18/1973, S. 643–650.
SALT and the NATO Allies. A Staff Report to the Subcommittee on European Affairs of the Committee on Foreign Relations, Washington, D. C. 1979.
Scholz, Herbert, Entspannung und Abrüstung, Berlin 1970.
Senghaas, Dieter, *Volker Rittberger* und *Burkhard Luber*, MBFR – Aufrüstung durch Rüstungskontrolle? In: Aus Politik und Zeitgeschichte, B 13/1973.
Smith, Gerard, Doubletalk. The Story of SALT I, New York, N. Y. 1980.
Steinweg, Reiner (Hrsg.), Das kontrollierte Chaos. Die Krise der Abrüstung, Frankfurt 1980.
Talbott, Strobe, Endgame. The Inside Story of SALT II, New York, N. Y. 1979.
Teunissen, J. M., The Vienna Negotiations on Mutual Reduction of Forces and Armaments and Associated Measures in Central Europe (MURFAAMCE), in: *Frans A. M. Alting von Geusau* (Hrsg.), Uncertain Détente, Alphen v. R. 1978, S. 93–133.
Volle, Hermann, und *Claus-Jürgen Duisberg*, Probleme der internationalen Abrüstung. Die Bemühungen der Vereinten Nationen 1945–1961, 2 Bde., Frankfurt, Berlin 1964.

Wettig, Gerhard, Die sowjetischen Sicherheitsvorstellungen und die Möglichkeit eines Ost-West-Einvernehmens, Baden-Baden 1981.
Wieck, Hans-Georg, Politische und militärische Probleme ausgewogener Truppenreduzierungen in Europa, in: Europa-Archiv, Folge 22/1970, S. 807–814.
Willrich, Mason, und *John B. Rhinelander* (Hrsg.), SALT. The Moscow Agreements and Beyond. New York u. London 1974.
Yochelson, John N., MBFR: The Search for an American Approach, in: Orbis, Bd. 17, Nr. 1 (Frühjahr 1973), S. 155–175.
Yost, David S., European Security and the SALT Process, Beverly Hills u. London 1981 (The Washington Papers, Nr. 85).
Yost, David S. (Hrsg.), NATO's Strategic Options. Arms Control and Defense, New York u. .a. 1981.

8. *Internationale Nuklearpolitik*

Bader, William B., The United States and the Spread of Nuclear Weapons, New York 1968.
Barnaby, Frank, und *Jozef Goldblat,* Nuclear Safeguards, in: SIPRI Yearbook 1972, Stockholm 1972.
Börner, Bodo, Rechtsfolgen des Atomsperrvertrages für die Bundesrepublik Deutschland, Düsseldorf 1969.
Deutsches Atomforum (Hrsg.), Sicherheitsüberwachung und Nichtverbreitung. Internationale Informationstagung am 22. und 23. Januar 1979 in Mainz, Bonn 1979.
Ebinger, Charles K., International Politics of Nuclear Energy, Beverly Hills u. London 1978.
Greenwood, Ted, Harold A. Feiveson und *Theodore B. Taylor,* Nuclear Proliferation. Motivations, Capabilities, and Strategies, New York u. a. 1977.
Haftendorn, Helga, The Nuclear Triangle: Washington, Bonn and Brasilia. National Nuclear Policies and International Proliferation, Washington, D. C. 1978.
Hepp, Marcel, Der Atomsperrvertrag. Die Supermächte verteilen die Welt, Stuttgart 1968.
International Atomic Energy Agency (Hrsg.), International Nuclear Fuel Cycle Evaluation. Summary Volume, Wien 1980.
Kaiser, Karl, und *Franz J. Klein* (Hrsg.), Kernenergie ohne Atomwaffen, Bonn 1982.
Kaiser, Karl, und *Beate Lindemann* (Hrsg.), Kernenergie und internationale Politik. Zur friedlichen Nutzung der Kernenergie, München u. Wien 1975.
Keck, Otto, Policymaking in a Nuclear Program. The Case of the West German Fast Breeder Reactor, Lexington, Mass. u. Toronto 1981.
Kimminich, Otto, Völkerrecht im Atomzeitalter. Der Atomsperrvertrag und seine Folgen, Freiburg 1969.
Kohler, Beate, Der Vertrag über die Nichtverbreitung von Kernwaffen und das Problem von Sicherheitsgarantien, Frankfurt u. Berlin 1972.
Kramish, Arnold, Die Zukunft der Nichtatomaren. Zur Situation nach dem Kernwaffenvertrag, Opladen 1970.
Mandelbaum Michael, The Nuclear Question. The United States and Nuclear Weapons 1946–1976, Cambridge 1979.
Mark, David E., Die Einstellung der Kernwaffenversuche. Probleme und Ergebnisse der bisherigen Verhandlungen, Frankfurt, Berlin 1965.
Nerlich, Uwe, Der NV-Vertrag in der Politik der BRD. Zur Struktur eines außenpolitischen Prioritätenkonflikts, Ebenhausen 1973 (SWP – S. 217).
Petri, Alexander, Die Entstehung des NV-Vertrages. Die Rolle der Bundesrepublik Deutschland, Phil. Diss., Tübingen 1970.

Quester, George H., Nuclear Diplomacy. The First Twenty-Five Years, New York 1970.
Roggen, Peter, Die Internationale Energie Agentur. Energiepolitik und wirtschaftliche Sicherheit, Bonn 1976.
Schwarzkopf, Dietrich, Atomherrschaft. Politik und Völkerrecht im Nuklearzeitalter, Stuttgart 1969.
Wilker, Lothar (Hrsg.), Nuklearpolitik im Zielkonflikt. Verbreitung der Kernenergie zwischen nationalem Interesse und internationaler Kontrolle, Köln 1980.
Winnacker, Karl, und *Karl Wirtz*, Das unverstandene Wunder. Kernenergie in Deutschland, Düsseldorf 1975.

9. *Außenwirtschaftsfragen*

Brandt, Gerhard, Rüstung und Wirtschaft in der Bundesrepublik, Witten u. a. 1966.
Kreile, Michael, Osthandel und Ostpolitik, Baden-Baden 1978.
Maull, Hans, Erdgas und wirtschaftliche Sicherheit. Zukunftsprobleme für die Bundesrepublik und den Westen, Bonn 1981.
Schmidt, Helmut, Politische und wirtschaftliche Aspekte der westlichen Sicherheit. 1977 Alastair Buchan Memorial Lecture, in: Bulletin, Nr. 112, 8. 11. 1977, S. 1013–1020.
Stent, Angela, From Embargo to Ostpolitik. The Political Economy of West German-Soviet Relations, 1955-1980, Cambridge, u. a. 1981 (dt. u. d. T. Wandel durch Handel? Die politisch-wirtschaftlichen Beziehungen zwischen der Bundesrepublik Deutschland und der Sowjetunion, Köln 1973).
Thiel, Elke, Dollar-Dominanz, Lastenteilung und amerikanische Truppenpräsenz in Europa. Zur Frage kritischer Verknüpfungen währungs- und stationierungspolitischer Zielsetzungen in den deutsch-amerikanischen Beziehungen, Baden-Baden 1979.
Treverton, Gregory F., The »Dollar Drain« and American Forces in Germany. Managing the Political Economics of Alliance, Athens, Ohio 1978.
Wörmann, Claudia, Der Osthandel der Bundesrepublik. Politische Rahmenbedingungen und ökonomische Bedeutung, Frankfurt 1982.

Sach- und Personenverzeichnis

Abkürzungsverzeichnis

A/1 (X)	Vollversammlung der Vereinten Nationen, Dokument Nr. 1, X. Sitzungsperiode
A/RES/1 (X)	Vollversammlung der Vereinten Nationen, Resolution Nr. 1, X. Sitzungsperiode
Abrüstung und Sicherheit	Heinrich von Siegler (Hrsg.), Dokumentation zur Abrüstung und Sicherheit, Bd. 1 ff. Bonn, Wien, Zürich 1960 ff.
AD	Amerika-Dienst, Amerikanische Botschaft, Bonn-Bad Godesberg
AP	Außenpolitik, bis 1971 Freiburg, dann Hamburg
APSR	The American Political Science Review, New York
Aus Politik und Zeitgeschichte	Aus Politik und Zeitgeschichte, Beilage zur Wochenzeitung »Das Parlament«, Bonn
BGBl.	Bundesgesetzblatt, Bonn
BK	Bayernkurier, München
BOIS	Bundesinstitut für Ostwissenschaftliche und Internationale Studien, Köln
BPA	Presse- und Informationsamt der Bundesregierung, Bonn
Bulletin	Bulletin des Presse- und Informationsamtes der Bundesregierung, Bonn
CCD	Committee of the Conference on Disarmament (Genfer Abrüstungskonferenz, Nachfolgerin – seit 1969 – der 18-Mächte-Abrüstungskonferenz, ENDC)
CD	Conference on Disarmament (Abrüstungsausschuß in Genf, Nachfolger der CCD)
CSCE/RM X	Konferenz über Sicherheit und Zusammenarbeit in Europa (KSZE), Review Meeting, Dokument Nr. X
CuW	Christ und Welt, Stuttgart
DA	Deutschland-Archiv, Köln
Dokumente zur Deutschlandpolitik	Bundesministerium für Gesamtdeutsche Fragen (ab Reihe IV: Bundesministerium für Innerdeutsche Beziehungen) (Hrsg.), Dokumente zur Deutschlandpolitik, III. Reihe, 1955 ff. Frankfurt, Berlin 1961 ff.; IV. Reihe, 1958 ff., Frankfurt, Berlin 1971 ff.
DGAP	Deutsche Gesellschaft für Auswärtige Politik e. V., Bonn
DGFK	Deutsche Gesellschaft für Friedens- und Konfliktforschung, Bonn
DIW	Deutsches Institut für Wirtschaftsforschung, Berlin
DoD	United States Arms Control and Disarmament Agency (Hrsg.), Documents on Disarmament 1961 ff. Washington 1962 ff. (Die Bände 1945–1959 und 1960 wurden herausgegeben vom Department of State, Washington D. C. 1960 u. 1961)
dpa	Deutsche Presse Agentur, Hamburg
DSP	Department of State Bulletin, Washington, D. C.
DUD	Deutschland-Union-Dienst, Bonn (Pressemitteilungen der CDU)
DBT/I/1	Verhandlungen des Deutschen Bundestages, I. Sitzungsperiode, 1. Sitzung
EA	Europa-Archiv, bis 1971 Frankfurt, dann Bonn

ENDC/1	Eighteen Nation Disarmament Conference (18-Mächte-Abrüstungskonferenz), Genf (1962–1969), Dokument 1
ENDC/PV/1	Eighteen Nation Disarmament Conference, Verhandlungsprotokolle, 1. Sitzung
Dokumentation zur Entspannungspolitik	Presse- und Informationsamt der Bundesregierung (Hrsg.), Dokumentation zur Entspannungspolitik der Bundesregierung, Bonn 1979 (Reihe: Berichte und Dokumentationen, Band 3)
FA	Foreign Affairs, New York, N. Y.
FAZ	Frankfurter Allgemeine Zeitung, Frankfurt
FES	Friedrich-Ebert-Stiftung, Bonn
FR	Frankfurter Rundschau, Frankfurt
fdk	Freie Demokratische Korrespondenz, Bonn
Bonner Generalanzeiger	Generalanzeiger für Bonn und Umgebung, Bonn
HB	Handelsblatt, Düsseldorf
IFSH	Institut für Friedensforschung und Sicherheitspolitik an der Universität Hamburg
IHT	International Herald Tribune, Paris (seit 1. 7. 1967 fusioniert mit New York Times, International Edition)
Moderne Welt	Jahrbuch für Ost-West-Fragen, Köln; Zeitschrift 1959–1970
MONDE	Le Monde, Paris
Military Balance	International Institute für Strategic Studies (Hrsg.), The Military Balance 1959–1960 ff., London 1959 ff.
ND	Neues Deutschland, Berlin (Ost)
NG	Die Neue Gesellschaft, Bonn-Bad Godesberg
NYT	The New York Times, New York (bis 1967 International Edition, Paris, danach City Edition)
NZZ	Neue Zürcher Zeitung, Zürich (Fernausgabe)
PVS	Politische Vierteljahresschrift, Opladen
PPP	Politisch-Parlamentarischer-Pressedienst, Bonn
PSK	Politisch-Soziale Korrespondenz, München
RM	Rheinischer Merkur, Köln
Sicherheitspolitik der BRD	Klaus von Schubert (Hrsg.) Sicherheitspolitik der Bundesrepublik Deutschland. Dokumentation 1945–1977, 2 Teilbde., Köln 1977 u. 1978.
SIPRI Yearbook	Stockholm International Peace Research Institute (Hrsg.), SIPRI Yearbook of World Armaments and Disarmament 1968/69 ff., Uppsala 1969 ff.; ab SIPRI Yearbook 1978: London 1978 ff.
SPIEGEL	Der Spiegel, Hamburg
SPD-info	Pressemitteilungen und Informationen der SPD, Bonn
SWP	Stiftung Wissenschaft und Politik, Ebenhausen
SWP-AP	Arbeitspapiere der SWP
SZ	Süddeutsche Zeitung, München
Texte zur Deutschlandpolitik	Bundesministerium für Gesamtdeutsche Fragen (ab 1969 Bundesministerium für Innerdeutsche Beziehungen) (Hrsg.), Texte zur Deutschlandpolitik, Bd. 1 ff., Bonn 1967 ff.
TIAS	Treaties and International Acts Series, Washington, D. C. (Verträge der USA)
USIS	United States Information Service, Amerikanische Botschaft, Bonn-Bad Godesberg
VfZ	Vierteljahreshefte für Zeitgeschichte, Stuttgart

WP	Washington Post, Washington, D. C.
WELT	Die Welt, Essen und Hamburg (seit 1980 Bonn)
WAMS	Welt am Sonntag, Essen
Weißbuch	Bundesminister der Verteidigung (Hrsg.), Weißbuch 1969. Zur Verteidigungspolitik der Bundesregierung, Bonn 1969; Weißbuch 1970. Zur Sicherheit der Bundesrepublik Deutschland und zur Lage der Bundeswehr, Bonn 1970; Weißbuch 1971/1972. Zur Sicherheit der Bundesrepublik Deutschland und zur Entwicklung der Bundeswehr, Bonn 1971; Weißbuch 1973/74, Bonn 1974; Weißbuch 1975/1976, Bonn 1976; Weißbuch 1979, Bonn 1979
ZfP	Zeitschrift für Politik, München
ZEIT	Die Zeit, Hamburg

Internationale Politik und Sicherheit
Herausgegeben von der Stiftung Wissenschaft und Politik, Ebenhausen

Hannes Adomeit Band 11

Die Sowjetmacht in internationalen Krisen und Konflikten

Verhaltensmuster, Handlungsprinzipien, Bestimmungsfaktoren
mit einem Vorwort von Richard Löwenthal

Ein besseres Verständnis der Gründe und Verhaltensmuster sowjetischen Vorgehens erfordert eine theoretische Klärung eines analytischen Konzepts außenpolitischen Handelns mit dem Gesichtspunkt der Risikobereitschaft im Mittelpunkt sowie die Sichtung gängiger Thesen zum Krisen- und Konfliktverhalten der Sowjetunion.
Behandelt werden u. a.: Die Blockade Berlins, der Bau der Mauer und die Stationierung von Raketen auf Kuba als auch das Eingreifen in Ungarn, die Intervention in der ČSSR und die Besetzung Afghanistans. Auch die plötzliche Entschärfung schwebender Krisen wie der Truppenabzug aus dem Iran 1946, der Verzicht auf militärische Gegenmaßnahmen bei der amerikanischen Blockade der nordvietnamesischen Häfen im Mai 1972 oder das Ausbleiben einer militärischen Intervention in Polen 1980–81.
Mögliche verhaltensbestimmende Faktoren (Ideologie, nationale Interessen, militärische Macht, innenpolitische Verhältnisse) werden herausgearbeitet und sich im Krisenverlauf verändernde Handlungsweisen ausgewertet. Im letzten Teil des Buches wird das sowjetische Vorgehen in Ost-Mitteleuropa unter Stalin und Chruščev miteinander verglichen und zum Verhalten der UdSSR in anderen geographischen Räumen sowie unter Brežnev in Bezug gesetzt.

1983, 496 S., 15,3 x 22,7 cm, Salesta geb., 49,– DM
ISBN 3–7890–0812–5

Nomos Verlagsgesellschaft
Postfach 610 · 7570 Baden-Baden